北京科技年鉴

2020

北京市科学技术委员会　组编

北京科学技术出版社

图书在版编目(CIP)数据

北京科技年鉴. 2020 / 北京市科学技术委员会组编
. — 北京 : 北京科学技术出版社, 2021. 6
ISBN 978 - 7 - 5714 - 1444 - 3

Ⅰ. ①北… Ⅱ. ①北… Ⅲ. ①科学研究事业 - 北京 - 2020 - 年鉴 Ⅳ. ①G322. 71 - 54

中国版本图书馆 CIP 数据核字(2021)第 078664 号

策划编辑: 李 菲
责任编辑: 李 菲
责任印制: 李 茗
封面设计: 樊润琴
出 版 人: 曾庆宇
出版发行: 北京科学技术出版社
社 址: 北京西直门南大街 16 号
邮政编码: 100035
电 话: 0086 - 10 - 66135495 (总编室) 0086 - 10 - 66113227 (发行部)
网 址: www. bkydw. cn
印 刷: 北京中献拓方科技发展有限公司
开 本: 889 mm × 1194 mm 1/16
字 数: 1099 千字
印 张: 33. 75
彩 插: 28
版 次: 2021 年 6 月第 1 版
印 次: 2021 年 6 月第 1 次印刷
ISBN 978 - 7 - 5714 - 1444 - 3

定 价: **198. 00 元**

《北京科技年鉴》编委会

《北京科技年鉴》编辑部

刘　帅　刘　刚　刘　超　刘　智　刘　锦　刘　燕
刘文菊　刘宁瑜　刘执寅　刘伟凡　刘建峰　刘凌子
刘悦镔　刘颖颖　安鹤益　许小亮　孙　刚　孙　猛
孙树昆　苏立清　苏宇声　苏国民　苏佳利　杜涵涵
杜景龙　李　云　李　伟　李　杰　李　昂　李　牧
李　京　李　虹　李　倩　李　婷　李　潇　李大轩
李丰华　李正文　李永华　李汝来　李军男　李青梅
李京霖　李秋玮　李哲明　李晓明　李博伦　杨　政
杨晓伟　杨晶晶　肖艳娟　吴　琼　吴　媛　吴芳芳
何　珂　何陆翼　何素兴　沙　莎　宋　郡　宋　慧
宋玉美　张　伟　张　旭　张　辰　张　雨　张　迪
张　亮　张　艳　张　浩　张　爽　张　裔　张　瑞
张　潇　张　磊　张　豫　张　韡　张子成　张子林
张少阳　张凤林　张文聃　张未凡　张永峰　张永浩
张克辉　张丽娜　张丽颖　张怀东　张炎霖　张怡然
张艳萍　张晶晶　张慧玲　陆纳新　陈　戈　陈　红
陈　静　陈冬鑫　陈治光　陈茜尹　林　琳　林　鹏
林　熙　林真民　罗　骏　和　珊　岳继华　周　丽
郑　羿　孟　凯　孟凡蕊　孟宪然　项梦瑶　赵　军
赵　阳　赵　虹　赵　娣　赵红霞　赵淑红　赵婷婷
赵楚然　郝　琴　郝月喜　胡　妍　胡亚楠　胡炎平
柳　奇　哈建新　钟锌章　段　辉　侯东云　侯敬超
祖宏迪　姚　宁　耿　璐　贾晓云　夏　瑾　夏春玲
顾　红　徐　扬　栾天亿　高　飞　高嘉璐　郭　滨
郭泽曦　郭群英　涂裔盟　黄寅英　曹　祺　盛丽霞
常雪梅　崔　欣　崔　静　崔伟侠　崔海霞　崔家墅
康连元　梁　玮　梁城磊　葛海英　景　姗　程　翔
程晓荷　焦　扬　鲁庆莲　曾利新　温成启　温兴茂
游　可　靳虹博　雷思源　解　静　满伶莉　蔡真婷
蔡凌波　臧津慧　翟亚宁　熊桂梅　滕良慧　潘长波
燕　艳

编辑说明

一、《北京科技年鉴》是一部反映北京地区科技事业发展变化的综合性资料工具书和史料文献。在北京市科学技术委员会、北京市教育委员会、北京市市场监督管理局、北京市知识产权局、中关村科技园区管理委员会、北京市科学技术协会的共同参与下，由北京市科学技术委员会主持编纂。

二、本年鉴坚持以马克思列宁主义、毛泽东思想、邓小平理论、“三个代表”重要思想、科学发展观、习近平新时代中国特色社会主义思想为指导，遵循实事求是的原则，科学、客观地反映实际情况。

三、本年鉴采用文章和条目两种体裁，以条目体为主，用规范的语体、记述体，直陈其事，文字力求言简意赅。

四、本年鉴从1987年开始，逐年编纂。至2003年出版时均是标注当年年度，自2004年起循通行做法改为标注出版时间，即当年出版的年鉴，记述上一年度北京地区科技系统发生的重大事件和新的情况，为领导决策提供可资参考的依据，为社会各界了解、研究北京地区的科技事业提供权威的信息，为开展科技交流、对外宣传提供基础资料。

五、本年鉴以记述北京市市属科技系统各单位的情况为主，对境域内国家部门所属单位情况也适当记述，主体突出而又概括全貌。

六、本年鉴所载为北京地区科技事业的基本情况，采用分类编纂法。根据年鉴的文字内容，设有特载、专文、大事记、重大活动、科技计划与投入、科技资源、科技政策、创新高地、支撑发展、科技服务、创新成果、知识产权、质量技术监督、科技合作与交流、科学技术普及、各区科技、政策法规选编、统计资料、附录19个基本栏目。

七、选入本年鉴的文章和条目，均由《北京科技年鉴》参编单位确定的专人负责撰写或提供，并经主要负责人审核。统计资料由北京市科学技术委员会及参编单位的统计部门提供。

八、《北京科技年鉴2020》反映2019年1月1日至12月31日北京地区科技事业的发展变化情况，凡2019年的事件，均直书月、日，不再写年份，涉及其他年份的，均标明年份。

1月16日，中国工程院院士孙逢春带队在内蒙古海拉尔牙克石测试基地完成全气候动力电池极寒环境试验

2月18日，北京推进科技创新中心建设办公室第五次全体会议召开。会上，全国科技创新中心网络服务平台启动上线

2月18日，北京推进科技创新中心建设办公室第五次全体会议召开。会上，北京市人民政府与北京大学签订《共同推进碳基集成电路技术创新发展协议书》

3月1日，北京市科学技术奖励大会暨2019年全国科技创新中心建设工作会议召开

3月21日，北京市海淀区科学技术和经济信息化局挂牌

4月21日，北京生物结构前沿研究中心在清华大学揭牌成立

4月23日，2019年北京市知识产权宣传周主场活动暨中关村知识产权论坛在中关村展示中心举行

4月25日，联合国教科文组织国际创意与可持续发展中心第一届咨询委员会第一次会议在京召开

5月19—26日，以“科技强国　科普惠民”为主题的2019年全国科技活动周暨北京科技周主场活动在中国人民革命军事博物馆举办

5月25日，《人工智能北京共识》发布

6月13—19日，2019年全国大众创业万众创新活动周北京会场活动举办

6月16日，北京量子信息科学研究院2019年工作推进会暨学术交流会召开。图为兼聘兼薪签约仪式现场

6月19日，全国科技创新中心建设培训班在清华大学举行开班式

6月19日，北京市应用场景建设工作推进会召开，首批10项应用场景建设项目公布

7月6日，“科技支宁 首都带首府”京银深化科技合作座谈会召开。图为《北京市科学技术委员会 银川市人民政府进一步深化科技合作框架协议书》签订现场

7月18日，国家自然科学基金优秀成果北京对接会在京召开

8月19日，北京市科委对口帮扶赤城县科技扶贫工作现场推进会召开，5家落地赤城县的北京科技扶贫示范基地领牌

8月20—25日，以“智能新生态，开放新时代”为主题的2019世界机器人大会在北京亦创国际会展中心举办

8月29日，中关村科学城管理机构揭牌仪式暨海淀区非公企业党建大会在京举行

8月30日，市科委参加科技部在新疆乌鲁木齐组织召开的第六次全国科技援疆暨四方合作推进会议

8月31日—9月15日，2019年国际篮联篮球世界杯举办期间，实现了全球首次“5G+8K”技术在国家重大赛事中的试播示范应用。图为全球首辆“5G+8K”转播车

9月4日，2019北京国际设计周设计之旅启动

9月20日，北京冬奥组委与北京市科委信息系统检测服务合作框架协议签约仪式举行

10月18日，在2019中关村论坛重大成果发布会上，北京市人民政府与中国科学院就共建“干细胞与再生医学研究院”项目签约

10月18—20日，中国设计红星奖最新获奖产品参加2019世界工业设计大会暨国际设计产业博览会

10月26日，以“科技筑梦实干强国”为主题的“2019·科技盛典”在京举行

10月29日，北京市落实国家科技特派员制度推行20周年总结会议精神座谈会召开

10月31日—11月1日，2019北京智源大会召开

11月6—7日，由市科委指导、国际知名学术出版机构细胞出版社主办的首届细胞科学北京学术会议召开

11月20—23日，以“5G改变世界　5G创造未来”为主题的首届世界5G大会在亦创国际会展中心举办

11月26日，由科技部和意大利教育大学科研部共同主办的第十届中意创新合作周在京开幕。图为签约仪式现场

12月6日，北京市自然科学基金2019年度杰青年会召开

12月11日，2019中国设计红星奖颁奖活动在京举行

12月19日，北京推进科技创新中心建设办公室召开第六次全体会议

12月24日，第四届中国创新挑战赛（北京）现场赛举行。图为颁奖典礼现场

12月28日，北京孵化三十周年总结大会暨专业孵化高层论坛在京举行

12月31日，国家智能网联汽车创新中心建设启动会召开

北京市科学技术奖技术发明奖一等奖：高性能低合金耐蚀钢系列钢种研制及应用成套技术。图为首钢的抗融雪剂耐蚀钢应用于冬奥滑雪大跳台

北京市科学技术奖技术发明奖一等奖：混合式高压直流断路器关键技术及应用。图为张北工程用500kV混合式高压直流断路器

北京市科学技术奖技术发明奖一等奖：先进压缩空气储能系统关键技术研究与应用。图为世界首套1.5MW先进压缩空气储能系统

北京市科学技术奖科学技术进步奖一等奖：深度限制超特高压电网过电压的压敏陶瓷材料基础理论与关键技术。图为正在生产的高性能压敏电阻阀片

北京市科学技术奖科学技术进步奖特等奖：面向移动应用的高分辨率柔性可弯折AMOLED显示技术研发与产业化。图为内外弯折柔性AMOLED显示

北京市科学技术奖科学技术进步奖一等奖：大束流离子注入机装备及工艺研发。图为大束流离子注入机运行现场

北京市科学技术奖科学技术进步奖一等奖：轻量化超大叶轮风电机组与柔性高塔一体化关键技术开发及产业化。图为新疆达坂城风电场

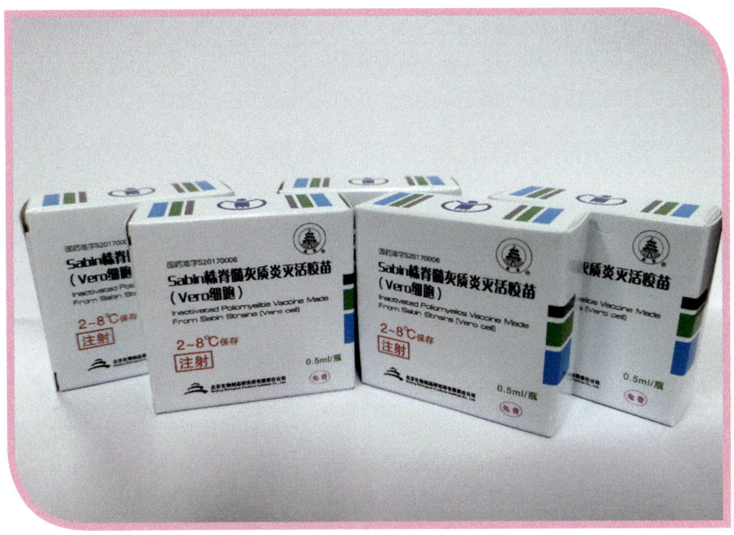

北京市科学技术奖科学技术进步奖一等奖：全球脊髓灰质炎病毒根除阶段关键疫苗sIPV和bOPV的研发及应用。图为Sabin株脊髓灰质炎灭活疫苗（Vero细胞）

北京市科学技术奖科学技术进步奖一等奖：新一代天气雷达升级关键技术创新与产业化应用。图为2018年9月台风“山竹”的双偏振雷达产品

北京市科学技术奖科学技术进步奖一等奖：用于核废料嬗变处理的325MHz超导质子直线加速器装置的研究。图为ADS 注入器-I Spoke超导段

北京市科学技术奖科学技术进步奖一等奖：中低速磁浮交通系统关键技术及应用。图为北京市中低速磁浮交通运营示范线——S1线

目　　录

特　载

北京市科学技术委员会 2019 年工作总结及 2020 年工作要点

2019 年是中华人民共和国成立 70 周年，是决胜全面建成小康社会的关键一年。北京市科学技术委员会（简称市科委）不断强化统筹协调、联络服务、督查落实，加快推进全国科技创新中心建设，多次获得国家层面通报表扬和市委、市政府主要领导肯定批示，较好地完成了全年目标任务，成效显著。

主要创新指标稳步提升。全市研发投入强度达到 6% 左右的领先水平，基础研究经费占比超过 15%。全市高新技术企业近 2.8 万家；全年实现新经济增加值 12765.8 亿元，占全市生产总值的比重为 36.1%；技术合同成交额近 5700 亿元，同比增长近 15%。发明专利授权量增长 13.1%。每万人发明专利 132 件。中关村示范区实现总收入 6.5 万亿元，同比增长 10.5%。

服务支撑创新型国家建设成效凸显。围绕“三个面向”，涌现出新型基因编辑技术、“天机芯”类脑芯片等一批重大成果，一批特种材料、工艺、器件保障国产航母、“胖五”、“雪龙 2 号”等精彩亮相，LED 显示芯片、人工智能、量子点光谱传感等一批新技术在国庆 70 周年庆典活动、大兴国际机场广泛应用。

开放、创新、合作，国际影响力不断提升。自然集团发布全球科技创新策源城市分析报告，北京原始创新贡献率位居全球第 3。世界银行发布《全球营商环境报告 2020》，北京作为样本城市得分 78.2 分，名列第 28 位。北京拥有 82 家独角兽企业，独角兽企业数量位居全球第 1；世界知识产权组织发布《全球创新指数 2019》，北京进入全球五大科技集群行列（第 4 位），成为全球创新网络中崛起的新高地。

2019 年重点工作推进情况及取得的成效

（一）坚持党建引领，凝聚发展合力呈现新变化

一是突出首位抓好党的政治建设。把党的政治建设摆在首位，引导各级党组织增强“四个意识”、坚定“四个自信”、做到“两个维护”。通过党组理论中心组学习、专题学习、专家宣讲，“学习强国”“党员 E 先锋”等学习平台，推动党的创新理论入脑入心。注重联系科技创新中心建设实践，分析研判“一带一路”机遇、中美经贸摩擦和重大疫情等影响，研究新情况、新问题。认真落实意识形态工作责任制，抓好情况通报、学习培训、交流研讨、谈心提醒、风险排查等工作，发挥专题新闻发布会、“一网两微两端”等宣传矩阵的作用，进一步筑牢思想防线。

二是扎实开展“不忘初心、牢记使命”主题教育。围绕“守初心、担使命、找差距、抓落实”总要求和“五句话”总目标，把学习教育、调查研究、检视问题、整改落实贯穿始终，着力激发党员干部践行初心和使命的理性认同和行动自觉。市科委领导班子集体学习 10 次，专题研讨 8 次，专题民主生活会 1 次；党员领导干部讲党课 55 人次，邀请专家讲座 2 次，召开先进事迹报告会 1 次。对标全市主题教育“8 + 1”专项整治工作，结合工作实际梳理出 16 个专项整治问题。深入科研一线和直属单位开展“小切口”式专题调研 247 次，召开座谈会 193 次，发现问题 222 个，现场解决 153 个，后续推动解决 69 个，形成 170 余篇（个）调研报告和典型案例。市科委主题教育的做法得到蔡奇书记的肯定，多次被《北京日报》、北京电视台等媒体报道。

三是高标准抓好庆祝中华人民共和国成立 70 周年活动等重大任务。开展“我和我的祖国”主题快闪、歌唱比赛、红色诵读、主题征文和摄影作品评比、参观 70 周年成就展等活动，唱响“我和我的祖国”主旋律。

组织545名科技界代表参加国庆观礼和招待会。出色完成国庆70周年活动筹备和服务保障工作,牵头组织国庆游园展览,设计由10个公园、“十个故事”有机组成“一幅画卷”,展览期间共吸引游客64万人次,得到蔡奇书记等市领导的肯定,也获得观众的广泛好评。

四是进一步加强基层党组织建设。召开直属机关第四次党员代表大会,选举产生新一届“两委”班子,优化设立机关16个党支部,指导13个直属单位党组织的换届调整,一批年富力强的干部走上新岗位,各级党组织和党员队伍焕发出新的生机和活力。全面推行“一规一表一册一网”,组织党务干部集中培训,加强党员管理,召开委系统纪念建党98周年表彰大会,组织受表彰对象参观承兴密联合县政府旧址,开展赴“第一书记”驻村“七一”对接共建、“共产党员献爱心”捐款和帮扶服务活动,慰问援藏援疆干部家属、派驻或下沉的一线干部、困难党员群众等,增强了广大党员干部的认同感和归属感。

五是认真履行全面从严治党主体责任。制定落实主体责任清单,定期会商研究重大问题,常态开展党风廉政教育,坚持“以案为鉴、以案促改”,深入开展检视剖析,召开全委警示教育大会暨加强直属单位领导班子建设专题民主生活会,持续开展问题纠治“回头看”和举一反三自查,层层传导责任压力。重点纠治形式主义、官僚主义作风,努力提高政务服务事项便利度。全年压减事项办理时限比例达61%,精简申报材料比例达71%,“最多跑一次”比例达75%。细化权责清单和工作流程,建立优化“三重一大”事项决策制度,完善项目招标、财务管理、直属单位公车管理系列规范,落实重大事项报告、廉政谈话、干部离任审计等制度措施。全年开展内控督查14次、专项督查检查40次,联合驻点监督检查8家直属单位,执行党纪政务处分4人次,约谈、函询、诫勉和组织处理10人次。

六是积极推动党建工作创新发展。坚持以科委党组为龙头牵引,以各党支部战斗堡垒作用为骨干支撑,以党员先锋模范作用为示范带动,充分发挥广大职工群众的主体作用,以共建共为增强党建工作合力。积极推行“组织建到网上、支部建到群里”等创新实践,协作中心“一周一课”融合培育平台、办公室强化党建引领创新政务服务、基金办“五个‘十加一’特色工程”、科创基金管理公司以党建促共建助发展等各具特色的做法,为提升党建工作质量、锻造战斗堡垒注入了源头活水。

(二)以全国科技创新中心建设为主线,推动全委各项工作再上新台阶

1. 服务国家创新战略,打造战略科技力量

主动承接国家重大任务。聚焦前沿信息技术、物质科学、生命科学、能源科学等领域,布局谋划战略任务。加快新型研发机构建设,量子研究院全球招聘全职科研人员和工程技术人员97人,成功举办量子物理与量子信息科学前沿论坛。脑科学中心引进学术领头人12人,科研技术人员总数达120人,发起成立中国脑成像联盟。智源研究院遴选智源学者85人,发布全球最大的物体监测数据集和多轮自然对话数据集;率先发布《人工智能北京共识》,为规范和引领人工智能健康发展提供“北京方案”。

加大基础研究布局支持力度。市基金专题资助数学、物理、生命科学等基础学科,推动北京应用数学中心、北京应用数学研究院筹建工作,研究北京颠覆性技术创新基金设立方案。强化青年人才培养,推动北京市加入国家自然科学基金区域创新发展联合基金。

围绕前沿技术和“卡脖子”技术,布局一批重大科技攻关。重点围绕集成电路、人工智能芯片、下一代汽车、前沿材料等重点方向系统布局。推动成立干细胞与再生医学研究院。支持全球健康药物研发中心、北京生物结构前沿研究中心等机构开展创新研发。支持北京仿制药重大品种一致性评价等8个第三方技术服务平台建设。

2. 建设“三城一区”主平台,推进区域联动发展

“三城一区”功能定位更加清晰。经市委常委会讨论通过,中关村科学城、未来科学城、怀柔科学城规划以及加快推进北京经济技术开发区和亦庄新城高质量发展的实施意见印发实施。

中关村科学城系统布局基础前沿和关键核心技术,加快建设“城市大脑”,打造新型治理平台;腾盛博药全球创新药物研发中心正式启用,海华信息技术前沿研究院、百放创新专业孵化器等新型机构落地;建设智能科技创新园,打造具有国际影响力的人工智能技术创新基地;发布“人工智能十五条”“智能网联汽车十五条”等多项新政策,持续改善创新生态体系和新型城市形态。

怀柔科学城综合性国家科学中心建设提速，高能同步辐射光源等5个大科学装置建安工程基本完工，5个交叉研究平台开始安装科研设备，11个“十三五”科教基础设施项目加快建设，创新小镇吸引50余家企业签约入驻，国家科学中心国际合作联盟成立，“一带一路”国际科学组织联盟落地北京。

未来科学城东区央企创新要素聚集效应逐步显现，新引入英维克新能源技术研究院、百利时公司等多元创新主体81家，混合型研发格局正在形成。西区深化沙河科教新城科教融合，建设5个产学研一体化新型研发中心。引入专业化管理团队，加快中关村生命科学园的运营管理建设，打造全市医药健康产业发展的爆发点。

北京经济技术开发区出台推进高质量发展的20条举措，加快建设国家新能源汽车技术创新中心等一批重点项目。顺义区出台创新产业集群示范区发展规划，建成7.1万平方米第三代半导体材料及应用联合创新基地，启动建设工业互联网标识解析国家顶级节点(北京)。

3. 持续深化科技体制改革攻坚，勇闯深水区

出台《北京市促进科技成果转化条例》。在全国率先以地方性法规形式对职务科技成果权属改革做出制度安排，系统构建本市科技成果转化权益制度体系。

实施《关于新时代深化科技体制改革加快推进全国科技创新中心建设的若干政策措施》(亦称科创30条)。从加强科技创新统筹、深化人才体制机制改革、构建高精尖经济结构、深化科研管理改革、优化创新创业生态等方面做出全面改革部署，是北京市在新的历史方位和时代坐标下推进科技创新中心建设的一项重大举措。

营造良好的创新环境。高质量完成中国营商环境评价创新创业活跃度指标填报和总结工作，优化营商环境的“北京经验”获国务院表彰并在全国推广。持续支持小米公司、集创北方、东土科技等14家龙头企业建设企业技术创新中心。向朝阳区、昌平区、怀柔区和北京经济技术开发区等下放高新技术企业认定专家评审权限。

4. 落实人才支撑行动计划，加大人才集聚培养力度

落实“人才五年行动计划”。引进或支持培养26名战略科技人才、200名科技领军人才、86名优秀青年人才。新增59名两院院士，两院院士数量居全国城市首位。“生命科学前沿创新培育专项”优化工作路径，遴选出第二批顶尖人才。

一批顶尖人才荣获科技奖励。王中林院士获2019年度阿尔伯特·爱因斯坦世界科学奖，成为首位获此殊荣的华人科学家。薛其坤院士获2020年度菲列兹·伦敦奖。邵峰、王贻芳、王小云等获得2019未来科学大奖。

强化人才激励。修订实施《北京市科学技术奖励办法》，在奖项设置、奖励等级、提名方式、评审机制等多个方面进行重大改革。深化职称制度改革，下放职称评审权限，增设科学传播、技术经纪等职称评价专业。

5. 抓好高精尖产业发展政策落实，引领高质量发展

全力推动高精尖项目落地。深入实施医药健康协同创新行动计划，启动建设5个示范性研究型病房，全市规模以上医药工业企业311家，拥有亿元品种100余个。2019年，医药健康产业营业收入达2073.2亿元，同比增长10.6%。积极推进国家新一代人工智能创新发展试验区建设，制订和实施《北京市促进人工智能与医药健康融合发展工作方案》，会同科技部牵头研究制订人工智能、医药健康行动计划，“双发动机”动能凸显。积极推进新材料成果转化和产业化，联合顺义区全方位布局第三代半导体，联合房山区加快建设石墨烯种子园，一批新材料产业化项目落地北京。加快推进新能源智能汽车产业发展，制定全国首个自动驾驶车辆模拟仿真测试平台团体标准。2019年，新增纯电动汽车7.51万辆，累计推广纯电动车30.89万辆，规模居全国城市首位，累计建成充电桩20.19万个。实施科技服务领域开放改革3年行动计划，从集聚国际高端创新要素等方面提出16条措施。加快5G商用步伐，建造全球首台“5G+8K”超高清视频全业务转播车，在北京世界园艺博览会(简称北京世园会)、篮球世界杯举办期间实现超高清视频转播。实施加快应用场景建设，推进实施首都高质量发展工作方案，发布2批30项应用场景清单。成立市科技创新投资

顾问小组，科技创新基金设立33只子基金，约定在京落地项目投资额超过202亿元。

深入实施"科技冬奥"行动计划。组建"科技冬奥"专班，组织跨学科专家联合形成"科技冬奥"创意设计团队，提出了四大类共11项"科技冬奥"创意方案。联合冬奥组委共同推进20项示范项目实施，建设智慧冬奥检测实验室，筛选出20项新技术产品在国家速滑馆、首钢园区搭建数字化运行等场景应用，向冬奥组委推荐60家企业的85项关键技术和产品。

强化科技支撑城市精细化管理和保障民生需求。围绕蓝天保卫战、乡村垃圾治理和水资源环境改善，实施科技支撑行动，持续推进生态环境改善。实施《城市交通大脑（2019—2021年）》3年科技规划。搭建城市安全保障智慧平台，聚焦城市生命线、应急救援、智慧安检、智慧安监等领域开展关键技术研发。建设北京老龄科技创新平台，探索"互联网+养老"创新型为老服务模式。北京科技特派员在线平台服务农民500多万人次，推动京郊234个低收入村农民增收致富，农村中心作为科技特派员组织实施单位受到科技部通报表扬。深化昌平区、通州区、平谷区等的7个国家农业科技园区建设。

6. 持续扩大开放合作，深入开展协同创新

积极推动"一核两翼"同频共振。与通州区签订合作协议，共同推动科技成果转化，研究推进张家湾产业发展。支持雄安新区生态环境治理。2019年，输出津冀技术合同4908项，成交额同比增长24.4%。扎实开展对口帮扶和区域合作。推动脱贫攻坚，京冀、京蒙等科技帮扶工作取得良好成效，赤城科技扶贫工作得到河北省领导的充分肯定。与宁夏、江西、沈阳等10个省区市13批次2000余人次进行对接合作。积极推进京港澳台科技创新合作。

构筑更高水平开放创新格局。发布实施《"一带一路"科技创新北京行动计划》，促进龙门创将等国际孵化平台落地北京，支持北京剑桥科技园建设，与德国、美国的一流高校成立国际联合实验室，推动在老挝建设水质监测联合实验室。组织举办"2019中关村论坛"及"构建全球创新网络，建设世界一流科学城"平行论坛、第十届中意创新合作周、第二届北京国际学术交流季等重大活动，凝聚更多力量参与建设具有影响力的科技创新中心。

7. 持续深化协同联动，形成科技创新中心建设强大合力和良好氛围

加强统筹协调，确保2019年度重点任务如期完成。组织召开和服务保障市主要领导座谈会，北京推进科技创新中心建设办公室（北京办公室）第五次和第六次全体会议、"一处七办"工作会议、季度调度会等会议，工作机制进一步强化。举办全国科技创新中心专题培训班、区块链专题培训班，牵头主编的《全国科技创新中心建设认识与实践》（干部教育读本）正式出版发行。

强化宣传影响力，推动形成良好的创新氛围。聚焦科技创新中心建设工作主线，构建全媒体宣传格局。组织召开新闻发布活动30余次，电视媒体、平面媒体和新媒体等宣传报道2万余条。

2019年，全国科技活动周暨北京科技周主场活动（简称科技周）成功举行，8天共吸引12万人次现场参观体验。全国科技创新中心网络服务平台服务范围已覆盖24个国家、33个中国省级行政区（含香港、台湾）。系统梳理北京科技事业70年发展的光辉历程，组织编纂《北京科技70年》。

8. 进一步强化科技项目管理，切实转变工作作风

加强预算工作统筹管理。细化预算工作流程，简化审批流程，减少报表，减轻科研人员负担。推动预算执行工作流程化、节点化、模板化，树立过"紧日子"思想，压缩一般性支出。完善直属预算单位管理制度建设，加强预算审核和财务管理。

顺利完成机构职能优化调整。完成机关内设机构的优化调整，进一步深化事业单位改革和规范管理，完成创业中心转企改制。落实新修订的《中华人民共和国公务员法》职务职级并行套转。举办5期专题班、3期高研班，做好各类奖励表彰推荐评选工作。

提高依法行政水平。坚持党的领导，推进行政决策科学化、民主化、法治化。高质量完成人大建议和政协提案144件。编制北京科技统计数据手册。做好主要领导经济责任审计，完善内部审计监督工作制度和管理机制，开展直属单位审计监督、新型研发机构支持资金专项审计等，扎实推进审计监督防风险。

不断提升政务服务水平。主动适应搬迁副中心的办公新格局，推广移动办公系统、视频会议系统、无

纸化会议系统,提升政务服务效率和水平。按照"工作重心、服务重点始终在主城区"要求,研究更好服务创新主体的各项举措,面向创新主体的验收、论证和研讨会等尽量在主城区统筹安排。

2020 年总体思路及工作安排

2020 年是全面建成小康社会和"十三五"收官之年,中国将进入创新型国家行列,北京也将初步成为具有全球影响力的科技创新中心。2020 年,全市科技工作的总体思路是坚持以习近平新时代中国特色社会主义思想为指导,大力实施创新驱动发展战略,紧扣创新型国家建设的目标任务,坚持科技创新和制度创新"双轮驱动",落细落实市委、市政府部署和全国科技工作会议精神,全面提升科技创新治理能力,充分发挥科技对新型冠状病毒肺炎(简称新冠肺炎)疫情防控和高质量发展的支撑作用,为实现决胜全面建成小康社会和如期迈进创新型国家行列贡献北京力量。

2020 年,科技创新中心建设的主要目标是全社会研发经费投入保持在 6% 左右,大中型重点企业研发费用增速 12%,技术合同成交额达到 5900 亿元左右,每万人发明专利拥有量 133 件,国家高新技术企业数量力争达 3 万家,在国家实验室建设以及前瞻性基础研究、引领性原创成果、"卡脖子"关键技术方面实现新突破,初步建成具有全球影响力的科技创新中心。

2020 年,我们将继续强化党建引领,在做好科技支撑疫情防控工作的同时,加快推进科技创新中心建设的各项工作,努力做到疫情防控和重点工作"两手抓""两不误"。

(一)强化党建工作引领,提升组织战斗能力

一是以理论武装为根本,大力加强党的政治建设。要坚持从政治上看科委、看本职,着力提高政治站位、政治能力和政治定力,推动增强"四个意识",坚定"四个自信",做到"两个维护""三个一""四个决不允许"。要持续深入学习贯彻习近平新时代中国特色社会主义思想,特别是关于科技创新的重要论述,进一步完善学习机制,让理论走近身边、指导推动实践。要巩固"不忘初心、牢记使命"主题教育成果,建立健全长效机制,深化"为全国科技创新中心建设做贡献"主题实践,开展"8 + 1"整改纠治"回头看"。要严格落实意识形态工作责任制和思想政治工作分析报告、谈心谈话等制度,加强舆论阵地管理和热点问题引导,确保全委纯洁、巩固和稳定。

二是以提升组织力为重点,着力打牢基层党的建设基础。要深入学习贯彻《机关基层组织工作条例》《支部工作条例》《党员教育管理工作条例》,深入推进党支部标准化、规范化建设。要抓好支部工作法试点,开展业务培训和研讨交流,用好党建工作联系指导、述职述评考核"两个机制",加强党员教育、管理和服务,增强党建工作创新发展活力。要引导各级党组织和广大党员干部在重大任务中经受历练,广泛开展争创"零感染"单位,探索实践"双报到"和下沉工作,"让党旗在防控疫情斗争第一线高高飘扬"。要坚持以党建带群建,建立党外人士联系建言制度,发挥群团组织作用,办好慰问走访、扶贫帮困、身心保健、老干部服务等实事,构建温馨和谐的科委大家庭。

三是以深化落实主体责任为牵引,进一步加强党风廉政建设。要认真贯彻落实《党委(党组)落实全面从严治党主体责任规定》《北京市政治生态分析研判工作方法》,完善基层党建工作情况通报和述职评议考核机制,进一步细化、压实各级责任。要深入抓好驻点监督检查、审计发现问题整改落实,严格请示报告制度,建立健全党支部参与、监督"三重一大"工作机制,进一步细化权责清单和工作运行流程。要改进工作作风,落实委党组和领导班子成员联系基层制度,强化主动服务意识,完善"接诉即办""一网通办"机制,进一步提高政务服务效率。要突出纠治形式主义、官僚主义,紧盯对党中央、市委、市政府重大决策部署和指示要求不敬畏、不在乎、表态多而落实差等问题,加大检查、抽查力度,定期通报、曝光。对违规违纪行为和反复出现的不良倾向要铁面问责,推动问题解决,涵养清风正气。

(二)强化疫情防控科技支撑,扎实推进科技创新中心建设的各项重点任务

1. 继续抓好当前疫情防控重点工作

坚持把疫情防控科研攻关作为一项重大而紧迫的任务,奋力书写疫情防控的"科技篇章"。认真落实

加强疫情科技攻关以促进医药健康创新发展的 10 条措施，在疫苗、新药、检测试剂等方面加快科研攻关。加强国际研究合作，坚决打好新冠肺炎疫情防控阻击战。继续做好信息技术、新材料等在疫情防控中的应用，提高公共场合突发传染疾病的防控能力。主动加强服务对接，协调落实好税收、房租减免、研发成本补贴、融资服务等相关政策“服务包”，助力企业平稳复工。

各部门、各单位要慎终如始，继续抓好委内疫情防控工作。要时刻绷紧疫情防控这根弦，不打折扣、丝毫不差地落实好市委、市政府决策部署以及我委制定的各项疫情防控制度和措施，继续严格落实“四方责任”，实行闭环管理，做到“看好自己的门，管好自己的人”，遵守有关人员境外回国报告制度，强化对商务楼宇承租单位的疫情防控管理，抓细抓实各项工作。在做好防疫前提下，积极有序推进复岗、复工、复产。

2. 扎实推进科技创新中心建设的各项重点任务落实

一是积极承接国家重大科技任务。整合优势创新资源，创新体制机制，加强与相关领域的领军人才和优势团队沟通，防止人才外流，为相关领域的国家实验室在京落地提供服务保障。编制和完善组建方案，细化国家实验室选址、挂牌等工作。积极承接脑科学、人工智能、天地一体化等国家科技创新 2030—重大项目、重点研发计划落地北京，继续支持国家新能源汽车技术创新中心建设，加快推进京津冀国家技术创新中心申报与建设。推进材料基因组等交叉研究平台建设，做好“十四五”时期重大科技基础设施在京落地论证和前期谋划工作。

加强“从 0 到 1”的基础研究布局，强化目标导向和应用驱动。围绕量子信息、脑科学、人工智能、光电子、区块链和应用数学等领域加大支持力度，推动基础研究学科交叉融合。强化 5G、集成电路、新能源智能汽车、第三代半导体等领域技术攻关，努力抢占科技制高点。组织实施区域创新发展联合基金（北京）项目，设立颠覆性技术创新基金。跟踪国家重点实验室体系重组进展，优化北京市科技创新基地布局，研究修订北京市重点实验室和技术创新中心认定、考核的相关管理办法。持续支持新型研发机构建设，完善组织架构和运行机制。

二是加快建设“三城一区”主平台。高水平编制《北京市“十四五”时期加强全国科技创新中心功能建设规划》，更高起点、更高质量地设计好科技创新中心建设 5 年路线图和时间表。高标准推动“三城一区”规划落地，健全规划实施与监督评估机制。

聚焦中关村科学城，聚焦高端芯片、操作系统、基因编辑、干细胞等领域，布局技术创新平台和项目。支持腾盛博药开展创新药物研发，加快推进百放新药孵化中心、北京微芯研究院等建设，推动联影集团在京成立民非研究院。协调推动中关村科学城北部创新生态持续提升。

突破怀柔科学城，系统梳理物质领域重点布局方向和项目，引进顶尖人才；持续支持物质科学、空间科学实验室建设，加快建设北京应用数学研究院，推动纳米能源与系统研究所完善体制机制；抓好怀柔科学城重大科技基础设施等对接工作。加强院市区多级协同联动，支持 20 个左右的科技成果落地怀柔。

搞活未来科学城，推动东区“能源谷”建设，支持开展数字能源、高效光伏电池、先进储能等研究，全链条布局氢能关键技术攻关；推动西区“生命谷”建设，继续支持脑科学中心、北生所二期等建设，协调推进生命园三期建设。推动沙河、良乡科教新城的新型研发中心建设，打造产学研深度融合的技术创新体系。

升级北京经济技术开发区，支持其依托国家新能源汽车技术创新中心，打造自主车规芯片创新和产业生态。支持顺义区打造第三代半导体材料及应用联合创新基地。充分发挥“三城一区”对接联动作用，促进创新链、产业链、资金链在三大科学城与各产业集聚区之间的良性互动。

三是持续深化科技领域“放管服”改革。全力抓好科技成果转化条例贯彻实施，建立健全科技成果转化议事协调机制，制定出台相关配套政策，在职务科技成果所有权或长期使用权改革等方面推出典型案例。扎实推进“科创 30 条”落深落细，编制和实施 2 年落实方案，“定目标、定成果、定进度、定责任”，落实 83 项重点任务。积极做好市人大相关执法检查，加强督促评价和落实评估。进一步完善科技创新基金运行机制，力争新设约 20 只子基金，更好地发挥市科技创新基金作用。

以“减轻科研人员负担七项行动”为抓手，继续简化科研项目申报流程和材料，扩大科研单位项目和经费管理自主权，对实行包干制管理的财政科研项目经费使用实行负面清单管理，简化科研仪器设备采购流程。进一步完善科技计划项目经费监督管理,创新服务模式,不设审计事务所入围限制,不设审计收费指导价,真正做到放得下、接得住、管得好。落实国家《关于破除科技评价中"唯论文"不良导向的若干措施(试行)》,抓实抓细"三评"改革工作,完善科技评价体系,探索建立以创新质量和贡献为导向的科研项目绩效评价体系。制定出台北京市关于加强科研诚信和作风学风建设的政策。

四是集聚培养顶尖人才。落实好"人才五年行动计划",集聚培养一批战略科技人才、科技领军人才、转移转化人才以及青年科技人才等。完善科技人才政策体系、优化外专工作体系、加强人才服务支撑,形成人才、平台、项目"三位一体"的工作体系。依托"市杰出青年基金""科技新星计划",加强青年人才培养。抓好人物奖等科技奖励组织评审,创新职称评价方式,推行代表作评价制度,进一步激发科技人员创新的内生动力。

组织实施好北京市高精尖产业技能提升培训,定向引进培养紧缺、急需的高层次人才。推动编制使用和薪酬管理机制创新,进一步扩大科研事业单位的选人用人自主权,提高科研人员因公出国(境)和来访的便利性,实施人才精准服务,优化外籍人才引进服务保障,参与做好国际人才社区建设。围绕科技、金融、教育、医疗等重点领域,完善外国人才服务管理。

五是加快构建高精尖经济结构。发挥工作专班作用,加强对我委主责的高精尖产业重大项目的前瞻布局。医药健康方面,统筹协调医药健康协同创新行动计划的重点任务落实,加强重点项目调度;加快推进研究型病房建设,布局产业短缺技术服务平台和孵化器;协调各区保障空间供给,推进标准厂房建设,提高项目落地的承接能力;对接引进国际重大项目,推动重点品种在京产业化;试点建立"人类遗传资源管理服务站"。人工智能方面,加快国家新一代人工智能创新发展试验区建设,建设人工智能算力算法数据一体化开放服务平台;构建智能芯片研发体系,推动新型芯片及器件研发;以应用场景为引导,加强人工智能在医疗、教育、办公、金融等领域的应用和推广。新材料方面,制订3年行动计划,推动超材料、纳米材料、石墨烯材料等前沿新材料实现技术突破,推动设立新材料产业引导基金,推动第三代半导体材料与器件、光电子材料与器件、集成电路材料等关键战略材料产业发展。新能源智能汽车方面,聚焦中高端车型,增强全气候电池等核心部件的研发生产能力,推进提升龙头企业的产业竞争力。推进燃料电池汽车开展典型场景示范,建设新能源智能汽车产业高质量发展体系。科技服务业方面,落实《科技领域开放改革三年行动计划》,大力培育科技服务新兴业态,推动新一代信息技术与科技服务业跨界整合。积极培育一批具有国际影响力的龙头科技服务企业,搭建跨领域协同创新服务平台。

积极发挥科技创新的支撑引领作用,协同做好其他重点产业培育。区块链方面,发布《北京市区块链创新发展行动计划》和《区块链北京共识》,加快智能合约、高性能共识、可信芯片等区块链关键技术研发及其在政务、金融等领域示范应用。5G方面,面向超高清视频、智能网联驾驶、工业互联网、智慧城市等构建"5G+产业"新兴业态,推动5G/6G关键技术研究和射频前端等关键器件研发。

深入实施"科技冬奥"行动计划。配合科技部实施"科技冬奥"重点专项,推动更多项目落地北京;集成应用人工智能、大数据、虚拟现实等技术和产品,搭建智慧交通、智慧安保、智慧餐饮等应用场景。加快建设智慧冬奥检测实验室。推动数字胸牌尽快形成产品并测试应用,加快实现5G超高清转播应用。

加快科技成果转化落地。落实科技成果转化条例,支持行业领军企业、隐形冠军企业牵头建设北京市技术创新中心。加强科技成果转化统筹协调与服务平台建设,着力补齐内部技术转移机构建设、科技成果评估筛选及专利布局、成果中试熟化、引入市场化专业服务等关键短板。引导各区加大土地、空间、资金等条件保障,优化政策和服务环境,吸引科技成果优先在京落地转化。

强化科技创新,支撑城市精细化管理和民生改善。扎实推进蓝天、碧水、净土保卫战,为北京市PM2.5年均浓度持续下降、改善地表水环境质量、推动垃圾分类与资源循环精细化实施提供科技支撑。服务乡村振兴战略,发挥科技特派员、星创天地和农业科技园区的示范引领作用。全面支撑城市交通大脑和"智慧轨道"建设,打造城市安全科技保障和智慧健康养老服务体系。

六是推动开放创新。发挥"一核"辐射作用,带动"两翼"错位发展。深化与雄安新区在城市建设、生态环保等领域的创新合作,推动北三县与北京城市副中心在固废处理领域协同发展。助力津冀地区传统产业转型升级和新型产业创新发展，推动科技成果在天津滨海新区、河北京南国家科技成果转化示范区等转移转化与推广应用，保持输出津冀技术合同成交额持续增长。

持续推动区域科技合作和扶贫攻坚。落实与福建、银川、沈阳等地区的合作协议，加快推进北京石墨烯研究院福建产学研协同创新中心建设等重点合作项目，搭建成果转化平台和实践教育基地。精准对接需求，巩固扶贫成果，助力受援地区打赢脱贫攻坚战。发挥科技条件平台、技术市场等渠道作用，通过资源共享和技术输出辐射带动全国创新发展。

提升国际科技合作水平。加快“一带一路”科技创新北京行动计划落地实施，支持创新主体在海外科技资源密集区域及“一带一路”沿线国家设立离岸科技创新平台和孵化基地；以中德产业园、中日产业园、首钢产业园为抓手，积极推动国际创新成果的国内承载平台建设，促进创新要素在京聚集；推进高校院所与海外高水平科研机构共建联合实验室、联合创新基地等合作研发平台；充分发挥中意、中以等双边政府间合作机制和平台作用，推动开展务实创新合作；积极对接国际大科学计划项目，推动重大科技基础设施向全球开放共享；办好2020年中关村论坛，发布全球科技创新中心指数和全国科技创新中心建设重大成果；积极打造北京国际学术交流季、联合国教科文组织创意城市北京峰会等品牌活动。

北京市知识产权局2019年工作总结及2020年工作要点

北京市知识产权局

2019年是完成政府机构改革后的开局之年。市委、市政府高度重视知识产权工作，主要领导多次批示知识产权局开展相关专项工作。市知识产权局以习近平新时代中国特色社会主义思想为指导，全面贯彻落实党的十九大，十九届二中、三中、四中全会精神和习近平总书记关于知识产权工作的系列讲话精神，按照市委、市政府决策部署，围绕“四个中心”建设和高质量发展要求，提升知识产权治理能力和治理水平，持续优化首都营商环境，建设知识产权首善之区。

2019年主要工作

（一）扎实开展“不忘初心、牢记使命”主题教育工作

按照中央和北京市委的统一部署，北京市知识产权局党组扎实开展主题教育工作，坚持问题导向、需求导向，开展系列专题调研，深入检视问题，坚持边学、边查、边改，抓好整改落实，并将主题教育学习成果转化运用到实际工作当中。

（二）加强谋篇布局，推动形成知识产权工作合力

经市政府批复，北京市知识产权办公会议成员单位由42家调整为33家，同时调整了办公会议的组织架构，由市政府分管副市长担任召集人，修订办公会议制度，确立六大核心工作机制，办公会议统筹协调作用更加突出。

积极推进北京市知识产权综合立法研究工作。7次向市人大、市知识产权办公会议、市司法局、国家知识产权局条法司、市政府办公厅汇报工作进程。启动前期研究，组织立法专题座谈会20次，联合市人大、市司法局赴广东、上海等地学习立法经验，收集与综合立法相关的问题、建议340余条。初步形成《调研报告》、《立项报告》和基本框架建议。知识产权综合立法列入2020年市政府“抓紧工作、适时提出”项目。

《北京市知识产权资助金管理办法（试行）》经市委财经委审议通过并印发，增设对国外注册商标、中国地理标志资助，加大通过PCT途径申请海外专利的资助力度，引导支持企业积极开展海外知识产权布局。开展知识产权“十四五”规划编制前期研究工作。开展《奥林匹克标志保护条例》修订研究。

圆满完成国家营商环境评价指标任务。牵头负责国家营商环境评价“知识产权创造、保护和运用”指标，市市场监督管理局、市版权局等单位配合，顺利完成营商环境评价现场填报、资料提交等工作。北京市“知识产权创造、保护和运用”指标在国家营商环境考核评价中名列全国城市第一。

（三）统筹推进知识产权保护，塑造良好营商环境和创新环境

认真学习中办、国办《关于强化知识产权保护的意见》，举行宣讲会，组织专班开展落实工作，起草北京市实施意见和分工方案。市领导专门做出批示，要求抓好《关于强化知识产权保护的意见》落实工作。市区联动，圆满完成展会知识产权保护任务。整合执法力量，会同市场监督管理、文化执法等相关部门首次在京交会主会场和分会场分别设立知识产权保护办公室，现场解答咨询、接受投诉、处理侵权纠纷等，完成京交会“一主多辅”知识产权保护工作任务。强化执法联动，会同市市场监督管理局、延庆区政府等单位，开展为期162天的知识产权保护，实现了从“零容忍”到“零投诉”的工作目标和准则，完成了北京世园会知

识产权保护工作。

优化专利侵权调处工作模式。继续推进完善技术分析师制度，增强技术事实认定的中立性、客观性和科学性。与国家知识产权局专利局复审和无效审理部创新开展联合口审，维持裁判标准一致性。多环节推动行政调解工作，国内外企业一视同仁、平等对待，降低当事人维权成本，提高行政裁决效率。发布《北京市中小微企业外观设计专利侵权纠纷快速处理办法》，压缩专利侵权纠纷案件审理时限，加大对中小微企业知识产权保护力度。发布《电子商务领域专利侵权纠纷快速处理规程》，缩短电商专利侵权纠纷的处理期限。2019 年，共受理专利侵权案件 310 件，其中专利侵权纠纷调处案件共 84 件，展会专利侵权案件共 24 件，电商专利侵权案件共 202 件。其中，专利侵权纠纷调处案件结案 70 件、中止 8 件、在审 6 件。2019 年，共参加法院系统行政案件诉讼 21 件，其中北京知识产权法院一审案件 16 件，北京市高级人民法院二审案件 4 件、再审案件 1 件，等待法院最终决定。2019 年，共办理无违规证明 30 件、复审无效优先审查 25 件。

加强商标和地理标志保护。截至 2019 年 10 月 31 日，各区知识产权部门共办结商标案件 594 件，罚没款金额 4961.63 万元，捣毁售假窝点 36 个，办理 7 件国家知识产权局交办的商标侵权案件。完成对北京市地理标志信息的初步摸底，积极开展地理标志使用专项整治工作和地理标志保护资源普查工作。

高标准建设北京、中关村两个知识产权保护中心。两个保护中心通过验收并正式运行。审核通过 975 家企事业单位专利预审服务备案。截至 12 月底，累计受理专利申请预审案件 416 件；预审合格进入国家知识产权局快速审查通道的专利申请 144 件。积极对接京东等电子商务平台，为重大、疑难案件提供专利侵权判定咨询 245 份。

（四）践行高质量发展理念，打造创新发展高地

开展马德里商标国际注册自我评估工作。积极落实蔡奇书记批示，组织开展全市商标的国际注册调研和数据研究分析工作，形成《北京市商标国际注册评估分析报告》上报市委，获得蔡奇书记进一步批示。评估工作为下一步鼓励北京市企业开展商标国际注册奠定了良好基础。

积极推动科技成果产权化批示。中关村管委会、市知识产权局开展相关研究，形成中关村试点工作方案上报市政府。新发布的《北京市促进科技成果转化条例》进一步强化知识产权保护措施，增加了有关建立知识产权公共服务体系、加强知识产权保护的内容。

持续开展高精尖产业领域专利统计分析。聚焦高精尖专利导航服务，建设新一代信息技术和人工智能两大产业专利专题数据库，支撑重点产业发展。

大力服务区域知识产权发展。与中关村管委会共同发布《中关村国家自主创新示范区知识产权行动方案（2019—2021）》，与未来科学城管委会联合发布《未来科学城知识产权行动计划》。研究起草《“三城一区”知识产权行动方案》《北京经济技术开发区知识产权行动计划》《朝阳园年度知识产权重点工作计划》，与未来科学城共同筹建知识产权服务中心，全力推进“三城一区”主平台建设。开展京津冀交流合作，推动区域知识产权发展。

培育知识产权优势单位。开展 2019 年北京市知识产权试点示范单位培育工作，首次通过北京市政务服务网系统平台统一申报认定 257 家北京市知识产权试点单位、56 家北京市知识产权示范单位。首次支持北京市具有商标和地理标志运用工作特色的企业参与国家知识产权优势企业培育工作，推荐国家知识产权示范企业 11 家、优势企业 46 家。

（五）构建知识产权运营服务体系，促进知识产权价值实现

积极落实陈吉宁市长批示要求，会同中国人民银行营业管理部、市商务局等单位开展调查研究，提出提高北京市知识产权服务贸易工作方案，进一步满足高质量发展需求，提升北京市知识产权服务贸易质量。

开展知识产权保险试点工作。与市金融局等部门联合，对开展知识产权保险工作进行了可行性和必要性论证，制定发布了《北京市知识产权保险试点工作管理办法》及实施指南，支持企业投保专利保险，降低维权成本。积极推动知识产权、股权及相关实体资产组合式质押贷款新模式。指导中关村核心区知识产权质押贷款风险处置资金池运营。推动知识产权证券化工作。支持市文创集团知识产权证券化、标准

化产品——“文科一期 ABS”的获批和发行，对发行产品过程中遇到的问题进行研讨。

提升知识产权运营服务能力。签署全国知识产权运营公共服务平台建设项目补充协议，制订平台建设项目验收工作方案。指导重点产业知识产权运营基金研究制订加快投资进度工作方案。发布《北京市知识产权运营试点示范单位认定与管理办法》。完成 2019 年度知识产权运营试点示范单位申报和认定工作，新认定运营试点单位 23 家，运营示范单位 10 家。支持汽车产业知识产权投资运营中心发布知识产权大数据服务产品，建立知识产权大数据领域产业知识产权联盟。

（六）加快推进知识产权公共服务体系建设，营造良好营商环境

制定服务清单，为企业提供差别化、个性化服务。针对我市重点企业服务需求，研究制定了包括知识产权创造、运用、保护、管理、服务等方面的 35 项公共服务清单，对市级重点联系企业名录里的商汤科技、字节跳动等 40 余家企业主动送服务上门，及时解决企业发展中遇到的知识产权突出问题。

加强专利代理行业监管。积极贯彻新修订的《专利代理条例》和《专利代理管理办法》，做好专利代理监管与相关工作衔接，梳理市知识产权局 21 项行政检查清单和行政处罚事项；全年共审核执业备案申请 5056 人次。集中开展专利代理行业“蓝天”专项整治行动，接到各种渠道投诉案件共 51 件，立案 17 件，做出处罚 6 件，首次对“黑代理”进行罚款处罚；对全市 509 家专利代理机构、3152 名专利代理师执业情况进行检查，对存在违法违规问题的代理机构进行纠正和立案处理；开展双随机抽查，对 55 家专利代理机构进行检查，对存在违规行为的机构纳入异常名录或立案查处；加大行政指导力度，对 28 家代理机构网站宣传不规范、代理不够尽职等问题进行约谈。截至 2019 年年底，北京市共有专利代理机构 643 家，占全国的 24.66%；执业专利代理师 8580 人，占全国的 42.09%，均居全国首位。

推动知识产权服务业健康发展。建立健全专利服务从业人员诚信建设，完善专利代理师执业备案承诺制度，制定了执业和注销备案承诺书，组织 300 家专利代理机构和 5834 名代理师进行规范专利代理活动的信用承诺。与中国人民大学等高校合作开展专利代理实务教学。组织开展品牌培育培训活动，提升品牌机构服务质量和能力。

制定发布《关于推进北京市知识产权公共服务体系建设的意见》，成立第一批 9 家知识产权公共服务区中心，延伸知识产权保护公共服务。在顺义区、平谷区、延庆区新增 3 个商标受理窗口，开展商标注册等 24 项商标咨询、受理和审查服务，成为窗口最多的直辖市。

做好 12345 企业服务热线“接诉即办”工作。建立周调度、月小结工作机制，坚持“首问负责制”和“处长负责制”相结合，着力提升办理质量。12330 热线 6 月 28 日并入市 12345 热线、10 月 12 日纳入企业服务专席以来，共呼入来电 2117 个，其中企业来电占 68.3%，现场解答或办理的占 95% 以上，处理派单 37 件，平均办理时间为 2.6 天，获得企业与市民认可。

完善知识产权纠纷多元解决机制。深化诉调对接机制，与北京知识产权法院探索“多元调解 + 速裁”模式，与北京互联网法院签订诉调对接合作协议；新设立调解组织 4 家，实现对十大高精尖产业的全覆盖。2019 年，知识产权纠纷人民调解组织共接收案件 6961 件，是 2018 年的 1.92 倍，调成率为 65.6%。知识产权部门负责、社会组织为主体、司法行政部门指导、司法部门确认保障的知识产权纠纷多元调解机制基本形成。

多措并举推进“放管服”各项工作。依申请政务服务事项共精简申报材料 172 份，精简比例达 82%，办理时限总体压减了 55%，实现了“应减必减”。其中，2019 年专利资助金办理取消了所有专利证明材料，从申请到资金发放全过程，企业、群众只“跑一次”；“北京市发明专利申请优先审查推荐”等 3 个政务服务事项实现了全程网办和“零跑腿”。

（七）深化知识产权国际合作，支持企业开展海外布局

推动北京市政府与 WIPO 签订《关于加强知识产权合作的谅解备忘录的补充协议》，开展新一轮合作。推进第三批 TISC 单位在京落地。推进“一带一路”知识产权领域务实合作。建立“一带一路”知识产权服务联盟，编写“一带一路”沿线国家知识产权工作指引，服务我市创新主体赴海外发展。启动《海湾国家知识产权工作指引》研究项目，完成编写《“一带一路”海湾国家（GCC）知识产权工作指引》。

积极落实《北京市促进知识产权服务业发展行动计划（2018 年—2020 年）》，高标准推动建设北京（中

关村)国际知识产权服务大厅并启动运行,共有 53 家国内外知识产权服务机构进驻,提供专业服务。

强化“五位一体”海外维权公共服务体系。完成了国内第一个海外知识产权诉讼信息库,汇集了近 70 个国家的知识产权制度、6 万件海外知识产权案件、100 家海外知识产权纠纷高发地的服务机构以及 50 位擅长处理海外纠纷的律师信息。持续开展海外知识产权预警和维权援助专项工作,帮助企业建立风险管理长效机制,为企业应对海外纠纷提供智力支撑。

日前,中办、国办印发《关于强化知识产权保护的意见》,这是今后一个时期开展知识产权工作的纲领性文件,同时也为知识产权工作提出了新要求。

2020 年重点工作安排

2020 年是“十三五”规划的收官之年,是贯彻落实《关于强化知识产权保护的意见》(简称《意见》)的开局之年,也是推动首都高质量发展的关键一年。北京市知识产权局将按照北京市委、市政府决策部署,紧紧围绕“四个中心”城市功能定位,把贯彻落实《意见》作为知识产权工作的主线,提升知识产权治理能力和治理水平,完善政策体系,实施最严格的知识产权保护,持续优化营商环境,强化知识产权公共服务支撑,助力提升城市发展质量,加快知识产权的首善之区建设步伐。

(一)加强政策布局,塑造良好的知识产权政策环境

继续开展知识产权综合立法研究,制订北京市知识产权“十四五”规划,突出北京特色,力争先行先试举措。推进《北京市奥林匹克知识产权保护规定》修订工作。

(二)推动知识产权保护体系建设,持续优化营商环境

深入贯彻落实两办《意见》,制订发布北京市实施意见和分工方案。更好地发挥两个保护中心作用,推进快速维权和协同保护。建设国家知识产权行政裁决示范区,建立知识产权侵权纠纷行政裁决快速处理程序。建立京津冀、华北地区及知识产权案件多发地区间案件移送、调查取证、联合办案协作机制。深化电子商务领域知识产权保护联盟建设,增加商标、地理标志及版权等保护内容,形成知识产权大保护新模式。强化部门联动、市区联动,深入开展执法专项行动,做好京交会、冬奥会等重大活动的知识产权保障工作。完善知识产权纠纷多元调解机制;积极推动知识产权纠纷仲裁调解服务。

(三)聚焦“三城一区”、中关村“一区十六园”,为北京科技创新中心建设提供有力支撑

发布《“三城一区”知识产权行动方案》20 条举措,推动“三城一区”在知识产权运用和保护层面建立协调、协作的一体化机制,实现“三城一区”知识产权工作“因需定策、精准施策、协同联动”。打造中关村创新主体知识产权公共服务平台,为园区及高新企业提供大数据监测、优先审查推荐等系统公共服务。

(四)健全知识产权运营体系,推动知识产权与经济发展深度融合

构建知识产权金融创新服务体系,积极推动知识产权保险试点工作,全面构建专利质押融资风险多方共担、专利质押融资风险补偿的有效机制。支持重点高校、科研院所、领军企业构建产业知识产权运营中心。落实高质量发展,与商务局、金融局等单位紧密合作,继续细化工作方案和政策措施,推进服务业领域开放政策在我市落地。落实《北京市促进知识产权服务业发展行动计划(2018 年—2020 年)》,积极引进知名国际知识产权服务机构落地北京,促进知识产权服务业高端发展。

(五)优化知识产权公共服务,提升知识产权治理能力和水平

深化知识产权领域“放管服”改革,优化“一站式”综合窗口服务,缩短资助金办理时限,实现收费窗口“全付通”;推进增加知识产权仲裁、调解、公证、鉴定窗口咨询服务,探索开展相关业务自助查询服务功能。

(六)加强国际交流合作,服务企业“走出去”

落实《推进共建“一带一路”三年行动计划》,服务企业在“一带一路”沿线国家发展。实施以企业需求为核心的企业知识产权海外预警工作,切实帮助企业解决出口中的知识产权壁垒问题,增强企业知识产权战略意识和风险防范意识。持续开展海外知识产权纠纷或重大事项维权援助,完善和落实海外维权援助跟踪机制,丰富海外知识产权维权实训体系。

北京市科学技术协会2019年工作总结及2020年工作要点

北京市科学技术协会

2019年工作总结

2019年是中华人民共和国成立70周年，是全面建成小康社会、实现第一个百年奋斗目标的关键之年，也是市科协深化改革、攻坚克难的重要一年。一年来，在市委、市政府的正确领导和中国科协的直接指导下，市科协坚持以习近平新时代中国特色社会主义思想为指导，深入贯彻党的十九大和十九届二中、三中、四中全会精神，着力增强政治性、先进性、群众性，紧密围绕中心工作，积极履行“四服务”职责，深入推进系统深化改革，团结带领首都广大科技工作者强化担当、主动作为，工作成效显著，科协事业迈上新的、更高的台阶。

市科协突出抓好了以下几项重点工作：

第一，深入学习贯彻习近平新时代中国特色社会主义思想。坚守政治属性、突出政治建设、强化政治功能，市科协坚决把加强党的建设、强化党的领导摆在首位，坚定不移引导首都科技工作者听党话、跟党走。党组坚持领导带头，以上率下，理论学习中心组全年开展19次专题学习，指导督促各党支部、社会组织党总支，通过原文研读、专题研讨、分类辅导等形式，全面系统学习习近平新时代中国特色社会主义思想和党的十九大及十九届二中、三中、四中全会精神，中央群团工作会议精神，习近平总书记关于科技创新的重要指示和9次对北京发表重要讲话精神，做到真学、真懂、真信、真用。全年组织党的理论专题培训11次，参训党员干部603人次。开展习近平总书记深化学术交流与科技创新协同发展研究，形成理论成果。通过持续深入的思想理论学习，科协组织“四个意识”不断增强，“四个自信”更加坚定，做到“两个维护”更加坚决。

第二，精心组织开展“不忘初心、牢记使命”主题教育。严格按照中央和市委工作部署，市科协强化组织领导，层层传导、压实责任，坚决将主题教育总要求落到实处。党组坚持高标准、严要求，先后召开6次专题党组会、8次主题研讨会，深入调研29次，带头领学促学，推动党员干部政治素养提升；坚持以学促改、问题导向，梳理查找8方面不足，制定32项整改措施，力求抓准抓实，推动“四服务”履职有新进展；坚持学用结合、学有成效，以支部为单位组织20余次理论学习与改革创新相结合的大讨论，争取立行立改，推动改革攻坚有突破。市科协上下凝心聚力、担当作为，以主题教育强信念、明方向、增定力、得实效，认清科协组织践行党的初心和使命就是要保持和增强“三性”，全心全意服务科技工作者；科协组织要实现主题教育成效落地生根，就是要想方设法团结、服务、引领科技工作者干事创新，以情感温暖人、以事业吸引人、以成就鼓舞人，用扎实过硬的工作实绩践行初心与使命。

第三，围绕中华人民共和国成立70周年，大力弘扬新时代科学家精神。选树科技界楷模，以榜样人物的力量感召全社会。市科协第四届委员会主席顾方舟获“人民科学家”国家荣誉称号，他一心为民、一生奉献于科研，为科学家精神做出了生动诠释。市科协开展系列宣传报道，与公众一道向科学家致敬。王绶琯等61位科学家倾力支持北京青少年科技俱乐部，事迹被《人民日报内参》报道，市委书记蔡奇高度肯定，市科协大力宣传并推荐其入选“北京榜样”特别奖，科学家薪火相传的使命感、无私育人的“铺路石”精神，激励更多科技工作者献身科技、报效祖国。加强科学道德和学风建设，优秀科技工作者成为良好社会风尚的引领者。科技工作者快闪 MV《我和我的祖国》在“学习强国”全国平台首页及各主流媒体滚动播出；“新时代创新先锋”系列人物直播，讲述一线科技工作者的科研经历，二者累计关注人次过亿。“我听院士讲科学”入选首都未成年人思想道德建设创新案例。围绕庆祝中华人民共和国成立 70 周年，举办迎国庆专场演出，上千名科技工作者共同祝愿祖国繁荣昌盛。田伟院士等 4 位科技领军人物代表科技工作者发出为祖国富强担当和奉献的心声。

第四，系统深化改革取得重要进展。市科协党组把抓改革作为一项重大政治责任，整体谋划、周密部署，改革实现多点突破、纵深推进。团体上下对标、协同推进，《北京市科协系统深化改革实施方案》分解的五大方面 76 项任务中 95% 已经全部完成或完成了阶段性目标。编制《北京市科协事业发展三年行动计划（2019—2021 年）》，深化改革的路线图更加明晰。在改革 2 周年工作会上，市学会、基层组织总结经验，深化共识。16 个区科协全部出台深化改革方案，顺义区科协推动将落实改革纳入区委“大党建”绩效考评，怀柔区科协通过深化改革实现独立建制，各区科协融入大局、聚焦靶心，以改革促发展，事业焕发新活力。市学会践行经理学术理念，合力推动学术月创新升级，蔡奇书记专门批示给予高度肯定。牵头组建北京科学教育馆协会暨京津冀科学教育馆联盟，建立科学教育馆协同联动的有效机制，带动区域科学教育水平整体提升。评审产生全国首批科学传播专业正、副高级专业技术人员 75 人，为行业发展确立规范、树起标杆。市科协改革经验被市委深改办的《北京改革工作简报》刊发，供全市交流借鉴，推荐的 5 个改革创新案例被中国科协作为典型示范在全国科协系统交流。

一年来，市科协取得以下工作成效：

（一）坚持党对科协组织的政治领导，政治引领能力不断提升

从科技社团党的组织体系和工作体系双线同时发力，党建引领持续强化，党建与业务实现互促进、共发展。市科协社会组织党总支领导 9 个学会秘书处党支部认真履行党员教育、管理、监督职责，充分发挥党组织的政治功能和政治作用。社会组织党建委通过组织沙龙、培训党建指导员等方式，领导 187 个党建工作小组充分发挥政治核心作用。全年新成立党建工作小组 18 个，党的组织覆盖率达 86.2%。科技社团中党的领导作用日益凸显，90 个党建工作小组表现突出。市科协政治引领坚强有力，做法被市委统战工作领导小组办公室宣传推广。

坚持以正确的舆论引导人，宣传树立鲜明政治导向，一年来，各主流媒体对科协工作的报道量质齐升，其中《人民日报》3 次、《人民日报》（海外版）10 次、新华社 4 次、中央电视台 4 次、《北京日报》42 次，其他新闻媒体、网站、新媒体等宣传报道 1 万余条，科协的社会形象更加鲜明。科普宣传显现规模效应，“科学加”“京科普”“蝌蚪五线谱”“科协频道”等形成新媒体矩阵，策划制作系列化、启发式音视频节目数百期，播放量超千万次；“科普中央厨房”汇聚优质科普资源 3 万余项，吸引国家新闻出版署“绿书签”公众号等众多机构成为固定用户；“科学流言榜”被全国近百家媒体转载刊发，科学思想、科学理念与方法深入人心。学术宣传突破学术圈局限，利用网络直播、微博互动、公众号推送等各种方式吸引 700 万人次观看各类直播学术活动，学术魅力充分彰显，首都创新文化氛围浓厚。

以党的政治建设为统领，压紧压实管党治党责任，全面从严治党向纵深发展。严格请示报告制度，全年向市委、市政府请示报告 18 件次，制定党组重大事项请示报告清单，市委直接领导有效强化，确保了市科协新时代中国特色社会主义群团工作方向明、道路清。全年召开 42 次党组（扩大）会议，清理检查 10 家直属事业单位执行“三重一大”集体决策情况，制定完善《北京市科协党务公开实施办法（试行）》等若干制度措施，从严从实指导督促各级组织知责履责。坚持意识形态领域无小事，制定指导性文件，开展专项检查，强化审核把关，旗帜鲜明讲政治、坚定不移抓引导，科协组织向心力、凝聚力持续增强。

（二）经理学术理念广受认可，学术交流主平台建设初具规模

学会的学术潜能不断释放，优质学术活动影响力凸显。“北京地区广受关注学术论文系列报告会”从 8.45 万份学科论文中精选出 27 篇，分为五大领域，举办 4 场主题报告会，线上线下实时关注总量超过 200 万人次，清华大学科协、北京大学科协、中科院京区科协及北京化学会等 10 余家组织倾力参与、合力打造。

报告会促进“大同行”间交流、促进老中青学者直接对话的做法更受到参会院士学者、高校机构的一致赞赏。突出学术交流国际化、交叉化、深度化的导向，评选产生市学会十佳影响力学术会议，促进众多高质量学术交流涌现，市学会全年承办高规格国际论坛32项，北京学术交流主平台逐步形成声势。

经常性学术交流广泛开展，学术月期间举办学术交流160余场，涵盖互联网和大数据、航天航空等数十个学科和行业领域，其中国际会议18场，与全国学会合作17场，90多位院士、400多名外宾参与。北京图像图形学会承办第18届IEEE混合与增强现实国际研讨会，首次亮相中国即赢得同行高度关注。北京听力学会创办的北京国际听力学大会成功举办5届，吸引了听力国际（Hearing International，HI）的关注并直接促成学会加入该国际组织。北京营养师协会理事长杨月欣当选亚洲营养联合会本届副主席和下届候任主席。北京电子学会创办国际自主智能机器人大赛，为该领域国际赛事规则的制定做出有益尝试。各类学术活动精彩纷呈，首都学术资源发挥出巨大效应。

（三）创新簇机制灵活高效，服务创新驱动能力有效提升

以市科协创新驱动工程为载体，积极开展创新簇实践，推动产学研用深度融合服务企业创新发展，新建开放式企业科协89家、院士专家工作站26家、企业创新簇63个和北京优秀青年工程师创新工作室20个，促成合作项目200余项，涉及总金额达5.7亿元。聚焦“三城一区”建设，落实与北京经济技术开发区战略合作协议，牵线推动与比利时、芬兰、德国科技创新机构全面对接，实现项目落地、资源互通。为中关村科学城、未来科学城引入创新资源，组织学术交流、创新研讨等50余次。中国北京国际科技产业博览会（简称科博会）举办期间，79家科协组织展示上百件创新成果，收到良好的经济和社会效益。

着力激发人才作为创新核心要素的潜能。面向工程技术人员，以筹建北京工程师学会为契机，提升服务的精准化、系统化水平，助推企业工程师成为实践创新的有生力量。面向一线科技工作者，开展创新方法培训等服务活动近百场，数千名企业科技工作者直接受益。中意科技经贸周、大学生科技创新作品与专利成果展等，面向高校师生及公众搭建起交流创新、展示成果的多样化平台。引导北京老科学技术工作者总会与天合科技成果转化促进中心深度合作，36位离退休科技专家参与，为企业技术需求探索市场化解决途径。

助力京津冀协同发展。发挥科技成果转化平台作用，面向京津冀发布60个优秀科技成果项目，举办6期前沿科技大讲堂，开展2期专业人才培训，累计培训110人。聚焦精准扶贫，制定并实施《市科协落实〈北京市乡村振兴战略规划（2018—2022年）〉工作要点》，采用“团队＋公司＋合作社＋低收入户”模式，29家涉农学会服务34个低收入村，带动增收超过10%。面向河北，11家市学会深入丰宁、阜平等国家级贫困县开展技术指导，达成合作22项，有效带动当地农业经济发展。

（四）科普双升级取得新突破，成功打造“首都科普”新名片

北京科学教育馆协会以推进科普双升级、打造“首都科普”名片为使命，举办首都科普联合行动、首都科普主题研学、北京科学教育馆科学传播大赛、科学教育北京行以及馆际互鉴互学观摩交流等活动，积极推动场馆深度融合和场馆内涵提升，促进科学教育馆高质量发展，为服务社会公众打牢基础。北京科学中心“1＋16＋N”发展体系日趋完善，四大功能有机融合，与北京城市发展战略地位相匹配的科普新地标建成。北京科学中心展教资源开发利用能力稳步提升，自主开发的主题展线课程28门120项，八大主题实验室、100余项展厅实践活动等深受同行好评和青少年喜爱，成为首都科学教育与传播的主阵地。

坚持寓科学思想方法传播于知识普及之中，首都科技创新成果展模拟科学研究的思维过程，展示创新成果48项，全新的展教理念受到中国科协党组书记怀进鹏的肯定，要求把这些展项推广到全国及其他国家。北京科学嘉年华与“首都科普”行动联动，1000余场基层科普活动广泛开展，《北京日报》盛赞科学嘉年华的品牌效应。组织实施北京市全民科学素质行动计划纲要，北京市公民科学素质大赛线上线下广泛覆盖，53万余人次参与。北京连续15年蝉联“明天小小科学家”奖励活动全国冠军，科普之春、科普之夏等基层科普活动参与人数众多，首都公众科学素质持续提升。新建北京科技教育创新研究院，向科学教师传授先进的科技教育理念和方法，做法得到副市长隋振江的肯定，研究院被中国科协认定为全国唯一的“英才培养基地”。

科学传播事业发展态势良好。北京国际科学传播交流周吸引了36家境外科普机构和科技组织参与，科技馆长对话会、国际科技电影展等集聚国内外力量，为北京科学传播事业拓展边界、筑牢基础。科学与文化进一步融合共生，首都科普剧团全年开展科普剧展演20余场，优秀科普图书出版、推荐广受欢迎。科普志愿服务更加社会化、日常化，实名注册志愿者达3000人，科学传播全民参与，日益繁荣。

（五）专业智库群建设稳步推进，科学决策智囊团作用充分发挥

聚焦全国科技创新中心建设的重点领域，以专业智库基地、调研课题承担单位、科技工作者状况调查站点为载体，凝聚专家资源，服务科学决策。高水准完成京津冀地区《国家中长期科学和技术发展规划纲要（2006—2020年）》实施情况评估。加强源头管理，制定相关管理办法，以规范运行保障优秀成果产出。与中国科协，市委、市政府政策研究和信息工作部门深度合作，从选题策划入手促进智力成果转化应用。20家专业智库基地积极作为，组织开展15项课题研究和10期决策咨询沙龙。

全年，报送各类决策咨询成果近200篇，《关于尽快推进超高速管道交通发展的建议》被副市长隋振江、杨斌批示，《关于加强首都高精尖制造业服务化转型的建议》被市政府《昨日市情》（专刊）采用，3项建议被中国科协办公厅采纳，10余篇被市有关部门采纳，近七成转相关部门参阅。《北京市网购食品安全及监管研究》被评为中国科协“2019年十佳调研报告”之一。《北京科技工作者表彰奖励机制创新研究》报告被收入“北京人才蓝皮书”，为相关决策提供参考。市科协积极发挥市政协参加单位的作用，全年提交14个团体提案，代表科技工作者参政议政。

（六）创新人才培养选拔机制，科技人才发展新路径不断拓宽

立足新时期人才工作特点，修订市科协《关于加强科技人才工作的意见》及4项配套工作计划，推动新时期人才工作体系升级完善。市区协同、多措并举，联合市教委、相关区政府等，推进青少年科技后备人才培养计划、北京英才计划及拔尖培养暨英才储备学生试点工作，统筹利用央地科教资源，500余名中学生进入160余家国家和北京市重点实验室开展科学探究，一批富有创新精神和实践能力的青少年脱颖而出，在英特尔国际科学与工程大奖赛、学科奥赛等国内外重大赛事中取得优异成绩。

创新工作方式，托举青年科技人才成长、成才。探索实施青年人才托举导师负责制，17位院士参与，促进学术思想、科研方法新老传承，助推优秀青年科技人才向顶尖人才跨越。以同行评议取代被动推荐，广泛征集评选优秀科技论文。青年学术演讲比赛促进学术成果传播普及。通过首都海智离岸创新工作站与海外知名高校、众创空间、行会商会等建立合作，打通北京发掘、引入优秀海外青年学者的渠道，努力汇聚北京成为人才高地所需的优秀学者。发挥北京优秀青年工程师和茅以升北京青年科技奖的引领作用，设立“北京优秀青年工程师创新工作室”专项种子资金，持续发现和培养优秀青年人才。全年推荐68人参加全国及北京市重大人才奖项评审，1人入选国家百千万人才工程，1人当选北京学者，有效发挥人才成长的“助推器”作用。

（七）立足本职夯实基层基础，科协组织建设不断加强

强化学术属性，学会的吸引力不断增强。想方设法满足科技工作者的需求，为学会赢得更广泛的认同，217家学会注册会员人数3年内增长41%。市学会与31家优秀全国学会及大批在京科研院所建立合作，在科技工作者的学术热情与北京丰厚的学术资源之间搭起桥梁。学会改革意愿强烈，积极完善民主决策、分支机构管理等制度，通过购买服务，超半数学会、基金会实现秘书长专职化。全年74家学会共开展109项科技人才和275项科技成果评价。超过半数学会通过科技社团改革示范园区服务机制，主动与科协紧密联系，全年新增团体会员2家，撤销2家，约谈整改6家，学会主动作为的紧迫感、积极性大幅增强。

加强科协组织建设，团体覆盖面不断扩大。出台《市科协关于加强基层科普服务基层党建的意见》，促进基层组织融入基层治理体系和新时代文明实践中心建设，实现以党建带群建，党建与社建同步合拍、相互促进。市、区两级协同联动工作机制更趋成熟，各区科协利用换届增加基层一线科技人员代表比重，大力推进乡镇、社区、街道、楼宇等的基层组织建设，扎实细致做好建家工作。基层组织发展迅速，中国移动等97家企业建立科协组织，开放型科协实践不断深化，探索新经济组织科协取得进展，进一步延伸了工作手臂，扩大了组织覆盖面，市科协联系服务的企业科技工作者总数达56.5万人。

切实加强干部队伍建设，干部干事和创业积极性显著增强。机关党委、纪委和各支部以换届为契机，总结经验、强化担当。落实新修订的干部任用条例、干部考核条例，全年选拔任用 7 名工作实绩突出的处级干部，安排 7 人进行多岗位锻炼，稳步推进公务员职务与职级并行制度实施工作，完成职级套改及一次晋升工作，干部选拔任用制度化、规范化水平不断提升。领导干部个人有关事项申报抽查合格率 100%。

2020 年工作要点

2020 年市科协工作总体要求是以习近平新时代中国特色社会主义思想为指导，全面贯彻党的十九大精神，围绕首都城市功能定位和建设目标，按照中国科协“1－9－6－1”工作布局，启动市科协“三年行动计划”，切实履行“四服务”职能，拓展改革的广度和深度，坚持需求导向，坚持系统联动，接长手臂、广泛动员，确保市科协“十三五”规划圆满收官，以首善标准为推进国家治理体系和治理能力现代化做出应有贡献，为北京建设全国科技创新中心提供更强有力的支撑。

（一）加强党的领导，强化对科技工作者的政治引领、政治吸纳

把强化团体政治性摆在首位，全面加强党的建设，自觉把党的理论和路线方针政策贯彻落实到科协事业改革和发展全过程，坚定不移增进科技工作者对党的政治认同、思想认同、理论认同和情感认同。

持之以恒加强党的建设。深入学习习近平新时代中国特色社会主义思想，不断强化理论武装，扎实推进党的思想建设。巩固拓展主题教育成果，建立和落实“不忘初心、牢记使命”的制度。贯彻落实《关于以党的政治建设为统领进一步加强市直机关党的建设的若干措施》，突出党的政治建设，提升机关党建引领力。严格落实党建工作责任制，突出抓好《中国共产党党和国家机关基层组织工作条例》《中国共产党支部工作条例（试行）》的贯彻落实，持续推进党支部标准化、规范化建设，不断加强党的组织建设。严格落实中央八项规定及其实施细则精神和市委实施办法，集中整治形式主义、官僚主义，持续开展党的作风建设。落实全面从严治党主体责任，用好监督执纪“四种形态”，不断强化党的纪律建设。推进党建工作与业务工作深度融合，实现两者同频共振、相互促进，确保各项改革任务落地生效。

强化社会组织党建工作体系和组织体系功能。按照《北京市科协关于进一步加强社会组织党建工作的若干意见》，全面开展社会组织党支部规范化建设，创新党建活动模式，加强党员教育培训，使党支部在社会组织秘书处中的战斗堡垒作用充分发挥出来。建立监督检查、考核评价工作机制，指导、支持党建工作小组发挥领导核心作用，为学会的改革与建设、经理学术、国际交流等全局性、长远性重大事项决策把方向、定步调，为社团健康发展保驾护航。

大力弘扬科学家精神。落实《关于进一步弘扬科学家精神，加强作风和学风建设的意见》，深化老科学家学术成长资料采集工程，发挥青少年科学俱乐部作用，使老科学家爱国奉献、无私育人的宝贵精神财富得以继承和发扬光大，汇聚起服务首都科技创新的后备力量。开展“新时代创新先锋”人物直播、“5·30”全国科技工作者日系列宣传，选树科技界榜样，引领良好社会风尚。以“茅以升青年科技奖”“北京优秀青年工程师”“最美科技工作者”等评选工作为抓手，加强对优秀人才的宣传与表彰，营造尊重人才、尊崇创新的舆论氛围。开展科学道德和学风建设线上传播与宣讲报告会、研究生导师教育培训等，鼓励学术民主，推进科研诚信，努力营造良好的学术生态。

（二）大力推进学术交流主平台建设，启迪创新思想培育创新文化

将经理学术实践引向深入，瞄准高端化、国际化、多样化方向，引导学术交流，关注学科前沿、产业发展、社会需求，以学术的繁荣与创新为北京的科技创新与进步注入活力、筑牢基础。

凸显高质量学术交流的带动效应。升级北京科技学术交流月，依托更多参与主体，在组织方式、内容设计、宣传推介、公众参与等方面持续探索创新，进一步提升学术交流的层次和水平，扩大覆盖范围，打造与北京建设具有全球影响力的科技创新中心相称的学术交流主平台。深度挖掘首次学术成果遴选及报告会成果，切合科技工作者、学科发展、产业创新各方面需求，推动高质量学术交流进一步精品化。突出重点布局、结合学科体量，2020 年学术成果遴选将围绕肿瘤学、人工智能、生物医药等重点领域开展。继续推进

“十佳影响力学术会议”品牌建设，探索建立学术会议评价机制，促进学术活动提质增效，增强首都学术发展引领力。

深入开展科技评价，助力科技创新和人才成长。加强科技评价制度建设，起草科技评价试点机构管理办法，规范工作开展，提高管理水平，确保科技评价科学严谨、公平公正。认定第二批科技评价试点机构和开展科技评价评优工作，推广试点机构的成功经验，真正发挥典型带动、示范引领作用，推动科技评价全面开展。突出科技评价在学会经理学术实践中的重要作用，支持学会开展技能人才评价、面向在校生的人才评价、科技成果评价等工作，营造有利于原始创新、人才成长的学术交流和文化，形成具有科协特色的科技评价工作形式。

推进央地学术资源协同创新。深化与全国学会、中央在京科研院所、海外学术组织的合作，探索建立合作方式和机制。通过国际自主智能机器人大赛等活动平台，进一步建立共建机制、完善共享功能，更大限度用好在京学术资源，为社会提供高品质学术交流产品和服务。加强与全国学会的日常联系，争取更多学术资源集聚学术交流主平台；加强与国际科技社团的沟通与交流，增进互信互通，促成实质合作，实现一流国际学术会议落地北京，切实提升首都学术的国际影响力。支持科技社团示范园区从职业人才培养、数据平台建设等方面入手，创新服务形式、提升服务品质、强化服务实效，推动市学会综合实力提升，为学术交流主平台建设筑牢根基。

（三）深化创新簇建设，构建服务首都科技创新的“生态圈”

立足北京创新优势，聚焦“三城一区”主平台和中关村国家自主创新示范区主阵地建设，从资源汇聚、人才对接、需求解决等方面入手，搭建各类服务创新驱动的工作平台，统筹用好各方面科技创新资源，助力北京建设全国科技创新中心。

促进科技创新资源集聚。深化创新簇实践，推动企业、学会、高校、科研机构有效合作、协同创新。加强开放式企业科协建设，为企业链接创新资源、对接创新服务，推动企业自主创新能力提升。优化院士专家工作站管理，发挥其创新推动作用，培育企业创新生态，助力企业高端化转型。搭建跨区域、跨行业的创新资源开放共享平台、前沿科技展示平台和融合创新平台，举办全国创新方法大赛北京赛区选拔赛，服务企业科技创新和科技工作者成长、成才。举办大学生科技创新作品与专利成果推介会，促进高校科技创新成果转化应用。面向民营中小科技企业、高端创业人才、海归科技人员等不同群体，搭建链条式、多功能、多元化的服务平台，加快集聚创新资源，打造服务全国科技创新中心建设的“生态圈”。

探索科技创新服务新模式。围绕技术成果转化，支持天合科技成果转化促进中心开展创新服务需求侧结构改革，探索建立企业创新需求市场化解决机制，加快建成技术交易市场，优化配置创新要素。成立北京工程师学会，以推动工程师国际资格互认为牵引，开展工程师的能力提升与素质培养、企业职业训练建设指导与培训，组织工程科技国际前沿高端学术交流，探索工程科技评价工作，服务企业科协和企业一线科技工作者。深入推进与北京经济技术开发区的战略合作，推动建立与中关村科学城、怀柔科学城、未来科学城的战略合作机制，建组织、引资源、促服务，助力“三城一区”主平台建设。

助力乡村振兴战略实施。继续实施科技助力精准扶贫工程，与科技套餐配送工程、乡村振兴战略的实施相衔接，重点针对北京市低收入村及河北贫困地区，组织涉农学会对口帮扶，提供“订单”式技术服务。配合全市对口支援工作，落实合作协议，为区域发展引入科技支持力量，助推区域均衡发展。聚焦京津冀协同发展，发挥科技成果转化平台、京津冀科技教育馆联盟作用，促进首都科技资源向周边辐射，推动三地协同发展、互利共赢。

（四）以科普理念与实践双升级促进公众科学素质提升，助力全国科技创新中心建设

准确把握新时代科学普及的新要求、新使命，着眼首都地区经济社会发展水平，着眼推动科技创新与科学普及“比翼齐飞”，积极深化科普双升级实践，提高首都科普的质量和水平，满足社会公众科学普及需求，促进公民科学素质不断提升。

推动“首都科普”新名片建设。积极适应首都地区经济社会发展水平对科普专业化的需求，进一步突出科学教育场馆科普主阵地作用，推动北京科学教育馆协会建设，推动以科学思想、科学方法为切入点提

升场馆内涵的科普理念和科普实践，开展科学思想方法主题展教区建设和青少年科学教育活动，促进首都科学教育场馆群体提质升级。大力推进首都科学教育场馆科普资源优化共享，推动“首都科普”主题研学，营造“到北京、看创新”的氛围。积极构建高水平科学传播公共服务平台，推动社会化科普广泛开展，提升首都科普信息化程度，全面提高首都科普的层次和成效。北京科学中心要发挥引领示范作用，坚持“展教结合、以教为主”发展理念，以北京科学中心 1 + 16 + N 发展体系为实践阵地，广泛开展寓科学思想与科学方法传授于科学知识传播之中的科学教育活动，加强科技教育交流合作，带动首都地区科普场馆科学教育能力提升。

不断深化科普双升级实践。加强科学思想和科学方法理论研究，聚焦科普创新、汇集实践智慧、搭建学术平台、发布理论成果、指导科普创新等，构建公共研究平台、创办《科学教育》学报，建设科学思想和科学方法理论研究主阵地。组织开展“首都科普条件平台”专题研究，推动开展公共服务场馆科学思想方法展教活动，促进科研院所、高等院校、高新企业科普场所对外开放。研究建立以职称评审带动行业发展的有效机制，深入推进科学传播专业职称评审工作，进一步完善评审标准，优化评审流程，促进科学传播人才队伍建设。

加强科学传播能力建设。组织 2020 年北京市公民科学素质调查评估，北京市公民具备科学素质的比例达到 24%。开展北京市全民科学素质工作中长期发展规划研究，促进北京市公民科学素质建设健康发展。充分发挥北京科学嘉年华、北京国际科学传播交流周、北京青少年科技创新大赛、北京科学传播大赛、北京公民科学素质大赛等重大科普活动的带动作用，促进首都地区群众性、社会化科普广泛开展。组织实施基层科普品牌活动支持计划、社区科普益民计划、科普资源基层行等基层科普行动，开展新时代文明实践首都科普主题活动，加强“科普中央厨房”、首都科学讲堂、北京流动科学中心、首都科普剧团等平台建设，提高服务基层科普的能力，满足社会公众科普需求。

（五）打造具有鲜明科协特色的智库群，服务党和政府的科学决策

紧紧围绕全市工作大局，发挥优势、突出特色，以专业政策研究咨询为方向，不断提升科协智库群的科学化、专业化水平，为首都科技创新和高质量发展提供决策支撑。

推动专业智库基地发展。鼓励各基地充分发挥“小中心、大网络”的平台功能，广泛吸收不同领域的专业人才开展决策咨询研究，建设开放型基地。支持各基地结合研究专长，聚焦首都创新发展，开展专业鲜明、服务决策、适度超前的研究工作。支持各基地建立应对突发性事件和群众关注的社会热点问题的跟踪和快速反应机制，及时提供切实可用的政策建议和意见。支持各基地打造在本专业领域内具有影响力的论坛或沙龙、专业刊物等决策咨询产品，服务政府决策，启迪社会公众。

持续打造专业智库群品牌产品。召开年度智库群优秀研究成果发布活动，系列发布智库基地形成的具有前瞻性、战略性、储备性和较强参考价值的决策咨询报告。提升《科技工作者建议》智库刊物影响力，从数量和质量两方面下功夫，确实发挥好成果报送“绿色”渠道作用。做强市科协决策咨询沙龙活动，把好选题、专家、成果关，逐步把沙龙活动打造成在相关专业领域有一定影响力的品牌活动。发挥好科技工作者状况调查站点作用，开展关系首都科技工作者切身利益的重大问题大型问卷调查活动，为首都科技人才政策决策提供参考和建议。

提升专业智库群成果转化能力。继续加强成果转化渠道建设，巩固中国科协，市委、市政府研究或信息部门，市人民建议征集办 3 条成果转化渠道，快速把科技工作者的建言献策转化为各级党委、政府科学决策的参考。持续发挥好市科协在市政协中参加单位作用，做好科协界以及科协界别政协委员服务工作，把科协系统的优秀决策咨询成果转化为政协提案。加强对智库决策咨询队伍的培训交流工作，通过市情、政策、方法等培训交流，不断提升市科协智库成果的针对性和可转化性，切实为服务党和政府的科学决策提供有效支撑。

（六）拓展科技人才成长通道，打造科技人才成长的“助推器”

围绕人才优先发展战略实施，创新青少年后备人才培养模式，完善青年科技人才托举服务，探索更具吸引力的海外人才集聚办法，支持老科技工作者发挥作用，建立科学规范、开放包容、运行高效的科技人才

发展与服务体系，助力首都打造世界高端人才聚集之都。

托举青年科技工作者成长、成才。继续开展青年人才托举导师制探索，及时总结经验，形成比较成熟的人才培养机制。支持市学会开展符合科技工作者需求、符合学科发展需求、符合科技创新需求的学术交流，将学术交流与人才的发现、汇聚、推举紧密结合，为青年科技人才成长创造机会、搭建平台。开展青年学术演讲比赛，与"科协频道"相结合，提升发现人才的能力和水平。加大对优秀科技人才的宣传力度，做好两院院士、中国青年科技奖等的推荐工作，组织好茅以升北京青年科技奖、北京优秀青年工程师等奖项的评选工作，探索运用社会力量办奖，鼓励科技人才踊跃投身科技创新，使科技人才在促进科技创新中的潜能充分释放出来。

集聚海外智力，服务首都建设。把握创建国家级离岸创新创业基地契机，利用海归青年科技人才双创加速营、海智讲堂等，增强联络和服务海外科技人才的能力。筹备建立首都海智科技创新联盟，广泛联合各类科技服务力量，对接科技园区、人才孵化器等平台，为海外高层次人才、海归青年科技人员回国创新创业提供全方位服务。打造"创新链接"年度品牌会议，推动中关村人才特区建立海外预孵化和双向离岸创新工作站。积极推荐科技专家在国际组织任职。

实施青少年科技人才培养计划。加强与市教委合作，以"三个人才计划"为抓手，发现和培养优秀青少年科技创新人才，为首都高质量发展提供科技人才储备力量。全力办好北京青少年科技创新大赛、机器人竞赛、创客国际交流、高校科学营、科学影像展评和展映等品牌活动，以赛促学，充分激发青少年开展科学探索和创新实践的热情。发挥北京科技教育创新研究院的平台作用，培养会思维、懂创新的优秀科技教师队伍，传播创新理念，培养创新人才。

支持老科技工作者发挥作用。完善北京老科技工作者总会组织体系，增强会员吸纳服务能力。继续举办院士讲科普、科普论坛报告会等精彩活动，支持老科技工作者发挥优势，力所能及地参与技术交易市场建设及四技服务、决策咨询、科普宣传等工作，实现老有所为，为首都科技创新发光发热。

（七）加强科协自身建设，不断提升组织服务能力

以能力建设为重点，完善基层组织运行机制、拓宽工作载体、转变工作方式；强化团体会员、联系会员的管理与服务，延伸工作手臂、拓展服务平台，切实增强科技工作者对科协组织的获得感，增强科协组织的凝聚力和生命力。

推动科协系统改革向纵深发展。召开市科协系统改革 3 年工作会，重点围绕经理学术、科普双升级、创新簇、专业智库群等 4 个改革理念，总结 3 年改革成效和经验，研究部署下一阶段深化改革重点任务。加大对区科协改革方案推进的指导力度，推动区科协改革关键环节取得突破。推动《北京市科协事业发展三年行动计划（2019—2021 年）》落实落细，督促各项任务按照年度有序完成。科学编制市科协事业发展"十四五"发展规划，对标对表中央和北京市部署，在改革重要领域持续发力，推动科协事业持续健康发展。

强化学会改革创新能力。出台联系会员、学会建设等相关文件，引导学会完善内部治理结构和运行机制，提升会员凝聚力、学术公信力、社会影响力，建设一流科技社团。鼓励学会间开展跨学科、跨领域、交叉性、综合性合作，面向大学科领域或全产业链，推动学会集群式发展。深化学会经理学术实践，立足科技工作者需求，开展多样化学术交流，打造重点科技期刊，做好科技评价、人才评价等，为科技工作者提供丰富的学术滋养、畅通的成长路径、广阔的施展空间。以优质、便捷、高效、丰富的定制化会员服务，增强学会的吸引力，建设"百强"科技社团。进一步提升学会工作信息化水平，升级"枢纽型社会组织工作平台"，满足大数据时代学会发展的更高层次需求。

指导区科协改革深入推进。加强市区联动，按需定制，统筹市级优质资源服务基层，吸引区科协参与全市大型科普活动。推动区科协主动融入新时代文明实践中心建设，建立"街乡吹哨、部门报到"基层治理体系和基层党组织、在职党员"双报到"机制，促进党建带群建。实施组织建设能力与素质提升计划，培养和造就一支规模适度、结构优化、素质优良的人才队伍。支持引导以"三长"为代表的"关键人物"在基层科协组织建设中发挥积极作用。协调推进区科协按时换届。

不断扩大基层组织覆盖范围。加强开放式企业科协建设，组织开展专题研讨和实地调查研究，探索在

智能制造产业生态中试基地等建立科协，为企业链接创新资源、对接创新服务，推动企业自主创新能力提升。健全区域企业创新服务中心工作机制，实现市、区分级管理功能。加强企业科协工作人员培训交流，促进技术合作、协同创新。加强对高校科协工作的指导，强化高校党委对科协工作的领导，提高服务高校科协工作的针对性，推进高校科协组织建设。面向“回天”地区，打造科普示范社区，对接优秀科普资源，组织开展丰富的科普活动，辐射带动科普能力提升。

专　文

北京：转型发展风鹏正举

当前，中国经济已由高速增长阶段转向高质量发展阶段。推动新时代经济高质量发展，正在经济社会发展各领域掀起一场广泛而深刻的变革，带来从理念到实践的全新变化。

4月的春风，吹绿了京城。推动首都高质量发展，便如这浩荡的春风，带来春的消息。

2018年，北京市地区生产总值超过3万亿元，增长6.6%，人均达2.13万美元；全员劳动生产率达到24万元/人左右；每万人发明专利拥有量111.2件。今年一季度，各项经济指标持续向好。这份增长，呈现在绿色发展的底色上。这一年，北京蓝天回归，绿水重现，城市森林增加，拥堵指数下降；这份增长，由创新发展的新动能催生，北京新经济增加值总量已超万亿元，占地区生产总值1/3。

生态环境的强势逆转、经济实力的稳步增长、科技创新能力的显著提高，这三者同时呈现，国外观察家称其为超级大城市转型发展的“北京奇迹”。

北京是如何以滚石上山之力破解深层次矛盾、推进转型发展、跑出高质量发展“加速度”的？

“现阶段的北京，减量发展是特征，绿色发展是基础，创新发展是出路，而且是唯一出路。”北京市委书记蔡奇这样概括北京的发展思路。

创新发展：前沿产业再蓄力

中关村，被称为中国互联网的诞生地，记者再次来到这里，被迅速崛起的人工智能产业深深吸引。

中关村前沿技术创新中心，位于北四环海淀桥西北角，一批创新型企业成立时间平均只有3年，平均估值已超26亿元。具有国际竞争力的人工智能芯片、全球首个深度学习专用处理器架构指令集、颠覆性液态金属打印机、低成本自动驾驶技术……每一家企业都是资本市场的宠儿，为这些高速成长的“小巨人”按下了快进键的正是人工智能。

2018年，全国双创活动发布首张颠覆性创新榜单，前10位中，北京独占7席，其核心竞争力几乎都与人工智能相关。国际知名市场分析机构CB Insights（总部位于美国的一家风险投资数据公司）2018全球人工智能百强榜单中，涉及的中国企业80%在中关村。海淀区区长戴彬彬说：“区内以硬科技为支撑的高成长企业估值合计14280亿元，人工智能与实体经济融合发展趋势明显。”

这种融合，使创新企业快速成长，也给原有的企业和产业带来革命性变革。小米2016年一度滑到谷底，2017年起死回生，售出了9400万台终端，重回世界第4；2018年售出1.18亿台，收入1749亿元，同比增长52.6%，实现利润86亿元，同比增长59.5%。其中一个“秘密武器”就是人工智能，董事长雷军表示，“小米在人工智能领域的投入远超大家想象”。百度的李彦宏有一个外号，就叫“AI先生”。智慧物流创造了电商送货的“京东速度”，面向未来，京东集团副总裁周伯文表示，京东将通过算法研究院强大的技术研究能力，创造一些以前从来没有过的技术能力，“人工智能改变世界，我们改变人工智能”。

北京高端制造业基地亦庄，是重要的汽车生产基地，这里正全力推进“智能网联汽车创新”，围绕“车、路、云、网、图”五大要素和“共性技术、增值服务”两大支柱，产业链协同创新已渐次展开。

“创新发展就是华山一条路，舍此别无他途。”在北京采访中，我们不断听到这句话，创新发展成为共识。

目前，以新一代信息技术、人工智能、集成电路、医药健康、智能装备、节能环保、新能源智能汽车、新材料、软件和信息服务以及科技服务业等 10 个产业作为发展重点,高精尖产业在北京全面布局。

在北京,更多的高精尖产业重点项目正在加快落地,如奔驰纯电动乘用车技术改造、燕东 8 英寸集成电路生产线、中芯国际 12 英寸集成电路生产线、京东方生命科技产业园等,这些项目的推进实施,有望培育出千亿级“航母企业”。而在怀柔科学城,中科院系统 9 个研究所已入驻,国家空间科学中心承担“悟空号”“墨子号”“慧眼”等多颗重要科学卫星的地面中控指挥;地球系统数值模拟装置、北京光源装置、多模态跨尺度生物医学成像设施、子午工程二期等大科学“重器”正集中建设。

打造具有全球影响力的科技创新中心,北京思路清晰。中关村科学城、怀柔科学城、未来科学城和亦庄经济技术开发区,这“三城一区”,成为北京创新主平台,将从原始创新、大科学装置、协同创新再到科技成果转化、落地,建立起“科—技—产—业”接力机制,创新要素深度融合。

创新发展,赋予北京新的增长动能。2018 年,北京市金融、信息服务、科技服务等优势服务业对全市经济增长贡献率达到 67%。

前不久,英国 *Nature*(《自然》)发布“2018 科研城市自然指数”,在对全球 500 座城市的评价中,北京蝉联全球第一。创新发展,正成为引领北京市高质量发展的重要动力源。

减量发展:涅槃重生再展翅

北京市市长陈吉宁说:“高质量发展,通俗地讲,就是从‘有没有’转向‘好不好’。”这华丽又艰巨的转身,仿佛一次次涅槃重生。

沿长安街一路向西,进入石景山,就能看到首钢园区。4 月 6 日,国际冰联女子冰球世锦赛在这里的冰球馆拉开帷幕。身姿矫健,冰刀闪亮,昔日高炉的钢与火,已变成了文化创意产业的冰与梦。

采访中,一个又一个疏解腾退空间实现“凤凰涅槃”的故事,见证了北京这座城市减量发展的决心和成效:亚洲最大水泥筒仓群变身塞隆国际文化创意园,天坛家具腾退出的旧厂房成为金隅智能智造工场……

两年来,北京市淘汰一般制造业企业 1307 家,疏解提升市场和物流中心 500 个,为引入高端要素腾出了宝贵空间。

作为全国第一个“减量发展”的城市,新的城市总体规划勾勒出北京未来发展路径:严格人口规模和建设规模“双控”,严守人口总量上限、生态控制线、城市开发边界“三条红线”,城乡建设用地规模由 2017 年的 2945 平方千米,减到 2020 年的 2860 平方千米左右。

陈吉宁告诉记者:“规划刚性执行,去年北京实现‘三个减量’,在人口减少 16.5 万人、城乡建设用地减量 34 平方千米、建设面积减少 1200 多万平方米的情况下,全员劳动生产率大幅提高,效率提高远快于资源要素减量的影响,高质量发展迈出坚实的步伐。”

减量发展,城市环境发生巨大变化。既铁腕治霾,也科学治霾,2018 年北京 PM2.5 年平均浓度为 51 微克/米^3,创有监测以来历史最低。联合国环境规划署发布报告,称赞北京市大气污染治理成效显著,为发展中国家城市提供了可借鉴经验。141 条段黑臭水体完成治理,水质明显改善。地下水资源止跌回升,2018 年地下水储量增加了 9.9 亿立方米,接近南水北调一年的进京水量!

减量发展,推动老城活力复兴,百姓幸福感大幅提升。位于前门的草厂胡同,这几天游人如织。小桥流水,绿柳拂面,打小在胡同里长大、今年 67 岁的陈凤英说:“自打记事起,胡同就没有这么美过。”草厂胡同在保护胡同风貌的基础上,实现雨污分流,电力、电信架空线入地,拆除私搭乱建、提升胡同景观;增配了主食厨房、养老驿站、理发店,甚至还有了“小院议事厅”。西总布胡同、杨梅竹斜街、三里屯西街……2 年来,北京核心区 1282 条背街小巷旧貌换新颜,首都更加“有里有面儿”!

“减量”不是不发展,而是为了更好地发展。北京减量之路,越走,越清晰;越走,越坚定。

改革发展:先行先试增活力

康亮,一个有着中国名字的外国人,是 ABB(中国)有限公司高级副总裁。这家总部位于瑞士苏黎世的技术企业，参加了北京很多重要工程的建设。最近，康亮对于北京营商环境改革感受很深。“过去，想要备案登记，外资企业需要先去工商部门登记注册，再到商务部门进行备案，重复填报事项达 45%。如今，在一个窗口填一张表格就能一次性完成设立流程。”

北京优化营商环境浓墨重彩，制定出台 9 项主要政策和 N 项配套措施，接着又重磅推出优化营商环境 3 年行动计划，安排 22 项主要任务，并梳理细化成 298 项任务清单。如今在北京注册一家新的企业不超过 3 天，而且不用去政府服务大厅，网上即可全程办理。80% 的事项“一门”办理，70% 的事项“一窗”受理，各级 100 个高频事项争取一次不用跑或者最多跑一次。简流程、优服务、降成本、强监管，确保企业有实实在在的获得感。

在国家发展改革委对全国 22 个城市营商环境的试评价中，北京营商环境排名第一。栽好梧桐树，自有凤来栖。企业也在用实际行动“投票”。今年 1 月至 2 月，北京新设外商投资企业 227 家，同比增长 9.7%；实际利用外资 23.1 亿美元，同比增长 11.3%。

改革发展，先行先试，正在充分释放北京这座城市的活力，吸引越来越多的中外企业，也给百姓带来实惠。

北京顺义空港工业区保税仓库内，一批批从海外运来的饮料、食品等码在货架上，管理员穿梭其间清点、办理出库手续。“有了这保税备货的‘特殊仓库’，北京消费者购买进口商品也能实现闪送了。”北京海关副关长高瑞峰介绍。今年 1 月 1 日，北京完成“首单闪送”——从消费者下单到签收，不超过 6 小时，通关效率提升了 30%，物流成本节约了 15% 左右。

支持开展跨境电商保税备货业务，这是前不久国务院批复《全面推进北京市服务业扩大开放综合试点工作方案》里的重要内容之一。“这已经是连续 3 次批复了！”北京市商务局副局长刘梅英介绍。2015 年 5 月，国务院批复开展试点；2017 年 6 月，批复深化试点方案。“北京是全国首个，也是目前唯一一个服务业扩大开放综合试点城市。”

扩大服务业对外开放，“北京探索出了一条与自贸试验区相互补充的开放改革路径，为国家构建开放型经济新体制积累经验”，形成了 68 项全国首创或效果最优的开放创新举措，一批服务业的新业态、新模式在北京落户。

北京市委常委、常务副市长林克庆告诉记者：“北京市委和市政府将出台推动高质量发展实施方案，按照创新、协调、绿色、开放、共享五大发展理念和减量发展特征，形成 6 个方面 35 项具体指标。”

北京推动高质量发展，风鹏正举，未来可期！

（此文刊载在《人民日报》2019 年 4 月 8 日头版）

七十载矢志不忘初心　北京谱写科技创新华章

1949 年 11 月，中国科学院在北京成立，以华罗庚、钱学森为代表的一批科学家回到祖国，奠定了新中国科技事业发展的基础。1956 年 1 月，中共中央发出了“向科学进军”的伟大号召，北京率先开启新中国科技事业，成为中国科技自主创新的摇篮，以“两弹一星”为代表的科研精神，为中国科技事业的发展奠定了坚实的基础，注入了自强的灵魂。1978 年，改革开放带来“科学的春天”，科技进入经济建设主战场，北京以中关村为代表，率先迈出科技领域向市场转型的改革第一步。如今，中关村已经成为中国创新发展的一面旗帜，影响着全国科技发展的轨迹；北京作为全国科技创新中心，正引领着全国创新发展的方向。

中华人民共和国成立 70 年来，在一代又一代科技工作者和创新、创业者的艰苦奋斗、不懈努力下，北京科技创新事业取得了骄人的成绩，产生了一大批重要科技成果，科技成果不断转化为生产力，引领发展的动力，为新中国科技事业做出了重大贡献。未来，北京将全力打造具有全球影响力的科技创新中心，抢占世界科技创新高地，更好地服务和支撑世界科技强国建设。

七十年砥砺奋进

（一）形成创新“凝聚力”

在推动科技创新发展过程中，北京注重强化两个协同，不断增强创新“凝聚力”。

作为首都，北京坚持强化央地协同，与科技部、国家发展改革委、教育部等 10 个国家有关部门、单位组成北京推进科技创新中心建设办公室，凝聚部市、央地以及全社会力量协同推进科技创新中心建设，北大、清华、中科院等中央在京高校院所及创新型企业已经成为全国科技创新中心建设的主力军。

在区域协同上，北京围绕“科学”与“城”的功能，全面提升创新发展能力。聚焦中关村科学城，突破怀柔科学城，搞活未来科学城，升级北京经济技术开发区，促进“三城一区”联动发展；实现京津冀协同创新，充分发挥北京“一核”作用，推动雄安新区与北京城市副中心联动，形成区域发展梯次布局。

（二）提升科技“支撑力”

经过多年探索发展，北京已经布局形成了完整的创新链。聚焦其链条两端，北京一手抓基础研究布局，一手抓高精尖产业，全面提升科技“支撑力”。

在基础研究布局上，北京建设高能同步辐射光源、地球系统数值模拟装置、综合极端条件实验装置等一批重大科技基础设施，围绕物质科学、前沿与尖端信息技术、生命科学等优势领域，加速整合优势创新资源，加快国家实验室培育建设；承接科技创新 2030—重大项目、国家技术创新中心、重点研发计划和创新基地建设，争取更多任务在京布局；深入推动量子、脑科学、人工智能等领域新型研发机构发展和布局，形成领跑世界的原始创新策源地。

在高精尖产业布局上，北京在全国率先启动实质性减量发展，坚持向创新发展要出路。其间，北京发布加快构建高精尖经济结构“10 + 3”系列政策，选取新一代信息技术、医药健康、节能环保、人工智能、软件和信息服务、集成电路、智能装备、新能源智能汽车、新材料、科技服务 10 个产业作为发展重点，实施《关于财政支持疏解非首都功能构建高精尖经济结构的意见》《关于优化人才服务促进科技创新推动高精尖产业发展的若干措施》《关于加快科技创新构建高精尖经济结构用地政策的意见（试行）》高精尖产业配套政策，加快培育新一代信息技术和医药健康“双发动机”；加强科技成果转化统筹协调与服务平台建设，与在京高校、科研院所建立深层次对接机制，做好科技成果在京落地承接服务工作；依托龙头企业、高校院所加强企业技术创新中心、重点实验室、工程技术研究中心等建设，整合优势资源，加强产业技术创新；设立总规模300亿元的市科技创新母基金，引导社会资本围绕原始创新、成果转化、高精尖产业进行投资布局；加快应用场景建设，首批向社会发布了10项应用场景清单，推动5G、人工智能、物联网等新技术、新产品在北京市重大活动、重点项目中应用。

（三）释放创新"新活力"

深化科技领域"放管服"改革，北京市于2016年就率先出台进一步完善财政科研项目和经费管理改革的28条新政，简化财政科研项目预算编制和评审程序，赋予承担单位和科研人员开展科研更大的自主权，让科研经费不但"好花"还要"花好"。制定实施"9+N"优化营商环境系列政策，为企业定制"服务包"，提供"一对一"精准服务，为中国营商环境的世行排名大幅提升做出贡献。作为全国唯一的服务业扩大开放综合试点城市，出台科技领域开放改革3年行动计划，推出15大项20小项措施，加快集聚高端科研要素，营造更加开放的创新环境。

以打造新时代制度优势和高质量发展高地为目标，进一步聚焦强化科技创新战略布局、深化科研管理改革、优化创新创业生态等方面，正在抓紧研究制定《关于新时代深化科技体制改革加快推进全国科技创新中心建设的若干政策措施》，推动科技领域"放管服"向纵深发展，激发创新活力。

此外，北京还加快推进《北京市促进科技成果转化条例》立法，力争在科技成果权属、尽职免责、中央单位适用、部门协同机制等方面实现制度突破。

（四）增强人才"吸引力"

制订并实施《新时代推动首都高质量发展人才支撑行动计划（2018—2022年）》，在人才引进、评价、激励等方面打出"组合拳"，全力打造创新人才高地。出台《北京市支持建设世界一流新型研发机构实施办法（试行）》，在运行管理机制、财政资金支持与使用、评价与审计、知识产权和固定资产管理等5个方面实现新突破。改革科技奖励制度，修订《北京市科学技术奖励办法》，增设人物奖，实行提名制，下放职称评审权限，充分调动积极性。实施中关村国际人才20条新政，在吸引海外高层次人才、优化北京创新发展环境等方面取得明显成效。同时，加强对人才落户、住房、教育和医疗等的服务保障，形成更具吸引力的人才发展生态环境。

七十年硕果累累

（一）科技投入强度国际一流

北京全社会研究与试验发展（R&D）经费投入规模持续增加，从1996年的41.8亿元增长到2018年的1870.8亿元，增长了43.8倍，占全国比重保持在9%左右；R&D经费投入强度保持在6%左右，稳居全国首位，远超创新型国家和地区2.5%的水平。

（二）诞生多项科学第一

70年来，北京实现了多项"第一"，探索了数不清的"首创"。在世界上首次发现了有效治疗疟疾的方法——青蒿素及其衍生物；涌现了"哥德巴赫猜想第一人"——陈景润、第一位诺贝尔生理学或医学奖获得者——屠呦呦和首位获"阿尔伯特·爱因斯坦世界科学奖"的华人科学家——王中林；建设了中国第一台高能加速器——北京正负电子对撞机（BEPC），研制了中国第一台电子管计算机；建设了第一个国家级高新技术产业开发区、第一个国家自主创新示范区、中国第一家民营科技企业……第5次国家技术预测的结果显示，北京创新发展实现了瞩目的成就，在全国领跑世界的重大科技创新成果中，有一半来自北京，为国家创新驱动发展战略的实施提供了有力的支撑。

（三）创新产出全球领先

英国 *Nature* 增刊《2018自然指数—科研城市》对全球500座城市科研产出排名结果显示，北京连续两年位居全球第一。

2018 年,北京专利申请量和授权量均较 2012 年翻一番;有效发明专利量是 2012 年的 3.5 倍;每万人发明专利拥有量 111.2 件,是 2012 年的 3.3 倍,专利密度领跑全国。2012 年以来,在京单位主持完成的国家科学技术奖累计达 500 余项,约占全国的 1/3。2018 年,北京技术合同成交额 4957.8 亿元,较 2012 年翻了一番,约占全国的三成。

(四)创新根基不断夯实

多年来,北京的重大创新成果举世瞩目。在重量级原创成果上,首次观测到量子反常霍尔效应,首次发现三重简并费米子,首次在超导块体中发现马约拉纳任意子,首次获得离子水合物的原子级分辨图像,首次报道人源剪接体的高分辨率三维结构。在重大自主创新成果上,在世界上率先发现可调控睡眠的特别分子——D 型氨基酸,研制出首个商用的"深度学习"神经网络处理器芯片、具有国际领先水平的新型超低功耗晶体管、世界首个纳米药物输送机器人,世界上首款异构融合类脑芯片"天机芯"登上 *Nature* 封面。此外,"大国重器"加快推进,子午工程、凤凰工程等累计 17 个重大科技基础设施在京投入运行或正在建设。国家新能源汽车技术创新中心,分子科学、凝聚态物理和信息科学与技术等 3 个国家研究中心,动力电池、轻量化材料成形技术及装备、智能网联汽车等 3 个国家制造业创新中心,量子信息、纳光电子等 2 个前沿科学中心和国家先进计算产业创新中心获批建设。

(五)经济效益日益凸显

科学技术是第一生产力,创新是引领发展的第一动力。据统计,2018 年,科技创新领域新经济增加值占地区生产总值的 1/3,其中,中关村示范区总收入达 58841.9 亿元,是 2012 年的 2.4 倍。

据统计,2018 年,知识密集型服务业增加值占比达 46.8%,较 2012 年提升 9.9 个百分点;科技、信息产业对经济增长的贡献率达 48.6%。借力提质增效,2018 年,北京全员劳动生产率达 24.4 万元/人,排名全国第一,是 2012 年的 1.4 倍;人均地区生产总值达 14 万元/人,是 2012 年的 1.6 倍。

高精尖产业蓬勃发展,成为推动北京高质量发展的重要引擎。2018 年,医药健康产业实现营业收入 1867.6 亿元,同比增长 14.3%;纯电动汽车保有量达 28.47 万辆,规模居全国第一;科技服务业实现增加值 3223.9 亿元,同比增长 10.4%,占地区生产总值比重达到 10.6%;人工智能产业规模达到 1500 亿元。

(六)创新生态持续优化

2018 年,北京平均每日新增科技型企业约 200 家;新创企业中,科技型企业占比达 39.2%,较 2012 年提高 10.3 个百分点;创业投资金额约占全国的三成,位居全国第一;独角兽企业 82 家,占全国近一半。截至 2018 年年底,全市国家级高新技术企业累计达 2.5 万家,是 2012 年的 3.1 倍。2018 年,国家发展改革委对北京、上海等国内 22 座城市开展营商环境试评价,北京综合排名位列全国第一。

(七)辐射引领能力不断攀升

北京正在成为全球创新网络中崛起的新高地,辐射引领能力不断攀升。2012 年以来,京津冀协同创新纵深推进,北京输出到津冀的技术合同成交额累计约 929.4 亿元;在京世界五百强企业总部从 31 家增至 56 家,连续 7 年位居全球首位;培育形成了中关村论坛、世界机器人大会、世界智能网联汽车大会、国际人工智能与教育大会、北京国际学术交流季等品牌活动和学术交流活动。

(此文刊载在《北京日报》2019 年 9 月 29 日专版)

牢记建设世界科技强国伟大使命
谱写北京全国科技创新中心建设新篇章

2019 年 10 月 17 日，北京市科学技术委员会联合北京科技战略决策咨询中心（北科智库）、北京市科学技术研究院、联合国大学—马斯特里赫特创新与技术经济社会研究所（UNU-MERIT）在“2019 中关村论坛”联合发布“北京全国科技创新中心指数 2019”。该指数围绕全国科技创新中心核心功能的实现，构建全面反映全国科技创新中心建设进展的指标体系，纵向监测全国科技创新中心建设发展总体情况，综合评价全国科技创新中心对全国的示范引领作用及其全球影响力。

“北京全国科技创新中心指数 2019”研究结果表明：北京坚持以习近平新时代中国特色社会主义思想为指导，深入学习贯彻习近平总书记对北京重要讲话精神，围绕《北京加强全国科技创新中心建设总体方案》，精心策划、精准发力，全国科技创新中心建设按下“加速键”，建设成果红利不断释放，主要指标快速增长，多个指标领跑全国，达到世界一流水平，北京已经初步成为全球创新网络的中坚力量和引领世界创新发展的新引擎。

北京全国科技创新中心指数得分加速提升

5 年来，北京始终沿着国家战略方向，强化责任担当，勇往直前，勇创佳绩，具有全球影响力的科技创新中心建设取得重大进展。2018 年，北京全国科技创新中心指数得分达 322.9，是 2014 年指数得分的近 2 倍，年均增速超过 18%，明显高于 2010—2013 年 11.8% 的年均增速。（图 1）

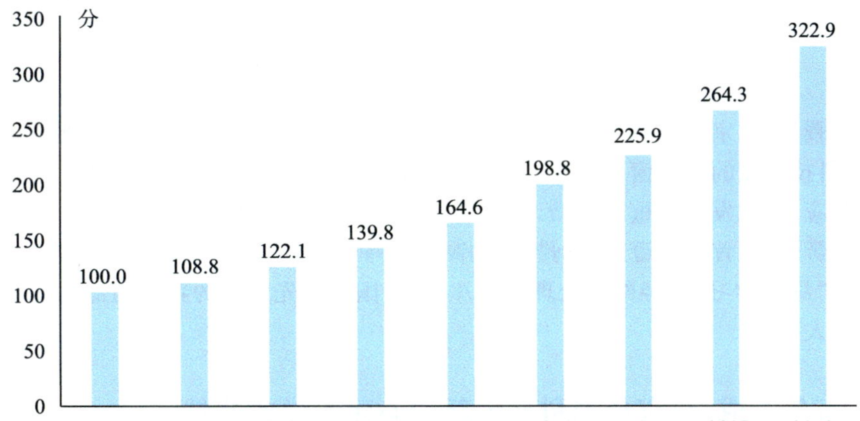

图 1　北京全国科技创新中心指数得分（2010—2018 年）

从一级指标看，北京全国科技创新中心指数 5 个一级指标得分均大幅增长，充分展现出 5 年来北京全国科技创新中心建设在知识创造、创新经济、创新人才、创新生态和创新引领等方面的巨大进步。

2018 年，知识创造一级指标得分为 272.5，年均增速 11.9%；创新经济一级指标得分为 373，年均增速 22.4%；创新人才一级指标得分为 356.4，年均增速 23.3%；创新生态一级指标得分为 276.9，年均增速

21.7%；创新引领一级指标得分为336，年均增速13.5%。创新人才和创新经济两个一级指标得分最高、增速最快，展现出北京在科技创新人才集聚和引领经济高质量发展方面的突出成效。

全国科技创新中心建设亮点纷呈

北京全国科技创新中心建设再上新台阶，多项指标快速增长，持续涌现一批重大成果，充分展现出北京全国科技创新中心建设的"北京速度""北京力量""北京高度"。

科技创新成为北京"新名片"，铸就高质量发展的"北京样板"。2014—2018年，北京创业投资额规模和独角兽企业数量年均增速超过40%，入选全球"高被引科学家"人次年均增速达29%。2018年，北京研究与试验发展（R&D）经费投入强度达6.17%，居全国之首，是全国平均水平的2.8倍；万人发明专利拥有量111.2件，位居全国第一，是全国平均水平的近10倍；全员劳动生产率达24.4万元/人（图2），全国最高，是全国平均水平的2倍以上；全国近一半世界五百强企业总部和独角兽企业汇聚北京；全国1/3左右的创业投资额、技术合同成交额、国家科学技术奖项在北京。

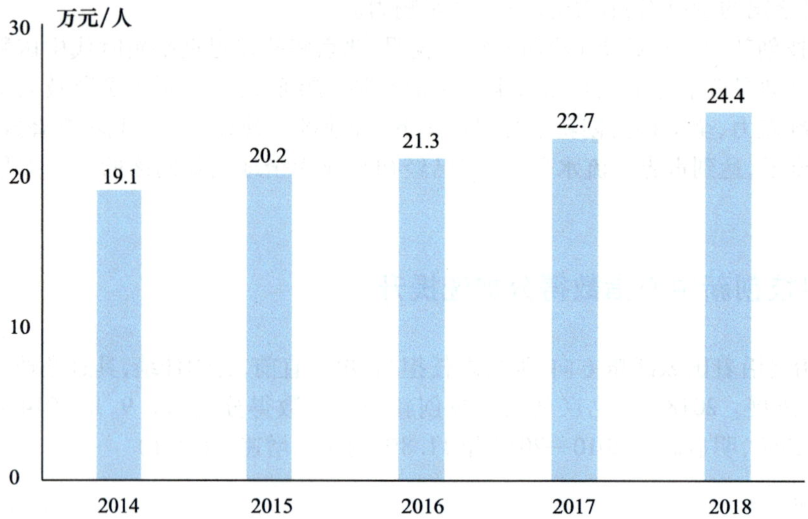

图2　北京全员劳动生产率（2014—2018年）

重大成果举世瞩目，北京科技彰显中国实力。2014—2018年，北京多项重量级原创成果实现世界首创，成为展示中国科技力量的重要窗口，有力支撑创新型国家和世界科技强国建设。在世界上，首次观测到量子反常霍尔效应，首次发现三重简并费米子，首次在超导块体中发现马约拉纳任意子，首次获得离子水合物的原子级分辨图像，首次报道人源剪接体的高分辨率三维结构。一批重大自主创新成果取得突破，研制出首个商用的"深度学习"神经网络处理器芯片、具有国际领先水平的新型超低功耗晶体管、世界首个纳米药物输送机器人。

春华秋实，五年有成，北京全国科技创新中心建设成效斐然

知识创造水平领跑全国。2014—2018年，高质量论文发文数量大幅攀升，在*Science*、*Nature*和*Cell*三大国际知名学术期刊发表文章数量增长1.5倍；高被引论文数量年均增速达12.3%。专利产出实现提质升级，专利申请量和授权量分别增长了1.5倍和1.7倍；PCT专利申请量增长1.8倍；万人发明专利拥有量由48.2件增加到111.2件（图3），增长2.3倍，位居全国首位。在京单位主持完成的国家科学技术奖累计达372项，约占全国总量的1/3。

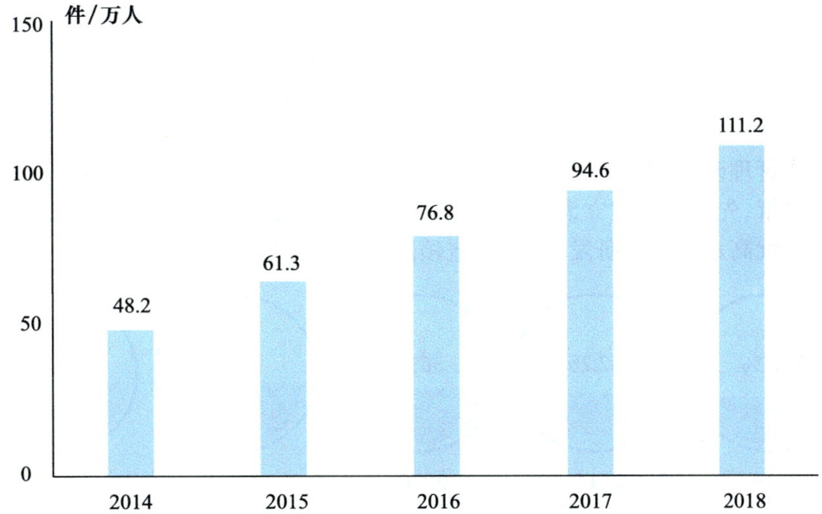

图 3　北京万人发明专利拥有量(2014—2018 年)

创新经济成为发展新动能。经济效率再上新台阶,北京全员劳动生产率由 19.1 万元/人提高到 24.4 万元/人,全国排名第一。经济结构持续优化,知识密集型服务业占比由 42.0% 提高至 46.8%,累计提高近 5 个百分点(图 4);2018 年,新经济增加值突破 1 万亿元,占地区生产总值比重超过 30%。经济活力特色突出,中关村示范区总收入保持高速增长,年均增速达 13%,北京独角兽企业数量持续位居全国首位,大幅领先于其他省区市。

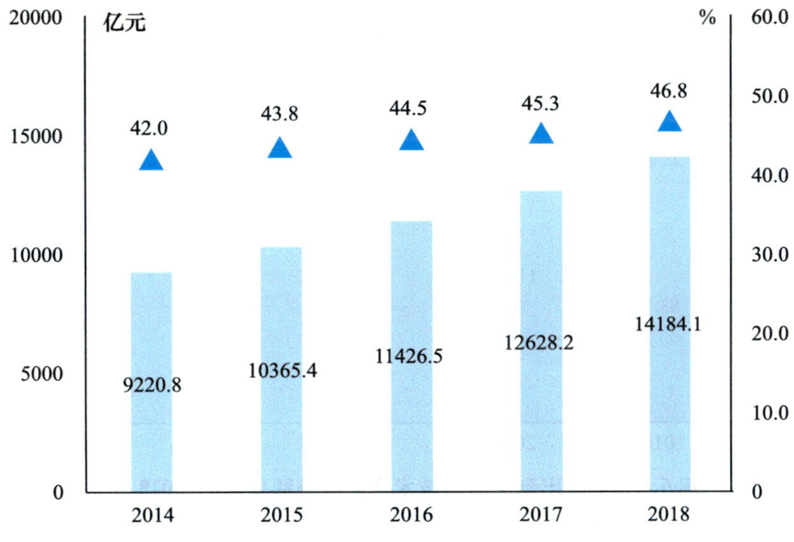

图 4　北京知识密集型服务业增加值及占地区生产总值比重(2014—2018 年)

创新人才高地建设成效显著。北京正在成为世界顶级科学家开展科研工作的首选地,培养和集聚了一批以屠呦呦、王中林为代表的诺贝尔奖级顶尖科学家;2014—2018 年,北京全球高被引科学家人次增长近 3 倍,研发人员密度长期保持全国最高水平;截至 2018 年年底,北京拥有两院院士 781 人,占全国两院院士总量的 47%。5 年来,北京出台《新时代推动首都高质量发展人才支撑行动计划(2018 年—2022 年)》,实施 20 条出入境政策和中关村国际人才 20 条新政,建立人才引进“绿色通道”,进一步通过打造优质高效的人才服务体系,吸引全球创新人才来京创新创业。

创新生态持续优化。创新、创业活力迸发,北京累计新设科技型企业 34.7 万家,占全部新设企业数量比例近 40%（图 5）；日均新设科技型企业由 2014 年的 146 家增加到 2018 年的 199 家。创新服务水平不断提升，在京国家级科技创新平台超过 300 家，国家级众创空间超过 120 家，规模领先全国；子午工程、凤凰工程等 17 个国家重大科技基础设施在京建设和运行，大科学装置数量位居全国首位。科技体制改革持续推进，先后出台“京科九条”、“京校十条”、《关于进一步创新体制机制加快全国科技创新中心建设的意见》、财政科研项目和经费管理改革“28 条”等，赋予科研人员更大自主权，为创新、创业“松绑加力”；发布实施新型研发机构支持政策，先后推动建立北京量子信息科学研究院、北京脑科学与类脑研究中心、北京智源人工智能研究院等一批高水平新型研发机构，打造领跑世界的原始创新策源地。

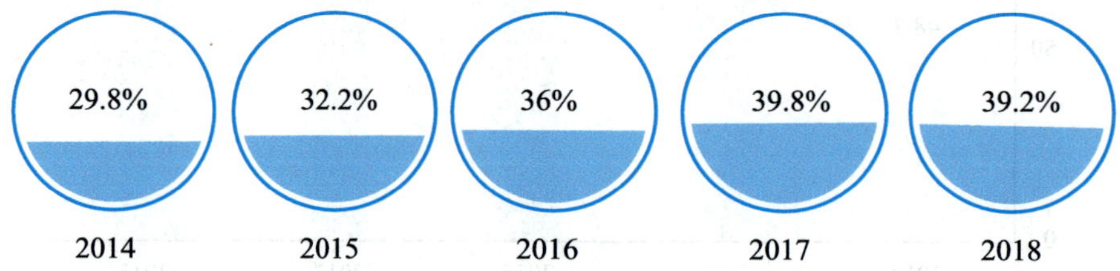

图 5　北京新设企业中科技型企业占比（2014—2018 年）

创新引领能力稳步增强。北京技术转移活跃，全国技术交易枢纽地位越发稳固，输出到外省市和境外的技术合同成交额占比超过 70%。高技术产业国际化水平不断提升，苹果、索尼和特斯拉等一批全球企业的海外研发中心落地北京；世界五百强企业总部在京数量达 53 家，接近全国的一半。京津冀协同创新共同体建设向纵深推进，2014—2018 年，北京输出到天津、河北的技术合同成交额累计超过 780 亿元，年均增速高达 30%（图 6）；充分发挥北京“一核”作用，推动雄安新区与北京城市副中心两翼联动，首批入驻雄安新区市民服务中心的 26 家高端高新企业有 90% 来自北京，共建雄安新区中关村科技园，已有 12 家中关村企业入驻雄安中关村科技产业基地，形成区域发展梯次布局。

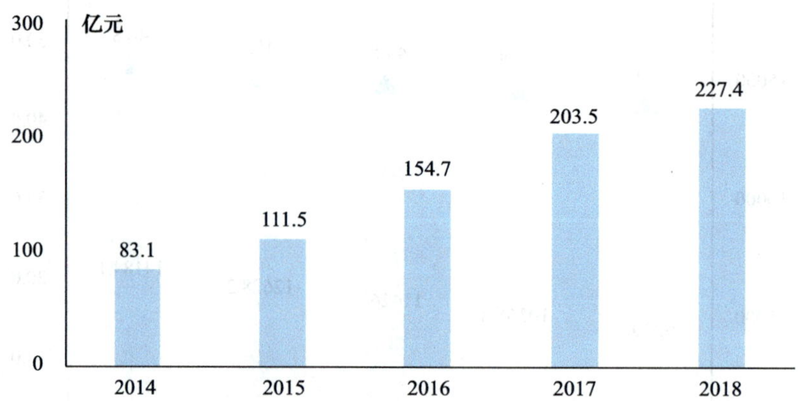

图 6　北京输出到津冀的技术合同成交额（2014—2018 年）

北京成为全球创新发展的引领者

立足国内，对标国际，北京全国科技创新中心建设是支撑世界科技强国战略的重要力量。2014 年以来，北京全国科技创新中心的全球影响力持续提升，已经成为全球创新网络的中坚力量，比肩纽约、伦敦、东京等国际创新城市。

科学研究产出规模全球领先。高质量科技论文发表数量全球排名第一（图 7）。2018 年，北京 SCIE 论文发表数量在全球 100 个领先科技集群中排名第一，大幅领先于排名第二的东京—横滨；英国 *Nature* 增刊《2018 自然指数—科研城市》通过追踪高质量自然科学期刊所发表的科研论文对全球 500 座城市科研产出排名结果显示，北京蝉联全球第一，领先于巴黎、伦敦、纽约和东京等国际主要创新城市。

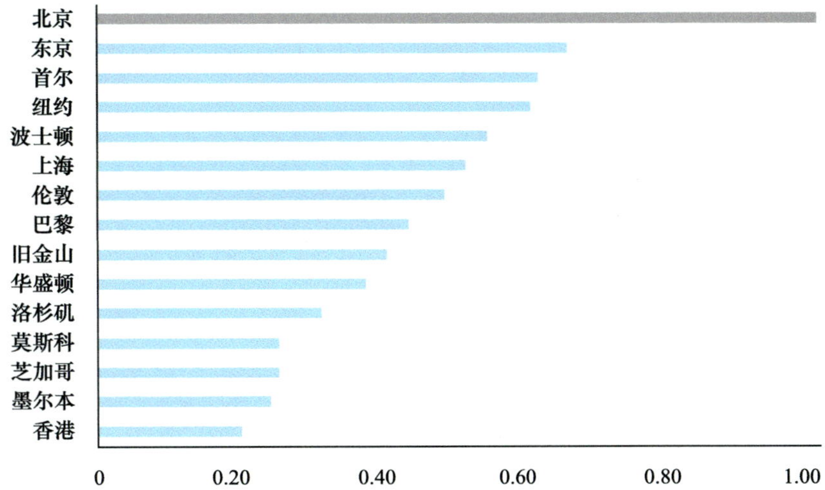

图7 国际主要创新城市科技论文发表数量对标

产业创新水平跻身世界前列。专利质量快速提升。北京 PCT 专利申请量在全球 100 个领先科技集群中位居第 4 位，高于波士顿、剑桥和巴黎等国际创新发达地区。创新型企业影响力不断增强。百度、京东、联想、小米、微博、360 等 6 家企业入选英国品牌评估机构品牌金融（Brand Finance）发布的“2018 全球 100 个最有价值的科技品牌榜”，小米成为最年轻的世界五百强企业。

高端创新资源向北京集聚。高水平科学家规模全球排名第 4。科睿唯安 2018 年度“高被引科学家”名单显示：在全球 21 个自然科学与社会科学领域入榜的“高被引科学家”中，北京入选全球“高被引科学家”人数占全球的 2.83%，排名全球第 4，位于波士顿、伦敦和旧金山之后。入选 QS 世界大学五百强数量位居全球城市第 4。2018 年，北京有 6 所大学入选世界大学五百强，其中清华大学首次进入全球前 20 强。

面对新形势、新机遇，北京将牢记建设世界科技强国的伟大使命，对标国际标杆城市，加快向具有全球影响力的科技创新中心进军，奋力打造成为世界科学中心和创新高地，谱写新时代北京全国科技创新中心建设的新篇章。

（此文刊载在《北京日报》2019 年 10 月 18 日专版）

大事记

1 月

8 日　2018 年度国家科学技术奖励大会在北京召开。北京共有 69 个项目获得国家科学技术奖,占国家奖通用项目授奖总数的 30.8%,居全国首位。

9 日　全国科技工作会议在京召开。

24 日　2019 年市科委系统工作会议召开。

是日　市知识产权局、市人力资源和社会保障局公布第五届北京市发明专利奖获奖名单。

27—29 日　第 19 届北京青少年机器人竞赛在顺义区举办。

31 日　高能同步辐射光源验证装置(HEPS - TF)工程通过国家验收,成为首个通过国家验收的“十二五”国家重大科技基础设施项目。

是日　国家发展改革委办公厅正式批复互联网域名系统北京市工程研究中心升级为国家地方联合工程研究中心。

2 月

18 日　北京推进科技创新中心建设办公室召开第五次全体会议。

是日　“全国科技创新中心网络服务平台”上线仪式在京举行。

是日　北京获批全国首家国家新一代人工智能创新发展试验区。

20 日　科技部副部长李萌调研北京旷视科技有限公司。

2 月 27 日—3 月 1 日　科技部党组书记、部长王志刚赴京津冀三地调研协同创新工作,并在雄安新区主持召开京津冀协同创新座谈会。

3 月

1 日　市委、市政府举行 2018 年度北京市科学技术奖励大会,表彰了获得 2018 年北京市科学技术奖的 212 项成果。

是日　2019 年全国科技创新中心建设工作会议在京召开。

5 日　科技部副部长徐南平赴国家新能源汽车技术创新中心调研。

6 日　北京市人民政府办公厅印发《关于深化科技奖励制度改革的实施方案》。

7 日　第十三届全国人大二次会议北京代表团开放日聚焦科技创新。

8 日　北京科学教育馆协会成立暨京津冀科学教育馆联盟发起大会在京召开。

21 日　北京市海淀区科学技术和经济信息化局挂牌。

23—26 日　第 39 届北京青少年科技创新大赛在中国科学院大学雁栖湖校区举行。

29 日　市委副书记、市长陈吉宁到朝阳区精进电动科技股份有限公司和北京万东医疗科技股份有限公司调研高科技企业发展情况。

4 月

12 日　中国科学院大学(怀柔科学城)创新创业示范基地揭牌仪式在怀柔科学城创新小镇举行。

13 日　市委书记蔡奇到北京经济技术开发区悦康药业集团和威讯联合半导体(北京)有限公司调研。

15 日　市委书记蔡奇到昌平沙河高教园区调研。

16 日　北京智源人工智能研究院启动实施“智源学者计划”。

19 日　市科委联合中关村管委会印发《“一带

一路”科技创新北京行动计划(2019—2021年)》。

是日　市知识产权办公会议与市政府新闻办公室联合举办北京知识产权保护状况新闻发布会。

21日　北京生物结构前沿研究中心在清华大学揭牌成立。

23日　2019北京“脑与行为”国际研讨会暨中关村生命科学园发展论坛在京召开。

是日　2019年北京市知识产权宣传周主场活动暨中关村知识产权论坛在中关村展示中心举行。

是日　中国(北京)知识产权保护中心启动运行仪式在中国技术交易大厦举办,成为全国首家通过验收的省级知识产权保护中心。

25日　怀柔科学城创新中心知识产权公共服务工作站成立。

是日　联合国教科文组织国际创意与可持续发展中心第一届咨询委员会第一次会议在京召开。

是日　北京亦庄创新发布平台正式启用。

29日　北京经济技术开发区入选全国“无废城市”建设试点名单。

4月29日—10月7日　2019北京世园会在北京举办。

5月

6日　科技部党组书记、部长王志刚赴北京协同创新研究院调研并主持召开国家创新体系研讨会。

8日　2019年北京市科普工作联席会议召开。

9日　京津冀国家知识产权服务品牌机构合作协议签约仪式在天津举行。

16日　市委副书记、市长陈吉宁赴北京经济技术开发区和大兴区调研集成电路、医药健康产业发展。

是日　国际人工智能与教育大会在京开幕,习近平总书记向大会致贺信。

17日　国内首台液氧甲烷发动机试车成功。

19日　北京中关村科学城创新发展有限公司揭牌成立。

19—26日　以“科技强国 科普惠民”为主题的2019年全国科技活动周暨北京科技周主场活动在中国人民革命军事博物馆举办。

22日　北京科技周举办期间,市政府新闻办公室、市科委联合召开高精尖重点领域重大技术科技创新成果新闻发布会。

23日　副市长殷勇等到未来科学城实地调研昌平区能源产业发展有关情况。

是日　国家智能网联汽车创新中心建设方案论证会通过专家认证。

25日　《人工智能北京共识》发布。

是日　北京智源人工研究院人工智能伦理与安全研究中心揭牌成立。

26日　怀柔科学城创新小镇正式启用。

是日　2019年第八届北京现代种业博览会在通州国际种业科技园区开幕。

5月29日—6月1日　第十四届中国北京国际文化创意产业博览会在北京举办。

30日　国家发展改革委副主任林念修调研北京怀柔综合性国家科学中心。

是日　北京市5G产业基金成立。

6月

5日　市委副书记、市长陈吉宁赴相关企业和北京地铁16号线调研5G发展应用情况。

12日　北京《未来科学城规划(2017年—2035年)》正式印发。

13—19日　全国大众创业万众创新活动周北京会场活动举办。

14日　中国科学院外籍院士王中林获2019年度“阿尔伯特·爱因斯坦世界科学奖”。

15—17日　第四届纳米能源与纳米系统国际学术会议在京举行。

16日　市委书记蔡奇到海淀区调研走访华为技术有限公司北京研究所、超高清视频(北京)制作技术协同中心和新岸线(北京)科技集团有限公司。

是日　北京量子信息科学研究院2019年工作推进会暨学术交流会召开。

18日　脑科学中心一期工程项目竣工验收,

实现团队人员整体入驻。

19 日　全市首批 10 项应用场景建设项目发布。

是日　全国科技创新中心建设培训班在清华大学开班。

7　月

1 日　市科委召开庆祝中国共产党成立 98 周年表彰大会暨 2019 年上半年工作总结会。

8 日　市委副书记、市长陈吉宁带队到昌平区沙河高教园区开展调研。

是日　中国科协党组书记、常务副主席、书记处第一书记怀进鹏在北京调研企业科技创新和科技成果转移、转化等工作。

11 日　市科委与银川市人民政府就进一步深化科技合作签订框架协议书。

18 日　国家发展改革委副主任兼国家统计局局长、党组书记宁吉喆一行到开发区调研。

是日　国家自然科学基金优秀成果北京对接会在北京会议中心召开。

24 日　世界知识产权组织发布 2019 全球创新指数报告。该报告显示，中国的排名从 2018 年的第 17 位提升到第 14 位。

25 日　北京办公室司局级联络员会议在市政府召开。

8　月

6 日　市委书记蔡奇，市委副书记、市长陈吉宁赴北京经济技术开发区调研。

18 日　《北京市科学技术奖励办法》（北京市人民政府第 287 号令）正式实施。

19 日　市科委对口帮扶赤城县科技扶贫现场工作推进会召开。

是日　第 5 届“纳米之星”创新创业大赛总决赛在北京国际会议中心举行。

20—25 日　2019 世界机器人大会在北京经济技术开发区北京亦创国际会展中心举办。

29 日　中关村科学城党工委、管委会成立。

30 日　第八届中国创新创业大赛北京赛区暨北京银行杯中国·北京创新创业大赛季（2019）总决赛颁奖礼在京举行。

是日　市科委参加科技部在新疆乌鲁木齐组织召开的第六次全国科技援疆暨四方合作推进会议。

31 日　“5G + 8K”技术在 2019 年国际篮联篮球世界杯举办期间实现首次示范应用。

9　月

1 日　由北京建工承建的中国中医科学院中药科技园一期工程青蒿素研究中心举行奠基仪式。

9 月 5 日—10 月 7 日　2019 北京国际设计周在京举办。

9 日　副市长、科技体制改革专项小组副组长隋振江主持召开科技体制改革专项小组专题会。

12—16 日　2019 北京国际周北京设计博览会在北京全国农业展览馆举办。

14 日　以“礼赞共和国　智慧新生活”为主题的第九届北京科学嘉年华开幕。

19 日　“中关村标准”战略委员会成立。

20 日　北京冬奥组委与市科委信息系统检测服务合作框架协议签约仪式举行。

10　月

14 日　市委书记蔡奇赴怀柔区调研。

16 日　首届世界科技与发展论坛在京开幕，习近平总书记向论坛致贺信。

17 日　2019 中关村论坛在京开幕，习近平总书记向 2019 中关村论坛致贺信。

是日　“北京全国科技创新中心指数 2019”发布。

18 日　国家科学中心国际合作联盟正式成立。

是日　市政府与中国科学院就共同建设北京干细胞与再生医学研究院签署框架协议。

是日　国务院国资委科技创新和社会责任局与市科委联合发布首批 20 项央企应用场景项目。

21 日　胡润研究院发布首份《2019 胡润全球独角兽榜》，中国独角兽企业数量首次超越美国。

24 日　北京办公室“一处七办”工作会议在市政府召开。

是日　第 22 届中国北京国际科技产业博览会在京开幕。

26 日　以“科技筑梦　实干强国”为主题的“2019 · 科技盛典”在京举行。

29 日　市科委组织召开北京市落实国家科技特派员制度推行 20 周年总结会议精神座谈会。

31 日　北京智源人工智能研究院数据开放研究中心揭牌成立。

10 月 31 日—11 月 1 日　2019 北京智源大会（BAAI Conference）召开。

11　月

2 日　市委书记蔡奇、市长陈吉宁一行到未来科学城调研检查推进建设情况。

6 日　昌平区人才发展服务中心、北京海外学人中心未来科学城分中心、未来科学城知识产权服务中心揭牌仪式在未来科学城举行。

6—7 日　由市科委指导、国际知名学术出版机构细胞出版社主办的首届细胞科学北京学术会议在怀柔科学城召开。

7 日　“一带一路”国际科学组织联盟揭牌仪式在怀柔科学城创新小镇举行。

12 日　市政协副主席林抚生一行到未来科学城考察。

13 日　市委副书记、市长陈吉宁赴海淀区调研并召开现场办公会。

15 日　市政府印发《关于新时代深化科技体制改革加快推进全国科技创新中心建设的若干政策措施》（京政发〔2019〕18 号），简称“科创 30 条”。

17 日　2019 年未来科学大奖颁奖典礼举行。

20—23 日　以“5G 改变世界　5G 创造未来”为主题的首届世界 5G 大会在北京亦创国际会展中心举办。

22 日　中国科学院和中国工程院 2019 年新当选院士名单公布。

26 日　第十届中意创新合作周在京开幕。

27 日　北京市第十五届人大常委会第十六次会议表决通过了《北京市促进科技成果转化条例》。

28 日　市科委组织召开北京市科委科技扶贫典型座谈会暨 2019 年国家东西部扶贫协作考核部署会。

28—30 日　2019 北京微电子国际研讨会暨 IC WORLD 大会（世界集成电路大会）在开发区亦创国际会展中心举办。

12　月

2 日　市委书记蔡奇调研中关村集成电路设计园。

是日　“2019 北京—特拉维夫创新大会暨第三届中以创新创业大赛北京决赛”在京召开。

3 日　首批知识产权公共服务区中心设立。

5 日　市委副书记、市长陈吉宁调研首钢集团和石景山区。

6 日　北京市自然科学基金 2019 杰青年会召开。

9 日　市委书记蔡奇调研北京互联网法院。

11 日　国家发展改革委副主任林念修到怀柔科学城调研检查综合性国家科学中心建设进展情况。

是日　2019 中国设计红星奖颁奖活动在北京天桥艺术中心举行。

19 日　北京推进科技创新中心建设办公室召开第六次全体会议。

是日　北京怀柔综合性国家科学中心空间科学实验室揭牌。

21日　第十届重大疾病防治科技创新高峰论坛在国家会议中心开幕。

23—24日　市科委与福建省科技厅签署《京闽科技合作框架协议》和《共建石墨烯协同创新中心协议》。

24日　第四届中国创新挑战赛（北京）现场赛在中关村展示中心举行。

是日　《2019全球城市基础前沿研究监测指数》发布暨研讨会召开。

25日　中关村科学城独角兽企业党建联盟成立，这是全国第一个独角兽企业党建联盟。

28日　北京孵化三十周年总结大会暨专业孵化高层论坛在京举行。

31日　中关村科学城首届50位专家咨询委员会委员正式受聘。

是日　国家智能网联汽车创新中心建设启动会暨车联网（智能网联汽车）和自动驾驶地图应用试点签约活动在北京经济技术开发区举行。

重大活动

领导调研

【概述】2019 年，市科委精心谋划组织调研活动。紧密联系创新主体，突出调研活动安排的计划性、针对性和实效性，为领导深入基层、深入群众、深入实际创造条件。协调安排科技部、北京市委领导围绕全国科技创新中心建设、京津冀协同发展、新型研发机构、人工智能、高新技术企业等主题开展调研。

（市科技史志办公室）

【李萌调研北京旷视科技有限公司】2 月 20 日，科技部副部长李萌调研北京旷视科技有限公司。李萌表示，以习近平同志为核心的党中央高度重视人工智能发展，国家发布了《新一代人工智能发展规划》，科技部正会同各部门加快落实，启动实施了科技创新 2030——“新一代人工智能”重大项目，布局人工智能开放创新平台，建设新一代人工智能创新试验区，推动人工智能在各领域的应用。人工智能发展特别需要领军型企业的引领带动作用，希望旷视等人工智能领军企业加强基础研究和原创技术研发，大力拓展应用场景，加强产学研合作，为优化中国人工智能创新生态做出积极贡献。

（蔡凌波）

【王志刚调研京津冀三地】2 月 27 日—3 月 1 日，科技部部长王志刚赴京津冀三地调研协同创新工作，并在雄安新区主持召开京津冀协同创新座谈会。2 月 27 日，王志刚调研北京字节跳动科技有限公司、全球健康药物研发中心、中国科学院信息工程研究所，并听取脑科学与类脑研究中心建设情况介绍，深入了解人工智能、脑科学与药物科学、网络空间安全等领域的研究进展与应用情况。北京市副市长杨斌陪同调研。3 月 1 日，王志刚在雄安新区主持召开京津冀协同创新座谈会，总结京津冀协同创新工作进展，谋划下一步工作。王志刚强调，要深入学习贯彻习近平总书记关于推动京津冀协同发展的系列重要指示批示，切实增强协同创新的自觉性、主动性和创造性；要以疏解北京非首都功能为“牛鼻子”推动京津冀协同发展，推动三地形成布局合理的创新链、产业链，加快推进京津冀协同创新共同体建设；要不断推动体制机制创新，为京津冀三地的创新主体做好服务，不断优化创新生态；要以科技创新为切入点做好京津冀协同发展这篇大文章，推动京津冀三地创新要素高效配置、创新能力持续提升，推动京津冀协同发展取得新突破、新成效。北京市委常委、副市长殷勇参加京津冀协同创新座谈会。

（蔡凌波）

【徐南平调研国家新能源汽车技术创新中心】3 月 5 日，科技部副部长徐南平赴国家新能源汽车技术创新中心调研。徐南平现场考察了国家新能源汽车技术创新中心在建的办公及研发场地，听取了规划建设的新能源智能汽车开源整车开发验证平台、整车能效开发试验室、数字化创新平台、燃料电池试验室、车规半导体检测试验室等建设进展情况的汇报。座谈会上，徐南平听取了北京市推进国家新能源汽车技术创新中心建设进展情况的汇报。徐南平指出：一是要明确功能定位，国家技术创新中心作为建设创新型国家、打造国家战略科技力量的重要任务，要聚焦科学与技术之间的转化，坚持“研发做产业，技术为商品”的理念，实现技术的二次开发和升值。二是要明确发展目标，要凝练新能源汽车国家战略层面的关键核心技术，瞄准补齐短板，将解决核心关键问题作为中心的主要目标。三是要深化改革，充分发挥市场机制，希望国家新能源汽车技术创新中心在运营上探索实现“三三制”，即收入来源中竞争性项目、服务企业收入、财政补贴各占 1/3。市政府副秘书长刘印春、市科委主任许强等陪同调研。

（蔡凌波）

【陈吉宁调研高科技企业发展情况】3 月 29 日，市长陈吉宁到朝阳区精进电动科技股份有限公司和北京万东医疗科技股份有限公司调研高科技企业发展情况。陈吉宁强调,要深入研究高精尖产业在北京城市发展中的定位,明确重点领域,优化创新链与产业链布局,提升发展能级,让符合首都发展定位的高精尖产业助力全国科技创新中心建设和首都经济高质量发展。

(蔡凌波)

【蔡奇调研科技企业】4 月 13 日,市委书记蔡奇到北京经济技术开发区(简称开发区)悦康药业集团和威讯联合半导体(北京)有限公司调研。蔡奇强调,要把服务企业做到位,聚焦高精尖产业发展,营造国际一流的营商环境,在推动高质量发展上实现更大作为。7 月 4 日,蔡奇到北京商汤科技开发有限公司、北京旷视科技有限公司和中科寒武纪科技有限公司调研。他强调,要牢牢把握人工智能发展的重大机遇,加强关键核心技术研发,加快应用场景推广,完善产业生态,推动北京人工智能发展走在全国前列。11 月 8 日,蔡奇调研走访利亚德集团、纳恩博公司,为企业送去“服务包”。蔡奇强调,要着眼于构建高精尖经济结构,提升产业基础能力和产业链现代化水平,掌握产业链核心环节,占据价值链高端地位。要支持企业走自主创新之路,瞄准“宝塔尖”,多出“黑科技”,加大科技创新研发力度,在颠覆自我中实现突破,提升核心竞争力。要引导企业突出主业,专注细分市场,善于抓住发展机遇,打造“专精特新”冠军。

(蔡凌波)

【蔡奇调研沙河高教园区】4 月 15 日,市委书记蔡奇到昌平区沙河高教园区调查研究。蔡奇强调,要从发展大局、城市功能的角度来认识和把握沙河高教园区,坚持科教融合,完善配套设施,提升建设管理水平,努力打造一流的高教园区。

(蔡凌波)

【王志刚调研北京协同创新研究院】5 月 6 日,科技部部长王志刚赴北京协同创新研究院调研并主持召开国家创新体系研讨会。王志刚强调,协同创新研究院要在畅通科技成果转化通道、构建产学研融合创新体系方面继续发挥示范作用。要重点把握国家创新体系建设阶段性特征,提高认识,做好研究;要完善国家创新体系架构设计,体现全面性、系统性;要选准工作切入点,提高工作针对性和有效性;要处理好政府与市场的关系,发挥好政府对重大科技攻关的组织作用,对基础研究、应用基础研究和技术创新的统筹作用。

(蔡凌波)

【陈吉宁调研集成电路、医药健康产业发展】5 月 16 日,市长陈吉宁赴北京经济技术开发区和大兴区调研集成电路、医药健康产业发展。陈吉宁强调,要加大核心关键技术攻关力度,推动创新链、供应链和客户服务的协同互补,做大做强集成电路产业。要优化企业组织架构,建立完善现代企业管理制度。要支持医疗器械企业在细分行业做精做强,培育更多隐形冠军企业。产业园区要探索搭建统一的市场、信息和公共服务平台,让企业专心搞技术研发和创新。

(蔡凌波)

【殷勇调研未来科学城】5 月 23 日,副市长殷勇等领导到未来科学城实地调研座谈昌平区能源产业发展的有关情况。实地参观了国电投氢能燃料电池中心国电投中央研究院,听取氢燃料电池实验室介绍,察看氢燃料电池关键材料研发及产业化有关情况。入驻的 12 家央企、8 家民企参加座谈。

(陈　戈)

【林念修调研怀柔综合性国家科学中心】5 月 30 日,国家发展改革委副主任林念修调研北京怀柔综合性国家科学中心。林念修一行实地察看了怀柔科学城的建设发展情况,并主持召开座谈会。林念修强调,要加强统筹协调,建立常态化指挥机制,定期调度,解决怀柔科学城设施落地开工事宜。要加快项目开工建设,实现“3+11+9”项目年内全部开工。要加强前瞻谋划,按照国家“三大战略”布局要求,研究“十四五”规划落地项目。

(蔡凌波)

【陈吉宁调研 5G 发展应用情况】6 月 5 日,市长陈吉宁赴相关企业和北京地铁 16 号线调研 5G 发展应用情况。陈吉宁强调,要充分利用北京科研开发、人才队伍、服务平台、创新创业环境等方面的优势,在冬奥会、智慧城市建设等领域创造更多适用 5G 技术的应用场景,推动交通、健康医疗、人工智能、车联网等产业与 5G 深度融合,探索采用 5G+8K 实况转播等新技术。要充分发挥政策引导、协同创新平台等作用,带动全产业链各环节企业健康发展,加快构筑高端高新的 5G 产业体系。

(蔡凌波)

【蔡奇调研海淀区】6 月 16 日,市委书记蔡奇到海淀区调研,走访华为技术有限公司北京研究所、超高清视频（北京）制作技术协同中心和新岸线（北京）科技集团有限公司。蔡奇强调，5G移动通信是信息技术领域自主创新的战略支点。要加紧落实5G产业发展行动方案，在智能交通、健康医疗、工业互联网、智慧城市、超高清视频等领域推出更多应用场景，培育5G产业新业态。要加大产业协同力度，开放生态合作，发挥重点企业的带动作用和协同服务平台对技术、资金、人才的集聚效应，建立产业技术联盟，带动全产业链各环节企业加快发展。

（蔡凌波）

【陈吉宁调研沙河高教园】 7月8日，市长陈吉宁带队到昌平区沙河高教园区开展调研，察看了奇点中心校城融合示范基地、北京航空航天大学工程训练中心、中国矿业大学地下城市空间安全研究中心以及沙河高教园区四期地块现状。调研强调了沙河高教园区要重点解决机制、模式、具体工作落地和加强北京市和高校互动融合等4个问题。

（陈 戈）

【怀进鹏调研企业科技创新和科技成果转移转化工作】 7月8日，中国科协党组书记、常务副主席、书记处第一书记怀进鹏在北京调研企业科技创新和科技成果转移转化等工作。副市长隋振江，政府副秘书长刘印春，市科协党组书记马林、常务副主席司马红，北京经济技术开发区工委书记王少峰、主任梁胜，海淀区委书记于军一同调研或出席座谈会。怀进鹏一行先后到北京大北农科技集团股份有限公司、北京旷视科技有限公司、悦康药业集团有限公司实地考察，了解企业技术研发、科技人才团队建设、科技成果转移转化等情况。怀进鹏表示，北京作为首都和全国科技创新中心，应该抢抓技术交易与服务中的新机遇，导入国际高端科技和创新资源，重塑技术交易中的利益链条，建设全球科技创新高地，积极构建国际技术交易的总部平台。既要通过促进科技成果转移转化形成“后发优势”，推动新旧动能转换；也要在关键核心领域加强基础研究，全面增强原始创新能力，构筑“先发优势”。

（段 辉）

【宁吉喆调研开发区】 7月18日，国家发展改革委副主任兼国家统计局局长、党组书记宁吉喆一行到开发区调研。国家统计局党组成员、副局长鲜祖德，北京市副市长隋振江，北京经济技术开发区工委书记王少峰，开发区管委会主任梁胜、副主任张继红等陪同调研。拜耳医药保健有限公司在开发区设立的生产基地是中国最先进的药品生产基地之一。宁吉喆一行先后察看了公司微生物实验室和自动化物流系统，了解企业最新情况。随后，宁吉喆来到北京昭衍新药研究中心股份有限公司，察看分析实验室和病理实验室，了解企业技术创新情况。

（杜涵涵）

【蔡奇、陈吉宁调研开发区】 8月6日，市委书记蔡奇、市长陈吉宁赴北京经济技术开发区调研。蔡奇强调：一要抓好规划实施，抓紧编制新城和开发区控规，同步编制市政、综合交通等专项规划，精心做好城市设计；二要抓好服务配套，扩大优质教育资源供给，补齐新城公共文化设施短板；三要抓好体制机制创新，发挥三区协同专班作用，强化经济技术开发区管委会对新城的规划建设管理责任。陈吉宁指出：一是与通州、大兴等周边区域要加强协调联动，建立权责利清晰的管理体系，增强工作合力；二是进一步转变理念，深化改革创新，提高细分领域、筛选项目、推动落地、跟踪服务的能力；三是进一步解放思想，提升国际化视野，提早布局相关高精尖项目。

（蔡凌波）

【蔡奇调研怀柔区】 10月14日，市委书记蔡奇赴怀柔区调研。蔡奇强调：要高标准推进怀柔科学城和国际会都建设，为首都添秤，为国家出力；要完善配套设施，做好战略留白，为未来发展留出空间，打造没有“围墙”的科学城。蔡奇指出，怀柔科学城建设要在求突破上下功夫，怀柔科学城规划要与综合性国家科学中心规划相衔接，强化“科学＋城”的功能。要抓好项目建设、成果转化环节和住房、教育、医疗、交通等服务配套，加强投入及运行管理、国际合作和统筹协调，努力建成与国家战略需求相匹配的世界级原始创新承载区。

（蔡凌波）

【市领导一行调研未来科学城】 11月2日，市委书记蔡奇、市长陈吉宁一行到未来科学城调研检查推进建设情况。一行人参观了国家电网，在全球能源互联网研究院察看大功率电力电子器件实验室、直流电网技术与仿真实验室。在融尚未来项目，蔡奇现场检查建设进展，察看人才公租房样板间。随后，到国家电投科技创新基地察看膜电极实验室，了解氢能产业关键核心技术研发、成果产业化情况。最后到未来中心进行座谈。听取了昌平区有关情况的汇报。蔡奇、陈吉宁分别做重要讲话。国务院国资委副主任任洪斌,市领导崔述强、殷勇,市政府秘书长靳伟参加调研。

（陈 戈）

【林抚生一行考察未来科学城】 11 月 12 日,市政协副主席林抚生一行到未来科学城考察。一行人参观了未来科学城展厅,并乘车视察了园区的建设情况。实地调研了中国电子网络安全和信息化产业基地,参观了中软信息系统工程有限公司攻关基地展厅,了解创新成果、技术标准等情况以及科技研发成果。在中国商飞北京民用飞机技术研究中心,一行人参观了北研中心虚拟演示大厅和梦幻工作室。最后一行人到未来中心进行座谈。

（尹宏宏）

【陈吉宁调研海淀区】 11 月 13 日,市长陈吉宁赴海淀区调研并召开现场办公会。陈吉宁强调,海淀区要立足功能定位,充分发挥禀赋优势,不断深化发展战略,聚焦重点任务,加大工作力度,坚持做精、做深、做强,努力打造高质量发展动力源。要增强科技敏锐性,密切关注科技创新带来的发展机遇,积极引入符合功能定位的创新要素,构建优质创新生态。要进一步强化创新服务体系建设,探索完善创新支持政策,持续优化营商环境,不断提高服务的精准性和针对性。

（蔡凌波）

【蔡奇调研中关村集成电路设计园】 12 月 2 日,市委书记蔡奇调研中关村集成电路设计园。蔡奇强调,集成电路产业是战略性、基础性产业。要强化科技攻关,以头部企业和独角兽企业为引领,着力破解设计领域“卡脖子”问题,努力产出一批核心技术自主可控的设计工具;用好中关村芯园设计服务平台,降低企业研发成本;支持设计企业成果转化落地,支持重点企业在 5G、人工智能和区块链等新兴领域加紧布局,发挥带动作用。要聚集高端人才,引导校企之间建立人才精准对接和联合培养机制;加大人才引进力度,创新政策,让各类人才能在北京留下来。进一步优化营商环境,提高园区综合服务能力,增强对高端企业和项目的吸引力。

（蔡凌波）

【陈吉宁调研首钢集团和石景山区】 12 月 5 日,市长陈吉宁调研首钢集团和石景山区。陈吉宁强调,要把握服务保障冬奥会筹办的历史机遇,精心谋划好明年的经济社会发展工作,狠抓各项任务落实,加快培育形成优势产业,努力推动实现区域高质量发展。要聚焦工业互联网、VR 等优势产业,前瞻布局,深入研究,梳理完善发展要素,尽快制定相关政策措施,与市级相关产业基金积极对接,引入专业化服务团队,吸引行业头部企业,增强工作合力,尽快形成产业集聚发展效应。

（蔡凌波）

【蔡奇调研北京互联网法院】 12 月 9 日,市委书记蔡奇调研北京互联网法院。蔡奇强调,要充分发挥北京互联网法院的职能作用,促进科技创新与司法创新深度融合,推动网络空间治理法治化。要持续深化电子诉讼平台、在线智慧诉讼服务中心建设,最大限度释放司法生产力,让人民群众更好地感受到司法的公正、便捷和高效。要着力构建新型互联网案件诉讼程序和司法规则,为互联网审判模式的推广应用提供“北京经验”。

（蔡凌波）

【林念修调研怀柔科学城】 12 月 11 日,国家发展改革委副主任林念修到怀柔科学城调研检查综合性国家科学中心建设情况。林念修实地察看了空间环境地基综合监测网(子午工程二期)、高能同步辐射光源两个大科学装置的建设情况,深入中科合成油技术有限公司了解应用基础研究、技术开发和成果转化情况,随后在怀柔科学城管委会主持召开座谈会。会议听取了北京市、中国科学院、教育部推进北京怀柔综合性国家科学中心建设情况汇报。副市长隋振江,中国科学院党组成员、副秘书长周琪等参加调研。

（雷思源）

重要会议及活动

【概述】2019年，围绕全国科创中心建设，市科委加强与科技部办公厅、市委办公厅、市政府办公厅等的联络协调，组织召开和服务保障部市主要领导座谈会、北京推进科技创新中心建设办公室（简称北京办公室）第五次全体会议、北京办公室第六次全体会议、2019年全国科技创新中心建设工作会议、北京办公室“一处七办”工作会、北京市科学技术奖励大会等重要会议。2019中关村论坛、国际人工智能与教育大会、首届世界科技与发展论坛在京开幕，习近平总书记分别致贺信。一年一度的中国北京国际科技产业博览会、中国北京国际文化创意产业博览会、北京国际设计周、中意创新合作周、全国科技活动周暨北京科技周、中国设计红星奖颁奖等重大活动在京顺利举办。

（市科技史志办公室）

【王志刚在全国科技工作会议上做报告】1月9日，全国科技工作会议在京召开，科技部部长王志刚做工作报告。王志刚指出，2018年科技创新能力大幅增强，主要科技创新指标稳步提升。全社会R&D支出占GDP比重预计为2.15%。研发人员总量预计达到418万人年，居世界第一。国际科技论文总量和被引次数稳居世界第二；发明专利申请量和授权量居世界首位。高新技术企业达到18.1万家，科技型中小企业突破13万家，全国技术合同成交额为1.78万亿元。科技进步贡献率预计超过58.5%，国家综合创新能力位居世界第17位。王志刚强调，2019年要重点做好10方面工作：一是加强长远战略谋划，形成中长期科技创新的系统布局；二是加快关键核心技术攻关，在战略必争领域占领制高点；三是持续加强基础研究和应用基础研究，强化原创导向；四是优化创新基地建设布局，打造国家战略科技力量；五是强化科技与经济社会深度融合，有力支撑和引领高质量发展；六是继续深化改革攻坚，加快建设高效能国家创新体系；七是健全梯次联动的区域创新布局，培育创新增长点、增长极、增长带；八是激发人才创新活力，加快培育高水平人才队伍；九是深化创新开放合作，在更高平台上提高科技创新水平；十是大力弘扬科学精神和创新文化，营造良好的创新生态。

（蔡凌波）

【陈吉宁在科技创新专题座谈会上发言】1月15日，市长陈吉宁、市政协主席吉林出席市政协十三届二次会议“以科技创新为引领推动首都经济高质量发展”专题座谈会。陈吉宁指出，要正确处理政府与市场、学术的关系，努力培育世界级的原始创新成果和具有全球影响力的创新企业。要进一步集聚创新要素，着力吸引顶尖人才和青年人才，注重培育一批爱科技、懂创新、会服务的专业化机构和人才，努力打造国际人才高地；用好科技创新母基金，引导硬科技、深科技创新，培育更多早投、长投科技型中小微企业的耐心资本；建立创新资源集成平台，充分发挥北京产业信息、政策信息、技术信息的优势。要进一步做好创新布局，加强区域布局，做好领域布局，全面推动10个高精尖产业发展政策落地，推动形成新一代信息技术和医药健康的“双发动机”；延伸产业链条，更好地发挥北京的辐射带动作用。要进一步优化机制环境。发挥中关村示范区先行先试作用，持续推动科技体制改革，深化知识产权制度改革，改善普惠性营商环境，有力支撑首都高质量发展和创新型国家建设。

（蔡凌波）

【习近平强调科技领域安全】1月21日，习近平总书记在省部级主要领导干部“坚持底线思维，着力防范化解重大风险”专题研讨班开班式上发表重要讲话。习近平强调，科技领域安全是国家安全的重要组成部分。要加强体系建设和能力建设，完善国家创新体系，解决资源配置重复、科研力量分散、创新主体功能定位不清晰等突出问题，提高创新体系整体效能。要加快补短板，建立自主创新的制度机制优势。要加强重大创新领域战略研判和前瞻部署，抓紧布局国家实验室，重组国家重点实验室体系，建设重大创新基地和创新平台，完善产学研协同创新机制。要强化事关国家安全和经济社会发展全局的重大科技任务的统筹组织，强化国家战略科技力量建设。要加快科技安全预警监测体系建设，围绕人工智能、基因编辑、医疗诊断、自动驾驶、无人机、服务机器人等领域，加快推进相关立法工作。

（蔡凌波）

【2019 年市科委系统工作会议召开】 1 月 24 日，2019 年市科委系统工作会议召开，市科委主任许强传达了习近平总书记考察北京城市副中心和在京津冀协同发展座谈会上的重要讲话精神，做了题为《开拓创新 奋发有为 以全国科技创新中心建设为引领 争当世界科技强国建设排头兵》的工作报告，全面总结了市科委 2018 年的工作，系统部署了 2019 年的重点任务。

（倪文龙）

【北京办公室第五次全体会议召开】 2 月 18 日，北京办公室召开第五次全体会议。北京办公室主任、科技部部长王志刚，北京办公室主任、市长陈吉宁共同主持会议并讲话。王志刚强调，要进一步明确北京在创新型国家建设中的定位，明晰科技创新中心建设的战略路径和在资源配置、人才集聚、创新环境、国际合作等方面的系统考虑。要发挥好示范辐射带动作用，凝聚各类创新主体，强化区域协同，辐射带动全国的自创区和高新区，形成“头雁效应”。要构建有利于创新发展的法律环境、政策环境，提高政府服务能力，在科研条件、生活条件、人文条件等方面下功夫，不断激发创新主体活力。要提升创新体系建设的能力水平，狠抓关键核心技术攻关，聚焦关键领域和“卡脖子”环节，把创新主动权、发展主动权牢牢掌握在自己手中。要进一步释放科技人才的活力和创造力，不断吸引全球高水平人才团队，在人工智能、大数据、新材料、芯片等领域实现突破性进展。陈吉宁强调，要深刻认识和把握北京全国科技创新中心建设面临的形势，在全球新一轮科技竞争中保持清醒认识，打好化险为夷、转危为机的战略主动战。要全方位推进自主创新和原始创新，优化领域、区域战略布局，聚焦关键核心技术和重大基础研究，精心组织推进创新攻关，形成支撑北京创新发展的新一代信息技术和医药健康“双发动机”。立足京津冀协同发展，完善区域创新链、产业链。加强与中央单位的沟通和对接，用好北京自然科学基金，支持基础研究领域的自由探索，增强高校科技创新能力。要深入推进科技体制改革，进一步明确政府定位，不断完善选择机制，为创新型企业全生命周期做好优质服务，解决好政策落地“最后一公里”问题，形成更加开放、包容、自信、有活力的创新生态和创新文化。要努力打造国际人才高地，在全球范围拓展人才引进渠道，重点吸引和培养国际人才、顶尖人才、年轻人才，提高人才的宽度、高度和厚度，激发人才活力，为人才创新创业提供优质服务。希望各成员单位共同努力，全力推进各项重点工作任务落实，以全国科技创新中心建设的优异成绩迎接中华人民共和国成立 70 周年。会上，王志刚和陈吉宁共同启动了全国科技创新中心网络服务平台。北京市与北京大学、清华大学分别签订了《共同推进碳基集成电路技术创新发展协议书》和《关于全面提升北京清华工业开发研究院共建工作的协议》，北京国家新一代人工智能创新发展试验区揭牌。会议听取了 2018 年北京加强全国科技创新中心建设进展及 2019 年重点工作报告，教育部、科技部分别通报了相关合作协议的推进情况，各成员单位有关负责人发言。

（蔡凌波）

【2019 年全国科技创新中心建设工作会议召开】 3 月 1 日，2019 年全国科技创新中心建设工作会议在京召开。副市长、北京办公室副主任隋振江出席会议并讲话。市政府副秘书长刘印春主持会议。隋振江强调，全国科技创新中心建设，一是解决好“干什么”的问题，要服务国家创新战略，积极承接国家重大科技任务，进一步提升原始创新能力，扎实推进科技成果转化。二是解决好“谁来干”的问题，要大力引进培养一批具有全球视野、国际水平的战略性科技创新领军人才、国际创新型企业家等，着力培养青年人才，做好人才发展服务保障。三是落实好“怎么干”的问题，要持续深化科技体制改革，充分发挥科技创新基金作用，培育更多创新成果，在强化企业技术创新主体地位和更好地激发科技人员创新活力方面抓好政策落实。四是解决好“在哪里干”的问题，要抓好“三城一区”主平台建设，统筹协调中关村“一区十六园”和各区发展，加快推进京津冀区域协同创新。市科委主任许强在会议上做了题为《众志成城 奋勇争先 以全国科技创新中心建设优异成绩支撑决胜进入创新型国家行列》的

工作报告。北京办公室部委成员单位有关负责人、北京办公室市级成员单位负责人及部分市政府专家咨询委员会委员、首都科技发展战略研究院专家顾问等代表，部分高等学校、科研院所、创新型企业、国家和北京市科技创新基地等创新主体代表参加会议。

（蔡凌波）

【北京市科学技术奖励大会召开】3 月 1 日，2018 年度市科学技术奖励大会召开，212 项成果荣获 2018 年度北京市科学技术奖。市委书记蔡奇、市长陈吉宁为科技工作者颁奖，对他们为首都科技事业发展做出的贡献致以崇高的敬意和衷心的感谢。陈吉宁强调，要持续深化科技体制改革，推动央地协同、学科交叉、军民融合，政府、企业与高校院所深度合作。持续改进科研管理和组织形式，改革科技评价制度和经费支持方式，激发创新激情和活力，引导创新主体开展长期性、战略性研究。发挥科创母基金作用，培育更多耐心资本。处理好政府与市场、学术的关系，注重培养一批爱科技、懂创新、会服务的专业化机构和人才。进一步优化营商环境，提供更多应用场景，继续充分发挥中关村示范区改革“试验田”作用。要优化科技创新战略布局，做好科技领域布局、重大科研平台布局、产业布局、区域布局。积极承担国家实验室建设和国家重点实验室体系重组，推动国家重大科技基础设施和交叉研究平台的布局和建设，抓好“10 + 3”高精尖产业政策落地，打造新一代信息技术和医药健康产业“双发动机”，推动产业链、创新链向周边地区延伸布局。陈吉宁强调，要全力打造国际人才高地。实施新时代推动首都高质量发展人才支撑行动计划，集聚和培养一批战略科技人才、科技领军人才、工程技术人才和成果转移转化骨干人才，进一步提升人才的高度、厚度。重点支持一批青年创新创业人才成长，打造更加完备合理的人才梯队。要营造国际一流的创新生态和创新文化。加快“三城一区”主平台建设，增强对全球创新资源的开放和聚集能力，提高对创新主体的服务水平，优化城市创新形象，建设“鼓励创新、宽容失败”的良好创新文化，形成“要素聚合、主体协同、文化融合、环境友好”的创新创业生态系统。会议宣读了关于 2018 年度北京市科学技术奖励的决定，清华大学尤政代表获奖者发言。获奖项目围绕国家战略需求，聚焦高精尖领域，为北京高质量发展提供科技助力，为建设全国科技创新中心提供新动能。科技部和北京市领导黄卫、林克庆、崔述强、侯君舒、隋振江、林抚生，市政府秘书长靳伟出席会议。

（刘宁瑜）

【北京代表团开放日聚焦科技创新】3 月 7 日，第十三届全国人大二次会议北京代表团开放日聚焦科技创新。市长陈吉宁表示，北京一直在探索如何更好地发挥创新资源的作用、承担更多责任。而北京建设全国科技创新中心面临许多新挑战，要重点解决顶尖创新要素高度、厚度不足问题。陈吉宁强调，要强化战略布局，保持科技前沿发展领域技术路线的多样性；做好平台布局，推动科研基础设施开放共享，减少单个主体的创新成本；做好产业布局，在创新要素上加强聚焦，形成人才厚度，加速实现产业化。要建立更加开放融合、充满活力的体制机制，推动各创新主体打破孤立、深度融合；组建新型研发机构，形成稳定支持机制和开放用人模式，鼓励做长期性、战略性重大课题研究；建立 300 亿元规模的科技创新母基金，专注硬科技和创新早期，解决耐心资本、长期资本不足的问题。要实施一系列人才政策，在创新链上拓宽人才宽度，将工程师、知识产权律师、产品经理等都纳入人才范畴；面向全球引进国际顶尖人才，注重青年创新创业人才的培养；促进科学家、企业家、投资者、工程师深度合作，形成“要素聚合、主体协同、文化融合、环境友好”的创新创业生态系统，培养一批爱科技、懂创新、会服务的专业机构和人才。

（蔡凌波）

【王志刚就“加快建设创新型国家”答记者问】3 月 11 日，科技部部长王志刚就“加快建设创新型国家”答记者问。王志刚表示，创新型国家建设是世界科技强国“三步走”战略的重要内容。按照党的十九大报告部署，在 2020 年全面建成小康社会的基础上，2035 年要基本实现现代化，本世纪中叶要成为现代化强国。科技创新的“三步走”战略，即到 2020 年进入创新型国家行列，到 2035 年左右进入创新型国家前列，到 2050 年要成为世界科技强国。就是说，中国的现代化进程必须把科技创新摆在核心位置，作为重要支撑和引领力量，也作为发展的重要动力。王志刚指出，创新型国家的科技实力和创新能力应走在世界前列。目前，我们还是有短板，一是在基础研究方面，特别是 0 到 1 的颠覆性技术和基础理论、基本研究方法的探索不足，需要补短板。二是创新生态、科研生态还有不尽如人意的地方,需要进一步完善。要更好地在法律、政策、环境以及在科技资源配置方面解决科技人员在科研活动、创新活动中间的所需。要注重激励与约束并重、信任与监督并重。要加强学风、作风建设,弘扬科学家精神和操守。

(蔡凌波)

【北京市科普工作联席会议召开】5月8日,2019年北京市科普工作联席会议召开。市政府副秘书长、市科普工作联席会议副主席刘印春出席会议并讲话,市科普工作联席会议37家成员单位和16个区政府负责人参加会议。会议总结2018年全市科普工作,研究部署2019年科学技术普及和全民科学素质行动工作,通报了市科普工作联席会议成员单位的调整事宜,审议通过了2019年北京科技周主场方案。

(王　伟)

【习近平向国际人工智能与教育大会致贺信】5月16日,国际人工智能与教育大会在京开幕,习近平总书记向国际人工智能与教育大会致贺信。中共中央政治局委员、国务院副总理孙春兰宣读习近平主席贺信。习近平指出,把握全球人工智能发展态势,找准突破口和主攻方向,培养大批具有创新能力和合作精神的人工智能高端人才,是教育的重要使命。习近平强调,要积极推动人工智能和教育深度融合,促进教育变革创新,充分发挥人工智能优势,加快发展伴随每个人一生的教育、平等面向每个人的教育、适合每个人的教育、更加开放灵活的教育。本次大会由联合国教科文组织、教育部、中国联合国教科文组织全国委员会和市政府共同主办,以"规划人工智能时代的教育——引领与跨越"为主题,来自110多个国家的300余名政府代表及多个国际组织教育与研究机构的官员和学者参会,共同探讨人工智能时代的能力素养要求与教育体系构建,探索助力2030年教育目标实现的政策与战略,研究以人工智能为代表的信息技术在教育领域的创新应用,促进国际合作,共同应对数字鸿沟、数据安全与伦理问题等挑战。

(蔡凌波)

【北京科技周活动举办】5月19—26日,以"科技强国 科普惠民"为主题的2019年全国科技活动周暨北京科技周主场活动在中国人民革命军事博物馆举办,北京主场设置规划引领、建设成就、美好生活、科普惠民4个篇章,展示了人工智能、集成电路、航空航天、智能装备、前沿新材料等领域的科技创新成果、科普展项和互动体验产品,共涉及280余个项目。活动8天共吸引12万人次现场参观体验,中央媒体和市属媒体以及北京时间、今日头条、优酷、腾讯、搜狐等组成媒体矩阵,推出报道9000篇,新媒体报道总点击量3000万次。科技周期间,中国科学院科学传播局、科技部引进国外智力管理司、中国人民革命军事博物馆、市科委联合举办"科学之夜"活动,推出科普节目会演、科学实验、科学沙龙等多项充满科学性、趣味性、互动性的科普活动和亲子体验活动。市科普工作联席会议相关成员单位、各区举办科普游园会、科普讲堂、科普大赛等丰富多彩的品牌活动,通过多领域、多渠道的科普活动和科普宣传,营造了浓郁的科学氛围。

(王　伟)

【第十四届北京文博会举办】5月29日—6月1日,由文化和旅游部、国家广播电视总局和市政府共同主办,北京市贸促会承办的第十四届中国北京国际文化创意产业博览会(简称北京文博会)在北京举办。按照市委、市政府部署,经各主办部委同意,北京文博会自本届起纳入中国国际服务贸易交易会。本届北京文博会以"引领文化产业高质量发展 助推全国文化中心建设"为主题,汇聚国内外优质文化产业资源,集中展现全国文化体制改革与文化产业发展的新成就、新业态、新模式,深度展示北京守正创新、全力推进全国文化中心建设取得的重大成果,示范引领中国文化产业转型升级。共有2个国际组织、68个国家与地区的86个境外代表团组参加活动;全国12个省区市代表团参展参会;主展场共接待观众约6万人次;5场论坛有101位包括国际组织高层负责人、国家产业主管部门的权威人士和国内外业界知名专家、学者和企业家到会演讲,1800位业界专业人士到会交流;8场项目推介交易活动,吸引海内外2.2万名客商到会洽谈交易。本届北京文博会继续举行"走进文博会看北京"系列活动,吸引1万多名市民走进文博会主展场和11家北京有特色的博物馆、艺术馆、国家文化产业创新科技园等,了解最新的文化产业资源,让首都市民体验"文化之魅"、感受"文化之美"。

(北京工业设计促进中心)

【市科委系统庆祝建党98周年表彰大会召开】7月1日,市科委召开庆祝中国共产党成立98周年表彰大会暨2019年上半年工作总结会，表彰一批先进基层党组织、优秀共产党员和优秀党务工作者。市科委党组书记、主任许强总结部署工作，全面总结市科委2019年上半年工作，系统部署2019年下半年重点任务。

（倪文龙）

【2019全球创新指数报告发布】 7月24日，世界知识产权组织在印度首都新德里发布2019全球创新指数报告（GII，简称报告）。报告显示，中国的排名从2018年的第17位提升到第14位，较上年提升3位，实现了连续4年不断攀升。列前10位的国家分别是瑞士、瑞典、美国、荷兰、英国、芬兰、丹麦、新加坡、德国、以色列。同时，报告基于2013—2017年科学论文出版和PCT国际专利申请数据，发布了全球科技集群的榜单，北京排名全球第4位，较2018年提升1位，超过了美国的圣何塞—旧金山、日本大阪—神户—京都、美国波士顿—剑桥等国际知名科技集群地。分列前3位的是日本东京—横滨、中国深圳—香港和韩国首尔。其中，北京以222668篇论文数在科学论文出版指标方面蝉联全球首位，占全部论文出版数量的比重达2.65%；在PCT国际专利指标方面，以23014件排名全球第6，较上年提升2位，占全部PCT国际专利申请量的比重达2.3%。

（市科委官网）

【北京办公室司局级联络员会议召开】 7月25日，北京办公室司局级联络员会议在市政府召开。市政府副秘书长、北京办公室秘书长刘印春主持会议并讲话。会上，市科委副主任杨仁全报告了《北京市促进科技成果转化条例（草案）》（简称《条例（草案）》）起草和2019年上半年北京加强全国科技创新中心建设进展情况以及下一阶段重点工作。刘印春就北京办公室成员单位对《条例（草案）》制度创新和北京全国科技创新中心建设工作的大力支持表示感谢。强调北京办公室成员单位要进一步强化担当意识，用科技创新中心建设的实际行动践行初心和使命；要加强人才的引进和培养，做好服务保障工作；要精心筹备好北京办公室第六次全体会议，重点聚焦新一代信息技术和医药健康两个领域，形成支撑北京创新发展的“双发动机”。

（蔡凌波）

【2019世界机器人大会召开】 8月20日，2019世界机器人大会在北京召开。市委书记蔡奇、市长陈吉宁出席开幕式。陈吉宁指出，北京将营造“开放包容、合作创新”的机器人生态，推动机器人基础配套服务合理布局，拓展应用场景，培育一批行业龙头及隐形冠军企业。大会共吸引20余个国家、180余家企业的700多个展品参展，吸引了近30万人次参观。

（蔡凌波）

【第八届中国创新创业大赛北京赛区总决赛举行】 8月30日，第八届中国创新创业大赛北京赛区暨北京银行杯中国·北京创新创业大赛季（2019）（简称大赛季）总决赛颁奖礼在北京智慧长阳文化产业基地举行。市科委党组成员、副主任刘晖，房山区委副书记刘兵等出席活动并致辞。本届大赛季自2019年5月启动以来，面向社会征集参赛项目1000余项，同时吸引龙门创将大赛、创青春—U30大赛等多项创新大赛，以及百余家社会机构加盟，推荐优质项目参加大赛季。经过两个月的评审，最终有来自电子信息、先进制造、医药健康、新材料、互联网、新能源及节能环保六大行业领域的67个参赛项目进入大赛季总决赛。各路选手于8月29—30日展开激烈竞争，最终决出本届大赛季的获奖项目20强。这些获奖项目进一步遴选后，推荐晋级中国创新创业大赛全国总决赛。

（市科委官网）

【2019北京国际设计周举办】 9月5日—10月7日，2019北京国际设计周在京举办。9月5日，2019北京国际设计周在北京中华世纪坛开幕。北京国际设计周组委会成员单位负责人、国内外著名设计师、设计机构、设计院校负责人等约1500人共同出席开幕活动。开幕活动中除了北京设计奖的颁奖典礼、铭牌镶嵌仪式，还有主题展览“中华人民共和国成立初期国家形象设计展”和以“设计跨界”为主题的主宾城市展览同时开幕。在接下来的5周内，2019北京国际设计周秉承“设计之都·智慧城市”的理念，接连举行主题展览、主宾城市、北京设计博览会、北京设计论坛、文博·非遗设计、创新设计服务大会、设计之旅、时尚北京等活动，进一步提升首都设计产业的竞争力。

（北京工业设计促进中心）

【科技体制改革专项小组专题会召开】 9月9日，副市长、科技体制改革专项小组副组长隋振江主持召开科技体制改革专项小组专题会。会议审议了《关于新时代深化科技体制改革加快推进全国科技创新中心建设的若干政策措施》《打造中关村示范区先行先试改革升级版工作方案》，听取了《关于深化职称制度改革的实施意见》落实情况的汇报。隋振江强调要认真学习领会中央及市委全面深化改革委员会会议精神，加大科技创新能力培育力度，重视科技创新人才工作，加快推出一批具有引领性和突破性的改革举措。

（蔡凌波）

【习近平向首届世界科技与发展论坛致贺信】10月16日，首届世界科技与发展论坛在京开幕，习近平总书记向首届世界科技与发展论坛致贺信。习近平指出，新一轮科技革命和产业变革不断推进，以科技创新推动可持续发展成为破解各国关心的一些重要全球性问题的必由之路。中国一贯秉持开放合作原则，坚持把联合国可持续发展议程同本国发展战略和国情有机结合，努力实现更高质量、更有效率、更加公平、更可持续的发展。希望论坛促进各国科学家、教育家、企业家携手合作，凝聚共识，交流思想，深化合作，为推动构建人类命运共同体贡献智慧和力量。

（蔡凌波）

【2019中关村论坛开幕】10月17日，2019中关村论坛在京开幕。市科委作为中关村论坛的承办单位之一，会同中关村管委会全程参与中关村论坛的整体组织和策划工作；首次牵头筹办“构建全球创新网络，建设世界一流科学城”平行论坛，邀请了来自中国、美国、法国等8个国家的20多位知名科学城专家，近200位国内外嘉宾、公众和媒体出席论坛。论坛期间，市科委综合协调处联合市统计局、首都科技发展战略研究院，发布了“首都科技创新发展指数2019”，通过较长时间序列的纵向对比与分析，以“大数据、新数据、解数据”的方式，勾画首都科技创新发展的“全景图”，被誉为首都科技创新的“晴雨表”和“风向标”，成为推进全国科技创新中心建设的重要参考。联合中科院创新战略研究院编制形成“全球城市基础研究前沿指数”。联合首都科技发展战略研究院编制形成“中国城市科技创新发展报告2019”，对中国289个地级及以上城市的科技创新发展水平进行测度与评估。

（蔡凌波）

【习近平向中关村论坛致贺信】10月17日，2019中关村论坛在京开幕，习近平总书记向2019中关村论坛致贺信。习近平指出，当前，新一轮科技革命和产业变革正加速演进，创新发展、合作共赢是大势所趋。中国愿积极参与全球创新合作，同世界各国共享创新发展成果，携手构建人类命运共同体。中关村正努力打造世界领先科技园区和创新高地。举办中关村论坛，共议前沿科技和未来产业发展趋势，共商全球创新规则和创新治理，促进各国共享全球创新思想和发展理念，具有重要意义。希望与会嘉宾深入研讨、充分交流，增进共识、促进合作，使科技创新更好地服务于各国人民对美好生活的向往，为推动世界科技发展做出积极贡献。

（蔡凌波）

【北京全国科技创新中心指数2019发布】10月17日，北京科技战略决策咨询中心（北科智库）、北京市科学技术研究院（简称北科院）与联合国大学—马斯特里赫特创新与技术经济社会研究所在2019中关村论坛发布“北京全国科技创新中心指数2019”。北科智库首席专家、北科院院长郭广生全面介绍了指数编制背景、研究方法，并详细解读了“北京全国科技创新中心指数2019”最新研究成果。从整体上看，北京全国科技创新中心指数得分呈现高速增长态势。2018年，北京全国科技创新中心指数得分达322.9，是2014年指数得分的近2倍，年均增速超过18%，明显高于2010—2013年11.8%的年均增速。测算结果显示，5年来，北京始终沿着国家战略方向，强化责任担当，勇往直前，勇创佳绩，具有全球影响力的科技创新中心建设成绩斐然。

（市科委官网）

【北京办公室“一处七办”工作会议召开】10月24日，北京办公室“一处七办”工作会议在市政府召开。市政府副秘书长、北京办公室秘书长刘印春主持会议。会上，市科委作为北京办公室秘书处汇报了2019年科技创新中心建设项目需重点协调解决的问题、预算执行情况及2020年方案编制情况和下一步安排，各专项办汇报了专项任务2019年执行情况及2020年工作考虑，市财政局就预算执行及2020年预算编制工作进行了汇报。刘印春在会上对“一处七办”提出的问题进行了现场调度，就下一步持续推进科技创新中心建设、编制2020年工作方案提出了具体要求：一是高度重视科技创新中心建设工作；二是充分发挥各专项办的组织协调作用，做好2019年财政预算执行和2020年财政预算编制工作；三是努力推进2019年的任务和项目取得成效；四是积极主动编制好2020年的方案任务。北京办公室“一处七办”牵头单位及市级相关单位负责参加了会议。

（市科委官网）

【第22届科博会开幕】10月24日，由科技部、国家知识产权局、中国贸促会和市政府共同主办的第22届中国北京国际科技产业博览会（简称科博会）在京开幕。此次科博会共有1200多家科技企业参展，2个国际组织、19个国家及地区的20多个代表团参会，20多个省区市及计划单列市参展参会。科博会期间共举行11场论坛会议、14场次的推介交易活动，集中展示国家实施创新驱动发展战略的新成就，展现一批高精尖技术成果和产业集群。本届科博会期间，市科委、市经信局以十大高精尖产业为主线，在北京高精尖产业创新成果展区、中关村示范区展区、“三城一区”展区、科技冬奥展区集中展出人工智能应用生态、5G应用场景、新能源智能网联汽车产业链、医疗机器人产业创新、节能环保与资源综合利用等一批高精尖产业新成果。

（边　浩）

【“2019·科技盛典”举办】10月26日，由中市委宣传部、市科委、市人才工作局、市科协指导，北京科技协作中心与北京电视台共同主办的“2019·科技盛典”在京举行。本届科技盛典以中华人民共和国成立70年来的科技事业发展为主线，以“科技筑梦 实干强国”为主题，聚焦北京具有全球影响力的科技创新中心建设，推选出在首都乃至全国建设中做出突出贡献的10位科技人物和2个创新团队，在全社会弘扬勇于担当、积极进取的新时代正能量。盛典晚会通过“开天”“辟地”“大匠”“卫国”“未来”5个篇章，展示了10位科技人物和2个创新团队的创新成就以及他们以国家需要为目标，执着坚守的风采和默默奉献的精神。中国工程院院士、肾脏疾病国家重点实验室主任陈香美，中国工程院院士、中国电子科技集团公司电子科学研究院科技委主任王小谟，中国工程院院士、原北京矿冶研究总院副院长汪旭光及相关领导出席活动，并对科技人物和团队为科技事业发展做出的贡献表达了敬意。

“2019·科技盛典”推选出的在科技创新建设中做出突出贡献的科技人物及创新团队

	所属单位	人物
科技人物（10位）	中国工程院院士、中国钢研科技集团有限公司副总工程师	李卫
	中国航天科技集团五院“北斗三号”工程副总设计师、“北斗三号”导航卫星首席总设计师	谢军
	北京矿冶科技集团有限公司副总经理	战凯
	中国核电工程有限公司总经理	刘巍
	中国电子科技集团公司首席科学家	唐晓斌
	中国恩菲工程技术有限公司副总工程师	严大洲
	军事科学院国防科技创新研究院前沿交叉技术研究中心主任	梁秀兵
	中国建筑设计研究院有限公司总建筑师	李兴钢
	北京邮电大学教授、博士生导师，网络与交换技术国家重点实验室副主任	彭木根
	中国商飞北京民用飞机技术研究中心梦幻工作室主任	张驰
创新团队（2个）	“嫦娥四号”探测器研制团队	代表：中国航天科技集团五院“嫦娥四号”任务探测器系统项目执行总监张熇
	胡正寰高效零件轧制团队	代表：中国工程院院士、北京科技大学机械工程学院零件轧制研究中心主任胡正寰

（李　伟）

【科特派制度推行 20 周年总结会议精神座谈会召开】10 月 29 日，市科委组织召开北京市落实国家科技特派员制度推行 20 周年总结会议精神座谈会，市科委主任许强，北京市科技特派员联席工作成员单位相关负责人等 70 余人参加座谈会。会上，许强传达了科技特派员制度推行 20 周年总结大会上习近平总书记的重要指示精神和刘鹤副总理的讲话要求，并传达了蔡奇书记对北京市科技特派员工作的批示精神。市科委社发处处长张平做了题为《深化科技特派员工作全力推进乡村振兴战略实施》的报告。市农林科学院刘华贵作为优秀科技特派员、市科委农村中心作为优秀组织实施单位进行了典型发言。北京科技特派员工作取得了扎扎实实的成绩，经过 10 多年的深入挖掘和培养，北京市现有科技特派员队伍近万名，其中自然人科技特派员约 8696 名、法人科技特派员 530 家。科技特派员队伍将城区创新要素和科技资源导入农村，将先进的理念、技术、知识输送到田间地头，通过北京科技特派员在线平台服务农民 500 多万人次，解决农业生产中的需求近 4000 个，推动了北京市都市型现代农业发展、新农村建设和京郊 234 个低收入村农民增收致富。同时，服务京津冀协同创新和区域合作发展，已与 38 个国家级贫困地区开展科技扶贫协作，带动 368 个贫困村近 53000 户贫困农民脱贫致富。

（王伟娟　赵淑红　赵　娣　张丽娜）

【第十届中意创新合作周举办】11 月 26 日，由科技部和意大利教育、大学与科研部共同主办的第十届中意创新合作周在北京开幕。科技部部长王志刚，中国国家文物局局长刘玉珠，副市长隋振江，意大利教育、大学与科研部部长洛伦佐·菲奥拉蒙蒂（Lorenzo Fioramonti），意大利科学城主席里卡多·维拉里（Riccardo villari）出席开幕式并致辞。开幕式由市科委主任许强主持。本届中意创新合作周继续贯彻"中意携手，创新共赢"的主题，聚焦中意双方创新合作的十大技术领域及优质资源，来自中意双方政府、大学、科研机构和企业的代表围绕智慧城市、生物医药与医疗设备、航空航天、能源与环保、文化遗产保护与创意设计、人工智能与智能制造、生命科学与健康、新一代信息技术、城市绿色发展、现代农业与食品安全等 10 多个重点领域进行深入探讨。在开幕式上，国家新能源汽车技术创新中心与意大利都灵理工大学就联合培养、联合研发事宜签订合作协议；北京长风信息技术产业联盟与意大利都灵无线基金会围绕信息通信技术领域建设中欧创新创业平台签订合作谅解备忘录。另外还有来自中关村智慧城市信息化产业联盟与意大利中欧城市更新与智慧城市研究会、中国工业经济联合会与意大利工业家联合会、苏州同捷汽车工程技术股份有限公司与意大利 MAREA 有限责任财团等中意双方合作机构的 12 个重点项目完成了签约。本届中意合作周共吸引来自中意双方政府、大学、科研机构和企业 1000 余位代表围绕生物医药与医疗设备、航空航天、能源与环保、文化遗产保护与创意设计等 10 多个重点领域进行深入探讨，进行了 300 项次的项目对接，达成 50 余项合作意向。

（李　倩）

【王志刚在中意创新合作周上致辞】11 月 26 日，第十届中意创新合作周在京开幕，科技部部长王志刚出席并致辞。王志刚指出，要抓住共建"一带一路"的重大战略契机，加强两国科技创新合作的顶层设计；要聚焦科学研究和技术开发的重点领域，深挖合作潜能；要充分发挥中意创新合作周的平台作用，不断提升层次、扩大影响力；要深化人才交流合作，增进互信与友谊。副市长隋振江强调，中意双方要以新型研发机构开放合作为桥梁，深化基础研究交流；要加强在国际大科学计划方面的战略合作，加快推动双方大科学设施的开放共享；要通过共同举办创新创业活动、鼓励互建离岸科技孵化基地，进一步推动科技成果转化与落地。

（蔡凌波）

【2019 北京—特拉维夫创新大会召开】12 月 2 日，"2019 北京—特拉维夫创新大会暨第三届中以创新创业大赛北京决赛"在北京召开。大会以"合作共赢，创新发展"为主题，会期 2 天。本届创新大会由市科委、中国科学技术交流中心、以色列驻华使馆、以色列创新署共同主办。开幕式上，市科委主任许强与以色列创新署主席阿米·阿贝尔鲍姆（Ami Appelbaum）签署了《技术创新与研发合作协议》。北京特拉维夫创新中心（高创国际孵化器）与以色列 Highroad 加速器间围绕共建中以创新生态签署了战略合作协议。此外，中国、以色列的 5 组企业分别就推动"机器人数字创新技术项目""区块链智慧城市应用技术项目""专利脂质体纳米药物技术项目""预测性机械系统和管道维护技术项目""实时面部人格分析解决方案"等技术领

域的合作签署了协议。本届创新大会精选中以合作热点领域高端技术项目，精心对接双方的各类服务需求，力求达成务实合作。大会共收集、梳理了逾500项以色列高端技术项目，推动两国企业技术对接2373项次，达成合作意向475项，促成合作项目105项。大会期间，还举办了中以创新生态融合专题研讨会、中以创新合作圆桌会议、闭门洽谈会议等活动，旨在共同探讨中以创新合作更高效的服务模式，更好地促进两国创新主体间技术信息互通、资源互补，共享两国创新发展成果，共话两国合作美好未来。

（李　倩）

【2019中国设计红星奖颁奖活动举行】 12月11日，2019中国设计红星奖颁奖活动在北京天桥艺术中心举行，市委常委、宣传部部长杜飞进，市科委主任许强，中国工业设计协会战略咨询委员会主任朱焘，王码五笔字型发明人、改革开放40年“改革先锋”王永民，中国工艺美术大师、首批雕漆技艺国家级代表性传承人文乾刚等领导和专家出席活动。2019年，中国设计红星奖及红星原创奖共有国内外4000余家企业的6000余件产（作）品参评，经过来自德国、美国、瑞士、法国、英国和中国的40余位专家评审，共产生400余件获奖产（作）品，其中至尊金奖1项、金奖10项、银奖15项，并评选出最佳团队奖、最佳新人奖、原创奖优秀设计师奖、原创奖未来之星奖。华为5G Mate X折叠屏手机获得最高奖项——至尊金奖。获奖产品涉及人工智能、智能制造、新能源汽车、新材料、节能环保等高精尖产业，体现了设计与高精尖产业的深度融合。海内外获奖企业代表、设计师、科研机构、各地政府及行业协会代表及来自上海、深圳、武汉等地的代表共约750人参加活动。

（北京工业设计促进中心）

【北京办公室第六次全体会议召开】 12月19日，北京办公室召开第六次全体会议。深入贯彻落实习近平总书记关于科技创新的重要论述和对北京全国科技创新中心建设的重要指示精神，总结2019年北京科技创新中心建设工作的进展，研究部署2020年重点工作。北京办公室主任、科技部部长王志刚，北京办公室主任、市长陈吉宁共同主持会议并讲话。北京办公室副主任、副市长隋振江报告了2019年北京加强全国科技创新中心建设进展及2020年重点工作安排。北京办公室副主任、科技部副部长李萌报告了科技部支持北京全国科技创新中心建设的有关情况及支持北京人工智能、医药健康行动计划的考虑。各成员单位有关负责人发言。各区和各有关部门以视频形式参会。会上，国家自然科学基金委员会与北京市签署《北京市加入国家自然科学基金区域创新发展联合基金协议书》，国家发展改革委、科技部、中科院、北京市相关负责人共同为北京怀柔综合性国家科学中心空间科学实验室揭牌，教育部、北京市、北京大学、清华大学、北京航空航天大学、北京理工大学相关负责人共同为纳光电子前沿科学中心、量子信息前沿科学中心、超循环气动热力前沿科学中心、高能量物质前沿科学中心揭牌。

（蔡凌波）

【第四届中国创新挑战赛（北京）现场赛举行】 12月24日，由科技部作为指导单位，科技部火炬中心、市科委联合承办的第四届中国创新挑战赛（北京）现场赛在中关村展示中心举行。科技部火炬中心副主任段俊虎、市科委副主任刘晖等领导出席活动，见证项目签约并为获奖单位颁发奖杯和证书。本届创新挑战赛重点关注符合首都城市功能定位、符合京津冀协同发展国家战略的产业领域，挖掘民生健康、污染治理、城市管理、产业优化升级等方面应用场景的需求；首次试行“三通一贯”工作模式，实现国企、民企“需求通”，高校院所解决方案“供给通”，专业机构和平台“人才通”，以及服务和辅导“始终贯通”。经筛选，本届创新挑战赛最终发布技术需求128项，征集解决方案和线索200余项，先后组织了高端装备、节能环保、新一代信息技术领域专项需求对接会，首创环境、京城智能等国有大型企业之间进行了精准对接。最终，3项代表性技术需求和相对应的8项解决方案拿到了现场赛的“入场券”。截至本次现场赛举行时，本届创新挑战赛初步促成意向合作项目46个，意向金额近3.55亿元。

（市科委官网）

【《2019全球城市基础前沿研究监测指数》发布】 12月24日，《2019全球城市基础前沿研究监测指数》发布暨研讨会召开。中科院科技战略咨询研究院科技战略情报研究所团队发布《2019全球城市基础前沿研究监测指数》。指数研究结果显示，2018年，北京基础前沿研究监测指数得分位居波士顿、旧金山、伦敦之后，列全球第4位，北京基础前沿研究综合能力已进入全球第一阵列。北京研究前沿热度指数、突破性成果份额和高被引科学家份额3个分项指标得分分别排名全球第2位、第2位、第4位。北京在农业、植物学和动物学领域，化学与材料科学领域，数学、计算机与工程科技领域，生态环境科学领域等4个领域的基础前沿研究能力排名全球首位，在物理学领域、地球科学领域排名全球前3位。研究前沿热度指数主要基于《2018研究前沿》报告，设计分析了城市研究前沿热度指数；高被引科学家选用2018年科睿唯安的高被引科学家数据；突破性成果源自中科院战略咨询院监测的全球主要科学领域的重大科技突破性成果。

（市科委官网）

【北京孵化三十周年总结大会召开】 12月28日，北京孵化三十周年总结大会暨专业孵化高层论坛在京举行。市政府副秘书长刘印春，科技部火炬中心主任贾敬敦，市科委主任许强，中关村管委会党组副书记、主任翟立新出席开幕式并讲话。许强做“北京孵化三十周年”主题报告，提出要主动对标全球标杆孵化器，以专业化、市场化、国际化为根本要求，坚持“专业、专注、专精”的发展方向，明确生态提升目标，引导孵化器着重加强创业导师、专业硬件平台、早期投资等专业服务能力建设，促进形成协同高效的创新创业生态环境。开幕式后举行了专业孵化高层论坛，邀请奇绩创坛创始人陆奇、清华工研院院长金勤献等优秀孵化机构代表，围绕孵化理念、运营模式、经验做法等方面分别做主题演讲，为创业孵化行业的发展提供了广阔的思路。全市300余家科技企业孵化器、大学科技园、众创空间等机构代表参加大会。

（市科委官网）

科技计划与投入

科技计划

【概述】 2019年,北京地区承担国家重点研发计划情况:国家重点研发计划重点专项共计40项,其中北京地区重点专项37项,占全部专项比例的92.5%;2019年,国家重点研发计划项目共计650项,其中北京地区项目200项,占全部专项比例的30.77%;2019年,国家重点研发计划中央财政经费共计111.29亿元,其中北京地区中央财政经费36.9亿元,占2019年项目总经费的33.16%。

(刘　锦)

【对接国家科技创新2030“智能制造和机器人”重大项目】 年内,市科委积极对接国家科技创新2030“智能制造和机器人”重大项目参与单位和北京优势单位,全面支撑重大项目组织实施,管理“智能制造与机器人培育”专项,围绕智能机器人、高端装备、智能制造、工业互联网等重点方向,编写形成智能机器人、高端装备、智能制造、工业互联网等领域5年规划和2020年工作方案,开展关键技术攻关、平台和人才团队建设工作,提升北京创新主体的创新能力。

(北京生产力促进中心)

【对接国家科技创新2030“深空探测及空间飞行器在轨服务与维护系统”重大项目】 年内,市科委积极对接国家科技创新2030“深空探测及空间飞行器在轨服务与维护系统”重大项目,使在京空天领域的优势资源服务于国家科技任务,让更多优秀的技术成果落地北京。支持北京理工大学、北京空间机电研究所、凌云光科技集团开展高光通量光谱探测技术研发;支持空间应用中心开展空间智能操控技术研发;支持航天五院建立在轨服务与维护任务推演虚拟实验和使能技术集成试验和平台基本系统,搭建面向在轨服务与维护的开放的产学研用协同创新和对外交流合作的公共服务平台。

(北京生产力促进中心)

【“首都设计提升计划”专项顺利开展】 年内,北京工业设计促进中心承担“首都设计提升计划”专项,面向社会公开征集。聚焦工业设计等重点领域,提升设计产业科技创新能力,加强共性技术攻关与成果推广应用,重点围绕高精尖领域设计创新、城市更新领域设计创新、传统文化创新设计以及消费品领域智能设计,共支持5名杰出设计人才、11名优秀青年设计人才、21家设计领军机构以及3家设计专业化园区。

(北京工业设计促进中心)

【医药健康领域支持国家重点研发计划情况】 年内,在医药健康领域,市科委共推荐国家重点研发计划81项,获科技部立项支持的项目为16项;“数字诊疗装备研发”试点专项32项,获科技部立项支持8项;“干细胞及转化研究”重点专项9项;“重大慢性非传染性疾病防控研究”共计2项;“中医药现代化研究”重点专项8项;“生物医用材料研发与组织器官修复替代”重点专项5项,获科技部立项支持3项;“主动健康和老龄化科技应对”重点专项23项,获科技部立项支持4项;“发育编程及其代谢调节”重点专项1项,获科技部立项支持1项;“变革性技术关键科学问题”重点专项1项。

(市科委医药健康科技处)

【网络空间安全领域重大科技项目部署】 年内,市科委启动“网络空间安全国家实验室培育”专项二期,专项经费1亿元,面向国家急需、北京重大需求和国际竞争,在网络系统安全、大数据系统安全、网络内容安全、共性基础前沿等方面部署了课题,支持课题数量11个。

(李青梅)

【“首都临床诊疗技术研究及示范应用”专项启动】 年内,市科委为提升临床研究水平,依托北京地区优势学科力量,支持心血管、脑血管、重症等领域开展11项具有国际先进水平的临床研究,30~40项国内领先的临床新技术、新方法研究。

(市科委医药健康科技处)

【专项支持怀柔科学城科技创新和高精尖产业发展】 年内，市科委设立“怀柔科学城成果落地”专项，围绕应用研究、成果转化和高精尖产业三大环节，充分发挥中科院、高校的科技研发优势，聚焦物质材料、信息技术等方向，支持自主创新成果在怀柔科学城落地转化，2019年支持科技经费1亿元、课题21个。

（王　楠）

【市、区两级重大关键任务科技支撑专项】 年内，市、区两级重大关键任务科技支撑专项支持打造一批聚焦各区主导产业、配备专业设备、由专业团队运营并提供开放共享服务的平台，更好地承接科技成果在各区落地。积极开展组织与宣传工作，2019年共申报平台37个，组织各类评审会与专家论证会5场，支持平台20个，落实财政资金8400万元。2019年，市、区两级重大关键任务科技支撑专项成效显著。一是加大了建设投入力度。通过专项的实施，项目建设平台计划总投资达14亿多元，其中硬件设备计划投资占总投资的55%；平台实际完成总投资共计5亿多元，其中硬件设备实际投资占比超过了60%，总体硬件设备类型涵盖检测、测试、分析、称量、储藏等。二是规范了项目运行管理。项目建设平台以市场化运营方式为主，运营主体均为企业，运行管理机制健全，建设规章制度规范，专业化人才队伍资源充足。立项项目专业化人员总数共计超过1000人，其中专业化管理团队人员总数占比超过40%。三是强化了平台开放服务。项目建设平台总体开放性显著，对外可持续提供测试检验、孵化培育、技术研发、概念验证、中试熟化、管理咨询等各类专业化服务，可不同程度服务于本区、全市乃至全国相关领域的各类创新主体。项目上年度服务创新主体共计1400多家次，上年度服务性收入逾3000万元。四是带动了主导产业的发展。项目建设平台的实施在一定程度上带动了所在区主导产业的发展，促进了相关产业聚集，对所在区实现错位化发展、促进科技创新和成果转化落地等起到了有力的支撑作用，同时在促进高精尖产业发展和科技成果转化方面发挥了积极作用。

（侯敬超）

【新材料领域重大科技项目进展情况】 年内，市科委在新材料领域启动4个专项。一是前沿新材料研究专项，专项经费5000万元，支持课题数量13个，重点方向：新型显示材料研发和器件优化、硅基光电子、超材料。二是碳基集成电路专项，专项经费1亿元，支持3个课题，重点方向：90纳米碳基CMOS集成电路高K金属栅制备、源漏接触和通孔工艺研究、完整工艺及PDK研发。三是物质科学实验室培育专项，专项经费5000万元，支持课题13个，重点方向：聚焦国际物质科学研究物态调控、纳米科技、新材料重点方向，在国际范围内优选并通过国际评估确定顶尖科学家，对选聘科学家给予科研经费支持。四是北京石墨烯产业培育专项，专项经费4000万元，支持课题8个，重点方向：根据北京石墨烯研究院的规划，聚焦高品质单晶石墨烯制备及其装置开发、石墨烯新型电子器件研制。

（张　焉）

【智能制造与机器人培育专项初见成效】 年内，市科委瞄准北京市亟待优先解决的重大关键技术和“卡脖子”问题，结合在京单位资源优势和研究基础，支持跨部门、跨学科合作。市科委生产力促进中心开展2019年度“智能制造与机器人培育”专项组织工作，面向仿人机器人、仿生四足机器人、机器人应用（包括医疗康复、助老助残、特种作业等）3个重点方向组织攻关项目8个，以机器人整机为牵引，带动关键零部件发展，推动板块整体创新能力的提升。在仿人机器人方面，建立了人体运动与仿人机器人运动之间的映射，初步完成了小减速比高反向驱动性能的关节、小减速比减速器和仿生眼的结构设计；在仿生四足机器人方面，完成了自恢复、高速、自主动态越障等步态的研究与仿真测试，开展了人员跟随及自主动态越障性能的试验验证。

（北京生产力促进中心）

【推进空间科学实验室落地北京】 年内，市科委结合北京在空天领域的资源优势，投入科技经费3000万元，围绕深空探测、太空安全等领域开展关键技术攻关，支持国家空间科学中心开展国际子午圈大科学计划深化论证及示范，搭建空间科学大数据管理与应用服务平台，完成大数据采集系统、大数据融合管理系统和安全保障系统原型研发工作；开展面向太空安全的空间态势感知与防御平台搭建，完成近地小天体监测预警方案设计，提升北京空间科学领域的技术创新能力，巩固北京市科技创新的高端引领地位，为国家科技任务做好支撑服务。

（北京生产力促进中心）

【完善科研项目信息管理系统】 年内，北京市科技计划项目统一管理平台按照不同类型的数据信息，实现分级向各科研主体开放共享，为科研人员提供高效便捷的申报、查询服务。2019 年，系统累计公开生物医药、电子信息、装备制造等领域立项信息 1137 项；记录北京市科技计划项目管理课题信用状况数据项 12466 条，单位信用 12246 条，负责人信用 5985 条，不良记录共 209 条；公开科技报告数量 1213 份。搭建市科委本级事业科技项目数据展示平台，汇集市科委 2010—2019 年的科技项目管理数据，从业务流、数据流、资金流等三大视角、六大板块实现数据实时化、动态化、可视化呈现。

（李　昂）

【开展减轻科研人员负担行动方案】 年内，市科委坚持以问题为导向，围绕 7 项减负行动，转变职能、强化服务，改进科研项目经费管理和评价制度，建立工作执行与督促落实机制，加强与市级相关部门的协同配合，会同市教委、市司法局、市人社局、市卫健委、中关村科学城管委会等部门共同推动减负行动落实落细，研究制定 19 项改革政策措施，并开展落实情况调查评估工作，进一步优化科研管理，简化程序流程，提升管理效能，切实减轻创新主体和科研人员负担，进一步激发科研人员的创新活力，为全国科技创新中心建设提供政策保障。精简项目申报材料和审批流程，实现北京市科技计划项目（课题）实施方案“无纸化”报送，课题（工作任务）任务书报送数量压减 67%，将任务书由分散式审批调整优化为集中审批制，切实减轻科研人员负担。

（李　昂）

【新型研发机构发展情况】 年内，依据《北京市支持建设世界一流新型研发机构实施办法（试行）》（简称《实施办法》），纳入《实施办法》范畴的世界一流新型研发机构共 4 家，即北京量子信息科学研究院、北京脑科学与类脑研究中心、北京智源人工智能研究院、北京纳米能源与系统研究所。

（陈　静）

基础研究和前沿技术研究

【概述】 2019 年，市科委基金办围绕建设全国科技创新中心的重点任务，一手抓人才战略，一手抓国际化战略，力求充分发挥基础研究对全国科技创新中心建设的源头支撑作用，进一步提升北京市自然科学基金的品牌效应和影响力。市基金对标高精尖结构构建和“三城一区”建设，加强战略引导，勇于探索创新。敏锐把握学科发展趋势，聚焦重点发展领域，资助面上项目 543 项，在新一代信息技术、新材料、医工交叉等领域形成项目群；持续加强人才培养，建立跟踪服务长效机制，搭建合作交流平台，资助北京杰青项目 35 项、青年项目 259 项，组织杰青年会，开展青年项目负责人培训 2 次，并组织青年项目负责人赴美学术交流团，促进领域间学术交流；继续拓展联合基金工作，取得新成效，促成丰台区加入轨道交通联合基金，推动北京加入国家自然科学基金区域创新发展联合基金，形成国家、市、区联动新模式；加强基础研究，前瞻部署重点研究专题，资助重点研究专题项目 24 项，聚焦“卡脖子”难题中的基础科学问题，有望取得具有国际竞争力的原创性成果；服务全国科技创新中心建设，承接重点任务，开展颠覆性技术创新基金设立的前期研究工作，推动北京应用数学中心筹建工作，全程参与北京应用数学研究院筹建工作，推进基金成果贯通应用机制，举办国家基金优秀成果北京对接会。

（市科技史志办公室）

基金资助

【北京大学与商汤科技共建智能计算联合实验室】 5 月 9 日，北京大学与商汤科技以北京市自然科学基金—海淀原始创新联合基金为纽带，正式成立“智能计算”联合实验室，聘请海淀联合基金项目负责人梁云为实验室主任，5 年共投入

1000万元，在高性能计算领域开展联合研究和人才培养。

（市基金办）

【国家自然科学基金优秀成果北京对接会顺利召开】7月18日，为更好地发挥科学基金的独特优势和支撑世界科技强国建设的基础性作用，推进国家基金委优秀基础研究成果在京落地转化，国家自然科学基金优秀成果北京对接会在北京会议中心召开。国家基金委党组成员、主任李静海，副市长隋振江等有关领导出席会议。24项国家基金委优秀项目成果参会；会上达成了3项预对接成果合作意向。本次会议精准对接掌握企业需求，探索市基金资助优秀成果对接，搭建核心企业合作关系，创新了国家基金委、市基金及海淀区三级联动的对接方式，为首都科技成果转移转化提供了新思路。市科委主任许强单独约谈了国家纳米科学中心聂广军和中国科学院武汉物理与数学研究所周欣，期待科技成果能够在京落地转化。

（市基金办）

【推荐优秀基础研究项目成果对接转化】8月26日，针对部分市杰青项目负责人与企业等投资方对接的需求，市基金组织召开新能源和智能网联汽车领域优秀成果对接会，2018年度市杰青项目负责人——北京大学研究员郭少军、清华大学研究员李升波，以及市基金重点项目负责人——北京航空航天大学教授田大新参加了本次对接会。国创中心表示希望与李升波共同申报国家级相关项目。

（市基金办）

【北京市自然科学基金2019年度杰青年会召开】12月6日，北京市自然科学基金2019年度杰青年会在中关村展示中心召开，以展示市基金杰出青年项目负责人的风采，促进首都杰出青年科学家学术交流，更好地培养服务杰青项目负责人，建立"一次资助，终生联系"的跟踪服务长效机制。北京市自然科学基金委主任许强出席并讲话，国家自然科学基金委计划局局长王长锐出席并讲话。会上，2019年度市杰青项目负责人向出席的领导们汇报开创性科研成果，斯坦福大学理查德·尼尔·扎雷（Richard Neil Zare）院士和清华大学戴琼海院士做主题报告，国家自然科学基金区域创新发展联合基金签约，"京创源"小程序上线发布，交叉学术论坛内容涵盖学术交流会、京津冀青年科学家论坛和联合基金经验交流会。

（市基金办）

【资助自然科学基金项目共1078项】年内，市基金经费投入规模达到33932万元。市基金共收到各类项目申请7736项，经过"三审一定"的评审程序，择优资助各类项目1078项，资助率13.9%，资助总额达到3.39亿元。其中重点研究专题资助24项，资助总金额6800万元；面上项目588项，资助总金额11733万元；杰出青年项目35项，资助总金额3500万元；青年项目258项，资助总金额2552万元；市基金委—市教委联合资助项目50项，资助总金额3936万元；市基金—海淀原始创新联合基金资助项目69项，资助总金额3036万元；市基金—丰台轨道交通联合基金资助项目24项，资助总金额975万元；京津冀基础研究合作专项项目20项，资助总金额1200万元；对外合作交流基金项目10项，资助总金额200万元。

（市基金办）

【资助自然科学基金面上和青年项目共846项】年内，市基金共受理345家依托单位的2020年度项目申请6840项。经评审，决定资助846项，其中面上项目588项，资助总金额11733万元；青年科学基金项目258项，资助总金额2552万元。涉及数理科学40项、化学与材料科学103项、工程科学59项、信息科学114项、生物科学42项、农业科学47项、医药科学333项、城建与环境科学77项、管理科学31项。

（市基金办）

【资助重点研究专题项目24项】年内，市基金共接收44家依托单位的102项申请，其中数学学科申报10项、物理学科申报22项、生命学科申报70项。经评审，决定资助项目24项，其中数学学科建议资助4项、物理学科建议资助8项、生命学科建议资助12项。资助总金额6800万元。24项项目来自清华大学、北京大学等16家依托单位，其中中央单位12家、市属单位4家。24位项目负责人全部具有博士学位，63位课题负责人平均年龄38.7岁（最年轻的32岁）。

（市基金办）

【资助北京杰青项目35项】年内，在2019年度北京市杰出青年科学基金项目申请期内，市基金共接收来自北京大学、清华大学、北京理工大学、中国科学院等52家单位提交的159项申请。经评审，决定资助35位优秀人才，较上年度增加5人。资助项目呈现如下特点：一是项目承担依托单位覆盖面进一步扩大。17家依托单位获市杰青项目资助，单位数量较去年增加2家。二是项目负责人学术根基扎实，与国内外研究机构有良好的合作基础。有15人前期研究结果发表在*Nature*、*Science*及其子刊上，5人H因子超过30。三是项目研究内容与科创中心建设重点任务密切相关，九成项目涉及人工智能、医工交叉、新材料、新一代信息技术等建设全国科技创新中心重点发展领域。

（市基金办）

【资助市基金—市教委联合资助项目50项】 年内，市基金、市教委共受理18所市属高校的215项申请。经评审，决定资助50项，总资助金额为3936万元。资助项目呈现如下特点：项目负责人年龄趋于年轻化，平均年龄46.2岁，50岁及以下的项目负责人占70%；央地合作导向作用显著，有16项央地合作项目，占32%；持续支持土木工程、生物学、临床医学等重点学科建设，资助项目31项，占62%；继续支撑高精尖经济结构建设，针对新能源材料、人工智能、医工交叉等北京地区重点发展领域共资助20项。

（市基金办）

【资助自然科学基金联合基金项目93项】 年内，市自然科学基金联合基金共受理72家依托单位项目256项，经形式审查、通信评审、会议评审、管理小组审定，共资助93项，资助总经费4011万元。其中海淀联合基金资助69项，资助经费3036万元；丰台联合基金资助24项，资助经费975万元。

（市基金办）

【推进北京市加入区域创新发展联合基金】 年内，积极与国家基金委对接沟通，聚焦北京“三城一区”建设中具有特色、产业需求最强烈的中关村科学城和北京经济技术开发区开展重点领域需求调研并协商共同出资事宜。10月10日，市科委与国家基金委计划局就协议书内容达成一致，形成《北京市加入国家自然科学基金区域创新发展联合基金协议书》，报市政府审定。12月19日，北京市与国家基金委正式签订协议书。随后启动2020年度区域创新联合基金（北京）项目指南编制工作，聚焦人工智能和生物医药领域，面向海淀区和北京经济技术开发区的37家代表性企业和创新平台，征集指南需求107项，经3轮专家凝练和论证，并征求鲁白、张宏江、金勤献等教授的意见，形成指南建议稿，报国家自然基金委。

（市基金办）

【市基金项目申请工作全面对接市政服务系统】 年内，根据《北京市人民政府办公厅关于推进全市政务服务“一张网”建设（2018—2020年）的意见》精神，在2019年市基金项目组织申报过程中，积极推进落实政务服务“一网、一门、一次”改革实施方案，实现了申报网络整体对接北京市政务服务网、材料接收工作全面进驻北京市政务服务大厅。7月12日，2019年市基金项目申请工作顺利完成，共接收347家依托单位提交各类项目申请6999项，其中面上项目4864项、青年项目1976项、杰青项目159项。

（市基金办）

【市基金—海淀原始创新联合基金持续聚焦中关村科学城建设重点领域】 年内，市基金—海淀原始创新联合基金在智慧骨科、疫苗和流行病学、计算机视觉、无线通信等中关村科学城建设重点领域超前部署，设15个重点研究专题方向和11个前沿方向，共接收来自54家依托单位提交的182份项目申请。其中，重点专题申报37项，占总量的20%；前沿项目申报145项，占总量的80%。经初审、通审、会审及管理小组审定，共资助69项项目，资助总经费3036万元。重点研究专题项目瞄准行业共性技术，围绕基于人工智能的心脑血管介入辅助技术、面向工业互联应用的5G网络关键技术研究、骨盆骨折机器人、冷适应流感病毒株等方面开展多单位协同研究；前沿项目则围绕高性能智能存储、智能边缘网络、呼吸道传染病病原学、人工智能与骨科机器人融合等开展相关领域技术储备研究。

（市基金办）

【市区联动升级轨道联合基金】 年内，在联合基金的带动下，丰台区政府出资加入轨道交通联合基金，并升级为“北京市自然科学基金—丰台轨道交通前沿研究联合基金”。签订合作框架协议，首期合作5年，每年资金总额不少于1000万元，借助轨道联合基金较为成熟的管理和运行模式，并在此基础上进行升级，聚焦行业关键问题，增设重点研究专题，促进学科交叉融合，力争打造出具有较大影响力的轨道交通原始创新联合基金。年内，市自然科学基金—丰台轨道联合基金共接收来自18家单位提交的74项项目申请，经初审、通审、会审及管理小组审定，共资助 24 项，资助总经费 975 万元。资助项目将重点围绕列车编队协同控制、基于 5G 的列车可信定位、列车运行状态路侧感知等方面开展合作研究。有效促进轨道交通领域与大数据、云计算及人工智能等信息学科研究领域的融合，推动了行业外优势资源参与城市轨道交通领域的基础研究工作。

（市基金办）

【京津冀基础研究增资促发展】 年内，为服务京津冀协同发展战略，进一步加强京津冀基础研究合作，三地基金管理部门签署《关于共同推进京津冀基础研究的合作协议（2018—2020 年）》补充协议，明确增资事宜，自 2019 年起将项目经费由每方 200 万元/年增加到 400 万元/年，项目总经费达 1200 万元/年，实现了在 2018 年经费翻番的基础上再翻番。针对京津冀高发、危害重大并具有研究优势和特色的疾病领域开展研究，持续深入推进相关工作。2019 年，共受理合作专项项目 108 项，经过评审，资助包括北京市肿瘤防治所院士詹启敏团队、解放军总医院教授曹丰团队在内的 20 个优秀团队。2019 年是京津冀基础研究合作专项实施的第 5 个年头，三地先后围绕南水北调、城市轨道交通、智能制造、精准医疗等领域开展联合资助工作，已共同资助基础研究项目 68 项，部分项目取得了初步成果并在实践中得到应用。

（市基金办）

【年度验收的基金项目成果产出丰硕】 年内，验收的市基金项目共计发表论文 4682 篇，其中期刊论文 3710 篇、国内外会议论文 972 篇；申请国家专利 786 项、国际专利 20 项，获得国家专利授权 426 项，国际专利授权 15 项，平均 1.56 个项目获得专利授权 1 项。验收项目共计主办国内外会议 253 次，参加国内外学术会议 2006 次，学术交流访问 928 次；获得国家级一等奖 5 项、二等奖 14 项，省部级一等奖 32 项、二等奖 33 项、三等奖 16 项；有 52 项成果已获得推广应用，产生经济效益 2965 万元。

（市基金办）

【对外合作交流活动基金项目促进国内外专家学者交流合作】 年内，对外合作交流活动基金围绕国际锂硫电池大会、爆炸与反应流国际研讨会、国际分子影像会议等共资助了 10 个国际学术会议，共吸引来自美国、日本、德国、法国、瑞士等 20 多个国家和地区的 100 余位顶级专家及国内的 150 余位顶级专家，共计 1800 余人参加会议。其中，在 4 月组织召开的中国母婴肠道大会上，加州大学洛杉矶分校教授卡琳·米歇尔斯（Karin Michels）、北医三院妇产科教授赵扬玉、荷兰格罗宁根大学教授傅静远、知名儿童科普专家教授崔玉涛等围绕妇幼营养、母乳功能成分、母婴肠道菌群研究方法和技术、母婴营养安全等多个领域做了报告，并同与会专家进行了充分的交流讨论，进一步促进了科技人才成长与交流，增进了对学科前沿动态的把握。

（市基金办）

优秀成果

【基于新型二维黑磷异质结的中红外探测器基础研究】 年内，清华大学讲师田禾在市基金青年项目“基于新型二维黑磷异质结的中红外探测器基础研究”（项目编号：4184091）的资助下，深入研究黑磷二维器件相关的理论模型，建立了黑磷 pn 结以及负电容晶体管理论模型，系统开发了转移二维材料的堆叠工艺流程，获得了高性能可室温工作的异质结中红外探测器，相关研究成果发表在 *Nature Communications*、*ACS Nano*、*IEDM* 等国际顶级期刊上，申请国家专利 2 项；提出的黑磷 p-i-n 异质结具有突出创新价值，极低室温下暗电流表明该器件有望应用于未来的中红外成像，具有较高的应用前景。

（市基金办）

【操作型服务机器人动态非结构化环境描述与导航控制】 年内，中国科学院自动化研究所喻俊志研究员的课题组在市基金重点项目“操作型服务机器人动态非结构化环境描述与导航控制”（项目编号：4161002）的资助下，开展了面向操作型服务机器人动态非结构化环境描述与导航控制研究。提出了单目视觉驱动的场景稠密点云感知技术，提高了环境感知精度和环境适应性；提出了人工传授和机器人自主探索相结合的环境建模方法，完成了机器人在复杂环境下的自主导航实验；搭建了操作型服务机器人实验平台，实现了服务机器人障碍环境下的平滑抓取。相关研究成果发表在 *IEEE Transactions* 等领域顶级期刊上，申请国家发明专利 6 项，申请软件著作权 3 项。该项目是喻俊志承担的第 4 个市基金项目，市基金的连续资助为其创新研究提供了有效助力。

（市基金办）

【外泌体介导的新型牙上皮—间充质相互作用机制研究】 年内，北京大学口腔医院助理研究员蒋楠在市基金青年项目“外泌体介导的新型牙上皮—间充质相互作用机制研究”（项目编号：7174365）的资助下，研究了牙发育模型中鉴定外泌体的存在及性质；证明了不同类型靶细胞依赖不同的内吞机制可选择性地接受外泌体传递的信号。分别从细胞、器官及转基因动物不同层面分析证明外泌体在牙发育过程中的作用。重点研究了外泌体中 miRNA-135 的作用，并利用外泌体诱导人体牙髓间充质细胞再生形成牙本质。相关研究成果发表在 *ACS Nano* 等领域顶级期刊上。在项目支持下，蒋楠后续又获得国家自然科学基金青年项目资助。

（市基金办）

【非小细胞肺癌靶向治疗基因突变检测游离 DNA 参考物质的研究】 年内，北京医院副研究员张瑞在市基金青年项目“非小细胞肺癌靶向治疗基因突变检测游离 DNA 参考物质的研究”（项目编号：7174345）的资助下，采用微球菌核酸酶消化和 CRISPR 基因编辑技术，建立了肿瘤基因突变游离 DNA 检测质控品，该质控品可完全模拟肿瘤游离 DNA（ctDNA）核小体单体大小为主的片段分布特征，且同时含有突变的片段化 DNA 和背景 DNA；并已证实可适用于高通量测序、实时荧光 PCR、数字 PCR 等各种检测方法，与临床样本中的游离 DNA 特征高度一致。相关研究成果发表在 *Clinical Chemistry* 等权威期刊上，将有助于推动国内外肿瘤基因突变检测游离 DNA 的标准化，申请发明专利 1 项，并已与企业进行科研成果转化。在项目的支持下，张瑞 2017 年入选东城区优秀人才和中国医学科学院青年人才奖励项目。

（市基金办）

【分子影像指导下抗心肌重构的精准治疗】 年内，中国医学科学院北京协和医学院朱朝晖教授课题组在市基金重点项目“分子影像指导下抗心肌重构的精准治疗”（项目编号：7161012）的资助下，发明了 3 种针对心肌重构的核医学分子影像新技术，研究了其摄取变化规律及指导抗心肌重构治疗的可行性，并提出了整合素 $\alpha v\beta 3$ 受体的 68Ga-PRGD2 PET/CT 显像对心梗患者的初始评估和疗效评价具有一定的临床应用前景。研究结果对心肌重构的机理探索具有意义，为临床指导抗心肌重构精准治疗提供了直观可视、相对定量的新方法。相关研究成果发表在 *Theranostics*、*Clinical Nuclear Medicine* 等权威期刊上；授权发明专利 1 项；获得 2018 年华夏医学科技奖二等奖。

（市基金办）

【压电陶瓷执行器智能建模与控制的方法研究及其应用】 年内，中国科学院自动化研究所研究员程龙的课题组在市基金面上项目“压电陶瓷执行器智能建模与控制的方法研究及其应用”（项目编号：4162066）的资助下，提出了基于神经网络和模糊逻辑的压电陶瓷执行器智能建模方法，并在该模型基础上提出多种预测控制算法。实验结果表明，上述控制算法的控制精度远高于 PI 公司的商用控制软件。同时，项目还自行研制了压电陶瓷执行器的控制系统，控制系统的带宽得到了有效提升。相关研究成果发表在 *IEEE Transactions*、*IEEE Access* 等权威期刊上。研究成果具有很强的创新性，同时也具有很高的实际推广价值。在该项目支持下，项目负责人程龙获得 2019 年市基金杰出青年项目资助。

（市基金办）

【基于人体天线的柔性表贴无线医疗传感系统关键技术】 年内，北京大学廖怀林教授团队在市基金重点项目“基于人体天线的柔性表贴无线医疗传感系统关键技术”（项目编号：4151002）的资助下，提出了基于人体本身作为天线的无线数据传输技术，通过电磁场仿真和实验证明该天线为全向性天线，绕射性能好，适合室内使用；基于伪背散射原理的超低功耗收发机架构，研制了抗干扰和低功耗无线收发机电路，解决超低功耗下高数据率问题；研究了低功耗新型生物信号采集电路，实现了心电信号采集。相关研究成果发表在 *International Journal of Circuit Theory and Applications* 等知名期刊及 EI 检索国际会议期刊上；申请国家专利 7 项，其中 1 项已经获得授权。团队成员叶乐副教授后续获得国家优秀青年科学基金项目资助。

（市基金办）

【大容量高温熔盐蓄热的基础和关键技术研究】 年内，北京工业大学桑丽霞研究员课题组在市基金重点项目“大容量高温熔盐蓄热的基础和关键技术研究”（项目编号：3151001）的资助下，研制优选了可大幅降低蓄热成本的低熔点四元混合硝酸盐和二元混合硝酸盐等 5 种中高温储热材料。搭建完成了双罐显热蓄热和相变蓄热试验系统，获得了适用于熔盐纳米流体的受迫对流传热等关联式，以及熔盐蓄热罐体散热损失功率随时间和温度的变化曲线和拟合公式。建立了熔盐体系热力学参数,研发出3种中高温储热材料强化传热元件。研发的谷电或弃风弃光电加热熔盐蓄热式集中供热技术实现了工程示范。相关项目成果发表在 *Applied Energy*、*Solar Energy Materials and Solar Cells* 等重要学术期刊上;申报专利21项,其中7项已经获得授权。

(市基金办)

【京津冀水足迹演变驱动机制与水资源调控分析】 年内,北京林业大学刘俊国教授科研团队在市基金重点项目"京津冀水足迹演变驱动机制与水资源调控分析"(项目编号:8151002)的支持下,以水足迹"时空格局—驱动机制—环境影响—调控对策"为主线,构建了基于生态系统过程模型与区域间投入产出方法的水—经济耦合模型,厘清了京津冀水足迹演变趋势及产业分布特征,建立了水足迹驱动力分析框架,提出了水量型和水质型水资源短缺评价理论框架和方法,明确了京津冀地区未来产业结构调整方向和水资源调控模式。项目研究具有重要的生态环境效益,并对京津冀"以水定产"调整产业结构具有重要的科学意义和指导价值。相关研究成果发表在 *Proceedings of the National Academy of Sciences of the United States of America*、*Earth System Science Data* 等国际顶级期刊上。"水足迹技术评价体系"等成果被水利部用于编制我国重点流域水资源调查和评价,并为中国水资源公报编制以及永定河生态修复工程提供了科技支撑。

(市基金办)

【受限空间中共价有机聚合物石墨烯制备及其在锌—空液流电池中的应用】 年内,北京化工大学向中华教授课题组在市基金面上项目"受限空间中共价有机聚合物石墨烯制备及其在锌—空液流电池中的应用"(项目编号:2162032)的资助下,通过"溶剂热""后修饰""模板法""原位生长法"等方法,合成出了系列新型共价有机聚合物(COP)材料,所制备的COP及催化剂具有优异的氧还原与氧析出催化活性,并在实验室达到公斤级/天的生产规模,锌—空液流电池效率大于60%。相关研究成果发表在 *Advanced Materials*、*ACS Nano* 等国际权威期刊上,具有良好的实际应用与产业化前景,同样可应用到能量储存技术中,如金属空气电池、可再生燃料电池等。在上述项目支持下,项目负责人向中华教授于2019年获得市基金杰出青年项目资助。

(市基金办)

【基于电力电子变压器的能源路由器关键技术研究】 年内,清华大学郑泽东副教授课题组在市基金重点项目"基于电力电子变压器的能源路由器关键技术研究"(项目编号:3161001)的资助下,开展了基于电力电子变压器的能源路由器中的拓扑结构、参数设计、控制策略等系列研究。针对宽禁带功率半导体器件的驱动与串联技术、隔离DC/DC变换器的功率传输机理与优化控制、电力电子变压器的电路拓扑与控制策略、多端口能源路由器的功率解耦控制与端口控制等关键技术进行了研究,针对不同应用场景研制了多台能源路由器实验样机和工程样机,并对上述研究进行了验证。相关研究成果发表在 *IEEE Access*、*The Journal of Engineering* 等顶级期刊上。获得国家发明专利授权2项。解决了能源路由器实用化中的一系列关键问题,为能源互联网技术的发展提供了有力的技术支撑。

(市基金办)

科技投入

【概述】 2019年,市科委坚持统筹兼顾、突出重点、优化支出结构,全力支持科创中心建设。建立科技计划预算编制、项目经费管理、专家咨询管理、招投标管理、信用管理、信息公开、监督检查等全流程闭环管理制度体系,已形成"基础研究与国家重大科技战略任务培育支撑类""产业前沿技术研究与创新类”“创新生态环境类”“规划政策落实与科技管理类”“城乡科技支撑和服务类”“基本运行类”。2019年度市财政下达市科委预算共47.39亿元，近75%的资金投入“三城一区”建设；从创新链条上看，强化基础研究和应用研究投入，2019年基础研究投入占比17.5%、应用研究投入占比52.5%、技术开发和产业化占比30%。

（翟亚宁）

【2019年度收入预算】 年内，市科委收入预算412767.83万元，比2018年增加217.11万元，增长0.05%。其中财政拨款337838.84万元，比2018年减少35293.12万元；统筹使用结余资金安排预算1902.56万元，比2018年增加86.42万元；其他资金73026.43万元，比2018年增加35423.81万元。其中事业收入（不含财政专户管理的事业收入）3548.34万元，比2018年增加303.19万元；事业单位经营收入4158.67万元，比2018年减少286.76万元；其他收入181万元，比2018年的72.36万元增加108.64万元；继续使用的财政性结转资金65138.42万元，比2018年增加35298.74万元。

（市科委官网）

【2019年度支出预算】 年内，市科委支出预算412767.83万元，其中基本支出预算25159.51万元，占总支出预算的6.10%，比2018年增加1440.92万元，增长6.08%；项目支出预算383901.78万元，比2018年减少842.36万元，下降0.22%；上缴上级支出0万元，与2018年持平；事业单位经营支出3706.55万元，比2018年减少381.44万元，下降9.33%；对附属单位补助支出0万元，与2018年持平。

（市科委官网）

【2019年度主要支出方向】 年内，市科委部门预算支出主要用于项目支出，主要支出方向：①科学技术管理事务方面，主要用于市属转制科研院所离退休人员养老与社保经费、市科委信息系统综合运维等项目。②基础研究方面，主要用于2019年度北京市自然科学基金、北京生命科学研究所运行经费、怀柔科学城成果落地、碳基集成电路、网络空间安全国家实验室培育（二期）、北京生物结构前沿研究中心建设、生命科学前沿创新培育、国家新能源汽车技术创新中心建设、北京智源人工智能研究院建设、北京量子信息科学研究院建设、“脑科学与类脑研究北方科学中心”地方配套等项目。③应用研究方面，主要用于全球健康药物研发中心建设、智能制造与机器人培育项目、医药协同科技创新研究、首都临床诊疗技术研究及示范应用、能源与材料应用领域技术协同创新、新一代人工智能技术培育、新一代信息通信技术培育、传感器技术研究等项目。④技术研究与开发方面，主要用于医药创新品种研发培育及产业支撑平台能力建设、科技冬奥、科技支撑乡村振兴、建设“设计之都”促进文化科技融合、交通综合运输效率提升、市区两级重大关键任务科技支撑、北京市科技成果转化平台建设、高科技企业培育及技术创新平台建设、科技型中小企业促进等项目。⑤科技条件与服务方面，主要用于科技服务业促进、首都科技创新券、首都科技领军人才培养工程、北京市科技新星计划、首都科技条件平台等项目。

（市科委官网）

【“三公”经费财政拨款预算说明】 年内，市科委“三公”经费的单位范围包括北京市科学技术委员会因公出国（境）费用、公务接待费、公务用车购置和运行维护费。开支单位包括北京市科学技术委员会（本级行政）、北京市科学技术委员会老干部服务中心、北京市高新技术成果转化服务中心、北京市自然科学基金委员会办公室、北京市实验动物管理办公室、北京市科委行政事务服务中心、北京市科学技术奖励工作办公室、北京科技协作中心、北京市科技信息中心、北京技术市场管理办公室等10个所属单位。其他单位2019年无财政拨款安排的“三公”经费预算。2019年“三公”经费财政拨款预算307.68万元，比2018年“三公”经费财政拨款预算减少6.80万元。

（市科委官网）

【重点支出情况——2019年北京市高新技术成果转化认定及平台建设】 年内，北京市科技成果转化平台建设专项安排7000万元择优支持在京高校院所等单位加强内部技术转移机构建设，每家以后补贴方式支持，额度最高不超过200万元，且不超过技术转移机构运营成本费用的50%，用于机构继续开展人才引进、培养、激励，以及加强技术转移平台、渠道、能力建设等工作；支持开展成果评估筛选及知识产权布局，每个项目以后补贴方式支持，额度最高不超过30万元，且不超过项目实际支出总成本费用的50%，用于高校院所继续开展成果评估筛选和专利布局工作；支持开展中试熟化和成果承接基地建设，每家建设单位以后补贴方式支持，额度不超过500万元，且不超过建设单位上年度运营成本费用的50%，用于基地运营单位继续开展中试熟化平台的专业设备配备、专业技术人员培训，成果承接服务和创新活动开展等工作；支持加强与专业服务机构的合作，每个单位以后补贴方式支持，额度最高不超过50万元，且不超过项目实际支出费用的50%，用于补贴专业化服务的购买主体，引导高校院所加大购买专业化服务的投入力度。支持北京市科技成果转化统筹协调与服务平台建设工作经费不超过500万元。北京市高新技术成果转化项目安排4000万元支持在京企业通过成果转让、许可使用、作价入股等方式，积极承接高校院所的高水平、高精尖产业领域科技成果在京落地转化，以后补贴方式支持40项左右，每项支持不超过100万元，用于开展项目后续研发、技术升级等工作。

（市科委官网）

【2019年度收入决算】 2019年度收、支总计561251.82万元，比上年减少20782.35万元，下降3.57%。2019年度收入合计489900.19万元，比上年减少42709.98万元，下降8.02%，其中财政拨款收入480318.80万元，占收入合计的98.04%；上级补助收入0万元；事业收入3017.30万元，占收入合计的0.62%；经营收入5147.77万元，占收入合计的1.05%；附属单位上缴收入0万元；其他收入1416.32万元，占收入合计的0.29%。

（市科委官网）

【2019年度支出决算】 2019年度支出合计479285.10万元，比上年减少13370.23万元，下降2.71%，其中基本支出22593.84万元，占支出合计的4.71%；项目支出451591.51万元，占支出合计的94.22%；上缴上级支出0万元；经营支出5099.75万元，占支出合计的1.06%；对附属单位补助支出0万元。

（市科委官网）

【2019年度财政拨款收入支出决算总体情况】 2019年度财政拨款收、支总计550073.20万元，比上年减少21607.40万元，下降3.78%。主要原因：市科委根据工作安排，科技计划项目（课题）财政拨款收入略有减少，相应项目支出也同步减少。主要调整了基础研究、应用研究、技术研究与开发、社会科学、科学技术普及、科技交流与合作等方面的项目（课题）经费预算安排。

（市科委官网）

【一般公共预算财政拨款支出决算总体情况】 2019年度一般公共预算财政拨款支出469848.21万元，主要用于以下方面（按大类）：教育支出（205类）16.15万元；科学技术支出（206类）468716.28万元，占本年财政拨款支出的99.76%；社会保障和就业支出（208类）864.26万元，占本年财政拨款支出的0.19%；卫生健康支出（210类）147.59万元，占本年财政拨款支出的0.03%；商业服务业等支出（216类）103.93万元，占本年财政拨款支出的0.02%。

（市科委官网）

【教育支出（205类）2019年度决算】 教育支出（205类）2019年度决算16.15万元，比2019年年初预算减少12.48万元，下降43.59%。其中进修及培训（20508款）2019年度决算16.15万元，比2019年年初预算减少12.48万元，下降43.59%。主要原因：市科委（本级行政）、市科委行政事务服务中心、北京技术市场管理办公室等单位调整培训工作内容，减少培训工作经费支出。北京市实验动物管理办公室、北京市科技传播中心等单位则根据“勤俭节约、从严控制一般性支出”原则，减少培训经费预算。

（市科委官网）

【科学技术支出（206类）2019年度决算情况】 科学技术支出（206类）2019年度决算468716.28万元，比2019年年初预算增加66968.35万元，增长16.67%。

（市科委官网）

【科学技术支出（206类）——科学技术管理事务决算】 科学技术管理事务（20601款）2019年度决算24047.23万元，比2019年年初预算减少730.11万元，下降2.95%。主要原因：市科委（本级行政）和市科委行政事务服务中心等单位由于人员变动而导致社会保障经费支出减少。

（市科委官网）

【科学技术支出（206类）——基础研究决算情况】 基础研究（20602款）2019年度决算178476.66万元，比2019年年初预算增加55092.72万元，增长44.65%。主要原因：市科委加大对基础研究的支持力度，追加“怀柔科学城成果落地”等项目。

（市科委官网）

【科学技术支出(206 类)——应用研究决算情况】应用研究(20603 款)2019 年度决算 97336.85 万元,比 2019 年年初预算增加 22585.49 万元,增长 30.21%。主要原因:市科委加大对科技项目(课题)的支持力度,追加“医药协同科技创新研究(科研)”“首都临床诊疗技术研究及示范应用”等项目。

(市科委官网)

【科学技术支出(206 类)——技术研究与开发决算情况】技术研究与开发(20604 款)2019 年度决算 116112.68 万元,比 2019 年年初预算减少 1279.84 万元,下降 1.09%。主要原因:部分项目经费根据实际工作情况结转下年继续使用。

(市科委官网)

【科学技术支出(206 类)——科技条件与服务决算情况】科技条件与服务(20605 款)2019 年度决算 37605.12 万元,比 2019 年年初预算减少 5736.33 万元,下降 13.24%。主要原因:市科委根据工作安排,减少“科技服务业促进”“首都科技创新券”“首都科技条件平台(非科研)”等项目预算。

(市科委官网)

【科学技术支出(206 类)——科学技术普及决算情况】科学技术普及(20607 款)2019 年度决算 810 万元,比 2019 年年初预算增加 70 万元,增长 9.46%。主要原因:市科委加大对科技项目(课题)的支持力度,追加“科学技术普及”项目预算。

(市科委官网)

【科学技术支出(206 类)——科技交流与合作决算情况】科技交流与合作(20608 款)2019 年度决算 4543.91 万元,比 2019 年年初预算减少 3356.09 万元,下降 42.48%。主要原因:市科委根据“勤俭节约、从严控制一般性支出”原则,调整工作安排,减少“国际人才、技术、成果转移落地”“联合研发课题及大科学计划项目培育”等项目经费的预算;“科技创新中心国际化环境建设”“港澳台联合研发计划”等项目则根据项目执行计划将经费结转下年。

(市科委官网)

【科学技术支出(206 类)——其他科学技术支出决算情况】其他科学技术支出(20609 款)2019 年度决算 9783.82 万元,比 2019 年年初预算增加 322.49 万元,增长 3.41%。主要原因:北京市可持续发展科技促进中心继续执行上年结转的“生态环境领域等项目组织管理”项目经费,市科委行政事务服务中心继续执行上年结转的“北京市科学技术委员会事业发展安全用房运维”项目经费。

(市科委官网)

科技资源

科技人才

【概述】2019年,围绕全国科创中心建设重点任务,以贯彻落实《新时代推动首都高质量发展人才支撑行动计划(2018—2022年)》为抓手,市科委加大海外人才引进力度,引进战略科技人才,引进培养科技领军人才。着力培养青年人才,聚焦十大高精尖产业,完成2019年度科技新星评审工作,选拔120名青年科技人才给予重点支持;支持培养技术转移转化人才,积极拓展首都技术转移转化专业技术人员职业发展通道。完善人才服务保障体系,不断优化科技人才发展环境。完善外国人才工作政策体系,为用人单位引进外国人才创造条件,开展外国专家奖励,搭建外国人才交流平台,持续优化外国人才在京创新创业环境。

(市科技史志办公室)

【"人工智能与慢病管理"学术沙龙举办】1月5日,市科委人事处、市科委人才交流中心、北京大学第三医院和北京航空航天大学大数据与脑机智能高精尖中心联合主办的北京市科技新星"人工智能与慢病管理"学术沙龙在北京大学第三医院举行,为首都科技人才交流活动拉开了帷幕。本次活动邀请了北京大学第三医院副院长宋纯理、市科委副主任杨仁全以及历届科技新星和领军人才共54人参加。宋纯理致开幕词,杨仁全做主题为"以科创中心建设为引领,支撑服务北京高质量发展"的讲座。最后,参会人员各自介绍了研究方向、科研需求、想法和建议,并与大家交流分享。

(马　腾)

【2019"聚英"论坛暨环球英才峰会举办】1月19日,由北京环球英才交流促进会、中关村社会组织联合会、中国国际技术转移中心共同主办的2019"聚英"论坛暨环球英才峰会在京举办。30多个国家的40余个海外人才组织的负责人、100余位海外高端专家和优秀留学人才、众多来华优秀留学生代表、在华的中国政府友谊奖获奖专家和国际友人代表,以及各地人才部门、科技园区和企业代表等近600人出席。活动以"聚天下英才,创时代伟业"为主题,旨在深入贯彻党的十九大精神和习近平总书记"聚天下英才而用之"的战略思想,立足新时代和改革开放新起点,围绕"强起来要靠创新,创新要靠人才"搭建国际人才交流、合作平台,助力创新驱动发展和新旧动能转换,为新时代中国特色社会主义伟业提供强有力的人才智力支撑。活动分为"聚英"论坛、环球英才峰会、环球英才联谊晚会三大环节。会上,北京环球英才促进会与北京技术交易促进中心牵手合作建立的外国院士工作站服务中心正式揭牌。

(北京技术交易促进中心)

【推荐4名首批青年北京学者候选人】1月,经现场答辩、专家提问、投票决议等环节,向市人才工作局推荐北京生命科学研究所汤楠等4人作为首批青年北京学者候选人。

(市科委专家处)

【加强人工智能人才培养】1月,市科委人才交流中心进一步贯彻落实北京市关于人工智能人才工作的指示精神,将首都人才资源优势转化为发展动能,服务于北京市高精尖产业和全国科技创新中心建设。按照市委《关于聚集我市编程人才的任务方案》的工作任务分工,整合国内外优质培训资源,加速引进优质国际培训机构,完成"北京市人工智能人才培养"项目的事前绩效评估,新增财政预算850万元。

(郑　羿)

【3名外国专家获2019年度中国政府友谊奖】2月,按照《科技部关于2019年度中国政府友谊奖申报工作的通知》精神,北京市组织开展2019年度中国政府友谊奖推荐工作。4月,确定8名北京市中国政府友谊奖候选人,并向国家外国专家局推荐。经科技部批准,北京市推荐的施耐德电气有限公司赵国华、北京斯奎德量子技术有限公司米海洛·普里明、首都师范大学萨巴斯·可汗3名外国专家

获奖。

（市科委专家处）

【推荐1名北京学者候选人】3月，重点面向北京生命科学研究所、北京脑科学与类脑研究中心等新型研发机构组织推荐申报工作。向市人才工作局推荐北京生命科学研究所研究员杜立林为北京学者候选人。

（市科委专家处）

【组织参加第17届中国国际人才交流大会】4月14日，市科委组织新型研发机构、"三城一区"相关科技部门代表共20余人参加在深圳举办的第17届中国国际人才交流大会，以"建设具有全球影响力的全国科技创新中心"为主题设置北京展区，围绕十大高精尖产业推介北京市科创中心建设成果。会后市科委被大会组委会授予"最佳组织奖"。

（市科委专家处）

【外国专家个人银行卡办理】4月，为进一步优化外国人才在京创新创业环境，满足外国专家在京的金融服务需求，市科委联合中国银行北京市分行和北京银行下发了《关于做好外国专家个人银行卡申请办理工作的通知》，解决在京外国专家信用卡难办的问题。

（市科委专家处）

【"大健康产业——营养健康食品"交流活动举办】5月17—18日，市科委人才交流中心与中国食品发酵工业研究院、北京市营养源研究所、北京四海华辰科技有限公司联合举办走近科学家之"大健康产业——营养健康食品"交流活动。相关领域特邀专家、历年领军人才、科技新星等共计50余人参加活动。本次活动以"大健康产业——营养健康食品"为主题，围绕人体成分检测与天然膳食营养解决方案帮助公众改善营养不良、超重、肥胖、罹患慢病等健康问题进行交流与分享，活动分为主题报告、互动交流、红酒品鉴、欢乐跑四大板块，打造了一个灵活、自由、轻松的科技人才多元交流空间。

（马　腾）

【制作以中华人民共和国成立70周年为主题的北京科技领军人物宣传片】5月17日—7月31日，市科委人才交流中心与北京国士无双影视传媒有限公司合作，选取了医药健康、人工智能、新材料等高精尖重点领域领军人才代表20人进行了现场拍摄，制作以中华人民共和国成立70周年为主题的北京科技领军人物宣传片。拍摄制作完成的《领军工程人物篇》宣传片时长21分59秒，得到领军人才的一致肯定。

（张炎霖）

【"致敬祖国70周年 夜跑紫禁城"活动举办】6月14日，市科委人才交流中心举办"致敬祖国70周年 夜跑紫禁城"活动。首都20名科技新星和领军人才相聚紫禁城，怀揣着"为全国科创中心建设健康工作50年"的信念参加活动。本次活动有益于加强首都科技人才的联谊，激发科学研究灵感。

（马　腾）

【王中林获"阿尔伯特·爱因斯坦世界科学奖"】6月14日，2019年度"阿尔伯特·爱因斯坦世界科学奖"揭晓，中国科学院外籍院士、中国科学院北京纳米能源与系统研究所首席科学家、佐治亚理工学院终身讲席教授王中林因在纳米发电机和自供能系统领域的贡献而获奖，成为首位获此殊荣的华人科学家。评选委员会认为：这些发现和突破已经引发世界范围内学术界和工业界对纳米能源与自驱动系统技术的兴趣与努力，这些应用将对人类的可持续发展产生巨大利益，并且认为他发明的海洋蓝色能源技术有可能从海浪中获取大量能源以解决世界未来的能源需求。

（张　彝）

【科技盛典获奖人物获中国青年科技奖】6月29日，第十五届中国青年科技奖颁奖会在哈尔滨举行，100位科技工作者获第十五届中国青年科技奖。其中，第三届盛典人物、中国科学院工程热物理研究所陈海生获第十五届中国青年科技奖特别奖项，第四届盛典人物、北京搜狗科技发展有限公司王小川获第十五届中国青年科技奖。

（李　伟）

【北京科技人才英语培训班举办】6—7月，为提高北京市科技人才的口语水平和国际交流能力，增进对"一带一路"国家的了解，加强合作交流，市科委人才交流中心举办"2019年北京科技人才英语培训班"。本期培训班分两次进行，第一次培训在6月21日举行，特别邀请到我国翻译界的知名专家、前驻外大使陈明明和澳大利亚驻华大使馆工业、创新与科技参赞邦乔安前来授课，并与参训人员进行交流。第二次培训在7月12日举行，本次培训邀请了外交学院任远喆副教授和法国驻华使馆科技专员西尔万·帕基耶(Sylvain Pasquier)进行授课，并与学员进行交流。任远喆副教授就"一带一路"

建设的推进与当前中美关系进行了深入浅出的讲解，西尔万·帕基耶科技专员就法国使馆的工作职能、法国与中国的科技合作等方面进行了讲解，并与学员们进行了交流。

（马　腾）

【“港澳青年学生北京社会实践活动”举办】 6—7月，按照第三届“三年百人计划——港澳青年学生北京社会实践活动”要求，市科委人才交流中心、工业设计促进中心、开发交流中心、首都科技发展集团等4家单位共接收港澳大学生8名，提供的实习岗位涉及国际合作交流、科技人才选拔、科技区域合作、红星奖品牌推广等领域。各接收单位为学生配备业务能力较强的实习导师，确保学生的实习工作顺利完成。

（市科委专家处）

【走近农业领域科学家】 7月9日，“走近科学家”之“现代农业与生物种业——揭秘丰富多样的各色玉米及其产业发展”交流研讨活动在北京农林科学院玉米研究中心举办。活动介绍了玉米作为“粮食、饲料以及工业加工原料之王”的重要性，并简述了过去30年玉米的研究成果。活动有利于促进科技人才的跨界交流和发展创新。

（马　腾）

【2019年京津冀外国专家学术交流活动举办】 8月26日，市科委会同天津市科技局、河北省科技厅在延庆区联合举办了京津冀外国专家学术交流活动，来自美国、德国、意大利、英国、法国等15个国家的28位外国专家参加活动。围绕医药健康、高端装备制造等重点领域，京津冀三地外国专家献计献策，共提出19条意见和建议，涉及科技教育、外国专家服务、促进京津冀协同发展等内容。

（市科委专家处）

【首届“科学探索奖”获奖名单公布】 9月20日，首届“科学探索奖”获奖名单向社会公布，共有50名获奖人，北京地区有26名。8名获奖人曾经获得过市基金项目资助，其中市杰青项目负责人中有2名获奖，分别是中国科学院计算技术研究所陈云霁、北京大学郭少军。“科学探索奖”是面向基础科学和前沿技术领域，支持在中国（不含台湾地区）全职工作的45周岁及以下青年科技工作者的一个公益性奖项，每位获奖者将在连续5年内每年获得60万元资金。

（市科委宣传与科普处）

【“检验检测领军大讲堂”举办】 10月12日，由谱尼测试集团和市科委人才交流中心联合主办的“走近科学家”之“检验检测领军大讲堂”活动在谱尼测试集团举办。20多位首都科技领军人才、科技新星相聚谱尼，相互学习、共同提高。本次活动内容包括领军人才演讲分享、主题报告、交流讨论以及参观大型实验室等环节。

（张炎霖）

【“智慧曙光　星耀未来”学术沙龙活动举办】 10月19日，由市科委人才交流中心主办、中科曙光承办的“智慧曙光　星耀未来”首都科技人才交流会召开，40余名科技领军人才、科技新星等共聚一堂。本次活动围绕大数据与人工智能，分享技术前沿趋势、前瞻多领域应用前景，为推动大数据和人工智能领域的产、学、研融合发展建言献策。

（马　腾）

【牵头组织科技代表参加国庆70周年观礼活动】 10月，市科委牵头组织450余位科技代表参加国庆70周年观礼活动，组织11名知名科技专家参加国庆招待会，同时邀请来自26个国家的242名外国专家及其配偶参加国庆70周年外国专家招待会。

（市科委专家处）

【120人入选科技新星】 10月，北京市科技新星选拔工作经过形式审查、初审、复审、公示等环节，共有120名人员入选。

（市科委专家处）

【30人入选首都科技领军人才】 10月，经过形式审查、初审、复审、公示等环节，首都科技领军人才培养工程选拔工作顺利完成。共有北京化工大学曹政才等30人入选，其中科技创新领军人才和科技创业领军人才各15名。

（市科委专家处）

【增设技术经纪专业职称】 10月，市人力社保局、市科委联合印发《北京市工程技术系列（技术经纪）专业技术资格评价试行办法》，增设技术经纪专业职称，设置正高级、副高级、中级和初级4个层级。凡在市属国有企业事业单位、非公有制经济组织和其他社会组织中从事技术转移转化工作的专业技术人才均纳入评价范围。

（市科委专家处）

【开展自然科学研究系列职称评审】 10月，自然科学研究系列职称评价和“直通车”评审工作开展。京东方科技集团股份有限公司杨虹等39人通过高级专业技术评审，军事医学研究院辐射医学研究所高大文等 32 人通过中级专业技术评审，中科星图股份有限公司时信华等 8 人通过高端领军人才研究员“直通车”职称评审。

（市科委专家处）

【2019 年未来科学大奖颁奖典礼】 11 月 17 日，未来科学大奖科学委员会在北京举行 2019 年未来科学大奖颁奖典礼。邵峰、王贻芳、陆锦标、王小云 4 位科学家获 2019 未来科学大奖。中国科学院院士、清华大学教授、1957 年诺贝尔物理学奖获得者杨振宁出席颁奖典礼并发言。未来科学大奖被称为“中国诺贝尔奖”，由香港未来科学大奖基金会有限公司发起，北京怀柔未来论坛科技发展中心协办，旨在奖励在中国（包含台湾地区）取得杰出科技成果的科学家。邵峰发现了人体细胞内对病原菌内毒素 LPS 炎症反应的受体和执行蛋白，因此获得“生命科学奖”。王贻芳、陆锦标实验发现第三种中微子振荡模式，为超出标准模型的新物理研究，特别是解释宇宙中物质与反物质不对称性提供了可能，因此获得“物质科学奖”。王小云在密码学方面做出了开创性贡献，她的创新性密码分析方法揭示了被广泛使用的密码哈希函数的弱点，促成了新一代密码哈希函数标准的建立，获“数学与计算机科学奖”。

（市科委宣传与科普处）

【北京新增 59 名两院院士】 11 月 22 日，中国科学院和中国工程院 2019 年新当选院士名单公布。中国科学院共选举产生 64 名院士和 20 名外籍院士，中国工程院共选举产生 75 名院士和 29 名外籍院士。北京地区新增 59 名两院院士，数量居全国首位。其中，共有 27 人当选中国科学院院士，32 人当选中国工程院院士。经此次增选，中国科学院共有 833 名院士，北京地区有 433 人；中国工程院共有 924 名院士，北京地区有 397 名。

（市科委宣传与科普处）

【领军讲堂之“走近智慧交通和智能汽车”活动举办】 11 月 28 日，由市科委人才交流中心和北京易华录信息技术有限公司联合主办的领军讲堂之“走近智慧交通和智能汽车”活动在北京易华录信息技术有限公司举办，20 余名科技领军人才、科技新星参加。本次活动由北京易华录信息技术有限公司副总裁赵新勇主持并做报告，参会人员围绕智慧交通与车路协同技术以及大数据的应用进行了深入的讲解和交流。本次领军讲堂活动形式新颖，内涵丰富，有利于促进科技人才之间的交流互鉴、合作共赢。

（马　腾）

【领军讲堂之“5G 改变世界”活动举办】 12 月 9 日，由市科委人才交流中心和北京佰才邦技术有限公司联合主办的领军讲堂之“5G 改变世界”活动在北京佰才邦技术有限公司举办。北京佰才邦技术有限公司董事长孙立新为大家介绍了 5G 的由来、特点和应用等，参会人员结合各自的研究领域一起进行交流讨论。

（马　腾）

【优化 2019 年科技领军工程和新星计划实施系列文件】 年内，结合全国科创中心建设、“三城一区”建设及高精尖产业重点领域发展，横向对比同级别其他科技人才计划，市科委人才中心完成北京市“首都科技领军人才培养工程”实施绩效研究报告，并对科技领军工程和新星计划管理办法、2019 年工作方案进行系统梳理与总结，修改两大人才计划管理办法，制作科技人才专项优化流程方案，研究撰写评审工作方案、评审细则，设计评价指标体系等，提升两大人才计划的科学性与合理性。

（张炎霖）

【走访人才培养单位】 年内，为加强与科技人才的联系，切实帮助科技人才及培养单位解决问题，市科委人才交流中心联系走访了 10 家领军、新星单位，对这些单位的人才培养模式、业务发展方向等进行了调研，深入了解领军、新星单位的发展困难和技术困境等方面的问题和需求，并针对问题和需求进行协调解决。

（马　腾）

【搭建领军人才成果展】 年内，为更好地展示北京科技领军人才的成果，市科委人才交流中心组织了领军人才成果展示活动，对石晶林、王野和蔡新霞等 8 名领军人才的新成果进行了展示，通过展示和体验，让参观人员可以直观地了解领军人才的成果及在其领域的发展情况。

（张炎霖）

高等院校

【概述】2019年,北京地区高等院校及附属医院共有教学与科研人员122304人,研发人员128146人;科研经费总投入386.33亿元;承担研究项目115571项;发表学术论文131118篇,出版学术专著4567部;获省部级及以上奖励389项;现有研究机构1124个,当年研发经费支出79.74亿元,年末科研仪器设备原值272.4亿元。

(高　飞)

【39项"卓越青年科学家计划项目"获批立项】1月,市教委印发《北京市教育委员会关于公布2018年度"北京高校卓越青年科学家计划项目"立项情况的通知》(京教函〔2019〕9号),确定立项支持北京大学王栋等39名负责人主持的"卓越青年科学家计划项目",项目实施周期为2019—2023年。根据学科领域不同,每个项目实施周期内将获得市教委1500万~5000万元的专项经费支持。

(翟　昊)

2018年度北京高校卓越青年科学家计划项目人员一览表

序号	所属高校	姓名	序号	所属学校	姓名
1	北京大学	王栋、王新强、李晴、余淼杰、杨莉、黄罡、雷晓光、颜学庆	12	首都医科大学	王伊龙
2	中国人民大学	文继荣	13	北京师范大学	陈彬
3	清华大学	尹航、田轩、田莉、时松海、徐恪、翟荟	14	首都师范大学	陈蓓蓓
4	北京交通大学	姚宏	15	北京语言大学	徐宝锋
5	北京工业大学	王立华、李冬、汪夏燕、韩红桂	16	中央财经大学	李涛
6	北京航空航天大学	蔡茂林	17	中央戏剧学院	宋震
7	北京理工大学	陈人杰、黄玲玲	18	华北电力大学	王祥科
8	北京化工大学	徐福建	19	中国矿业大学(北京)	左建平
9	北京工商大学	张玉玉	20	中国石油大学(北京)	黄中伟
10	中国农业大学	秦峰	21	中国科学院大学	周武
11	北京协和医学院	李平平、吴晨、蔡军			

【9家高精尖创新中心中期评估】2—5月,市教委完成第二批9个高精尖创新中心的中期评估工作。根据相关管理办法的要求,评估工作采取第三方评估模式,委托国家科技评估中心负责组织实施。经过中心自评、基础评估和专家评审等程序,形成分中心评估报告及总评估报告。北京建筑大学"未来城市设计"、北京科技大学"材料基因工程"等5个高精尖中心顺利通过评估;北京航空航天大学"大数据精准医疗"等4个高精尖中心在组织管理、建设进展等方面存在一定问题,需要进一步整改。

(翟　昊)

【增列1个北京市哲学社会科学研究基地】4月,市社科联、市哲社规划办与市教委在北京理工大学批准建立了军民融合发展研究基地。截至年底,共批准建立60个北京市哲学社会科学研究基地。

(张　豫)

【教育系统获176项北京市第十五届哲学社会科学优秀成果奖】5月28日,北京市第十五届哲学社会科学优秀成果奖揭晓。教育系统获奖176项,其中特等奖4项、一等奖35项、二等奖137项。教育系统获奖数占总体获奖成果的84.62%。

(张　豫)

【建设期满的市哲学社科研究基地接受检查评估】5 月，市教委联合市社科联、市哲社规划办检查评估 16 个建设期满的北京市哲学社会科学研究基地。经过自评、集中答辩和实地考察，14 个研究基地通过验收并进入下一个建设周期。其中，北京中外文化交流研究基地（北京外国语大学）等 4 个研究基地被评为优秀，北京市知识管理研究基地（北京信息科技大学）免检。

（张　豫）

【99 个学科入选北京高校高精尖学科】5 月，市教委正式批准 99 个高精尖学科立项建设。在学校申报、管理专家形式审查、学科专家组评审的基础上，经市领导同意，正式批准 53 所在京高校的 99 个学科为高精尖学科，建设周期 5 年。涉及央属高校 33 所，立项建设 59 个学科，侧重支持新兴、交叉和前沿学科建设；市属高校 20 所，立项建设 40 个学科，侧重在优势、特色学科建设，其中有 28 个学科是与 12 所央属高校合作共建学科。

2019 年北京高校高精尖学科立项建设一览表

所属高校	高精尖学科
北京大学	智慧医疗工程与技术、人工智能、分子光谱学
中国人民大学	新时代中国经济学、科技金融
清华大学	环境学科、先进材料及其加工技术、安全科学与工程
北京交通大学	新一代信息技术及应用
北京工业大学	机械工程、控制科学与工程、光学工程、材料科学与工程
北京航空航天大学	网络空间安全、人工智能、先进无人飞行器
北京理工大学	数字表演与创意学、空天智能信息网络科学与技术、光机电微纳制造科学与技术
北京科技大学	安全科学与工程、人工智能科学与工程
北方工业大学	控制科学与工程
北京化工大学	新能源材料与器件、生物安全
北京工商大学	应用经济学、食品科学与工程、工商管理
北京服装学院	设计学
北京邮电大学	网络空间治理、信息材料科学与工程
北京印刷学院	设计学、新闻传播学
北京建筑大学	土木工程、建筑学、测绘科学与技术
北京石油化工学院	机械工程
北京电子科技学院	网络空间安全
中国农业大学	农业绿色发展、作物智能育种生物学
北京农学院	园艺学
北京林业大学	生态修复工程学、城乡人居生态环境学
北京协和医学院	群医学
首都医科大学	口腔医学、临床医学、基础医学
北京中医药大学	中医生命科学、系统中药学
北京师范大学	认知神经学、陆地表层学、文化遗产与文化传播
首都师范大学	教育学、马克思主义理论、艺术类学科群、中国语言文学、历史学
首都体育学院	体育学
北京外国语大学	外语教育学

续表

所属高校	高精尖学科
北京第二外国语学院	旅游管理、外国语言文学
北京语言大学	国别区域学、中国语言文学
中国传媒大学	互联网信息、文化产业
中央财经大学	金融安全工程、战略经济与军民融合
对外经济贸易大学	数字贸易
北京物资学院	管理科学与工程
首都经济贸易大学	统计学、应用经济学、工商管理
外交学院	中国特色国际关系与外交学
中国人民公安大学	国家安全学
国际关系学院	国家安全学
北京体育大学	运动康复医学
中央音乐学院	音乐人工智能与音乐信息科技
中国音乐学院	音乐与舞蹈学
中央美术学院	视觉艺术管理
中国戏曲学院	戏剧与影视学
北京电影学院	电影学、艺术学理论
北京舞蹈学院	音乐与舞蹈学
中央民族大学	城市民族学、民族艺术学、质谱成像与代谢组学
中国政法大学	证据科学
北京信息科技大学	仪器科学与技术、机械工程
华北电力大学	清洁能源学
中国矿业大学(北京)	城市工程地球物理、城市地下空间工程
中国石油大学(北京)	城市能源供给安全与保障、清洁低碳能源工程
中国地质大学(北京)	城市地质环境与工程
北京联合大学	北京学、工商管理
中国科学院大学	智能科学与技术、工程科学、地质与地球物理学

(侯东云)

【北京高校30个科技重大项目获立项支持】 9月，为统筹推进北京高等教育改革发展，支持北京高校高水平创新人才以国家目标和战略需求为导向开展创新研究，在高校国家科技创新基地和北京实验室申报、限额推荐、初评和会评等程序的基础上，30个科技重大项目获立项支持。

2020年度北京高校科技重大项目一览表

所属高校	项目名称
北京大学	代谢性心血管疾病的创新药物研究
清华大学	低导热、高稳定性陶瓷涂层材料及无损检测技术 植入MEMS电刺激关键技术及器件 航空智能润滑材料与系统
北京交通大学	大规模经济安全系统智能化高效能仿真技术研究 轨道交通复杂轮轨接触关系真实捕捉及应用技术研究

续表

所属高校	项目名称
北京工业大学	主流城市污水部分厌氧氨氧化低能耗深度脱氮技术研究与示范 流程工业及产品生命周期多维评价大数据技术
北京航空航天大学	高性能金属大型复杂整体构件高效高精度增材制造工艺与装备 京津冀区域航空运行态势感知与应急服务关键技术
北京理工大学	非结构环境下的人机共融控制技术 新能源汽车动力电池安全预警与防控技术研究 易燃易爆危险物质爆炸灾害演化规律与防控技术
北京科技大学	交通运输用关键金属材料成形过程智能控制基础研究
北京化工大学	医用内增塑聚氯乙烯共聚树脂及其器械产品的研制 基于低成本、高性能硅负极的实用型锂电子电池及电容器关键技术研究
北京邮电大学	基于量子光子学和三维光信息处理的人工智能关键技术 5G 网联自动驾驶技术与应用
中国农业大学	益生菌生理特征稳态化分子基础与调控机制研究 小麦和玉米全基因组选择育种技术体系建立及其利用研究
北京协和医学院	中国心力衰竭相关心肌病单细胞图谱构建及其细胞机制研究 肺癌精准筛查与智能化微创诊疗关键技术研究
首都医科大学	远隔缺血适应对高原低氧损伤的保护作用和优化策略研究 脑疾病相关神经环路及其重塑机制和临床转化研究 心房颤动导管消融研究
首都师范大学	南水北调背景下京津冀地面沉降——形变机理与调控机制
华北电力大学	针对复杂烟气环境的特种 SCR 脱硝催化剂的开发与应用
北京信息科技大学	高灵敏度光纤弱磁探测系统及关键技术研究
中国科学院大学	工业非碳氢挥发性有机物污染控制过程、材料与技术 超高分辨率超声缺陷检测理论与关键技术研究

（高　飞）

【470 个项目入选 2020 年度市教委科研计划项目】 12 月，经项目申请、学校初选推荐、市教委评审等程序，31 所高校的 470 个科研项目入选 2020 年度市教委科研计划项目。科技计划资助项目 283 项，其中科技重点项目（市自然基金—市教委联合资助）50 项、一般项目 233 项；社会科学计划资助项目 187 项，其中社会科学重点项目 30 项、一般项目 157 项。

（高　飞）

2020 年度市教委科技重点项目一览表

所属高校	项目名称
北京工业大学	基于抗震韧性的桥梁结构新体系及设计方法 基于等离激元纳腔的分子异质结激光发射特性研究 面向北京山区"煤改电"项目的空气源热泵关键问题研究 基于小样本学习的晶圆表面缺陷自动光学检测方法研究 脑胶质瘤循环肿瘤细胞及病理组织中蛋白质标志物的原位质谱定量分析 活体内自组装荧光/CT 双模态增强成像与放射性治疗一体化探针设计研究 锂离子电池高能氧阴离子反应正极材料开发与机制研究 连续太赫兹波新型三维层析成像方法研究 钐钴热变形磁体的各向异性形成机理和磁硬化机理研究 基于知识图谱的慢阻肺电子病历语义分析关键技术与应用研究 纤维增强复合材料与铝合金激光连接方法及机理研究 基于价值和残损特征的北京地区木结构古建筑抗震性能评估方法研究 低能耗体积稳定预制构件关键胶凝材料设计与水化机制

续表

所属高校	项目名称
北方工业大学	涉及特殊加载条件和尺度效应的金属薄板微型辊式冷弯成形机理研究 先进工业机器人系统关键技术研究与试验
北京工商大学	基于群体感应解析特定威克汉姆酵母诱导增强红曲霉 Monacolin K 合成调控机制 绿色低黏度天然深共熔溶剂体系的设计及其在逆流色谱分离中的应用 Burkholderia pyrrocinia 合成酯类关键酶的筛选及其功能分析 具有表面微结构的柔性聚苯胺基复合毡的创制及其电磁双效损耗特性
北京服装学院	功能化变形颗粒构筑刺激响应导电性纤维
北京印刷学院	基于机器视觉的印刷辊筒表面缺陷智能识别系统研究 等离子体增强原子层沉积制备碳化镍薄膜及其电化学析氢性能的研究 可满铺的隐形二维码防伪方法及关键技术研究 基于 TiO_2/BiOCl 纳米晶的柔性神经微电极制备、界面调控和性能优化
北京建筑大学	地铁齿轮箱—轮对复合故障分量提取及智能诊断算法研究
北京石油化工学院	多级协同管式高通量微细气泡发生器的成泡机理与特性研究
北京农学院	番茄保卫细胞 JA/Ca^{2+} 信号通路关键基因的挖掘及耐旱机制解析 多胺调控草莓节水及果实品质形成的生理与分子机制 泛素化蛋白调控奶牛无乳链球菌型乳腺炎症的分子机制研究 中性粒细胞黏附分子表达的关键信号通路及相关中药调控研究
首都医科大学	钙超载对帕金森病模型中自噬功能的作用及机制研究 低氧诱导因子 2α 促进血管平滑肌细胞源性泡沫细胞形成并加速动脉粥样硬化的机制研究 脑出血后巨噬细胞的代谢调节加速血肿清除的机制研究 新型溶瘤病毒 ON-01 治疗恶性脑胶质瘤的机制研究 基于 CRISPR 技术的 HBVcccDNA 检测新方法建立及其应用研究 肠道微生物通过调节性固有淋巴细胞对移植物急性排斥反应的作用及机制研究 ASPP2 通过自噬调节肝癌干细胞的分子机制及潜在的肝癌治疗价值 基于整合素的力学信息传递网络在动脉压力感受器机械偶联及重调中的作用 中国儿童肥胖的风险基因和干预靶标研究 基因 NCOA3 的 R485C 突变体在多发性硬化中的作用及机制研究 脓毒症二次感染时 Akt1/mTOR 通路—糖代谢途径调控中性粒细胞胞外诱捕网的机制 PTPRZ1-MET 融合基因阴性高级别脑胶质瘤生物标记物的发现与靶向治疗研究 颅底凹陷导致下颈椎畸形的生物力学机制研究 基于多维度水凝胶改善冠脉搭桥术后桥血管再狭窄的新策略 经 β3AR/NOX2 介导的巨噬细胞胞葬在易损斑块形成中的作用与机制研究 LKB1 调控 NKG2D 配体表达介导肺癌抗 PD-1 免疫治疗原发耐药的分子机制研究 基于深度学习 CT 影像分析的恶性肺磨玻璃结节分子分型预测模型的研究
首都师范大学	Morse 理论与椭圆型变分问题 植物 CNGCs 编码钙波动信号应对极端干旱的分子机制研究
北京信息科技大学	面向年龄相关性黄斑变性早期诊断的光学弹性成像方法研究

2020 年度市教委社会科学重点项目一览表

所属高校	项目名称
北京工业大学	北京金漆镶嵌技艺代际传承路径与机制研究 老年群体护理型服装设计研究 建筑信息模型技术在北京核心区公共设施设计中的协同优化研究 社会融合视角下随迁子女教育模式研究 “一流学科”建设高校国际化发展路径的比较研究
北方工业大学	“一带一路”背景下国际商事法庭机制核心问题研究

续表

所属高校	项目名称
北京工商大学	北京地区高校科技发展存在的问题及对策研究
北京建筑大学	韧性城市视角下的城市基础设施承载力研究
北京农学院	乡村振兴背景下乡村绿道文化表达模式研究——以北京市怀柔区为例
首都医科大学	医养结合背景下失能老年人"互联网+延续性护理"工作模式的研究
首都师范大学	丝绸之路开通前欧亚大陆文明交流互鉴研究 明代北京文献《蓟丘集》整理与研究 北京语言产业的经济贡献度及其发展策略研究 法兰克福学派美育思想及其当代启示研究 小学生网络游戏的道德风险点研究 流动人口住房分层的时空特征及政策启示
北京第二外国语学院	文旅融合下北京旅游目的地形象的话语构建——多模态话语分析视角 约翰·巴思的记忆书写研究
北京物资学院	环首都流通圈三级配送网络集成优化研究 促进学习效率提高的短视频学习与多元教学课堂的实践研究
首都经济贸易大学	北京市中期预算引入预算绩效改革问题研究 首都非京籍常住人口中的劳动者社会保障体系研究
北京信息职业技术学院	北京市家庭养老支持政策与实践研究
北京信息科技大学	基于大数据的京津冀大气污染防治跟踪审计模式研究 面向人工智能时代的设计伦理及其方法研究
北京联合大学	人工智能技术应用对劳动者心理影响及干预策略研究
北京青年政治学院	《阳明先生文录》嘉靖年间刻本集校
北京教育学院	协同创新视域下中学化学卓越教师专业素养提升研究
北京开放大学	有意识拖延对网络学习质量的影响与干预研究
北京财贸职业学院	北京市非物质文化遗产教育传承的实施路径研究

（高　飞　张　豫）

【理工农医类高校科研人员及投入】 年内，北京地区46所设有理工农医类的高校（含28所高校附属医院）共有教学与科研人员84544人，其中具有教授职称的有10057人，具有高级职称的有32271人；研究与发展人员81783人；科技经费投入共355.3亿元，其中政府资金投入251.4亿元，企事业单位委托投入93.9亿元。市属25所设有理工农医类的高校（含18所高校附属医院）共有教学与科研人员36905人，其中具有教授职称的有1984人，具有高级职称的有10107人；研发人员15985人；科技经费投入共37.6亿元，其中政府资金投入28.6亿元，企事业单位委托投入7.6亿元。

（高　飞）

【理工农医类高校科技活动】 年内，北京地区46所设有理工农医类的高校（含28所高校附属医院）共有科研活动机构797个；开展科技课题72948项，其中研发课题65287项，研发成果应用3641项，其他科技服务4020项；派遣进修访问学者4981人次，接受进修访问学者4354人次；出席国际学术会议38215人次，交流论文20452篇。25所市属设有理工农医类的高校（含18所附属医院）共有科研活动机构184个；开展科技课题11611项，其中研发课题10892项，研发成果应用313项，其他科技服务406项；派遣进修访问学者578人次，接受进修访问学者537人次；出席国际学术会议5617人次，交流论文3083篇。

（高　飞）

【高校科技产出】 年内，北京地区高校共出版科技专著625部、大专院校教科书354部，另有编著作品267部；发表学术论文99197篇，其中在国外学术刊物发表55882篇；SCI收录论文（科学引文索引）41269篇、EI（工程索引）33427篇、ISTP（科技会议索引）6681篇；获奖成果371项（第一单位），其中国家级奖71项、省部级奖300项。市属高校出版科技专著185部、大专院校教科书136部，另有编著作品78部；发表学术论文17016篇，其中国外学术刊物发表7230篇；SCI收录论文（科学引文索引）5583篇、EI（工程索引）2693篇、ISTP（科技会议索引）975篇；获奖成果38项（第一单位），其中国家级奖4项、省部级奖34项。

（高　飞）

【高校科技推广】 年内，北京地区高校共签订技术转让合同848项，合同总金额7.9亿元，当年实际收入3.4亿元。其中，专利出售合同402项，合同总金额2.2亿元，当年实际收入8901.7万元。北京地区高校共申请专利19759项，其中发明专利16748项、实用新型2529项、外观设计482项。北京市属高校签订技术转让合同340项，合同总金额1.5亿元，实际收入1.0亿元。其中，专利出售合同87项，合同总金额2414.2万元，当年实际收入2023.2万元。北京市属高校共申请专利3889项，占北京地区高校专利申请量的19.7%，其中发明专利3189项、实用新型623项、外观设计77项。

（高　飞）

【设有人文社科的高校科研人员及投入】 年内，北京地区88所设有人文社科的全日制普通本科高校共有教学与科研人员37760人，研发人员46363人；51所市属高校人文社会科学活动人员14706人，研发人员13691人。北京地区高校共投入人文社科研究经费31.03亿元，其中政府资金投入18.89亿元、企事业单位委托资金投入10.46亿元、其他资金投入1.68亿元。北京市属高校人文社科经费总投入6.36亿元，其中政府资金投入4.49亿元、企事业单位委托资金投入1.75亿元、其他资金投入0.12亿元。

（高　飞）

【高校人文社科活动】 年内，北京地区高校在研人文社科项目共50284项，当年投入经费总额21.6亿元；举办学术会议2136次，其中独办1449次、合办687次，参加学术会议41721人次，提交论文13790篇；受聘讲学派出4655人次，来校受聘讲学6801人次；进修学习派出3590人次，来校进修学习3517人次；合作研究课题1588项。北京市属高校在研人文社科项目共11097项，占北京地区高校在研人文社科项目总数的22.1%；当年投入经费总额3.3亿元，占北京地区高校当年投入经费总额的15.3%。北京市属高校举办学术会议255次，其中独办178次、合办77次，参加学术会议9192人次，提交论文3667篇；受聘讲学派出1075人次，来校受聘讲学2084人次；进修学习派出1586人次，来校进修学习798人次；合作研究课题222项。

（高　飞）

【高校人文社科研究成果】 年内，北京地区高校出版人文社科著作3589部；发表人文社科学术论文31921篇；提交研究与咨询报告1206篇，研究与咨询报告被采纳470篇。北京市属高校出版人文社科著作806部，占北京地区高校出版人文社科著作总数的22.5%；发表人文社科学术论文7152篇，占北京地区高校发表人文社科学术论文总数的22.4%；提交研究与咨询报告280篇，占北京地区高校提交有关部门研究报告总数的23.2%，研究报告被采纳91篇。

（高　飞）

科研院所

北京市科学技术研究院

【概述】 2019年，北京市科学技术研究院（简称北科院）创新发展布局进一步完善，凝练了城市安全与治理、城市环境与生态保护、高精尖技术与产业、生物医药与营养健康、科技创新智库、科学普及与文化传播等重点领域。人才队伍结构进一步优化，建立和完善高端人才“院管所用”机制，引进了清华大学、中科院的 2 名领军人才（其中 1 人被列为北京市首批高端人才特设岗位），6 人入选北京市首批“战略科技人才”，20 余人入选国家和北京市人才计划。国有资产管理机制逐步完善，探索企业改革重组，部分院属企业实现了一套党政班子管理，提高了管理效率。完善了院属企业考核指标体系，指导、督促院属企业按照现代企业的运行规律和市场规则开展工作。对外科技合作进一步拓展，进一步深化了与德国弗劳恩霍夫应用促进会、法国国家工业环境与风险研究院等战略合作伙伴的科技合作。科技创新氛围更加浓厚，举办了“北科讲堂”和一系列学术交流论坛，组织召开了首届全院优秀科技工作者表彰奖励大会，研究确定了“守正创新 知行合一”的北科精神和建院纪念日，组织了全院首届文艺展演和科技周。

北科院紧扣“四个中心”功能建设，积极为首都高质量发展提供科技支撑。主动为市委、市政府做好科技战略决策咨询服务，成功主办了 2019 中关村论坛平行论坛，发布了“北京全国科技创新中心指数”，参与了一批全市规划、意见、办法等的制定工作，获得市级及以上领导批示 10 余项。积极为首都重大活动和全市重点工作做好支撑，深入贯彻落实市领导对北京自然博物馆新馆建设的批示精神，成立了工作专班，积极推进北京自然博物馆新馆建设的前期工作。承担了中华人民共和国成立 70 周年庆祝大会应急保障和风险评估工作，完成了北京大兴国际机场投运工作安全管理体系建设、世界园艺博览会园区运行风险评估和应急管理总体方案研究等任务。主动对接服务冬奥组委，组织实施国家重点研发计划科技冬奥重点专项课题。主动服务城市副中心建设，与通州区共同组织科技周、城市副中心科普创新发展论坛等活动。深入参与京津冀协同发展和雄安新区建设，京津研究院、京河研究院、北科院邯郸分院已基本融入当地的科技创新体系。

（张子成）

【北科传播 2019 博物馆新年夜活动举办】 1 月 1 日，由北科院科学传播中心主办，北京自然博物馆、北京天文馆、北京麋鹿生态实验中心、北京科学技术出版社有限公司共同参与的“改革开放四十年 博物馆里来跨年——北科传播 2019 博物馆新年夜”活动在北京自然博物馆举办。

（张子成）

【智联京津冀专版文章刊登】 2 月 25 日，《北京日报》第四版整版刊登了《智联京津冀 科创新时代——北京市科学技术研究院科技创新促进京津冀协同发展》一文。《北京日报》专版文章从“协同创新‘一轴一网’绘制发展蓝图”“服务两翼 助力世界级城市群打造”“智力引领 支撑政府科学决策”“破解瓶颈 科技搭桥促进产业腾飞”“心系民生 畅享科技改变生活”“科普盛宴 让科学的种子生根发芽”“融通共联 谱写协同发展新篇章”7 个方面进行了详细阐释。

（张子成）

【北科院召开党委（扩大）会】 2 月 27 日，北科院召开党委（扩大）会，研究部署 2019 年全院重点工作。院长郭广生做了题为《创新发展再聚焦 改革开放再出发 为全面参与全国科技创新中心建设打下坚实基础》的报告。

（张子成）

【材料化学部获荣誉称号】 3 月 28 日，北科院理化分析测试中心材料化学部被全国妇联授予“全国巾帼文明岗”荣誉称号。

（张子成）

【6 项智库成果发布】 3 月 29 日，北科院召开京津冀协同发展研讨会暨北科智库成果发布会。发布了《数说北京科技创新》《京津冀创新共同体——概念、框架与路径》《京津冀传统高耗能产业升级与新兴绿色产业培育研究》《京津冀协同发展过程中邻避风险防范研究》《京津冀科技创新与协同发展》以及“智能感知城市治理系统”等 6 项智库成果。

（张子成）

【北科院科技成果转化情况排名】 4 月 8 日，在科技部成果转化与区域创新司指导，中国科技成果管理研究会、国际科技评估中心、中国科学技术信息研究所编写的《中国科技成果转化年度报告 2018》中，北科院在“研究开发机构以技术转让、技术开发、技术咨询、技术服务方式转移转化科技成果合同金额”全国排名第 27 位；“研究开发机构、高等院校以技术转让、技术开发、技术咨询、技术服务方式转移转化科技成果合同金额”全国排名第 84 位；“研究开发机构以转让、许可、作价投资转化科技成果合同金额”指标全国排名第 51 位；“研究开发机构、高等院校以转让、许可、作价投资转化科技成果合同金额”指标全国排名第100位。在人员激励方面，“研究开发机构、高等院校奖励个人现金和股份总金额”全国排名第61位；“研究开发机构奖励个人现金和股份总金额”全国排名第26位。

（张子成）

【与中医院签署合作协议】4月15日，北科院院长郭广生带队到北京中医医院就双方科技合作进行座谈，并签署战略合作框架协议。双方围绕市委、市政府的工作部署，创新科研合作模式和思路，努力在中医发展上起到支撑引领作用。

（张子成）

【第一届职工代表大会召开】4月25日，北科院召开工会第四届会员代表大会、第一届职工代表大会。大会的主题是以习近平新时代中国特色社会主义思想为指导，坚持走中国特色社会主义工会发展道路，凝心聚力，牢记使命，竭诚服务，开拓创新，团结市科研院广大职工为全国科技创新中心建设做出新贡献。郭广生做题为《凝心聚力 牢记使命 为全国科技创新中心建设做出新贡献》的工作报告。党委副书记、副院长王立代表第三届工会委员会做题为《心系职工 履职尽责 凝心聚力 开拓创新 团结广大职工为市科研院改革发展努力奋斗》的工作报告。大会以投票方式选举产生了第四届工会委员会主席、副主席、常委以及经费审查委员会主任，提名产生了女职工委员会委员及主任，并对新一届工会委员会委员进行了职责分工。

（张子成）

【参加世界风险大会】5月6—8日，国际风险分析协会主办的第五届世界风险大会在南非开普敦国际会议中心召开。北科院院长郭广生受邀担任大会咨询委员会委员，率团参加本次大会并应邀做主题为“科技让城市更安全”的报告。北科院与德国史太白先进风险技术有限责任公司共同主办主题为“风险、安全与标准化”的分论坛。郭广生代表市科研院与德国史太白先进风险技术有限责任公司负责人签署合作意向书，双方就建立“一带一路”风险研究中心达成合作意向。

（张子成）

【科技融入博物馆建设交流活动举办】5月17日，由北科院主办、科学传播中心和科技创新智库协办、北京自然博物馆承办的“融合 创新 发展——畅谈博物馆的‘活’与‘火’”活动开幕。同期召开“文化与科技融合在博物馆中的应用与发展”专家交流研讨会。与会专家从梳理博物馆独有资源开发自有品牌、重视内容体验和科技创新、实现灵活的空间运营和商业模式创新、重视国际合作与外省市合作、加强特色人才培养等角度为博物馆发展提出中肯的建议。

（张子成）

【与民革签署合作协议】5月24日，北科院院长郭广生带队到中国国民党革命委员会就双方开展科技创新智库合作进行座谈并签署战略合作协议。副院长邵锦文出席座谈会及签约仪式。

（张子成）

【国际技术转移平台展览举办】5月28日—6月1日，由北科院对外科学技术交流中心承办的2019年京交会智慧城市专题“智联全球 慧创未来”京津冀国际科技成果推广活动与国际技术转移平台展览于京交会期间召开。展览内容突出京交会“开放、创新、智慧、融合”的主题，综合展示了北科院国际技术转移平台中的国际企业机构的新技术、新业态、新模式，促成合作意向近20项。

（张子成）

【未来都市创新发展国际论坛举办】5月29—30日，由北科院和北京未来科学城管委会联合主办的“智联全球 慧创未来”未来都市创新发展国际论坛在京交会期间召开。论坛包括一场主论坛、三场平行论坛和一场闭门会议，围绕“聚焦智慧城市，促进科技创新，搭建国际合作交流平台，共创未来都市发展”主题，以主旨演讲、开放性对话、签约仪式等多种形式展开。多家网络媒体从多角度对论坛进行宣传。该活动经过在京交会组委会评选与广大观众的投票，被评为“2019年京交会最佳会议活动”。

（张子成）

【表彰优秀科技工作者】5月30日，北科院召开庆祝全国科技工作者日暨首次优秀科技工作者表彰大会。大会对20家先进基层单位、20名优秀科技管理工作者、37名优秀科技工作者、23名优秀青年科技工作者进行了表彰。院长郭广生做了题为《肩负历史使命，勇做新时代全国科技创新中心建设的主力军和排头兵》的报告。

（张子成）

【北科高精尖产业技术研究院成立】5月31日，北科院召开北京高精尖产业技术研讨会暨北科高精尖产业技术研究院成立大会。院长郭广生致辞并宣读《关于成立北科高精尖产业技术研究院的决定》。相关人员就《北科高精尖产业技术研究院当前任务与发展规划》《北京市加快科技创新构建高精尖经济结构》《高维视觉数据生成》题目做了专题报告。

（张子成）

【北科智慧冬奥论坛举办】 6 月 5 日，北科院城市安全与治理创新中心、法国工业环境与风险研究院共同举办北科智慧冬奥论坛。积极对接科技冬奥(2022)行动计划，搭建服务冬奥技术对接平台，制定了《北京市科学技术研究院科技服务 2022 年冬季奥林匹克运动会工作方案》，以期借助国际化智慧城市大数据会议，加强与法国工业环境与风险研究院及国内外伙伴的合作，共同把智慧城市研究工作推向更高水平。

（张子成）

【与邯郸市丛台区签署合作协议】 6 月 11 日，北科院邯郸分院与邯郸市丛台区政府签署全面战略合作框架协议，推动人工智能、工业设计、智能交通、智慧城市、智能开采、纳米新材料等领域的创新成果在丛台落地。

（张子成）

【“一带一路”科技合作研讨会召开】 6 月 13—14 日，北科院召开国际化工作推进大会暨“一带一路”科技合作研讨会。会上，北科院与巴西中国事务办公室联合体签约战略合作协议，“一带一路”国际科技合作基地、“一带一路”风险管理创新中心(北京)正式揭牌，北科院北京国际技术转移平台启动。副院长刘清珺做了题为《实施开放办院战略 推动国际科技合作 努力建设国际一流科技创新机构》的工作报告。院长郭广生做了题为《坚守初心再出发 勇担使命创辉煌 为建设具有全球影响力的全国科技创新中心做出新贡献》的总结讲话。

（张子成）

【信息化工作推进大会召开】 6 月 28 日，北科院召开信息化工作推进大会，研究部署新时代市科研院网络安全和信息化工作。北京市信息资源管理中心副主任陈桂红和中国科学院信息工程研究所研究员李凤华做主题报告。党委书记方力、院长郭广生为市科研院信息中心揭牌。方力和郭广生等院领导共同启动了北科院计算信息服务平台。郭广生做题为《不忘初心牢记使命 主动融入信息革命 努力开创市科研院创新发展新局面》的讲话。

（张子成）

【与通州区签署合作协议】 7 月 18 日，北科院联合北京市通州区政府主办的“‘协同创新京津冀开放共赢通武廊’通武廊科技创新成果对接活动”在城市副中心举行，与通州区签署科技创新服务城市副中心建设战略合作协议。

（张子成）

【创新人物奖颁奖会举办】 7 月 19 日，由北科院主办、北京发明协会承办的第 13 届北京发明创新大赛创新人物奖颁奖会暨第 14 届北京发明创新大赛启动仪式举行。活动现场对 21 位获得“创新人物奖”的参赛者进行表彰。

（张子成）

【郭广生为北京北科控股管理中心授牌】 8 月 15 日，北科院院长郭广生带队到北科高精尖产业技术研究院调研，考察了电火花加工技术北京市重点实验室，并为北京北科控股管理中心授牌。北京科力新技术总公司正式更名为北京北科控股管理中心，是北科院落实京津冀协同发展战略的重要力量。

（张子成）

【北科高精尖产业技术研究院科技成果转化基地揭牌】 8 月 19 日，北科高精尖产业技术研究院科技成果转化基地在电子城国际电子总部揭牌。北科院院长郭广生出席揭牌仪式，并与北京电子城投资开发集团签署合作协议。

（张子成）

【全球创新创业会议召开】 8 月 22 日，北科院和吉林大学联合主办的第六届全球创新创业会议在北京召开。会议以“新全球化时代的创新创业模式：中国与世界”为主题，围绕新全球化时代的创新驱动发展、新时代创新创业的趋势与模式、科技创新创业的过去与未来等议题展开研讨。北科院与日本日中经济协会、以色列本·古里安大学、北京科学研究中心及吉林大学中国国有经济研究中心分别签署合作协议。

（张子成）

【全球首个麋鹿保护联盟成立】 8 月 24 日，北科院北京麋鹿生态实验中心举办第二届北京(国际)麋鹿文化大会。会上，国内首个室内外融合的生态博物馆项目对外发布，全球首个麋鹿保护联盟成立，“麋鹿东归”常设主题展面向公众开放，“麋鹿保护突出贡献者”出炉一系列内容，同时启动北京大兴

70头麋鹿赠送张家口仪式，推出《麋鹿故事》系列读本、麋鹿雕塑等六大系列60多件文创产品。

（张子成）

【北科院财务核算中心成立】8月28日，北科院召开2019年度财务审计工作会议，研究部署新时期市科研院大财务治理改革和审计工作。会上，党委副书记、副院长王立宣读了市编办《关于同意调整北京市科学技术研究院条件处、基建处名称并核定职责的函》，将条件处更名为计划财务处，将基建处更名为国有资产管理处；宣读了《关于成立北京市科学技术研究院财务核算中心的决定》。党委书记方力、院长郭广生为北科院财务核算中心揭牌。院长郭广生做题为《不忘初心使命，坚持改革创新，全力服务支撑新时代市科研院高质量发展》的讲话。

（张子成）

【与定州签署合作协议】8月28日，定州市委书记王东群、市长张涛带队到北科院调研交流，党委书记方力、院长郭广生与定州市领导座谈交流，副院长邵锦文和张涛分别代表市科研院与定州市政府签署了战略合作协议。

（张子成）

【与中国核电工程有限公司签署合作协议】9月5日，北科院院长郭广生带队到中国核电工程有限公司就院企合作进行座谈，并签署战略合作协议。北科院将在科研项目合作、人才交流、科技成果转化、科普宣传等方向与中国核电工程公司展开合作。

（张子成）

【与基金小镇签署合作协议】9月5日，北科院党委书记方力、院领导卢宇国赴北京基金小镇调研交流，举行北京北科控股管理中心与北京基金小镇控股有限公司战略合作协议签约仪式。北京基金小镇管委会依托与北科院的合作，在更大范围内传播其在首都的影响力，将其打造成为房山区参与北京全国科技创新中心的重要平台。

（张子成）

【与中科院加强合作】9月11日，中国科学院北京分院常务副院长吴建国一行到北科院调研座谈。北科院希望与中科院北京分院建立长效合作机制，在高端战略研究、人才及项目合作、重点实验室建设、科技创新联盟合作、高端人才共享机制等方面加强合作。

（张子成）

【与矿业大学签署合作协议】9月19日，北科院院长郭广生带队到中国矿业大学（北京）就院校合作进行交流，并签署战略合作协议。双方重点围绕城市安全与治理领域，携手在智库建设、科技平台建设、科普基地建设、人才培养等方面探索院校合作创新的新模式。

（张子成）

【宣布10月20日为北科建院纪念日】9月20日，由北科院主办、院工会承办、院机关和各院属单位协办的“我和我的祖国——市科研院热烈庆祝中华人民共和国成立70周年文艺展演”举行。院长郭广生发表致辞，院党委书记方力宣布10月20日为北科建院纪念日，每年建院纪念日所在周为北科科技周，并发布“守正出新 知行合一”为北科精神。

（张子成）

【文化与科技融合研讨会召开】10月14日，北京市科学技术研究院“文化和科技”融合学术研讨会暨科技周开幕式举办。会上，北科院展室正式启动，市科研院科技传播服务平台正式成立，北京市知识产权运用基地揭牌，举行北科院与北京市知识产权局战略合作协议签订仪式。相关专家就“文化科技跨界融合与中美独角兽比较和培育”“北京文化创意产业发展及创新创业要素分析”“文化科技融合驱动的文旅产业创新发展”“加快文化和科技融合，促进首都高质量发展”做专题报告。

（张子成）

【市科研院科技周举办】10月14—20日，为期7天的首届市科研院科技周活动在京举行。科技周设置了3个板块：学术交流板块举办12场学术交流活动；实验室开放板块由北科院9个市级重点实验室和3个工程（技术）研究中心向社会开放，共举办12场活动；科学普及板块开展17场科普活动。

（张子成）

【智库专家主题研讨开展】10月16—17日，2019中关村论坛平行论坛上，北科院院长郭广生做《深刻把握研发全球化趋势 全力促进经济高质量发展》演讲。北京科技战略决策咨询中心（北科智库）发布《京沪深科技创新中心功能评价研究》。来自中国、日本、以色列、俄罗斯、德国、挪威等6个国家的著名智库机构的20名国际知名智库专家以“研发全球化及高质量转化”为主题展开充分研讨，为首都经济高质量发展提供新理念、新观点、新思想、新思路。在“构建全球创新网络，建设世界一流科学城”平行论坛上，郭广生发布了北科智库成果“北京全国科技创新中心指数2019”。

（张子成）

【第五届老年服务科学与创新国际论坛举办】 10月21日，由北科院主办、北京城市系统工程研究中心承办的第五届老年服务科学与创新国际论坛开幕。来自美国、英国、荷兰、印度、巴西、中国的科研院所、高等院校、政府部门及养老企业的60多位专家学者就全球积极养老、健康养老和智慧养老创新相关议题做主题发言，近400名养老界人士参加会议。会议期间还举办了2019年市科研院科技周学术交流活动智慧健康养老服务创新网络建设研讨会圆桌会议和北京市科技养老3年行动计划圆桌会议。

（张子成）

【大气环境数值模拟联合实验室揭牌】 10月23日，生态环境部环境规划院党委书记、副院长陆军带队到北科院进行工作交流，并与北科院党委书记方力、北科院长郭广生进行了座谈。陆军与郭广生共同为大气环境数值模拟联合实验室揭牌。环境规划院副院长严刚和北科副院长邵锦文分别代表生态环境部环境规划院与北科院签署了战略合作协议，双方将在资源开放共享、科研合作、高层次人才培养、高端智库建设等方面开展深入合作。

（张子成）

【与宋庆龄青少年科技文化交流中心签署合作协议】 10月29日，北科院院长郭广生出席2019探客教育国际论坛，并与中国宋庆龄青少年科技文化交流中心主任郭新保就进一步加强双方科学传播和科学普及领域的合作签署战略合作协议。

（张子成）

【京津冀科研院所联盟召开工作会】 11月13日，京津冀科研院所联盟召开2019年工作会，会议由北科院、河北省科学院、天津市科技协作促进会、清华大学公共管理学院和邯郸市政府共同主办，邯郸市科技局、北京对外科学技术交流中心和北科院邯郸分院共同承办，河北工程大学和邯郸学院共同协办，京津冀60余家科研院所以及邯郸市相关单位代表、科技企业代表共300余人参加会议。

（张子成）

【为市场监管提供科技支撑】 11月14日，北科院院长郭广生带队到北京市市场监督管理局调研，就深化双方合作、为市场监管提供科技支撑、服务首都市场监管模式创新进行交流。双方将结合服务2022年冬奥会和冬残奥会等重大活动，聚焦食品安全检测、兴奋剂检测及应急管理等方面，针对市场综合监督管理中的关键技术问题加强合作，共同推动首都市场监管模式创新升级，服务首都高质量发展。

（张子成）

【与秦皇岛市签订合作协议】 11月19日，北科院院长郭广生带队出席秦皇岛2019京津冀银发产业一体化峰会。郭广生与河北省省长许勤、河北省副省长张古江等领导共同见证北科院与秦皇岛市政府签订战略合作框架协议。双方围绕康复辅具与生物医药领域展开全方位合作，共建“一园四平台”（北科院秦皇岛高新技术产业园、科技协同创新平台、科技成果转化平台、科技创新战略智库平台及科普文化传播平台），加快北科院在康复辅具、生物医药等领域的科技成果转移转化。北京北科控股管理中心和国家康复辅具研究中心秦皇岛研究院联合主办的国际康养产业论坛同期召开。

（张子成）

【京津冀科技资源信息共享与协同发展论坛召开】 11月21—22日，以“资源融合 数据驱动 创新共享 聚力发展”为主题的2019年京津冀科技资源信息共享与协同发展论坛在北京召开。中国工程院院士赵春江做题为《基于大数据的农业智能信息服务》的主旨演讲。来自京津冀三地科技管理部门、情报机构和高等院校的代表、专家、学者等近200人参加论坛。

（张子成）

【北京国际科技合作创新发展论坛举办】 11月21—22日，由北科院主办、欧亚太平洋学术协会支持、北京对外科学技术交流中心承办的2019北京国际科技合作创新发展论坛开幕。奥地利驻华大使馆、南非科学院、日本科技振兴机构、韩国科学技术研究院、欧亚太平洋学术协会及企业、智库等各界代表100余人参加论坛，并围绕“凝聚智慧合力，共促国际交流”主题开展研讨。

（张子成）

【北科基地授牌】 11月27日，北科院举办推进国家治理体系和治理能力现代化理论研讨会暨北京市习近平新时代中国特色社会主义思想研究中心北京市科学技术研究院研究基地（简称北科基地）授牌仪式。北京市习近平新时代中国特色社会主义思想研究中心常务副主任、市社科联党组书记、市社科规划办主任张淼代表北京研究中心为北科基地授牌。北科院党委书记方力、院长郭广生为北科基地首席专家、特约专家颁发了聘书。与会专家围绕“基本经济制度:一个伟大创造”“‘百年未有之大变局’的三重理解”“新形势 新要求 新动能——坚持和完善现代科技创新治理体系”做了学术报告。

(张子成)

【人力资源培训研讨】12 月 5—6 日,北科院召开人力资源工作培训研讨会。2019 年度共有 9 人获得“北科学者”称号,13 人获得“北科青年学者”称号。院长郭广生为此次人才称号获得者颁发荣誉证书。院属单位主管人力资源工作负责人、人力资源工作干部、院人才称号获得者等 80 余人参加会议。

(张子成)

【与北京工业职业技术学院沟通合作】12 月 6 日,北京工业职业技术学院校长安江英一行到北科院调研交流。双方将围绕“四个中心”,尤其是科技创新中心建设,深入推进科教融合,做好城市发展中的科技服务,重点围绕城市安全运行和发展形成一揽子的合作方案,在科研项目、人才培养、资源等方面共享互补。

(张子成)

【《首都高质量发展指数报告》发布】12 月 13 日,北科院主办首都高质量发展研讨会。研讨会上发布了《首都高质量发展指数报告》及《首都环境高质量发展报告》。清华大学、北京工业大学等首都高校、科研单位近百人参会。《北京日报》头版报道了《首都高质量发展指数报告》。

(张子成)

【情报学会年会举办】12 月 20 日,北京科学技术情报学会“2019 年学术年会——科技情报创新缔造发展新动能论坛暨第九届六次理事会”召开。200 余名会员和科技情报工作者参加会议。与会专家做题为《竞跑时代的创新情报研究》的报告。对优秀专业委员会、优秀会员单位、优秀论文等获奖单位及个人进行颁奖与表彰。

(张子成)

【分析测试创新平台成立】12 月 26 日,北科院召开分析测试创新论坛暨市科研院分析测试创新平台成立大会。院长郭广生宣布北京市科学技术研究院分析测试创新平台成立并致辞,党委书记方力、院长郭广生为创新平台成立揭牌。

(张子成)

【北科院智慧城市项目路演专场举办】12 月 30 日,北京市科技成果转化统筹协调与服务平台系列项目路演——北科院智慧城市专场活动举办。本次活动集中展示了与北科院智慧城市相关的 6 个优秀项目,即城市地下有限空间安全作业智慧监控、北京市城市安全风险云服务、人大政协政务大数据智能服务平台、用“数据化合能”建设区块生态、智能感知城市治理平台和智慧健康养老解决方案项目。

(张子成)

【与市科协签署合作协议】12 月 31 日,北科院党委书记方力、院长郭广生带队到北京科学中心与市科协就开展合作进行座谈并签署战略合作协议。市科协党组书记马林,常务副主席司马红,党组成员、副主席孙晓峰,二级巡视员兼科普部部长陈维成,副院长邵锦文出席座谈会及签约仪式。此次签约对于进一步巩固和深化双方良好的合作关系,服务首都经济建设和社会发展,助力全国科技创新中心建设具有重要意义。方力、郭广生一行调研了北京科学中心“三生”科普展馆。

(张子成)

北京市农林科学院

【概述】北京市农林科学院(简称市农科院)成立于 1958 年,60 多年来,在各级政府的支持和几代农科人的共同努力下,已发展成为学科齐全、设备先进、学术水平高、创新能力强,为都市型现代农业和全国现代农业发展提供有力引领和支撑的综合性科研机构。2019 年,全院设有 14 个专业研究所(中心),业务领域涵盖农、林、牧、渔各方面。全院现有在职职工 1219 人,其中具有高级职称的专业技术人员 521 人,包括研究员 158 名。获得博士学位的有 504 人。拥有中国工程院院士 1 人、国家杰出青年基金获得者 1 人、国家优秀青年基金获得者 1 人、“全国杰出专业技术人才”称号获得者 1 人、国家级“百千万人才工程”入选者 14 人、“万人计划”入选者 6 人、科技部创新人才推进计划入选者 2 人、科技部重点领域创新团队 3 个。国家农业产业技术体系首席科学家 2 人、岗位科学家 19 人、中国种业十大杰出人物 2 人、杰出青年农业科学家 2

人、农业部农业科研杰出人才及其创新团队 8 人、农业部农业科研创新团队 7 个；北京学者 4 人、青年北京学者 2 人、科技北京百名领军人才 6 人；国务院参事 1 人、全国人大代表 1 人、全国政协委员 2 人；10 人在国际组织担任职务。拥有 3 个国家工程实验室、4 个国家工程技术研究中心、7 个农业部学科群重点实验室、20 个北京市重点实验室及工程技术研究中心、1 个具有国际种子质量检测资质认证的实验室（ISTA）、4 个国家级检测机构，已经形成由 59 个各类创新平台组成的科技创新平台体系；拥有 1 个具有独立招收资格的博士后科研工作站。与美国、荷兰、法国、加拿大等 30 余个国家开展近百项科技项目合作。与 20 多个国家的大学、科研机构签署全面合作协议，建立国际联合实验室 10 个、国家级国际合作基地 2 个、市级基地 7 个。

（李　潇）

【两院推进国际合作重点领域的行动计划签署】 2 月 27 日，中国农业科学院国际合作局与北京市农林科学院签署了《关于落实〈中国农业科学院与北京市农林科学院全面加强科技合作协议〉推进国际合作重点领域的行动计划》。

（李　潇）

【吴宝新任农科院党委书记】 3 月 14 日，农科院召开领导干部会议。市委组织部副部长张彤军宣布市委任免决定：吴宝新任北京市农林科学院党委书记，副市长卢彦出席会议并讲话。市委农工委书记、市农业农村局局长李志军主持会议。

（李　潇）

【京蒙党政代表团参观爱放牧】 3 月 27 日，北京市委书记蔡奇，市委副书记、市长陈吉宁与内蒙古自治区党委书记、人大常委会主任李纪恒等京蒙党政代表团参观了爱放牧的有机生态园示范区，农科院植物保护环境保护研究所科技特派专员李红霞积极推动京蒙扶贫协作，并为党政代表团介绍了北京科技特派专家组的科技扶贫模式，并对生物农药示范区、木醋营养液示范区进行了讲解。

（李　潇）

【赵春江获“中国农业机械化发展 60 周年杰出人物”荣誉称号】 4 月 18 日，中国农业机械学会、中国农业机械工业协会、中国农业工程学会、中国农业机械化协会和中国农业机械流通协会联合授予 60 人“中国农业机械化发展 60 周年杰出人物”荣誉称号，国家农业信息化工程技术研究中心主任、中国工程院院士赵春江获此殊荣。

（李　潇）

【开展中挪农业科技合作】 5 月 7 日，市农科院组织召开北京市农林科学院与挪威生物经济研究院（NIBIO）农业科技合作交流座谈会。市农科院院长李成贵和挪威生物经济研究院院长尼尔斯·瓦斯塔德（Nils Vagstad）分别代表双方签署合作谅解备忘录，并为两院联合建立的中挪农业科技联合创新中心揭牌。

（李　潇）

【开展京承农业科技合作】 5 月 10 日，市农科院承德分院成立暨京承农业科技合作对接会议在河北省承德市召开。市农科院院长李成贵和承德市副市长王成分别代表市农科院与河北省承德市签署《农业科技协同发展战略合作框架协议》。

（李　潇）

【陈吉宁视察农科院援疆基地】 5 月 24 日，北京市市长陈吉宁一行到新疆和田地区慰问北京援疆干部并进行调研，当天下午陈吉宁一行来到市农科院援疆干部张锐负责建设的新疆和田国家农业科技园先导区进行视察。张锐介绍了科技园先导区的规划建设情况，讲解了沙漠改土培肥等非耕地设施农业关键技术。

（李　潇）

【许强一行调研农科院】 6 月 25 日，市科委主任许强一行到市农科院，就科研项目经费审计管理等情况进行专题调研。座谈会上，市农科院副院长王之岭汇报了市农科院落实“放管服”改革情况、科技经费审计工作情况，并就农业科研经费稳定机制、项目审计、科技成果转化奖励政策及市级科技奖励评审等相关工作提出了思考及建议。市农科院院长李成贵希望市科委在研究出台政策时既要放权，也要更加具体明确；建议市科委强化属地意识，加大对市属科研院所的支持力度，在市级奖励评奖机制方面对市属科研院所给予支持。许强指出，此次专题调研深受启发，真正从一线科研单位了解情况、发现问题，从问题导向出发深入扎实地推进工作，夯实责任担当，为下一步调整提供依据。

（李　潇）

【丰大种业成功签约京科 968】 8 月 26 日，市农科院与安徽丰大种业股份有限公司签署了京科 968 合作协议，正式组建成立了“1 + 7”京科 968 研发联合体。京科 968 是由市农科院玉米研究中心创新培育的优良玉米品种，是中国通过审定区域最广的玉米品种之一，也是第一个同时通过大田籽粒玉米和青贮玉米国家审定的粮饲通用型品种。京科968已成为目前中国年种植推广超过2000万亩的三大主导品种之一，累计推广超过1亿亩。仅在内蒙古通辽一地年种植推广面积就超过1000万亩，连续多年被农业农村部推荐为全国玉米主导品种。

（李　潇）

【两项科研成果获梁希林业科技进步二等奖】 12月，市农科院两项科研成果获梁希林业科技进步二等奖。由市农科院草业中心主持完成的“苜草种质资源收集评价与创新利用”项目及市农科院林果院主持完成的“杏种质创新与新品种选育和应用”项目均获得第十届梁希林业科技进步二等奖。

（李　潇）

【承担项目情况】 年内，市农科院全年落实各类项目391项，经费额度2.85亿元。新上国家重点研发计划4项、课题9个，到院经费1.15亿元；全院累计承担国家重点研发计划项目17项，处于省级农科院中的领先地位。新增国家自然科学基金资助项目36项，其中重点项目1项。

（李　潇）

【获奖及论文发表情况】 年内，市农科院获得各类政府奖励25项，其中国家科技进步二等奖1项，农业农村部神农中华农业科技一等奖3项，农业农村部丰收一等奖2项，北京市农业技术推广一等奖4项，获奖情况为几年来最好。审定（登记）品种74项；发布标准20项（国家标准1项、行业标准6项、地方标准6项、企业标准7项）；申请专利325项（发明237项、实用新型82项、外观设计6项），授权专利231项（PCT 1项、发明148项、实用新型82项）；授权植物新品种权12项；发表论文593篇（SCI213篇、EI86篇），其中Q1区91篇、Q2区66篇；授权软件著作权142项；授权商标17项；申报新技术、新产品3项；认定产品26个；出版论著41部。

（李　潇）

【科技成果转化与推广服务能力进一步提升】 年内，市农科院实现成果转化总收入2.17亿元，净收入1.13亿元。在京郊建成农业综合服务试验站3个、专家工作站11个、科技小院8个、对接基地150个；形成了试验站试验示范服务、科技小院驻站服务、专家工作站组团服务、对接基地精准服务4个层级的示范推广体系；全年组织实施各类示范推广项目44项，落实农业新型生产经营主体对接项目150个，帮扶低收入村51个，实现示范区增收节支1.47亿元。积极参与市农业农村局“千名干部科技人员进千村入万户”活动，共有226名干部科技人员对接226个村，占全市“进村入户”村的28.4%。对口援助工作成效突出，在北京对口帮扶的7省90个县都有农科院成果应用和专家服务指导，成为全市对口帮扶的生力军。

（李　潇）

【人才队伍建设取得新成效】 年内，市农科院人才建设取得新成效。新增“北京学者”1名，目前农科院共有4名“北京学者”，位居市属科研单位首位；在首次启动的“青年北京学者”评选中，市农科院人才占了15名入选者中的2名。在农业农村部现代农业产业技术体系岗位专家增选中，市农科院6名专家入选，居全国科研院所、高校之首。全年引进杰出科研人才8人，引进海外人才5人，人才队伍结构日趋优化，政策效应开始显现。

（李　潇）

【国际交流合作取得了新突破】 年内，市农科院国内交流合作取得新突破。新增农业农村部中德农业科技合作项目3项，科技部国家重点研发计划政府间国际合作项目2项，新增3个国际合作联合研究中心，新签署合作协议和备忘录11项，举办11个国际性学术会议。全年共出访92个团组205人次，接待来访外宾400余人次，涉及37个国家，创历史新高。

（李　潇）

【院党组织设置经历历史性调整】 年内，按照市委部署，院党组织设置经历了历史性调整，撤销党委，改设党组，圆满完成了23个支部的基层党组织换届任务。院党组始终坚持以习近平新时代中国特色社会主义思想为指导，扎实开展“不忘初心、牢记使命”主题教育，强化政治引领，全面推进党的政治、思想、组织、作风和纪律建设，深化全面从严治党主体责任向纵深发展、向基层延伸，群团组织的桥梁纽带作用得到进一步发挥，老干部工作进一步深化，党建工作质量和水平进一步提高，为全院各项事业发展提供了坚强的政治和组织保障，市农科院的品牌影响力和软实力得到持续提升，4名个人和6个团队获得部级以上表彰。

（李　潇）

新型研发机构

北京生命科学研究所

【概述】北京生命科学研究所(简称北生所)成立于2003年4月。2019年,北生所立足原创性基础研究,继续在生命科学前沿领域进行研究探索,并取得多项重大发现及突破;成果转化工作持续开展,吸引了一批处于创新高峰期的一流海外人才回国工作。基于10年研究的积累,北生所积极探索科研成果的转化和应用,捕获基础科学发现的社会价值,探求原始创新到产业转化的新模式,截至年底,多个国际、国内领先、有较好市场前景的创新项目已进入开发阶段。截至2019年,北生所由海外优秀人才领衔建立的24个独立实验室和13个科研辅助中心从事原创性科学研究。北生所共培养研究生534人,已毕业331人(含硕士15人),在读184人,多位学生获得"吴瑞奖学金""强生亚洲优秀生命科技研究生论文奖""研究生国家奖学金"等荣誉。

(市科委医药健康科技处)

【基础研究成果——王晓东实验室】王晓东实验室之前发现了程序性细胞坏死主要的信号传导和执行分子RIP3蛋白激酶及它的底物MLKL,但在后续的研究中却发现在某些组织中,磷酸化的MLKL可以在细胞膜上出现,但细胞却并没有死亡。从该现象出发,实验室又进行了数年曲折的探索,终于发现了两个修复MLKL损坏膜结构的复杂转运系统,且该转运机制很可能与阿尔茨海默病的发病过程相关。该项研究为通过抑制MLKL功能来治疗阿尔茨海默病提供了进一步的依据。相关文章5月28日发表在*Science Signaling*。该团队还发现雌激素诱导细胞凋亡的分子学机制,系统性地揭示了雌激素(E2)作为体内诱导内源凋亡通路的分子学机制及其生理学意义。相关文章8月13日发表在*Molecular Cell*。

(市科委医药健康科技处)

【基础研究成果——邵峰实验室】邵峰实验室鉴定出V-ATPase是感知细菌感染的关键蛋白,通过招募自噬蛋白ATG16L1介导异源自噬的启动,为真核细胞识别胞内细菌并触发自噬通路提供全新的分子机制,该论文于7月18日发表于*Cell*。在4月10日发表于*Molecular Cell*的另一篇文章中,邵峰实验室揭示了病原菌通过新颖的精氨酸糖基化修饰阻断宿主死亡受体信号通路的完整分子机理。

(市科委医药健康科技处)

【基础研究成果——汤楠实验室】汤楠实验室建立了世界上首个IPF小鼠疾病模型,并进一步阐明:肺泡再生障碍导致肺泡干细胞暴露于持续升高的机械张力,是诱发肺纤维化从肺叶边缘起始并不断向肺中心进行性发展的关键驱动因素。该研究从细胞行为和分子机理双重层面阐述了进行性肺纤维化的发生和发展,为肺纤维化这一不治之症的研究和治疗带来了新希望。相关文章12月19日发表于*Cell*。

(市科委医药健康科技处)

【基础研究成果——黄牛实验室】黄牛实验室联合张二荃实验室中科院北京基因组研究所采用计算机虚拟筛选,运用分子水平、细胞水平和动物水平的多层次验证的方法,针对已有完备的药代动力学和安全性数据的上市药物进行虚拟筛选,得到了与肥胖症等代谢综合征密切相关的FTO蛋白的抑制剂entacapone。在高脂饲料诱导的小鼠肥胖模型中,验证了entacapone的减肥效果和降血糖效果。该研究证实了计算机虚拟筛选对转化医学研究的促进作用。相关文章4月17日发表在*Science Translational Medicine*。

(市科委医药健康科技处)

【基础研究成果——杜立林实验室】杜立林实验室对基因必需性省却(bypass of essentiality)这一现象进行了系统而深入的研究,通过对单细胞真核模式生物粟酒裂殖酵母Schizosaccharomyces Pombe二号染色体左臂上的必需基因开展必需性省却抑制子的筛选，最终发现高达27%的是可省却必需基因。这一发现提示，基因必需性省却不是一种罕见现象，而是有相当高的普遍性，这一现象既有进化上的意义，同时也有药物开发上的意义。相关文章3月1日发表于 *Nature Communications*。

（市科委医药健康科技处）

【基础研究成果——李超实验室】李超实验室发现了一种金属铜催化的脱羧/环化/烯化串联反应，并成功地将其应用于C19位被氧化的贝壳杉烷型二萜的首次全合成。贝壳杉烷型二萜类天然产物往往展现出抗菌、抗肿瘤和抗病毒等重要活性，具有很高的潜在药用价值。相关文章5月15日发表于 *Journal of the American Chemical Society*。

（市科委医药健康科技处）

【成果转化项目——李文辉实验室】北生所李文辉实验室2012年发现乙型肝炎和丁型肝炎病毒的功能性受体，揭示了困扰人类40余年的乙肝感染的关键过程，为乙肝及其相关疾病提供了有效的治疗靶点。组建了抗乙型肝炎及丁型肝炎病毒药物研发项目团队，分层次、滚动式推进乙型肝炎及丁型肝炎病毒抗体药物、受体阻断药物及其他新型药物的研发。以乙肝药物研发为主要方向的华辉安健（北京）生物科技有限公司经过3年多的发展，各项业务有了长足的进展。该公司抗乙肝单抗新药HH-003已于2018年9月底获得国家药品监督管理局临床试验批件，已完成1000升GMP级临床试验用品的生产和检测，2018年年底开始国内临床试验，海外临床试验2019年启动。

（市科委医药健康科技处）

【成果转化项目——黄牛实验室】黄牛实验室开发和应用基于物理学原理的计算机辅助药物分子设计技术，建立了一套行之有效的计算驱动的新药研发技术平台，适合大规模应用，架起应用基础研究（计算化学方法）与新药创制（药物化学和分子药理学）之间的桥梁，并利用此技术平台针对多种新药靶点研发了首创性新药候选化合物，在肥胖相关代谢疾病和肠易激综合征治疗方面已聚焦临床前研究，在自身免疫性疾病、纤维化疾病和神经退行性疾病方面已经开发出新型的有体内活性的先导化合物。在靶向FTO蛋白治疗肥胖症及相关代谢类疾病方面（该项目得到"十二五"重大新药创制基金支持），一项"老药新用"的新用途专利分别在欧洲以及加拿大、澳大利亚得到批准，并进行新剂型的研发。另外，一项新型结构FTO抑制剂的化合物专利已经确定临床候选化合物。在靶向5HT-2B受体治疗肠易激综合征方面（该项目得到北京市2016年科技计划基金支持），申请的新化合物专利分别得到美国、日本批准，进行临床候选化合物的综合评估。瑞璞鑫（苏州）生物科技有限公司获相关专利许可后，已获得风险资本天使轮融资，并进行公司财务融资和研发合作的运作。

（市科委医药健康科技处）

【成果转化项目——张二荃小分子研究】张二荃博士在生物钟调节领域积累了大量的科研经验，回国后主要研究核心在于通过小分子药物调控生物钟节律。生物节律与很多生理健康因素相关，包括睡眠紊乱、衰老、癌症和心理健康等。他通过自己设计和开发的人源细胞系筛选模式在北生所进行了大量的小分子筛选。成功找到了一系列可以进行生物钟调控的小分子，调节节律可以长达12小时，并且在动物模型上得到了体内验证。由于这类分子具有良好的成药活性和脑血通透性，已经申请国际专利，并对其进行了转让前的资产评估。

（市科委医药健康科技处）

【成果转化项目——王晓东实验室和张志远实验室】北生所王晓东实验室和张志远实验室共同合作，致力细胞坏死和细胞凋亡的机制研究及相关疾病的药物研发。经过6年研究，发现细胞程序化坏死信号通路中的2个关键蛋白——RIP3和MLKL，并开发出靶向RIP1和MLKL的细胞坏死抑制剂，在多种疾病动物模型中验证了药物候选物的疗效。另外，2个实验室共同的研究结果揭示了线粒体电子呼吸链在细胞凋亡中的关键作用，同时开发出了高活性的线粒体稳定剂，作为细胞凋亡的新型抑制剂应用在脑卒中和帕金森药物开发中，相关技术专利已经独家授予维泰瑞隆（北京）生物科技有限公司。该公司已经完成天使轮融资，租赁中关村生命科学园1800平方米的场地，配备了管理团队，各项研发项目也有了长足的进展。该公司的抗衰老新药SIR1-365已经完成临床前毒理和生产开发，并获得澳大利亚药监局临床试验批件，11月底开始临床一期试验。

（市科委医药健康科技处）

【成果转化项目——汤楠实验室】汤楠实验室致力肺脏损伤后再生及肺纤维化等疾病机制的研究。

经过 6 年研究，在国际上首次建立了模仿人原发性肺纤维化发病进程的小鼠模型，并在此基础上发现在原发性肺纤维化发病中起了重要作用的蛋白因子。汤楠实验室与北生所隋建华实验室合作，共同开发出了靶向此蛋白因子的人源单克隆抗体，已在小鼠肺纤维化动物模型（包括原发性肺纤维化动物模型）中验证了抗体阻断肺纤维化发展的作用，有望进一步发展为抗体药物。为确保这些研究成果能够高效转化，推进药物研发，北生所已将相关专利技术独家授予普沐生物科技有限公司。该公司正在融资阶段，下一步计划落地中关村生命科学园。

（市科委医药健康科技处）

北京纳米能源与系统研究所

【概述】 北京纳米能源与系统研究所（简称北京纳米能源所）成立于2012 年4 月，是中国科学院与北京市共建的新型研究单元，是北京市首批新型研发机构。2019 年，北京纳米能源所取得了丰硕的科研成果，发表 295 篇学术论文，其中第一单位论文 218 篇，初步建成高水平的研究队伍，全所 470 人，包括院士 2 名、首席研究员 24 名。科研成果转移转化取得初步突破，共申请中国专利 526 件，获得中国专利授权 253 件，其中发明专利 209 件、实用新型专利 44 件；获得国外发明专利授权 32 件。国际影响力不断提升，首次入围全国科技创新研究机构五十强，2019 年获得了世界综合性科技大奖——阿尔伯特·爱因斯坦世界科学奖。

（市科委电子信息与新材料科技处）

【举办第四届纳米能源与纳米系统国际学术会议】 6 月 15—17 日，由北京纳米能源所主办的第四届纳米能源与纳米系统国际学术会议（NENS2019）在京举行，大会设纳米发电机及能量收集等 7 个分会主题。

（市科委电子信息与新材料科技处）

【迁驻怀柔科学城工作取得实质性进展】 10 月 10 日，北京纳米能源所与中关村微纳能源投资有限公司签订《中国科学院北京纳米能源与系统研究所园区项目租赁合同》，园区产权属于北京市，以 10 年零租金的方式提供给北京纳米能源所使用。

（市科委电子信息与新材料科技处）

【举办第九届纳米与新能源技术青年科学家论坛】 11 月 16 日，第九届纳米与新能源技术青年科学家论坛在北京举行，涉及纳米材料、能源转化与储存器件、纳米光电子学和纳米催化等最前沿研究领域，为国内外青年学者提供了深入交流最新研究成果的平台。

（市科委电子信息与新材料科技处）

【基于麦克斯韦方程组的纳米发电机第一性原理】 年内，王中林院士从麦克斯韦方程组出发，提出了系统性的纳米发电机理论，修正了麦克斯韦方程组，并系统推导了纳米发电机的输出功率、电磁特性和输运方程。

（市科委电子信息与新材料科技处）

【首次发现多层黑磷的压电电子学效应】 年内，北京纳米能源所对黑磷的压电性能进行了探索，从实验上首次证实了多层黑磷压电电子学效应的存在，为单质二维材料的压电研究开辟了新方向。

（市科委电子信息与新材料科技处）

北京量子信息科学研究院

【概述】 北京量子信息科学研究院（简称量子院）成立于2017 年12 月。2019 年，量子院各项工作全面启动，成立了由诺贝尔物理学奖获得者克劳斯·冯·克利钦和安东尼·莱格特等 10 位世界顶级专家组成的国际学术顾问委员会，成立了审计委员会，并启动了评估委员会组建工作，组建了 208 人的工作团队，量子物态科学、量子计算与量子通信、量子材料和器件、量子精密测量 4 个研究部以及微纳加工与综合测试平台建设等各项科研工作逐步展开，主办了量子物理与量子信息科学前沿论坛，院长薛其坤院士带领团队完成的“量子反常霍尔效应的实验发现”项目获得 2018 年度国家自然科学奖一等奖，成为中关村海淀园企业博士后科研工作站分站。

（陈治光）

【获国家自然科学奖一等奖】 1 月 8 日，在人民大会堂召开的国家科学技术奖励大会上，由中国科学院院士、清华大学副校长、北京量子信息科学研究院院长薛其坤领导，清华大学、中科院物理研究所实验团队完成的“量子反常霍尔效应的实验发现”项目，获得 2018 年度国家自然科学奖一等奖，这也是该年度国家自然科学奖项中唯一的一等奖。

（陈治光）

【量子院获海外高层次人才“自主认定权”】 3 月，量子院依据市人才工作局制定的《海外高层次人才自主认定工作实施办法（试行）》，申请并获得了海外高层次人才"自主认定权",对于量子院引进海外人才有重要意义。4 月,量子院共认定了 3 名海外高层次人才。

(陈治光)

【量子院首期"百望讲坛"开讲】4 月 8 日,量子院主办的首期"百望讲坛"举行。该讲坛邀请澳大利亚莫纳什大学物理学院的麦克尔·福尔教授为来自北京部分高校院所的近百名听众做了题为《用于低能电子器件的拓扑材料》的报告。"百望讲坛"是量子院主办的高端国际论坛,旨在邀请量子物理与量子信息领域的国际知名科学家做学术报告,促进合作与交流。年内,共举办"百望讲坛"8 次,邀请了来自美国、日本、澳大利亚、捷克、英国、法国的 8 位科学家做高端学术报告。

(陈治光)

【第七届量子霍尔现象国际研讨会召开】6 月 3—5 日,由量子院和北京大学共同主办的第七届量子霍尔现象国际研讨会在北大物理学院召开。量子院院长薛其坤和北京大学物理学院院长高原宁出席开幕式并致辞。诺贝尔物理学奖获得者冯·克利钦教授、美国艺术与科学院院士伯特兰·霍尔珀林教授作为嘉宾出席,美国国家科学院院士吉姆·埃森斯登教授和洛伦·菲弗教授等来自 9 个国家的 18 所国际知名大学和研究机构的科学家(包括 14 位外籍科学家)做特邀报告。来自国内外的 80 余位专家学者共同探讨了量子霍尔系统中的相关衍生现象,围绕量子霍尔效应、拓扑物理现象、非阿贝尔统计、激子凝聚、新型量子材料等议题展开对话和交流。

(陈治光)

【签约首批 28 位兼聘兼薪研究人员】6 月 16 日,量子院 2019 年工作推进会暨学术交流会在量子院召开。副市长隋振江出席并讲话,市政府副秘书长刘印春主持会议。市科委主任许强,海淀区委常委、副区长李俊杰,以及来自市人才工作局、中关村发展集团、量子院共建单位的代表共 80 余人参加会议。会上,量子院院长薛其坤汇报了量子院的工作进展。薛其坤与中科院半导体所副所长杨富华、兼聘研究员代表骆军委共同签署兼聘兼薪三方协议,旨在激发科研人员的创新活力,提高科研人员的收入水平,实现三方共赢。量子院首批签约的兼聘兼薪研究人员共有 28 位。

(陈治光)

【量子院成为中关村海淀园企业博士后科研工作站分站】6 月 16 日,在量子院 2019 年工作推进会暨学术交流会上,与会的市科委主任许强和海淀区委常委、副区长李俊杰祝贺量子院成为中关村海淀园企业博士后科研工作站分站,并为分站揭牌。年内,量子院博士后科研工作站共有 11 名博士后入站,已经成为量子院引才聚智的重要平台。

(陈治光)

【量子院首获市自然科学基金项目资助】8 月 23 日,北京市自然科学基金委员会办公室公布了 2019 年度北京市自然科学基金重点研究专题拟资助项目名单,量子院研究员于海峰主持申报的"超导量子比特集成和存储的研究"获立项资助,资助经费 300 万元。该项目以量子院为依托单位,联合北京大学、南方科技大学相关团队共同申报。这是量子院获得的首个北京市自然科学基金重点研究专题项目。

(陈治光)

【量子院与北京大学联合培养博士生】9 月 9 日,量子院与北京大学就联合招收和培养研究生事宜达成框架协议,双方将联合培养下一代量子领域的研究人员,为国家量子领域建立完整的人才储备和人才梯队,通过指导团队组建、招收培养研究生、搭建实验平台进行科研攻关等项目开展实质性兼聘工作。年内,共招收 8 名博士研究生。

(陈治光)

【3/2 偶数分母量子霍尔平台的实验观测】9 月,量子院兼聘研究员林熙副教授和谢心澄院士领导的团队在 *Nature Communications* 发表 3/2 偶数分母量子霍尔平台的研究成果。谢心澄对此给出理论分析,提出隧穿强度的变化在局域结构附近引起拓扑相变,从而导致分数电荷的再次量子化。该成果意味着带合适边界条件的多体体系可能存在与无边界条件时不一样的量子态,可以拥有全新的分数电荷,是量子物态领域的一项重要突破。

(林　熙)

【2019 年量子物理与量子信息科学前沿论坛举办】11 月 25—26 日,量子院主办的 2019 年量子物理与量子信息科学前沿论坛在量子院召开。量子院院长薛其坤,市科委党组成员、副主任许心超,以及来自国内外知名大学和研究机构的 100 多名专家学者出席了开幕式。本次论坛旨在探讨量子物理与量子信息科学研究领域最前沿的问题和学科发展

方向，共邀请来自中国、美国、德国、加拿大、以色列、日本、韩国等国家20所国际知名大学和研究机构的22位国际顶尖科学家和知名专家学者（包括12位外籍学者）做学术报告。

（陈治光）

【量子院设立国际联络处】 年内，量子院分别在北美和欧洲设立国际联络处，旨在服务于该院国际化的战略目标，建立区域性国际事务沟通的枢纽和平台。北美工作站由该院首席国际事务运营官樱井利夫（Toshio Sakurai）教授负责；欧洲工作站由该院首席国际关系运营官玛丽亚·隆戈巴尔迪（Maria Longobardi）博士负责。设立国际工作站将拓展该院国际合作与交流渠道，扩大海外人才招聘途径，提升国际影响力。

（陈治光）

【量子院“4部2平台”由5位院士牵头组建】 年内，量子院持续健全科研组织体系，组建量子物态科学、量子计算与通信、量子材料与器件、量子精密测量4个研究部，以及微纳加工和综合测试2个平台，分别由薛其坤、向涛、李树深、房建成和谢心澄5位院士牵头推进。

（陈治光）

【实验发现内禀磁性拓扑绝缘体】 年内，北京量子信息科学研究院成员薛其坤、何珂等首次在实验上发现了一种内禀磁性拓扑绝缘体 MnBi2Te4。这突破了拓扑量子效应器件应用的“瓶颈”，在国际学术界引起了巨大影响，开启了一个新的研究方向。

（何　珂）

【提出通向首个拓扑量子比特的技术路线图】 年内，量子院兼聘研究员张浩和合作者提出通向首个拓扑量子比特的技术路线图，并以第一作者的身份于2019年将成果发表于 *Nature Communications*。张浩课题组致力在实验上实现该稳定的马约拉纳零模，以及进一步在多个马约拉纳零模的基础上构建一个拓扑量子比特。

（张　浩）

北京脑科学与类脑研究中心

【概述】 北京脑科学与类脑研究中心（简称脑科学中心）成立于2018年3月22日，作为北京市重点推进建设的新型研发机构之一，结合北京“全国科技创新中心”的战略定位，围绕国家重大项目研究方向，建立协同创新、科学高效的运行机制，力争在脑科学与类脑科学研究领域实现前沿技术突破。脑科学中心由北京市政府与中国科学院、北京大学、清华大学、北京师范大学、中国医学科学院、中国中医科学院等单位联合共建，实行理事会领导下的主任负责制，重点围绕共性技术平台和资源库建设、认知障碍相关重大疾病、类脑计算与脑机智能、儿童青少年脑智发育、脑认知原理解析5个方面开展攻关，实现前沿技术突破，在脑科学与类脑研究领域产出一批重大原始创新成果，成为国际一流的脑科学与类脑研究研发机构。

（脑科学中心官网）

【脑科学中心合作PI李毓龙课题组开发新型NE荧光探针】 3月25日，学术期刊 *Neuron* 在线发表北京大学生命科学学院、北大—清华生命科学联合中心、PKU-IDG/麦戈文脑科学研究所、脑科学中心李毓龙研究组题为 *A genetically encoded fluorescent sensor for rapid and specific in vivo detection of norepinephrine* 的研究论文。该研究中，李毓龙研究组首次成功开发了新型、可基因编码的去甲肾上腺素荧光探针，并将其成功应用于斑马鱼和小鼠中检测内源去甲肾上腺素的动态变化。该探针可特异性地区分结构相似的去甲肾上腺素与多巴胺，将成为研究去甲肾上腺素相关神经环路的重要工具。

（脑科学中心官网）

【2019北京“脑与行为”国际研讨会召开】 4月23日，由脑科学中心、北京生命科学研究所等联合举办的2019北京“脑与行为”为国际研讨会暨中关村生命科学园发展论坛在北京召开。此次会议以“脑与行为”为主题，报告内容主要包括神经环路发育与突触可塑性研究、认知及其相关障碍研究、睡眠和节律的遗传学及合成生物学研究、神经科学前沿技术等。脑科学中心联合主任、北京大学理学部主任饶毅在开幕式上表示，脑科学中心以高起点、高标准、国际化为原则，对接承担中国脑计划任务，积极参加北京全国科创中心建设，广泛开展国际交流合作，努力建成国际一流、独具特色、跨学科的脑科学与类脑研究机构，使北京成为具有全球影响力的脑科学与类脑研究重镇。

（脑科学中心官网）

【脑科学中心与脑院加强合作】 4月16日，脑科学中心主任罗敏敏带队调研了北京脑重大疾病研究院（简称脑院），与脑院吉训明院长、李琼副院长及刘磊教授等进行了深入的交流。刘磊陪同罗敏敏一行参观了神经损伤与修复实验室等六大实验室，详细介绍了各实验室的研究进展；吉训明介绍了脑院的基本情况及未来的发展方向，脑院依托首都医科大学，拥有雄厚的神经科学资源优势，聚焦脑健康和脑重大疾病防治，致力打造国际领先的脑重大疾病防治研究机构和学术交流基地。未来双方将在基础与临床研究融合平台建设、分子影像医学研究、非人灵长类脑疾病动物模型研究及人才培养、学术交流等方面开展深入合作。

（脑科学中心官网）

【脑科学中心李莹获 2019 年 HFSPO 职业发展奖】 4 月，国际人类前沿科学计划组织（HFSPO）公布 2019 年获奖名单，脑科学中心研究员李莹获职业发展奖（Career Development Award）。自 2003 年颁布该奖项以来，只有 5 名中国（不含台湾地区）学者获奖。

（脑科学中心官网）

【饶毅实验室发现肠上皮产生特殊氨基酸调控睡眠】 5 月 7 日，国际学术刊物 *Nature Communications* 在线发表脑科学中心、北大麦戈文脑科学研究所饶毅实验室的博士后戴熙慧敏和周恩兴等的研究论文：*D-Serine made by serine racemase in Drosophila intestine plays a physiological role in sleep*（《果蝇肠道产生的 D 型丝氨酸在睡眠中的生理作用》）。他们发现了特别的分子——D 型氨基酸调节睡眠这一重要的生理学过程。

（脑科学中心官网）

【脑科学中心一期工程启用】 6 月 18 日，脑科学中心一期工程项目竣工验收，实现团队人员整体入驻。一期工程总投资 7000 万元，建筑面积 9400 平方米，包括 9 个独立实验室以及计算中心、载体工程中心、光学影像中心、实验动物中心 4 个辅助技术中心，3500 台（套）实验设备已全部进场，正在开展安装调试工作，6 月底全面启动相关科研项目。

（市科委医药健康科技处）

北京智源人工智能研究院

【概述】 北京智源人工智能研究院（简称智源研究院）成立于 2018 年 11 月。2019 年，智源研究院各项工作稳步推进。启动实施“智源学者计划”，支持科学家开展人工智能领域重大研究方向的基础前沿研究和自由探索研究，发布 5 项重大研究方向并遴选“智源学者”85 人。与旷视、京东分别成立北京智源—旷视智能模型设计与图像感知联合实验室及北京智源—京东跨媒体对话智能联合实验室。成立人工智能伦理与安全研究中心，联合北京大学、清华大学等多家机构共同发布《人工智能北京共识》。顺利召开 2019 北京智源大会，邀请 100 多位全球人工智能领域顶级专家学者出席。

（靳虹博）

【北京国家新一代人工智能创新发展试验区成立】 2 月 18 日，北京获批全国首家国家新一代人工智能创新发展试验区。北京试验区主要围绕国家重大战略和北京市经济社会发展的需求，探索新一代人工智能发展的新路径、新机制，形成可复制、可推广的经验，发挥其在推动京津冀协同发展、示范带动全国人工智能创新发展方面的重要作用。

（靳虹博）

【启动实施“智源学者计划”】 4 月 16 日，智源研究院启动实施“智源学者计划”。该计划是打造高层次人工智能基础研究人才队伍的引领性工程，主要支持优秀科学家开展重大研究方向的基础前沿研究及自由探索研究。截至年底，已布局人工智能的数理基础、机器学习、自然语言处理、智能信息检索与挖掘、智能架构系统与芯片等重大研究方向，遴选“智源学者”85 人，分别来自北京大学、清华大学、中国人民大学、中科院计算所、中科院自动化所、京东、旷视等单位。

（靳虹博）

【北京智源—旷视智能模型设计与图像感知联合实验室成立】 4 月 16 日，由智源研究院与旷视科技联合成立的北京智源—旷视智能模型设计与图像感知联合实验室揭牌。该联合实验室将建设一体化的数据共享、模型设计与场景测试的开放创新平台，突破大数据背景下的模型架构设计、优化和部署等技术，探索突破视觉系统性能极限和模型设计及场景测试的自动化，推进大数据背景下模型架构设计、优化和部署等方面的研究。

（靳虹博）

【《人工智能北京共识》发布】 5 月 25 日，智源研究院联合北京大学、清华大学、中科院自动化研究所、中科院计算技术研究所、新一代人工智能产业技术创新战略联盟等高校、科研院所和产业联盟共同发布《人工智能北京共识》。《人工智能北京共识》针对人工智能的研发、使用、治理3方面，提出了各参与方应该遵循的有益于人类命运共同体构建和社会发展的15条原则，为规范和引领人工智能健康发展提供了“北京方案”，推动实现人工智能“自律”“善治”“有序”。

（靳虹博）

【人工智能伦理与安全研究中心成立】5月25日，智源研究院人工智能伦理与安全研究中心揭牌成立。该研究中心重点围绕人工智能伦理与安全的理论探索、算法模型、系统平台、行业应用等开展一系列研究，着力在算法安全评估、安全模型构建、人工智能综合沙盒建设等方面尽快取得一系列创新性成果，为降低人工智能的风险和伦理隐患提供技术服务，促进人工智能行业的良性健康发展。

（靳虹博）

【北京智源—京东跨媒体对话智能联合实验室成立】10月8日，由智源研究院与京东联合成立的北京智源—京东跨媒体对话智能联合实验室揭牌。该实验室将重点打造跨模态对话与人机交互领域的超大规模、开放领域、真实复杂场景数据集，对外提供支持最前沿技术研究的计算资源和技术验证平台，打造智能零售场景下的前瞻性、示范性应用，推动跨模态对话与人机交互技术的进步。

（靳虹博）

【智源研究院数据开放研究中心成立】10月31日，北京智源人工智能研究院数据开放研究中心揭牌成立。该中心面向数据共享、数据竞赛、数据研究三大主题，以数据与知识共享为主旨，以“三大主题，一个平台”为行动方针，通过研究数据开放核心技术搭建数据开放研究平台，推进人工智能领域的创新发展。

（靳虹博）

【2019北京智源大会召开】10月31日—11月1日，智源研究院召开2019北京智源大会（BAAI Conference）。大会围绕“人工智能的数理基础”“数据、知识与认知推理”“智能体系架构与芯片”“自然语言处理”“机器学习”“智能信息检索与挖掘”“脑科学与人工智能”等国际研究前沿，“自动驾驶”等应用落地热点，以及“人工智能伦理、安全与治理”等行业发展的热点问题，举办了9场专业论坛。来自美国、英国、日本、加拿大、新加坡、荷兰及中国的100多位人工智能领域的顶级专家学者出席，国内外人工智能领域高校、科研院所和创新企业的科研人员等1500余人注册参会。

（靳虹博）

创新型企业

【概述】2019年，围绕全国科技创新中心建设，加强统筹协调，推动高精尖产业发展，建立市科委高精尖产业调度机制，建立高精尖企业库，支持各区围绕其主导高精尖产业需求，建设产业配套的专业化服务平台，完善各产业领域的统计监测体系。进一步优化营商环境，持续优化创新创业生态，加大支持力度，推动企业技术创新，落实各项政策，支持企业发展。认真受理及评审高新技术企业申报材料，并实地核查企业；做好科创企业上市推荐与辅导；成立科创板专业委员会，吸引头部券商、会计师和律师事务所参与。完成新技术新产品（服务）认定，落实科技型中小型企业评价工作。

（市科技史志办公室）

【沃尔德在科创板上市】7月22日，北京沃尔德金刚石工具股份有限公司在上海证券交易所科创板上市。沃尔德是一家以高精密超硬刀具研发、生产与销售业务为主的企业，产品供应包括手机及屏幕在内的生产商。沃尔德超高精密刀具已经达到国际先进水平，沃尔德钻石刀轮打破了国外一流厂商的垄断，实现了高端刀工的进口替换。沃尔德的主要竞争对手为国际综合型工业制造服务提供商，如瑞典山特维克、日本住友、日本三星钻石等。

（刘　超）

【天宜上佳在科创板上市】7月22日，高铁“复兴号”制动闸片核心供货商——北京天宜上佳高新材料股份有限公司（简称天宜上佳）在上海证券交易所科创板上市。天宜上佳的主营业务是高铁动车组用粉末冶金闸片及机车、城轨车辆闸片、闸瓦系列产品的研发、生产和销售。截至当前，天宜上佳是持有中铁检验认证中心有限公司（CRCC）核发的动车组闸片正式认证证书最多且覆盖车型最多的厂商，同时也是唯一获得时速350千米的“复兴号”中国标准动车组2个车型（CR400AF和CR400BF）CRCC正式认证证书的厂商。该公司在高铁动车组用粉末冶金闸片的材料配方、工艺路线、生产装备等方面陆续取得重大突破，2013年成功实现进口替代，有力推动了中国高铁动车组核心零部件的国产化进程。

（丁　雪）

【热景生物成功在科创板上市】9月30日，北京热景生物技术股份有限公司（简称热景生物）在上海证券交易所科创板正式挂牌上市。热景生物是市科委组织发起的北京纳米科技产业创新联盟成员，是一家从事研发、生产和销售体外诊断试剂及仪器的生物高新技术企业，持续聚焦医学与公共安全检测领域产品的创新与产业化。其主要产品为体外诊断试剂及仪器，主要应用于肝癌、肝炎、心脑血管疾病、炎症、感染等临床领域和生物安全、食品安全、疾控应急等公共安全及其他领域。

（刘　超）

【北京独角兽企业数量居全国首位】10月21日，胡润研究院发布首份《2019胡润全球独角兽榜》，这是胡润研究院继6次发布中国独角兽季度指数后，首次发布全球独角兽榜。从排名来看，中国独角兽企业首次超越美国，中美两国拥有世界八成多独角兽企业；北京以拥有82家独角兽企业居全球独角兽最多的城市榜单第一，被称为“全球独角兽之都”。全球前三大独角兽企业均来自中国，其中来自中关村的独角兽企业字节跳动（估值5000亿元人民币）、滴滴出行（估值3600亿元人民币）占据着榜单第二、三位，快手、京东数科、京东物流等中关村企业也榜上有名。此次榜单收录的独角兽企业是指全球估值10亿美元以上的科技初创企业，上榜企业创办不超过10年，获得过私募投资且未上市。

（市科委宣传与科普处）

【钢研纳克在创业板上市】11月1日，北京钢研纳克检测技术有限公司在深交所创业板上市。钢研纳克是专业从事金属材料检测技术的研究、开发和应用的创新型企业。该公司提供的主要服务或产品包括第三方检测服务、检测分析仪器、标准物质/标准样品、能力验证服务、腐蚀防护工程与产品以及其他检测延伸服务。

（刘　超）

【新技术新产品（服务）认定】年内，根据《关于进一步创新体制机制 加快全国科技创新中心建设的意见》《北京市新技术新产品（服务）认定管理办法》，市科委组织开展新技术新产品（服务）认定工作，2019年共认定2996项产品及服务，累计超过1万项（含自主创新产品）。

（刘　刚）

【高新技术企业认定】年内，全市新认定高新技术企业9789家，总量达到27416家。截至年底，全市规模以上国家高新技术企业实现总收入28603亿元，发明专利授权数23931件，企业研发投入2512亿元，企业科技人员65.2万人。

（叶茂盛）

【创新型企业数量】年内，新设科技型企业70059家，总数达到564510家。平均每个工作日新设企业280余家。开展科技型中小企业评价工作，全市科技型中小企业达16857家。

（王娇娇）

科技创新平台

【概述】 2019 年，加强政策引导，坚持科学系统评价，完善绩效考评“以评促建”机制，实施创新基地培育与发展专项，引导创新基地聚焦吸引和培养具有国际水平的科技创新领军人才和高水平创新团队、加强原创科技成果的孵化转化和推广应用、促进科技成果在京转移转化等工作。截至年底，经认定的北京市重点实验室 457 家、北京市工程技术研究中心 312 家，2019 年共承担国家级科技计划项目 3726 项，年度经费合计 82.21 亿元；拥有专职人员 38917 人；SCI/EI 收录论文 13577 篇；发表中文核心论文 6735 篇；签订各类技术性合同共 8818 项，1843 个项目实现产业化。积极推进全国科技创新中心网络服务平台建设，初步建立运维体系，保障平台稳定试运行。以此为抓手，不断提升科技创新服务的能力。首都科技条件平台作为落实国家关于北京市资源开放共享相关政策的主旨平台，2019 年按照“小核心 大网络”工作思路，继续促进科技资源梳理和整合，不断创新运营服务模式，为“三城一区”建设提供高质量的科技资源支撑服务，强化专业服务机构服务能力提升，积极探索成果转化新模式，推进 392 家小微企业和创业团队在创新创业过程中成功使用创新券。年内共有 1.3 万余家企业享受到首都科技条件平台的各类服务，签订合同额 40.32 亿元。

（陈　静　市科技史志办公室）

【检测与认证领域中心召开 2018 年工作总结交流会】 1 月 24 日，首都科技条件平台检测与认证领域中心召开 2018 年工作总结交流会，为 2018 年优秀成员单位、积极参与单位、优秀联络员颁发了纪念奖牌，并为领域中心的 6 家新增成员单位举行授牌仪式。检测与认证领域中心建立 8 年来，在打造品牌、聚焦对接、成果转化、提升价值等方面取得突出成效，截至 2018 年年底已发展成员单位 113 家，整合开放仪器设备资源共 1567 台（套），价值超过 5 亿元，汇集国家级、市级重点实验室 67 家，科技人才百余位，每年聚焦的行业需求和服务合同呈现上升趋势。此外，领域中心还积极引入社会服务机构，依托创新券助力小微企业；充分利用“互联网+”等高新技术，提升科技资源服务配置核心能力；开展百家实验室进千家企业、供需对接会、技术培训、仪器沙龙等各项服务活动。

（苏立清）

【全国科技创新中心网络服务平台形成服务聚合效应】 2 月 18 日，全国科技创新中心网络服务平台上线仪式在京举行。市长陈吉宁、科技部部长王志刚共同出席仪式并启动全国科技创新中心网络服务平台。全国科技创新中心网络服务平台立足服务于全国科技创新中心建设，顺应新时代的发展要求，借助新一代信息技术和移动互联网，汇聚创新资源，破解现有创新服务平台的局限性，打破政府部门间的信息壁垒，优化创新服务，实现信息发布、项目申报、政策解读、资源对接、成果展示、互动交流等功能，为各类创新主体、科技中介、社会公众等提供有针对性的精细化、全流程服务，促进协同创新、资源共享、跨界融合、要素整合，打造具有权威性和影响力、综合化和集成式的创新网络服务平台。截至年底，平台更新服务信息 5800 多条，周平均量 150 余条。累计为创新主体提供各类服务信息 3.9 万余条。其中，包括近 200 条项目申报服务，32 类资质认定服务，102 家办公空间信息，500 多条政策法规及解读，5521 条可查询的全国新技术新产品信息，40 多类科技成果、创投和金融服务机构、创新平台、创新人才等名录，一个含 119 个主题、431 条回复的智能问答库等服务。平台影响力辐射全球，访问量超 20 万人次。访客不仅覆盖全国 33 个省级行政区（除澳门），而且得到了包括美国、英国、日本、德国、新加坡等 26 个国家用户的关注。

（李丰华）

【科学仪器服务冬奥创新工作研讨会召开】 2 月 27

日，首都科技条件平台检测与认证领域中心联合石景山区科委、首都科技条件平台石景山工作站共同主办“科学仪器服务冬奥”创新工作研讨会。以充分发挥科学仪器的支撑作用，让科技创新更好地为北京冬奥会服务。会议由中国分析测试协会副理事长刘成雁主持，通过主题报告与交流讨论，整合科学仪器行业的优秀成果和优质产品，向 2022 年北京冬奥会、石景山区老工业基地转型提供创新服务。到会的专家与企业代表分别发言，就科学仪器在重大赛事安全保障中发挥哪些重要作用、冬奥组委有哪些与检验检测相关的需求、如何通过北京冬奥会研制国产科学仪器并输出中国标准等议题展开讨论。

（苏立清）

【石家庄合作站节能环保领域对接会召开】 3 月 28—29 日，北京技术交易促进中心联合石家庄科技大市场共同举办首都科技条件平台石家庄合作站节能环保领域对接会。首都科技条件平台中科院基地、北航基地、能源环保领域中心等专家一行实地考察了河北先河正源环境治理技术有限公司，听取了公司负责人对企业的介绍，就吸附材料、催化剂材料等技术难题的解决方案及技术合作进行了沟通交流。此外，专家还与河北卓华环境工程有限公司、河北卓华机器人科技有限公司负责人进行座谈，就企业关于核电站安全壳有害气体排放等核心技术难题进行了交流。通过现场“把脉问诊”和对接洽谈，专家深入了解了企业的核心技术需求，并就相关技术合作达成了初步意向。

（北京技术交易促进中心）

【新版职业健康安全管理体系培训会召开】 4 月 9 日，首都科技条件平台检测与认证领域中心在京举办“ISO45001:2018 新版职业健康安全管理体系培训会”。此次培训旨在有效服务于成员单位，协助企业提高运作国际化的职业健康和安全管理的能力，推动企业建立可持续的职业健康安全管理体系。来自首都科技条件平台检测与认证领域中心各实验室的 50 余名科研人员及负责人参与本次培训。认证行业和职业健康安全领域的专家从职业健康安全基础知识和概念入手，深入浅出地对新版的职业健康安全管理体系进行了解析。

（苏立清）

【国产科学仪器验证与综合评价服务创新论坛召开】 4 月 19 日，国产科学仪器验证与综合评价服务创新论坛作为 ACCSI2019 的特色分论坛之一在青岛召开。该论坛由首都科技条件平台、北京科学仪器装备协作服务中心携手仪器信息网共同举办，邀请了北京科学仪器装备协作服务中心副主任杨鹏宇、中国仪器仪表行业协会高级顾问闫增序等 5 位行业专家，北京海光仪器有限公司总经理刘海涛与北京精微高博科学技术有限公司总经理马志远做报告，分享“国产仪器验证与综合评价服务”助力国产科学仪器提高市场销量、打开国内顶尖权威实验室的采购大门、建立品牌信誉的成果与经验。该论坛的召开有助于扩大验评服务影响力，为更多优秀的国产科学仪器参与市场竞争增强信心。

（解　静）

【北京生物结构前沿研究中心在京成立】 4 月 21 日，在市政府的支持下，北京生物结构前沿研究中心（FRCBS）在清华大学揭牌成立，中国科学院院士、清华大学教授施一公担任中心主任。副市长隋振江，市科委主任许强，清华大学副校长尤政出席。施一公介绍，为保持中国在结构生物学领域的领先优势，在结构生物学高精尖创新中心的基础上，市政府加大投入，成立北京生物结构前沿研究中心。该中心拥有 17 位核心研究员、2 位合作研究员，未来将积极探索科学研究和创新人才培养的新模式和新机制，促进重大原创成果产出。市科委副主任郑焕敏和清华大学科研院副院长邓宁签署《北京生物结构前沿研究中心共建协议》，并共同为中心揭牌。

（市科委官网）

【北京中医药大学中医影像学研究中心成立】 4 月 26 日，北京中医药大学中医影像学研究中心揭牌仪式在北京中医药大学中医药博物馆举行。该中心由北京中医药大学与联影集团共建，旨在促进现代医学影像学与传统中医学深度融合，推动中医学创新发展。科技部社会发展科技司司长吴远彬、市科委主任许强、北京中医药大学校长徐安龙、联影集团董事长薛敏出席仪式，并共同为北京中医药大学中医影像学研究中心揭牌。北京中医药大学副校长王耀斌与联影集团联席总裁张强签署战略合作协议。依据协议，双方将整合平台优势，聚焦现代医学影像学与传统中医学的深度融合，推动中医影像诊疗创新技术的研发、标准制定、临床应用研究和示范推广；培养行业复合人才，建设世界一流的中医影像学科研和教育机构；应用现代影像学技术对中医药基础理论、原理方法、治疗效果等进行科学诠释,推动中医学创新发展。

(市科委官网)

【工业设计领域中心召开对接会】4 月 30 日,由首都科技条件平台工业设计领域中心主办,中国建材集团研发实验服务基地、科技金融领域中心、北京 DRC 工业设计创意产业基地协办的“百家实验室进千家企业”对接会成功举办,向企业宣传创新券政策,推动设计行业与创新券的紧密结合,现场有 50 余家企业参加活动。企业代表就实验室与创新券、设计领域、合同登记、金融等相关政策与领域中心、基地进行了探讨,并形成部分合作意向。

(北京工业设计促进中心)

【检测与认证领域中心“百进千”工作交流会召开】5 月 21 日,由首都科技条件平台检测与认证领域中心主办,以“共享优质科技资源,精准对接企业需求”为主题的首都科技条件平台检测与认证领域中心“百进千”工作交流会在京召开。来自首都科技条件平台及其他企事业单位的 30 余名代表出席本次会议,会议介绍了首都科技条件平台的服务模式及创新券政策的申请流程和发放情况。国家广播电视产品质量监督检验中心、首都科技条件平台检测与认证领域中心、中国家用电器研究院研发实验服务基地、中国电子科技集团的相关负责人分别向参会代表介绍了各自的科技资源和服务范围。北京银行中关村分行和北京首创融资的负责人也分别介绍了科技金融的相关政策和业务。会议旨在充分发挥首都科技条件平台的科技资源及服务优势,推动产学研合作,促成实验室和企业合作共赢,推进平台由资源聚集向资源服务转化。

(苏立清)

【未来都市创新发展国际论坛举办】5 月 29—30 日,由首都科技条件平台能源环保领域中心联合北京科学技术研究院、北京未来科学城管委会共同举办的“智联全球 慧创未来”未来都市创新发展国际论坛在京交会期间召开,同期以建设智慧城市、智慧交通、无废城市为目标和主题的 3 个分论坛在未来科学城召开。闭门研讨会上邀请专家围绕未来科学城的规划就智慧城市、智慧交通、无废城市如何落地未来科学城、吸引高端资源入驻等提出相关见解,为未来科学城提供智力援助。

(王　璐)

【农业领域“百进千”对接会举办】6 月 11 日,首都条件平台现代农业领域中心联合北京农学院研发实验服务基地、首都条件平台工业设计领域中心、首都条件平台昌平工作站共同举办 2019 年度“百家实验室进千家企业”对接会,15 家企业和 10 余家现代农业领域中心成员单位相关负责人参会。会上,首都科技条件平台主管工程师介绍了首都科技条件平台及创新券的管理办法和具体流程;参会代表介绍了发展中面临的检测测试、科技研发、人员培养等方面的科技需求,供需双方展开对接。会后,参会人员实地考察了中粮营养健康研究院有限公司营养健康与食品安全北京市重点实验室、国家副食品质量监督检验中心、北京市畜产品质量安全源头控制工程技术研究中心等实验室,深入了解实验室资源、开放仪器设备以及科研实力。

(王伟娟　赵淑红　赵　娣　张丽娜)

【检测与认证领域中心“百进千”活动举办】6 月 21 日,为充分发挥首都科技条件平台的资源优势,更好地服务服装与食品领域的企业科技创新,首都科技条件平台检测与认证领域中心携手清华大学研发实验服务基地、北京师范大学研发实验服务基地、首都科技条件平台军民融合领域中心,赴北京海关技术中心组织召开“首都科技条件平台百家实验室进千家企业——北京海关提升‘衣食’质量安全”活动,围绕联合研发、技术转移、专家咨询、解决技术方案等议题展开交流。

(苏立清)

【青蒿素研究中心举行奠基仪式】9 月 1 日,由北京建工承建的中国中医科学院中药科技园一期工程青蒿素研究中心举行奠基仪式,工程建成后将为屠呦呦领衔的中国中医科学院青蒿素研究中心提供更加坚实的科研条件和后备保障基础。这是全国范围内第一次专门为青蒿素研究而设立的专业实验室。中国中医科学院中药科技园一期工程青蒿素研究中心位于大兴区新城生物医药与产业基地内,总建筑面积 7.3 万平方米,由中部地上 13 层的主楼和位于东西两侧地上 7 层的大空间实验室、重点实验室及动物实验室 3 栋单体科研楼用房构成。

(市科委宣传与科普处)

【北京干细胞与再生医学研究院共建框架协议签署】10 月 18 日,为进一步强化北京市政府与中国科学院的创新合作,服务于国家创新战略和北京经济社会发展需求,在 2019 中关村论坛重大成果发布会上,北京市政府与中国科学院在干细胞与再生医学领域建立创新机制，就共同建设北京干细胞与再生医学研究院（简称干细胞研究院）签署框架协议。干细胞研究院的发展定位及目标是面向干细胞与再生医学领域的重大前沿科学问题和共性关键技术需求，通过前瞻性科研布局、鲜明的多学科及大学科交叉，大胆的体制机制及运行模式等管理创新，建设成为国际一流的干细胞与再生医学科研机构，为北京建设全国科技创新中心做出重要贡献。北京市政府与中国科学院共同讨论审定研究院的发展规划和建设方案，共同筹措落实建设和运行资源，按照“共同建设、共同管理、成果共享、整体规划、分步实施”的原则，支持干细胞与再生医学基础前沿研究和共性关键技术研发，加快科技成果的转移转化和产业化发展。

（市科委官网）

【检测与认证领域中心亮相 BCEIA 2019】 10月23日，北京分析测试学术报告会及展览会（BCEIA 2019）在北京国家会议中心举办。首都科技条件平台检测与认证领域中心携手清华大学研发实验服务基地、北京大学研发实验服务基地、北京师范大学研发实验服务基地共同参展。本次参展以需求为牵引，以应用为导向，以有市场前景的科学仪器产品，以实现破垄断、填空白、扩市场的科学仪器研发类项目等为核心征集了近百项科技成果。通过展板、视频、宣传册、仪器等多种形式在国家重大科学仪器设备开发专项阶段成果展开放式展区进行展览。首都科技条件平台检测与认证领域中心是首都科技条件平台的组成部分，汇集包括仪器生产企业在内的相关机构或企业在科技研发、成果转化、产业化项目、企业产品生产等过程中对测试、检测、认证和工具的服务需求，汇集检测机构和研发机构的科技服务需求，畅通需求与资源对接的渠道，建设一个覆盖仪器研发、生产、应用全过程、全链条的创新服务平台，以及致力提升检测服务和检测能力的共性服务平台。

（苏立清）

【现代农业领域中心交流会召开】 11月8日，市科委农村中心组织召开首都科技条件平台现代农业领域中心工作交流会，中国农业大学、中国农业科学院、中粮营养健康研究院有限公司、中国食品发酵工业研究院有限公司等8家成员单位相关人员参加了交流会。会上，现代农业领域中心主管工程师传达了首都科技条件平台管理办公室2020年工作推进会的会议精神，介绍了2019年平台及创新券经费的管理使用要求；参会成员单位围绕如何进一步开放资源、对接平台工作、规范服务业务、提高后补贴资金使用效率、扩大首都科技条件平台影响力等内容进行研讨交流。

（王伟娟　赵淑红　赵　娣　张丽娜）

【京津冀一体化政策推广及技术培训会召开】 11月21日，以首都科技创新券为核心的相关京津冀一体化政策推广及技术培训会在华北电力大学保定国家大学科技园中小企业涉电产品公共检测服务平台召开。首都科技条件平台相关负责人就首都科技条件平台及科技政策进行宣讲；北京工业大学机电学院讲师就人工智能制造中的思考与应用做了主题报告；北京中基宏宇管理咨询有限公司结合当地中小企业的培训需求，对管理体系认证基础知识进行了深入讲解。此次培训对提升企业可持续竞争力以及打造信息化环境下的竞争优势具有重要作用。

（苏立清）

【建设首都科技条件平台装备制造领域中心】 年内，首都科技条件平台装备制造领域中心围绕全国科技创新中心建设工作任务，采用强强联合、优势互补、成果共享、集成创新的方式，整合领域内的优势资源，为成员单位提供深度对接支撑服务。2019年，中心累计完成开放科技资源量11亿元，新增成员单位6家，新增开放省部级以上实验室和工程中心5个，新增开放仪器设备2423.03万元，新增可以转化为产业化的科技成果3项，聚集50项需求，共计为企业提供研发测试服务近百项，合同金额3148.3216万元。

（北京生产力促进中心）

【首都科技创新券助力小微企业创新发展】 年内，市科委开展创新方法与创新券结合探索工作。利用创新方法推广应用基地、培训基地、示范基地等北京优势资源，提升专业服务机构创新能力，形成创新方法技术解决方案。完成81万元创新券资金的审批下发，促成7个项目需求精准对接，需求涉及创新券资金127.81万元，带动社会科技资金投入119.99万元，项目合作合同金额247.8万元。

（北京生产力促进中心）

【推出《创新的基石——北京市重点实验室、工程技术研究中心创新巡礼》】 年内，北京技术交易促进中心推出《创新的基石——北京市重点实验室、工程技术研究中心创新巡礼》宣传册，介绍 48 家科技创新基地建设的重要举措和经验、重要成果和典型案例。

（北京技术交易促进中心）

【现代农业领域中心年度绩效考评良好】年内，首都条件平台现代农业领域中心新增成员单位 12 家、新增开放实验仪器设备共 84 台(套)，总金额为 8988.48 万元。新增科技人才 40 人、新增知识产权 69 项，促成 2 项科技成果在京津冀地区落地转化，聚集本领域科技需求数量 20 条。服务成员单位实现的服务合同金额共计 1617 余万元，服务涉农企业 60 家。服务帮助 20 家小微企业成功申请创新券。

（王伟娟　赵淑红　赵　娣　张丽娜）

【能源环保领域中心年度绩效考评良好】年内，首都条件平台能源环保领域中心新增成员单位 9 家、新增开放实验仪器设备共 42 台套，总金额为 2310 万元。新增科技人才 105 人、新增知识产权 81 项，促成 2 项科技成果在京津冀地区落地转化，聚集本领域科技需求数量 32 条。服务成员单位实现的服务合同金额共计 3496 余万元。服务帮助 6 家小微企业成功申请创新券。

（陈　红　王　璐）

【全球健康药物研发中心建设】年内，全球健康药物研发中心稳步推进重点实验室和研发平台建设，参照国际一流新药研发机构的建设标准，建设约 6000 平方米全球领先的新药研发实验室，其中将构建高通量、高精度人工智能药物虚拟筛选计算平台，基于“ReFRAME 化合物库”(价值 2000 万美元，内含 12000 种临床安全的化合物，是国内目前最大的小分子生物活性大数据库)，构建新型高效的人工智能药物研发模块，从靶点发现、药物重定位、先导化合物发现/优化等步骤全面助力药物研发，可显著降低新药的开发成本和时间。形成了包括 37 名全职博士(包括 20 位留学回国/外国专家)在内的 50 人的高水平、国际化的研发和运营团队。通过自主开发或联合全球顶尖机构和企业，针对结核病、疟疾、腹泻、包虫以及盘丝虫 5 个疾病领域开展了 14 个研发项目。与国内外顶尖科研院所、制药企业、疾病联盟在不同领域建立广泛的合作伙伴关系。

（市科委医药健康科技处）

【国创中心建设取得积极进展】年内，国家新能源汽车技术创新中心(简称国创中心)建设取得积极进展。一是股东多源化。国创中心在一期入资 1.6 亿元、5 家股东的基础上，完成二期增资扩股，增资后股东合计 12 家，注册资本 4.03 亿元，北京市企业占 70.65%。二是完善治理机制。国创中心设技术专家委员会、股东会、董事会和监事会。技术专家委员会负责围绕产业重大需求制订技术规划，由孙逢春院士担任主任，由 25 位行业顶尖技术专家组成。

（李秋玮）

科技政策

体制改革

【《强化创新驱动 科技支撑北京乡村振兴行动方案(2018—2020 年)》印发】 2 月 1 日,市科委联合市农业农村局、市园林绿化局、市水务局印发《强化创新驱动 科技支撑北京乡村振兴行动方案(2018—2020 年)》(京科发〔2019〕2 号)。坚持创新是引领发展的第一动力,以深入实施创新驱动发展战略和乡村振兴战略为主线,以产业兴旺作为解决农村一切问题的前提,以生活富裕作为乡村振兴的主要目的,发挥北京农业科技的引领与示范带动作用,从完善科技创新体系、优化创新创业载体、实施科技支撑行动、落实科技精准帮扶 4 个方面为实施乡村振兴战略提供强有力的科技保障。

(《北京科学技术法规汇编(2019)》)

【《北京市污染防治攻坚战 2019 年行动计划》印发】 2 月 20 日,市政府办公厅印发《北京市污染防治攻坚战 2019 年行动计划》(京政办发〔2019〕5 号)。从全面落实责任、提升治理能力、强化宣传引导、严格考核问责等方面,全力做好 2019 年全市污染防治工作,推动生态环境质量进一步改善。

(《北京科学技术法规汇编(2019)》)

【《北京市农业科技园区发展规划(2019—2025 年)》和《北京市农业科技园区管理办法(试行)》印发】 3 月 1 日,市科委联合市农业农村局、市水务局、市园林绿化局、市农林科学院印发《北京市农业科技园区发展规划(2019—2025 年)》和《北京市农业科技园区管理办法(试行)》(京科发〔2019〕3 号)。推进北京市农业农村创新发展,服务乡村振兴战略深入实施。牢固树立和贯彻落实新发展理念,以实施创新驱动发展战略为引领,以建设全国科技创新中心为导向,以实现乡村振兴为根本目标,以深入推进农业供给侧结构性改革为主线,突出园区特色,着力促进园区向高端化、集聚化、融合化、绿色化方向发展,推动农业全面升级;着力促进产城产镇产村融合,推动农村全面进步;着力促进一、二、三产业融合,大幅度增加农民收入,推动农民全面发展。

(《北京科学技术法规汇编(2019)》)

【《关于深化科技奖励制度改革的实施方案》印发】 3 月 6 日,市政府办公厅印发《关于深化科技奖励制度改革的实施方案》(简称《方案》)。《方案》改革的亮点之一是在原有项目奖的基础上增设人物奖,包括突出贡献中关村奖、杰出青年中关村奖、国际合作中关村奖,通过加大对人才的激励力度,发挥获奖人物的示范引领作用,增强科技人员的获得感、责任感、使命感。《方案》提出的改革举措既有对国家《关于深化科技奖励制度改革的方案》各项举措的落细落实,也有结合地方发展特点的创新突破,对于更好地激发创新主体和科研人员的积极性和创造性、加强全国科技创新中心建设具有重要的意义。

(刘宁瑜)

【《"一带一路"科技创新北京行动计划(2019—2021 年)》印发】 5 月 6 日,市科委与中关村管委会联合印发《"一带一路"科技创新北京行动计划(2019—2021 年)》,作为落实《北京市推进共建"一带一路"三年行动计划(2018—2020 年)》的具体举措,通过塑环境、引进来、走出去、促合作 4 条主线打造国际创新共同体。明确未来 3 年,通过实施一系列任务举措,使北京成为"一带一路"创新合作网络重要枢纽和具有全球影响力的科技创新中心。

(李　倩)

【《关于在市场监管领域全面推行部门联合"双随机、一公开"监管的实施方案》印发】 5 月 9 日,市政府办公厅印发《关于在市场监管领域全面推行部门联合"双随机、一公开"监管的实施方案》(京政办发〔2019〕14 号)。深入贯彻落实国务院相关文件精神,持续深化"放管服"改革,全面推行部门联合"双随机、一公开"监管,着力提升市场监管的公平性、规范性和有效性,进一步营造公平竞争的市场环境和法治化、便利化的营商环境。

（《北京科学技术法规汇编（2019）》）

【《北京市服务业扩大开放综合试点科技领域开放改革三年行动计划》发布】 8月15日，按照市委、市政府的统一部署，市科委制定的《北京市服务业扩大开放综合试点科技领域开放改革三年行动计划》发布。该行动计划针对引进和服务外籍人才、科研要素通关便利、营造类海外环境等问题，提出了3方面15项开放改革措施。内容包括聚焦吸引和服务海外高端科技人才，奖励具有突出贡献的外籍科技人员；提供科研要素通关便利，降低汽车企业进口测试车辆成本；营造更加开放的创新环境，赋予科研人员更大的自主权；出台支持总部企业高质量发展政策措施，支持在京设立高端功能性机构等。

（北京工业设计促进中心）

【《北京市科学技术奖励办法》修订】 8月18日，《北京市科学技术奖励办法》（政府令〔2019〕287号）正式实施。这是《北京市科学技术奖励办法》自2002年颁布以来历经的第4次修改，也是迄今为止最大的一次修改，在奖项设置、奖励等级、提名方式、评审机制等多个方面都有重大改革，进一步构建了导向明确、科学规范的科技奖励体系，是深化科技体制改革、以首善标准做好新时代首都科技工作的重要举措。首次设立人物奖，加强人才激励；项目奖分设奖种，推进分类评价；全面实行提名制，明确提名者义务；重构评审组织、完善评审监督程序；明确法律责任，筑牢科技奖励诚信基石。

（刘宁瑜）

【《北京市科学技术奖励办法实施细则》出台】 9月18日，市科委印发《北京市科学技术奖励办法实施细则》（京科发〔2019〕9号），贯彻落实《北京市科学技术奖励办法》。

（《北京科学技术法规汇编（2019）》）

【《关于新时代深化科技体制改革加快推进全国科技创新中心建设的若干政策措施》印发】 11月15日，市政府印发《关于新时代深化科技体制改革加快推进全国科技创新中心建设的若干政策措施》（京政发〔2019〕18号）（简称“科创30条”）。“科创30条”是在新的历史方位和时代坐标下，北京市为深入贯彻国家创新驱动发展战略，更好践行高质量发展，更高起点、更高层次、更高目标，为建设具有全球影响力的全国科技创新中心提供更大改革动力而出台的又一重大改革文件。聚焦重点领域和关键环节，分5个部分提出30条改革措施。明确“三个坚持”：“国家使命、双轮驱动”“问题导向、首都特色”“系统谋划、大胆突破”。强化“三个指向”：科技创新中心功能、高精尖经济结构构建、前沿基础研究等。强调“三个突出”：突出改革系统性、集成性、协同性，突出含金量、动真格、破顽疾，突出接地气、真管用、可操作。

（《北京科学技术法规汇编（2019）》）

【《北京市新一轮深化“放管服”改革优化营商环境重点任务》印发】 11月19日，市政府办公厅印发《北京市新一轮深化“放管服”改革优化营商环境重点任务》（京政办发〔2019〕19号），即北京营商环境改革3.0版。进一步落实国家深化“放管服”改革各项任务，围绕企业创新创业、投资贸易、市场竞争、法治保障等重点领域，制定改革任务清单，明确责任和时限，切实解决企业和群众办事痛点、难点、堵点。距离北京营商环境改革2.0版推出仅过去了9个月，北京便推出新一轮营商环境改革政策。3.0版改革主要包括十二大方面204项任务，数量超过前两版的总和。3.0版改革力度更大、内容更广、范围更宽、任务更重。2018年的1.0版改革主要围绕世行评价10个指标，聚焦企业全生命周期所涉及的领域；2019年2月出台的2.0版在1.0版基础上增加了企业和群众反映集中的诉求和问题；3.0版全面对标企业和群众需求，全方位推进营商环境各领域改革。

（市科委宣传与科普处）

【《北京市促进科技成果转化条例》发布】 11月27日，北京市第十五届人大常委会第十六次会议表决通过了《北京市促进科技成果转化条例》（简称《条例》）。《条例》是北京市深入贯彻党的十九大和十九届二中、三中、四中全会，以及习近平总书记系列重要讲话精神，深入落实《中华人民共和国促进科技成果转化法》等国家法律法规，为加快构建北京市高精尖经济结构和实现首都高质量发展、建设具有全球影响力的全国科技创新中心提供法治保障的一部体现重大改革精神的地方性法规，于2020年1月1日起实施。《条例》共6章45条，立足全国科技创新中心城市战略定位和发展需求，以调动各方主体科技成果转化的积极性为核心，以实现“有的转”（解决源头问题）—“有权转”（解决权益问题）—“愿意转”（解决动力问题）—“转得顺”

（解决体制机制问题）为主线，旨在解决国家法律和改革政策在北京市落地实施的“最后一公里”问题，同时就落实国家科技成果权属改革精神做出创新性的制度设计，充分发挥地方立法补充、先行、创制的作用，从各方主体、行为、权责等全面做出北京市科技成果转化行为的规则和规范，进一步完善更加有利于科技成果转化的法治环境，为科技改革提供有力的法制保障。

（市科委官网）

【中科院启动科研经费“包干制”管理改革试点工作】 12月17日，中国科学院经过深入调研和广泛征求意见，印发《中国科学院关于开展科研经费“包干制＋负面清单”管理改革试点的通知》，中国科学院科研经费“包干制”试点正式启动。试点充分赋予法人单位管理自主权，采取由院提供试点政策清单，单位自主申报、选择试点项目、政策的方式。政策清单包括院级科研项目经费“包干制”、科研团队经费“包干制”以及科研差旅和出国费用“包干制”。其中，院级科研项目经费“包干制”探索简化预算编制和预算调剂，简化财务检查及财务验收；科研团队经费“包干制”对打破课题核算制、扩大核算单元进行探索；在科研差旅和出国费用方面，将扩大科研差旅住宿费包干并探索整体包干，尝试标准内出国费用“包干制”，一定程度上解决“报销繁”等问题。与此同时，中国科学院按照科研相关、诚实守信、厉行节约的原则，建立经费使用的“负面清单”，要求试点单位落实法人主体责任，加强内部控制和风险防控体系建设，确保“放得开、管得住”。中科院将进一步探索科研经费管理、绩效管理与诚信体系建设协调推进的制度体系，形成可复制、可推广、可充分激发创新活力的科研经费管理模式。

（市科委宣传与科普处）

高精尖产业

【《北京市推广应用新能源汽车管理办法》调整】 6月26日，市科委联合市经济和信息化局、市财政局、市城市管理委员会、市交通委员会发布《关于调整〈北京市推广应用新能源汽车管理办法〉相关内容的通知》（京科发〔2019〕8号）。该通知指出，自6月26日起，取消对纯电动汽车的市级财政补助。

（张　爽）

【《关于支持本市新能源物流配送车辆优先通行的通知》发布】 8月，市交通委、市公安局公安交通管理局、市商务局、市生态环境局发布《关于支持本市新能源物流配送车辆优先通行的通知》（京交绿通发〔2019〕5号），以支持新能源物流配送车辆推广应用，鼓励存量汽柴油货车淘汰更新为新能源货车。自10月起，对保障北京市五环内生产生活必需品运输需求的新能源货车给予通行便利，逐步提高货车通行证发放车辆中新能源货车的比例。

（张　爽）

【《北京市技术先进型服务企业认定管理办法（2019年修订）》印发】 10月24日，市科委联合市商务局、市财政局、国家税务总局北京市税务局、市发展改革委印发《北京市技术先进型服务企业认定管理办法（2019年修订）》（京科发〔2019〕6号）。进一步做好北京市技术先进型服务企业认定管理工作。

（《北京科学技术法规汇编（2019）》）

人才政策

【落实赋予科研机构和人员更大自主权工作】5月,市科委和市财政局联合发布通知,公布了《关于抓好赋予科研机构和人员更大自主权有关文件贯彻落实工作的工作方案》(简称《工作方案》),旨在抓好"赋予科研机构和人员更大自主权"有关文件的贯彻落实工作。《工作方案》要求,各部门、各区、各机构要按照127号文件(《关于抓好赋予科研机构和人员更大自主权有关文件贯彻落实工作的通知》)要求,充分认识赋予科研机构和科研人员自主权的重要意义,坚决贯彻落实党中央、国务院各项部署要求,尊重规律,尊重科研人员,密切协调配合,精心组织实施,抓紧解决政策落实中存在的突出问题,杜绝形式主义、官僚主义等现象,真抓实干,务求实效,切实为科研单位和科研人员营造良好的创新环境。

(市科委宣传与科普处)

【《关于建立北京市专业技术人员职业资格与职称对应关系的通知》印发】6月5日,市人社局《关于建立北京市专业技术人员职业资格与职称对应关系的通知》(京人社事业发〔2019〕87号)印发,以全面深化职称制度改革,进一步推进"放管服"改革,减少人才重复评价、降低社会用人成本、优化营商环境,确定46项专业技术人员职业资格与职称的对应关系。

(《北京科学技术法规汇编(2019)》)

【《北京市职业技能提升行动实施方案(2019—2021年)》印发】10月16日,市政府办公厅《北京市职业技能提升行动实施方案(2019—2021年)》(京政办发〔2019〕18号)印发,将职业技能培训作为保持就业稳定、缓解结构性就业矛盾的关键举措,立足首都经济社会发展的实际,坚持需求导向、结果导向,大力推行终身职业技能培训制度,按照培训信息公开化、培训项目目录化、培训评价即时化、培训资源集成化、资金使用有效化的工作思路,持续开展职业技能提升行动。

(《北京科学技术法规汇编(2019)》)

财税金融

【《北京经济技术开发区企业投资项目承诺制改革试点实施方案(试行)》印发】2月13日,市政府办公厅印发《北京经济技术开发区企业投资项目承诺制改革试点实施方案(试行)》(京政办发〔2019〕3号)。认真落实党中央、国务院关于深化投融资体制改革、优化营商环境的决策部署和市委、市政府相关工作要求,以落实企业投资自主权为出发点,以加快转变政府职能为着力点,推动投资项目审批流程再造,强化项目过程服务监管,在北京经济技术开发区探索创新以政策性条件引导、企业信用承诺、监管有效约束为核心的投资管理模式,形成可复制、可推广的改革经验,努力打造国际一流的营商环境高地。

(《北京市科学技术法规汇编(2019)》)

【《关于探索建立涉农资金统筹整合长效机制的实施意见》印发】4月1日,市政府印发《关于探索建立涉农资金统筹整合长效机制的实施意见》(京政发〔2019〕5号)。认真落实党中央、国务院决策部署,遵循国家"三农"工作方针政策,紧紧围绕实施乡村振兴战略,将涉农资金统筹整合作为深化财税体制改革和政府投资体制改革的重要内容,优化财政支农投入供给,理顺涉农资金管理体系,创新涉农资金使用管理机制,改革和完善农村投融资体制,切实提升支农政策实施效果和支农资金使用效益。

(《北京市科学技术法规汇编(2019)》)

【《进一步优化"纳税"营商环境的工作措施》印发】
11月6日,市财政局等部门联合印发《进一步优化"纳税"营商环境工作措施》(京财税〔2019〕2101号)。深入推进"放管服"改革,持续优化全市营商环境,切实落实减税降费措施,精简税费办理事项,提高税费办理便利度。实施更大规模的减税降费措施、优化税费办理系统、精简税费办理事项、简化税费办理流程。

(《北京市科学技术法规汇编(2019)》)

创新高地

“三城一区”

中关村科学城

【概述】2019年，中关村科学城党工委、管委会成立。中关村科学城党工委、管委会是市委、市政府派出机构，由海淀区代管。中关村科学城主体区域是中关村科技园区海淀园174平方千米范围，同时拓展至海淀区全域和昌平区部分区域，根据北京建设全国科技创新中心的总体部署，将着力打造科技创新出发地、原始创新策源地、自主创新主阵地。中关村科学城将按照蔡奇书记提出的“四个聚焦”要求，致力政产学研用创新主体的深度互动、全球高端创新要素的加快集聚和创新服务体系的不断升级，围绕强化基础研究和前沿技术研究布局、推动“硬核创新”、培育“硬核产业”、构建中关村科学城新型城市形态持续发力，为加快中关村科学城建设、完成好中央和市委、市政府的决策部署提供强有力的组织保障。

中关村科学城将围绕强化基础研究和前沿技术研究布局，全力推进网络安全领域国家实验室、北京量子信息科学研究院等“科研重器”建设，加快推进北京智源人工智能研究院等新型科研机构建设，充分发挥原始创新基金等各类市场化基金作用，深入实施概念验证计划，加快形成从基础研究到成果转化再到产业化的全新通道。围绕推动“硬核创新”，高标准做好国际人才社区规划建设，加快集聚全球顶尖创新人才和团队；全面对接驻区高校院所优势学科，全方位服务各类重大创新平台，着力推进人工智能算法和芯片、量子信息、颠覆性材料、生物科技等前沿研究储备和新技术突破。围绕培育“硬核产业”，聚焦集成电路、人工智能、大数据、医药健康等高精尖、硬科技产业领域，完善“政府+市场”双轮驱动的产业服务体系，加快培育一批龙头企业、独角兽企业和行业隐形冠军；着力推动人工智能为产业赋能，全力打造人工智能源头创新中心区；前瞻布局5G基础设施和产业链，催生一批抢占全球价值链高端、竞争力强的新兴产业和新兴企业。围绕构建中关村科学城新型城市形态，统筹好生产、生活、生态空间，在科学城南部地区加快空间优化布局和业态升级，依托中关村创业大街、中关村智造大街等载体，打造高端创新创业与城市创新发展深度有机融合的新样板；在科学城北部地区坚持产城融合、职住平衡，着力完善基础设施建设，补齐居住、教育、医疗、商业等配套服务短板，加快实现产业园区向多功能、国际化、宜居型科创社区和创新创业城区转型。

2019年，中关村科学城聚焦高精尖产业，围绕十大高精尖产业，聚焦人工智能、医药健康、智能制造、芯片、5G等优势领域，编制规划、分类施策。成立中关村科学城开源芯片源码创新中心，加快构建RISC-V芯片创新生态。百放创新孵化加速器、联影北京、中广核铀业、国开投干细胞等一批重大项目落地。突出大信息产业和科技服务业两大主导产业。信息业作为海淀经济发展的“压舱石”和产业结构的“基因”，融合了新一代信息技术、软件和信息服务业、集成电路设计和人工智能等领域，形成万亿级产业集群。科技服务业包括研发服务、科技金融服务等，是基于海淀创新资源密集和创新资本云集的特点而自然衍生出的重要业态，是创新发展的基础支撑型产业。培育医药健康、智能装备、新材料、能源环保四大价值环节型产业。在医药健康领域，重点发展新药研发、精准医学、健康管理、高端医疗器械等方面，在智能装备、新材料、能源环保等领域，重点发展基础材料、核心部件研发和控制系统等方面。几大产业体均已形成百亿至千亿级规模，依托人才和基础研究资源与信息产业形成互动和“软硬结合”。

2019年，中关村科学城组织各类主体举办创业沙龙、分享交流、创业培训、项目路演活动逾2000场。成功举办全国双创周北京会场、“创响中国”、中关村创新创业季等品牌活动。2019年,中关村创新创业季共举办53场活动,吸引402家大企业、2056家服务机构、228家投资机构、788家创业公司/项目、3.5万人次竞相参与,创新主体活力持续迸发。支持龙门创将、北航—北理工创新创业大赛、清华校友三创大赛等一批具有影响力的新型创新创业活动赛事,着力塑造全球知名创新创业品牌。会同中关村管委会等部门成功承办2019中关村论坛,国家主席习近平向大会致贺信,美国等50个国家和地区的科学家、企业家、投资人出席论坛,共计7200多人次参与论坛。

(程晓荷　李　进)

【海淀(中关村科学城)"城市大脑"发布会召开】 4月10日,海淀(中关村科学城)"城市大脑"发布会在中关村国家自主创新示范区展示中心举行。区委书记于军出席会议并讲话,区长戴彬彬和市有关部门、城六区及外省市领导出席会议。海淀"城市大脑"建设按照"需求牵引、业务驱动"的工作思路,站在构建新型城市形态的高度,建立多系统融合、多功能实现、多部门协同、多资源共享机制,共同推动运营管理,多主体协同作战,形成共建共治共享格局,切实解决好市民身边的城市治理问题,不断满足人民群众对美好生活的新期待。此次发布会以"共建'城市大脑',共享美好生活"为主题,充分展示了2018年海淀区启动"城市大脑"建设以来在顶层设计研究以及公共安全、城市交通、生态环保、城市管理等领域取得的初步成果,并面向社会各界征集九大应用场景解决方案,包括交通综合治理、市容环卫提升综合治理、生态环境综合分析及风险防控、智慧社区场景、智慧河湖生态治理等城市治理关键领域。发布会上,成立了海淀"城市大脑"科技产业联盟及建设运营平台公司,发布了《海淀"城市大脑"总体规划(纲要)》和"城市大脑"建设运营合作模式,进行了"城市大脑"建设合作签约。

(孙树昆)

【中关村科学城创新发展发布会举行】 5月19日,中关村科学城创新发展发布会在中关村国家自主创新示范区展示中心举行。区委书记于军主持发布会,国家知识产权局副局长廖涛及市科委主任许强、中关村管委会主任翟立新等市有关部门负责人出席会议。会上,区委副书记、区长戴彬彬发布了《关于加快中关村科学城人工智能创新引领发展的十五条措施》《关于支持中关村科学城智能网联汽车产业创新引领发展的十五条措施》两个产业政策。海淀区委、区政府在深化"创新发展十六条"的基础上,正式发布人工智能、智能网联汽车产业等四大全新支持政策并率先推出首批科技应用场景重点建设项目措施,涵盖产业支持、服务方式和创新要素等方面。围绕人才住房保障和区域空间资源管理,发布优化海淀区人才公共租赁住房保障和管理、海淀区构建高精尖经济结构产业空间资源管理和利用实施意见两个政策。此外,戴彬彬还发布了中关村科学城科技应用场景建设首批重点项目,率先在全市推出一批科技应用场景建设项目。首批推出重点典型科技应用场景共计17个,并遴选具有代表性的5个项目进行合作意向签约。本次政策和措施的集中全面推出,旨在进一步增强区域创新活力,力求更加精准地对接创新主体的需求,通过资金支持、空间利用、人才服务、市场化平台设立等"一揽子"政策"组合拳",持续激发科技创新"主力军"创新活力,升级中关村科学城"创新生态雨林",推动中关村科学城创新发展。

(程晓荷)

【中关村科学城创新发展公司揭牌】 5月19日,在中关村科学城创新发展发布会上,区委书记于军、区长戴彬彬等领导为北京中关村科学城创新发展有限公司揭牌。该公司是海淀区委、区政府为了加快推进中关村科学城建设专门成立的市场化平台型企业,注册资本60亿元。公司以服务中关村科学城创新发展为核心使命,以支撑中关村科学城创新生态优化和帮助科技型中小企业成长为基本任务,重点经营产业投资、产业服务、国际合作三大业务,致力成为中关村科学城"创新雨林"生态的建设者、科技企业成长的陪伴者、国际创新合作的链接者。产业服务板块重点围绕中关村科学城"创新雨林"生态体系建设,为创新创业者提供技术平台、产业园区、科技金融等多维度的专业服务。产业投资板块,重点聚焦人工智能、下一代通信、颠覆性新材料、清洁新能源、医药健康等前沿产业领域,为早期"硬科技"企业提供"耐心资本"服务。国际合作板块,重点瞄准全球主要创新城市,通过共建平台、项目合作、联合投资等多种方式,有效促进中关村科学城与全球创新网络建立深度联系、形成良好合作,成为值得信任的全球创新合作伙伴。

(程晓荷)

【翠湖智能网联科技发展有限公司揭牌】5 月 19 日，在中关村科学城创新发展发布会上，翠湖智能网联科技发展有限公司举行揭牌仪式。该公司为海淀区新的市场化运营平台，以有效弥补市场化、专业化服务手段缺失的短板，提升创新资源统筹能力和创新服务供给水平，形成“政府 + 市场”双轮驱动的产业服务体系，更好地为科技企业和高精尖产业发展保驾护航。

（程晓荷）

【签约共建海华信息技术前沿研究院】5 月 19 日，在中关村科学城创新发展发布会上，海淀区政府相关部门与以图灵奖（被称作“计算机界诺贝尔奖”）唯一华人获得者——清华大学姚期智院士为代表的世界知名科学家，签约共建海华信息技术前沿研究院，标志着致力实现跨学科、跨领域技术整合并进行产业落地转化的海华研究院正式落地海淀。

（程晓荷）

【17 个应用场景建设项目公布】5 月 19 日，在中关村科学城创新发展发布会上，海淀区遴选区域内前沿技术和代表性企业，率先在全市推出一批科技应用场景建设项目。首批推出重点典型科技应用场景共计 17 个，包括智慧医疗、科技公园、智慧社区、智慧交通、无人便利店等与城市治理和民生保障密切相关的场景，以及金融风险智能监测、超高清视频技术、非公党建学习平台、5G 技术推广等行业技术应用场景，并遴选具有代表性的 5 个项目进行合作意向签约。

（程晓荷）

【北京微芯边缘计算研究院签约海淀】5 月 19 日，在中关村科学城创新发展发布会上，董进博士代表北京微芯边缘计算研究院（简称微芯研究院）与中关村海淀园管委会签署合作备忘录。清华大学教授鲁白代表百放英库医药科技（北京）有限公司与中关村海淀园管委会、海淀区国有资产投资经营有限公司签署落地合作备忘录，标志着致力边缘计算领域的新型研发平台——微芯研究院正式落地海淀区。微芯研究院瞄准物联网、芯片设计与制造、区块链、人工智能技术前沿，建设世界一流的边缘计算核心技术研发平台，汇聚全球顶尖科技人才及其创新团队，开展重大科技任务攻关，推动边缘计算科学理论、方法、工具、系统等方面取得变革性、颠覆性突破，产出一批重大原始创新理论研究成果和自主可控的核心技术。微芯研究院 3 月 14 日已注册为科技类民办非企业法人单位，实行理事会领导下的院长负责制，院长是边缘计算领域顶尖科学家董进博士。

（程晓荷）

【百放孵化器签约落地海淀】5 月 19 日，在中关村科学城创新发展发布会上，致力创新药物孵化和转化的百放孵化器与中关村海淀园管委会签署合作备忘录。作为百放孵化器的运营主体，依托北京良好的医药健康创新生态环境，吸引世界顶尖医药管理人才、知名科学家，在京搭建面向全球的医药创新与转化平台，建立针对原始创新项目引进的筛选和评价机制，吸引优质的研究阶段 IP 进入孵化器，项目孵化 2 年后决定成功或终止，对少数有潜力且需要时间研发的项目延长孵化 1 年，孵化项目至产业化初期，培育孵化出“百放衍生公司”。

（孙树昆）

【海淀区非公企业党建大会举行】8 月 29 日，中关村科学城管理机构揭牌仪式暨海淀区非公企业党建大会在北京稻香湖景酒店举行。本次大会举行了中关村科学城管理机构揭牌仪式，表彰了非公科技领域企业优秀共产党员、优秀党务工作者、先进党组织、“党建挚友”并颁奖。授予王小兰等 50 名共产党员“海淀区非公科技领域优秀共产党员”称号、张式俭等 50 名党务工作者“海淀区非公科技领域优秀党务工作者”称号、东华软件股份公司党委等 50 个党组织“海淀区非公科技领域先进党组织”称号、林菁等 50 名企业负责人“党建挚友”称号。会上，还发布了三大财政政策，即《关于海淀区非公有制企业党组织充分发挥实质作用的意见》《关于海淀区非公科技企业党建改革的若干措施》《中关村科学城促进人才创新创业发展支持办法》，以加强海淀区非公党建，促进科学城人才创新创业工作。

（程晓荷）

【《关于海淀区非公有制企业党组织充分发挥实质作用的意见》发布】8 月 29 日，海淀区发布《关于海淀区非公有制企业党组织充分发挥实质作用的意见》。该意见是为适应新的形势而制定的，新提出了发挥政治引领作用和发挥凝心聚力作用的 4 个标准。旨在使非公企业党组织发挥作用的标准体系探索走在全国前列，通过做标准、创标准，建立可操作、可约束的标准体系，引领企业党组织建设质量全面提升。

（程晓荷）

【《关于海淀区非公科技企业党建改革的若干措施》发布】 8 月 29 日，海淀区发布《关于海淀区非公科技企业党建改革的若干措施》，该措施的出台是为了解决海淀区非公科技企业党建工作在实践发展中新出现的问题。内容包括 4 个方面的工作机制共 16 条改革措施，新提出了党建工作与科技创新服务工作的融合办法，让党建业务互促互通，解决非公企业党建工作容易边缘化的问题，使非公企业党建工作由被动开展向争相开展转变，这是对全国非公企业党建前沿探索的推进。

（程晓荷）

【《中关村科学城促进人才创新创业发展支持办法》发布】 8 月 29 日，海淀区政府发布《中关村科学城促进人才创新创业发展支持办法》，该办法是区委、区政府对已执行 6 年的“海英计划”的修订。该办法紧扣中关村科学城科技创新出发地、原始创新策源地、自主创新主阵地功能定位，围绕北京市十大高精尖产业领域和海淀区优势方向，在配套服务好中央和市级层面认定的各类人才基础上，优化区域人才品牌，形成错位、持续支持态势，既注重顶尖、领军人才的引进，又关注青年英才、高潜力人才的培育，推动人才结构的优化和自主创新能力的提升。该办法对领军人才、青年英才分别给予每人 100 万元、50 万元的一次性奖励，并配套创新培育、创业扶持等支撑性、便利化服务；海内外引才平台方面，对符合条件的中介机构和用人单位分别给予最高 100 万元、50 万元的补贴。“双站”平台方面，根据取得的绩效给予最高 300 万元的补贴。

（程晓荷）

【中关村科学城管理机构揭牌】 8 月 29 日，中关村科学城管理机构揭牌仪式暨海淀区非公企业党建大会在北京稻香湖景酒店举行。会上，宣布了关于成立中关村科学城党工委、管委会的决定。中共北京市委中关村科学城工作委员会和中关村科学城管理委员会正式揭牌成立。区委书记于军，区委副书记、代区长曾劲，区人大常委会主任刘长利，区政协主席刘勇，市科委副主任、北京推进科技创新中心建设办公室副秘书长杨仁全，中关村管委会副主任翁啟文共同为中共北京市委中关村科学城工作委员会、中关村科学城管理委员会揭牌，标志着中关村科学城管理机构正式成立。会议发布了《中关村科学城管理机构设置方案》。中关村科学城管理机构是北京市全力推进全国科技创新中心建设的重大创新举措，目的是进一步聚焦中关村科学城，通过改革、创新、重构全新的组织架构，建立与中关村科学城核心功能高度匹配的新型管理机构。

（程晓荷）

【2019 中关村论坛“全球院士科技创新与合作”平行论坛】 10 月 16 日，2019 中关村论坛“全球院士科技创新与合作”平行论坛在中关村展示中心会议中心举行。论坛由北京市人才工作局、中关村管委会、海淀区政府、中关村发展集团主办，海淀创业园、北京环球英才交流促进会、环球英才网联合承办。来自美国、加拿大、英国、法国、日本、俄罗斯、白俄罗斯、乌克兰、新西兰、南非和中国 11 个国家的 33 位院士，以及国内外各界人士共 180 余人出席活动。在本次平行论坛上，海淀区政协副主席丁志明宣布中关村科学城国际人才港、中关村科学城海外院士创新中心正式启动。海淀创业园与环球英才交流促进会签署共建中关村科学城国际人才港、海外院士创新中心协议。同时，乌克兰船舶科学院院士亚历山大・雷杰科夫、乌克兰交通运输科学院院士安德烈・布克托夫、乌克兰船舶科学院院士内德巴洛・亚历山大 3 位海外院士签约落地海淀创业园。中关村科学城国际人才港、中关村科学城海外院士创新中心由海淀创业园推动建设，是海淀区委、区政府集聚国际化高端人才、建设国际人才社区、推动科技创新发展的重要举措，是海淀区委、区政府聚焦中关村科学城建设，立足“科技创新出发地、原始创新策源地和自主创新主阵地”的战略定位，加快推进全国科技创新中心核心区建设的又一创举。

（程晓荷）

【中关村科学城海外院士对接交流会】 10 月 16 日，中关村科学城海外院士对接交流会在中关村创业大厦开幕。海淀区政府、北京海外学人中心、海淀园管委会、上地街道、北京环球英才交流促进会等部门与机构的领导，重点企业、高校、科研院所代表，以及媒体等百余人出席了对接交流会。交流会由中关村海淀创业园主任赵新良主持，海淀区区长助理靳晖致辞。前来参会的各国院士与有关企业、高校、院所等就研发创新、学术交流等进行了一对一的精准对接。本次海外院士对接交流会是海淀创业园服务企业国际化发展、促进科技创新成果转化、搭建全球创新思想和创新理念交流平台，构筑新科技、新产业引领平台的重要探索。各国院士可借此增进友谊、加强交流，共同推动科技创新的发展。交流会上，亚历山大·雷杰科夫、安德烈·布克托夫、内德巴洛·亚历山大3位外籍院士以及中国科学院刘嘉麒院士创新中心授牌。海淀创业园院士创新中心达到5家。

（程晓荷）

【中关村科学城人工智能专项政策指南发布会举办】10月21日，海淀区政府主办的中关村科学城人工智能专项政策指南发布会在中关村国家自主创新示范区展示交易中心举行，海淀园常委副主任、海淀区科信局局长林剑华发布了中关村科学城人工智能关键技术源头创新、人工智能开源开放创新平台建设两个专项政策指南。此次发布的专项政策指南是深化落实《关于加快中关村科学城人工智能创新引领发展的十五条措施》的重要体现。

（程晓荷）

【中关村科学城国际科技创新合作论坛举办】10月22日，中关村科学城国际科技创新合作论坛在中关村展示中心召开。本次论坛由海淀区政府、中关村科学城管委会主办，旨在通过充分调动驻华使馆、科技部外交官资源以及充分利用科技外交官服务体系，促进海外创新技术、人才、机构与中关村科学城产业创新深度对接合作，服务企业创新主体。中国驻美国、德国、法国、以色列、韩国、捷克等使领馆的科技外交官以及阿联酋、澳大利亚、加拿大、瑞士、日本等国家驻华代表参会。论坛上，各驻外使领馆参赞、科技外交官以专题报告的形式介绍了国外科技资源布局；对全球领先领域的现状与发展进行了解读；分享了典型园区建设经验及海外科技创新典型案例。各重点国驻华外交官介绍了本国科技创新最新发展情况和对华科技创新交流合作重点项目，并针对中关村科学城建设发展与合作机遇以及海淀区国际科技合作发展提出了建议。

（程晓荷）

【《关于支持中关村科学城标准创新发展的措施（试行）》印发】10月29日，海淀区印发《关于支持中关村科学城标准创新发展的措施（试行）》，旨在为推进中关村科学城创新发展建设，充分发挥标准化在科技创新中的技术支撑和战略引领作用，构建海淀创新发展“生态雨林”体系、加快推进全国科技创新中心核心区建设提供标准化政策导向。这也是迄今为止北京市在区级标准化工作层面发布的第一个系统性的支持政策文件。海淀区标准创新政策支持范围广、力度大，标准创新措施将对各类创新主体或多主体联合开展标准制定提供20万～50万元的资助，支持企业参与国内外人工智能、车联网等重点前沿产业领域标准创制，将给予获批发布标准的制定单位最高300万元资助。

（程晓荷）

【中关村科学城开源芯片源码创新中心揭牌】12月7日，中关村科学城开源芯片源码创新中心启动仪式在中关村国家自主创新示范区展示中心会议中心举行。区委书记于军为中关村科学城开源芯片源码创新中心揭牌。为抢抓RISC-V芯片生态发展机遇期，进一步提升海淀区开源创新生态建设，海淀区联合市科委推动成立了中关村科学城开源芯片源码创新中心，构建RISC-V芯片创新生态。中关村科学城开源芯片源码创新中心是由海淀区政府、市科委、北京微芯边缘计算研究院等共同发起的民办非企业单位，将聚焦芯片研发源头创新，布局全球标准，打造高质量国际开源平台，营造海淀区“硬核”创新氛围，涵养芯片设计人才、团队等未来发展潜力，推动国家芯片产业创新发展。

（程晓荷）

【中关村科学城独角兽企业党建联盟成立】12月25日，中关村科学城独角兽企业党建联盟成立，这是全国第一个独角兽企业的党建联盟，第一批共有41家。本次入选党建联盟的41家企业具有创新性强、成长性高、党建工作基础扎实等特征，涵盖了海淀区的独角兽企业，涉及人工智能、互联网服务、教育、电子商务、医疗健康、大数据与云计算、智能制造等多个领域。海淀区独角兽企业党建联盟将本着发挥共商、共建、共促、共享的党建特色优势而服务于联盟企业。主要包含4项重点功能：一是搭建交流企业党建、业务工作的平台；二是搭建服务企业发展、促进合作的平台，三是搭建反映意见和建议的平台，四是搭建重要荣誉评选表彰和社会职务推荐的平台。区委组织部宣布成立海淀区服务指导中关村科学城独角兽企业党建联盟办公室（简称服务指导办公室）的工作方案。服务指导办公室的主要职责是服务指导党建联盟开展工作，优先为党建联盟的成员企业提供各类党务政务服务和工作资源，及时解决联盟反馈的问题。服务指导办公室主要成员单位有区委组织部、区委宣传部、区委统战部、区发展改革委、区财政局、区人社局、区金融办、区市场监督管理局、区房管局、区税务局、区委网信办、中关村科学城党工委、中关村科学城管委会相关处室。服务指导办公室设在海淀区委组织部，日常工作由中关村科学城党工委、管委会综合事务部具体负责。

（程晓荷）

【中关村科学城建设推进大会召开】12 月 31 日，中关村科学城建设推进大会召开。区委副书记、代区长、中关村科学城党工委副书记、管委会主任曾劲主持会议，区人大常委会主任刘长利、区政协主席刘勇、区委副书记孟景伟等区领导，中关村科学城专家咨询委员会聘任的首届委员代表，中关村科学城企业代表等参加会议。会上，中关村科学城发布了首届专家咨询委员会委员名单和一系列新的政策、方案、计划和项目，并为中关村科学城独角兽企业党建联盟授牌。区委书记、中关村科学城党工委书记于军强调，全区上下要深入学习贯彻党的十九届四中全会精神和习近平总书记对北京重要讲话的精神，贯彻落实市委全会决策部署，按照区委全会部署要求，坚定必胜信心，持续保持“赶考”的心态和“奔跑”的状态，加快构建与中关村科学城高度匹配的“创新雨林”生态体系、高精尖产业体系、创新治理体系、开放创新格局，坚定不移地把制度优势转化为治理效能，为率先建成具有全球影响力的科学城而共同努力。

（程晓荷）

【中关村科学城专家咨询委员会首届委员获聘】12 月 31 日，中关村科学城建设推进大会发布了中关村科学城首届 50 位专家咨询委员会委员名单，并为委员代表颁发了聘书。该委员会定位于中关村科学城高层次决策咨询机构和创新治理平台，由区域内高校院所、高科技企业、金融机构、创业服务机构、社会组织、民间研究机构等组织中具有较高社会知名度和影响力的企业家、科学家、智库代表及各类创新合伙人代表构成。这些专家将对中关村科学城创新治理的重大问题进行把脉。中关村科学城党工委、管委会将运行好中关村科学城专家咨询委员会，围绕中关村科学城建设和发展的长远性、全局性和战略性的重大问题，组织开展调查研究，提出决策咨询支撑，探索多元主体参与区域创新治理的新路径、新模式、新机制。

（程晓荷）

【推出中关村科学城建设七大政策】12 月 31 日，为深化落实国家创新驱动发展战略，聚焦解决“卡脖子”问题，发挥中关村科学城的创新引领作用，中关村科学城建设推进大会推出了七大新政策。《关于落实〈北京市促进科技成果转化条例〉的若干措施（试行）》：围绕推进职务科技成果权属改革、推动成果转化落地，加强成果转化相关的配套、支持和保障 3 个方面，推出 8 条具体举措，直击科技成果转化“堵点”。《中关村科学城关于升级区域创新政策的框架方案》：为未来相关创新政策制定提供了重要的方向性指导，比如将更加突出集成度，更加突出政策包容性、更加突出核心竞争力等，从而推动创新政策由点上突破向系统化、集成性转变，不断巩固制度创新优势。《中关村科学城加强底层技术创新布局计划（2020）》：聚焦解决“卡脖子”问题，重点在人工智能、集成电路设计、网络安全、操作系统、区块链、智能制造等 10 个领域的关键发力点方向加强布局，大力提升中关村科学城的核心竞争力。《关于进一步优化中关村科学城创新发展服务体系的若干措施》：以打造面向创新链、面向企业全生命周期的服务链为主线，提出了完善项目挖掘和评测机制、提升研发服务易得性、拓展技术转移前端服务链等 10 条具体措施。《中关村科学城关于支持 RISC-V 开放生态创新引领发展的若干措施》：为发挥中关村科学城芯片设计领域比较优势，加快构建面向全球的 RISC-V 开放创新生态，增强国际话语权，围绕创新引领、生态培育和开放合作等方面制定支持措施。《中关村科学城关于支持区块链创新引领发展的若干措施》：为充分发挥中关村科学城区块链先发优势，推动区块链持续创新，规范化发展及规模化应用，提升区域治理能力，围绕创新引领及生态建设等方面制定支持措施。《中关村科学城 5G 产业创新发展行动计划》：中关村科学城将重点实施“1 + 1 + 3 + 6”5G 产业发展计划，即建设一张精品网络；打造一个中关村 5G 产业协同创新平台；着力提升元器件、网络设备、泛智能终端 3 项技术的研发能力；推进 5G 在 5G + 超高清视频应用示范、5G + 智慧城市应用示范等六大领域的示范应用，抢占 5G 产业发展先机和阵地。

（程晓荷）

【中关村科学城创新政策先试先行】年内，中关村科学城深化“放管服”改革试点全面启动，“五证合一、一照一码”改革，深入落实工商 19 条试点政策，率先开展企业登记注册全程电子化试点。细化落实外籍人才出入境试点政策。设立公安部中关村外国人永久居留服务大厅，为外籍人才办理永久居留业务。在北京市率先实施科技企业“集群注册”，认定中关村创业大街和海淀园创业服务中心为首批集群注册试点平台，免费为初创企业提供两年注册地址服务。在全国首设小微企业续贷中心。联合北京银保监局设立北京市企业续贷受理中心，缓解了小微企业特别是民营高科技企业融资难、融资贵、融资慢问题。续贷中心职能范围已由续贷受理扩展到“首贷+续贷”审批。

（程晓荷）

【中关村生命科学园扩建】 年内，做好中关村生命科学园扩建服务工作。中关村生命科学园已经被纳入中关村科学城重点建设项目，成为“三城一区”的重要组成部分。中关村生命科学园三期建设方案于2017年9月经市发展改革委正式批复生效，现稳步推进。三期核心区规划面积占地4.7平方千米，东起G6高速公路，西至G7高速公路，北到南沙河，南到回南北路。三期项目预计5年内建设完成，8～10年全部投入使用。

（市科委医药健康科技处）

怀柔科学城

【概述】 怀柔科学城位于北京市东北部，以怀柔区为主，并拓展到密云区部分地区，规划面积100.9平方千米，其中怀柔区域68.4平方千米，占规划面积的67.8%；密云区域32.5平方千米，占规划面积的32.2%。怀柔科学城的战略定位是世界级原始创新承载区，功能定位是“两地一区”，即战略性前瞻性基础研究新高地、综合性国家科学中心集中承载地、生态宜居创新示范区。

综合性国家科学中心是怀柔科学城的显著特色和明显标志，主要围绕物质科学、信息与智能科学、空间科学、生命科学、地球系统科学等五大科学方向，重点推进“五个一批”，也就是建成一批国家重大科技基础设施和科技平台；吸引一批国内外顶尖科学家、科技领军人才、青年科技人才和创新创业团队，集聚一批高水平的科研院所、高等学校、创新型企业，开展一批基础研究、前沿交叉研究等科技创新活动，产出一批世界领先的原创科研成果，提高中国在基础研究和交叉前沿领域的原始创新能力和科技综合实力，代表国家在更高层次上参与和引领国际科技竞争合作。

怀柔科学城规划了4个时间节点的发展目标：到2020年，怀柔科学城城市框架扎实起步，北京怀柔综合性国家科学中心建设成效初步显现；到2025年，示范效应明显，承载能力全面增强，怀柔科学城城市框架基本形成，北京怀柔综合性国家科学中心影响力显著提升；到2035年，突破效应明显，基本建成国际知名的科学城和国家科学中心。到2050年，全面建成引领世界一流的科学城和国家科学中心。

2019年，怀柔科学城主要围绕实施重大项目、创新创业环境、完善组织机构等方面展开工作。高能同步辐射光源验证装置（HEPS-TF）工程通过国家验收，国家地方联合工程研究中心获批复，中科院“十三五”科教基础设施平台和第二批交叉研究平台项目取得地块控规批复，首个交叉研究子平台——皮米精度激光干涉平台投用，怀柔科学城公司与法国原子能和替代能源委员会（CEA）签署合作备忘录，高能同步辐射光源、多模态跨尺度生物医学成像设施、空间环境地基综合监测网暨子午工程二期三大科学装置开工，怀柔科学城启动2020年“100·365”科学行动计划，“一带一路”国际科学组织联盟落地怀柔科学城，北京怀柔综合性国家科学中心空间科学实验室揭牌，怀柔科学城创新小镇发布会举行。

（雷思源）

【高能同步辐射光源验证装置（HEPS-TF）工程通过国家验收】 1月31日，高能同步辐射光源验证装置（HEPS-TF）工程通过国家验收，成为首个通过国家验收的“十二五”国家重大科技基础设施项目。该项目由中科院高能所、北京科技大学承担建设，总投资约3.2亿元，涉及微波技术、超导高频技术、超导磁铁技术、超高真空技术、机械加工工艺、计算机网络、快速电子学、大功率电源、X射线光学和探测、先进自动控制技术等，历经两年半攻关，在加速器、光束线和实验站方面取得了一系列重大技术成果，23个系统涉及的所有样机设备及关键技术参数全部达到并部分超过验收指标，整个项目不超预算、不超工期。验收委员会一致认为：HEPS-TF工程显著提升了中国在磁铁、电源、探测器及电子学等领域相关产业的技术水平和自主创新能力，培养了高水平的人才队伍，为中国建设先进高能同步辐射光源奠定了坚实的技术基础。

（雷思源）

【互联网域名系统北京市工程研究中心升级】 1月

31 日,《国家发展改革委办公厅关于 2018 年度国家地方联合工程研究中心的复函》(发展改革办高技〔2019〕180 号)正式批复互联网域名系统北京市工程研究中心升级为国家地方联合工程研究中心。作为专注于域名系统技术研发的唯一一家国家地方联合工程研究中心,该工程中心聚焦在以下 3 个方面重点发力:一是以域名、IP 为基础资源进行技术创新,以承担国家和北京市科研项目为依托,实现互联网底层核心技术突破性进展,提升中国整体互联网技术水平,为深入推进实施互联网 +、网络强国等国家战略提供坚实的技术支撑;二是将更加积极地通过 IETF、ICANN 等全球互联网组织和管理机构,参与国际互联网标准制定以及全球互联网治理,从互联网基础技术发展的追随者变为引领者,使中国成为全球下一代互联网域名服务的中心,从而在已经分享全球互联网技术红利的同时,为全球互联网发展做出更多的贡献,并掌握全球互联网治理的主动权、话语权,为中国互联网在全球化环境下的良好发展奠定坚实的基础;三是持续推动科技成果转化,加强与产业上下游企业的技术合作,带动产业链上下游企业共同发展,实现整个行业生态的繁荣发展,并为中国和全球客户提供更安全可靠的产品和服务,在全球互联网基础技术领域打响中国品牌。4 月 9 日,互联网域名系统国家地方联合工程研究中心在怀柔科学城揭牌成立。

(雷思源)

【首期科技企业专场对接活动举办】 3 月 13 日,创新小镇首期科技企业专场对接活动在怀柔科学城举办。中科寒武纪、中盈盘古等 20 余家科技企业围绕怀柔科学城发展目标、产业方向、配套服务等方面的内容展开交流,寻求合作契机。此次活动是怀柔科学城创新小镇举办的首期活动,旨在促进创新资源向怀柔科学城辐射扩散。今后,创新小镇将举办各种类型的系列创新活动,通过“引高端、搭平台、聚产业、建氛围”打造成怀柔科学城创新创业活动的第一品牌,提升整个区域的创新活力。

(雷思源)

【科教基础设施平台和交叉研究平台项目取得地块控规批复】 3 月 29 日,中国科学院“十三五”科教基础设施平台和第二批交叉研究平台项目取得地块控规批复。11 个“十三五”科教基础设施平台和 9 个第二批交叉研究平台共批复规划用地面积 116.6 公顷,其中怀柔区 102.91 公顷,位于怀柔科学城中心区,建设 15 个项目;密云区 13.69 公顷,位于怀柔科学城东区,建设 5 个项目。

(雷思源)

【中国科学院大学(怀柔科学城)创新创业示范基地揭牌】 4 月 12 日,中国科学院大学(怀柔科学城)创新创业示范基地揭牌仪式在怀柔科学城创新小镇举行。基地主要开展双创空间、科技创新服务平台和科技创新教育平台等工作,旨在将基地打造成集“创业就业知识教育、创业就业思想集聚、创业就业实践、创业项目研发、科研成果转化、综合科技服务、创业成果展示”于一体的多功能创新创业平台,推动怀柔科学城创新集群的发展。基地计划分两期建设,一期初步规划面积约 2000 平方米,于 2019 年入驻并开展具体工作;二期约 3000 平方米,并匹配人才公寓等配套设施,预计 2021 年全面入驻。

(雷思源)

【与法国原子能和替代能源委员会(CEA)签署合作备忘录】 4 月 17 日,怀柔科学城与法国原子能和替代能源委员会(CEA)签署合作备忘录。双方约定在定期召开科研机构建设研讨会、共同举办国际科学论坛、组织专家交流指导、推动两地特定学术实体建立合作关系等方面加强合作。法国格勒诺布尔(Grenoble)是欧洲著名的科学中心。格勒诺布尔的原子能和替代能源委员会是法国重要的研究、开发和创新机构,负责法国格勒诺布尔科学城 Minatec 园区、GIANT 园区的运营管理。怀柔科学城与格勒诺布尔科学城重点聚焦的科学方向大致相同,在推进产学研用合作,构建从基础研究、应用研究、技术开发到产业化发展的创新链条等方面也具有相同的理念。

(雷思源)

【创新中心知识产权公共服务工作站成立】 4 月 25 日,怀柔科学城创新中心知识产权公共服务工作站成立。该工作站位于怀柔科学城创新小镇,主要负责科学城知识产权保护服务工作,解答企业与知识产权有关的咨询、参与知识产权纠纷调解、举办以知识产权保护为主题的公益沙龙、座谈等活动。工作站的成立将进一步完善怀柔科学城知识产权保护公共服务体系,提升创新创业主体的知识产权保护意识和能力。

(雷思源)

【五大科学装置亮相北京科技周】 5 月 19 日,2019

年全国科技活动周暨北京科技周主场活动在中国人民革命军事博物馆正式拉开帷幕。怀柔科学城高能同步辐射光源、地球系统数值模拟装置、国家太空实验室地面实验基地、中国科学院力学研究所的高铁、“悟空号”卫星模型五大项目携手亮相。

（雷思源）

【怀柔科学城创新小镇正式启用】5 月 26 日，怀柔科学城创新小镇举行发布会。中关村信息谷、国科大创新创业示范基地、海创产业研究院、优客工场 4 家创新创业服务机构共同签署小镇公约，240 家企业及服务机构成为首批入驻小镇的“创客”。怀柔科学城管委会与北京银行、中关村银行等金融机构签署战略合作框架协议，将为创新小镇和入驻科技型企业创新创业、快速发展提供融资服务，打造金融科技协同发展的平台。活动当天，怀柔科学城创新中心揭牌，北京海创产业技术研究院启用，首届怀柔科学城海创论坛举行，各领域专家就智能机器人、开源芯片、质子医疗等领域展开演讲交流；怀柔科学城创新中心举办首届企业家沙龙，与会企业家就寻求深度合作、供求创新发展等内容进行深入交流，这标志着怀柔科学城正在努力构建从基础设施、基础研究、应用研究、成果转化到高精尖产业发展的创新链，特别是在“打通技术到产品的最后一公里”方面进行了创新，有了突破。

（雷思源）

【皮米精度激光干涉平台投用】5 月，怀柔科学城首个交叉研究子平台——皮米精度激光干涉平台投用。该平台为怀柔科学城首批交叉研究平台——先进载运和测量技术综合实验平台的 3 个子平台之一，由中国科学院力学研究所建设，于 2017 年 5 月开工，计划分 3 期实施，建成国际首座具有皮米位移精度和纳弧度角位移精度的检测与标定功能的测量平台。目前一期工程通过验收，并已完成功能测试，测试指标达到预期水平。

（雷思源）

【雁栖科学论坛举办】6 月 12 日，首届怀柔科学城雁栖科学论坛在怀柔科学城创新小镇举办。论坛由怀柔科学城管委会主办，计划每 2 个月举行一次，旨在整合中国科学院等国内高校、智库专家、科创企业、投融资机构等各方资源，共同打造科技产业“政企合作、院企合作、国际合作、企企合作”的平台与桥梁，促进科技成果在怀柔科学城转化落地。首届论坛作为 2019 年全国大众创业万众创新活动周北京会场怀柔科学城分会场的重要活动，聚焦清洁能源和环保领域，邀请中科院物理所、纳米能源所专家，以“锂电池新体系研究探索”和“固态电池与自供电系统”为主题，从全局性视角阐述相关行业的科研进展与未来发展趋势，来自科研院所、创新企业、投资机构的 100 位代表参加了主题论坛、圆桌会议、企业展示等活动。

（雷思源）

【肿瘤免疫研究中心落地怀柔科学城】6 月 13 日，在市科委怀柔科学城科技创新专项支持下，中国科学院生物物理研究所医学免疫诊断研究中心创新基地、中美共建肿瘤免疫研究中心落地怀柔科学城创新小镇。中国科学院生物物理研究所医学免疫诊断研究中心创新基地主要从事癌症相关领域新靶点、新技术和新方法的探索、发现、研究与转化。肿瘤免疫研究中心由中国科学院生物物理研究所医学免疫诊断研究中心联合美国西北生物治疗公司、中英健康管理中心共同创建，基于中科院生物物理研究所癌症诊疗的独创成果，共同开发免疫净化治疗新方法。

（雷思源）

【“创客北京 2019”创新创业大赛怀柔赛区在怀柔科学城启动】6 月 19 日—7 月 19 日，“创客北京 2019”创新创业大赛怀柔赛区在怀柔科学城创新小镇举办。本次大赛是工信部、财政部共同主办的全国性品牌赛事活动，设立企业组、创客组 2 个组别，参赛行业包括十大高精尖产业、文化创意产业、新型便民服务业三大领域，旨在为中小企业和创客提供交流展示、产融对接、项目孵化的平台，发掘和培育一批“专精特新”优秀企业和优秀团队，催生新产品、新技术、新模式和新业态，助力区域创新发展。

（雷思源）

【海淀与怀柔签订战略合作框架协议】6 月 20 日，海淀区、怀柔区在怀柔科学城管委会签订《海怀携手 双城联动 共建科创发展新生态战略合作框架协议》。两区将围绕共推科技创新、共促产业发展、共筑美丽家园、共治营商环境、共享美好生活、共育人才队伍 6 个方面实施 18 项共建工程（行动），力争到 2025 年共同建成一批支撑原始创新的重大科技基础设施、创新基地和研发机构，形成一批科研协同攻关成果，打造一批科技创新深度应用场景，开展一批高水平科技创新活动，落地一批合作共建民生项目，共同构建营造宜创、宜业、宜居、宜游的科技创新生态和城市建设治理生态，助力中关村科学城率先建成具有全球影响力的科学城，怀柔科学城以百年科学城标准打造新时代科学城新标杆。

（雷思源）

【两大科学装置开工】6月29日，怀柔科学城高能同步辐射光源、多模态跨尺度生物医学成像两大科学装置开工。北京市与国家发展改革委、中国科学院、北京大学领导察看两大科学装置开工，并进一步检查综合性国家科学中心的建设进展情况，研究推进相关工作。市委书记蔡奇强调，怀柔科学城肩负着提升中国基础前沿领域源头创新能力的重要使命。必须增强使命感、紧迫感，按综合性国家科学中心定位和方向，整合力量，保障投入，加快建设，取得突破，争取建成与国家战略需要相匹配的世界级原始创新承载区，打造百年科学城。中国科学院院长白春礼、市长陈吉宁讲话。随后，蔡奇主持召开座谈会。高能同步辐射光源项目用地面积976亩，建筑面积12.5万平方米，总投资47.6亿元，建设周期6.5年，建成后将为国家发展战略、工业核心技术创新、基础科学研究提供先进的实验平台。多模态跨尺度生物医学成像设施项目用地面积100亩，建筑面积7.2万平方米，总投资17.35亿元，预计2023年建成运行，建成后将形成跨尺度、多模态、自动化和高通量的生物医学成像全功能研究平台，实现高端生物医学影像仪器装备的“中国创造”。

（雷思源）

【创新小镇首届人才招聘会举行】6月29日，怀柔科学城创新小镇首届人才招聘会举行。本次招聘会结合怀柔区优秀企业人才需求，组织优秀应届高校毕业生、大学生村官和社会人才齐聚创新小镇，为供需双方搭建快速高效的对接平台，进一步完善创新小镇创新生态服务体系。招聘会现场涉及人工智能、测试工程、研发工程等的23家单位提供了304个岗位，吸引了400余名求职者。

（雷思源）

【空间环境地基综合监测网暨子午工程二期项目正式开工建设】7月29日，“十三五”国家重大科技基础设施——空间环境地基综合监测网暨子午工程二期项目正式开工建设，并召开启动会。此次，子午工程二期开工建设标志着怀柔科学城五大科学装置全部启动建设，进入工程实施阶段。子午工程二期由中科院国家空间科学中心作为项目法人单位，全国16家单位参加建设，工程建设周期4年。作为中国空间科学领域的国家重大科技基础设施，2012年建成的子午工程一期实现了中国地基空间环境监测的跨越发展，二期工程将在规模和覆盖范围上比一期工程大幅拓展，还将建设多台先进的大型监测设备，在探测能力上实现飞跃。子午工程二期建成后，空间环境地基综合监测网包含31个监测台站、近300台监测设备，综合运用地磁、无线电、光学、探空火箭等多种监测手段，将首次实现对日地空间环境全圈层、立体、多要素综合探测，大幅提高中国在日地关系这一重大基础科学领域的创新研究能力，使中国步入世界空间天气研究领域的先进国家之列。

（雷思源）

【中国科学院大学怀柔产业研究院揭牌】8月31日，中国科学院大学怀柔产业研究院揭牌成立，怀柔区与中国科学院大学签署合作共建怀柔产业研究院协议，并与山东魏桥创业集团有限公司签约开展战略合作。中国科学院大学怀柔产业研究院立足怀柔区产业发展的定位及重点方向，通过政府引导、统筹协调和市场化的运作机制，以中国科学院大学经济与管理学院、创新创业学院以及公共政策与管理学院为依托，充分发挥中国科学院大学、中国科学院科研院所的科教资源优势，实现科技资源、教育资源及人才资源与怀柔区产业发展需求的有效对接与融合，打造集科技创新、企业孵化、产业培育、人才培养、智库咨询为一体的综合平台。通过科技小镇建设、创新型孵化器建设、高端人才引进等方式，构建怀柔区科创生态系统，助力怀柔形成以科学城为统领的“1+3”融合发展新格局。北京市怀柔区政府与山东魏桥创业集团有限公司整合各方优势资源，开展深度合作，共同推进魏桥国科怀柔产业技术研究院项目以及科学技术投资基金项目在怀柔科学城的落地建设与运营，引导和推动科技创新，促进科技成果转移转化，服务实体经济。科技投资基金项目首期将成立6只基金，包括智能制造、新能源、节能、环保、金属新材料、非金属材料六大板块，每只基金的规模暂定为10亿元。

（雷思源）

【杨雁路（大秦铁路—京密路）通车】9月，杨雁路（大秦铁路—京密路）通车。工程南起大秦铁路，北至京密路，全长约5.9千米。累计铺设雨污水等管道31133米，铺油191541平方米，铺设人行步道

29446 平方米，砌筑路缘石 43167 米；安装路灯 386 根，其中有 58 根为集智慧照明、气象、环保检测、5G 和无线网络基站等功能于一体的智慧路灯；绿化面积 100218 平方米。同时，杨雁路采用智慧公交站亭，安装 14 个电子站牌。

（雷思源）

【国家科学中心国际合作联盟成立】 10 月 17—18 日，第三届国际综合性科学中心研讨会在雁栖湖召开。会议由北京市、中国科学院联合举办，主题为“科学中心助推科学共同体建设”，聘请德国于利希研究中心主任沃尔夫冈·马夸特担任本届会议主席，来自中国、德国、英国等 9 个国家的 18 名科学中心代表以及 200 余位国内相关领域专家学者及科研管理人员参加会议。会议宣布国家科学中心国际合作联盟正式成立，选举中国科学院院士、北京怀柔综合性国家科学中心专家委员会主任王恩哥为第一届联盟主席，并讨论通过联盟章程。联盟将在促进联盟成员在科学中心的规划、建设和管理等方面进行经验交流，提升相互间的科学与技术合作，促进实施大型国际科研合作项目及大科技设施合作计划，促进联盟成员间的科技人员交流等方面发挥积极作用。

（雷思源）

【5 家高校和机构在京负责人访问怀柔科学城】 10 月 22 日，德国科隆大学、耶拿大学、锡根大学、巴伐利亚高校中心及中国—北威州联盟 5 家高校和机构在京负责人访问怀柔科学城，交流对接怀柔科学城大科学装置与德国合作相关事宜。怀柔区领导朱家亮、李志遂出席。此次来访的高校和机构均在德国具有较为丰富的资源，与相关外方科研机构有着密切的合作关系。访问团代表表示，各驻京机构下一步将积极搭建怀柔与德方合作的平台，按怀柔科学城的发展规划和需求，在引进隐形冠军、科技合作、教育交流等方面促进怀柔区进一步对接德方资源。

（雷思源）

【启动 2020 年“100·365”科学行动计划】 11 月 5 日，怀柔科学城启动 2020 年“100·365”科学行动计划，即盯牢一百项，拼搏每一天。该计划共涉及 100 余个事项，每个事项均成立专班，分别由怀柔区委、区政府，怀柔科学城党工委和科学城管委会班子成员牵头，形成专人专事格局。计划进一步创新了工作方法，以更实在的工作举措动员全区上下以只争朝夕的精神抓好规划建设各项重点工作，将国家战略部署、市委、市政府指示精神落到实际行动上，用科学的方法、创新的机制切实推动怀柔科学城建设。

（雷思源）

【首届细胞科学北京学术会议在怀柔科学城召开】 11 月 6—7 日，由市科委指导、国际知名学术出版机构细胞出版社主办的首届细胞科学北京学术会议在怀柔科学城召开。会议以“人工智能与脑科学”为主题，共邀请 150 余位全球人工智能和神经科学领域的学者和科研带头人，围绕人工智能和神经科学两个领域的全球最新科研进展开展学术交流。市科委下一步将与细胞出版社继续推进战略合作，举办一系列高质量的学术会议，加速聚集世界级科研机构，助推北京科技创新中心建设，为全球顶级科学家搭建学术思想交流平台。

（雷思源）

【“一带一路”国际科学组织联盟揭牌仪式举行】 11 月 7 日，“一带一路”国际科学组织联盟揭牌仪式在怀柔科学城创新小镇举行，标志着“一带一路”国际科学组织联盟落地怀柔科学城，中国科学院院长白春礼、市政府副秘书长刘印春及联盟组织代表 30 余人参加。“一带一路”国际科学组织联盟由中国科学院于 2018 年 11 月 4 日在北京倡议成立，首批成员单位包括“一带一路”沿线 32 个国家和地区的 37 家高等学校、科研机构和国际组织，是首个在“一带一路”倡议框架下组建的综合性、实质性国际科技组织。联盟落地怀柔科学城创新小镇，旨在为怀柔科学城的国际化和新发展注入新动力，对怀柔科学城构建国际化学术生态、提高国际影响力具有重要意义。联盟的主要工作：围绕“一带一路”区域重大科技问题与挑战，联合开展战略咨询研究，提供决策咨询服务；聚焦气候变化、自然灾害、生命健康等共性挑战，组织实施“一带一路”大科学研究合作计划；围绕粮食安全、饮用水安全等民生问题，通过科技援外等渠道，组织实施一批应用示范合作项目；加强与沿线国家科技型企业的合作，促进中国先进适用技术的转移转化，提升当地企业的核心竞争力；进一步发挥中国科学院海外科教合作中心的平台作用，加强中科院奖学金的引导作用，联合实施人才培养和技能培训计划，推动人文交流，促进民心相通。

（雷思源）

【王贻芳获未来科学大奖“物质科学奖”】 11月17日，在未来科学大奖颁奖典礼上，中国科学院高能物理所所长、中国科学院院士王贻芳和美国加州大学伯克利分校物理系教授陆锦标，在实验中发现第三种中微子振荡模式，为超出标准模型的新物理研究，特别是解释宇宙中物质与反物质的不对称性提供了可能的贡献而共同荣获“物质科学奖”。王贻芳在获奖感言中宣布将捐出本次未来科学大奖的全部奖金（50万美元），以建立“环形正负电子对撞机促进基金”。

（雷思源）

【北京怀柔综合性国家科学中心空间科学实验室揭牌】 12月19日，北京办公室召开第六次全体会议。会上，国家发展改革委副主任林念修、科技部副部长李萌、中国科学院副院长相里斌、副市长隋振江共同为北京怀柔综合性国家科学中心空间科学实验室揭牌。相里斌对组建空间科学实验室提出3点要求：一是要高起点组建实验室，建设目标要进一步提高占位，围绕国家重大战略需求和世界重要前沿，争取空间科学国家实验室落地北京；二是要高水平开展前沿研究，确定重大前沿突破方向，以我为主提出和组织国际“空间科学”大科学计划；三是要高站位探索机制创新，借鉴和发展NASA、ESA、JAXA等的有益经验和教训，建立更高效的、覆盖全生命周期的、国际一流的空间科学实验室。空间科学实验室是北京加快建设具有全球影响力的科技创新中心，在怀柔科学城落地的首个新型研发机构，具有重要示范意义。它依托中国科学院国家空间科学中心牵头建设，对标国家实验室，集聚在京空间科学领域优势机构和团队，汇聚多方资源形成发展合力，通过先行先试，致力实现基础科学研究的重大原创性突破，争取率先建成世界空间科学的主要枢纽、中国空间科学的人才高地，支撑科技强国、航天强国建设。

（雷思源）

【26个科学设施平台全部启动建设】 12月28日，怀柔科学城16个科学设施平台项目和6个城市服务配套项目，共计22个重点项目集中启动建设。这标志着“十三五”时期布局怀柔科学城的26个科学设施平台在“十三五”时期提前一年全部启动，也标志着怀柔科学城进入城市框架全面展开、扎实起步的新阶段。此次集中启动的重点项目22个，总投资约196.9亿元。其中，科学设施平台项目16个，投资约39.4亿元；城市服务配套项目6个，投资约157.5亿元。同时，怀柔科学城还发布了28个2020年计划开工项目，总投资约288.6亿元。其中，科教设施平台项目5个，投资约28.5亿元；城市服务配套16个，总投资约224.1亿元；创新生态培育项目7个，总投资约36亿元。

未来科学城

【概述】 2019年，未来科学城认真贯彻落实市领导的重要指示精神，以落实新版未来科学城规划为契机，坚持“科学+城”理念，强化重点突破，加强统筹联动，优化发展环境，加快打造全球领先的技术创新高地，各方面工作都取得了新进展、新成效。

全年完成固定资产投资约65.31亿元（1—9月）（其中未来城集团58.94亿元），累计完成投资约780亿元（截至9月底），落实新增融资162.93亿元，到位对外融资约71.56亿元，完成25亿元中期票据注册工作。未来科学城一期项目新完工16.84万平方米，累计完工267万平方米，新引进企业78家，累计落地512家。加快推进东、西区土地一级开发进度，在加快规划编制及审批的同时，统筹安排开发建设时序。稳步推进东区项目建设，有序推进西区项目开发。重点推进生命科学园三期和沙河高教园四期项目实施。做好人才服务保障，加快国际人才社区建设，研究编制专项规划，成立双高未来公司，设立国际技术转移中心，完成国际人才大厦启动区入驻。健全人才服务体系，年内已为78名人才办理集体户落户手续，为58名人才办理北京市工作居住证，为117名人才的子女解决入学、入园需求。围绕做好人才住房保障工作，提供40套安置房剩余房源短期租给未来科学城一期学校（中学、小学、幼儿园）教职工使用，年内800套共有产权房实现配售。优化公共服务体系，坚持均衡化、优质化发展方向，北京十一学校正在进行概念方案设计及可研报告编制；未来科学城二中、二小等6所配套学校开工建设；中关村二小昌平学校、黄城根小学昌平学校、北航附小昌平学校3所学校开学招生。同时，加快医疗、文化、体育等服务设施配套建设。

聚焦“搞活”要求，进一步激发区域创新活力。坚持“一企一策”，盘活存量空间资源，中国商飞多电航电综合实验室及国际合作中心竣工验收；神华二期105号实验楼、中铝二期7栋科研实验楼部分结构封顶。中国电子一期新引进中电智能科技有限公司、中电智绘系统技术有限公司、中电长城圣非凡信息系统有限公司3家企业,二期方案基本稳定;国家电网新注入北斗及地理信息服务的思极网安科技股份有限公司等3家企业,新注册智芯半导体公司,打造国内工业芯片领域首个"国地联合工程研究中心";国家电力投资集团有限公司(简称国电投)引入海外人才团队,所属氢能燃料电池中试线及关联的亿华通燃料电池发动机生产线已开工建设。围绕构建"混合型"创新发展格局,在深化与央企合作的同时,加快汇聚一流研发机构和一流创新企业,北京脑科学与类脑研究中心一期建成投用,已入驻16个科研团队;材料服役安全科学中心一期投入运行,10组实验装置全部启用。

引入多元创新主体,年内东区一期新注册企业78家,百利时能源、京东7FRESH华北总部、博易智软等重点项目落地。深入推进"双创"工作,加大产业孵化力度,中航爱创客引入创新创业项目35个,完成工商注册32家,国际创新走廊落地近10余家高科技企业。引导入驻央企、科研机构打开围墙搞科研,积极促进协同创新,中国商用飞机有限责任公司和国电投合作研发的"灵雀H"验证机试飞成功,搭建北航与商飞国产大飞机关键零部件联合攻关、矿大与神华集团碳基固体氧化物燃料电池开发2个协同创新平台,中铝集团与北科大联合成立新材料高精尖中心,实现资源开放共享。搭建未来科学城实验室开放共享信息平台,引导央企实现180余台(套)科研设备开放共享,年内基本实现约300台(套)实验设备面向社会开放共享。

(和　珊)

【院士科创中心举办2019新年创新研讨会】 1月16日,未来科学城院士科创中心2019新年创新研讨会举办。大会以"驱动创新、跨界融合、高质量发展"为主题,来自中国工程院的15位院士围绕智慧能源、智慧交通、智慧信息、智慧建筑、智慧城市、智慧健康、智慧材料等领域进行了分享,旨在通过新科技、新思路的交流与展望,向实现创新驱动、跨界融合、科技强国的愿景迈进。

(张怡然)

【第三届国际标准化交流会召开】 1月18日,第三届国际标准化交流会在北京未来科学城举办,会议由全国城市可持续发展标准化技术委员会(SAC/TC 567)、"互联网+节能"产业联盟和北京未来科学城管委会共同主办,来自国际标准化组织城市可持续发展技术委员会(ISO/TC 268)、中国标准化研究院、国家节能中心等相关部门和企业的代表近140人参会。会议聚焦低碳节能领域,围绕城市可持续与高质量发展,与会相关政企负责人、专家学者从宏观政策解读、国内外经验交流、"互联网+节能"技术展示及标准化能力建设等多个角度展开研讨,推广城市可持续发展理念,推动园区低碳节能与智慧运营,提升园区标准化建设管理水平。

(陈　戈)

【韩国驻中国大使馆科学技术参赞一行赴未来科学城参观座谈】 1月21日,韩国驻中国大使馆科学技术参赞及在华韩国创新中心代表一行赴未来科学城参观座谈。在华韩国创新中心是韩国科学技术信息通信部下设事业单位,是韩国政府财政全额拨款运营的非营利机关,负责向韩国企业、科研机构等提供在华创业信息,发行《中国创业周刊》,举办创业教育、创业大赛、中韩创业合作论坛等活动,并提供孵化创业项目及招商引资等服务,致力帮助韩国的创业公司进入中国市场,本次参观座谈将进一步推动韩国创新创业企业入驻未来科学城。

(张怡然)

【双高未来公司在未来科学城揭牌】 1月24日,双高未来公司在未来科学城举行揭牌仪式,标志着未来科学城国际化综合性人才服务平台正式落地,为国际人才服务和科技成果转化搭起"绿色通道"。揭牌仪式上,双高未来公司与中关村知识产权促进局、启迪国际技术转移有限公司签署了战略合作协议;与香港城市大学深圳研究院签订科技成果转化协议,宣布成立国际技术转移中心,以校企联合发挥自身优势,推动优秀科技成果转化落地。揭牌仪式上还举行了主题为"新动能引领未来"的沙龙活动。

(李　婷)

【未来科学城2019年重点工作】 2月,未来科学城向市委副书记隋振江汇报年度重点工作,明确未来科学城年内工作任务,将围绕一条工作主线、把握三大关键领域、实施17类重点任务、跟踪54个高精尖项目,以抓项目为牵引,推动各项工作的落实。"一条工作主线"即以落实新版未来科学城规划为主线;"三大关键领域"即围绕产业发展、空间打造、政策保障3个领域,以未来科学城一期、生命科学园、沙河大学城各组团为重点，按照项目化管理抓好工作统筹；“17 类重点任务”即围绕规划编制、项目落地、产业准入、土地入市、环境提升、体制机制、政策保障等方面狠抓工作落实；“54 个高精尖项目”即筛选确定一批重点推进的生命健康、新一代信息技术、智能装备、节能环保、软件和信息服务业等领域的重点项目。

（陈　戈）

【“灵雀 H”试飞成功】 3 月 10 日，中国商飞新能源验证机“灵雀 H”试飞成功。“灵雀 H”验证机由中国商飞梦幻工作室联合国家电力投资集团氢能科技发展有限公司共同发起研制，“灵雀 H”项目的成功合作成为央企打开院墙协同创新，“搞活”未来科学城的典型案例，同时促成中国商用飞机有限责任公司北京民用飞机技术研究中心与国电投中央研究院于 6 月 19 日签署战略合作框架协议，为协同创新开辟了一条新路。

（和　珊）

【未来科学城青年学术论坛举办】 4 月 22 日，由北京科技协作中心、北京未来科学城管委会主办，中国兵器装备研究院、产业发展公司承办的未来科学城青年学术论坛暨青年科技人才学术交流系列活动启动仪式在未来科学城中铝科学技术研究院举行。中国工程院院士戚发轫、杨裕生，北京科技协作中心主任雷霆，北京未来科学城管委会常务副主任吴小利，未来科学城央企研究院领导以及各界嘉宾 150 余人参加活动。该系列活动旨在服务青年科技人才的创新需求，搭建未来科学城青年科技人才展示交流的开放共享平台。

（和　珊）

【未来科学城全力打造有国际影响力的“能源谷”】 4 月，市领导专题研究昌平区能源产业发展情况，提出依托未来科学城东区一期能源类央企聚集的优势，围绕构建能源产业生态和创新链，打造具有国际影响力的“能源谷”。10 月 23 日，市领导就未来科学城“能源谷”建设情况召开专题会，详细研究未来科学城“能源谷”建设策划方案，能源产业发展方向，重点聚焦能源互联网、新能源、先进储能、化石能源清洁高效利用 4 个细分产业，以及氢能、智能电网、煤炭清洁高效利用等 9 项重点技术，进一步提高未来科学城能源产业集聚度、产业化和国际化水平。

（陈　戈）

【未来科学城参加北京科技周展览】 5 月 19—26 日，2019 年全国科技活动周暨北京科技周主场活动在中国人民革命军事博物馆举办。本届科技周活动主题为“科技强国 科普惠民”，展出重大科技创新成就和科普惠民成果，让公众了解科学知识、体验科学乐趣、感知科学精神。未来科学城展示了新能源验证机“灵雀 H”、轻量化全铝车身。

（和　珊）

【未来科学城举办首届航空航天及 5G 物联网产业科技论坛】 5 月 26 日，北京未来科学城首届航空航天及 5G 物联网产业科技论坛在未来科学城中海油科技园举办。论坛围绕航空航天与 5G 物联网领域协同创新及新技术发展趋势进行研究探讨。邀请知名航天技术专家黄志澄等，围绕该领域当下的热点话题展开互动交流。最后，与会嘉宾共同为西安电子科技大学北京创新联盟举行揭授牌仪式，该联盟将与中航爱创客协同创新中心共同推进航空航天及 5G 物联网领域的技术创新和成果转化。

（张怡然）

【未来科学城参展京交会】 5 月 28 日—6 月 1 日，2019 中国国际服务贸易交易会（简称京交会）在北京举行。京交会以“开放、创新、智慧、融合”为主题，重点围绕科技、文化、健康、商务等服务领域。未来科学城入驻企业中国电信股份有限公司北京研究院展示了第五代移动通信技术范畴的 5G 网络切片技术、谷东科技展示了酷瞳 G200 AR 眼镜及行业解决方案、中粮营养健康研究院展示了食品功效评价与健康管理平台、感官科学平台等产品。

（和　珊）

【未来都市创新发展国际论坛在未来科学城举行】 5 月 29—30 日，“智联全球 慧创未来”未来都市创新发展国际论坛的 3 场平行论坛在未来科学城举办，其中平行论坛一“智慧城市建设创新应用”、平行论坛三“无废城市建设”在国电投会议中心举办，平行论坛二“智能交通与燃料电池”在国电投中央研究院举办。平行论坛结束后，组织召开了关于未来科学城建设发展情况的闭门研讨会，邀请 16 位专家出席会议，为未来科学城的发展建言献策。

（张怡然）

【“未来服务”线上服务平台正式上线】 6 月 10 日，“未来服务”线上服务平台正式上线运营，服务内容涵盖园区、企业及生活 3 方面，包括产业招商、党工团建、市政交通、入驻政务、人力资源、未来实验、知识产权、科技创新、检测认证、科技金融、智慧办公、企业供需、物业服务、商业服务及商务服务15个服务板块，通过网站、APP、微信公众号、小程序等多种方式向园区企业及人才提供80余项服务。

（张怡然）

【《未来科学城规划（2017—2035）》正式发布】 6月12日，北京《未来科学城规划（2017—2035）》正式印发。新版规划占地面积170.6平方千米，构建了“两区一心”的空间格局。四至范围是东至京承高速，与顺义区接壤，距首都机场10千米；南至回南北路，距北五环路10千米，与回龙观、天通苑两大居住区相邻；西至京新高速，与海淀区接壤；北至北六环。新版规划聚焦先进能源、先进制造、医药健康三大核心领域，东区将建设具有国际影响力的“能源谷”，西区将建设“生命谷”与沙河高教园区。东、西两区是未来科学城的主体承载区，将建设功能完备、宜居宜业的研发创新社区。东区规划占地面积43.5平方千米，包括未来科学城一期、北七家成果基地等组团。西区规划占地面积60.7平方千米，包括沙河高教园区、中关村生命科学园等组团。“一心”规划占地面积66.4平方千米，是未来科学城的生态绿心，连接东、西两区，共同构建蓝绿交织、水城共融的生态发展格局。

（陈　戈）

【未来科学城参展“双创周”】 6月13—19日，全国大众创业万众创新活动周（简称“双创周”）在北京举行，“双创周”主题为“汇聚双创活力，澎湃发展动力”。未来科学城的国电新能源技术研究院展示了新型生物质燃料电池发电及制氢技术、北京国家蛋白质组科学中心展示了凤凰工程和蛋白质组计划、北京太一科技有限公司展示了智能脉诊仪、百济神州（北京）生物科技有限公司展示了新型肿瘤治疗药物研发平台。

（和　珊）

【未来科学城举办青年人才系列交流活动】 6月19日，由北京科技协作中心、北京未来科学城管委会主办，中国兵器装备研究院、未来科学城产业发展公司承办的未来科学城青年科技人才学术交流系列活动之增材制造及轻量化设计学术沙龙在未来科学城未来中心举行。中国商飞北研中心、中铝材料应用研究院、北京低碳清洁能源研究所、航天五院、中国石油大学等10家单位的20余位专家与青年代表参加此次活动。6月28日，由北京科技协作中心、北京未来科学城管委会主办，中国商飞北研中心、未来科学城产业发展公司承办的未来科学城青年科技人才学术交流系列活动——大飞机青年文化风尚之心理辅导讲座在中国商飞北研中心举行，未来科学城青年科技人才80余人参加活动。本次活动旨在进一步服务青年科技人才的创新需求，搭建未来科学城青年科技人才展示交流的开放共享平台。

（和　珊）

【投融资对接私享汇活动在生命科学园举行】 6月27日，“私募+生物医药、人工智能”投融资对接私享汇活动在生命科学园举办，在项目路演环节中，18个聚焦生物医药、人工智能领域的创新项目进行路演。路演结束后，与会嘉宾先后参观了中关村生命科学园和未来科学城展厅，进一步了解未来科学城发展规划和建设现状。本次活动的举办有助于促进京港科技合作，推动私募股权机构和创新企业的深入对接，加强未来科学城东、西区联动，借助资本的力量激活创新要素，助力创新型中小企业落地成长。

（张怡然）

【未来科学城能源创新生态体系与技术交流会举办】 7月3日，北京未来科学城能源创新生态体系与技术交流会在未来科学城中国海油科技园区举办，旨在探索中国能源发展趋势，推动国内与国际创新体系构建，开展创新技术路演，促进多方互动与交流。活动由北京科技协作中心、北京未来科学城管委会、北京成就创新科技有限公司主办，北京科技协作中心主任雷霆、市科委副巡视员刘晖等领导出席，来自政府部门、创新平台、能源企业、投资机构等的代表共计80余人参会。

（张怡然）

【北京未来氢谷有限公司成立】 7月15日，北京亿华通科技股份有限公司与昌平区政府正式签署合作协议。公司已于7月4日在未来科学城投资设立北京未来氢谷科技有限公司全资子公司，位于北京市昌平区北七家镇宏翔鸿企业孵化基地，注册资本为人民币3000万元。项目方将在未来科学城建设氢能及氢燃料电池发动机产业化项目，打造氢能产业创新中心、测试评价平台、相关产品生产线及创新产业联盟的产业集群基地，实现研发—测试—产品转化—产业化的闭环。

（张怡然）

【百千瓦级功率金属双极板氢能燃料电池电堆研发成功】8月1日,百千瓦级功率金属双极板氢能燃料电池电堆在未来科学城国家电投集团氢能科技发展有限公司研发成功,标志着国电投自主燃料电池产品正式步入产业化阶段。

(和　珊)

【青年创新创业大赛北京赛区在未来科学城举行】8月19日,第二届京津冀—粤港澳青年创新创业大赛北京赛区暨TIE-新剑创新科技成果转化论坛在北京未来科学城举行,此次大赛由中国高校创新创业教育联盟主办,北京市昌平区未来科技创新中心、产业发展公司联合承办,大赛鼓励青年科技人才发挥自我创造力参与科技创新,推动创新科技成果与市场、资本以及地方链接,加速成果转化,促进企业、地方政府与科技人才、科技成果对接,实现企业和地方的产业转型升级。

(张怡然)

【未来科学城共享班车正式开通】10月12日,为加大未来科学城东区产业搞活力度,破解园区与城区间快捷交通"瓶颈"问题,北京未来科学城产业发展有限公司联合保利、华润、绿地、未来置业等二级项目单位正式开通未来科学城共享班车,联手改善园区的交通条件,为园区企业解决员工上下班及班内出行问题。

(李　婷)

【2019国际绿色能源论坛在未来科学城举行】10月27日,2019国际绿色能源论坛在北京未来科学城中铝科学技术研究院召开。此次论坛由IEEE PES中国智慧乡村委员会(ISVC)、清华控股TIE国际创新走廊等单位联合举办,北京未来科学城管委会、北京未来科学城产业发展公司等单位协办。与会人员围绕新国际环境下智慧能源以及智慧乡村如何实现绿色生态可持续发展进行深入探讨。在圆桌讨论环节,参会嘉宾结合国际智慧能源发展经验,针对未来科学城打造能源谷提出意见和建议。

(张怡然)

【未来科学城"三个中心"揭牌仪式举行】11月6日,昌平区人才发展服务中心、北京海外学人中心未来科学城分中心、未来科学城知识产权服务中心揭牌仪式在未来科学城国际人才大厦举行,近百位"2019海外英才北京行"的专家学者走进未来科学城,了解创新创业政策与环境。市人才工作局、市知识产权局、北京海外学人中心及昌平区相关部门负责人出席揭牌仪式。在揭牌仪式现场,发布了《未来科学城人才服务行动计划》和《未来科学城知识产权行动计划》,明确了近一个时期未来科学城人才服务和知识产权服务的行动计划。未来科学城"三个中心"正式揭牌成立并入驻国际人才大厦是落实全国科创中心主平台要求和首都国际人才社区试点区要求的重要举措,标志着未来科学城的人才综合服务、知识产权服务、技术转移和成果转化服务向更高水平、更深领域迈进。

(和　珊)

【电力大数据协同创新联盟成立】11月13日,北京未来科学城电力大数据协同创新联盟成立大会召开。成立大会在市科委指导下,由未来科学城发展集团、北京科技协作中心、华北电力大学联合举办。联盟的成立旨在提升未来科学城创新创业活力,有利于北京能源电力大数据协同创新生态的形成,促进能源数字经济高质量发展。

(顾　红)

【2019全球能源创新会议在未来科学城举行】11月19日,由北京未来科学城管委会、落基山研究所、北京市建筑设计研究院以及中国综合能源服务产业创新发展联盟主办,北京低碳清洁能源研究院、产业发展公司协办的全球能源创新会议在未来科学城国家能源集团召开。来自政府部门、能源企业、研究机构、智库以及公益慈善领域的80余位关注全球气候变化与能源转型的代表及专家参会,深入探讨了全球能源转型面临的重大挑战以及未来能源产业加速转型的关键领域与潜在机遇。

(和　珊)

【2019年中关村金种子工程年会在未来科学城召开】11月22日,由中关村科技园区管委会主办,北京未来科学城管委会、中关村科技园区昌平园管委会协办,中关村创业生态发展促进会、全球能源互联网研究院、产业发展公司、中关村融创企业开放创新促进会联合承办的2019年中关村金种子工程年会在未来科学城全球能源互联网研究院召开。本次活动重点邀请了优秀金种子企业代表介绍企业成长经历和发展经验,中国商飞北研中心、中信双创、法能(中国)等大型企业面向中小微企业发布了产业合作需求,积极促进大中小企业协同发展。

(张怡然)

【罗森直营门店入驻未来科学城】11月27日,昌平区首家罗森直营门店——未来中心店正式亮相，开启了未来科学城一期入驻企业及周边居民“新零售、新未来”的便利生活。

（林　琳）

【2019全球能源转型高层论坛在未来科学城举办】12月7日，由市政府和国务院发展研究中心主办的2019全球能源转型高层论坛在未来科学城举办。该论坛举办“能源谷”国际论坛专场发布会，明确未来科学城东区将建设具有国际影响力的“能源谷”，快速抢占能源领域国际科技高地。同时，构建“类海外”发展环境，服务海外人才到“能源谷”创新创业。未来科学城规划范围170.6平方千米，东区一期10平方千米为“能源谷”核心区，也是建设具有国际影响力“能源谷”的主阵地。核心区将重点聚焦能源产业的煤炭清洁高效转化、先进燃料电池、可再生能源并网与消纳，以及深层、深海油气有效开发等9项关键技术，支持不同创新主体间开展联合攻关，推动关键核心技术突破，形成一批国内一流、国际领先的技术创新成果，助力北京高质量发展。

（陈　戈）

【好未来进驻未来科学城】12月27日，好未来教育集团研发及事业群总部项目开工建设。好未来教育集团将在未来科学城建设智慧教育事业群及国际终身教育事业群中国区总部；两大科研实验室，脑科学实验室及人工智能实验室；两大中心——工程研发中心及未来之星（小微企业创业孵化中心）。建成后将引进4000名高端研发人才，带动未来科学城智慧教育平台发展。

（张怡然）

【未来科学城建筑能耗监测管理取得初步成效】年内，由北京未来科学城科技发展有限公司、北京博锐尚格节能技术股份有限公司、清华大学共同开发的北京未来科学城能源智能监测系统和未来中心BIM（建筑信息模型）能源管理系统，通过对运用物联网、大数据、BIM等技术的建筑能耗数据解析研究，实现业态综合园区能源监测管理，为提高园区的精细化管理水平奠定了基础。

（张子林）

北京经济技术开发区

【概述】北京经济技术开发区（简称开发区）于1992年建设，1994年被国务院批准为北京地区唯一的国家级经济技术开发区。1999年，市政府决定经济技术开发区700公顷占地面积为中关村科技园区“亦庄科技园”，同时享有国家级经济技术开发区和国家高新技术产业园区双重政策。2007年，市政府批复《亦庄新城规划（2005—2020年）》，明确以经济技术开发区为核心功能区的亦庄新城是北京东部发展带的重要节点和重点发展的新城之一。开发区位于京津塘高速公路和城市五环路与六环路之间，拥有“八横八纵”的路网格局、多种交通方式，连接各重要经济区域和交通枢纽的道路总里程超过3000千米；基础设施完备、配套服务设施齐全，建有完整的供电网络、供水管网、污水处理系统等，实现“十通一平”。开发区已形成包括电子信息、生物医药、汽车制造、装备制造四大主导产业，新能源新材料、军民结合、文化创意三大新兴产业，生产性服务业、科技创新服务业、都市产业三大支撑产业在内的十大高端、高效、高辐射产业集群；拥有奔驰、京东、京东方等知名企业，在大尺寸集成电路生产、移动通信产品研发与制造等方面领先国内同行业水平；拥有国家级重点实验室、市级工程研究中心等各级各类研发机构。

2019年，开发区全力推进升级版开发区和亦庄新城建设，较好地完成了全年各项目标任务，以优异的成绩庆祝中华人民共和国成立70周年。机构改革稳健实施，按照“小政府、大社会、专业化”原则实施大部制改革，工委管委会机构由60个减为23个。重构工作流程，建立“准入—审批—管理—执法”链条式管理机制，开发区成为全国首个同时归集前端审批和后端执法职能的国家级经济技术开发区。建立“双招双引”工作机制，加大与龙头企业、行业协会、产业联盟、国际机构的合作力度。构建“1+1+N”政策体系，为高精尖技术创新和产业培育全过程提供精准扶持。加强政府协同，与中关村、海淀区制订《关于共同建设中关村科技成果产业化先导基地的行动方案》，推进中关村前沿技术创新中心建设，构建“南北协同、产研互补”的发展格局。推动校企合作，与清华大学、北京大学、中国科学院等高校院所完成对接调研，鼓励区内企业与高校院所建立产、学、研用相结合的联合研发机构。全年117个“三城”科技成果项目在开发区转化落地。发挥企业的创新主体作用，联合国内外重点高校及科研院所，挂牌22个技术创新中心和13家产业中试基地，获批工信部授予全国唯一智能网联汽车制造业创新中心。新增国家高新技术企业 142 家，总数突破 1100 家。发挥政府创新引导作用，围绕国家科技和产业战略需求，整理 21 个攻关项目，支持企业“揭榜挂帅”，涌现出一批具有引领性、突破性的重大技术创新成果。珐博进公司的一类新药罗沙司他成为首个中国本土孵化、首个在中国获批的全球首创原研药。“星际荣耀”实现中国民营航天首次一箭双星入轨发射。组织首届世界 5G 大会、2019 世界机器人大会、IC World 大会、中国“网络文学 +”大会、京台科技论坛、双创周亦庄会场、创客北京 2019 等活动。促创新对接，累计举办路演及配套服务活动 116 场，近 550 个创新创业项目参与，释放融资需求 47 亿，吸引创投机构 240 家。为创新发声，建立亦庄创新发布机制，定期为企业发布融资、人才等创新需求清单，全年推介合作需求 56 项，释放投融资需求超 100 亿元。加强政策引领，设立人才发展专项资金，在全市首发人才基金。

（杜涵涵）

【开发区新增 3 家国家企业技术中心】 1 月 2 日，国家发展改革委发布第 25 批新认定国家企业技术中心名单。开发区企业北京北方华创微电子装备有限公司、北京新能源汽车股份有限公司、中冶京诚工程技术有限公司 3 家企业上榜。据了解，企业技术中心是指企业根据市场竞争需要设立的技术研发与创新机构，负责制订企业技术创新规划、开展产业技术研发、创造运用知识产权、建立技术标准体系、凝聚培养创新人才等全过程实施。国家企业技术中心是中国专业的企业创新平台，是推动企业创新能力提升的骨干力量，在业内起引领作用和示范带头作用，对于企业加快创新转型具有重要意义。国家将给予入选的企业技术中心相应的优惠政策，以鼓励和引导企业不断提高自主创新能力。

（杜涵涵）

【翎客航天火箭悬停飞行试验成功】 1 月 7 日，翎客航天宣布其新一代可回收火箭验证机 NewLine Baby（翎客航天第 5 代可回收火箭验证机）悬停飞行试验成功，并计划于 2019 年上半年实现高空回收试验。此次试验在翎客航天位于山东龙口的基地进行，NewLine Baby 成功完成悬停飞行试验，定高和定位精度为 ±0. 05 米，取得研制过程中最重要的突破。NewLine Baby 是翎客航天用于验证火箭回收技术的原型火箭，全箭总高 8. 1 米，起飞重量 1. 5 吨，动力系统采用 5 台可变推力的液体火箭发动机并联形式，其总体构型与部分核心技术可用于 2020 年首飞的 NewLine – 1（小型商业运载火箭新航线一号）。据介绍，在 NewLine Baby 研制过程中，翎客航天实现了多项突破，如首次采用神经网络控制算法和动力系统采用多台发动机并联方案，以及较高的研发效率等。

（杜涵涵）

【零重空间“灵鹊”遥感星座首星成功入轨】 1 月 21 日，开发区企业北京零重空间技术有限公司“灵鹊”遥感星座首颗技术验证星（“灵鹊一号”A 星）在酒泉卫星发射中心搭载“长征十一号”运载火箭成功发射升空并进入预定轨道，标志着“灵鹊”遥感星座进入在轨部署阶段。“灵鹊”遥感星座是中国首个商业航天公司发布的自主可控的高时间分辨率遥感应用星座。“灵鹊”遥感星座计划未来 2 年内发射 25 颗微纳遥感卫星，5 年内完成一期组网的 132 颗。星座部署完成后，将形成覆盖全球的高时间分辨率对地观测能力，实现 12 小时全球覆盖，并对重点区域实现 30 分钟重访。此次发射的首颗技术验证星是“灵鹊”遥感星座的首发星，也是 2019 年 10 颗卫星任务的“开年之星”。

（杜涵涵）

【合众思壮自研产品斩获德国 iF 设计大奖】 1 月 29 日，2019 德国 iF 设计大奖获奖名单揭晓，合众思壮自主研发的 G970Ⅱ测量型 GNSS 接收机获 2019 年德国 iF 设计大奖。此次获奖不仅代表产品的杰出设计品质在国际上得到确认，还意味着该产品获得了设计与商业范围内更高程度的认可。G970Ⅱ测量型 GNSS 接收机独有的太空舱最小化集成设计以及保护性能更优的电池盖双锁设计，彰显 G970Ⅱ的精准耐用、安全稳定的特点，也是该产品本次获奖的利器所在。

（杜涵涵）

【金风科技获“气候领袖企业”称号】 2 月 22 日，由能源基金会发起、能效经济委员会 · 中国（CCEEE）实施的“气候领袖企业”项目在京举行颁奖仪式。金风科技凭借在风电领域内打造绿色供应链的精耕细作和优异“成绩单”，入选气候领袖企业 2018 案例集，并被授予“气候领袖企业”称号。风机企业是典型的制造业供应链核心企业，除了上游的各类原材料及零部件供应商，其下游还涉及风电场运营、电网、物流运输、回收与再制造等多类企业。2017—2019年,金风科技逐步开展大型风电装备绿色供应链系统建设项目。截至当前,已有80%的供应商与金风科技签署了供应链绿色提升战略合作协议。

(杜涵涵)

【2018年“北京·亦庄榜样”座谈会举行】 2月28日,2018年“北京·亦庄榜样”座谈会举行,17名2018年“北京·亦庄榜样”接受命名,并与开发区工委书记王少峰、宣传文化部部长赵雅娟一同座谈,畅谈开发区未来的发展。会议首先向获得2018年“北京·亦庄榜样”称号的候选人颁奖,并观看2018年“亦庄榜样”宣传片,重温榜样的故事。会上,王少峰对“亦庄榜样”做出的突出贡献表示感谢,并对亦庄榜样的精神内涵进行了阐释。

(杜涵涵)

【市科协领导到开发区调研】 2月28日,市科协常务副主席司马红一行到开发区就创新中心和企业科协建设进行调研,开发区工委书记王少峰、管委会副主任绳立成出席座谈会。司马红听取了开发区科协的工作开展情况及技术创新中心的建设情况,充分肯定了开发区科技创新工作取得的成果。她指出,开发区科协作为市科协架构的一部分,下属企业科协占全市科协的31%左右,无论科技创新还是人才培养,都在“三城一区”发展中起着示范作用,而开发区的20个创新中心的建设更是成为北京市打造全国科技创新中心的亮点,市科协将一如既往地为开发区创新发展搭建平台。当天,司马红一行还先后走访了京东集团、北汽新能源汽车股份有限公司,对无人科技技术创新中心、新能源汽车技术创新中心进行走访参观。

(杜涵涵)

【开发区企业获14项北京市科学技术奖】 3月1日,北京市科学技术奖发布,开发区企业的14项技术获奖,其中多项技术突破关键核心领域技术,实现了科技与经济的深度融合。由北京华卓精科科技股份有限公司完成的“纳米运动精度光刻机超精密双工件台技术与应用”项目获一等奖,成果突破了纳米运动精度超精密光刻机双工件台系列关键技术,使中国成为世界上第二个掌握双工件台研制技术的国家,有力地支撑了国产高端光刻机研发及产品化,近3年实现直接经济效益2.3亿元,这是国产高端光刻机自主创新与战略发展的一个重要里程碑,推动了中国集成电路制造装备的自主发展。获得二等奖的北京大基康明医疗设备有限公司完成的“治疗肿瘤的医用电子加速器(A45)装备的研制与产业化”项目,已应用于国内外多家医院的4000余例临床验证和治疗,开拓了国内放射治疗装备产业的新领域。

(杜涵涵)

【集创北方获“中国显示产业链特殊贡献奖”】 3月25—27日,2019中国显示行业供应链技术和市场对接交流会暨第二届(2018年度)中国新型显示产业链发展贡献奖表彰大会举办,开发区企业北京集创北方科技股份有限公司获“中国显示产业链特殊贡献奖”,以表彰集创北方在提升国产显示IC核心竞争力、推动显示IC国产化、填补国内空白、打破境外垄断等方面做出的贡献。2018年,集创北方芯片的出货量达到32亿颗,近5年平均年复合增长率达146%,创造了“集创速度”。

(杜涵涵)

【开发区4项产品获显示行业大奖】 3月27日,2019国际显示技术会议颁奖典礼举行,来自开发区3家公司的4项产品获奖,占据SID中国区显示行业10个获奖名额中的4席,显示出开发区企业在显示领域的创新和活力。其中,北京欣奕华科技有限公司推出的双层辊筒线式自然导航移动机器人获得2018年度最佳显示组件产品奖金奖;京东方科技集团股份有限公司有2项产品登上榜单,即6.39英寸QHD+OLED Display获2018年度最佳显示应用产品奖金奖,65英寸UHD BD Cell Display获2018年度最佳创新显示器奖金奖;芯片设计企业北京集创北方科技股份有限公司的5.5英寸AMOLED大面积屏下指纹样机获2018年度最佳创新显示组件奖金奖。

(杜涵涵)

【聚束科技高通量扫描电子显微镜获奖】 4月18—19日,第十三届中国科学仪器发展年会(ACCSI 2019)召开,开发区企业聚束科技(北京)有限公司获得“最具成长潜力企业奖”,其高通量扫描电子显微镜电镜产品“领航者”获“优秀新产品奖”。“领航者”系列电镜具有高通量、高分辨率和全自动等特点,实现了低加速电压和背散射电子的超高速同步成像,一天的数据量可达2~8TB,系统具备视频级纳米尺度分析能力,使扫描电镜从传统意义的纳米“照相机”变成纳米“摄像机”,在保持高分辨率的情况下，仍可对样品进行全自动无遗漏信息采集，并绘制成Google式全景地图集。“领航者”系列电镜在生物领域、材料科学、工业制造等多个方面都具有广泛的应用价值。

（杜涵涵）

【北京亦庄创新发布平台正式启用】4月25日，以“选择北京 亦庄机遇”为主题的北京亦庄创新发布启动式暨第一次发布会在京津冀全球路演中心举行，标志着北京亦庄为企业创新成果等信息提供的“官宣”平台正式启用。20余家中央和市属重点新闻媒体、近百家企业代表参加活动。开发区管委会副主任绳立成出席会议，开发区相关职能部门负责人参会。会上，宣布北京亦庄创新发布平台正式启用。该创新发布平台聚焦了企业的创新发布、政府信息发布和政策解读、迎新仪式、媒体和社会各界了解开发区的窗口四大功能。此后每月定期举行的发布会，将通过线上和线下融合发布的方式，围绕开发区推进全国科技创新中心建设成果，通过新闻媒体等渠道，常态化进行政府信息发布和政策解读、企业创新成果和活动信息发布的相关工作。

（杜涵涵）

【开发区入选“无废城市”建设试点】4月29日，开发区绿色发展又取得新成绩，入选全国“无废城市”建设试点名单，将作为5个区域特例之一，推动“无废城市”建设。开发区一直以绿色发展为理念，大力发展循环经济，自2013年开始，开发区先后有60余家企业开展了强制或自愿清洁生产，并支持北京鼎泰鹏宇环保科技有限公司取得“危险废物经营许可证”，该公司成为国内首家集危险废物收集、运输、分类和储存为一体的试点企业，存储能力8000吨，可暂存18类危险废物，有效解决了开发区中小企业危废种类多、年产量小、无储存场所等问题。同时，为进一步推动大宗工业固体废物资源化利用，2013—2018年，开发区内新建及改扩建道路大规模铺筑了橡胶沥青路面，里程超过100千米，5年来消耗废旧轮胎约26万条，减少二氧化碳排放达18.6万吨，成为亚洲首个大规模在城市道路推广运用橡胶沥青达百万平方米的区域。2018年统计数据显示，开发区工业固体废物的综合利用率约为80%，危险废弃物综合利用率约为65%，年均周转储存量约为2300吨，无历史堆存情况。

（杜涵涵）

【赫普能源院士专家工作站挂牌】5月16日，赫普能源集团金红光院士专家工作站揭牌。赫普能源集团专注于新能源消纳与综合能源服务两个专业领域，在成立不到3年的时间里，以国际领先的电蓄热产品技术为用户提供电网调峰及供热解决方案。中科院院士金红光长期从事热力学和能源动力系统理论与方法研究，为国内分布式能源领域的权威专家，获美国、日本专利两项，国家发明专利30余项。此次赫普能源集团与金红光合作将极大地提升企业的核心竞争力，促进科技成果产业化，培养创新人才队伍，增强自主创新能力。

（杜涵涵）

【国内首台液氧甲烷发动机试车成功】5月17日，开发区企业蓝箭航天空间科技股份有限公司研发的中国首台80吨液氧甲烷发动机“天鹊”（TQ－12）试车成功，实现了中国民营航天企业大推力液体火箭发动机产品“零的突破”。“天鹊”是继美国太空探索技术公司（SpaceX）的猛禽发动机、蓝色起源的BE-4发动机之后，世界第3台完成全系统试车考核的大推力液氧甲烷火箭发动机。这标志着开发区民营航天企业在追逐航天梦的征程中留下了辉煌一笔，展示了开发区的创新力量。

（杜涵涵）

【中冶赛迪斩获国际创新奖】5月18日，在第三届国际储能创新大赛颁奖盛典上，中冶赛迪电气技术有限公司的“格罗方德半导体晶圆工厂10千伏动态飞轮UPS”项目在晋级总决赛的53个项目和技术中拔得头筹，获“2019储能应用创新典范TOP10”大奖。中冶赛迪电气储能攻坚团队研发的中国完全自主知识产权的高可靠性10千伏动态飞轮UPS产品具有智能孤岛检测技术、并离网无缝切换技术、基于分布时钟控制的多机并联均流技术、高性能全物联等10余项核心技术亮点，成功解决了“能源互联网”时代关键过程行业的供电可靠性及电能质量等“卡脖子”问题。

（杜涵涵）

【开发区再添一家国家级创新中心】5月23日，工信部组织召开国家智能网联汽车创新中心建设方案论证会。方案由开发区企业国汽（北京）智能网联汽车研究院汇报，获专家一致通过，这意味着智能网联汽车国家制造业创新中心近期将正式批复挂牌，成为工信部批复的12个国家制造业创新中心之一。这也是继国家新能源汽车技术创新中心获科技部批复设立后，开发区的第二个国家级创新中心。国汽(北京)智能网联汽车研究院有限公司由清华大学李骏、李克强牵头,联合中国汽车工程学会、中国汽车工业协会共同发起,在北京经济技术开发区注册成立,注册资本9亿元。已形成200余人规模的研发及管理团队,入驻北京经济技术开发区中航国际广场1.1万平方米独栋办公场地。国家智能网联汽车创新中心将与国家新能源汽车技术创新中心共同建设设计验证平台及燃料电池、轻量化中试基地,突破无人驾驶、智能网联等关键技术,并以此为依托,在北汽新能源、北京奔驰两大龙头引领聚集的汽车制造产业基础上,打通从创新链到技术链、产业链的加速通道,促进技术成果转移扩散和首次产业化应用,构建开发区汽车产业的新生态、新业态。

(杜涵涵　李秋玮)

【星际荣耀获人工智能全球大赛冠军】5月24日,2019中国国际大数据融合创新·人工智能全球大赛决赛举行,开发区企业北京星际荣耀空间科技有限公司(简称星际荣耀)自主研发的运载火箭智慧控制系统获全球大赛第一名,成为首个在人工智能全球大赛中进入决赛并夺得冠军的航天企业。此次获奖的运载火箭智慧控制系统,是星际荣耀专为双曲线系列运载火箭打造的核心控制系统,它以多核高性能人工智能处理器为平台,采用了全可编程SOC解决方案、模块化及大容量数据快速吞吐设计,并且首次在国内运载火箭中设计了基于大型嵌入式实时操作系统的飞行控制软件,同时采用了箭上网络服务设计方案,实现了多设备同时接入、设备发现、数据分发及快速访问,使运载火箭具备了智能控制算法及大数据处理功能,最终实现双曲线系列运载火箭的融合感知、健康管理、在线重构、自主决策和智慧飞行。

(杜涵涵)

【北京亦庄创新创业大赛13强诞生】5月29日,以"链接三城,创享亦庄"为主题的第五届北京亦庄创新创业大赛总决赛在京津冀全球路演中心举行。活动吸引了行业企业家、投资人、科技园区和孵化器代表、龙头企业代表到场观赛。经评审,北京星际荣耀空间科技有限公司、深圳易马达科技有限公司和北京京东方显示技术有限公司等13家公司推介的项目获奖,其中一等奖3个、二等奖4个、三等奖6个。另有22个项目获优秀奖。本次大赛获奖项目将全部落地开发区,落地之后开发区将予以项目资金支持。本次大赛共有800多家创新企业报名参加,200多家创新企业参加复赛,35家企业进入总决赛。大赛由新能源新材料、人工智能、互联网、电子信息、科技服务、医药器械和大健康七大行业分赛组成,高度契合开发区主导产业方向。

(杜涵涵)

【开发区首次组团亮相文博会】5月29日,开发区携园内企业首次组团亮相第十四届北京文博会。开发区展区位于3号馆,以"北京亦庄:科技引领的创新之城"为主题,展区分设创新之城、科技之美、文化之魅3个板块,以"文化+"产业融合、全新互动体验为特色,全方位、多角度展示开发区新使命、新任务以及四大主导产业创新发展成就和科技文化融合创新成果。"创新之城"板块结合市委、市政府决策部署和《亦庄新城规划》,展示了开发区加快统一规划、建设225平方千米的亦庄新城的新使命,以及全力打造具有全球影响力的科技成果转化承载区、技术创新示范区、深化改革先行区、高精尖产业主阵地和宜业宜居绿色城区的新作为。"科技之美"板块通过开发区的高端文化装备企业,用日新月异的高科技手段为文化内容的展示和传播提供更具感染力的呈现载体,让人们得到更美的体验和享受。"文化之魅"板块则体现了科技文化的深度融合,为高科技产业发展提供了更加丰富的应用场景,也为文化产业提供了更加广阔的创意空间。

(杜涵涵)

【北京成立50亿元5G产业基金】5月30日,北京市5G产业发展与投资发展峰会在开发区举行,北京市5G产业基金在会上成立。该基金是北京市首只政府参与组建的5G产业专项基金,规模达50亿元。北京是全国5G网络建设及应用的试点城市,当前北京50%的5G基站都部署在北京经济技术开发区。北京经济技术开发区目前实验性5G基站数量超过200个,已经开通的5G基站超过50个,年底预计将会有超过200个5G基站具备使用条件,实现5G网络在60平方千米范围内全域覆盖。此次新成立的北京市5G产业基金,由北京的国有投融资平台亦庄国投、北京市科技创新投资管理有限公司与中国建银投资有限责任公司共同设立,将重点投资5G产业链上、中、下游国内外技术领先的高科技企业。会上,北京5G研究院宣布落地亦庄。

(市科委官网)

【全市首个最高级别自动驾驶测试场开放】5月31日,市经信局官网发布公告,北京智能车联产业创新中心有限公司提出申请的国家智能汽车与智慧交通(京冀)示范区亦庄基地通过专家论证,符合《北京市自动驾驶车辆封闭测试场地技术要求(试行)》(T1-T5级)条件,可以作为北京市自动驾驶车辆封闭测试场地(T1-T5级),标志着开发区形成仿真测试、封闭试验场测试、开放道路测试的智能网联汽车测试闭环。

(杜涵涵)

【两企业获中国创新创业大赛优秀企业奖励】6月3日,科技部火炬高技术产业开发中心公布了关于中央财政支持第七届中国创新创业大赛优秀企业公示名单,经企业申请、地方推荐、火炬中心资格确认,开发区企业北京博清科技有限公司和北京艾德摩生物技术有限公司上榜。博清科技此次获奖项目"无轨道全位置爬行焊接机器人"是一款无轨道、无导向、爬行式、自主识别焊缝的全位置焊接机器人,能够有效解决大型结构件或狭窄空间在工地实现自动化焊接的高端装备,该产品填补了国际焊接领域的空白,可应用于油气化工、船舶制造、核电、能源等领域的储罐、管道、球罐等大型结构件的全自动焊接。艾德摩以北京赛区生物医药行业第一名的成绩成功晋级总决赛,其"活肿瘤生物样本库的建立及产业化"项目得到现场评委的一致青睐。艾德摩旨在建立30万份活肿瘤生物样本库及人源异种移植(PDX)小鼠模型库,成为全球最大的活肿瘤样本库。届时,在活肿瘤样本库的基础上开展新药临床前体内评价、样本存储及个性化精准医疗服务,推进肿瘤医疗大数据的产品开发及市场推广。

(杜涵涵)

【"创客北京2019"创新创业大赛启动会举办】6月12日,2019年"创客中国"中小企业创新创业大赛暨"创客北京2019"创新创业大赛启动会在开发区举办。开发区管委会副主任绳立成出席启动仪式并致辞。投资机构、银行和"专精特新"企业代表等200余人出席启动会。此次大赛分为企业组和创客组,设初赛、复赛、决赛3个环节,在市级中小企业公共服务示范平台和小型、微型企业创业创新示范基地设初赛点,在开发区以及东城区、海淀区等11个区设立复赛点,决赛分企业组和创客组,获奖项目将获得现金奖励,并在股权投资、债权融资和项目落地等诸多方面享受优惠政策。

(杜涵涵)

【开发区企业勃肯特发布两款机器人产品】6月13日,2019(第二届)高工机器人集成商大会举办,开发区企业勃肯特(北京)机器人技术有限公司发布了两款新品:型号为Phantom-1200的并联机器人,标准节拍可达500次/分钟;型号为TF-800/1200的并联二轴机器人。Phantom-1200无论是外观还是性能,都颠覆了用户对并联机器人的认识,在外观结构方面,创新使用三结构型主动臂结构,即主动输出臂和主副动臂铰接,主动副臂和从动主臂铰接,从而共同构成了主动臂组件,这种结构的优势在于可以通过间接驱动主动臂的方式达到主动臂惯量降低,从而提升运行速度的效果。通过25/305/25(毫米)负载0.1千克门型测试,标准节拍可达500次/分钟。TF-800/1200并联二轴机器人,基于并联两轴机器人进行整体结构的重新整合,在继承了传统并联二轴机器人"大负载"特性的同时,又实现了末端可翻转及抓取功能,末端采取平面多连杆设计,从根本上解决了机器人在第三自由度上运动的问题。机器人负载较之前的并联二轴机器人提升20%。

(杜涵涵)

【枭龙科技斩获央企项目大赛二等奖】6月14日,由国资委主办的中国电科2018中央企业熠星创新创意大赛在北京举行总结颁奖活动。北京枭龙科技有限公司的AR智能眼镜项目与83家中央企业同台竞技,以民营企业的身份获得二等奖,除国企外,全国仅有2家民营企业获此殊荣。北京枭龙科技有限公司致力AR核心技术的研发与应用,为企业和消费者提供AR产品与解决方案,与中国国航、神华集团、中国兵器、航天科工等央企以及京东方集团、北京日报报业集团等国企达成深度战略合作,在工业、安防、军工等多个领域落地应用了多款重量级AR产品。

(杜涵涵)

【开发区15家企业入选中关村金种子企业名单】6月15日,第八批中关村金种子企业名单公布,共筛选出第八批金种子企业207家,开发区企业北京卫蓝新能源科技有限公司、北京杰得节能技术有限公司和北京赛欧兰阻燃纤维有限公司等15家企业入选。

(杜涵涵)

【2019 全国双创周亦庄会场活动举办】 6 月 19 日，全国大众创业万众创新活动周北京会场亦庄分会场活动在亦创国际会展中心拉开帷幕，第三代半导体功率器件制造与验证中试服务平台等 6 个中试基地获得授牌，北京博雅工道机器人有限公司等 14 个“三城”成果转化项目落地开发区。活动以“聚焦亦庄，链接三城，融合发展”为主题，以“展、赛、论+主题活动”的创新活动内容和形式，搭建科技与产业的交流平台，吸引 10 所高校、170 余家高科技企业的 500 余件高精尖产品参展，800 余家企业参加北京亦庄创新创业大赛，举办“探路科创板上市培训及交流会”和“物联网+人工智能”——AIoT 赋能的智慧物流新体系论坛，并在 10 家园区的分会场举办了项目推介、技术专场研讨会、公共实验室开放日等多种形式的活动，集中展示开发区良好的产业环境与浓厚的创新氛围。作为双创周活动的一部分，北京亦庄创新创业大赛同期举办。本次大赛共有 800 余家创新企业报名参加，其中 35 家企业进入总决赛。最终北京星际荣耀空间科技有限公司、深圳易马达科技有限公司、北京京东方显示技术有限公司 3 家公司获得一等奖。为了深入对接院校资源，大赛还新设清华大学、北京大学、中国科学院的项目附加赛和国际项目附加赛，附加赛对助推赛事的创新升级有积极作用，赛事将参赛各方聚合成为科技产业链，将为开发区相关产业的发展提供更多的智力支持。

（杜涵涵）

【北京亦庄人工智能科学园进入“国家队”】 6 月 28 日，2019 中国人工智能峰会发布由中国人工智能产业发展联盟和中国信息通信研究院组织评选的首批全国人工智能示范园区名单并为其授牌，移动硅谷公司的北京亦庄人工智能科学园榜上有名，成为全国 8 家入选园区之一。当前，移动硅谷以建设具有全球影响力的北京亦庄人工智能科学园为引领，以人工智能关键技术重点实验室等多个国家级平台为依托，围绕计算芯片、传感器、开源算法以及机器人、智能网联汽车、智能医疗诊断等垂直应用领域持续攻关，推进产业链、资金链、服务链融合创新，搭建起人工智能全产业链创新资源承载平台、政产学研用协同创新示范平台。

（杜涵涵）

【开发区 3 家企业入选“全球聪明公司”】 6 月 29 日，《麻省理工科技评论》（*Technology Review*）权威发布了 2019 年全球“50 家聪明公司”（TR50）榜单，该评选主要是对全球企业是否具有高精尖的科技创新和成功的商业模式这两个维度为基准进行评价。开发区企业京东方、星际荣耀和蓝箭航天 3 家企业凭借技术创新实力获评 TR50。作为全球创新型高科技企业，京东方始终坚持自主技术创新，2018 年新增专利申请量达到 9585 件。目前，在京东方累计可使用的 7 万余件专利中，已大量覆盖 LCD、OLED、传感、人工智能、大数据等专利成果，并广泛应用于数字艺术、智慧金融、智慧零售、移动健康等物联网细分领域。另外 2 家上榜的企业来自民营航天企业，它们虽然成立时间不长，但在航天领域填补了多项空白。

（杜涵涵）

【加科思原创新药获美国临床试验许可】 7 月 3 日，记者从加科思新药研发有限公司获悉，其第二款原创新药 JAB-3312 获得美国 FDA 新药临床试验许可。此前，另一款新药 JAB-3068 分别在美国和中国启动临床试验。加科思 JAB-3312 原创药可以阻断 KRAS-MAPK 信号通路，用于治疗非小细胞肺癌、结直肠癌、胰腺癌等实体瘤患者，同时也可解除肿瘤免疫抑制微环境，增强现有肿瘤免疫疗法的功效。加科思新药研发有限公司创立于 2015 年，公司致力开发在全球拥有自主知识产权的原创新药。公司总部设在开发区，在美国波士顿设立了研发中心，用以促进和协调全球的新药开发。

（杜涵涵）

【星际荣耀“一箭多星”成功入轨】 7 月 25 日，开发区企业星际荣耀的“双曲线一号”遥一火箭在酒泉卫星发射中心成功发射，将气球卫星和 BP-1B 卫星送入预定 300 千米圆轨道，实现了中国民营运载火箭零的突破。“双曲线一号”运载火箭由星际荣耀自主设计研制，是一种采用垂直热发射方式的四级小型固体商业运载火箭，箭体最大直径 1.4 米，全长约 20.8 米，起飞重量约 31 吨，500 千米高度太阳同步轨道运载能力约 260 千克。此次发射的气球卫星和 BP-1B 卫星分别由航天科工空间工程发展有限公司和北京理工大学研制，入轨后将开展一系列技术验证。酒泉卫星发射中心宣布此次发射任务圆满成功，星际荣耀创造了中国民营商业航天历史上的 3 个首次：中国民营商业航天运载火箭首次成功发射并高精度入轨，中国民营商业航天首次“一箭多星”发射入轨，中国民营商业航天首次播放太空广告并视频回传。

（杜涵涵）

【合众思壮获地理信息百强企业奖项】7月25日，在中国地理信息产业协会主办的2019中国地理信息产业大会上，北京合众思壮科技股份有限公司及旗下全资子公司广州中科雅图信息技术有限公司、参股子公司苏州一光仪器有限公司荣获2019中国地理信息产业百强企业奖项。作为北斗导航的领军企业，合众思壮始终以卫星导航高精度技术为核心，坚持以北斗高精度卫星定位导航与时空信息应用为主营业务方向，面向地理信息等行业市场提供北斗高精度产品服务和“云＋端”全方位行业解决方案。

（杜涵涵）

【开发区3家基因检测实验室通过国际评审】7月25日，国家卫健委临床检验中心公布了2019年国际肿瘤游离DNA（ctDNA）基因突变检测室间质量评价结果，开发区企业索真医学检验实验室有限公司、求臻医学科技（北京）有限公司和北京安诺优达医学检验实验室满分顺利通过，标志着3家企业的高通量基因检测能力及水平已经走在了国际ctDNA基因突变检测水平的前列。ctDNA基因突变检测室间质量评价项目是由国家卫健委临床检验中心和澳大利亚皇家病理质控中心联合开展，所有质量评价样本均为国家卫健委临床检验中心制备，参评单位包括中国和澳大利亚开展ctDNA突变检测的实验室。2019年，中国共有来自19个省市的146家实验室参加，最终有126家实验室汇报了结果，核酸提取合格125家，满分53家，满分通过率42.4%。北京市共有23家实验室参与申报，其中开发区3家实验室均是满分通过。

（杜涵涵）

【开发区4家企业入选中关村科创大赛TOP10】7月26日，北京华纳高科科技有限公司、北京博清科技有限公司、北京星际荣耀空间科技有限公司、北京宇航推进科技有限公司4家开发区企业入围2019中关村国际前沿科技创新大赛智能制造与新材料领域TOP10。此次大赛分为人工智能、集成电路、医药健康、智能制造与新材料、智慧城市与物联网、节能环保与新能源、大数据与云计算、金融科技与信息安全、体育科技、农业科技等10个领域，各领域前10名获得该领域TOP 10称号。各领域前3名优先推荐申报中关村示范区“1＋4”政策支持资金项目。

（杜涵涵）

【北京奔驰获“全国模范劳动关系和谐企业”】7月31日，开发区企业北京奔驰汽车有限公司获“全国模范劳动关系和谐企业”，该公司也是开发区唯一获此殊荣的企业。北京奔驰在2007年就曾荣获“北京市和谐劳动关系企业”和“全国模范劳动关系和谐企业”称号，2016年、2017年连续荣获“北京经济技术开发区构建和谐劳动关系先进单位”称号。

（杜涵涵）

【中冶京诚获2019年冶金科学技术一等奖】8月1日，中国钢铁工业协会、中国金属学会联合发布了2019年冶金科学技术奖授奖决定。开发区企业中冶京诚申报的“双速比强力启停式飞剪的研发与应用”项目成果获得一等奖。该技术填补了业界空白，其间隙控制技术和0侧隙变速传动系统可有效提高设备的抗冲击能力和使用寿命，具有结构紧凑、维护简单的特点，大大提高了金属收得率。

（杜涵涵）

【德诺杰亿发布U1基因分析仪】8月5日，开发区企业德诺杰亿（北京）生物科技有限公司自主研发的基因检测创新产品——U1基因分析仪正式发布。U1基因分析仪具有3方面意义：实现进口替代，打破国际垄断，填补国内空白；基因分析毛细管电泳技术是主流的身份鉴定识别技术，用于司法刑侦和基因身份证，数据涉及个人、民族基因信息等，国产化设备能够保障基因信息数据安全；分析仪还具有高鉴别能力、高灵敏度以及标准化分型方面的明显优势，同时成本低、使用便捷，便于精准诊断的普及，是理想的诊断平台。

（杜涵涵）

【第三届中国“网络文学＋”大会举办】8月9—11日，由国家新闻出版署、市政府指导，市委宣传部、开发区管委会等共同主办的第三届中国“网络文学＋”大会在开发区举行。以“网络正能量、文学新高峰”为主题的第三届中国“网络文学＋”大会汇聚了100多家互联网企业、1000多部优秀作品和众多业界代表，开展了60多项论坛、赛事活动，共同为新时代网络文艺繁荣发展的新征程、新风貌、新作为献计献策。本届大会期间，共有219部IP作品达成交易，总交易额7亿元，吸引万余人参观体验。

（杜涵涵）

【开发区企业揽获“创客北京”大赛两成奖项】8月14日,2019年“创客中国”北京市中小企业创新创业大赛暨“创客北京2019”创新创业大赛总结会在开发区圆满落幕,经过2个月的激烈角逐,最终决出30个优胜项目,开发区企业在大赛中表现抢眼,揽获其中的6个奖项,占总数的两成,显示出区域企业强劲的创新活力。其中,星际荣耀凭借“双曲线二号”可重复使用小型液体运载火箭项目获企业组特等奖;博清科技的无轨道全位置爬行焊接机器人项目和北京东方百泰生物科技有限公司的长效治疗II型糖尿病的Exendin-4 Fc抗体融合蛋白(JY09)项目获企业组二等奖;安普德(北京)科技有限公司的人工智能语音交互芯片及边缘处理技术项目和北京枭龙科技有限公司的AR智能眼镜项目获企业组三等奖;北京锐洁机器人科技有限公司的半导体芯片智能自动化系统解决方案项目则斩获创客组二等奖。

(杜涵涵)

【2019世界机器人大会举办】8月20—25日,2019世界机器人大会在开发区北京亦创国际会展中心举办。本届大会以“智能新生态,开放新时代”为主题,围绕人工智能赋能机器人、软件定义机器人、机器人动作灵巧化等新趋势展开了深入交流讨论,聚焦六大主题的主论坛以及20余场专题论坛,吸引来自国内外业界顶尖专家和企业领袖前来“华山论剑”,实现了跨学科、跨机构、跨地区的资源整合和信息共享,促进了产、学、研用的深入融合,有效推动了全球机器人行业的广泛深入合作。大会还吸引了全球20多个国家和地区的上千支代表队到现场参赛,180余家企业的700多个展品参展,涵盖了各类机器人以及先进零部件,全球机器人领军企业悉数参展。近30万人次到现场参观。展会期间,企业与项目签约近100亿元,创下了历届大会之最,大会被中央电视台、《人民日报》、路透社、共同社等374家国内外媒体广泛报道,在线观看直播人数达到1741万人次,大会微博话题阅读量1.3亿人次,抖音话题播放量超过1.2亿人次。此外,大会闭幕式上发布了《中国机器人产业发展报告(2019)》、世界机器人大会脑控打字纪录、2019年世界机器人大会“创投之星”。

(杜涵涵)

【开发区4家企业荣登中国医药工业百强榜】8月25日,由中国医药工业信息中心主办的2019年(第36届)全国医药工业信息年会发布2018年度中国医药工业百强企业榜单。开发区医药企业拜耳医药保健有限公司、北京泰德制药股份有限公司、赛诺菲(北京)制药有限公司和悦康药业集团有限公司上榜,分别排名第11、41、43和64位,显示出开发区生物医药产业强大的综合实力。根据中国医药工业信息中心的统计和分析,2018年度百强榜上榜企业延续了一贯的强劲增长动力,主营业务收入规模达到8395.5亿元,增速达11.8%。在百强企业的带动下,医药工业企业保持强劲的营收能力,发展动能充足。

(杜涵涵)

【全国首张无创血糖仪注册证落地北京亦庄】8月26日,开发区企业博邦芳舟医疗科技(北京)有限公司与清华大学历经10年孕育孵化的创新产品无创血糖仪获三类医疗器械证书,这是国内首张无创血糖仪医疗器械注册证。该项目是开发区积极承接“三城”科技成果落地转化的一次生动实践。无创血糖仪以代谢热整合法为基本原理,运用多传感器集成技术,实现血糖的无创、快速测量(小于1分钟)。目前,该产品已经获得国家发明专利3项、实用新型专利7项、软件著作权3项、外观设计专利2项。

(杜涵涵)

【金风科技获风电行业首个“全国质量奖”】8月28日,第十八届“全国质量奖”在北京颁奖。金风科技凭借其在质量、经济、社会效益等方面的显著成绩,成为风电行业首家获“全国质量奖”的企业。“全国质量奖”评审专家列出金风科技的六大优势:截至2018年年底,金风科技共拥有国内专利申请3545项,共参与11项IEC标准制修订,国内共参与178项标准制修订;建成文化和战略引领,促进可持续发展,形成以风电为核心的集团化公司运营;金风科技还创建“风电长跑”质量管理模式,制定和实施质量发展规划,坚定落实、见效;秉承“为顾客创造价值”的理念,在市场拓展及顾客价值创造方面成效显著;致力数字化转型,实现能源系统解决方案最优,竞争力不断提升;与供应商合作共赢,打造绿色全优产业链,构建和谐生态圈。

(杜涵涵)

【京东集团入选国家人工智能开放创新平台】8月29日,园内企业京东集团入选最新一批国家人工智能开放创新平台名单。科技部向京东集团授予

"智能供应链国家新一代人工智能开放创新平台"称号并授牌。京东依托人工智能技术与供应链系统,通过创新创业、全产业链合作,打造智能供应链产业生态,构建多方参与的中国智能供应链开放平台,领衔推进国家层面的智能供应链战略发展和产业升级。京东智能供应链国家新一代人工智能开放创新平台将从基础资源、能力支撑、应用生态3个层面进行平台架构设计,形成"三三三"总体框架和任务,即夯实三大基础资源,创造智能供应链的运行条件;集成三大核心能力,以完全开放的机制支持智能供应链的应用开发;联合生态,以价值共创机制赋能三大应用场景,促进智能供应链的生态繁荣。

(杜涵涵)

【数字精准获2019中国医疗器械双创赛一等奖】 9月5—7日,开发区企业北京数字精准科技有限公司申报的项目"光学分子影像手术导航系统"在2019中国医疗器械创新创业大赛(决赛)中获得"人工智能与软件"组一等奖。本次大赛由科技部社会发展科技司倡导、医疗器械产业技术创新战略联盟承办,2019年大赛共收到海内外报名项目607个。

(杜涵涵)

【京东方BD Cell获2019 IFA产品技术创新大奖】 9月6日,2019柏林国际电子消费品展览会(IFA)在德国柏林拉开帷幕,近2000家企业参展,展示了消费电子领域最新的创新技术和产品。开发区企业京东方BD Cell显示技术获2019 IFA产品技术创新大奖创新显示技术金奖。京东方BD Cell采用黑白和彩色双层Cell设计,可以实现百万分区微米级控光,拥有百万级超高对比度。同时,该技术在灰阶表现上也独具优势,灰阶可达到12bit,画面明暗层次和色彩更加细腻,尤其在低灰阶画面,能够体现出完美的细节表现力。

(杜涵涵)

【中冶京诚三亚度假村工程入围BIM项目大赛决赛】 9月9日,园内企业中冶京诚三亚茅台精品度假村工程获得中国勘察设计协会举办的第十届"创新杯"BIM应用大赛文化体育类第二名,获得中冶集团BIM大赛二等奖,入围冶金建设行业协会举办的冶金建设行业BIM应用技能大赛决赛,同时也入围了全球顶级BIM项目大赛——欧特公司举办的全球工程建设业AEC卓越BIM工程大赛决赛。三亚茅台精品度假村工程是中冶京诚把民用建筑纳入公司BIM体系建设统筹规划后的第一个BIM项目。

(杜涵涵)

【双抗药物项目在全球华侨华人双创大赛夺冠】 9月18日,第五届"海科杯"全球华侨华人创新创业大赛举办,开发区企业北京康明百奥新药研发有限公司和美国分公司Combio Pharma的"乳腺癌和胃癌等实体瘤治疗用靶向创新双特异抗体药物开发"项目在参赛的714个项目中夺冠。该双抗药物已进入临床前阶段,实验数据表明,治疗肿瘤优于市场同类药物。研发该药物的两个技术平台已成功获得国内发明专利授权,并申请了国际PCT发明专利。

(杜涵涵)

【中冶京诚获国家技术创新示范企业认定】 9月27日,工信部官网显示,工信部认定中冶京诚等53家企业为2019年国家技术创新示范企业。这是继2019年年初取得"国家企业技术中心"认定后,中冶京诚科技平台建设获得的又一项国家级殊荣。中冶京诚依托科技平台建设,科技创新工作取得了显著成果,先后开发出一系列具有行业领先水平的核心技术。近3年来,中冶京诚先后承担"十三五"国家重点研发计划项目6项,连续获得中国专利优秀奖3项、代表行业水平的冶金科学技术一等奖5项、全球"2018基础设施年度光辉大奖"1项。

(杜涵涵)

【东港瑞宏荣获行业协会科技进步奖一等奖】 10月11日,开发区企业北京东港瑞宏科技有限公司的"电子商务基础信息设施技术及应用"项目获2019年度中国物流与采购联合会科技进步奖一等奖。中国物流与采购联合会是由国务院批准设立、受国家经贸委业务指导、民政部社团登记管理的具有社团法人资格的全国性行业组织。中国物流与采购联合会科学技术奖是科技部唯一认定授权并登记备案的物流行业的社会力量颁奖,并具备"国家科技进步奖"的推荐资格。北京东港瑞宏科技有限公司专注于电子票证及其相关技术的研究、开发与推广,并致力为企业提供高效、便捷的配套服务。

(杜涵涵)

【开发区企业博清科技斩获国际发明金奖】 10月20日,园区内企业博清科技自主研发的"爬行焊接机器人"发明项目在第118届法国蒙彼利埃国际发明展览会上获金奖。爬行焊接机器人实现无轨道、无导向爬行，能够在大中型平面或弧面焊接结构件表面运动，自主识别跟踪焊缝进行焊接作业，不仅降低了焊工的劳动强度，还大大提高了生产率。机器人焊接精确度达到98%以上，成效显著。法国蒙彼利埃国际发明展览会由法国发明者与制造者协会主办，是世界上举办历史最久、具有良好声誉、影响范围广泛的国际性发明展览会。在法国蒙彼利埃展会中心举办的第118届国际发明展览会(列宾竞赛)的颁奖会上，中国发明展团选送的发明项目获5金、7银、5铜。

（杜涵涵）

【开发区65家企业亮相第22届北京科博会】 10月24日，由科技部、中国贸促会、国家知识产权局和市政府共同主办的第22届中国北京国际科技产业博览会在北京开幕。开发区65家企业集中展示了近年来的科技创新成果和开发区促进科技成果转化、服务实体经济转型升级取得的一系列成绩，参会企业主要来自生物医药和大健康、机器人和智能制造、新一代信息技术、高端汽车和新能源汽车等开发区四大主导产业。区内企业悦康药业集团展出了以枸橼酸爱地那非片为代表的一批自主创新药。

（杜涵涵）

【北汽新能源三项目斩获中国汽车工业科学技术奖】 10月24日，在2019中国汽车工业科学技术奖颁奖大会上，北汽新能源“安全高效纯电动乘用车换电技术”项目荣获“中国汽车工业科学技术奖”二等奖，“纯电动汽车智能网联云平台大数据关键技术与集成应用”和“汽车多材料轻量化车身关键技术”项目获三等奖。获二等奖的“安全高效纯电动乘用车换电技术”项目攻克了纯电动乘用车换电技术的电池安装、连接、通信、调度四大难题，推出EU系列3款换电车型，实现了快速更换电池技术的重大突破，通过该技术的研究，获得发明专利27项，主导起草了换电技术行业标准5项。中国汽车工业科学技术奖是中国汽车工业界最具影响力的重量级奖项。2019年度，中国汽车工程学会共受理各单位申报项目190余项，经形式审查、初评和终评答辩，共65个项目获奖。

（杜涵涵）

【中冶京诚连续两年获全球大奖】 10月24日，全球“2019基础设施年度光辉大奖赛”决赛在新加坡落下帷幕。开发区企业中冶京诚工程技术有限公司(简称中冶京诚)的参赛项目荣获本年度大奖赛数字孪生推动基础设施特别奖，即特别荣誉奖。本次大赛共有来自全球60多个国家和地区的571个项目参赛，经过12个独立评审团的严格评选，最终产生6个特别荣誉奖和18个基础设施年度光辉大奖。中冶京诚参赛的“河南济源钢铁80MW高温超高压煤气发电节能改造”项目收获了特别荣誉奖，另一项参赛作品“沙钢CASTRIP超薄带”项目获工业制造类年度光辉大奖提名。

（杜涵涵）

【开发区两家企业在第八届中国创新创业大赛上获奖】 11月7日，在洛阳举办的第八届中国创新创业大赛先进制造行业总决赛谢幕，开发区企业蓝箭航天和爱思达公司夺得初创组第一名和第三名。第八届中国创新创业大赛的参赛企业总计30287家。其中，先进制造行业近5655家。参赛项目主要涉及民营航天、3D打印、自动化系统、集成电路封装、激光设备、机器人等多个领域，代表了制造领域创新创业的新成果。大赛将给予优秀企业支持政策。蓝箭航天自主研发的“天鹊”火箭发动机能够实现多次启动、大范围推力调节，为运载火箭的可回收及重复使用提供了根本保障。爱思达航天致力航天航空技术创新和推广应用。

（杜涵涵）

【开发区获评2018年度“十大绿色发展园区”】 11月15日，由商务部外资司指导，国家级经济技术开发区绿色发展联盟主办的第四届国家级经济技术开发区绿色发展论坛在苏州举办，开发区获评2018年度“十大绿色发展最佳实践园区”。开发区在4月成为全国首个入选“无废城市”建设试点的中国工业园区，将为实行固体废物源头减量、充分循环利用和安全处置探索形成可复制、可推广的建设经验，为“一带一路”沿线国家发展绿色园区提供中国方案。未来开发区还将依托“无废城市”建设工作，积极践行绿色发展理念，切实推进制度、政策及技术创新，探索总结出实现“无废城市”建设的可行路径和具体模式；以鲜活的经验和绿色的姿态，打造宜居宜业、拥有绿水青山的“国际高端产业新城”。

（杜涵涵）

【中冶京诚获中国创新方法大赛总决赛一等奖】 11月18—20日，来自全国200个项目团队的近千人齐聚湖南长沙，参加2019年中国创新方法大赛全国总决赛。开发区企业中冶京诚代表北京赛区参赛的3个项目“解决多电机协调变频技术行业瓶颈问题”“中厚板宽展工艺的创新与应用”“基于 TRIZ 创新开发的高炉长寿技术”在决赛中获一等奖 1 项和二等奖 2 项。2019 年,中国创新方法大赛由中国科协、科技部主办,共有来自全国 31 个区域赛区、1000 多家企业的 2000 余支参赛队(项目)报名参赛。经区域赛选拔后,各区域评选出 200 支代表队(项目)进入全国总决赛。通过项目展示、理论测试等环节的比拼,产生一等奖 22 名、二等奖 42 名、三等奖 63 名、优胜奖 73 名。

(杜涵涵)

【世界 5G 大会举办】 11 月 20—23 日,由市政府、国家发展改革委、科技部、工信部共同主办,市经信局、市广电局、经济技术开发区、未来移动通信论坛承办的首届世界 5G 大会在开发区亦创国际会展中心举办。大会以“5G 改变世界,5G 创造未来”为主题,以“国际化、高端化、专业化”为特色,集聚全球信息通信领域最具影响力的科学家和企业家,以及相关政府领导人,围绕 5G 领域的技术前沿、产业趋势、创新应用等发表演讲和进行高端对话,打造世界顶尖的 5G 合作交流平台。本次大会包括会议论坛、展览展示、应用揭榜赛三大板块。论坛由开幕式、主论坛、高层座谈会、高峰论坛、主题论坛和闭幕式组成。同时,最前沿的新技术、新产品、新应用得到集中展示,新理念、新创意在此萌生,大会通过会、展、赛的形式,打造全球顶尖 5G 产业合作和资源整合的优质平台,推动世界 5G 技术创新、产业发展和应用场景变革,促进世界范围内的 5G 协同创新,推动产业成熟。

(杜涵涵)

【2019 世界集成电路大会召开】 11 月 28—30 日,2019 北京微电子国际研讨会暨 IC WORLD 大会(IC WORLD 大会即世界集成电路大会)在开发区亦创国际会展中心举办。本届大会以“打造芯生态、共促新跨越”为主题,由学术论坛、专题论坛和博览会 3 部分组成。大会学术会议部分由高峰论坛及九大分论坛构成,来自全球顶尖高校、研究机构和集成电路企业的近 300 位专家学者和企业领袖,围绕集成电路产业发展现状和趋势进行深入的解读与交流,论坛内容涉及国产 EDA 与架构、先进 IC 制造、汽车半导体、集成电路装备、材料与零部件行业趋势发展与集成电路产业投融资等不同领域。大会博览会涵盖集成电路设计、制造、装备、材料、零部件、制造系统、厂务、封测、终端、产学研、联盟等各个领域,超过 200 家国内外知名企业全面展示最新成果及应用。本次大会由市经信局主办,开发区管委会、北京半导体行业协会、国际半导体协会、美国华美半导体协会、中关村集成电路产业联盟、中关村集成电路材料技术创新联盟、集成电路零部件产业技术创新联盟、北方集成电路产业科技创新发展(北京)有限公司承办。

(杜涵涵)

【悦康药业晋升为国家级企业技术中心】 12 月 11 日,2019 年(第 26 批)国家企业技术中心拟认定名单公示,开发区内企业悦康药业集团股份有限公司的技术中心上榜,是本次上榜的北京市 5 家企业之一。悦康药业集团在四期项目中组建 1.2 万平方米的药物研究院,成为院士、专家工作站的办公场地,已有 2 名院士、10 多名专家入站开展研发工作。截至目前,已经申请 20 多项发明专利,每年与院士、专家的合作项目达到 10 余个。

(杜涵涵)

【京东、京东方等企业入选强国盛典榜样百强】 12 月 15 日,在中央广播电视总台举办的“2019 中国品牌强国盛典”活动上,发布了 2019 中国品牌强国盛典榜样 100 品牌。京东、京东方、华为、腾讯、中国移动、中国中车等百家著名品牌共同入选 2019 中国品牌强国盛典榜样 100 品牌。

(杜涵涵)

【国家智能网联汽车创新中心启动建设】 12 月 31 日,国家智能网联汽车创新中心建设启动会暨车联网(智能网联汽车)和自动驾驶地图应用试点签约活动在开发区举行。工信部副部长王志军、自然资源部副部长库热西·买合苏提、副市长殷勇出席活动并讲话。活动期间,王志军和殷勇共同为国家智能网联汽车创新中心揭牌。工信部、自然资源部、市政府三方签署《关于车联网(智能网联汽车)和自动驾驶地图应用试点的合作协议》。国家智能网联汽车创新中心是开发区内国汽(北京)智能网联汽车研究院有限公司通过申报由工信部批复设立的国家级创新中心,也是继国家级新能源汽车技术创新中心之后,在开发区建立成长起来的第二个国家级创新中心。国家智能网联汽车创新中心占地 160 余亩的基地已经完成建设规划,计划用两年时间建成集技术研发、试验验证、测试评价及技术孵化于一体的综合研发基地。

(杜涵涵)

中关村示范区

【概述】2019年，中关村示范区贯彻习近平新时代中国特色社会主义思想和习近平总书记对北京的重要讲话精神，扎实开展“不忘初心、牢记使命”主题教育，加大实施创新驱动发展战略力度，深化先行先试改革，加强关键核心技术创新，促进科技成果转化和产业化，培育高精尖产业，以高水平创新引领高质量发展，各项工作呈现新局面。

经济规模和质量双提升。中关村示范区在全国高新区综合排名中稳居榜首。2019年，示范区企业实现总收入6.6万亿元，同比增长12.9%。实现技术收入1.3万亿元，同比增长20.4%。上市公司总数366家，境外上市公司113家，总市值达6.6万亿元，百度、小米、美团点评等13家中关村企业市值超千亿元。在财富2019世界五百强企业排名中，中关村有9家上榜，数量首次超过硅谷的8家，小米成为全球最年轻的世界五百强。创新能力持续增强。企业研发投入同比增长23.7%左右，企业发明专利申请量、发明专利授权量和企业PCT专利申请量分别为5.9万件、2.5万件和4638件，同比分别增长16.5%、17.6%和0.9%，均占全市企业的七成左右，其中京东方以2147件发明专利申请量位列知识产权产业媒体IPR Daily和incoPat创新指数研究中心发布的“2019年全球半导体技术发明专利排行榜(TOP100)”第3位，百度以5712件申请量位列中国人工智能专利申请量排行榜第一。涌现出寒武纪云端人工智能芯片思元270、灵汐科技世界首款类脑芯片“天机”、百济神州泽布替尼抗癌新药、龙芯3A/B4000系列CPU等一批原创科技成果。“双创”保持活跃态势。新创办科技型企业2.6万家，涌现独角兽企业80家(占全国四成以上)。2019年，发生风险投资案例数和金额分别占全国32%和35%，中关村成为全球风投和独角兽最集聚的区域之一。成功举办全国双创周北京主会场活动，接待观众5万余人次。自身建设不断加强。发布中关村新版“1+4”资金支持政策，通过构建政策体系图谱、组建青年政策宣讲团、网上申报、集中申报、精简申报材料等，加强对企业的服务，营造了更加优化的营商环境。深入开展“不忘初心，牢记使命”主题教育，狠抓党风廉政建设。大力推进法治政府建设，依法决策机制更加完善。《中关村年鉴2018》获全国一等奖。中关村管委会创业服务处荣获全国“人民满意的公务员集体”荣誉称号。2019年，着力抓好六个“聚焦”，示范区发展迈上新台阶：

聚焦2019中关村论坛，论坛影响力明显提升。采取“会议+展览+发布”的架构，高质量举行1场开幕式暨全体会议和18场平行论坛。习近平总书记为论坛发来贺信，指出“中关村正努力打造世界领先科技园区和创新高地”。科技部、中国科协、中国科学院主要领导分别致辞，蔡奇书记、陈吉宁市长出席论坛活动，进一步为中关村示范区创新发展指明方向。论坛邀请来自美国、加拿大、德国等50个国家和地区的400多位科学家、企业家、投资人等，首发100多项新技术、新产品，进一步深化了中关村的开放合作。《新闻联播》、新华社、人民日报等主流媒体对中关村论坛进行了重点报道。

聚焦先行先试，重要改革实现新突破。在改革统筹方面，制订中关村先行先试改革升级版工作方案，统筹推进全面深化改革与中关村先行先试专项办22项任务和项目。在科技成果转化方面，开展央企科技成果转化改革试点，印发支持全球能源互联网研究院试点工作方案，制订《关于在中关村示范区开展赋予科研人员职务科技成果所有权或长期使用权试点工作方案》。在人才管理改革方面，提出中关村人才特区新一轮国际人才改革创新举措，其中10余项举措为全国率先提出。在科技金融方面，联合人行营业管理部、北京银保监局、市知识产权局印发《关于进一步促进中关村知识产权质押融资发展的若干措施》。在新技术、新产品应用推广方面，建立创新医疗器械应用推广机制，推动医疗机器人医院采购取得重大突破。科技部就中关村先行先试改革情况开展专题调研，中关村破除体制机制桎梏、释放创新创业活力的案例被写入中组部全国干部教育培训教材。

聚焦创新能力提升，高精尖产业实现新升级。支持颠覆性项目。深化实施《中关村示范区关于支持颠覆性技术创新的指导意见》，支持首批 7 家颠覆性技术项目。搭建高精尖协同创新平台。支持领军企业、高校院所联合建设 5G、药品与医疗器械等 19 个高精尖协同创新平台，聚焦人工智能、集成电路、生物健康等重点领域支持高精尖项目 138 个。举办创新大赛。成功举办中关村国际前沿科技创新大赛、5G 大赛和中国创新挑战赛中关村专题赛。支持企业做强做大。实施"金种子"企业培育工程，确定第八批金种子企业 207 家。落实北京市重点企业"服务包"任务，开展示范区盈利下降企业调研帮扶工作，研究示范区旗舰企业培育行动。出台新兴产业政策。联合顺义、海淀、亦庄、石景山等分园，印发实施第三代半导体材料、药品医疗器械、工业互联网等产业政策。推进知识产权和标准化工作。印发实施《中关村示范区知识产权行动方案(2019—2021)》，加快"中关村标准"品牌培育，成立"中关村标准"战略委员会，建立"中关村标准"快速转化为国际标准直通机制，打造中关村标准国际化品牌。

聚焦创新源头传导，创新创业生态实现新优化。成立技术经理人队伍。支持 70 多家高校院所、大企业、医院发起成立中关村技术经理人协会。完善企业孵化体系。建设 20 家硬科技孵化器，给予 2921 家小微企业研发经费支持。开展科技成果转化"火花"活动 23 场，促进科学家、企业家、投资人深度合作。推进中关村前沿技术创新中心建设。推动人才特区建设。落实市委 5 年人才行动计划，共发掘备选海外战略科技人才 31 名，发现腾盛博药医药技术(北京)有限公司、睿镞科技(北京)有限责任公司等由海外战略科技人才领衔的高水平创新团队。深入实施中关村国际人才新政 20 条，为 1 万名以上的外籍人才提供了出入境、体检等便利服务。成立中关村国际人力资源服务联盟，聚集知名猎头机构近 20 家。创新中关村高聚工程遴选模式，扎实开展 2019 年高聚工程评审工作。建设中关村国际青年创业平台，吸引全球青年创新创业人才及国际高端创新要素。促进科技金融深度融合。扩大外债便利化政策覆盖面和便利化程度，2019 年为企业节约财务成本 6.66 亿元，同比增长 474%。针对企业融资难、融资贵问题，加强对首次贷款、中长期贷款、商票等科技信贷产品的贴息和风险补贴力度，支持 800 多家科创企业低成本获取贷款 74 亿元。发挥社会组织作用。已有各类创新型社会组织近 600 家，持续发挥联盟和协会组织作用，加强对重点企业的跟踪服务，及时响应和解决企业需求。

聚焦规划统筹引导，一区多园协同发展得到新加强。编制统筹规划。编制形成《中关村示范区及十六园统筹发展规划(2018 年—2035 年)》和 3 年行动计划，明确示范区重点发展组团和各分园主导产业，聚焦重点发展组团，建立重点任务清单。推动印发实施《中关村科学城规划(2017—2035)》。推动完善中关村科学城专项办运行机制，落实专项办重点任务和项目。加强特色园区建设。扎实推进中关村生命科学园、中关村集成电路设计园、中关村(首钢)人工智能创新应用园等特色园区建设。完善"一区多园"统筹机制。定期召开"一区多园"工作季度交流会，中关村管委会深化"一处一园"联系服务分园工作机制，开展示范区分园创新发展考核评价，促进优质企业和项目在分园落地，引导分园高质量发展。截至年底，海淀、朝阳、亦庄等 10 个分园总收入过千亿元，大兴、顺义、密云等 12 个分园总收入增长 10% 以上，示范区及各分园成为北京市高质量发展的核心引擎。

聚焦示范引领，开放创新合作形成新格局。推动构建京津冀协同创新共同体。与雄安新区管委会签署《加快建设雄安新区中关村科技园合作协议》，实施支持天津滨海—中关村科技园创新发展的若干措施，习近平总书记视察了天津滨海—中关村科技园。推动京外其他的共建园区建设。支持举办创新中国行·走进沈阳暨 2019 产业转型创新论坛、2019 创新中国行走进南宁——南宁·中关村协同创新合作交流会、京吉协作创新座谈会等各类创新活动。深化科技扶贫。组织推动中关村企业开展扶贫协作，共带动 80 余万贫困人口脱贫，北京字节跳动科技有限公司等 12 家中关村企业入选国务院扶贫办发布的《中国企业精准扶贫优秀案例(2018)》。加快国际化发展。深化"一带一路"科技创新合作，会同市科委印发实施《"一带一路"科技创新北京行动计划(2019—2021 年)》。支持启迪控股股份有限公司在英国建设剑桥启迪科技园，支持5家中关村海外孵化器的发展，支持一批企业在海外设立研发中心，组织中关村示范区企业集体参加国际知名展会，举办国际化大讲堂。上市公司在海外设立分支机构近千家，小米成功进入印度、法国、西班牙等全球多个国家。成立中关村企业涉外服务站，为企业走出国门、拓展国际市场提供法律、合规等方面的服务。

（中关村管委会）

【海淀园概况】2019年，海淀园入统高新技术企业1.2万家；从业人员130.2万人；工业总产值2453.1亿元；总收入2.7万亿元；进出口总额2177亿元；实缴税费总额872.8亿元；利润总额1455亿元；资产总计4.9万亿元；科技活动经费支出总额1796.9亿元；专利申请量4.7万件，专利授权量2.7万件。

2019年，海淀园聚焦原始创新能力提升，基础前沿技术领域布局进一步完善。瞄准引领未来发展战略领域，整合优化区域创新资源，改善源头创新环境，为建设全国科技创新中心核心区提供支撑。布局建设高水平研究基地。国家网络安全产业园区揭牌，启明星辰、神州绿盟等12家网络安全企业签约入驻；持续推进北京量子院软硬件设施建设；仿生界面科学未来技术研究院完成注册。全球健康药物研发中心、碳基集成电路研究院等研究机构运行成效显著。着力提升前沿科技保障能力。深化金融与科技融合，健全政府引导、企业为主、社会参与的多元化科技投入体系。初步筛选大健康、大信息领域国家自然科学基金重点项目20余项，与海淀投资机构、企业等创新机构实现精准对接。积极筹备北京中关村科学城科技创新基金，致力打造支撑中关村科学城建设的市场化服务集成平台，强化前沿产业共性服务能力、资本服务的前瞻和长期支撑能力、科技创新的国际化拓展能力。

聚焦科技成果转化，全要素协同创新进一步强化。概念验证计划落实取得突破，首个概念验证中心——北航概念验证中心正式挂牌，清华大学、北京大学等4家高校院所概念验证中心建设方案正在优化，为解决科技成果转化“最初一公里”问题，降低科技成果转化的最初风险提供有力支撑。依托北京协同创新研究院、中关村前孵化创新中心、中科海淀科技创新综合体、智友天使学院等载体，发挥其联系院校和产业界的纽带作用，配齐、配强各类创新资源，推动一批重大成果转化落地。

聚焦高质量发展提速，高精尖产业培育进一步升级。以大健康、智能制造、集成电路、新一代信息技术等产业为主导，不断优化服务措施，加大高精尖企业产业的培育力度，为海淀区高质量发展注入新动能。制定《海淀区高精尖产业调度工作机制》，成立区级工作专班和细分领域工作专班，实现十大高精尖产业入库项目146项；切实推动高精尖项目统筹布局和落地实施。落实海淀“创新发展16条”，修订完善现行“1+4”政策体系，实现两项政策无缝对接；制定和落实“人工智能15条”“智能网联汽车15条”等产业发展政策及编制高精尖产业用地“1+3”体系政策。制订《海淀区先进制造业发展行动计划（2020—2022年）》，建设产业创新载体和公共平台，推进5G产业创新发展。持续做好企业服务。梳理“3×100”企业（领军企业、隐形冠军企业、种子企业）、独角兽企业、税收贡献重点企业等清单。实施“胚芽企业计划”，利用胚芽企业服务平台做好胚芽企业的后续服务工作，2019年新入选胚芽企业240家。完成重点培育企业的资金奖励申报与审核，支持企业32家。组织40余家企业参加或随团参加CES展会，举办“2019中美科技企业美国市场拓展商务对接”活动，助力企业开拓海外市场。落实企业国际化发展专项政策，支持项目8个，支持金额共计777万元。

聚焦“创新生态雨林”打造，科技创新主体活力进一步释放。充分发挥组织协调作用，巩固发展“创新合伙人”关系，精准对接人才、企业等各类创新主体的需求，推动中关村科学城创新发展。发布《中关村科学城促进人才创新创业发展支持办法》（升级版“海英计划”）；推动博士后工作站与院士专家工作站建设；实施创新型科技企业创始人“薪火共燃”培育计划，为创业者提供优质创新创业培训；同中关村管委会共建国际青年创业平台；落实全球联动国际化人才培养计划，2019年举办3期企业国际化人才实训班，实训学员120余人。成功举办中关村论坛、中关村科学城国际科技创新合作论坛（科技外交官论坛）；修改《海淀区重点引进项目引荐奖励实施细则（试行）》，促进项目引进；推广创业会客厅模式，开展孵化机构分级评估，引入法律、财务、管理咨询、技术研发等优质第三方服务机构。提升知识产权服务水平，建设以百度、联想和北大为代表的11家海淀区高价值运营培育中心，高质量举办“2019中国·海淀高价值专利培育大赛”，着力提高知识产权创造质量。中关村知识产权保护中心正式运营，首批备案企业达301家，切实强化知识产权保护。完善科技金融服务体系。建设金融科技和专业服务示范区核心区，融汇国际等集聚区正式运营。建立科创板上市专班协调机制，推动天宜上佳、航天宏图两家企业首批登陆科创板，科创板受理企业在全国领先。组建中关村科学城创新发展有限公司，推动产业服务市场化。

（中关村管委会）

【昌平园概况】2019年，昌平园入统高新技术企业3101家；从业人员17万人；工业总产值1063.4亿元；总收入4570万亿元；进出口总额258.1亿元；实缴税费总额195.5亿元；利润总额258.2亿元；资产总计8936.3亿元；科技活动经费支出总额184.1亿元；专利申请量6257件，专利授权量4142件。

2019年，昌平园聚焦重点项目，统筹专班协调推进，研究制订《昌平区重点产业项目推进机制》工作方案，提升重点产业项目工作专班的统筹能力，推动重点产业项目落地发展。推动项目早签约、早落地、早开工、早达产；探索信息化管理模式，开发重点产业项目管理系统，实现项目推进高效有序、精准到位。截至年底，已入库小米公司、智芯微电子公司、好未来集团等100个重点项目，推动三一集团、慧聪集团、智芯微电子、中国电子等11个项目与区政府签约，小米智慧产业园项目、万泰创新药物生产基地8个项目开工建设，诺华创新药流通中心、交大思诺等15个项目实现达产。项目库内21个重点项目涉及签约和新增经济贡献主体47个。积极融合分区规划和未来科学城总体规划，初步完成《中关村国家自主示范区昌平园产业空间发展规划(2018—2035)》。

优化营商环境，健全精准服务机制。结合区领导“一对一”服务机制，梳理企业需求，为61家企业送出“服务包”，涉及专项服务121项，已完成金房暖通公司市场推广、盈科瑞公司环评验收等78项服务；围绕营商环境“月监测、季考核”任务清单，做好责任落实和信息报送；针对北京市“9+N”、中关村“1+4”、高新认定等政策进行宣讲解读，共组织37次培训，2500余人次参加，协助523家企业申报国家高新；组织66家企业申报中关村创新平台，华辉安健等9家企业拟获资金支持。通过“昌平园领导班子联系重点企业微信群”“企业服务直通车”“每周一策”等形式对接企业需求，建立服务台账，共发布或推送信息139次，收集具体问题316项，已解决雪迪龙公司住房保障、神华物资公司子女入学、乐普公司人才引进等212项；做好“组收挖潜”工作，为石油机械公司、长安通信、圣非凡等5家较大规模在昌平经营但未在昌平注册纳税的企业逐个建立“企业迁转群”。

夯实双创成果，推动创业社区建设。昌平园在财政部双创示范城市建设评比中荣获全国第3名，并获专项资金奖励。已建成各类双创空间载体68家，共计231万平方米，其中国家级19家、市级32家；“回+”双创社区已形成68万平方米的双创空间，入驻创业团队、小微企业1500余家，形成“资本、人才、技术、信息、文化、空间”六位一体创业创新生态。通过政策资金扶持完善双创机制，搭建“1+N”公共服务体系，以中小企业公共服务中心为枢纽，以绿通北平台、人人实验平台和国家知识产权运营平台为支撑；搭建投融资体系，以中小双创、中小成长两只母基金为牵引，联合33只子基金，累计解决近11亿元的资金需求；搭建企业服务体系，开展各类培训活动20余次、参与人数800余人，协助申报正高级工程师11人，开展高端人才政策宣讲3场，资金扶持5家博士后工作站。小微企业数量快速增长，近3年平均年增长率达到19.6%；发展质量不断提升，全区小微企业营业收入与2015年相比，年平均增长14.7%；入驻小微企业数量逐年递增，平均每年增长比例达127.23%；产业结构持续升级，第三产业比重逐年上升。小微企业有效助推区域税收增长，成为吸纳就业的主力军和创新的重要源泉，涌现出以智行者科技、火星人视野、诺诚健华、艾恩科技等为代表的一批高成长型企业。

（中关村管委会）

【顺义园概况】2019年，顺义园入统高新技术企业447家；从业人员10.1万人；工业总产值950.7亿元；总收入1961.5亿元；进出口总额161.9亿元；实缴税费总额88.4亿元；利润总额123.4亿元；资产总计4656.6亿元；科技活动经费支出总额96.6亿元；专利申请量3812件，专利授权量2893件。

年内，顺义园共引进149家创新型企业，累计注册资金79亿元，以中电科光电科技有限公司、北京首钢新能源汽车材料科技有限公司、丰桔出行（北京）科技有限公司为代表的亿元以上企业20家。签约中国兵器导航与控制产业基地、绿能芯创六寸碳化硅芯片生产线等6个高精尖实体项目，协议投资总额67.6亿元。承办“第八届中国创新创业大赛北京赛区电子信息行业赛总决赛(5G引领及第三代半导体领域)”，筹备“中德隐形冠军创新发展论坛”“国际第三代半导体专业赛智慧能源与智慧交通行业决赛及全球总决赛暨第三代半导体发展战略高层研讨会”等各类峰会活动，全方位展示园区，主导产业和政策环境，挖掘展会资源，丰富项目储备。

重点项目有序推进。第三代半导体材料及应用联合创新基地、聚利科技有限公司研发基地主体工程竣工，正在进行装修施工；顺义航天产业园一期卫星应用智能装备产业基地、信息技术产业基地建设稳步推进，二期卫星姿轨控系统核心技术产业基地取得项目用地；药鼎国际生物医药研发中心、航空发动机基础与应用技术研究条件建设项目(一期)顺利开工；中关村医学工程健康产业化基地全面启动项目招商；中国兵器导航与控制产业基地已通过全要素评价，并取得土地钉桩报告；奔驰新能源汽车项目建设协调推进。

2019年，园区获“全国和谐劳动关系园区”称号；年内，累计办理中关村高新技术企业证书140件；组织开展中关村新版“1+4”资金支持政策宣讲、2019年双创周知识产权专题培训会、2019年中关村国际化大讲堂专题研讨班等各类惠企培训77场；协助4家企业申领顺义区促进入区企业发展扶持资金1030万元；腾退土地250亩、厂房和楼宇面积6万平方米。在发布《关于促进第三代半导体等前沿半导体产业创新发展的若干措施》、编制《第三代半导体产业发展规划》的基础上，推进成立顺义第三代半导体产业投资基金，启动第三代半导体标准厂房一期建设，为第三代半导体领域企业落地提供政策支持和产业环境。

园区深化与高校院所合作，打造特色化的硬科技和创新型孵化器。国际第三代半导体众联空间获评“国家级众创空间”、中关村国家自主创新示范区“特色产业孵化平台”及北京市战略性新兴产业科技成果转化基地；众绘虚拟现实研究院获评年度中国产学研合作创新奖，并被认定为中国产学研合作创新示范企业；智能计算产业研究院的“睿芯创立方”获评“北京市众创空间”，建设完成工业互联网智能终端中试实验室、AI云计算教育基地，引进高通量服务器大芯片、新一代智能燃料电池等一批科技转化项目。截至年底，科创功能区拥有天地玛珂等4家国家级企业技术中心、中航复材等4家市级企业技术中心、北汽研究院1家北京高精尖产业设计中心、北汽股份等2家国家级“两化融合”贯标企业，青云航空仪表等6家市级“两化融合”贯标企业，32家企业入选《顺义区新技术新产品名录(第一期)》。

(中关村管委会)

【大兴园—亦庄园概况】 2019年，大兴园入统高新技术企业377家；从业人员4.6万人；工业总产值372.5亿元；总收入854.2亿元；进出口总额22.8亿元；实缴税费总额31.4亿元；利润总额55.7亿元；资产总计1599.4亿元；科技活动经费支出总额43.9亿元；专利申请量2161件，专利授权量1548件。

年内，大兴园以医药健康产业为主导，以新一代信息技术、新能源智能汽车和科技服务业为3个重点培育产业，初步形成“1+3”的产业发展模式。顺应首都构建经济新常态的要求，明确以医药健康产业为主导，重点培育新一代信息技术、新能源智能汽车、科技服务业的产业发展方向，加快高精尖项目的引进。区级成立了12个专班，加强对专项产业的研究，负责项目引进、落地和全生命周期的管理服务工作。建立“四个一批”项目推进工作机制，设立工作台账，倒排时间表，每月调度、及时了解项目进展及存在的问题并协调解决。生物医药产业集群全面形成以医药研发及检验为核心板块，以生物制药、医疗器械、现代中药、创新化药为主体板块，以动物药、大健康为拓展板块的“1+4+2”的产业格局。利用医药基地产业空间与市科委150多个医药项目、中关村50多个医药项目对接，承接”三城一区“成果转化。新媒体组团围绕“文化+媒体+技术”产业，吸引了艾默生、国家互联网基金、钛媒体、航天建筑设计研究院、独角兽企业车易拍等重点项目入区聚集，基地被认定为首批北京市文化创意产业园区。

持续建设完善研发中心等孵化服务平台，拥有包括中国食品药品检定研究院等大院大所8家，以及国家级实验室、北京市级实验室等研究开发机构30余家。推动北京人才文化教育基地落户基地，成立院士专家工作站服务中心、人才服务中心。在园区设立了院士工作站4家、博士后科研工作站10家，拥有两院院士、北京市优秀青年人才等高层次人才 100 余名。设立 2 亿元的高精尖产业引导基金、6 亿元的建兴医疗产业基金，重点支持科技型、创新型、平台型企业发展。2019 年投资 4 个项目，投资超过 1 亿元。

成立中关村药谷生物产业研究院，搭建基因药物、蛋白制药、创新制剂等 CDMO 专业平台，吸引创新型高端产业向大兴聚集。优化项目摘地和开工手续办理流程，压缩审批时间，经过优化，项目摘地从拨地钉桩到取得成效确认书的时间由原来的 150 天缩减到 106 天，企业开工手续从报入"多规合一"平台到取得开工证的时间缩减到 35 天。做好企业送服务包工作，针对不同的企业提供个性化服务，协调解决问题、促进企业发展。

北京民海生物科技有限公司的"新型疫苗——多价肺炎球菌多糖及结合疫苗产业化"等 5 个项目获得 2019 年中关村示范区重大高精尖成果产业化项目（药品医疗器械领域）支持资金；北京通和立泰生物科技有限公司的"协同创新与共性服务科技平台"等 2 个项目获得中关村示范区高精尖产业协同创新平台支持资金；九州众创大健康产业园等 2 个项目获得 2019 年度中关村示范区特色园区项目支持资金；华润生命科学园获得 2019 年度中关村示范区园区新建产业载体和盘活利用存量空间资源项目支持资金；中关村医疗器械园获得 2019 年度中关村示范区生态智慧园区项目支持资金。

年内，亦庄园入统高新技术企业 1051 家；从业人员 19.5 万人；工业总产值 3431.4 亿元；总收入 6280.1 亿元；进出口总额 1368.8 亿元；实缴税费总额 402.6 亿元；利润总额 519.9 亿元；资产总计 7562.4 亿元；科技活动经费支出总额 201.4 亿元；专利申请量 5984 件，专利授权量 3953 件。

年内，亦庄园紧抓机遇、攻坚克难、锐意进取，统筹推进各项工作。持续促进高精尖产业发展。在原有相关产业政策的基础上，构建"1+1+N"政策体系，包括 1 个框架性文件、1 个资金管理办法，以及四大主导产业、5G、人工智能、应用场景、人才等 26 个方面的专项政策。发挥市场化平台作用，扩展招商渠道、创新招商方法。研究出台招商奖励办法，激发园区、楼宇、龙头企业招商引资的积极性。坚持"五少两高一落实"标准，实现一批高质量项目入库，签署入区协议项目 29 个。积极应对中美经贸摩擦，制订《开发区应对中美经贸摩擦工作实施意见及方案分工》，确定 17 个方面 30 项具体任务，按照受影响程度对 61 家企业采取分类分级管理措施，支持瓦里安医用直线加速器、GE 航卫 X 射线用吊架等 3 款产品成功获得美方关税豁免，支持中芯国际润滑油等成功申报排除中方对美加征关税商品。坚持"七促"项目管理机制，强化项目调度，倒排工期，继续推进 95 个重点项目。其中，诺康达药品智能化生产、北汽新能源高端汽车产业园等 29 个项目完成签约，北京亦昭生物医药中试基地、集创北方芯片设计和封测基地等 8 个项目完成摘牌，康弘国际生产及研发中心建设、中国石化（亦庄）智能制造研发生产基地等 5 个项目完成开工，奔驰发动机二厂、奔驰动力电池工厂等 6 个项目顺利竣工，奔驰纯电动乘用车技术改造、德鑫泉物联网产业基地等 5 个项目实现投产，奔驰 MFA 一期项目实现达产，京东方八代线技术升级改造等 25 个项目完成技术改造。

加强同三大科学城的交流合作，与海淀、中关村共同制订《关于共同建设中关村科技成果产业化先导基地的行动方案》。依托区内龙头企业、战略性新兴企业，联合国内外重点高校及科研院所，推进区内 20 个技术创新中心和 10 个中试基地建设。营造科技创新氛围，提高区内创新活力，强化与国内外行业协会、产业联盟的合作，组织 2019 世界机器人大会、京台科技论坛、双创周亦庄会场等创新活动，举行首届世界 5G 大会。建立亦庄创新发布机制，制定创新发布清单，定期发布创新政策和政府相关信息，帮助 29 家企业推介 47 项新产品或新技术的合作需求、22 家高精尖企业发布 49 个岗位的人才需求，60 余家新入区创新型企业获得"迎新政策包"。

（中关村管委会）

【房山园概况】 2019 年，房山园入统高新技术企业 341 家；从业人员 8 万人；工业总产值 225.2 亿元；总收入 504.5 亿元；进出口总额 11.5 亿元；实缴税费总额 21.5 亿元；利润总额 13.3 亿元；资产总计 792.2 亿元；科技活动经费支出总额 26.5 亿元；专利申请量 1165 件，专利授权量 570 件。

2019 年，房山园编制中关村房山园空间优化调整方案，提出聚焦良乡、燕房、窦店三大产业组团，即良乡组团重点围绕主导产业布局研发、中试环节；窦店组团重点布局现代交通、医药健康和智能装备产业；燕房组团重点布局新材料产业。启动实施重大项目带动战略，围绕"2+2+1"主导产业，打造高精尖产业集群。在现代交通领域，天仁道和高速列车摩擦制动材料项目年内竣工投产；完成中车轨道交通装备产业园项目调整方案；卫国创芯固态锂电池项目拟租赁标准化厂房落地。在新材料领域，石墨烯种子企业孵化加速器项目用房竣工，首批遴选的5家石墨烯种子企业入驻。在智能装备领域，达闼科技云端智能机器人产业化项目年内试生产；北理工无人飞行器研发中心项目投入运营；龙源绿色环保型智能配电设备项目年内开工。在医药健康领域，京东方生命科技产业基地（一期）生命科技创新中心完成供地。

鼓励北理工等驻区高校和科研院所布局创新资源，开展重大项目研发和产业化，辐射带动周边产业组团形成联动。鼓励企业技术中心高标准建设，支持奥祥通风等企业利用自建或共建实验室建设高水平开放式创新平台，实现大、中、小企业融通发展。以海归人才为重点打造“海创人才（北京·房山）国际创新中心”，重点引进海外高层次人才创办的研发中心、集团总部和高科技企业。积极对接北京市科创母基金，设立总规模为10亿元的房山区科创母基金，重点投向“2+2+1”主导产业。

（中关村管委会）

【通州园概况】 2019年，通州园入统高新技术企业417家；从业人员4.7万人；工业总产值297.9亿元；总收入948.3亿元；进出口总额36.9亿元；实缴税费总额39.4亿元；利润总额48亿元；资产总计1380亿元；科技活动经费支出总额52.1亿元；专利申请量2086件，专利授权量1343件。

年内，通州园紧扣建设城市副中心要求，高质量推动各项工作，积极推进改革创新，园区各项工作取得明显成效。全面深化园区体制机制改革。推进“四个整合”，推动园区管理体制由分散转变为集约。对科技创新板块5个处级园区、6个科级园区共11个园区的人员、工作、资源、空间“四个整合”，实现集中办公。进一步加强党对全面工作的统领作用，增强人员凝聚力，园区按照《关于调整北京城市副中心园区管理机构设置有关问题的通知》（京通办〔2020〕2号）文件精神，对园区内设机构进行调整。加快园区运营平台公司整合。9月，北京通州科技创新投资发展有限公司注册成立，作为中关村通州园所属公司及改革工作的主体公司，该公司已参与园区运营平台的公司整合工作。

编制完成《中关村科技园区通州园项目准入评价体系研究》。年内对甘李二期、黎明家俱、华腾文创园、造纸七厂改造项目、摩思登改造项目等5个在途工业项目进行测试，对在测试过程中发现的不足又及时进行了补充完善，并将准入评价体系推广到各基层园区和部分乡镇试行。

吸引项目落地。通州园同中关村管委会城市科技前沿技术创新联盟沟通，在光机电基地设立了中关村城市科技前沿技术创新中心通州园（创新中心）；同时与北京集成电路尖端芯片股权投资中心、清控科创股份有限公司、北京英威斯特曼信息科技有限公司、建信天然投资管理有限公司合作搭建招商中介平台，为园区进行招商引资和发展策划提供专业力量。通州园管委会通过北京城市副中心优化营商环境交流会、中国国际服务贸易交易会副中心分会及市区产业对接帮扶会进行推介，先后与泰凌微电子（上海）有限公司、北京普能微电子科技有限公司、北京迦楠远通云计算应用技术有限公司、国域科创（北京）科技服务有限公司等多家企业正式签约，为通州园未来城市科技引领、发展打下坚实的基础。

2019年，园区疏解一般制造业工作列入市级任务的企业共有2家，分别为北京北农天风农药有限公司（西区）、北京市北泡轻钢建材有限公司（西区）；新增区级疏解任务企业，分别为北京仙源食品酿造有限公司（南区）、北京星月泡沫塑料有限责任公司（西区）。截至9月底，4家企业完成疏解验收工作，疏解奖励资金已拨付到位。

融入京津冀协同发展战略，促进“通武廊”区域产业经济合作，投资促进组积极开展与廊坊北三县等地区的信息对接工作，先后与天津市武清开发区就对接合作事项进行了详细洽谈，在经验交流、人员交流、产业交流和沟通机制等方面达成共识；与迁西县就北京弘赫国际体育发展有限公司赴迁西投资建设体育运动中心事宜初步达成了合作意向。

落实市、区对口帮扶支援工作的部署，按照《2019年对口支援帮扶工作方案》的要求，通过产业推介、邀请企业赴受援地考察等方式，做好产业帮扶工作及消费扶贫工作。持续推进与内蒙古地区的产业帮扶工作。截至年底，园区内北京花儿朵朵花仙子农业有限公司与科右中旗签订了投资协议并开始运行；中国社会扶贫网爱心人士注册工作在办公室的协助下，完成了工作人员的注册工作，与此同时，积极倡导大家消费助力帮持地区群众实现脱贫。

（中关村管委会）

【东城园概况】2019 年，东城园入统高新技术企业490 家；从业人员 9.2 万人；工业总产值 64.7 亿元；总收入 3036.6 亿元；进出口总额 95.8 亿元；实缴税费总额 91.2 亿元；利润总额 246.2 亿元；资产总计 6616.2 亿元；科技活动经费支出总额 109.2 亿元；专利申请量 1501 件，专利授权量 794 件。

2019 年，东城园以招优引强来推动重点楼宇提质增效。全面摸排重点楼宇，与航星园、金隅环贸、中粮置地等 6 家业主或物业管理单位签订战略合作协议。深入摸排环球贸易中心、中粮置地广场等 5 座重点楼宇，清理退租迁出企业 110 户，新引进符合高精尖产业的企业 74 户。

完善和落实东城园产业准入目录、准入标准和约束条件，完成园区“1＋2”高精尖产业研究和东城园构建新型服务体系建设研究工作，强化园区发展定位，聚焦创新要素和培育高精尖产业，加强产业项目准入管理，促进园区实现高端化、特色化、差异化发展。东直门交通枢纽复工前期工作有序推进，完成项目定位研究、北区复工手续和北区结构检测报告，启动建筑设备检测和现场临时水、电改造，工地临设施工布置及设计工作。东城园管委会负责的招商专班成立。永外城项目完成抗震性检测及管线物探、代征道路建设用地移交，启动彩虹楼规划验收和项目可研报告编制。推进航星园 107 厂房遗留问题处理，园区 107 厂房再利用意见报市规划和自然资源委员会研究。完成东城园运营公司的确立，由北京佳源投资经营有限责任公司承担东城园运营公司职责，相关年度工作任务和绩效考核指标体系由佳源投资商东城园管委会共同确定。

完成 2019 北京国际设计周暨第十届创意点亮北京活动。活动参与总人数 22000 人，央广网、《经济日报》等权威媒体报道超过 60 家，新媒体报导超百家、点击率超过 10 万次。举办中关村论坛中国北欧可持续发展与创新平行论坛活动，围绕可持续发展和创新领域，聚焦无废城市、创新生态、冬奥会等方面展开对话交流，深入探讨中国与北欧在技术上互鉴共享、合作共赢，中国、瑞典、丹麦、芬兰、挪威 5 国科学家、企业家、专家 160 余人出席论坛。

（中关村管委会）

【西城园概况】2019 年，西城园入统高新技术企业835 家；从业人员 11.6 万人；工业总产值 1240.3 亿元；总收入 3371.2 亿元；进出口总额 447 亿元；实缴税费总额 110.7 亿元；利润总额 312.9 亿元；资产总计 1 万亿元；科技活动经费支出总额 104.1 亿元；专利申请量 2730 万件，专利授权量 2038 万件。

2019 年，西城园牢牢把握首都核心区战略定位，充分发挥西城园的平台功能，聚焦国家级金融科技示范建设，加快构建高精尖经济结构，推动经济高质量发展。加快构建金融科技产业生态，金科新区建设取得新突破。紧紧围绕打造“政产研用资”金融科技生态体系，在规划编制、政策发布、重点企业引进、国内外交流等方面紧密合作，统筹推进金科新区重点项目建设。狠抓金科新区建设方案和 3 年行动计划落实，出台“金科十条”政策及实施细则，全面启动政策兑现工作。揭牌北京金融科技研究院，筹建金融科技实验室，搭建金融科技研发平台。配合央行组建北京金融科技产业联盟，配合市金融局组建保险科技联盟，助力企业形成合力，提升影响力。服务入驻企业申报人行等六部委的金融科技应用示范项目，19 家企业的 19 个项目通过评审，项目数占全市总项目的 40%。完成北京金融科技产业投资基金的政府引导基金认缴比例确定工作，建立决策机制，储备了华控清交、博雅正链等 50 余个优质项目。吸引金融科技头部企业落地，成功引入第一家外资银行卡清算机构——万事网联，47 家重点金融科技企业先后入驻，亿元以上企业 17 家，新增注册资本金超过 700 亿元。加快提升金科新区的空间承载力，四达大厦、奇安信、天河白马年底前外立面亮相，世纪天乐、新大都饭店改造工程稳步推进。从建设慢性系统、市政设施统筹优化、楼宇形象打造和夜景照明、5G 等智慧街区技术集成等方面入手，加快区域综合品质提升，全方位打造首都精品街区。举办首届成方金融科技论坛，邀请该领域的诺贝尔奖得主、院士和专家学者参加，同步进行金融科技成果展，高规格推介金科新区和宣传入驻企业的创新成果。

编制完成《西城园发展规划》，明确以金融科技为主导，以文化科技和智慧产业为重点，着重培育知识产权服务和新能源的“1＋2＋2”高精尖产业结构。服务设计之都，设立创新研发平台，发起科技创新基金，对接联合国教科文组织创意城市网络，建立全球创新智慧融媒体中心，全年吸引 47 家国内外机构入驻。修订孵化平台支持政策，专业化实施孵化加速基地和孵化平台认定考核，新认定 2 家区级孵化加速基地——设计之都、天恒新科技和1家创新孵化平台——761创新工场。完善中关村高新技术企业认定工作流程,取消纸质送审,优化联审方式,缩短审核时限,全年受理国家高新技术企业申请193家、认定村高新企业151家。构建企业经济运行数据分析体系,实现“一企一档一画像”,为精准服务提供数据支撑。

(中关村管委会)

【朝阳园概况】2019年,朝阳园入统高新技术企业1772家;从业人员26.2万人;工业总产值469.5亿元;总收入6889亿元;进出口总额1578.1亿元;实缴税费总额423.2亿元;利润总额424.8亿元;资产总计1.4万亿元;科技活动经费支出总额341.9亿元;专利申请量1.1万件,专利授权量6717件。

2019年,朝阳园以优化营商环境为抓手,以助推创新创业促转型为目标,以推进重点项目建设为突破,全面实施创新驱动发展战略,努力构建高精尖经济结构,开创了园区发展的新局面。加强对投资机构投资朝阳企业的分析,与香港交易所、英诺基金、创新工场、中关村并购母基金、中关村龙门加速器以及11家银行、协会、担保公司建立长期联系,并与上述部门合作举办“金融服务科技 携手共赢未来——2019朝阳园科技·金融大讲堂”4期,搭建信息共享平台。与阿里、龙湖科技、来广营乡对接,推进阿里集团北京总部项目方案编制和龙湖科技板块落地工作;全面启动国际创投集聚区项目落地工作,吸引高瓴资本、红杉资本等国际知名创投机构入驻。

深化与未来论坛的战略合作,支持双创周未来青年论坛、未来大奖颁奖新闻发布会的举办,对外发布建设中关村朝阳国际创投集聚区、启动2019海外人才创业大会(OTEC)、成立科技服务创业投资服务联盟及先进制造创业投资服务联盟;举办2019年中关村知识产权服务业联盟与朝阳园孵化器企业对接交流活动,促进孵化器企业知识产权工作发展,完善园区创新孵化平台管理机制,提升园区创新创业服务效能,全年共推荐10个孵化机构、11个孵化器项目参与中关村示范区创新型(硬科技)孵化器申报项目;同时做好园区科技创新人才跟踪服务以及相关创新人才政策的对接,更好地吸引与培养科技创新领军人才。

推进国际人才公寓、国际学校以及国际医院等相关建设工作。开展2019年中关村示范区创新型企业人才引进需求计划、2019年支持创新型企业人才引进需求调查;举办中关村新版“1+4”政策宣讲会、中关村外籍人才申请在华永久居留积分评估工作宣讲会等活动,做好园区科技创新人才跟踪服务以及相关创新人才政策的对接,加大对6家已建成的博士后企业分站的走访力度,实现与河北唐县的联动,为促进京唐两地人才交流、发展理念模式互鉴谋求互助合作的新模式。

研究制定关于促进朝阳园高精尖产业发展的若干措施,根据朝阳区产业升级领导小组的工作安排和《朝阳区高新技术产业发展引导资金管理办法》的要求,对4个重大科技成果奖获奖项目、46个高新技术成果转化重点项目、2个重点商务楼宇、工业物业、孵化器等产业平台项目以及756个国家高新技术企业认定补助项目予以支持。拟定《2019年中关村重大高精尖成果产业化支持资金项目征集方案》。启动“朝阳区高科技高成长20强暨朝阳明日之星”评选活动。

(中关村管委会)

【丰台园概况】2019年,丰台园入统高新技术企业1900家;从业人员19.8万人;工业总产值425.1亿元;总收入6272.8亿元;进出口总额401.6亿元;实缴税费总额164.1亿元;利润总额387.1亿元;资产总计1.9万亿元;科技活动经费支出总额227.3亿元;专利申请量6392件,专利授权量4094万件。

2019年,丰台园新引进企业86家(含亿元以上企业47家),其中高精尖企业74家,占86%,涉及轨道交通、航空航天、新一代信息技术等领域,引进了中铁高新工业股份有限公司、北京鼎汉轨道交通技术有限公司、北京航天长征飞行器研究所等优质企业。聚焦优势产业,完成《丰台区关于加快轨道交通产业发展若干政策(拟)》的起草,与中关村共同发布轨道交通产业政策。初步制定《中关村丰台科技园高精尖产业/企业准入、退出与监管机制》。国家高端装备制造业标准化试点通过市级考核评估。

年内,10个在建项目实现开复工142万平方米,其中8个项目纳入区级重点项目;实现全社会投资30亿元,完成全年任务的76%,其中建安投资12亿元,完成全年任务的51%。拟引进北京交通大学轨道交通相关科研平台和工科学院主体,已形成了初步工作方案。制定完成《丰台园空间范围局部优化调整方案》并通过区政府审议。

成立中关村示范区科技成果转化丰台园分站。新增主板上市企业 4 家(元六鸿远——A 股主板、中铁工业——A 股主板、旭阳集团——香港主板、值得买科技——创业板),新增科创板企业 2 家(中国通号、交控科技),累计上市企业 28 家。同时,梳理 200 余家企业,作为建立分层次、分梯队的拟上科创板企业基础储备库。新增英视睿达等 3 家企业成立北京市院士专家工作站。建立 3D 打印数字维创中心,搭建了 3D 打印创新孵化服务平台,建立了以 16 位专家为核心的工作站。获得中国首批技术与创新支持中心(TISC)授牌,并落户园区,正积极对接运营事宜。

开展"创新十二条"政策兑现工作,第一批 500 余家企业获得逾 2 亿元资金支持。主办企业家早餐会 10 场,满足企业需求 90 项。设立巡回司法工作站开展诉调对接。成立商标品牌指导站,实现企业商标注册"零跑路"。

(中关村管委会)

【石景山园概况】2019 年,石景山入统高新技术企业 837 家;从业人员 9.4 万人;工业总产值 86.1 亿元;总收入 2613.2 亿元;进出口总额 42.7 亿元;实缴税费总额 96.8 亿元;利润总额 309.8 亿元;资产总计 9216.8 亿元;科技活动经费支出总额 143.3 亿元;专利申请量 3865 件,专利授权量 1503 件。多方联手协同,有效推进中关村工业互联网产业园建设工作。打造中关村工业互联网产业园,搭建"1 中心 +1 联盟 +1 基金 +1 基地 +3 平台"的创新服务体系。

聚焦产业招商,营造创新生态,加快构建园区高精尖产业结构。以央企为核心,引导上下游企业集中入驻,对接航天云网、中国司法大数据研究院等重点规模企业。对接腾讯、云天励飞等新兴行业龙头企业。组织完成中关村 3 批次"1 +4"政策支持资金申报工作,航天测控"自主可控负责装备故障预测与健康管理系统"、猎豹科技"AI 智能服务机器人"、耐德佳"高性能轻便型大视场 AR 显示技术"等 4 个领域的 7 个项目进入中关村首批重大高精尖成果产业化项目市级终评。建立石景山区高精尖产业项目储备库、石景山区产业化落地项目库和区域重点推进落地项目进度表,持续推进创新技术产品应用示范。促成达瓦科技、爱奇艺 VR、国家无线电监测中心检测中心等多家园区重点企业在首次采取仿真模拟技术手段的国庆 70 周年阅兵过程中担任多项重大技术保障任务并顺利完成。"一对一"精准对接航天科技集团等龙头企业,中电科集团电科云(北京)科技有限公司落地石景山;稳步推进中关村(首钢)人工智能创新应用产业园建设,筹备成立中关村人工智能创新应用研究院,完成首钢 AI 园示范项目的全球征集工作,北汽列队驾驶车项目实现落地示范应用;中关村虚拟现实产业园集聚 AR/VR 企业 100 余家。与中关村联合承办中关村科技服务冬奥论坛,策划重点企业"走进石景山"。举办首期"启迪之星知识产权孵化加速营"活动,举办第二届中国虚拟现实创新创业大赛,深度推进 2019 年全国双创周、第四届清华校友三创大赛、2019 北京文化创意大赛石景山分赛、毫米波太赫兹产业发展联盟成立大会暨高峰论坛等系列高端创业服务活动。

着眼精准服务,注重政策实效。围绕完善产业发展生态环境和加快培育高精尖产业集群,对现行政策进行优化调整,出台《关于落实〈北京市人民政府关于加快科技创新构建高精尖经济结构用地政策的意见(试行)〉的实施方案》。落实北京市"9 + N"政策 2.0 版与中关村"1 +4"产业体系,全年牵头组织开展各类政策解读和业务培训 50 余场次,培训 2000 余人次;为航天神禾、优矩互动、东土科技等企业提供量身定制 47 个服务包。推进 8 家企业纳入中关村与上交所联合实施的中关村龙门培训营,推进宁波银行等金融机构与园区合作创新金融服务产品,开展企业信贷试点工作。

突出创新引领,促进成果转化。依托区属创业公社、侨创空间、启迪之星(石景山)基地等孵化载体,全年新引进创新创业企业 154 家。超高速管道交通、智能化康复辅具的共性技术平台、自主导航智能助老服务机器人、基于车路协同技术的驾驶辅助系统、干细胞技术等一批创新成果落地。推荐青燕祥云、耐德佳等 20 余家企业参加 2019 年全国双创科技周,推荐园区企业参加中关村医药健康新技术、新产品供需对接会,触幻科技自主研发的医疗影像全息显示操作系统、MR 下穿刺辅助系统和领航者腹腔镜影像全息融合系统与多家医疗机构达成合作意向。易视互动携"天工开物 AR 展"受邀参加英国科学博物馆新春展示,爱奇艺智能助力第九届北京国际电影节,东土科技联合英特尔在 2019 汉诺威工业博览会(HMI2019)上展出全球第一款软件定义控制工业服务器 NEWPRE,爱奇艺智能携

8K-VR视频一体机及强大的iQUT“未来影院”内容等VR产品集体亮相深圳“中国电信5G创新合作大会”，并作为行业领军企业与中国电信签署战略发展合作协议。东土科技、国电康能与“一带一路”沿线国家在工业互联网、节能环保项目上形成长期合作。猎豹移动、中译语通、百融云创、易华录、易宝支付在内的多家园区优质企业抓住“一带一路”建设的契机，将一批高端产品、技术和服务输送到世界各地。

汇聚高端资源，注重人才服务，持续推动科技人才集聚区建设。开展石景山区引进人才申报工作，重点支持园区上市企业、独角兽企业、前沿技术企业等创新型企业，完成27家企业的申报整理工作，推荐符合引进条件的人才58名。建立人才沟通机制，重点企业重点对接，服务企业需求。与畅游、易宝支付、青燕祥云等园区重点企业就人才引进建立起专项对接机制。推动新唐思创、众谱达、暴风集团3家企业建设博士后科研园，推动北京吉威时代软件股份有限公司成立博士后科研站，推动三友宇天测绘有限公司、创佰汇前沿科技孵化中心建立院士专家工作站，吸引倪光南、朵英贤等一批知名院士、学者入站指导工作。

（中关村管委会）

【门头沟园概况】2019年，门头沟园入统高新技术企业238家；从业人员1.7万人；工业总产值46.1亿元；总收入365.1亿元；进出口总额123.3亿元；实缴税费总额10.1亿元；利润总额11.7亿元；资产总计705.6亿元；科技活动经费支出总额10.9亿元；专利申请量750件，专利授权量459件。

2019年，门头沟园按照党建引领产业发展工作思路，围绕文旅体验、科创智能、医药健康三大产业，构建高精尖产业，优化营商环境。2019年，园区人才聚集态势显著，共引进4名院士（倪光南院士、李亚栋院士、刘忠范院士和史蒂夫·弗伯院士）和26名高端人才。创新创业发展高精尖产业培育方面，园区建设科技企业孵化器11个，总面积约11万平方米，其中市级众创空间3个、中关村创新型孵化器4个，创新生态日趋活跃。

为推进存量产业用地“腾笼换鸟”，园区收购北京安普新材料发展有限公司的股权，成为市首例协议转让工业研发用地政府优先回购项目，也是全市首例工业用地企业股权北交所转让项目，得到市领导的认可批示，该项目被打造成“机智2019”机器人智能科技创新中心。中关村（京西）人工智能科技园·智能文创园正式落成开业，引入研发机器人视觉的微链科技等6家科技企业，与中国移动北京公司签署了共建5G示范园合作协议，并进行5G应用演示，与原力AI学院、建设银行等11家产业服务平台签署合作协议，共同助力企业发展，为工业产业转型升级和人工智能特色产业发展起到示范作用。

园区积极落实“1+4”政策等各项支持项目30余项，56家企业获得支持资金，共计3040.4967万元；5家企业成为中关村金种子企业，70余项产业政策已申报。园区制订《门头沟区成立服务高精尖项目落地工作专班的实施方案》，形成“专班+专组+专员”的组织架构，确保高精尖项目顺畅推进；制订《门头沟区属地企业一企一策“服务包”实施方案》，为园区高精尖（项目）企业提供精准服务。为25家高精尖（项目）企业发放服务包。园区落实北京市委“8+1”行动计划，在九三学社北京市委的指导支持下，建成国内首家民主党派双创基地——九三乐创空间，乐创空间已落地18家企业。

截至2019年年底，园区共注册企业603家，注册资金共计122.62亿元。其中注册资金1000万元以上5000万元以下的企业146家，5000万元以上1亿元以下的企业35家，1亿元以上的企业39家。引进中石油铁工油品、北京久与科技有限公司、誉和置业、华软金科等一批纳税型企业。成功引入北京煜邦数码科技有限公司、北京一诺先科装备技术有限公司、中科微精（北京）光子科技有限公司、北京英田影视文化股份有限公司、西亚洲际（北京）智能传感科技有限公司、天乐泰力有限公司等高精尖企业，招商引资表现出精准态势。

（中关村管委会）

【平谷园概况】2019年，平谷园入统高新技术企业150家；从业人员1.7万人；工业总产值55.4亿元；总收入171.1亿元；进出口总额5.4亿元；实缴税费总额8.4亿元；利润总额2.6亿元；资产总计289亿元；科技活动经费支出总额7.9亿元；专利申请量433件，专利授权量277件。

2019年，平谷园承担“中关村平谷园产业发展规划研究”课题，完成园区空间布局调整方案，方案获市政府办公厅以会议纪要的形式原则通过。结合全区高精尖产业发展现状和下一步定位，研究制定《平谷区孵化器管理办法》，并经区委常委和区政府常务会议审议通过，由区政府正式印发执行。配合中关村管委会对新版中关村国家自主创新示范区“1+4”支持政策进行宣讲，协助企业申报“1+4”支持政策；组织开展平谷区优化营商环境21项政策宣讲，协助企业与区内各政策部门深入对接。

园区采用“走出去、引进来”的工作方法，依托驻中关村平谷园服务处，联合区税务局，积极挖掘和引进区外高成长创新型企业，累计已引入创新型注册企业200多家。按照平谷区与北京经济技术开发区结对协作工作的整体安排和部署，以园区培训、招商对接、无人机小镇建设等为契点，先后开展3次座谈交流、4次招商对接、3次无人机小镇建设对接活动。围绕全区农业科技创新区建设，多渠道对接农业科技创新主体，重点对接中国农业科学院农业环境与可持续发展研究所农业纳米研究中心靶向制药中试项目，双方达成入驻协议。

以信息化手段为依托，组织开发平谷区科技与工业企业统筹管理系统，通过系统统筹闲置低效产业用地盘活工作，系统在全区政务外网上线部署，组织各产业园区和乡镇对数据进行核查和完善。挖掘园区存量楼宇空间资源（马坊通航大厦），会同马坊工业园区，在中关村管委会的指导下，依托中关村前沿科技与产业服务联盟运营力量，积极推进中关村（平谷）农业科技前沿技术创新中心建设，中心已入驻20家创新型企业，其中成功孵化1家国家高新技术企业，2家新型研究机构入驻。

（中关村管委会）

【怀柔园概况】2019年，怀柔园入统高新技术企业197家；从业人员3万人；工业总产值410.8亿元；总收入574.2亿元；进出口总额21.1亿元；实缴税费总额20.5亿元；利润总额33.8亿元；资产总计932.9亿元；科技活动经费支出总额22.8亿元；专利申请量892件，专利授权量924件。

2019年，结合北京城市总体规划落地及分区规划编制要求，怀柔区对接中关村科技园区管委会、市规划和自然资源委员会怀柔分局，怀柔园发展规划编制与空间调整工作。怀柔园联合长城伟业公司、信息谷、海创研究院共同借助创新小镇创新平台优势，结合科学城科研方向、怀柔产业定位开展招商引资工作，完成实体注册项目90家，注册资本61.8亿元，其中中科智供、海创研究院实体项目均已落户创新小镇并挂牌启动。园区积极构建科技生态创新体系，与中国科学院大学、北京海创产业技术研究院、山东魏桥创业集团有限公司等机构和企业展开合作，积极探索构建科技生态创新体系。分别与国科大、海创、魏桥集团签署战略合作协议，共同推动怀柔产业研究院、海创研究院总部和魏桥国科怀柔产业技术研究院在怀落地建设。推进与中丹科研教育中心的交流与合作。学习借鉴德国、丹麦等欧洲国家的知名科技园区的先进经验，促进怀柔科学城产学研合作、科研成果转化、技术转移服务、创新生态培育等方面的建设工作。针对产业和经济发展，怀柔区已成立工作专班，由怀柔区经济和信息化局牵头，制订怀柔区产业发展5年行动计划。

（中关村管委会）

【密云园概况】2019年，密云园入统高新技术企业155家；从业人员3.2万人；工业总产值210.8亿元；总收入406亿元；进出口总额18.9亿元；实缴税费总额15.7亿元；利润总额-22.4亿元；资产总计762.2亿元；科技活动经费支出总额24.6亿元；专利申请量663件，专利授权量464件。

2019年，密云园优化营商环境，抢抓机遇招优引强，全年共洽谈实体项目200余个，重点跟进68个、落地11个；全年共注册企业947家，当年纳税4645万元。万都研究院等8家企业成功回迁，新增财收1095万元。落实减税降费政策，2019年为企业减免税费7.5亿元，惠及近千家企业；先后为中金投、京沈客专等重点企业引进高级管理人才5名；帮助康辰、超同步等企业争取市级以上项目政策资金4314万元。生物医药企业实现财政收入1.14亿元，占比达到27%。其中，2019年仅康辰一家企业就实现财政收入0.47亿元（税收1.9亿元）。2019年，新引进七维生物、益民药业、赛科希德3个生物医药项目。美中双和、七维生物、赛科希德等3家准备上市。节能环保企业实现财政收入0.34亿元，同比增长31%。妥善解决遗留问题。2019年内偿还欠款8.5亿元，欠款从2016年年底的约22亿元降至7亿元。其中，贷款余额减少4亿元，贷款总额从2016年年底的11亿元降至3.5亿元。盘活停产低效企业14家、土地337.9亩、建筑物8.1万平方米。国泰怡安、坤德财富等一批新项目已经在盘活地块上规划建设。

（中关村管委会）

【延庆园概况】2019年，延庆园入统高新技术企业253家；从业人员9644万人；工业总产值83.6亿元;总收入144.9亿元;进出口总额5.1亿元;实缴税费总额5亿元;利润总额2.6亿元;资产总计342.4亿元;科技活动经费支出总额6.5亿元;专利申请量421件,专利授权量285件。

延庆园承担的近零碳排放试验示范建设是北京全国科技创新中心建设任务之一。项目策划方案编制形成,取山地新闻中心项目作为示范,完成初步设计和图纸绘制落图工作,总体技术路线确定。加快完善《北京2022年冬奥会和冬残奥会延庆赛区科技冬奥专项规划》,完成第二批"2019科技世园"专项申报,4个专项课题的990万元科技财政经费全部到位。延庆区科委(中关村延庆园)牵头承担的区级15项折子任务进展顺利。创新能力建设不断提升,高新技术企业达到253家,2019年新增102家,较2018年增长63%。瞪羚企业18家,展翼企业6家,金种子企业2家。

特色产业要素不断聚集,围绕现代园艺、体育科技、新能源和能源互联网、无人机4个重点培育产业,组建4个产业专班,编制完成延庆园发展规划及4个产业专项规划初稿。建立并完善重大项目双调度机制,协调项目落地涉及的资金、人才、政策等事宜。中国花卉发展中心、中电智慧、中科谱遥、中关村智连灾害研究院等重大高精尖产业落地。引进包括13家世园会参展企业在内的现代园艺企业46家(累计达到87家)、雪族科技等体育科技企业48家(累计达到74家)、航天九院等无人机企业10家(累计达到16家)、华业阳光等新能源企业43家(累计达到75家)。完成12个市级实验室和研发平台建设,设立钟山院士领衔的专家工作站。

产业发展方面,创新家园项目中心公园建设基本完成,两块配套居住用地实现预挂牌,土地入市工作实现突破。加快推进园区布局优化和腾笼换鸟。疏解中材风电叶片制造环节,引入无人机项目。引导恒阳电缆厂完成自我盘活,建成研发中试中心。长城服装产业园转型建设体育科技创新园竣工运行。嫁接康斯特仪表公司到环都拓普,建设仪器仪表制造和研发中心,实现产业优化升级。盘活1.5万平方米企业闲置厂房、57亩闲置土地,作为无人机产业承载空间,打造无人机科技创新园。围绕"1+4+4"高精尖产业政策体系,出台高精尖产业用地配套政策,确定入园项目的准入条件,明确产业、投资及创新能力、节能环保等要求,作为土地供应的前置条件;牵头制定4个特色产业专项措施,对重点团队和重大项目加大精准支持力度。实施延庆园创新创业政策,完成项目征评审报工作,114家企业的185个项目将获得1971.95万元资金支持。趸租人才公租房250套,配租过半,并已储备新一批房源。落实延海合作任务,加强与海淀园的对接,探索园区干部互派交流,依托启迪之星等平台机构,承接创新资源外溢。借助帮扶资金,设立2亿元的延庆首支科技创新基金,制定用于投资延庆资金不少于50%的使用标准,为延庆科技创新产业发展注入更大规模的资金支持。进一步完善"企业之家"服务配套功能,建成园区企业服务中心,并已正式办公运营。举办中国花卉大会、园艺疗法研讨会、冬奥会倒计时1000天、延庆科技周等产业促进活动4次,参与冬博会、科博会、双创周等重大品牌活动3次,组织延庆分会场及延庆专场推介宣讲会10余次,获得《人民日报》、北京新闻、北京冬奥纪实频道、《北京日报》、《北京晚报》等96家市级以上媒体累计报道达200余次,获得了社会各界的广泛关注。

(中关村管委会)

支撑发展

高精尖产业科技

【概述】2019 年，围绕科技创新中心建设重点任务的完成情况，承接重大科技任务，服务国家创新战略，扎实推进高精尖产业发展。结合国家重大基础研究及前沿技术研究、科技创新 2030（2035）“高端装备重大专项支撑”重点方向，围绕智能机器人、高端装备、智能制造、工业互联网等技术领域，组织召开专家研讨会，调研北京优势单位，开展人工智能、大数据、脑机接口等信息技术在装备制造及机器人等领域内的应用研究，并取得重大进展。

组织制订《北京市新能源智能汽车产业高质量发展行动计划（2019—2022 年）（草拟稿）》。推进重点产业项目建设。北京奔驰动力电池工厂第一款电池已于 9 月 6 日实现交付。北京奔驰首款车 EQC 纯电 SUV 已下线并正式进入中国市场。推动产业集聚发展。推进一批产业化项目落地北京，其中，国联万众第三代半导体材料及应用产业化项目基础建设已基本完成，八亿时空“年产 100 吨显示用液晶材料”项目已完成超高清用高性能混合液晶材料样品制作。海淀区已成为智能网联创新型集群承载地，注册企业超过 100 家；顺义区、亦庄成为新能源汽车成果转化发展集聚区，已入驻了国家新能源汽车技术创新中心、国家智能网联汽车创新中心、北汽新能源、北京奔驰等多家单位。联合顺义区全方位布局第三代半导体，积极推动第三代半导体科技成果在顺义孵化落地，已入驻入孵企业 61 家，累计拥有核心专利 140 件。联合房山区加快提质转型，建设占地 56.5 亩的石墨烯种子园于 11 月正式挂牌运营。纯电动汽车推广规模占国内领先优势。2019 年，新增纯电动汽车 7.51 万辆，累计推广纯电动车 30.89 万辆，累计建成充电桩 20.19 万个，居国内领先地位。

（市科技史志办公室）

先进制造技术

【智能机器人多项关键技术获奖】年内，市科委支持北京航空航天大学开展空间极端环境下机构复杂序列运动地面测试装备关键技术课题研究，北京理工大学仿人机器人关键技术及应用课题研究，其中复杂机构运动技术、仿人机器人关键技术及应用荣获 2018 年度国家技术发明奖二等奖。

（北京生产力促进中心）

【80 吨液氧甲烷发动机顺利通过 200 秒变推力长程试车】年内，由市科委支持、由蓝箭航天空间科技股份有限公司研发的“天鹊”TQ-12 液氧甲烷发动机顺利通过 200 秒变推力长程试车，这是目前国内推力最大的可重复使用的液氧甲烷发动机，是世界第三、亚洲第一大推力的液氧甲烷发动机。试车时长达 200 秒，覆盖火箭全部飞行时长，意味着国内首次突破双低温火箭发动机推力调节技术和高精度低温调节器技术，为可重复使用火箭返回奠定技术基础，同时也有助于火箭飞行弹道优化和火箭起飞前的故障诊断。未来，“天鹊”两型液氧甲烷发动机 TQ-11 与 TQ-12 将构成“朱雀二号”运载火箭的动力系统。

（北京工业设计促进中心）

【摩擦搅拌焊技术创新应用于铁路货车铝合金车体破损维修】年内，北京建筑大学、北京二七机车工业有限责任公司、神华铁路货车运输有限责任公司通过产、学、研、用合作，采用自主研发的数控移动砧板支撑技术和静轴肩搅拌头技术，进行定制化结构设计和轻量化研究，联合研发出用于铁路重载货车 C80 铝合金敞车车体破损修复的可移动式摩擦搅拌焊修复设备。实现不拆卸车体侧墙，1 小时内即可对铝合金车体侧墙不同破损部位进行铣削和焊修，项目已在神华铁路货车运输公司实现应用。

（张子林）

【自主化弹性联轴器通过装车考核】 年内,由康为同创集团有限公司自主研发、具有完全自主知识产权的弹性联轴器顺利通过30万千米的装车考核运行,此举打破了国外相关技术的垄断,实现联轴器的完全自主化生产。

(张子林)

【物流自动拣选成套设备研制应用成功】 年内,北京起重运输机械设计研究院有限公司针对物流行业高速增加的小件物品快速自动拣选需求,通过对箱式密集存储系统、箱输送线、拣选工作站、控制与管理系统以及拣选成套设备集成与模块化等核心设备及关键技术的研究,研制出物流自动拣选成套设备,并通过相关测试及应用,实现"货到人"快速拣选功能。

(张子林)

【智能化电力装备完成应用示范】 年内,由市科委支持、北京许继电气有限公司研发的智能化电力装备在电力系统及装备制造企业实现了应用,贯穿电力发、输、变、配、用五大环节智能装备的生产和运维数据全生命周期,提供了设备数据智能采集、存储和分析等先进信息技术工具。在应用示范生产线,取得生产率提高20%、产品直通率提高0.7%、产品质量缺陷率降低30%的成效,有力推动了新一代信息化技术与制造技术的深度整合,为电力装备制造企业智能制造转型升级赋能,助力企业提升核心竞争力。

(北京生产力促进中心)

【民航客机新媒体服务平台投入使用】 年内,在市科委2017年"基于直播星的民航客机新媒体服务平台关键技术研发与应用"重大项目支持下,国家广播电视总局广播电视科学研究院、北京数码视讯科技股份有限公司、航广卫星网络有限责任公司联合研发的基于直播星技术的民航客机新媒体服务平台投入使用。支持ABS-S和DVB-S2卫星电视信号、支持4K、H.265、AVS+视频格式,机上直播电视节目数量达24套;机上Wi-Fi系统支持乘客以512Kbps的速度访问互联网,成果已在国内3架客机(国航B6556、B6631,南航B5645)投入示范应用。该重大项目起止期限2017年1月1日—2018年12月31日,财政支持经费500万元。

(北京生产力促进中心)

【3D打印技术助推传统印刷产业升级】 年内,中国科学院化学研究所通过新材料和新技术开发,将3D打印技术和印刷相结合,研发绿色印刷3D盲文印制技术关键墨水材料、专用打印装备,为盲文出版提供一种全新的且具有核心知识产权的先进制备技术,实现盲文出版的高效、便捷印刷。截至年底,已为北京盲校、南京盲校、青岛盲校、杭州盲校等提供了《中医经络触感教学图册》《高中物理习题集》《高中地理触感图册》等明盲对照图书及有声读本的印制。

(张子林)

【两款国产敏感器亮相70周年中国航天成就展】 年内,庆祝中华人民共和国成立70周年中国航天成就展在湖南国际会展中心举行,展出中国科学院国家空间科学中心自主研制并已实现产业化的高精度纳型星敏感器和纳型数字太阳敏感器。据介绍,此两类敏感器已达到国际先进水平,实现替代国外同类进口产品,已完成7台(套)的交付使用。

(张子林)

新能源技术

【高比能量锂离子电池取得重要突破】 3月,市科委支持的电动汽车用300瓦·时/千克级三元系高比能量锂离子电池研制项目通过专家组验收。该项目由中信国安盟固利动力科技有限公司联合当升材料科技有限公司、中科院过程工程研究所共同承担,经过2年的技术攻关,攻克了高能量密度动力电池超厚电极制备、三维结构新型电极等技术,成功开发出200毫安时/克以上高比能量动力锂电正极材料NCM811,新型高安全、耐高压电解液以及300瓦·时/千克级高比能量单体电池。该项目的实施整合并打通了高能量密度电池上下游产业链,使北京市在高比能量锂离子电池方面取得重要突破,在动力电池产业领域处于国内领先地位。项目成果可以显著提高现有新能源电动汽车的续航里程,与现有产业化电池产品相比,在同等重量的情况下,装载该项目动力电池的新能源汽车续航里程可达到600千米。

(边 浩)

【高环境耐受性燃料电池系统产品研制项目通过验收】 3月,市科委组织专家对北京亿华通科技股份有限公司承担的高环境耐受性燃料电池系统产品研制项目进行了验收。该项目团队攻克了燃料电池低温启动损伤机理、低温启动电堆设计与低温启动控制等关键技术，其自主研发的燃料电池动力系统在无外界热源辅助的条件下实现 -30℃低温启动、-40℃低温存储，对提高中国燃料电池动力系统的可靠性和耐久性，以及在北方地区规模化推广燃料电池汽车有重要意义。通过项目支持，该公司进一步提升了燃料电池动力系统的设计和开发能力，自主研发了模块化、系列化的燃料电池动力系统，其中燃料电池电堆体积功率密度达到 2.0 千瓦/升，居国际领先水平。

（边　浩）

【智能网联驾驶标准体系初步完成构建】4 月，市科委对由交通运输部公路科学研究所主持，中国汽车工程学会、中国信息通信研究院、中关村中交国通智能交通产业联盟、清华大学、北京航空航天大学等单位共同承担的智能网联驾驶基础标准研究项目进行了验收。该项目构建了智能网联驾驶标准体系，并围绕基础设施、地理信息、信息服务、信息安全及驾驶安全等 5 个重点领域，进行了标准的研究和编制工作。项目形成了调研报告 4 项、研究报告 12 项、标准 10 项，成果在行业内得到广泛应用。

（边　浩）

【“智能网联汽车环境感知与网联信息数据接入系统开发”课题完成】4 月，市科委支持的“智能网联汽车环境感知与网联信息数据接入系统开发”课题顺利通过验收。该课题由北京星云互联科技有限公司承担，面向智能网联汽车的发展需求，研究多模式信息交互和多源感知数据接入与融合技术。课题成果一方面实现了针对 LTE-V2X 和 DSRC 多模式网联交互的高密度板载集成与兼容协议栈；另一方面突破了亚米级低成本组合定位、车端 CAN 总线状态获取、车身激光雷达、毫米波雷达、视觉等多层级的环境感知集成技术。课题成果实现了智能网联汽车针对自身以及周围交通环境、交通目标的完全信息感知，覆盖近端/远端、可视区/盲区，有效弥补了单一模式的不足；有效支撑了国家标准 GB/T 31024. 3—2019《合作式智能运输系统专用短程通信第 3 部分：网络层及应用层技术要求》及应用层多个行标的制定工作；课题成果搭建的智能网联汽车应用服务平台，通过 API 的形式，全面支撑上层智能驾驶应用的开发。

（边　浩）

【全市共推广新能源汽车超 30 万辆】年内，全市累计推广新能源汽车 30. 89 万辆，其中单位 1. 84 万辆，个人 22. 32 万辆，公交车 1. 24 万辆，环卫车 0. 43 万辆，出租车 0. 86 万辆，货运车 1. 88 万辆，其他 2. 32 万辆。年内新增新能源汽车 7. 51 万辆。

（张　爽）

【开放自动驾驶道路临时测试牌照及道路】年内，北京市继续开放自动驾驶道路临时测试牌照及道路。截至年底，北京市已为百度、蔚来汽车、北汽新能源、小马智行、戴姆勒中国、腾讯、滴滴旅行、奥迪等企业的自动驾驶车辆发放了道路临时测试牌照，已确定 151 条共 503 千米的国内最长自动驾驶开放测试道路，安全测试里程已超过 104 万千米。其中，北京经济技术开发区已实现 40 平方千米全域开放，建成全球第一条带有潮汐车道的复杂特大城市 V2X（车路协同）城市测试道路，并启动全国首个车联网（智能网联汽车）与自动驾驶地图应用试点。正式开放自动驾驶载人测试，百度获首批 40 张自动驾驶道路载人测试通知书。道路测试里程全国领先，为 13 家自动驾驶企业的 77 辆车辆发放道路测试牌照，服务规模居全国第一。

（边　浩）

【持续推进电池前瞻技术创新】年内，中国科学院物理所、北京卫蓝新能源科技有限公司联合北京当升材料科技股份有限公司等行业资源，开发全固态电池工程化设备及相关工艺，全固态锂电池单体能量密度超过 400 瓦 · 时/千克，为国际先进水平。首辆液氢燃料电池重卡关键技术取得突破，满足城市重型、长途货运等特定场景车辆电动化需求，已完成 35 吨燃料电池动力系统技术平台及集成关键技术研究，正在进行整车搭载验证。

（边　浩）

【联合攻关团队连续刷新钙钛矿电池光电转换效率世界纪录】年内，由华北电力大学、中国科学院半导体所、北京理工大学、华能清能院、全球能源互联网研究院等高校院所、央企组成的联合攻关团队连续冲击钙钛矿光电转换效率世界纪录。经国际权威机构——美国 Newport 检测，该联合团队核心成员之一中国科学院半导体所专家游经碧牵头研发的钙钛矿太阳能电池实验室尺寸的单结电池光电转换效率达到 23. 7%，刷新了其于 2018 年上半年首次创造的 23. 3% 的世界纪录。此外，联合团队还率先就钙钛矿电池封装、组件设计等走向产品化的系列技术进行研发，成功研发 100 厘米 × 100 厘米大面积组件,并在未来科学城建筑屋顶进行千瓦级示范验证,为走向产品化抢占先机。

（李　伟）

新材料技术

【超轻三维石墨烯工业生产技术取得突破】年内,北京理工大学曲良体团队承担的北京市科技计划课题——超轻三维石墨烯宏观体批量制备技术研究,通过对宏观三维石墨烯的制备方法和工艺条件的设计与优化,为超轻三维石墨烯宏观体的工业化批量生产建立了一套切实可行的工艺方法和生产设备原型系统,实现了超轻三维石墨烯宏观体材料的可规模化制备。该方法制备的三维石墨烯宏观体材料具有多级孔结构,具有压缩弹性、比表面积大、耐燃性能好等优势,在能源存储、催化反应、吸附分离、阻燃隔热、高效光热等领域具有巨大的应用前景,其生产线原型系统可实现三维石墨烯宏观体材料的工业化批量生产。

（平朝霞）

【高性能石墨烯吸波涂层研究取得进展】年内,北京科技大学张跃团队承担的北京市科技计划项目课题——高性能石墨烯纳米复合吸波涂层的研制与应用,改进了原位化学生长和低温液相分解等制备方法,控制合成了磁性纳米颗粒/石墨烯、过渡金属硫化物/石墨烯、导电聚合物/石墨烯 3 类纳米复合吸波材料。研究揭示了成分、配比与厚度等对石墨烯纳米复合吸波材料介电损耗与磁损耗特性的调控规律,改善了吸波材料的电磁波损耗特性,阐明了不同结构复合吸波材料的吸波机理,优化了大面积石墨烯纳米复合吸波涂层的制备工艺,满足了先进电子器件对吸波材料薄、轻、宽、强的要求。该涂层质量减重超过 50%,并具备了大规模制备能力,解决了传统吸波材料性能差、厚度大和添加量高的突出问题,可应用于电子器件与国防装备降低辐射和增强抗电磁干扰领域。

（平朝霞）

【高质量石墨烯规模化制备取得突破】年内,由国家纳米科学中心研究员智林杰联合北京大丰瑞墨电池科技有限公司承担的北京市科技计划课题——混相插层法批量制备石墨烯粉体及其可控功能化,围绕石墨烯粉体的质量控制难题,从天然大鳞片石墨出发,采用全新的混相插层剥离技术,实现石墨的高效一阶插层,在最大限度保持石墨烯片层结构完整的前提下完成了石墨烯的高效剥离。研究基于从设备种类到工艺路线,再到控制参数的系统优化,搭建了石墨烯粉体的高质量、高效、低成本、绿色、吨级规模化中试示范线;针对石墨烯在实际应用中的分散性难题,从高质量石墨烯粉体出发,通过可控的化学功能化技术,实现了羟基选择性功能化石墨烯的百公斤级制备。

（平朝霞）

【介孔石墨烯粉体宏量制备技术获新进展】年内,清华大学魏飞教授团队承担的北京市科技计划项目——三维介孔石墨烯粉体的宏量制备及应用关键技术研究,开发出三维介孔石墨烯粉体的宏量制备及应用技术,改进了高质量三维介孔石墨烯的合成技术,开发出拥有完全自主知识产权的三维石墨烯生产工艺,并建成一条 1 吨/年的高性能三维石墨烯生产线。在此基础上,该团队研制出石墨烯基超级电容器,该电容器展现出远超商用活性炭电容器的容量。

（平朝霞）

【热电新能源材料研究获新进展】年内,北京航空航天大学赵立东教授团队承担的北京市科技计划项目——高效硒化锡热电能源转换材料研究,在热电新能源材料领域,尤其是硒化锡(SnSe)晶体材料领域取得进展。团队在 SnSe 的部分研究工作的基础上探索分析了 p 型 SnSe 晶体本征高热电性能的来源,进一步阐明了 SnSe 的本征低热导特性。在以往优化的基础上,通过进一步的优化策略,使得 p 型 SnSe 晶体的热电性能得到进一步提升,并成功实现了沿着 SnSe 晶体层外方向上的高性能 n 型材料的制备和性能表征。此项成果是该研究团队自首次发现并报道 SnSe 晶体热电材料以来,在 SnSe 材料的持续深入研究中取得的又一次突破。

（平朝霞）

【中科纳泰开发出多肽纳米磁珠材料】年内,北京中科纳泰科技有限公司、国家纳米科学中心、北京理工大学、北京协和医院研究团队承担的北京市科技计划项目——多肽—纳米磁珠材料中试工艺研究利用多肽替代抗体的功能实现与循环肿瘤细胞(CTC)的高效结合,制备出新型多肽—纳米磁珠材料,大大降低了检测试剂材料的成本,并提高了稳定性和批次可重复性,实验室研究捕获率可达 90% 以上,并建立和优化了多肽—纳米磁珠材料的批量制备、可控多肽复合等技术。在此基础上，打破了基于多肽—纳米磁珠的CTC纳米检测技术的国外公司垄断，形成自主知识产权的多肽—纳米材料制备技术和肿瘤早期检测的液体活检试剂，市场潜力巨大。

（平朝霞）

【高频高功声表面波材料研制取得进展】年内，清华大学潘峰教授团队与北京中科飞鸿科技有限公司联合承担的北京市科技重大项目——高频高功率耐受性声表面波材料研制技术取得重大进展。研究团队从研究高频、高耐受功率叉指换能器薄膜材料、压电薄膜材料和多层结构的设计与制备，研究温度补偿薄膜材料设计与制备，率先研制出基于氧化锌/六方晶型碳化硅结构6.8吉赫兹高频滤波器，成功地解决了滤波器功率耐受性问题，功率提高10倍。研究解决了频率随温度漂移的难题，突破了高性能滤波器高功率、高频微型化、低温度系数小等三大关键壁垒技术，发展出自主知识产权的声表面波材料与器件，形成了中国特色的声表面波材料与器件体系。

（潘长波）

【基于纳米发电机的能源收集系统取得进展】年内，由北京纳米能源与系统研究所王中林团队承担的北京市科技计划——基于摩擦纳米发电机的蓝色能源收集系统研究课题取得重要进展。该课题利用摩擦纳米发电机单元组成网络，制备出输出功率密度达到3.33瓦/立方米的发电单元（理论计算可达到10瓦/立方米），并进行了应用示范。该成果相比传统电磁感应发电机，具有单元结构简单、成本低、发电效率高等显著优势，有望改变现有能源结构，以解决现有能源短缺的问题。

（潘长波）

【国际上首次实现分米级二维氮化硼制备】年内，北京大学王恩哥团队承担的北京市科技计划课题——分米级二维单晶氮化硼制备与原子级表征技术研究，在世界范围内首次实现了分米级二维单晶氮化硼材料的制备，同时也为非中心对称二维材料单晶的外延制备提供了新的思路。这是二维材料单晶生长领域的又一重大进展，该项研究还将为其他二维材料的制备提供借鉴意义。相关成果已发表在*Nature*杂志主刊上。

（曲　研）

【系列新型高效催化材料达到国际领先水平】年内，中国科学院化学研究所韩布兴团队承担的北京市科技计划课题——利用可再生碳资源精准合成功能分子与技术研究，研制了一系列新型催化材料，改进了碳—氧、碳—氢等惰性化学键活化转化精准调控的方法。在更加温和的条件下，提高了可再生碳资源分子转化反应的转化率和选择性，并对相关模型反应和基元反应进行了研究，发展了10余种二氧化碳和生物质转化制备重要化学品和能源产品的新方法、新途径，对二氧化碳和生物质资源化利用产业的发展具有重要意义。

（曲　研）

【可视化细胞瞬时冷冻系统研究获重大进展】年内，中国科学院生物物理研究所徐涛团队承担的北京市科技计划课题——原位生物成像的关键技术与应用研究，解决了原位电镜成像中组织样品减薄和高分辨数据重构的“瓶颈”问题，提高了细胞冷冻速率，已成功应用于多项前沿科学研究。课题成功开发了冷冻超分辨荧光成像系统，实现了冷冻单分子定位成像，定位精度达到2.2纳米，同时实现了真空冷冻含水样品的样品传递和冷冻单分子光谱成像。通过微电机（MEMS）技术，设计开发了冷冻速率达1.7×10^5开/秒的冷冻芯片，并实现了具有完整功能的可视化细胞瞬时冷冻系统。该芯片可与冷冻超分辨成像技术、细胞原位高分辨率冷冻电镜成像技术相结合，把原有的生物分子动态互作的观察变为荧光标记、动态追踪、瞬时定格、精细特写4个互相关联的步骤，通过动态观察和瞬时捕捉实现原位的高时空精度关联，解析众多动态的细胞生命活动。

（曲　研）

【国际上首个拓扑材料在线数据库完成】年内，中国科学院大学张富春团队承担的北京市科技计划课题——新型拓扑量子材料的理论预测，运用第一性原理材料计算与对称性分析等方法，利用高通量材料计算与拓扑不变量理论分析，实现了非磁性晶体材料中拓扑不变量的分类与判别，预言了8000余种拓扑电子材料，其中部分材料的拓扑性质已得到实验证实。根据上述研究成果建立了国际首个拓扑材料在线数据库。同时，课题组利用拓扑超导理论，研究发现了三维狄拉克半金属形成的超导态磁通涡旋中存在稳定的准一维无能隙马约拉纳束缚态，并指出磁通线端点可能存在马约拉纳零能模。课题组已在*Nature*杂志主刊发表论文2篇，在

Science 杂志子刊发表论文 2 篇。

（曲　研）

【国际上首次观测到 2 种新型手性费米子】年内，中国科学院物理研究所丁洪团队承担的北京市科技计划课题——微米级光电子谱的关键技术研究，利用角分辨光电子能谱观测到清晰的体态和表面态能带，在国际上证实了硅化钴手性晶体中存在 2 种新型手性费米子，并在(001)表面观测到跨过整个布里渊区的螺旋结构的拓扑表面态。该实验结果不仅证明了新型手性费米子的存在，而且提供了一个较为理想的平台去探索由手性费米子引起的新奇物理现象。相关研究成果已在 *Nature* 杂志主刊发表论文 1 篇。

（曲　研）

【光电子智能检测技术取得进展】年内，北京航星网讯技术股份有限公司与北京燃气集团有限责任公司(简称燃气集团)合作，成功将光电子智能感知技术应用于燃气行业中可燃气体的探测，在中国首次开发了多款装有光电子芯片的甲烷管网巡检车、巡检仪和智能燃气阀井监测仪等检测系列产品，有效实现燃气行业移动检测、实时检测、数据上传等功能。光电子智能感知气体技术基于可调谐半导体二极管激光吸收光谱，激光器芯片发射出特定波长的激光束穿过被测气体得到特征吸收峰，根据朗伯—比尔定律，计算出气体浓度值，实现了管网巡检作业的自动化和面式扫描检测方法，颠覆了现有的点式吸入巡检手段，将巡检效率提高了 15 倍。该技术具有时间短、精度高、可远距离遥测气体等特点，可在潮湿环境下保持优良的工作性能，首次实现了对燃气阀井和调压箱的实时监测。

（王　玉）

【多层石墨烯光学表征技术研究取得进展】年内，由中国科学院半导体研究所和北京服装学院共同承担的北京市科技计划课题——CVD(化学气相沉积)制备多层石墨烯的层数和堆垛方式的光学表征技术研究，利用 CVD 制备多层石墨烯的光学衬度谱线型和低频拉曼呼吸模与剪切模的频率等光学测试参数，表征了 3～5 层 CVD 制备多层石墨烯薄膜的层数、旋转角度和堆垛方式，在 3～5 层 CVD 多层石墨烯薄膜开展验证测试，层数准确率达到 100%。研究成果扩展了拉曼光谱在石墨烯领域的应用范围，对于推动 CVD 制备多层石墨烯及其产业化应用具有重要意义。

（张　韡）

【单晶石墨烯生长及器件研究取得进展】年内，中国科学院化学研究所有机固体实验室刘云圻团队承担的北京市科技计划课题——高品质大面积单晶石墨烯的水氧调控生长及其器件研究，通过精确控制生长条件、催化剂基底等影响因素，使用 CVD(化学气相沉积)方法获得了大面积连续单晶石墨烯薄膜。同时，改进了新型制备大面积单晶铜(111)的方法，尺寸可达 35 平方厘米。该方法的普适性和扩展性较强，助力单晶石墨烯大面积连续生长新技术的开发，为石墨烯的大面积制备与工业化应用打下了良好的基础。

（张　韡）

【石墨烯氮化物外延及器件制备取得重大进展】年内，由中国科学院半导体所研究员李晋闽承担的北京市科技计划课题——石墨烯缓冲层非晶衬底氮化物外延及器件制备，针对大失配异质外延对氮化物材料质量及应用领域的限制，率先使用石墨烯缓冲层技术，采用 MOCVD(金属有机化学气相沉积)在非晶衬底上成功实现了平面量子阱结构氮化物范德华外延，解决了生长界面成核控制、成核位点高质量合并等技术难题，并完成 LED(发光二极管)器件制备，第三方测试内量子效率达 48%，为目前国际最高水平。同时，通过一步法氮化物外延技术，不仅使氮化物外延生长效率提升 10%，还规避了普通氮化物外延生长“两步法”的专利壁垒。对抢占氮化物范德华外延领域国际学术前沿具有重要意义。

（张　韡）

【石墨烯电子材料和透明导电薄膜工艺研究取得进展】年内，由北京石墨烯研究院承担的北京市科技计划课题——石墨烯电子材料和透明导电薄膜的标号规则及稳定生产工艺研究，成功建立了以石墨烯薄膜基本结构(晶畴尺寸、层数、平整度、纯度、掺杂度等)和内禀性质(迁移率、电导率、透光率、功函数、热导率等)进行等级划分的标号规则、检测标准。针对不同应用目标的超大、超平、超净和超强的高标号石墨烯薄膜研发出多种稳定生产工艺，包括单一晶种法制备石墨烯大单晶、取向一致晶种拼接法制备石墨烯单晶晶圆、层数可控的石墨烯薄膜、超平整石墨烯、超洁净石墨烯、高导电性掺杂石墨烯薄膜等，在高质量石墨烯薄膜的可控制备方面取得了很好的进展。同时,课题组设计了4~6英寸单晶晶圆石墨烯批量制备化学气相沉积设备,可实现年产能达到1万片的石墨烯单晶晶圆批量化制备。

(张 韡)

【纳升级压电点胶封装中试技术取得重要突破】 年内,由北京派和科技股份有限公司、清华大学、北京航空航天大学共同承担的北京科技计划课题——纳升级压电点胶封装系统中试技术研究,在点胶阀原理创新、机型性能、满足客户定制化需求等方面取得重要突破。该系统是在多个重要领域起到关键作用的重要装备,长期被德国、美国等国的产品所垄断。团队针对物联网射频、光伏、3C电子等主流市场,自主开发出多款新型压电点胶阀及其控制器,打破垄断并实现了进口替代,短时间喷射频率可达1000点/秒,长时间喷射频率可达500点/秒,胶滴最小体积小于2纳升(胶滴最小粒径可达到0.161毫米,对应是1.6纳升),点胶阀在客户产线现场最长作业次数已累计超过40亿次,其性能指标已达到进口产品水平。

(朱 怡)

【石墨烯单晶薄膜自动化无损转移技术取得进展】 年内,由清华大学焦丽颖团队承担的北京市科技计划课题——石墨烯单晶薄膜自动化无损转移技术及装备开发,以乙烯醇/聚乙烯吡咯烷酮为转移媒介,通过对聚合物溶液组成、浓度、旋涂转速等参数进行优化,借助转移媒介实现了石墨烯薄膜从生长基底上的物理剥离。以此为基础,设计出自动化转移样机,通过程序控制完成了转移媒介/石墨烯薄膜从生长基底的剥离及与目标基底的贴合,实现了石墨烯薄膜的自动化转移。该技术利用自动化转移样机实现了石墨烯单晶薄膜单次转移面积大于4平方厘米,单片转移时间小于5分钟,兼容柔性与刚性目标基底,转移得到的石墨烯薄膜表面洁净,无杂质离子残留。这种设备成本低廉、生长基底与转移媒介都可以回收反复使用,最大限度地节省了生产成本,具有显著的经济效益。

(朱 怡)

【石墨烯光纤及器件研制取得重要进展】 年内,由北京大学物理学院刘开辉团队承担的北京市科技计划先导与优势材料创新发展专项——石墨烯光纤及其电光调制器研制,利用化学气相沉积法首次成功制备出石墨烯光纤,长度最长可达0.5米。以此为基础,课题组利用石墨烯电光调制原理成功制备出石墨烯光纤电光调制器。该调制器在1310纳米(O通信波段)和1550纳米(C通信波段)附近分别具有~20分贝和~13分贝的调制深度,开启电压大约为2伏(特),在未来光纤光路中具有非常重要的潜在应用价值。

(朱 怡)

【石墨烯轮胎取得重大进展】 年内,由北京化工大学弹性体中心与北京天诚玲珑轮胎有限公司共同承担的北京市科技计划课题——石墨烯/橡胶复合材料规模化制备及应用关键技术研究,实现了石墨烯高性能高安全性节油抗静电轮胎完成车间批量试制。课题通过独特的石墨烯预处理技术,将低成本化获得的石墨烯预处理体应用在轮胎胎面,并直接进行轮胎生产,在不改变现有轮胎生产设备的基础上进行简单的工艺调整,从而保证工业化的生产工艺可行和成本可控。

(朱 怡)

【T-carbon研究取得重大进展】 年内,中国科学院大学陈广超教授课题组承担的北京市科技计划课题——T-carbon(T-碳)材料高通量制备技术,完全依靠自行设计的国产装备,获得了可以进行宏观研究的三维碳元素材料——T-carbon。这标志着由中国科学家预言的新型碳同素异构体得到了可靠的实验证明,碳家族再添一个晶体新成员。

(曲 研)

【新材料高精尖产业实现高质量发展】 年内,北京新材料高精尖产业实现稳步增长,一批高精尖企业实现高质量发展,重点项目顺利实施,营商环境进一步改善。政策支持体系进一步完善,气凝胶、光电子、石墨烯等入选《北京十大高精尖产业登记指导目录》,促进新材料新兴高精尖企业快速登记注册。完成了企业跟踪服务库和新材料"百家重点企业"名录,新材料重点入库企业达到155家,比2018年增加50%。4家新材料在京重点企业完成科创板上市,2019年累计实现投资额16.8亿元。

(马晓璇 张 阁)

信息技术

【篮球世界杯"5G+8K"直播试播圆满完成】 8月31日—9月15日,2019年国际篮联篮球世界杯期间,市科委会同有关部门推动超高清视频协同中心、三大运营商、EUHT、数码视讯等单位联合攻关，实现了全球首次“5G+8K”技术在国家重大赛事中的试播示范应用，通过NSA和SA两种5G组网方式，将比赛的精彩8K画面从五棵松赛场实时传输到部署的LED大屏、110英寸电视、激光投影3种8K显示终端，为首批观众带来前所未有的大屏幕、超高清体育赛事观看体验。

（市科委电子信息与新材料科技处）

【启动区块链各项工作】 年内，在市委、市政府的指导下，由市科委和海淀区共同支持成立区块链研发机构——北京微芯区块链与边缘计算研究院（简称微芯研究院），瞄准区块链、边缘计算等方向，开展重大科技任务攻关。微芯研究院联合沃尔玛、清华大学电子商务交易技术国家工程实验室发起成立中国可信消费品供应链创新联盟，探索构建分布式消费品供应链企业主体可信的技术平台与下一代消费品防伪溯源技术。海淀区、市科委与微芯研究院等单位共同发起成立中关村科学城开源芯片源码创新中心，聚焦芯片研发源头创新，布局全球标准。市科委联合市委组织部、市委党校举办全市首期区块链专题培训班。

（市科委电子信息与新材料科技处）

【区块链产业生态雏形初现】 年内，区块链产业生态雏形初现，前期布局取得多项成果。产业培育方面，注册区块链企业近500家，其中获得国家网信局备案的公司为123家，初步形成全链条覆盖的区块链产业生态。科研成果方面，微芯研究院研发的基于超微型可信芯片的加密锚定智能标签解决了链上数据真实可信的问题，拟在冬奥食品安全保障工作中进行试点应用。中科院信工所提出基于属性密码技术突破自主可控监管的理论，抢占国际区块链理论研究高地。

（市科委电子信息与新材料科技处）

【网络空间安全产业发展情况】 年内，全市已培育形成数百家网络安全企业聚集区，国内主要网络安全企业半数在北京注册，基本建立覆盖态势感知、监测预警、安全防护、安全管理、安全运维等领域较为完整的网络安全产业体系。2019年，全国营业收入过亿的32家网络安全公司中总部位于北京的共18家，占56%；全国营业收入过10亿元的12家网络安全公司中总部位于北京的共7家，占58%。1月，国家网络安全产业园区落地北京，已形成由国家网络安全产业园区、中关村软件园、丰台中国网络安全企业聚集区、昌平未来科技城、望京360企业聚集区等多个网络安全产业聚集区。

（李青梅）

【集成电路产业发展情况】 年内，据北京半导体协会统计，北京集成电路产业实现销售收入893.4亿元，比2018年下降7.8%，继续保持在全国第3位。其中，集成电路设计业实现销售约598.6亿元，同比下降9.1%；集成电路制造业迎来快速增长，实现销售约125.1亿元，同比增长7.7%；封测业则下降24.2%，实现收入80.4亿元；装备材料业实现销售89.3亿元，同比增长0.9%。

（贾晓云）

【多款5G手机及5G终端测试平台发布】 年内，紫光展锐在2019年世界移动通信大会（MWC）上发布自研的高集成、高性能、低功耗的首款5G基带芯片——春藤510，并和海信联合发布5G原型手机。星河亮点于6月推出面向5G的SP9500自主终端测试平台。小米科技于9月分别发布5G概念手机MIX alpha和5G手机小米9 Pro。

（市科委电子信息与新材料科技处）

【在线教育资源共享规范研究取得新进展】 年内，在市科委2017年“互联网教育个性化学习开放服务平台研发与应用”重大项目支持下，北京师范大学、中国科学院软件研究所、电大在线远程教育技术有限公司面向在线教育行业推动数字资源共享的技术需求，建设面向中国MOOC联盟、超过100家成员单位的公共服务体系资源共享认证系统，在网络学历教育、教师培训、MOOC教育等领域示范应用，改建支持移动学习的22771门课程，新建473门MOOC课程，聚合285TB课程资源。项目起止期限2017年3月1日—2019年3月1日，财政支持经费450万元。

（北京生产力促进中心）

【北京市应急救援通信领域技术有新突破】 年内，北京航天万达高科技有限公司完成基于Ku、Ka、S多频段融合应急通信系统的研制工作。该系统支持不同频段卫星通信、不同通信方式的能力，可弥补单一通信手段应用场景受限的缺陷，实现不同通信方式的优势互补，增强应急通信系统的鲁棒性，使其适用于全天时、全天候、全场景的应急通信环境，提高国家应急通信保障能力。现已在福建省应急办投入示范应用。

（张子林）

【清华大学天机芯第一代芯片研究】年内，清华大学天机芯第一代芯片相关成果以封面论文形式发表于 *Nature* 杂志，并孵化出北京灵汐科技有限公司。第二代天机芯拥有约 4 万个神经元和 1000 万个神经突触，可同时支持机器学习算法和类脑电路，是世界上首款异构融合类脑芯片。

（贾晓云）

【清华大学多阵列忆阻器存算一体系统研究】年内，钱鹤、吴华强团队与洪波团队利用忆阻器的仿生与存算一体特性，合作提出了基于忆阻器阵列的新型脑机接口，构建了高效智能的脑电神经信号处理系统，演示了大脑癫痫状态的识别，实现了 93.46% 的准确率，并将系统功耗降低至 1/400。这一成果以《面向高效脑机接口的忆阻器阵列神经信号分析系统》为题在线发表在 *Nature Communications* 上。

（贾晓云）

城市建设与管理

【概述】2019 年，强化首都生态文明建设，支撑城市精细化管理，推动北京和谐宜居之都建设。科技示范，助力城市安全运行管理科学化。一是搭建城市安全保障智慧平台。社会安全保障智慧平台实现对北京社会治安态势的总体防控预测；高效应急救援平台领跑超高层和跨障碍消防车关键技术；城市生命线精细化管控平台为全国管线普查提供技术支持。二是全面支撑全市行业监管精细化。聚焦城市生命线、应急救援、智慧安监、极端天气等应用领域，开展数据采集、传感器、智能决策等关键技术研发，夯实了社会治理智能化基础。三是服务保障北京重点工程、重大活动成效显著。保障副中心行政区 10.9 千米管廊 8 类 18 种市政管线安全运行；保障北京世园会园区综合管廊给排水、热力 8 条管线安全运行；推进高速列车、列控系统、地面沉降监测预警等技术的研发和应用，保障北京新机场 20 平方千米安全运营；自主研发的 12 款安检技术装置于 2019 年在中非合作论坛、“一带一路”峰会、北京世园会、国庆 70 周年等国家重大活动中提供保障 50 次。

规划引领，支撑首都交通智能化发展。一是编制规划，积极推进城市交通大脑建设。全面启动实施《城市交通大脑 2019—2021 三年科技规划》，2019 年重点在能力平台、交通计算、综合治理及出行服务 4 个方面启动科研攻关工作。二是科技支撑重点工程，保障市级重点任务顺利实施。以大兴机场线为示范工程，开展轨道交通设备系统关键技术研究，填补列车时速 160 千米时刚性架空接触网在设计、施工和验收方面的空白，保障大兴机场线顺利开通运营。三是构建三大系统，有效保障城轨线路安全运营。运行系统实现运营间隔从 15 分钟缩短至 2 分钟，车速从 80 千米/时扩展至 160 千米/时；保障系统实现地铁运营安全指标连续 5 年国际领先；控制系统实现核心技术国产化，保障燕房线平稳安全运营 500 余天。四是打造首都智能交通创新名片，带动产业迅猛发展。推动全自动驾驶技术签订合同金额 50 多亿元，带动 12 座城市 1150 千米地铁建设。轨道交通板块北京企业的市场占有率持续走高，设计占全国市场的 30% 以上，施工约 10%，城轨信号约 30%，地铁综合监控约 50%。

聚焦重点持续攻关，守护首都蓝天。与市环境局联合发布 PM2.5 来源解析成果。搭建柴油车排放监控平台、疑似污染源识别系统，以及全国领先的 PM2.5 网格化监测系统。在全国率先确定餐饮业大气污染物控制指标，超低氮燃烧器打破国外长期垄断，促进供热行业氮氧化物减排。推动京津冀地区挥发性有机物污染协同治理。2019 年，北京市优良天数占 65.8%，即 240 天，PM2.5 平均浓度为 42 微克/立方米。节水治污联合攻关，优化城市水环境。建设北京（全国）水环境创新中心，已形成初具规模的创新基地。典型流域生态环境改善。年内，完成永定河多水源联合调控、氮磷深度净化、地下水涵养储备与保护修复等工作。新增生态水源 0.75 亿立方米，官厅水库主要水质指标稳定达到地表水Ⅲ类。开展凉水河流域等重要水源地的水环境治理，攻克高氨氮污水厌氧氨氧化等技术难题。强化实验区建设，推进可持续发展。推进门头沟区创建国家可持续发展议程创新示范区。推进密云区太师屯镇、房山区大石窝镇根据区域特点建设生态型实验区和资源型实验区。

（李京霖）

公共安全

【多项综合管廊安全技术研究成果应用于副中心行政办公区】 年内，由市科委支持，由北京市市政工程设计研究总院有限公司、北京建筑大学、中国建筑科学研究院有限公司和北京城市副中心投资建设集团有限公司共同研发的多项研究成果在北京城市副中心行政办公区综合管廊的安全运行和智能管理中应用。成果的应用保障了启动区 1.4 平方千米范围内的市委、市政府、市人大、市政协、各委办局办公区域内电力、通信、燃气、给水、再生水、地热等高质量市政管线供给系统的构建，极大提升了示范项目的设计科学性，充分发挥了综合管廊技术在城市基础设施建设中空间集约、拓展灵活、智慧管理、人文展示的特点，为全国综合管廊规划建设提供了良好示范。

（李京霖　王　璐）

【新型多功能大跨度高喷射消防车研发成功】 年内，市公安局消防局和三一重工股份有限公司研发出一款大跨度举高喷射消防车，与传统伸缩臂式高喷射消防车相比，该消防车的最大灭火救援半径（不含水炮射程）达到了 56.5 米以上，最大水平外伸可达 42 米，水炮射程达 60 米，优化设计的独特的 6 节折叠臂架结构使其拥有了超强的跨障碍能力，可用于大型商场、体育馆等不太高但占地面积较大的建筑群的精准灭火，提升了灭火效率。

（李京霖　王　璐）

【核辐射安全危害监测系统应用于大兴机场】 年内，由市科委支持、北京永新医疗设备有限公司自主研发的核辐射安全危害监测系统在北京大兴国际机场工程项目采购中成功中标 27 套。系统安装在新机场航站楼旅检通道内。位于国际到达厅，航班中转区、国际出发厅、VIP 西北指廊及公务机楼，可在检测系统 5 米以内锁定携带核材料及放射源的可疑目标，对所有通关人员及其携带物进行无干扰核辐射实时在线可视化定位跟踪监测。响应时间小于 0.4 秒，实现新机场出入境口岸对核辐射全面覆盖监测、实时精确定位的目标，既达到了无障碍通关，又树立了国门形象，为国门核安全保驾护航。

（李京霖　王　璐）

【高层楼宇消防技术提升】 年内，由市科委支持、北京航景创新科技有限公司研发的高层楼宇辅助灭火无人直升机系统，可实现 15 分钟内到达 10 千米范围内的高度 150 米以内的起火点楼层外展开空中侦察，3 分钟内完成火场侦察、定位、弹道计算及发射等工作，实现高层楼宇的精准火情压制。该系统主要由无人直升机、火情侦察设备和灭火弹组成，系统由地面指挥人员控制，无人直升机系统搭载火情侦察设备和灭火弹，救援控制范围可达 10 千米，最大飞行速度 120 千米/时，救援高度最高可达 150 米，可搭载 6 枚灭火弹持续飞行 3 小时；火情侦察设备主要由光电侦察设备改造而成，火灾态势探测距离可达 1000 米；可有效瞄准与锁定距离 50 米内的火源，控制 6 枚灭火弹进行发射，发射准备时间小于 10 秒且能够连续发射。灭火弹可精准打击目标点 20 厘米范围内，有效灭火面积可达 10 平方米；该系统参与 11 月开发区消防支队消防演练，火情发生 5 分钟后，无人机系统先飞达现场，对 17 层火灾进行火情侦察，协助救援人员喊话疏散，随后在指挥总部的控制下发射灭火弹，在火情发生 11 分钟后成功扑灭楼层内的 13 平方米火源，抑制了火灾的蔓延。

（陈茜尹　王　璐）

【非常规突发事件现场处置信息快速协同感知能力提升】 年内，市科委支持北京城市系统工程研究中心、中国科学院遥感与数字地球研究所、北京时代凌宇科技股份有限公司联合研发森林火灾协同感知系统研发，建立大范围森林火灾快速协同感知系统，解决事件现场“1 小时”信息提取与情报分析问题。该系统将部署在市应急指挥中心，与平谷区丫髻山现场的 6 套传感设备（3 套固定式、3 套佩戴式）、3 套人员随身定位设备连接，实时获取灾害现场温度、湿度、风速风向、气压，氧气、一氧化碳、硫化氢浓度等信息，跟踪救援人员所在位置，并从遥感影像获取灾害现场的重要环境情报信息。传感设备可在-10℃~60℃，0%~95% RH 环境工作，智能网关支持无线接入方式，支持有线、Wi-Fi、4G 移动网络传输，并具备断点续传能力，人员垂直定位精度达到 1.5 米，水平定位精度达到 3 米，遥感影像信息提取准确率达 85% 以上，信息协同感知耗时不超过 1 小时，支持面向问答的快速知识查询与检索，系统操作响应快，支持较大规模的并发和在线用户量，从而显著提升森林火灾预防和先期处置效率。该成果有助于提升全市非常规突发事件现场处置信息的快速协同感知能力。

（陈茜尹　王　璐）

【安全隐患排查 VR 实训系统获奖】 年内，北京市安全生产科学技术研究院、中安华邦（北京）安全生产技术研究院股份有限公司共同研发的安全隐患排查 VR 实训系统项目获得 2018 年“中国职业安全健康协会科学技术奖”二等奖。该项目创新了隐患排查的培训方式，解决了现有隐患排查依据不完善、排查思路不清晰、培训措施不到位等问题，开创了一种科学、易懂、易学、能快速提升隐患排查技能水平的实训方法。项目首次将 VR 技术应用到隐患排查实训中，创新了隐患分级分类，突破 VR 仿真训练系统、教育分析、人机交互等关键技术，共研发 4 种模式、5 个场景、40 项关卡、144 项法规标准、502 项 VR 知识、919 项隐患清单、1389 个模型。项目成果已在北京、山东、河南、四川等多个省市的安监、应急、宣教工作中得到应用，已有近万人次参与体验或培训，社会效益明显。同时，已与北京市西城区应急管理局、北京市顺义区旺泉街道、成都市安科中心等签订成果推广合作。

（陈茜尹　王　璐）

【VR 技术提升突发事件情景化推演】 年内，针对北京市应急管理体系中的应急指挥、一线处置、灾场公众等多层级应急演练需求，市科委立项支持北京市安全生产科学技术研究院、中安华邦（北京）安全生产技术研究院股份有限公司、北京联创众升科技有限公司联合开展基于大空间 VR 技术的突发事件情景化推演关键技术研究，通过研发危化品道路运输事故、输油管道泄漏爆炸、森林火灾、暴雨灾害等 4 类突发事件大空间 VR 情景推演和应急演练实训平台，模拟致灾因子、孕灾环境与承灾载体的演化过程，实现 4 类突发事件的 3 层级、不少于 3 个部门、不少于 8 类角色、不少于 4 人的全方位情景化推演，解决应急演练方式单一、覆盖角色不全、演练效果不佳等问题，保障多部门多人协同应急演练，为北京市应急指挥决策、队伍实战及公众自救互救提供解决方案。

（陈茜尹　王　璐）

【开展应急救援用便携式实时高精三维建图及定位指挥系统研究】 年内，市科委支持北京清杉科技有限公司、清华大学、北京华捷艾米科技有限公司开展应急救援用便携式实时高精三维建图及定位指挥技术研究，开发 1 套便携式实时高精三维建图及定位指挥系统，可在公网切断、低能见度、卫星导航失效等环境下正常工作。该系统能在短时间内（30 分钟甚至更短）完成对典型应急救援场景的实时三维高精重建，实现对小规模编队的定位、调度、指挥功能。定位系统初始化时间不超过 5 分钟，精度优于 1 米，容量不低于 100 路，频度不低于 1 赫兹。在线三维建图系统在典型环境内的精度优于 10 厘米。解决在外部定位手段失效条件下复杂场景内的快速环境感知和救援人员追踪定位难题。研究的应急救援用便携式实时高精三维建图及定位指挥系统为应急救援作战现场指挥和救援人员的安全保障提供解决方案。

（陈茜尹　王　璐）

【产品风险监测预警平台搭建完成】 年内，市科委支持中国航空综合技术研究所研发市场监督管理局搭建产品风险监测预警平台，为北京市场监管重点产品风险的自动判别提供解决方案。

（陈茜尹　王　璐）

【隧道施工应急通信保障实现 1 小时快速部署】 年内，市科委支持北京信息科技大学、北京邮电大学、中国交通信息中心有限公司开展隧道施工应急通信技术研究，开展可穿透百米以上地质结构的地电极电流场通信技术研究，实现“黄金 1 小时”获取隧道事故被困人员信息，解决全封闭厚实塌方段应急通信的保障需求，为北京市隧道施工应急通信提供解决方案。

（陈茜尹　王　璐）

【开展城市地铁隧道结构多功能快速检测装备研制】 年内，市科委支持中国矿业大学（北京）、北京城建勘测设计研究院有限责任公司、中国科学院微电子研究所、北京地铁建筑设施维护有限公司等单位重点突破城市地铁隧道结构快速检测等关键技术，开发城市地铁隧道结构多功能快速检测装备。该装备可实现地铁隧道结构表面及结构背后 3 米深度范围内的结构安全状况快速检测，检测速度大于 10 千米/时，裂缝宽度分辨率小于 0.1 毫米，与相同工作内容的常规实施手段（人员、仪器设备）相比可降低经济投入 30%，工作效率提高 70%。可实现地铁隧道结构安全的检测人员由 50 人/日减少到 6 人/日，检测成本由 10 万元降低到 5 万元，为城市地铁运行安全保障提供技术支持，为地铁隧道结构安全及养护提供解决方案。

（陈茜尹　王　璐）

【开展电梯故障诊断与预测技术研究】 年内，市科委支持基于工业大数据的电梯 PHM 系统研究，开展电梯故障诊断与预测技术研究，解决了电梯使用过程中维保和监管两方面的问题，研发信号采集装置、PHM 系统平台，为电梯安全运行提供解决方案。

（陈茜尹　王　璐）

【开展全自动监测物联网系统研究】 年内，市科委支持开展地质灾害监测的 LoRa 无线自组网传输的数据通信技术和低功耗数据采集技术研究，建设全自动监测物联网系统，解决野外监测数据传输的连续性、稳定性和可靠性问题，为北京市地质灾害监测提供了解决方案。

（陈茜尹　王　璐）

【开展北京新航城地区地面沉降监控预警技术研究】 年内，市科委支持北京新航城地区地面沉降监控预警关键技术研究，开展北京新航城地区地面沉降监控预警技术研究，提供北京新航城地区地面沉降监控解决方案，解决了新航城地区地面沉降灾害预警预报的问题。

（陈茜尹　王　璐）

【开展沟道侵蚀泥石流多元预警技术研究】 年内，市科委支持开展北京市沟道侵蚀泥石流多元预警技术研究，解决预警临界计算的关键问题，研究定量预测泥石流启动和发生的多参数预测模型，为北京泥石流地质灾害预测、预警提供了解决方案。

（陈茜尹　王　璐）

【开展研制履带式和轮式防爆型多信息融合采集机器人研究】 年内，市科委立项支持新兴际华集团有限公司，北京启安智慧科技有限公司联合开展研制履带式和轮式防爆型多信息融合采集机器人研究，实现在石油化工、危化品等爆炸和高低温环境（-40℃～80℃）中 7×24 小时不间断地采集视频/红外图像、温度和湿度、16 种常见有毒有害易燃易爆气体浓度、12 种金属粉尘浓度、5 种塑料一次性原料粉尘浓度和环境 3D 建模成像等信息采集，解决不利工况对事故现场内部环境信息实时准确采集的问题，协助救援人员制订正确的救援方案。

（陈茜尹　王　璐）

【保障事故现场通信】 年内，市科委支持北京朗森基科技发展有限公司开展研制的特低频透地通信系统装备研发，该系统可在 1 分钟内快速布置使用，实现穿透大地 300 米的语音、文字等形式有效通信，满足城市地下公共场所垂直透地通信深度（小于 50 米）需要，有效通信区域达到斜距 300 米以上，实现事故灾害发生后地面通信电台与地下通信电台之间的双向通信，为北京市应急救援通信保障提供解决方案。

（陈茜尹　王　璐）

【开展无人机技术在应急救援中的应用研究】 年内，围绕火灾侦察和高层灭火的实际需求，市科委立项支持哈工大机器人集团北京军立方科技有限公司开展无人机技术在应急救援中的应用研究。该课题针对高层建筑和森林两个应用场景，研发火情侦察无人机、实现不低于 30 分钟以上的连续飞行，侦察潜在火源位置，获取火场影像，全面掌握火情信息；研发高层灭火大载重无人机，在设定的楼层高度对着火点实施扑灭，实现单次飞行 100～300 平方米的灭火工作；研发火灾救援装备运输无人机，实现在半径 14 千米的范围内，在人员或车辆难以到达的地方快速投送防毒面具、药品等相关救援物资。

（陈茜尹　王　璐）

【开展城市快速路复杂环境下多维安全监测的关键技术研究】 年内，市科委支持北京邮电大学、北京市劳动保护科学研究所、北京信息科技大学、北京市劳保所科技发展有限责任公司开展城市快速路复杂环境下多维安全监测的关键技术研究，解决城市快速路监测手段单一、响应流程冗余、人工巡检疏忽等问题。采用视觉传感和分布式光纤传感融合技术，为北京市道路设施及异常事件监测提供解决方案。

（陈茜尹　王　璐）

城市建设

【基于车车通信的系统关键技术和装备研制完成】 3月19日，基于车车通信的轨道交通信号系统研究完成验收。搭载车车通信系统的地铁列车可依赖自身感知实现自动运行控制，实现了以车载为核心的列车运行控制，可支持新建线路正线80秒列车运行间隔，使地铁运营能力提升15%以上，并减少50%的设置在地面的信号设备，以降低设备成本。该技术计划应用于北京地铁13号线既有系统能力提升改造工程，理论上可使其运营速度从现在的150秒缩短至101秒。该技术在国内是开创性的，技术整体达到国际领先水平。

（张晶晶　王　璐）

【地铁6号线钢轨异常波磨治理及时启动】 8月5日，落实市领导对地铁6号线钢轨异常波磨治理相关工作的批示要求，地铁6号线钢轨异常波磨治理工作启动，开展地铁异常波磨病害治理及拆除换铺成套技术、运营期全过程轨道结构施工监测系统、运营安全保障技术措施的研究，减缓北京地铁6号线轨道线路病害及引起车内噪声问题。预期形成基础减振地段钢轨异常波磨治理方案，并在6号线选取3处异常波磨地段（约720米）进行示范应用，降低轨道运行引起的车内的噪音5～10分贝，整体道床换装施工效率提升3～4倍。该成果将在既有路线改造及新建线路建设中推广应用，为大幅提升市民出行的安全、高效、舒适提供支撑。

（张晶晶　王　璐）

【《城市交通大脑2019—2021三年科技规划推进方案》完成】 年内，市科委联合市交通委、市交管局等行业主管部门，组织行业内研究机构、高校院所、互联网企业共同研究制订《城市交通大脑规划设计与建设方案》，并邀请来自欧美国家的5位交通领域的专家对方案进行咨询论证。其间，按照精准聚焦、汇聚资源的原则，组织召开需求对接、座谈、研讨会13次，完成了《城市交通大脑2019—2021三年科技规划推进方案》，并征求施仲衡院士的意见、组织行业专家评审，从而开展科技支撑工作。

（李京霖　王　璐）

【科技支撑大兴机场地铁线建设初具成效】 年内，为保障大兴国际机场顺利开通运营，市科委坚持以需求为导向、以技术创新为目标、以服务大众为根本，汇聚资源，布局160千米/时条件下的快速地铁设备系统关键技术研究，开展快线地铁列控系统、刚性接触网、通风空调节能降耗、智慧化车辆段等技术攻关，并以大兴机场地铁线为示范，首次实现列控网络全系统解决方案，通信周期最小20毫秒；实现时速160千米条件下的架空刚性接触网研发及应用；利用物联网技术建立智慧车辆段多专业设备设施采集监控系统，重点设备的检修效率提高5%，预警效率提升5%；提出全变频通风空调自适应控制系统，实现运行节能率20%以上。项目于2017年启动，2019年9月底完成试运营。该成果将为进出港旅客提供舒适、便捷、绿色、高效的出行体验，为北京市增添一张新名片。

（李京霖　王　璐）

【车路协同关键技术研究开展】 年内，市科委支持北京千方科技股份有限公司、北京航空航天大学、清华大学等单位针对国内车路协同中通信模块、车载终端和路侧设备及大规模的实际场景集成应用等关键环节，开展了车车、车路动态实时信息交互的研究，并在全时空动态交通信息采集与融合的基础上开展车辆主动安全控制和道路协同管理，充分实现了人、车、路的有效协同。项目研制了车路协同终端设备，成功通过“四跨”互联互通测试，实现国内首次“跨芯片模组、跨终端、跨整车、跨安全平台”C-V2X应用展示。项目开发的车路协同系统已在天津自动驾驶及智能网联示范运营基地、北京智能车联产业创新中心、UBC AURORA车联网示范平台、英国Sussex、加拿大moovee innovations、车联网项目中投入实际应用。开展全方位的车车、车路动态实时信息交互，以及典型应用场景的测试，并在全时空动态交通信息采集与融合的基础上开展车辆主动安全控制和道路协同管理。

（李京霖　张晶晶　王　璐）

【城市轨道交通运维云服务平台在地铁燕房线开展示范应用】 年内，由北京和利时系统工程有限公司、交控科技股份有限公司、北京市轨道交通运营管理有限公司共同承担，结合北京市轨道交通燕房线运维管理工作要求，利用云平台虚拟化及主数据管理、大数据应用等技术，构建了涵盖城市轨道交通运维管理（包括云服务平台、主数据、企业服务总线、大数据分析）的运维云服务应用体系，并开展了基于信号设备的大数据故障预测分析示范研究，为地铁燕房线运维管理系统建设及设备大数据分析预测提供了技术支撑。课题实现了运维管理系统的开发,系统容量满足单一线路大于50个车站的规模;建立基于主数据管理及企业服务总线的系统集成技术,实现跨系统业务集成数据传输延迟平均响应时间1.162秒;基于运维管理系统实现设备台账、维修维护等工作,运维管理系统重要数据检索返回平均时间0.756秒;基于大数据分析的信号设备故障维修研究,试应用阶段信号设备故障修次数占总维护次数的5.2%。形成的运维管理主数据信息系统、设备运维管理APP软件研究成果已在地铁燕房线进行了试铺和应用。

(李京霖　张晶晶　王　璐)

【自主研制国内首台城市轨道交通综合检测列车】 年内,在市科委的支持下,由中国铁道科学研究院集团有限公司、北京铁科英迈技术有限公司、北京市轨道交通建设管理有限公司、北京恩宝科技发展有限公司承担,结合城市轨道交通运行的特点和综合检测的需求,以城市轨道交通3B车为载体,研制出了集轨道几何、钢轨轮廓、钢轨表面状态、接触网、轮轨力、通信等专业于一体、最高设计检测速度120千米/时的城市轨道交通综合检测列车。研制的城市轨道交通综合检测列车采用了精确定位、时空同步和综合集成技术,可对多专业列车检测项目和参数进行动态实时同步采集和处理。研制出了适用于运行速度低、曲线半径小的城市轨道交通轨道几何检测系统,检测速度更快、精度和识别率更高的钢轨轮廓检测和轨道巡检系统,适用于城市轨道交通直流供电环境的弓网动态授流和地铁隧道低净空的接触网几何检测系统,以及基于城市轨道交通B型车轮对的高精度连续测量轮轨力检测系统和支持LTE-FDD和TDD-LTE无线通信场强测量的通信检测系统,实现了城市轨道交通基础设施等速综合动态检测。

(李京霖　张晶晶　王　璐)

【基于群体智能的城市交通数据开放共享技术研发】 年内,由市科委支持、北京航空航天大学承担的基于群体智能的城市交通数据开放共享技术研发课题,围绕北京城市交通大数据的资源治理,构建面向北京城市交通的大规模异质数据集合,研发北京城市交通大数据开放共享平台,为城市交通大脑的构建与研发提供数据基础和测试平台。该平台将汇聚的大数据进行管理,并且集成基于差分隐私保护、边缘计算、联邦学习的数据隐私保护技术,并且平台还将提供满足城市交通大脑研发所需要的数据需求和数据测试环境,支持共享数据注册、数据抽取、数据脱敏、分级数据访问、可控数据分发、算法仿真测试验证等。基于该平台的算法,动态部署时间小于5分钟,模拟数据与真实数据相似度不低于85%。

(张晶晶　王　璐)

【基于视觉计算的道路交通异常智能识别技术研究与应用示范】 年内,由市科委支持,东软集团(北京)有限公司、中国科学院计算技术研究所、中国科学院大学共同承担的基于视觉计算的道路交通异常智能识别技术研究与应用示范项目,充分利用视觉计算技术自动监控全量数据,通过搭建大规模视觉计算平台以及深度挖掘视觉计算算法,实现对行人、非机动车、机动车等交通要素的检测以及违章、拥堵、道路异常等交通事件的检测,并在准确率与效率上进一步突破,同时通过建立AI视觉感知系统,促进即时事件驱动的业务闭环优化,最终通过在东城区的实际应用示范验证课题研究成果的有效性,实现基于交通视觉感知系统自动识别异常事件发生效率比目前警情的人工上报方式提升50%。

(张晶晶　王　璐)

【基于移动授权和近场通信技术的错时分享停车服务系统研制与示范】 年内,由北京千方城市信息科技有限公司承担的基于移动授权和近场通信技术的错时分享停车服务系统研制与示范完成验收,该课题研究开发出了一整套的错时分享停车解决方案,包括智能停车硬件设备和错时分享停车服务云平台。采用“互联网+”的停车模式,统筹停车资源,通过智能车位锁、停车APP及停车云平台的双向通信和实时信息交互,构建具备车位信息采集、智能在线车位预约、闲置资源分享、移动授权、近场控制和在线支付等功能的错时分享停车服务系统,实现停车位资源闲时共享、存量盘活、创造虚拟增量车位,提高资源利用率,在不增加停车场建设的前提下,弥补北京停车位严重不足的差额缺口,为提高北京的精细化城市管理水平打下基础。

(张晶晶　王　璐)

城市环境

【可持续发展实验区建设持续推进】 年内,重点推进门头沟区争创国家可持续发展议程创新示范区,围绕首都生态涵养发展区和京西生态屏障主题特色，瞄准科技创新与社会发展深度融合的目标，破解制约可持续发展的关键“瓶颈”问题。加强市级可持续发展实验区建设，根据密云区太师屯镇和房山区大石窝镇3年建设规划及面临可持续发展的抉择关键时期，通过集成各类创新资源，加强科技成果转化，完善体制机制。把实验区着力打造成科技成果转化、优质资源聚集、政策先行先试的重要载体和核心品牌。

（李京霖）

【厨余垃圾处理工艺及装备研发攻关】年内，市科委支持对厨余垃圾理化性质进行深度调研及分析，通过理论研究、小试实验、中试与工程相结合等一系列攻关，研发成一套全新的“‘热水解＋双向压榨制浆’预处理系统＋湿式厌氧消化”工艺及装备，并于年底在广州李坑处理能力为1000吨/天的厨余垃圾综合处理厂进行了示范应用，效果良好，预处理系统减量化达到85%以上；残渣含水率显著降低；预处理压榨残渣无臭味；残渣中易腐有机物含量为10%左右，远低于15%（湿基）；厌氧系统有机物去除率不低于90%（以进出物料CODcr削减量计）。所有技术研发和设备集成全部为自主研发，并最大限度实现设备国产化，为实现北京市垃圾分类及湿垃圾（厨余垃圾）的有效处理提供技术支持。

（李京霖）

【科技助力永定河生态修复】年内，市科委按照永定河综合治理与生态修复的总体目标及主要任务，加强顶层设计，聚集国内专家优势资源，科技支撑逐步推进永定河生态修复，已先期启动部分工作。一是综合分析永定河流域水库来水、引黄调水、南水北调水、再生水和雨洪资源利用的潜力，阐明永定河多水源联合调控及河道生态补水水源条件，构建耦合多种水源的水资源供用耗排过程、河道水文水动力演进过程以及生态补水调度过程的永定河水资源精细化调度模型，开发面向生态用水的永定河多水源联合调控平台，提出不同情境下的生态水量调度方案，为有效落实和实施《永定河综合治理与生态修复总体方案》，开展永定河科学化和精细化综合治理与生态修复提供科技支撑。二是针对以永定河为代表的敏感水体环境容量低、自我修复能力弱的特点，研究集成以高级氧化、纳米颗粒—呼吸式滤管等技术为代表的新兴水处理工艺，作为生态修复的补充手段，深度脱氮除磷以满足河道补水的水质要求。同时，通过研发超净控源—生态维护的富营养化控制集成技术，实现河流富营养化的控制，达到水清、水净的生态治理目标。三是针对永定河流域（北京段）地下水位持续下降、漏斗逐年扩大，导致局部地区含水层疏干的局面，研究逐步扭转永定河流域（北京段）地下水资源持续缩紧的技术工程手段。研发地下水监测预警与污染应急处理技术。

（张丽颖　王　璐）

【地下水典型难降解有机污染物修复技术及装备研发】年内，由市科委支持，北京高能时代环境技术股份有限公司、中国环境科学研究院、北京德瑞科森环保科技有限公司共同承担研制的地下水典型难降解有机污染物修复技术及装备研发课题顺利验收。课题研发了一种能够将有机氯、二硝基甲苯、石油烃高效降解的高级氧化缓释材料；形成了一套高级氧化缓释材料生产线，生产量1.5吨/天；形成一项地下水难降解有机污染物多级强化修复关键技术。释放速率最慢的缓释材料（水含量为5%，砂含量为85%，水泥含量为15%）3个月内氧化剂的释放量不超过氧化剂总量的30%，在顺义区进行地下水典型难降解有机污染物修复技术中试装备研制和中试试验，装备处理规模为200立方米/天，目标污染物去除率达到90%以上。

（张丽颖　王　璐）

【城市污水处理厂污泥与园林绿化剩余物协同利用】年内，由市科委支持、北京市园林绿化局等多家单位联合研发的北京城市污水处理厂污泥与园林绿化剩余物协同利用关键技术研发与示范课题顺利验收，课题针对北京城市污水处理厂污泥、园林绿化剩余物两类废弃物资源化利用的迫切需求和面临的技术“瓶颈”，开展了城市污泥的高级厌氧消化、两类废弃的混合资源化利用关键技术的集成研发、安全性与功效性的评价，为首都污泥与园林剩余物处理提供安全使用和环保的利用途径。

（张丽颖　王　璐）

【复杂地形冬季气象综合保障技术研究一期验收】年内，由市科委支持、北京市气象局完成的“复杂地形冬季气象综合保障技术研究一期”项目通过专家验收。该项目下设3个子课题，其中课题一“复杂地形冬季综合气象观测试验研究”由北京城市气象研究院牵头，联合中国科学院大气物理研究所、京津冀环境气象预报预警中心共同主持；课题二“复杂地形冬季气象服务技术研究”由北京市气象服务中心、北京市气象信息中心共同主持;课题三“京北山区冬季降雪综合观测和数值模拟研究”由北京市人工影响天气办公室主持。项目组经过2年多的协同攻关,对冬奥延庆赛区小海坨山开展冬季观测试验,对收集整理的观测资料开展数据分析和数值模式试验等相关研究工作,项目很好地完成了预期目标,成果为冬奥气象预报和服务提供了重要的基础资料、高分辨率数值模拟方案以及精细化专项气象服务产品。

(张丽颖　王　璐)

【区绿地雨水蓄渗利用技术集成示范建成】 年内,在市科委的支持下,北京市园林科学研究院主持完成对北京地区常见园林植物中39种木本植物和44种草本植物的耐水淹能力评价,并筛选出了27种木本和15种草本耐淹植物,并建立评价耐涝植物筛选的指标体系,申报2项国家发明专利;研发出绿地按需灌溉决策软件系统,获得2套软件——《公园绿地灌溉用水决策支持系统》和《绿地植物生长—土壤水分动态模拟软件》注册权;在北京市朝阳区望和公园示范区进行了雨水综合利用工程示范,在公园南园开展了21.6公顷的绿地升级改造,实现了设计降雨量不低于45毫米的设计目标;根据陶然亭公园绿地及灌溉管网分布情况建立基础数据库,依托绿地灌溉管理系统,在陶然亭公园建立了15公顷的示范区,降低了20%灌溉用水量。在河北省迁安市建立示范工程,面积约为11.3公顷。在北京市园林科学研究院建立雨水花园示范工程,面积约为500平方米。

(张丽颖　王　璐)

【开展全市精细化大气污染来源解析研究】 年内,由市科委支持的精细化大气污染来源解析研究进一步明确了大气污染治理的主攻方向。已基本摸清雾霾成因,并发布两轮PM2.5来源解析最新科研成果。最新一轮研究结果表明,北京市全年PM2.5主要来源中有2/3为本地、1/3为区域传输,且随着污染级别的增大,区域传输贡献率呈明显上升趋势。从北京市当前大气PM2.5来源特征看,在本地排放贡献中,移动源、扬尘源、工业源、生活面源和燃煤源分别占45%、16%、12%、12%和3%,农业及自然源等约占12%。相比2014年第一轮解析结果,北京市PM2.5的各主要来源占比呈现“两升两降一凸显”特征,即移动源、扬尘源贡献率上升,燃煤和工业源贡献率下降,生活面源贡献率进一步凸显。组织开展北京大气复合污染形成机制及防控措施研究。针对北京及周边区域近年来呈现的颗粒物和臭氧浓度“双高”的大气复合污染特征,提出北京及周边区域的PM2.5协同O_3控制的新策略,厘清了大气VOCs浓度与各类源之间的关系,阐述了VOCs排放对PM2.5和O_3生成贡献的关键组分和主要源,提出了北京以减排VOCs为主的臭氧控制和以NOx及NH_3减排为主的颗粒物控制新建议。研究成果推动了大气污染防治及重点区域PM2.5和臭氧的协同防控工作,为实现北京市空气质量持续改善做出了贡献,相关成果荣获2018年北京市科学技术奖一等奖。

(王　璐　徐　扬)

【创新PM2.5网格化监测技术】 年内,在全市布设了近1500个PM2.5小型传感器,点位空间分辨率3千米×3千米,管理网格精度达到500米×500米,覆盖全市16个区和开发区的330个街、乡镇。新型网络应用大数据和人工智能技术建立了完整的云端质控、高效运维、街道级别属地管理、疑似污染源识别、精准监测执法支持等完整的技术和管理支撑体系,形成北京市高密度、全覆盖的新一代PM2.5监测网络,有效解决了大气污染监管难题,提升了大气污染精细化管理水平。

(徐　扬)

【大气污染实时精准溯源技术研究】 年内,为实现污染物的精准溯源,市科委组织开展基于高密度监测网络和大数据融合的大气污染实时精准溯源技术研究。委托优势科研团队,通过综合分析北京市现有空气质量综合监测网络数据、气象数据、地理信息数据、卫星数据等多种数据,形成高分辨率的大气污染源图谱,优化得出疑似污染源实时识别技术路线,最终搭建污染源精准追踪专用数据平台(web端和APP端),提高现场监察执法效率,支撑大气环境管理走向精细化。

(徐　扬)

【搭建重型柴油车在线监控平台】 年内,市科委组织搭建全国最早、全市最全的重型柴油车在线监控平台。建立了基于物联网技术的重型柴油车单车排放监控体系,实时采集重型柴油车的车速、行驶里程,追踪不同类型重型柴油车的排放情况。年内已顺利完成重型柴油车排放与能耗在线监控平台的建设任务,实现了重型柴油车联网、上牌、排放、运行的全过程闭环监控。联网监控全市包括公交、货车、客车、渣土车等在内的2.8万辆高排放车，掌握其NOx排放、尿素消耗、车型、油耗等数据。

（徐　扬）

【组织攻关柴油车尾气快速检测仪研发】 年内，市科委针对加强重点污染物治理、提升大气污染防控水平积极开展工作，围绕柴油车治理执法实际需求，研发能够实时精准快速检测出重型柴油车碳氢化合物（HC）、NOx和颗粒物（PM）的排放状况的手持检测仪，测量误差率小于3%，响应时间小于3.5秒，整机体积为此前柴油车检测仪器的1/3～1/2。年内，研究团队已经研究形成重型柴油车尾气手持式快速检测仪样机，完成与企业、环保执法部门的对标测试，掌握现阶段重型柴油车尾气排放的新特点，申报重型车颗粒物道路检测行业标准。

（王　璐　徐　扬）

【破解挥发性有机物（VOCs）治理“瓶颈”】 年内，市科委支持开展分散式、中低浓度VOCs废气分子筛净化技术及装备研发。形成疏水性好、VOCs吸附容量大的分子筛材料，针对餐饮、汽修等行业完成2万风量一体化设备的设计及加工制作，并已在河北廊坊钣喷中心进行工业测试应用。启动一批污染源挥发性有机物全过程控制及监管技术产品研发，并在石化、印刷、汽修、家具等京津冀地区的4个重点行业领域应用示范，促进企业达标排放，推动京津冀区域大气污染联防联控，实现区域生产生活排放减量化。

（王　璐　徐　扬）

【油烟治理技术研发及示范应用】 年内，市科委在加强餐饮油烟治理方面开展工作，支持油烟治理技术研发及示范应用。将多重机械式过滤耦合活性炭吸附、高压静电吸附耦合活性炭过滤、动态离心＋玻纤网物理过滤＋活性炭吸附等3种吸油烟机在北京地区开展了200户的示范应用。大中型餐馆油烟治理方面，电凝并强化静电、低温等离子体耦合吸附/催化净化、分子筛等去除技术多头并进。相关成果支持全市在全国率先将餐饮业排放的颗粒物低于5毫克/立方米和非甲烷总烃低于10毫克/立方米综合确定为大气污染物控制指标，提升了北京市餐饮源精细化管理的水平。

（王　璐　徐　扬）

【推动扬尘在线监测及动态管控技术研发】 年内，市科委支持开展扬尘在线监测及动态管控技术研发。支持应用走航监测等新技术，搭建道路扬尘动态管控及效果评估精细化管理平台，有效解决了道路扬尘污染变化快、分布广、管理难的问题。组织研发施工扬尘在线监测系统，可实现远程自动监测和预警，并实时掌握施工现场的扬尘污染状况，为施工扬尘监管和扬尘排污收费工作提供高效的手段，并在通州区、西城区和大兴区的9个工地开展应用示范研究。

（王　璐　徐　扬）

【推动低氮燃烧器装备的国产化开发】 年内，市科委支持并组织开发超低氮燃烧器，在工业及供暖行业得到广泛应用，打破了国外燃烧器品牌长期垄断市场的局面，北京市场占有率约占市场的10%。通过低氮燃烧技术、贵金属催化技术等系统集成技术，支持热力集团在朝阳区左家庄供热厂80吨/小时燃气供热锅炉上示范应用，实现了氮氧化物达标排放低于30毫克/立方米。

（王　璐　徐　扬）

保障和改善民生

【概述】 2019年，按照全国科技创新中心建设整体要求，高精尖产业构建的战略部署，深入落实《北京市加快医药健康协同创新行动计划（2018—2020年）》的重要任务，全力支撑全市医药健康产业的统筹协调，不断提高首都生命科学与医药健康科技水平，为全市医药健康产业高质量发展提供重要支撑。北京医药健康产业全部企业的营业收入达2073.2亿元。产业格局基本形成,“一北一南”聚集区产业规模占全市的80%。创新企业迅速崛起,新增5家医药上市企业,仍然保持全国源头创新品种最多的地位。前沿基础研究不断为产业注入创新动能,一批顶尖人才荣获科技奖励,邵峰院士获未来科学大奖“生命科学奖”,李毓龙和颉伟获“科学探索奖”。培育了一批国际领跑的基础研究成果,其中董晨团队首次发现了对肿瘤免疫起关键调控作用的转录因子,魏文胜团队首次建立了优于传统技术的新型基因编辑技术等。

坚持民生导向,开展科技布局,编制完成《北京市科技养老三年行动方案(2019—2021)》。聚集科技资源,搭建创新平台。推进老龄科技攻关,建成北京首家以研究适老化改造技术体系为目的的实验平台和体验中心,为全市推进老年友好城市建设提供了技术支撑。开展“互联网+养老”探索,构建为老服务模式。在5个社区进行试验,覆盖辖区内5000名老人。在北京老年医院、东直门南小街完成8类25种辅具产品的示范展示。围绕适老化环境改善,逐步推进适老化应用场景建设,涉及适老化改造面积12000多平方米。

深入贯彻国家食品安全战略和“健康中国”战略,围绕农产品质量安全源头控制、食品全程检测监测和冬奥会食品质量安全保障等方面开展科技支撑工作。一是加强源头控制,推动农业高质量发展。构建了“从田间到餐桌”的全过程农产品安全质量控制技术体系,建设农产品标准化生产基地1208家,其中优级标准化基地483家,从源头保障首都食品质量安全。聚集首都食品安全科技创新资源,推进营养均衡靶向设计与健康干预技术创新,开发了功能食品、营养强化食品、特殊膳食等健康食品,推动食品精准制造技术升级和品牌打造,推动农业高质量发展。二是聚焦检测技术升级,实现食品安全检测与监测全覆盖。搭建食品安全风险危害物质筛查谱库,实现农药残留、生物毒素、重金属等近3000种物质的快速筛查鉴别。聚焦食源性致病生物、内分泌干扰物、抗生素、生物毒素等重要危害物检测监测技术和产品研发,食品安全标准技术体系更加完善。研发了一批高通量、高精准、非定向食品安全检测技术,提升了快速检测试剂与装备国产化率,基本实现首都食品安全检测与监测全覆盖。三是提前科技布局,技术保障冬奥会食品质量安全。构建供奥农产品生产供应全过程追溯管理系统,建立一批供奥农产品全程质量控制标准化示范基地。开展食源性兴奋剂检测技术研究,推动食源性兴奋剂检测能力提升。运用大数据技术开展供奥食材安全风险智能判别和风险控制技术研究,为2022年冬奥会食品安全保障和首都重大活动食品安全保障提供技术支撑。2019年,实现全市主要农产品质量安全监测总体合格率稳定在98%以上,重点食品检测抽检合格率稳定在98%以上。

(李京霖　王伟娟　赵淑红　赵　娣　张丽娜)

疾病防治

【国内首个国家级左心耳闭合系统创新医疗器械获批上市】5月6日,由北京迈迪顶峰医疗科技有限公司研发的具有自主知识产权的E-ClipR左心耳闭合系统获得国家药监局批准上市。这是国内首个心耳夹创新产品,是北京市获批的第20个国家级创新医疗器械。左心耳产生的血栓是心源性脑卒中的主要来源,该器械通过提供稳定持续的均匀夹闭力、360°定位调节,避免出血撕裂等风险和问题,可有效消除血栓源;同时,操作简单方便、节省费用且具有较高的安全性。

(市科委医药健康科技处)

【北陆药业布局AI医疗,战略投资“脑医生”3000万元】7月6日,北陆药业以自有资金3000万元入股上海铱硙医疗科技有限公司(核心产品为“脑医生”)。本轮增资完成后,北陆药业将持有其17.24%的股权。这是在成功投资基因测序行业后,北陆药业对精准医疗领域布局的又一战略选择。

(市科委医药健康科技处)

【乐普医疗半年业绩同比增长40%以上】7月10日,乐普医疗发布2019年半年度业绩报告,预计净利润在11.3亿元以上,较去年同期增长40%以上。根据年报数据,乐普医疗2017年和2018年的总营收增长率为31%和40%,净利润增长率为32%和36%,针对2019年上半年业绩增长的原因,乐普医疗在公告中表示,其新研发上市的NeoVas生物可吸收支架自3月下旬实现销售以来,一直保持强劲的增长势头。

(市科委医药健康科技处)

【百济神州苏州研究院成立】 7月11日，百济神州苏州研究院成立，该研究院建成后将设立转化医学研究中心、制剂研究中心和工艺研发中心，重点支持创新项目的立项与研发，最终将备选药物推向临床。

（市科委医药健康科技处）

【新型基因编辑技术首次报道】 7月15日，博雅辑因创始人魏文胜课题组在 *Nature Biotechnology* 发表了题为 *Programmable RNA editing by recruiting endogenous ADAR using engineered RNAs* 的研究论文，首次报道了名为 LEAPER 的新型 RNA 单碱基编辑技术。该系统仅需要在细胞中表达向导 RNA 即可招募细胞内源脱氨酶实现靶向目标 RNA 的编辑。该技术的建立为生命科学基础研究和疾病治疗提供了一种全新的工具。

（市科委医药健康科技处）

【首例 AMSorbTM 支架植入手术完成】 7月23日，北京大学第一医院心内科陈明教授完成首例 AMSorbTM 支架植入手术。这是全球首例3D打印全降解冠脉支架植入人体，标志着中国具有完全自主知识产权的3D打印全降解冠脉支架成功进入临床试验阶段，该产品于4月1日获得国家药品监督管理局颁发的医疗器械临床试验批件，7月3日通过北京大学第一医院伦理委员会批准。

（市科委医药健康科技处）

【注射用 STSP-0601 获临床批件】 7月31日，舒泰神凝血因子X激活剂——注射用 STSP-0601 获临床批件，此次申请为第二次申请，将临床适应证调整为伴有抑制物的血友病A或B患者出血按需治疗。该品种将为伴有抑制物的血友病患者提供安全、有效且经济可接受的治疗药物，从而大幅提高血友病患者接受治疗的比例。

（市科委医药健康科技处）

【魏文胜入选“2019中国商业最具创意人物100”榜单】 8月5日，博雅辑因创始人魏文胜入选了《快公司》杂志发布的“2019中国商业最具创意人物100”榜单。该杂志对他的评价是 CRISPR 遗传筛选技术的早期开发者，率先实现了针对蛋白质解码基因和长链非编码 RNA 的高通量功能性筛选，并于2019年又发现 iBar 技术，可提高研究过程中数据可靠性和功能性筛选的敏感性。

（市科委医药健康科技处）

【百奥赛图完成D轮融资】 8月8日，北京百奥赛图基因生物技术有限公司完成总额5.43亿元的D轮融资。本轮融资由国寿大健康基金和国投创业共同领投。

（市科委医药健康科技处）

【孙乐、朱武洋团队报告狂犬病毒研究新进展】 8月19日，疫苗领域顶尖杂志 *Vaccine* 发表了孙乐、朱武洋团队联合北京派迪畅科技发展有限公司、中国疾控中心病毒病所、海军总医院、京天成生物、中国农业大学动物医院、清华大学生命科学院和华北制药等单位的研究成果，该研究成果报告了一种基于狂犬病毒糖蛋白的血清学试剂众的开发和方法学研究，为接种狂犬病疫苗后快速评价免疫效果提供了新的方法。

（市科委医药健康科技处）

【全球新药罗沙司他胶囊新适应证获批】 8月20日，珐博进（中国）医药技术开发有限公司开发的原创新药罗沙司他胶囊（商品名:爱瑞卓）新适应证获国家药监局批准。该品种2018年12月获批用于治疗正在接受透析的患者因慢性肾脏病（CKD）引起的贫血，本次批准的新适应证为用于非透析依赖型慢性肾脏病患者的贫血治疗。罗沙司他胶囊是国内首个全球研发并在中国率先批准上市的原创新药，目前正在日本、美国申请上市，其新适应证的批准标志着可为全球肾性贫血患者（包括透析患者或非透析患者）提供全新的治疗方案。罗沙司他胶囊有望成为全球药品的“重磅炸弹”（指销售额在10亿美元以上的药品）。市科委正在支持其开展Ⅳ期临床试验研究。

（市科委医药健康科技处）

【康龙化成成功登陆香港主板市场】 11月28日，康龙化成（北京）新药技术股份有限公司在香港交易所挂牌上市，发行价格为每股39.50港元，共发行约1.17亿股，募集资金净额约43.44亿港元，主要用于建设新药研发服务平台、提升研发服务能力及产能、补充运营资金等。

（市科委医药健康科技处）

【抗癌新药百泽安在国内获批上市】 12月27日，百济神州宣布抗 PD-1 抗体药物百泽安（通用名为替雷利珠单抗注射液）获得国家药品监督管理局（NMPA）批准，用于治疗至少经过二线系统化疗的复发或难治性经典型霍奇金淋巴瘤（R/R cHL）患者，此前该新药上市申请已被 NMPA 纳入优先审评。百泽安是百济神州继自主研发的 BTK 抑制剂

BRUKINSA™(泽布替尼)获得美国食品药品监督管理局(FDA)上市批准后,首款在国内获批的自主研发抗癌新药。

(市科委宣传与科普处)

【汇恩兰德玻璃酸钠滴眼液获得药品注册批件】年内,诺思兰德控股子公司汇恩兰德获得国家药品监督管理局核准并签发的化学药品玻璃酸钠滴眼液《药品注册批件》,这是汇恩兰德继酒石酸溴莫尼定滴眼液后增加的新品种。同时,诺思兰德产品采用国际先进的吹、灌、封(BFS)一体化无菌自动生产线生产,可最大限度地保证产品的质量。

(市科委医药健康科技处)

【加科思抗肿瘤新药获 FDA 临床试验批准】年内,加科思自主研发、具有全球知识产权的小分子口服抗肿瘤新药 JAB-3312 获 FDA 新药临床试验许可,这是加科思又一个获 FDA 批准的原创新药。JAB-3312 将用于治疗非小细胞肺癌、结直肠癌、胰腺癌等实体瘤,同时也可以有效解除肿瘤免疫抑制性微环境,提高现有肿瘤免疫治疗的效果。

(市科委医药健康科技处)

【双鹭药业 MV049 进入 I 期临床】年内,双鹭药业 CTLA-4 单抗 MV049 进入 I 期临床,这是继信达的 IBI310 和康宁杰瑞的 KN044 后第 3 个进入临床的 CTLA-4 单抗。CTLA-4 单抗阻断了 CTLA-4 与 B7-1/B7-2 分子的结合,阻断抑制信号传递,从而维持 T 细胞的激活状态。截至 2019 年,有 10 家中国企业布局 CTLA-4 靶点药物,11 个品种处于临床早期或临床前阶段。

(市科委医药健康科技处)

【韩美药业研发的吸入用盐酸氨溴索溶液国内获批上市】年内,韩美药业的吸入用盐酸氨溴索溶液获得国家药品监督管理局批准上市,成为国内第一个吸入剂型的氨溴索产品。此次增加的吸入剂型主要针对儿童用药,提高用药依从性。

(市科委医药健康科技处)

【首药控股完成 2 亿元融资】年内,首药控股完成 2 亿元融资。本次融资用于加快在京新药研发及产业化基地建设,该基地位于开发区,占地 40 亩,总投资 6.5 亿元,预计 2024 年投产,2027 年达产。首药控股 2016 年 4 月注册成立,主要从事 1.1 类小分子抗肿瘤靶向药、糖尿病等新药的研发生产,公司在研有 13 个 1.1 类自主研发小分子创新药,其中 CT-707 处于临床 Ⅱ 期研究阶段,产品已获得 CDE 批复的 Ⅱ 期有条件上市资格。

(市科委医药健康科技处)

【膝骨关节炎运动治疗与自我管理模式研究取得重要进展】年内,北京大学人民医院林剑浩教授团队率先在国内开展膝骨关节炎运动治疗,填补了国内膝骨关节炎运动疗法的空白,并将膝骨关节炎运动治疗向全国多家医院推广应用;组织国内外相关领域专家基于 GRADE 方法评级的循证医学证据,制定了中国膝骨关节炎运动治疗临床实践指南,为膝骨关节炎运动治疗的进一步推广应用奠定了良好的基础。

(市科委医药健康科技处)

【肥厚梗阻性心肌病外科治疗的临床研究取得重要进展】年内,中国医学科学院阜外医院王水云团队首次利用 3D 打印技术打印肥厚型心肌病同比例心脏模型,明确病理解剖和病变特征,模拟手术操作,进一步优化了手术方案。该研究显著提高了复杂肥厚梗阻性心肌病的手术治疗效果,手术时间进一步减少,手术效果明显改善。此外,通过模拟手术训练,无经验的外科医师缩短了学习曲线,对推广本手术具有重要意义。

(市科委医药健康科技处)

【膜性肾病实现无创诊断和治疗】年内,北京大学第一医院肾内科崔昭团队在全国首先开展以膜性肾病的最新发病机制——抗磷脂酶 A2 受体(PLA2R)自身抗体为核心的生物学标志物检测。通过大样本人群检验和前瞻性随访队列研究,建立抗 PLA2R 抗体辅助诊断、指导治疗和评价预后的体系,为原发性膜性肾病临床诊治提供依据。抗 PLA2R 抗体检测的敏感性为 68%、特异性为 99%,能够作为原发性膜性肾病的无创诊断工具。

(市科委医药健康科技处)

【高龄老年心房纤颤抗栓管理困境新突破】年内,中国人民解放军总医院王玉堂团队首次建立国内大样本高龄老年人群心房纤颤生物样本立体数据库,针对高龄老年复杂血栓的临床难点,解决"华法林困境",建立个性化出血及血栓分层、权衡综合临床净效益安全抗栓临床路径。高龄老年优化抗凝治疗可降低肝/肾功能不全患者 75% 全因死亡率,降低高出血风险房颤患者 48% 血栓及全因死亡风险,降低高血栓风险患者 64% 血栓及全因死亡风险。研究成果已被《老年人非瓣膜心房颤动诊治中国专家建议》(第二版)采纳,向全国推广。

（市科委医药健康科技处）

【CRISPR编辑干细胞的应用研究取得重要进展】 年内，解放军总医院第五医学中心陈虎、北京大学干细胞研究中心邓宏魁、首都医科大学附属北京佑安医院吴昊首次报道了利用CRISPR基因编辑艾滋病合并急性白血病患者干细胞的临床研究，验证了基因编辑技术在成体干细胞上应用的安全性和可行性，为基因编辑技术在其他疾病中的应用提供了指导。该成果首次回答了基因编辑干细胞在临床应用中的关键科学问题，推动了基因编辑技术向临床应用的转化。

（市科委医药健康科技处）

【腹腔镜对比开放手术的随机对照研究取得重要进展】 年内，北京肿瘤医院季加孚团队的国际上首个胃癌新辅助化疗后腹腔镜辅助对比开放手术的单中心随机对照研究首次发现新辅助化疗后接受腹腔镜胃癌手术患者的并发症发生率低于开腹手术组，而术后辅助化疗完成率高于开腹手术组。研究成果在顶级学术期刊《美国医学会杂志》上发表。

（市科委医药健康科技处）

【糖尿病精准分型研究取得重要进展】 年内，北京大学人民医院纪立农团队以数据驱动的方法对中美糖尿病人群进行聚类分型，建立中美人群的糖尿病聚类分型数据库，分析中美人群糖尿病聚类亚型的临床特征，固定中美人群糖尿病聚类分型各亚型的聚类中心，并明确其临床特征。

（市科委医药健康科技处）

【非致残性缺血性卒中治疗再添新方案】 年内，首都医科大学附属北京天坛医院王拥军教授团队的THALES研究为非致残性缺血性卒中提供了新方案、新证据。该研究是在全球28个国家或地区的450个中心进行的Ⅲ期临床研究，纳入患者11016例。研究显示，在急性缺血性卒中和高危短暂性脑缺血发作的患者中，替格瑞洛联合阿司匹林可以显著降低30天卒中复发和死亡的复合终点。该研究与CHANCE研究共同为非致残性缺血性卒中的患者指导用药。研究成果在国际顶级医学期刊*NEJM*发表。

（市科委医药健康科技处）

【慢性阻塞性肺疾病急性加重患者住院诊治策略研究启动】 年内，市科委启动“慢性阻塞性肺疾病急性加重患者住院诊治优化策略与出院后全程疾病管理新型模式的研究”重大科技项目，由首都医科大学附属北京朝阳医院童朝晖教授牵头，通过基于住院电子病历的真实世界研究以明确慢阻肺急性加重患者住院诊治现状，并评价不同救治方案的效果。

（市科委医药健康科技处）

【脑血管病治疗决策系统的研发启动】 年内，科委启动由首都医科大学宣武医院牵头的“基于新一代组学和影像技术的脑血管病治疗决策系统的研发”重大科技项目，围绕颈动脉粥样硬化性狭窄（CAS）、颅内动脉粥样硬化性狭窄（ICAS）、出血性卒中相关疾病如颅内动脉瘤（IA）、脑脊髓血管畸形（AVM）4种多发、危害巨大的特定脑血管病，以精准诊疗为核心目标，结合蛋白组学、结构生物学、基因检测及新型测序、多模态跨维度生物医学成像等多项前沿技术手段，解决4类疾病诊疗的关键问题，通过数据平台搭建，研发可推广的治疗决策系统，实现重大疾病的精准研究。

（市科委医药健康科技处）

【阿尔茨海默病早期诊断标志物的应用开发研究启动】 年内，市科委启动由首都医科大学宣武医院牵头的“阿尔茨海默病（AD）体液、遗传、影像早期诊断标志物的应用开发研究”重大科技项目，重点开发适用于国人的、具有高特异性和高敏感性的阿尔茨海默病早期诊断标志物试剂盒、预测模型、确定影像学标志物界值，建立具有中国特色的阿尔茨海默病发生、发展预警模型，撰写阿尔茨海默病早期诊断标志物应用相关指南并在全国范围内进行推广，提高行业的科研及诊治水平，提高阿尔茨海默病早期诊断率。

（市科委医药健康科技处）

【Sepsis早期复苏和器官保护研究启动】 年内，市科委启动由北京协和医院牵头的“Sepsis早期复苏和器官保护体系建立和示范应用”重大科技项目，重点研究Sepsis规范化治疗，在进行救治的同时保护心、脑、肺等重要器官，建立Sepsis早期复苏和器官保护体系，提高中国的Sepsis救治水平，降低诊疗费用，并进行示范化应用推广。

（市科委医药健康科技处）

【提高系统性红斑狼疮诊治水平研究启动】 年内，市科委启动由北京协和医院牵头的“提高系统性红斑狼疮诊治水平研究”重大科技项目，通过CSTAR数据平台，研究现阶段系统性红斑狼疮患者的治疗情况和生存状况，寻找适合中国国情的系统性红斑狼疮病情评估体系，深入探讨中国系统性红斑狼疮患者危险分级及达标治疗的关系，明确长期生存率、器官损伤率及不同脏器损害结局患者的临床特征和生物学特征。

（市科委医药健康科技处）

【慢性乙肝及相关重症肝病治疗新策略研究启动】 年内，市科委启动由中国人民解放军总医院第五医学中心王福生院士牵头的“慢性乙肝及相关重症肝病治疗新策略的临床研究”重大科技项目，项目以慢性乙肝及相关重症肝病的临床难题为研究对象，将在全国率先提出儿童慢性乙肝抗病毒治疗新策略，对免疫细胞治疗晚期肝癌等创新技术开展研究，为提升中国乙肝医疗救治水平、降低肝癌复发概率、延长生存时间提供科技支撑。

（市科委医药健康科技处）

【早发糖尿病干预策略研究启动】 年内，市科委启动由北京大学人民医院牵头的“早发糖尿病人群的病因、自然病程和结局驱动性治疗策略研究”重大科技项目，通过对早发糖尿病患者予以由临床结局所驱动的干预手段验证其有效性及安全性，提出在早发糖尿病患者聚类分型的基础上采用由临床结局所驱动的针对改善临床结局的干预策略。

（市科委医药健康科技处）

【重症监护病房获得性衰弱研究启动】 年内，市科委启动由中国人民解放军总医院牵头的“重症监护病房获得性衰弱风险预测与分级护理路径的体系建设”重大科技项目，项目围绕防治重症监护病房获得性衰弱亟须突破的关键问题，通过建立风险评估工具，研究膈肌功能锻炼、肢体活动、离床活动的分级护理路径，建立基于病情的综合活动分级护理路径专家共识，指导临床科学规范地实施危重症患者的早期功能锻炼，为制定相关行业规范提供依据。

（市科委医药健康科技处）

【减少心脏瓣膜术后再干预的新策略研究启动】 年内，市科委启动由中国医学科学院阜外医院牵头的“减少心脏瓣膜术后再干预的新策略研究”重大科技项目，本项目通过对心脏瓣膜疾病进行前瞻性研究，分析传统治疗方案与创新治疗方案在医疗花费、围术期效果及近中期随访结果的优劣，提出改善患者预后，降低远期再干预率的中国瓣膜修复方案。

（市科委医药健康科技处）

【近视综合防控关键技术的研究启动】 年内，市科委启动由首都医科大学附属北京同仁医院牵头的“近视综合防控关键技术的研究”重大科技项目，项目将形成针对近视眼不同发展阶段的适宜防控技术、个性化诊疗方案和群体策略，实现未病预测、发病析因、个性矫治三位一体的新型近视防治模式。

（市科委医药健康科技处）

【重症监护病房细菌耐药监测应用研究启动】 年内，市科委启动由首都医科大学附属北京地坛医院牵头的“基于基因组水平的重症监护病房细菌耐药监测应用研究”重大科技项目，通过构建 ICU 耐药菌的基因组学参比数据集、建立宏基因组学数据挖掘的生物信息学分析算法，形成标准化检测流程和生物信息学分析方案和分析、监测平台，为提升临床耐药菌感染的病原检测和诊断能力提供支撑，在神经外科术后颅内细菌性感染患者、体外膜氧合支持患者和临床复杂样本耐药菌混合感染患者中开展试点应用，同时探索造成临床重症感染的耐药菌、耐药基因分布特征，指导临床诊疗。

（市科委医药健康科技处）

【肝病创新药物早期临床试验与关键技术研究启动】 年内，市科委启动由首都医科大学附属北京友谊医院承担的“肝病创新药物早期临床试验与关键技术研究”课题，通过建成北京市肝病创新药临床试验联盟平台，实现联盟内临床试验流程和运行模式的优化和协调，以缩短肝病创新药物研发周期，加快创新药的批准和上市，并形成评价乙肝创新药物疗效及安全性的新型临床试验方案、关键指标及评价标准等。

（市科委医药健康科技处）

【国内外首创尿路上皮癌诊断试剂盒开展应用】 年内，中国科学院生物物理研究所与北京大学第三医院、上海交大附属仁济医院、昆明医科大学第二附属医院等国内大型三甲医院合作共建尿路上皮癌组织样本库，共收集尿液样本 1140 例，采用由生物物理所研制的尿路上皮癌诊断试剂盒进行大样本、多中心临床检测，已检测 764 例。

（北京生产力促进中心）

【北京市医药健康产业发展态势良好】 年内，北京医药健康产业全部企业营业收入达 2073.2 亿元，同比增长 10.6%。全市医药工业全部企业营业收入 1667.6 亿元，同比增长 10.5%，全市医药服务业全部企业营业收入 405.6 亿元，同比增长 11.0%。2018 年，全市新增 3 家医药上市企业，包括主板上市的康辰药业、香港上市的百济神州、创业板和港交所上市的康龙化成，全市上市公司达到38家。2018年，全市5亿元以上品种新增5个，达到34个；10亿元以上品种新增4个，达到16个；20亿元以上品种6个；北京共有亿元品种近100个。截至2018年年底，全市创新药申报和获批生产的品种有3个，居全国第二。2014—2018年，获得国家创新医疗器械特别审批的北京品种共37个，占全国的19%，居全国第一，其中2018年通过国家创新审批通道并获批上市的创新医疗器械品种7个。医药健康产业主要集中在全市4个区。开发区、大兴区（生物医药基地）承载高端制造特色突出，分别占产业规模的40%和10%左右；海淀区和昌平区研发创新特色突出，规模贡献率占近20%。此外，密云、房山等区在医药健康产业方面也有部分企业。

（市科委医药健康科技处）

养老服务

【全国首个5G智慧社区亮相北京】 7月3日，全国首个5G+AIOT（智能物联网）智慧社区——海淀区北太平庄街道志强北园小区正式亮相。在这个以5G网络为基础、搭载各种智能物联网技术的智慧社区里，居民生活更安全，社区管理更便捷，多项公共服务水平得到提升。

（市科委宣传与科普处）

【许强带队专题调研老龄科技工作】 7月8日，市科委主任许强带队到医养康（北京）健康管理有限公司和中国建筑设计研究院专题调研老龄科技工作情况，市科委副巡视员张虹一同调研，医养康公司董事长余立新、中国建筑设计研究院总经理宋源分别陪同调研。许强一行首先来到医养康公司，了解了公司通过科技引领、医养结合、综合服务，将机构养老、社区养老与居家养老相结合，在海淀区甘家口街道开展“1个服务中心+1个家庭服务终端+N个服务驿站”的医养结合模式。随后调研了中国建筑设计研究院适老建筑实验室，了解其依靠科技创新对小居室轮椅无障碍活动、防摔倒地面缓冲、适老化家居设计等相关技术进行细致分析研究和推进适老化改造技术推广应用的有关情况，并考察了适老建筑实验室的卫浴体验区、餐厨体验区、客厅体验区、卧室体验区等核心模块。

（李京霖）

【2019中国（北京）国际老龄产业博览会召开】 10月11—13日，2019中国（北京）国际老龄产业博览会在中国国际展览中心（静安庄馆）举行。该产业博览会是由北京市老龄产业协会、中国国际贸易促进委员会北京市分会、北京展览馆集团有限公司共同主办。中国（北京）国际老龄产业博览会自2012年创办以来已成功举办7届，是国内老龄产业发展的风向标、领先产品技术和服务的发布平台以及品牌展示和商务合作的专业展会。本届博览会吸引了80多家国内外企业参展，涵盖康复辅具、医疗器械、智慧养老解决方案、健康产品、老年旅游休闲服务、老年文化教育服务等领域，各家企业带来的多款“黑科技”产品亮相并引人关注。

（陈茜尹　王　璐）

【2019中国国际福祉博览会暨中国国际康复博览会举办】 10月10—12日，2019中国国际福祉博览会暨中国国际康复博览会（CR EXPO）在北京国家会议中心举办。该产业博览会是由中国残疾人联合会主办，中国残疾人辅助器具中心、北京市残疾人联合会承办，广州市保利锦汉展览有限公司（保利展览）协办。本届博览会规模达25000平方米，来自全球16个国家和地区的300余家企业参与，逾5万专业观众参观。博览会全面展示了康复、辅助器具各领域最前沿的产品、技术和解决方案。

（陈茜尹　王　璐）

【探索医养结合居家养老新模式】 年内，市科委加强科技支撑，探索医养结合服务居家养老新模式。在羊坊店街道社区服务中心建立医老结合服务调度科技平台，利用呼叫热线、电脑、手机等渠道，整合老人健康管理、医护、家政、维修等多种需求资源，对老年人信息、健康评估、服务商、巡诊、服务质量、服务方案进行科学评价与调度管理，为街道老年居民提供精准、科学的居家养老服务和医疗服务。其中，医疗服务由海淀区羊坊店医院居家养老医疗关爱中心提供，为老人建立健康档案，提供健康教育、巡诊、治疗等医养结合服务。截至年底，结合科技平台已经为2000多名老人建立完善的健康档案，其中羊坊店居家医疗关爱中心长期管理419人，评估项目包括心理健康评估、社会功能评估、早期失智筛查、日常生活功能量评估、抑郁评估、身体状况评估等，完成用药指导1000人次、医疗保障3000余人次、敬老院巡诊3000人次/年。满足老年人连续、综合、个性化的医养结合居家养老需求，用科技手段提升综合服务效能。

（李京霖　王　璐）

【社区老年人群脑健康体检与痴呆风险筛查方案建立】年内，北京师范大学张占军团队建立痴呆风险筛查的标准化参考体系，自主研发脑健康体检—痴呆风险筛查应用平台，制订了完整的脑健康体检的培训方案，建立起服务老年脑健康体检工作的稳定队伍。建立多元的脑健康知识科普路径，提升了老年居民对老年痴呆早期预防的观念。成果被市卫健委采纳，累计为10万名老年人提供脑健康体检服务，筛查30.1%风险人群，应用于全国11个地区的28家医疗机构。

（市科委医药健康科技处）

食品安全

【霉菌毒素高通量筛查技术助力粮油安全】年内，市科委支持产学研合作推进霉菌毒素高通量筛查和自动化前处理技术研究及产品开发。开发了16种霉菌毒素的高通量快速筛查液相色谱串联质谱方法，日处理通量达到100样品/人，前处理过程简单、高效，适合于批量粮油样品的快速筛查和准确定量；制定了粮食行业标准，起草了基于免疫磁珠净化技术的超高效液相色谱检测4种黄曲霉毒素的粮食行业标准送审稿；开发了可用于免疫磁珠批量处理的自动化前处理装置，研发了相关配套试剂盒并实现了产业化推广，该技术在国内外15家实验室进行了验证；霉菌毒素免疫磁珠技术及其配套试剂盒具有良好的回收率和重复性；完成北京地区重点谷物中霉菌毒素污染情况筛查，建立了数据库。

（王伟娟　赵淑红　赵　娣　张丽娜）

【猪肉病原体筛查和肉质鉴定技术保障首都食品安全】年内，市科委支持北京出入境检验检疫局检验检疫技术中心、中国科学院北京基因组研究所等单位共同开展猪肉中病原体高通量筛查和肉质鉴定技术研究，通过自主研发的仪器设备建立肉质检测鉴定技术和猪肉中病原体的高通量筛查技术。该项研究利用电子鼻技术，研制了便携式猪肉新鲜程度判别传感器；利用大规模测序技术，构建了包含常见猪病原体30种以上的猪病原体核酸数据库；研发出猪肉中富集病原体的方法和前处理试剂盒，建立了样品前处理和核酸快速提取综合解决方案；建立的基于新一代测序技术的猪肉中病原体筛查技术，灵敏度达到100～1000pfu/25g，准确率达95%以上；研发猪肉新鲜程度检测传感器5台，利用产品样机完成500份猪肉样品的检测，检测结果显示准确率为100%。研究成果将应用于食品安全检测领域，服务和保障首都食品安全。

（王伟娟　赵淑红　赵　娣　张丽娜）

【食品有害残留检测质量控制技术提升】年内，市科委支持中国计量科学研究院和北京市食品安全监控和风险评估中心（北京市食品检验所）共同推进食品痕量有害残留检测质量控制关键技术研究与应用。推动建立玉米粉中玉米赤霉烯酮和黄曲霉毒素 B_1 等8种真菌毒素、奶粉中黄曲霉毒素 M_1、食用油中苯并[a]芘、牛奶中3种磺胺类抗生素等系列色谱—同位素稀释串联质谱定值方法；开发马铃薯粉中镉、铬、铅3种重金属元素的同位素稀释—电感耦合等离子体质谱检测质量控制技术；应用质量控制样品制备技术制备粮食、乳制品、食用油等3类基质中共4类9种污染物质量控制样品，完成了定值、均匀性和稳定性研究，且均匀性良好，满足使用要求；组织海淀区局、西城区局等16个区局的食品药品监控中心和30余家食品检测实验室的检验人员进行质量控制技术培训，提高检验检测业务能力。

（王伟娟　赵淑红　赵　娣　张丽娜）

【基因组溯源技术提升食品安全风险控制能力】年内，市科委支持中国科学院微生物研究所等单位联合开展基因组溯源研究。建立了食源性致病菌基因组测序技术平台，根据10种食源性致病菌的基因组测序标准实验流程，拟定了统一的食源性致病菌基因组DNA质控标准、基因组测序文库质控标准、测序数据的质控标准，结合每种菌的特点制定特有的基因组测序及分析流程；构建了食源性致病菌基因组生物信息分析平台，开发基因组分析模块、可视化模块、毒力基因分析模块、水平基因转移分析模块、溯源分析模块及16SrRNA基因分析模块，统一整合于在线平台食源性致病微生物信息管理系统中；建立了食源性致病菌基因组基础数据库，管理7000余株细菌的基因组序列信息；针对北京地区常见的沙门氏菌和单核细胞增生李斯特氏菌进行基因组溯源分析，完成了这两类致病菌在北京地区的分布与传播图以及农产品栽培地生境中有害微生物菌群分布图，厘清了相关致病菌的来源与传播模式。微生物基因组溯源技术已转化应用于北京市食品安全技术保障体系中,在中国检验检疫科学研究院综合检测中心等4家机构进行了首次示范应用。

(王伟娟　赵淑红　赵　娣　张丽娜)

【食源性兴奋剂检测技术升级】年内,市科委立足2022年冬奥会食品安全保障,以食源性兴奋剂为切入点,扩增兴奋剂药物的监测范围,建立高通量、广覆盖、高精度的食源性兴奋剂定量检测技术,针对食品中多种化学危害成分建立高效的筛查方法。通过奥运食品安全保障中的化学性风险攻关,初步搭建食源性兴奋剂等化学危害物动态检索系统,建立了100种兴奋剂的质谱方法和86种兴奋剂的高通量色谱分析方法;建立的4项实验室方法顺利通过检验检测机构资质认定现场评审,为2019年国际篮联篮球世界杯食品安全保障提供了技术支撑,为2022年冬奥会和冬残奥会食源性兴奋剂防控工作奠定了基础。

(王伟娟　赵淑红　赵　娣　张丽娜)

【猪肉冷链运输监控体系保障猪肉安全供应】年内,市科委支持利用前沿移动通信和定位导航技术,从设备装置、关键技术、管理体系3个层面研究猪肉冷链的转型升级。在生猪冷链物流技术升级改造过程中将引入5G与北斗导航技术,为全程快速、精准监测提供新的可能,让猪肉调运代替生猪调运成为北京猪肉供应链的主要模式;建立健全具有可追溯和透明化管理的猪肉冷链安全监控体系,实现无人监守、无线传感、智能记录、实时温度监测以及全程可溯源。

(王伟娟　赵淑红　赵　娣　张丽娜)

【科技创新推进食用香精检测方法】年内,市科委开展食品中禁滥用香精的检测技术研究与应用工作。研发出在巴氏杀菌乳、茶叶和咖啡中禁滥用香精香料成分的高灵敏度检测方法;针对巴氏杀菌乳、咖啡、茶叶、肉制品、糖果、大米6种食品,采用气相色谱串联质谱技术,建立了挥发性成分数据库;开发了咖啡中内源性和外源性的鉴别方法;组织北京工商大学、北京出入境检验检疫局检验检疫技术中心等5家单位对巴氏杀菌乳、茶叶、咖啡进行了方法验证,形成15份验证报告,并且验证机构认定检测技术方法可行;同时,将上述建立的技术在通州区食品药品安全监控中心、丰台区食品药品安全监控中心等3家食品安全监督检测机构进行了推广和应用。

(王伟娟　赵淑红　赵　娣　张丽娜)

【食品中酚类内分泌干扰物检测方法取得突破】年内,市科委支持开展食品中酚类内分泌干扰物检测技术研究及产品研发,综合利用半抗原设计理论、免疫亲和技术及液相—质谱串联技术,以壬基酚、双酚A、双酚A类似物、三氯生和三氯卡班为研究对象,研发出免疫亲和柱产品并产业化,形成了具有自主知识产权的IAC柱产品,柱容量大于200纳克/毫升,常温保存12个月之后柱容量仍大于100纳克/毫升;建立痕量分析方法,灵敏度达到0.012～0.1微克/千克,回收率达90%以上,有机溶剂使用量减少到15毫升,样品前处理时间缩短到40分钟。该成果已在北京、上海、沈阳等多个地区的政府监督检验部门和社会第三方检验机构推广应用。

(王伟娟　赵淑红　赵　娣　张丽娜)

农业农村科技

【概述】2019年,聚焦三农优先发展,深入推进乡村振兴战略实施。以科技特派员工作为抓手,助力打赢脱贫攻坚战和农民增收致富。推动农业高精尖和高质量发展,优化产业结构。推动种业自主创新,推动杂交小麦创新成果国际"领跑"。农业绿色生产示范推进全市耕地化肥利用率达到37.5%、化学农药利用率达到43.2%、"三品"认证覆盖率提高到60%,推动农业高质量发展。深化产业融合,推进特色园区建设。年内，全市 7 个国家农业科技园区共吸引 250 家企业入驻，创造产值约 58 亿元。促进高校院所，赵春江、张福锁、孙宝国等院士研发团队，科技企业及农业科技成果资源入驻平谷，全面推进平谷农业科技创新示范区建设。加强协同联动，政策保障乡村全面振兴。与市农业农村局等部门联合印发了《强化创新驱动科技支撑首都乡村振兴行动方案（2018—2020 年）》（京科发〔2019〕2 号），同时制订了《北京市农业科技园区发展规划（2019—2025 年）》和《北京市农业科技园区管理办法（试行）》，为实施乡村振兴战略提供强有力的科技保障。强化农业农村创新创业，促进创新发展。构建科特派在线平台，解决需求近 4000 个，服务农民 500 万人次。农村创新创业人才队伍达 9226 人，创建星创天地 63 家，带动就业 14 万余人，转化科技成果 700 余项。科技支撑 2019 世园会，推进生态文明建设。研发筛选的 1200 多种园艺植物在世园会室内外展示，建立近 200 种观赏植物的繁育与品质调控技术，保证了展示花卉的一致性和稳定性。在园区内构建约 6000 平方米的“光影森林”，打造了智慧世园科技新亮点。强化延庆后世园园艺产业带动，实现农民增收 10% 以上。深化区域协同创新，推进科技精准帮扶。搭建北京市与扶贫支援协作的 7 省 89 个贫困县的消费扶贫双创服务平台。与 38 个国家级贫困地区开展科技扶贫，带动 368 个贫困村近 53000 户贫困农民增收致富。

（王伟娟　赵淑红　赵　娣　张丽娜）

农业科技创新

【设施轮作特色蔬菜品种选育取得进展】 年内，市科委组织实施设施轮作特色蔬菜品种选育与配套高效栽培技术的集成应用，引进适于设施轮作的象蒜、紫山药和食用百合等特色蔬菜新品种 10 个，育成食用百合新品种 4 个，研究应用水肥一体化、益生菌和百合机械化播种等技术，形成了适宜北京地区象蒜、紫山药和食用百合等蔬菜品种的栽培新技术规程 3 个，并在京郊开展了品种生产试验与评价；建立了象蒜、紫山药和食用百合的脱毒种苗和种球生产快繁体系，并繁育种苗 300 万株用于生产示范；新技术应用后，平均节水达 25%，节约人力成本 50%；在大兴区、房山区和怀柔区建立了特色蔬菜新品种、新技术示范点 3 个，示范推广新品种 350 亩，象蒜亩产平均 2062 千克、紫山药亩产 3900 千克、食用百合亩产 1500 千克，每亩实现增收 1000 元，累计培训京郊农民 120 人次。

（王伟娟　赵淑红　赵　娣　张丽娜）

【种子无损检测技术力促种业产品质量提升】 年内，市科委组织实施了蔬菜种子无损检测及产品质量提升技术研究应用，以番茄、辣椒、甜玉米杂交种子为研究对象，采用机器视觉技术、近红外光谱技术、高光谱技术、电子鼻技术、Q2 技术等开展了种子活力无损检测关键技术研究，建立了 7 个种子活力无损检测模型，辣椒种子 Q2 检测模型准确率达 95.6%，番茄种子机器视觉检测模型及 Q2 检测模型准确率达 92.1%，甜玉米种子 Q2 检测模型准确率达 96.4%；建立了高活力种子特征综合数据库，研制出 1 台蔬菜种子高通量检测精选设备、2 台液体分选配套离心烘干设备，效率提升 50% 以上；通过对番茄、辣椒、甜玉米种子的检测、加工、处理工艺的优化，制定了 6 套相应技术规程。在北京丰台、河北涿州、河南临颍、山东寿光建立了 4 个成果示范基地，共计 540 亩，示范基地种子发芽率达到 96% 以上，出苗整齐度提升 10% 以上，种子价格提高了 60%。

（王伟娟　赵淑红　赵　娣　张丽娜）

【林区病虫害预警平台建立】 年内，市科委支持建立林区生态智能巡检装备研发及病虫害预警平台。研制开发出具有自主知识产权的智能巡检装备、定点监测装备及林业生态信息动态监测、综合分析、病虫害预警云平台，为北京地区林业防盗、防虫灾、资源调查、珍贵物种保护、林木抚育、生态保护等工作提供决策支持。研发集感知技术、高效采集技术、通信技术于一体的 3 类便携式手持巡检仪及定点生态监测装备，集成具有独立知识产权的植物茎体水分传感器、土壤温湿度传感器、土壤电导率传感器，实现植物生理参数、生态环境参数、植物图片、测量点地理位置、测量时间等信息的实时采集与林区无死角传输。搭建了容纳 TB 级以上林区生态信息的服务器，开发了林业生态信息动态监测、综合分析及病虫害预警的综合信息服务平台；建立了北京市鹫峰国家森林公园、小汤山花卉园、八家郊野公园等 5 个示范基地；生产便携式手持巡检仪 150 台（套）、定点生态监测装备 32 台（套），开发出巡检、监测、病虫害识别 APP 3 个，并进行了示范应用。

（王伟娟　赵淑红　赵　娣　张丽娜）

【有机废弃物处理装置示范应用稳定运行】 年内，市科委支持实施农村有机废弃物中小型资源化处理装置研发与示范应用，开发出适合于农村有机固体废弃物堆肥处理集成式设备，该设备集进料、出料、搅拌等功能于一体，实现有机固体废弃物堆肥的全过程处理，将工作人员的工作量降低至原来的50%；设备具有4个仓，除臭率达到96%，设备排放气体经检验符合《恶臭污染物排放标准》（GB 14554—1993）的要求；配合设备研发的有机固体废弃物好氧堆肥的复合微生物菌剂能提高好氧堆肥的启动速率和反应速率，有机固体废弃物堆肥处理周期缩短至15~20天，堆肥产品的主要指标按照《绿化用有机基质》（GB T 33891—2017）执行；对农村有机固体废弃物处理设施运行管理模式进行探索，完成农村有机固体废弃物处理技术操作规程，在通州区、大兴区推广建设4处示范处理站，稳定运行1年以上。

（王伟娟　赵淑红　赵　娣　张丽娜）

【国外花卉园艺新品种、新技术成效显著】 年内，市科委支持开展了国外花卉园艺新品种、新技术集成应用与科技展示研究。引进国外花卉品种1344个，其中全新品种1093个，并筛选出1078个适合世园会应用的品种；优化完善扦插繁殖生产技术体系，形成40余种花卉的花期控制技术；开发出可持续混合花境、拟自然花甸、新型道路容器3种新型应用形式和4种模块化产品；打通了无性繁殖品种引进渠道，引进品种中授权无性繁殖品种占1/4，同时形成了接力生产模式，保障了世园会新优花卉的规模应用；集成创新了荷兰新一代节能高效温室技术，繁殖适宜世园会应用的花卉品种种苗3300万株，举办展示推广活动4次，示范面积25900平方米。

（王伟娟　赵淑红　赵　娣　张丽娜）

【科技优选特色野生花卉示范取得进展】 年内，市科委支持开展野生花卉扩繁及园艺品质提升技术研究。132种野生花卉在延庆区进行中试，优选出华北耧斗菜、山罂粟、金莲花、雾灵香花芥等95种抗性强、观赏效果优良的野生花卉；对163种野生花卉开展了播种繁殖、扦插繁殖等关键性繁殖技术的研究，建立了毛茛、金莲花等76种野生草花和小花溲疏、郁香忍冬等15种木本植物的繁殖和栽培技术体系，繁殖苗木100.8万株；通过对优选野生花卉在花坛、岩石花境、路缘花境以及盆栽混合搭配中的应用示范，探索出野生花卉的展示和应用技术。在延庆世葡园、唐山世园会岩石园、北京植物园园区路缘花境、花坛和资源圃、中科院植物园岩石园和资源圃园区、花乡花木集团有限公司杨镇基地、鲜花港展示区等建立了9个示范区，共计1.66万平方米。

（王伟娟　赵淑红　赵　娣　张丽娜）

【自主知识产权花卉示范应用取得突破】 年内，市科委支持开展了自主知识产权园林植物良种培育及快繁关键技术研究。运用检索、调研及考察方法开展中国自主知识产权花卉品种、良种和品系的收集工作，筛选出适合延庆地区应用的品种（系）361种，选育出新优品系97个，丰富了2019年北京世园会花卉展示品种；研发了126个主要品种的规模化繁殖和栽培技术体系和61个关键品种的花期调控技术；以规模化繁殖技术为依托繁育自主知识产权良种、品种（系）种苗305.8万株，在北京植物园和世界葡萄博览园举办了2次成果展示会，建立示范区33处，示范面积16.9万平方米。

（王伟娟　赵淑红　赵　娣　张丽娜）

【绿地林地土壤质量技术研究示范效果凸显】 年内，市科委以产学研方式支持实施了北京市绿地林地土壤质量提升关键技术研究与示范。采用客户端、服务器的架构模式，在Windows软件环境下开发了北京市首个绿地林地土壤质量管理数据库，可同时满足200人使用，具备数据导入导出、查询展示、数据编辑和统计分析等功能；形成了北京市地方标准《园林绿化土壤质量提升技术规程》，通过绿地土壤系统修复技术，使土壤的pH值下降到7.82，土壤容重下降到0.9克/立方厘米，土壤有机质含量提升至1.86%，土壤重金属有效态浓度降低至正常植物生长水平，其中土壤中有效态镉含量降低了17.3%，土壤中有效态铅含量降低了36.8%。在鹫峰国家森林公园、朝阳区团结湖公园、门头沟区河湖景观管护中心建立了3处北京市绿地林地土壤质量提升关键技术示范区，共计2024亩（市区公园示范110亩、公共绿地示范52亩、山区林地示范1862亩），林地年生产力由25%提高至36%，城市植被覆盖率由30%升至45.5%。

（王伟娟　赵淑红　赵　娣　张丽娜）

【菠菜育种自主创新取得进展】 年内，市科委支持实施了菠菜系列优良杂交新品种选育研究，利用基因组测序技术，开发了系列与菠菜性别、抗病相关的SCAR、KASP分子标记，在菠菜分子标记育种、抗霜霉病育种等方面取得突破:构建了国际上首张菠菜高密度遗传图谱;首次选育了国内抗11个霜霉病生理小种的菠菜系列杂交新品种;选育中国自育的春秋越冬及加工类型系列菠菜优良杂交新品种8个;获国家发明专利3项,可替代进口新品种。

(王伟娟　赵淑红　赵　娣　张丽娜)

【安全投入品创制保障农产品有效供给】年内,市科委支持开展藻源生物刺激素褐藻双寡糖作物免疫调节剂创制及示范应用,采用高通量迭代驯化与复合诱变和高活性寡糖工具酶育种技术,选育出高酶活和高扩繁能力的褐藻酸裂解酶和岩藻多糖裂解酶菌株,获得褐藻酸裂解酶高产菌株酶活达1500U/ml,岩藻多糖裂解酶高产菌株酶活达500U/ml;获得褐藻酸寡糖1个和岩藻寡糖2个,建立生产线各1条,产品年产量600吨,产值达8400万元;创制褐藻双寡糖作物免疫调节剂产品2个,年产量3000吨,并在京郊、山东等地进行示范,褐藻双寡糖抗小麦白粉病示范应用2000亩,发病率降低16.34%,农药减量30%,单产增加8.4%;抗番茄病毒病示范应用1000亩,发病率降低56%,农药减量20%,单产增加15%;抗草莓叶斑病示范应用500亩,发病率降低44%,农药减量15%,单产增加11%。

(王伟娟　赵淑红　赵　娣　张丽娜)

【高效活性铬制剂改善饲料转化效率】年内,市科委支持开展高效活性铬制剂的研发及其在畜禽上的应用,开展了高效活性铬制剂产品的中试制备工艺、稳定性及其在猪和肉鸡上的应用研究,形成了中等螯合强度甘氨酸螯合铬产品中试优化合成工艺新参数1套,用该参数生产铬含量为1%的中试产品6吨,生产成本低、稳定性好;在猪、肉鸡日粮中分别添加0.2毫克/千克和0.4毫克/千克(以铬计)的中试产品,提高经产母猪窝产活仔数0.56头、生长肥育猪瘦肉率1.1个百分点,提高肉仔鸡饲料转化效率4.04%、胸肌率0.58个百分点,降低肉仔鸡腹脂率0.28个百分点。

(王伟娟　赵淑红　赵　娣　张丽娜)

【果树气象灾害诊断预警技术取得进展】年内,市科委支持实施了主要果树气象灾害诊断预警关键技术研究与应用,在关键监测设备研发及危害实时精准诊断技术方面取得进展。研发了大桃和梨树长相长势、枝条温度、大气温湿度、土壤温湿度以及太阳辐射等参数的精准监测设备,并针对不同果树的栽培种类布设33个典型观测点,通过开发远程无线传输设备以及配套的多点远程实时数据接收软件,通过4G技术,将33个观测点组建成为分布式监测网络,构建基于物联网的基础数据平台/数据库,平台可自动定时下载和存储数据,并将数据实时存入数据库中,以便查看实时和历史数据;通过试验分析低温与干旱对大桃、梨树生长发育的影响机制,结合已有相关成果,调查分析区域历史灾情数据,提出危害等级及判别指标体系;将当地天气预报信息与果园微气象、果树生理生态及生长状况信息在田间尺度上进行融合,建立模拟预测模型,形成大桃、梨树的低温与干旱危害诊断技术;集成基础数据库、天气预报信息与危害诊断技术,构建大桃、梨树的低温与干旱危害预警服务平台,预测、发布危害等级信息,集成建立监测预警服务体系,并在大兴等地进行示范应用。

(王伟娟　赵淑红　赵　娣　张丽娜)

【布病新型疫苗研究提升动物防控水平】年内,市科委支持开展布鲁氏菌病温敏凝胶耐热型疫苗的研究与开发,成功研发耐热新剂型温敏凝胶,使疫苗黏膜免疫实现从液态到凝胶态的转变。推动建立兽用疫苗温敏凝胶剂型技术平台,用羊种布鲁氏菌Rev.1株为疫苗菌株,通过改变疫苗载体为温敏凝胶剂型加入耐热冻干保护剂,使疫苗黏膜免疫生物利用度提高到99%,完成疫苗生产与检验用菌种、工艺、产品的质量标准等相关研究,创制出新型布鲁氏菌病温敏凝胶耐热型疫苗,保存期内疫苗菌的存活率达到90.07%,制备5批中试产品。

(王伟娟　赵淑红　赵　娣　张丽娜)

【兽用亚单位疫苗研究平台建立】年内,市科委支持开展兽用亚单位疫苗设计平台建设与新产品开发。开展动物重大病原抗原表位分子的研究,获得4106条口蹄疫病毒、猪圆环病毒2型、猪瘟病毒的基因序列,形成抗原表位基因数据库;编制了病毒抗原表位结构分析软件,建立合成肽疫苗抗原合成与质控分析实验室、杆状病毒表达体系功能实验室,完善1条合成肽疫苗中试生产线(中试规模10000头份/批),形成兽用亚单位疫苗研发、中试及评价研究平台;研制出牛口蹄疫O型、A型二价合成肽疫苗(多肽0506+0708)和猪圆环病毒2型合成肽疫苗,完成了新药的实验室研究和临床试验;研制出猪圆环病毒2型重组鞭毛蛋白亚单位疫苗(B86株),其攻毒保护率为85%,免疫持续期达到4个月，申请并获得了临床批件；扩建了生产能力达到1亿头份的口蹄疫合成肽疫苗生产线，新建了合成肽诊断试剂盒生产线，合成肽类产品年销售额为8400万元，利润超过2000万元。获得了“牛口蹄疫O型、亚洲I型二价合成肽疫苗（多肽0501+0601）”“猪口蹄疫O型合成肽疫苗（多肽0405+0457）”和“猪口蹄疫病毒O型VP1合成肽ELISA抗体检测试剂盒”的产品生产文号。

（王伟娟　赵淑红　赵　娣　张丽娜）

【蜂产业链技术攻关取得进展】 年内，市科委支持开展蜂产品质量安全保障及蜂业产业链拓展关键技术研究与应用，从蜂产品生产、加工、物流和监管4个环节入手，建立了蜂蜜产品全程质量监管技术体系，制定并申报了4项北京市安全蜂产品生产技术规范，推动了《巢蜜》国家标准的颁布实施，建立了北京市蜂蜜质量安全追溯平台；开发了2款能够取代实木材质的新材质蜂箱并实现年产3万套，研发新型蜜蜂毒生产和贮存设备；制定蜜蜂毒生产技术规范、蜜蜂毒保存与运输技术规范、蜜蜂毒原料质量标准；研制了蜜蜂毒风湿膏、蜜蜂毒面膜霜、蜜蜂毒刮痧油、蜜蜂毒刮痧水剂等4款蜂毒制品；在京郊建立安全蜂产品生产、溯源管理及自酿式巢蜜规模化生产示范区，示范蜂群3.43万群，实现示范区蜂蜜的生产、收购、加工、销售环节条码信息全覆盖，年产普通巢蜜6.25万框，自酿式瓶装巢蜜2.48万瓶，自酿式创意图文巢蜜1.03万块，平均巢蜜封盖率达到90%以上。

（王伟娟　赵淑红　赵　娣　张丽娜）

【新型果蔬食品研发提升居民营养健康水平】 年内，市科委支持中国农业大学主持的果蔬营养健康食品加工新技术研究及新产品开发，构建了用于评价果蔬原料及提取物调节肠道微生态和改善肥胖的2个细胞模型和3个动物模型，并从胡萝卜、丝瓜、苹果等13种果蔬中筛选出可以较好调节肠道微生态和改善肥胖的生姜、桑葚、葡萄、大麦叶、丝瓜等果蔬原料和矢车菊素—3—氧—葡萄糖苷、芦丁、白藜芦醇等果蔬提取物；开发了包括复合果蔬汁、复合果蔬发酵汁、果蔬泥、果蔬粉、果蔬咀嚼片及休闲果蔬食品在内的22个果蔬营养健康新产品；建成生产能力20000吨的智能化果蔬健康食品无菌罐装示范生产线，制定桑葚提取物和葡萄皮提取物产品的企业标准，制定1L利乐示范线工艺规程、1L利乐示范线操作规程和利乐包装完整性检测规程加工技术规范。

（王伟娟　赵淑红　赵　娣　张丽娜）

【组培快繁与嫁接成苗技术取得新突破】 年内，市科委支持相关优势资源单位共同实施高密栽培苹果矮化砧木优良品种种苗快速繁育技术研究与应用。筛选出Mark、B160、SH6等3个适合京津冀地区应用的苹果矮化砧木新优品种，开发出Mark和SH6自根苗的组培快繁技术，以及苹果矮化砧木Mark高效嫁接成苗技术，种苗繁育效率和嫁接成活率达到95%以上，促进了高密栽培苹果矮化砧木优良品种和嫁接苗规模化、工厂化种苗生产，带动果树苗木产业升级。在北京、河北、山东、辽宁等地示范推广应用1500余亩，栽植成活率达到95%以上，全面提高了京津冀地区的苹果生产技术水平和产业竞争力，推动京津冀地区苹果栽培产业可持续高效发展。

（王伟娟　赵淑红　赵　娣　张丽娜）

【中兽药生产提取工艺标准化取得新进展】 年内，市科委支持开展了中兽药提取工艺标准化生产技术研究及苦参苍术药剂的研发。通过对苦参苍术口服液的研制和标准化生产研究，实现苍术、苦参中苍术挥发油、苦参碱的高纯度提取，研发出苦参苍术口服液，形成苦参苍术口服液的生产工艺和质量标准。临床试验表明苦参苍术口服液能够使家禽的大肠杆菌发病率降低至40%以下，病程平均缩短2天；建成年产60吨的中兽药制剂产业化生产线，实现产品销售额2500万元。成果对发挥中药对畜禽大肠杆菌疾病的治愈率、缩短病程、减少抗生素滥用、保障北京市动物源性食品的质量安全提供了科技支撑，为中国传统中兽药走向世界提供了有益尝试。

（王伟娟　赵淑红　赵　娣　张丽娜）

【肠杆菌肽新兽药产品技术研发取得进展】 年内，市科委支持中国农业大学等单位共同实施肠杆菌肽新兽药产品开发关键技术研究应用，开展肠杆菌肽新兽药中试工艺、质量标准、毒理学、作用效果和药理学评价，在肠杆菌肽产量上实现了突破。建立了微滤、Q穿、Butyl HP和Captp ImpRes4步肠杆菌肽分离纯化工艺，使肠杆菌肽产量从1.6毫克/毫升提高到2.6毫克/毫升，产品纯度达99.5%，回收率达到85%，并获得肠杆菌肽3升和50升罐发酵工艺各1套；通过开展肠杆菌肽药物稳定性、体外药效学、部分毒理学及猪鸡动物的效果评价等临床前试验研究，患大肠杆菌病的仔猪用肠杆菌肽治疗后全部康复；在仔猪和肉鸡日粮中的效果评价试验显示，日粮中添加0.5～2.4毫克/千克肠杆菌肽，仔猪和肉鸡日增重分别提高3.7%～22.7%和10.3%～12.3%，饲料转化效率分别提高5.9%～12.5%和7.2%～10.9%。

（王伟娟　赵淑红　赵　娣　张丽娜）

【玉米黄改系优良性状研究及改良创制取得突破】 年内，市科委支持开展玉米黄改系优良性状研究及改良创制，在玉米全基因组从头测序、比较基因组分析和蛋白基因家族聚类、培育优良黄改种质自交系等方面取得实质性成效。构建了黄早四高质量基因组序列图谱，实现基因组覆盖度93.60%、基因区覆盖度96.23%、单碱基错误率低于0.01%、整体基因组覆盖度197.58倍、初始拼接Scaffold N50为3.94Mb、Superscaffold N50为223.9Mb等组装指标；通过与4个美国玉米骨干自交系（B73、Mo17、PH207和W22），以及玉米野生近缘种墨西哥大刍草的基因组进行比较基因组分析和蛋白基因家族聚类，发现638个基因被聚类到264个黄早四特有基因家族中；完成40份黄早四上下游种质样品的重测序和其他类群骨干系样品的重测序；通过基因组序列比对分析，获得862个黄早四IBD保守区域（共有基因片段）；通过比较基因组分析，发现6个基因为黄早四特有PAV基因片段。结合3243份分子育种、单倍体技术、同群优系聚合技术创制黄改系等优新种质材料，培育出京2418、KC7、京92H等16份优良黄改种质自交系；按照所创新的“X群＊黄改群”杂优模式组配了大量杂交种，其中30个杂交种通过品种审定。

（王伟娟　赵淑红　赵　娣　张丽娜）

【基于黄改系的玉米新品种应用效果凸显】 年内，市科委支持市农林科学院开展基于黄改系的玉米新品种选育与产业化开发工作。以顺鑫农科种业为转化平台，将NK815、MC817、GL1409、京农科736、MC1418等5个品种进行资产评估、托管交易，作价入股到北京顺鑫农科种业科技有限公司，实现交易额1250万元，并在东华北春玉米区、黄淮海夏玉米区等多个玉米主产区建立品种试验鉴定点86个，累计试验面积4018.8亩；筛选鉴定出优良组合参加国家及省级区试62品次；通过国家、省级审定品种30个；在甘肃、新疆等玉米主要制种基地累计制种11.15万亩，累计生产加工高质量的京科系列良种4744.5万千克。同时，在内蒙古、吉林、山西、河北等地建立标准化示范样板基地315个，开展新品种技术研究及培训、田间观摩等活动，累计召开现场观摩会145场次，累计培训农民10270人次，发挥了辐射带动作用，促进了京科系列品种的推广；开发的MC703、京科665、京农科728、MC278、MC812等玉米品种累计推广面积3163万亩，其中MC703实现了在东华北、黄淮海和西北等多个主产区大范围推广，年推广面积1008万亩。京农科728成为中国首批通过机收籽粒国家审定品种，并成为黄淮海夏播区的主导品种之一。

（王伟娟　赵淑红　赵　娣　张丽娜）

【林下油用牡丹新品种选育与示范】 年内，市科委支持中国科学院植物研究所等单位开展林下油用牡丹新品种选育与种苗快繁技术的研究示范工作，选育出耐寒、耐旱、适宜北京地区林下和沟域种植的油用牡丹品系3个，种子中α－亚麻酸含量高于45%，亩产高于260千克/亩。通过确定最佳消毒方式、抑制褐化、优化增殖培养基配方等手段，建立了油用牡丹组培快繁技术体系，提高种苗繁育效率30%以上；集成了牡丹种子萌发、幼苗复壮和高效栽培技术，形成技术规程3个；利用各种繁殖技术建成油用牡丹种苗繁殖基地，在圃苗木22万株以上，种植养护成本降低了20%，平均增产20%。在中国科学院植物研究所北京植物园、延庆区刘斌堡乡和密云区北庄镇建立了油用牡丹栽培示范点3个，共计170余亩，培训技术骨干70人次。

（王伟娟　赵淑红　赵　娣　张丽娜）

【社区支持农业科技创优服务平台建立】 年内，市科委支持的北京现代农业科技创新服务联盟、分享收获星创天地共同实施了社区支持农业科技创优服务平台建设与惠民应用。开发了社区支持农业科技创优信息服务平台和手机端系统，以及“CSA智慧农园”微信公众号，平台开通了社区、合作社、休闲农庄12396科技服务通道，开展技术咨询服务550人次，技术咨询覆盖了66%的北京CSA农场。编制完成了社区支持农业技术标准和规范5套，开展相关技术指导服务22次，培养CSA科技人员110人，完成首都社区支持农业模式发展研究报告；筛选出15项技术成果进行推广应用；组建了北京市顺义区生态农业发展协会（社会生态农业CSA联盟），建立CSA科技示范基地7个，示范面积770亩，实现增收1452万元，发展会员1058人；在京郊建立22个社区供应点，组织、开展农夫市集活动180余次，服务社区百姓30000余户，孵化CSA农场4家。探索出社区支持农业的商业模式5种，连续举办了3届中国社会生态农业（CSA）大会，加强了国内外的交流与合作。

（王伟娟　赵淑红　赵　娣　张丽娜）

【高质量玉米改良基因序列图谱出炉】年内，市科委组织实施了玉米骨干自交系改良创制，运用全基因组从头测序技术，构建了中国重要玉米核心种质黄早四的高质量基因组序列图谱，并与已公布的4个美国骨干自交系及玉米野生近缘种大刍草等基因组进行了比较基因组分析和蛋白基因家族聚类。在已发布的6个玉米材料基因组中，发现638个基因被聚类到264个黄早四特有基因家族中；完成了40份黄早四上下游种质样品和其他类群骨干系样品的重测序，通过基因组序列比对分析，获得了862个黄改系（共有基因片段），发现了黄早四特有的基因片段6个；培育出京2418、KC7、京92H等16份优良黄改种质自交系，并在全国累计建立规范化试验鉴定点86个，鉴定试验面积达到4018.8亩；鉴选出优良组合参加国家及省级区试62品次，通过国家、省级审定品种30个；通过联合开发MC703、京科665、京农科728、MC278、MC812等品种，累计推广面积3163万亩，交易额1250万元。

（王伟娟　赵淑红　赵　娣　张丽娜）

【育种技术转化服务平台加速商业化育种进程】年内，市科委支持建立作物生物育种技术转化服务平台，建立一个开放性的生物信息数据库，收录1.2万余份次小麦玉米病害鉴定数据、328个抗病功能标记、72条已发表的抗性基因/位点信息；完成了玉米病害抗性相关的3个数量性状位点（QTL）的精细定位与克隆，获得与小麦病害高度关联的4个位点，开发玉米抗病功能标记45个、小麦抗病功能标记283个，形成一套主要病害抗性分子鉴定方法，得到抗病性优良的小麦导入系5个和玉米丝黑穗病抗性改良系10个、茎腐病改良系22个，茎腐病改良系的抗病率提升15%～60%，形成了一套成熟的分子标记辅助选择的定向改良方法；通过“海南＋海南＋北京”的“一年两地三代”单倍体生产流程，实现年产10万个双单倍体（DH）系的产能，建立了一套DH系高通量评价体系，并对5.5万份DH系进行了评价，筛选出优良DH系2816份；为全国25家种子企业和24家育种科研单位提供DH系定制等服务；在促进平台信息收集和交流共享方面，收集2100份玉米、小麦基因信息数据，并创制了2.1万份玉米、小麦育种材料，实现交易额840万元。

（王伟娟　赵淑红　赵　娣　张丽娜）

【燕山特色坚果新品种力促农民增收】年内，市科委支持北京农学院开展燕山特色坚果新品种耐旱丰产技术研究集成与科技示范研究。在京冀等地建立了板栗与核桃种质资源圃和品种展示基地，收集并保存栗属资源188份，核桃资源304份；建立了杂交遗传群体和板栗体胚培养体系，推广适宜燕山山区种植的早熟板栗品种2个、早实核桃品种5个和核桃砧木品种3个；创新适宜燕山山地的集雨窖、集雨器、覆盖为主的保水抗旱技术，建立丰产优质和高密高效栽培及配套技术体系；在京津冀地区推广山地果园抗旱保水和高效丰产技术5000多亩。

（王伟娟　赵淑红　赵　娣　张丽娜）

【创意农业科技服务平台促进产业融合发展】年内，市科委支持市农林科学院开展创意农业科技服务平台搭建工作。建设北京创意农业科技服务云（105G），吸引12家创意公司、工作室入驻平台，展示创意农业产品与服务；设计农业景观创意与功能性设施创意产品10项，研发创意农产品12个，在密云、房山等区设计了创意主题体验活动10项，为创意农业发展提供了科技支撑；建设了创意农业促进产业融合发展种子创意工作室、蔡家洼“玫瑰情园”等不同类型的示范基地（创客空间）5个，为北京绿禾都示食用菌产业园提供了农业创意服务6项，起到了很好的示范带动作用；开展新农人、创业者培训，培训了200人。

（王伟娟　赵淑红　赵　娣　张丽娜）

【都市现代农庄生态景观技术在农庄应用】年内，市科委支持市农林科学院联合智慧云集星创天地开展都市现代农庄生态景观技术研究，利用收集和自主选育的园艺植物资源和科技优势，开发生态景观融合关键技术体系，并在都市现代农庄集成示范，打造种苗生产、生态景观技术服务、休闲旅游的都市农业产业融合发展模式，通过星创天地创新创业服务平台推动都市生态休闲农业产业发展和农业产业转型升级。研究成果在密云区那家贻园、延庆区风沙源苗圃、大兴区长子营等基地示范种植32个品种，在调查主要生长发育期、观赏性和适应性指标的基础上，筛选出适宜现代农庄景观种植的植物材料 10 种;筛选出 3 个现代农庄进行景观生态融合技术的示范应用与展示,带动示范基地(农庄)10 个,每个农庄增加效益 30 万元;发挥星创天地平台作用,培训返乡创业人员和技术人员 200 人次,增加低收入村村民和少数民族村村民就业 50 人,年增收 1 万元;服务返乡大学生开展创新创业 50 人以上,推广技术 3 项。

(王伟娟　赵淑红　赵　娣　张丽娜)

【果品批发流通质量监控技术降低物流成本】年内,市科委支持北京农业智能装备技术研究中心和北京农业质量标准与检测技术研究中心联合相关企业开展了果品批发流通质量安全监控及仓配协同技术研发。通过对果品交易平台的建设,研发出可以将线下运营与线上管理、冷链物流与流通追溯、企业运营与行业监管融为一体的供应链后端服务的智能 SAAS 配送管理平台系统 1 套,具备系统智能排线和车辆在途实时监控功能;针对果品质量快速检测技术,研发了基于仿生嗅觉原理的水果质量快速检测技术产品电子鼻 1 项,从降低流通过程中的果品损耗与快速检测果品品质两方面着手,建立一套完备的品质监控体系,用于果品流通过程中的质量检测,并向占市场份额 80% 的 52 家北京进口果品批发商推广。通过在新发地批发市场的示范应用,实现销售额 4.05 亿元,单品抽检率达 16.2%,果品 100% 可追溯;减少了 23.09 万次北京果品物流配送车辆。

(王伟娟　赵淑红　赵　娣　张丽娜)

【技术创新推进天然香辛料加工技术升级】年内,市科委支持北京工商大学联合优势食品企业开展了天然植物香辛料安全生产关键技术研究与产品开发工作。通过研发与示范,开发了风味标准化的花椒、胡椒、辣椒的精加工产品 4 个,其中花椒、胡椒挥发性精油损失率均小于 10%,致病菌无检出,且在保质期一年内其挥发性精油损失率均小于 10%,辣椒碱溶出率提高 77%,致病菌无检出;开发的新型香辛料调味品与传统香辛料粉在终端调味料和食品用香精中应用效果对比显示综合成本降低了 20% 以上;开发了香辛料流体化表面活性剂辅助酶解、复合壁材香辛料有效成分直接微胶囊包埋等 3 个绿色安全生产关键技术,制定 4 份生产工艺文件和 3 个定量香辛料精加工产品风味标准,并完成了中试。

(王伟娟　赵淑红　赵　娣　张丽娜)

【种质创制与突破性品种选育提升大豆的市场竞争力】年内,市科委支持中国农科院开展高油大豆优异新种质创制与突破性品种选育工作。创建大豆种质鉴定和改良平台,精准鉴定大豆种质 325 份,筛选或创制出有应用价值的大豆新种质 50 份;审定大豆新品种 10 个,其中高油品种 2 个,获得植物新品种权 5 项;育成参加多点鉴定的新品系 18 个,参加国家或省区市试新品系 22 个,提升了中国大豆育种的自主创新能力;构建了中黄 13 全基因组参考草图;开发出基于重测序的大豆 SNP 分子标记,挖掘优异基因位点 54 个,为大豆分子育种提供了参考基因组信息。通过与种企合作,培育了综合实力雄厚的大豆种子龙头企业 4 个,建立大豆育种和繁育基地 4 个,"免耕密植 + 减量施肥 + 绿色防控"大豆配套栽培技术在安徽等省大面积推广应用,新品种累计推广面积 130 多万亩。

(王伟娟　赵淑红　赵　娣　张丽娜)

【科特派资源服务平台建立】年内,市科委支持北京市农科院建设了北京科技特派员资源服务平台。北京科技特派员资源服务平台包括北京科技特派员在线、北京科技特派员微社区等六大系统,构建农业信息资源数据库 12 个,聚集了农业专家 230 人、企业 228 家,入驻科技特派员 9226 人;通过 PC 端、移动端等多种方式为科技特派员提供技术咨询与指导服务,实现了资源及服务的精准、高效推送;在京冀建立了科技特派员工作站 12 个,开展培训 1560 人次,提供多种渠道的信息服务 25 万人次,解决关键农业问题 4000 个,推广新技术、新品种 85 项;开发了基于人工智能技术的"农科小智"桌面机器人、"花智人"观光导览机器人等便捷服务产品,建立了线上与线下相结合、智能与人工相配套、创新与创业相衔接的"六维一体"服务模式。

(王伟娟　赵淑红　赵　娣　张丽娜)

【黑猪基因组育种研究提升高产优质性能】年内,市科委支持中国农业大学联合企业共同开展北京黑猪高产优质性状提升研究。通过开发北京黑猪基因组育种专制芯片,将提供 1500 头北京黑猪的育种芯片分型结果;建立北京黑猪基因组选择参考群,实现北京黑猪群体关键性状的性能提升,肉质性状肌内脂肪含量将提升至 3.3% 以上,同时保证总产仔数、日增重性状能够有所提升;增加北京市优质农产品供应,推动消费品不断升级,推动北京乡村特色农业发展,助力北京市成为中国的"种业创新之都”。

（王伟娟　赵淑红　赵　娣　张丽娜）

【玉米新品种 NK815 促进京津冀籽种产业发展】年内，市科委支持院所开展玉米新品种 NK815 配套技术集成及推广工作，以早熟、抗旱、耐高温、风险低的玉米品种为突破，建立玉米新品种及配套技术示范展示基地，在京津冀地区大面积示范推广。通过播种方式、花期技术、加工包衣技术的综合研究，使制种每亩增产 50 千克，确保种子发芽率达 93%，保证种子活力；通过开展播期、密度、肥水管理等栽培技术研究，将实现良种良法配套，深入挖掘品种的增产潜力，亩增产 60 千克，2 年累计推广 200 万亩；以减少农业用水、降低种植成本、节约劳动力、提高种植效益为主要目标，实现京津冀地区现代农业发展、农民增收。

（王伟娟　赵淑红　赵　娣　张丽娜）

【玉米优异种质资源提升玉米种业竞争力】年内，市科委支持北京科技大学将分子设计育种与传统育种相结合，研发创新玉米育种核心技术，创制不同遗传背景的玉米矮秆种质资源、显性不育和隐性不育种质资源以及抗病虫种质资源，培育高产、稳产综合性状优良的玉米新品种，并在平谷区进行产业化示范应用。成果应用推广对促进玉米增产、缩短育种时间、减少制种成本、提高玉米种业的核心竞争力和保障国家粮食安全具有积极意义。

（王伟娟　赵淑红　赵　娣　张丽娜）

【培育抗虫玉米新品种提高种业竞争力】年内，市科委支持院所利用转基因技术创制出高抗玉米螟的玉米新种质 3 份，新育种材料 20 份，培育综合抗性好、高抗玉米螟的新品种 5 个，在现有育成的常规玉米优势品种中，筛选对虫害具有中抗以上水平的高产、优质的玉米品种 3 个，在东华北玉米生态区进行规模化推广应用，其中“正成 018”在东华北春玉米品种区域生产试验，平均亩产 788.4 千克，比对照增产 9.3%；“奥玉 419”东华北春玉米区区试及生产性试验分别比对照增产 6.0%。

（王伟娟　赵淑红　赵　娣　张丽娜）

【科技支撑马铃薯主食产业转型升级】年内，市科委支持从马铃薯原料粉、面条加工、方便食品加工和特膳食品加工等各个环节研发完成了相关生产技术规范、发明专利、技术标准、操作规范、质量控制标准、安全控制体系等的完整布局，全流程保障马铃薯主食品的低能耗、高质量和安全稳定生产，制定了 3 项行业标准、4 项企业标准，构建了“技术—装备—产品—标准—示范—推广”的马铃薯主食产品加工技术创新与质量安全控制体系，实现了马铃薯主食产业的升级。

（王伟娟　赵淑红　赵　娣　张丽娜）

【鲜食玉米新品种促进京津冀产业发展】年内，市科委支持创制出新型加甜糯鲜食玉米。通过甜糯双隐性自交系创制、加甜糯新品种选育，以及甜玉米、糯玉米相互改良，创制出具有自主知识产权的双隐性自交系 22 个，成为国内重要的种质资源；利用半双隐组配模式，组配组合 3210 个，参加国家及省级区试组合 9 个，选育出加甜糯型鲜食玉米新品种 4 个（京科糯 609、京科糯 2010、京科糯 2016 和农科玉 368）。加甜糯型玉米新品种在品质和口感上优于糯玉米和甜玉米，价格比普通糯玉米高 10% 以上，每亩净收益 1780 元，比糯玉米增加产值 210 元，鲜果穗平均亩产量达到 1000 千克以上，累计推广 210 万亩，在京津冀地区同类型品种中覆盖率达到 80%。

（王伟娟　赵淑红　赵　娣　张丽娜）

【石斛良种繁育与栽培技术推广成效凸显】年内，市科委支持实施了设施铁皮石斛良种繁育与高产栽培技术的研究应用，以铁皮石斛为研究对象，采用 60Co 产生的 γ 射线和 12C6 + 离子束对铁皮石斛种质进行辐射诱变选育，筛选得到一批具有潜在育种价值的变异个体，并申请发明专利 2 项；通过对收集的种质资源评价筛选出耐寒温度达到 -5℃ 的铁皮石斛优良种质 1 份（种），产量达到 345 千克/亩，多糖含量达到 33.45%。通过对铁皮石斛组培和栽培过程标准化的研究，制定了京津冀地区相应组培和栽培技术规程各 1 套，连栋温室和日光温室栽培示范 2000 平方米；采用连栋温室冬季不加温栽培模式，在大兴区推广应用 5000 平方米，每平方米降低成本 50 元，为企业节约能源动力费 25 万元，产量提高 15%，企业增收 22.5 万元。

（王伟娟　赵淑红　赵　娣　张丽娜）

【种鸽核心群选育及关键技术取得新进展】年内，市科委支持开展种鸽优质核心群选育及关键技术研究。以白王鸽、银王鸽、米尔蒂斯品种为基础，组建 6 个种鸽核心群，以 28 日龄体重和种蛋受精率为目标性状，采用独立淘汰法开展种鸽优质核心群选育，形成了种鸽核心群 3000 对，选育扩繁群 8000 对，年供种能力达到 5 万对，实现直接经济效益 303 万元;研究确定了种鸽核心群选育目标性状,建立了综合选择指数计算方法,其中新的 PCR(聚合酶链式反应)扩增性别判别技术提高了检测速度,降低了成本;28 日龄体重米尔蒂斯、银王鸽、白王鸽分别达到 597 克、534 克、525 克,受精率均高于 91%,性别鉴定准确率达 100%;集成了数据电子化信息采集和管理、新城疫抗体免疫程序及鸽毛滴“净化”检测技术等,形成了配套关键技术,并研制出新型背喂式自动喂料机和洁净型饮水器。

(王伟娟　赵淑红　赵　娣　张丽娜)

【国兰新品种选育取得新突破】年内,市科委支持实施国产兰花新品种选育研究。通过收集春兰种质资源,开展杂交育种、标准化栽培等技术研究,共计收集国兰品种 512 个,建立种质资源圃 1000 平方米,选育出紫红色品种“京紫”、黄色品种“京华”和“京荷”,其中“京紫”“京荷”花期均超过 25 天;在北京大兴区、顺义区及、河北保定建立了 3 个良种繁育示范基地,累计生产春兰及其他国兰组培苗 15 万株。

(王伟娟　赵淑红　赵　娣　张丽娜)

【生猪产业链大数据服务平台建立】年内,市科委支持利用移动互联网、物联网、云计算等技术,建立了生猪产业链大数据服务平台,构建了生猪养殖大数据、流通大数据、供应链金融服务大数据等全产业链信息服务体系。平台的建立集成、整合和利用了产业链分散在各个“信息孤岛”中的有效信息资源,提升了养殖环节的智能化和数字化水平,降低了养殖成本,推进了猪肉的定制化生产,有效促进了传统生猪产业的转型升级。

(王伟娟　赵淑红　赵　娣　张丽娜)

【农作物品种实现建库、鉴定与检测保护技术升级】年内,市科委支持建立北京市农作物品种标准样品库,库容量达到 5 万份,收集、检测、入库 4031 份标准样品,实现了农作物标准样品规范化管理,有效确保了品种审定、登记及新品种确权的科学性和时效性;研发出用于检测品种 DNA 身份的 SNP 位点组合 4 套,建成具有品种查询和比对功能的农作物保护品种信息共享平台,建立玉米、小麦、大白菜和西瓜 DNA 身份鉴定技术体系,有效推进品种鉴定技术升级;研制出拥有自主知识产权的国产化微流控芯片检测系统(IMAP),建立规模化、自动化的农作物品种分子鉴定平台,平台设备价格不到国外同类产品价格的一半。

(王伟娟　赵淑红　赵　娣　张丽娜)

【京津冀耐旱宜机收小麦玉米品种配套技术应用效果好】年内,市科委支持推进耐旱宜机收小麦玉米品种的配套技术集成工作,以京津冀为核心,示范推广抗逆耐旱杂交小麦品种和早熟耐旱适宜机收籽粒 MC812 玉米新品种,并配套高产节水栽培技术。集成耐旱宜机收小麦玉米品种配套技术 5 套,其中包含杂交小麦品种京麦 6 号、京麦 9 号和玉米新品种 MC812 的配套规模化高产高效制种技术各 1 套,小麦大面积制种产量突破 300 千克/亩,提高约 50 千克/亩,玉米大面积制种产量达 550 千克/亩,提高 50 千克/亩;集成杂交小麦玉米配套高效节水栽培技术规程各 1 套;集成小麦—玉米一年两熟节水高产高效栽培技术规程 1 套,在京津冀累计示范推广 MC812 早熟耐旱宜籽粒机收玉米新品种 109.4 万亩;累计推广京麦 9 号、京麦 8 号、京麦 6 号抗逆耐旱杂交小麦品种 38.6 万亩,下茬配套玉米新品种 MC812,实现年每亩增收 236.7 元。

(王伟娟　赵淑红　赵　娣　张丽娜)

乡村振兴

【星创天地创新创业能力提升交流会召开】1 月 17 日,市科委组织召开北京市星创天地创新创业能力提升培训交流会,市科委农村处和农村发展中心相关人员、50 家星创天地代表及部分区科委负责人共 80 余人参加培训会。会上,国家级双创导师对星创天地监测评价体系的构建思想和商业应用、乡村振兴战略背景下“双创”能力的提升及人才培养——聚焦星创天地的运营模式等方面的内容进行了详细的讲解。22 家第 3 批国家级星创天地在交流会上获得单位授牌。

(王伟娟　赵淑红　赵　娣　张丽娜)

【农业科技园区综合评估与验收部署会召开】1 月 29 日,市科委农村处、农村发展中心组织北京 6 个国家农业科技园区进行了工作部署。会议提出要高度重视此次评估和验收工作,对照园区建设规划和实施方案,实事求是地准备评估材料,并要求把园区特色和工作亮点总结出来,认真梳理园区建设的成效和不足,建议请有关专家对自评估报告和验收报告进行指导。科技部农村中心地方处杨经学介绍了国家农业科技园区建设、验收和评估的背景，并指出北京的国家农业科技园区站位要高，要突出落实国家区域协调发展战略、创新驱动发展战略、科技扶贫战略和乡村振兴战略，特别是京津冀协同及对全国的辐射、引领和带动作用，同时对评估和验收材料的准备以及汇报答辩等方面提出具体的指导意见。会议就国家农业科技园区综合评估和验收工作的相关事宜进行了部署。

（王伟娟　赵淑红　赵　娣　张丽娜）

【全科农技员应时应季培训召开】 1 月 30 日，12396 北京新农村科技服务热线（简称 12396 农科热线）的蔬菜专家赴大兴区魏善庄镇举办全科农技员应时应季培训，开展西瓜育苗技术及苗期管理技术方面的指导。魏善庄镇全科农技员 35 人参加培训。培训中，蔬菜专家重点讲解了西瓜苗期管理要点和常见病虫害的预防，回答了受训学员提出的生产中遇到的各种问题，并在西瓜育苗基地进行实地指导。

（王伟娟　赵淑红　赵　娣　张丽娜）

【科技帮扶大沟村活动举行】 3 月 5 日，市科委与门头沟区妇联在妙峰山镇大沟村联合举办了“春风送暖农家女、科技帮扶大沟村”科技下乡主题活动。市科委、市妇联、门头沟区妇联、门头沟区、妙峰山镇政府等相关领导，12396 农科热线的专家及门头沟区相关镇村妇女创业代表等 40 余人参加了此次活动。活动中，向门头沟区农家女代表赠送了食药两用蔬菜种子，发放了《星创天地、高新技术企业政策汇编》，以及 12396 农科热线宣传材料、科普图书和服务产品；慰问了大沟村的低收入户；专家实地讲解了樱桃树型管理及高产栽培技术；门头沟区妇联向市科委赠锦旗，感谢市科委对门头沟区黄芩特色产业发展给予的支持与帮助。

（王伟娟　赵淑红　赵　娣　张丽娜）

【许强带队赴延庆调研“科技世园”工作】 4 月 4 日，市科委主任许强带队赴北京世园会园区调研，考察世园会科技创新与成果应用相关情况，并与世园局常务副局长周剑平、延庆区区长于波等交流座谈。许强一行在世园会延庆指挥部沙盘前听取了北京世园会园区总体规划和建设情况介绍，实地考察花卉与数字信息技术的创新与应用情况。许强指出，市科委一直高度重视并主动服务北京世园会的筹备工作，筹备之初就提出“科技助力世园，世园汇聚创新”理念，加强科技服务，在选育花卉品种、应用数字信息技术、强化园艺产业带动等方面给予支持。下一步，市科委将加强高端园艺、人工智能、新能源环保技术、生态和生物多样性方面的研究与综合应用，推动国际交流与合作，加速创新资源和要素聚集，支持延庆区打造高端园艺技术研发高地，推进北京世园会后相关产业的融合发展，通过科技助力世园为 2022 年冬奥会科技服务积累经验。

（王伟娟　赵淑红　赵　娣　张丽娜）

【第八届北京现代种业博览会召开】 5 月 26 日，2019 年第八届北京现代种业博览会在通州区国际种业科技园区开幕。来自相关部门、高校院所、企业的 400 余人参加开幕式。开幕式由市科委二级巡视员张虹主持。本届博览会以“发展农业领域高精尖 建设种业创新示范区”为主题，展期长达 6 个月，博览会召开期间举办了 2019 第八届北京现代种业博览会开幕式、北方春季蔬菜新品种展、京津冀首届番茄擂台赛、首届作物育种工程化高峰论坛、北方秋冬季蔬菜新品种展等 7 个系列主题活动，中华人民共和国成立 70 周年与改革开放 40 年中国种业成就展，也在通州区国际种业科技园区展示中心长期展出。博览会集中展示了 140 余家国内外种子企业、科研院校的 3500 余个蔬菜新品种，以及国家玉米良种重大科研联合攻关组推荐的 60 个适合机收的春、夏播玉米新组合及 200 个优异自交系。在本届博览会上，中国首个具有普遍应用价值的玉米全基因组选择育种技术平台构建项目正式启动。

（王伟娟　赵淑红　赵　娣　张丽娜）

【许强调研星创天地建设工作】 5 月 29 日，市科委主任许强带队到房山区调研星创天地建设情况。许强一行先后调研了未来食尚星创天地和都市农职星创天地。在未来食尚星创天地，重点了解了北京凯达恒业农业技术开发有限公司发挥龙头企业作用，围绕京蒙合作开展精准扶贫，在内蒙古察右前旗投资建设现代化全自动薯条加工厂，带动当地 5000 多个马铃薯种植户和 1000 多个建档立卡贫困户脱贫致富，以及在房山蒲洼乡带动低收入村发展鲜食玉米产业的情况；在都市农职星创天地，参观了彩林示范园、绿色科技园等实习实训基地，了解了面向大学生和职业农民开展的创业教育系列活动。

（王伟娟　赵淑红　赵　娣　张丽娜）

【张虹调研顺义国家农业科技园区】 7 月 9 日，市科委副巡视员张虹带队赴顺义区国家农业科技园区调研，围绕新时期北京国家农业科技园区的发展定位、产业布局、生态环境建设、带动乡村振兴等议题与顺义区国家农业科技园区的负责人交流讨论。张虹指出，市科委将结合顺义区国家农业科技园区改革创新的实际需求，在高端花卉种业创新、花卉电商物流体系建设、美丽乡村建设、花卉产业国际交流合作等方面予以科技支撑，做强“鲜花港”品牌，做大都市花卉服务产业，服务和谐宜居之都建设。

（王伟娟　赵淑红　赵　娣　张丽娜）

【科技部农村中心赴智慧蛋鸡星创天地调研】7月16日，科技部农村中心领导赴平谷区智慧蛋鸡星创天地就建设成效开展调研。科技部农村中心领导一行察看了北京华都峪口禽业有限责任公司的大数据处理中心和标准化孵化厅，了解了智慧蛋鸡星创天地利用互联网改造传统农业，整合蛋鸡全产业链资源，建立大数据处理中心，以智慧蛋鸡为互联网门户，用线上交易、线下服务一体化综合平台为从事蛋鸡养殖创业企业和创业人员提供全方位的服务，对智慧蛋鸡星创天地在推动蛋鸡行业“大众创业万众创新”、实现一二三产业融合发展、开启蛋鸡行业大数据应用时代和推动蛋鸡行业“三高一平衡”等方面取得的成效给予充分肯定。

（王伟娟　赵淑红　赵　娣　张丽娜）

【农业科技园区申报工作沟通交流会召开】7月30日，市科委组织召开了市农业科技园区申报工作沟通交流会，市科委、市农业农村局相关领导，13个区科委（区科信局）和农业农村局的主管领导40余人参加了会议。会上，市科委农村中心相关人员解读了《北京市农业科技园区发展规划（2019—2025年）》和《北京市农业科技园区管理办法（试行）》，通报了北京市农业科技园区申报工作的工作进度安排等相关事宜，解答了各区对申报工作的疑问。各区主管科技和农业农村部门的负责人介绍了本区农业发展现状和具备申报北京市农业科技园区资质及条件的农业园区主体的情况，并表示将组织动员符合条件的农业园区积极申报，做好相关服务工作。

（王伟娟　赵淑红　赵　娣　张丽娜）

【乡村振兴科技引领示范村启动仪式举行】8月2日，市科委农村中心在平谷区峪口镇西营村举办乡村振兴科技引领示范村启动仪式，市科委农村中心、平谷区科信局、平谷区峪口镇政府、峪口镇西营村村委会等的相关领导，以及中国农业大学教授李天忠等专家、星创天地代表参加了启动仪式。会上，为首批试点之一的西营村科技特派员工作站颁牌，同时为工作站专家——中国农业大学教授李天忠等8名科技特派员颁发聘书。参会人员就如何发挥科技资源优势，加速推动乡村振兴科技示范村建设进行了交流研讨。

（王伟娟　赵淑红　赵　娣　张丽娜）

【科技成果推广应用观摩会在西营村召开】9月4日，市科委农村中心联合北京农科院在平谷区峪口镇西营村共同组织召开“乡村振兴，科技服务”暨科技成果推广应用观摩会。市科委农村中心、平谷区科信局有关负责人，中国农业大学、中国农机院、市农林科学院有关专家，西营村村支书、果农和中关村健源创新战略联盟部分会员企业30人参加观摩会。观摩人员深入西营村金果丰2号桃树基地和金果丰3号桃树基地，对比察看了用木醋液改良土壤、绿色防控的对照试验示范区的果树长势等情况。观摩人员现场进行了品尝，对桃子的甜度、硬度及果型、果色给予了认可，同时对桃树有机生产与绿色防控的关键技术的推广应用效果给予了高度评价。

（王伟娟　赵淑红　赵　娣　张丽娜）

【农业农村领域创新创业政策宣讲会召开】9月26日，市科委农村中心组织召开农业农村领域创新创业政策宣讲会，星创天地及农业科技型企业负责人共计60余人参加会议。会上，中国科学技术发展战略研究院专家讲解了国家农业农村领域创新创业的相关政策；市技术市场办主管工程师介绍《合同登记认定规则》《技术合同登记管理办法》等相关政策以及技术转移案例分析；花仙子万花园星创天地负责人介绍了创新创业案例；平谷区科信局领导讲解了平谷农业科技创新示范区建设及营商环境的相关政策；市科委为2019年度北京市13家星创天地进行了授牌。

（王伟娟　赵淑红　赵　娣　张丽娜）

【农村中心与张福锁团队共商科技小院事宜】9月26日，市科委农村中心相关人员赴中国农业大学资源与环境学院，针对科技小院共建工作与中国农业大学张福锁院士团队进行了座谈交流。会上，张福锁院士介绍了科技小院的内涵、使命、功能、运行机制、科技创新、社会服务、人才培养、文化活动和取得的成效，以及科技小院从谋划实施到发展产业，在京郊探索其助力乡村振兴的发展过程；农村中心人员就合作共建科技小院事宜提出建议。双方通过本次座谈交流为北京科技小院的破题探讨了解决方案，并就下一步工作达成共识，以密云区、平谷区的科技小院为试点开展合作共建，在丰富科技小院内容的同时，共同探索发展新模式，助力乡村振兴战略实施。

（王伟娟　赵淑红　赵　娣　张丽娜）

【平谷农业科技创新示范区建设对接会召开】10月12日，市科委农村中心组织召开科技助力平谷农业科技创新示范区建设对接会，平谷区科信局有关领导及北京大伟嘉生物技术股份有限公司等科研机构与科技企业的10余名负责人参加交流和对接活动。会上，农村中心相关负责人宣讲了对接会的内容、目的；与会专家、企业家分别介绍了各自单位的基本情况以及参与农科创示范区建设的意向和思路，询问了入驻平谷区配套条件及相关政策支持等问题，并进行了交流对接。北京花儿朵朵花仙子农业有限公司与平谷区的北京味食源食品科技有限责任公司就罗勒加工达成了初步合作意向；辽宁大学现代农业科技研究院、北京市星火科技培训中心确定落地平谷区北京通航大厦，开展粉太郎系列番茄的试验示范推广和人才培训等相关工作。

（王伟娟　赵淑红　赵　娣　张丽娜）

【科技特派员刘华贵荣获科技部通报表扬】10月21日，市科技特派员、市农林科学院畜牧兽医研究所研究员刘华贵在科技特派员制度推行20周年总结会议上受到科技部科技特派员通报表扬。刘华贵在北京油鸡育种及生态健康养殖技术研究与示范推广领域，注重科研与生产实践紧密结合，为北京油鸡品种资源保护、选育和开发利用以及示范带动做出了重要贡献。

（王伟娟　赵淑红　赵　娣　张丽娜）

【农村中心荣获科技部科特派组织实施单位通报表扬】10月21日，科技特派员制度推行20周年总结会议在北京召开。会议传达了习近平总书记对科技特派员制度推行20周年做出的重要指示，中央政治局委员、国务院副总理刘鹤出席会议并讲话。会议对92名科技特派员和43家组织实施单位进行了通报表扬，其中市科委农村发展中心作为组织实施单位受到通报表扬。20年来，科技特派员制度以服务“三农”为出发点和落脚点，以科技特派员等科技人才为主体，以科技资源与信息技术为载体，以科技成果为纽带，在打造众创空间、提供创业创新人才支撑、优化农村创新创业环境、培育农业产业新业态、推动乡村振兴发展、助力打赢脱贫攻坚战中发挥了重要作用。市科委农村发展中心在市科委的指导下，一直致力支持科技特派员创新创业，促进农业科技成果转化与应用，使科技特派员队伍成为乡村振兴发展、助力打赢脱贫攻坚战中的一支重要力量。

（王伟娟　赵淑红　赵　娣　张丽娜）

【“三院一校”科技特派员工作联动交流会召开】11月15日，市科委农村发展中心组织召开了“三院一校”科技特派员工作联动交流会，市农科院、北京农业职业院、北京农业职业学院、中国农大等单位相关负责人参加了会议。会上，农村发展中心相关负责人传达了习近平总书记、刘鹤副总理及蔡奇书记对科技特派员工作的指示要求；与会人员围绕新形势下如何优化科技特派员工作机制、科技特派员工作服务模式、科技特派员宣传和典型案例挖掘、推动科技特派员工作意见、政策建议和下一步科技特派员工作思路等6个方面进行了充分交流和研讨。

（王伟娟　赵淑红　赵　娣　张丽娜）

【科技下乡服务助推星创天地发展】11月21日，市科委农村发展中心与密云区科委在天葡庄园星创天地开展科技下乡服务活动，旨在助推星创天地建设发展。天葡庄园星创天地等单位负责人和生产技术人员共计30余人参加活动。活动中，北京农科院植环所李红霞、市农科院营资所左强分别讲解了葡萄有机种植技术和土肥使用原则，以及注意事项，实地指导技术人员掌握葡萄种植、栽培管理、病虫害防治等管理技能。农村发展中心为天葡庄园星创天地、酒乡之路葡萄庄园赠送葡萄种植技术书籍。

（王伟娟　赵淑红　赵　娣　张丽娜）

【开展农村生活垃圾治理科技创新】年内，为推进美丽乡村建设，市科委启动开展农村厕污、生活垃圾、农村污水的调研工作，并支持在密云区高岭镇高岭村、密云区太师屯镇葡萄园村、平谷区胡家营村、怀柔区峪沟村等地开展农村生活垃圾就地分离及处理技术设备研发与示范、多村联用型农村生活垃圾处理与资源化利用技术研究与工程示范、农村生活垃圾就地提质分离厌氧发酵可控化设备工程示范、基于干式发酵的农村生活垃圾管理全过程控制和资源化技术集成示范，为实现北京农村垃圾分类及治理提供有效技术手段。

（陈　红　王　璐）

科技文化融合

【设计提升项目助力北京世园会】4月29日—10月7日，2019北京世园会在北京举办。市科委设计提升项目推荐30余件竹质家具设计作品参展，展现中国原创设计力量。其中，《屏茶》运用7种不同竹编工艺，完成不规则造型立面，在非垂直站立时实现平衡，打造第一扇以竹编创新绷裱技法完成的屏风。《椅巴适》利用竹条刚、柔、韧的特性，结合汽车碟刹和重力原理，使躺椅角度固定，不发生位移。作品均以原生态物料竹子为主料，体现较高的工艺、审美和环保价值。作者石大宇为市科委"首都设计提升计划"杰出人才，该计划鼓励设计人才参与国家重大工程，服务全国科技创新中心建设。

（北京工业设计促进中心）

【民族地区设计开发服务平台建设】4月，由市科委支持，中国少数民族文化艺术促进会、北京工业设计促进中心等承担的民族地区设计开发服务平台，服务少数民族地区文创产品创意设计、生产，推动了民族文化元素设计的发展。项目形成了民族文化元素图案数字化采集与存储标准、图案矢量化新算法，平台聚集了村寨、专家、设计公司资源，建立了具有语义标引的民族文化元素数据库，培训民族地区设计研发人才500余名，研发了创意旅游纪念品、服饰、家居、饰品类等民族元素产品百余款，为民族地区多家企业塑造了品牌形象，创造经济收入3000多万元。该项目也是为了落实国家民委文化宣传司和市科委签署的合作框架协议，推进北京优秀设计资源与民族地区文化创意发展的需求对接。

（北京工业设计促进中心）

【大型航空枢纽陆侧交通设施设计技术应用】5月，由市科委支持、北京工业设计促进中心组织管理的"大型航空枢纽陆侧交通设施设计技术实现大兴国际机场应用"课题通过验收。市市政工程设计研究总院有限公司、市建筑设计研究院有限公司、北京新机场建设指挥部承担的北京新机场陆侧交通设施设计优化及示范应用项目已在大兴国际机场应用。项目研发的大型航空枢纽陆侧交通设施设计技术、交通标识系统设计技术等也已在北京大兴国际机场陆侧交通设施及航站楼的施工图设计过程中应用，指导新机场陆侧交通设计方案的优化，并在工程中实施应用，机场陆侧车道通行能力及进场路运行速度提升超过20%。

（北京工业设计促进中心）

【高速公路多功能协同设计与评估及示范应用项目通过验收】6月19日，市科委支持的管理高速公路多功能协同设计与评估及示范应用项目通过验收。项目主持单位为市首都公路发展集团有限公司，该项目研发了高速公路隧道区域与服务区交通设计、景观设计、安全设计的协同设计体系和方法，搭建4套保真度不低于90%的隧道驾驶模拟虚拟环境，完成基于人机工程的高速公路人文景观及光环境综合效果评估。

（北京工业设计促进中心）

【工业设计服务高精尖产业研讨会召开】7月11日，首都科技条件平台工业设计领域中心与北京DRC工业设计创意产业基地举办工业设计服务高精尖研讨会，现场有近20家企业代表参加会议。企业代表与北京理工大学教授，工业设计领域中心、DRC基地工作人员就设计行业服务高精尖产业、企业设计服务收券标准的硬性标准进行了深度讨论，一方面推动了设计企业收券的步伐，另一方面扩大了创新券研发设计的服务维度。

（北京工业设计促进中心）

【鼎壶亮相2019世界工业设计大会】8月，获得

2019年度首都设计提升计划支持的石斛(北京)环境艺术设计有限公司,在Lplus Design鼎壶设计完成后,先后在美国芝加哥IDEA年会以及2019世界工业设计大会上展示。鼎壶是对中国文化符号和现代器皿设计的探索,体现了中国式风格——谦让的大智慧。Lplus Design的鼎壶即将登陆哲品线下门店,L+铸铁器皿以其“用五千年文明长度看未来”的设计理念,诠释了如何从传统文化延续到现代设计的思考。

(北京工业设计促进中心)

【园林景观设计资源服务平台建设】8月,由市科委支持,北京林业大学牵头打造的园林景观设计资源服务平台助力世园会建设。该平台涵盖了园林景观设计标准、景观设计国内外关键技术、城市景观设计素材、虚拟现实三维园林景观场景等资源,已为60余家园林设计及施工企业提供设计素材及相关服务,具备园林景观资源导航、检索、交流与技术解决方案展示等功能。世园会前期设计施工过程中,通过该平台提取景观设计资源,形成9套世园会主题园区、周边公园等绿色开放空间园林景观设计方案,其中2套设计方案应用于世园会园区内东非主题展园及园区周边妫河景观廊道。世园会后期,该平台将集中展示世园会的相关技术成果,进一步汇集生态园林、海绵城市、节约型园林、园林植物栽培养护等技术,服务更多的景观设计企业。

(北京工业设计促进中心)

【打造“创新驱动”彩车献礼国庆】10月1日,由北京上品创新设计集团参与设计的“创新驱动”彩车亮相庆祝中华人民共和国成立70周年大会。设计团队将工业设计思维与彩车设计相结合,以“大国重器”为主题,将“复兴号”“天宫”“蛟龙”融为一体,分别展示出陆、空、海各领域的科技成就,三车合一体现出中国科技创新的速度,以及中国深入实践创新驱动发展战略的决心,并拉开“伟大复兴”大方阵的序幕。北京上品创新设计集团是“首都设计提升计划”的领军机构,是此次参与彩车设计的唯一社会企业。

(北京工业设计促进中心)

【国家文化和科技融合示范基地评审会议召开】10月22日,市科委与市委宣传部组织召开北京市国家文化和科技融合示范基地评审会议,市科委郭澜涛、市委宣传部邹璐巍等出席,北京工业设计促进中心负责征集、受理、评审组织工作。评审针对基地业务情况、创新绩效等方面进行重点考量,最终推荐4家北京市国家文化和科技融合示范基地。此项工作旨在加快推进文化和科技融合,着力打造文化和科技深度融合的示范区、政策体系和管理机制先行先试的试验田、文化科技产业创新发展的先锋队。

(北京工业设计促进中心)

【新型文物数字化保护技术投入应用】年内,在市科委2018年“面向文物保护修复的三维拓印、显微成像关键技术研发与应用”课题支持下,市计算中心、北京高能新技术有限公司研发的文物三维数字拓印软件系统实现对石经、碑刻(阴文)及钟鼎(阳文)的精确拓印,在房山区云居寺雷音洞进行示范应用;研发的平面文物三维显微成像设备可对唐卡、壁画和漆器等文物内部结构实现微米级三维分层成像,最高空间分辨率达4.2微米。项目期限2017年12月1日—2019年6月30日,财政支持经费360万元。

(北京生产力促进中心)

【基于摩擦纳米发电的可穿戴智能设备实现量产】年内,北京中科启林科技有限公司、北京纳米能源与系统研究所掌握了能源转换纳米材料及器件的关键技术,解决了现有低功耗电子器件及设备频繁充电的问题,完成自供电运动监测和压力监测模块的研发,并将摩擦纳米发电技术在可穿戴智能设备上结合应用。截至年底,自供电模块已完成量产,共计上万余套;基于自供电模块的自发光鞋的量产数量超过2000双,产品已成功面市销售。

(北京生产力促进中心)

科技冬奥

【概述】2019 年，按照习近平总书记提出的“把北京冬奥会、冬残奥会办成一届精彩、非凡、卓越的奥运盛会”的总体目标，按照《国务院关于印发北京加强全国科技创新中心建设总体方案的通知》中“聚焦绿色、智慧、可持续，集成应用和展示最新科技成果，为冬奥会提供科技支撑”的要求，衔接科技部“科技冬奥(2022)行动计划”以及国家重点研发计划科技冬奥专项实施方案，落实市委书记蔡奇在学习贯彻党的十九大精神报告会中提到“全力筹办好2022 年北京冬奥会、冬残奥会。坚持绿色、共享、开放、廉洁的办奥理念，确保办成一届精彩、非凡、卓越的奥运盛会”的指示，市科委积极与科技部、北京冬奥组委对接，遵照市政府科技冬奥专题会议精神，梳理冬奥技术需求与应用场景，落实科技冬奥项目并积极推动科技成果转化。

（刘　燕）

【对接科技部，争取资源支持】年内，市科委主任许强、副巡视员王建新带队与科技部、冬奥组委多次对接，争取科技部资源支持，并邀请科技部社会发展科技司司长吴远彬到北京调研科技冬奥工作。市科委积极组织申报国家科技冬奥重点研发计划支持，在科技部公示的立项清单(21 个项目)中由北京市单位牵头承担的项目共 19 项，包括“冬奥会全局全过程态势感知和运行指挥保障技术”“北京冬奥会综合交通出行‘一张票’关键技术”“国家速滑馆智慧场馆建设和应用关键技术研究与示范应用”“冬奥会冻伤及颌面创伤综合防治及关键技术研究”“北京冬奥会‘一个 APP’关键技术研究及应用”“面向冬奥的云转播平台关键技术”“冰雪项目交互式多维度观赛体验技术与系统”“面向冬奥的高效、智能车联网技术研究及示范”等。市科委还积极推动延庆智慧小镇、智能场馆改造、首钢赛区数字化生态创意设计等项目纳入 2020 年科技部科技冬奥专项指南。

（刘　燕）

【科技冬奥创意征集】年内，市科委联合市经信局、中关村管委会、海淀区政府共同主办“科技冬奥、智慧北京”技术产品与创意设计方案征集活动，共收到百余家单位申报的 163 个项目。申报项目围绕服务冬奥、城市智慧管理、科技与文化融合 3 类应用方向，涵盖安全保障、城市交通、智慧园区、医药健康、观赛体验等多个方面，涉及人工智能、5G、物联网、大数据、区块链、虚拟现实等技术领域。经过专家初选和复选两个评审环节，按照专家评议结果评选出 10 项优秀技术产品、10 项优秀设计方案和 10 项优秀团队个人创意设计方案。本次活动旨在激发全民参与冰雪运动的热情，彰显精彩、非凡、卓越的内涵，推动新一代信息技术应用，提高城市智慧管理水平，促进科技与文化融合，展现首都风貌和城市文化底蕴。

（刘　燕）

【冬奥服务型机器人评比】年内，市科委联合市经信局、中关村管委会、海淀区政府共同主办 2019 年北京冬奥服务型机器人创新产品测评大赛，共收到 47 家企业的 84 款机器人产品的报名材料。分别在北京市昌平区和内蒙古呼和浩特市完成了第一轮场景和低温测评工作，在 26 家企业的 50 款机器人中共遴选出 7 家企业的 11 款机器人产品，涵盖了公寓入住、移动售货、社区配送、点菜送餐、客房服务、导览翻译、安防巡检等 7 类应用场景，为冬奥会挖掘服务型机器人应用的新模式，培育北京市服务型机器人的产业新生态，进一步推动机器人产品在实际场景的应用示范。

（刘　燕）

【科技支撑冬奥会农产品安全供应】年内，市科委支持建立了农产品供应安全大数据监控平台，研发了 3 个农产品主体信用信息管理系统和全过程监管系统，采集 13 个区 1012 家企业和合作社的主体信息；形成 8 个冬奥农产品风险因子筛查方法，筛查了包括兴奋剂在内的 1000 余个风险因子，提出 5

套关键因子风险防控指导规范；制定了4套原料菜、鲜切蔬菜、猪肉、牛羊肉全过程质量控制企业标准体系，在4家企业建立11个核心示范基地，构建了首都农产品供应全程质量控制标准体系；形成了“公司+基地+农户”的全程质量安全控制模式，带动3万余农户开展标准化生产，辐射京津冀、海南等地60余万亩。

（王伟娟　赵淑红　赵　娣　张丽娜）

【整车及关键零部件企业成功完成极寒测试】年内，面向2022年冬奥会新能源汽车应用，为解决电动汽车在极寒环境充电困难、无法启动等问题，由市科委推动、支持，中国工程院孙逢春院士牵头，整合北理工、盟固利、北汽福田、北汽新能源、理工华创、宇通客车、湖南华强电气等优势研发资源，与美国宾夕法尼亚州立大学教授王朝阳合作，开展全气候电池技术研发及整车集成开发。经过2年的持续技术攻关，研发团队在完成全气候电池技术原理验证的基础上，集成全气候电池系统、智能整车控制器、动力电池一键加热控制系统、无动力中断两挡电驱动总成、低温增焓空调、航空气溶胶车体保温材料等多项创新性产品，解决了极寒条件下纯电动汽车无法充放电、整车无法启动、空调能耗高等技术难题，整车能耗较现有同类车型在运行工况下降低20%；电池系统能量密度超过155瓦·时/千克，可在－40℃～60℃的超宽环境温度下正常运行。

（边　浩）

【面向冬奥应用开展自动驾驶车辆示范】年内，围绕“车”“路”“云”“仿真”“示范”，市科委推进7类车型自动驾驶技术开发及首钢园区示范，已完成整车设计。在首钢园区已建设6个5G宏基站，基本实现北区5G环境全覆盖，为DSRC/LTE-V/5G多模式通信奠定基础，此外园区高精地图已进入审图阶段，可支撑示范使用。截至年底，首钢园区已有百度阿波龙接驳车、京东快递车、智行者清扫车等无人车辆技术验证及示范应用。

（边　浩）

科技服务

技术转移转化

【概述】 年内，按照“抓两头、打通道，汇聚四方力量”的工作思路，市科委着力推进科技成果统筹协调与服务平台建设。改革工作稳中有进，《北京市工程技术系列（技术经纪人）专业技术资格评定试行办法》《关于新时代深化科技体制改革加快推进全国科技创新中心建设的若干政策措施》《北京市促进科技成果转化条例》相继发布。据不完全统计，2019 年高校院所与企业共建的研发机构、转移机构、转化服务平台等各类载体新增 194 个，在外兼职从事成果转化的人员和离岗创业的人员 322 人，创设或参股新公司 97 家。各类主体组织成果转化活动 598 次，参会高校院所 1068 家次，服务机构 12122 家次，人数达 145946 人次，逐步形成了全社会积极关注并参与科技成果转化工作的良好氛围。

（王娇娇）

【车用碳化硅技术研讨会召开】 1 月 3 日，为加快车用碳化硅技术协同发展，市科委组织召开车用碳化硅技术研讨会。参会单位涵盖了碳化硅材料、芯片、模块、系统、测试及应用的全产业链行业代表，包括国创中心、中国科学院电工所、中国科学院微电子所、北理工、北汽新能源、天科合达半导体、嘉兴斯达半导体、精进电动、泰科天润、株洲中车、华商三优等 11 家科研院所及企业。参会代表分别从车用功率器件发展趋势与技术需求、目前行业进展与主要问题等方面进行了系统梳理。

（边　浩）

【固态锂电池技术沙龙研讨会召开】 1 月 4 日，为加快固态锂电池研发和产业化进程，在市科委的推动和支持下，国家新能源汽车技术创新中心组织召开了固态锂电池沙龙研讨会。会议以“聚焦固态·开创未来”为主题，国内固态锂电池研发团队带头人、行业协会专家，以及来自国内动力电池、主流车企等近 50 家科研院所及企业的 60 余位全产业链行业代表出席会议。与会人员共同梳理了国内外固态锂电池发展现状、技术发展路线、产业化关键技术路径，进一步判断其对未来新能源汽车的潜在影响。

（边　浩）

【2019 年度环渤海技术转移联盟年会举办】 2 月 4—5 日，以“打造人才高地、加强资源共享、促进技术转移”为主题的 2019 年度环渤海技术转移联盟年会在北京举办。来自北京、天津、河北、山西、内蒙古、辽宁、山东 7 个省区市的技术市场管理部门、北京各区技术市场管理部门及技术转移机构的 100 余名代表参会。环渤海技术转移联盟自 2005 年成立以来，在加强区域协同、加速要素流动、促进跨区域技术转移、支撑经济发展等方面发挥了重要作用。2019 年前三季度，环渤海地区技术合同成交额达到 5218.7 亿元，占全国的 42.9%，为全国技术市场的繁荣发展做出了巨大贡献。

（市科委官网）

【与“龙门创将”全球签署合作框架协议】 4 月 15 日，在英国约克公爵安德鲁王子的见证下，市科委、海淀区政府及“龙门创将”全球在深圳第七届国际人才交流大会期间签署三方框架协议，明确了将共同推进“龙门创将”创新技术合作中心在京落地。该中心将瞄准技术转移与创新创业两类国际交流合作，打造中英技术转移与创新合作公信力平台，调动两国产业创新头部企业与机构，聚焦生物医药与大健康、人工智能与数字经济、大数据与金融科技、环境保护与可持续发展四大产业的创新领域方向，建立“一站式”服务体系，精准对接跨境技术转移与创业合作需求，拓展全球科技创新交流合作新通道。

（市科委官网）

【高精尖重大技术科技创新成果发布会举办】 5 月 22 日，北京科技周期间，市政府新闻办公室、市科委联合召开高精尖重点领域重大技术科技创新成果新闻发布会。市科委副巡视员刘晖出席新闻发布会并介绍情况。刘晖介绍,2018 年投入科技经费超 25 亿元,从基础研究、技术创新、要素集聚等方面促进高精尖产业的发展。同时,加快组建北京市科技创新基金,对接超过 170 家机构,立项子基金 52 只,通过投资决策 14 只,总规模 186 亿元。本届科技周上共有 51 项高精尖产业发展成果展示,涉及人工智能、医药健康、智能装备、新能源智能汽车等产业。

(刘　刚)

【推动清华大学与中国商飞北研中心合作】 6 月 13 日,清华大学与中国商飞北研中心在北京科技协作中心和北京市新能源汽车促进中心的推动下,就燃料电池动力系统应用合作进行对接。清华大学新能源动力系统科研团队李建秋教授与中国商飞北研中心预研总师杨志刚、梦幻工作室负责人张弛等就燃料电池动力系统在飞机上的验证应用进行探讨,并在将清华大学燃料电池动力系统运用于中国商飞北研中心新能源即时起降飞行器、共同探索三元混合动力系统在小型长航时飞机上的应用等方面初步达成共识。下一步,商飞北研中心将与清华大学车辆与运载学院就合作细节进行深度对接。

(李　伟)

【首批应用场景建设项目发布】 6 月 19 日,北京市应用场景建设工作推进会召开,副市长隋振江参加会议并讲话。全市各相关部门、各区政府及企业代表共 150 余人参加了会议。会上,市重大项目办公室、海淀区政府分别就应用场景建设工作发言,介绍相关工作经验。市科委主任许强发布首批 10 项应用场景建设项目。这 10 项应用场景建设项目主要围绕城市建设和管理、民生改善、高精尖产业发展等方面,需求主要是围绕新一代信息技术、医药健康、人工智能、节能环保等高精尖领域的新技术和新产品。市科委负责人介绍,应用场景是指在城市基础设施建设、运营及管理、产业发展、民生保障等领域的各类项目中所产生的对新技术、新产品的应用需求场景,这些场景的开放能够为新技术、新产品带来应用机会,为新技术、新产品推广应用产生先行先试的示范效应。

(刘　刚)

【中国首个《技术转移服务人员职业规范》团体标准发布】 7 月 11 日,首个《技术转移服务人员职业规范》团体标准在北京发布。该标准是在市科委指导下,由北京技术市场协会牵头,在京津冀技术转移协同创新联盟成员单位的努力下,联合多家单位共同完成。会上,北京技术市场协会执行副理事长兼秘书长刘军就《技术转移服务人员职业规范》团体标准的编制背景、意义、过程、内容做详细解读,团标发起单位就下一步宣传贯彻规范技术转移服务人员职业发展进行了动员。

(市科委官网)

【《北京市工程技术系列(技术经纪人)专业技术资格评定试行办法》发布】 9 月 30 日,市科委会同市人力社保局发布《北京市工程技术系列(技术经纪人)专业技术资格评定试行办法》,该办法成为全国首个单独设置且覆盖正高级、副高级、中级和初级 4 个层级的技术经纪职称文件。该办法的出台是为贯彻落实市委办公厅、市政府办公厅《关于深化职称制度改革的实施意见》,进一步推动北京市技术转移转化人才队伍的建设,促进科技成果转化,助力建设全国科技创新中心。

(王娇娇)

【首批 20 个央企应用场景项目在京发布】 10 月 18 日,2019 中关村论坛重大成果发布会上,北京市集中发布一批重大落地项目、科创政策和科技成果。会上,国务院国资委科技创新和社会责任局与市科委联合发布首批 20 项央企应用场景项目。国务院国资委科技创新和社会责任局副局长袁雷峰介绍了首批央企应用场景建设项目的征集情况,并发布了 20 项央企应用场景。从投资规模上看,20 个项目总投资超过 113 亿元;从所在领域上看,20 个项目集中在城市运行管理、高精尖产业发展、民生改善等方面;从技术产品需求领域上看,20 个项目主要需求 5G、人工智能、智能装备、节能环保等领域的技术。20 个项目中还有一批试验验证类应用场景建设项目。通过发布央企的应用场景需求,推动央企资源开放,发挥北京科技创新资源优势,促进央地需求与技术产品的精准对接,深度参与北京全国科技创新中心建设。

(刘　刚)

【以科技创新引领城市副中心发展】 11 月 26 日,市科委与通州区政府签订合作协议,旨在进一步发挥科技创新在城市副中心发展建设中的支撑、引领作用,推动城市副中心高质量发展。签约仪式上,市科委、通州区政府分别与北京理工大学、北京工业大学、首都师范大学签署《共建北京市科技成果转化统筹协调与服务平台合作协议》,发挥各自优势，共同推进科技成果在通州区转化落地。签约活动中，市科委为通州区企业送上政策宣讲、资源对接的服务包：来自旷视科技、大唐高鸿车联网、硬创空间、北京理工大学、北京工业大学、首都师范大学等企业及高校院所的代表分别介绍了人工智能、5G等领域的前沿技术及场景应用，发布高精尖产业转移平台，并进行了技术成果推介；市科委相关处室围绕高新技术企业认定，对科技服务业、设计、文化科技等领域政策进行了详细解读，以帮助通州区企业更准确地把握政策要求。

（市科委官网）

【光电子技术沙龙举行】 12月27日，由市科委、北京新材料发展中心和顺义区科委共同举办的光电子技术沙龙举行。来自中国科学院计算所、中国科学院半导体所、北京邮电大学、光子算数的科学家和企业家以及顺义区科委、中关村顺义园管委会的代表围绕光子神经网络、光子计算以及激光器等光信息处理核心技术展开交流。本次会议旨在凝聚北京光电子优势资源，为上下游技术、技术与产业、产业与资本的对接打造一个专业性的交流平台，促进创新技术交叉融合，推进光电子领域成果落地转化，助力北京高精尖产业快速发展。

（夏　瑾）

【新材料领域完成9项科技成果转化落地】 年内，北京市新材料产业领域科技成果转化成绩颇丰。北京新材料发展中心连续对中科院半导体所、中科院理化所、中科院过程所、中科院化学所、国家纳米中心以及清华大学、北京工业大学、北京科技大学、北京化工大学等20余家院所和高校原始创新项目团队进行调研，梳理50余项适合成果转化的项目资源。先后推动并完成北京科技大学科研团队（注册北京漠石科技有限公司）、北京大学创业团队（注册北京鼎益新材料科技有限公司）、中科院理化所创业团队（注册北京中科锐腾科技有限公司）等9个创新团队在海淀、顺义、亦庄、怀柔、朝阳的成果转化落地，帮助团队解决梳理公司架构，辅导设计商业计划，解决资金和空间等问题。

（刘　超）

【路演和沙龙活动助推转化平台建设】 年内，为切实推动科技成果转化统筹协调与服务平台（简称成果转化平台）建设，市科委领导带队实地走访了北京大学、清华大学、首都医科大学、中科院理化所等10余家高校院所，就科技成果转化现状与存在的问题进行深入调研对接。针对调研中发现的资源融合效率低、共享开放程度不够等实际问题，北京市高新技术成果转化服务中心与北京高校技术转移联盟共同策划组织系列路演和沙龙活动。一是项目路演系列对接活动。联合北京大学、北京航空航天大学、药物研究所、北京农学院等高校院所举办11场路演活动，推介项目79项，吸引企业、投资机构等各类代表1500余人次，促成对接意向60个，吸引了投资机构对科技成果的关注，推动将其打造成为转化平台品牌活动。二是“科转智库”系列沙龙活动。对接实际需求，建设科技成果转化的学习交流平台，分别聚焦科技成果转化领域的知识产权、资本市场、人员激励、科技成果价值体现等主题，邀请业内权威专家进行讲解，同时与会者与主讲人展开热烈讨论。2019年共举办沙龙活动7场，参会代表400余人次。

（侯敬超　王娇娇）

【成果转化平台资源库建设】 年内，北京市高新技术成果转化服务中心推进科技成果转化统筹协调与服务平台资源库建设，促进科技资源融合。按照市科委“搭起来、活起来、转起来”的指示，中心与高校院所建立联系，建设成果库、需求库和服务库，实现成果精准对接。经过沟通、征集、遴选及专家评价，成果库共入库优质成果200余项，需求库入库需求200项，服务库入库提供知识产权、投融资、法律法务等服务的专业机构82家。资源库面向社会开放共享，实现科技资源的流动融合。

（侯敬超）

【成果转化平台建设取得积极进展】 年内，科技成果转化统筹协调与服务平台共支持32家单位，落实财政资金5800万元。各单位不断加大科技成果转化力度，成果转化平台建设工作积极进展。一是更加重视成果转化工作。近80%的高校院所依据国家和北京市科技成果转化政策制定了实施细则，2019年新增规章制度62个，修订规章制度61个；根据对重点支持的12家单位的统计，2019年内部技术转移机构共有专业人员174人，比2018年增加26人，同比增长17.5%。二是加强成果筛选与专利布局工作。优化成果评价机制，北京理工大学、首都师范大学等近半数高校院所成立包含技术专家、知识产权专家、律师、投资人等在内的评价专家委员会开展成果遴选和专利布局工作。2019年共筛选科技成果819项，布局专利422项。三是积极建设中试熟化与成果承接基地。北京航空航天大学、北京工业大学、首都医科大学等高校院所发挥专业优势，与顺义区、通州区、开发区等的主导产业双向聚焦，积极建设概念验证中心、中试熟化与成果承接基地。2019 年，新建各类中心与基地 15 个，总面积 66575 平方米。中试熟化与成果承接基地数量达 60 个，总面积达 27.7 万平方米。四是成果转化环节更加开放。2019 年，重点支持的 12 家单位共购买知识产权、评估评价、法律、人才、股权设计、经营管理、财务、竞争谈判等各类服务 2570 次，实际支出 2819.3 万元。

（侯敬超　王娇娇）

【各区促进科技成果转化政策】 年内，围绕产业定位，各区积极配套促进科技成果转化政策。3 月，顺义区出台《加快科技创新促进科技成果转化实施细则》，提出优先支持北京市科技成果转化统筹协调与服务平台成果落地转化。7 月，大兴区出台《大兴区促进科技成果转移转化实施意见》和《大兴区促进科技成果转移转化暂行办法》，着力推动项目落地、不断增强市场动能、加快构建服务体系、持续优化发展环境。

（王娇娇）

【高新技术成果转化项目专项】 年内，高新技术成果转化项目专项工作共组织政策宣讲会 3 场，服务高新企业 200 多家，并通过网络、电话等方式为申报企业提供政策指导和解答，共支持项目 30 个，落实财政经费 4000 万元。通过专项资金的支持与政策的引导，推动了企业与高校院所的合作。项目的成果或核心技术均来自高校院所，并已实现转化和产业化，且均为近 5 年内产生的成果，其中近 3 年内产生的成果占比达到 83%。2019 年，高新技术成果转化项目具有如下特点：一是项目技术含量高，项目均为医药健康、人工智能、新能源智能汽车、新材料、集成电路等领域的“硬科技”成果，已取得各类知识产权 896 项，其中发明专利 335 项；二是投资带动效应明显，企业和社会资金已实际完成投资额 47.9 亿元，其中固定资产投资 3.16 亿元，项目上年度完成研发投入 5.6 亿元，占销售收入的 14%；三是转化效益初步显现，项目上年度已实现销售收入 38.74 亿元，缴纳税收 2.9 亿元，实现净利润 9.6 亿元。其中，“三城一区”落地项目的收入、纳税和利润占比分别达到 80%、72% 和 84%。

（侯敬超）

【2019 年申请高新技术成果转化项目情况】 年内，据 2019 年申请高新技术成果转化项目认定的 179 家企业的情况统计，企业承接高校院所科技成果共计 871 项，项目实际完成投资额共 231.5 亿元，实现年销售收入共 205.1 亿元，年缴税 13.5 亿元，实现净利润 44.4 亿元。

（王娇娇）

【北京技术市场增长创近 5 年新高】 年内，北京认定登记技术合同 83171 项，成交额 5695.3 亿元，增长 14.9%，创 5 年来新高。落地北京市技术合同 34158 项，成交额 2077.7 亿元，比上年增长 70.4%，增幅为“十三五”时期之最；输出至外省市和出口技术合同分别为 47897 项和 1116 项，成交额分别为 2866.9 亿元和 750.7 亿元。主要集中在电子信息、城市建设与社会发展、新能源与高效节能等领域，输出技术合同 59395 项，成交额 3544.8 亿元，占全市输出技术合同成交额的 62.2%。

（张未凡）

【在京高校院所输出技术合同】 年内，在京高校院所输出技术合同 12486 项，成交额 167.8 亿元。

（高　新）

【技术市场助推首都经济发展】 年内，实现技术交易增加值占北京地区生产总值的比重持续增长，实现技术交易增加值 3209.7 亿元，比上年增长 9.2%，占地区生产总值（北京市统计局发布的初步核算值 35371.3 亿元）的 9.07%。

（张未凡）

【北京技术支撑京津冀协同发展】 年内，北京辐射津冀技术合同 4908 项，成交额 282.8 亿元，增长 24.4%，占北京辐射外省市的 9.9%。主要集中在新能源与高效节能、城市建设与社会发展、环境保护与资源综合利用等领域，成交额 202.3 亿元，占 71.5%，新能源与高效节能领域技术合同 412 项，成交额 87.0 亿元，增长 121.3%。

（张未凡）

创业孵化服务

【概述】 截至2019年底,全市孵化机构数量突破500家,主要包括市级科技企业孵化器51家,国家级科技企业孵化器61家;市级众创空间333家,国家级众创空间149家;市级大学科技园29家,国家级大学科技园15家。市级以上孵化机构孵化场地面积增加到500万平方米以上,服务在孵企业和创业团队规模呈递增趋势,当年新增在孵企业6277家以上,累计入驻在孵企业2.3万家以上,累计“毕业”企业2.4万家以上。

(姚　宁)

【科创基金合作交流会召开】 1月23日,中广核集团、中车集团科创基金合作交流会召开。市科委、北京市科技创新投资管理有限公司、中广核集团、中车集团相关领导及有关人员出席会议。会上,中广核集团介绍了组建的科创基金项目储备、人员团队及拟投资方向;中车城投公司介绍了基金的基本信息、运作模式、项目渠道、投后管理及退出机制。科创基金管理团队就基金组建的具体细节进行了详细了解,并提出改进建议。

(陆纳新　刘　智　安鹤益)

【创新创业素质提升和发展情况研讨会举办】 3月6日,北京院市合作协同创新联盟举办高校院所学生创新创业素质提升和发展情况研讨会,来自中国科学院大学、北京大学、浙江大学、中国科学院北京国家技术转移中心等单位的30余位“双创”工作负责人参会。专家们围绕高校院所学生创新创业现状、创新创业教育、创新创业生态建设、创新创业人才培养等问题进行了深入探讨,并指出高校院所学生创新创业素质提升和发展需要教育体系着力于创新精神、创业意识、创新创业能力3方面的创新创业培养。

(李智勇　安鹤益)

【共建海淀留创园国际创新孵化基地】 3月13日,北京国际创新项目路演对接会在中关村创业大厦举办。本次活动由中国北京(海淀)留学人员创业园主办,北京科学技术开发交流中心为支持单位,以“搭建国际科技交流平台 助力北京科创中心建设”为主题,来自美国、芬兰、日本、智利、瑞典、俄罗斯等国家的14个创新项目进行了集中路演,涉及文化娱乐、教育科技、医疗健康、零售科技、体育科技等行业领域。项目代表从项目优势、市场痛点、赢利模式、创始团队等方面进行了介绍,投资人和专家对项目进行了点评和指导。在活动现场,北京科学技术开发交流中心与中国北京(海淀)留学人员创业园签署了共建海淀留创园国际创新孵化基地合作协议,并举行了基地落成揭牌仪式,来自伊朗、加纳、英国的3个国际项目签署了入驻协议。

(胡炎平　安鹤益)

【“赢在2019”创业孵化与投融资对接会人工智能专场在京举办】 4月3日,“赢在2019”创业孵化与投融资对接会人工智能专场在亦庄京津冀全球路演中心顺利落幕。本次活动由北京科学技术开发交流中心联合北京创投联盟共同举办,共有来自人工智能领域的8个优质早期项目及30余家投资机构参会。会上,冀开科技、网感至察信息科技、数地科技、数景智能科技、优时科技、虚拟未来、三体高创科技、沃方科技等8家企业进行了项目路演,涉及人工智能在金融、医疗、传媒、物流等领域的使用。来自亦庄国投、信中利资本、屹唐长厚投资公司等投资机构的专家针对项目的技术、市场空间、国内环境、商业模式、竞争对手等与企业进行了较为深入的探讨。

(刘　智　安鹤益)

【大学生科技创新作品推介会高校校园行活动举办】 4月12—13日,由市科协主办的第八届大学生科技创新作品与专利成果展示推介会高校校园行活动走进北京林业大学,清华大学、北京大学、北京林业大学就如何做好科研、如何在竞赛中脱颖而出等方面进行了分享,200人参与。4月22日、24日,活动在北京石油化工学院开展,中国地质大学副教授郭颖、中国“互联网 + ”大赛国赛评委丁浤伟，分别以珠宝文化、挑战杯大赛为主题进行分享，300 人参与。4 月 30 日，活动在华北电力大学开展，北京知识产权代办处咸飞围绕专利制度的演变、中国专利法的历史沿革、专利申请基础知识、专利的价值 4 个方面进行分享，60 人参与。5 月 4 日，活动在北京化工大学开展，北京智城伟业教育科学研究院杨保院长介绍挑战杯大赛，200 人参与。5 月 14 日，活动在北京电子科技职业学院开展，北京知识产权局虎舒婷就专利申请及保护进行分享，50 人参与。5 月 18 日，活动在北京航空航天大学开展，30 余位企业 CEO 与该校“冯如杯”优质项目进行洽谈对接。5 月 27 日，活动在北京交通大学开展，中海金科国际投资有限公司董事长杨乾信讲述创业故事，启迪大学生创新创业方向，300 人次参与。11 月 18 日，活动在中国科学院大学开展，北京工业大学教授高国华就创新方法基础进行分享，40 人次参与。11 月 20 日，活动在中国石油大学开展，北京智城伟业教育科学研究院院长杨保开展讲座，200 人参与。12 月 19 日，活动在北京信息科技大学开展，北京生产力促进中心高级工程师黄华就创业计划书做讲座，30 人参与。

（杨晓伟）

【科技孵化器建设与规范发展专家研讨会召开】 6 月 14 日，北京科学技术开发交流中心组织召开科技孵化器建设与规范发展专家研讨会。相关单位负责人及企业代表共计 30 余人参会。会上，各孵化机构负责人逐一分析了当前国内科技孵化器的“孵化 + 投资”和“孵化 + 特色服务”的发展运营模式的特点，并从政策、人才、资金、环境 4 个方面分析了孵化器运营管理的现状及面临的问题。与会专家表示，当前北京的孵化机构还属于粗放式发展，管理定位尚不够清晰，希望上级主管部门能够主导建立孵化机构服务平台，营造良好的发展环境，引导孵化机构差异化健康发展，并在孵化机构专业服务人才培养方面提供一定的政策性支持以及培训与指导。

（刘　智　安鹤益）

【中国脑成像联盟在京成立】 7 月 14 日，中国脑成像联盟在京成立。该联盟由北京脑科学与类脑研究中心、上海脑科学与类脑研究中心等全国开展脑科学与脑成像研究的科研院所、高等院校、医疗机构及国内外脑成像设备厂商共同发起。成立大会由联盟秘书长毛军文研究员主持，联盟发起单位之一——北京脑科学与类脑研究中心的行政副主任张泽工，北京大学教授、中国科学院院士程和平，市科协副主席田文等专家、嘉宾代表致辞。联盟首届理事会主席、北京大学高家红教授介绍了联盟 2019 年拟开展的重点工作，并代表国际人类脑图谱学会祝贺中国脑成像联盟成立，希望通过发挥联盟的组织协调作用，依托北京及全国各机构和专家的力量，有效推动中国脑科学领域的整体发展，加速向世界一流水平迈进。

（市科委官网）

【2019 年驻华外交官科技考察走进朝阳】 7 月 28 日，2019 年驻华外交官科技考察“走进朝阳”专场活动暨 OTEC 国际创业聚在京举办。法国、意大利、瑞士等 16 个国家的驻华外交官以及来自各国的创新创业者参加活动。市科协常务副主席司马红，朝阳区委常委、组织部部长迟行刚致辞。活动围绕外籍创业者签证政策、“凤凰计划”、创新创业经验、创新孵化项目和投资人评估等主题，开展对话分享和项目对接。部分驻华使馆外交官还为获得最佳创业者、最强投资者、社群领袖、创想家的机构颁奖。

（葛海英）

【纳米创新创业大赛决赛举行】 8 月 19 日，第 5 届“纳米之星”创新创业大赛总决赛在北京国际会议中心举行。本届大赛由纳米科技产业技术创新战略联盟、国家纳米科学中心主办，北京新材料发展中心联合上海等地区相关单位共同承办。大赛共遴选 160 余项参赛项目，最终有 10 个创业企业和 19 个团队进入决赛。决赛在参赛企业和团队组中分别评出一、二、三等奖以及技术领先奖、投资价值奖、商业模式奖 3 个单项奖。参赛项目涉及纳米器件、纳米制造、纳米健康与环境等纳米领域的热点板块，充分展现了纳米领域技术驱动、理想牵引、理性布局的“硬科技”创业特色。

（平朝霞）

【2019 科技创新联合路演智能制造专场举办】 8 月 29 日，由北京科学技术开发交流中心联合 Plug and Play 中国、清华大学金融科技研究院 VVFIN 平台共同举办的 2019 科技创新联合路演智能制造专场在智造大街 Plug and Play 中国总部举行。本次活动旨在促进科技企业与金融产业有效融合，扶持中小创新型企业发展壮大，搭建有利于创新企业与金融

资本对接交流的平台，来自智能制造领域的7家优质早期科技项目公司代表以及40余家投资机构代表，共计80余人参加了此次活动。来自思地三维科技有限公司、北京翰诺半导体科技有限公司以及墨狄机器人等7个项目团队的代表依次进行了项目路演。屹唐长厚基金管理公司、赛伯乐投资、启迪之星创投、星瀚资本、梅花创投等投资机构代表分别从路演项目的技术优势、商业模式以及市场布局等多个方面与项目团队进行了沟通交流。路演活动结束后，各项目方和投资机构代表在场下进行了充分的对接交流。

（刘　智　安鹤益）

【"京港创新直通车"香港城市大学精品项目路演举办】10月17日，"京港创新直通车"香港城市大学精品项目路演在国家会议中心举办。本次活动由北京双高国际人力资本集团主办、北京双高未来科技服务有限公司与香港城市大学深圳研究院共同承办，北京科学技术开发交流中心为支持单位。中关村科创高新技术转移促进会、中企大象基金、北航天汇孵化器、创投家、北京青创伯乐投资有限公司、中关村协同创新基金等20余家投资机构参与其中，北汽新能源、神雾集团等大中型企业参加了此次对接活动。此次路演共有来自京港两地的9个科技项目，涉及新材料、新能源与节能环保等重点领域。企业代表做了项目讲解，并与投资机构就产品、技术、市场等方面进行了深入的交流。路演结束后，京港企业展开"一对一"的合作洽谈交流。来自北京的力搏宇昂（北京）科技有限公司、北京亿恩斯科技有限公司、云康健智国际生态科技发展（北京）有限公司等企业在交流过程中充分了解了香港城市大学项目的优势，并通过此次活动寻求与对方开展产品研发合作。

（方子都　安鹤益）

【北京精准用药研究与应用中心成立】11月9日，由首都医科大学附属北京朝阳医院发起的北京市精准用药研究与应用中心正式成立。北京市精准用药研究与应用中心是一个探索新药临床研究和精准用药技术的研究及转化平台。未来，该中心将联手30余家医药企业、三级医院、药物研究所等单位，搭建协同创新联盟，提供开放、共享的科研平台，推动并孵育创新技术的成果转化。

（市科委宣传与科普处）

【电力大数据协同创新联盟成立】11月13日，北京未来科学城电力大数据协同创新联盟成立。该联盟在市科委的指导下，由北京科技协作中心、华北电力大学、未来科学城发展集团、国家电网、国家能源、国家电投、浪潮等43家央企、民企、高校院所共同发起，旨在促进电力大数据融通、拓展电力大数据应用场景、构建电力大数据协同创新生态、提升能源技术和服务水平、推动电力数字经济高质量发展。成立大会上，华电天仁、和利时、同方等15家能源电力、信息技术领域单位签订8项合作协议，携手推动电力大数据高效采集、融合应用等关键技术攻关和应用场景拓展；同时，联盟专家委员会的首批11名专家接受聘书，将为联盟发展和重大事项提供专业咨询指导，对重大项目论证和行业发展提出建议。相关单位约200人参会。

（李　伟）

【大学生科技创新作品展示推介会举办】12月7日，由市科协、市教委、市总工会、共青团北京市委员会、中关村管委会、北京市知识产权局、市工商联共同主办的第八届大学生科技创新作品与专利成果展示推介会在京举行。来自京津冀的47所高校参展师生代表、企业和投资机构代表、创新创业导师、高校科协负责人和媒体代表等近千人参加了活动。《子弹时间》等11项优秀作品被评选为本届推介会的"一等奖暨创新金奖"并现场颁奖；北京交通大学等16所高校现场被授予高校"最佳组织奖"。本届推介会为推动企业与高校创新资源的对接，邀请2019中国创新方法大赛北京赛区获奖企业工程师到场领奖并与大学生们现场交流。推介会上，举办了"高校教师成果推介""创客精英show""咖啡一角分享会"3场路演活动。现场，华北电力大学"基于指静脉技术的门禁机"项目分别与红曼同创投资基金管理（北京）有限公司和北京智银投资有限公司达成合作意向并签约。

（杨晓伟）

【2019年首都海智科技创新系列活动举办】12月11—13日，由海内外科技社团共同发起组织的首都海智科技创新系列活动在京举办。本次活动聚焦"三城一区"建设，结合国际人才社区发展需求，邀请德国、俄罗斯等国的海外科技人才来京开展务实交流。依托市科协科技成果转化平台，怀柔区科协牵头举办首都海智科技创新系列活动怀柔专场，23个海外项目成果进行路演，助力怀柔科学城建设。中欧创新中心作为市科协"海智计划"

离岸工作站利用海外资源网络，联合北欧致公协会、德国华人汽车工程师协会、芬兰华人科技协会等海外科技社团，在京举办 2019 中欧智能网联技术研讨会。本次研讨会以智能网联汽车技术为主题，结合国家智能网联示范区项目，深度链接海内外创新资源，积极探索智能网联离岸创新创业模式，共同推进中国智能网联汽车的产业发展。

（李　虹）

【协同创新联盟举办对接交流等系列活动】 年内，北京科学技术开发交流中心依托北京院市合作协同创新联盟秘书处，为持续推进中科院与北京市科技合作，促进中科院科技成果转化，协同央地创新资源对接联动，开展了对接交流等系列活动。联盟组织工作小组与北京邮电大学、北京北咨投资基金管理有限公司开展对接交流，围绕科技服务平台搭建、科技人才培训等工作任务开展务实合作；组织河南省生产力促进中心调研小组赴中国科学院计算机网络信息中心开展技术转移网络平台建设运营对接交流；参加 2019 乐居北京创新峰会，协同推进首都发展前沿技术、发挥资源优势、引领产品创新。

（李智勇　安鹤益）

【协同创新联盟举办“数据星河”系列沙龙活动】 年内，北京科学技术开发交流中心依托北京院市合作协同创新联盟秘书处，举办了 12 期“数据星河”系列沙龙。活动聚焦大数据、人工智能、云计算、5G 等领域，旨在为中科院专家与科技型中小企业提供交流合作平台，推动产学研合作和成果转化，服务北京市高精尖产业的发展。在活动中，共邀请来自中科院各研究所及所属企业、行业领军企业及研究机构的 30 余名专家做了知识分享及对接交流，累计服务科技人员 2000 余名。

（李智勇　安鹤益）

【新材料领域种子孵化园落地房山】 年内，2019 京津冀石墨烯大会暨北京石墨烯产业创新中心种子孵化园启动仪式在房山区举行。会上，北京石墨烯产业创新中心种子孵化园（简称种子孵化园）正式启动，首批入驻园区的企业进行了集中签约、项目路演、技术成果展示、资本对接研讨、考察参观等系列活动。种子孵化园位于房山区北京石化新材料科技产业基地内，已正式挂牌运营。为助推入驻孵化园的企业快速发展，新成立的北京市首个石墨烯产业创投基金——北京航动石墨烯创投基金将支持种子孵化园内的科技型初创企业进行技术研发和产品开发，帮助企业快速成长。

（丁　雪）

创意设计服务

【概述】 2019 年，植根于北京科技、文化和国际交往的丰富资源，以“设计之都”建设为抓手，围绕科技创新、产业升级、拉动消费、城市建设和市民生活，通过支撑政府计划、创办 DRC 基地和红星奖、承办设计周等品牌活动，推动工业设计发展，组织实施计划、建设集聚区、评选领军人才、举办设计活动，逐步构建和完善设计创新及产业发展全生态服务体系，为市场化资源配置奠定了基础，在全国发挥了引领示范作用。2019 年，在红星奖大奖中北京获奖占近 40%。获奖产品充分体现了工业设计与高精尖产业的深度融合，科技与设计共融共生的趋势，展示了中国工业设计界的最新成果，也凸显了红星奖在中国工业设计领域的标杆作用和影响力；结合“设计之都”品牌及联合国教科文组织创意城市网络资源，加强网络成员城市交流，举办高端活动，拓宽合作渠道，积极利用网络资源服务创新主体，服务企业“走出去”，提升北京“设计之都”的国际影响力，助力北京设计产业高质量发展。

（北京工业设计促进中心）

【红星奖参加第三届中国设计大展及公共艺术专题展】1月11日—4月7日，中国设计红星奖（简称红星奖）受邀赴深圳参加由文化和旅游部、广东省政府和深圳市政府主办的第三届中国设计大展及公共艺术专题展览。本次展览以“新时代，新生活”为主题，关注设计和公共艺术的社会责任和文化内涵，凸显创新引领与生活关怀的价值理念，揭示新时代中国设计与公共艺术的总体面貌，以及解决问题与价值引领的途径与方式。结合主题，红星奖精选出小海鳐水下无人机、高速双层动车组（模型）、阿波龙无人驾驶车（模型）、智能护理机器人、米家便携电动剃须刀、联想二合一平板电脑、美的对开门冰箱、小度在家等20余件2018年的获奖产品进行展示。

（北京工业设计促进中心）

【创意中心正式运行】2月，联合国教科文组织国际创意与可持续发展中心（简称创意中心）完成人员招聘工作，首批10名员工到岗。4月25日，创意中心在北京召开了第一届咨询委员会第一次会议，由来自13个国家的创意、科技、文化、教育、经济和战略等跨领域或交叉学科的28位专家学者组成了第一届咨询委员会。会议通过了创意中心咨询委员会章程，聘请联合国教科文组织前战略规划助理总干事汉斯·道维勒（德国）为创意中心第一届咨询委员会主席。创意中心咨询委员会致力发挥学术、战略和专业咨询作用，配合北京市建设文化中心、国际交往中心和科技创新中心的规划目标，为联合国教科文组织提供中国智慧和中国方案。

（北京工业设计促进中心）

【2019年红星奖征集启动】3月15日，2019年红星奖征集正式启动，征集期至6月30日。本年度红星奖以“提质增效 促进消费 城市更新”为主题，鼓励企业通过创新设计提供高品质的产品和服务。围绕全国科技创新中心建设重点任务，2019年红星奖进一步聚焦“三城一区”主平台建设和中关村国家自主创新示范区发展，重点面向新一代信息技术、集成电路产业、智能装备产业、节能环保产业等高技术产业开展征集，挖掘、表彰和宣传自主创新设计与高精尖技术应用深度融合的产品和企业，推动科技成果转化，满足人民日益增长的对美好生活的需要。

（北京工业设计促进中心）

【参加第十一届圣埃蒂安国际设计双年展】3月21日—4月22日，第十一届圣埃蒂安国际设计双年展在“设计之都”法国圣埃蒂安举办。本届双年展邀请中国作为主宾国，向世界展示中国设计的力量。红星奖作为北京“设计之都”的代表应邀参展，现场展出近40件优秀获奖产品，有中车株洲电力机车、小米、华为、李宁等中国知名企业的产品，也有知竹快客杯、文化茶、月老红绳戒等蕴含中国文化元素的优秀设计作品。同时，北京工业设计促进中心推荐阿里巴巴“城市大脑”、京东“智慧城市”、滴滴“ETA”项目以视频的形式参加双年展活动，同时推荐中央美院教授王敏参加双年展期间的演讲，推荐阿里集团相关代表参加4月3—4日的双年展商务研讨会并发表演讲。

（北京工业设计促进中心）

【红星奖校园宣讲会举办】3月29日，红星奖走进北京城市学院举办校园宣讲活动。本次活动旨在为学生们提供提升设计水平、展示专业能力的平台，鼓励他们关注设计行业信息，积极投身于创意创新的实践中。为帮助学生了解红星奖，以及设计出更加优秀的创意作品，活动特邀2018红星原创奖金奖团队代表以及2016红星奖银奖和最佳新人奖的获得者作为嘉宾，通过对获奖设计案例的讲解，分享思路与经验。活动吸引了近130位设计专业的学生参加，校方领导表示本次活动不仅让学生对红星奖的背景文化、参赛规则、评审标准有了进一步了解，更激发了他们投入创新实践的热情，推动了学科竞赛的进一步开展。

（北京工业设计促进中心）

【北京“设计之都”代表参加2019长沙媒体艺术节】3月31日—4月3日，由联合国教科文组织、联合国教科文组织协会世界联合会、中国联合国教科文组织全国委员会和长沙市政府共同主办的2019长沙媒体艺术节暨“一带一路”青年创意与遗产论坛在“媒体艺术之都”长沙召开。北京工业设计促进中心代表出席活动，并在城市平行论坛上介绍了北京“设计之都”的建设经验和项目开展情况，并与嘉宾分享了北京对教科文组织创意城市网络新趋势、特点的研究与认识。

（北京工业设计促进中心）

【中国创意城市研讨会召开】4月3日，由北京工业设计促进中心主持的中国创意城市研讨会在京召开，会议邀请教科文组织文化政策与发展高级项目专员以及教科文组织创意城市网络秘书处、中国教科文组织全国委员会科文处、市科委等单位的领导出席，来自12座“中国创意城市”和5座候选城市、16家企业及院校代表参会。会上各城市介绍其开展的工作和相关举措，企业代表介绍创意领域开展的业务及项目。通过教科文组织创意城市网络秘书处与“中国创意城市”、企业代表以及专家学者的正式聚会，加深城市及企业代表对创意城市理念的理解，落实创意城市网络开放合作跨界融合的宗旨，服务城市的高质量发展。

（北京工业设计促进中心）

【红星奖面向比利时高校师生开展宣讲活动】 4月8日，北京工业设计促进中心组织比利时科特赖克代表团与北京设计领域代表机构在洛可可创新设计学院开展交流活动。活动中，红星奖面向来自比利时西弗兰德大学、根特大学的60余名师生进行了宣讲，通过对奖项背景、评价标准、参评事项、奖项价值等情况的介绍，以及对红星奖为获奖产品推广、获奖者成长以及中国设计发展所做的努力及取得的成果进行的展示帮助代表团师生从更多角度了解中国设计和文化。北京市设计创新中心、红星奖获奖企业洛可可通过对故宫猫、55度杯等优秀设计案例的讲解，向代表团师生分享了中国传统文化与创新设计融合的经验，希望以此来启发学生的设计和创新思维。

（北京工业设计促进中心）

【“设计之都”科特莱特工业设计师代表团到京访问】 4月8—9日，“设计之都”科特莱特工业设计师代表团到京访问，北京工业设计促进中心为代表团对接联想、洛可可创新设计学院、东道品牌创意集团、清华大学、小米科技等参观访问的机构。代表团由科特莱特西弗兰德大学与根特大学工业设计专业的师生共64人构成。作为工业设计及机械工程相关领域的学生和教师，代表团在参观北京企业时对北京企业实习工作、交流访学等方面表达了极大的兴趣，并对联合国教科文组织创意城市网络搭建的城市间务实合作的桥梁表示感谢。

（北京工业设计促进中心）

【DRC基地获全国“巾帼文明岗”称号】 4月17日，西城区妇联相关负责人赴西城园北京DRC工业设计创意产业基地，为DRC基地颁发中华全国妇女联合会授予的2019年度全国“巾帼文明岗”奖牌。DRC基地作为北京市首批10个文化创意产业集聚区之一、首个以工业设计为核心产业的基地，女性职工占总人数的73%，她们利用各自的专业知识，立足各自的岗位，在科技条件平台搭建、设计企业服务、创意人才培养等创意产业园区建设运营管理方面发挥着自己的作用，展示着新时代女性的自尊、自强、自立、自信。

（北京工业设计促进中心）

【红星奖参加2019年通武廊工业设计高峰论坛】 4月18日，由通州区经信委、天津市武清区工业经济委、廊坊市工业和信息化局共同主办的2019年通武廊工业设计高峰论坛在廊坊举行。此次论坛是为了落实通武廊三地政府签署的《战略合作框架协议》，以工业设计为切入点，推动三地产业深度合作，助推区域工业经济协调高质量发展。论坛上，红星奖就“树立好设计标准，助力好产品走向市场”与企业进行交流和分享。通过获奖产品的介绍以及设计帮助企业发展案例的讲述，为当地企业发展提供新的角度和思路，通过设计让当地制造的产品更好地走向市场。此外，来自清华大学、湖南大学（廊坊）博士后工作站、小米生态链企业等的代表围绕设计与创新主题进行演讲。通武廊三地工信主管部门和工业设计领域的协会、高校、机构、企业代表共计200余人参加活动。

（北京工业设计促进中心）

【红星奖参加2019加博会展览】 4月18—21日，第十一届中国加工贸易产品博览会（简称加博会）在东莞举办。展会由商务部、国家知识产权局和广东省政府主办，广东省商务厅和东莞市政府承办，是促进加工贸易创新发展的国家级展会，多年来在推动全国加工贸易企业转型升级方面发挥了积极作用。本届加博会的工业设计展以“设计创新引领驱动湾区产业升级”为主题，设置国际国内设计奖项区、粤港澳大湾区工业设计主题展区、设计对接服务区三大展区，共有来自全国800多家企业的超过10万种商品参展，以展现风采、开拓市场。红星奖已连续多年参与加博会展览活动，本次共有50余件精选获奖产品与当地观众见面。

（北京工业设计促进中心）

【红星奖走进北京印刷学院】 5月21日，红星奖走进北京印刷学院举办宣讲活动。活动邀请了红星奖获奖代表作为嘉宾，与学生分享优秀获奖设计的思想和案例并进行交流。同时，红星奖团队介绍了奖项情况，并针对报名方式进行详细辅导。北京印刷学院设计艺术学院副院长表示，参评设计奖项对专业水平提升有着激励作用，此次宣讲不仅让学生们了解了红星奖的组织和报名方式，还从往届获奖者的讲述中学习了优秀设计的过程和特点，为学生们在设计领域的学习和工作提供了新的思路和方向。

（北京工业设计促进中心）

【文博会设计创意展彰显北京科技文化影响力】 5月29日—6月1日，第十四届北京文博会在中国国际展览中心举办。由市科委主办、北京工业设计促进中心承办的设计创意展，以“科文融合，创意惠民”为主题，围绕科技创新中心建设对提升文化价值、助力文化中心建设的作用，重点展示科技支撑文化产业高质量发展、设计支撑文化产品创新升级的新进展，集中发布市科委首都设计提升计划、北京市设计创新中心、红星奖等科技文化融合产业成果，描绘了科技与体育、影视、动漫、旅游、休闲娱乐等产业融合发展的创新图景。VR滑雪游戏模拟冬奥滑雪场景，虚拟科技让大众提前进入“冬奥”时间。在互联网时代，传统茶饮行业正向数字化转型，智能科技让“懒人”有福了。“汉仪陈体甲骨文”一笔一画间书写了对中华传统文化的传承与创新。

（北京工业设计促进中心）

【红星奖参加2019年“创意昆明”系列主题活动】 7月11—15日，2019年“创意昆明”系列主题活动举办。红星奖受邀参加展览，聚焦产业转型、智能家居、智慧出行、科技文创等社会热点。红星奖组织了百余件获奖产品和优秀设计项目进行展示，以文化创意的形式诠释科技发展为生产、生活方式带来的改变。同时，展览引入北京奥运会特许商品、敬人纸语、字由等品牌产品和概念，进一步增加多样性和创意性，也为更多设计师提供展示平台。展览还增加了互动环节，通过浸入式体验，让不同年龄层的观众从不同角度了解优秀设计，感受中国创新的动力和中国制造的魅力。

（北京工业设计促进中心）

【2019红星奖初评举行】 7月24日，红星奖初评在首创非遗主题文创园咏园举行，中国工业设计协会副会长赵卫国、市科委副巡视员王建新出席。本次评审会邀请了来自北京、上海、广东、江苏、湖南、四川、陕西等省市的高校、企业的16位专家评委对参评产品进行评审，最终400余件产品进入终评。本年度红星奖参评产品近半数与新一代信息技术、医药健康、智能装备、节能环保等高精尖产业相关，涌现出一批代表先进技术的5G、人工智能产品。

（北京工业设计促进中心）

【创意推动可持续发展案例征集活动启动】 7月，创意推动可持续发展案例征集活动启动，向社会广泛征集创意以推动社会、环境、经济可持续发展，且具备原创性、启迪性和应用性的案例。征集信息通过创意中心传播平台、中央广播电视总台国际在线网站、市科委官网以及社会合作媒体正式发布。征集到的案例为创意中心及国内外研究机构开展国际间的创意与可持续发展领域研究提供基础支撑。

（北京工业设计促进中心）

【“丝路大V北京行”活动举办】 8月20—23日，2019“看今朝·新中国成立70年 丝路大V北京行”启动仪式在北京世园会举行。本次活动由市政府新闻办公室主办，创意中心提供支持。来自“一带一路”沿线13个国家的“丝路大V”以延庆区为起点，踏上向世界展示北京形象、传递中国声音的参访之旅。本次活动秉承“科技+创意”的理念，通过探访文创园区、奥运场馆和北京世园会，“丝路大V”了解了北京在国际交往、生态建设、民生服务、文化传承与创新等方面取得的成就。活动展示了一个传递绿色发展理念的生态北京一个文化保护与发展并重的人文北京、一个节俭办赛的“双奥之城”。

（北京工业设计促进中心）

【2019红星原创奖评审举行】 8月21日，2019中国设计红星原创奖评审在京举行。本届红星原创奖邀请了来自国内知名高校和企业的15位专家对参评作品进行评审，最终评选出55件设计作品和服务设计方案。2019红星原创奖参评单位来自国内34个地区以及英国、澳大利亚、马来西亚等国家。参评作品呈现如下亮点：一是融合5G、IoT物联网、人工智能、新材料等前沿科技手段的创意设计明显增多，主要集中在智慧家居、智慧交通及公路运维管理、智慧医疗、科技金融等方面，56%的获奖作品方案体现“科技+设计”理念；二是参评作品普遍针对当前社会热点问题提供解决方案，重点聚焦救灾救援、垃圾分类、共享办公、新文旅消费、慢病管理、养老社区、设计扶贫、政务服务等领域。北京参评作品数量位居全国第二。

（北京工业设计促进中心）

【《创意城市观察》双语研究报告发布】 8月，创意中心发布中英文版《创意城市观察》研究报告。中文版5万余字,英文版3万余字,原创图表20幅。本报告从地理、经济等多个维度分析了联合国教科文组织创意城市网络(UCCN)自2004年成立以来的发展历程和未来的发展趋势;以城市案例分析为线,解析了创意城市网络政策导向的变化,剖析创意对可持续发展目标的作用,进而体现了创意城市网络的建立对创意产业发展的积极意义。报告已发送给200余家国际机构、政府部门、科研院所和企业,得到中国教科文组织全国委员会以及"创意城市"概念提出者查尔斯·兰德利教授等国内外专家的好评。

(北京工业设计促进中心)

【2019设计之旅开幕】 9月4日,2019北京国际设计周——设计之旅在北京前门东区青云胡同开幕,相关单位领导以及来自国内外的200余名嘉宾和媒体代表出席开幕式及论坛。2019年,设计之旅的分会场包括两个专题园区,东城、西城、朝阳、海淀、丰台、房山、通州、顺义、怀柔、延庆10个北京城区分会场45个站点,以及天津、廊坊、张家口、承德4个京津冀地区分会场站点,另有特别活动9个,加盟活动37个。设计之旅在胡同街巷、文创园区、时尚商圈、艺术场馆等地集中举办展览、论坛、讲座、工作坊、互动体验、市集等系列创意设计活动,活动持续到10月7日。

(北京工业设计促进中心)

【2019北京国际设计周开幕】 9月5日,2019北京国际设计周在中华世纪坛开幕。市委常委、宣传部部长、北京国际设计周组委会主席、市政府副秘书长、北京国际设计周组委会秘书长,以及北京国际设计周组委会成员单位负责人、国内外著名设计师、设计机构和设计院校负责人等约1500人出席开幕活动。除北京设计奖的颁奖典礼、铭牌镶嵌仪式外,主题展览——中华人民共和国成立初期国家形象设计展和以"设计跨界"为主题的主宾城市展览同时开幕。

(北京工业设计促进中心)

【2019北京国际设计周主题展览举办】 9月5日—10月7日,2019北京国际设计周主题展——中华人民共和国成立初期国家形象设计展在中华世纪坛新媒体艺术馆开展。这次展览系统地回顾了当年国家形象设计的历程。以"国计民生"为主旨,在展示国家形象设计的同时,将与提高人民生产生活相关的重要设计纳入展览,立体展现这一时期的历史风貌。展览突出历史性、文献性、系统性、学术性和体验性,其中许多珍贵的历史资料首次系统展示。这次展览旨在通过对这些资料的研究与整理,挖掘更多的故事,办一次具有历史与时代意义的展览。

(北京工业设计促进中心)

【设计周北京设计论坛举办】 9月7日,北京设计论坛是北京国际设计周学术专业论坛,2019北京设计论坛主题为"设计引领产业转型升级"。重点关注城市创新—老城保护、街区更新、工业遗址再造,产业创新—设计赋能数字经济与实体经济融合发展,智慧设计、AI赋能,设计促生创新活力等相关问题。论坛邀请国内外设计创意、科技创新、产业创造、人工智能领域的精英,以大战略、大思路、大格局的高度,深入探讨,引领新时代设计风向标。

(北京工业设计促进中心)

【2019红星奖终评举行】 9月11日,红星奖终评评审会在京召开。来自德国、美国、瑞士、法国、英国和中国的12位中外评委严格按照评审标准和流程,对入围的400余件产品进行逐一评审。最终评选出至尊金奖1名、金奖9名、银奖9名、红星奖300余名。北京长安公证处对本次评审工作进行了全程公证。对于本年度入围红星奖终评的产品,评委们普遍认为设计水平较高。

(北京工业设计促进中心)

【2019北京国际设计周北京设计博览会举办】 9月12—16日,2019北京国际设计周北京设计博览会在北京全国农业展览馆举办。本届北京设计博览会以"创变未来"为主题,以"设计的视角"立足当下,用"设计的语言"对话未来,借"设计的可能"创新求变,探索未来的无限可能性。12日,2019北京设计博览会启动仪式暨文博奖颁奖典礼举行。相关单位领导以及100多位专家、企业、设计师代表、50余家媒体代表参加活动。文博设计奖包括博物馆文创产品、公园景区文创产品、文化旅游产品3个主题。经初评、复评、终评3个阶段,每个主题最终评选出10个优秀奖。

(北京工业设计促进中心)

【设计赋能"高精尖"案例展览举办】 9月17日,2019北京国际设计周——设计之旅西城分会场设计赋能"高精尖"案例展览在西城区北京DRC工业设计创意产业基地举办。此次展览共展示智加、上品极致、木马、洛可可、乐品乐道、华新意创、赛佳图、灏域联华等20余家设计企业的32件代表作品,围绕智能装备、医疗机械、5G产品、人工智能、新一代信息技术等领域。本次展览旨在通过案例展示,让工业设计的价值得到彰显,使观众感受到设计作为科技服务业的重要组成部分在北京高精尖产业的高速发展中发挥的支撑作用;同时让设计公司获得优质订单,为科技服务业创造更高的增加值,这是在新时代、新形势下北京设计产业实现自身高质量发展的必经之路。

(北京工业设计促进中心)

【红星奖最新获奖产品参加2019世界工业设计大会】 10月18—20日,由工业和信息化部、山东省政府共同主办的2019世界工业设计大会暨国际设计产业博览会在山东烟台举办,全球40多个国家和地区的2000多个设计组织、机构、企业、院校、个人参与。作为本次活动的重要组成部分,红星奖组织了电子消费、家居家具、交通工具、无人机等领域的80余件2019年最新获奖产品参展,吸引众多观众前往展区参观。

(北京工业设计促进中心)

【推荐清华同衡参加亚太创意城市峰会活动】 10月23—26日,亚太创意城市峰会在澳大利亚"音乐之都"阿德莱德举办。北京工业设计促进中心推荐北京清华同衡规划设计研究院人文与创意城市所代表北京"设计之都"出席活动,并以《中国创意城市网络发展的新思路:建设中小型创意城市》为题,结合所实践案例分析了中国中小城市的现状和面临的挑战,提出了推进中小型创意城市建设的策略。此外,还出席25日举办的"设计之都"研讨,来自创意城市网络"设计之都"(深圳、万隆、吉朗)和"手工艺与民间艺术之都"(清迈、碧瑶)的城市代表以及澳大利亚高校代表等20人参加,代表之间交流了各地衡量设计创造价值的经验,并探讨了制定设计价值的标准化设计指数的理论可能。

(北京工业设计促进中心)

【"创意2030"沙龙举办】 10月29日,创意中心启动"创意2030"沙龙活动。作为创意中心"创意2030"品牌下的系列活动之一,"创意2030"沙龙旨在推广创意,推动可持续发展理念及知识传播。首期"创意2030"沙龙"以创意城市研究维度"为主题,邀请清华大学博士生导师唐燕从空间维度、产业维度和政策维度分享从实证研究出发对创意城市概念的思考。此外,在11月11日和11月30日,分别以"人工智能的商业应用与发展前景"和"好设计与可持续发展"为主题举办两期"创意2030"沙龙。先后邀请英国剑桥商学院及中国社会科学院美学研究室专家,分享了人工智能在感知认识、语言能力、智能制造、仿生等领域的运用和可持续的设计理念,以及好设计在生产、生活中的应用。

(北京工业设计促进中心)

【第二届企业社会责任科技创新大赛举办】 11月1日,由法国电信Orange、中兴通讯和中关村创业大街联合主办的第二届企业社会责任科技创新大赛决赛在京举办。创意中心作为创新合作方参与该活动。大赛旨在寻找应对企业可持续发展挑战的创新方案,探索新的价值创造模式。创意中心代表受邀在决赛现场做题为《企业社会责任助力实现可持续发展》的演讲。

(北京工业设计促进中心)

【第四期民族地区文化创意与可持续发展研讨班开班】 11月1日,由国家民委文化宣传司和市科委共同举办的第四期民族地区文化创意与可持续发展专题研讨班在京开班。中央民族干部学院党委书记巴莫阿依、国家民委文化宣传司副司长钟廷雄、市科委二级巡视员王建新等领导出席开班式。本期研讨班由来自全国29个省、自治区、直辖市民委系统、民族高校和民族职业院校的干部、教师、民族手工艺工作者、非遗传承人等104名学员组成,设置了5G、大数据、AI时代的理论方法技术及应用、服务设计思维的系统创新方法研讨、以融合创新推动民宿高质量发展、科技文旅与传统文化的融合应用、文化创意产品的知识产权保护等课程,培训期间还组织学员赴京东方、腾讯等有关企业开展实践教学。

(市科委官网)

【北京"设计之都"受邀出席2019武汉设计日】 11月1—10日,北京工业设计促进中心代表北京"设计之都"参加由武汉市政府举办的"2019年武汉设计日暨第五届武汉设计双年展",在"中国设计之都"展区提供了来自北京企业和红星奖获奖企业的10余件产品展出,制作了以青龙胡同、北京首钢园为主题的城市改造案例在展览现场进行介绍。

(北京工业设计促进中心)

【创意中心参与第十届中意创新合作周】 11月26日,由科学技术部和意大利教育大学科研部共同主办的第十届中意创新合作周在北京国家会议中心开幕。本届中意创新合作周以“中意携手，创新共赢”为主题，聚焦中意双方创新合作的十大技术领域及优质资源。创意中心参与了“文化遗产保护与创意设计”论坛，并进行“城市更新中的创意规划”主旨演讲，通过对首钢工业区更新、白塔寺再生和清河阳光社区改造等案例的分析，从不同维度阐释了创意规划赋能城市更新、助力产业升级、重塑社区精神的重要性。

（北京工业设计促进中心）

【DRC 基地完成创新创业载体知识产权服务试点工作】 11 月，北京 DRC 基地顺利通过了创新创业载体知识产权服务试点工作验收。以“1 + 2 + N”为主线，开展了系列工作。“1”：建立了 1 套知识产权工作体系，分别在岗位、制度、环境方面进行了完善与规范。“2”：建立了 2 套工作服务平台。对外，开发了服务企业的小程序矩阵，及时发布政策与活动信息，收集企业的需求；对内，开发了知识产权台账的信息化系统，及时掌握企业发展的动态与需求。“N”：建立知识产权服务资源体系，汇聚了多家服务机构、导师等资源，开展多种类型的服务活动。

（北京工业设计促进中心）

【首个“创意推动可持续发展”系列展览项目开展】 11 月，由创意中心主办、北京当代艺术基金会协办的独龙族文化融合项目展览在创意中心展示空间开展。该展览以“织彩虹的民族”为主题，通过挂幅和实物等形式展示了云南独龙族的传承，并活化民族技艺帮助当地扶贫的项目，旨在保护、传承和弘扬少数民族的优秀文化及传统文化的多样性，助力民族地区经济发展。由创意中心开展的“创意推动可持续发展”系列展览将持续展出围绕联合国可持续发展目标，用创意推动社会、经济和环境可持续发展的创意解决方案。

（北京工业设计促进中心）

【中国联合国教科文组织合作伙伴座谈会召开】 12 月 30 日，中国联合国教科文组织全国委员会（简称全委会）秘书处在北京组织召开中国联合国教科文组织合作伙伴座谈会。全委会秘书长、14 个联合国教科文组织创意城市网络中国城市项目代表、14 个国内第 2 类中心代表、学习型城市网络和联系学校项目网络等百余名代表参加会议。会上，全委会分析了当前中国联合国教科文组织的形势，国内部分城市介绍 2019 年工作及下一步工作计划。市科委王建新作为北京“设计之都”代表在会上表示将继续举办第三届联合国教科文组织创意城市北京峰会，全委会副秘书长周家贵表示将全力配合该项工作的开展。

（北京工业设计促进中心）

【《北京“设计之都”专题报告》编写完成】 12 月，北京工业设计促进中心组织编写完成《北京“设计之都”专题报告》，该报告主要围绕国际设计行业创新发展的趋势进行研究，基于设计驱动型企业的调研和对美国头部企业一线设计师的访谈，提出了设计师地位提升、产品研发流程中设计前置化等国际趋势，针对北京市发展设计产业，尤其是科技与设计融合发展提出工作建议。

（北京工业设计促进中心）

【北京建院拟落地通州张家湾设计小镇】 12 月，北京市建筑设计研究院有限公司（简称北京建院）计划在张家湾设计小镇打造北京建院新总部，全面参与张家湾设计小镇的策划投资、规划设计、开发建设和运维管理工作，已成立由公司主要领导挂帅的服务城市副中心工作领导小组，组建了由公司分管副总经理牵头负责的协调办公室。下一步北京建院将发挥设计龙头企业的示范拉动作用，选择全国工程勘察设计大师工作室、组建总部级的未来建筑设计院以及现有副中心项目的现场设计服务团队等优质高端领军人物的团队先行入驻张家湾设计小镇，助力张家湾设计小镇高质量发展。

（北京工业设计促进中心）

【《创意 2030》双语特辑发布】 年内，创意中心推出 4 期中英双语《创意 2030》特辑。围绕与创意密切相关的 2030 年可持续发展目标 8（经济增长与体面就业）、目标 11（可持续的城市和社区）和目标 12（负责任的消费和生产），收录编辑了来自 30 个国家的 80 余个创意推动可持续发展的实践经验和案例，以及 30 余篇专家和企业家的文章。4 期特辑受到来自联合国教科文组织、中国社会科学院等国际机构和科研院所的好评，认为特辑文章为其决策和研究工作提供了丰富的资料。《创意 2030》特辑旨在从创意维度解读和呈现国内外关于创意与可持续发展的相关研究观点和成果案例，探索社会、经济、环境的可持续发展等共性问题的创意解决方案与路径，为创意推动可持续发展的相关研究和决策提供支持，促进文明交流互鉴。

（北京工业设计促进中心）

【为企业送政策、送服务】年内，市科委文科处、设计中心主动联系服务企业，先后为北京航天智造科技发展有限公司、北京朗视仪器有限公司、北京枭龙科技有限公司等企业送上创新发展的相关政策，介绍《北京市加快科技创新发展科技服务业的指导意见》《北京“设计之都”建设发展规划纲要》等文件内容，以及“设计之都”专项的重点支持方向，并与企业相关负责人进行工作座谈，深入了解企业的发展现状和需求。针对企业在设计研发、业务拓展、国际合作等方面的规划和需求提供指导意见，进一步以设计企业为主体，将北京建设成为以人为本、充满活力、富有魅力、具有较强辐射力和影响力的国际“设计之都”。企业表示将继续落实好中央和市科委的相关工作要求，积极配合、主动作为、开拓进取，发挥率先垂范和示范引领作用，实现共赢发展。

（北京工业设计促进中心）

【助力张家湾设计小镇发展】年内，市科委及北京工业设计促进中心与通州区政府、张家湾镇政府等多次沟通，根据张家湾镇的定位与发展优势，结合前期对设计产业发展的研究成果，分析了张家湾建设设计小镇的差距与不足，为张家湾设计小镇发展建言献策，获市领导肯定。通过北京工业设计促进专项资金引导北京市建筑设计研究院、北京市市政工程设计研究总院、北京住总集团等设计上下游机构入驻张家湾小镇，助力北京城市副中心的设计发展。在张家湾开展设计之旅活动，举办设计论坛，支持企业参加相关活动，营造设计氛围。

（北京工业设计促进中心）

综合科技服务

【概述】2019 年，认真落实市委、市政府的各项决策部署，以全国科技创新中心建设为核心，做好各项科技服务工作。北京科技协作中心聚焦服务中央在京科研机构和央企、军民融合科技创新和未来科学城建设三大职能，推动各项工作取得新突破。服务中央在京科研机构和央企的能力显著提升，扩大人才服务范围、提升学术服务水平、深化科技政策服务，拓展国际与区域合作，高质量完成未来科学城建设的重点任务。北京软件产品质量检测检验中心立足电子信息领域，以科技支撑为核心，以能力建设为基础，以市场拓展为举措，推进各项工作。加大产业研究力度，推动“5G＋8K”应用示范，建立区块链工作机制；拓展检测业务领域，深耕重点行业技术，提高检测核心竞争力；推进智慧冬奥检测实验室建设。在实验动物管理领域，北京市实验动物管理办公室依法许可、依法监督、协调发展，科学评价从业人员，加强专业技术培训，保障企业创新活动，激发企业活力。

（市科技史志办公室）

【首都科技领域重大风险防范化解专题研讨会召开】1 月 25 日，北京市科技协作中心邀请军事科学院国防科技创新研究院、军事科学院军事医学研究院、中国科学院过程工程所、中国科学院大学、北京理工大学、国家电投集团科学技术研究院、航天科技集团五院等 10 家军地在京科研院所、高校，中央在京企业相关专家召开座谈会，结合北京全国科技创新中心建设的要求，就防范首都科技风险、筑牢科技安全开展交流讨论，从国家科技体制改革的宏观层面和具体领域发展、具体企业的微观领域提出相关意见和建议 20 余条。

（李　伟）

【全球人类基因编辑监管标准专委会成立】2 月 14 日，世界卫生组织（WHO）宣布组建一个专家小组，组成咨询委员会，以制定人类基因组编辑治理和监督的全球标准。北京协和医院教授翟晓梅入选专家名单。根据 WHO 公布的简短声明，该委员会的目标是就人类基因组编辑的治理机制提出适当的建议。根据公告显示，该委员会包括 18 名成员，将于3月18—19日在瑞士日内瓦召开会议，审查目前全球基因编辑小组的进展情况，并制定未来12～18个月的工作计划。该委员会是在成员公开征集之后成立的，此次小组的所有成员将以独立和个人身份任职，代表广泛的学科、专业知识和经验。

（市科委官网）

【推动美国APROS公司来京发展】2月26日，北京科技协作中心与延庆区政府就美国APROS公司落地延庆区事宜与同方药业进行沟通，并听取了美国APROS公司的研发及线上产品在研情况介绍。该公司的研发项目为当下全球研究的热点，进一步的药物开发具有广阔前景。该项目为同方药业香港上市公司投资与科学家共同创办，拟在国内设立研发机构。延庆区政府积极推动相关落地工作，以增强延庆区科技创新的内生动力和带动效应，提升地区整体发展势能。北京科技协作中心主任雷霆、延庆区副区长罗瀛，延庆区科委、中关村延庆园管委会、北京生物技术和新药产业促进中心、北京首都科技发展集团、同方药业集团等有关单位人员出席会议。

（李　伟）

【与美国WE Innovation Group探讨深度合作】3月5日，北京科技协作中心在未来科学城与美国WE Innovation Group就推动北京与休斯敦在能源科技领域开展关于学术交流、人员互访、项目合作、公司落地等问题深入探讨，并在建立企业联络机制、联合构建能源科技领域企业的创新生态系统等方面达成共识。双方将共同加强企业间、企业家之间的交流；利用各自的优势资源，促进具有技术实力的美国能源企业来京发展，并助推中国企业走出去。市科委党组成员、北京科技协作中心主任雷霆，市科委副巡视员刘晖，未来科学城管委会有关人员参加交流活动。

（李　伟）

【赴天智航公司调研】3月8日，北京科技协作中心与北京天智航医疗科技股份有限公司就促进民营企业与中央在京科研机构合作、智能制造与科技服务业跨界发展进行深入交流。双方对天智航公司加强与中央在京科研机构的深度合作交换了意见。市科委党组成员、北京科技协作中心主任雷霆、北京天智航医疗科技股份有限公司董事长张送根、北京科技协作中心有关人员参加。

（李　伟）

【未来科学城奏响春之声】3月21日，“首都市民音乐厅”公益演出——走进未来科学城交响音乐会在国电新能源技术研究院举行。音乐会由北京科技协作中心、北京交响乐团、未来科学城管委会、国电新能源技术研究院联合主办，以“春之韵”为主题，为未来科学城入驻央企科研机构及有关部门科学家带来一场精彩纷呈的视听盛宴，进一步满足了未来城入驻央企科研机构的精神文化需求，增强了科学家对艺术文化的获得感和满意度。同时，音乐会以艺术为纽带，推动了未来科学城入驻机构，特别是入驻央企之间、央企科技工作者之间的沟通、交流与合作。来自未来城12家入驻央企科研机构的600余人参加活动。

（李　伟）

【“自然科研讲堂”在未来科学城开讲】4月18—19日，北京科技协作中心联合自然科研（Nature Research）主办的“自然科研讲堂”培训班在未来科学城中铝材料应用研究院举行，10家未来城入驻央企科研机构、北京科技大学国家材料服役安全科学中心、华北电力大学、军事科学院120余名科研骨干参加学习。讲堂特邀施普林格·自然出版集团编辑开发主管杰弗里·罗本斯（Jeffrey Robens）等专家围绕英文科技论文的写作、投稿、发表等流程，讲授了科研工作者在国际高水平学术期刊发表论文所需的技能与策略，帮助未来城入驻央企科研机构、高校青年科研工作者提升专业论文水平。此外，“自然科研讲堂”培训班还在神舟学院举办一场培训，中国空间技术研究院、清华大学、北京大学、北京航空航天大学、北京理工大学的近百位科研工作者参加了培训学习。

（李　伟）

【未来科学城青年科技人才座谈会召开】5月10日，北京科技协作中心组织召开未来科学城青年科技人才座谈会。来自未来科学城入驻央企研究院的10名优秀青年科技人才与北京科技协作中心青年干部围绕学术交流活动组织、青年人才成长、央企创新协作、未来科学城搞活等话题进行交流探讨。北京科技协作中心主任雷霆分享了对未来科学城搞活工作的认识，指出青年科技人才是未来科学城的未来和加快搞活的关键因素，协作中心会持续关注并支持未来城青年科技人才的创新工作，为青年人才成长创造条件。市科协副主席田文、未来科学城产业发展有限公司有关负责人参会。

（李　伟）

【参加 ISO/IEC JTC1/SC7 第三十四次全体会议】5 月 19—24 日，北京软件产品质量检测检验中心（简称北软检测）作为中国代表参加在芬兰艾斯堡召开的 ISO/IEC JTC1/SC7（软件与系统工程分技术委员会，简称 SC7）第三十四次全体会议及工作组会议。SC7 主席、秘书，以及来自澳大利亚、加拿大、中国等 18 个 P 成员国家和 1 个 O 成员的 120 余名代表参加了本次会议。中国代表团由来自中国电子技术标准化研究院、北软检测、上海市计算机技术开发中心、大连海事大学及中国测试联盟的 8 名代表组成。会议期间，参会人员深入讨论了 SC7 目前已立项的 35 项标准，处理各国意见，并依据各研究组的工作成果提出多项新工作提案计划。中国代表重点参加了战略规划会议、全会和 WG4（工具和方法工作组）、WG6（软件产品质量度量和评价工作组）、WG26（软件测试工作组）、JWG28（CIF 易用性）4 个工作组会议，履行编辑及联合编辑职责，参与标准讨论，分享中国标准化成果。

（郭泽曦）

【与北京矿冶科技集团洽谈合作】5 月 31 日，北京科技协作中心赴北京矿冶科技集团有限公司就服务在京央企科技创新、科技人才发展、科技资源整合等方面进行深入交流，并就推动北京矿冶科技集团在未来科学城延伸分析检测服务、服务央企解决安全可控等“卡脖子”问题达成共识。北京矿冶科技集团有限公司将积极参加 2019 首都科技盛典人物推荐工作。北京科技协作中心主任雷霆、北京矿冶科技集团有限公司负责人参加。

（李　伟）

【科技政策巡回宣讲之走进未来科学城】6 月 18 日，由北京科技协作中心、北京海外学人中心、北京未来科学城产业发展有限公司共同举办的科技创新政策宣讲会在未来科学城商飞北研中心报告厅举办，来自未来科学城的 12 家央企科研机构和海淀、昌平留创园的 24 家企业相关负责人共 87 人参会。宣讲会上，中国技术交易所的政策讲师从科技成果转化管理制度的变迁、股权分红与激励和现金奖励税收等方面，对多项科技成果转化政策进行解读和应用辅导。针对部分科技成果转化政策中涉及的研发加计扣除和技术合同登记两项重要环节，来自市税务局和北京技术市场管理办公室的政策讲师对相关政策进行了讲解。

（李　伟）

【调研国电科技环保集团】6 月 18 日，北京科技协作中心赴国电科技环保集团股份有限公司调研，双方围绕在全国科技创新中心建设中发挥央企主力军作用，就加强对央企科技创新工作的服务力度和重点领域项目对接等问题进行了深入交流，并在国际合作、吸引更多创新要素融入未来科学城搞活等方面达成共识。双方将重点关注电振动制氢、烟气脱硫脱硝、新一代智能协调控制系统等领域的科技发展，共同推进符合条件的实验室（平台）建设。

（李　伟）

【调研国电投集团中央研究院和氢能公司】6 月 19 日，北京科技协作中心赴未来科学城国电投中央研究院和氢能公司了解服务对象的实际需求，围绕服务未来科学城入驻央企联合创新，发挥央企在全国科技创新中心建设中的主力军作用进行交流。三方就服务高端人才、举办丰富多彩的学术活动、促进高精尖成果在未来科学城产业化等问题达成共识，将重点在青年人才培养、高端人才引进和服务方面加强合作。

（李　伟）

【开展科技盛典主题巡展】6 月 26 日，科技盛典主题巡展暨科学精神、学风建设宣讲会在市农林科学院启动。此次巡展以“科技筑梦 实干强国”为主题，旨在搭建宣传科技盛典、展示科技人物、弘扬科学精神的平台，在全社会营造尊重知识、尊重人才的良好氛围。在市农林科学院举办的首次展览回顾了 6 届科技盛典的举办历程，集中展示了 100 位科技人物和团队奋斗在科研一线背后的故事和取得的成就。第六届盛典人物、市农林科学院蔬菜研究中心主任许勇和第三届盛典人物、北京杂交小麦工程技术研究中心主任赵昌平在展览现场分享了不忘初心，以科技报国的理想信念。北京科技协作中心主任雷霆、市农科院院长李成贵及市农林科学院 80 余名科技工作者参观了展览。7 月 17 日，科技盛典主题巡展在军事科学院大厅举办；8 月 13 日，科技盛典主题巡展在中国空间技术研究院五〇二所举办。

（李　伟）

【服务中建材科技创新研究院青年人才培养】6 月 28 日，北京科技协作中心赴未来科学城中建材科技创新研究院调研，围绕促进央企持续加大研发投人、加强青年人才培养，激发年轻科技人员创新活力，做好未来发展人才储备进行深入交流。双方将共同推动创新型央企内外部青年人才协同创新，利用好入驻未来科学城的央企研究院专业领域的人才优势，举办更多的国际学术交流活动，凝聚一批高水平的青年才俊，为央企创新发展注入新的活力。北新建材副总经理武发德、中建材科技创新研究院院长杨正波、北京科技协作中心主任雷霆等参加。

（李　伟）

【服务鞍钢中央研究院建设】6 月 28 日，北京科技协作中心赴未来科学城鞍钢未来钢铁研究院对筹建中的鞍钢中央研究院的有关情况进行沟通。双方围绕鞍钢中央研究院的研究方向、人才培养、实验室建设、国际合作等问题交换意见，一致认为鞍钢中央研究院作为科技创新体系的新载体，是整合鞍钢集团系统科技资源的新模式，未来将与大科学设施形成互补，服务国家发展战略，服务基础工业发展。鞍钢未来钢铁研究院总院长路景宏、北京科技协作中心主任雷霆等参加。

（李　伟）

【能源创新生态体系与技术交流会举办】7 月 3 日，由北京科技协作中心、北京未来科学城管委会、美国 WE Innovation Group 共同主办的能源创新生态体系与技术交流会旨在促进未来科学城内机构与国内外创新平台、能源企业、科创公司的交流碰撞，逐步推动未来科学城国际创新的生态体系构建。会议邀请美国壳牌 Game Changer 公司与中海油能源研究院、中石油安研院、中石化工程院、中铝集团、IDG 资本、Redfish 等国内外企业及投资机构代表围绕打造绿色、安全、智慧的能源创新生态体系进行探讨，并就能源领域系列创新项目进行路演。北京科技协作中心主任雷霆、市科委副巡视员刘晖以及北京未来科学城管委会、国务院发展研究中心、大庆高新区管委会等机构代表出席。

（李　伟）

【科技服务大兴国际机场】9 月 25 日，北京大兴国际机场正式投入运营。对于旅客来说，“无感通关”将是新机场最大的特色之一。作为目前国内自动化、智能化程度最高的空港海关，绝大多数旅客可以享受到“免排队、免搬箱、免过机、零等待”的通关便利。机场航站楼综合体建筑面积 140 万平方米，可停靠飞机的指廊展开长度超过 4000 米。机场规划四纵两横 6 条民用跑道，本期建设三纵一横 4 条跑道、268 个停机位。机场建成了五纵两横的交通网络，1 小时通达京津冀。新机场总投资 800 亿元。40 多项国际、国内第一，103 项技术专利，65 项新工法，国产化率达到 98%，工程验收一次合格率 100%，13 项关键建设指标全部达到世界一流水平。大兴机场全方位展示了中国的科技实力。

（市科委宣传与科普处）

【实验动物安全检查情况】9 月，中华人民共和国成立 70 周年大会前夕，按照国务院和市政府安全生产监督检查的要求，对全市所有实验动物许可单位开展设施安全自检和执法监督重点抽查，全面排查全市动物实验室危险化学品和毒麻药品的使用情况，强化实验动物从业人员的安全意识，进一步消除安全隐患，防患于未然，确保实验动物行业全年安全无事故。根据市法制部门的统一部署，执法检查继续采用“双随机一公开”办法，随机抽取检查单位和随机抽取执法人员，及时公开检查结果。截至 12 月 15 日，已出动执法人员 318 人次，做出实验动物环境设施检查 370 件；重点对照行政处罚的 14 种实验动物违法行为，检查各许可单位的人员管理、合格证管理和动物质量保证措施落实情况。截至 12 月 15 日，对 2 家机构进行立案调查，对 1 家做出吊销实验动物使用许可证的处罚决定，对 1 家做出警告的行政处罚，还有 1 家经调查取证已经立案并责令整改。年内，组织执法人员和质量检测人员对北京地区实验动物生产许可单位的实验动物生产种群进行随机抽检。经北京市实验动物专家委员会质量检测专业委员会专家研判实验室检测数据，总体好于往年。

（张　瑞）

【人类遗传资源管理工作培训会】10 月 10 日，为落实《中华人民共和国人类遗传资源管理条例》（简称《条例》），切实履行《条例》中赋予地方科技部门的职责，市科委组织召开了京津冀地区人类遗传资源管理工作培训会，邀请科技部、北京海关的有关领导对《条例》内容、申报流程进行解读，并现场答疑。12 月 21 日，在第十届北京重大疾病防治科技创新高峰论坛中，特设人类遗传资源管理分论坛，就医疗机构如何落实《条例》等政策要点进行解读及经验分享。两次活动共培训医疗机构、科研院所、高校、企业的相关人员 600 多人。

（刘凌子）

【检验检测行业发展迅速】10 月 11 日，中国钢研科技集团有限公司的子公司——钢研纳克检测技术股份有限公司于深交所创业板上市，拟投入募集资金将用于钢分析检测、仪器生产检测实验室建设、材料评价创新能力建设等项目。这是目前国内钢铁行业的权威检测机构，获批成为国家级检测中心和国家级科技创新平台。该公司 2019 年获得市科委科技服务业专项支持。在高速铁路、商用飞机、航空航天工程、核电工业等国家重大工程、重点项目中承担材料检测等攻坚任务。

（北京工业设计促进中心）

【北京分析测试学术报告会暨展览会举办】10 月 23 日，第十八届北京分析测试学术报告会暨展览会（BCEIA 2019）在北京举办。展会上，由市科委组织、北京科学仪器装备协作服务中心承办的主题为“国家重大科学仪器设备开发专项暨北京科学仪器开发专项成果展——首都科技资源助力国产科学仪器腾飞”的展区精彩亮相。展区聚焦蓬勃发展的北京国产科学仪器产业，集中展现 2011 年以来北京市国家重大科学仪器设备开发专项（简称国重项目）、首都科技条件平台科学仪器开发培育项目（简称培育项目）、国产科学仪器验证与综合评价服务（简称验评项目）工作的优秀成果，彰显首都科技资源助力北京企业自主创新和市场开拓的发展成就，突出体现科技创新对首都乃至区域经济社会发展所发挥的支撑引领作用，吸引了众多参会代表驻足关注。其中，“超越，站在创新潮流前沿”优秀成果展示，包括大规模光纤水听器阵列水声探测仪、列车轮对/车体运行状况在线动态测试仪等“十二五”14 个市科委推荐立项的国重项目科技创新成果，展现北京市“十二五”期间形成的具有自主知识产权仪器设备的产出成果和亮点；“智行，释放科技发展的新势能”优秀成果包括直接进样测汞仪 HGA-100、微纳级半导体光电特性三维检测仪等 3 个项目，展现北京市科委开展的一系列规范的项目管理与服务，以及具有地方特色的培育项目的成果；“开拓，解锁市场的新密码”优秀成果包括国产仪器验证与评价等 5 个验评项目，展现验评项目帮助国产仪器提升产品质量与销量，助力企业打通走向市场的“最后一公里”。

（王郅媛）

【第二期企业科技创新专题培训班举办】10 月 30 日—11 月 1 日，市委组织部委托北京科技协作中心开展的第二期企业科技创新专题培训班在市委党校举办。本期培训班由国家发展改革委、科技部、市政府相关单位的有关领导和专家组成讲师团，聚焦 2035 年国家中长期发展规划编制、中美经贸战中的科技斗争形势与挑战、设立科创板试点注册制方案等话题，并结合北京全国科技创新中心建设工作和空间布局与学员进行交流，旨在推动京区创新型企业积极参与北京全国科技创新中心建设。央企央院的科技部门主要负责人以及市管国企主管科技创新的负责人共 50 余人参加培训。

（李　伟）

【“科创 30 条”政策宣讲服务走进未来科学城】12 月 9 日，北京科技协作中心与未来科学城管委会在中粮营养健康研究院共同举办《关于新时代深化科技体制改革加快推进全国科技创新中心建设的若干政策措施》（简称“科创 30 条”）政策宣讲活动。沙河高教园高校、未来科学城入驻央企以及沙河高教园区管委会、北京北大医疗创新谷科技有限公司等 44 家单位参加。本次宣讲活动充分发挥科技政策宣讲团的服务作用，将“科创 30 条”的政策解读及时送至科创中心建设的主平台，为推动未来科学城高校院所和创新型企业实现高质量发展，加快建设具有全球影响力的科技创新中心提供支持。

（李　伟）

【9 家氢能领域优势单位开放试验检测资源】12 月 18 日，依托北京未来科学城氢能技术协同创新平台，北京航天试验技术研究所（航天 101 所）、北京科技协作中心、中国特种设备检测研究院、中关村华电能源电力产业联盟联合举办北京氢能装备试验检测推介会，开放航天 101 所、中国特检院、中国科学院理化所等 9 家氢能领域优势单位的氢高压部件/设备/系统检测认定、氢物性测试计量、氢气品质检测、涉氢材料测试、燃料电池相关测试等试验检测资源，并以航天 101 所丰台云岗科研区的氢能装备试验检测基地为重点，服务国内氢能与燃料电池领域的科研和产业发展。13 家国内液氢科研、应用、产业优势单位发起成立国内首个液氢协同创新联合体，将聚焦液氢领域关键核心技术，开展液氢技术和装备研究、研制、试验、检测、产业化等方面的产、学、研、用合作。联合体成员单位航天 101 所与浙江浙能北海水力发电有限公司签订“1 立方米/小时氢液化系统示范项目”合作协议，将合作完成国内首套自主开发的 1 立方米/小时氢液化

生产系统的建设和示范应用，并与中国氢能公司（香港）签订液氢应用方面的战略合作协议。150余家单位共300人参会。

（李　伟）

【首批33家科创企业集中入驻北京城市副中心】 12月26日，北京城市副中心党工委管委会、中关村管委会和通州区政府联合举办张家湾设计小镇创新中心入驻企业签约活动，首批33家科技创新企业集中入驻北京城市副中心，并在张家湾设计小镇创新中心安家落户，中关村（通州）城市科技前沿技术创新中心、北京市建筑设计研究院有限公司、未来建筑设计院也正式揭牌。

（市科委官网）

【实验动物生产使用许可证情况】 12月30日，根据《北京市实验动物管理条例》的规定，北京市实验动物管理办公室对北京市行政区域内从事实验动物工作单位的生产使用许可证情况进行了梳理。经统计，2019年度共颁发生产许可证18个、使用许可证54个。截至年底，北京市实验动物有效许可证的情况为生产许可证62个、使用许可证265个。

（王守雄）

【推进北京市实验动物地方标准的制修订】 年内，根据市市场监督管理局2019年北京市地方标准制修订项目计划，《实验动物 繁育与遗传监测》《实验动物 病理学诊断规范》《实验动物 寄生虫检测与评价》《实验动物 环境条件》《实验动物 配合饲料养分与卫生要求》《实验动物 微生物检测与评价》6个标准获得立项。此次立项标准涵盖13种实验动物。13种动物的地方标准按照微生物、寄生虫、遗传、病理、营养、环境6个方面进行合并，既有已发布实施的实验用小型猪，实验用鱼类，实验用猪、牛、羊、狨猴、长爪沙鼠的标准，正在制定中的猫、雪貂的标准，同时还要将新研究的鸡、鸭、鹅、鸽的标准合并到一起。

（刘文菊）

【年度地方标准实施情况】 年内，对实验用猪、牛、羊的18项标准以及《实验动物生产与实验安全管理技术规范》《实验动物运输规范》2项标准的实施情况进行了自评，建议标准继续实施，不需要修订和废止。以上标准的实施对推动北京市生命科学研究和生物医药产业的发展具有重要意义，为全国科创中心的建设贡献了力量。标准实施后，市科委2019年发放实验用猪生产许可证2个，实验用猪使用许可证14个，实验用牛使用许可证3个，实验用羊使用许可证7个。年内，依据实验动物相关的法律法规和标准，市科委执法人员对实验动物质量、实验动物设施运行情况等开展监督检查405次。

（刘文菊）

【组织实验动物从业人员上岗证考试】 年内，组织实验动物从业人员上岗证考试70场次，考试报名人数8205人次，6635人考取上岗证，截至年底，北京市实验动物从业人员持证上岗人数约3.6万人。

（刘执寅）

【北软检测为武汉军运会保驾护航】 年内，北京软件产品质量检测检验中心（简称北软检测）作为第七届世界军人运动会（武汉军运会）官方票务网站系统的唯一软件检测服务商，投入160人次对系统在中英文实名注册、购票流程等方面进行了多轮次测试。第七届世界军人运动会官方票务网站系统8月8日上线，上线当日共有9656名海内外用户进行注册，系统运行情况良好，未出现系统故障等问题。

（郭泽曦）

【2019区块链技术高级研修班举办】 年内，区块链技术在信息安全领域的实践与创新高级研修班举办。高级研修班由人社部批准、市人力社保局主办、市科委承办、北京软件产品质量检测检验中心组织协办。相关政府机关、事业单位及科研院所高级专业技术人员共70人参加研修。此次培训采取集中学习与研讨交流相结合的方式，通过全方位、多角度、深层次的学习与热点专题剖析，利用北京区块链高速、全面发展的特点，充分调动产、学、研合作，加速推动区块链技术在信息安全领域的实际应用与发展，促进构建共享共赢的发展生态体系。

（郭泽曦）

【网络和移动支付安全与风险防范高级研修班举办】 年内，2019年新形势下的网络和移动支付安全与风险防范高级研修班举办。高级研修班由市人力社保局批准、市科委主办、北京软件产品质量检测检验中心承办，相关政府机关、事业单位及科研院所高级专业技术人员共50余人参加研修。此次培训采取集中学习、研讨交流相结合的方式，围绕生物识别技术、终端无线链路攻防、支付产品侧信道攻击、基于SE的物联网安全、支付领域密码芯片的安全攻击技术、人工智能芯片等内容，通过深入探讨网络和移动支付安全与风险防范，加强金融科技、网络技术应用的安全管理，采取有效措施确保数据、信息和网络安全，主动应对互联网金融时代安全领域的新情况、新问题，进一步强化互联网金融安全风险防范体系。

（郭泽曦）

【与自然科研签署战略合作协议】 年内，北京科技协作中心与自然科研（Nature Research）签署战略合作协议，双方将以活跃京区学术和创新氛围为宗旨，汇集全球关注北京创新发展的科学家、工程师和企业、高校、院所，聚焦前沿技术，打造国际科技创新交流活动品牌，并以此为平台服务京区科学家与科技创新，推动北京重点领域科技创新及产业高质量发展，助力北京建设具有全球影响力的科技创新中心。

（李　伟）

创新成果

科学技术奖励成果

【概述】 2020年1月7日,《国务院关于2019年度国家科学技术奖励的决定》(国发〔2020〕2号)发布。根据《国家科学技术奖励条例》的规定,经国家科学技术奖励评审委员会评审、国家科学技术奖励委员会审定和科技部审核,国务院批准并报请国家主席习近平签署,授予黄旭华、曾庆存国家最高科学技术奖;经国务院批准,授予"高效手性螺环催化剂的发现"国家自然科学奖一等奖,授予"电化学表面增强拉曼光谱学研究"等45项成果国家自然科学奖二等奖,授予"复杂机场高精度飞行校验技术及装备"等3项成果国家技术发明奖一等奖,授予"农产品中典型化学污染物精准识别与检测关键技术"等62项成果国家技术发明奖二等奖,授予"海上大型绞吸疏浚装备的自主研发与产业化"等3项成果国家科学技术进步奖特等奖,授予"高品质特殊钢绿色高效电渣重熔关键技术的开发和应用"等22项成果国家科学技术进步奖一等奖,授予"优质早熟抗寒抗赤霉病小麦新品种西农979的选育与应用"等160项成果国家科学技术进步奖二等奖,授予马丁·波利亚科夫等10名外国专家中华人民共和国国际科学技术合作奖。

2020年8月17日,《北京市人民政府关于2019年度北京市科学技术奖励的决定》(京政发〔2020〕16号)发布。根据《北京市科学技术奖励办法》规定,经市科学技术奖励评审委员会评审、市科学技术奖励委员会审定和市政府批准,授予薛其坤、胡伟武北京市突出贡献中关村奖,授予文再文等6人北京市杰出青年中关村奖,授予乔斯特·乔纳斯等3人北京市国际合作中关村奖;授予"基于含氮化合物构建的氮化反应"等5项成果北京市自然科学奖一等奖,授予"新型生物信息微纳传感器应用基础研究"等10项成果北京市自然科学奖二等奖;授予"虚拟现实与增强现实头戴显示关键技术及应用"等6项成果北京市技术发明奖一等奖,授予"新能源汽车整车综合控制关键技术与应用"等6项成果北京市技术发明奖二等奖;授予"面向移动应用的高分辨率柔性可弯折AMOLED显示技术研发与产业化"北京市科学技术进步奖特等奖,授予"全球脊灰病毒根除阶段关键疫苗sIPV和bOPV的研发及应用"等33项成果北京市科学技术进步奖一等奖,授予"显示驱动与触控集成芯片关键技术研发及产业化"等93项成果北京市科学技术进步奖二等奖(具体获奖项目和人员由市科委公布)。

(市科技史志办公室)

【北京新材料领域连续3年全国获奖领先】 1月8日,2018年度国家科学技术奖励大会公布了各领域成果获奖情况。经统计,北京市新材料领域共有15个项目分别获得国家自然科学奖、国家技术发明奖和国家科学技术进步奖,占全国该领域获奖项目总数的65.22%,再创历史新高。截至2018年,北京市新材料领域在国家科学技术奖评选中,已连续3年获奖占该领域全国的50%以上,持续保持全国领先地位。随着北京建设全国科技创新中心工作的持续开展,市科委加大基础研究原始创新、前沿技术重大突破与应用技术开发转化的支持力度,成效显著。

(李军男)

【2019年度北京市科学技术奖评审工作开展】 8月,2019年度北京市科学技术奖提名工作正式启动。8月、9月完成了提名与形式审查工作,共收到提名书619份,其中突出贡献中关村奖、杰出青年中关村奖、国际合作中关村奖提名书95份,自然科学奖、技术发明奖、科学技术进步奖提名书524份。612份提名书(人物奖提名书94份,项目奖提名书518份)通过形式审查,7份提名书不符合受理条件而不予受理。11月30日—12月11日,北京市科学技术奖各专业评审组初审会议召开,共有159个项目通过初审,初审结果于12月26日开始面向全社会公示。

(刘宁瑜)

【北京地区 71 个项目获国家科学技术奖】年内,北京地区共有 71 个项目获国家科学技术奖,包括国家自然科学奖 18 项(二等奖 18 项)、国家技术发明奖 11 项(一等奖 1 项、二等奖 10 项)、国家科技进步奖 42 项(特等奖 1 项、一等奖 3 项、二等奖 38 项),占全国通用项目获奖总数的 29.7%。

(刘宁瑜)

2019 年度北京市科学技术奖介绍

人物奖获奖者介绍

【薛其坤】突出贡献中关村奖获奖者,北京量子信息科学研究院院长,清华大学副校长,中国科学院院士,研究方向为凝聚态物理。薛其坤在实验上率先实现量子反常霍尔效应,这一发现是近 10 年国际凝聚态物理领域的重要发现之一;在钛酸锶表面的单层铁硒薄膜中发现了远超体相材料的超导转变温度,开启了国际高温超导领域一个新的研究热点。

(市科委官网)

【胡伟武】突出贡献中关村奖获奖者,龙芯中科技术有限公司董事长、研究员,研究方向为微处理器设计、计算机系统结构。胡伟武主持研制的具有中国自主知识产权的龙芯系列处理器应用于各信息基础设施关键领域,为构建安全可控的信息技术体系和产业生态做出了突出贡献。

(市科委官网)

【文再文】杰出青年中关村奖获奖者,北京大学研究员,研究方向为最优化算法与理论。文再文解决了复合函数优化和流形优化中几个重要算法设计和理论分析难题,改进了随机半光滑牛顿法和正则化牛顿法,成果成功应用于机器学习与数据科学中,推动了运筹学和相关应用数学领域的发展。

(市科委官网)

【江颖】杰出青年中关村奖获奖者,北京大学物理学院量子材料科学中心教授,研究方向为表面物理和扫描探针显微学。江颖成功研发了一套新型扫描探针显微术,国际上首次实现了最小的原子——氢原子的直接成像和定位,并将该技术应用于水/冰的微观结构和特性研究,开辟了原子尺度水科学的新研究方向。

(市科委官网)

【郭玉国】杰出青年中关村奖获奖者,中国科学院化学研究所研究员,研究方向为能源电化学与纳米材料。郭玉国研制出高容量纳米硅基负极材料和高倍率正极材料,实现了规模化制备及在新一代锂离子动力电池中的应用,提高了电动车的续航里程和快速充放电能力。

(市科委官网)

【卫彦】杰出青年中关村奖获奖者,北京大学口腔医院副主任医师、副教授,研究方向为口腔生物材料。卫彦揭示了天然骨再生过程的力学调控机理,提出骨诱导材料的力学性能生物适配理念,研制出新型纳米力学引导膜与种植体,实现人工骨主动激活纳米生物力学信号传导,提高了植入材料成骨诱导效能,革新了颌面缺损植入修复临床路径。获国药局Ⅲ类医疗器械注册证,扩展了临床适应证,缩短修复周期,提高修复疗效,已推广应用 20 余万例。

(市科委官网)

【徐烨烽】杰出青年中关村奖获奖者,北京星网宇达科技股份有限公司 CEO 兼总工程师,研究方向为导航稳控技术。徐烨烽带领团队开展高性能、高性价比的移动卫星通信设备研发,通过导航、控制、通信技术的深度融合,解决了船载大风浪、车载大颠簸等高动态环境下卫星天线始终稳定跟踪卫星信号并实现高带宽卫星通信的难题。此外,设备的成本比传统技术模式降低一个量级,使得移动卫星通信从单一的军事、政府应用进入寻常百姓家,并在海上渔船实现大规模应用,解决了海上"信息孤岛"难题,有力地推动了国家智慧海洋建设战略。

(市科委官网)

【陈鹏】杰出青年中关村奖获奖者,北京北方华创微电子装备有限公司射频工程中心总经理,研究方向为射频与等离子体技术。陈鹏带领团队开发出电感耦合、电容耦合等离子体技术,双频低损伤磁控溅射技术等多个射频与等离子相关的技术,研发出射频等离子系统,该系统是刻蚀机和 PVD 设备中的关键系统,使开发的刻蚀机和 PVD 打破了国外垄断,实现了量产。生产的刻蚀机、PVD 等装备在中芯国际、长江存储等主要集成电路生产企业中应用。

(市科委官网)

【乔斯特·乔纳斯】德国科学家乔斯特·乔纳斯(Jost Bruno Hermann Jonas),国际合作中关村奖获奖者，德国海德堡大学教授、德国科学院院士，他揭示了高度近视是中国人群不可逆致盲的首要原因，与北京眼科研究所合作开展了多项近视科学研究，取得丰硕成果。

（市科委官网）

【马克·梵·洛斯德莱特】荷兰科学家马克·梵·洛斯德莱特（Marinus Cornelis Maria van Loosdrecht），国际合作中关村奖获奖者，代尔夫特理工大学教授，中国、荷兰、美国等国院士，他创新研发了厌氧氨氧化、好氧颗粒污泥等污水处理技术，协助合作方北京建筑大学、首创股份研发相应技术并工程化，突破了关键技术由国外公司垄断的壁垒，实现技术研发、工程应用本土化。

（市科委官网）

【欧利伟】法国科学家欧利伟（Olivier Bernard Salvi），国际合作中关村奖获奖者，法国国家工业环境与风险研究院发展公司董事长，他促成北京市科学技术研究院和法国国家工业环境与风险研究院签署战略合作协议，并共建了风险与可持续性国际联合实验室；推动北京市科学技术研究院与欧洲、美国、智利等的12家顶级研究机构联合申报成功了欧盟研发创新框架计划"地平线2020"项目。

（市科委官网）

年度获奖项目介绍（部分）

【硅烯的发现与物性研究】本项目获得2019年度北京市科学技术奖自然科学奖一等奖，由中科院物理研究所完成。该成果属于表面与界面物理学领域，成果对硅烯进行了开创性和系统性的实验研究，取得了一系列重要研究成果。主要科学发现如下：①通过精确的分子束外延控制，实现了硅原子在衬底上的二维化生长，得到了单层硅烯薄膜，这是国际上首次在实验上真正生长出单层硅烯。硅烯的成功制备为未来的深入研究奠定了基础，国际上开始了单元素二维材料的研究热潮，展现出了二维材料在未来基础和应用研究中的重要前景。②利用界面作用调控硅烯的结构，获得了独特的超结构，并发现其在低温下表现出奇特的结构相变。这一独特的超结构不但保持自由状态下的狄拉克电子特性，并且在狄拉克点打开能隙，展示了硅烯翘曲结构的易调控性，表明硅烯在可调控性方面大大优于石墨烯，对硅烯的应用具有重要的推动作用。③在实验中观察到了硅烯存在线性动量能量色散，发现了硅烯中的准粒子存在背散射抑制，证实了准粒子存在赝自旋。首次在世界上成功验证硅烯的狄拉克电子特性，支持了理论预言硅烯有着与石墨烯相似的电子态，展示了硅烯与石墨烯有着相同的应用前景。此外，发现了硅烯在低温下出现巨大能隙、六角弯曲的能带结构等现象，表明硅烯有着自身独特的电子特性，有可能在新奇量子现象的探索研究中存在用武之地，开拓了硅烯新的应用领域。④利用分子束外延技术的精准控制，实现了硅烯的整体氢化，并得到长程有序的氢化结构。证实了硅烯独特的翘曲结构，并展示了化学吸附对硅烯翘曲结构的有效调控，提供了一种可以有效调控硅烯电子特性的方法，显示了烯的优越性。该研究结果被*Nature*（*China*）等知名科学媒体作为亮点工作报道，6篇代表性论文被引用超过了1400次。

（市科委官网）

【基于含氮化合物构建的氮化反应】本项目获得2019年度北京市科学技术奖自然科学奖一等奖，由北京大学完成。该成果属于有机合成化学领域。成果针对碳氢、碳碳键反应活性低、选择性难以控制、研究进展缓慢等挑战性前沿科学问题，发展碳氢化合物等原料转化的新方法，构建高值含氮化合物，突破了碳氢化合物转化的瓶颈，在含氮化合物制备领域取得了重要的、开拓性的进展。主要科学发现如下：①提出简单碳氢化合物氮化反应的概念和策略，通过自由基反应等氧化过程，发展了多种氮原子引入常见分子特别是碳氢化合物来制备含氮化合物的新方法，建立腈、胺、酰胺、吡咯、四氮唑等重要含氮化合物的新合成途径。②开发出碳碳键转化单取代苯胺制备的新反应，实现了C-C单键高选择性断裂，可直接使用混合物做原料，为工业废物利用提供了新方法。研究成果论文发表于SCI63篇，总影响因子590.88，被他引总次数4862，引领了近几年国内外氮化反应及相关原子引入反应研究。6篇代表性论文分别发表在*J. Am. Chem. Soc.*、*Angew. Chem. Int. Ed.*、*Acc. Chem. Res*上，SCI他引824次，单篇最高他引208次。项目成果在有机合成及药物化学领域有广泛的应用前景，有效地、系统地推动了化学化工等多方面的研究与发展。

（市科委官网）

【蚊媒病毒感染与传播机制研究】本项目获得

2019 年度北京市科学技术奖自然科学奖一等奖，由清华大学完成。该成果属于分子生物领域。成果通过研究寨卡病毒、登革病毒等蚊媒病毒感染传播分子机制，为蚊媒病毒的防治提供生物学基础，并推动相关研究成果应用于新型疫苗研发。主要科学发现如下：①阐明蚊媒病毒传播分子机制，并揭示寨卡病毒突然暴发的媒介传播因素。首次证实登革病毒非结构蛋白 NS1 是辅助病毒完成"人—蚊"传播的关键因子。发现寨卡病毒通过突变获得大幅提高分泌 NS1 蛋白的能力，该病毒进化事件是造成近年来寨卡病毒大规模传播的主因之一。同时，鉴定出 Gamma-氨基丁酸信号通路是多种蚊媒病毒感染蚊虫的共用感染辅助机制。②提示了媒介生物肠道微生物菌群稳态调节。系列报道蚊虫体内肠道微生物菌群维持稳态的分子机制，为研究媒介生物肠道微生物与病毒互作奠定基础。③蚊虫抗病毒分子机制。发现埃及伊蚊补体因子可作为模式识别受体识别病毒并激活蚊虫抗病毒免疫反应。该成果在 *Nature*、*Nature Communications* 等领域内顶级杂志发表论文多篇。相关研究被 *Nature Reviews Microbiology*、*Scientific American* 等著名杂志给予重点正面评价。基于科学发现，鉴定出药物研发的干预靶点，提出了一个全新的疫苗设计思路，为登革热等蚊媒传染病的防控提供了重要手段。

（市科委官网）

【可转移多黏菌素耐药基因 mcr 的发现及其传播机制研究】 本项目获得 2019 年度北京市科学技术奖自然科学奖一等奖，由中国农业大学等单位完成。该成果属于现代农业领域，围绕多黏菌素耐药性的形成与传播机制展开研究，从分子水平上揭示了畜禽源大肠杆菌多黏菌素耐药性快速上升的成因，突破了多黏菌素不存在可转移耐药机制的旧观点，为养殖业使用多黏菌素引起细菌耐药造成公共健康风险提供了科学证据。主要科学发现如下：①首次发现质粒介导的多黏菌素耐药基因 mcr-1 并揭示其功能。率先从猪源大肠杆菌中发现了质粒携带的、可在不同菌种间转移的多黏菌素耐药新基因，命名为 mcr-1；阐明了该基因编码的磷酸乙醇胺转移酶 mcr-1 可修饰细菌细胞膜上多黏菌素作用靶位的脂质 A 而介导耐药；动物试验证实感染菌携带 mcr-1 可导致多黏菌素治疗失败；发现该基因已广泛存在于畜禽及其产品的大肠杆菌中，并已在病人感染菌中检测到。②探明畜禽源多黏菌素耐药大肠杆菌快速增长与多黏菌素使用和 mcr-1 流行相关，发现畜禽产品生产链和环境可传播 mcr-1 携带菌并增加病人定植和感染风险。探明了 mcr-1 在不同年代鸡源大肠杆菌中的流行特征，发现养殖业使用多黏菌素和 mcr-1 流行是导致 2009 年以来耐药株迅速增长的主要原因；发现 mcr-1 携带菌可通过畜禽产品生产链、环境和媒介动物传播并扩散到人；发现入院前使用抗生素和靠近养殖场居住是导致病人定植和感染mcr-1携带菌的关键因素。③发现质粒介导多黏菌素耐药基因具有多样性和广泛传播性。从猪源大肠杆菌和鸡源气单胞菌中发现并命名了多黏菌素耐药基因 mcr-3 及其变异体 mcr-3.3，揭示 mcr 基因可能起源于水环境气单胞菌，发现 mcr 已扩散至多种宿主菌中并在全球广泛传播。在 *Lancet Infect Dis*、*Nat Microbiol* 等国际学术刊物上发表该成果论文 33 篇，6 篇代表性论文总他引 1775 次，SCI 他引 1650 次，单篇最高 SCI 他引 1315 次，4 篇入选 ESI 高被引论文，2 篇入选"中国百篇最具影响国际学术论文"，被"F1000"推荐 3 次。成果推动了 WHO、EMA 等国际组织和多个国家对多黏菌素使用风险管理政策的及时调整，为中国近几年相继出台兽用抗菌药使用及耐药性管控政策提供了关键性的科学依据和理论支持。

（市科委官网）

【陆地生态系统碳收支研究】 本项目获得 2019 年度北京市科学技术奖自然科学奖一等奖，由北京大学完成。该成果属于环境资源与工程技术领域。研究组开展了大量实验和野外实测研究，并结合遥感及资源清查资料，建立了不同尺度主要类型生态系统全组分的碳储量数据库；研发了多种碳源汇评估方法，为解析生态系统碳源汇的形成机制提供了重要的方法论；应用经验模型、生态过程模型以及大气反演等方法，系统研究了陆地生态系统碳源汇的大小、时空变化及驱动因素。主要科学发现如下：①查明了中国陆地生态系统碳收支的大小、分布和驱动因素，揭示了中国陆地生态系统碳收支的基本特征。阐明了碳源汇的区域分布及不同生态系统（森林、灌丛、草地等）的相对贡献，构建了中国陆地生态系统碳收支模式。②改进了辨识土地覆被变化和环境变化对陆地碳收支相对贡献的定量方法，阐明了陆地生态系统碳汇的形成机制。发现环境变化贡献了总碳汇的 8%～21%。创建了区分面积变化和森林生长对碳汇相对贡献的恒等式方法;发现就中国森林总体而言,面积增加贡献了碳汇的60%,森林自身生长贡献了约40%。③揭示了城市环境对植被生长的作用及其机制。85%的城市区域显示城市环境促进了植被生长,促进作用可抵消40%的城市化对植被的直接负面影响。该研究成果共发表论文50篇,其中SCI收录37篇(2篇*Nature*及其子刊,2篇*PNAS*),论著被他引近4400次,SCI他引3346次,其中6篇代表作被SCI引用634次,入选“2009年度中国基础研究十大新闻”。研究成果为气候变化政策的制定起到了支撑作用。

(市科委官网)

【虚拟现实与增强现实头戴显示关键技术及应用】 本项目获得2019年度北京市科学技术奖技术发明奖一等奖,由北京理工大学等单位完成。该成果属于电子与通信技术领域。虚拟现实中头戴显示是VR和AR最重要的信息呈现方式,项目针对头戴显示的轻薄化、高清化、全息化等世界性难题展开研究,取得了系列重要技术创新和发明。主要技术发明如下:①针对传统光学受限导致系统结构复杂的问题,提出了新型多自由度元件,发明了高集成度光学系统,实现了增强现实头戴显示由重到轻。解决了复杂自由曲面光学设计优化和高精度注塑加工工艺难题;提出了平面波导和自由曲面相结合的AR系统,实现了2.4毫米超轻薄透视显示;发明了结合视力校正功能的曲面波导AR显示方法,首次消除了用户佩戴双重眼镜的困扰。②提出了视场畸变平衡方法,发明了光学原位拼接方案,实现大视场角头戴显示的角度分辨保真。提出在目镜中有意引入大量桶形畸变结合电子畸变校正的设计方案,实现了低成本大视场VR沉浸式显示;发明了自由曲面光学无缝拼接及其光学透视补偿方法,突破了视场角/分辨率光学不变量的限制,实现了无视点畸变的130°大视场高分辨AR头戴显示。③发明了双层焦面融合、光场全息再现等深度信息复原方法,实现了头戴三维显示的由伪到真。创造性地提出了基于自由曲面光学的双焦面显示方法、基于微结构阵列的近眼三维光场渲染方法、基于复振幅调制计算全息的近眼显示方法,实现了符合人眼观察习惯的动态连续深度的真三维头戴显示。该成果获得授权发明专利75项,其中美国、欧洲专利8项;发表论文107篇,其中SCI论文64篇;出版专著3部;牵头制定了头戴显示的国家和行业标准。研制出多种头戴显示设备,并在航天、航空、医疗、文体等领域实现推广;成为三星、索尼、脸书等VR头戴显示产品的独家原始设计制造商,国际高端市场占有率约为70%。成果产生98亿余元经济效益,创汇4.2亿美元,推动了虚拟现实和增强现实产业的发展。

(市科委官网)

【先进压缩空气储能系统关键技术研究与应用】 本项目获得2019年度北京市科学技术奖技术发明奖一等奖,由中科院工程热物理研究所完成。该成果属于能源技术领域。项目针对压缩空气储能系统(CAES)面临的关键技术难题,开展深入系统的研究,取得了创新性成果。主要技术发明如下:①攻克CAES系统全工况设计与调控技术,发明新原理系统。揭示了CAES系统的多过程非线性耦合的能量损失机理,建立了“过程对应—参数匹配”的CAES系统设计理论,建成了系统全工况优化与调控设计体系,发明了超临界CAES等先进CAES系统,解决了传统CAES的主要技术“瓶颈”。②攻克高效宽负荷压缩机和膨胀机的多级全三维协同设计技术,发明多种宽负荷压缩机和膨胀机。建立了基于BP人工神经网络模型和多目标遗传算法的叶轮优化设计方法,实现对不同流量系数的叶轮优化设计;建立了整机变工况性能预测模型,获得了多级导叶联合调节最优运行性能图谱;建成了先进CAES系统的压缩机与膨胀机高效设计研发体系,发明了多种CAES系统的宽负荷多级压缩机和高负荷多级膨胀机。③攻克超临界蓄热(冷)换热器设计技术,发明高效超临界蓄热(冷)换热器。揭示了CAES系统蓄热(冷)换热器内的气液固及超临界流体的多相流动、传热和蓄热(冷)机理,利用“斜温层推移”设计理论,提出新型“内保温外承压”结构蓄冷换热器,大幅提高了蓄冷效率;创新性地提出亚临界水蓄热换热技术,发明了新型结构蓄热水箱和新型多流程换热器,大幅提高了蓄热换热器效率。④建立了集基础理论、关键技术和系统集成为一体的CAES系统研发设计体系,攻克了宽负荷压缩机、高负荷膨胀机、超临界蓄热(冷)换热器等关键技术,建成了全球首套性能指标优于国际1.5兆瓦级和10兆瓦级的先进CAES示范系统。该成果获得授权发明专利73项,其中国际专利5项,实用新型专利授权96项,CAES专利数量全球排名第一,列入规划的项目共计1882兆瓦,促进了中国 CAES 技术的应用推广。

（市科委官网）

【混合式高压直流断路器关键技术及应用】本项目获得 2019 年度北京市科学技术奖技术发明奖一等奖，由全球能源互联网研究院有限公司等单位完成。该成果属于能源技术领域。项目针对高压直流断路器关键技术开展研究，取得了创新性成果。主要技术发明如下：①发明了模块化混合式直流开断技术。提出了机械开关、电力电子组件和耗能组件混合串并联、柔性构建阻断电压的直流开断方法，首创了模块化级联混合式直流断路器拓扑，发明了机械开关零电流分闸、全桥电力电子组件零电压关断、耗能组件分组投切能量吸收等技术，解决了直流短路电流开断过程中人工零点构建、暂态过电压耐受和能量耗散的难题。②发明了强电磁能量瞬态开断应力调控技术。建立了融合分布参数及器件关断特性的场路综合分析模型，发明了IGBT组件自适应电流均衡调节、多组件矩阵化等电位跟随钳制、空间电磁参量正交约束调控等技术，解决了百兆焦电磁能量微秒级开断导致的电热应力集中、电磁场畸变、强传导辐射干扰等难题，实现了 15 千安电流可靠关断。③发明了高速操动与协同加速控制技术。提出了高电位电磁操动和多断口模块化串联方法，发明了支路电流零点复合预判、真空断口绝缘动态检测和异步周期并行预处理控制技术，解决了大质量机械开关 1000 倍重力加速度高速操动、100 千安/毫秒支路换流状态判断、组件间百微秒协同配合难题，开断时间小于 2.5 毫秒。该成果获得授权发明专利 29 项（欧洲专利 1 项）；发表 SCI/EI 论文 39 篇，编写国际导则 2 项，制定国家和行业标准 5 项。成果应用于舟山五端直流工程，增输电量 6.3 亿千瓦・时。基于项目成果，研制出 500 千伏/25 千安/2.5 毫秒直流断路器，推动世界首个 ±500 千伏张北直流电网示范工程建设，将为北京 2022 年冬奥会提供 100% 清洁能源。

（市科委官网）

【高性能低合金耐蚀钢系列钢种研制及应用成套技术】本项目获得 2019 年度北京市科学技术奖技术发明奖一等奖，由北京科技大学等单位完成。该成果属于先进制造与工业技术领域。长寿命高性能低合金耐蚀钢及配套应用技术是国家重大需求。项目历经 10 余年，建立了先进的耐蚀调控理论和评价技术，研制了系列钢种及配套技术，实现了中国低合金耐蚀钢升级换代、重大工程示范和产业化。主要技术发明下：①提出了微纳米硬质夹杂物和阴极相诱发腐蚀起源理论，在国际上首创了基于提高耐蚀性的 Nb、Sb、Ca、RE 等微量元素夹杂物软化和微纳米组织调控的技术，打破了美国和日本的 I 和 V 指数法指导设计耐蚀钢的传统理念，实现了主合金和微合金元素协同控制钢的腐蚀性能，研制出系列高性能低合金耐蚀钢。②发明了基于腐蚀大数据的短期暴晒试验和环境谱试验相结合的腐蚀寿命预测技术，在线腐蚀数据采集量达到 TB/年量级，结合理论建模，实现了“经验指导实验”向“理论预测 + 实验验证”耐蚀钢研发模式的转变，研发周期比常规长周期暴晒方法缩短 50%。③发明了内陆环境钢制构筑物免涂装用高性能系列钢板、高耐蚀焊材及螺栓和绿色高效表面处理的成套技术，钢板腐蚀速率低于 0.005 毫米/年，内锈层稳定期少于 10 天，实现了构筑物与环境协调性及全生命周期免维护，应用于北京 2022 年冬奥会设施、官厅水库特大桥等重点工程。④发明了高温、高湿、高盐等严苛腐蚀环境用高 Ni、含 Sb 等系列高耐蚀钢及配套涂装关键技术，攻克了重大装备与设施长效防腐和安全服役的技术难题，应用于中马友谊大桥等重大工程，为中国海洋战略奠定了材料基础。该成果获得授权发明专利 51 项、国际发明专利 2 项；发表 SCI 论文 156 篇，被引用 8404 次；专著 5 部；国标 11 项，行标 24 项。开发的耐蚀钢系列产品在国内市场占有率第一，其中海洋耐蚀钢和免涂装桥梁钢市场占有率达 95% 以上。成果应用于集装箱、造船、海上风电和高铁等领域的 24 个重点工程。为北京成为国家级腐蚀科学数据中心和高精尖耐蚀新材料研发中心奠定了基础。

（市科委官网）

【光学源端偏振立体效应与精密遥感探测方法研究及应用】本项目获得 2019 年度北京市科学技术奖技术发明奖一等奖，由北京大学等单位完成。该成果属于遥感信息技术领域。项目针对太阳辐射偏态遥感反演精度的严重影响，系统开展了光学远端偏正立体效应的研究，建立了偏振遥感理论模型，发明了偏振光学精度外场定标方法，研制了相关精密探测仪器，为获取高质量烟感数据提供了全新的解决方法和技术途径。主要技术发明如下：①发现光学源端偏振特性决定遥感观测效能的客观规律与方法。遥感观测大气衰减的本质是大气偏振效应，项目获得地物偏振遥感的五大规律，形成地物偏振遥感物理理论；获得全天空偏振模式图规律及物理特性，形成大气偏振遥感物理理论；获得基于地球偏振矢量场的仿生偏振自主导航、先进空间探测与全球变化研究的偏振遥感新应用。②建立地球观测对象决定观测手段的技术跨越方法。利用偏振技术可以提高影像识别对比度2～3个数量级，建立的地学—光电参量转换及贯通的遥感成像载荷品质度量研发新机制，可突破地表参量与成像系统光电参量无关联技术瓶颈、解决从光电成像系统源头破解遥感成像误差难以等效度量的难题。建立了辐射—光谱—空间—时间4个分辨率监测能力的无人机遥感载荷综合验证场，建立影像DN值与传感器光电参量分解方程，建立的地学—光电参量转换方程及偏振技术可以引导仪器的改进。③实现光波—地球观测的锥体构像本质与处理模式变革。研究采用多种极坐标视差角空间仪器实验系统，探索直角坐标影像处理机制面对长距离或高重叠投影等易导致交会角偏小，方程易导致病态奇异性问题。空间信息直接采用极坐标系，使得地物信息的表达更直接。高分辨率以矢径与微增量夹角表达更直接，从而降低由于三维直角分解原始参量而引发的计算源端误差。该成果获得授权发明专利32项、软件著作权4项，SCI论文110余篇；项目单项成果获日内瓦国际发明特许金奖。成果在遥感测绘、空间仪器、航空航天、高铁等制造业智能测量与检测等领域推广，经济和社会效益显著。

（市科委官网）

【面向移动应用的高分辨率柔性可弯折AMOLED显示技术研发与产业化】本项目获得2019年度北京市科学技术奖科学技术进步奖特等奖，由京东方科技集团股份有限公司等单位完成。该成果属于半导体器件与技术领域。柔性显示是新型显示产业的创新升级方向，柔性显示的技术突破与产业化对进一步提升中国显示产业的全球竞争力意义重大。成果针对柔性可弯折AMOLED显示技术在耐弯折性能、高分辨率设计、工艺集成等方面亟须攻克的世界难题，完成结构设计、材料选择与验证、设备工艺开发与验证等，开发出具有自主知识产权的全球领先的柔性可弯折AMOLED显示技术，实现技术工艺创新集成。主要创新如下：①提出了多中性层理论，突破了只有更薄集成结构才能实现小半径折叠的限制，首次设计出全球独有的针对外折的AMOLED产品多膜层结构，实现了曲率半径5mm条件下20万次弯折。②发明了具有自主知识产权的高开口率像素排列方式及子像素渲染算法，实现了更高分辨率、更宽工艺窗口的像素设计。③开发了新型AMOLED器件结构及材料掺杂工艺，降低了空穴—电子界面堆积引起的激子淬灭，解决了AMOLED器件普遍寿命差、发光效率低的难题，寿命提升180%，功耗降低5%。④开发了高耐热、低热膨胀聚酰亚胺（PI）薄膜基板结构与性能精准调控、柔性薄膜基板剥离、柔性薄膜封装、低温多晶硅（LTPS）、极致窄边框等关键技术，实现了柔性可弯折AMOLED显示技术工艺集成，在国际上首次实现5mm半径外折手机的量产，并开发了符合量产性能要求的国产化PI材料。该成果获授权发明专利1320项（其中国际专利515项），实用新型专利535项，自主设计建成了中国首条第6代柔性AMOLED生产线，累计销售收入超70亿元。成果带动了显示行业技术的进步与革新，巩固提升了中国新型显示行业的全球技术竞争力，为首都经济结构优化升级做出了突出贡献。

（市科委官网）

【新一代天气雷达升级关键技术创新与产业化应用】本项目获得2019年度北京市科学技术奖科学技术进步奖一等奖，由北京敏视达雷达有限公司等单位完成。该成果属于电子与通信技术领域。天气雷达网在防灾减灾中具有重要作用，频发的灾害性天气对雷达技术升级提出了迫切需求。成果从核心器件、指标、算法和功能等方面进行技术创新，形成了具有自主知识产权和国际先进性的一系列新技术、新方法、新产品和新应用，解决了严重制约应用效益的问题，提升了天气雷达在防灾减灾、保障人民生命财产安全方面的能力。

（市科委官网）

【大规模知识图谱构建关键技术与应用】本项目获得2019年度北京市科学技术奖科学技术进步奖一等奖，由中科院自动化研究所等单位完成。该成果属于自然语言处理领域。知识图谱是人工智能的基础设施，对于语义内容理解，特别是下一代人工智能所需的深度推理具有关键支撑作用。成果以构建大规模知识图谱与知识应用引擎为目标，针对互联网环境下文本领域开放、类型开放等特点，率先提出基于弱监督卷积神经网络的大规模文本知识获取系列方法，实现了千万级规模的多领域知识自动抽取；在此基础上，创新性地提出面向异构海量知识图谱的深度学习问答方法，为知识匹配、推理等深层应用提供有效技术支撑。

（市科委官网）

【基于平行仿真的大规模网络靶场构建技术及应用】本项目获得2019年度北京市科学技术奖科学技术进步奖一等奖，由北京永信至诚科技股份有限公司等单位完成。该成果属于网络安全领域。网络靶场对提高国家信息安全水平至关重要，中国的网络靶场建设还处于起步阶段。针对国家网络空间安全建设和行业整体发展的重大现实需求，成果以平行仿真理念，实战化构建大规模、高逼真、对抗性网络靶场，并在演习演练、技术验证、战略预判、装备检验、军事训练等方面广泛应用，提升了国家网络空间的安全水平。

（市科委官网）

【网络图像视频大数据的智能识别关键技术及应用】本项目获得2019年度北京市科学技术奖科学技术进步奖一等奖，由北京科技大学等单位完成。该成果属于模式识别领域。网络图像视频大数据具有规模海量、种类繁多、动态变化的特点，其智能识别、分析和内容管理是互联网信息规范管理的重要保障，对互联网经济、智慧城市和智能制造具有积极的促进作用。成果突破了网络图像视频大数据智能识别的多项关键技术，设计了多媒体大数据智能分析的先进平台架构，建设了多个超大规模技术应用系统，解决了识别与应用中“模式分析难、处理效率低、应用扩展差”的难题。

（市科委官网）

【航天嵌入式软件可信性保障关键技术和应用】本项目获得2019年度北京市科学技术奖科学技术进步奖一等奖，由北京控制工程研究所等单位完成。该成果属于软件工程领域。嵌入式软件是航天器的重要组成部分，其可信性直接影响航天任务的成败。航天嵌入式软件具有强实时、中断并发、控制模式转换复杂等特点，其可信性保障是国内外公认的重大挑战。成果提出并建立了以技术体系为核心，以标准、规范和工具为手段的软件可信保障系统解决方案。

（市科委官网）

【都市水泥低环境负荷设计与制备关键技术及应用】本项目获得2019年度北京市科学技术奖科学技术进步奖一等奖，由北京工业大学等单位完成。该成果属于无机非金属材料领域。城市污泥等废物成分复杂且不稳定，处置利用中存在影响水泥生产和产品性能、造成污染转移的风险。成果经10余年产、学、研合作攻关，攻克了城市废物水泥矿物体系优化、原燃料替代、污染减排、生产全流程环境负荷监测控制等系列技术难题，形成了都市水泥低环境负荷设计与制备的成套技术，解决了以城市废物水泥原燃料替代为核心的水泥生产绿色转型的关键问题。

（市科委官网）

【再生水补给型河湖水环境多界面协同控制与修复关键技术及应用】本项目获得2019年度北京市科学技术奖科学技术进步奖一等奖，由中国环境科学研究院等单位完成。该成果属于水污染防治工程领域。再生水已成为北方缺水地区河湖的主要水源，但其高氮磷负荷极易引起水体生态失衡、水华暴发等环境问题。成果开展了再生水补给型河湖水环境治理与修复研究并开展工程应用，为北京市河湖水环境保障及再生水安全利用提供技术支撑。

（市科委官网）

【大气污染优化控制技术体系研究及在北京与周边区域的示范应用】本项目获得2019年度北京市科学技术奖科学技术进步奖一等奖，由北京工业大学完成。该成果属于大气污染防治工程领域。中国大气污染呈现出浓度高、区域型、复合型、压缩型的独特特征，防控难度大，可借鉴的发达国家大气污染控制经验有限，需要探索、形成适合中国国情的大气污染优化防控技术体系。为破解大气污染优化防控的关键技术难题，成果经过10多年的系统攻关，紧密结合北京及周边区域大气污染防控实践，开展了敏感源识别、高分辨率大气PM2.5溯源、优先控制分级、大气污染优化调控等技术方法的系列研究，首次建立了适用于中国的大气污染优化防控技术体系。

（市科委官网）

【边坡雷达及其滑坡预警云平台研发与应用】本项目获得2019年度北京市科学技术奖科学技术进步奖一等奖，由中国安全生产科学研究院等单位完成。该成果属于边坡安全监测技术领域。成果采用地基合成孔径雷达差分干涉技术，研制了边坡合成孔径雷达系统，实现了边坡岩土体变形精细化遥感监测。与传统的人工水准测量相比,具有全天候、大范围、远距离、高精度、短周期等优势,能够大幅提高滑坡预警预报的准确性。

(市科委官网)

【高温承压设备损伤电磁超声在线检测关键技术及应用】 本项目获得2019年度北京市科学技术奖科学技术进步奖一等奖,由中国特种设备检测研究院等单位完成。该成果属于公共安全检验检测领域。随着产能的不断升级,高温承压设备向着高温、高压、大型和严苛条件运行等方向发展,设备损伤失效的风险也急剧提高,严重威胁生产安全。实现材料高温在线检测评价,极早发现损伤以预防和减少事故,是政府监管部门、检验机构和企业面临的重大难题。该成果针对材料损伤高温在线无损检测的技术难题,从检测机理研究、仪器设备研制、检测方法研究、典型应用研究4个方面展开,形成了高温设备在线电磁超声检测成套技术,填补了工程中450°C以上超声检测技术空白。

(市科委官网)

【毫米波人身安检技术研究及应用】 本项目获得2019年度北京市科学技术奖科学技术进步奖一等奖,由清华大学等单位完成。该成果属于物理学相关工程与技术领域。社会公共安全是关系国家安全稳定发展以及人民群众生命财产安全的国家重大战略需求,发展高效、文明的安检技术装备,特别是人身安检技术装备,提高技术防控能力,有助于筑牢社会公共安全的防线,推进平安中国建设。成果基于精确重建的近场毫米波全息成像方法,发展出国产化的毫米波人身安检核心技术并形成实用装备,打破美国、英国、德国等国家的垄断态势,满足了中国对新一代安检装备的迫切需求。

(市科委官网)

【多模态影像引导肝癌精确诊疗体系建立与临床应用】 本项目获得2019年度北京市科学技术奖科学技术进步奖一等奖,由中国人民解放军总医院等单位完成。该成果属于肿瘤治疗学领域。肝癌起病隐匿,诊断时分期较晚、易复发、进展快,总体人群5年生存率约10%,如何提高肝癌早期诊断率及如何联合治疗达到最佳治疗效果尤为重要。成果一方面通过人工智能技术建立肝癌早诊模型,并联合介入技术提高早诊率;另一方面建设个体化、规范化、全程化管理的治疗体系,实现肝癌早诊及精准治疗的目的。

(市科委官网)

【中国HIV的传播规律耐药特征免疫因素和疫情动态研究及应用】 本项目获得2019年度北京市科学技术奖科学技术进步奖一等奖,由中国疾病预防控制中心性病艾滋病预防控制中心等单位完成。该成果属于流行病学领域。成果针对HIV潜伏期长难发现、变异快极易耐药等特点,依托疾控网络开展全国性研究,查明HIV及其耐药毒株的起源、分布和传播路线,摸清感染人群的流行规律和免疫特征,为艾滋病诊断治疗和疫苗研发提供技术保障。

(市科委官网)

【急性冠脉综合征关键诊疗技术创新与推广应用】 本项目获得2019年度北京市科学技术奖科学技术进步奖一等奖,由首都医科大学附属北京安贞医院完成。该成果属于心血管病学领域。急性冠脉综合征(ACS)是导致冠心病患者死亡的最主要原因,复发率极高,已成为威胁中国国民身体健康和制约经济社会发展的重要因素。成果针对ACS早期诊断、风险评估、出血防治、介入技术及并发症预防等影响预后的关键环节,推出符合国人的创新诊疗技术,改善患者预后。

(市科委官网)

发明专利

【概述】2020 年 7 月 14 日,国家知识产权局《关于第二十一届中国专利奖授奖的决定》(国知发运字〔2020〕28 号)颁布。根据《中国专利奖评奖办法》规定,经国务院有关部门知识产权工作管理机构、地方知识产权局、有关全国性行业协会,以及中国科学院院士和中国工程院院士等推荐,中国专利奖评审委员会评审,社会公示,国家知识产权局和世界知识产权组织决定授予"含有银杏内酯的制剂及其制备工艺"等 30 项发明、实用新型专利中国专利金奖,"轨道车辆车头(2014-3)"等 10 项外观设计专利中国外观设计金奖;国家知识产权局决定授予"用于乙烯聚合的催化剂组分及其催化剂"等 58 项发明、实用新型专利中国专利银奖,"眼部按摩器(iSee4)"等 15 项外观设计专利中国外观设计银奖;国家知识产权局决定授予"一种由偶联法制备的含共轭二烯烃的苯乙烯类嵌段聚合物的选择氢化方法"等 696 项发明、实用新型专利中国专利优秀奖,"耳机(一)"等 60 项外观设计专利中国外观设计优秀奖;国家知识产权局决定授予广东省知识产权局等 8 家单位中国专利奖最佳组织奖,天津市知识产权局等 20 家单位中国专利奖优秀组织奖,孙永福等 12 位院士中国专利奖最佳推荐奖。

(市科技史志办公室)

第二十一届中国专利金奖项目介绍(部分)

【用于费—托合成的气—液—固三相悬浮床反应器及其应用】本发明涉及到用于费托(Fischer-Tropsch,简称 F-T)合成的三相悬浮床(悬浮床也称浆态床)反应器和配套系统,包括 F-T 合成反应器结构与尺寸设计;反应器内底部设置的气体分布器;反应器内部设置的换热构件的结构与布局;反应器内中部设置的液—固过滤分离装置;设置于反应器内部的导流装置;反应器内上部气体导出空间中的冷凝回流分离构件;为使反应器进行 F-T 合成配置的分离装置的稳压和清洗系统、气体分布器的在线清理系统、用于处理沉积浆液的辅助系统和任选地设置于反应器上部出口处的预冷凝—雾沫分离系统等。该反应器适合于费—托合成工业规模过程中的应用。专利号 ZL200710161575.1,专利权人为中科合成油技术有限公司、中科合成油工程股份有限公司。

(市科技史志办公室)

【恒阻大变形缆索及其恒阻装置】本发明提供一种恒阻大变形缆索及其恒阻装置,该恒阻大变形缆索包括缆索、锚具、承载板和夹片,所述缆索的上端通过夹片固定于所述锚具和承载板,还包括恒阻装置,所述恒阻装置包括套管和恒阻体,所述套管呈直管结构,所述恒阻体呈锥台结构,且所述恒阻体的下端端面的直径大于其上端端面的直径;所述套管的内径小于所述恒阻体的下端端面的直径,所述套管内壁的下部设有楔形部,所述恒阻体设于所述楔形部;所述恒阻体的强度大于所述套管的强度以使所述恒阻体在所述套管内移动时所述恒阻体形状不变而所述套管发生塑性变形;所述缆索的下端固定于所述恒阻体上。本发明具有恒阻防断的特性,可对滑坡和发震断层活动性全过程进行监测和预警。专利号 ZL201110157137.4,专利权人为中国矿业大学(北京)。

(市科技史志办公室)

【一种传输导频信号和信号测量的方法、系统及设备】本发明实施例涉及无线通信技术领域,特别涉及一种传输导频信号和信号测量的方法、系统及设备,用以解决现有技术中存在每个天线单元发送一个导频信号会造成每个天线单元的发射功率很低,并且在天线单元数目较大时用户设备的复杂度很高的问题。本发明实施例的方法包括:网络侧设备向所述用户设备发送确定的 CSI 反馈配置,其中一个 CSI 反馈配置对应一个 CSI-RS 资源,一个CSI-RS

资源的每个端口对应的导频信号通过所述端口对应的一组天线单元发送。采用本发明实施例的方案能够提高天线单元的发射功率,使得用户设备可以正确进行信号测量,提高了数据传输的性能,在天线单元数目较大时降低了用户设备的复杂度。专利号 ZL201210476801.6,专利权人为电信科学技术研究院。

(市科技史志办公室)

【一种降低重质原料油中沥青质和残炭含量的方法】 本发明是一种降低重质原料油中沥青质和残炭含量的方法,包括在加氢处理反应条件下,将重质原料油与一种催化剂组合接触,所述催化剂组合包括加氢保护催化剂Ⅰ、加氢脱金属催化剂Ⅱ和加氢处理催化剂Ⅲ,所述催化剂组合中各催化剂的布置使得所述原料油依次与加氢保护催化剂Ⅰ、加氢脱金属催化剂Ⅱ和加氢处理催化剂Ⅲ接触,以体积计并以所述催化剂的总量为基准,所述加氢保护催化剂Ⅰ的含量为5%~60%,加氢脱金属催化剂Ⅱ的含量为5%~50%,加氢处理催化剂Ⅲ的含量为10%~60%,其中所述加氢保护催化剂Ⅰ的装填空隙率为25%~60%,所述加氢脱金属催化剂Ⅱ含有含氧化铝的成型载体,以压汞法表征,所述载体的孔容为0.95~1.2毫升/克,比表面为50~300平方米/克,直径10~30纳米的孔占总孔容的55%~80%,直径300~500nm的孔占总孔容的10%~35%。专利号 ZL201310012712.0,专利权人为中国石油化工股份有限公司、中国石油化工股份有限公司石油化工科学研究院。

(市科技史志办公室)

【一种岩石脆性的测井方法和装置】 本发明公开了一种岩石脆性的测井方法和装置,其中该方法包括使用脆性指数模型来表征岩石的静态脆性指数和动态脆性指数;使用具有岩石结构特征的校正模型将动态脆性指数进行动静态脆性指数转换处理,生成岩石在同一应力条件下的静态脆性指数;使用建立的岩石脆性应力校正模型对同一应力条件下的静态脆性指数进行校正,生成岩石在不同测井深度对应的岩石应力条件下的静态脆性指数。本发明解决了现有技术没有考虑岩石结构和应力环境变化对岩石脆性的影响因素的问题,提高了测井岩石脆性指数计算的精度。专利号 ZL201410575775.1,专利权人为中国石油天然气股份有限公司。

(市科技史志办公室)

【一种实现 CPT 原子频率标准的方法及装置】 本申请实施例提供一种实现 CPT 原子频率标准的方法及装置,通过第一 VCSEL 经过偏振片发射的激光与第二 VCSEL 经过半波片发射的激光垂直相交于极化分光镜中,使该第一 VCSEL 和第二 VCSEL 产生线偏振光相干多色光并,与吸收泡中的原子相互作用,实现 CPT 原子频率标准输出的同时,避免原子积聚在极化暗态。耦合在各 VCSEL 的输入电流上的微波信号的功率较低,使各 VCSEL 发射激光的各级边带总能量低于阈值,保证了不参与原子相互作用的激光能量处于较低水平,减少了 CPT 共振谱线的干扰和噪音。通过本申请提供的方法及装置,可以提高 CPT 共振谱线的对比度,改善 CPT 原子频率标准的稳定度。专利号 ZL201510956144.9,专利权人为北京无线电计量测试研究所。

(市科技史志办公室)

知识产权

知识产权服务与管理

【概述】2019年，在党的十九大，十九届二中、三中、四中全会精神和习近平总书记关于知识产权工作的系列讲话精神的指引下，按照市委、市政府的决策部署，围绕“四个中心”建设和高质量发展要求，提升知识产权治理能力和治理水平，持续优化首都营商环境，建设知识产权首善之区。积极推进北京市知识产权综合立法研究工作。《北京市知识产权资助金管理办法（试行）》经市委财经委审议通过并印发，增设对国外注册商标、中国地理标志的资助，加大通过PCT途径申请海外专利的资助力度，引导支持企业积极开展海外知识产权布局。开展知识产权“十四五”规划编制前期研究工作。开展《奥林匹克标志保护条例》相关研究。制定服务清单，为企业提供差别化、个性化服务；加强专利代理行业监管；推动知识产权服务业健康发展。

（市知识产权局）

【优秀专利代理机构和优秀专利代理人评选】2月27日，北京市专利代理人协会公布2017—2018年度北京市优秀专利代理机构和优秀专利代理人评选结果。授予20家专利代理机构“北京市优秀专利代理机构”称号，授予40名专利代理人“北京市优秀专利代理人”称号。优秀专利代理机构和优秀专利代理人评选是市委、市政府批准，市民政局审批同意设立的评比表彰项目，2017—2018年度评选于2018年11月启动。

（市知识产权局）

【专利代理机构等级评定】2月28日，北京市专利代理协会公布了2018年专利代理机构等级评定结果。最终确定25家机构的等级评定结果，其中AAAAA级机构共3家、AAAA级机构共9家、AAA级机构共9家、AA级机构共2家、A级机构共2家。专利代理机构等级评定为贯彻落实《专利代理机构等级评定规范》（DB11/T 1182—2015），根据市知识产权局《关于委托市专利代理人协会组织实施〈专利代理机构等级评定规范〉的通知》，于2018年启动。

（市知识产权局）

【北京知识产权保护状况新闻发布会举办】4月19日，市知识产权办公会议与市政府新闻办公室联合举办北京知识产权保护状况新闻发布会。市知识产权局副局长、新闻发言人潘新胜代表市知识产权办公会议向新闻媒体和社会各界介绍2018年北京市知识产权保护状况。随后，市知识产权局、市市场监督管理局、市版权局、市文化执法总队、市高级人民法院、北京海关相关负责人分别回答了记者的提问。

（市知识产权局）

【中国（北京）知识产权保护中心启动运行】4月23日，中国（北京）知识产权保护中心（简称保护中心）启动运行仪式在中国技术交易大厦举办，成为全国首家通过验收的省级知识产权保护中心。启动仪式上，国家知识产权局副局长甘绍宁为首批通过保护中心预审服务后获得国家知识产权局专利授权的企业代表颁发了授权通知书。市政府副秘书长刘印春出席仪式。保护中心位于中国技术交易大厦，与北京代办处实行集中办公，当事人在窗口可以办理专利申请、缴费、资助金申请、专利权质押登记、专利实施许可合同备案、技术合同登记、专利预审、确权和维权咨询等10余项知识产权业务。

（市知识产权局）

【中关村国家自主创新示范区知识产权行动方案发布】4月23日，市知识产权局和中关村管委会联合发布了《中关村国家自主创新示范区知识产权行动方案（2019—2021）》。该方案提出了制定重点产业知识产权战略、实施高价值专利培育工程、推进行政和司法保护联动、构建“七位一体”大保护格局、开展知识产权运营试点示范单位建设、培育知识产权运营新业态、支持企业提升国外知识产权布局能力、推动中关村知识产权服务业集聚创新发展等16条具体举措。

（市知识产权局）

【北京两家单位成为首批在华TISCs单位】4月24日，国家知识产权局与世界知识产权组织（WIPO）举行了在华建设技术与创新支持中心（TISCs）谅解备忘录签字暨首批TISCs授牌仪式。WIPO总干事弗朗西斯·高锐和国家知识产权局局长申长雨对首批7家TISCs机构进行了授牌。北京两家单位中关村科技园区丰台园、北京东方灵盾科技有限公司成为首批在华TISCs机构。

（市知识产权局）

【怀柔科学城创新中心设立知识产权公共服务工作站】4月25日，市怀柔科学城创新中心知识产权公共服务工作站成立仪式在怀柔科学城创新小镇举行。市知识产权维权援助中心主任王连洁、怀柔区市场监督管理局（区知识产权局）党组成员曹宇翔、中关村信息谷资产管理有限责任公司北京区域负责人史玉珠共同签署《北京市怀柔科学城创新中心知识产权公共服务工作站共建协议》。怀柔科学城创新中心知识产权公共服务工作站是市、区两级知识产权管理机构改革后设立的首个知识产权公共服务工作站。

（市知识产权局）

【京津冀知识产权服务品牌机构合作协议签约仪式举办】5月9日，在国家知识产权局与京津冀三地知识产权局的指导和支持下，由首都知识产权服务业协会、天津市知识产权服务中心和石家庄众华知识产权咨询服务有限公司共同倡议发起成立的京津冀国家知识产权服务品牌机构合作协议签约仪在天津召开。签约仪式由天津市知识产权局副局长郭文强主持，国家知识产权局知识产权运用促进司处长姜伟、市知识产权局党组书记杨东起、河北省知识产权局局长高振峰、天津市知识产权局副局长蓝兆琪出席会议并致辞。

（市知识产权局）

【行业协会党委和新的社会阶层人士联谊分会成立】6月28日，中共首都知识产权服务业协会委员会暨首都知识产权服务业协会新的社会阶层人士联谊分会成立大会在京举行。市知识产权局党组书记杨东起，海淀区委常委、组织部部长、统战部部长周志军，市委统战部新阶层处处长薛晏，市委组织部组织二处副处长单传华出席大会并讲话，海淀街道党工委副书记董利军宣读了《关于同意中共首都知识产权服务业协会第一届委员会选举结果的批复》。大会由市知识产权局副局长、机关党委书记潘新胜主持。高永懿当选首都知识产权服务业协会党委书记。会议还组织参会党员和新的社会阶层人士进行了“不忘初心，牢记使命”集体学习，中共中央党校教授张仕荣结合中美贸易摩擦为大家深入讲解了习近平外交思想。北京市知识产权服务机构党员和党外知识分子代表近120人参加会议。

（市知识产权局）

【首都知识产权服务业协会第三届会员大会召开】7月2日，首都知识产权服务业协会第三届会员大会召开，市知识产权局副局长李钟、市社会团体管理办公室副主任高学东、国家知识产权局运用促进司服务业发展和监管处副处长安亚磊出席会议并讲话。会议听取并审议通过第二届理事会工作报告、监事会工作报告、财务情况报告，审议通过了新修改的章程、会费收取办法等规章制度，选举产生了第三届理事会、监事会成员。当天召开了三届一次理事会和监事会，李强当选第三届理事会会长。

（市知识产权局）

【专利代理行业“蓝天”专项整治行动工作推进会召开】8月12日，市知识产权局召开专利代理行业“蓝天”专项整治行动工作推进会。国家知识产权局运用促进司副司长赵梅生、市知识产权局副局长李钟出席会议并讲话。北京市专利代理机构代表130余人参加会议。会议传达了国家知识产权局加强专利代理监管精神，对北京市推进专利代理行业“蓝天”专项整治行动进行部署，对加强专利代理行业自律提出要求。

（市知识产权局）

【“三城一区”知识产权工作推进培训会召开】8月15日，由国家知识产权局指导，市知识产权局和中关村管委会主办、中关村知识产权促进局承办的“2019年中关村一区十六园与三城一区知识产权工作推进暨高端培训会”在京召开，这是机构改革后首次举办中关村一区十六园与“三城一区”知识产权工作会。国家知识产权局知识产权运用促进司司长雷筱云、市知识产权局党组书记杨东起和中关村管委会副主任翁啟文出席并致辞。市知识产权局和中关村管委会相关处室和单位负责人、中关村一区十六园与“三城一区”负责人及知识产权相关工作人员参加会议。

（市知识产权局）

【隋振江会见世界知识产权组织总干事】 10月24日，副市长隋振江会见世界知识产权组织总干事高锐，双方就签署《中华人民共和国北京市人民政府与世界知识产权组织关于加强知识产权合作的谅解备忘录的补充协议》达成一致，并就推进《视听表演北京条约》生效事宜进行交流。

（市知识产权局）

【承办第十二届两岸专利论坛】 10月29—30日，市知识产权局承办的第十二届两岸专利论坛在北京举办，对人工智能技术的趋势进行了展望，针对5G技术的专利导航进行了讨论。在论坛开幕前一天，台湾代表团拜访市知识产权局，参观了市知识产权局下属的5个事业单位，并开展了座谈和交流。

（市知识产权局）

【未来科学城知识产权服务中心揭牌】 11月6日，市知识产权局与北京未来科学城管委会共同举办未来科学城知识产权服务中心揭牌仪式，《未来科学城知识产权行动计划》于同日发布。双方将联合共建未来科学城知识产权服务中心，将市级知识产权公共服务资源引入科学城，建立知识产权公共服务体系，为科学城创新主体提供优质便利的专业化服务。

（市知识产权局）

【北京（中关村）国际知识产权服务大厅启动运行】 11月26日，北京（中关村）国际知识产权服务大厅揭牌仪式暨国际高端知识产权服务论坛在中关村知识产权大厦举行。国家知识产权局运用促进司副司长赵梅生，市知识产权局副局长李钟，中关村管委会副主任翁啟文，海淀区区长助理、特聘专家靳晖出席仪式并讲话。北京（中关村）国际知识产权服务大厅建设是落实市主要领导对知识产权服务工作指示，贯彻《北京市促进知识产权服务业发展行动计划（2018年—2020年）》的重要工作。大厅按照民办公助、多方参与的先进理念，由首都知识产权服务业协会按照国际服务标准出资建设和管理。海淀区政府为大厅建设提供了物理空间，市知识产权局为大厅配备了9种涵盖专利文献、诉讼数据等领域的专业知识产权数据库，中关村管委会、市科委、市商务局和市贸促会等单位也对大厅建设分别表示了关注和支持。截至年底，已有53家国内外知识产权服务机构申请进驻大厅为社会公众提供专业免费咨询。

（市知识产权局）

【首批知识产权公共服务区中心设立】 12月3日，市知识产权局举办《关于推进北京市知识产权公共服务体系建设的意见》解读会暨第一批知识产权公共服务区中心授牌仪式。市知识产权局解读了《关于推进北京市知识产权公共服务体系建设的意见》。市知识产权局党组书记杨东起等领导为9个第一批知识产权公共服务区中心授牌。市知识产权公共服务分中心、工作站总数达78个（含京津冀共建的7个），覆盖全市16个区和开发区，完成北京市知识产权公共服务体系的重构和升级。年内，各区中心、工作站共解答咨询9841件，同比增长0.3%；上门服务企业6223次，同比增长11.9%。

（市知识产权局）

【国家营商环境考核评价】 年内，市知识产权局牵头负责国家营商环境评价“知识产权创造、保护和运用”指标，市市场监督管理局、市版权局等单位配合参与，顺利完成营商环境评价现场填报、资料提交等工作。北京市“知识产权创造、保护和运用”指标在国家营商环境考核评价中名列全国第一。

（市知识产权局）

【知识产权办公会议调整】 年内，为主动回应政府机构改革新变化和首都高质量发展新要求，经市政府批准，知识产权办公会议成员单位由42家调整到33家；调整办公会议组织架构，由市政府分管副市长担任召集人，各成员单位有关负责人为办公会议组成人员。根据成员调整情况对《关于加快知识产权首善之区建设的实施意见》任务分工方案进行了完善，明确年度各成员单位的工作任务；修订《北京市知识产权办公会议制度》，确定了定期会商机制、专项工作机制、调查研究机制、通报反馈机制、信息共享机制和督查督办机制。2月27日、5月21日、10月29日，市知识产权局组织召开了3次市领导召集的知识产权办公会议工作会，审议通过《关于推进北京市知识产权公共服务体系建设的意见》《北京市促进知识产权服务贸易工作方案》等系列重要文件，议定落实22件全市重要知识产权事项，并协调各成员单位完成北京世园会和京交会知识产权保护、知识产权服务业扩大开放、知识产权海外维权、营商环境评价、知识产权综合立法等各项重点工作。

（市知识产权局）

【专利代理机构和专利代理师数量】年内，北京市共有专利代理机构 643 家，占全国的 24.66%；执业专利代理师 8580 人，占全国的 42.09%，均居全国首位。

（市知识产权局）

【诚信体系建设】年内，市知识产权局建立健全专利服务从业人员诚信建设，完善专利代理师执业备案承诺制度，制定了执业和注销备案承诺书，组织 300 家专利代理机构和 5834 名代理师进行规范专利代理活动的信用承诺。

（市知识产权局）

【专利代理行业监管】年内，市知识产权局贯彻新修订的《专利代理条例》和《专利代理管理办法》，做好专利代理监管与相关工作衔接，梳理市知识产权局 21 项行政检查清单和行政处罚事项；全年共审核执业备案申请 5056 人次。集中开展专利代理行业“蓝天”专项整治行动，接到各种渠道投诉案件共 51 件，立案 17 件，做出处罚 6 件，首次对“黑代理”进行罚款处罚；对全市 509 家专利代理机构 3152 名专利代理师的执业情况进行检查，对存在违法违规问题的代理机构进行纠正和立案处理；开展双随机抽查，对 55 家专利代理机构进行检查，将存在违规行为的机构纳入异常名录或立案查处；加大行政指导力度，对 28 家代理机构网站宣传不规范、代理不够尽职等问题进行约谈。

（市知识产权局）

【制定公共服务清单】年内，市知识产权局制定公共服务清单，为企业提供差别化、个性化服务。针对市重点企业的服务需求，研究制定包括知识产权创造、运用、保护、管理、服务等方面的 35 项公共服务清单，对市级重点联系企业名录里的如商汤科技、字节跳动等 40 余家企业主动送服务上门，及时解决企业发展中遇到的知识产权问题。

（市知识产权局）

知识产权创造与应用

【概述】2019 年，构建知识产权运营服务体系，促进知识产权价值实现。开展知识产权保险试点工作。与市金融局等部门联合发布《北京市知识产权保险试点工作管理办法》及其实施指南。积极推动知识产权、股权及相关实体资产组合式质押贷款新模式。提升知识产权运营服务能力。签署全国知识产权运营公共服务平台建设项目补充协议，制订平台建设项目验收工作方案。2019 年，北京市专利申请受理总量为 226113 件，全国排名第一；北京市专利授权总量为 131716 件，全国排名第一；截至 2019 年年底，北京市有效专利量达 653053 件，全国排名第一。

（市知识产权局）

【知识产权运营试点示范单位认定】1 月 10 日，市知识产权局印发《北京市知识产权运营试点示范单位认定与管理办法》。年内，市知识产权局新认定运营试点单位 23 家、运营示范单位 10 家。

（市知识产权局）

【10 家企业获得示范园区专利战略专项资金资助】3 月 28 日，根据《中关村国家知识产权制度示范园区知识产权专项资金使用管理办法（暂行）》（京财文〔2010〕2418 号），经过专家评审和市知识产权局局长办公会审议，确定 10 家企业，每家获得 2019 年度中关村国家知识产权制度示范园区专利战略资助 10 万元，用于开展专题专利数据库建设、专利竞争情报研究、建立专利预警机制、健全和完善企业专利管理体系。

（市知识产权局）

【知识产权质押融资保险“中关村模式”发布】4 月 12 日，知识产权质押融资保险“中关村模式”发布暨合作签约会在中关村国防科技园举办。市知识产权局副局长李钟、国家知识产权局知识产权运用促进司处长胡军建、中关村管委会创新处处长梁杰、海淀区知识产权局局长刘向阳等领导出席活动。会上，中关村知识产权促进局发布《中关村知识产权质押融资保险试点工作方案》。与会领导共同启动了象征“中关村模式”正式发布的卷轴，并为北京知识产权运营管理有限公司等6家机构授予了首批“中关村知识产权质押融资保险试点单位”铭牌。

（市知识产权局）

【“4·26”知识产权信息传播】 4月24日，市知识产权信息中心与北京科技大学知识产权信息服务中心共同举办了“北知社区伴你行，专利信息促创新——知识产权进高校之专利信息利用”主题宣传活动。活动结束后双方签署《知识产权信息公共服务合作意向书》。

（市知识产权局）

【首次召开知识产权运用工作会】 4月26日，市知识产权局首次以“知识产权运用”为主题召开工作会。国家知识产权局知识产权运用促进司司长雷筱云、中国专利技术开发公司总经理张东亮、市知识产权局党组书记杨东起出席会议，市知识产权局副局长李钟主持会议。会上，为2018年度国家知识产权优势示范企业、北京市知识产权示范单位、高校院所专利运营办公室和知识产权运营试点单位授牌。

（市知识产权局）

【中关村知识产权领军和重点示范企业名单公示】 4月28日，根据国家知识产权局2017年企业专利、商标官方数据，按照《中关村国家自主创新示范区提升创新能力优化创新环境支持资金管理办法实施细则》（中科园发〔2019〕24号）相关规定，中关村科技园区管理委员会公示了2018年度中关村知识产权领军和重点示范企业名单，其中2018年度中关村知识产权领军企业9家、2018年度中关村知识产权重点示范企业64家。

（市知识产权局）

【专利调查完成】 4—8月，市知识产权信息中心完成了国家知识产权局委托的2019年北京地区有效专利调查工作。调查对象涉及北京地区专利权人669个，有效专利3500件。

（市知识产权局）

【知识产权启智沙龙举行】 5月24日，中关村独角兽企业知识产权启智沙龙第一期活动在中关村科技园区朝阳园如期举行。本次活动主题为“企业IPO过程中IP实操与感悟”，邀请掌阅科技股份有限公司知识产权部总监郑娟娟、小米科技法务部专利管理总监李艳君分享所在企业IPO相关经验，从IPO流程、知识产权信息披露、风险防控、尽调收集及验证、风险防控、纠纷处理、IPO后的IP管理等方面进行详细讲解。

（市知识产权局）

【京交会知识产权研讨交流活动举办】 5月28日，市知识产权局和世界知识产权组织中国办事处在京交会主会场共同主办“知识产权助力服务业企业走出去”国际研讨会，就知识产权与服务贸易的热点议题进行交流。来自外向型企业和服务机构的代表以及来自欧盟、英国、日本、澳大利亚、巴西、印度、越南、墨西哥等国家或地区驻华使领馆的代表近200人参加会议。

（市知识产权局）

【专利申请优先审查推荐业务培训举办】 5月28日，专利申请优先审查推荐业务培训在市政务服务中心举办。中关村知识产权促进局王康对北京市专利申请优先审查推荐业务进行了培训，重点介绍了优先审查推荐工作情况、设立依据及材料审核要点等。

（市知识产权局）

【发布企业知识产权服务事项】 6月17日，按照市委办公厅、市政府办公厅《关于持续优化营商环境建立重点企业“服务包”制度的通知》（京办字〔2018〕16号）和市发展和改革委员会《关于印发落实重点企业“服务包”制度工作机制的通知》（京发改〔2018〕2642号）的有关要求，市知识产权局梳理了35项知识产权服务事项的服务内容、联系人和联系方式等信息，编写了《企业知识产权服务事项工作清单》并对外发布，方便企业办理相关业务。

（市知识产权局）

【2019知识产权与创新大会在京召开】 6月20日，市知识产权局联合朝阳区政府举办2019知识产权与创新大会，科技企业、金融机构、服务机构、境外代表200余人围绕科创板企业在评估、定价、信息披露中的知识产权问题进行了深入探讨。

（市知识产权局）

【专利检索大赛举办】 6月22—23日，市知识产权信息中心与江苏知识产权信息中心共同主办的第三届中国专利检索技能大赛决赛在清华大学举办。本届大赛以"专利权稳定性评价"为主题,设材料、化工及医药、机械三大技术领域。本次大赛首次开启决赛现场网络直播,近3万人在线观看。

(市知识产权局)

【2019年企事业单位知识产权工作推进会召开】9月26日,市知识产权局组织召开2019年企事业单位知识产权工作推进会,市知识产权局副局长李钟出席会议并讲话。16区及开发区知识产权局企事业单位知识产权工作负责人参加会议。市知识产权局知识产权运用促进处相关负责人介绍了2019年全市企事业单位知识产权重点工作,并传达《国家知识产权局办公室关于规范知识产权管理体系贯标认证工作的通知》相关要求,进一步优化政策导向,加大知识产权优势单位培育力度。各区知识产权局分别介绍了本区域内企事业单位知识产权的工作情况、需求和问题。

(市知识产权局)

【2019中关村论坛知识产权平行论坛在京召开】10月16日,市知识产权局联合中关村发展集团和北京银行共同主办、北京知识产权运营管理有限公司承办的"知识产权赋能经济高质量发展——2019中关村论坛知识产权平行论坛"在中关村国家自主创新示范区展示中心举行。论坛期间,北京银行、北京知识产权运营管理有限公司与4家科技企业签订知识产权金融服务合作协议。

(市知识产权局)

【产业知识产权联盟建设】10月29日,由京冀等地30余家纺织行业知识产权优势企业和高校院所发起成立的北京纺织行业知识产权联盟成立大会在京举行。大会宣读成立北京纺织行业知识产权联盟的决定,并举行联盟揭牌仪式。11月5日,北京大数据产业知识产权联盟正式成立。市知识产权局副局长李钟出席大会并讲话。会上,联盟秘书长单位负责人介绍了联盟筹建及相关工作情况,部分联盟成员代表就加强联盟建设、共促联盟发展发言,会上还举行了联盟揭牌仪式。

(市知识产权局)

【《北京市知识产权资助金管理办法(试行)》印发】12月9日,《北京市知识产权资助金管理办法(试行)》经市委财经委审议通过并印发,增设对国外注册商标、中国地理标志的资助,加大通过PCT途径申请海外专利的资助力度,引导支持企业积极开展海外知识产权布局。

(市知识产权局)

【发布《北京市知识产权保险试点工作管理办法》】12月26日,市知识产权局、市地方金融监督管理局、市科委、市经信局、市财政局、中关村管委会、中国银行保险监督管理委员会北京监督管理局联合印发了《北京市知识产权保险试点工作管理办法》,规定了试点工作支持范围、试点保险产品、投保人范围、试点投保的专利、单项冠军企业的保费补贴标准和重点领域中小微企业保费补贴标准等。

(市知识产权局)

【信息平台数据不断丰富】年内,市知识产权信息中心持续更新信息平台数据,截至12月中旬,市知识产权信息中心新增专利基础数据600余万件,累计专利文献数据总量超1.2亿余件;新增集成电路布图设计公告4759件;新增案例点评、动态警示、政策解读等知识产权综合数据3500多条;新增专利判例数据1859条。信息平台累计汇集业务数据、知识产权综合数据11万余条。

(市知识产权局)

【搭建产业知识产权快速协同保护机制】年内,市知识产权信息中心与集成电路、矿业、智能制造、北京汽车、北京高端精密机电、北京智能卡、北京电信技术7个知识产权联盟或行业协会签署合作备忘录,建立知识产权快速协同保护机制,及时了解产业知识产权保护需求,合理分配预审服务资源,协助企业高质量专利申请获得快速审查和授权。

(市知识产权局)

【知识产权金融服务提升】年内,专利权质押登记和专利实施许可合同备案办理时间从7天缩短到3天,涉及办理专利263项、资金5.4603亿元;办理技术合同登记786件,成交总金额129.2亿元。

(市知识产权局)

【专利申请】年内,北京市专利申请受理总量为226113件,全国排名第一,同比增长7.05%。其中,发明专利申请受理量为129930件,实用新型专利申请受理量为73021件,外观设计专利申请受理量为23162件。全年PCT申请受理量为0.72件。

(市知识产权局)

【专利授权】年内,北京市专利授权总量为131716件,全国排名第一,同比增长6.66%。其中,发明专利授权量53127件,实用新型专利授权量为58393

件，外观设计专利授权量20196件。

（市知识产权局）

【商标和地理标志】年内，北京市商标申请量54.66万件，商标注册量47.46万件。截至2019年年底，北京市商标有效注册量达192.2万件，共有平谷大桃、大兴西瓜等地理标志产品13件，核准使用地理标志保护产品专用标志的企业53家。

（市知识产权局）

【市区联动推进资助金就近申报试点】年内，在2018年昌平区、朝阳区和开发区3个协助受理审核试点区的基础上又增加了顺义区和通州区2个试点区。5个试点区共计服务资助金申请人1023人，接收纸件申报材料985份，审核国内外专利资助信息17133件，发放资助金1839.379万元，分别占2019年全市资助金申请人总数的34.52%、申报专利总数的28.79%和资助金发放总额的22.7%。

（市知识产权局）

【支持开展高价值专利培育工作】年内，市知识产权局指导海淀区启动高价值专利培育工作，围绕海淀区战略性新兴产业和特色优势产业，建立了11家海淀区高价值运营培育中心，首批支持金额共3960万元。

（市知识产权局）

【专利申请预审服务】年内，中国（北京）知识产权保护中心审核通过975家企事业单位专利预审服务备案。截至年底，累计受理专利申请预审案件416件；预审合格进入国家知识产权局快速审查通道的专利申请144件，其中发明113件、实用新型23件、外观设计8件，新一代信息技术104件，高端装备制造40件。

（市知识产权局）

【国家知识产权局专利局北京代办处】年内，国家知识产权局专利局北京代办处累计受理专利申请9.0602万件，向外保密审查5.2867万件，分别同比增长3.74%、2.84%；办理收费减缴备案3.3416万件，同比增长18.85%；出具登记簿副本3586件，优先权文件128件，批量证明57件，分别同比增长8.14%、19.63%、32.56%。专利通知书打印和发送89.76万件，发放专利证书9.78万件，同比增长107%；收缴专利费用13.94万笔，金额1.35亿元，专利缴费信息网上补充及管理系统实现使用率100%；处理远程票据异地打印161.58万笔，涉及金额28.6亿元，业务量同比增长8.4%。目前，办理专利缴费票据、通知书、证书自取业务的代理机构分别为139家、75家和29家。配合促进局积极做好优先审查工作，截至年底，累计受理各类专利申请优先审查7049件，与去年同比增长56.33%。

（市知识产权局）

【精简政务服务事项】年内，专利资助金办理取消了所有专利证明材料，从申请到资金发放全过程，企业群众只“跑一次”。“北京市发明专利申请优先审查推荐”等3个政务服务事项实现全程网办和“零跑腿”。

（市知识产权局）

【5项服务接入“北京通”】年内，市知识产权局5项服务接入“北京通”。首批选取了专利查询、专利代理师和专利代理机构查询、扫一扫查专利、办事导引等5个服务事项，依托“北京通”APP和市移动公共服务平台实现了与多个单位移动应用的数据共享对接。试用期间，用户点击量超过146000次，发挥了很好的传播效应。

（市知识产权局）

【培育知识产权优势单位】年内，市知识产权局按照新修订的《北京市知识产权试点示范单位认定与管理办法》，完成首次专利试点示范单位集中确认并启动第二批集中确认，开展2019年北京市知识产权试点示范单位培育工作，首次通过北京市政务服务网系统平台统一申报认定257家北京市知识产权试点单位，56家北京市知识产权示范单位。首次支持北京市具有商标和地理标志运用工作特色的企业参与国家知识产权优势企业培育工作，推荐国家知识产权示范企业11家、优势企业46家。

（市知识产权局）

【中关村知识产权领军与示范企业影响力不断增强】年内，小米移动、奇艺世纪、商汤科技等11家领军、重点示范企业入选国家知识产权优势示范企业；18家知识产权领军、重点示范企业入选2019年“中国企业创新能力100强”。

（市知识产权局）

【有效专利】年内，北京市有效专利量达653053件，排名全国第一，比2018年增长14.6%。其中，全市有效发明专利量为284288件，占43.5%；有效实用新型专利量为291646件，占44.7%；有效外观设计专利量为77119件，占11.8%。

（市知识产权局）

知识产权宣传与保护

【概述】2019年,统筹推进知识产权保护,塑造良好的营商环境和创新环境。整合执法力量,会同市场监管、文化执法等相关部门首次在京交会主会场和分会场分别设立知识产权保护办公室,现场解答咨询、接受投诉、处理侵权纠纷等,完成京交会"一主多辅"知识产权保护工作任务。强化执法联动,会同市市场监督管理局、延庆区政府等,开展为期162天的知识产权保护,实现从"零容忍"到"零投诉"的工作目标和准则,完成了北京世园会知识产权保护工作。优化专利侵权调处工作模式。加强商标和地理标志保护。高标准建设北京、中关村两个知识产权保护中心。做好12345企业服务热线"接诉即办"工作,完善知识产权纠纷多元解决机制,多措并举推进"放管服"各项工作。

(市知识产权局)

【北京半导体(芯片)行业知识产权实战培训班举办】1月17日,为进一步加强对半导体产业的知识产权服务力度,提升半导体企业的知识产权保护意识和综合能力,由中关村知识产权促进局指导,超凡知识产权研究院、北京集成电路设计园、知识产权课堂联合主办的北京半导体(芯片)行业知识产权实战培训班在北京集成电路设计园举行。来自第四范式、龙芯中科、大唐半导体等企业、研发机构和服务机构近70名代表参加活动。本次活动从研发、保护、现状、风险4个维度全面分析半导体行业的知识产权发展情况,就"专利分析助力半导体行业研发""半导体行业知识产权竞争策略""半导体企业知识产权管理体系构建""海外知识产权风险和挑战"做了详细讲解。

(市知识产权局)

【《北京市中小微企业外观设计专利侵权纠纷快速处理办法》出台】1月21日,市知识产权局印发了《北京市中小微企业外观设计专利侵权快速处理办法》(简称《处理办法》),2月1日起实施。《处理办法》共18条,对中小微企业外观设计侵权纠纷快速处理适用范围、受理条件、审查期限和处理流程等内容进行规范。《处理办法》规定,中小微企业外观设计专利侵权案件应当自立案之日起45日内结案。案件特别复杂而需要延长期限的,应当由市知识产权局的分管专利侵权纠纷处理工作的负责人批准。经批准延长的期限,最多不超过15日。

(市知识产权局)

【第五届北京市发明专利奖】1月24日,根据《北京市发明专利奖励办法》(京政办发〔2007〕33号),经过规定程序评审并报请市政府批准,市知识产权局、市人力资源和社会保障局公布第五届北京市发明专利奖获奖名单,决定授予电信科学技术研究院有限公司的"一种时分双工系统的数据传输方法和系统"发明专利特等奖;授予北京交通大学的"一种分瓣式磁性液体密封装置"等5项发明专利一等奖;授予北京四环制药有限公司、北京澳合药物研究院有限公司、通化济达医药有限公司的"盐酸罗沙替丁醋酸酯冻干粉针剂及其制备方法和其应用"等10项发明专利二等奖;授予北京集创北方科技股份有限公司的"一种电容触摸屏触摸检测电路"等20项发明专利三等奖。

(市知识产权局)

【举办2019年度知识产权案件巡回审理与研讨活动】4月15日,中关村知识产权促进局与海淀区人民法院知识产权庭在中关村知识产权大厦联合举办了知识产权案件巡回审理与研讨活动。掌阅科技、北京金山云科技、北京东方灵盾知识产权代理有限公司等30余家企业和服务机构旁听该案审理。本案主要涉及侵害商标权和不正当纠纷。

(市知识产权局)

【2019年北京市知识产权宣传周主场活动举办】4月23日,由国家知识产权局和市政府指导,市知识产权局、中关村管委会、海淀区政府共同主办的2019年北京市知识产权宣传周主场活动暨中关村知识产权论坛在中关村展示中心举行。本次活动

旨在庆祝第19个世界知识产权日，加强知识产权宣传普及，提升全社会的知识产权意识，推进核心区的知识产权文化建设，营造一流营商环境，助力全国科技创新中心建设。会上，第二届中国·海淀高价值专利培育大赛宣布启动。大赛旨在探索培育高价值专利、带动高质量创新发展。中关村管委会主任翟立新在会上发布《中关村国家自主创新示范区知识产权三年行动方案(2019—2021)》。该方案提出，到2021年，中关村示范区将实现发明专利拥有量达15万件、引入5～10家国际知识产权服务机构、培育技术转移服务机构30家以上等。活动当天，还举行了中国(北京、中关村)知识产权保护中心揭牌仪式，组织了市知识产权局与市贸促会签订战略合作协议、北京市知识产权局与海淀区政府签署北京国际知识产权服务大厅共建协议、北京市专利代理师协会与国际知识产权律师联合会(FICPI)签署战略合作协议等签约活动。

(市知识产权局)

【中关村知识产权大讲堂】 5月15日，由中关村知识产权促进局、昌平区知识产权局、中关村生命科学园生物医药科技孵化有限公司联合主办，昌平区发明协会、北京林达刘知识产权代理事务所承办的2019年第一期中关村知识产权大讲堂活动在中关村生命科学园举办。此次大讲堂以“中日医药制度知识产权保护”为主题，来自万泰药业、东华原医疗设备、加科思新药研发等企业，高沃国际、华进京联等知识产权服务机构和媒体代表参加活动。邀请了深见特许事务所高级专利代理人溝口正信、小田晃宽和北京林达刘知识产权代理事务所高级主管白玉主讲。

(市知识产权局)

【12330热线并入市12345热线】 6月28日，市12330热线并入12345市民热线。自并线以来，12345市民热线知识产权专席(12330)共接到来电2117个，知识产权相关度51.1%，接收有效工单11件，平均办理时限2.6天，获得企业与市民认可。

(市知识产权局)

【跨省专利行政保护】 8月，市知识产权局同天津市知识产权局、河北省知识产权局签订知识产权保护合作协议，通过定期召开典型知识产权保护案件研讨会、成立京津冀知识产权保护专家咨询委员会、构建京津冀三地知识产权保护协调机制等方式，促进跨省专利行政执法保护的沟通协作。12月，京、津、冀、沪、苏、鲁、粤、渝、川、鄂、浙、皖等12省市知识产权行政保护协议签订，通过案件线索移送、协助调查执行、联合执法保护、协作互认共享等方式，提高跨省专利行政执法的效率。

(市知识产权局)

【《电子商务领域专利侵权纠纷快速处理规程》出台】 9月1日，市知识产权局出台《电子商务领域专利侵权纠纷快速处理规程》(简称《规程》)开始实施。《规程》适用于注册地或者主要经营所在地在北京的经营者在电子商务平台上开展的电子商务活动。《规程》以程序节约与便利当事人为原则，规定了电商平台与市知识产权局的程序对接关系，将涉及电商领域专利侵权投诉的前期投诉、答辩、证据交换均放在电商平台完成，平台经营者认为案件复杂的，可在征求投诉方和被投诉方书面同意后，将案件移交至市知识产权局进行快速处理，省去了投诉人重复提交材料的麻烦。

(市知识产权局)

【商标与地理标志保护】 截至10月底，各区知识产权部门共办结商标案件594件，罚没款金额4961.63万元，捣毁售假窝点36个，办理7件国家知识产权局交办的商标侵权案件。完成对北京市地理标志信息的初步摸底，积极开展地理标志使用专项整治工作和地理标志保护资源普查工作。

(市知识产权局)

【新设立调解组织4家】 11月23日，由全联农业产业商会、北京市知识产权维权援助中心共同主办的“一带一路”农业知识产权保护及可持续发展论坛暨2019年北京市知识产权纠纷人民调解委员会成立仪式在北京举行。仪式上为全联农业产业商会、中国医疗器械行业协会、中华商标协会、首都知识产权服务业协会4家新成立的知识产权纠纷人民调解委员会授牌。截至年底，北京市在行业协会、商会设立14家知识产权纠纷人民调解委员会。年内，北京市14家调解委员会共接收案件6961件，同比增长92.29%；调解成功3010件，同比增长239.35%；调解成功率为65.59%，比2018年提高17个百分点。

(市知识产权局)

【2019年冬季知识产权专题培训举办】 11月27—29日，市知识产权局北京工业大学组织2019年冬季知识产权专题培训班活动。这是机构改革以来首次召集全市知识产权办公会议成员单位和区级

执法部门参加的旨在提升知识产权保护队伍专业能力建设的一次培训，来自30余个北京市知识产权办公会议成员单位和各区知识产权局执法一线的100余名干部参加了培训。北京工业大学副校长郭福为此次培训班致辞，市知识产权局副巡视员周立权在开班仪式上做了重要讲话。

（市知识产权局）

【知识产权保护志愿服务】12月3日，市知识产权维权援助中心分别与国家知识产权局直属机关团委、市高级人民法院知识产权庭、市律师协会以及首都知识产权服务业协会签署志愿服务合作协议，进一步巩固了从2008年起开展的保护知识产权志愿服务工作机制。

（市知识产权局）

【展会知识产权保护】年内，市知识产权局组织保护中心、维权中心和各区知识产权局通过驻展、巡展的方式为世园会、京交会、科博会等60场展会提供法律咨询和知识产权保护服务。在对世园会的知识产权保护中，构建了以行政执法、多元调解、法律服务、社会监督、行业自律为一体的世园会知识产权保护工作体系，联合市场监督管理局、文化执法总队、农业农村局、园林绿化局、世园局、延庆区政府等的执法力量，圆满完成世园会和京交会"一主多辅"的知识产权保护任务，实现了从"零容忍"到"零投诉"的工作目标和准则。

（市知识产权局）

【专利侵权案件】年内，市知识产权局共受理专利侵权案件310件，其中专利侵权纠纷调处案件共84件，展会专利侵权案件共24件，电商专利侵权案件共202件。其中，专利侵权纠纷调处案件结案70件、中止8件、在审6件。

（市知识产权局）

【行政诉讼案件】年内，市知识产权局共参加法院系统行政案件诉讼21件，其中北京知识产权法院一审案件16件，北京市高级人民法院二审案件4件、再审案件1件。

（市知识产权局）

【完成了国内第一个海外知识产权诉讼信息库】年内，市知识产权维权援助中心完成了国内第一个海外知识产权诉讼信息库，截至年底，该信息库汇集了近70个国家的知识产权制度、6万件海外知识产权案件、100家海外知识产权纠纷高发地的服务机构以及50位擅长处理海外纠纷的律师信息。

（市知识产权局）

【中国发明专利奖】年内，市知识产权局推荐北京市专利项目参加第二十一届中国专利奖评审，评审结果于2020年7月14日发布。国家知识产权局发布869项获奖专利，北京地区共获奖137项，包括金奖10项、银奖20项、优秀奖107项。市知识产权局被国家知识产权局授予中国专利奖最佳组织奖。

（市知识产权局）

质量技术监督

标准化

【概述】2019年，北京市标准化工作在市委、市政府的领导和国家市场监管总局的指导下，立足“四个中心”首都城市战略定位，深入推进推动首都高质量发展的标准体系建设，不断激发市场主体标准化活力，助力建设国际一流的和谐宜居之都。圆满完成各项工作任务。

聚焦高质量发展，以标准体系建设支撑城市总体规划深入落实。加强顶层设计，在全市组织各行业领域开展研究建立推动首都高质量发展的标准体系。编制形成的《推动首都高质量发展的标准体系建设实施方案》经市委财经委第五次会议审议通过。以首善标准助力提升城市规划建设运行管理水平。全年发布地方标准180项，现行有效地方标准达到1712项。区域协同标准有效促进京津冀协同发展。京津冀三地六部门联合签署《京津冀区域协同工程建设标准框架合作协议》，建立京津冀区域协同工程建设地方标准协同机制。发布8项京津冀区域协同地方标准。

聚焦创新驱动，以标准化释放创新发展新动能。一是支持高精尖经济结构构建。强化政策引领，海淀区政府出资600万元用于支持海淀区国家高新技术产业标准化试点等10个方面的标准化相关工作；强化标准创制，成立了“中关村标准”战略委员会，国际标准化组织（ISO）原主席和3位中国工程院院士受聘成为战略委员会委员；深入推进百城千业万企对标达标提升专项行动和企业标准“领跑者”行动。二是促进产业结构调整。推进节能低碳和循环经济标准化，发布3项能耗限额标准，发布《能效领跑者评价导则》及5项节能监测标准。修编北京市新能源和可再生能源标准体系。发布2项物流标准，促进服务业持续健康发展。三是积极推进国家级标准化试点示范项目建设，15个各类国家级标准化试点示范项目通过考核验收，另有49个项目在建，15个新申报项目待批复。新建农业标准化基地72家，市级评优104家，标准化覆盖率达到60%。

以标准化促进发挥市场配置资源的决定性作用和更好地发挥政府的作用，深化标准化工作改革取得新成果。一是调整首都标准化委员会组成，新增国家卫生健康委员会和市政务服务管理局，调整后的成员单位涵盖5家国家部委单位、33个市级委办局以及天津市、河北省市场监管部门。二是推动建立政府与市场共同发挥作用的标准供给结构，《北京市标准化办法》被纳入全市立法计划。优化完善地方标准闭环管理。将第三方评价方式纳入评估指标，推动在重点领域开展第三方地方标准实施效果评估工作。团体标准化、企业标准化工作健康有序发展。推荐7家社团的34项团体标准申报2019年百项团体标准应用示范项目。截至2019年年底，全市有188家市级社团在全国团体标准信息平台完成了注册，累计发布了680项团体标准；累计有5200家企业在企业标准信息公共服务平台上自我声明公开了企业执行的有效标准26299项。2019年，新成立2个市级标准化技术委员会，完成1个标准化技术委员会换届和2个标准化技术委员会的人员调整工作。

（市市场监督管理局）

【2019年中关村标准化推动会召开】1月8日，中关村管委会和市市场监督管理局联合召开2019年中关村标准化推动会。会议总结了2018年中关村标准化工作，部署了2019年工作安排，中关村标准化协会发布第三批11项“中关村标准”名单。工业和信息化部、市场监管总局及《中国经济时报》的有关同志介绍标准联通“一带一路”建设、制造业高质量发展以及全球技术创新趋势与对策等政策与前沿趋势，各区市场监管局、各分园管委会和中关村标准化示范试点企业和联盟代表近300人出席会议。

（钟锌章）

【第三届国际标准化交流会在京召开】1月18日，

第三届国际标准化交流会在北京未来科学城举办。交流会由全国城市可持续发展标准化技术委员会(SAC/TC 567)、“互联网 + 节能”产业联盟和北京未来科学城管委会共同主办,国际标准化组织城市可持续发展技术委员会(ISO/TC 268)、中国标准化研究院、国家节能中心等相关部门和企业代表近140人参会。交流会上,相关政企负责人、专家学者聚焦低碳节能领域,围绕城市可持续与高质量发展,从宏观政策解读、国内外经验交流、建筑节能与绿色建筑领域团体标准管理创新与实践、“互联网 + 节能”技术展示及标准化能力建设等多个角度展开研讨,推广城市可持续发展理念。会议现场展示了未来科学城能源管理平台的建设与试运行情况。

(张少阳)

【《2019 年北京市地方标准制修订项目计划》公布】 2月25日,市市场监督管理局公布《2019 年北京市地方标准制修订项目计划》。围绕制定政府职责范围内的公益类标准,项目计划主要包含推动城市总体规划实施、推动高质量发展、增强科技创新中心的引领性和影响力、提升城市精细化管理水平、抓好文化中心建设、推动乡村全面振兴、推进民生保障精准化精细化等七大方面127项,涉及颗粒物监测、滑雪场所、自动驾驶、充电站、学生健康监测、养老机构、美丽乡村等重点项目。

(陈冬鑫)

【6 个实验动物地方标准获得立项】 2月,《实验动物 繁育与遗传监测》《实验动物 病理学诊断规范》《实验动物 寄生虫检测与评价》《实验动物 环境条件》《实验动物 配合饲料养分与卫生要求》《实验动物 微生物检测与评价》等6个实验动物地方标准作为一类项目获得立项。

(钟锌章)

【调研国家技术标准创新基地(中关村)建设】 3月5日,市场监督管理总局标准创新管理司领导调研国家技术标准创新基地(中关村)建设。调研组听取了基地建设情况,探讨了国家技术标准创新基地批复后的建设和管理、培养国际标准化人才等问题;强调中关村基地作为全国第一家批准建设的国家技术标准创新基地,应立足市场化、产业化、国际化原则,围绕首都科技创新中心建设和优化营商环境建设,将中关村基地打造成为标准创新金字招牌,建议结合下一步建设重点,从产业、标准、人才、机制、意识5个方面开展好各项工作。

(钟锌章)

【北京市公共卫生标准化技术委员会成立】 3月14日,北京市公共卫生标准化技术委员会(简称标委会)成立大会召开。标委会委员、各相关单位标准工作人员等100余人参加会议。第一届北京市公共卫生标准化技术委员会任期5年,秘书处承担单位为市疾病预防控制中心。标委会将在公共卫生领域开展标准化工作,分析本专业领域标准化的需求,协助行业主管部门开展标准制修订及标准的宣贯、培训等工作。

(曾利新)

【艾明当选 3GPP TSG CT 副主席】 3月18—19日,3GPP TSG CT#83 会议在深圳召开。该次会议进行 TSG CT 主席、副主席的换届改选工作,大唐移动通信设备有限公司标准部艾明当选 3GPP TSG CT 副主席。

(任 旭 钟锌章)

【北京市第三批农村综合改革标准化试点项目启动】 3月21日,市市场监督管理局组织召开北京市第三批农村综合改革标准化试点项目启动暨农业农村标准化工作会。来自相关委办局、相关区市场监督管理局及试点示范项目承担单位的近30名代表参会。北京市有2项第三批农村综合改革标准化试点项目——密云十里堡镇和延庆千家店镇,建设期3年,建设领域为美丽乡村建设。会议还进行农业农村标准化相关培训,宣讲农村综合改革标准化试点建设基本方法,解读《全国农村综合改革标准化试点示范项目管理办法》,分析项目建设和标准体系搭建的关键环节。

(孟凡蕊)

【45 项地方标准发布】 3月27日,北京市发布45项地方标准。其中,市市场监督管理局发布36项地方标准,与市规划自然资源委联合发布4项地方标准,与市住房城乡建设委联合发布5项地方标准。其中,首次制定标准34项、修订标准11项;按照涉及领域分为城市管理与公共服务标准17项、服务业标准7项、公共安全标准6项、工程建设标准9项、资源节约与利用3项、农业标准2项、环保标准1项。京津冀区域协同地方标准拓展至工程建设施工验收和旅游领域,发布《城市综合管廊工程施工及质量验收规范》《京津冀旅游直通车服务规范》,发布助餐服务、助医服务、康复服

务3项标准，发布3项节能环保标准，发布5项《安全生产等级评定技术规范》系列标准，发布3项电梯安全管理标准。

（陈冬鑫）

【北京市新一批国家级服务业标准化试点工作会召开】4月2日，市市场监督管理局组织召开北京市新一批国家级服务业标准化试点工作会暨培训会。来自市、区两级市场监督管理、卫生健康、民政、文化和旅游等相关部门，试点项目承担单位及市标研院等单位的30余人参加会议。北京市5个项目作为国家级服务业标准化试点项目，涉及征兵体检、孤残儿童养育、出境旅游、养老等领域，计划执行时间为2年，预计2020年年底完成建设。会上，北京软交所软件交易服务标准化试点单位交流标准化试点工作经验。市市场监督管理局标准化处布置标准化试点工作要求。会议就标准化基础知识、标准体系构建方法、试点建设过程及要点等内容进行培训。

（曾利新）

【2019年北京市技术标准制修订补助政策宣讲会举办】4月16日，市市场监督管理局组织召开2019年北京市技术标准制修订补助政策宣讲会，来自全市相关企事业单位、区市场监督管理局、北京市标准化研究院的近200人参加会议。会上，市市场监督管理局标准化处相关负责人介绍北京市开展2019年技术标准制修订补助工作的目的，讲解申报项目条件、申报单位资格、标准补助额度、申报材料、申报方式及要求、申报时间、联系方式等7方面内容，并进行政策解读和答疑。会计师事务所对申请单位所提供的财务资料的合规性、相关性、完整性进行讲解；市标准化研究院对近年来补助系统在申报过程中出现的常见问题进行解答。

（张少阳）

【第四十届ISO/IEC JTC 1/SC 6全会召开】4月22—26日，中关村无线网络安全产业联盟（WAPI产业联盟）承办第四十届ISO和国际电工委员会（IEC）第一联合技术委员会（JTC 1）第六分技术委员会（SC 6）全会。该次会议由中国国家标准化管理委员会主办，WAPI产业联盟和ISO/IEC JTC 1/SC 6国内技术对口单位共同承办。来自奥地利、加拿大、法国、德国、日本、韩国、俄罗斯、西班牙、美国、中国等10余个国家和地区，以及国际电信联盟标准部门（ITU-T）、美国电子电气工程师协会（IEEE）、NFC论坛（NFC Forum）等联络组织的百余位代表参加本次会议。

（任　旭　钟锌章）

【全国城市公共设施服务标准化技术委员会成立应用推广中心】4月，全国城市公共设施服务标准化技术委员会成立应用推广中心，由中关村乐家智慧居住区产业技术联盟承担，负责城市公共设施标准立项后的活动组织、标准宣贯、标准应用试点、应用实验室规划建设等工作。

（马立群）

【北京市养老服务标委会成立】5月17日，北京市养老服务标准化技术委员会召开成立会议，全体委员参加会议。第一届委员会任期5年，秘书处承担单位为北京养老行业协会，委员由来自国家和北京市行业主管部门、科研机构、社会团体、养老机构、居家养老服务企业的代表以及医疗护理、养老设施建设、标准化等领域的27名专家组成。北京市养老服务标准化技术委员会将分析养老服务领域标准化的需求，协助行业主管部门开展标准体系建设、标准制修订及标准宣贯培训等工作。

（李永华）

【国家级征兵体检服务标准化试点启动】5月31日，市征兵办公室、市卫生健康委、市市场监督管理局、市征兵体检指导中心共同举办征兵体检服务标准化试点启动仪式暨征兵体检工作动员部署和业务培训会。国家级征兵体检服务标准化试点由市体检中心承担。试点建设将不断完善北京市征兵体检机制，形成一套创新性、操作性、服务性强的征兵体检服务标准体系。

（曾利新）

【首部京津冀区域协同工程建设地方标准发布】6月25日，京津冀区域协同工程建设地方标准建设动员会暨首部施工类京津冀区域协同地方标准发布会召开。来自京津冀三地有关部门、各大企业、高校、科研单位等百余家单位的代表参加会议。会上，市住房城乡建设委、市规划自然资源委、市市场监督管理局、天津市住房城乡建设委、河北省住房城乡建设厅等5部门共同签署京津冀区域协同工程建设标准框架合作协议，计划未来3年制定涵盖海绵城市、绿色建筑、超低能耗建筑、建筑工业化、城市综合管廊和施工安全等6个领域19部区域协同标准。会上，发布首部京津冀区域协同工程建设地方标准《城市综合管廊工程施工及质量验收规范》。

（何陆翼）

【8 家中关村社会团体入选团体标准培优计划】7 月 10 日，中国标准化协会在北京召开团体标准培优计划启动会，中关村标准化协会、中关村视听产业技术创新联盟（AVS 产业联盟）、闪联信息产业协会、中关村半导体照明工程研发及产业联盟、中关村材料试验技术联盟、中关村智联软件服务业质量创新联盟、北京电信技术发展产业协会、中关村车载信息服务产业应用联盟等 8 家中关村社会团体以及其他 20 家社会团体入选团体标准培优计划。该计划旨在推动一批有基础、有潜力的社会团体成为在国内外有一定知名度和影响力的团体标准制定机构，制定一批高水平、高质量、高效益的团体标准，发挥标杆示范作用，带动中国团体标准工作水平的整体提升，更好地满足经济社会高质量发展的要求。

（任　旭　钟锌章）

【34 项地方标准发布】7 月 11 日，北京市发布 34 项地方标准。其中，首次制定标准 23 项、修订标准 11 项；按照涉及领域分为城市管理与公共服务标准 7 项、资源节约与利用 7 项、农业标准 7 项、环保标准 3 项、公共安全标准 3 项、卫生标准 3 项、信息化标准 3 项、工程建设标准 1 项。坚决打好污染防治攻坚战，发布《电子工业大气污染物排放标准》《加油站油气排放控制和限值》《低硫煤及制品环保技术要求》；提升节能水平，发布《数据中心能效监测与评价技术导则》等 7 项节能环保标准。截至 7 月，北京市节能低碳和循环经济标准专项累计完成 52 项，这些标准为应对气候变化、推进绿色低碳发展、加快转变经济发展方式、实现可持续发展提供技术支撑。

（陈冬鑫）

【2019 年北京市地方标准制修订增补项目计划公布】8 月 20 日，市市场监督管理局公布 2019 年北京市地方标准制修订增补项目计划，13 个项目列入计划，其中一类项目（制定项目）11 个，二类项目（研究项目）2 个。该次增补立项重点聚焦 4 个方面：在打好污染防治攻坚战方面，增补《车用柴油环保技术要求》《车用汽油环保技术要求》《施工工地扬尘视频监控和数据传输技术规范》等项目，着力支撑打赢蓝天保卫战，改善全市空气质量；在促进产业发展和质量提升方面，增补《地理标志产品 昌平草莓》项目，促进乡村相关产业优化，带动当地经济发展；在支撑冬奥会筹办方面，增补《公共场所双语标识英文译法 第 5 部分：医疗卫生》项目，推进国际交往中心建设，服务冬奥会等大型国际活动的筹办；在支撑能源计量工作方面，增补《城镇天然气能量计量技术要求》，落实国家天然气从按体积计量调整为按能量计量工作，保证天然气贸易结算公平、公正。

（陈冬鑫）

【国际标准创制专题研讨班举办】8 月 26—30 日，2019 年中关村国际化大讲堂 · 国际标准创制专题研讨班在中关村软件园国际会议中心举办。该次研讨班由中关村管委会主办，中关村标准化协会承办，特别邀请 ISO 原主席张晓刚以及标准与专利、通信、电力、机械等领域 10 余位国际标准化专家进行授课。研讨班采取理论与实践相结合的授课方式，设置国际标准与知识产权、国际标准的使用方法、国际标准的标准必要专利等热点话题，并以案例形式分享组织行业和相关技术领域参与国际标准化活动的经验、企业国际标准化实践及国际化标准服务优秀案例。市场监管总局标准创新司、中关村管委会相关领导出席开班仪式并讲话，来自中关村示范区企业、社会组织以及相关单位的近百人参加培训。

（钟锌章）

【第九批国家级农业标准化示范区项目验收】8—10 月，市市场监督管理局受国家标准委委托，按照《国家农业标准化示范区管理办法（试行）》和《国家农业标准化示范项目绩效考核办法（试行）》的要求，组织专家分别对北京市 5 个第九批国家级农业标准化示范区项目进行考核，5 个示范区项目均通过验收。市园林绿化局，有关区政府农业、园林绿化、市场监管部门，示范区承担单位、参加单位主管领导参加考核工作。

（孟凡蕊）

【全球首颗基于 AVS3 标准的 8K 解码芯片诞生】9 月 13 日，在荷兰阿姆斯特丹举办的全球最大广播电视行业展会 IBC2019 上，中关村视听产业技术创新联盟联合海思半导体、当虹科技、广东省超高清视频创新中心和鹏城实验室发布首个基于 AVS3 标准的 8K 端到端解决方案，并同时推出全球首颗基于 AVS3 标准的支持 8K 分辨率、120P 的超高清芯片——Hi3796CV300。AVS3 是 AVS 产业联盟制定的第三代音视频编解码技术标准，将为新兴的 5G 媒体应用、虚拟现实媒体等提供技术规范，引领未来5～10年8K超高清和VR视频产业的发展。

（钟锌章）

【“中关村标准”战略委员会成立】 9月19日，“中关村标准”战略委员会成立暨工作研讨会在京召开，“中关村标准”战略委员会正式成立，中国工程院院士邬贺铨、干勇、赵宪庚，原国务院参事张纲，ISO前主席张晓刚等5位专家受聘成为首批委员。该委员会旨在更高层面谋划指导“中关村标准”战略规划布局，为“中关村标准”运营策略、推广模式、技术发展趋势等关键重大发展方向提出建议。委员会的成立将有助于指导中关村标准化工作更好地落实国家标准化战略，实现“中关村标准”国际化、市场化、产业化、高质量发展，打造国际化的“中关村标准”品牌，为中关村建设成为具有全球影响力的科技创新中心提供支撑。

（任　旭　钟锌章）

【戴石锋获“ISO/TC 256杰出贡献奖”】 10月9—11日，ISO/TC 256“颜料、染料和体质颜料”国际标准委员会第10次全会在德国柏林举行。会上，中关村华清石墨烯产业技术创新联盟秘书长戴石锋获“ISO/TC 256杰出贡献奖”，这是继2017年中国专家王跃林获第一届奖项后第二位获此殊荣的中国专家。

（钟锌章）

【北京市2019年技术标准制修订补助项目公布】 10月12日，市市场监督管理局公布2019年技术标准制修订补助项目，对92家单位158个标准项目给予1200万元补助。其中，国际标准7项、国家标准88项、行业标准48项、地方标准15项。2019年补助结果有4方面特点：高新技术领域标准获得补助资金连续第六年实现占比第一，本年度高新技术领域标准获得补助资金占比37.1%；资源节约与环境保护领域标准获得补助资金连续5年成为仅次于高新技术领域的第二大领域，本年度资源节约与环境保护领域标准获得补助资金占比16.9%；服务业领域标准获得补助比例增幅明显，服务业领域标准获得补助资金比例从2014年的2.2%增加到2019年的6.7%；企业参与标准创制热情高涨，本年度55.5%的补助资金由企业获得。

（张少阳）

【39项地方标准发布】 10月14日，北京市发布39项地方标准。其中，首次制定标准32项、修订标准7项；按照涉及领域分为公共安全标准18项、工程建设标准6项、资源节约与利用标准6项、农业标准4项、城市管理与公共服务标准3项、环保标准1项、信息化标准1项。落实北京城市总体规划，发布《城市综合客运交通枢纽设计规范》；坚决打好污染防治攻坚战，发布《建设用地土壤污染状况调查与风险评估技术导则》；助力促进城市南部地区加快发展，发布《工业开发区循环化技术规范》；提升节能水平，发布《超低能耗居住建筑设计标准》等节能环保标准；提升安全生产管理水平，发布13项《安全生产等级评定技术规范》系列标准；加强电梯安全管理，发布《电梯应急呼叫及应急照明系统技术要求》。

（陈冬鑫）

【2019年世界标准日纪念会召开】 10月14日，市市场监督管理局、首都标准化委员会办公室在国家会议中心召开2019年世界标准日纪念会议，市场监督管理总局标准创新管理司司长崔钢，市市场监督管理局局长、首都标准化委员会副主任冀岩出席会议并讲话。来自首都标准化委员会各成员单位、各区市场监督管理局、市标准化研究院、北京标准化协会、各市级标准化技术委员会、2019年北京市技术标准补助资金获得单位、国家级标准化试点示范项目承担单位的200余人参加会议。会上，宣读国际电工委员会（IEC）、国际标准化组织（ISO）、国际电信联盟（ITU）三大国际标准化组织世界标准日祝词。播放“标准国际化助力高质量发展”公益宣传短片。音视频产业联盟围绕世界标准日主题介绍音视频国际标准制定和应用情况，北京标准化协会介绍中国企业参与国际标准化工作情况，国家会议中心分享国家级会展服务标准化示范项目经验并进行标准化会展服务综合情景展示。

（何陆翼）

【社会信用标委会成立】 11月12日，北京市社会信用标准化技术委员会召开成立会议，全体委员参加会议。第一届委员会任期5年，秘书处承担单位为中关村企业信用促进会，委员由来自国家和北京市社会信用相关行业主管部门、科研机构、大专院校以及金融机构、信用服务机构、社会组织的33名专家组成。社会信用标委会将分析社会信用领域标准化的需求，协助行业主管部门开展标准体系建设、标准制修订、标准宣贯培训及实施效果评估等工作。

（何陆翼）

【中关村紫能生物质燃气产业联盟发布 4 项团体标准】 12 月 9 日，中关村紫能生物质燃气产业联盟组织在全国团体标准信息平台发布《生活垃圾宜生化性评价 生活垃圾宜生化—宜燃组分分析方法》（T/BGLM-0001.01—2019）、《生活垃圾宜生化性评价 发酵实验沼气产量测定（BG21）》（T/BGLM-0001.02—2019）、《生活垃圾宜生化性评价 呼吸活性参数测定（RA4）》（T/BGLM-0001.03—2019）、《生活垃圾宜生化性评价 易生化有机质沼气产量估算（BGQ）》（T/BGLM-0001.04—2019）4 项团体标准。4 项标准由北京环境工程技术有限公司主编，清华大学、中国农业大学、中央民族大学参编，规定了生活垃圾宜生化—宜燃组分分析方法的术语和定义、21 天发酵实验沼气产量的测定方法、4 天呼吸活性参数的测定方法、易生化有机质沼气产量估算的实验方法等。该 4 项标准的发布，为城镇生活固体废物生物降解特性评价及易生化有机质测试方面提供了依据。

（钟铮章）

【中关村 3 项团标入选工信部团标应用示范项目】 12 月 18 日，工业和信息化部发布《关于公布 2019 年团体标准应用示范项目名单的通告》。由中关村无线网络安全产业联盟（WAPI 产业联盟）、中关村材料试验技术联盟和中关村智能终端操作系统产业联盟分别组织制定发布的团体标准 T/WAPIA 028.3—2016《信息技术 安全技术 实体鉴别 第 3 部分：采用数字签名技术的机制》、T/CSTM 00053—2018《钢铁 碲含量的测定 氢化物发生—原子吸收光谱法》和 T/ZOSA 001—2018《智能终端 Web 应用编程接口（API）规范》入选 2019 年团体标准应用示范项目。

（钟铮章）

【中国自主研发的第二代数字电视标准成为国际标准】 12 月 20 日，由中关村企业北京数字电视国家工程实验室有限公司联合清华大学自主研发的第二代数字电视标准 DTMB-A 成为国际电信联盟（ITU）最新公布的“全球第二代数字电视传输标准”（标准号 ITU-R BT.1877-2），与欧洲 DVB-T2、美国 ATSC 3.0 并驾齐驱，位列国际三大第二代数字电视标准。这是继中国 DTMB 成为全球第一代四大国际标准后，中国再次打破欧美、日本垄断，使中国自主创新标准在国际科技角逐中脱颖而出，占据行业关键制高点。

（任　旭　钟铮章）

【57 项地方标准发布】 12 月 31 日，北京市共发布 57 项地方标准。其中，首次制定标准 46 项、修订标准 11 项；按照涉及领域分为城市管理与公共服务标准 27 项、工程建设标准 9 项、资源节约与利用 6 项、公共安全标准 5 项、卫生标准 4 项、服务业标准 3 项、农业标准 3 项。坚决打好污染防治攻坚战，发布《施工工地扬尘视频监控和数据传输技术规范》；提升城市规划建设水平，发布《有轨电车工程设计规范》《智慧工地技术规程》；支撑北京市海绵城市建设，发布《海绵城市建设效果监测与评估规范》《海绵城市建设效果监测与评估规范》；提升节能水平，发布《生活垃圾收集运输节能规范》等 4 项节能标准；提升安全生产管理水平，发布 2 项《安全生产等级评定技术规范》系列标准；加强特种设备安全管理，发布《在用氨制冷压力管道 X 射线数字成像检测技术要求》。

（陈冬鑫）

【首都标准网建设】 年内，首都标准网数据库标准题录数据总量 636850 条，其中国家标准题录数据 60548 条、其他国家级别标准题录数据 2790 条、行业标准题录数据 131266 条、地方标准题录数据 24642 条、国外标准题录数据 417604 条。电子文本数量 482436 个，其中国家标准电子文本 54701 个、其他国家级别标准电子文本 2358 个、行业标准电子文本 103925 个、地方标准电子文本 8394 个、国外标准电子文本 313058 个。首都标准网为服务京津冀一体化协同发展、助力产业升级、疏解非首都功能持续发挥技术支撑作用。

（王海虹　肖艳娟）

【2019 年科技计划专项累计产生各类标准 549 项】 年内，市科委科技计划专项支持项目累计产生各类标准 549 项，项目支持资金总额超 4.9 亿元。其中，涉及国际标准 9 项、国家标准 116 项、行业标准 85 项、地方标准 42 项、企业标准 297 项。从领域分布看，现代农业领域居首位，共计 169 项，其他依次是生物医药 92 项、节能环保 64 项、医疗卫生 55 项、社会发展 29 项、新材料 28 项、电子信息 26 项、先进制造 19 项，其他领域 67 项。

（钟铮章）

【有效北京市地方标准 1712 项】 年内，全市现行有效地方标准1712项。按涉及领域划分为资源节约与利用206项、环保76项、城市运行管理与公共服务325项、公共安全204项、农业386项、服务业130项、信息化64项、卫生27项、工程建设257项、工业7项、其他30项。按照标准性质分为强制性标准131项、推荐性标准1581项。2019年，发布地方标准180项。按涉及领域划分为资源节约与利用23项、环保6项、城市运行管理与公共服务53项、公共安全36项、农业16项、服务业10项、信息化4项、卫生7项、工程建设25项。按照标准性质划分为强制性标准6项、推荐性标准174项。

（钟锌章）

【北京市专业标准化技术委员会21个】年内，北京市共有地方专业标准化技术委员会21个。

（钟锌章）

【牵头组织制定国际标准和国外先进标准88项】年内，北京市和中央在京单位牵头组织制定ISO、IEC、ITU国际标准53项，3GPP、IEEE国际先进标准35项，共计88项。

（钟锌章）

【承担国际标准化组织秘书处50个】年内，北京和中央在京单位承担ISO、IEC有关TC/SC秘书处50个。

（钟锌章）

计　量

【概述】2019年，市市场监督管理局组织推行国家法定计量单位，承担北京市计量基准、计量标准、计量标准物质和计量器具管理工作，组织量值传递溯源和计量比对。实施国家计量技术规范，组织拟订、修订及实施地方计量技术规程和技术规范。承担商品量、市场计量行为、计量仲裁检定和计量技术机构及人员监督管理工作。规范计量数据使用。计量管理方面，办理新建计量标准器具49项，复查计量标准器具110项，封存和撤销35项；计量器具型式批准240个。试点开展水表出厂检定和使用中的首次检定合并实施工作，升级改造北京市计量器具强制检定公共服务管理系统，实施注册计量师告知承诺制、定量包装商品计量保证能力（C标志）使用自我声明制度。计量宣传方面，组织开发区能源计量项目启动会、“首都之窗”访谈、科技周科普宣传、争优创先大讲堂、实验室开放等活动。计量培训方面，开展区市场监督管理局行政执法人员培训、全市计量授权单位和各区局、分局计量科人员业务培训、地方计量技术规范培训。计量保障方面，开展验光仪、压力表项目计量比对。计量技术改造项目投入400万元，完成燃气表、水表、加油机、出租汽车计价器、心脑电图机等计量标准器具采购工作。围绕加强国家生态环境监测治理产品质量监督检验中心建设，投入3500万元，重点在环境保护、电离辐射等方面提升基础能力。实施社会公用计量标准升级改造。计量执法检查、监督审查方面，开展计量器具产品质量监督抽查、定量包装商品净含量监督抽查、商品过度包装检查、计量检定授权单位专项检查、能效标识产品监督抽查、专项计量监督执法检查。

（市市场监督管理局）

【京津冀发布5项共建计量技术规范】3月29日，京津冀三地市场监督管理局同时发布《数字温湿度计校准规范》《钳形泄露电流表检定规程》《耐电压测试仪检验仪校准规范》《水泥净浆搅拌机检定规程》《行星式水泥胶砂搅拌机检定规程》5项共建计量技术规范，并于4月29日实施。

（市市场监督管理局）

【全面实施定量包装商品生产企业计量保证能力自我声明制度】5月14日，市市场监督管理局召开北京市全面实施定量包装商品生产企业计量保证能力自我声明制度宣贯会，全市已取得定量包装商品生产企业计量保证能力合格标志（C标志）证书的约20家企业参会。会议向与会企业宣布《北京市市场监督管理局关于实施定量包装商品生产企业计量保证能力自我声明制度的公告》,详细解读定量包装商品生产企业计量保证能力自我声明制度工作流程。通过市场竞争机制实现企业守信自律、推进诚信计量体系建设,发挥企业主体作用、落实企业主体责任、维护消费者权益。

(市市场监督管理局)

【北京市国家重点能源资源计量服务示范项目推广启动会召开】5 月 16 日,市市场监督管理局在开发区组织召开北京市国家重点能源资源计量服务示范项目推广暨开发区能源计量检测服务工作启动会。国家市场监督管理总局计量司副司长张益群、市市场监督管理局副局长姚娉、开发区管委会副主任绳立成出席会议并讲话。相关政府单位负责人以及开发区 50 余家重点用能单位的能源计量工作负责人员参会。会上分享交流了 4 个领域的节能减排与能源计量经验。介绍了北京市能源计量围绕首都中心工作,聚焦节能减碳、缓堵治污和清洁空气行动等重点任务。为《国家重点能源资源计量服务示范项目》单位授牌,并部署 2019 年开发区能源计量审查与计量检测服务工作。

(市市场监督管理局)

【计量工作交流研讨会召开】5 月 23 日,市市场监督管理局组织召开计量工作交流研讨会,市市场监督管理局计量处全体人员、各区市场监督管理局主管副局长、计量科长、计量所长参会。会上,首先讲解各项计量业务工作,包括区局计量工作绩效管理、计量技术机构项目技改、计量器具强制检定、计量标准器具核准、计量仲裁检定、计量执法监督检查、计量比对、能效水效标识监管、能源计量监督检查、定量包装商品净含量监管、注册计量师、计量宣传等计量业务的工作范围、任务计划、难点重点等。各区局、分局围绕技术机构能力建设、强制检定布局、优化营商环境、深入“放管服”改革、执法监督检查等问题进行热烈讨论,并提出共享监管信息、加强人员培训、计量科普宣传常态化等建议。

(市市场监督管理局)

【计量比对工作启动会召开】5 月 23—24 日,市市场监督管理局组织召开验光仪、压力表项目的计量比对启动会,全市各区市场监督管理局、各区计量检测所、各相关计量授权单位、计量建标单位 140 余人参会。2019 年,验光仪计量比对组织全市各区计量检测所参加,压力表组织全市计量授权单位、计量建标单位参加。会上还对《计量比对方案》和相关计量技术法规进行宣贯,为保障检测量值准确,进一步明确验光仪计量比对活动采取集中检测的方式,压力表的计量比对活动采取“花瓣式”传递样品的方式进行。

(市市场监督管理局)

【能效水效标识、授权机构监督检查等计量工作培训】6 月 13—14 日,市市场监督管理局组织开展能效水效标识、授权机构监督检查等计量工作培训,全市各区市场监督管理局、原质监燕山分局计量科、市计量检测科学研究院、各市级授权单位的 70 余人参加培训。培训会议宣讲了法律法规和标准规范,重点对计量标准器具核准和计量授权工作中遇到的难点问题,以及能效标识、水效标识和能源计量监督检查工作重点内容进行了详细讲解和细致分析,特别是对能效、水效标识的投诉举报案例深入研讨。培训会部署 2019 年度计量授权专项监督检查工作。

(市市场监督管理局)

【轨道交通列车牵引能耗计量设备现场测试】6 月 18 日,市市场监督管理局组织北京交通发展研究院、北京市地铁运营有限公司、中国计量科学研究院赴北京地铁房山线对轨道交通列车牵引能耗计量设备开展现场测试。在列车运行过程中,利用地铁能耗在线校准仪,对地铁车辆能耗实时采集装置的直流电压、直流电流、直流电能等各项指标进行检测比对分析,计算测量误差。通过现场测量和对数据进行精密分析,一方面评判轨道列车牵引能耗计量设备的测量精度,为编制《轨道交通列车牵引能耗计量设备技术要求》《轨道交通列车牵引能耗计量设备现场校验规范》等计量技术规范积累第一手数据资料;另一方面,分析和查找影响地铁列车电能消耗的影响因素,发掘北京地铁运营管理节能潜力,提出针对性节能减排措施建议,提高轨道交通能耗计量水平,为提升轨道交通节能减排精细化管理水平提供技术支持。

(市市场监督管理局)

【北京市南水北调计量】6 月 24 日,市市场监督管理局组织中国计量科学研究院、市计量院的流量计量技术专家赴市南水北调南干渠管理处现场开展郭公庄分水口和黄村分水口大口径电磁流量计计量工作。市市场监督管理局相关人员讲解《中华人民共和国计量法》在强制检定方面的工作要求和有关政策措施的推进情况，分析强检和校准在量值溯源方式上的相同点以及管理方式上的差别，并针对市南水北调工程中用水计量的法制性管理需求，提出实现大口径流量计计量精度科学评判的规程规范制定、大数据管理创新等一整套解决方案。专家从计量专业技术的角度分析了影响大口径流量计计量精度的流速、运输、装卸以及使用现场的环境等因素，并提出适合北京南水北调工程的各种技术方案。

（市市场监督管理局）

【国家能源资源计量示范研讨会召开】7月11日，市市场监督管理局组织召开开发区能源计量审查和检测比对实施方案评审暨国家能源资源计量示范研讨会。国家市场监管总局计量司产业与资源环境计量处处长朱美娜、市市场监督管理局计量处负责人、项目实施单位北京经开智控能源管理股份有限公司代表参会，会议还邀请了来自中国计量协会、航天科工、航天科技、北京节能环保中心、节能监察等单位的12位节能计量与节能服务资深专家组成评审组，对《北京经济技术开发区能源计量审查及检测比对实施方案》进行评审，并对推进国家能源资源计量示范研讨交流。会上，详细讲解了能源计量检测服务的工作流程，以及研究典型高耗能设备节能技术方案、制订《开发区能源计量标准规范体系规划》、编制《开发区能源计量基础能力建设研究报告》的纲要内容。在评审环节，节能计量与节能服务等领域的资深专家对能源计量检测流程和方式、计量器具审查的覆盖面、《重点用能单位计量检测分析报告》的内容设置都提出建设性意见，提供可借鉴的案例、可合作的部门、可整合的资源，并对数据的使用分析和目的意义深入探讨。

（市市场监督管理局）

【水表出厂检定和首次检定合并实施】7月16日，市市场监督管理局赴京源中科科技股份有限公司研究水表出厂检定和首次检定合并实施工作。参观京源中科科技展示中心，考察企业生产和出厂检定情况，重点观摩出厂检定信息化系统。该信息化系统对接市计量器具管理服务平台，实现水表检定原始记录电子化和证书电子化，支撑水表出厂检定和首次检定合并工作。通过计量授权和信息化管理手段，实现水表生产企业出厂检定和首次检定合并实施，是贯彻落实"放管服"改革的典型工作案例。

（市市场监督管理局）

【出租汽车计价器检定研究】7月31日，市市场监督管理局联合市交通委对全市出租汽车计价器检定情况进行研究。旨在为出租汽车企业提供高效、便捷的检定服务，确保出租车量值准确可靠，维护广大消费者的合法权益。市市场监督管理局计量处、市交通委出租（租赁）汽车管理处、朝阳区市场监督管理局负责人以及部分出租汽车生产企业、出租汽车运营单位负责人参加。市市场监督管理局和市交通委共同研究了下一步对新能源出租汽车检测的工作规划。

（市市场监督管理局）

【计量器具强制检定业务培训】8月14日，市市场监督管理局组织开展计量器具强制检定业务培训，全市各区市场监督管理局计量检测所负责人、信息化系统管理人员、业务办理大厅负责人、业务骨干等60余人参加培训。培训结合当前事业单位分类改革、强制检定停征收费、机构改革、取消垂直管理等政策背景，以及北京市"互联网＋政务"、"一网通办"、市场监管总局 e-CQS 等工作要求，对《中华人民共和国计量法》《中华人民共和国计量法实施细则》《中华人民共和国强制检定的工作计量器具检定管理办法》《中华人民共和国强制检定的工作计量器具明细目录》等法律法规进行宣传贯彻，对强制检定工作的申请、受理、检定、送达等各环节标准进行了全方位培训。对市强制检定计量器具公共服务信息系统用户申报审核、计量标准器具检测、委派其他检定机构、移动终端下场服务等功能进行说明。

（市市场监督管理局）

【抽查正式发行出版物的计量单位使用情况】8月16日，市市场监督管理局启动在全市范围内对正式发行的出版物开展计量单位使用情况专项监督抽查。本次监督抽查重点为北京市报纸、科技图书和大中小学教科书3种类型的出版物。通过专项监督抽查，查找出版物中计量单位的错误使用情况，加强《中华人民共和国计量法》《国务院关于在我国统一实行法定计量单位的命令》等法律法规的宣传，将法定计量单位的使用规范告知各出版单位，明确各出版单位的主体责任，加强对从业人员的教育，提高其正确使用计量单位的意识。

（市市场监督管理局）

【压力表项目计量比对总结会召开】11月27日，市市场监督管理局组织召开压力表项目计量比对总结会。市局计量处负责人、主导实验室主管部门领导和来自北京市的 8 家计量授权单位和 22 家企事业单位的 70 余人参会。会上，主导实验室对本次计量比对中发现的计量标准器配备、检定人员操作、原始记录和检定证书不规范、不确定度评定问题进行了汇总、分析。计量专家就压力表计量检定规程、实际操作注意事项和不确定度评定问题进行有针对性的授课。计量处负责人要求各单位要以本次计量比对暴露出的问题为导向，查找工作的差距与不足，加强对计量标准器具的科学、规范配置和管理，强化不确定度评定等计量知识培训，提升计量检定人员对规程的认知水平，做好计量支撑。

（市市场监督管理局）

【节假日开展商品包装专项检查】 年内，市市场监督管理局围绕中秋、国庆节假日开展商品包装专项检查。重点检查月饼、茶叶、加工农副商品、酒精饮料（包括白酒、红酒、黄酒等）等 4 类商品是否存在过度包装现象。并将样品送市计量检测科学研究院检验。通过本次监督检查，加强对 GB 23350—2009《限制商品过度包装要求　食品和化妆品》国家标准以及相关法律法规的宣传。

（市市场监督管理局）

【2019 年计量检定授权单位监督检查】 年内，为加强对计量检定授权单位的监督管理，市市场监督管理局对 17 家市级计量检定授权单位开展 2019 年专项监督检查。检查工作分为 3 个阶段实施，分别是授权单位自查、检查小组监督检查和授权单位整改提升。通过此次专项监督检查，进一步完善了计量检定授权单位计量管理制度，规范了计量标准器具等计量设施维护和体系运行管理水平，提高了计量检定工作质量，保障了量传溯源体系服务社会的安全性，有利于更好地为企业、社会提供优质、高效的计量技术服务，也为政府计量行政部门依法实施计量监督提供了坚实的技术保证。

（市市场监督管理局）

产品质量监督

【概述】 2019 年，市市场监督管理局贯彻落实国家市场监管总局和市委、市政府的决策部署，牢牢把握首都城市战略定位，坚持以“保障质量安全、促进质量提升、服务优质供给”为主线，健全以监督抽查为主要方式的监督检查制度，突出重点、聚焦难点、精准发力，依法惩治质量违法行为，着力防范产品质量安全风险，着力推进营商环境优化，着力促进首都高质量发展，不断提升人民群众的质量获得感、满意度。

完成重大活动保障任务，完善产品质量监督工作体系。开展产品质量监督抽查工作，全面推行产品质量监督抽查计划、监督抽查方案、承检机构选择、抽查结果“四公开”，依法查处违法违规企业，着力提升监督抽查工作效能。按照国家和市委、市政府关于持续推进简政放权、放管结合、优化服务，不断提高政府效能的要求，做好工业产品生产许可工作。

完成大气环境相关重点产品质量监督，打好首都“蓝天保卫战”。围绕危险化学品、劣质安全帽、安全生产及燃气安全等重点产品开展质量安全专项监督。

（市市场监督管理局）

【2019 年工业产品质量监督抽查和风险监测工作部署会议召开】 4 月 18 日，市市场监督管理局召开 2019 年工业产品质量监督抽查和风险监测工作部署会议，部署 2019 年工业产品质量监督抽查和风险监测工作任务，并对抽样检验报告出具等工作进行了培训。会议要求各承检机构严格按照 2019 年工业产品质量监督抽查和风险监测工作计划和产品质量监督抽查（监测）方案要求完成相应产品的抽样和检验工作，并对近 2 年曾经出现过不合格产品的生产企业进行跟踪抽查，规范填写抽查文

书，不得擅自改变抽样方法、检验项目和判定规则；工作过程中应加强标准跟踪和内部管理，严格检验报告审查，客观、公正、准确地出具检验结果，按时报送相应材料；检验工作结束后，认真总结分析检测结果，撰写工作总结报告。严格执行北京市有关财务制度、专款专用、严格产品质量监督抽查专项经费支出与管理。

（市市场监督管理局）

【2019年产品质量监督工作视频会议召开】5月27日，市市场监督管理局召开2019年产品质量安全监督工作视频会议。市市场监督管理局党组成员、总工程师宋同飞出席会议，市市场监督管理局产品质量安全监督管理处全体人员，原市质监局稽查总队、投诉举报中心负责人，各区局产品质量安全监管主管局长、科室负责人，各区原质监局稽查队负责人参加会议。会上，产品质量安全监督管理处负责人对2019年产品质量安全监管相关工作进行通报，解读了2019年市、区两级质量安全监管部门，做好《北京市重点工业产品质量安全监管目录》《2019年北京市产品质量监督抽查计划》的落实，有效履行产品质量安全监管职能；从严做好工业产品生产许可企业后续监督管理、严格履行安全生产领域产品质量监督管理职权和涉及大气污染治理领域产品质量监管等2019年重点领域产品质量监督工作，以及落实市政府和国家市场监管总局关于专项整治工作的相关要求。宋同飞深刻分析了新形势下产品质量监督工作面临的新任务、新机遇和新挑战。他要求，全系统要站在战略和全局的高度，抓住历史机遇，不负时代担当；要切实增强“四个意识”，落实“三个转变”；要认清形势，准确把握党和人民群众的要求，落实好2019年市委、市政府和市局党组部署的任务要求，全面加强质量监管、全面夯实质量共治基础。

（市市场监督管理局）

【完成重大活动保障任务】年内，市市场监督管理局顺利完成重大活动的保障任务。一是精益求精，完成国庆70周年联欢活动烟花燃放保障。针对天安门地区建筑多、联欢活动人员密集等复杂环境，结合创意编排，组织开展产品风险评估，在国家标准的基础上，对礼花弹及“光柱”等特效烟花的重要技术参数进行了提高和补充，制定质量验收标准，为烟花表演圆满成功奠定了坚实基础。积极与产地对接，组织开展烟花产品质量验收检验，累计检验烟火药120种、烟花成品347种、运输包装155种。逐一加贴标识，逐一运京核验，实现从生产到使用全链条管控，有力保障了烟花表演“万无一失”。二是配合联欢活动筹备方对演出使用的手持电子光影屏产品，在防水、电池及电子线路安全、显示效果等方面开展评估检测，指导供应单位做好品控，妥善解决产品防水隐患。三是完成北京世园会开幕式焰火产品质量验收。按照工作部署，克服时间紧、情况变化快等不利因素，积极与生产企业、产地监管部门对接，组织相关检验机构对北京世园会燃放的烟花进行验收，确认全部规格的抵京产品均检验合格。

（市市场监督管理局）

【完善产品质量监督工作体系】年内，市市场监督管理局不断完善产品质量监督工作体系。一是转变以往以监督抽查为主的监督检查方式，统筹运用执法检查、监督抽查手段，在“三无”产品查处、进货查验制度等方面督促市场主体履行质量主体责任。结合“双随机”检查等要求，依据职权，梳理编制《产品质量安全监督检查指导手册》，提升产品质量监督的工作效能。二是逐步建立产品质量安全强制标准体系，加强产品强制标准的归集和解读、对基层监管部门的指导、对社会公众的宣传，守好安全底线，以规则促进市场秩序。三是统筹分析、梳理生产流通环节监督抽查工作特点，逐步实现抽查计划统一、抽查实施方案统一、抽查后处理规则统一。

（市市场监督管理局）

【开展产品质量监督抽查】年内，市市场监督管理局继续开展产品质量监督抽查工作，全面推行产品质量监督抽查计划、监督抽查方案、承检机构选择、抽查结果“四公开”，依法查处违法违规企业，着力提升监督抽查工作效能。一是梳理法律法规及行政职权，统筹市场监管总局以及北京市重点任务，分析近年来媒体社会关注热点以及投诉举报等反映的产品质量安全问题，公开征求公众意见，制定了《北京市重点工业产品质量安全监督目录》和《2019年度产品质量监督抽查和风险监测工作计划》，加强抽查工作统筹；二是归集产品国家标准、行业标准，围绕涉及人身安全等重要指标，组织制订、公开120余种产品的监督抽查技术方案；三是全年累计抽取样品9638组，发现不合格样品809组，针对发现的不合格产品及经营主体，已转交相关区局依法进行处理；四是依法公开产品质量状况公告 67 次。

（市市场监督管理局）

【工业产品生产许可】年内，市市场监督管理局在工业产品生产许可工作方面，按照国家和市委、市政府关于持续推进简政放权、放管结合、优化服务，不断提高政府效能的要求，进一步优化全程网办，实施电子证书，一企一证；压减审批时限，根据《北京市政府审改办关于压减部门政务服务事项办理事项的通知》要求，将重要工业产品生产许可核发时限由 30 日压减至 10 日，压减比例达 66%；实施先证后核审批方式的，审批时限由 10 日压减至 4 日，压减比例达 60%；受理时限由 5 日压减至 1 日。落实《国务院关于调整工业产品生产许可证管理目录加强事中事后监管的决定》要求，许可管理目录由 24 类压减至 10 类。优化申报系统，更新官网公示及办事指南，修订重要工业产品核发工作标准，组织编制《北京市工业产品生产许可证管理暂行规定》。

（市市场监督管理局）

【大气环境相关重点产品质量监督】年内，市市场监督管理局加强大气环境相关重点产品质量监督。一是全年累计抽查车用油品、车用尿素溶液和涂料胶黏剂等 5 种涉及生态环境安全的产品 2424 组，针对发现的不合格产品及经营主体依法进行了处理。二是推动成品油相关主体档案建设。梳理北京市危险化学品经营许可证、成品油零售经营批准证书以及营业执照等相关数据，组织区局对加油站进行摸排，为油品主体档案建设奠定基础。对于油品使用单位，组织各区局结合摸排，将“三油并轨”政策、标准等情况采取宣传贯彻或告知等方式，指导相关主体执行。

（市市场监督管理局）

【围绕重点产品开展质量安全专项监督】年内，市市场监督管理局围绕重点产品开展质量安全专项监督。一是印发了《关于开展危险化学品等产品质量专项监督检查工作的通知》，在重点检查生产企业的基础上，突出销售领域，以危险化学品、儿童用品、化肥等 14 类产品为重点检查产品，以大型商超、专业市场区域为重点检查区域，发挥执法优势，以“三无”、产品资质、销售台账为重点检查内容，开展执法检查，督导经营主体切实履行产品质量义务，维护市场秩序。共计检查经营主体 3344 家次，同时对重点销售市场开展行政指导、行政约谈 628 次，开展宣传活动 530 次，有效督促经营主体履行进货检查验收等制度，保证产品质量。二是针对媒体曝光劣质安全帽的有关问题，先后印发了《北京市市场监督管理局关于开展安全帽产品质量专项监督检查的紧急通知》（京市监发〔2019〕51 号）和《关于转发北京市安全生产委员会办公室关于开展假冒伪劣安全帽清理整治专项行动的通知》，组织对全市安全帽生产及销售主体开展专项检查，重点查验生产企业资质、产品标识标注、进销货台账、标准符合性等方面，严厉打击制售假冒伪劣安全帽的违法行为，检查生产、销售企业 2468 家，对 2 家企业实施责令改正。三是按照国家及北京市安全生产及燃气安全专项检查等相关要求，组织对全市液化石油气生产、销售主体开展核验检查工作，重点核查北京市 208 家液化石油气生产、销售市场主体生产经营状态，建立液化石油气生产、销售主体台账，同时告知相关主体《城镇燃气管理条例》《北京市燃气管理条例》等法律法规要求，核验其气体来源、气质证明等进货验收查验情况，对于不能提供有效证明材料的主体要开展抽样检验。

（市市场监督管理局）

科技合作与交流

国内科技合作与交流

【概述】2019年，搭建区域创新平台，积极落实区域科技合作相关协议，重点与宁夏、江西、沈阳、贵阳、湖南、重庆等10个地区13批次2000余人次进行对接合作，先后组织参加赤峰·中国北方农业科技成果博览会、京赣科技资源交流大会、京赣能源环保领域对接交流活动、沈阳市科技成果对接会、京桂科技创新合作推介会等重要活动5次，促成20余个项目达成合作意向，实现北京科技资源与合作省市的资源互补，促进协作地区产业转型升级。推动脱贫攻坚。主动开展科技扶贫、产业扶贫、智力扶贫、消费扶贫等工作，实现扶志、扶智、扶技相结合，在京冀、京蒙、京和科技帮扶工作中取得良好成效。在河北建立一批北京科技特派员产业扶贫工作站，重点推动河北省赤城县扶贫项目落地，签署9个共建合作协议，带动技术、生产、销售全产业链共同发展，确保脱贫有实效。完善新时期京津冀协同创新顶层设计工作；全面落实京津冀协同创新重点任务；加强京津冀协同创新政策的研究力度，京津冀协同创新共同体建设取得初步成效。依托国内论坛和学术会议，组织首都科技人才与知名大学、科研机构以及相关组织和个人开展学术交流，强化科技学术交流与合作。

（市科技史志办公室）

国内科技合作

【赴丰宁对接产业扶贫工作】1月17日，市科委农村中心组织中国农业科学院农产品加工研究所、市农林科学院相关专家赴河北丰宁调研北京科特派（丰宁）产业扶贫工作站建设和运行情况。农村中心一行深入北京科特派（丰宁）蔬菜产业扶贫工作站和北京科特派（丰宁）食用菌产业扶贫工作站听取汇报，同时与丰宁满族自治县科学技术和地震局及7个工作站的9家企业代表，以及农牧局、林业办、蔬菜办的相关领导参加座谈交流会，了解丰宁农牧业的发展现状、各个工作站的建设情况及科技需求。

（王伟娟　赵淑红　赵　娣　张丽娜）

【赴赤城开展科技扶贫调研活动】2月28日—3月1日，市科委农村中心主任李志军带队，会同有关企业负责人等共18人赴河北省赤城县开展“6＋1”科技扶贫计划调研对接活动。赤城县县长赵红革等领导参加了此次活动。调研组一行先后到样田乡科技扶贫示范园、华耐科技园区、赤城县盛丰农业有限公司等地调研，并召开了样田科技扶贫示范园建设与赤城县十大扶贫园区科技需求座谈会。

（王伟娟　赵淑红　赵　娣　张丽娜）

【对口帮扶赤城科技扶贫工作座谈会召开】3月20日，市科委农村中心组织召开2020年赤城科技扶贫工作座谈会，市科委农村中心、赤城县农牧局领导及有关人员参加了会议。会上，双方分别介绍了2020年科技扶贫工作的思路和想法，围绕赤城科技扶贫重点工作和科技需求进行了深入细致的探讨和交流，并在5个方面达成共识：一是2020年赤城的科技扶贫工作由北京易农农业科技有限公司牵头，带领十大园区主体开展工作；二是由易农农业科技有限公司统一团购安全投入品、水肥一体机等农业种植材料，达到蔬菜统一标准种植，保证蔬菜生产安全；三是加强农产品安全检测，建立物联网农产品质量追溯系统；四是研究制订大棚冬季应用方案；五是提前谋划2020年种植计划，做好相关的种苗繁育工作。

（王伟娟　赵淑红　赵　娣　张丽娜）

【市科委帮扶赤城有机生产技术培训班举办】3月22日，市科委农村中心与河北省赤城县政府共同举办市科委对口帮扶赤城县有机生产技术培训班，来自赤城县十大扶贫产业园区、专业合作社和种植大户等20余人参加培训。此次培训邀请了市农林科学院蔬菜中心、植环所的专家就蔬菜育苗技术、蔬菜病虫害绿色防控与生态有机生产的关键技术进行授课，并邀请中国农业科学院饲料研究所、博物风土（北京）认证服务有限公司、东周丰源（北京）有机农业有限公司的专家就有机农业的现状与趋势分析、有机生产与土培健康、有机产品与有机认证课程进行了讲解和分享。

（王伟娟　赵淑红　赵　娣　张丽娜）

【市科委农村中心与通辽市科技协作工作座谈会召开】3 月 22 日，市科委农村中心与内蒙古通辽市科技局召开了科技协作工作座谈会。座谈会上，通辽市科技局副局长王梅玲全面介绍了通辽市农业产业发展的科技需求。通辽市科尔沁牛业在牛肉深加工、智慧冷库建设和肉类产品销售等方面提出了更具体的科技需求，库伦旗油鸡养殖合作社提出了在北京油鸡养殖和油鸡销售方面的需求。美菜网表示与通辽市科尔沁牛业的合作可以着眼于基金投放、冷库建设和运营、牛肉及其制品销售等多个方面，北京利民恒华有限公司表示愿意与通辽市科尔沁牛业在肉酱加工、销售方面展开合作，北京蓝美莓农业有限公司表示愿意继续支持库伦旗油鸡养殖和销售。

（王伟娟　赵淑红　赵　娣　张丽娜）

【京蒙科技帮扶万只北京油鸡落地乌兰察布】5 月 7 日，市科委农村中心将 1 万只北京油鸡鸡苗赠送给乌兰察布市的贫困户，并表示将继续做好油鸡产业科技扶贫项目的跟踪服务，积极帮助解决项目实施过程中遇到的困难和问题，确保项目顺利实施，以油鸡产业的“星星之火”点燃乌兰察布科技扶贫新引擎，助力乌兰察布察右前旗和凉城县的相关建档立卡户早日脱贫致富；北京油鸡产业扶贫项目再次落地乌兰察布，将通过北京蓝美莓农业有限公司在乌兰察布的养殖基地示范养殖带动察右前旗和凉城县建档立卡贫困户 50 余户精准脱贫。

（王伟娟　赵淑红　赵　娣　张丽娜）

【加强京赣合作】5 月 18 日，市科委组织 25 家科研单位与企业参加由市科委与江西省科技厅共同主办的第十一届中部博览会专场活动——科技资源开放共享论坛暨能源环保领域技成果对接会。会议由江西省科技厅厅长万广明主持，江西省副省长吴晓军、市科委副主任张光连出席会议并致辞。江西作为中部崛起的重要省份，面临经济转型和飞跃式发展的大好机遇，为两地科技合作提供了广阔的舞台。市科委将充分利用创新资源优势，积极参与并推动江西城市建设及产业转型升级改造。会上，江西省华赣环境集团分别与中石油安全环保技术研究院、中国兵器工业集团北京北方节能环保有限公司、北京雪迪龙科技股份有限公司、中关村绿创环境治理产业技术创新战略联盟签署战略合作协议，东华理工大学与中关村绿创环境治理产业技术创新战略联盟签署战略合作协议。

（市科委官网）

【参加 2019 年沈阳市科技成果对接会】5 月 27 日，北京技术交易促进中心组织参加由沈阳市政府主办、沈阳市科技局等单位承办的 2019 年沈阳市科技成果对接会。此次对接会旨在加速释放和激活沈阳的科技创新资源优势，提高科技成果在沈阳本地的转化率，开创科技成果转化新局面。作为京沈科技合作的一向重要内容，展会特地设置了京沈合作科技成果展区。北京技术交易促进中心携中国国际技术转移中心、首都科技条件平台、首都创新大联盟、国际注册技术转移经理人认证培训、北京重点实验室、国际技术转移中心项目等多方面、多种类的资源参与了展会对接，并考察了中国国际技术转移中心沈阳分中心，同时对接了东北科技大市场。

（北京技术交易促进中心）

【台湾参访团到访北京科技协作中心】5 月 31 日，京交会台湾参访团一行 6 人到访北京科技协作中心，就进一步推动京台两地高新技术产业对接与合作进行交流。双方就京台两地技术成果转化、人才互通、行业规范标准，以及互借经验以提升两地科技服务业能力和水平等方面进行了充分交流。台湾参访团表示，希望能与市科技协作中心建立跨行业、多领域的战略合作联盟，对接成果与技术需求，促进两地技术提升和企业间合作。北京科技协作中心表示，台湾企业基础研究实力强、商业模式成熟，北京市场规模大、示范带动能力强，两地在创新领域具有较高资源禀赋的互补性。市科技协作中心将持续推动京台两地合作脱虚向实。中华两岸商贸高峰总会总会长刘意川、部分台企代表参会。

（李　伟）

【湿地保护技术落地张家口】5 月，北京技术交易促进中心推动首都师范大学坝上湿地生态系统保护与修复技术落地河北张家口。结合首都师范大学坝上湿地生态系统保护与修复技术落地需求，在张家口坝上地区建立应用场景，将基于遥感云平台的湿地保护修复关键技术在张家口地区实现应用，查明了张家口坝上各类湿地生态系统的破坏原因和退化机理，支撑张家口“首都水源涵养功能区和生态环境支撑区”建设。

（北京技术交易促进中心）

【京筑技术供需对接会举办】 6月27日，北京技术交易促进中心组织召开京筑技术供需对接会暨技术转移领域中心百家重点实验室进千家企业专题活动。会上，有需求的9家贵阳企业的代表与专家进行一对一沟通交流，6家企业与专家团队达成合作意向。

（北京技术交易促进中心）

【第八期北京市支持西部地区人才培训班产业扶贫项目路演活动举办】 6月28日，北京科学技术开发交流中心组织举办第八期北京市支持西部地区人才培训班产业扶贫项目路演活动，来自四川、贵州、云南、西藏、陕西、湖北等地的培训班学员，北京市农业、环保和气象领域的专家及企业机构代表共计50余人参加。活动中，中国农业大学、中粮营养健康研究院、北京绿山谷芽菜有限责任公司等9个科技项目进行了路演介绍，内容涉及科技农业、节能环保、气象科学等领域。培训学员根据所在区域的情况，与相关专家和企业代表进行了深入交流。

（孙　刚　栾天亿　安鹤益）

【智能装备团赴台对接】 6月29日—7月5日，为加强京台两地在智能装备领域的交流发展，增进两岸的合作，北京生产力促进中心组织智能装备团赴台访问对接。赴台期间，以“智能+制造”为主题，团组与一批知名企业、团体进行对接，探讨相关研发情况，并与机构主要负责人商谈有关合作事宜，加强了与在台团体、企业的联系，对接企业发展现状及需求，主动发挥桥梁和纽带作用，进一步加深了台商台胞对北京的优越发展环境的了解。同时，团组也认真学习了台湾业界的先进理念和发展模式，有助于更新意识、打开思路，助推北京产业转型升级。

（北京生产力促进中心）

【推进科技支宁】 7月6日，市科委与银川市政府在京举行深化科技合作座谈会，以切实推进科技支宁合作。宁夏回族自治区党委副书记、银川市委书记姜志刚，北京市副市长隋振江，中国外文局副局长方正辉，北京市科委主任许强，海淀区代区长曾劲，宁夏回族自治区科技厅厅长郭秉晨等出席座谈会。北京市科委与银川市政府签订《北京市科学技术委员会 银川市人民政府进一步深化科技合作框架协议书》。根据协议，双方将进一步提升京银科技合作水平，以互利共赢为原则，坚持市场主导和政府引导，运用创新思维，推动首都科技资源服务银川区域创新发展。

（李　倩）

【赴哈工大推动汽车轻量化技术合作】 8月15—16日，北京科技协作中心联合北汽集团、北京汽车研究总院、北京新能源汽车股份有限公司赴哈尔滨工业大学就推进哈工大汽车轻量化技术在京转化应用进行对接交流。哈工大与北汽集团在发挥哈工大（北京）创新研究院平台作用，合作推动汽车零部件轻量化、新能源汽车电磁检测等方面达成共识。

（李　伟）

【许强调研河北赤城科技扶贫工作】 8月17—18日，市科委主任许强带队赴河北省赤城县调研推进科技扶贫工作。许强一行现场观摩了京赤科技扶贫示范园建设的进展情况，察看设施大棚集成应用和展示的品种、技术、装备，并与12396农科热线的专家进行实时连线交流。市科委在赤城县初步构建了“示范园+科特派工作站+产业示范基地”的科技扶贫模式。示范园作为集专家指导、技术示范、技能培训、成果辐射、农产品检验检测、有机认证辅导、电商采购等为一体的成果转化示范培训服务平台，为赤城县提供全方位、全要素、全链条的科技服务。市科委组织科技特派员为赤城县盛丰、弘基等20家扶贫产业园区开展田间指导、远程咨询和成果示范等一对一的科技服务，推广实用技术70余项。市科委支持北京企业在赤城建设蜂柿番茄等6个科技扶贫示范基地，通过带动务工、土地流转、资产收益分红等方式，直接受益贫困人口2000余人。

（王伟娟　赵淑红　赵　娣　张丽娜）

【香港城市大学一行到京开展交流研讨】 8月23日，香港城市大学生物医学系副系主任何明亮一行到访北京中关村天合科技成果转化促进中心及北京生命研究所，市科委国际与区域合作处、市人才工作局交流合作处、北京科学技术开发交流中心等相关领导陪同接待。在北京中关村天合科技成果转化促进中心，京港双方开展了京港科技合作研讨会议，探讨技术成果落地方式和合作机遇。

在北京生命科学研究所，双方就香港城大生物医学项目及建立研究院等事宜进行了交流研讨。

（方子都　安鹤益）

【参加第六次全国科技援疆大会并赴和田调研】 8月30日，科技部在新疆乌鲁木齐组织召开第六次全国科技援疆暨四方合作推进会议。市科委党组成员、副主任许心超带队赴乌鲁木齐参会。许心超作为4家地方科技主管部门的代表之一首先发言，详细介绍了市科委开展科技援疆的经验和做法。随后，市科委作为19个省市科技主管部门之一，分别与新疆维吾尔自治区科技厅、新疆生产建设兵团签署了合作协议。会后，许心超带队赴和田国家农业科技园区先导区等地进行实地调研，对于中心近年来开展科技援疆工作的成效表示充分肯定，并提出了指导性建议。

（北京技术交易促进中心）

【京蒙合作站科技创新供需对接会召开】 9月19日，首都科技条件平台京蒙合作站科技创新供需对接会在内蒙古乌兰察布召开。会议在市科委和内蒙古自治区科技厅的指导下，由北京技术交易促进中心和内蒙古自治区火炬高技术产业开发中心共同举办。内蒙古自治区火炬高技术产业开发中心、乌兰察布市科技局、北京技术交易促进中心领导和相关工作负责人，以及首都科技条件平台专家团队、企业代表共计40余人参加了会议。前期在征集内蒙古乌兰察布10余项企业需求的基础上，组织有对接意向的首都科技条件平台——北京科技大学研发实验服务基地等6家成员单位14位专家来到乌兰察布，与内蒙古15家企业和机构现场对接。对接会上，首都科技条件平台专家团队与企业进行了现场一对一深入沟通，签订3个项目意向合作协议书，分别为：北京科技大学基地与内蒙古沃云机器人科技有限公司、北京服装学院基地与内蒙古金五福绒毛技术开发有限公司、北京师范大学基地与乌兰察布市集宁区皇城环保建材有限公司。此外，现场还达成了4个合作意向。

（北京技术交易促进中心）

【2019京桂科技创新合作推介会举办】 10月24日，以“深化京桂创新合作，共谱创新发展篇章”为主题的2019京桂科技创新合作推介会在北京举办。市科委党组成员、副主任许心超介绍了北京建设全国科技创新中心进展及“科创30条”的发布情况，并指出广西具备产业、贸易、物流、港口等方面的区位优势，和北京有一定的互补性，本次活动围绕相关领域展开合作，正是京桂两地加大创新战略实施、结合各自优势、共筑经济社会发展的实际体现，必将构筑协同创新发展共享的新格局，在推进落实建设创新型国家战略进程中发挥重要的支撑作用。许心超表示，通过本次活动，希望北京与广西能够建立更高效的科技合作平台，开展更全面的科技主题交流，在科技成果和科技创新要素对接、人才引进、科技项目联合攻关方面取得更多成果，也希望更多的北京企业能够支持广西的建设。来自北京和广西政府部门、高校院所、科技园区、科技服务机构的相关人员以及企业代表等400多人参加会议。

（市科委官网）

【对口帮扶内蒙古万只油鸡落地通辽市】 10月31日，市科委农村中心赴内蒙古通辽市开展京蒙科技帮扶活动，向其捐赠1万只北京油鸡苗。此次万只油鸡苗全部落地通辽市科左后旗，将采用“合作社+贫困户”的扶贫模式，由银岭草原牧鸡养殖合作社承担育雏、托管养殖等相关工作，带动周边的贫困户增收致富。市科委农村中心充分利用“京蒙合作现代农业技术转移通辽工作站”产业科技扶贫平台，与通辽市科技局通力协作，使油鸡产业成为通辽市贫困户脱贫增收的新产业。

（王伟娟　赵淑红　赵　娣　张丽娜）

【市科委科技扶贫典型座谈会召开】 11月28日，市科委组织召开市科委科技扶贫典型座谈会暨2019年国家东西部扶贫协作考核部署会，市科委副主任许心超，市扶贫支援办党组成员、副主任汪兆龙等30余人参加会议。会上，市科委农村中心介绍了2019年市科委科技扶贫的成效和下一步工作计划，“北京市扶贫协作奖”的代表就扶贫工作经验与体会做了典型发言。许心超指出，市科委发挥科技创新中心辐射带动作用，提高脱贫质量；完善工作机制，持续巩固脱贫成效；通过召开高层联席会议、建立沟通对接机制和科技特派员工作站（技术转移工作站）、引进科技企业、组织技能培训、推动成果转化应用、对接电商销售等实实在在的工作，将北京科技创新优势转化为蒙冀产业脱贫优势，助力贫困地区走科技扶贫、产业脱贫的发展道路。参会人员围绕2019年科技扶贫工作亮点和下一步工作重点、如何做好迎接东西部协作考核工作等内容进行了交流，与会领导为2019年“北京市扶贫协作奖”个人代表颁发了证书。

（王伟娟　赵淑红　赵　娣　张丽娜）

【台湾女企业家协会一行到访】12月10日，北京科学技术开发交流中心组织台湾女企业家协会创会理事长马爱珍等一行20余人赴歌华大厦和北京设计之都大厦参观并交流座谈。在歌华大厦，一行人参观了产业空间DSC，观看了歌华文化集团、北京国际设计周宣传片，并听取了北京歌华文化集团及北京国际设计周的情况介绍。在北京设计之都大厦，一行人参观了全球科技设计新品交易平台线下体验店、海尔优家体验中心、联合国教科文组织创意与可持续发展中心等地。在之后的座谈会上，市科委参会代表认为台方需求各有不同且有交叉，为保障更好地推动合作落地，应以各委办局联动协作的方式推进，台方代表表示认可。北京科学技术开发交流中心主任提出建设妇女创业就业培训渠道、利用科技创新的优势将传统手工艺与现代化科技手段相结合等合作方向。北京设计之都发展有限公司总经理就北京“设计之都”核心区及大厦建设情况及运营模式进行了详细介绍。台湾女企业家协会现任理事长高琦等人就参观活动及业务经验发表了感想并提出展望。

（方子都　安鹤益）

【京闽科技合作框架协议签署】12月23—24日，市科委与福建省科技厅签署京闽科技合作框架协议和共建石墨烯协同创新中心协议。按照协议，市科委与福建省科技厅将从科技特派员联动、创新实验室建设、共建石墨烯协同创新中心、成果转移转化、资源互用共享等方面开展务实合作。同时，双方还联合三明市政府、北京石墨烯研究院，从建设创新平台、对接技术需求、推动成果转化、支持产业推介、开展协同招商等方面，共同促进两地石墨烯领域的交流合作与共赢发展。两地科技主管部门将形成工作专班和协调机制，进一步深化落实协议事项，更好地支撑两地科技创新和高质量发展。

（李　倩）

【石家庄合作站能源环保领域科技成果发布会举办】12月27日，北京技术交易促进中心联合石家庄科技大市场举办首都科技条件平台石家庄合作站能源环保领域科技成果发布会，中国科学院、清华大学和北京师范大学研发实验服务基地及石家庄企业代表40余人参加了活动。会上，北京师范大学研发试验服务基地与河北德润厚天仪器制造有限公司就环保检测及治理等环保行业关键性技术及相关产品的研究与开发签署合作协议。此次合作协议的签订是北京优质科技资源落地石家庄的一个重要成果，也是市科委和石家庄市科技局通过“一站一台”实现的又一次京石合作。随后，首都科技条件平台的老师介绍了首都科技创新券政策，鼓励科技企业通过科技创新券使用首都的优质科技资源，提升企业创新能力。清华大学研发试验服务基地、中科院研发试验服务基地、北京师范大学研发试验服务基地的老师分别介绍了基地科技资源，先后发布了全钒液流电池储能技术、高浓度氨氮废水资源化处理技术、高浓度难降解有机废水处理技术等8项技术成果。

（北京技术交易促进中心）

【加强京蒙农业科技合作】年内，为加强京蒙农业科技合作，建立科技合作现代农业技术转移体系，促进科技成果转化落地，在内蒙古呼和浩特建立京蒙合作技术转移中心，在乌兰察布、赤峰、锡林郭勒、通辽、兴安盟设立京蒙合作技术转移工作站，在内蒙古示范及生产基地开展成果集成示范应用179项，形成了“一中心六站”“联盟—转移中心—工作站—示范基地”的京蒙合作现代农业技术转移体系，实现“先进技术入蒙，优质产品进京”的合作共赢模式。

（李　倩）

【对口支援培训工作完成】年内，北京科学技术开发交流中心完成北京支持西部科技扶贫班、产业扶贫班；湖北省巴东县党政干部培训班、妇女干部培训班；拉萨市当雄县脱贫产业人才培训班；青海省中青年干部培训班，现代农牧产业发展培训班，乡镇党委副书记培训班，组织系统骨干网宣员培训班，玉树州生态文明建设与绿色发展专题培训班，玉树州住建系统业务骨干能力提升培训班，玉树州基层公共卫生服务能力提升培训班，玉树州非公经济人士能力提升培训班，玉树州农牧和科技系统干部能力提升培训班，玉树州统战民宗干部培训班，玉树州扶贫干部培训班共20次承办工作。累计培训各领域干部808人。培训工作以“开拓思路，换脑子、学技术、找路子”为立足点，打造“以培训班为窗口，推动区域合作”的培训模式。针对受援地区需求与特点，注重邀请拥有一线工作经验、熟悉产业发展状况与模式的权威专家与学者为学员答疑解惑、传递经验与方法。组织学员进行实践体验学习,与一线运营者、致富带头人面对面交流,举办路演对接会、宣讲会,搭建首都优质资源转化合作平台,协助受援地区"自造血"的产业发展脱贫之路,探索支援培训工作的长效机制。培训工作得到来自玉树州和西藏的锦旗2面。

(栾天亿　安鹤益)

【全面落实京津冀协同创新重点任务】 年内,结合市科委2019年推动京津冀协同创新重点工作和《北京市推进京津冀协同发展2019年工作要点》,市科委部署21项具体任务,以京津冀协同创新推动专项作为落实任务的工作抓手,充分发挥北京在大数据、人工智能、物联网等领域的技术优势,聚焦化工、钢铁、模具等传统产业转型升级,推动清华大学、北京科技大学和北京工业大学等高校将一批适用技术在津冀地区示范应用。统筹市科委内部资源并建立月度反馈机制,按时完成市京津冀协同发展领导小组办公室现场督查核验和市纪委对市科委落实《关于共同推进河北雄安新区规划建设战略合作协议》的情况。同时,牵头完成北京科创中心建设2019年京津冀协同创新具体任务。

(李　倩)

【持续推动京港科技创新合作】 年内,首次设立港澳台联合研发课题专项,进一步加强内地(大陆)与港澳台地区的科技协同创新合作。通过港澳台联合研发课题实施,实现技术突破,带动人才引进和培养,进一步加强内地(大陆)与港澳台地区科技协同创新合作。

(李　倩)

【完善新时期京津冀协同创新顶层设计工作】 年内,全面学习习近平总书记京津冀协同发展座谈会重要精神及北京市落实精神,形成平行对照表。精心筹划安排科技部部长王志刚在京调研、副市长殷勇赴河北雄安新区参加协同创新座谈会、副市长隋振江赴天津参加三省市主管领导座谈会等高层会议,进一步完善新时期京津冀协同创新工作机制,形成高精尖产业协同创新、先进适用成果转移转化、创新资源开放共享3条主线的"施工图"。

(李　倩)

【京津冀净菜产业创新信息服务平台建立】 年内,市科委支持推进京津冀净菜产业科技创新服务平台建设与示范应用。以高品质净菜(胡萝卜、马铃薯、洋葱)为研究对象,通过净菜加工原料品质保障技术体系的集成与示范、净菜加工生产关键设备的优化开发、净菜专用包装材料的筛选、净菜产品标准的制定、信息服务平台的搭建,形成京津冀净菜产业科技创新服务平台,并在京津冀地区种植基地和加工企业进行示范推广。建立起一套净菜加工原料品质保障技术体系,制定了15个净菜产品的企业标准,形成一套净菜产品保鲜技术体系,延长净菜产品保鲜期2~5天;试制根茎类净菜生产离心脱水设备和净菜生产切割设备各一套;搭建了京津冀净菜产业创新信息技术服务平台,形成京津冀净菜产业科技创新服务平台,并在北京怀柔、顺义,河北沽源、秦皇岛等地区的种植基地和加工企业进行示范应用。

(王伟娟　赵淑红　赵　娣　张丽娜)

【新品种科技服务平台助推京津冀联动发展】 年内,市科委支持实施农科城涿州园新品种科技服务平台建设与成果转化示范。建成以新品种推广为核心的京津冀种业推广服务云平台,为京津冀地区5370家新型经营主体及农户提供数字信息化平台及APP;构建由大学和科教机构引动、种业企业主导、农资装备服务机构支撑、数字信息标准服务平台网联、新型经营主体参与的可持续信息服务模式;依托涿州农业科技成果创新示范园,研发了全程机械化植保和高节药潜力的核心部件与关键技术,形成了可调轮距地隙及防飘的地面植保装备、低空低量无人机智能装备,亩施药量相比传统背负式喷雾器减少10%~15%,雾滴飘移减少20%,地面流失减少50%,实现玉米、葡萄病虫草害陆空防控一体化和基于大数据云平台的变量植保农机作业服务。构建了集多元化检测脱毒、无病毒原种保存繁殖等六位一体的葡萄无病毒种苗繁育体系,示范和推广葡萄新品系10余个,年培育适合京津冀不同土壤类型和埋土防寒栽培方式的高标准无病毒苗木50万株,研发建立了葡萄病虫综合防控措施,每亩种植效益可提高200元左右,培训、指导种植生产人员5800人次。

(王伟娟　赵淑红　赵　娣　张丽娜)

【探索"北京研发赤城转化"科技协作扶贫模式】 年内,市科委根据河北赤城第一产业比重大,第二、三产业比重小,缺乏先进适用技术的现状,聚焦科技促进产业提质和贫困群众增收脱贫,以智力支援和技术输出为突破口,实施"6+1"科技扶贫工程,打造6个功能性技术服务平台,建设1个北京科特派产业扶贫工作站,构建全产业链技术支撑体系。

同时，建设京赤科技扶贫示范园，将北京“科技扶贫套餐”送到赤城乡村田间地头，逐步形成“北京研发赤城转化”的科技协作扶贫模式。

（李　倩）

【探索“政府 + 院所 + 企业 + 合作社 + 农户”的科技协作扶贫模式】年内，针对新疆和田地区特殊的生态环境和当地农户技术接受掌握新技术难度较大、技术成果难以扎根落地等问题，通过组织实施科技援疆项目，整合北京科研院所的科技成果落地和田，精准引进北京高新技术企业在和田成立分公司并派出技术团队长期驻扎，推进沙漠温室改土培肥技术的落地实施工作，通过言传身教、示范帮助农户进行节水节肥、高产高效栽培，逐步探索出了“政府 + 院所 + 企业 + 合作社 + 农户”的科技协作扶贫模式。

（李　倩）

【推动“互联网 +”现代农业精准扶贫项目取得实效】年内，北京技术交易促进中心发挥首都科技资源优势，在新疆和田组织实施“互联网 +”现代农业精准扶贫项目，建设电商扶贫示范点。通过和田电商产地直采平台采购本地伽师瓜与西州蜜 309 吨，直接带动和田阿瓦提乡贫困农户 900 多人，间接带动当地甜瓜销售超过 800 吨。

（北京技术交易促进中心）

【市科委 7 项措施助力脱贫攻坚】年内，市科委采取 7 项措施精准对接贫困地区的科技需求，形成特色产业带动、科技人才撬动、科技项目驱动的“造血式”扶贫模式，新增就业岗位 11729 个，带动 368 个贫困村、52988 个贫困户增收致富。一是统筹部署，形成科技扶贫联动机制。成立科技扶贫协作工作领导小组，对接河北、内蒙古等地的科技部门，形成高层联动工作机制。二是搭建平台，推动首都科技资源助力扶贫。通过在贫困地区搭建北京科技特派员扶贫工作站及农业技术转移工作站等方式，促进当地产业转变发展方式，提升产业效益。三是组建团队，开展一对一精准帮扶。组建 100 余人的北京科技特派员扶贫团队，深入贫困地区开展服务，并通过网站、电话、微信、APP、QQ 群、双向视频等手段提供 24 小时远程技术咨询诊断服务。四是通过在贫困地区实施符合当地产业发展的科技项目，助力贫困地区产业发展。五是双创引领，激励科技特派员开拓扶贫基地。通过创新创业政策引导、区域合作环境营造，引导北京科技特派员在西部贫困地区投资建设科技示范基地 110 个，引领当地特色产业发展。六是对接开展电商服务，开辟绿色通道解决农产品销售难题。七是创新模式，围绕河北省赤城县脱贫产业扶贫需求，形成了帮扶赤城“6 + 1”科技扶贫计划。

（王伟娟　赵淑红　赵　娣　张丽娜）

【市科委五举措确保科技扶贫取得实效】年内，市科委重点从 5 个方面采取措施推动科技扶贫工作取得实效：一是建立扶贫联盟。推动建立北京现代农业科技创新服务联盟的分联盟（扶贫联盟），聚合北京在赤城投资建厂的企业，联合资源和智慧，形成合力，使其在赤城县脱贫攻坚工作中发挥重要作用。二是提供专家服务。为赤城县十大扶贫基地的每一个扶贫基地精准匹配不少于 5 名专家，提供“点菜式”专家服务。三是开展科技培训活动。在共性培训的同时，根据实际需要提供个性化培训，把共性培训与个性培训相结合，提升培训实效。四是进行“保姆式”技术服务。针对农作物种植、生产等各环节遇到的“瓶颈”问题，提供及时、周到、细致的技术指导与服务，将“保姆式”技术服务落在田间地头。五是提供农产品销售平台。推动产销一体化，为赤城县农产品构建畅通高效的流通渠道，通过产销一体化拓展农产品的销售渠道，促进精准扶贫工作。

（王伟娟　赵淑红　赵　娣　张丽娜）

国内科技交流

【2019 早产与早产儿医学学术年会召开】2 月 23 日，北京医学会、北京医学会早产与早产儿医学分会主办的“2019 早产与早产儿医学学术年会”在首都宾馆召开。来自京津冀等地区的产科、新生儿科、儿保等专业的 600 余名医护人员参会。

（崔家墅）

【《121 种罕见病知识读本》发布会暨 2019 国际罕见病高峰会议举办】2 月 28 日，《121 种罕见病知识读本》发布会暨 2019 国际罕见病高峰会议在人民日报社人民网一号演播厅举行，与会嘉宾围绕中国罕见病防治事业的发展建言献策。会议举行了 3 轮圆桌论坛。活动由人民健康与中国出生缺陷干预救助基金会、北京医学会罕见病分会、浙江省医联医疗扶持和救助公益基金会共同启动。

（崔家墅）

【营养与生殖健康研讨会召开】 3月9日，由北京营养师协会、清华大学附属北京市垂杨柳医院、北京市第一中西医结合医院联合主办的营养与生殖健康研讨会在京召开。会议邀请多位知名专家、学者做专题讲座，进行成果分享和经验交流，300余位营养师和医护工作者参加大会。

（崔家墅）

【2019第12届中国（北京）智慧三农与乡村振兴高峰论坛召开】 4月1日，由中国农业机械化科学研究院产业创新中心、北京物联网智能技术应用协会、振威展览股份主办，北京新型智慧农业研究院承办的2019第12届中国（北京）智慧三农与乡村振兴高峰论坛在国家会议中心开幕。论坛同期还举办了第七届（北京）国际智慧农业装备与技术博览会。展会现场设置智能灌溉、智慧水务及智慧农业高新技术三大板块，来自以色列、美国、西班牙等33个国家和地区的优秀展商齐聚展会，国际区中有以色列展团、美国展团、西班牙展团、日本展团、塞浦路斯展团、土耳其展团、意大利展团等7国展团多达40余家国际龙头企业到场，600余家企业参展。

（崔家墅）

【第四届中国母胎医学大会召开】 4月12—14日，由国家卫生健康委员会全国产前诊断技术专家组、中华医学会北京分会等单位联合主办，北京协和医院产前诊断中心、中华医学会北京分会继续教育部承办的第四届中国母胎医学大会（CCMFM）暨第十五届亚洲及太平洋地区母胎医学大会（APCMFM）、第三届美国贝勒医学院—香港中文大学—北京协和医院临床遗传学大会召开。来自英国、法国、美国、印度、澳大利亚、中国的专家分享了双胎妊娠并发症的产前、产时管理经验，吸引了亚太区的众多胎儿医学团队参与讨论。来自亚太地区的1300余名代表参会。

（崔家墅）

【北京营养师协会举办基层医务人员业务能力提升培训】 4月16日，科学健康人项目之基层医务工作者业务能力提升培训在北京三元有限责任公司瀛海工业园举办。来自门头沟区中小学卫生保健所管理层，以及近40家区幼儿园、中小学校的保健医生参加学习。

（崔家墅）

【2019营养师职业发展论坛举办】 4月24日，由北京营养师协会主办、北京医学会临床营养学分会协办的国民营养与健康·北京营养师协会营养师培训实践项目发布会暨2019营养师职业发展论坛圆满结束。会议中，进行了北京营养师协会营养师精英研修班的启动仪式和北京营养师协会“营养康复基地”的授牌仪式。会议公布并诠释了2019全民营养周工作重点，以及与中国行业报协会共同主办的《关注媒体人的健康生活大调查》活动。

（崔家墅）

【2019年京津冀智能交通技术创新协同发展学术研讨会召开】 4月25—26日，北京企业技术开发研究会联合中关村丰台园管委会主办的2019年京津冀智能交通技术创新协同发展学术研讨会暨北京企业技术开发研究会智能交通专业委员会成立仪式在丽维赛德会议中心举办。北京企业技术开发研究会智能交通专委会主任、中国铁道学会原副理事长吕长清主持开幕式。会议举行了智能交通专业委员会授牌仪式。26日，主办方组织召开智能交通行业专家与企业对接会，230余位代表参会。

（崔家墅）

【2019北京重症医学年会暨首届京津冀重症医学高峰论坛举办】 4月，北京医学会、北京医学会重症医学分会与天津市医学会重症医学分会、河北省医学会重症医学分会联合主办的以“重症医学：协作促发展”为主题的2019北京重症医学年会暨首届京津冀重症医学高峰论坛举办。论坛共设有1个主会场、6个分会场。来自京津冀的诸多专家与千名代表分享国内外重症医学的新技术、新方法、新进展。

（崔家墅）

【第十二届石油天然气管道安全国际会议召开】 5月14—16日，北京石油学会等单位联合主办的主题为“实施创新驱动发展战略、推动油气管道安全智能化”的第十二届石油天然气管道安全国际会议暨第十二届天然气管道技术研讨会在中国石油大学（北京）翠宫召开。会议共征集论文127篇。56位来自油田企业、研究院所、高校、国外公司和国内相关企业的技术专家做报告并进行学术交流。国内外管道技术公司以及中石油、中石化、中海油等80余家企业、大学、科研院所的近300位代表参会。

（崔家墅）

【北京通信学会举办世界电信和信息社会日学术报告会】 5月16日，北京通信学会在中国科技会堂举办2019年世界电信和信息社会日学术报告会。报告会主题为："5G——行业创新发展的新引擎"。报告会由北京通信学会副理事长、清华大学教授周世东主持。市通信管理局副局长王晖致辞，并重点解读了市政府印发的《关于加快推进5G基础设施建设的工作方案》。北京市通信行业的科技人员代表250多人参加报告会。

（崔家墅）

【第十一届北京粘接界青年暨2019未来之星创新创业论坛举办】 5月18日，第十一届北京粘接界青年(学生)暨2019未来之星创新创业论坛在北京华腾科技大厦会议室召开。论坛由北京粘接学会、市化学工业研究院、北京科方创业科技企业孵化器有限公司共同举办。会议由理事长竺朝山主持。市化学工业研究院院长胡永宁致辞。市科协学会部副部长李斌介绍了市科协改革、科技成果和科技人才评价等工作。

（崔家墅）

【第三届京津冀农产品质量安全青年论坛举办】 5月18日，由京津冀农产品质量安全联合实验室、北京农产品质量安全学会等单位共同主办的第三届京津冀农产品质量安全青年论坛在京举办。来自北京、天津、河北、新疆、宁夏等省市的150余位代表参加论坛。

（崔家墅）

【动力电池梯次利用与回收创新技术论坛举办】 5月20日，北京科技协作中心联合中关村储能产业技术联盟共同主办动力电池梯次利用与回收创新技术论坛。邀请来自北京、上海、广州等国内动力电池回收利用领域的科研机构、电网侧企业、车企、电池与系统集成企业等业界、学界知名专家20余人，就动力电池梯次利用与回收创新技术进行深入研讨。论坛围绕动力电池梯次利用与回收的产业现状、关键技术及应用实践展开讨论。来自中国科学院物理研究所、清华大学、国家材料服役安全科学中心等机构的专家代表，北京科技协作中心、中关村储能产业技术联盟的相关人员出席。

（李　伟）

【第九届北京体能大会召开】 5月24—26日，由北京体育科学学会和北京市体育科学研究所联合举办的第九届北京体能大会在万方苑国际酒店召开。大会聚焦精英运动员的体能评估与诊断，邀请4名长期从事运动科学与训练实践的国际体能专家做讲座，同时邀请2名国内一线体能专家做专题报告。来自上海、江苏、云南等22个地区的400余名体育工作者参会。

（崔家墅）

【北京医学会与西藏医学会签署战略合作协议】 5月26日，在庆祝中华人民共和国成立70周年、纪念西藏民主改革60周年之际，北京医学会10余个专科分会主任委员、副主任委员、常委赴拉萨与西藏医学会举行"北京医学会、西藏医学会战略合作会议"。会上，北京医学会会长金大鹏与西藏自治区卫生健康委党组书记、西藏医学会会长王云亭签署了《北京医学会与西藏医学会战略合作框架协议》，北京医学会向西藏医学会捐赠学科建设资金200万元。经双方讨论、协商，制订了北京医学会与西藏医学会同心携手共建的具体实施方案。两地专家于会后到西藏自治区医院、拉萨市人民医院相关科室进行实地考察、对接。

（崔家墅）

【2019年国际数控机床技术(北京)圆桌会议举办】 5月28日，由北京科技协作中心主办、北京机床研究所有限公司承办的2019年国际数控机床技术(北京)圆桌会议暨高档数控机床湖畔论坛(第二届)在京举办。活动聚焦中德合作，搭建高水平、专业化的国际学术交流平台，促进中德两国数控机床领域科研机构和企业开展深入交流与务实合作，持续推动数控机床技术高端化发展。来自斯图加特大学、西门子公司、浙江大学、西安交通大学、北京机床研究所等中德两国高档数控机床领域的60余名专家、机构负责人和研发骨干，聚焦自优化加工系统、开放式控制平台等行业关键共性技术进行交流，并围绕中国高档数控机床的发展现状、存在的问题开展深入探讨。

（李　伟）

【智慧农业创新应用论坛举办】 5月29日，由北京物联网智能技术应用协会等单位共同主办的智慧农业创新应用论坛在北京举行。会上，中国移动物联网联盟与北京物联网智能技术应用协会签署了战略合作协议。来自中国移动各省及地市公司、物联网联盟会员企业等智慧农业企业的代表200余人参会。

（崔家墅）

【北京通信学会召开 2019 年青年科技人员学术研讨会】5 月 30 日，为纪念世界电信和信息社会日 50 周年，由北京通信学会主办，学会青年工作委员会和北京邮电大学共同承办的世界电信和信息社会日活动——2019 年北京青年科技人员学术研讨会在北京邮电大学举行。本次研讨会以“AI 与 5G——产业的变革”为主题。6 位专家围绕主题做了发言，就当前业界研究的热点问题做了报告。各会员单位的青年专家、学者、科技人员及高校学生 40 余人参加会议。

（崔家墅）

【物联网技术在智能建筑中的创新应用论坛举行】6 月 6 日，由北京物联网智能技术应用协会、河姆渡公司联合主办，中国移动物联网联盟协办的物联网技术在智能建筑中的创新应用论坛在福州海峡国际会展中心举办。专家及企业家结合自身实操案例，就物联网在智能建筑的应用及发展路径、趋势做了交流探讨。来自全国各地物联网、人工智能及智能建筑、智能家居、智慧园区等垂直领域的企业 200 余名代表参加。

（崔家墅）

【2019 北京自然科学界和社会科学界联席会议高峰论坛举办】6 月 11 日，以“智慧交通：京津冀协同创新与发展”为主题的第 17 届北京两界联席会议高峰论坛在北京交通大学科学会堂举办。论坛由市科协、市社科联联合主办，北京交通大学，北京人文交通、科技交通、绿色交通研究基地，北京综合交通发展研究院共同承办。北京交通大学党委副书记、副校长孙守光，市社科联党组书记、市社科规划办主任张淼分别致辞，市科协党组书记马林主持会议。两界专家的思想碰撞引起与会者对智能交通话题的热议，两界学会代表、新闻媒体代表等 200 余人参加论坛。

（崔家墅）

【智慧能源绿色云计算发展论坛举办】6 月 11—12 日，由中关村延庆园管委会、中关村能源互联网产业技术联盟、UPS 应用杂志社主办的以“交互融合 云景创新 把握机遇 共谋未来”为主题的智慧能源绿色云计算发展论坛暨 2019 第十五届 UPS 供电系统及用户满意度调查结果揭晓大会在北京京仪国际酒店召开。本次大会围绕如何在数据中国的大背景之下构建云计算和数据中心基础平台的交互融合发展等专题展开深入交流，并分享企业经营之道。来自云计算平台、数据中心企业、UPS 及相关行业的专家、学者、厂商代表、行业用户、媒体记者等近 400 人参加论坛。

（崔家墅）

【2019 北京数字博物馆研讨会召开】6 月 13 日，在市科协、市文物局、市经信局的指导下，北京数字科普协会、北京博物馆学会、中国博物馆协会博物馆数字化专业委员会、北京联合大学应用文理学院等联合主办的以“新时代的智慧博物馆建设”为主题的 2019（第八届）北京数字博物馆研讨会在北京联合大学应用文理学院召开。本次会议分为主旨报告、大会报告、案例分享、创新产品评选活动和参观等环节。研讨会还开展了数字博物馆创新产品征集评选，故宫博物院、北京自然博物馆和盛世光影（北京）科技有限公司等单位的产品获得数字博物馆创新产品金奖，北京文博远大数字技术有限公司等 9 家单位分别获得数字博物馆创新产品银奖和优秀奖。200 余位代表参会。

（崔家墅）

【第二届北京运动康复研讨会举办】6 月 19—21 日，由北京体育科学学会主办、市体育科学研究所承办的第二届北京运动康复研讨会在北京万方苑国际酒店召开。研讨会以“跑步损伤风险评估、运动康复与防护”为主题，邀请 7 名运动医学专家进行讲座。来自北京、上海、湖北、山东等省市的体育工作者 200 余人参会。

（崔家墅）

【2019 智能决策与大数据应用国际会议召开】6 月 23 日，由北京科技人才研究会和北京信息科技大学主办，北京大学、北京拓尔思信息技术股份有限公司、国家超级计算济南中心和山东新媒体研究院协办的 2019 智能决策与大数据应用国际会议在北京西苑饭店召开。中国工程院院士杨善林为会议主席。北京信息科技大学副校长陈刚致辞。大会共分为 3 个分论坛，各位专家、学者及师生围绕着 17 个精彩报告，对智能决策与大数据应用进行了学术交流与心得体会分享。来自加拿大、塞尔维亚等多个国家的智能决策与大数据应用研究方向的专家学者以及师生共计 150 余人参会。

（崔家墅）

【北京电工技术学会电气与智能化技术学术研讨会召开】6 月 29 日，北京电工技术学会在北京召开了电气与智能化技术学术研讨会。与会专家就“多功能复合型城轨牵引供电技术”“城轨供电动模仿真系统研制”“城轨全域 PHM 技术”“混合动车组牵引传动技术研发”4 个专题进行研讨交流，并参观了北京千驷驭电气有限公司位于涿州和谷产业园的产品研发基地和生产基地。

（崔家墅）

【北京农学会召开北京农业科技创新发展座谈会】 7 月 2 日，北京农学会在北京市农科院召开北京农业科技创新发展座谈会。信息所知识管理与情报研究中心主任郑怀国介绍了北京农业科技创新评价的初步研究结果。与会专家和领导围绕科技创新资源、科技创新能力、科技创新绩效，从评价指标选取和评价方法的科学性、数据处理和结果分析的合理性方面，提出了相关的意见和建议。来自北京农业与科技管理部门的 20 余位专家参加了会议。

（崔家墅）

【协同控制与多智能体系统学术研讨会召开】 7 月 31 日—8 月 2 日，由北京自动化学会等单位主办的 2019 年度协同控制与多智能体系统学术研讨会在上海同济大学召开。本次研讨会得到国家自然科学基金委、电气和电子工程师协会系统、人与控制（IEEE SMC）北京分会、IEEE SMC 新加坡分会等单位的大力支持。同济大学校长、中国工程院院士、本届研讨会主席陈杰，TCCT 主任洪奕光，同济大学副校长顾祥林及北京理工大学自动化学院党委书记金军分别致辞。15 位专家做了学术报告，内容涵盖多智能体系统领域的多个方面，包括群集编队控制、一致性问题、分布式优化方法等。

（崔家墅）

【2019 首届物联网与人工智能技术应用大会召开】 8 月 3 日，由中国电子学会物联网专委会、中国传感器与物联网产业联盟、北京物联网智能技术应用协会、科技社团创新簇洛可可工作站、振威展览股份、物联之家网、CODEX 国际创新研究院联合主办的 2019 首届中国物联网与人工智能技术应用大会在国家会议中心举行。近 300 名专家、学者及企业家代表参会。中国传感器与物联网产业联盟常务副秘书长倪小龙致辞。CODEX 国际创新研究院院长高茂源做主题报告。北京物联网智能技术应用协会创始人、秘书长李佳发布 2019 年 20 家物联网与人工智能技术应用典型案例。对新加入北京物联网智能技术应用协会的企业进行了授牌。3E · 2019 北京国际消费电子博览会同期隆重举办，全国各地近 300 家知名企业及行业巨头和新兴企业参展，观众突破 3 万余人次。

（崔家墅）

【第十六届京台青年科学家论坛举办】 8 月 13 日，第十六届京台青年科学家论坛在北京开幕。论坛期间，高质量举办了测绘地理信息与智慧城市技术研讨会、防灾减灾分论坛暨首都圈巨灾应对高峰论坛、农业品牌化建设与乡村振兴研讨会及培训会、青年科技工作者项目路演会、科普教育分论坛、建筑遗产保护与发展研讨会、京台青年学子测绘技能竞赛等专业活动，海峡两岸科技工作者积极参加。京台两地的 8 家科技类学术团体加入京台青年科技工作者联席会议工作机制，为海峡两岸科技工作者共谋福祉。中国科学院院士、清华大 6 学副校长、市科协副主席薛其坤，台湾农民团体干部联合训练协会秘书长王志文，台湾中华文经发展协会理事长王正典等出席，来自京津冀和台湾的科学家、青年学者、企业家代表近 300 人参加论坛。

（崔家墅）

【学会沙龙暨 2019—2021 青年人才托举拜师仪式举办】 8 月 29 日，市科协在北京科学中心举办学会沙龙暨 2019—2021 青年人才托举拜师仪式。市科协党组书记马林出席并讲话。沙龙上举办了青年人才托举拜师仪式，导师向托举人员赠书并书写寄语。青年人才托举导师、青年人才托举人员、茅以升北京青年科技奖获奖人员分别交流了科协经理学术的理念和人才培养平台对青年科技工作者的鼓励和帮助，对今后的人才工作提出了中肯的意见和可行的建议，从学会、青年人才、责任导师的角度对下一步工作进行展望。近 200 位有关代表参加本次沙龙。

（崔家墅）

【京台科技论坛之京台智能制造论坛在京举行】 8 月 29 日，由北京生产力促进中心、台湾中华海峡两岸企业交流协会、北京智能制造创新联盟、北京智能机器人产业技术创新联盟作为主办单位，在北京召开第 22 届京台科技论坛之京台智能制造论坛。智能制造论坛围绕工业工程与智能制造、京津冀网络协同下的智能制造人才培养等主题进行演讲，促进了京台两地智能制造领域的交流与对接。本届京台论坛以“深化两岸融合发展 壮大中华民族经济”为主题，在 3 天的会期中举办了产融创新论坛、“一带一路”论坛、5G 与智慧城市发展论坛等 15 个分场论坛，以及参观考察等活动，京台两地相关部门、产业协会、科研院所、代表企业和天津、河北相关部门代表近2000人参与交流。

（北京生产力促进中心）

【乡村振兴的中国方案研讨会召开】9月6日，由北京农学会主办的乡村振兴的中国方案研讨会在成都召开。来自北京、天津、河北、四川、江西、云南、内蒙古等省区市的农业专家70余人参加会议。研讨会共分成4个环节。会上，京津冀三地的农林科学院农业信息研究所签署了农业科技信息协同发展合作框架协议。市农林科学院农业信息与经济研究所就研发的北京农科智库平台及研究系列情报产品做了详细介绍。会议还举办了京津冀乡村振兴青年论坛。组织与会者实地调研了成都崇州市特色村镇——五星村、竹艺村。

（崔家墅）

【2019生态修复产业创新发展国际论坛举办】9月10—11日，2019生态修复产业创新发展国际论坛在北京西郊宾馆金缘厅召开。论坛由市科协、上海市环境科学研究院、国家环境保护城市土壤污染控制与修复工程技术中心指导，北京生态修复学会、中国工业节能与清洁生产协会和中工协环境安全监测（物联网）专业委员会联合主办，以“生态修复前沿技术，助力首都生态建设”为主题。论坛上，10位专家针对生态修复热点问题做主旨报告。来自高校、科研院所、企事业单位的100余位代表参会。

（崔家墅）

【第22届北京科技交流学术月启动仪式举行】9月20日，由市科协主办的北京地区广受关注学术论文系列报告会暨第22届北京科技交流学术月启动仪式在北京师范大学图书馆召开，10位论文作者与院士专家深入交流。市科协党组书记马林、北京师范大学校长助理郑国民出席并讲话。报告会由北京化学会秘书长、北京师范大学化学学院院长助理孙根班主持。报告会上，来自北京大学的郭雪峰，国家纳米科学中心的陈春英，清华大学的王定胜、张强等10位“北京地区广受关注学术论文”的入选者围绕自己的论文和科研做了报告。市科协围绕数学、化学、生物医学工程3个学科，遴选出北京学者2014—2018年发表在国内外期刊上的热点、前沿、广受关注并具有重大影响力的100篇论文，并精选25篇论文，9月20—26日持续举办5场北京地区广受关注学术论文系列报告会。300余位代表参加本次报告会。

（崔家墅）

【动力锂电池技术及产业发展国际论坛举办】10月10—11日，第十四届动力锂电池技术及产业发展国际论坛在福建举行。论坛由中国科学院物理研究所、有研科技集团有限公司主办，北京新材料发展中心、新材料产业杂志社、宁德时代新能源科技有限公司承办。该论坛是北京新材料发展中心多年来创办的品牌会议，汇聚了锂电池业界的学者、企业、资本方等众多资源，搭建了国内锂电池行业与国际交流的良好平台。论坛以“动力电池产业”为主题，围绕行业普遍关心的固态电池、新型电解质等问题展开深入研讨。来自全国高校院所、企业、行业研究机构和投资机构的200余名代表参加会议。

（刘　超）

【第一届北京运动生物力学研讨会召开】10月11—13日，由北京体育科学学会主办的第一届北京运动生物力学研讨会在北京市什刹海体育运动学校召开。会议围绕运动生物力学基础研究在体育训练中的应用，邀请6位国内外运动生物力学领域的专家做学术报告。中国体育科学学会运动生物力学分会主任委员王清、北京市什刹海体育运动学校校长姚强、北京体育科学学会生物力学分会主任委员刘颖分别致辞。来自北京、辽宁、河北等地的100余名体育工作者参会。

（崔家墅）

【地质资源与生态环境可持续发展高峰论坛举办】10月14—15日，由北京地质学会主办，北京生态修复与环境保护联合体、北京减灾学会、北京水利学会协办，中国矿业大学（北京）承办的“院士讲地质——地质资源与生态环境可持续发展高峰论坛”在中国矿业大学（北京）召开。与会专家围绕地质资源与生态环境可持续发展主题，结合国家能源、资源、环境现状与发展趋势，进行交流探讨。来自地勘单位、科研机构、高等院校等单位的科技工作者250余人参会。

（崔家墅）

【第十二届新媒体论坛举行】10月19日，由北京数字科普协会主办、中国传媒大学协同创新中心与北京数字科普协会人工智能专业委员会共同承办的“人工智能+教育与传播：愿景与未来”沙龙暨第十二届新媒体节智能媒体论坛在中国传媒大学召开。论坛得到联合国教科文组织职业技术教育与培训联系中心、联合国教科文组织“媒介与女性”教席、中国科技新闻学会数字传播伦理专业委员会、中国科技新闻学会新媒体专业委员会、中关村数字媒体产业联盟等单位支持。7位学界和业界专家分别做了主题报告。活动还举办了人工智能与高精尖学科建设圆桌论坛，同时结合主题召开“互联网信息高精尖学科协作机制建设”和“人工智能系列教材建设”2个专题研讨会，落实有关建设计划。

（崔家墅）

【2019·科技盛典—青年论坛落幕】 10月26日，由北京科技协作中心主办的2019·科技盛典—青年论坛“Tech-Young”在柏莱特影视文化产业园北京电视台演播大厅落幕。本次论坛的主题为“跨界思想碰撞，融合创新文化，交叉学科赋能，协作共创未来”。来自中央在京科研院所、高校、央企的130余位青年科技人才参加论坛，中国商飞北京民用飞机技术研究中心副主任蒋欣主持论坛。本次论坛旨在凝聚首都青年科技人才，打造跨界融合交流分享平台。24位青年科技人才代表分享了智能无人集群系统、自动驾驶、稀土资源利用、先进半导体材料等多个领域的科研发现和创新成果，围绕当前新材料、新能源、智能制造、大数据、信息科学等新兴前沿领域面临的共性问题，开展互动交流，探索跨界合作路径。

（李　伟）

【2019智慧安防时代主题论坛举办】 10月，北京安全技术学会在京举办2019智慧安防时代主题论坛。秘书长杨英做重要演讲。全国安全防范报警系统标准化技术委员会秘书长施巨岭、国际信息中心政务外网技术管理处处长林迁分别为论坛做“标准推动和规范安防工程建设应用”“雪亮工程技术体系总体规划”主旨演讲。华为技术公司、苏州科达公司、江苏天诚智能集团的相关人员分别做了“5G与智慧安防”“科达智慧社区解决方案”“智慧社区与公安中的应用”主题演讲。来自安防行业的专家学者，安防工程商、集成商、报警运营商等500余人参加论坛。

（崔家墅）

【第六届京津冀青年科学家论坛召开】 12月6日，为贯彻落实《京津冀协同创新发展战略研究和基础研究合作框架协议》，第六届京津冀青年科学家论坛在北京召开。35家高校、科研院所的知名专家和青年学者100余人参加论坛，围绕精准医疗等前沿科技展开对话。本次论坛主题为“精准时代智慧未来”，采取大会学术报告的形式进行。邀请了南开大学教授孔德领、河北医科大学教授张炜、中科院纳米中心研究员梁兴杰等6名专家分别围绕自身科研成长经历和研究工作做主题报告，给青年科研人员以启发。与会人员表示，京津冀青年科学家论坛为三地青年科研工作者提供了一个很好的沟通交流平台，有力地促进了三地科研工作协同创新。

（市基金办）

【2019海峡两岸暨香港、澳门女企业家交流暨科技创新合作研讨会召开】 12月8日，2019海峡两岸暨香港、澳门女企业家交流暨科技创新合作研讨会在京召开。本次会议由百杰女性创业服务中心、北京妇女儿童发展基金会主办，中国杰出女企业家联谊会、北京科学技术开发交流中心协办。来自海峡两岸暨香港、澳门的企业家，科技界、企业界杰出女性、相关专家及相关产业从业人员共计200余人出席会议。会上，市科委参会代表介绍了北京科技创新中心的建设背景、推进现状及未来目标。中央电视台评论员张彬就香港近期局势等时政问题进行了深入剖析。国家发展改革委原秘书长范恒山教授解读了中国当前的经济形势及下一步应对的政策取向问题。全国妇联原副主席孟晓驷结合专业工作经历分享了海峡两岸暨香港、澳门开展科技交流、促进人文互通的理念。最后，10位杰出女企业家阐述研讨会的收获，同时介绍了各企业的经营状况及未来的发展方向，并就热点话题与在座的人员进行了深入讨论。

（方子都　安鹤益）

【北京微量元素学会组织召开学术报告会】 12月13日，由北京微量元素学会主办、首都师范大学化学系承办主题为“查颜阅色，关注健康人”北京微量元素学会2019年学术报告会在国际文化大厦召开，首都医科大学附属北京同仁医院皮肤科主任杨秀敏、首都医科大学刘文兰分别做了题为《浅谈损容性皮肤病》《中医色诊与微循环》的主题报告，并与参会者进行了现场交流。来自北京相关高校、科研院所的20余人参加了学术报告会。

（崔家墅）

【第十届重大疾病防治科技创新高峰论坛开幕】 12月21日，由市科委、市卫生健康委联合主办，北京生物技术和新医药产业促进中心承办的第十届重大疾病防治科技创新高峰论坛在国家会议中心开幕。市政府副秘书长刘印春，市卫生健康委主任雷海潮，市科委副主任郑焕敏出席论坛开幕式并致辞。本届论坛以“科技创新赋能健康北京”为主题，采取大会报告、分论坛专题会议、交流讨论、成果展示等方式，重点围绕医工交叉与成果转化、人工智能+健康、临床研究水平提升、临床试验创新发展、优秀成果经验分享、人类遗传资源管理等方向展开研讨。

（市科委官网）

国际科技合作与交流

【概述】2019 年，认真贯彻市委、市政府的决策部署，以机构改革为契机，贯彻落实“一带一路”倡议，进一步明确工作定位、优化工作机制、创新工作方式，在全球视野下谋划和推动科技创新，为具有全球影响力的科技创新中心建设提供重要支撑。加强国际科技合作顶层设计。印发《“一带一路”科技创新北京行动计划（2019—2021）》，通过塑环境、引进来、“走出去”、促合作 4 条主线打造国际创新共同体。打造科技合作品牌活动。以“中意携手，创新共赢”为主题，聚焦中意双方创新合作十大技术领域及优质资源第十届中意创新合作周。按照聚焦学术研究、聚集全球顶尖科学家、深层次多角度研讨的原则，围绕纳米科学、量子科学、人工智能、脑科学、先进生物技术等前沿热点领域开展第二届北京国际学术交流季。积极引导，全面推动北京创新主体与海外务实合作。

（李　倩）

国际科技合作

【旧金山市项目路演活动举办】3 月 18 日，旧金山市对华办公室（ChinaSF）第三届年度路演活动在京举办。此次活动由市科委支持、北京技术交易促进中心联同开发区科技局共同承办。活动围绕中美出入境投资法律问题、主要领域韧性城市的建设与发展进行了探讨；旧金山初创项目进行了展示：健康医疗、养老产业、人工智能、区块链和互联网等企业进行了对接。

（北京技术交易促进中心）

【“一带一路”国际科技合作交流活动举办】4 月 8—12 日，北京科学技术开发交流中心在北京组织举办“一带一路”国际科技合作交流培训活动，来自尼日利亚、南非、乌干达、肯尼亚等非洲国家的 20 名科技企业代表参与活动。活动首先举办首届中非创投论坛，15 个非洲创业项目进行了现场路演，发布了《非洲新经济蓝皮书（2019 版）》。论坛结束后，组织 20 名非洲科技企业代表分别赴滴滴、美团、京东、科大讯飞、寒武纪、阿里巴巴等科技独角兽企业以及清华经管加速器参观学习和培训，直观地感受北京科技创新的氛围与活力。

（胡炎平　安鹤益）

【参加中国—巴基斯坦技术转移对接活动】6 月 14 日，为进一步对接东南亚技术转移资源，北京技术交易促进中心组织相关单位参加了在昆明举办的“2019 南亚东南亚技术转移对接洽谈会”系列活动之一的“中国—巴基斯坦技术转移对接活动”。该活动由科技部国际合作司和云南省科技厅主办，中国—南亚技术转移中心、云南省科学技术情报研究院和巴基斯坦科学与工业研究理事会承办，北京技术交易促进中心书记张泽浩出席活动并发言。

（北京技术交易促进中心）

【先进医疗技术引进与转化高端专家讲座举办】6 月 16 日，由北京技术交易促进中心、北京环球英才交流促进会联合主办，中国国际技术转移中心、环球英才网协办的高端专家讲座的首讲“先进医疗技术引进与转化”举办。首期讲座特邀北美医学基金会、北美医学教育基金会主要创始人丁文京进行分享,有关医疗企业、投资机构的负责人和行业领域专家等67人参加,1个技术转移方面的战略合作项目现场签约。

(北京技术交易促进中心)

【中俄数控机床控制系统联合实验室揭牌】 8月27日,北京科技协作中心副主任周晓柏与俄罗斯波罗地系统公司副总经理安德烈·科斯坦科共同为位于圣彼得堡的数控机床联合实验室揭牌。在北京科技协作中心的筹划推动下,北京首科凯奇电气技术有限公司与俄罗斯波罗地系统公司共同发起建设中俄数控机床控制系统联合实验室,旨在推动落实"一带一路"科技创新行动计划,推动中俄两国在伺服电机、数控系统等方面进行关键技术联合攻关,解决数控领域共同的"卡脖子"技术难题,并促进技术、人才等方面的双向流动。北京科技协作中心相关人员、中俄联合实验室双方代表及相关专家出席揭牌仪式并参观了实验室。

(李　伟)

【2019国际注册技术转移经理人认证结课】 9月6—8日,由中国国际技术转移中心联合聚思睿管理咨询(北京)有限公司与英国普雷塞斯中心(Praxis Unico)联合发起的2019国际注册技术转移经理人认证(RTTP)系列培训课程第4模块培训课程举办,此模块作为本期课程的最后一个模块,也标志着本期培训课程正式结课。RTTP培训课程围绕科技创新成果的商业化、知识转移、技术转让技能和技巧提升等方面设置。教学采用互动型的高效培训方法,以实际项目案例沙盘推演形式开展,各培训模块会强调让学员进行经验分享及团队协作。

(北京技术交易促进中心)

【2019中韩科技创新项目对接会举行】 9月25日,2019中韩科技创新项目对接会在京举行。此次会议由北京科学技术开发交流中心主办,韩国产业技术振兴院、北京国裕茂技术服务有限公司、Zetaplan Invest(北京GCC)、北京技术市场协会、北京国际科技合作协会等机构承办,韩国产业通商资源部为支持单位,来自中韩的企业代表、技术转移机构等总计近150人参与本次对接会。对接会邀请了智慧城市、生物健康、人工智能等领域的10家韩国企业来京进行项目路演,并进行B2B洽谈。通过对接会,有近13家中方企业与韩方达成初步意向,还有5家企业签订了战略合作协议书。

(胡炎平　安鹤益)

【中英创新中心揭牌仪式暨中英创新高峰论坛举行】 10月14日,中英创新中心揭牌仪式暨中英创新高峰论坛在清华科技园举行。市科委副主任许心超、中关村管委会副主任翁启文、英国大使馆国际贸易部驻华贸易副使节约翰·爱德华兹(John Edwards)、清华大学技术转移研究院院长金勤献、英国剑桥大学三一学院首席财务官罗里·兰德曼(Rory Landman)、启迪控股股份有限公司首席运营官王书贵等共同为该中心揭牌。论坛上,罗里·兰德曼、启迪科服总裁杨明分别就剑桥大学科技创新成果转化、启迪中英创新网络发展做了主旨演讲。

(市科委官网)

【2019年驻华外交官科技考察走进开发区】 10月30日,2019年驻华外交官科技考察系列活动暨"春华秋实"联谊活动在大兴区举办。来自21个国家的驻华外交官以及北京市对外友协理事、中国前驻外大使、市科协委员百余人走进开发区。活动由市对外友好协会、市科协、大兴区政府、开发区管委会主办,外交官们参观了开发区发展成果综合展厅、驻区企业京东方科技集团股份有限公司、金风科技有限公司以及北京老宋瓜王科技发展有限公司,了解了驻区高新技术和现代农业企业的创新发展需求,为推进后续的相关国际合作奠定了良好基础。

(葛海英)

【外事工作培训班举办】 11月13—14日,市科委与市政府外办共同举办2019年科技外事人才国际素养提升培训班。来自市科委各处室及直属单位、科技创新基地、高校、医院、科研院所及科技企业等60余位科技外事工作人员、科技项目管理人员、科技新星、领军人才等参加了此次培训。内容涉及国际秩序转型与中国对外战略、习近平外交思想与民间外交、领事保护、"一带一路"建设的推进与当前中美关系及外事政策解读等。

(李　倩)

【中国国际消防设备技术交流展览会召开】 11月27—29日,2019年第十八届中国国际消防设备技术交流展览会在北京举行。本届展会共有来自全球30个国家和地区的近800家展商参加,展览面积达12万平方米,来自70个国家和地区的近10万专业人员参展,是中国消防协会自1986年举办国际消防展以来规模最大、展品最多、影响力最强的消防专业展览会。

（陈茜尹　王　璐）

【第三届中以创新创业大赛北京决赛举办】12月2日，2019北京—特拉维夫创新大会期间，第三届中以创新创业大赛北京决赛举办。以色列Robot AI机器人视觉系统解决方案项目、Magni Lean突破性英语教学系统项目、Rephraser实时地道的创新英语改写器项目获数字创新技术领域优胜奖，Boson Est化学工业特殊废物处理解决方案、Atlantium Technologies创新紫外线水安全技术、Salamandra Zone有毒气体转化空气净化技术获清洁技术领域优胜奖。这些技术项目将在北京特拉维夫创新中心和中以创新生态联盟的帮助下，与中方投资机构和有技术需求的企业机构展开进一步的深入交流与合作。

（李　倩）

【"一带一路"创意与可持续发展研修班举办】12月18—20日，由创意中心与吉林大学公共外交学院联合举办的"一带一路"创意与可持续发展研修班在北京举办。本次研修班围绕可持续发展、人工智能、文化及乡村振兴等主题，向来自尼日利亚、坦桑尼亚、阿尔及利亚、委内瑞拉、埃塞俄比亚、印度尼西亚等12个"一带一路"沿线及相关国家政府单位的20余位学员分享了国内外创意与可持续发展领域的探索与实践案例；通过实地考察中关村软件园和白塔寺，使学员们了解到科技创新助力人工智能产业发展的前景，以及传统文化与现代元素相结合的可持续解决方案。

（北京工业设计促进中心）

【通过因公出访务实开展外事交流】年内，市科委启动因公出国（境）团组34批次、69人次，获批团组31批次、66人次，其中市政府外办审批24批次、47人次，市科委代行市政府授权因公出访审核、审批工作7批次、19人次；签发科技类来华人员邀请电函2批次、2人次，开展在华举办的国际科技会议审核、审批22批次；开展境外非政府组织在京代表机构有关事项审核、审批7批次，开展国外官方科研机构在京代表处延期、变更事项审核审批6批次。积极推动出访成果落实：与芬兰商贸局组建联合工作专班，赴芬兰进行为期21天的工作对接，促进两市科创资源深度对接；推动德国埃因霍温科技园、阿德勒斯霍夫科技园对接首钢园区、中关村科学城和未来科学城；推动量子院引进芬兰低温量子领域科学家米卡·西兰佩。

（李　倩）

【中国企业支持埃塞俄比亚亚吉铁路建设】年内，首都设计提升计划领军团队——北京四方继保自动化股份有限公司，针对非洲第一条电气化铁路埃塞俄比亚亚吉铁路三相不平衡、谐波超标、功率因数偏低等问题，设计单相补偿SVG（静止无功发生器）设备方案，通过角接形SVG方案治理牵引站三相不平衡的问题。采用模块化多电平结构，该系统灵敏度高、扩展性强，具备更高的故障容错能力，同时也降低了IGBT（绝缘栅双极型晶体管）的开关频率，并减少了换流器的损耗。埃塞俄比亚亚吉铁路是中国在海外建设的第一条全产业链"走出去"铁路，亚吉铁路建设全部采用中国标准和中国装备。通过亚吉铁路，埃塞俄比亚至吉布提的陆路交通周转时间从原来的1周缩短至1天以内。

（北京工业设计促进中心）

【推动北京创新主体与海外务实合作】年内，市科委全面推动北京创新主体与海外的务实合作。在引进来方面，支持启迪科技服务有限公司建立北京剑桥创新合作中心，采用"孵化服务＋天使投资＋创业培训＋开放平台"四位一体模式，为英国创新企业在京落地提供全方位服务。在"走出去"方面，支持北京市水科学技术研究院在老挝建设水环境检测联合实验室，提升万象市水质检测、水环境整治能力；探索设立北京—赫尔辛基创新中心，围绕光电、量子重点领域联合开展前沿基础研究。在联合攻关方面，推动北京理工大学联合德国慕尼黑工业大学、美国俄克拉荷马大学、美国普渡大学等国外一流高校成立人车协同与智能决策国际联合实验室，开展人车协同驾驶与智能决策系统应用基础理论研究；支持北京师范大学和牛津大学奥利弗·G. 皮布斯（Oliver G. Pybus）院士实验室围绕构建统一流感空间信息与生物信息数据标准化规则开展联合研发；签署《中以技术创新与研发合作协议》，启动以色列联合研发计划。在借力创新方面，推荐国家重点研发计划"政府间国际科技创新合作/港澳台科技创新合作重点专项2019年度第一批项目"38项，"战略性国际科技创新合作重点专项2019年度联合研发与示范项目"4项，借助科技部资源，进一步推动全市创新主体国际化合作能力。

（李　倩）

国际科技交流

【第19届北京生命科学领域学术年会召开】6月15日，在市科委的支持下，由北京生物技术和新医药产业促进中心联合清华大学医学院、清华大学免疫学研究所、中关村昌平园管委会共同举办的第19届北京生命科学领域学术年会在京召开，京区高校、科研院所、医院及生物医药企业等相关机构代表近300人参会。本届年会以“自身免疫性疾病的机制与临床进展”为主题，力邀国内外专家共同探讨免疫性疾病及免疫治疗热点问题。会议分为炎症生物学、自身免疫疾病与转化医学3个单元，来自纪念斯隆凯特林癌症研究中心（MSKCC）、哈佛大学、北京大学—清华大学生命科学联合中心、德国勃林格殷格翰公司、昆士兰科技大学基因组学中心、北京大学第一医院等单位的专家围绕相关学科做报告。

（市科委医药健康科技处）

【第九届北京实验动物科学国际论坛举办】6月23—26日，由北京市实验动物管理办公室、北京脑科学与类脑研究中心、北京实验动物学学会、中国农业科学院哈尔滨兽医研究所和首都医科大学主办，北京实验动物行业协会承办的2019年（第九届）北京实验动物科学国际论坛召开。本届论坛以“实验动物助力国家科技创新”为主题，突出以实验动物创新保障科技创新、加快建设创新型国家和世界科技强国的基础作用。论坛邀请了德国、英国、美国、日本、新加坡以及中国在实验动物科学领域的14位知名专家做大会报告，专家们与参会的300多名代表进行了热烈的交流和讨论。本届论坛还专设了青年科学论坛，十几位在实验动物行业的优秀青年科学家在论坛上做了精彩报告。

（臧津慧）

【第四届科技外交官对接活动举办】6月26日，由北京技术交易促进中心、中国国际技术转移中心主办，创为信国际技术咨询（北京）有限公司承办的第四届科技外交官创新资源对接活动在北京召开。此次活动以“汇聚国际科技创新资源，共促科技驱动发展”为主题，邀请来自北京及其周边省市的高校、科研机构及企业的150余名代表参会，出席本次活动的外方嘉宾包括塔吉克斯坦驻华副大使穆哈默德·叶尕穆佐达（Egamzod Muhammad）及澳大利亚、加拿大、法国、巴西、欧盟等17个国家和地区的驻华大使馆官员和驻华机构代表。在活动现场，各国外交官介绍了各自国家的科技创新政策及发展现状等，涵盖生物医疗、智能制造、节能环保等高精尖产业领域。在“高端对话”环节，嘉宾围绕“‘一带一路’科技创新机遇与挑战”的主题，就科技创新的机遇和挑战展开讨论，共同探讨“一带一路”背景下科技创新合作的新方向和新思路，开拓了“一带一路”国际科技合作的新视野。此外，此次活动为6名驻华科技外交官代表颁发“科技外交官特别贡献奖”奖章，以表彰他们近年来为科技外交活动做出的突出贡献。

（北京技术交易促进中心）

【2019年创新链接—国际专题研讨会在京举办】6月29日，2019年创新链接—国际专题研讨会在京举办，会议与在比利时召开的中比科技交流研讨会同时举办，并视频连接，互动交流。中华人民共和国驻比利时王国大使馆大使曹忠明、比利时皇家技术科学院院士鲁克·塔尔维（Luc Taerwe）等嘉宾到会。与会的26家海内外科技社团和社会组织共同倡议发起建立首都海智科技创新联盟，为海内外创新要素对接“三城一区”建设搭建起国际交流与合作平台。中国工程院院士、欧亚科学院院士李德毅，国际宇航科学院院士、国际光学工程学会会士顾行发，北欧致公协会常务副会长薄海以及来自科技社团、高校科协、企业科协的专家学者、青年学者和企业家代表200余人参会。

（李　虹）

【“北京石墨烯论坛2019”在京召开】10月25日，“北京石墨烯论坛2019”在北京召开。论坛是由北京石墨烯研究院创办的国际高端石墨烯学术及产业交流平台，也是北京国际学术交流季的重要组成部分，旨在吸引国际石墨烯领域顶尖的专家学者、产业界人士、政府机构、投资专家等，开展石墨烯领域国际学术交流与合作，推动石墨烯前沿技术与产业深度融合，服务于北京石墨烯领域原始创新和高精尖产业培育。

（平朝霞）

【科学·亚洲生物医药先进技术高峰论坛举行】11月4日，作为北京国际学术交流季活动主体之一，2019科学·亚洲生物医药先进技术高峰论坛在昌平区中关村生命科学园正式开幕，市政府副秘书长刘印春出席论坛开幕式并致辞。本次活动是市科委与《科学》/美国科学促进会(*Science*/AAAS)落实框架合作协议的具体举措,将为全球科学技术和创新人才跨界交流打造高端平台,促进开展学术和技术应用专业研讨,推动全球科学技术的发展。论坛为期 2 天,800 余人次参会,来自中国、美国、日本、新加坡等国的 20 余位生物医药领域的顶尖科学家、科研学术专家、业内高管、著名学术期刊编辑等学术界、产业界精英阐释了在基因编辑、干细胞技术、疾病建模、诊断与治疗等方面的最新研究发现。

(市科委官网)

【第 23 届北京国际生物医药产业发展论坛开幕】 11 月 4—6 日,由市科委、开发区管委会共同主办,北京生物技术和新医药产业促进中心及开发区科技局共同承办的第 23 届北京国际生物医药产业发展论坛在京开幕,邀请百名国内外跨国医药企业高管、国内医药上市企业领袖、著名投资人和知名学者到会演讲,参会人数达 500 人。本次论坛对 2018 年 9 月市政府办公厅发布的《北京市加快医药健康协同创新发展行动计划(2018—2020 年)》实施以来的工作成效进行了集中展示。论坛还设立了"基因编辑技术:'剪'出新时代""干细胞技术与再生医学引领未来"等共计 10 场分组会,围绕生命科学前沿、临床研究及转化、企业发展等主题,组织业内专家共话医药健康产业发展。

(市科委医药健康科技处)

【2019 年新材料领域前沿技术创新圆桌会议召开】 11 月 8 日,由北京科技协作中心与 Nature Research 共同组织的新材料领域前沿技术圆桌会议在京召开。会议以"能源材料促进可持续发展"为主题,邀请东京大学先进科学技术研究中心、荷兰 Solliance 太阳能研究组织、韩国蔚山国家科学与技术研究所能源与化学工程院、瑞士苏黎世联邦理工学院、韩国科学技术院、香港科技大学的国际知名专家、学者做主题报告。近百位来自未来科学城的央企科研单位、中央在京高校、科研院所及科技型公司的负责人、技术专家与学者围绕卤化铅钙钛矿太阳能电池、钙钛矿光伏的规模化和卷对卷制造工艺、商用钌基水裂解催化剂等前沿话题开展学术对话和交流。

(李　伟)

【2019 中欧智能机器人大会举办】 12 月 14 日,由北京技术交易促进中心及清华大学人工智能研究院智能机器人中心、中国科技自动化联盟、清华机器人技术与产业协同创新联盟、英国工程技术学会(IET)联合主办,北京易能立方科技有限公司、清华大学电机系、清华大学计算机系共同承办的 2019 中欧智能机器人大会暨机器人核心零部件和关键技术高峰论坛(第六届)在清华大学举行。本次活动特邀市科委党组成员、副主任许心超,清华大学教授、中国科学院院士张钹,启迪控股股份有限公司副总裁、上海启迪漕河泾科技园董事长安红平开场致辞。本次论坛以机器人核心零部件与关键技术的发展和技术交流研讨为主题,上午中欧双方专家共同探讨中欧前沿技术发展及未来合作潜力、价值及案例。下午论坛设机器人核心零部件专场、机器人关键技术专场,更加聚焦深入探讨如何推动机器人核心功能部件和关键技术产业的发展进程。本次活动吸引了机器人产业链上下游相关企业、科研院所、投资机构、媒体等各方代表 200 余人参加。

(北京技术交易促进中心)

【2019 北京国际学术交流季举办】 年内,4 场 2019 北京国际学术交流季组织系列活动分别由细胞出版社、美国"科学"杂志、北京量子信息科学研究院及北京脑科学与类脑研究中心主办,聚焦人工智能与脑科学、生物医药、量子物理与量子信息科学、脑科学与类脑研究等领域。4 场活动共邀请来自美国、法国、德国、日本等国的重要外国嘉宾 50 人,以及国内重要嘉宾 47 人,围绕各自领域内的前沿热点话题深入交流探讨,取得了较好的交流效果。

(李　倩)

科学技术普及

重大科普活动

【概述】2019 年,以“科技强国 科普惠民”为主题的 2019 年全国科技活动周暨北京科技周主场活动,举办 8 天共吸引 12 万人次现场参观体验,各类媒体总报道量 12500 余篇,总点击量达 7000 万次。首届北京科学教育馆科学传播大赛在北京科学中心举办,为北京地区科普场馆搭建学习交流平台。北京科学嘉年华与“首都科普”行动联动,1000 余场基层科普活动广泛开展。实施北京市全民科学素质行动计划纲要,北京市公民科学素质大赛线上线下广泛覆盖,53 万余人次参与。2019 年,市科委组织开展北京地区 2018 年度科普统计工作。本次统计工作由市科技传播中心具体组织实施,统计范围为北京地区的中央、国务院部门,市属委、办、局,人民团体和全市 16 个区,共回收有效调查表 1788 份。据统计,2018 年北京地区拥有科普人员 6.13 万人,每万人口拥有科普人员 28.46 人(北京市 2018 年常住人口 2154.2 万人);科普场馆 121 个(建筑面积 500 平方米以下的不列入统计);出版科普图书 4400 种,年出版总册数 5136.52 万册;全社会科普经费筹集额 26.18 亿元,人均科普专项经费 54.31 元,较 2017 年增加 2.11 元;举办 1000 人以上的重大科普活动 1056 次。

(郝　琴)

【前沿新材料在北京科技活动周备受关注】5 月 19—26 日,2019 年全国科技活动周暨北京科技周主场活动在中国人民革命军事博物馆举办。本届科技周主题为“科技强国 科普惠民”,展出重大科技创新成就和科普惠民成果,让公众了解科学知识、体验科学乐趣、感知科学精神。其中,“前沿新材料”板块包含单光子开关、超导材料、超导线材、石墨烯单晶晶圆、石墨烯应用、柔性 OLED(有机发光二极管)技术、超宽禁带半导体氧化镓材料及其器件、电力电子器件、钙钛矿太阳能电池、异质结太阳能电池等 10 类新材料项目和产品。京东方柔性 OLED、石墨烯单晶晶圆、氧化镓单晶等展示区域受到社会各界的广泛关注。

(刘　超)

【红星奖亮相北京科技周】5 月 19—26 日,在 2019 年全国科技活动周暨北京科技周主场活动,围绕活动主题,红星奖组织了包括高速双层动车组、小海鳐水下无人机、桌面智能机械臂、布丁豆豆智能机器人、联想二合一平板电脑等 20 余件与生活紧密相关的、科技含量较高的 2018 年部分获奖产品亮相科技周。展览期间,观众在红星奖展区与小海鳐水下无人机等智能产品进行互动。

(北京工业设计促进中心)

【社发科技亮相科技周“美好生活”板块】5 月 19—26 日,在 2019 年全国科技活动周暨北京科技周主场活动,52 个社会发展科技项目亮相“美好生活”板块,并成功参与了展览展示、互动问答、媒体直播、“科学之夜”等活动,得到市民的高度认可和关注。本次社会发展领域推荐项目,一是展示“科技创造美好生活”的成就,呈现科技助力绿色生活、智能交通、智慧城市的画卷,包括近年来污染防治方面取得的蓝天、碧水、净土和科技扶贫成果等内容,增强公众对当今美好生活的获得感、幸福感;二是展望“科技创造美好生活”未来前景,畅想未来智能新时代科技成果应用的生动场景,展示科技助力冬奥成果,让公众了解、体验科技冬奥的理念。展示城市精细化管理、垃圾分类智能回收、人脸识别、养老科技等最新成果。

(梁廷政)

【19 个农业科技项目亮相科技周】5 月 19—26 日,在 2019 年全国科技活动周暨北京科技周主场活动,19 个农业科技创新成果亮相。这些成果既具有高精尖科技含量,也包含科技精准扶贫成果,非常贴近百姓生活。重点展示“良种兴业”“质量兴农”“绿色发展”“生态宜居”“双新双创”“科技扶贫”六大板块的重大科技成果、科技创新产品,以实物展示、互动体验、科普讲堂等方式,展示乡村振

兴、科技扶贫、成果惠及等农业科技成果的同时，感知科技创新蕴含的科学精神，普及科学知识。

（王伟娟　赵淑红　赵　娣　张丽娜）

【农业主题 VR 展品精彩亮相科技周】 5 月 19—26 日，“农业科普互动体验”亮相科技周，“三维数字化技术开发的科普互动体验”项目将农业主题知识与最主流的数字互动体验形式有机结合，实现了知识的可视化、趣味化交互与传播。其中，水稻插秧科普体验基于外设体感设备，进行水稻三维可视化互动培训插秧农业技能体验，通过虚拟体验技术让受众对水稻的插秧、管理等农事操作进行现场体验，让受众能够亲临其境，学习相应的农业知识，体验农业科技带来的乐趣；草莓栽培互动体验 VR 模拟操作草莓定植过程。

（王伟娟　赵淑红　赵　娣　张丽娜）

【全国科技创新中心建设培训班开班】 6 月 19 日，市委组织部、市科委、清华大学公共管理学院联合举办的全国科技创新中心建设培训班在清华大学开班，副市长隋振江、清华大学副校长尤政出席并讲话。市科委主任许强主持开班式。本次专题培训班将集中学习 3 天，培训突出专业性和针对性，发挥清华大学的优势和特色，围绕国际科技发展形势、创新型国家建设、北京科技创新中心建设部署等重点热点进行内容设计，邀请各领域、各行业著名的专家学者授课，着力强化领导干部践行“四个意识”，坚定“四个自信”，做到“两个维护”，提升贯彻落实中央战略部署和市委要求的理论素养和业务水平，更好地培养领导干部的创新思维和创新精神，加快推进具有全球影响力的科技创新中心建设。各区分管副区长、科技主管部门主要负责人，北京办公室市级成员单位、相关市属高校、市管企业分管负责人，在京部分科研机构、企业技术创新中心分管负责人等约 80 人参加培训。

（市科委官网）

【北京庆祝中华人民共和国成立 70 周年科技创新专场发布会召开】 8 月 22 日，北京市庆祝中华人民共和国成立 70 周年系列主题新闻发布会——科技创新专场召开。市科委、市经信局、中关村管委会、开发区管委会等有关单位领导出席发布会并介绍相关情况。市科委副主任、新闻发言人杨仁全在发布会上介绍，北京作为全国科技创新中心，中华人民共和国成立 70 年来，在一代又一代科技工作者的艰苦奋斗、不懈努力下，科技事业取得了骄人的成绩，产生了一大批重要科技成果，为新中国科技事业做出了重大贡献。

（市科委宣传与科普处）

【“北斗”引领科技创新铸就未来主题活动举办】 8 月 29 日，由市科协主办的 2019 年北京校企协同创新——“北斗”引领科技创新铸就未来主题活动在中关村丰台新兴产业基地举办。空间技术专家戚发轫做主题报告，相关领导及北京地区各高校科协负责人、企业代表 150 余人参加活动。

（崔　静）

【第九届北京科学嘉年华活动举办】 9 月 14 日，以“礼赞共和国 智慧新生活”为主题的第九届北京科学嘉年华开幕。由北京科学中心科普系列活动、“首都科普”联合行动、北京国际科学传播交流周等 3 个部分组成，形成了集科学思想方法主题展教区、北京青少年科技教育研究院、首都科技创新成果展于一体的北京科学中心发展体系，取得了良好的活动效果和社会影响。北京科学中心科普系列活动于 9 月 14—20 日面向公众开放。活动以多元展示、互动体验、快乐参与为主要形式，开设“生命・生存・生活”主题展教、“玩转科学”科学体验、京津冀科普资源展览展示、首都科技创新成果展、科学秀场、院士讲科学等主题展区，举办科学实践、科学展示、科学实验、科学探究、科学体验、科学表演、科学讲堂等丰富多彩的科普活动。86 家科普科研机构以及学会、协会、高校、科普基地、出版社、社会企业等带来 372 项科学互动体验项目。“首都科普”联合行动，围绕“礼赞共和国 智慧新生活”主题，全市联动，广泛开展科普活动，推动全社会讲科学、爱科学、学科学、用科学的浓厚氛围。9 月 14—20 日全国科普日活动期间，中国科技馆近 40 家专业场馆以及科研院所、高等院校、高新企业所属场馆，以及 16 个区科协及街道乡镇，联合进行近 200 场科普系列活动，为社会公众提供丰富的科学体验。北京国际科学传播交流周于 11 月 2—10 日在北京科学中心举办。

（沙　莎）

【“科技创新”专题政务开放日活动开展】 10 月 24 日，按照北京市 2019“初心・同行”系列政务开放日活动的整体部署，市科委组织开展“科技创新”专题政务开放日活动。活动邀请了市人大代表和政协委员、创新主体、社会公众、媒体记者等 30 余位市民代表，走进新型研发机构，了解相关领域的科技创新工作最新进展。通过面对面的沟通互动方式，更好地“公开”科技创新工作，更多地听取市民代表的声音，更有效地提升科技管理部门“抓服务”的能力和水平，吸引更多智慧和力量参与全国科技创新中心建设。市民代表首先参观了北京市新型研发机构——北京量子信息科学研究院及其超导量子计算实验室，该院行政副院长王金勇介绍了量子研究院的建设情况和相关科研成果。在座谈环节，市民代表观看了全国科技创新中心建设5周年成效宣传片，市科委综合协调处、办公室、宣传处负责人分别介绍了全国科技创新中心建设、政务公开、科学技术普及等有关情况。

（市科委官网）

【开放型企业科协建设成果展举办】 10月24—27日，市科协开放型企业科协建设成果展举办。48家院士专家工作站企业、27家企业创新簇、4家科技社团创新簇，共79家企业参展。本次展览以“深化改革、聚簇创新”为主题，全面反映了开放型企业科协建设成果，展示了市科协创新驱动工程、企业创新簇、企业创新服务中心、院士专家工作站等建设成就以及相关科技服务工作的开展情况，各参展企业展示自主创新、协同创新成果上百件，涉及农业、工业、医疗、环境、智能智造等诸多领域，现场交流活跃、互动丰富、效果显著。开放型企业科协建设是北京市科协创新驱动工程的重要内容和重点任务，是进一步发挥企业科协作用的重要举措。

（苏国民）

【第七届北京国际科技电影展举办】 11月2—10日，第七届北京国际科技电影展在北京科学中心、北京天文馆、中国古动物馆、北京自然博物馆、朝阳规划艺术馆等科技场馆联合展映。此次电影展以“科学之美”为年度主题，汇集了来自中国、加拿大、墨西哥、英国、法国、德国、希腊、冰岛、澳大利亚、韩国、泰国等14个国家的37部优秀科技电影，影片类型涵盖3D、球幕、4D动感电影等。

（苏国民）

【2019年北京市公民科学素质大赛线下决赛举办】 12月29日，2019北京市公民科学素质大赛决赛在北京科学中心举办，全市16区代表队参加现场决赛。网络直播浏览量超过79.3万人次。本次大赛由北京市全民科学素质纲要实施工作办公室、市科协主办。中国科学院物理所研究员、博士生导师曹则贤，理论物理博士、中国科学院大学科普策划人、科普作家吴宝俊和中日友好医院保健科高级健康管理师、北京市红十字会救护培训师肖志云，分别对相关赛题进行现场解析。最终，海淀区代表队赢得决赛一等奖，西城区和朝阳区代表队获得二等奖，通州区、昌平区和平谷区代表队获得三等奖。昌平区科协获得线上答题最佳组织奖，大兴区科协、门头沟区科协、延庆区科协、密云区科协获得优秀组织奖。北京市公民科学素质大赛自6月上线以来，超过53.1万人参与线上答题，活动总浏览量超过867.2万人次。网上答题用户调查问卷显示，参与答题者中64.51%为女性，35.49%为男性；城镇居民占67.42%，农村居民占32.58%；18～39岁的青年群体超过50%；大学专科及以上学历用户超过60%。

（杨晓伟）

【2019十大国内科技新闻发布】 12月29日，由科技日报社主办，部分两院院士和媒体人士共同评选出的2019年国内、国际十大科技新闻揭晓。入选的2019年国内十大科技新闻分别是“嫦娥四号”实现人类首次月背软着陆；5G商用牌照正式发放；科创板鸣锣开市；开发出全球首款类脑芯片；首次验证远距离双场量子秘钥分发；用基因编辑干细胞治疗艾滋病；首次解析非洲猪瘟病毒结构；70倍太阳质量黑洞发现，远超理论预言上限；首艘国产航母“山东号”服役；“长征五号”火箭成功复出。

（市科委宣传与科普处）

【科普e站建设带动区域公民科学素质提升】 年内，科普e站围绕公众需求，组织开展科普活动，提升科普e站使用效率，制作海报并发至16区。利用科学加APP的网上科普e站展示方式，让广大网民获悉北京市科普e站最新建设动态及相关活动信息，网上科普e站进一步扩大e站利用率、知晓度。全年科普e站开展活动共计31场，通过科学+网上直播，覆盖近10000人，以点带面，有效促进区域公民科学素质提升。

（胡亚楠）

【“全国科技创新中心”微信公众号作用凸显】 年内，“全国科技创新中心”微信公众号日渐成为市科委要闻的首发平台。2019年，共发布信息793篇，市科委相关文章推送402条。总阅读量73.7万余次，单条阅读量高达1.6万余人次。长期关注人数达3万余人。市科委重要新闻首发次数明显增多，内容多次被北京微博微信发布厅等委办局、清华河北研究院等研究院所、中关村 ICC 等创新型科技企业、北京市科技金融促进会等社会组织、《中关村》杂志等新媒体机构、四川省科技评价联盟等外省市科技单位转载。公众通过该微信公众号进行项目申报咨询、了解政策要点解释等的次数与日俱增。

（李丰华）

【“科技北京”微博影响力进一步提升】 年内，“科技北京”微博和头条号发稿量、发稿频率实现双激增，宣传影响力大幅提升，为市科委应对舆情、服务公众起到了有效的支撑作用。其中，微博发布文章 654 篇，总阅读量超 687 万次，单条最高阅读量为 103 万次，粉丝数 67.1 万人；“科技北京”头条号发布文章 204 篇，阅读量 8.5 万次，粉丝数较往年成倍增长，达到 5355 人。

（李丰华）

科普创作与交流

【概述】 2019 年，稳步提升科普产品和服务的供给质量。北京地区累计入围全国优秀科普作品 185 部、优秀科普微视频作品 107 部，分别占全国的 53% 和 46%。数字丝绸之路全景三维科普地图、原创宇宙黑洞对光粒子吸引模拟装置等科普展项在科技周主场精彩亮相，广受欢迎。支持的《向太空进发》入选中宣部 2019 年主题出版重点出版物。组织北京代表参加全国科普讲解大赛，经过激烈角逐，选手高源获大赛一等奖，被授予“全国十佳科普使者”称号。

（市科技史志办公室）

【赴北京市飞行者航空科普促进中心交流座谈】 1 月 21 日，北京科学技术开发交流中心一行赴北京市飞行者航空科普促进中心开展调研，并与相关领导进行交流座谈。北京市飞行者航空科普促进中心负责人主要介绍了该中心的发展历程、主营业务以及成立以来获得的重要成绩。北京科学技术开发交流中心负责人表示，双方在联合开展科普活动方面已经取得了一些成果，通过寓教于乐的互动式授课方法，为参加科普活动的人员提供与飞行员、飞机驾驶舱零距离接触的机会，搭建航空知识科普平台，在航空知识普及方面发挥了积极的作用，并受到各方的广泛欢迎；希望今后双方在国内外科普、培养青少年创客、联合申报科普项目等方面开展进一步合作，共同促进航空科普事业发展。

（张　辰　安鹤益）

【首都科普剧团首演在北京天桥艺术中心举行】 3 月 8 日，在北京科教馆协会成立大会上，首都科普剧团宣布成立，旨在更好地推动青少年科普教育、丰富北京创新文化内涵、引领带动全民科学素质大幅提升。当晚，首都科普剧团首演剧目《飞越中轴线》在北京天桥艺术中心举行。首都科普剧团先后排演了儿童科普剧《最后一株独叶草》《万能科学接班人》等优秀剧目，并于 8 月 25—26 日走进北京世园会举办科普剧展演。9 月 15 日，全国科普日北京主场活动暨第九届北京科学嘉年华系列活动期间，推出大型科普剧《千年石刻　千年传承》系列演出活动。

（何素兴）

【北京代表队获全国科普讲解大赛一等奖】 6 月 20—21 日，全国科普讲解大赛在广东科学中心落幕，来自国家部委、军队各个地方的大赛选手同台比拼，讲科学，秀科普，北京代表队获大赛一等奖。全国科普讲解大赛是目前国内范围最大、水平最高、代表性最强、最具权威性的科普讲解竞赛，也是一年一度全国科技活动周重大示范活动，是中央文明委 2019 年重点工作项目之一，由全国科技活动周组委会主办。大赛分预赛和决赛 2 个阶段进行。全国各地及中央、国务院、中央军委、武警部门等经过层层选拔，223 名优胜者晋级决赛。经过半决赛 3 组同时竞逐，各组的前 10 名，共计 30 名选手进入总决赛。最终，北京代表队高源获大赛一等奖，被授予“全国十佳科普使者”称号。同时，北京市科委获优秀组织奖。

（市科委宣传与科普处）

【首届北京科学教育馆科学传播大赛举办】9月18—19日，由市科协主办的首届北京科学教育馆科学传播大赛在北京科学中心举办。大赛旨在为北京地区科普场馆搭建学习交流平台，以赛代训，以赛促学，突出科学思想方法的传播，培养创新人才，提高科技辅导员和讲解员的综合素质和专业技能，鼓励科普方法创新，倡导科普活动形式多样化，提升科普场馆服务公众的能力和水平。大赛聚焦科普场馆核心业务，分展教辅导、科学表演和科普讲解3项比赛。大赛奖项设一等奖、二等奖、三等奖，同时授予一等奖获得者“北京金牌科技辅导员”和“北京金牌科普讲解员”称号。大赛还设置“最佳风采奖”和“最佳创意奖”2项专项奖。展教辅导、科学实验和其他科学表演一等奖推荐参加全国第六届科技馆辅导员大赛。

（张永峰）

【世界科普展示交流活动举办】11月2—6日，世界科普展示交流活动举办。此次活动是第九届北京科学嘉年华国际科普活动的重要组成部分，以展览展示、舞台表演、科学讲座、科普工作坊等形式，在北京科学中心集中呈现，活动主题为“环境与元素”，来自德国、波兰、瑞士、意大利、以色列、新加坡、美国、澳大利亚、泰国、俄罗斯、菲律宾、西班牙等12个国家的14家科学传播机构和科技场馆带来100余项科普展示及互动活动。

（沙　莎）

【首届北京国际科学传播交流周举办】11月2—10日，以“开放合作、共同发展”为主题的北京国际科学传播交流周活动在北京科学中心举办。活动包括北京中外科技馆馆长对话会、北京国际科学节圆桌会议、北京国际科技电影展和世界科普展示交流活动等活动。11月4日，交流周开幕，来自澳大利亚、加拿大、冰岛、印度、波兰、俄罗斯、新加坡、南非、瑞士、泰国、美国等22个国家和中国澳门的55位代表，以及来自联合国教科文组织驻华代表处、亚太地区科技馆协会、欧洲科学参与协会、拉丁美洲和加勒比海地区科学普及联盟等36家境外科普机构和科技组织，参加开幕式活动。亚太地区科技馆协会主席林直明、联合国教科文组织驻华代表处自然科学项目官贝斐然、美国麻省理工学院博物馆馆长约翰·杜兰特、加拿大魁北克大学教授伯纳德·席勒、欧洲科学参与协会执行主任安奈特·克林克特等学者专家参加主旨演讲、圆桌会议、论坛沙龙、专题研讨等主题交流，深入研讨和交流科学传播、科学教育、科学文化等方面问题。

（沙　莎）

【2019年北京市科协科普创作出版资金资助工作开展】年内，2019年北京市科协科普创作出版资金资助工作开展。经广泛征集，采取网上申报的方式，收到119家单位申报的285个选题，经过初审、初评、答辩指导和终评等评审阶段，共有31个选题获得资助，其中原创图书类选题24个、翻译图书类选题4个、新媒体类选题3个。

（沙　莎）

【国内第一部地区性科普蓝皮书反响良好】年内，国内第一部地区性科普蓝皮书《北京科普蓝皮书：北京科普发展报告（2017—2018）》中的《区域性科普发展综合评价方法研究——北京科普发展指数构建过程》，在2019年获第十届“优秀皮书报告奖”三等奖。《北京科普蓝皮书：北京科普发展报告（2017—2018）》由市科技传播中心编制，出版后引起良好社会反响，在全国起到标杆和示范引领作用，黑龙江、天津、沈阳、浙江等派人前来学习和交流。

（郝　琴）

【科普图书质量稳步提升】年内，创作出版科普图书得到大力支持，全市涌现出一批如《身边事物简史丛书》《打捞遗失的繁星》《化学入门科普绘本：阳光的故事》《大开眼界——总动员》科普丛书及AR数字内容等一批科普图书精品。市科委支持的《“向太空进发”中国载人航天科学绘本系列》入选中宣部2019年主题出版重点出版物。北京地区累计入围全国优秀科普作品185部，占全国的53%。北京地区出版科普图书4400种，年出版总册数5136.52万册；出版科普期刊211种，年出版总册数1036.15万册。

科普设施与基地

【概述】年内，继续加强科普设施建设。截至年底，累计命名市级科普基地 419 家，其中教育基地 358 家、培训基地 10 家、传媒基地 33 家、研发基地 18 家，形成门类齐全、布局合理的科普基地体系。建成社区科普体验厅 107 家，社区科技互动展示项目 1000 余项，促进了科技资源、科技成果和科普活动向基层延伸。建成中小学校科学探索实验室 102 家，将科技创新与学校课程相结合，有助于激发中小学生的科学兴趣热情，增强创新实践能力，为科技创新中心建设奠定坚实的后备人才基础。

（王　伟）

【北京科学教育馆协会成立】3 月 8 日，北京科学教育馆协会成立暨京津冀科学教育馆联盟发起大会在京召开。市副市长隋振江，中国科协党组成员、中国科技馆馆长殷皓出席大会并分别讲话。会议由市政府副秘书长刘印春主持。市科协党组书记马林，天津市科协党组书记、常务副主席陆为民，河北省科协党组书记、常务副主席刘纪雷代表三地科协致辞，市科协常务副主席司马红宣读《关于成立京津冀科学教育馆联盟倡议书》。大会审议通过《北京科学教育馆协会章程（草案）》等。北京科学教育馆协会为公益性社会组织，实行会员制，以超过 1000 平方米的科学教育场馆为重点，将广泛挖掘、凝聚、吸纳全市各具特色的场馆作为协会成员单位。通过优势互补、资源共享、协同发展，推广统一标识、开展系列宣传，集中展现依托首都大院大所等丰富科学教育资源形成的科普场馆的学科齐全、学术领先、形式多样、覆盖广泛的鲜明形象，努力打造与首都地位和形象相匹配的“首都科普”新名片。作为推动京津冀协同发展战略的科普工作创新举措，以北京科学教育馆协会成立为契机，着眼于京津冀科普场馆云集、科普资源丰富、公众科普需求不断提升的实际，京津冀科协共同倡议发起成立京津冀科学教育馆联盟，必将推进科学教育馆深度融合和交流合作，带动和辐射京津冀乃至全国科普场馆建设水平整体跃升，丰富科技创新文化内涵，加快形成科技创新与科学普及“比翼齐飞”的新格局。

（苏国民）

【市科协积极融入新时代文明实践中心建设】5 月 7 日，市科协党组书记马林以“聚焦靶心，主动作为，积极融入新时代文明实践中心建设”为主题，在中国科协 2019 年全国科技工作者日主题系列活动电视电话会议上做经验交流发言。2018 年 8 月，中宣部确定北京市延庆区为全国新时代文明实践中心建设 50 个试点地区之一，经过半年的探索、实践、总结、提高，形成了构建三级组织体系、打造文明实践基地、组建志愿服务队伍、创建点单派单服务模式、统筹公共服务资源等为主要内容的“延庆样本”。4 月 12 日，新时代文明实践中心建设工作部署会召开，确定以“延庆样本”为参照，在全市范围内全面推开新时代文明实践中心建设。在试点工作中，市、区两级科协坚持把组织优势有效转化为聚焦靶心、服务中心的工作优势，积极探索科协服务模式，上下联动，凝聚力量，组建科技志愿服务队伍，打造科普服务主阵地，整合科技和科普服务资源，开展科技套餐配送、品牌科普下乡、科普宣教进村，合力推动试点工作。

（马　力）

【北京科技教育创新研究院成立】9 月 16 日，北京科技教育创新研究院正式启动。相关领导及 10 个名师工作室专家代表出席启动仪式。研究院建立 10 个名师工作室，促进研究机构和科技教师的沟通和交流，帮助科技教师了解最先进的科技教育理念、体验最先进的科学课程。在启动仪式现场，为各名师工作室专家代表颁发聘书，中国科协授予研究院“英才培养基地”称号。

（李　云）

【创新研究院举办 14 场科技教育活动】9 月 16—17 日，北京科技教育创新研究院共举办了 14 场科技教育活动，主要包括研究院启动仪式，英才五学科，信息学、机器人、创客、科学影像、科教人才成长指导10个名师工作室的专题活动等。“我听院士讲科学”项目邀请到了欧阳自远院士、周琪院士、清华大学张文增教授等院士、专家为青少年带来多场前沿科技的科普讲座。举办了科学影像展映以及用科学思想方法分享青少年竞赛成果等多项内容。

（李　云）

【怀进鹏等考察调研北京科学中心】9月17日，中国科协党组书记怀进鹏、副市长隋振江、中国科协副主席孟庆海等考察调研北京科学中心，并观摩体验全国科普日北京主场活动第九届北京科学嘉年华的科普系列活动。北京市科协党组书记马林、常务副主席司马红陪同调研。怀进鹏一行先后参观了北京科学中心主展馆，观看北京科学中心宣传片，观摩展线课程教学活动，参观科学思想方法科教专区及首都科技创新成果展。隋振江肯定了市科协工作和北京科学中心开馆一年来取得的成绩。怀进鹏对北京科学中心的发展理念、建设成果给予充分肯定，希望继续突出科学思想和科学方法传播，进一步创新展教模式，打造特色活动，成为首都科普新地标。

（何素兴）

【中外科技馆馆长对话】11月3—5日，首次北京中外科技馆馆长对话会活动举办。活动围绕科技馆的创新实践与可持续发展问题展开交流研讨，旨在构建一个国际化科普场馆和场馆主要负责人之间的交流合作平台。来自全球11个国家以及中国澳门的14家科学传播机构、科普场馆的15位代表参会。与会代表围绕科技场馆的社会文化功能、创新实践、交流合作等方面的内容，从科学文化传播视角探讨科技场馆的未来发展趋势。

（张永峰）

【北京国际城市科学节联盟年度会议举办】11月3—7日，北京国际城市科学节联盟年度会议举办，来自19家世界科普机构的20位境外代表共同参与，重点就科学传播存在的难点与发展趋势等问题开展深入交流研讨。

（苏国民）

【5家单位成立科协组织】年内，市科协批准中国移动通信集团有限公司、中日友好医院、中国石油化工股份有限公司石油化工科学研究院、中国电子信息产业集团有限公司、中煤地质集团有限公司5家单位分别成立科学技术协会。

（段　辉）

【北京科学中心展线课程受到欢迎】年内，北京科学中心坚持“展教结合、以教为主”的场馆教育理念，面向北京中学、三帆中学、昌平五中、延庆四中等50余所中小学校3万余人次实施了展线课程。以生命、生活、生存为主题的“三生”展线课程是北京科学中心的特色展教项目，以“向青少年传播科学思想和方法”为导向，深入挖掘“三生”主题展品所体现的科学原理、蕴含的科学思想和方法、展品背后的科学故事等，梳理出多个主题脉络，形成系统的课程体系。学生在科技辅导员的引导下，通过操作展品、动手实验、交流分享、学习单拓展等多维度、多感官的学习，获得直接经验。展线课程受到学校教师和学生的欢迎，受众好评度达到98.3%。

（吴　媛）

重点人群科普

【概述】2019年，围绕提升青少年、城乡居民和城镇劳动者、领导干部和公务员等重点人群的科学素质，组织开展了北京市公民科学素质大赛、公务员科学素质大讲堂、北京青少年科技创新大赛、北京市中小学生科技创客活动、中小学生科普体验周、STEM科普进校园、社科普及周、全民健身科学指导大讲堂、职工技能大赛、“北京大工匠”评选活动、农业科技知识体验、全科农技员素质提升培训等主题科普活动，以重点人群带动首都市民科学素质的整体提升。

（王　伟）

青少年科普

【第19届北京青少年科技机器人竞赛举办】1月27—29日，第19届北京青少年机器人竞赛在顺义区举办。竞赛由市科协、顺义区政府共同主办。来自全市16区、中国儿童中心、天津、河北的共283支参赛队797名学生以及100名领队、教练，总计约900人参与竞赛。本届竞赛设置机器人综合技能比赛、机器人创意比赛、FLL机器人工程挑战赛、VEX机器人工程挑战赛、教育机器人工程挑战赛、机器人智能工程挑战赛6个大项。现场颁发专项奖、各赛项冠军、十佳教练员等奖项。

（李　云）

【第39届北京青少年科技创新大赛举办】3月23—26日，第39届北京青少年科技创新大赛在中国科学院大学雁栖湖校区举行。大赛由市科协、市教委、市科委、市知识产权局、怀柔区政府联合主办。全市30万名青少年参加，各区上报参赛的初评作品2012项。经过选拔，终评有157个国内项目参加。参赛代表129人，来自澳大利亚、巴西、捷克、法国等17个国家以及中国香港、澳门、台湾地区的20个代表团的39个项目参赛。大赛主要包括开幕式、封闭答辩与评审、公开展示与交流、创客国际交流展示活动、科普报告会、中外教师论坛、英才计划展评交流、创新体验、颁奖活动。

（李　云）

【第二届北京青少年创客国际交流展示活动举办】3月23—26日，第二届北京青少年创客国际交流展示终评活动在中国科学院大学雁栖湖校区举办，活动由市科协、市教委主办。活动以“创意人文，创客生活”为主题，16个区的400多名师生提交了209项作品参加初评。终评设置创客工坊、封闭答辩、公开展示、参观体验和颁奖活动等环节。经过专家现场评审，创客展评活动评选出一等奖17项、二等奖24项、“最佳外观奖”1项、“最佳技术奖”1项、“最佳创意奖”1项。其中，国际及中国澳门、台湾地区项目一等奖2项，二等奖8项。来自俄罗斯、捷克、以色列、意大利和美国5个国家以及中国澳门、台湾地区的10个项目参加创客展评活动。

（李　云）

【北京市推进英才计划实施】3月25日，第39届北京青少年科技创新大赛期间，英才计划（北京）展评活动在北京科学中心举办。来自美国、俄罗斯等国家及中国澳门地区的参赛选手代表、英才计划学生代表、后备人才拔尖培养暨英才储备学生代表，分别从项目背景、研究目的、实验进展、取得成果、前景展望等方面介绍各自的科研项目，接受外籍专家点评并进行现场交流。境外及中国港澳台地区师生及基地校师生代表约200余人参加活动。9月16—17日，英才名师工作室系列活动在北京科学中心举办。北京大学、清华大学、中国科学院大学、北京航空航天大学和北京师范大学的项目主管、导师及英才基地校的科技骨干教师围绕科学选才、精准育才，设计组织了内容丰富的活动，包括人工智能前沿分享、生物学科解读、英才计划生物学科学生培养策略研究、往届优秀学生培养案例剖析、物理学科预备课程设计及宣讲方案研讨等。中国科协党组书记怀进鹏视察了名师工作室活动。

（李　云）

【参加第21届香港青少年科技创新大赛】3月27—31日，第21届香港青少年科技创新大赛举办，市科协组队赴港参加。北京市第二中学王延朋凭借“基于肌肉生物电传感技术的机器人控制系统”获得交流二等奖，北京师范大学附属实验中学史镜琪凭借“气动软体手功能康复机器人”获得交流三等奖。

（李　云）

【参加2019丹麦青年科学家展览与竞赛】4月26日—5月1日，应丹麦青年科学家组织邀请，全市共有5名学生获选参加2019丹麦青年科学家展览与竞赛。北京市第二中学杨东奇和北京市广渠门中学李泓舟分别凭借“基于机器视觉和机器学习的藻类检测和种类识别系统”“杂多酸离子液体掺杂VPO催化正丁烷选择性氧化制顺酐”项目获二等奖。

（李　云）

【第19期北京青少年科技后备人才计划实施】5月11日，北京青少年科技后备人才计划拔尖培养暨英才储备学生开题答辩活动举办。来自后备人才计划拔尖培养项目的50名师生参加活动。北京大学、清华大学、中国科学院等高校及科研院所的8位专家评委对学生的开题报告进行问辩，并对学生的探究课题进行针对性指导。7月12—13日，后备人才拔尖培养暑期集训班在人大附中举办，活动由清华大学、中国科学院、北京交通大学等高校的专家指导，北京四中、北京八中、中国人民大学附属中学等基地校的70余名师生共同参与。各学科专家设计的学习单更加强调培养学生科学思维的养成和掌握解决科学问题的方法。活动中，生命科学组的同学聆听了题为《CRISPR的生物学基础及应用》的讲座，并分组完成了核酸凝胶电泳实验；化学组的同学完成了离子液体体系中废弃生物质资源的循环利用实验课题；工程组和计算机组的同学聆听了《跟随服务机器人技术及应用》和《人工智能与机器人探究》2场专家讲座，并分别完成了基于中国古代传统榫卯结构和单片机等电子器件的科技制作和基于opencv的计算机视觉图像处理技术实战。此外，京蒙青少年共同科考、北京青少年科技后备人才基地校科技教师工作坊及拔尖人才培养计划生涯教育主题活动等举办。

（李　云）

【参加第70届英特尔国际科学与工程大奖赛】 5月12—19日，第70届英特尔国际科学与工程大奖赛（Intel ISEF）在美国凤凰城举办，来自全球80个国家和地区的1800名青少年通过全球420个联席赛事的选拔，入围决赛。中国代表队由来自全国10个省市的28名学生组成，其中北京代表队10名学生携9个项目参赛。最终，北京代表队获得二等奖1项、三等奖1项、四等奖1项及专项奖1项。

（李　云）

【自然天文体验活动举办】 5月30日，北京科学技术开发交流中心联合北京天文馆，组织东城区培智中心学校的学生前往天文馆，开展了一场自然天文科普活动。活动中，同学们首先在天象厅观看了科普影片《奇妙的星空》，并在讲解员的带领下参观天文馆的宇宙畅游展区，了解太阳家族的成员、地球的公转自转、星座的由来等天文知识，并通过近距离观察陨石、托举篮球体验行星表面重力加速度等体验项目，深刻感受到浩瀚宇宙的魅力。随后同学们来到活动室，进行了立体百科全书《四季的故事》手工拼插制作，领会了四季中各有特点的事物和景色，锻炼了动手能力。

（张　辰　安鹤益）

【京港青少年创客营活动】 7月8—12日，京港青少年创客营活动在北京举办。此次活动由北京科学技术开发交流中心主办，市志成赛尔未来课程教育研究院承办，香港易联科技教材有限公司、市宣武青少年科技馆、北京世纪新思力教育咨询有限公司协办。活动包括STEM实验室课程培训、创客活动体验、青少年创客大赛及青少年创客论坛等内容，来自北京、香港两地的70余名优秀青少年创客代表，知名创客教育专家学者、机构代表，香港、澳门及北京院校的志愿者参与了活动。

（张　辰　安鹤益）

【北京队蝉联第34届全国青少年科技创新大赛总冠军】 7月20—26日，第34届全国青少年科技创新大赛在澳门举行。北京代表队获得13枚金牌，18年蝉联全国总冠军。中国人民大学附属中学梁天昊荣获本届大赛最高奖——中国科协主席奖。

（李　云）

【第19届中国青少年机器人竞赛北京位列榜首】 8月11—17日，第19届中国青少年机器人竞赛暨2019世界青少年机器人邀请赛在重庆会展中心举办，北京以25金8银1铜的成绩位列金牌榜首位，刷新历史最好成绩。

（李　云）

【参加全俄科学节—未来科学家比赛】 10月10—15日，市科协首次组队，选派来自北京市第一〇一中学及中关村中学的师生8人赴俄罗斯参加全俄科学节—未来科学家比赛。臧仁婕、庄梓瑄凭“鼠妇对鸡产蛋率及蛋品质影响的探究”获得三等奖及专项奖；方皓、魏雪淳凭借一种提高太阳能净水装置效率的新方法获得荣誉证书和专项奖；杨修琦以“基于物联网和无人机的智能果园遥测系统”获得专项奖。

（李　云）

【“明天小小科学家”北京队连续15年夺冠】 年内，在第19届“明天小小科学家”奖励活动中，北京共有21所中学的58名学生入围终评，覆盖全部12个学科。北京师范大学第二附属中学张宇臻凭借“北京市几种主要道旁绿化植物的滞尘与抗污染能力”赢得“明天小小科学家”称号，并获5万元奖学金。此次奖励活动中北京共获得一等奖10项、二等奖15项、三等奖22项、入围奖10项，15年蝉联全国第一。

（李　云）

城乡居民科普

【健康知识推广活动】1月11日，北京科学技术开发交流中心在海淀区玉泉农业园举办了健康知识推广活动，并组织海淀区孵化器企业相关科技人员及西城区新街口街道社区居民到场参与。活动中，园区工作人员讲述了海淀区玉泉农业园的概况，介绍了园内多种蔬菜、水果、多肉植物的种植情况，并讲解了日常生活中如何挑选蔬菜水果、如何进行营养搭配等知识。随后，工作人员带领大家来到草莓种植棚内，讲解了不同种类草莓的区别，参加活动的人员亲身体验了采摘的乐趣。最后，中心向参加活动的人员发放了《食物健康营养与食疗》《家庭养花实用小百科》等相关书籍。

（张　辰　安鹤益）

【赴房山区妇女联合会交流座谈】1月15日，北京科学技术开发交流中心人员赴房山区妇女联合会交流座谈。会上，房山区妇女联合会介绍了房山区妇女联合会的概况，以及房山区的“双学双比”示范基地、房山区巧娘工作室、互联网金融小镇、袜子博物馆等具有当地特色的科普资源，希望通过双方资源共享推进房山区的科学技术普及工作，达到双赢效果。北京科学技术开发交流中心介绍了中心具体业务情况，希望未来双方可以在对口支援、帮助贫困地区妇女就业以及健康养生、少儿心理干预等方面展开深入合作，为妇女、儿童办实事、办好事。

（张　辰　安鹤益）

【鸳鸯知识科普讲座举办】3月2日，北京科学技术开发交流中心组织举办“绿色生活系列科普活动之鸳鸯知识”科普讲座，来自社区和学校的鸟类爱好者、青少年和志愿者50余人参加活动。讲座中，北京动物园高级工程师吴秀山从鸳鸯的羽毛外形、食性食物、栖息筑巢、居留迁徙等多个方面对北京的鸳鸯及其生活习性做了详细介绍。对如何辨别鸳鸯、如何保护鸳鸯等问题进行了解答，并呼吁大家发动身边的人认识鸳鸯、了解鸳鸯、保护鸳鸯。讲座后，中心向参加讲座的人员发放《热闹的森林》科普图书。

（张　辰　安鹤益）

【动物知识讲座举办】4月14日，北京科学技术开发交流中心组织举办“从大熊猫到雪豹”自然科普系列讲座，共有来自社区和学校的青少年和环保志愿者40余人参加。讲座邀请自然纪录片导演耿栋以海拔变化为线索，生动地介绍了从北京到珠峰沿途生物的生存法则、大自然的变幻莫测以及自然界的诱惑与危险，这些鲜为人知的故事引发了大家对人与自然关系的思考。讲座期间还播放了纪录片《自然北京》，从自然环境的角度展现了另一个生机勃勃的北京。讲座结束后，向参加讲座的人员发放了《中国儿童百科全书》和《健康知识全知道》科普图书。

（张　辰　安鹤益）

【举办2019年科技下乡活动】9月3日，市科委农村中心在密云区河南寨镇北京南套里蔬菜种植专业合作社举行2019年科技下乡活动，农村中心、12396农科热线服务专家、星创天地工作人员、密云区科委、合作社相关人员及村镇代表等40余人参加本次活动。活动中，12396农科热线的蔬菜专家、植保专家为村民进行了番茄种植技术指导和木醋液土壤改良科普知识讲解，并介绍了12396农科热线的服务功能，开展创新创业辅导。农村中心现场发放10余种科普图书、叶菜类蔬菜种子及各种宣传材料。

（王伟娟　赵淑红　赵　娣　张丽娜）

【深入平谷区开展科技下乡服务】10月17日，市科委农村中心组织相关专家深入平谷区山东庄镇北京绿水峡谷果蔬产销专业合作社开展了科技下乡服务，相关单位40余人参加本次活动。活动中，12396农科热线的专家曹承忠等介绍了热线平台的功能，进行了草莓种植技术指导和木醋液土壤改良科普知识讲解，开展创新创业辅导，在草莓大棚的田间地头进行了草莓种植技术现场指导。活动中，农村中心与12396农科热线向农民赠送了实用技术科普图书、蔬菜种子及各种宣传材料。

（王伟娟　赵淑红　赵　娣　张丽娜）

【农村中心赴三岔口村开展科普讲座活动】11月12日，市科委农村中心结合怀柔区长哨营乡三岔口村村民的科普需求，组织相关领域的专家赴三岔口村开展科技特派员工作站授牌及科普讲座活动，市科委农村中心、怀柔区科委、长哨营乡有关负责人，市农林科学院、市防火中心、中国中医科学院有关专家，三岔口村村民等50余人参加活动。三岔口村科技特派员工作站由中国农业大学资源与环境学院、园艺学院和市农林科学院蔬菜研究中心的

5名专家组成，授牌标志着工作站正式启动运行。同时，农村中心向村民赠送生活常识科普书籍。科普培训活动中，防火科普专家做了农村冬季防火及家庭防火科普知识讲座；中国中医科学院广安门医院脑病专家做了脑病防治的讲解和温馨提示；12396北京新农村科技服务热线（简称12396农科热线）专家介绍了12396农科热线平台的功能，讲解了其多通道信息化服务手段，为村民充分利用平台开展新技术和新成果应用提供了机会。

（王伟娟　赵淑红　赵　娣　张丽娜）

【生态环保知识讲座】11月15日，北京科学技术开发交流中心联合新街口街道工委，在新街口高和党群活动服务中心举办了绿色生活科技进社区系列活动——生态环保大讲堂。新街口西里一区、二区、三区的部分社区居民共50余人参加了活动。活动邀请北京师范大学竺建荣做题为“水环境及水资源保护与我们的生活”的讲座。竺建荣围绕水的特性、循环方式，介绍了中国水资源的现状，并指出存在的地区分布不均、时间分布不均等问题，以及跨流域调水和兴建水库的解决方法；同时，就水污染的原因，讲解了生活中节约水资源以及防范水污染的具体措施；最后，指导居民处理生活污水。中心向参加讲座的社区居民发放了相关科普图书。

（张　辰　安鹤益）

【农民科学素质行动精准科普成效显著】年内，市科协农民科学素质提升行动从实际需求出发，加强市内农民群体科普服务能力与科普资源倾斜力度，推进公共科普资源以及科普信息化服务进镇、进乡、进村。课程安排主要以提升农民科学素养为主，除设置医疗保健、食品安全、应急科普、心理健康、农技信息等农民群体喜闻乐见的知识外，还设置妇女专场、反邪专场等。增设“科学流言榜”科普展板及“反邪教宣传”展板，并设置面向农民群体的网络科普竞答环节，围绕健康医疗、食品安全及应急避险等主题进行科普宣传，营造讲科学、学科学、用科学的社会氛围。活动利用现有的网络、纸媒及移动媒体传播扩大覆盖面，通过全民科学素质纲要、市科协纲要网站以及各区科协网站、微信等渠道进行宣传。全年共计完成农民科学素养提升行动课堂61场，覆盖13个区的61个村镇，直接覆盖人数近1万人，发放资料18000份。

（杨晓伟）

【12396农科热线工作取得新进展】年内，12396农科热线各项服务工作取得了新的进展。补充流动专家20余人，壮大了服务队伍；服务用户不断增加，微信、QQ群、手机APP、“今日头条”等联系重点用户稳定增长到1.7万人以上；平台网络信息服务持续推进，热线通过电话、网站、移动通信、QQ群、手机APP等多种通道和途径，服务480万人次以上，解决需求2300多个，其中解答技术疑难问题911个。根据需求，开展生产实用技术、病虫害防治技术、农产品质量安全、农业信息化、农业气象等技术培训和集中服务30次，直接受益1574人次。

（王伟娟　赵淑红　赵　娣　张丽娜）

【开展乡村振兴科技引领示范工作】年内，市科委农村中心从北京市低收入村和美丽乡村建设试点村中筛选出平谷区西营村、怀柔区三岔口村、延庆区黄土梁村、密云区石匣村、房山区黄山店村等5个第一批乡村振兴科技引领示范村。根据示范村主导产业的科技需求，在5个示范村分别建立科技特派员工作站，选派31名科技特派员，通过引入科技成果，助力乡村绿色发展，在示范村建立科普驿站。为驿站配备科普设备及智能终端，开展成果推广、科普下乡、信息智能、培训对接、惠民便民等服务，围绕生产、生活、生态等内容举办科普讲座活动5次，受到村民的欢迎。

（王伟娟　赵淑红　赵　娣　张丽娜）

各区科技

东城区

【概述】2019 年 3 月，根据《北京市东城区机构改革实施方案》，将东城区科学技术委员会、东城区信息化工作办公室的职责进行整合，组建东城区科学技术和信息化局(简称东城区科信局)，加挂“东城区大数据管理局”牌子，不再保留东城区科学技术委员会、东城区信息化工作办公室；将北京市工商行政管理局东城分局、东城区质量技术监督局、东城区食品药品监督管理局的职责，以及东城区发展和改革委员会的价格监督检查职责，东城区科学技术委员会的知识产权管理职责进行整合，组建东城区市场监督管理局，作为东城区的政府工作部门，加挂东城区食品药品安全委员会办公室、东城区知识产权局牌子，不再保留北京市工商行政管理局东城分局、东城区质量技术监督局、东城区食品药品监督管理局，东城区科学技术委员会不再保留区知识产权局牌子。

2019 年，东城区共有 201 家企业被认定为国家高新技术企业，145 家企业被认定为中关村高新技术企业，112 家企业通过科技型中小企业评价；全区技术合同交易 2863 项，较去年同期减少 20.4%，交易金额 477 亿元，较去年同期增长 0.1%，其中技术交易额 406.5 亿元；全区专利申请量 12437 件，同比增长 4.7%，位列全市第 6 位，专利授权量 7721 件，同比增长 5.9%，位列全市第 5 位；推荐 4 家单位申报北京市知识产权试点单位，并全部通过认定；面向全区重点产业征集科技计划项目 69 个，其中立项支持 14 个，支持金额 300 万元。

(赵　阳)

【创新创业知识产权保护培训开展】4 月 17 日，东城区市场监督管理局(区知识产权局)联合区中小企业服务中心知识产权维权工作站，在东雍创业谷为园区的入驻企业举办创新创业知识产权保护培训，北京知识产权维权援助中心东城工作站人员以及北京知识产权保护志愿专家参加此次培训。专家围绕专利的信息检索、分析、预警、管理战略咨询等进行授课。同时，执法人员也结合自身的工作职责，围绕商标注册、商标使用管理和保护以及专利的申请、审查和保护等有关企业知识产权战略发展问题进行讲解，针对企业知识产权运用的疑难问题进行现场答疑。

(赵　阳)

【知识产权护航文创企业】4 月 24 日，东城区市场监督管理局(区知识产权局)联合区中小企业服务中心、金宝和空间园区，在建国门社区博物馆为园区的入驻企业举办以“文化创意产品的知识产权保护”为主题的创新创业知识产权保护培训。在培训会上，专利代理人、知识产权资深律师通过讲授企业商标和专利维权的案例，围绕文创企业如何布局知识产权发展战略进行授课。

(赵　阳)

【知识产权日主题宣传活动举行】4 月 26 日，在第 19 个世界知识产权日，东城区市场监督管理局(区知识产权局)在辖区设置 1 个主会场、5 个分会场，首次尝试“1 + 5”主题宣传模式，开展“严格知识产权保护 营造一流营商环境”大型世界知识产权日主题宣传活动。结合东城区市场监管工作的实际，设置来福士广场主会场以及南锣鼓巷、王府井大街、雍和大厦、百荣世贸商城以及红桥市场 5 个分会场，实现宣传活动对社区、街区、园区、写字楼、市场、商场的全区域覆盖，对居民群众、个体工商户、中小企业、高新企业、文创企业的全对象服务，在全区范围内营造良好的知识产权保护氛围，现场接受商户、群众咨询 200 余次，发放商标注册指导书、专利快速预审手册、专利年报等宣传材料 1000 余册，笔、笔记本、购物袋等宣传品 1000 余份。

(赵　阳)

【东城科技活动周举行】5 月 19—26 日，2019 年东城区科技活动周主场活动在北京自然博物馆开幕，本届科技周以“科技强国 科普惠民”为主题，主场通过视频、图片、实物模型、互动体验、科普游戏等方式，展示优秀的科技成果和科普互动产品。东城区青少年科技馆、崇文青少年科技馆、北京自然博物馆、景泰蓝艺术博物馆、中国铁道博物馆、北京自来水博物馆、北京文博交流馆、北京教学植物园、鼓楼中医医院、北京口腔医院、中华口腔医学会、北京电力展厅、北京古观象台、北京营养源研究所、青鸟科普志愿服务分队等科普场馆和学会单位结合自身优势，设立特色鲜明的展区，带来内容丰富、互动性强、参与性强的展品和活动项目。科技活动周期间，全区各单位组织开展科技周活动 210 多项，参与者超过 2.6 万人次，制作展板、悬挂横幅 10 余块（条），发放宣传材料约 1.1 万份。

（赵　阳）

【应用场景项目建设实施】 5 月，东城区科信局通过公开征集，专家遴选，支持北京移动公司提出的“促首都核心区发展，助东城区智慧城市精细化管理”综合项目和市公安局东城分局提出的“东城公安分局社区副书记党建工作平台”项目作为东城区 2019 年首批应用场景建设项目，并向市科委推荐。年内，2 个项目建设进展顺利。

（赵　阳）

【东城区获批国家知识产权试点城区】 7 月 19 日，国家知识产权局下发《关于同意北京市延庆区等城市（城区）、江苏省泰州市高港区等县（市、区）、江苏省武进国家高新技术产业开发区等园区开展国家知识产权试点示范工作的通知》（国知发运字〔2019〕39 号），正式确定市东城区为国家知识产权试点城区，建设周期为 2019 年 6 月—2022 年 6 月。

（赵　阳）

【2019 年东城区中小企业创新创业大赛举办】 7 月 23—24 日，由市经信局、市财政局指导，东城区科信局、东城区财政局主办，创园国际和瀚海集团承办的“创客北京 创意东城”2019 年东城区中小企业创新创业大赛在北电科林文创园成功举办。相关单位领导出席本次大赛。本次大赛评出一、二、三等奖共计 24 个，其中 20 个项目（含 5 个创客）晋级北京市决赛。

（赵　阳）

【天鼎 218 文化金融主题园区建设完成】 8 月，根据《北京加强全国科技创新中心建设重点任务 2019 年工作方案》，由东城区文促中心组织落实、世纪天鼎北京文化科技公司具体实施的天鼎 218 文化金融主题园区项目建设完成，该园区主打文化金融、文化科技，建筑面积约 3.5 万平方米。

（赵　阳）

【创意点亮北京活动举办】 9 月 3—8 日，由中关村科技园区东城园管委会主办，以“创新 · 智联 · 未来”为主题的创意点亮北京活动成功举办。作为北京国际设计周东城分会场，通过“追光”创意互动特展、“创新 · 智联 · 未来——创意点亮北京开幕论坛”“创意当下 · 创造未来”“新航星 · 新文娱”等系列活动，记录中关村东城园坚持文化科技融合发展、文化金融创新发展的前行历程。活动参与总人数 2.2 万，央广网、《经济日报》等 60 多家权威媒体进行报道，超百家新媒体进行报道，其点击率超过 10 万次。

（赵　阳）

【东城区 2019 年度科技计划项目交办会召开】 9 月 23 日，东城区科信局召开东城区 2019 年度科技计划项目交办会。承担项目的 14 家企事业单位负责人和项目主管参加会议。会上宣读《关于东城区 2019 年度科技计划项目立项的通知》，东城区科信局局长谢霄鹏与项目承担单位代表签订任务书。交办会后，东城区科信局就科技项目管理暂行办法及区科技经费使用规定等内容进行专题培训。

（赵　阳）

【非遗科普展览举行】 10 月 1—7 日，东城区科信局在地坛公园组织开展二十四节气、京味儿非遗的科普展览，通过文字、图画、视频、音频、实物、现场展示、现场制作、交流互动等多种形式，向广大游客普及二十四节气蕴含的天文、农业、气象知识和大自然变化规律的知识体系和社会实践，以及景泰蓝、象牙雕刻等燕京八绝和京味儿非遗制作技艺。其间，数万人次参观展览。

（赵　阳）

【知识产权专题培训举办】 10 月 10 日，东城区市场监督管理局（区知识产权局）应邀到东城区人力社保局对新创业的大学生创业者开展有关知识产权创造及保护的专题培训。在培训会上，东城区市场监督管理局知识产权科负责人围绕“知识产权的创造与保护”主题，通过讲授企业商标、专利维权的案例，就新创办企业如何布局知识产权发展战略进行授课。同时针对企业知识产权运用的疑难问题进行现场答疑，收集企业有关知识产权保护的需求。此次培训是专门针对大学生创业者举办的，服务大学生创业创新，也是知识产权科将知识产权保护窗口前移、加强辖区企业及创业者知识产权保护意识的重要举措。

(赵　阳)

【中国北欧可持续发展与创新平行论坛举办】 10月18日，由东城区政府主办，中关村东城园管委会、中关村雍和航星科技园承办的中国北欧可持续发展与创新平行论坛在北京开幕，东城区副区长葛俊凯、航天科工三院院长助理赵连元出席并致辞，航星公司总经理刘刚与瑞典环境科学研究院副院长签署合作谅解备忘录。论坛聚焦宜居城市、清洁技术、智能制造、信息通信、生命科学等产业，推动中国北欧可持续发展与创新，深化务实合作，实现互利共赢。中国、瑞典、丹麦、芬兰、挪威5个国家的科学家、企业家、专家等160余人出席论坛。

(赵　阳)

【调研走访“老字号”企业】 10月31日，市知识产权局、东城区市场监督管理局实地调研走访北京市珐琅厂有限责任公司，研究推动“景泰蓝”申请中国地理标志，从而进一步促进“老字号”的保护与发展、提高“老字号”的竞争力、提升“老字号”的综合价值。

(赵　阳)

【营商环境与科技政策解读培训会召开】 11月7日，东城区科信局在区中小企业服务中心举办2019年东城区营商环境与科技政策解读培训会，50多家企事业单位参加培训。培训会邀请东城区发展改革委、区委组织部和市科委政策法规宣讲团的专家深入解读东城区“1+5+N”产业政策、东城区人才政策、首都科技创新券政策和北京市科技计划项目政策，并详细解答企业在生产经营、人才引进、科研发展等方面提出的一系列问题，切实提高企业对相关政策的知晓率和熟悉度。

(赵　阳)

【王府井智慧商街建设研究项目通过验收】 11月15日，东城区科信局聘请北京大学大数据科学研究中心、清华同衡规划设计研究院、长城战略咨询有限公司的相关专家，组织召开“王府井智慧商街建设研究项目”专家评审会。会议听取课题组关于研究成果的汇报，审阅相关材料，并就有关问题进行质询和讨论。专家组认为研究报告内容翔实、建设目标明确、实施路径清晰，具有较高的创新性、前瞻性和可实施性，对王府井智慧商街建设具有重要的参考价值和指导意义，研究成果达到预期目标，专家组一致同意通过验收。

(赵　阳)

【科普基地携手进校园和社区】 11月17日，北京自然博物馆、中国铁道博物馆等6家科普基地深入龙潭街道，给近200名少年儿童带来火车拉力赛等精彩有趣的动手活动。11月20日，北京自然博物馆、北京电力展示厅等6家基地走进和平里第一小学，给学生们带来《穿越时空的秘密》《安全用电》等科普报告和手工制作科普活动，学校6个班级200多名学生参加活动。

(赵　阳)

【科普管理干部培训班暨研讨会举行】 11月22日，东城区科信局组织全区17个街道的科普管理干部进行培训，邀请中国科普研究所的老师和专门从事宣传的老师，向街道科普管理干部做专题讲座——《新形势下如何开展社区科普工作》，以及如何有效地进行科普宣传等内容。

(赵　阳)

【北京市知识产权公共服务东城区中心成立】 12月3日，市知识产权局向包括东城区在内的首批9个设立市知识产权公共服务区中心的城区进行授牌。同日，市知识产权公共服务东城区中心在东城区市场监督管理局正式挂牌成立。市知识产权公共服务东城区中心旨在贯彻国务院、北京市知识产权建设的相关政策及工作意见，落实《关于推进北京市知识产权公共服务体系建设的意见》的规定，完善东城区知识产权公共服务体系建设，推动市知识产权首善之区建设。

(赵　阳)

【文化金融生态环境签约仪式举办】 12月19日，中关村科技园区东城园管委会在东城区国子监乙28号的雍和文化艺术中心举办“文化金融生态环境，数字经济重构未来”签约仪式，与5家公司签订5项合作协议，同时中国第一家以签名本为主题的实体书店“雍和书庭”在东城园雍和宫壹中心开业，是一个为高精尖企业服务的文化空间和党建活动中心场地，这是东城园管委会落实文化科技政策和常态化企业服务机制、进一步提升园区生态建设、大力盘整提升空间资源的结果。

(赵　阳)

【加大对创新型产业的支持】 年内，东城区大力加强对第五代移动通信(5G)、大数据、人工智能、物联网等领域的创新型企业的支持力度。一是面向社会公开征集2019年度东城区促进信息服务业发展专项资金支持企业；二是依托“紫金服务”管家体系，加大重点企业走访服务力度，全力协调解决企业发展中面临的问题；三是组织召开行业领域百强企业座谈会，宣讲政策，挖掘线索，了解需求、困难，听取意见和建议；四是完成“街区更新之王府井智慧商街建设研究”，实现王府井商业区转型升级，推进5G应用落地，5G产业和应用协同发展；五是制订《东城区关于落实北京市人民政府办公厅印发〈关于加快推进5G基础设施建设的工作方案〉的意见》，加快推进全区5G基础设施建设；六是牵头开发建设“紫金服务”APP，实现千家重点企业信息管理、全区管家体系管理和全流程管家服务管理。

（赵　阳）

【知识产权保护】 年内，东城区以96.44分位列全市打击侵犯知识产权和制售假冒伪劣工作考核第一名。打击侵权假冒工作共立案183件，办结152件，罚没款243.1万元；全年共组织商品抽检91次，抽检商品16类，涉及重点商品723组；东城公安分局破获销售假冒注册商标商品案件2起，刑事拘留犯罪嫌疑人2人；东城检察院批准逮捕涉嫌侵权假冒案件7人，起诉涉嫌侵权假冒案件5件；东城法院受理侵犯知识产权纠纷案件67件，审结案件56件。

（赵　阳）

【重点项目推荐申报】 年内，东城区科信局向市经信局推荐北京市珐琅厂、北京胶印厂2家单位申报国家工业遗产，其中北京市珐琅厂被国家工信部正式确定为第三批国家工业遗产；推荐观典防务公司“无人智能装备创新服务平台建设”、易特思维公司“一体化移动政务应用平台”、亿丰盛元公司“社区智能健康服务平台示范项目”3个项目为市、区两级重大关键任务科技支撑专项项目；推荐龙潭西湖公园管理处的成果“家门口的自然课堂”参加北京市科学技术奖的评选；与区委宣传部共同推荐“中文在线”申报国家文化和科技融合示范基地。

（赵　阳）

【开展年度科普数据统计】 年内，东城区科普工作联席会议各成员单位共投入科普活动经费890.95万元。举办科普讲座（报告）1492场，听讲人数15.63万人次。举办科技竞赛108场，参加人数3.8万人次。共有各级科普画廊120个，画廊总长度2173米。市级科普基地34家。社区科普体验厅5个。社区科普活动室124个。科普志愿者557人。全区全年共举办重大科普活动20次。

（赵　阳）

【2019年区县科普专项实施】 年内，东城区科信局共征集14家单位的18个科普项目，经过走访、专家评审等环节，支持龙潭西湖公园管理处的“家门口的移动生态课堂”等4个科普项目共209万元。

（赵　阳）

【特色科普对接活动举办】 年内，东城区科信局组织开展市科普基地与街道（社区）、中小学校特色科普对接活动，共征集科普对接活动31项，支持对接活动29项，受益人数约0.25万，活动经费22.9134万元。

（赵　阳）

【科普文化长廊建设】 年内，东城区科信局和王府井古人类博物馆共同利用王府井古人类博物馆在地铁王府井站A出口至东方广场东方新天地商场门口约100米的科普文化长廊的4块3米×1.5米灯箱，组织开展科普公益宣传，全年开展全国科技活动周、知识产权保护、爱牙日、邮票知识、景泰蓝制作等共计11次科普公益宣传，日覆盖客流4万余人。

（赵　阳）

【青少年科普专项实施】 年内，青少年科技馆开展东城区青少年探秘中国古代科技发明创造系列科普活动，通过教师培训、专家讲座、视频宣传、学生实践等活动，对东城区25所学校的3000人次以上学生进行中国古代科技发明创造知识普及。开展“中国古代科技发明创造进校园”活动10场。出版《东城区青少年“探秘中国古代科技发明创造”实践活动成果集》。录制专家视频微课10集。

（赵　阳）

西城区

【概况】 2019年3月，根据《北京市西城区机构改革方案》，由西城区区委、区政府批准，原北京市西城区科技和信息化委员会，加挂北京市西城区知识产权局，更名为北京市西城区科学技术和信息化局（简称西城区科信局），加挂“北京市西城区大数据管理局”牌子。将原北京市西城区科技和信息化委员会承担的有关工业和中小企业发展的职责划转至西城区发展改革委。将原北京市西城区科技和信息化委员会承担的有关知识产权管理的职责划转至西城区市场监督管理局。加强统筹全区大数据管理职责。

年内，西城区国家高新技术企业930家，同比增长6.5%；输出技术成交额225亿元，同比增长7.76%；万人发明专利拥有量271件；规模以上科技服务业累计实现收入2512.7亿元，同比增长3.4%。

（张　伟）

【科技服务业研究课题通过结题验收】 1月28日，科技服务业支撑西城区高精尖产业的发展研究课题通过结题验收，课题对标北京城市总体规划、“四个中心”定位建设需求，全面分析“十二五”以来西城区科技服务业发展总体状况和“十三五”时期发展机遇，明确西城区科技服务业发展的总体要求，厘清西城区科技服务业重点发展领域和主要任务，探索发展路径，提出促进西城区科技服务业发展的对策和建议，为促进西城区科技服务业精准发展提供了研究基础和建议依据。

（张　伟）

【走访世界知识产权中国办事处】 1月29日，西城区副区长李异带队赴世界知识产权组织中国办事处，就提高服务保障水平、加强合作交流走访调研。区知识产权局、什刹海街道办事处主要领导参加调研，市知识产权局国际合作交流处相关人员陪同调研。世界知识产权组织中国办事处负责人王宜介绍了办事处2018年开展的工作以及2019年的工作重点。

（张　伟）

【“进基地 学科学”科普活动开展】 1月，区科信委组织开展“进基地 学科学” 系列活动。活动以街道为单位、以社区科普干部为主体，在北京市科普基地——中国古动物馆、北京动物园通过观影、听讲座、参观、体验的方式学习科学知识、感受科普活动的魅力。至1月16日，来自15个街道的623名社区干部参加了活动，为街道、社区开展更广泛的科普活动提供了参考。

（张　伟）

【技术合同登记情况】 1—3月，共认定登记技术合同279份，合同总额11.06亿元，合同总金额同比增长56.44%。2018年，西城区科技和信息化委员会两个技术合同登记处共认定登记技术合同1481份，合同总金额23.8亿元。

（张　伟）

【与数知科技座谈】 3月5日，区科信委与数知科技就西城区大数据及信息基础设施建设进行座谈。数知科技从大数据建设、智慧信用、城市精细化管理等方面详细介绍了公司的技术优势、典型应用以及平台建设等内容。区科信委介绍了西城区大数据建设、信用体系建设、信息基础设施推进情况及高新技术企业优惠政策等。

（张　伟）

【中小企业业务培训会举办】 3月22日，区科信委举办西城区科技企业融资和高新研发政策及知识产权业务培训会。会议对中小企业债券融资贴息、高新技术企业认定、研发机构认定等科技政策，信用在企业创新中的作用，中小企业融资政策产品、企业运营过程中的商标风险与防范等进行了培训讲解。

（张　伟）

【西城区科信局正式挂牌】 3月27日，西城区科学技术和信息化局（西城区大数据管理局）举行挂牌仪式。市经信局副局长潘锋、市科委主任助理仲佳勇、西城区副区长李异、西城区区长助理邓怡出席挂牌仪式。

（张　伟）

【西城科技周举办】 5月19日，由西城区科信局、广安门街道共同主办，北京科普创意信息技术研究院承办，北京小学红山分校协办的2019年西城科技周主场活动暨广外街道青少年科技节启动仪式在北京小学红山分校拉开帷幕。本届科技周以“科技强国 科普惠民”为主题，并充分结合北京市全国科技创新中心建设的成果，设置了智造生活区、科普问答区、科技互动区、航空航天区、非遗手工制作区、新能源区、创意思维区等8个展区，以体现科技创新支撑发展、科技成果惠及广大人民群众的理念，弘扬科学精神，传播科学思想，普及科技知识，提倡科学方法，推进社会文明。3000余人次在互动体验中尽享科学“大餐”，感受科技魅力。

（张　伟）

【4个科技创新类项目通过验收】 5月24日，西城区科信局组织对“基于三维可视化的智慧城市运行决策支持系统”等4个2018—2019年度西城区科技创新类项目进行结题验收。4个项目全部通过专家组验收，项目既有大数据金融科技类项目，也有智慧城市、人工智能类项目，在项目执行期内累计获得专利1项、软件著作权16项，实现收入4200余万元，新增就业24人。

（张　伟）

【科普统计调查工作培训会召开】 6月10日，西城区科信局组织召开了2018年度全国（西城区）科普统计调查工作培训会，区内20个委办局及其直属单位、15个街道和部分市科普基地的近百名科普骨干参加会议。西城区科信局对本次全国（西城区）科普统计调查明确了工作要求，还对科普统计调查工作中的常见、重点问题进行了培训，并就有关疑问进行了解答。

（张　伟）

【科普干部培训班举办】 6月18—19日，西城区科信局举办了2019年西城区科普干部培训班，区科普联席会成员单位相关人员和社区科普工作者共80余人参加培训。培训班邀请中国科学院大学教授李大光、北京交通大学博士陈征、中国科普研究所博士朱洪启分别做了题为《论科学精髓：方法与精神——以科学素养调查研究为话题》《从“学”科学到“用”科学——科学思想与科学精神培育》《加强社区科普，提升社区治理水平》的报告。通过培训，丰富了学员的知识，提升了学员的科学素养；使学员对全民科学素养的重要性、科普工作的发展历程有了更深的理解；开拓了社区科普工作开展的思路。

（张　伟）

【科技企业政策培训会举办】 6月21日，西城区科信局组织召开了西城区科技企业研发费用加计扣除所得税优惠政策解读及实务操作培训会，来自科技企业的120位管理人员参加了培训。会上，针对研发费用加计扣除企业所得税相关政策、研发费用加计扣除企业所得税实务操作及案例分析、企业研发费用加计扣除项目管理要点等进行了培训。

（张　伟）

【调研服务驻区企业】 6月，西城区科信局领导带队分别走访了北京热能鸿业投资管理有限公司、北京赛迈特锐医疗科技有限公司、北京黑油数字展览股份有限公司，了解了企业的发展情况，介绍了西城区科信局在科技项目、人才资助、大数据、技术市场等方面开展的工作及服务内容，宣讲了西城区的高精尖产业政策。通过调研，为企业搭建创新发展与政策对接的平台，为企业争取各级科技政策支持，助力企业快速发展。

（张　伟）

【财政科技专项联席会召开】 7月31日，西城区科信局组织召开2019年西城区财政科技专项联席会第一次工作会。会议通报了2020年度区财政科技专项项目的征集情况，研究确定了2020年西城区财政科技专项评审程序及评审专家组的构成。会议要求各成员单位认真履行各自的职责，加强沟通联系，避免出现同级财政资金对同一项目重复资助的问题；加强与学校、医院的上级业务主管部门的沟通，听取意见和建议；加强对企业、社会组织承担公益类项目的资质审核；在做好项目评审等后续工作的同时注意对项目实施效果及时进行评估。

（张　伟）

【科技政策培训会召开】 9月5日，为有效落实技术市场和科技奖励政策，进一步优化营商环境，促进企业自主创新和成果转化，西城区科信局举办了技术市场和科技奖励政策培训会。西城区科技企业的120多位管理人员参加了本次培训。市科委科学技术奖励办公室、北京技术市场管理办公室相关负责人就市科学技术奖励政策、技术市场优惠政策及技术合同认定登记及申报实务进行解读，并进行了现场咨询活动。

（张　伟）

【国庆游园展览展示任务】10 月 1—7 日，西城区科信局牵头完成国庆游园（西城区）展览展示任务，包括北海公园、陶然亭公园、宣武艺园、大观园 4 家公园的展览展示项目。其中，北海公园的展示主题为“古都新韵”、陶然亭公园的展示主题为“幸福生活”、宣武艺园的展示主题为“我和我的祖国——庆祝中华人民共和国成立 70 周年西城区书法、美术、摄影作品展”、大观园的展示主题为“科技创造美好生活”。

（张　伟）

【走访驻区企业】10—11 月，西城区科信局党组书记刘倩带队分别走访调研了中金金融认证中心有限公司、北京矿冶科技集团有限公司（原北京矿冶研究总院）、国网电子商务有限公司、北京中成航宇空分设备有限公司。刘倩向企业介绍了西城区科信局在科技项目、人才资助、技术市场、知识产权、高新技术企业认定、研发费用加计扣除等方面开展的工作及服务内容。通过走访调研，为企业搭建创新发展与政策对接的平台，以优质服务助力企业发展。

（张　伟）

【财政科技专项联席会举办】11 月 13 日，西城区财政科技专项联席会召开 2019 年第二次工作会。会议通报了 2020 年度西城区财政科技专项项目评审情况，讨论了《关于 2020 年度西城区财政科技专项计划有关情况的汇报（征求意见稿）》，研究确立了《2020 年度西城区财政科技专项项目立项计划（草案）》。会议要求各成员单位认真履行各自的职责，加强沟通联系，在做好项目结题验收等后续工作的同时，注意对项目实施效果进行持续跟踪。

（张　伟）

【机构编制调整】12 月 27 日，经西城区委机构编制委员会同意，将电子政务、电子政务基础平台日常运行维护等职责划入西城区科信局，设立电子政务管理科；将区政府办所属区机要信息中心划转到西城区科信局，划转后更名为北京市西城区信息中心。将信息化建设中心更名为西城区大数据中心，将生产力促进中心更名为科技创新中心。

（张　伟）

朝阳区

【概述】2019 年 3 月，根据《北京市朝阳区机构改革方案》，将朝阳区科学技术委员会、朝阳区信息化工作办公室的职责，以及朝阳区人力资源和社会保障局的外国专家管理职责等整合，组建朝阳区科学技术和信息化局（简称朝阳区科信局），作为区政府工作部门，加挂“朝阳区大数据管理局”牌子。不再保留朝阳区科学技术委员会、区信息化工作办公室。朝阳区科信局是区政府主管全区科技创新、软件和信息服务业、信息化、大数据工作的工作部门，内设办公室、发展规划科、社会发展科技科、产业发展科、信息化管理科、信息化促进科，下属朝阳区生产力促进中心、朝阳区信息网络中心 2 家事业单位。

年内，全区共登记技术合同 6618 项；技术合同成交额 1159.5 亿元，同比增长 12%，占全市的 20.4%。全区有国家高新技术企业 3985 家，占全市高新技术企业总数的 14.5%，在全市各区中排名第二，同比增长 9.8%。

（夏春玲）

【科技文化卫生“三下乡”】1 月 10 日，朝阳区科技文化卫生“三下乡”集中示范活动在王四营乡举行，朝阳区科学技术委员会通过科技下乡，把集中性、示范性活动与常态化科普宣传相结合，为当地百姓和青少年送来了“科学年货”。

（刘伟凡）

【科学技术奖励】3 月 1 日，北京市科学技术奖励大会召开，212个成果获2018年北京市科学技术奖。朝阳区有25家单位单独或与相关单位联合申报奖项，获奖成果34项，其中一等奖5项、二等奖11项、三等奖18项。

（林　鹏）

【国家文化和科技融合示范基地认定】3月15日，科技部公布了21家拟认定国家文化和科技融合示范基地名单，其中有5家集聚类基地、16家单体类基地。朝阳区掌阅科技股份有限公司、北京蓝色光标数据科技股份有限公司被认定为单体类国家文化和科技融合示范基地。

（刘悦镔）

【首家银行类国家高新技术企业诞生】3月，百信银行通过国家高新技术企业认定，成为全国首家获得此资质的国有控股银行。

（林　鹏）

【科技条件平台供需对接】4月23日，由首都科技条件平台朝阳工作站主办，中科院研发实验服务基地、电子信息领域中心协办，国创产业园承办的首都科技条件平台电子信息领域需求对接会召开。这场专门为国创产业园入孵企业量身定做的需求对接会是朝阳工作站“一站多点”工作模式的又一次创新实践与探索。

（郭　滨）

【朝阳区科技周活动举办】5月19—26日，2019年朝阳区科技周活动与全国科技周暨北京科技周同期举办。朝阳区科技周主题是“科技兴区 科普为民”，通过“1+3+3”的创新科普形式，即采取1个主会场、3个分会场、3大主题系列活动相结合的方式，整合朝阳区内相关科普基地、科普社区、科普体验厅、科技示范校、科研院所、科技企业等科普资源，通过科普名家系列讲坛、前沿科技产品互动体验、科技主题展、科普品牌活动进校园等内容，让百姓现场参与学习、互动体验，旨在倡导科技发展理念，推动科技创新成果走进基层、走近百姓，向百姓传播科学知识，提升公众的科学素质。

（刘伟凡）

【朝阳区独角兽企业】5月，长城战略咨询发布《2018年中国独角兽企业研究报告》，共有估值在10亿美元以上的202家企业上榜。根据企业名单，朝阳区拥有独角兽企业24家，总估值351.55亿美元，分别占全市的29%和10%，其中猿辅导、阿里音乐、惠民网、每日优鲜4家公司估值在20亿美元以上。朝阳区独角兽企业涉及行业主要为电子商务、新文娱、企业服务等12个领域。10月21日，胡润研究院发布《2019胡润全球独角兽榜》，中国拥有206家独角兽企业，其中北京拥有82家。朝阳区拥有独角兽企业数量占北京独角兽企业总数的26.83%，位居全市第二。全区独角兽企业总估值2620亿元，占中国独角兽企业总估值的4.79%，占北京独角兽企业总估值的11.78%，23家企业平均估值为114亿元。

（林　鹏）

【创新创业大赛举办】6月7日，第八届中国创新创业大赛北京赛区暨中国北京创新创业大赛季（2019）赛事成功举办。大赛由朝阳区生产力促进中心、朝阳区科技企业孵化器联盟、银泰证券等单位协办。大赛旨在挖掘北京地区高精尖产业前沿科技项目，集聚创业资源，培育拥有硬科技含量的创业项目，支持创业团队和科技企业茁壮成长。

（满伶莉）

【社区科普体验厅验收】6月13日，市科委专家验收组对双井街道九龙社区建设的社区科普体验厅项目进行验收，专家组高度肯定了体验厅的建设工作。专家指出，双井街道九龙社区科普体验厅充分发挥了科普宣传教育作用，通过丰富的科普活动提升了百姓的科学素质。

（刘伟凡）

【科技扶贫工作开展】6月，朝阳区科信局启动“科技助力、精准扶贫”专项行动，对河北省阳原县开展科技扶贫工作。朝阳区科信局经过多次调研走访，针对河北省阳原县自然环境恶劣、资源贫瘠、工业基础薄弱、产业发展缓慢及科技水平低下等问题，引入科技、智力资源，对阳原“北冰红”葡萄产业建设进行整体发展规划。7月16—19日，朝阳区科信局党组书记杨旭带队，携1000只52天龄油鸡鸡苗及“北京油鸡草原牧养技术集成应用示范与对口帮扶”项目赴内蒙古卓资县开展对接交流活动，推动油鸡养殖科技扶贫项目落地卓资。10月29—31日，杨旭带队，联合区农业农村局，带领区种植业养殖业服务中心、市农林科学院等单位的专家及区内重点农业园区、青少年科普支撑单位相关负责人等10余人赴河北唐县开展农业科技对口帮扶活动。11月6—8日，朝阳区科信局联合区农业农村局赴康保县开展对口支援活动，市农业技术推广站、动物疫控中心、中国食品发酵研究院的相关专家以及蟹岛集团、中农春雨等农业企业负责人参加。

（刘悦镔　刘伟凡　夏春玲　林　鹏）

【区内企业科创板上市】7 月 22 日，科创板正式在上交所开市交易，首批 25 家企业成功挂牌。北京市有 5 家企业首批挂牌科创板，朝阳区内企业——北京沃尔德金刚石工具股份有限公司位列其中。

（林　鹏）

【国际科技合作基地建设】7 月，市科委公布 2018 年度北京市国际科技合作基地名单，朝阳区内北京电子城有限责任公司的电子城高科技产业北京市国际科技合作基地、北京安贞医院北京市主动脉疾病诊疗中心的主动脉疾病诊疗北京市国际科技合作基地认定通过。截至目前，全区共有 60 个经市科委认定的国际科技合作基地，占全市国际科技合作基地总数的 15%。

（林　鹏）

【区内 8 家企业入选中国互联网企业一百强】8 月，2019 年“中国互联网企业一百强”榜单发布。朝阳区美团、58 集团、智联招聘、映客直播、百合佳缘等 8 家企业入选，全市共 31 家企业入选。全区入选企业的业务范围涵盖了生活服务、音乐与视频、社交网络等领域，丰富了互联网应用场景，为“智能 +”打造未来生活消费提供了新模式。

（李　京）

【农业科技国际交流】8 月，农业农村部组织参加中东国家智慧农业与农业可持续发展研修的各国成员来朝阳区考察相关产业的发展情况。中东欧有关专家来到区重点农业科技园区——北京都市农汇农业科技产业园参观交流。来自克罗地亚农业部，塞尔维亚农业、林业和水利部等的 12 名顾问和专家参观了园区的生态循环系统、无碳科技温室大棚、热带植物生态园、“植物工厂”和“一带一路”沿线国家珍稀植物引种科研基地。

（刘伟凡）

【科技创新创业引导基金设立】9 月 20 日，朝阳区科技创新创业引导基金正式设立。10 月 16 日，投资首个极限人工智能基金直投项目，投资规模 2 亿元。

（满伶俐）

【市级重大项目立项】9 月，北京中材人工晶体研究院有限公司“人工晶体产业孵化平台”项目和北京东方国信科技股份有限公司“基于机理模型与大数据机器学习的工业智能管理服务平台”项目顺利通过专家答辩与财政评审环节，列入 2019 年度市科委“市、区两级重大关键任务科技支撑”专项。

（林　鹏）

【西门子园区用电自给自足】9 月，由市科委和朝阳区科信局共同支持、北京国际技术合作中心和西门子联合承建的展览展示项目——西门子“数字化光伏 + 云服务”产业示范中心基本完成了前期工程，在西门子大厦 7 个附属楼屋顶铺设了 1086 块定制光伏板，创新性地应用西门子数字化分布式光伏解决方案，基本实现了西门子园区用电自给自足。

（林真民）

【国庆游园展览展示】10 月 1—2 日，朝阳区庆祝中华人民共和国成立 70 周年国庆游园活动在奥林匹克森林公园、朝阳公园等 9 个公园举行，朝阳区科信局牵头负责的 5 个公园的展览展示区正式向游客开放。5 个公园的展览展示以“普天同庆 · 共筑中国梦”为主题，结合公园自身区位、历史及环境特点，分别以体育强国、开放融通、古坛新生—魅力朝阳、童心筑梦、绿满将府为主线，展现中华人民共和国成立 70 年以来国家体育事业发展、奥运会举办与冬奥会筹办、“一带一路”建设发展及朝阳区经济社会发展、科技创新、绿色生态建设等方面的成就。活动期间，5 个公园的展览展示区游客接待量超过 40000 人次，央视网、央视新闻、《人民日报》、《北京日报》、北京电视台、天津电视台、《新京报》、《北京晚报》、《朝阳报》、朝阳有线等媒体报道超过 40 条次。伏巍、马野、夏春玲获得市级国庆游园指挥部积极贡献荣誉证书。

（夏春玲）

【鲲鹏联合创新中心落地朝阳】10 月 18 日，在 2019 中关村论坛重大成果发布会上，由市经信局、朝阳区政府、华为公司联合揭牌重大创新平台项目——北京鲲鹏联合创新中心，标志着北京鲲鹏联合创新中心在朝阳区顺利落地。创新中心旨在全面建设立足京津冀、辐射全国的面向电子信息产业发展的鲲鹏生态体系，建立覆盖芯片、服务器、操作系统、数据库、中间件、应用软件全生命周期的高效服务平台，重点解决共性关键问题，开展集中技术攻关，实现创新要素与产业发展要素系统整合、自主创新与产业转型升级有机互动，引领芯片、软件核心产业转型升级。

（林　鹏　满伶莉）

【高新技术企业认定】10 月，朝阳区 2019 年高新技术企业认定申报工作顺利完成。全年共受理企业认定申报1618家,其中朝阳区科信局受理1323家,占81.7%,中关村朝阳园管委会受理295家。从技术领域看,申报企业中电子信息领域企业828家,占51.2%,高技术服务领域573家,占34.8%。根据市科委高新技术企业认定评审工作要求,全区共完成148家认定申报企业的实地核查工作,占申报企业总量的9.15%。

(林　鹏)

【2家企业入选中国大数据企业五十强】 10月,据2019世界计算机大会公布的2019中国大数据企业五十强榜单,朝阳区内北京东方国信科技股份有限公司、集奥聚合(北京)人工智能科技有限公司入选。

(李　京)

【生产力促进中心获奖】 11月28日,由中国生产力促进中心协会主办的2018生产力促进奖、中国好技术奖颁奖典礼暨第十二届寰宇生产力论坛在佛山举行。授予朝阳区生产力促进中心等74家中心“服务贡献奖”;授予朝阳区生产力促进中心满伶莉等69人“服务精英奖”。区内北京东方雨虹防水技术股份有限公司和爱土工程环境科技有限公司分别获得了“中国好技术奖”的一、二等奖。

(曹　祺)

【科技型中小企业评价工作完成】 11月,2019年度科技型中小企业评价工作完成。评价依据《科技型中小企业评价办法》(国科发政〔2017〕115号)进行,主要考核研发投入、科技成果、科技人员3类指标。全区共有741家企业通过评价审核,纳入科技部科技型中小企业库,占北京市已入库企业总数的12%。从技术领域看,排名前两位的分别是电子信息领域企业293家,占已入库企业总数的39.8%;高技术服务领域企业195家,占总数的26.5%。741家企业销售收入633.78亿元,研发投入总额达238亿元,占同期销售收入的37.6%。从业人员126417人,其中科技人员60831人,占职工总数的48.1%。企业共拥有发明专利及软件著作权等知识产权7803件。

(林　鹏)

【朝阳区科技创新创业大赛总决赛举办】 12月12日,由朝阳区科信局指导,朝阳区生产力促进中心、星库空间(北京)创业投资有限公司主办,朝阳区科技企业孵化器联盟、中国北京(望京)留学人员创业园、E9区创新工场、创汇空间(北京)科技孵化器有限公司、设计星工场协办的“2019星库杯·朝阳区科技创新创业大赛总决赛”在E9区创新工场7号空间站成功举办。区委常委、副区长李长萍出席会议并致辞。参加决赛的10个优秀创业项目重点聚焦了机器人、区块链、人工智能、新能源、医疗器械等前沿领域,最终非夕科技获一等奖,墨狄机器人、蜂巢链获二等奖,溯源链、中芯医源、新能源汽车动力电池回收—超净高纯电子化学品关键技术获三等奖。

(曹　祺)

【新型数字基础设施峰会举办】 12月25日,由市经信局和朝阳区政府主办的“2019新型数字基础设施峰会——打造鲲鹏底座的区块链应用”在北京东方君悦酒店举办。工业和信息化部信息化和软件服务业司副司长董大健,朝阳区委副书记、区长文献以及华为中国区副总裁强华出席峰会。会上,市经信局副局长潘锋、朝阳区副区长王志勉与华为公司北京总经理刘阳分别代表三方共同签署《共建北京鲲鹏联合创新中心战略合作协议》。战略合作协议的签署意味着三方将充分发挥各自优势,形成优势集成与互补,按照市场原则共建北京鲲鹏联合创新中心,推进以鲲鹏技术路线为核心的自主研发创新能力生态体系建设。

(林　鹏)

【医疗卫生专业协同合作平台建设】 12月25日,朝阳区科信局、区卫健委组织召开2019年朝阳区医疗卫生专业协同合作平台工作会,总结2019年平台项目成果,分享典型案例的成功经验,开展平台合作、科研需求、成果推广等交流。平台自成立以来,汇集了区属二、三级医院及公共卫生单位,驻区三级医院及民营医疗机构共计16家资源单位。通过“搭台子、引路子、结对子”的方式,凝聚医疗卫生领域的科研力量,引导基层医疗科研发展方向。2019年,组织实施的朝阳区社会发展科技计划项目中医疗卫生领域共计20个项目,其中由平台内单位承担的项目有17项,项目资金占医疗卫生领域资金总量的90%。

(刘伟凡)

【科技冬奥应用场景建设】 12月,《朝阳区“科技冬奥”规划设计及应用场景实施方案》初稿完成;围绕智慧运营、智能观赛、智能管理、安全保障等主题,征集科技冬奥应用场景建设需求10项。无人售卖车、无人驾驶清扫车等2项应用场景已在奥园中心区建设试运行;安全巡逻机器人投放已开始测试评估,在奥园中心区两个出入口投放试运行。

(熊桂梅)

【2018年朝阳区高新技术企业年报数据分析】 年内,对全区3057家国家高新技术企业2018年度年报数据分析显示:2018年朝阳区内国家高新技术企业总收入达到6491.05亿元,同比增长49.75%。其中,亿元以上企业451家,收入总额占高新技术企业收入92.93%;研发费用支出总额为483.11亿元,同比增加51.45%,占同期总收入的7.44%,同比去年提升0.08个百分点;享受减免企业所得税优惠33.36亿元,企业实际缴纳税费总额349.23亿元;共获得知识产权24740件,其中发明专利5801件。

(林　鹏)

【区块链产业布局】 年内,据国家网信办公示的境内区块链信息服务备案企业清单,朝阳区目前区块链备案企业达21家,居全市第二,占北京总数的17.6%。21家区块链企业在企业服务、商业积分、文化创意、司法、食品农业等领域中起到重点示范作用。

(刘悦镔)

【科技人才培养】 年内,根据市科委公示的2019年首都科技领军人才培养工程和市科技新星计划拟入选人员名单显示,朝阳区共有29名科技人才入选。其中,来自北京化工大学、北京工业大学、北京极智嘉公司的3名科技人才入选北京市领军人才培养工程,占入选人才总数的10%;26名科技人才入选2019年北京市科技新星计划,占入选人才总数的21.6%。入选的29名科技人才中企业人才占20.7%,分别来自智能显示、节能环保、新材料、信息技术等技术领域。

(夏春玲)

海淀区

【概述】 2019年3月,海淀区科学技术和经济信息化局(简称海淀区科信局)在海淀区科学技术委员会、海淀区经济和信息化办公室的基础上组建完成。重组建的海淀区科信局将区科学技术委员会的职责,以及相关部门的推进工业、软件和信息服务业发展,推进信息化技术创新和技术进步等职责整合。中关村科技园区海淀园管理委员会与海淀区科信局合署办公。

年内,海淀区科信局全面落实区委、区政府"两新两高"战略与各项工作任务,围绕科技创新出发地、原始创新策源地和自主创新主阵地定位,聚焦中关村科学城建设,聚焦创新突破。坚持创新提级,创新引领发展跑出"加速度"。全球健康药物研发中心、北京量子信息研究院、智源人工智能研究院、中关村海华信息技术前沿研究院等新型研发平台加速发展。

概念验证计划落实取得突破,首个概念验证中心——北航概念验证中心正式挂牌,清华荷塘探索基金、北大·海淀重大科技成果孵育基金稳步推进,联合市自然基金委加入国家自然科学基金区域创新发展联合基金(北京)。依托北京协同创新研究院、中关村前孵化创新中心、中科海淀科技创新综合体、智友天使学院等载体,发挥其联系院校和产业界的纽带作用,配齐、配强各类创新资源,推动一批重大成果转化落地。年内,海淀区全面推进区域知识产权运营服务体系建设工作。拓展建立1个知识产权海外维权援助基地,举办2019中国·海淀高价值专利培育大赛和2019中关村知识产权论坛,中关村知识产权保护中心建设通过国家知识产权局验收并揭牌运行。

截至年底,海淀区内国家高新技术企业数量累计达10448家。技术合同成交5.27万项,成交额达 1899.3 亿元,同比增长 8.7%,占技术合同成交总额的 33.3%。在北京市 16 区中,海淀区技术开发、咨询、服务合同均居首位,成交额分别占北京市同类合同的 54.2%、33.9%、33.1%;技术转让合同成交额位居全市第 3 位。专利申请量 85975 件,同比增长 5%;专利授权量 48778 件,同比增长 14.1%。

(程晓荷)

【科技成果转化协同创新中心揭牌】1 月 17 日,中国电子科技集团公司信息科学研究院(也称创新院)、北京创客帮科技孵化器有限公司(也称创客总部)在北京成功举办科技成果转化协同创新中心签约揭牌仪式。双方在高精尖产业领域科技成果培育、人才培养、技术研究、转化落地等方面,将发挥各自的优势,深入开展多层次、多维度、多领域的合作。创新院将为科技成果转化协同创新中心提供大量高价值技术成果,汇聚中国电子科技集团内部的优势资源力量,持续向社会提供创新服务。创客总部将充分发挥市场渠道方面的优势,在引进外部专家人才、打造品牌活动上,为科技成果提供全方位的孵化服务。

(孙树昆　程晓荷)

【2018 年度"创业榜样"颁奖】1 月 17 日,改革开放四十载,不忘初心创业梦——2018 年度"创业榜样"盛会在中关村创业大厦举办,来自园区内外的百余位企业代表参加了此次活动。活动由中关村科技园区海淀园管委会指导,中关村科技园区海淀园创业服务中心、中国北京(海淀)留学人员创业园、北京金种子创业谷科技孵化器中心主办,海淀区文化馆(北馆)协办。本次盛会共计颁发奖项 11 类,分别为 10 家海创 2018 年度十佳企业、10 位海创 2018 年度十佳企业家、18 家海创 2018 年度最佳新星、1 位海创 2018 年度最佳社会责任奖、4 位海创 2018 年度优秀创业导师、3 位海创 2018 年度最佳合作媒体人、3 家海创 2018 年度最佳合作伙伴、5 家海创 2018 年度最佳投资机构、5 位海创 2018 年度最佳投资人、6 位海创 2018 年度最勤奋创业者、5 家海创 2018 年度最佳校友企业。

(程晓荷)

【中关村软件园荣膺"2018 年中国最具活力软件园"】1 月 18 日,2019 中国软件产业年会在北京举行。本届年会由中国软件行业协会主办,旨在贯彻国家的发展战略和优惠政策,发挥行业组织优势、扩大信息消费、驱动新一轮经济腾飞。会上,中关村软件园再获行业肯定,荣膺"2018 年中国最具活力软件园"称号。中关村软件园创建于 2000 年,是中关村国家自主创新示范区中新一代信息技术产业高端专业化园区,是北京建设世界级软件名城核心区,是中国创新驱动战略体系成果的展示窗口,园区先后被国家相关部委命名为"国家软件产业基地"和"国家软件出口基地",园区以专业化、特色化、国际化、品牌化和创新性的产业服务体系不断推动软件产业发展。中关村软件园聚集国内外 680 余家知名科技创新企业,成为云计算、移动互联网、人工智能产业中有影响力的产业高地,2018 年实现总产值逾 2500 亿元,园区 2.6 平方千米上的单位密度产出居于全国领先地位。

(孙树昆)

【区块链"33333"计划产业孵化平台成立】1 月 18 日,由中关村创客小镇、币格科技与弦子科技三方共同发起的以"赋能产业,链接未来"为主题的区块链"33333"计划产业孵化平台暨成果发布会在中关村创客小镇召开。来自区块链领域的专家、学者、投资人等齐聚一堂,与中关村创客小镇入孵企业代表共同见证"33333"计划产业孵化平台的启动,并共同探讨区块链技术的未来发展趋势与挑战,推动区块链技术应用落地。该平台以共建、共治、共享、共赢为原则,由前 200 家入孵产业孵化平台的企业共同建设、使用及运营。

(孙树昆)

【5G 产业发展座谈会召开】1 月 18 日,海淀园(区经信办)组织召开了 5G 产业发展座谈会,华为、百度、联想、大唐移动、紫光展讯、三大运营商、铁塔、信通院等 5G 研究、终端芯片、系统设备、运营商单位参加了座谈会。会上,产业链上各个环节的企业介绍了本单位在 5G 产业方面的发展并进行了讨论。海淀区在 5G 发展方面产业链布局相对完整,且各关键环节均有行业龙头领军企业,关键核心技术有突破、应用场景有示范等,结合 5G 产业的发展基础及发展需求,研究编制《海淀区 5G 产业创新发展行动计划》,前瞻布局 5G 基础设施和产业链,推动互联网、物联网的技术和模式创新。

(孙树昆)

【国家网络安全产业园入园】1 月 21 日,工业和信息化部、市政府、海淀区政府在中关村国家自主创新示范区展示交易中心会议中心举行国家网络安全产业园区入园企业座谈会。工业和信息化部副部长陈肇雄,副市长殷勇出席座谈会,见证企业入驻签约。国家网络安全产业园园区选址于海淀区四季青镇、通州区西集镇,占地面积约7330亩,建筑面积约440万平方米。园区定位于网络安全高精尖产业,以推进网络安全优势资源集聚和产业创新发展为目标,重点推动网络安全产业集聚发展、网络安全核心技术突破、网络安全产品服务创新及应用,实施网络安全人才培育计划,推进网络安全国际交流合作及网络安全产业政策创新。座谈会上,10家网络安全企业签约入驻。

(孙树昆)

【FANUC荣获2018年北京市“智能制造标杆企业”称号】2月11日,市经信局公布2018年北京市“智能制造标杆企业”名单,此次工作共评选出12家生产制造企业,其中,中关村海淀园企业发那科以智能工厂入选。北京发那科机电有限公司是由日本FANUC株式会社与北京机床研究所于1992年共同组建的合资公司,负责FANUC CNC、伺服和激光器等产品的销售、维修服务、技术支持、培训和生产业务。截至2017年,累计售出近42万套FANUC数控系统,同时承担国内58万套FANUC数控系统的售后服务工作。

(孙树昆)

【紫光展锐发布5G通信技术平台及首款5G基带芯片】2月26日,清华紫光集团旗下紫光展锐公司在2019世界移动通信大会(MWC)上发布5G通信技术平台马卡鲁及其首款5G基带芯片春藤510。这标志着紫光展锐迈入全球5G第一梯队,作为领先的5G核心芯片供应商之一,为全球消费者带来5G革命性的连接体验,推动5G商用全面提速。

(孙树昆)

【地平线公司成全球估值最高的人工智能芯片公司】2月27日,中关村人工智能芯片技术创业企业地平线发布公告,获得由SK中国、SK Hynix以及数家中国一线汽车集团与旗下基金联合领投的B轮融资6亿美元左右,该公司估值达30亿美元。这意味着地平线成为全球最具价值的人工智能芯片公司。全球三大半导体企业中有2家(英特尔和海力士)成了地平线的战略股东,在人工智能芯片公司中独此一家。地平线本轮融资中出现了数家汽车集团,这也是中国自动驾驶行业史上最大的单笔融资。本次融资引入的重要战略伙伴和资源将进一步加速地平线的研发和商业化步伐,打造生态型商业模式,积极参与自动驾驶、智慧城市、智慧零售、智能机器人等重要领域的进程,迎接全球智能化时代的到来。

(孙树昆)

【百度大脑开放24种全新AI能力】3月20日,在中关村创业大街百度大脑创新体验中心召开的百度大脑首场开放日活动上,百度大脑宣布开放24种新的AI能力,在市政、物流、教育等行业有了更多落地方案。截至目前,百度大脑已经开放了158项AI能力,24小时快速集成,开发者数量超过100万。

(孙树昆)

【中关村国际青年创业平台启动】4月2日,中关村国际青年创业平台启动仪式在中关村创业大街全球创新社区举行。该创业平台是由中关村管委会与区政府联合打造,位于中关村核心区域,依托中关村创业大街运营管理,旨在吸引国际高层次创新创业青年来中关村创业、发展。国际青年创业平台主要吸引本科毕业8年内,硕士、博士毕业5年内的境外高校毕业生来中关村创新创业,重点支持一批具有一定技术储备和较好市场潜力的国际优秀青年人才创业项目。

(市科委宣传与科普处)

【北京金融科技创新核心区启动建设】4月9日,北京金融科技与专业服务创新示范区核心区建设启动仪式在海淀区融汇国际大厦举行,现场为金融科技协调创新平台揭牌,并发布了示范区主题形象设计方案。当天,核心区首个金融科技主题楼宇——融汇国际大厦揭牌运营。2018年5月,市长陈吉宁在金融街论坛上提出,在金融街与中关村交会处打造金融与专业服务创新的示范区,《北京市促进金融科技发展规划》中明确提出建设北京金融科技与专业服务创新示范区及核心区(西城区、海淀区)。

(市科委宣传与科普处)

【知识产权不正当竞争纠纷案件审判】4月23日,市知识产权维权援助中心、区知识产权局、区人民法院在中关村软件园组织知识产权案件巡回审判,公开审理北京爱奇艺科技有限公司诉杭州龙魂网络科技有限公司、杭州龙境科技有限公司不正当竞争纠纷案件。本次活动是知识产权案件巡回审判活动连续第5年走进中关村软件园,共吸引80余家企业的 150 人旁听。

（程晓荷）

【中关村知识产权论坛】4 月 23 日，2019 年北京市知识产权宣传周主场活动暨中关村知识产权论坛在中关村国家自主创新示范区展示中心举行。市知识产权局党组书记杨东起、中关村管委会主任翟立新等市有关部门领导出席会议。区委书记于军，区领导李俊杰、高念东等参加活动。2019 年中关村知识产权论坛围绕“知识产权与营商环境”的主题开展。此活动启动了第二届中国 · 海淀高价值专利培育大赛，组织了市知识产权局与市贸促会签订战略合作协议、市知识产权局与区政府签署北京国际知识产权服务大厅共建协议、市专利代理师协会与国际知识产权律师联合会签署战略合作协议等签约活动，发布了《中关村国家自主创新示范区知识产权行动方案（2019—2021）》、市知识产权助力创新服务包，并邀请世界知识产权组织中国办事处代表、国际商标协会亚太区首席代表、TD 产业联盟秘书长进行了专题发言。

（程晓荷）

【2018 年度《中关村核心区知识产权白皮书》发布】4 月 23 日，在中关村知识产权论坛上，区知识产权局局长向社会各界和新闻媒体发布了《中关村核心区知识产权白皮书（2018 年度）》。该白皮书详细阐述了 2018 年海淀区的知识产权工作，区内知识产权创造能力稳步提升，多项成果继续领跑北京市和全国，知识产权保护成绩斐然。

（程晓荷）

【2019 中国 · 海淀高价值专利培育大赛新闻发布会举办】4 月 23 日，由国家知识产权局知识产权运用促进司、海淀区政府指导，海淀区知识产权局和知识产权出版社有限责任公司共同主办的 2019 中国 · 海淀高价值专利培育大赛（简称海高赛）在中关村国家自主创新示范区展示中心召开新闻发布会。海高赛是国内首个以高价值专利培育为主题的创新大赛，2019 年举办第二届，主题是“弘扬工匠精神，提升创新价值”。本届海高赛将以具有优秀高价值专利培育成果的科技创新项目为参赛对象，重点考察项目整体技术先进性、专利培育质量和项目市场竞争力 3 方面，征集人工智能、智慧军工、新一代信息技术、新材料、高端装备及生物医药等 6 个领域的高价值专利项目，同时举办人工智能和智慧军工领域的专场比赛。此届大赛共分为海选、复赛及专场赛、决赛、颁奖典礼及论坛等环节。

（程晓荷）

【知识产权问题与应对策略专题培训会举办】4 月 26 日，区知识产权局联合中关村海淀园对外合作处在中关村知识产权保护中心举办主题为“美国展会中的知识产权问题与应对策略”的专题培训会。驻区企业、高校院所及知识产权服务机构近 30 位代表参会学习。活动邀请七星天副总裁杜洋洲博士就美国专利法律制度、美国展会专利风险的表现形式及特点、专利风险的应对措施及会前、会中自身知识产权保护等内容进行了专业、翔实的分析讲解与现场答疑。

（程晓荷）

【海淀区知识产权运营服务体系建设专项资金实施细则发布】5 月 14 日，为加快构建海淀区知识产权运营服务体系，规范资金管理，提高使用效益，中关村海淀园管委会和海淀区财政局联合制定了《海淀区知识产权运营服务体系建设专项资金实施细则》，该实施细则主要包括总则、支持方向、支持重点、组织管理及监督、附则。该实施细则的发布将全面推进落实知识产权运营服务体系实施方案。

（程晓荷）

【中关村知识产权保护中心成立并对外开展业务】5 月 15 日，中关村知识产权保护中心（简称保护中心）通过国家知识产权局现场验收，5 月 19 日举办揭牌仪式，8 月 22 日举办授章仪式，国家知识产权局向保护中心颁授专利申请受理章、专利审查业务章、专利登记簿用章，保护中心正式对外开展业务。年内，保护中心积极开展专利预审业务，2019 年备案企业共 415 家，接收预审案件 73 件。国家知识产权局专利局复审和无效审理部到保护中心开展口审 57 场，审理无效请求案件 58 件，吸引了来自企业、服务机构的近 700 人次旁听学习，同时与中关村法庭合作，在保护中心审理庭组织了知识产权案件巡回审判活动。保护中心开展知识产权维权援助工作，举办海淀区维权援助工作促进会议，推荐 9 家单位申报市国内外知识产权维权援助项目。保护中心开展专利运营促进工作，中关村知识产权保护中心专利导航项目顺利通过结题验收考核会，协助海淀区知识产权局完成国内外专利预警补贴专项工作，申报企业 27 家，最终 23 家企业通过审核，这些企业获得补贴金额共计 363 万元。保护中心举办各类知识产权保护宣传培训，2000 余人参加了活动。

（程晓荷）

【科技周海淀主会场活动举行】5 月 19 日，由中关村海淀园管委会和海淀区科协主办、海淀科技中心承办的 2019 年（第 25 届）北京科技周海淀主会场活动在海淀科技中心举行。本活动主旨为大力弘扬科学精神、普及科学知识、促进科技创新和科学普及的协调发展，活动立足区域优势资源，海淀科技中心与中央电视台大型科普节目《加油向未来》和科普益智竞猜节目《正大综艺·动物来啦》栏目组线下联动，打造了一期具有知识性和互动性特色的科技周主会场科普活动。《加油向未来》栏目组带来了超导磁悬浮列车、楞次定律、模拟太空、镜子趣味游戏、留声机、气泡沉船等 8 个体验项目。《正大综艺·动物来啦》栏目组带来了狙击手鹦鹉螺、不会得脑震荡的啄木鸟、鸡蛋的生命之旅、巧舌如簧的食蚁兽等讲解展示项目。海淀科技中心还准备了 VR 飞行、VR 赛车驾驶、虚拟书法、液氮冰激凌、水中花园、slime、高温超导磁悬浮等 18 个常规体验项目，让公众近距离接触科学活动，感受科技创新在社会发展中的魅力。

（程晓荷）

【支持“北斗三号”全信号“天琴二代”芯片发布】5 月 20 日，全球首颗全面支持“北斗三号”民用导航信号体制的高精度基带芯片“天琴二代”由中关村海淀园企业北京合众思壮科技股份有限公司正式发布。“天琴二代”作为全新一代 GNSS（全球导航卫星系统）多模多频高精度基带芯片，可实现对全星座、全频点的支持，使搭载“天琴二代”芯片的高精度产品能接收到“北斗三号”系统的所有导航信号，是全球首颗“北斗三号”全信号芯片。“天琴二代”由合众思壮投入逾 5000 万元、历时 2 年研发并拥有完全自主知识产权。该芯片已于 4 月实现量产，未来将助推“北斗三号”的产业化应用与落地。

（孙树昆）

【海淀科技中心与首都师大二附中联合举办科技节】5 月 23 日，中关村海淀园海淀科技中心和首都师大二附中共同举办了以“创想·弘美”为主题的科技节活动。活动主旨是大力弘扬科学精神、普及科学知识、促进科技创新和科学普及的协调发展，引导学生对科学的关注。海淀科技中心带来了高温超导磁悬浮、激光竖琴、火龙卷、相变花开、看得见的声音等 15 个体验项目。展品通过生动的模型、动手演示和通俗易懂的讲解，普及了力学、热学、光学、生物学等科学知识。

（程晓荷）

【海淀智慧生活情景体验展亮相京交会】5 月 28 日，2019 年中国国际服务贸易交易会在北京国家会议中心开幕。海淀展台以“赋能万物互联智领数字未来”为主题，围绕智慧家居体验展开，整合知名海淀企业——百度、微软、字节跳动、寒武纪、博彦科技、利亚德、阿里药柜等旗下的科技产品集中亮相此次展会。海淀区在主、分会场共有 7 场活动，并设立论坛对接区，与参加论坛的嘉宾直接面对面交流并对接，促成企业项目落地。

（孙树昆）

【第五届“互联网＋教育”创新周在中关村开幕】5 月 28 日，第五届“互联网＋教育”创新周在中关村互联网教育创新中心隆重开幕。本届创新周活动以挖掘“互联网＋教育”新动力为主旨，汇聚 300 余位来自全国各地的政府代表、教育界专家学者、教育企业家及教育领域投资人，共同探讨教育领域政策链、产业链、资金链、人才链的发展趋势，进一步构建优化科技与教育融合发展的生态。

（孙树昆）

【国际知识产权研讨会在海淀举办】6 月 10 日，由市知识产权局与海淀区知识产权局主办的国际知识产权研讨会在中关村东升国际科学园举办，来自小米、怡和嘉业等企业的代表近 70 人参会。会议邀请了前美国知识产权专家团队就处理美国专利和商业秘密法时应考虑的问题、抵制专利流氓、复审与专利诉讼等内容做了专题分享。与会企业代表与美国知识产权专家还就中国企业面临的日益严峻的知识产权挑战问题开展了圆桌对话交流。

（程晓荷）

【寒武纪推出新一代云端 AI 芯片思元 270】6 月 21 日，中关村海淀园企业寒武纪正式宣布：推出云端 AI 芯片中文品牌“思元”、第二代云端 AI 芯片思元 270（MLU270）及板卡产品。最新发布的思元 270 芯片集成了寒武纪在处理器架构领域的一系列创新性技术。

（孙树昆）

【腾盛博药入驻海淀签约仪式举行】6 月 23 日，清华大学医学院、市科委、海淀区政府、腾盛博药医药技术(北京)有限公司联合举办腾盛博药入驻、签约仪式及 2019 突破性创新洞察论坛。副市长隋振江出席论坛并讲话,市科委主任许强,海淀区委书记于军、代区长曾劲,清华大学副校长尤政等领导出席,共同为腾盛博药全球创新药物研发中心大楼揭牌,见证腾盛博药与 8 家院校、医院和企业分别签署合作协议。国内外医药健康领域知名企业家、科学家和投资家及近 50 家单位代表约 120 人参会。腾盛博药由葛兰素史克原传染病新药研发高级副总裁洪志博士领衔创立,2018 年年初完成首轮融资 2.6 亿美元,2018 年 8 月注册成立在北京建设全球创新药物研发中心。如今研发中心大楼启用,实现团队整体入驻并与首都医科大学附属北京友谊医院、首都医科大学附属北京地坛医院、首都医科大学附属北京佑安医院签署成立北京市肝病创新药物临床试验联盟,建立联盟临床试验协同网络,通过一站式合作,统一标准、统一质量、提高效率,进行模式突破;与清华大学医学院、清华大学工业研究院分别签署合作协议,共同推进清华大学建立临床试验中心和创新药物转移转化中心建设。

(程晓荷)

【海淀区承办“创客北京”区级赛】6—8 月,由中关村海淀园管委会主办、海淀园创业服务中心承办的“2019 创客北京”海淀区级赛在海淀园创业服务中心等多个赛点举行。大赛为“创客中国”北京市中小企业创新创业大赛暨“创客北京 2019”创新创业大赛的初级赛事,共有 532 个项目报名参赛,占全市报名参赛项目总数的 32%;经评选,共有 55 个项目进入市级决赛,占全市进入决赛项目总数的 20.6%。经过市级决赛角逐,共有 29 个项目进入北京市前 100 名,占 29%,10 个项目获奖,占全市获奖项目总数的 1/3,有 2 个项目晋级全国总决赛,占全市晋级全国总决赛项目数量的一半。此外,海淀区获得大赛组委会颁发的优秀分赛区奖。

(田京京)

【海淀区社会信用体系建设大会举办】7 月 13 日,海淀区社会信用体系建设大会在中关村国家自主创新示范区展示中心举行。会议由海淀区政府主办、中关村海淀园管委会承办,是北京市“诚信建设万里行”活动的一部分。相关政府部门、企业、金融机构、大数据机构和信用服务机构代表共约 200 人出席大会。海淀区作为唯一代表北京市创建全国信用体系建设示范区的城区,将开展信用数据融合、信用监管协同、信用便民惠企、信用应用创新四大工程,探索更多具有海淀特色的“信用模式”,并计划用 2 年时间创建完成。

(程晓荷)

【海淀园承办国家自然科学基金优秀成果北京对接会】7 月 18 日,由国家自然基金委计划局和市自然基金委主办、市自然基金委办公室和中关村海淀园管委会承办的国家自然科学基金优秀成果北京对接会在北京会议中心召开。本次对接会围绕遴选出的人工智能、信息技术、生物医药三大领域 24 项国家自然科学基金优秀项目成果,通过项目路演展示、意向对接、企业考察等方式,组织有意向的企业、孵化器、投资机构与项目负责人共 240 余人进行合作洽谈和对接,推动优秀成果落地。会上,海淀共有 3 个科技成果方与投资机构签约,其中国家纳米科学中心聂广军研究员团队与北京中关村发展集团启航产业投资基金签约。此次对接会为国家自然科学基金与北京市、海淀区产业发展架设桥梁,对建立国家自然科学基金、北京市自然科学基金和海淀区三级联动的基础研究成果转化具有积极的作用,是推动原始创新向科技成果转化、完善创新链和产业链、打造科技创新全链条的重要之举,是探索建立基础研究成果应用贯通机制的一次重要尝试。

(程晓荷)

【“芯动北京”中关村 IC 产业论坛举行】9 月 11 日,由中关村集成电路设计园主办的第三届“芯动北京”中关村 IC 产业论坛在北京召开,本次论坛以“构建产业生态,加速自主创芯”为主题,围绕全球半导体产业趋势、IC 自主创新与人才培养、关键芯片自主可控与产业生态构建、资本驱动产业创新等问题展开了深入探讨。论坛上,中关村创新研修学院集成电路设计园芯学院揭牌成立。中关村创新研修学院集成电路设计园芯学院由中关村集成电路设计园联合 6 所在京示范性微电子学院和北京半导体行业协会、赛迪智库、中关村芯园、安博教育、摩尔精英共同发起成立,旨在落实国务院加快深化产教融合的要求,搭建高校与企业人才培养和成果转化的桥梁,进一步完善集成电路产业创新创业生态,培养集成电路领域复合人才。高校院所、联盟协会、专业机构共建中关村芯学院合作项目签约仪式,芯创空间与企业签署入孵协议仪式,中关村集成电路设计园股权合作签约仪式,中关村集成电路设计园人才产业化联盟设立仪式同时举行。

（程晓荷）

【北京冬奥服务型机器人创新产品测评大赛启动】9月24日，“智慧奥运·智享未来——迈进智能机器人新时代”2019年北京冬奥服务型机器人创新产品测评比选大赛启动活动在中关村软件园国际会议服务中心成功举办。本次活动由市科委联合市经信局、中关村管委会、海淀区政府共同主办。测评比选大赛以应用带动北京服务机器人产业高质量发展为冬奥会挖掘服务型机器人应用的新模式，培育北京市服务型机器人的产业新生态。机器人比测活动是市政府确定的首批科技冬奥示范项目工作清单的重要内容。

（程晓荷）

【海淀区社会信用体系建设成果展举办】10月14—25日，海淀区社会信用体系建设成果展在海淀区政府机关一层阳光大厅举办。成果展在海淀区政府、市经信局的指导下，由中关村海淀园管委会主办。本次展览详细梳理了海淀区信用体系的建设成果，并从政策制定、活动组织、场景应用等方面集中展示。北京市海淀区45个委办局、29个街镇陆续参展，天津市16个辖区专程派代表参观。

（田京京）

【海淀创业园81家企业获研发费用资金支持】10月24日，中关村管委会对获得2019年中关村示范区科技型小微企业研发费用支持的企业进行了公示。本批次共给予2920家中关村示范区科技型小微企业研发费用支持，其中海淀创业园共有顶象技术、钢铁侠、深思考、墨云科技、钛方科技等81家企业入围，占北京市入选企业的2.7%，企业数量比园区2018年入围的46家企业增长了近1倍。

（程晓荷）

【2019中国·海淀高价值专利培育大赛决赛举办】10月24日，2019中国·海淀高价值专利培育大赛决赛暨高端论坛在北京中关村软件园国际会议中心举办，本次大赛自4月启动以来，共收到来自15个省区市的百余个优秀项目参赛，涵盖人工智能、高端装备制造、新一代信息技术、新材料、生物医药、智慧军工等多个技术领域，经过海选、复赛和决赛、酷炫黑科技、路演1+1等多个环节的激烈比拼，海淀区中电博顺智能设备技术有限公司的“光伏板智能清洗机器人”项目获一等奖，三角兽（北京）科技有限公司的“智慧识屏”和北京拉酷网络科技有限公司的“拉酷：提供一种感知输入的新方式”获二等奖，北京桀亚莱福生物技术有限责任公司、北京可以科技有限公司、北京幸福益生高新技术有限公司、北京星际荣耀空间科技有限公司、新能动力（北京）电气科技有限公司和拜西欧斯（北京）生物技术有限公司的6个项目荣获三等奖，北京宇航系统工程研究所的“运载火箭智能分离系统”获最具潜力奖。在海高赛颁奖典礼暨高端论坛上，国家知识产权局知识产权运用促进司司长雷筱云和海淀区委常委、副区长李俊杰共同为海淀区首批11个高价值专利培育运营中心授牌。高价值专利培育运营中心建设是海淀区知识产权局推进完善区域知识产权运营服务体系的一项重要工作举措，旨在推进科技创新主体联合优质知识产权服务等创新资源，在战略性新兴产业的重点领域和关键环节，挖掘、布局一批高价值专利及专利组合，推动企业及产业创新发展。

（程晓荷）

【海淀参展第22届科博会】10月24—27日，第22届中国北京国际科技产业博览会在北京举办。海淀展区以“科技创新的出发地 原始创新策源地 自主创新主阵地”为主题，分新型研发机构、前沿科技企业、应用场景展示和科创板上市企业四大板块，整体凸显中关村科学城的前沿布局、前沿科技和创新能力。

（孙　猛）

【北京航空航天大学概念验证中心挂牌】10月25日，首届北航科技成果转化论坛举行。区委书记、中关村科学城党工委书记于军，北京航空航天大学副校长刘树春参加论坛并致辞，在论坛上，中关村科学城—北京航空航天大学概念验证中心揭牌。这是中关村科学城首批建设的5个概念验证中心之一。该验证中心依托北航技术转移中心和工研院公司联合建设，为非实体组织，通过构建项目挖掘、项目可行性分析、项目对接、投融资洽谈等“一站式”概念验证服务体系，为概念验证工作提供支撑，将基础研发与成果转化形成有效衔接。该验证中心的建设将为解决科技成果转化“最初一公里”问题，降低科技成果转化的最初风险提供有力支撑。

（程晓荷）

【国家数字化设计与制造创新中心北京中心揭牌】11月5日，国家数字化设计与制造创新中心北京中心在海淀区揭牌成立。成立大会在清华科技园召开。大会由市经信局、海淀区政府主办,国家数字化设计与制造创新中心(简称国创中心)、数字化设计与制造创新联盟、北京工业互联网技术创新与产业发展联盟承办。国创中心在海淀区布局建设北京中心,将充分发挥北京的资源优势,开展国产软件开发、核心技术突破和推广,建设一个自主可控的以软件为核心的生态系统,推动完善工业软件产业链,赋能工业互联网,为制造业数字化转型提供新动能。海淀区将继续充分运用政策扶持、制度保障等方式,全力支持北京中心各项业务的开展,努力提升中国自主可控的软件开发和技术突破,并在全国制造业企业和园区中进行应用推广,助力制造企业产业升级,推动智能制造创新发展。

(孙树昆)

【海淀区高新技术企业认定培训】11月5日,中关村海淀园启动2020年高新企业认定培训工作。为保障培训质量,管委会提早谋划,全面覆盖,精准服务,在中关村高新技术企业协会的协助下,陆续开展了2020年高新认定系列培训活动,重点强调高新技术企业认定条件的一些常规性问题,包括知识产权、成果转化、研发费辅助账等要求。同时,对2019年的材料申报、专家评审、实地核查、科技部抽查等重点环节的认定问题做了详细剖析,真正解决企业认定的困惑。截至年底,已举办与高新认定相关的各类培训会21场,参会企业近1600家。

(程晓荷)

【海淀区政府与中国空间技术研究院签署协议】11月23日,区委书记于军等到中国空间技术研究院签署战略合作框架协议,以实际举措推进落实国家创新驱动发展战略。中国空间技术研究院是中国主要的空间技术及产品研制基地,代表了中国空间技术的硬核科技实力和水平。在座谈交流中,海淀区与中国空间技术研究院介绍了双方的有关情况,并围绕加强对接合作、增强发展动能、提升服务水平、促进共赢发展进行深入探讨。此次签约是双方加快深度协同发展步伐的有力举措,是建立常态化、规范化合作机制的积极探索,标志着双方开启了合作共赢的新篇章。

(程晓荷)

【国际知识产权服务大厅落地海淀】11月26日,北京国际知识产权服务大厅揭牌仪式暨国际高端知识产权服务论坛在中关村知识产权大厦举行。在世界知识产权日活动期间,市知识产权局与海淀区政府签署了《北京国际知识产权服务大厅共建协议》,服务大厅涵盖了国际知识产权服务咨询、知识产权服务资源展示、国际知识产权文献检索查询、知识产权国际人才培育以及知识产权服务国际交流等功能,现已有53家国内外知识产权服务机构申请进驻大厅为社会公众提供专业免费咨询,并配备了9个专业数据资源库账号供社会公众免费使用,服务大厅将充分发挥其市场化专业服务资源聚集优势,为广大创新主体知识产权国际化布局需求提供专业、便利的咨询和服务。国际知识产权服务大厅已入驻中关村知识产权大厦并运行。

(程晓荷)

【海淀区政府签署科创投资合作协议】11月26日,海淀区与市科技创新基金、北京科技创新投资管理有限公司正式签署战略合作协议,进一步加强市、区两级在科技金融领域的协同联动,为高精尖产业发展和高科技企业成长构筑可持续生态。三方将本着资源共享、互惠互利、立足长远、合作共赢的原则,依托市科技创新基金、北京科技创新投资管理有限公司在科技创新领域的广泛布局,充分发挥海淀区科技创新资源禀赋,共建长效联系机制,围绕基金合作、项目投资、行业研究及评审尽调等多个维度开展战略合作,加快构建市、区政府引导基金协同体系,助力全国科技创新中心建设。

(程晓荷)

【中关村集成电路设计园产业服务平台启动】11月27日,中关村集成电路设计园产业服务平台(IC-PARK ISP)正式启动,中关村海淀园管委会常务副主任林剑华等出席活动。中关村集成电路设计园产业投资部部长董璐介绍了产业服务平台。"一平台"指IC-PARK产业服务平台,线上和线下相结合,聚合50多家专业服务机构。"三节点"指通过人才节点、孵化节点和投融资节点为IC设计企业全生命周期的关键业务助力。每一节点均有实体一一对应。

(孙树昆)

【49个项目获国家科技奖励】2019年度,国家科技奖励共评出296个项目。海淀驻区单位(第一完成单位)主持完成的项目有49项获得国家科学技术奖(通用项目),占市通用项目获奖总数的69%,占全国通用项目获奖总数的20.5%。其中,获国家自然科学奖12项,占市自然科学奖通用项目总数的

66.7%，占全国自然科学奖通用项目总数的26.1%。获国家技术发明奖10项，占市国家技术发明奖通用项目获奖总数的66.7%，占全国国家技术发明奖通用项目总数的26.1%，其中，由北京航空航天大学张军主持完成的复杂机场高精度飞行校验技术及装备项目获2019年度国家技术发明一等奖。获国家科技进步奖27项，占北京市国家科技进步奖通用项目总数的64.3%，占国家科技进步奖通用项目总数的20.5%，其中，由中国长江三峡集团有限公司主持完成的长江三峡枢纽工程项目获国家科学技术进步特等奖，由中国科学院半导体研究所主持完成的高光效长寿命半导体照明关键技术与产业化项目获国家科学技术进步一等奖。

（孙　猛）

【国家高新技术企业】年内，海淀区共受理国家高新技术企业认定材料3175家，其中重新认定1489家，重新认定率为46.9%（需要参加重新认定企业2687家），专家评审通过3141家，专家评审通过率达98.9%，最终通过科技部备案2979家。截至年底，海淀区国家高新技术企业数量累计达10448家。

（孙　猛）

【专利申请与授权情况分析】年内，海淀区专利申请量85975件，同比增长5%，占北京市的38%，其中发明专利申请量60094件，同比增长8.7%，占北京市的46.3%。专利授权量48778件，同比增长14.1%，占北京市的37%，其中发明专利授权量26779件，同比增长20%，占北京市的50.4%。PCT专利申请量2632件，占北京市的42.9%，居全市第一。有效发明专利拥有量131211件，占北京市的46.2%，较上年新增20639件。每万人发明专利拥有量突破400件，达405.3件，较去年同期增加了76.3件，是北京市每万人发明专利拥有量132件的3.1倍，是全国平均水平（13.3件）的约30.5倍。

（程晓荷）

【海淀园原始创新联合基金计划】年内，中关村海淀园原始创新联合基金规模维持在3120万元，新增疫苗和流行病学、智慧骨科等生物医药相关指南领域，支持领域包括机器人计算机视觉和智慧骨科等4个方向，共支持38家单位申报项目69项，支持金额3036万元。

（孙　猛）

【加入国家区域创新发展联合基金】年内，中关村海淀园联合市基金委、开发区签署合作协议，加入国家自然科学基金区域创新发展联合基金（北京），该基金连续3年支持额度每年1500万元，是对海淀区进行基础科学研究和原始创新等工作的有力支持。

（孙　猛）

【重大科技项目与平台建设专项】年内，新设立重大科技项目和平台建设专项，鼓励企业参与或主持国家和北京市重大科技计划，支持企业承接建设科技创新平台，并对获得国家或北京市科技奖的机构给予奖励。中关村海淀园共支持机构67家，支持金额3120万元。深入实施了“科技创新2030”重大项目和国家实验室建设，继续支持北京量子科学研究院建设。

（孙　猛）

【支持高校院所内部转化机制创新】年内，依托国家和北京市围绕成果转化不断出台的各项激励政策，支持北京大学、清华大学、中国科学院等高校院所建立技术转移中心，连续5年给予经费支持，并在北大设立3000万元的成果转化孵育基金。聚焦科技成果转化“最初一步”，与市科委合作设立中关村前孵化创新中心，同时出台概念验证支持计划，已在北航设立首个高校概念验证中心，年内计划设立5个验证中心，并面向社会征集验证项目，对基础研究成果转化为应用技术和产品的阶段给予支持。与中国科学院合作设立中科海淀创新综合体，成批导入中科院硬科技成果转化项目。

（程晓荷）

【支持高校院所建立资源整合机制】年内，支持清华工研院、北京协同创新研究院探索新路。支持清华工研院设立荷塘探索等基金，同时在医药健康产业发挥平台作用，建立全球健康药物研发中心、国际医疗机器人创新中心。支持北京协同创新研究院建立跨高校院所的资源整合机制，5年间累计立项159项，已完成转化116项，转化率超过70%；累计新成立高科技企业47家，预建设综合性国家技术创新中心。

（程晓荷）

【建设中关村协同创新服务平台】年内，中关村协同创新服务平台新增创新驿站11家，新增协同创新券项目182个，累计促成创新服务交易约1.9亿元。促进中小微企业与高校院所、社会机构等开展产、学、研合作，降低中小微企业的研发投入压力，提升区域自主创新能力。截至年底，中关村协同创新服务平台累计促成创新服务交易约 5.8 亿元。创新驿站数量达到 63 家。

（程晓荷）

【实施研发倍增计划】 年内，为鼓励企业加大研发投入，完善研发费用补贴专项政策，中关村海淀园采用知识产权评议的方法分级分档给企业进行奖励，共支持企业 171 家，支持金额 1.821 亿元。

（孙　猛）

【协同创新券平台建设】 年内，协同创新券平台共有 24 家服务机构为 78 家企业的 144 个项目提供服务，新增 30 名创新导师、12 家服务机构和 284 家会员单位，科技成果 15 项，与 2 家孵化器达成了合作。平台注册会员 103 家，补贴金额 1159.52 万元。

（孙　猛）

【多途径开展高新技术企业认定辅导】 年内，借助海淀园、高企协官方公众号、产业园区、联盟协会等各类媒介广泛宣传国家科技创新政策和对高新技术企业的扶持政策，交流高新技术企业认定工作经验；实地走访以中小型企业为代表的 100 余家企业，深入解决中小型企业申报的核心困难和疑问，开展了 30 场小型座谈及专题培训会，动员了 600 余家小微企业参与高新申报；举办 9 场大型政策及实操培训，累计培训达 1800 余人次，与清华同方孵化器、玉泉慧谷产业园、中关村壹号、中关村集成电路产业园等众创空间展开培训辅导上门服务 8 场，累计参会人数达 600 余人。

（孙　猛　程晓荷）

【海淀区上市、挂牌存量企业 922 家】 年内，海淀区存量上市（挂牌）企业 922 家，境内外上市公司 219 家（境内 145 家，境外 74 家）、新三板挂牌企业 493 家、四板（不含孵化板）挂牌企业 210 家。其中，海淀区存量境内 A 股上市公司 145 家，占全市（346 家）的 42%，占全国（3759 家）的 4%；存量新三板挂牌企业 493 家，占全市（1171 家）的 42%，占全国（8884 家）的 6%；创新层企业 51 家，占全市（98 家）的 52%，占全国（667 家）的 8%；存量四板（不含孵化板）挂牌企业 210 家，占全市（477 家）的 44%。

（程晓荷）

【知识产权服务体系建设政策】 年内，为加强知识产权政策引导，实施了涵盖知识产权创造、运用、保护、服务和管理全链条共计 13 项具体支持政策，专项支持金额共计 17190.61 万元。新增 3 项知识产权专项政策：一是海淀区高价值专利培育运营中心建设专项，发挥海淀区企业、高校院所等创新资源集中的优势，围绕海淀区战略性新兴产业和特色优势产业，建立高价值专利培育运营中心；二是高校院所专利运营办公室建设专项，支持北大、清华等 16 家驻区高校院所推进激活知识产权运营，支持高校院所科技成果转移转化服务水平和能力提升；三是知识产权托管服务专项，有效提高中小微企业的知识产权意识与服务能力，在产业园区及孵化器中开展了针对中小企业的知识产权托管服务。依托优质的知识产权服务机构，为产业园区及孵化器内的 200 余家中小微企业提供全方位的知识产权创造、运用、保护和管理服务。

（程晓荷）

【知识产权服务业资金支持的专项】 年内，海淀区知识产权服务业资金支持的专项包括以下 5 个方面。促进知识产权服务业发展专项：支持 12 个项目，支持总额 438 万元。国外授权专利资助专项：给予支持单位 48 家，支持金额共计 2359 万元。托管服务专项：支持单位 3 家，支持总金额 130 万元，通过该专项推进小微企业知识产权托管服务，为产业园区及孵化器内的 200 余家中小微企业提供全方位的知识产权创造、运用、保护和管理服务。专利奖配套奖励专项：支持单位 12 家，金额 668 万元。高校院所专利运营办公室建设专项：支持北大、清华等 16 家驻区高校院所推进激活知识产权运营，支持高校院所科技成果转移转化服务水平和能力提升，其中高校 7 家、科研院所 9 家，金额 750 万元。

（程晓荷）

【知识产权质押贷款】 年内，海淀区知识产权质押融资成本补贴专项支持项目数 96 项，同比增长 14.3%，政府贴息补贴金额 3396.22 万元，涉及融资金额超 14 亿元，同比增长 36.6%。

（程晓荷）

【“智融宝”项目发展迅速】 年内，“智融宝”已为海淀项目实现放款 55 个，放款总额 2.338 亿元，同比增长 70%。该项目是 2016 年推出的国内首个纯知识产权质押贷款创新产品，已运行 4 年。

（程晓荷）

【建设知识产权一条街】 年内，为推进知识产权服务业集聚发展，在中关村及学院路地带重点建设知识产权一条街。以中关村知识产权大厦为基点，汇聚了1000多家知识产权服务机构在海淀区发展，初步构建了知识产权多元服务体系。截至年底，海淀区的专利代理机构数量达239家(不含国防)，占全国的11%。年内对4家知识产权服务机构进行房租补贴。

(程晓荷)

【拓展知识产权海外维权援助基地】年内，为积极推进国际交流合作基地建设，与日本知名知识产权服务机构对接，签订合作备忘录，搭建日本知识产权维权援助站点，为走向日本市场的区域企业提供当地知识产权咨询、维权援助等服务。截至年底，已分别在英国、美国、法国、德国、芬兰、意大利、日本等国家搭建了9个知识产权海外维权援助站点，为区域企业走向国际市场提供了良好的海外知识产权维权援助网络。同时，依托海外知识产权维权援助站点举办了数十场知识产权国际交流培训活动，增强了区域企业海外知识产权维权援助及知识产权海外风险防控能力，助力企业海外布局。

(程晓荷)

【年度标准化措施与成果】年内，围绕智能制造、大数据、集成电路、新材料等优势主导产业领域，制定标准化支持专项，支持多主体联合开展标准制定，引导各类创新主体探索标准化与科技创新融合的模式。对于制定和修订符合核心区重点产业领域的国际、国家、行业标准的牵头单位及主要参与单位给予专项资金支持。2019年，对60家企业的170项标准(包括国际标准29项、国家标准99项、行业标准42项)给予945万元资金支持。

(李　鑫)

丰台区

【概述】2019年3月，根据《北京市丰台区机构改革方案》，丰台区科学技术委员会负责组建丰台区科学技术和信息化局(简称丰台区科信局)，加挂“丰台区大数据管理局”牌子。丰台区科信局班子编制为一正三副。其职能主要是负责做好丰台区科技创新、信息化及大数据等管理工作。丰台区市场监督管理局加挂“丰台区知识产权局”牌子。

2019年，丰台区紧紧围绕北京全国科技创新中心建设、区域信息化建设和大数据工作，真抓实干，主动作为，各项工作取得明显成效。技术合同成交额突破1000亿元，在北京市排名第3；区国家高新技术企业保有量1550家，居北京市第3；应用场景建设走在北京市前列，中关村丰台园西一区海绵城市项目和丰台创新中心建设项目被北京市纳入2019年首批10个市级应用场景建设项目；应急安防研发试验共享平台项目、智能列车仿真测试试验公共平台项目获得北京市2019年度市、区两级重大关键任务科技支撑专项立项；社会信用体系建设重点任务完成情况和综合信用指数监测2项考核从全市排名第13位跃居第1位，丰台区科技创新及信息化和大数据工作为丰台区年度工作上台阶提供了可靠有力的支撑。

(赵　军)

【第三十六届丰台区学生科技节闭幕】1月3日，以“筑梦航天、开创未来”为主题的第三十六届丰台区学生科技节闭幕式在北京十二中钱学森学校举行。中国运载火箭技术研究院首席技能专家、中华全国总工会副主席高凤林，中国运载火箭技术研究院“长征二号丙”火箭总指挥马惠廷，少年梦想系列卫星总设计师龚万骢，市教委和丰台区教委、区科委、区科协有关领导及丰台区200多名师生参加闭幕式。闭幕式通过视频回顾了本届学生科技节所呈现的科普活动、科技竞赛、科技教师培训、航天科技教育新成果。活动设立了优秀组织奖、特殊贡献奖、优秀科技教师等奖项，为表现突出的学校和教师代表颁发了奖杯或证书。8名优秀学员代表上台领取了课题结业证书，并分享了参与课题研究的小故事。《苍穹下的梦想》科普剧、配乐无人机编队表演、科技嘉年华活动让学生们流连忘返。

（赵　军）

【丰台区内 3 个项目获 2018 年度国家科学技术奖】 1 月 8 日，2018 年度国家科学技术奖在京揭晓，共评出 285 个项目（人选）。其中，国家自然科学奖 38 项、国家技术发明奖 67 项、国家科学技术进步奖 173 项。北京主持完成的 69 项成果获国家科学技术奖，其中一等奖 6 项、二等奖 63 项，占全国通用项目获奖总数的 30.8%。丰台区有 3 家企业参与的项目获奖：北京海鑫科金高科技股份有限公司参与的大人群指掌纹高精度识别技术及应用项目获得国家技术发明奖二等奖；北京中机联供非晶科技股份有限公司参与的国产非晶带材在电力系统中的应用开发及工程化项目获得国家科技进步奖二等奖；北京汉能华科技股份有限公司参与的风电装备变转速稀疏诊断技术项目获得国家技术发明奖二等奖。

（赵　军）

【丰台区 18 个项目获 2018 年度北京市科学技术奖】 3 月 1 日北京市科学技术奖励大会召开，全市 212 项成果荣获 2018 年度北京市科学技术奖，其中一等奖 24 项、二等奖 58 项、三等奖 130 项。丰台区获奖 18 项，包括一等奖 2 项、二等奖 5 项、三等奖 11 项。其中，交控科技股份有限公司等企业的项目获一等奖；通号城市轨道交通技术有限公司等企业的项目获二等奖；北京吉视汇通科技有限责任公司、北京当升材料科技股份有限公司等企业的项目获三等奖。这些成果服务创新型国家建设，面向国际前沿热点领域，支撑经济高质量发展，全面提升了全国科技创新中心的引领性和影响力。

（赵　军）

【完成国庆相关任务】 3 月 26 日，丰台区受领“美丽中国”的大型展览展示等国庆相关任务。10 月，高标准完成相关任务。一是完成了国庆庆典有关任务，10 月 1—5 日，在北京园博园举办主题为“美丽中国”的大型展览展示，接待游客约 1.3 万人次；二是完成国庆期间的通信保障工作，全面部署，全天值守，圆满完成国庆期间全区重点区域和重大活动的通信保障工作。

（赵　军）

【2019 年丰台科技活动周举办】 5 月 22 日，2019 年丰台科技活动周启动仪式在丰台科技园区华夏幸福创新中心举办。本次科技周活动由丰台区科信局、丰台区委宣传部、丰台区科协联合主办，400 多名群众参加活动。主场活动由丰台区科信局局长张永梅主持，副区长周新春在启动仪式上讲话。本届科技活动周以“科技强国 科普惠民”为主题，围绕科技成果展示、科普互动体验、民生科普宣传 3 个板块，综合发布会、科普剧、展览展示、路演融资大会等形式多样的科普活动，充分展现丰台区的科技创新成就与科普惠民成果，让更多的群众参与到全民科技活动周中，更好地弘扬科学精神、普及科技知识。

（赵　军）

【创新成果与投融路演活动举办】 5 月 24 日，作为 2019 年北京丰台科技活动周的活动之一，一场以“科技强国 科普惠民”为主题，围绕丰台科技创新成果与金融对接投融路演的活动在丰台园黑钻石众创空间举办。此次参与路演的 5 家企业代表通过路演形式介绍了企业融资需求。5 家企业既有把室内空气检测作为切入点的新型公司，也有面向石油、天然气行业的传统企业。投融资路演活动邀请多家知名投资机构、银行、基金公司等参加。

（赵　军）

【竹海科技跨境孵化北京市国际科技合作基地获认定】 7 月 5 日，由丰台区内北京斯坦福科技孵化器有限公司建设的竹海科技跨境孵化北京市国际科技合作基地被市科委认定为 2018 年度北京市国际科技合作基地，成为丰台区面向国际科技前沿、具有一定科技研发与合作能力的创新平台。

（赵　军）

【到中关村参观】 7 月 19 日，丰台区科信局组织局机关、区科技企业孵化器、国企、驻区央企和民营企业的代表对位于海淀区中关村核心区域的中关村智造大街、Plug and Play（PNP）中国总部、启迪之星和创客总部进行了参观。此次参观以适应社会经济结构转型升级为背景，以吸引、接纳高校院所科技成果在丰台转化落地为目标、以探索丰台区双创工作提质增效之路为前景，选择了在创新型生态链社区、投资型全球科技创新生态平台、国内线下孵化器创业覆盖网络、产业链服务和天使投资等方面具有代表性的创业服务机构，以参观和座谈的形式展开。通过参观和座谈，让参观人员在科技成果转化、创业服务机构赢利模式、搭建创业生态链覆盖网络和入孵企业毕业标准等方面有了全新的认识，也让大家意识到要积极适应当前经济形势发展的需要，结合企业自身特点，主动寻找合作伙伴，对自己所涉猎行业的前景有一个合理的预判。

（赵　军）

【接待十堰贫困学生游学活动】7月30日，丰台区科技馆迎来了区对口支援单位——湖北省十堰市张湾区的36名师生。这是他们第一次来北京，第一次走进丰台区科技馆。同学们首先观看了《宇宙少年侦探团》的天象表演，然后走进科技制作室体验手工制作。同学们体验了清华大学学生科普作品展示基地的意念赛车和无弦琴，还体验了数字科技馆，参观了展厅。

（赵　军）

【2019年丰台区软件正版化工作部署】8月15日，丰台区使用正版软件工作联席会议办公室在丽维赛德酒店组织召开了2019年丰台区软件正版化工作部署推进培训会，103家区政府机关单位代表，25家区卫生健康系统行政直属单位、公立医疗相关单位代表，6家区属国有企业代表，共计150人参会。会议传达学习了关于2019年北京市软件正版化建设的总体工作要求，梳理总结了2018年全区软件正版化工作取得的成果和存在的不足，明确了各政府机关单位、区卫生健康系统行政直属单位、公立医疗相关单位、区属国有企业2019年软件正版化重点工作任务、责任目标、完成时限、评分办法。

（赵　军）

【设立联合轨道交通重点产业基金】8月16日，丰台区政府与市科委共同设立1000万元的北京市自然科学基金—丰台轨道交通前沿研究联合基金，旨在通过前沿技术研究带动产业共性技术研发和项目的落地，从源头打通科技成果转化全链条，探索一条从基础研究到应用研究、技术研发无缝衔接的科技成果培育、转化、产业化的新路径。年内完成项目征集工作，共征集来自北京交通大学、北京工业大学、清华大学、北京航空航天大学等17家单位提交的74个项目。

（赵　军）

【清华i创社研学之旅活动开展】10月11日，丰台科技馆组织丰台区小井小学的学生走进清华大学基础工业训练中心（iCenter），开展了一场清华i创社研学之旅。清华大学教授、创客导师刘娟蕾为学生讲授“清华一堂课”，让学生当了一天“清华学子”。研学之旅从参观了解清华大学基础工业训练中心的发展历史开始。为了让每一位学生都能近距离参观体验，iCenter派出了3位讲解员，分3队带领同学们参观了3D打印实验室、激光加工实验室、车削实验室、表面贴装技术实验室、数字化能力发展中心等基础工业实验室。

（赵　军）

【政务外网使用】10月25日，丰台区科信局在丽维赛德酒店组织召开政务外网二期、三期收尾工程验收和政务外网使用培训会。丰台区9个委办局、17个街乡镇、施工单位及工程监理单位相关工作负责人共计60人参加了本次会议。为全面完成丰台区电子政务外网二期、三期工程验收收尾工作，进一步理顺政务外网报修和维护机制，普及政务网络相关知识而召开本次培训会议。本次会议的召开为全区政务网络安全稳定运行提供了保障。

（赵　军）

【开展“直上银河”天文科普讲座】11月12日，丰台科技馆开展的“直上银河”天文科普系列讲座走进北京小学万年花城分校，特邀中国科学院国家天文台张磊带领该校五、六年级的近300名师生一起去探索宇宙的奥秘。此次讲座让同学们对宇宙有了深刻的了解，增添了学生对天文的认识和兴趣。

（赵　军）

【“诚信建设万里行”主题宣传部署】11月15日，区社会信用体系建设联席会议办公室在丰体时代大厦组织召开了2019年丰台区“诚信建设万里行”工作任务部署会，丰台区教委、丰台区社会工委民政局、丰台区商务局、丰台区科技园区管委会、丰台区融媒体中心、马家堡街道办事处、丰台区科信局相关科室社会信用体系建设专职负责人，共计16人参加了本次会议。本次会议研讨细化了区“诚信建设万里行”主题宣传活动工作方案，部署明确了各相关联席会议成员单位的工作任务、责任目标、完成时限。会议的召开为丰台区2019年“诚信建设万里行”主题宣传活动的有序开展提供了保障。

（赵　军）

【“信用中国（北京丰台）”网站培训召开】11月18日，丰台区社会信用体系建设联席会议办公室在圣地苑宾馆组织召开了“信用中国（北京丰台）”网站培训会议，丰台区社会信用体系建设联席会议办公室的47家成员单位、21家街乡镇信用工作负责人，共计93人参加本次会议。区社会信用体系建设联席会议办公室（科信局）副局长李洪海对网站建设背景、意义和工作进行阐述和部署；北京数知信用有限公司负责人对网站进行整体介绍，对网站使用方法进行培训及现场答疑。

（赵　军）

【“诚信建设万里行”宣传活动举办】11 月 20 日，信用“进社区”启动仪式在区马家堡街道戏曲文化中心小剧场举办。丰台区社会信用体系建设联席会议办公室把信用建设作为推动“放管服”改革、完善社会治理、提升治理能力的重要抓手和优化营商环境的重要举措。本次活动以“诚信万里行，丰台在行动”为宣传主题，以培育和践行社会主义核心价值观为根本，以褒奖诚信为重点，旨在增强百姓知信、用信、守信的意识，提高城市诚信水平，打造“诚信丰台”靓丽名片。2019 年丰台区“诚信建设万里行”主题宣传系列活动本周正式拉开帷幕，主题宣传活动包括信用“进社区”、信用“进商圈”、信用“进园区”、信用“进企业”、信用“进校园”。

（赵　军）

【区内 2 家孵化器获国家级科技企业孵化器资格】11 月 25 日，科技部火炬中心发布 2019 年度国家级科技企业孵化器公示名单，北京市有 6 家企业上榜，其中丰台区内 2 家：北京搜宝创展科技孵化器有限责任公司和京卫惟科生物科技孵化（北京）有限公司。2016 年年底，丰台区科信局为适应“大众创业万众创新”的发展需求，修订了孵化器、众创空间认定和支持办法，对孵化器行业加强工作指导、加大政策支持引导、培育优质孵化机构。自实施支持政策 3 年多以来，全区新增国家级科技企业孵化器 5 家、国家级众创空间 8 家。截至当前，全区科技企业孵化创新联盟成员已经达到 46 家，其中国家级科技企业孵化器 9 家、国家级众创空间 8 家，为丰台区创新创业生态体系建设打下良好基础。

（赵　军）

【区技术创新与生产力促进中心获年度服务贡献奖】11 月 28 日，丰台区技术创新与生产力促进中心受邀参加全国第十二届寰宇生产力论坛大会。来自海峡两岸暨香港澳门的 72 家生产力促进中心、近百家企业出席。会议依据《国家科学技术奖励条例》和《中国生产力促进中心协会全国“生产力促进奖”奖励条例》的有关规定，评选出 2018 年度全国“生产力促进奖”的获奖单位和个人，旨在表彰先进、树立典型，进一步调动广大工作者的积极性和创造性。在此次会议，丰台区技术创新与生产力促进中心被授予“全国生产力服务贡献奖”，中心的王浩被授予“服务精英奖”。丰台区技术创新与生产力促进中心成立于 1999 年，是丰台区科信局管辖事业单位，是科技部认定的国家级示范生产力促进中心，2013 年起连续荣获中国生产力协会颁发的服务贡献奖。

（赵　军）

【“科创 30 条”政策解读会】12 月 13 日，丰台区科信局联合市科委政策法规处举办了北京市“科创 30 条”政策解读会，邀请市科委政策起草组成员讲解了“科创 30 条”的制定背景、主要内容和主要亮点。丰台区委组织部、丰台区委宣传部、丰台区发展改革委、中关村丰台园区管委会等 13 家相关委办局以及区内重点科技企业、科技孵化器、众创空间等的近 200 人参加了解读会。

（赵　军）

【轨道交通联合基金资助项目发布】12 月 16 日，北京市自然科学基金—丰台轨道交通前沿研究联合基金（简称轨道交通联合基金）发布 2019 年项目资助目录，共有 4 个项目获重点研究专题资助、20 个项目获前沿项目资助，资助总经费达 975 万元。轨道交通联合基金设立于 2019 年 8 月，是在北京市自然科学基金—交控科技轨道交通联合基金的基础上增资扩大而来。轨道交通联合基金合作期为 2019—2023 年，合作主体为市基金委与丰台区政府，合作期内丰台区政府提供的经费不低于市基金委投入的 4 倍。北京市基金委的项目经费来自于市财政拨款，首年出资 200 万元。丰台区提供的经费由区政府及区内参与企业共同出资构成，其中区政府每年提供经费不少于 500 万元，参与企业每年提供经费不少于 300 万元。为鼓励丰台区轨道交通企业加入，丰台区政府与后续参与企业按 1∶1 比例配套出资。2019 年，轨道交通联合基金资助项目类型为重点研究专题项目和前沿项目，其中重点研究专题项目单项资助强度不超过 100 万元；前沿项目单项资助强度不超过 30 万元。项目实施周期均不超过 3 年。2019 年，项目申请期内共接收项目申请 74 项。来自北京航空航天大学的“多场景下列车编队协同控制理论与方法”、北京邮电大学的“基于 5G 的列车可信定位理论方法研究与原型验证”等项目获得重点研究专题资助。北京交通大学的“全自动运行系统中的自动化信任研究”、北京科技大学的“面向列车维修的双向路网多 AGV 协同调度方法”等项目获前沿项目资助。

（赵　军）

石景山区

【概述】2019 年 3 月，根据《北京市石景山区机构改革实施方案》，石景山区进行机构改革，石景山区科学技术委员会（简称石景山区科委）不再与中关村科技园区石景山园管委会合署办公。按照新“三定”，石景山区科委主要职责：负责贯彻落实国家创新驱动发展战略和国家、北京市关于科技工作方面的法律、法规、规章和政策；负责全区科技规划、计划的制订实施，科技项目的申报管理，负责本区高新技术产业发展及产业化工作，负责区域创新体系的搭建、科学普及等。石景山区市场监督管理局，加挂“石景山区知识产权局”牌子。

年内，石景山区科委围绕促进应用场景建设和科技服务业发展等重点领域，完成牵头主责的市绩效 2 项任务、市折子工程 2 项任务，区折子工程 5 项任务等；修订并发布最新版《石景山区科技计划项目（课题）管理办法（修订）》。区内新增航天测控国家地方联合工程研究中心，软件融合应用与测试验证工信部实验室等 3 家国家级创新基地。拥有国家级创新基地 19 家，各类市级创新基地 78 家。石景山区围绕科技冬奥园区、智慧社区建设、智慧教育服务平台、“智能 +”康养服务与产业发展等领域梳理 27 项应用场景，39 项新技术新产品供应，形成 21 个重点对接项目。年内，全区共有 279 家企业被认定为国家高新技术企业，165 家企业通过科技型中小企业评价；全区技术合同交易 2784 项，交易金额 101 亿元，较去年同期增长 22.2%。

（耿　璐）

【北京城市大数据研究院成立】1 月 28 日，由石景山区政府、中国电子科技集团有限责任公司、太极计算机股份有限公司、北京东土科技有限公司、北京百分点信息科技有限公司共同发起成立的北京城市大数据研究院在石景山区揭牌成立。研究院采用“1 + 3 + N”建设模式，一个核心是指一个一体化大数据开放创新平台，这个平台将接入北京石景山地区 60 余个委办局的数据资源，有效整合社会数据资源，方便民众、企业和科研机构使用，放大数据资源效益。三大支撑是指以“创新产业联盟”“创新引导基金”“科创孵化平台”作为研究院三大支撑。N 类成果是指研究院将面向城市治理、公共服务、新兴产业等方面产生多项成果，充分服务社会。通过这种模式，创新力量将被最大化调动，创新思维将被最大限度激发，创新设想将以最快速度实现。

（市科委宣传与科普处）

【创新企业政策培训会举办】4 月 24 日，石景山区科委、石景山区税务局、园区管委会联合在石景山创新平台举办创新企业政策培训会。100 余家企业参加培训。培训内容包括小微企业减税降费新政、高新技术企业认定、技术合同登记、首都科技条件平台和创新券、中关村高新认定等。

（崔　欣）

【科学计划立项评审会】5 月 13—20 日，石景山区科委召开 2019 年度石景山区科学计划立项评审会，来自清华大学、北京大学、中国科学院、北京理工大学、会计师事务所等的 21 名专家对 74 项申报材料进行专业评审，确定建议立项名单。74 个项目分为经济发展类和社会发展类，涉及人工智能、金融科技、数字创意、大数据、移动通信、虚拟现实、节能环保、医疗卫生、新能源等领域。

（崔海霞）

【赴河北顺平县开展精准扶贫对接】5 月 22 日，石景山区科委携电科院、华为石景山部人员共同赴河北顺平县开展精准扶贫对接工作，察看扶贫项目。双方对 2019 年在西南蒲村继续投资建设一座花卉大棚项目达成一致意见。

（盛丽霞）

【石景山科技周主场活动举办】5 月 23—27 日，由石景山区科委主办、石景山区科技馆和北京尚德博瑞国际管理咨询有限公司承办的 2019 年石景山科技周主场活动在石景山区科技馆举行。科技周以“逐梦科技 智创未来”为主题。市民及广大青少年参展并体验。

（蔡真婷）

【工程研究中心建设】5 月 29 日，石景山区科委和北京航天测控技术有限公司就“装备全寿命周期状态监测与健康管理技术与应用国家地方联合工程研究中心”建设签订战略性合作框架协议。

（岳继华）

【政策辅导专题会举办】5 月 30 日，石景山区科委在石景山区科技馆报告厅举办政策辅导专题会。全区 50 余家创新型企业参加培训。培训内容包括高新技术企业认定辅导，技术合同登记辅导，市、区两级科技项目的政策和申报等。8 月 9 日，石景山区科委举办政策辅导专题会。全区 60 余家科技型企业参加培训。培训内容包括高新技术企业认定辅导、技术合同登记辅导、人才引进计划、新技术和新产品应用场景需求等。

（崔　欣　张　旭）

【应用场景建设项目征集工作启动】5 月，石景山区启动新技术新产品应用场景建设项目征集工作，在城市基础设施建设、运营及管理、产业发展、民生保障等领域发掘新技术和新产品（服务）的应用需求场景，推动前沿科技新技术和新产品应用。

（岳继华　王鹤乾）

【11 个项目纳入市科委科技服务业和人工智能产业重点跟进项目表】5 月，石景山区金融支付产品国际化检测平台、基于标准化直采和网络信息技术的新能源大数据云平台、高端检测仪器服务平台的建设与应用、全国一体化国家大数据中心（一期）、事故车智能定损云平台、侨梦苑 · 中关村智造园、北京工业互联网研究院开放服务平台、北京城市大数据研究院、中关村（首钢）人工智能创新应用产业园、基于光磁一体和人工智能关键技术的城市立体化管控安防平台研制及示范、图灵机器人操作系统（Turing OS）产品及服务等 11 个项目纳入市科委科技服务业和人工智能产业重点跟进项目表。

（胡　妍）

【重点实验室和工程技术研究中心绩效考评】5 月，市科委对 2011 年度和 2014 年度认定的市重点实验室和工程技术研究中心开展了绩效考评工作，位于石景山区的北方工业大学的北京市变截面辊弯成形工程技术研究中心、城市道路交通智能控制技术北京市重点实验室、固体微结构与性能北京市重点实验室和北京航天测控技术有限公司的高速交通工具智能诊断与健康管理北京市重点实验室均获得“良好”等级。

（王鹤乾）

【张木一行调研】6 月 14 日，科技部火炬中心副主任张木一行来到石景山区开展调研，市科委领导陪同调研。一行人参观了石景山区重点企业——航天测控公司自主研发的产品；围绕“科技冬奥”主题，参观了冬奥组委、首钢园区人工智能实验基地等。石景山区科委重点围绕做好加强智库建设、推进应用场景建设、推进科技服务业汇报了石景山区的科技创新工作。

（岳继华）

【高能物理研究所调研】7 月 2 日，驻石景山区科研机构中国科学院高能物理研究所副所长陈刚一行到石景山区科委进行工作沟通和调研。调研组参观了石景山区科普基地的相关展览、展示，听取了石景山区科委关于科技创新，产、学、研协同创新，科技人才和科普事业发展等整体情况介绍，并就原始创新基础研究、大科学装置建造与运行以及未来科技成果转化等方面进行了座谈交流。

（崔海霞）

【支持拓展应用场景建设供需对接】7 月 3 日，《石景山区支持拓展应用场景建设暂行办法》座谈交流会暨第一次供需对接会在区科技馆报告厅举办。市科委、石景山区发展改革委、石景山区城管、石景山区司法局、石景山区经信局等 14 家单位代表及驻区高校院所、驻区企业代表近 40 人参会。

（岳继华　王鹤乾）

【天津市河北区科技局来访】7 月 24 日，天津市河北区科技局局长周孜哲一行到石景山区科委就两地开展科技交流协作进行了深入座谈交流。北方工业大学、华为公司石景山部等驻区高校院所、科研机构、企业代表出席座谈会议并参与交流。

（崔海霞）

【第二批科技项目结题验收会议举办】8 月 29 日，石景山区科委召开 2018 年度第二批科技项目结题验收会议，来自北京大学、中国科学院大学、北方工业大学、首钢医院和市科学技术研究院的 5 名专家对移动通信网络多网协同节能系统等 8 个结题项目进行评议。

（崔海霞　岳继华）

【区科技计划项目(课题)管理办法修订】8月,为进一步规范和加强全区科技计划项目管理、优化区科技资源配置、完善科技计划管理运行机制,石景山区科委修订并发布了最新版《石景山区科技计划项目(课题)管理办法(修订)》。

(崔海霞)

【区科技人才政策座谈交流会举办】9月19日,石景山区委组织部和石景山区科委在区科技馆联合组织召开了区科技人才政策座谈交流会,会议邀请了科技领军人才、科技新星、“百千万人才”、“长城学者”、创业服务机构代表、智库和产业园运营机构代表等近20人参加。

(崔海霞)

【第四届中国创新挑战赛需求集中发布】9月20日,由科技部火炬中心主办、创业公社承办的第四届中国创新挑战赛需求集中发布活动在首钢侨梦苑举办。承办第四届挑战赛的地方科技主管部门、承办单位、部分需求企业、潜在挑战团队、科技服务机构及新闻媒体代表共100余人参加发布会 。第四届中国创新挑战赛是由科技部指导、科技部火炬中心联合18个省区市的25个地方共同承办,主要面向企业技术创新需求、区域产业(行业)关键技术需求和国家(区域)战略重点需求,通过“揭榜比拼”方式,面向社会公开征集解决方案的创新众包服务活动。

(岳继华)

【区全国科普日特别活动举办】9月20—21日,石景山区科委、石景山区科技馆开展了“飞扬多彩科学梦、欢庆建国70年”石景山科学嘉年华暨2019全国科普日特别活动。来自石景山古城二小分校的几百名师生、周边的百余名家庭参与了嘉年华活动。

(盛丽霞)

【科普工作者能力素质提升培训班举办】9月24日,石景山区科委举办石景山区2019年科普工作者能力素质提升培训班,来自区科普工作联席会议成员单位、区内科普基地及科普社区的科普工作者及中小学校的科技教师近40人参加培训。中国科学院科学家演讲团、心理研究所的专家分别以《创新创意、从我做起》《认识自己》为题做报告,专家们从创客教育与重点人群科学传播的方法、策略,科技创新成果与便民化科普资源的转化,心理学理论前沿研究、传播方式等角度,诠释科技创新与科学普及两翼发展的先进理念与做法。

(杨晶晶)

【新增2家市众创空间】9月,打造“国家级+市级+创新型孵化器”相结合的专业化、国际化、市场化的孵化服务体系,为区内创业孵化机构定制“创业促进精准服务包”,侨创空间获得市科委创新创业服务机构建设促进专项立项支持,新增中欧科技创新中心、启迪之星(石景山)2家北京市众创空间。全区共有国家级、市级众创空间和孵化器等创业孵化服务机构15家,全区从事创业服务的机构近30家。

(王鹤乾)

【牵头举办“文创繁荣”展览展示】10月1—7日,石景山区科委牵头举办的“文创繁荣”展览展示活动在北京国际雕塑公园开展。展览以迈向中国特色社会主义新时代为主线,展示中华人民共和国成立70周年、改革开放40年来的文化艺术成就,特别突出展现党的十八大以来中国文化创意事业与产业的发展成果。

(孟宪然)

【政务开放日活动举办】10月24日,石景山区科委组织了一场以“科技创新担使命,助推发展勇作为”为主题的科技创新专题政务开放日活动。此次活动邀请了区人大代表、政协委员,科技企业、创业孵化机构、科普教育基地等的30余位代表参加。

(赵楚然)

【智能康复辅具研发与成果转化基地共建协议签署】10月25日,石景山区政府与中国科学院电工研究所签署战略合作框架协议,在北京市康复辅助器具产业园共建智能康复辅具研发与成果转化基地。框架协议的签署,有助于推动康复辅助器具核心技术和关键技术创新,促进创新成果转化、产业项目落地,形成产、学、研、用联动的研发与成果转化服务体系,引领康复辅助器具产业融合创新发展。智能康复辅具研发与成果转化基地是围绕康复辅助器具产业技术与产品创新的需求,搭建涵盖技术研发、成果转化、检验检测、示范应用各个环节的公共服务平台。

(胡　妍)

【5G技术走进校园主题活动举办】10月31日,石景山区科委联合北方工业大学在工大文化会堂举办5G技术走进校园主题活动。邀请工信部科学技术司原副司长张新生和国家特聘专家李万林为师

生们做主题为“对 5G 的认知”“5G 与无人驾驶”的专题报告，数百名北方工大师生参加活动。

（王鹤乾）

【区内企业被认定为北京市设计创新中心】11 月，经资格审查、专家评审，市科委公示了 2019 年度北京市设计创新中心名单，区内北京盛世顺景文化传媒有限公司被认定为 2019 年度北京市设计创新中心。

（高嘉璐）

【区内单位 4 人获国家杰青资助】11 月，国家自然科学基金委员会正式公布了 2019 年国家杰青资助项目名单，中国科学院高能物理研究所研究员石伟群和贾宇、中国科学院大学教授林晓和黄辉 4 人获得资助。

（王鹤乾）

【科普知识讲座走进军营】12 月 13 日，石景山区科委开展科普知识讲座走进军营活动。特邀数知云信息技术有限公司刘英华总工程师围绕“大数据和智慧城市”这一主题，讲授大数据技术、产品以及区块链应用等内容。

（盛丽霞）

【《石景山区促进应用场景建设加快创新发展的支持办法》发布】12 月 20 日，石景山区科技创新政策发布会暨石景山区应用场景建设工作推进会在新首钢园区召开，会上发布了《石景山区促进应用场景建设加快创新发展的支持办法》，每年设立 5000 万元的科技创新专项资金，并公布了石景山区首批应用 7 个场景项目名单。

（赵楚然）

【虚拟现实重点企业应用场景供需座谈】12 月 25 日，石景山区科委联合市科委组织召开虚拟现实重点企业应用场景供需座谈会。中国动漫集团、达瓦未来、红色地标、灵瞳智能、威沃世界、触幻科技、枭龙防务等虚拟现实重点企业参会，围绕教育、医疗、公共服务等领域的应用场景需求，与石景山区教委、石景山区卫健委、石景山区委党校、石景山区文旅局等单位进行交流。

（胡　妍）

门头沟区

【概述】2019 年 3 月，根据《北京市门头沟区机构改革方案》，将门头沟区科学技术委员会（简称门头沟区科委）、门头沟区经济和信息化委员会的职责整合，组建门头沟区科学技术和信息化局（简称门头沟区科信局），作为门头沟区政府工作部门。门头沟区科学技术委员会不再保留门头沟区知识产权局牌子，将知识产权管理职责划入区市场监督管理局。将信息化推进、网络安全协调等职责划入区委安全和信息化委员会办公室。门头沟区科信局下设办公室、技术创新促进科、发展规划科、产业和信息化管理科。

2019 年，门头沟区科信局完成三大科学城与门头沟区对接，推进石龙五期规划与土地腾退工作。完成由市政府向科技部致函“由门头沟区申报议程创新示范区的流程”，不断探索可持续发展路径。积极提升生态承载和生态农业技术创新能力，在深山区种植推广藜麦 20 公顷，着力打造王平试验种植基地，开展特色品种驯化移栽，成功引种杨梅、油蟠桃、明星杏、库车小白杏、美国西梅、皮尔曼石榴等。以服务企业、服务群众为宗旨，积极优化营商环境，强化首都科技条件平台建设，整合科技资源，促进科研成果落地，积极推动高精尖重点项目落地工作。建设科普教育示范基地和科普体验厅，定期开展形式多样的科普宣传惠民活动，推进“科普进军营”系列拥军活动。截至 2019 年年底，全区高新技术企业 479 家，其中电子信息领域占 56%，高技术服务领域占 16.6%，先进制造与自动化领域占 11.9%，资源与环境领域占 5.2%，新能源及节能领域占 3.6%，生物与新医药领域占 4.4%，新材料领域占 1.9%，航空航天领域占 0.4%。2019 年，全区技术合同登记171项,技术交易成交额17亿元。

(苏宇生)

【一对一服务企业技术合同认定登记】1月9日,门头沟区科委副主任高同雨带队深入北京新锐得环保科技有限公司调研,通过与新锐得负责人座谈,了解企业的科技需求,向企业介绍了技术合同登记的相关政策和科技创新券的使用政策,并对新锐得未来工作的开展提出建设性意见。

(苏宇生)

【民企送锦旗感谢科技助力】1月29日,门头沟区科委收到由区内国家高新技术企业北京七芯中创科技有限公司送来印有"科学领导,助力民企"字样的锦旗。这面锦旗表达了区内企业对门头沟区科委服务区内高精尖企业、提升区域营商环境的充分肯定。七芯中创首次申报市级科技项目,为确保企业顺利申报成功,门头沟区科委相关工作人员与企业一同组织申报材料,填报市级绿色通道系统,根据以往工作经验细致指导企业填写申报"实施方案"。2018年8月,七芯中创通过市科委组织的2018年绿色通道专项申报答辩会,最终课题成功立项,企业获得市级科技经费300万元,带动企业自筹研发经费450万元,这笔经费的投入大大缓解了企业产品研发过程中的资金困难。预计可为企业新增产值3000万元以上,为门头沟区贡献各类税收800万元以上。

(苏宇生)

【生态保护红线区生态监管技术集成与示范项目验收】1月,市科委绿色通道专项项目——门头沟区生态保护红线区生态监管技术集成与示范完成验收。项目实施2年,被列为市委、市政府重点工作及区县应急项目。为了实现生态保护红线区的有效监管,该项目建立了北京市门头沟区生态保护红线区生态监管平台,总投入998.86万元。本项目创新点在于以门头沟区为示范区,提出对于生态红线保护区生态功能提升具有重要作用的关键生态修复技术,制定门头沟区关键生态修复技术集成手册,为类似区域生态修复技术的推广提供借鉴。首次建立集分区生态监测、生态功能评估、生态资产核算、生态修复技术集成查询于一体的门头沟区生态保护红线区生态监管平台。本项目成果为北京市红线监管及平台建设提供了参考。生态修复技术集成手册填补了京津冀区域生态修复技术集成空白,而且该监测方法体系为类似地区的生态监测提供了借鉴,完善了生态监测的方法与指标体系。

(苏宇生)

【加盟科技创新服务战略联盟】3月20日,为使科技资源供需对接更加精准有效,首都科技条件平台门头沟工作站加盟市科学技术研究院研发实验服务基地科技创新服务战略联盟。门头沟工作站将自觉履行好联盟的职责和义务,以提升首都科技条件平台科技需求对接服务的精准度和服务效果,以实际行动落实北京市优化营商环境政策"9+N"2.0版等要求。

(苏宇生)

【优化区域营商环境知识产权培训举办】3月21日,门头沟区科委(知识产权局)邀请市知识产权维权援助中心领导和北京国策方略知识产权研究院院长来门头沟进行优化区域营商环境知识产权培训,解读知识产权维权援助及企业知识产权战略管理与应用等内容,以塑造良好的营商环境,助力高质量发展。数十家企业的主要负责人或知识产权负责人参加。

(苏宇生)

【创新券宣讲会举办】4月23日,门头沟区科信局联合区税务局举办高新技术企业研发费加计扣除政策专项培训会。介绍了首都科技条件平台服务企业的方式、加盟条件平台的权利和义务、企业有效科技需求的范围、企业有效科技需求的解决办法与工作流程等。现场解答了企业申请、推荐和使用创新券的相关问题,并发放宣传材料200多份。参加此次培训会的200余人均为区内的高新技术企业、2019年参评科技型中小等企业的技术和财务负责人。

(苏宇生)

【中关村园区外高新技术企业年度统计完成】4月,门头沟区科信局完成中关村园区外高新技术企业年度统计。截至填报期结束,2018年度中关村园区外高新火炬统计,调查应参统企业141家,实际参统企业135家,填报率95.74%。2018年度中关村园区外国高新科技部火炬统计,参统企业营业收入合计116.67亿元,实际上缴税费总额3.04亿元,科研活动费用支出6.62亿元,9家企业营业收入超过2亿元以上。

(苏宇生)

【京郊山区采暖煤改综合技术研究与示范验收】4月,北京市科技计划课题——京郊山区采暖煤改综合技术研究与示范通过专家验收。该课题经费500万元，其中市科委资助100万元，区财政配套400万元。课题组通过技术集成，优化了太阳能采暖系统、空气源热泵和低温地板辐射末端最佳组合配置，构建了太阳能采暖系统+空气源热泵+低温地板辐射末端的采暖技术模式；结合信息化技术手段，形成了系统智慧最佳运行控制模式；技术模式在妙峰山镇岭角村得到了示范应用，完成岭角村124户民居清洁能源供暖改造示范。通过2个采暖期的系统运营数据监测，示范户采暖季在正常供暖情况下，室内温度在18℃以上，温度均衡稳定；整个采暖季总费用为电采暖的23.74%，系统的经济性十分显著，用户体验效果好，不需要更多的操作，具有更好的采暖舒适度，更适合山区农村老龄居民的生活需求，具有极好的推广价值。

（苏宇生）

【多个区科技专项立项】4月，区科技专项“痕量灌溉及纳米气泡增氧系统在羊肚菌种植中的应用与示范”成功立项，本课题区科技专项支持30万元；区科技专项“鸡心果新品种种植推广示范”成功立项，本课题区科技专项支持20万元；区科技专项“军庄镇军庄村黑果花楸新品种种植推广和示范园建设”成功立项，本课题区科技专项支持30万元；区科技专项“门头沟区西马各庄村美丽乡村智能民宿示范”成功立项，本课题区科技专项支持30万元；区科技专项“门头沟山地果树绿色生态栽培技术研究与示范——精细化管理研究”成功立项，本课题区科技专项支持28万元；区科技专项“北京山地热带景观植物杨梅引种试验示范”和“北京山地油蟠桃新品种引种试验示范”成功立项，2个课题区科技专项共支持32万元；区科技专项“新型气调库建设及储藏保鲜技术应用示范（京白梨）”和“新型气调库建设及储藏保鲜技术应用示范”成功立项，2个课题区科技专项支持共80万元。

（苏宇生）

【绿色通道专项征集上报】5月22日，经门头沟区政府批准，正式向市科委推荐“门头沟科创智能公共服务平台建设”和“德山M-Lab生物医药技术服务平台新建项目”2个项目，在全区开展为高精尖产业发展提供服务的硬件平台建设。2019年度市、区两级重大关键任务科技支撑专项推荐工作顺利完成。

（苏宇生）

【技术合同认定登记培训会举行】5月29日，为帮助科技企业了解技术合同登记的相关政策，提高企业技术合同登记的效率，门头沟区科信局组织全区20余家企业40余名相关人员开展培训。培训围绕技术合同认定登记实务、技术合同网上登记系统进行了详细演示和讲解，就企业如何申请和使用首都创新券进行了介绍。

（苏宇生）

【张兴胜到门头沟区科信局调研】6月4日，门头沟区副区长张兴胜到门头沟区科信局调研，在听取了门头沟区科信局领导班子的工作汇报后，对门头沟区科信局新班子的建设表示肯定，希望进一步提升班子凝聚力，进一步增强改革创新意识，着力加强全区科技创新和经济信息化工作统筹力度，努力开创工作新局面。他提出4点要求：一是高精尖产业培育要有新格局，二是企业服务要有新高度，三是军民融合要有新落实，四是信用体系要有新突破。

（苏宇生）

【“百进千”对接会举办】6月6日，门头沟区科信局首都科技条件平台门头沟工作站举办了2019年度百家重点实验室进千家企业（简称“百进千”）对接会。向参会企业播放首都科技条件平台门头沟工作站服务企业创新创业发展的视频宣传片，介绍工作站的主要工作职能、主要工作任务及服务方式、服务路径、服务特色。重点讲解了新政策中的提高支持力度、取消定额限制、扩大支持范围、开展两项试点、强化风险防控等5大变化内容以及创新券申请、推荐、使用等环节的注意事项。各实验服务基地介绍了主要科技资源、服务内容、服务范围、服务特色以及与参会企业技术需求对接意向、对接成效和对接进展等，有效帮助企业对接科技资源、完善科技需求，促进企业创新发展。

（苏宇生）

【进站博士后卢佳楠开题汇报】6月14日，门头沟区科信局国家生态修复科技综合示范基地（博士后工作站）召开进站博士后卢佳楠的开题汇报。卢佳楠是博士后工作站第一位与企业联合培养的博士后研究人员，门头沟区科信局积极创新培养模式，在不增加政府财政支出的情况下，根据区高新企业需求量身定制在站博士的研究方向及内容，为区内企业精准输送科技人才，提供智力服务，改善营商环境，开拓人才引进的新思路。卢佳楠博士做了研究课题“新标准下烧结机烟气脱硫脱硝除尘工艺的研究与实践”的开题汇报。

（苏宇生）

【开展对口帮扶技术培训】7月9—10日，经与河北涿鹿县对接，门头沟区科信局组织扶贫工作组，特邀市林业果树科学研究院研究员张军科到涿鹿县栾庄乡开展苹果树管理技术专题培训。河北省涿鹿县委常委、副县长宋庆雷参加了专题培训活动。工作组来到栾庄乡苹果种植基地，实地察看了苹果树的长势，把脉会诊，开展现场教学。随后，培训课堂从田间地头搬到了栾庄乡小学，近百名建档立卡贫困户从果园生产现状、栽培模式与优缺点、乔化果树管理、矮化技术与管理、病虫害防控5个方面进行了系统的学习。

（苏宇生）

【区技术合同登记处通过检查】7月10日，北京技术市场管理办公室组织执法人员在国宜宾馆对门头沟区科委技术合同登记处2018年技术合同的登记情况进行执法检查。市技术市场管理办公室对全区登记处2018年度登记的8份合同、奖酬金单、财务自查情况以及5家新注册企业、登记信息表等相关文件进行细致的检查。通过此次检查，管理办领导对门头沟区技术合同登记处工作表示充分肯定，指出门头沟区科委技术合同登记处工作做到了“细致、规范”，希望今后在合同档案管理、合同内容表述方面严加管理。

（苏宇生）

【市科委领导调研可持续发展建设工作】7月11日，市科委副巡视员张虹一行前往斋堂镇马栏村就区可持续发展建设工作情况进行实地调研，区委常委、副区长张兴胜陪同前往。市、区两级领导在马栏村详细考察了门头沟区煤矿关停村落转型发展红色文化旅游线路示范项目的实施基础、建设进展以及今后设想，并实地调研潭王路边坡生态修复效果。随后，门头沟区科信局就门头沟区申报创建国家可持续发展议程创新示范区工作进度、下一步创建工作建议等方面进行了汇报。

（苏宇生）

【赴内蒙古察右后旗开展对口扶贫】7月15—19日，门头沟区科信局局长李世春、副局长高同雨携扶贫工作小组赴内蒙古察右后旗推动帮扶项目实施，开展技术培训，并研究深化帮扶工作。在详细了解察右后旗脱贫攻坚工作的开展情况后，门头沟区科信局就发挥自身优势进一步做好帮扶工作，与察右后旗政府相关部门展开交流。与察右后旗农牧和科技局、土牧尔台镇和菌种供应商签署协议；特邀河北省科学院微生物研究所研究员、保定市食用菌技术协会会长贾乾义为察右后旗100多名食用菌种植户进行了关于食用菌种植技术的培训。

（苏宇生）

【高新技术企业申报政策培训会举办】8月8日，门头沟区科信局积极联合区石龙管委，召开了高新技术企业申报政策培训会，会上就高新技术企业相关的政策、申报流程、申报条件、申报材料的准备等问题进行深入的讲解。特别针对上半年已报送企业出现的问题，以及本年度高新技术企业申报系统中调整部分的注意事项等做了有针对性的强调，对企业提出的材料准备中的疑点难点开展逐一解答，为企业申报提供帮助。

（苏宇生）

【参加2019年度科学技术奖提名工作启动会】8月9日，北京市2019年度科学技术奖提名工作启动会在京仪大酒店召开。门头沟区科信局参会人员学习了2018年北京市科技奖励工作情况及科技奖励制度改革情况，以及2019年度北京市科学技术奖提名工作的具体要求。

（苏宇生）

【农业科技园区申报工作培训会召开】8月21日，门头沟区科信局组织召开了市农业科技园区申报工作培训会，特邀市科委农村发展中心领导做培训讲解。通过对农业科技园区的形势发展与需求，推进一、二、三产业融合发展，四项功能、三大分区等方面的详细解读及对《北京市农业科技园区发展规划（2019—2025年）》和《北京市农业科技园区管理办法（试行）》的分析，各企业进一步了解了市农业科技园区的申报要求和重要意义，申报的积极性显著提高。

（苏宇生）

【“管家式”上门服务】9月2日，门头沟区科信局对钻时科技（北京）有限公司、北京剑江制衣集团和北京神鹫智能科技有限公司开展了“一企一策”上门走访工作。走访过程中，技术创新促进科和技术合同登记处的负责人员为企业认真解读了“一企一策”政策的内容和优势，详细记录了企业的意见与诉求，听取了企业在发展过程中遇到的困难，并与企业负责人对如何助力企业成长进行了探讨。门头沟区科信局结合高新技术企业认定、科技型中小企业评价及技术合同登记服务进行了综合宣讲。下一步,门头沟区科信局将结合自身职能进一步优化营商环境,全力做好服务保障工作,支持企业发展。

(苏宇生)

【开展北京市科技奖励政策宣讲】9月5日,通过中关村石龙园一周微课堂的政策宣讲平台,门头沟区科信局对园区内16家企业进行了北京市科技奖励政策的专项解读。从颁布背景、奖项设置、各奖项申报资格、提交材料要求等几方面详细讲解了《北京市科学技术奖励办法》的相关规定。除此之外,门头沟区科信局通过《京西时报》、微信公众号等刊登北京市科技奖励工作启动通知,同时在门头沟区政府网站和"首都之窗"门头沟区科信局政务信息公开栏张贴通知,通过政务服务系统向卫生、教育、军民融合领域行政主管部门推送OA通知。

(苏宇生)

【开展电子商务对口帮扶培训】10月22—25日,门头沟区科信局组织相关专业技术人员到内蒙古武川县、内蒙古察右后旗及河北省涿鹿县对口帮扶,开展电子商务培训。此次培训分3期,共对160余人进行相关技能培训,培训对象主要为该地区电子商务从业人员,种植创业者、从业者等。通过开展电子商务知识普及、电子商务实操技能培训,进一步提升培训学员在电子商务领域的开店流程、运营方法、防止网络诈骗等职业技能,提升培训人员的经营理念,开拓营销思路,提高专业知识、自主创业能力等。此次培训充分发挥了门头沟区科信局科技帮扶资源的带动作用,助力精准扶贫协作。

(苏宇生)

【全民体质健康科普体验厅验收】12月13日,门头沟区科信局组织专家召开门头沟区全民体质健康科普体验厅结题验收会。门头沟区全民体质健康科普体验厅位于绿岛社区龙鹏体育健身俱乐部内,建成面积约100平方米,包含测试体验区、指导示范区、科普书吧3个区域。体验厅购置相关设备设施9项;全年依托体验厅开展健康讲座6场,举办全民体质健康科普活动30场,辐射周边居民1000余人次。该体验厅的建成为周边居民提供了普及运动健康科学知识的新场所,满足了广大群众的实际需要。

(苏宇生)

【京白梨科普体验厅验收】12月13日,门头沟区科信局组织专家召开门头沟区妙峰山镇谷山村京白梨科普体验厅结题验收会。谷山村京白梨科普体验厅建成面积90平方米,配置科普展品6套、科普图书400套,并开发相关科普视频2套、食品安全知识交互系统1套。该体验厅的建成既能帮助本地区村民了解相关知识,也让外来游客在游玩、采摘的同时感知更丰富的关于京白梨的科普文化,让谷山村发挥促进经济发展、改善村民生活质量等方面的科普功能布局,推动科技成果惠及民生,还发挥其在提升公民素养方面的科普影响力。

(苏宇生)

【少年儿童体育竞技项目(足球)拓展夏令营验收】12月13日,门头沟区科信局组织专家召开门头沟区少年儿童体育竞技项目(足球)拓展夏令营项目结题验收会。通过开展拓展夏令营活动,在全区1所小学2所幼儿园中建立了4~12岁年龄段少年儿童体育竞技项目(足球)科普实践示范基地,夏令营活动中开展科普讲座16次,开展足球课外实践培训64次,为550名少年儿童进行了为期90天的足球培训授课活动。

(苏宇生)

【科普校园行活动验收】12月13日,门头沟区科信局组织专家召开"助冬奥,展未来,门头沟区冬奥有我"科普校园行活动结题验收会。活动联合区教委在全区10所中小学校开展以"助冬奥,展未来,门头沟区冬奥有我"为主题的科普校园行活动10场,参与总人数4380人次,受到社会各界的广泛关注。此次活动旨在让广大少年儿童感受真实的冬奥比赛项目,普及更多的冬奥知识,使全区少年儿童知晓冬奥、了解冬奥、助力冬奥,传播奥林匹克精神。

(苏宇生)

【2019年校园近视防控科普活动结题验收】12月13日,门头沟区科信局组织专家召开2019年校园近视防控科普活动结题验收会。本次活动在全区12所小学开展视力普查活动,筛查学生8840人,并为其建立视力健康档案。开展视力健康科普讲座30场次,参加人员达1000余人次;举办全国"爱眼日"大型主题活动,现场参与人数达500余人。

(苏宇生)

【高新技术企业申报】年内,门头沟区高新技术企业申报工作有序推进,全年共分4批开展申报,共计315家企业；已公示通过认定的企业262家，未通过认定和实地核查的共计53家。

（苏宇生）

【开展高精尖重点项目储备】年内，门头沟区科信局积极开展高精尖重点项目储备工作，截至10月，共征集上报项目42个，经市经信局审核，共有10个项目进入市高精尖产业重大项目库，项目涉及总投资11.9亿元。其中，在建项目6个，涉及总投资5.9亿元；手续办理项目1个，涉及总投资2亿元；在谈项目3个，涉及总投资4亿元。门头沟区科信局高度重视入库重点项目的跟踪调度工作，积极开展项目调研，建立起与项目主体的密切联系，及时掌握项目进度及落地过程中存在的问题，加强与市级、区级相关部门的沟通，协同推进重点项目的落地工作。

（苏宇生）

【门头沟区被确定为国家知识产权试点城市】年内，国家知识产权局确定了4个城区（西城区、延庆区、平谷区、门头沟区）为国家知识产权试点城市，建设周期为2019年6月至2022年6月。按照《国家知识产权试点、示范城市管理办法》（国知发管字〔2016〕87号），门头沟区自2018年8月起开展国家知识产权试点示范城市申报工作，原门头沟区科委（知识产权局）按照申报条件、申报程序、申报材料进行了申报工作。门头沟区试点特色主题为“强化知识产权保护”。下一步，门头沟区将按照《国务院关于新形势下加快知识产权强国建设的若干意见》和《“十三五”国家知识产权保护和运用规划》的部署，不断加大工作投入，持续强化知识产权工作，将知识产权试点示范工作纳入重要议事日程，建立健全工作领导和统筹协调机制，部署落实各项举措，确保试点示范工作取得实效，有力支撑知识产权强国建设。

（苏宇生）

【北京市农业科技园区推荐】年内，门头沟区科信局组织召开市农业科技园区申报工作培训会，并通过一对一回访，针对企业不同特点为企业解决申报工作中的困难。通过筛选，最终推荐报送农业科技园区7家，其中农产品产业5家、蜂产业1家、中药材产业1家。农业科技园区的申报是门头沟区落实全国科技创新中心建设的重要抓手，将引领带动全区现代农业发展，促进区域特色农产品产业升级和集聚，统筹推进科技、管理、品牌、商业模式等领域全面创新。

（苏宇生）

房山区

【概述】2019年3月，根据《北京市房山区机构改革方案》，房山区科学技术委员会（简称房山区科委）的知识产权管理职责划入房山区市场监督管理局；房山区科委知识产权与信息管理科更名为科技服务科，主要负责技术市场的管理、监督工作。

2019年，房山区科委紧紧围绕北京市建设全国科技创新中心重点工作和房山科技金融创新城建设目标，全力推进新时期房山区科技事业取得新进展、实现新突破。全面落实《北京加强全国科技创新中心建设重点任务2019年工作方案》，推进北航医工交叉创新研究院、奥特贝睿自动驾驶、航景创新工业无人机、北理工无人飞行器研发中心、方岱宁院士研究院、石墨烯种子企业孵化加速器、天仁道和、金朋达大机动靶机等一批高精尖项目实施。根据《房山区关于支持构建高精尖经济结构的实施意见》，落实政策兑现资金1978.76万元。稳步推进北京科技成果转化房山前孵化投资基金，基金累计投资、推动项目14个，累计认缴出资额9345万元。截至年底，全区国家高新技术企业542家，实现技术合同成交额9.5亿元，同比增长14.4%。

（李博伦）

【区科技企业融资项目路演活动举办】1月22日，

主题为“科技金融新时代 创新发展新房山”的房山区科技企业融资项目路演活动在北京高校大学生创业园(良乡园)举办。活动由房山区科委、首都科技条件平台房山工作站、房山区金融办、良乡高教园区管委会、北京基金小镇主办,房山区高企协、黑钻石文化传媒公司、北京大学创业训练营承办。30多家投资机构(银行)及房山区内 50 余家高新技术企业的近 150 位负责人莅临路演活动。北京派和智能装备技术有限公司、碳能科技(北京)有限公司、北京秋设科技有限责任公司、北京津航安全技术有限公司、北京中科纳泰生物科技有限公司等 11 家公司旗下的优质项目在活动现场进行了项目路演,其中有 3 家投资机构与企业达成了合作意向,并现场签署了投资意向书。

(李晓明)

【META 导盲机器人研发通过市科委验收】3 月 15 日,由达闼科技(北京)有限公司承担的市委、市政府重点工作及区级政府应急项目 META 导盲机器人研发课题通过市科委组织的专家验收。该课题经过 2 年时间,研制集成立体视觉、超声雷达、陀螺仪、电子罗盘等多种传感器的 META 导盲机器人 205 台,产品具备基于同步定位与建图、物体识别、人脸识别和自然语言交互等功能,从终端传感器数据采集到传输至云端算法处理再形成反馈指令给终端,整体时间平均延迟仅为 264 毫秒;构建了 META 导盲云端智能机器人平台,达到了支持至少 20 万台导盲机器人接入的能力;完成了室内外区域现场测试,优化了 META 导盲机器人在实际场景下的导航、识别交互能力;与房山区残联合作开展了示范应用,为 100 名盲人和低视力患者提供机器人导盲服务,从而为 META 导盲机器人产品向更多区域和更大规模的客户推广应用奠定了基础。

(王文伟)

【高速铁路跨度 40 米箱梁制造技术研究通过验收】3 月 27 日,由中铁十四局集团房桥有限公司承担的房山区科技计划重大课题——高速铁路跨度 40 米箱梁制造技术研究通过房山区科委组织的专家验收。该课题经过近 2 年的研究,完成了高速铁路 40 米足尺试验梁模板设计与制造、钢筋绑扎、混凝土浇筑、预应力张拉、管道压浆等预制工作,形成了成套的 40 米预制箱梁生产工艺,并研制了 40 米箱梁移动设备,制造了梁足尺综合实验台座,研发了预应力结构自平衡式静载试验台,实现了一键式自动加载,并提出了高速铁路 40 米梁静载试验方法。该课题对预应力自动张拉应用技术及 BIM 信息集成技术的研究提升了高铁箱梁制造的信息化水平。通过该课题研发,承担单位申报发明专利 12 项,实用新型专利 2 项,发表论文 3 篇,制定企业标准 1 项。投产建设 1 个梁场,实现产值 15054.44 万元,利润 312.5 万元,税收 1505.4 万元。该课题成果为高速铁路 40 米梁应用提供了技术支撑,促进了中国高速铁路简支梁桥建造技术的进步。

(王文伟)

【“百进千”对接会举办】4 月 25 日,由房山区科委、首都科技条件平台房山区工作站主办,首都科技条件平台生物医药领域中心、首都科技条件平台北京大学研发实验服务基地、首都科技条件平台清华大学研发实验服务基地共同参与的首都科技条件平台房山工作站“百进千”对接会在北京高校大学生创业园(良乡园)举行。对接会重点围绕高校科技服务资源、市医药健康产业发展规划及有关政策为参会企业进行了详细解读,并推介部分科技成果。参会企业代表对首都科技条件平台的科技资源以及首都科技创新券政策表现出浓厚的兴趣,踊跃与到会专家探讨交流。会议期间,北京生态岛科技有限责任公司与首都科技条件平台北大研发实验服务基地签署技术服务协议;北京航天恒丰科技股份有限公司与首都科技条件平台清华研发实验服务基地签约,双方共同建立微生物实验室;北京大学创业训练营房山基地分别与北京超电通科技有限公司、北京前卫科技有限公司签署落地协议。

(李晓明)

【互联网金融安全重点实验室北京实验基地落地房山区】4 月 28 日,互联网金融安全重点实验室北京实验基地落地房山区北京金融安全产业园。互联网金融安全重点实验室是中国目前唯一从事互联网金融安全研究的实验室,依托该实验室的研究成果,中国先后打造了包括国家互联网金融风险分析平台等多套国家级的金融监管技术平台,为全国互联网金融风险专项整治工作和打击非法金融活动提供了有力的技术支撑。互联网金融安全重点实验室北京实验基地由国家互联网应急中心、市地方金融监督管理局、房山区政府三方共同设立,将通过国家互联网金融风险分析技术平台和互联网金融安全技术重点实验室现有的技术与研究能力,有效地服务于市整体金融风险防范和金融监管工作。该基地的落地有利于房山区承接更多互联网金融安全功能，加快集聚金融科技产业，推动金融安全产业园和入园企业健康快速发展，进而推动房山区实现高质量发展。

（王文伟）

【房山区科技周活动举办】5月19—26日，房山区举办以“科技创新 强国富民”为主题的科技周活动。其间，全区各界积极投身科技活动中，开展科技进社区、进校园、进展馆、进基地等活动，通过科普宣传、科普咨询、科普讲座、科技游园等多种形式，引导全区公民树立创新意识、生态文明意识，培养青少年的创新实践能力。举行“我的祖国我的家、我的祖国我的梦——2019年房山青少年科技节”、云科普大讲堂、“2019房山科学小记者＋高校行”、科普研学、科普游园会等科普活动20场次，参加人数4000多人；开展科普展览8场次；举办科技周科技培训6期，1000多人次参加；发放科普资料1万多份。科技周活动受益群众达1万多人次。

（王文伟）

【许强到房山区调研星创天地】5月29日，市科委主任许强带队到房山区调研星创天地的建设情况，市科委副巡视员张虹陪同调研，房山区委副书记刘兵参加调研。许强一行调研了依托北京凯达恒业农业技术开发有限公司建立的未来食尚星创天地，听取了该公司负责人关于在内蒙古察右前旗投资建设现代化全自动薯条加工厂，带动当地5000余户马铃薯种植户脱贫致富情况的介绍；实地走访了依托北京农业职业学院建立的都市农职星创天地，参观了彩林示范园、绿色科技园和马术学院等学生实习实训基地。许强指出，未来房山区在星创天地的建设中，要进一步促进农民、村集体和企业、技术、信息、资本对接；要利用新媒体宣传好企业、好品牌，促进产品网络营销；要充分发挥科技特派员的作用，培训农民，壮大现代农业技术队伍，促进区域产业高质量发展。

（王文伟）

【京蒙扶贫协作（通辽）科技创新基地在房山建成】7月20日，京蒙扶贫协作（通辽）科技创新基地启动仪式在京举行。该基地位于房山区北京互联网金融安全示范产业园24号楼，楼宇办公区面积近3000平方米。企业办理入驻只需1小时。北京互联网金融安全示范产业园为该基地提供为期3年的免租金服务，让异地孵化、人才驿站、带土栽培、双招双营的创新扶贫模式通过京蒙扶贫协作通辽基地得以体现。启动仪式上，通辽市伍圆节能环保科技有限公司等4家首批入驻企业获得了注册登记证书。凯盛科技集团有限公司、北京佰林春光信息技术有限公司、北京码牛科技有限公司、深圳双平泰医疗科技有限公司、宜信普惠信息咨询（北京）有限公司、首农食品集团双桥农场、北京荷马金桥信息技术有限公司、中软国际教育集团等8家企业签订了合作意向书。

（房山信息网）

【时速200千米城际铁路列车制动闸片研制通过验收】8月7日，由北京天仁道和新材料有限公司承担的区科技计划重点课题——时速200千米城际铁路列车制动闸片研制经过2年的实施，完成了课题的各项研究任务和考核指标，通过了房山区科委组织的专家验收。该课题针对时速200千米城际列车的技术要求和装车需求开展了摩擦材料配方和制造工艺的优化、弹性元件设计及摩擦元件排布等方面的研究。研制出具有完全自主知识产权的时速200千米城际列车的制动闸片，试验数据满足时速200千米城际动车组的技术条件要求。为实现中国城际列车制动闸片的完全自主化、国产化，降低城际列车的运营成本，保证城际列车产业的战略安全，提升行业的整体技术水平提供了重要支撑。

（王文伟）

【驭势科技无人驾驶助力北京大兴国际机场】9月25日，作为北京大兴机场“智慧机场”建设的创新合作伙伴，驭势科技（北京）有限公司携无人接驳车、无人巡逻车2款车型在大兴机场正式通航日“落地”。驭势科技无人接驳车具备L4级无人驾驶能力，输入目的地即可实现自主规划行驶路径、自主驾驶、自主避障等功能，可用于机场摆渡，为旅客、工作人员提供短途接驳服务；驭势科技无人巡逻车可按照固定路线实现自主巡逻，支持机场智慧安防建设。

（驭势科技公众号）

【北京房山国家农业科技园区通过科技部验收】10月，科技部结合现场及视频答辩2次验收综合评分，通过北京房山国家农业科技园区验收。该园区作为科技部批准的第7批国家农业科技园区，规划建设期是2017—2019年。规划建设的核心是智慧农业和健康生态产业。园区核心区为位于房山区琉璃河镇的中国北京农业生态谷，总面积 1.72 万亩，重点建设"一场两园一镇"，即中粮智慧农场、健康生态科技园、电子商务园和智慧小镇。该园区在 3 年的规划建设中，以高端智能农业生产为基础，大力发展农产品加工、大健康产业、农产品商贸物流等延伸性产业，实现一、二、三产业融合发展，促进农业科研升级转化，推进农业供给侧结构性改革，同时创新农业业态，带动当地就业。其间，在智慧农业方面，应用了垂直农业、多层追光栽培等 7 项世界领先技术，以及温室全自动立体无土栽培、设施环境自动控制、智能化采收等 11 项国内领先技术和 9 项中国农科院专利技术，并实现落地转化，促进了房山区乃至中国农业技术的发展。在健康生态产业方面，完成了健康生态科技园建设一期工程，二期工程开始建设，已引进高新技术企业、龙头企业 10 余家，并与约 40 家龙头企业开展深度洽谈及合作，其中与药明康德、华大基因等 20 余家龙头企业签订战略合作协议，将共同打造生物医药、基因技术等领域的研发平台和北京生物医药高精尖产业高地。

（王文伟）

【2019 京津冀石墨烯大会在房山举行】 11 月 1 日，主题为"服务国家创新战略、加速科技成果转化"的 2019 京津冀石墨烯大会在房山区举行。本次大会由北京石墨烯产业创新中心、北京先进碳材料产业促进会携手浙江省石墨烯制造业创新中心、广东省石墨烯创新中心主办，中国石化燕山石化公司、北京石化新材料科技产业基地管理委员会、中国国际石墨烯资源产业联盟、北京大学创业训练营等单位联合承办。来自国内外的 700 余名石墨烯领域的著名学者、企业家参加会议。大会通过专家论坛、学术交流、参观考察等系列活动，探讨石墨烯前沿科技发展趋势、应用前景和产业化路径，展示 10 个省市 50 多家机构近 70 项石墨烯应用科技成果。本次大会成果丰硕，为房山区打造科技创新高地、助力北京科技创新中心建设和中国石墨烯产业健康发展提供了产业源动力。活动中，北京石墨烯产业创新中心种子孵化园正式启动，首批入驻园区的企业进行了集中签约、项目路演、考察参观等活动。同时，北京首家中英石墨烯成果孵化中心挂牌成立，该中心将借助北京市在人才、政策、资金等方面的优势，将国内外优秀石墨烯应用创新成果快速对接市场，推动京津冀高精尖产业协同发展，打造高精尖产业园区样板。

（房山信息网）

【中国移动与达闼科技签署战略合作协议】 11 月 15 日，中国移动集团有限公司与达闼科技（北京）有限公司签订战略合作协议，聚焦政、企客户，就 5G + AI + 智能服务机器人展开深度合作，从技术创新、渠道拓展、产业协作、资本投入等多个维度，深度优化 5G 环境下的云端智能机器人解决方案，探索创新应用场景，推动 5G 网络与云端智能机器人的产业融合，合力推动相关产业快速走向成熟。

（"达闼科技"微信公众号）

【2019 北京国际金融安全论坛在房山举办】 11 月 18 日，以"推进金融安全科技新发展"为主题的 2019 北京国际金融安全论坛在房山区开幕。论坛为期 2 天。来自政府部门、金融管理部门、金融行业协会、金融业、高校、企业的近 50 位国内外专家代表参与论坛，并就"全球化视角下的金融安全与中国金融改革""应对金融科技挑战 构建监管科技创新""金融科技重塑金融安全新生态""网络风险与金融安全""区块链与金融安全新技术前瞻""聚焦金融安全，打造有吸引力的特色金融聚集区"等热点议题展开研讨，共话金融安全与科技创新，探讨金融安全未来的发展方向，为中国和首都金融安全的发展提出前瞻性意见。

（房山信息网）

【5G 自动驾驶测试道路启动运营】 11 月 22 日，位于北京高端制造业基地的国内首条 5G 全覆盖的自动驾驶车辆测试道路首期测试路段正式对外开放。当日，京东物流集团开展智能物流测试。北京高端制造业基地管委会携手中国移动于 2018 年 9 月打造国内首个 5G 自动驾驶示范区，并开始建设首条 5G 全覆盖的自动驾驶车辆测试道路。同时，为推动 5G 与自动驾驶技术的发展与融合，房山区政府和中国移动联合发起 5G 自动驾驶联盟，率先将 5G 前沿通信技术应用于产业发展。目前，联盟成员单位已有 141 家，涵盖了高校、车企、通信、道路、互联网、新能源等多个行业。测试道路规划建设 11 条道路，由襄阳达安检测中心房山分公司运营。正式对外开放的首期工程测试路段全长 2.2 千米，共设 5G 基站 10 个、智能交通控制系统 4 套、车路协同（V2X）信息采集点位 32 个、智能感知设备 115 个，以 5G 车联网为应用场景，实现道路全覆盖。

（北京高端制造业基地）

【全国高校区块链大赛总决赛在房山区举办】11月30日—12月1日，由教育部高等学校计算机类专业教学指导委员会主办的2019年全国高校区块链大赛总决赛在房山区北京互联网金融安全示范产业园举行。本次大赛于5月15日正式启动，历时6个月，共有近200所院校的342支队伍近2000名师生报名参赛。参赛作品将区块链技术广泛应用在金融、教育、医药、交通、能源、安全、公益等领域，包含了区块链在数据共享、优化业务流程、降低成本、建设可信体制方面的作用。6个赛区共有20支队伍进入总决赛。最终，来自清华大学、武汉大学、中山大学、北京理工大学、暨南大学的5支队伍获得一等奖。

（房山信息网）

【北京金融安全产业园获奖】12月19日，北京金融安全产业园在2020中关村金融科技论坛暨第七届普惠金融论坛上荣获“2019年度金融科技产业服务奖”。入驻该产业园的慧安金科（北京）科技有限公司、北京阿尔山金融科技有限公司、北京梆梆安全科技有限公司、博雅正链（北京）科技有限公司成为“2019中关村金融科技30强”。成立于2015年6月的北京金融安全产业园位于房山区阎村镇，是京西南金融科技安全产业集群，在中国金融安全领域占据突出地位，在互联网金融、金融科技、国内外科技合作等方面有较大影响力。2019年，该产业园被国务院批准为全面推进北京市服务业扩大开放综合试点，被中国人民银行批准为北京市金融科技应用试点。该产业园已累计注册企业497家，常驻办公人员600余人，2019年实现税收6.5亿元。

（北京金融安全产业园）

【房山区现代农业产业园依靠科技显成效】年内，位于良乡镇的房山区现代农业产业园作为农业农村部批准建设的第二批国家级现代农业产业园，紧扣“功能蔬菜、康养园艺”的主题，积极推进农业产业集聚化发展，已建成50亩以上的功能蔬菜生产标准化基地11个，通过应用推广空间立体种植技术，生产生菜、穿心莲等各类优质蔬菜。这种先进的无土栽培模式提高了土地的利用率、产出率和收益率，丰富了功能蔬菜的种植业态；空间立体种植技术也使云计算、大数据、物联网和5G等多种信息技术在农业中得到综合应用，实现了更完备的信息化基础支撑、更透彻的农业信息感知、更集中的数据资源共享、更广泛的互联互通、更深入的智能控制、更贴心的公众服务，使园区绿色优质蔬菜的供应能力得到明显提升。另外，园区瞄准京津冀城市居民的旅游市场，将功能蔬菜与康养园艺有机结合，建成了300余亩的以科普展示、农事体验等功能为一体的良乡蔬艺园，为都市休闲农业的发展提供了产业载体，成为农民持续增收的新路径。

（王文伟）

【市、区联动培育创新动能】年内，房山区共争取科技部立项1项，支持国家科技经费2000万元；市科委立项22个课题，支持经费1913.5万元。组织实施区级科技计划专项，建立完善立项评审机制，坚持引入第三方专业服务机构开展针对性评价，择优支持重大科技项目以及创新培育项目课题21项，拨付安排区财政科技经费共计1100万元。其中，围绕新材料、智能装备制造、新一代信息技术、医药健康、新能源汽车等领域，经行业专家评审论证，择优组织立项重大项目课题6项、重点项目课题7项；围绕生态环境改善、城市建设与精细化管理提升等技术应用推广，经行业专家评审论证，择优支持创新培育项目课题8项。

（王文伟）

【技术市场呈现良好的发展态势】年内，房山区加强技术市场行政执法检查工作力度，严格落实《北京市技术市场条例》，共对18家企业的95份技术合同进行了检查，进一步维护了技术市场的稳定。全区共实现技术合同成交额9.5亿元，同比增长14.4%。

（王　勇　张　潇）

【房山区4家企业获批成为北京市企业科技研究开发机构】年内，达闼科技（北京）有限公司、北京金朋达航空科技有限公司、北京高盟新材料股份有限公司技术研发中心、北京金隅琉水环保科技有限公司等4家企业获批成为北京市企业科技研究开发机构。

（李晓明）

【房山区5家获批成为北京市众创空间】年内，北京燕星宇国际石化产品交易市场有限公司的燕星宇众创空间、北京智慧长阳文化产业基地的智慧长阳、光合优创（北京）科技企业孵化器有限公司的光合优创孵化器、北京商标品牌通网络科技中心（有限合伙）的商标品牌示范区、优享翠林（北京）物业管理有限公司的长阳共享际等5家众创空间获批成为北京市众创空间。

（李晓明）

【首都科技条件平台房山工作站平稳运行】 年内，依托首都科技条件平台，房山工作站以企业需求为导向，持续推进“一个工作站 + N 个科技服务示范点”的“一站多点”工作体系，深化积极探索、科技服务“区域深耕”模式，新发展成员单位32家，挖掘科技创新需求50项。针对汇集的科技创新需求，组织或参与首都科技条件平台相关领域中心、研发实验服务基地召开“百进千”“一对一”专场对接系列活动16次，促成企业与高校、科研院所达成合作协议或意向15项，为7家企业申请首都科技创新券支持109.71万元。

（李晓明）

通州区

【概述】 2019年3月，根据《北京市通州区机构改革方案》，通州区市场监督管理局加挂“区知识产权局”牌子。根据《关于调整北京市通州区科学技术委员会所属事业单位机构编制等有关事项的通知》，通州区科学技术委员会（简称通州区科委）所属的北京市通州区知识产权服务中心整建制划入通州区市场监督管理局。

2019年，通州区科委紧紧围绕全国科技创新中心和北京城市副中心定位，聚焦实施创新驱动发展战略，全面深化科技体制改革，不断优化营商环境，打造创新创业优良生态，科技服务质量明显提高，技术创新能力显著提升，科技对经济社会发展的支撑引领作用持续增强。立项实施区级科技创新项目62项，开展科技创新人才资助奖励工作，资助奖励科技创新人才项目90项；全区高新技术企业保有量达到1073家，技术合同成交总额达到213.6亿元；首都科技条件平台通州工作站成员单位153家，经市级认定的重点实验室、工程（技术）研究中心、科技研究开发机构等创新平台增至38家，国家、市、区级众创空间19家，市级科普体验厅11个，区级科普体验厅13个，全区科普基地达到23家。

（郭奇洋）

【区科普工作联席会议召开】 5月8日，2019年通州区科普工作联席会议召开，以播放宣传片的方式对2018年全区科普工作进行总结，安排部署2019年科普工作重点任务。2018年，通州区科普工作保障体系得到进一步完善；科普能力建设成效显著；科普活动丰富多彩；重点人群的科学素养明显提升；科普工作影响力进一步显现，科普事业发展环境进一步优化。2019年，全区科普工作要坚持“政府引导、社会参与、创新引领、共享发展”的工作方针，加强科普能力建设，推进基层科普活动场所建设，提升科普基地的服务水平，不断完善城市副中心的综合服务功能；创新方式方法，发挥大型品牌科普活动的示范带动作用，积极开展各领域和行业的特色科普活动，提升科普活动的质量和水平；构建现代传播体系，增强科普传播的互动性与娱乐性，提升公共安全科普的应急响应能力，营造良好的科普氛围，为北京城市副中心建设提供强有力的支撑与服务。

（崔伟侠）

【2019年通州区科技周活动启动】 5月23日，以“科技强国 科普惠民”为主题的2019年通州区科技周活动在运河文化广场正式启动。主场展示活动紧扣“科技创新、科技成果转化”主题，融展览展示、互动体验、科学表演、全民科普于一体。“科技创新”板块集中展示全区装备制造、民生医疗等领域的优新科技产品；“信息科技”板块集中展示智慧城市科技成果、5G传输应用、城市智慧管廊等智慧通州建设情况；“百味科普”板块通过35个互动展项传播人工智能、防灾减灾、航空航天、自然科学、新媒体等不同科技知识。辖区23家单位的200余项展示资源精彩纷呈，使公众体验了科技的魅力，

为广大群众提供了丰盛的科普大餐。

（李　牧）

【通州工作站“百进千”专场对接活动举办】 5月27日，由通州区科委主办的首都科技条件平台通州工作站“百进千”专场对接活动在通州举办，本次活动以“共享科技创新资源，服务科技成果转化”为主题，充分利用平台的科技资源，增强科技创新能力。

（燕　艳）

【通武廊科技创新成果对接活动举办】 7月18日，由通州区政府、北科院主办的以“协同创新京津冀开放共赢通武廊”为主题的通武廊科技创新成果对接活动在北京举行。活动由北京通州区科委、天津武清区科技局、河北廊坊市科技局以及北京对外科技交流中心共同承办。活动通过展览展示、主旨演讲、交流对接等形式，加速创新资源融通共享，推动通武廊科技成果转移转化。

（康连元）

【高新技术企业服务】 年内，受理高新技术企业申报材料372份，发放高新技术企业证书303份，高新技术企业达到1073家。

（温兴茂）

【首都科技条件平台通州工作站建设】 年内，首都科技条件平台通州工作站成员单位153家，聚集本区域内的科技需求52条，吸引条件平台内的科技成果在本区域落地2个，参加“百进千”活动2次，申请到创新券36.2万元。

（燕　艳）

【创新创业平台建设】 年内，经市级认定的重点实验室、工程（技术）研究中心、科技研究开发机构等创新平台增至38家；国家、市、区级众创空间19家；实施科技服务业促进专项，立项支持重点实验室、科技研发机构、科技孵化器、众创空间等科技服务机构项目共32项，支持资金1115万元。

（康连元　燕　艳）

【技术合同认定登记】 年内，深入企业开展技术合同认定登记方面的需求和存在问题的调研，挖掘未登记技术合同企业的技术性收入存量，开展面对面、有针对性的辅导服务6次，技术合同成交总额达到213.6亿元。

（温兴茂）

【通州区科普服务能力进一步提升】 年内，支持潞河中学天文科普教育资源、梨园学校科技教育园地、宋庄中学智慧校园科普资源建设，配置40余套科普设施、600余册科普图书、各类科普讲座40余场，进一步丰富了青少年科技教育的能力和水平；建成300平方米农业科普展厅，配置“中国土壤分布”“显微镜下的土壤世界”等科普设施和120余项生物标本，通过互动体验、新媒体等形式揭示农业中蕴含的自然科学原理，普及农耕文化；开展科普基地培育与能力提升，通过增设科普设施、布置科普展示沙盘、建设科普长廊、完善科普标牌等形式进一步丰富辖区科普服务的能力和水平。

（李　牧）

【立项实施区级科技创新项目62项】 年内，立项实施区级科技创新项目62项，重点围绕北京城市副中心建设及全区经济社会发展科技需求，组织凝练项目，为北京城市副中心的城市建设与管理、生态环境改善、高精尖产业发展、医疗卫生事业建设等方面提供有力的科技支撑。立项实施建筑固废再生骨料制备GRC装饰制品关键技术与应用、基于智慧消防的电气火灾监控平台的研究与应用等项目，开展电子信息、节能环保等技术在城市建设中的创新应用研究，推动云计算、大数据、新材料等先进技术与城市建设、社会治理的深度融合，提升城市运行效率、保障重点行业运行安全、提升风险防范与应对能力。立项实施北京乡土林木品种选育及工厂化繁育技术示范、毛白杨无性系种质资源收集及优良雄株选育与示范等项目，支持林业科技新产品、新技术的研发应用，推动森林城市建设。立项实施通州区海绵城市建设关键技术研发及适宜性技术评估、基于微纳米气泡技术智能化污水深度处理工艺的研究及示范等项目，开展污水提标排放、大气治理、废弃物资源化利用等技术开发和示范应用，促进环保产业快速发展。立项实施基于深度学习和多模自主导航的安全生产巡检机器人研究与产业化、生物类似药利拉鲁肽的临床前研究等项目，鼓励重点企业走高精尖技术攻关道路，依靠科技项目的带动，激发创新活力，逐渐形成一批创新能力强、市场竞争力突出的科技型企业。立项实施基于固定翼飞机的空中无线高清视音频信号中继系统的应用推广、大运河文化传奇等文化科技项目，强化文化领域具有自主知识产权的关键技术研发和集成创新，培育新兴文化产业。立项实施重磅大品种氯沙坦钾氢氯噻嗪片的人体生物等效性评价研究、静脉射频消融系统研发与应用等项目，提升通州生物医药特色产业技术水平，为构建高精尖经济结构提供科技支撑。立项实施中医药干预优势病种的综合研究、内分泌与免疫转化医学研究等项目，聚焦重点学科，在疾病预防、诊断、精准医疗等领域开展科研攻关，形成一批创新性成果并转化应用，提升医疗卫生事业的整体水平。

（张永浩）

【科技创新人才队伍建设】年内，实施 2019 年通州区海外高层次人才引进计划（即“灯塔计划”）和通州区高层次人才发展支持计划（即“运河计划”），即“两高”人才工程。建立“运河计划”科技领域初选平台，科技领域入选区 2019 年度“两高”人才“运河计划”45 人。开展科技创新人才资助奖励工作，资助奖励科技创新人才项目 90 项。

（康连元）

【科技政策法规宣传培训】年内，深入街道、企业、园区，广泛开展科技政策法规宣传、培训，组织科技政策培训 10 次，参训人员 500 余人次。培训内容主要包括科技创新支持、高新技术企业认定、技术合同认定登记、众创空间发展等方面的政策法规。

（康连元）

昌平区

【概述】2019 年 3 月，根据《北京市昌平区机构改革实施方案》，昌平区科学技术委员会（简称昌平区科委）的知识产权管理职责调整到新组建的昌平区市场监督管理局。昌平区市场监督管理局作为区政府工作部门，加挂“区知识产权局”牌子。

2019 年，昌平区科委以打造全球领先的技术创新高地为目标，以提高全民科学素养为己任，以提升科技服务能力为主线，重点围绕先进能源、医药健康、人工智能三大创新领域持续整合资源，鼓励创新，完善政策体系，加强全国科技创新中心重要承载区建设，充分发挥丰富的科技资源优势，提高原始创新和技术服务能力，加快科技成果转移转化，提升产业创新能力，推动创新型经济转型发展，积极融入京津冀协同发展大局，不断提高科技创新对昌平经济社会发展的支撑作用，推进科技创新中心“三城一区”建设，为创建国际一流的科教新区不懈努力。2019 年，昌平区累计受理高新技术企业申报 880 家，截至年底，昌平区高新技术企业 1952 家。昌平区技术合同成交金额 127 亿元，同比增长 15.4%。截至年底，全区入库科技型中小企业 502 家。2019 年，全区专利申请量 11762 件，专利授权量 6919 件。全区有效发明专利 10757 件，PCT 授权量 172 件。

（朱　迪）

【科普大讲堂活动开展】1 月 26 日，昌平区科委和中国中医药研究促进会昌平健康基地共同到城北街道南环里社区开展中医药健康科普大讲堂活动，并为社区居民义诊。200 余名社区居民参加了本次活动。此次活动邀请了昌平健康基地的中医专家为社区居民做了题为《冬季心脑血管疾病的紧急防治》的健康知识讲座，讲座从现实生活中人们的饮食习惯所导致的各种心脑血管疾病入手，讲解相关的防治措施及注意事项，指导居民们在日常生活中要尽量养成良好的生活习惯，快乐健康地生活。在活动现场，向社区居民发放了“敬先农，爱本草”中医科普宣传手册和医药急救包共 400 余份。

（朱　迪）

【昌平区科技周活动举办】5 月 19 日，昌平区科委、昌平区科协在未来科学城滨水公园南广场举办了北京科技周昌平区主场活动启动仪式。活动充分整合昌平区的科技资源，重点展示了一批高新技术成果及适合民众参与的科技活动展品，布置了 50 余个展台、100 余个科普展示项目，重点展示了天途航空无人机 VR 模拟技术、北京志恒达科技有限公司激光扫码追溯系统、火星人俱乐部科学创客、机器人编程等科普产品，展览直接受众 2000 余人，让公众充分了解昌平区在全国科技创新中心建设中的重要成果，促进公众理解科技创新对国家经济社会发展的重大意义。

（朱　迪）

【科普进社区】5月19—25日，北京科技周期间，区科委开展了以“科技强国 科普惠民”为主题的科普进社区系列宣传展示活动。活动先后在昌平区回龙观镇新村社区、北七家镇八仙别墅社区、霍营街道华龙苑北里社区、天南街道东苑第四社区、天北街道西二社区举行。活动通过科普知识讲座、科普演出、流动科普宣传展板展示、科技产品体验、科普知识现场讲解等方式，大力进行科普宣传，大力传播社会主义先进文化。系列活动共有350多块科普展板参展，30余家企业参展，发放科普小礼品300余份、环保袋60余个、科普宣传材料1800余份。

（朱　迪）

【昌平工作站“百进千”活动举办】5月30日，首都科技条件平台昌平工作站组织开展了“百进千”专题活动。北京科技大学研发实验服务基地、北京农学院研发实验服务基地、华北电力大学研发实验服务基地、昌平区计算机网络协会以及20余家企业的代表参加。

（朱　迪）

【区科普统计工作会召开】6月6日，昌平区科委召开2018年度昌平区科普统计工作会。根据科技部《关于开展2018年度全国科普统计的通知》精神和市科委科普统计工作的要求，为及时掌握昌平区科普资源概况、更好地监测昌平区科普工作质量，昌平区自6月6日—8月20日开展2018年度昌平区科普统计调查工作。会上传达了市科委的文件精神，明确了科普统计工作的重要性和必要性，并就科普统计调查表及在线填报和数据统计录入进行了细致的讲解示范，提出具体的在线填报要求，发放培训材料200余份。市科普基地，区各委办局、各镇（街）、各学校等82家单位负责科普统计的人员参加了本次会议。

（朱　迪）

【科技政策专题培训会举办】9月25日，昌平区科委联合区市场监督管理局（区知识产权局）组织召开昌平区科技政策专题培训会。此次培训会由昌平区发明协会、昌平区知识产权服务行业联盟承办。培训会统筹了科技、知识产权、税收等方面的政策，着重就国家高新技术企业认定政策及申报流程、技术市场优惠政策及合同登记流程、企业知识产权基础知识和战略布局、知识产权侵权诉讼和侵权抗辩、国际专利保护技巧、科技型企业税收减免等进行了详细的解读并现场答疑，200余家企业参会。

（朱　迪）

【科技骨干人才评选】10月，昌平区科委经过广泛调研和梳理，征求未来科学城管委会、中关村科技园区昌平园管委会等部门的意见，起草了《昌平区重点企业科技骨干人才评选工作方案》，该方案获得昌平区政府批准通过。昌平区科委依据该工作方案，经过单位推荐、资料审查、评选公示等程序，授予张磊、李杰等76人“2019年度昌平区重点企业科技骨干人才”荣誉称号，并于10月底完成证书发放工作。

（朱　迪）

【推荐市科学技术奖】年内，昌平区科委推荐2019年度北京市科学技术奖励成果奖励17项、人物奖励2项。其中，能源技术领域8项，先进制造与工业技术领域3项，生物医药领域2项，医疗卫生、环境资源、电子通信、计算机技术等领域4项。

（朱　迪）

【科普设施建设】年内，在15个社区建设科普电子视窗，在10所学校建立学生视力智能防控中心。防控中心主要是对学生从前期视力普查、近视预防，中期近视干预、近视治疗到后期长期跟踪监控、视力健康监控，做到早发现、早干预，形成视力防控体系闭环。

（朱　迪）

【小微企业创新创业科技服务平台建设】年内，为整合昌平区科技资源，深入了解昌平区科技型企业的科技成果，昌平区科委启动建设小微企业创新创业科技服务平台，并已完成了昌平区小微企业基本情况数据及知识产权数据的上链工作，总计收录企业基本信息、专利、商标、软件著作权等数据信息20万条。

（朱　迪）

【组织知识产权培训】年内，昌平区科委组织3场知识产权专题培训，培训人员达100余人，新培育知识产权试点企业30家。培训主要围绕关键材料、新型能源、重大装备及信息服务等国家支柱行业，指导企业制定知识产权战略，提高企业管理和经营知识产权的能力。

（朱　迪）

【科技服务行业联盟筹备工作会召开】年内，科技服务行业联盟筹备工作会召开，将原来的知识产权服务业行业联盟拓展到全科技服务行业范围，新引进优秀知识产权服务机构 3 家。

（朱　迪）

【知识产权知识宣传】 年内，在“4 · 26”世界知识产权日、保护知识产权宣传周、科技周等活动期间，采用发放宣传材料、组织知识产权培训班、利用新闻媒体开展报道及组织知识产权长走活动等形式，宣传普及知识产权知识，发放宣传品 1200 余份。

（朱　迪）

顺义区

【概述】 2019 年 3 月，根据《北京市顺义区机构改革方案》和《北京市顺义区机构改革实施方案》，顺义区科学技术委员会（简称顺义区科委）不再保留顺义区知识产权职能，与顺义区市场监督管理局就知识产权有关事宜交接。起草顺义区科委三定方案，顺义区知识产权服务中心更名为北京市顺义区科技成果转化服务中心，为顺义区科委所属正科级公益一级事业单位。改革后的顺义区科委，内设办公室和综合业务科，有 3 家所属事业单位——科技馆、生产力促进中心和科技成果转化服务中心。

2019 年，顺义区科委统筹推进加快科技创新和构建高精尖经济结构重点工作任务，区域科技创新工作取得一定成绩。出台《顺义区加快科技创新促进科技成果转化实施细则》《顺义区专利促进与保护实施细则》《顺义区知识产权质押贷款风险处置资金池管理办法》，制订《顺义区国家高新技术企业倍增三年行动计划》，推动形成“大企业支撑、创新企业繁荣”的发展格局，全年高新技术企业数达到 1147 家。按照“增大户、保老户、促新户”的工作原则，坚持“走出去、送政策、强服务”的工作理念，促进科技成果转化。依托首都科技条件平台，顺义工作站在全市绩效考核中排名第一，顺义经验在全市推广。依托市科技成果转化统筹协调与服务平台，促成多家企业与高校院所对接。

（付建平）

【2019 中国天使创投潮白论坛召开】 1 月 12 日，“开放共赢 拥抱未来——2019 中国天使创投潮白论坛暨中国青年天使会第六届年度峰会”在顺义区召开。该峰会由顺义区政府、中国青年天使会主办，顺义区科委等单位协办。顺义区区长孙军民致辞，支现伟、郑晓博等区领导出席会议。论坛聚焦发展新能源智能汽车、新材料、智能装备三大创新型产业集群，推动制造业集聚化、智能化、服务化；聚焦构建临空经济、产业金融、商务会展、文创旅游四大现代服务业发展，推动服务业持续向国际化、高端化；塑造智能制造产业生态，构建产品、装备、生产方式、管理服务等全流程智能制造体系。

（付建平）

【区科技成果转化平台建设工作座谈会召开】 1 月 12 日，顺义区科委顺义区科技成果转化平台建设工作座谈会召开。清华大学、北京理工大学、北京航空航天大学、北京师范大学、中科院空天信息研究院、首都医科大学 6 家高校院所负责人参加。会上，顺义区科委副调研员贺丹丹围绕《顺义区促进高精尖产业发展实施意见》，详细解读了科技创新、成果转化和专利促进与保护等多项实施细则，就项目的申报条件和资助标准等向与会人员做了说明。强调要从吃透政策、搭建平台、做好服务 3 个方面发挥科委的职能作用，与各个高校院所建立紧密的沟通机制，专人负责，争取每个高校院所有 1 ~ 2 个项目能够落地转化，推动平台建设取得实效。

（付建平）

【7 家单位荣获市科学技术奖】 3 月 1 日，北京市科学技术奖励大会暨 2019 年全国科技创新中心建设工作会议召开，北京市科学技术奖揭晓。全区共有 7 家单位获奖，其中航天星图科技（北京）有限公司参与的“国家多源遥感数据高精度智能处理与应用

新技术”，北京汽车研究总院有限公司牵头、北京汽车集团有限公司越野车分公司参与的“BJ40 系列轻型越野汽车的研发及应用”，北京北一机床股份有限公司参与的“高精超大尺度重型车铣复合机床精准制造关键技术及应用”3 个项目荣获北京科学技术奖一等奖。

（付建平）

【研发机构政策宣讲及交流座谈会召开】3 月 21 日，顺义区科委召开顺义区研发机构政策宣讲及交流座谈会。市技术市场管理办公室及顺义区科委相关领导，特种功能防水材料国家重点实验室、市核电先进堆型焊接与监测工程技术研究中心、北京中卓时代消防装备科技有限公司研发中心等 20 余家科研机构负责人及科研人员参加会议。

（付建平）

【“北斗院士专家进校园”活动举办】4 月 23 日，顺义区科委开展第十届中国卫星导航年会“北斗院士专家进校园”活动。本届导航年会组委会成立科普教育组，由顺义区科委、顺义区科协、顺义区教委、顺义区融媒体中心 4 家单位共同肩负起开展本届导航年会卫星应用科普系列活动的责任，旨在进一步扩大年会的影响力，广泛宣传北斗科普知识、弘扬科学精神，提高全民科学素质。此次活动选取北京城市学院、北京工业大学耿丹学院、首都医科大学燕京医学院 3 所大学和顺义一中、牛栏山一中 2 所中学开展，为学生们普及北斗卫星的产业应用和技术发展前沿、北斗卫星导航系统的建设与应用。此次活动成为中国卫星导航年会的特色板块之一。

（付建平）

【科技政策宣讲会召开】5 月 7—8 日、10 月 28—29 日，顺义区科委面向全区先后两次召开科技政策宣讲会，各委办局中心，各镇、功能区及科技企业代表参加。宣讲会内容覆盖技术合同登记、高新技术企业认定、科技研究开发机构、科技型中小企业、首都科技条件平台及创新券等相关政策，以及全新的应用场景建设工作内容。

（付建平）

【区人大代表视察】5 月 23 日，顺义区人大常委会副主任赵殿江一行视察全区《中华人民共和国促进科技成果转化法》落实情况，实地走访中科星图、中科睿芯等企业了解科技成果转化工作进展。

（付建平）

【“百进千”对接会召开】6 月 13 日，顺义区科委生产力促进中心举办首都科技条件平台顺义工作站 2019 年“百进千”对接会，市科委相关领导，北京科技大学研发试验服务基地、能源环保领域中心、新材料领域中心专家及顺义区相关企业代表参加对接会。

（付建平）

【暑期科普季活动举办】7 月 16 日，以“科技创新引领未来智慧北斗领航梦想”为主题的 2019 年顺义区暑期科普季活动在顺义区科委数字科普展示馆拉开帷幕。此次科普季活动从 7 月 16 日持续至 19 日，活动内容包括北斗导航科技知识普及、实验体验、科学思维、模型建构等，旨在为学生构建一个以“体验、合作、实践”为目标，以“开放、整合、趣味”为特征的综合性、拓展性、探究性的实践课程，形成爱科学、讲科学、学科学、用科学的科技新风尚。全区 100 名小学生参加科普季启动仪式。

（付建平）

【科技服务领域专办工作会召开】7 月 30 日，顺义区副区长支现伟组织召开顺义区服务业扩大开放科技服务领域专班工作会，对全区科技服务领域工作开展提出 3 点要求：一要深刻认识服务业在国民经济中的重要地位，充分发挥科技服务业在项目引进入区中的促进作用，与服务业扩大开放有机融合；二要注重加强与市级部门沟通，探索创新工作路径，寻求政策整合和突破；三要以项目为抓手，把握市、区、镇各级项目信息，摸清需求，建立台账，分级管理，拓宽对接渠道；四要确定专职领导及具体工作负责人，做好服务。

（付建平）

【顺义科技三项费项目启动会召开】8 月 14 日，顺义区科委组织召开 2019 年顺义区科技三项费项目启动会。2019 年顺义区科技三项费项目于 5 月 14 日面向区内科技企业征集，共征集项目 118 项，经过形式审查、专家评审、公开公示，择优支持项目 39 项，支持方向包括高精尖产业、社会建设、城市管理、生态环境、医药健康、现代农业等领域，支持金额共计 800 余万元。

（付建平）

【2019 年全民健康生活方式日宣传活动举办】8 月 29 日，由顺义区卫健委、顺义区科委、顺义区科协、顺义区光明街道办事处联合主办的 2019 年全民健康生活方式日宣传活动暨顺义区第三届防跌倒毛巾操展演活动在裕龙一区花园广场举行。9 支毛

巾操队伍约180名队员、光明街道辖区16个居委会30余名居民代表、全区26家卫生院毛巾操活动负责人,共计200余人参加此次活动。活动就“擦亮眼睛,识别微信圈养生谎言”“如何使用电子血压计”两个主题对现场居民进行宣讲;进行了毛巾操比赛;社区卫生服务中心的全科医生为到场居民进行义诊;为居民代表发放健康折页、盐勺、知识胶扇等宣传品等。

(付建平)

【市科委领导调研高精尖产业发展情况】9月11日,市科委副主任许心超带领合作处、信材处、新材料发展中心等相关部门人员7人,对顺义区高精尖产业进行调研座谈。顺义区副区长支现伟及顺义区科委、顺义区经信局、临空经济核心区、中关村顺义园、天竺综保区相关部门负责人参加。许心超对顺义区科技创新工作给予充分肯定,表示市科委将继续加大支持力度、有效对接,建立专项合作机制,统筹调度各类科技资源服务于顺义。

(付建平)

【2019年“北京湿地日”活动举办】9月15日,由市园林绿化局野生动植物和湿地保护处、市野生动物救护中心、顺义区园林绿化局、汉石桥湿地自然保护区管理办公室主办,顺义区科委、顺义区科协、顺义区湿地保护协会支持的2019年“北京湿地日”湿地保护宣传活动在汉石桥湿地自然保护区举办,杨镇一中200余名学生到场参加活动。本次活动的主题为“强化湿地保护修复 推动湿地高质量发展”。现场活动包括“北京湿地日”主题活动启动仪式、湿地环保科普剧《湿地保卫战》、湿地保护工作成果展览、湿地净化功能模型演示、科普互动游艺体验以及发放科普图书等。

(付建平)

【学生科技节启动仪式举办】9月19日,以“礼赞共和国 智慧新生活”为主题的“顺义区2019年‘全国科普日’科学嘉年华暨第三十七届学生科技节”启动仪式在仁和中学举行。活动由顺义区科协、顺义区科委、顺义区教委共同举办,市科协副巡视员兼科普部部长陈维成出席启动仪式。本次活动作为全国科普日首都科普联合行动的活动之一,旨在营造创新驱动发展的良好氛围和创建有利于更多公众体验科学、学习科学、提升科学素质的平台。

(付建平)

【科技成果推广项目路演会举办】10月26日,为推进北京全国科技创新中心建设,促进优质科技成果在顺义区转移转化、科技金融互促共荣,“北京交通大学科技成果发布会暨北京市科技成果转化统筹协调与服务平台系列项目路演会议”在顺义举办。

(付建平)

【科技部领导调研顺义科技创新工作】11月30日,为加快推动国家稀土新材料技术创新中心建设,科技部高新司副司长曹国英、市科委副主任许心超等一行到顺义区调研并召开工作座谈会,顺义区副区长支现伟及相关企业负责人参加。调研组听取了中国钢研科技集团股份有限公司稀土新材料领域创新工作思路,以及当前国家稀土新材料技术创新中心建设最新情况,参观了安泰科技烧结钕铁硼磁体低重稀土渗透技术产业化(TD线)生产车间和洁净充磁车间,详细了解了安泰科技稀土永磁产业发展情况及技术创新最新进展,并对如何高质量建好国家稀土新材料创新中心工作进行了充分沟通和交流。

(付建平)

【创想空间开馆】12月18日,顺义主导产业创新成果科技体验中心——创想空间开馆启动仪式举行。顺义主导产业创新成果科技体验中心位于顺义区科委院内,由市科委和顺义区科委共同建设,上下两层面积共约500平方米。体验中心以顺义区科技创新为主线,集科技产品展示、科学体验空间于一体,可提供科技产品展示体验、科技教育培训、科技成果转化等核心服务功能,设置有“科技与社会”“科技与生活”“科技与教育”“科技与未来”等空间场景。整个展厅共展示人工智能、航空航天、智能制造、新材料等领域的科技创新成果、科普展项和互动体验展品等共80个科技产品,可同时容纳100人进行科普体验活动。

(付建平)

【“科技企业行”调研活动举办】年内,赴马坡镇北京泓慧国际能源技术发展有限公司、北京路德永泰环保科技有限公司、北京环卫集团环卫装备有限公司进行调研座谈,宣传顺义高精尖产业政策,了解企业发展现状,助推企业发展。

(付建平)

【13家高精尖产业项目通过市发展改革委评审】年内,北京睿芯众核科技有限公司、北京中科星图

股份有限公司、北汽集团有限公司13个“高精尖”产业重点项目通过市发展改革委首轮专家评审，其中北京迈迪顶峰医疗科技有限公司实施的心外科左心耳处理器械——左心耳闭合系统研发产业化项目评审分数在全市名列前茅。

（付建平）

【加大科普宣传】年内，顺义区内新增双丰街道花溪渡社区、空港街道裕祥花园社区2个市级科普体验厅，打造创新成果科技体验中心，举办科技周、暑期科普季、安全科普培训、科普下乡、科普进校园等活动，开展第十届中国卫星导航年会科普宣传、2019年世界智能网联汽车大会科普宣传工作、“院士专家进校园”系列活动，推动高精尖产业科普知识。

（付建平）

【科技创新资金扶持力度加大】年内，顺义区科技政策第一批支持项目336个，涉及企业316家，涉及资金8367.5万元拨付到有关单位。其中，2018年获得国家和北京市科学技术奖奖项的企业9家，共计207.5万元；2018年批准建立的研发机构10家，共计650万元；2018年迁入顺义区的国家级高新企业34家，共计1020万元；2018年首次认定的国家级高新企业175家，共计5250万元；2018年再次认定的国家级高新企业96家，共计960万元；2018年技术交易额2000万元以上的企业12家，共计280万元。

（付建平）

大兴区

【概述】2019年3月，根据《大兴区机构改革实施方案》，大兴区科学技术委员会（简称大兴区科委）的知识产权管理职责调整到新组建的大兴区市场监督管理局。大兴区市场监督管理局作为区政府工作部门加挂“区知识产权局”牌子。2019年，大兴区科委按照新版《北京城市总体规划》对大兴区的功能定位，结合大兴区临空经济、农村集建地上市及连通南北的地理位置优势，编制《大兴区建设科技创新引领区规划（2017年—2035年）》《大兴区建设科技创新引领区三年行动计划》。

2019年，优化大兴区科技发展计划项目重点支持方向，主要包括科技引领产业发展、科技支撑社会进步、科技服务、知识产权保护等方面。《大兴区科技成果转移转化实施意见》和《大兴区科技成果转移转化暂行办法》进行了修改和完善，并对外发布。截至年底，全区国家级高新技术企业已达830家，科技政策对高新技术企业覆盖率达到100%；输出技术合同2210项，成交额337.6亿元，成交额同比增长26.8%；全区专利申请4993件，同比增长20.8%。推动发展建设各类研发中心124家，利用首都科技条件平台大兴工作站全方位保障企业与资源对接，为全区13家小微企业申请创新券支持204万元，同比增长50%以上；2019年科技发展计划项目年完成72项课题，投入2344万元科技经费。

（王　媛）

【区科委调研泰迪低碳小镇】1月17日，大兴区科委、大兴区农委、魏善庄镇政府、中国设计硅谷、北京石油化工大学、北京工业大学、天友集团、道能（中国）科技在半壁店村泰迪低碳小镇听取天友集团对美丽乡村建设方案的汇报。对美丽乡村智慧新能、源排污处理、宜居环境改造、新型产业结构引进等建设及应用实施方案进行实地调研。

（王　媛）

【美丽乡村建设示范项目在大兴启动】1月23日，市科委农村处、大兴区科委、北京工业大学等多家单位在魏善庄半壁店村泰迪低碳乐园实施的“绿色智慧乡村关键技术与集成应用研究”项目正式启动。市科委农村处对项目实施方案做出指导建议，并对项目实施过程中的经费使用做了细致的指导。

（王　媛）

【金融信用政策精准对接会召开】1月29日，大兴区科委联合中国农业银行大兴支行、中关村企业信用促进会、大兴民营企业家促进会与区内8家科技型中小企业开展精准对接，金融、信用、政策联动，帮助企业解决融资难题。

（王　媛）

【挪威王国驻华大使馆商务参赞一行到访大兴】2月22日，挪威王国驻华大使馆商务参赞、挪威创新署中国区负责人索黎，高级商务官员高鹏，挪威DSD集团公司亚洲区首席代表张鹏一行到大兴访问。一行人参观了解新机场和新航城公司规划，并召开座谈会，会上双方深入交流了斯塔万格与大兴区建立友好城市、北欧5国在大兴建立中欧绿色创新中心、DSD集团将基金引入大兴及投资新机场智能交通等事项，同时索黎参赞邀请大兴区参加北欧智慧城市峰会，争取下一步将北欧智慧城市博览会落地大兴。

（王　媛）

【带领区内企业赴廊坊调研】2月28日，大兴区科委带领北京正开科技有限公司、中关村医疗器械园有限公司、北京格雷时尚科技有限公司等3家科技企业孵化器、众创空间代表赴廊坊市科技孵化器、慧谷·梦工场科技创新研发基地、津冀（廊坊）协同创新创业基地开展调研，同廊坊市科技局就打造科技企业服务平台、引导创新成果转化、培育创新人才等方面进行了交流。一行人还走访了电子商务领域、加工制造领域、医疗器械领域和石墨烯生态供暖领域的几家代表性企业。

（王　媛）

【高新技术企业政策培训召开】3月13日，大兴区科委联合大兴区税务局、中关村信促会等部门在大兴宾馆对区内200余家高新技术企业进行政策培训。培训内容包括高新技术企业火炬网年报，科技型中小企业评价填报的流程、内容、注意事项及常见问题；信用管理助力企业发展以及研发费用加计扣除政策等。会上，为2018年新认定通过的高新技术企业发放了证书。

（王　媛）

【区科委赴武汉高科技企业考察调研】3月13—15日，大兴区科委主任苏荣带领区新兴产业促进服务中心、新媒体产业基地管委会等相关单位及企业赴武汉开展高科技企业调研工作。参观了武汉虹识技术有限公司、武汉长江通信产业集团股份有限公司、武汉烽火众智数字技术有限公司、武汉光谷技术股份公司及D+M工业设计小镇等单位，并就智能识别、新一代通信技术、智能大数据及系统研发应用、工业设计等多个领域的创新发展问题开展交流座谈。

（王　媛）

【优质企业来大兴】3月19日，大兴区科委带领北京中关村信用促进会推介的高端医疗企业——北京东方明康医用设备有限公司与区内中关村（大兴）医疗器械园区进行对接。双方就企业如何入驻园区进行了深入交流。

（王　媛）

【打包政策送企业】3月20日，大兴区科委、大兴区经信局、生物医药基地管委会、北电投联合到生物医药基地进行调研，将大兴区内政策及金融服务打包送到的红惠新药业、华钽生物、环宇华康3家企业。

（王　媛）

【对区级科技计划项目申报企业进行实地调研】3月20—29日，大兴区科委主任带队，对2019年度区级科技计划项目申报的24家企业进行实地调研。同时，对企业进行区内政策宣讲，了解企业的产、学、研和融资需求等，并在现场对大兴区科委相关科室工作进行部署。

（王　媛）

【参加第17届中国国际人才交流大会】4月14—15日，大兴区科委协同区委组织部、区产促中心、北京印刷学院及区内高新企业代表赴深圳参加由科技部主办的中国国际人才交流大会。会议现场举办专场推介活动，重点推介《大兴区推进大众创业、万众创新实施办法》等政策，并对大兴区促进科技成果转移转化的措施进行说明，驻区高校和高新企业代表分别就科研项目和高端人才需求信息进行发布。

（王　媛）

【2019年大兴区科创基金路演活动举办】4月23日，由大兴区科委筹建的大兴区科技创新引导基金，由基金委托管理公司元和资本投资公司（中关村元和天使联合会）、大兴民营企业联合会、中关村天使投资协会联合主办的2019年大兴区科创基金路演活动在DRC奥宇建筑工业设计大厦举行。此次路演由元和资本邀请腾业创投、星瀚资本等3家投资机构的专业投资人作为评审，大兴区科委作为指导单位，对全区从2019年度申报的项目中筛选出的6家符合基金要求的企业进行投资评审。

（王　媛）

【科技资源及创新券政策系列宣讲活动开展】4月25日，首都科技条件平台大兴工作站在大兴奥宇锦华酒店召开政策宣讲会，会上向企业对首都科技条件平台及创新券政策进行了讲解，并详细解读了中关村"1+4"政策。孵化期内20余家企业参加会议。

（王　媛）

【2019年大兴区科技活动周举办】5月16日，2019年大兴区科技活动周在瀛海党群活动中心开幕。本届科技周活动以"科技强国，科普惠民"为主题，围绕太阳能科学探索、人工智能基础教育、建筑安全体验、VR虚拟现实体验、3D打印等创新科技开展科普体验活动，普及科学知识，将科学知识带进社区校园，提高百姓的科学素质。

（王　媛）

【科技助力京蒙扶贫对接】5月24日，大兴区科委联合市星火科技培训中心、内蒙古自治区对外科技交流中心开展京蒙"科技助力精准扶贫"对接活动。组织内蒙古各盟市科技管理干部、科研院所及企业人员赴大兴区金珠满江食用菌基地、北京乐平农业集团、北京老宋瓜王科技发展有限公司3家企业交流对接。围绕加强京蒙技术交流合作、搭建平台实现精准扶贫、通过科技引领产业带动扶贫等进行研讨，并就特色农业和一、二、三产业融合如何发展开展交流。

（王　媛）

【第三届北京CED"互联网+"创新创业大赛启动】6月4日，北京CED"互联网+"创新创业大赛启动。此次大赛由北京电子商务中心区建设办公室、大兴区科委联合主办。大赛以现代农业、制造业、信息技术服务、文化创意服务、社会服务、公益创业、空港产业7个产业为主，按行业分别举行竞赛。旨在做好"互联网+"人才的引进、培养和使用，加快电子商务人才在区内聚集，推动电子商务产业与传统领域加速融合发展。

（王　媛）

【新建分站沟通会召开】6月11日，2019年首都科技条件平台大兴工作站新建分站沟通会召开，华商创意中心分站、中关村医疗器械园分站、奥宇科技企业孵化器分站、"一会一社一中心"分站4家新建分站的负责人参加了会议。会议围绕《首都科技条件平台大兴工作站合作建设服务协议》和2019年度大兴区"百家实验室进千家企业"活动安排进行培训及讨论。

（王　媛）

【双创活动周大兴分会场活动开展】6月18日，2019北京双创活动周活动暨北京市科技成果转化创新资源对接大会大兴分会场活动在大兴区新媒体产业基地格雷众创园举行。围绕"务实推进双创深度融合资源"主题，大兴区科委负责人介绍了大兴区的双创政策及科技成果转化政策，并将大兴区科委科创基金和大兴区科技成果转化服务平台进行了推介发布。

（王　媛）

【2019年度"百进千"资源对接会召开】6月20日，大兴区科委首都科技条件平台大兴工作站召开2019年度"百家实验室进千家企业"服务大兴科技资源对接会，将科技服务打包带给企业。同时，为企业提供研发资源对接、科技创新券政策解读、平台资源介绍、企业需求介绍等。

（王　媛）

【推进校孵企业发展】7月4日，大兴区科委联合北京印刷学院及中关村企业信用促进会，在北京印刷学院新创大厦开展大兴区产业政策对接企业信用体系建设座谈会。大兴区科委向北京印刷学院领导及校内孵化企业介绍了大兴区科技创新情况、成果转化及高精尖政策。中关村企业信用促进会向学院及企业具体介绍了政策项目、科技金融、成果对接等情况。

（王　媛）

【共促京津冀协同发展】7月5日，由大兴区科委搭桥对接，北京生产力促进中心与廊坊市生产力促进中心以"质量管理"为主题，组织开展廊坊市高新技术企业代表第5期考察交流活动。相关单位及企业负责人40余人参加。考察团赴北京新能源汽车有限公司、北京同仁堂股份有限公司及雨昕阳光（北京）能源科技有限公司等3家行业内龙头企业进行参观考察，了解企业发展历程，围绕企业质量管理体系的建设与实施进行经验交流。

（王　媛）

【双创政策培训开展】7月11日，大兴区科委面向区内双创主体开展双创政策培训活动。会上对《大兴区推进大众创业、万众创新的实施办法（2019年修订）》的政策内容进行了详细的解读，同时对双创项目申报系统的使用做了详细的说明。

（王　媛）

【区科技创新创业大赛落幕】7月28日，在九州众创空间举办的2019年科技双创大赛圆满结束，本次大赛围绕医药健康、新一代信息技术、人工智能、空港产业4个比赛单元展开，赛程历时3个月，102个项目参与，最终25个项目获得相关奖项，其中沃方科技、武汉虹识、幻世互动、航天创客4家公司分别获得4个单元的一等奖。包括极客教育、中科金豆、武汉虹视在内的多家大赛获奖企业现场进行投资、入驻或合作意向签约。

（王　媛）

【《信用领跑行动信用赋能合作伙伴》协议签署】8月29日，北京市企业创新信用领跑行动2019年启动仪式在中关村软件园国际会议中心举行。大兴区科委作为"信用领跑行动"第一批36家机构中唯一政府机构，同中关村企业信用促进会签署《信用领跑行动信用赋能合作伙伴》协议。大兴区科委将携手中关村企业信用促进会，聚焦科技型小微企业，共同推进全区信用体系建设，培养区内企业信用意识，让更多大兴区的企业成为"信用有价"的践行者和受益者。

（王　媛）

【知识产权融资"三免"专项启动】8月30日，大兴区科委、大兴区金融办、大兴区市场监督管理局联合举办大兴区科技创新企业知识产权融资"三免"专项启动会。交通银行北京分行和北京华夏泰和知识产权有限公司协同推出知识产权融资"三免"专项：免收企业知识产权法律服务费、资产价值评估费，免费为企业进行知识产权问题解答。天普新能源科技有限公司、北京亿实筑业技术开发技术有限公司等5家企业现场与北京华夏泰和知识产权有限公司签署协议。

（王　媛）

【2019中国设计节举办】11月22—24日，2019年中国设计节在北京印刷学院举办。这届设计节的主题是"创新设计，创新中国"，主要分为典礼、论坛、展览与交易、体验四大板块。开幕式现场共签约6个项目，包括中挪绿色创新中心作为市服务业扩大开放科技领域的重点项目正式落地大兴区，中关村天合科技成果转化促进中心与大兴区共建科技成果转化合作基地项目签约，深圳大公坊落地等。大兴区在活动现场与挪威斯塔万格市签署友城协议。本届设计节充分展示中华人民共和国成立70年来，中国设计走过的辉煌历程，激励和带动社会创新，用设计手段助推区域产业发展。

（王　媛）

【区科委与北京师范大学科技集团开展深度合作】11月28日，大兴区科委主任苏荣一行赴北京师范大学科技集团就如何开展校地合作进行深入交流。通过座谈，双方达成合作意向。北京师范大学将根据大兴区产业发展需求，发挥自身学科优势，在生物医药、美容保健、新材料应用转化和影视基地人才培养等方面开展深度合作，以科技创新为载体，为大兴区经济社会高质量发展注入源源不绝的动力和活力。

（王　媛）

【高端医疗器械协同创新与共性服务科技平台建设】年内，按照市科委《关于启动2019年度市区两级重大关键任务科技支撑专项项目推荐工作的函》，经过征集、生物医药基地推荐和现场调研，确定推荐生物医药基地医疗器械园"高端医疗器械协同创新与共性服务科技平台建设"项目申报并通过专家论证，拟批复金额400万元。

（王　媛）

【虹膜识别技术助力公租房动态管理】年内，在瀛海家园公租房中选出200套房源，作为打造公租房小区虹膜识别技术应用示范项目。截至年底，全部200套虹膜锁具已全部安装完成并投入使用。该技术的成功应用，可有效杜绝公租房转租转借现象，提升公租房管理效能。经初步测算，新技术应用后每年约在办公场所、办公设备、人员配置、租务管理等方面节约成本20万元。

（王　媛）

【专利申请及授权情况分析】年内，大兴区专利申请4993件，同比增长20.8%。其中，发明专利申请1573件，同比增长11.1%；实用新型专利申请2734件，外观设计专利申请686件。专利授权3068件，同比下降2%。其中，发明专利授权645件，同比增长33.3%；实用新型专利授权2013件，外观设计专利授权410件。以企业为申请主体的专利申请3989件，占全区申请总量的79.9%，同比增长26.5%；专利授权2555件，占全区专利授权总量的83.3%，同比下降2.4%。有效发明专利拥有量2294件。其中，以企业为主体的有效发明专利拥有量1657件，占总量72.3%，同比增长34%。PCT国际专利申请17件。

（王　媛）

平谷区

【概述】2019 年 3 月，平谷区科学技术委员会（简称平谷区科委）和平谷区经济和信息化委员会合并成立平谷区科学技术和工业信息化局（简称平谷区科信局）。同时，平谷区知识产权局从平谷区科学技术委员会拆分出去，平谷区科信局不再负责知识产权相关工作。合并之后平谷区科信局内设 13 个机构，主要职责包括制订并组织实施全区科技计划和规划、全区科普工作的开展、高新技术企业发展、技术市场及科技奖励、科技成果推广与转化以及高技术制造业、软件和信息服务业、新兴产业中重点领域的发展规划，监测分析本区工业、软件和信息服务业、信息化的运行态势。平谷区市场监督管理局作为区政府工作部门加挂“区知识产权局”牌子。

2019 年，平谷区科信局紧密贯彻落实“生态立区、绿色发展”理念，聚焦产业高质量发展和全区信息化建设，持续推动农科创工作进程，不断提高全区科技创新、产业转型和信息智能化水平。2019 年，认定高新技术企业 226 家，36 家为重新认定企业，全区高新技术企业保有数量 242 家；平谷区技术合同成交总额 1.2 亿元。组织推荐 10 家相关企业申报 2019 年北京市科普基地，其中有 6 家企业通过了市科委组织的初评；开展了系列科普进校园、科普进社区、科普进农村、科普赶大集等大型宣传活动，让公众更加了解科技工作，理解科学发展、自主创新的发展理念，科普的影响力和实效性进一步增强。

（罗　骏）

【与德国拜耳对接】1 月 15 日，平谷区政府与拜耳作物科学（中国）有限公司召开对接座谈会，拜耳公司介绍了企业运营情况及主要业务范畴，就建设集成配套技术示范展示基地、种子处理试验中心、综合技术推广中心、生态研究中心、科技研发中心落地等提出合作意向。平谷区相关部门介绍了农业科技创新示范区建设、种业发展和北京・京瓦农业科技创新中心建设情况。区委常委、副区长过勇参加。

（罗　骏）

【“三下乡”活动举办】1 月 18 日，平谷区委宣传部、平谷区科委、平谷区地震局、平谷区知识产权局、平谷区科协、平谷区司法局、平谷区卫计委、平谷区文化委、平谷区文联等单位共同在平谷镇上纸寨村东方龙昌老年公寓开展 2019 年科技、文化、卫生“三下乡”集中示范活动，现场以咨询、义诊、发放材料、送福字、送对联等多种形式开展，活动发放《身边的桃树与健康》《知识产权漫画读本》《地震灾害应急知识读本》《防震减灾科普知识读物》等科普宣传材料 1500 余份，受众群众达 800 人次。

（罗　骏）

【涉农企业对接座谈会举办】1 月 22 日，平谷区科委组织平谷区农委、平谷区农业局、平谷区果品办与峪口、金海湖、大华山、马坊、刘家店、南独乐河等乡镇及涉农企业召开平谷农业科技创新示范区科技资源需求对接座谈会。

（罗　骏）

【中关村驻以色列联络处一行来访】2 月 13 日，中关村驻以色列联络处一行来平谷就农业科技创新示范区国际交流合作进行对接、洽谈。中关村驻以色列联络处将采取专业化、多元化、市场化运行模式，协助平谷农业科技创新示范区开展中以农业交流合作，搭建中以农业合作平台，在平谷区打造中以农业科技创新基地。

（罗　骏）

【张虹赴平谷调研农业科技创新示范区建设】2 月 21 日，市科委副巡视员张虹赴平谷调研农业科技创新示范区建设情况。实地考察了北京正大蛋业和正大泰鳄湖养殖有限公司，在峪口镇政府与区有关部门座谈。就平谷区农业科技创新及产业提升 3 年行动计划、科技创新、三农发展、新农村建设、加速器建设、京瓦农业科技创新中心建设等方面进行了交流。

（罗　骏）

【科技政策宣讲和执法】2月22日，为进一步提升全区涉农领域科技型企业的科技创新能力，平谷区科委对区内鑫桃源商贸有限公司、北京久久丰生态农业有限公司、北京野馨科技有限公司等10家企业开展执法工作，并为企业提供高新技术企业入库、高新技术企业认定、技术合同登记、首都科技创新券、金融等政策辅导，为企业能够充分享受各项科技政策提供技术支撑。

（罗　骏）

【市、区两级重大专项启动会】3月8日，平谷区科委组织召开市区两级重大紧迫任务科技支撑专项“平谷现代农业产业融合提升科技示范工程”项目启动会，就项目的立项背景、总体目标、考核指标、研发内容、效益分析等进行介绍。聘请北京中天垦会计师事务所财务专家就北京市科技计划项目（课题）经费支出的审计要点进行了培训、解读、答疑。

（罗　骏）

【张福锁院士调研】4月16日，中国农业大学张福锁院士工作团队就科技小院建设、院士工作站及中国农大国家农业绿色发展研究院落地等相关事宜到平谷区进行调研。推进中国农业大学的科技小院建设、院士工作站及中国农大绿色发展研究院在平谷区落地。

（罗　骏）

【调研星创天地】7月16日，科技部农村中心和市科委农村中心领导一行来平谷区调研国家星创天地建设情况，实地考察了北京康安利丰的净菜鲜丰和峪口禽业公司的智慧蛋鸡星创天地，并进行座谈。截至目前，平谷区拥有市级以上星创天地5家，其中国家级星创天地2家。

（罗　骏）

【新时代文明实践基地建设】7月23日，平谷区气象局、沱沱工社有机农场、蝶语昆虫博览园、农众物联植物工厂、青少年科技教育体验中心（科技馆）等5家科普教育基地荣获区委宣传部授予的“新时代文明实践基地”称号。

（罗　骏）

【区创新创业大赛举办】7月24日，“创客北京2019”平谷区创新创业大赛暨“创青春”平谷区青年创新创业大赛落下帷幕。大赛自6月开展项目征集，共征集参赛项目近40个。大赛分为两个阶段，第一阶段是窗口平台赛，采取项目评审方式，选取14个项目入围区级赛。第二阶段是区级赛，采取项目路演形式进行，赛事评委从大赛评审委员会成员中选取，统一采用大赛秘书处发布的评分标准及评分表进行评分。本届大赛企业组和创客组共产生一等奖2名、二等奖3名、三等奖4名、优秀奖5名。最终赛区将推荐获得一、二、三等奖的9个优秀项目入围市级赛。

（罗　骏）

【示范村建设】8月2日，市科委农村中心在区峪口镇西营村举行乡村振兴科技引领示范村建设启动仪式，旨在引导首都科技创新要素向乡村转移聚集，发挥星创天地、高新技术企业、科技特派员的创业引擎作用，带动建设一批乡村振兴科技引领示范村。市科委农村中心为首批试点之一的西营村科技特派员工作站颁牌，同时为工作站专家、中国农业大学教授李天忠等8名科技特派员颁发了聘书。

（罗　骏）

【赵春江院士调研】9月24日，赵春江院士专家工作站一行到平谷区峪口禽业公司、互联农业公司、金果丰合作社、绿谷汇德合作社调研。结合企业、合作社科技需求，在智能机器人交互、互联网＋农业、农产品快速分级等方面提供技术支撑。

（罗　骏）

【科技展览展示活动举办】10月2—7日，平谷区科信局完成了区游园活动中的科技展览、展示活动。活动以“科技强国，科普惠民”为主题，在文化公园指挥部东侧展出16个展台和20块展板，包括平谷区科信局、平谷区卫健委、平谷区教委、平谷区农业农村局、平谷区生态环境局、平谷区信息化发展中心、平谷区高新技术企业、平谷区市级科普教育基地和平谷区农业合作社等，展示全区科技、教育、卫生、三农、生态环境、信息化和生物医药等成果和产品。显示屏播放共和国的巡礼，展示北京的巨大变化。共计8000余人次参与活动。

（罗　骏）

【科普讲座活动举办】10月25日，在科技特派员制度推行20周年之际，市科委农村发展中心在北京市首家“西营村乡村振兴科普驿站”举办科普讲座活动。该驿站具备成果推广、科普服务、信息智能（VR和语音交互）、培训对接等功能，旨在推动西营村乡村振兴科技示范村建设，助力乡村振兴战略实施。活动组织市农科院信息所副研究员曹承忠、北京银行金融诈骗防范专家苑鹏飞、防火科普专家李涛等9名科技特派员对村民进行了防范理财诈骗科普知识讲座、农村冬季防火及家庭防火科普知识讲座、12396农科热线讲座与现场体验、为老人免费义诊。

（罗　骏）

【无人机挑战赛举办】 11月16日，由科学技术部火炬高技术产业开发中心、国防科技工业局、中关村科技园区管理委员会、平谷区政府主办，北京北航天宇长鹰无人机科技有限公司承办的"无微不智2019"全国微型智能无人机挑战赛在平谷区举办，赛事为期2天，包括智能飞行挑战、精准穿越挑战等2个比赛科目。

（罗　骏）

【中智研究院启动仪式举办】 12月22日，由北京科技大学、平谷区政府共同主办的北京中智生物农业国际研究院启动仪式在平谷农科创核心区举行。中智研究院是在平谷区农业科技创新示范区建设中落地的首批科技创新研发机构。来自市、区党政部门，国内外大学和科研机构、农业领军企业、行业组织等100余名代表参加了中智研究院启动仪式。

（罗　骏）

【科技项目支撑】 年内，组织北京科技大学万向元团队申报的2019年北京市科技计划课题"玉米优异种质创制和制种技术体系的建立"；组织北京农学院申报2018年市、区两级重大紧迫任务科技支撑专项平谷区"生态桥"工程关键技术集成与示范；组织赵春江院士团队申报2018年市、区两级重大紧迫任务科技支撑专项——平谷现代农业产业融合提升科技示范工程和2019年北京市科技计划课题"农业科创区农业人工智能服务平台建设及示范应用"；组织北京农学院及Ton院士工作站申报2019年北京市科技计划课题"平谷大桃品质提升关键生产调控技术研究与应用"；组织中国农业大学申报以色列国际合作农业科技项目；委托瓦赫宁根大学就大桃全产业链提升和土壤改良2项课题进行深入合作。

（罗　骏）

【推进农业科技创新示范区建设】 年内，中国农业大学张福锁到平谷区围绕科技小院的建设及无公害大桃生产管理标准、体系的建立进行座谈，确定将中国农业大学农业绿色发展研究院之科技小院落地北京互联农业公司及南独乐河镇政府北寨村，现学生已入驻科技小院并展开研究。中国农业大学国家农业绿色发展研究院科技小院已落地北京互联农业公司及南独乐河镇北寨村和北独乐河村，已开展相关研究；北京科技大学平谷生物农业研究院在平谷区建设综合试验站100亩，正在开展玉米和小麦的生物育种研究；组织中国农业大学张福锁、北京农科院赵春江、北京科技大学万向元和北京普析公司申报并实施2019年市科技计划项目4个；建设市级以上星创天地5家，其中国家级星创天地2家。

（罗　骏）

【技术市场工作开展】 年内，平谷区技术市场工作开展顺利，通过咨询、调研、培训等方式帮助辖区企业解答科技政策和各项业务流程700余项次，并为4家企业发放技术交易补助资金20万元；开展技术市场执法工作16次，检查企业20家，录入执法检查单24件；登记技术合同110份，技术合同成交额1.3亿元，同比增长30%，增长率全市排名第9。

（罗　骏）

【国高新组织认定工作收官】 年内，平谷区开展了4批国家高新技术企业的组织认定工作，共受理262家企业申请，其中226家为新认定企业，36家为重新认定企业，提交申请的数量同比增加94%。截至目前，全区国家高新技术企业认定数量为242家。

（罗　骏）

怀柔区

【概述】2019 年 3 月,怀柔区委决定撤销中共北京市怀柔区科学技术委员会科学技术协会党组,成立中共北京市怀柔区科学技术委员会党组、中共北京市怀柔区科学技术协会党组。怀柔区科学技术委员会(简称怀柔区科委)、科协党组正式分开。3 月,由怀柔区科委知识产权办公室承担的职能划入怀柔区市场监督管理局。怀柔区市场监督管理局作为区政府工作部门加挂“区知识产权局”牌子。

年内,怀柔区科委紧紧围绕区委、区政府中心工作,深入挖掘创新发展新动力,着力培育科技创新生态,积极涵养区域创新文化,助力科学城统领的“1+3”融合发展格局建设。截至年底,全区有科技协会、学会组织 5 个,科普志愿者 1000 人。全年开展科普知识培训 200 余次,受益群众达 20000 多人;高新技术企业保有量达到 604 家,高新技术企业完成技工贸总收入 615 亿元,实现利润 36.84 亿元,同比增长 -0.96%。实施市、区科技计划项目 34 个。全年技术合同项数 576 份,成交额 22.5 亿元,技术市场开展行政执法检查 17 次。

(张凤林)

【12 个区级科技计划项目立项】2—3 月,怀柔区 2019 年科技计划项目正式签订任务书,2019 年共有 12 项科技计划项目获得支持,共获得资金支持 800 万元。

(郭群英　吴　琼)

【青少年科技创新大赛怀柔举办】3 月 23—26 日,第 39 届北京青少年科技创新大赛在中国科学院大学雁栖湖校区举行。大赛主题是“发现·创新·责任”。本届大赛共有 17 个国家,以及中国香港、澳门、台湾地区的 19 个代表团,共有代表 128 人。共有参赛项目 49 项,其中创客交流活动的邀请参赛项目有 10 项。大赛期间,怀柔区科委邀请支援协作地区怀安县、丰宁县、科左后旗 40 名优秀科技教师全程观摩大赛,与国内外科技教育教师进行面对面交流,进一步拓宽了青少年创新教育思路,促进了科技教育资源和理念的共享、共赢。

(温成启　吴　琼)

【“农民提素行动”活动开展】3—4 月,怀柔区科协在全区 14 个乡镇,以“传播科学思想,普及科学知识”为主题,开展怀柔区“农民提素行动”活动,邀请北京科普新技术研究院专家开展 40 场次的科普知识讲座和互动体验。

(温成启)

【送农业科研项目到怀安】5 月 6 日,怀柔区科委协调区内高新技术企业北京雷力平衡农业发展有限公司,赴怀安县教科局开展农业科研成果项目落地转化对接活动。座谈会上,怀柔区科委介绍了“海藻生物保水剂和保水地膜的创制和在节水农业的应用研究”项目的研究背景和成果落地转化的意义;雷力平衡详细介绍了项目情况;怀安县农业农村局介绍了怀安县种植业情况。双方就科技项目落地转化工作进行了深入探讨。与会人员实地考察怀安县两个农村合作社并确定了节水农业项目实施地块。该科研成果落地转化项目示范成功后,将有效改善怀安地区农业缺水现状,解决地膜白色污染,提升农业种植品质,带动农业发展。

(吴　琼)

【智慧农业科技园区可视化应用示范与推广项目通过验收】5 月 11 日,2018 年区级科技计划项目“智慧农业科技园区可视化应用示范与推广”通过验收。项目完成了北京欣水湾农业科技生态园的可视化系统,对整个园区进行了三维动画的展示模式,智能化综合管理平台开发及配套进行信息化基础建设,并已经完成部署,开始正式运行。示范大棚内已经实现了动态环境监测,实现综合管理平台的商业化应用和服务,服务用户 5000 余人次。实现运营服务评价的创新,获得有效评价 1000 余条。项目平台可应用于农业生产种植的使用,对土壤、空气的温湿度等进行监测,从而实现对适宜的农作物更科学的种殖。

（吴　琼）

【怀柔科技周主场活动开展】5月，怀柔区科协在怀柔滨湖万米公园举行以“科技强国　科普惠民”为主题的2019年怀柔科技活动周主场暨新时代文明实践创建活动。科技周期间，包括怀柔科技周主场活动和分会场活动，共开展活动近40次，10000余人次参加。

（温成启）

【科普示范基地建设】5月，按照《怀柔区科普示范（教育）基地认定管理办法》的标准，本着公平、公正、公开的原则，经5位科普专家紧有序、严格的评审，最终确定5家单位作为2019年度科普示范（教育）基地。与此同时，还对从2016年以来3年到期的科普示范基地进行资格复审工作，对愿意继续保留科普示范（教育）基地资格的单位经过审核、确认符合条件后，予以重新命名授牌。截至年底，在有效期内的科普示范基地达31家。

（温成启）

【怀柔区消防协会成立】5月，根据《社会团体登记管理条例》有关规定，经怀柔区科协审查，批准成立北京市怀柔区消防协会。召开北京市怀柔区消防协会成立大会暨第一次会员大会。协会会员共同审议并通过协会的章程以及会费标准和管理办法；选举产生协会会长、副会长、秘书长、监事长、副监事长。

（温成启）

【怀柔区消防移动互联网远程监控管理系统项目通过验收】6月10日，2018年区级科技计划项目“怀柔区消防移动互联网远程监控管理系统”通过验收。项目依照GB 50440—2007《城市消防远程监控系统技术规范》，完成怀柔区域内20家消防重点单位的示范应用，实现建筑物消防报警系统、水喷淋、消火栓系统管网水压、消防中控室动态视频等功能的监控管理，并实现了移动终端消防APP大数据服务。

（吴　琼）

【携手院企专家赴四子王旗开展科技帮扶】6月17—18日，怀柔区科委协调区内高新技术企业——北京雷蒙赛博机电技术有限公司，并聘请中国农业科学院畜牧研究所和张家口光屏马铃薯种植业研究中心专家，赴内蒙古四子王旗开展科技帮扶和捐助活动。其间，怀柔区科委和雷蒙赛博机电技术有限公司向四子王旗农牧民科普网校捐赠了价值1.5万元的电教设备和节能灯。捐赠仪式后，畜牧、农业专家先后到东八号乡和乌兰花镇，针对当地产业特点和实用技能需求，从马铃薯种植、牛羊科技养殖技能等方面，为两地种植、养殖大户和贫困户开展农牧实用技术培训。

（吴　琼）

【怀柔工作站“百进千”对接活动举办】6月20日，由怀柔区科委主办，中关村信息谷资产管理有限责任公司承办的主题为“强化成果对接，助力科学城建设”的“百家实验室进千家企业”专场对接活动在怀柔科学城创新小镇举办。活动吸引了来自全区各领域30余家科技型企业参与。市科委、能源环保领域中心、科技孵化器领域中心及中科院生态中心相关领导和专家参加此次活动。

（刘建峰）

【国联汽车动力电池企业科协成立】6月，依照《中国科学技术协会章程》《北京市科学技术协会实施“中国科学技术协会章程”细则》的要求，经怀柔区科协审核，同意成立国联汽车动力电池研究院有限责任公司科学技术协会。该协会作为怀柔区科协的基层组织，遵守和执行有关规定，业务上接受怀柔区科协的指导。

（温成启）

【农民科学素养提升行动开展】6—8月，怀柔区科协在14个镇乡通过邀请专家下基层，走进农村开展讲座，分发问卷了解农民群体科普知识现状，同时请专家对题目进行详细解答的形式，开展农民科学素养提升行动，在全区范围内开展10场科普讲座，参与人数达到1500余人。科普讲座主要涵盖多元的科学知识以及培养农民群体正确的科学态度等内容，切实为提升农民群体的整体科学素质指标提供支撑。

（温成启）

【农业科技助力科左后旗脱贫增收】7月24日，怀柔区科委党组书记带队，邀请国内知名玉米育种专家、中国农业大学教授许启凤，赴内蒙古科左后旗对接研讨新品种玉米示范推广项目，并进行调研。座谈中，双方就许启凤教授培育的YF3240新品种玉米在科左后旗示范推广工作、农业科技扶贫计划进行了深入交流，并达成了共识。据悉，该新品种玉米具有中晚熟、高容重、高淀粉、高蛋白、籽粒灌浆快、脱水快、粮饲兼用、抗病能力强等优点，同等条件下可增产10%，做饲料用途每吨可节约成本40～50元。推广种植成功后，将有效优化该地区的玉米种子结构，帮助当地农民脱贫致富。

（吴 琼）

【赴科尔沁左翼后旗开展科技帮扶】 8月19—21日，怀柔区科委聘请农牧业专家，赴内蒙古通辽市科尔沁左翼后旗开展科技帮扶活动。其间，专家先后在科左后旗查日苏镇、金宝屯镇、阿古拉镇、甘旗卡镇等地针对当地产业特点和实用技能需求，从牛羊一胎多犊和疫病防治、饲草料种植与制作、庭院经济、果树栽培与管理、农作物病虫害防控等方面开展农牧实用技术培训8场，参加农牧民达500余人，取得了良好效果。

（吴 琼）

【助力区科技成果转化对接会举办】 8月27日，市科协和怀柔区科协在怀柔科学城创新小镇共同举办了助力怀柔区科技成果转化工作对接会，为怀柔科技成果转化，怀柔科学城建设做好服务。市科协国际联络部、北京海归孵化器科协、首都海智科技成果转化工作委员会、首都海智（北欧）离岸创新工作站、首都海智知识产权工作委员会，怀柔区科委、怀柔区科协、怀柔区科学城管委会、区委组织部、怀柔区招商局等单位参加对接会。区科协将以“海外智力为首都建设服务计划”离岸创新工作站、“首都海归创新创业生态圈”海归科技成果转化实践基地为切入点，就共同提升怀柔的国际科技影响力、共同打造高端国际人才聚集地、建设国际科技成果转化服务平台为合作内容，吸引高端海外科技成果在怀柔落地，为怀柔区发展培训国际化人才队伍，促进科技成果在怀柔交易和转化。

（温成启）

【全国科普日基层巡展活动开展】 8—9月，以“创新引领时代，智慧点亮生活”为主题的2019全国科普日基层巡展活动在滨湖万米健身公园举办。此次活动紧紧围绕科普日活动主题，以科普活动为主要抓手，以培养科学精神、创新精神为主要目的，以互动体验为主要形式，以“科技、创新”为主要内容，面向社区全体居民，尤其是青少年，组织开展丰富多彩的现场科技体验活动。全国科普日怀柔主场活动共设有天灾防范、航空海洋、科学表演、绿色生活、实验互动、医疗健康六大主题，47项科普互动内容，让公众在互动参与中感受科学的魅力，共吸引5000余群众参加。

（温成启）

【赴丰宁县开展帮扶对接】 9月8—12日，怀柔区科委副主任王金山一行3人赴丰宁满族自治县，与丰宁县科技局联合开展帮扶对接工作暨农民实用技术培训。在丰宁县科技局的配合下，邀请市农林科学院、河北省微生物研究所、承德市蔬菜技术推广站等农牧业专家，针对蔬菜新品种、病虫害防治、食用菌产业、肉羊养殖、中药材等实用技术进行授课，共开展培训5场，参会192人次。课后，怀柔区科委一行人到承德市御今农业发展集团有限公司等产业龙头企业参观对接，随行专家对企业进行了实地指导。

（吴 琼）

【2019年科技之夜暨庆祝中华人民共和国成立70周年文艺晚会举办】 9月12日，由区科协主办的“科学在我身边·梦想点亮生活”2019年科技之夜暨庆祝中华人民共和国成立70周年文艺晚会在滨湖万米健身公园开幕。晚会历时70分钟左右，通过“智怀柔——魅力怀柔 青春力量”“致祖国—初心如磐 共创辉煌”两个篇章，通过科学与艺术、科普与文化的有机结合，向公众弘扬科学精神、普及科学知识，促进市民科学素质提升，充分体现了时代特征、怀柔特色，展现了科技工作者的风采和魅力。在晚会现场，区科协集体创作的歌曲《我爱怀柔科学城》上线推出。

（温成启）

【“两怀”对口科技帮扶农村致富带头人培训开班】 9月20日，怀柔区科委在河北省张家口市怀安县开展“两怀”对口科技帮扶农村致富带头人培训，以实际行动诠释“不忘初心，牢记使命”的时代内涵。怀安县11个乡镇主管农业副乡镇长、乡镇农业站站长、全县贫困村致富带头人代表、县教体科局和县农业农村局人员共70人参加培训。此次培训，怀柔区科委特邀北京农学院、北京交通大学教授和张家口市农科院推广研究员分别讲授现代农业与农村经营、创意农业与乡村旅游、新时代在乡村振兴中大有作为、张家口中药材栽植技术等课程，结合怀安农业实际，设置了理论教学、案例分析和互动交流等环节。

（吴 琼）

【“两怀”科技扶贫再行动】 9月26日，怀柔区科技帮扶项目“海藻泥生物保水剂及保水地膜”示范项目在怀安县正式启动。项目承担单位区内高新技术企业北京雷力平衡农业发展有限公司与左卫镇叶家辛窑村农香蔬菜种植专业合作社、太平庄乡北夏家屯村益民果树种植专业合作社签订联合试验协议。该科研成果落地转化项目示范成功后,将为怀安地区培训节水农业产业提供技术基础,为解决地膜污染及国储林后期养护浇灌问题提供全新的解决思路。

(吴　琼)

【FGF21 作为早期诊断及疗效评价指标的临床研究项目通过验收】 9 月 30 日,2018 年区级科技计划项目“FGF21 作为糖尿病非酒精性脂肪肝早期诊断及疗效评价指标的临床研究”通过验收。通过项目实施,明确血浆成纤维细胞生长因子 21(fibroblast growth factor21,FGF21)水平可以作为糖尿病患者非酒精性脂肪肝的诊断指标;阐明患者血清 FGF21 水平的变化,可以作为糖尿病患者非酒精性脂肪肝的疗效评估指标之一;项目成果以学术会议及学术论文的形式体现,形成核心期刊论文 1 篇,SCI 论文 1 篇、培养硕士研究生 4 名。血清 FGF21 水平可作为糖尿病患者非酒精性脂肪肝的预测指标,并用于评估糖尿病患者非酒精性脂肪肝治疗效果,具有重要的实践意义。

(吴　琼)

【推进农民提素行动】 9—11 月,为进一步加强农村科普工作,提高农民科学文化素质,全面服务乡村振兴,怀柔区科协与市科技进修学院联合举办了“助力怀柔科学城、着力推进农民提素行动”,开启了 2019 年怀柔区农民提素行动的新征程。活动辐射怀柔全区 14 个镇乡的 50 个村,服务 3000 人次。

(温成启)

【科普进社区活动】 10—11 月,怀柔区科协与北京开放大学怀柔分校联合组织开展了“科普社区行,共建文明城”活动。活动面向 24 个社区居民,以居民健康、社区环保知识为基础,开展 50 场次的科普讲座。通过此次活动,在全区倡导科学文明的生活方式,传播绿色低碳、科学常识、安全健康、应急避险等理论和知识,提升市民应用科学知识解决实际问题、参与公共事务的能力。

(温成启)

【中低温 3D 打印铜纳米粉末材料生产线建设项目结题验收】 11 月 20 日,由有研粉末新材料(北京)有限公司、国家纳米科学中心和有色金属研究总院共同承担的北京市科技计划“中低温 3D 打印铜纳米粉末材料生产线建设及打印技术开发与应用示范”项目通过市级行业专家组的结题验收。

(王立冬)

【公开征集促进区域经济转型发展专项】 11 月 22 日,依据《北京市怀柔区人民政府关于印发怀柔区促进区域经济转型发展专项资金支持政策的通知》,通过怀柔信息网向社会公开征集“怀柔区促进科技创新发展专项和怀柔区促进纳米等高新技术产业发展专项”,截至年底共征集申报项目 29 项,涉及企业 27 家。待下一步集中审查。

(王立冬)

【区中小学生无线电测向大赛举办】 11 月,怀柔区科协与区无线电和定向协会在滨河公园举办 2019 怀柔区中小学生无线电测向大赛,全区 7 所学校 130 余名中小学生报名参赛。在短距离 80 米团体接力赛,五一小学怀柔分校、庙城学校初中队、怀柔二中分别获女子组小学组、初中组、高中组第一名。庙城小学队、庙城初中队、怀柔二中队分别获男子组小学组、初中组、高中组第一名。在短距离 2 米波段团体接力赛,五一小学怀柔分校、渤海中学、怀柔二中分别获女子小学组、初中组、高中组第一名。怀柔镇中心小学、庙城初中队、怀柔二中队分别获男子组小学组、初中组、高中组第一名。

(温成启)

【“首都海智科技创新活动——怀柔专场”活动举办】 12 月 11 日,怀柔区科协在怀柔科学城创新小镇海创研究院报告厅组织举办“首都海智科技创新活动——怀柔专场”活动。重点发布来自普列汉诺夫俄罗斯经济大学、北京工业大学等海内外院校和机构的新材料、生命健康、传感器等领域的 33 个产业项目。本次路演的项目全部符合以科技助力怀柔区“首都北部重点生态保育及区域生态治理协作区、服务国家对外交往生态发展示范区、绿色创新引领的高端科技文化发展区”的建设宗旨,活动受到园区、企业等多方好评。

(温成启)

【科技进校园活动举办】 12 月 17 日,怀柔区科协、西城区科协联合举办以“科教手拉手 共筑科学梦”为主题的科技进校园活动走进怀柔区实验小学。课堂上,科技教师为学生们带来了动手又动脑的“极速赛车”和“电动旋翼飞机”制作的 4 场活动,详细讲解了车辆结构、飞机飞行原理及飞机和赛车的制作方法。通过亲身体验和接触科技的奥秘，同学们对这些科技活动表现出极大的兴趣和好奇心，体会到科学就在身边，科技改变生活。

（温成启）

【举办基层科普工作者能力提升计划培训班】12月，怀柔区科协举办了2019年基层科普工作者能力提升计划培训班。来自全区科普责任单位、科普联席会议成员单位、纲要办成员单位、镇乡、街道以及社区、区科协所属协会、学会的科普专兼职干部60余人参加培训。本期培训坚持理论与实践相结合，邀请来自高校、研究所的专家进行了《公民科学素质监测评估的新理念和新实践》《人工智能理论与应用》《社区科普实践与理念的发展探讨——以社区科普场所为例》《科普新时代 新规律》《用脸着地的方式搞科普》等5场科普讲座，并前往北京科学中心进行参观调研。

（温成启）

【汲取榜样力量系列公益活动举办】12月，怀柔区科协与区教委联合开展2019年“榜样的力量·追逐青春梦想”系列公益活动。系列公益讲座邀请来自全国各地的青春榜样，走进怀柔区第一中学、怀柔区第二中学、怀柔区第三中学、怀柔区第四中学、怀柔区第五中学、怀柔区红螺寺中学，与同学们分享宝贵的学习方法和经验，激励大家发奋学习，追寻心中的青春梦想！

（温成启）

【知识产权工作交接】年内，由于机构改革，知识产权职能划拨到市场监督管理局，为了保证工作顺利进行，怀柔区科委知识产权办公室与怀柔区市场监督管理局进行了两次面对面对接会，及时将本年的工作重点、知识产权试点城市的进展情况和相关的录入平台做好对接工作，并于8月2日提交行政执法事项交接清单。

（郭群英）

【12个区级科技计划项目通过验收】年内，共有《电动汽车充电桩用FeSiAl软磁复合材料制备技术研究》等12项区级科技计划项目顺利通过专家验收。

（郭群英　吴　琼）

【区科协微信平台建设】年内，“怀柔科技”微信公众号日常信息发布以图文的形式进行推送，共发送300余篇科普信息。信息内容以百姓生活的科普知识点为主，陆续推出了科普法、创建森林城市、创建文明城区、扫黑除恶专项斗争、大众健康、科普就在我身边等知识，开展了6期科普知识答题活动，涉及综合科普、创建森林城市、消防知识、绿色食品、环境保护与低碳生活、垃圾分类等类型。贴切的信息内容得到了粉丝的广泛关注，阅读量与点击量不断上升。为提高广大市民的科普素质奠定了基础。

（温成启）

【科普展板更换与维护】年内，怀柔区科普设施建设与维修共计进行2次。科普展板内容更换共计1800余块，内容涉及普法（科普法、科普条例、宪法、禁毒）；创建文明城市；创建森林城市；土壤污染；环保（新能源、蓝天保卫战、节水）；老年人卫生防病（常见病、健康保健知识）；气象、防灾知识；献血科学知识；在3条健康知识科普街宣传高血压、糖尿病、心脑血管病和恶性肿瘤等慢性非传染性疾病以及老年病发生的原因、病理知识、防控措施、卫生防病、大众健康知识等。

（温成启）

【社区科普体验厅活动开展】年内，社区科普体验厅共计开展“魅力航天”科普体验活动、“科技强国喜迎华诞”主题党日活动、“科技创造梦想”——自制便携式小夜灯、“科技探秘＋魅力航天”缤纷假期活动、“生命探秘——迎接新学期，开启新征程”主题活动、“三维创想——3D神笔手”主题活动、“科技探秘”科普体验活动共计94场，7700人次参与。

（温成启）

【2020年区级项目评审开展】年内，怀柔区科委共征集涉及电子信息、新材料技术、先进制造与自动化、新能源及节能综合、生物与新医药技术、卫生、综合等领域项目64项。经过评审、论证等环节，共有《高精度线性快速温变高低温试验设备研发及推广应用》等12个项目拟获支持。

（郭群英　吴　琼）

【农村假冒专利专项治理行动开展】年内，根据《北京市农村假冒伪劣食品专项整治行动方案的通知》及市知识产权局《关于开展北京市农村假冒专利食品专项整治行动方案的通知》要求，先后开展了4次实地检查工作。在市农村假冒伪劣食品专项整治工作督导小组的督导检查中没有发现任务问题，受到了市知识产权局的好评。

（王五山）

【开展2018年度高新技术企业统计调查和年报填报】年内，根据《高新技术企业认定管理办法》和《关于开展工作2018年度火炬统计调查工作的通知》，组织开展了2018年度全区高新技术企业统计调查和年报填报工作。

（王五山）

【开展科技型中小企业评价】 年内，为了落实政策要求，进一步给企业降低成本，使企业能够享受研发费用75%加计扣除，提高企业自主创新的积极性，科技型中小企业评价工作启动。向企业宣传科技型中小企业评价政策、具体操作流程、注意事项等内容，截至年底，评价系统中已注册275家企业，95家企业获得入库编号。

（王五山）

【开展市科委支持中科院项目的对接】 年内，在市科委2018年设立的“怀柔科学城专项”资金的支持下，中国科学院京区科研院所在怀柔科学城的科技成果转化落地。年初全市共征集项目106个，经过3轮专家评审和筛选，最终确定了高效铜基复合催化材料的产业化技术开发、食品中李氏菌检测试剂盒及噬菌体制剂的开发与应用、激光选通夜视系统产业化等21个项目进行资金支持，支持资金为1亿元。

（王五山）

密云区

【概述】 2019年3月，根据《北京市密云区机构改革方案》，密云区科学技术委员会（简称密云区科委）下属知识产权办公室整建制划出至密云区市场监督管理局，密云区人力资源社会保障局的外国专家管理职责划入区科委。密云区市场市场监督管理局作为区政府工作部门加挂“区知识产权局”牌子。密云区科委主要职责包括落实北京市各项科技政策及北京全国科技创新中心工作任务，制定区内科技政策及科技发展规划，做好高新技术企业认定与服务，外国专家及科技人才的培育与服务，科普项目申报管理与科普活动宣传培训，市、区各类科技项目的组织实施与管理。

年内，密云区科技工作按照北京全国科创中心建设要求，服务科学城东区建设，服务企业创新发展，助力区内“高精尖”产业发展。怀柔科学城东区建设稳步推进，地球系统数值模拟装置项目完成总工程量的87%，4个中科院“十三五”科教基础设施项目启动建设。年内，指导150家企业完成国家高新技术企业认定申报，全区国家高新技术企业达到441家，其中上市企业24家。新认定5家市级研发机构。134项技术合同实现技术合同成交额12.9亿元，同比增长26.3%。48项创新成果获得市新技术新产品（服务）认证。25个项目在市科委、密云区科委立项。市级科普阵地总数达到32家。新增专利申请1635件，同比增长54.98%；新增专利授权1076件，同比增长27.34%。

（张怀东　冯小丹　景　姗　李　杰　宋玉美）

【寒假科技活动举办】 2月20—23日，密云区科委在密云区科技馆举办主题为“科学点亮梦想 科普助力生活”的科学实验秀活动，活动包括机器人编程、科学实验表演秀、动手小制作等板块，吸引6600人次参加。

（许小亮）

【北京大学领导来密云调研】 3月7日，北京大学常务副校长詹启敏就北京大学怀密医学中心项目选址来密云调研。进一步明确了北京大学与密云区的对接协调机制，在项目总体建设进度、资金等方面达成共识。

（任雪娇）

【加入科学教育馆协会】 3月8日，北京科学教育馆协会暨京津冀科学教育馆联盟在北京成立，密云区科技馆成为首批75家成员单位之一。

（许小亮）

【科技型企业政策宣讲会召开】 3月14日，密云区科委联合市科委宣讲团、密云区税务局等部门举办2019年密云区科技型企业政策宣讲，120余名企业相关负责人参加培训。围绕税收减免相关优惠政策、首都科技条件平台及创新券等政策进行了详细讲解，并向2018年第3批、第4批通过高新技术企业认定的企业颁发证书。

（李　杰）

【科学城东区建设工作领导小组成立】3月20日，第二届密云区委常委会第104次会议讨论通过《密云区推进怀柔科学城东区建设工作领导小组组建方案》，决定成立北京市密云区推进怀柔科学城东区建设工作领导小组，负责统筹推进怀柔科学城东区建设工作。

（任雪娇）

【农业企业培训会召开】4月11日，密云区科委举办企业运营管理和互联网新媒体战略营销培训会，北京密云国家农业科技园区内60余家重点农业企业88名相关负责人参加。会议围绕“互联网+”商业模式创新及企业运营管理进行了培训。

（赵红霞）

【科技周活动举办】5月18—23日，密云区科委在密云区科技馆举办密云科技周。本届科技周以“科技创新 科普惠民”为主题，分为怀柔科学城、前沿科技体验、科普互动、智慧生活体验4个展区，共接待观众1.8万人。

（许小亮）

【区领导到北京大学调研】6月19日，密云区委副书记、区长龚宗元带队赴北京大学调研，就协同推进项目建设、项目规划方案、项目选址、公共服务配套设施建设等相关事项进行了沟通交流，按照“成熟一个推一个”的原则推进项目落地。

（任雪娇）

【开展科普统计】6—8月，密云区科普联席会组织完成2018年度科普统计工作。数据显示：区内有科普专、兼职人员2107人，同比增长3.13%；注册科普志愿者1187人，同比增长36.59%；科普经费筹集额1978.49万元，同比增长31.37%；科普经费使用额1868.32万元，同比增长30.56%；科普场馆、场地参观人数164.9万人次，同比增长9.3%；科普活动受众约54万余人次。

（李大轩）

【区领导视察科技工作】7月5日，密云区委副书记、区长龚宗元到密云区科委调研，要求密云区科委要坚持党建统领，强化规矩意识，切实增强班子队伍的凝聚力和战斗力；要科学规划、统筹推进怀柔科学城东区建设，加快推进大科学装置和交叉平台等重点项目建设；要主动作为，通过建立联系人制度、服务包机制等方式，为企业提供精准服务。

（张怀东）

【科技政策培训举办】7月26日，密云区科委举办科技政策培训会。会上就首都科技条件平台及创新券政策、科技企业创新发展、高新技术企业认定等政策进行了详细讲解。区内110家科技型企业120余人参加培训。

（宋玉美）

【科普主题展举办】8月6—11日，密云区科委在密云科技馆举办“知识的海洋 科技的乐园”科普主题临展活动，包括科技课堂、科技表演、科技竞技、科技互动、科技影院和集赞有奖等内容，累计接待观众5000余人次。

（许小亮）

【生物医药创新创业大赛举办】8月12—14日，密云区第二届生物医药产业创新发展培训暨首届生物医药创新创业大赛举办，区内职能部门领导、医药领域企业相关负责人70余人参加。会上就《北京市生物医药行动计划的背景与落实情况》《药物一致性评价》等进行讲解，21个心脏支架、传统中药、新药研发等生物医药领域的创新项目参加比赛，最终6个项目获奖。

（宋玉美）

【清华大学研究平台项目获施工许可】8月19日，清华大学空地一体环境感知与智能响应研究平台项目取得施工许可证。该项目由清华大学环境学院承担，涵盖空地一体环境感知、环境样品与信息中心、环境模拟与智能响应三大系统。

（任雪娇）

【国庆主题展举办】10月1—7日，密云区科委在法制公园举办“普天同庆，共筑中国梦”主题展览，展览分为“生态密云”“绿色崛起”“和民生福祉”三大板块，通过视频、照片、文字和图表等形式，展示了新中国成立70周年和改革开放40年以来密云取得的辉煌成就。活动共接待观众3万余人次。

（李大轩）

【区领导调研科学城东区】10月18日，密云区委书记潘临珠带队，围绕“不忘初心、牢记使命”主题教育，开展“推进怀柔科学城东区建设”专题调研，区长龚宗元、区委副书记朱柏成参加调研。实地调研了地球系统数值模拟装置项目施工现场和十里堡镇王各庄村棚改指挥部，听取关于科学城东区、生命与健康科学小镇、北京大学怀密医学中心等项目的规划和建设情况汇报。潘临珠提出3点要求：一是坚定信心，用好“神来之笔”，全力推进科学城东区项目建设。二是坚持问题导向，逐个克服、一一破解项目建设中各个环节存在的问题。三是以生命与健康科学小镇项目为突破口，加快科学城周边和拓展区的规划建设。

（任雪娇）

【市领导来密云调研】 10月22日，副市长隋振江就北京大学怀密医学中心项目建设来密云调研，要求密云要积极支持、规划好项目建设，对用地做好规划预留、分步供应。按照职住平衡要求，围绕北京大学需求在项目周边规划建设集体土地租赁住房。

（任雪娇）

【北京第二实验学校设立获批复】 10月30日，市教委批复北京第二实验学校为直属财政补助的独立法人事业单位。该项目位于科学城东区南部地块，占地约200亩，是全市7所高水平学校建设重点项目之一。办学规模为96个班，是一所12年一贯制学校，主要用于服务科学城东区科技人才子女就学。

（王　研）

【高新技术企业颁证及培训会举办】 12月4日，密云区科委举办科技企业政策宣讲及首批高新技术企业颁证会，区内100家科技企业相关负责人参加。会议围绕国家高新技术企业认定风险防控、首都科技条件平台及创新券政策、科技项目申报材料撰写要点等内容进行了讲解，介绍了12345热线企业服务方案内容，为2019年首批通过认证的高新技术企业颁发了《高新技术企业证书》。

（李　杰）

【科教基础设施启动建设】 12月28日，总投资8.6亿元、用地面积113亩的怀柔科学城东区4个中科院“十三五”科教基础设施项目启动建设，包括深部资源探测技术装备研发平台、京津冀大气环境与物理化学前沿交叉研究平台、环境污染物识别与控制协同创新平台和泛第三极环境综合探测平台。

（程　翔）

【与北京大学签署战略合作协议】 12月28日，密云区政府与北京大学举行战略合作签约仪式。市委常委、统战部部长齐静，北京大学党委书记邱水平，密云区委书记潘临珠，密云区委副书记、区长龚宗元，密云区人大常委会主任王玉江，密云区委副书记朱柏成出席签约仪式。北京大学常务副校长詹启敏，密云区委副书记、区长龚宗元代表双方签署战略合作协议，双方将在怀密医学中心和研究型智能医院建设、北京第二实验学校建设、科技成果转化、教育合作和人才交流、提升密云区医院医疗服务水平等5个方面开展深入合作。

（王　研）

【地球系统数值模拟装置建设】 年内，中国科学院大气物理研究所承担的地球系统数值模拟装置项目主体结构封顶，完成建筑工程总量的87%。

（程　翔）

【空地一体项目建设】 年内，清华大学空地一体环境感知与智能响应研究平台项目完成“一会三函”（一会：市政府专题会；三函：前期工作函，设计方案审查意见函，施工登记意见书）审批手续，可研报告已报市发展改革委等待批复。

（程　翔）

【怀密医学中心建设】 年内，密云区、北京大学联合组建工作专班，初步选址位于科学城东区南部地块，并从全区范围内调整了130公顷的建设用地指标，在项目选址地块集中布局，正在编制的科学城东区控规中已将该地块的土地性质预留为教育科研用地和少量商业用地。委托中国国际工程咨询有限公司编制项目建议书（预可行性研究报告），已形成初步成果。

（王　研）

【生命与健康科学小镇建设】 年内，生命与健康科学小镇初步选址在紧邻北京大学怀密医学中心项目的南部，已在密云分区规划（2017年—2035年）中落实建设用地指标150公顷，在项目选址地块集中布局。

（柳　奇）

【首都科技条件平台密云工作站】 年内，北京密农人家农业科技有限公司、特鲁门（北京）科技有限公司等24家企业加入首都科技条件平台，解决正仁（北京）医疗仪器有限公司“纳米传感电极开发”等科技需求32项；深入落实首都科技创新券政策，推荐凯诚奥加（北京）生态农业科技发展有限公司等8家企业成功申请首都科技创新券，签署创新券合同总金额达455万元。

（宋玉美）

【研发机构认定】年内，北京市京海换热设备制造有限责任公司、北京中环膜材料科技有限公司等5家国家高新技术企业被市科委认定为北京市级企业科技研究开发机构，全区市级以上各类研发机构总数达到27家，其中市科委认定的12家，数量位居全市生态涵养区首位。

（李　杰）

【区内企业获国家科技进步奖】年内，北京斯伯乐科学技术研究院、北京斯伯乐科技发展有限公司2家国家高新技术企业研发的“大型乙烯及煤制烯烃装置成套工艺关键助剂技术与应用”项目获国家科学技术进步奖二等奖。

（李　杰）

【区内企业获北京市科学技术奖】年内，密云区植保植检站参与的“植物免疫诱导蛋白新农药的创制与应用”项目获北京市科学技术奖二等奖。该项目在蛋白产品创制、筛选与评价技术以及有害生物防控理念等方面取得了突破，获得发明专利4项，在28个地区推广应用。

（李　杰）

【新技术新产品(服务)认定】年内，北京北陆药业股份有限公司自主研发的“九味镇心颗粒”等40家高新技术企业的48项创新成果被认定为北京市新技术新产品(服务)。全区累计123项产品通过认定。

（李　杰）

【赛科希德项目】年内，北京赛科希德科技股份有限公司的“血栓与止血一体化基地建设项目”落地密云。该项目占地面积2.84公顷，主要进行“体外诊断设备及试剂”的研发生产。

（赵婷婷）

【格列美脲片通过仿制药一致性评价】年内，北京北陆药业股份有限公司的格列美脲片通过国家药监局仿制药一致性评价。该产品两个规格均通过仿制药一致性评价，成为区内首个通过仿制药一致性评价的药品。该药主要用于Ⅱ型糖尿病的治疗。

（赵婷婷）

【科技型中小企业认定】年内，以个性化辅导、政策培训、电话咨询等多种方式指导企业网上自我评价，做好形式审查工作。北京润环保科技股份有限公司等116家企业被科技部认定为科技型中小企业，数量居北京市生态涵养区首位。

（李　杰）

【科技项目立项】年内，正仁(北京)医疗仪器有限公司的《智能医疗机器人检测开放平台》等25个项目获得立项，其中市级科技项目10个、区级科技项目15个。

（杜景龙）

【科普体验厅建设】年内，西田各庄镇北京济世恩康中草药种植中心以“中国中医药文化”为主题的科普体验厅、区气象局以“气象科普知识”为主题的科普体验厅通过市科委验收，成为市社区科普体验厅。全区市级科普体验厅、科普教育基地、创新型科普社区和青少年探索实验室等市级科普阵地达到32家。

（赵　虹）

【密云国家农业科技园区通过科技部验收】年内，北京密云国家农业科技园区通过科技部验收，该批次共有82个园区接受验收，其中77个园区验收通过。

（赵红霞）

【入选食物营养教育基地】年内，北京春播科技有限公司入选“国家食物营养教育示范基地”，成为区内首家入选单位。

（赵红霞）

【星创天地建设】年内，北京奥金达蜂产品专业合作社、北京云梦园科技有限公司、北京密隆国际农业科技有限公司、北京利民富农葡萄种植专业合作社通过科技部备案，成为国家级星创天地。北京京纯养蜂专业合作社、北京爱农基业科技发展有限公司成为市级星创天地。全区星创天地累计达到9家，其中国家级7家、市级2家。

（赵红霞）

【专家工作站建设】年内，石匣村科技特派员工作站建立，开展甘薯新品种引进、种植技术指导、引进甘薯储藏保鲜和深加工技术等相关工作。全区专家工作站累计达到8家。

（赵红霞）

【引进示范农业优良品种】年内，在巨各庄、穆家峪等镇引进示范阳光玫瑰、京番308等农业优良品种79个。

（王子萌）

【培育优势企业】年内，密云区累计培育国家级示范、优势企业4家，市级知识产权试点、示范企业89家。北京康辰药业股份有限公司等9家企业通过《企业知识产权管理规范》国家标准认证，数量居北京市生态涵养区首位。

（景　姗）

【专利资助政策】年内，根据《密云区关于支持企业发展办法实施细则（试行）》，区市场监督管理局对区内专利授权、专利质押贷款贴息、知识产权优势企业等符合条件的企业给予知识产权专项资助。共对29家符合政策扶持条件的企业给予知识产权资助金27.5万元。

（景　姗）

【举办知识产权活动】年内，围绕专利挖掘、品牌保护等内容，区市场监督管理局组织开展了企业知识产权贯标工作交流座谈会、优化营商环境培训会、知识产权进社区讲座等专题培训座谈活动6次。在知识产权宣传周、专利周等重要时点联合相关部门开展知识产权进企业、进广场、进社区等宣传活动5次。

（景　姗）

【举办科普大课堂】年内，密云区科技馆围绕怀柔科学城建设，确定“地球科学、航天航空、生命科学、人工智能”四大主题，开展科普课堂活动29期，共计2400余人参加。

（许小亮）

【科技馆接待情况】年内，密云区科技馆接待观众6.59万人次，同比增长3.95%。自开馆以来累计接待23.9万人次。

（许小亮）

延庆区

【概述】2019年，延庆区科学技术委员会（简称延庆区科委）加挂“中关村延庆园管委会”牌子。园区内企业享受中关村及延庆区各项产业发展扶持政策。中关村延庆园占地491公顷，2012年10月纳入中关村国家自主创新示范区，成为“一区十六园”之一，定位为京西北科技创新特色发展区、“三城一区”成果转化承载地。

2019年，结合延庆区域定位和冬奥、世园两件大事，中关村延庆园将现代园艺、冰雪体育、新能源和能源互联网、无人机产业作为重点培育和扶持产业。围绕重点培育产业，组建4个产业专班，引进一批重大项目落地，包括中国花卉发展中心、中电智慧、中科谱遥、中关村智连灾害研究院等重大高精尖产业。出台实施高精尖产业用地配套政策，确定入园项目的准入条件；牵头制定4个特色产业专项措施，对重点团队和重大项目加大精准支持力度。实施延庆园创新创业政策，完成项目征评审报工作，114家企业的185个项目将获得1971.95万元资金支持。设立2亿元的延庆首支科技创新基金，制定用于投资延庆资金不少于50%的使用标准，为延庆科技创新产业发展注入更大规模的资金支持。2019年，园区高新技术企业达到253家，2019年新增102家，同比增长63%。其中，瞪羚企业18家，展翼企业6家，金种子企业2家（尚格云、理工全胜）。高新企业已完成总收入99.5亿元，同比增长27.2%；完成工业总产值55.3亿元，同比增长53.8%。科技活动从业人员1632人，同比增长35.1%，占期末从业人员的25.5%。地均产出率为20.2亿元/平方千米，同比增长27.2%；劳均产出率为155.3万元/人，同比增长20.8%。专利申请量421件，专利授权量285件。

（哈建新）

【延庆区第25届科技活动周举办】5月11日，结合园艺产业发展新趋势，在延庆农场39种、100多万株郁金香的美丽花海中举办了以“科技强国、科普惠民、融入园艺、醉美延庆”为主题的2019年延庆区第25届科技活动周启动仪式，拉开了科技周的序幕。科技周期间参与群众近15000人，发放宣传材料10000余份。

（哈建新）

【签署《绿色氢能战略合作框架协议》】6月12日，延庆区政府与国家电投旗下的中电国际签署《绿色氢能战略合作框架协议》。双方将以2022年北京冬奥会为契机,共同推进绿色制氢、加氢项目落地,探索氢能创新技术,促进氢能装备产业发展,并配合市交通委、冬奥组委开展氢能交通示范应用,在中关村创新家园规划建设氢能产业园。延庆区科委(中关村延庆园管委会)作为牵头部门将积极配合中电国际开展氢能产业合作项目落地的有关工作,为中电国际提供有效支持和高效服务,为项目实施创造良好条件。

(哈建新)

【科技世园专项立项】6月12日,第二批"2019科技世园"专项"中国传统菊花新品种培育与产业化关键技术研究""分子标记辅助培育抗旱月季新品种及其在世园会的示范""新型冷凉花卉引种及繁育技术研究与示范""抗逆性菊花新品种筛选及高效栽培技术研发与示范"4个课题完成技术方面论证和财政科技经费的评审工作,共申请990万元科技财政经费。

(哈建新)

【市、区两级重大关键任务科技专项项目申报】6月21日,按照市科委下发的通知要求和区领导指示,定向组织完成了北清通航科技(北京)有限公司"无人机产业公共服务平台建设"、北京北变能源有限公司"北京延庆能源互联网实验室中试平台"2个专项的申报。

(哈建新)

【区科委(中关村延庆园管委会)机关党委成立】7月,经区直机关工委批复,延庆区科委(中关村延庆园管委会)机关党委成立。8月,选举产生第一届机关党委书记和委员。

(哈建新)

【2019世界花卉大会举办】9月11—13日,为期3天的2019世界花卉大会在延庆举办,大会以"携手花卉事业,共创美好家园"为主题,来自69个国家、6个国际组织的360多位代表参会。第71届国际园艺生产者协会(AIPH)年会、国际绿色城市论坛同期举行。本届花卉大会由国家林业和草原局、中国花卉协会、中国国际贸易促进委员会、北京市政府和国际园艺生产者协会(AIPH)共同主办,北京世界园艺博览会事务协调局、市园林绿化局、延庆区政府、北京花卉协会承办。

(哈建新)

【无人机创新产业基地项目协议签订】9月29日,延庆区与中国航天科技集团公司第九研究院签订无人机创新产业基地项目协议。延庆区与航天九院签订框架协议,中关村延庆园管委会与航天九院下属的航天飞鸿公司签订入园协议。航天九院选址"中关村·长城脚下的创新家园",与延庆合作建设"飞鸿"无人机创新产业基地,重点打造科技创新、智能制造、大数据平台和培训交流中心四大模块,在前沿技术研发、智能制造、自动测试、数字化集成、大数据、云计算等新兴领域进行探索创新。

(哈建新)

【参加2019冬博会】10月17日,由延庆区科委(中关村延庆园管委会)牵头组织参与的2019国际冬季运动(北京)博览会(简称冬博会)在国家会议中心开幕,作为北京2022年冬奥会三大赛区之一的延庆,连续第4次亮相冬博会。在主会场设立"美丽延庆、冰雪夏都"展区,从"美丽延庆""冰雪夏都""冬奥梦想""科技冬奥"4个方面诠释不同角度的延庆,向世界展示冬奥冰雪之城的独特魅力。10月18日,在中关村延庆园企业之家设立分论坛暨冰雪产业发展论坛,邀请来自体育、金融、冰雪等行业的专家齐聚一堂,共商未来延庆冰雪产业发展。

(哈建新)

【延庆首座加氢站开工建设】11月29日,延庆小型多能互补零排供能试验系统示范项目一期(延庆园加氢站)举行开工仪式,中关村延庆园管委会、项目建设方中电智慧综合能源有限公司(简称中电智慧)及项目监理等单位代表参加开工仪式,中电智慧总经理张越致辞并宣布项目在中关村延庆园开工,标志着该项目正式进入开工建设阶段。延庆小型多能互补零排供能试验系统项目一期主要将在中关村延庆园内建设一座500千克/天的加氢站,每日能为近33辆氢能公交车提供加氢服务,建成后将作为延庆区氢能交通重要基础设施,为2020年高山滑雪世界杯延庆站、北京冬奥会测试赛及2022年北京冬奥会期间氢燃料车辆示范运营提供保障。

(哈建新)

【延庆区2019年"科技大讲堂"举办】年内,延庆区举办4期2019年科技大讲堂,即北京农学院经济管理学院李华主讲的"中国现代农业科技园与田园综合体建设、现代农业转型升级";北京高技术创业服务中心的李丹和郭景文主讲的“高新技术企业认定和科技型中小企业评价政策解读及申请流程辅导”;中国科学院自动化研究所赵晓光主讲的“无人机现状与发展趋势”;中国科学院高级工程师、中国科学院老科学家科普演讲团成员陈贺能主讲的“能源科技前沿概览”。

（哈建新）

【市级科普项目延庆华海田园天文科普教育基地建设通过验收】 年内,延庆华海田园天文科普教育基地建设项目完成,并通过市科委的审计和验收。该项目2018年9月在市科委立项,项目建设内容包括全景式天文圆顶、球幕天象厅、天文科普大讲堂、VR天文科普教育系统4部分。

（哈建新）

【高新技术企业认定辅导工作开展】 年内,积极开展高新技术企业认定辅导工作,50家企业获得经科技部备案的高新技术企业资格,截至年底,延庆区经科技部备案的高新技术企业达到146家。中关村高新技术企业289家。

（哈建新）

【开展扶贫协作】 年内,延庆区科委(中关村延庆园管委会)赴张家口市宣化区顾家营镇就扶贫工作进行慰问及考察交流。捐赠了帮扶资金12万元;延庆区科委(中关村延庆园管委会)与兴和、宣化、怀来三地签署战略合作协议。

（哈建新）

政策法规选编

北京市促进科技成果转化条例

北京市人民代表大会常务委员会公告

〔十五届〕第19号

《北京市促进科技成果转化条例》已由北京市第十五届人民代表大会常务委员会第十六次会议于2019年11月27日通过，现予公布，自2020年1月1日起施行。

北京市第十五届人民代表大会常务委员会
2019年11月27日

北京市促进科技成果转化条例

（2019年11月27日北京市第十五届人民代表大会常务委员会第十六次会议通过）

目　录

第一章　总　则

第一条　为了促进科技成果转化，规范科技成果转化活动，实施创新驱动发展战略，加快建设具有全球影响力的全国科技创新中心，推动经济高质量发展和社会进步，根据《中华人民共和国促进科技成果转化法》等有关法律、行政法规，结合本市实际，制定本条例。

第二条　本市行政区域内的科技成果转化及相关活动，适用本条例。

第三条　科技成果转化活动应当尊重科技创新规律和市场经济规律，发挥企业、研发机构、高等院校、转化服务机构等创新主体作用，遵循自愿、互利、公平、诚实信用的原则，加强知识产权保护，激发全社会创新创业活力。

第四条　市、区人民政府应当加强对科技成果转化工作的领导，将科技成果转化工作纳入国民经济和社会发展规划和计划，组织制定相关政策措施并监督落实。

本市建立健全科技成果转化议事协调机制，研究、协调科技成果转化工作中的重大事项，制定并督促落实科技成果转化工作目标和措施。

第五条　市科学技术部门应当依照职责做好科技成果转化的管理、指导、协调和服务工作。

市发展改革、教育、经济和信息化、财政、人力资源社会保障、人才工作、农业农村、卫生健康、国有资产、地方金融监管、知识产权等部门应当依照各自工作职责，做好科技成果转化相关工作。

第六条 本市营造有利于科技成果转化的良好环境，吸引国内外科技成果在本市聚集、转化、交易；积极推进京津冀协同创新发展，加强与津冀地区科技创新资源共享和科技成果转化合作；积极推进央地合作，加强与中央单位科技资源对接，建立健全沟通协调机制，支持中央单位科技成果在本市落地转化和产业化。

第七条 市、区人民政府应当按照国家和本市有关规定，对在科技成果转化活动中做出突出贡献的组织和个人予以表彰和奖励。

第二章 成果权益

第八条 本市建立健全以增加知识价值为导向的科技成果权益分配机制，积极推进职务科技成果权属改革，尊重、维护和保障科技成果转化中各方主体的合法权益。

第九条 政府设立的研发机构、高等院校，可以将其依法取得的职务科技成果的知识产权，以及其他未形成知识产权的职务科技成果的使用、转让、投资等权利，全部或者部分给予科技成果完成人，并同时约定双方科技成果转化收入分配方式。

前款规定的情况不得损害国家安全、国家利益、社会公共利益。

第十条 政府设立的研发机构、高等院校对其持有的科技成果，可以自主决定实施转化，除涉及国家秘密、国家安全外，不需审批或者备案；可以自主决定是否进行资产评估。科技成果转化收入留归本单位。

第十一条 政府设立的研发机构、高等院校持有的职务科技成果，在不变更权属的前提下，科技成果完成人可以与本单位依法签订协议实施转化。

单位自职务科技成果在本单位登记后无正当理由超过一年未组织实施转化的，科技成果完成人可以自行投资实施或者与他人合作实施转化，单位应当对科技成果完成人的科技成果转化活动予以支持、配合。

第十二条 科技成果完成单位持有的职务科技成果转化后，应当由单位对完成、转化该项科技成果做出重要贡献的人员给予奖励和报酬。

单位可以依法规定或者与科技人员约定奖励和报酬的方式、数额和时限。单位未规定、也未与科技人员约定的，按照《中华人民共和国促进科技成果转化法》的规定执行。

政府设立的研发机构、高等院校可以按照下列标准对完成、转化该项科技成果做出重要贡献的人员给予奖励和报酬：

（一）将职务科技成果转让、许可给他人实施的，从该项科技成果转让净收入或者许可净收入中提取不低于百分之七十的比例；

（二）利用职务科技成果作价投资的，从该项科技成果形成的股份或者出资比例中提取不低于百分之七十的比例；

（三）将职务科技成果自行实施转化或者与他人合作实施转化的，在实施转化成功投产后，从开始盈利的年度起连续五年内，每年从实施转化该项科技成果的营业利润中提取不低于百分之五的比例。五年奖励期限满后依据其他法律法规应当继续给予奖励或者报酬的，从其规定。

前款所称净收入，是指转让、许可收入扣除本次交易发生的相关税金、维护该科技成果的费用及交易过程中的评估、鉴定、谈判等直接成本后的余额。

政府设立的研发机构、高等院校及国有企业依照本条例规定对完成、转化职务科技成果做出重要贡献的人员给予奖励和报酬的支出计入当年本单位工资总额，但不受当年本单位工资总额和绩效工资总量限制、不纳入本单位工资总额基数。

第十三条 在政府设立的研发机构、高等院校及其所属的具有法人资格的单位担任领导职务的科技人员，是科技成果主要完成人或者对科技成果转化做出重要贡献的，按照国家有关规定获得奖励和报酬，并实行公开公示制度。

担任领导职务的科技人员在科技成果转化活动中不得利用所在单位的名义、声誉和影响力牟取私利，不得利用职权侵占他人科技成果转化收入。

第十四条 利用本市财政资金设立的应用类科技项目，项目主管部门应当在合同中明确项目承担者的科技成果转化义务和转化期限、项目主管部门可以许可他人实施的条件和程序等事项。

项目承担者在约定转化期限内未实施转化且无正当理由的，项目主管部门可以按照约定终止项目。该项目形成的科技成果，项目主管部门可以在技术市场信息网络平台上发布，并依照约定许可他人实施。

第三章 转化实施

第十五条 政府设立的研发机构、高等院校应当建立符合本单位特点的科技成果转化管理制度，明确科技成果的登记、转化实施程序、收益分配、组织保障、异议处理等内容。

第十六条 政府设立的研发机构、高等院校应当加强科技成果转化队伍建设，提供必要的经费保障，明确专门机构或者专门人员负责下列工作：

（一）受理科技成果登记；

（二）分析科技成果应用价值；

（三）拟定科技成果权利分配及转化方案；

（四）自行组织或者指导、协助科技成果完成人开展科技成果后续试验、开发；

（五）申请、保护和管理科技成果的知识产权；

（六）与科技成果转化相关的其他工作。

第十七条 政府设立的研发机构、高等院校可以将其持有的科技成果转移到本单位设立的科技成果转化机构实施转化。

政府设立的研发机构、高等院校可以将与科技成果直接相关的仪器设备出租、出借或者作价投资到科技成果转化实体，取得的收益在履行相关审批手续后，可以用于科学技术研究开发与科技成果转化等相关工作。

第十八条 政府设立的研发机构、高等院校应当建立符合本单位科技成果转化工作特点的职称分类评审、岗位管理和考核评价制度，将通过科技成果转化创造的产值、利润等经济效益和吸纳就业、节约资源、保护环境等社会效益，作为专业技术职称评审、岗位管理和考核评价的重要依据。

第十九条 政府设立的研发机构、高等院校开展科技成果转化活动，相关负责人根据法律、法规、规章制度履行了民主决策、信息公示、合理注意和监督管理等勤勉尽责义务，未牟取非法利益的，免除其在科技成果定价中因科技成果转化后续价值变化而产生的决策责任。

本市设立的研发机构、高等院校以科技成果对外投资实施转化活动，已经履行勤勉尽责义务且没有牟取非法利益仍发生投资亏损的，经单位主管部门审核后，不纳入单位国有资产对外投资保值增值考核范围，由财政部门按照相关规定予以资产处理。

第二十条 本市鼓励企业与研发机构、高等院校及其他组织建立科技人员双向流动、项目合作等人才合作交流机制。

研发机构、高等院校可以通过建设产学研合作平台、实施科技成果转化项目等方式，吸引企业科技人才兼职。

研发机构、高等院校的科技人员可以按照国家和本市有关规定，经所在单位同意，通过离岗创业、在岗创业或者到企业兼职等方式，从事科技成果转化活动，并按照有关规定取得合法报酬。

第二十一条 本市鼓励企业加大对科学技术研究开发和科技成果转化的经费投入，支持有条件的企业承接转化重大创新项目、承接转化科技成果形成重点新产品、参与产业关键共性技术研究开发、参与国家重大科研基础设施建设、参与国际国内标准的研究与制定，促进科技成果转化。

第二十二条 市国有资产管理部门应当建立有利于科技成果转化的考核评价机制，将市属国有企业的研究开发投入、科技成果转化等情况列入企业管理者经营业绩考核范围。

第二十三条 本市鼓励研发机构、高等院校优先向中小微企业转移科技成果。

根据本条例第十四条第二款规定将科技成果许可他人实施的，中小微企业优先实施。

第二十四条 本市支持研发机构开展体制机制创新，允许其在财政资金使用、职称评审、人员聘用、运行管理等方面享有更大自主权，开展基础前沿研究、产业关键共性技术研究开发、应用开发等创新活动，推动重大科技成果转化和产业化。

第二十五条 本市支持建设公共研究开发平台，为科技成果转化提供技术集成、共性技术研究开发、中间试验和工业性试验、系统化和工程化开发、技术推广与示范等服务；支持建设孵化机构，提供孵化场地、创业辅导、研究开发与管理咨询等服务。

经认定的国家级、市级科技企业孵化器、大学科技园和经备案的众创空间，在房产、土地、收入等方面按照国家有关规定享受税费减免。

第二十六条 本市鼓励设立各类科技成果转化服务机构，提供下列服务：

（一）科技成果信息的搜集、筛选、分析、加工；

（二）科技成果的价值评估、交易服务；

（三）知识产权信息检索与分析；

（四）科技成果展示、推介及与产业技术需求对接；

（五）技术经纪人、技术经理人等科技成果转化专业人才培训；

（六）科技成果转化其他服务。

市科学技术部门及相关部门应当建立健全相关服务规范，加强对科技成果转化服务机构的监督管理。

第二十七条 本市支持科技成果转化服务机构开展跨境、跨区域的科技成果转化服务，在不涉及国家安全、不损害国家利益和社会公共利益的前提下开展技术合作、技术贸易。

本市鼓励国际、国内其他地区科技成果转化服务机构在本市设立分支机构，集聚科技成果转化人才，开展科技成果转化合作。

第二十八条 本市加强技术交易市场建设，为技术交易双方提供交易场所，制定规范的技术成果信息发布标准和流程，开展技术交易综合配套服务；支持企业、研发机构、高等院校、行业协会等单位通过技术交易市场开展信息发布、供需对接、询价、招标、拍卖、挂牌等活动。

第二十九条 本市设立的研发机构、高等院校应当按照国家和本市规定向其主管部门提交科技成果转化情况年度报告，有关主管部门应当将审核后的年度报告报送市科学技术部门和财政部门。

国家在本市设立的研发机构、高等院校应当将科技成果转化情况年度报告抄送市科学技术部门。

科技成果转化情况年度报告作为对上述单位实施绩效评价或者予以财政资金支持的重要依据。

第三十条 市科学技术部门应当会同有关部门建立全市统一的科技报告制度和科技成果信息系统，依法向社会公布科技项目实施情况以及科技成果和相关知识产权信息，提供科技成果信息查询、筛选等公益服务。

利用本市财政资金设立的科技项目的承担者应当在项目结题时向市科学技术部门和项目主管部门提交科技报告，并按照规定将科技成果和相关知识产权信息汇交到本市科技成果信息系统。

科技成果信息系统的管理、使用办法由市科学技术部门另行制定。

第四章 政府支持和保障

第三十一条 市、区人民政府应当逐步提高科学技术经费的财政投入总体水平，统筹安排财政资金，支持开展科技成果转化相关工作，促进重大科技成果在本市落地转化。

市、区人民政府通过设立科技创新基金，引导社会资本投资符合本市城市战略定位的重大科技成果转化和产业化；通过风险补偿、贷款贴息、知识产权质押融资保险补贴等方式，支持银行、保险机构、担保公司等金融机构为科技型企业提供信贷融资服务。

第三十二条 市、区人民政府应当完善科技成果转化配套条件，制定科技成果中试熟化与产业化用地用房保障政策，加强住房、医疗、教育等公共服务设施建设，推动符合产业发展定位的科技成果落地转化。

第三十三条 本市建立健全支持采购新技术、新工艺、新材料、新产品、新服务的相关制度，促进科技成果转化。

本市支持企业通过科技成果转化形成首台(套)重大技术装备依法参与政府采购活动。有关采购人或者采购代理机构应当合理设置首创性、先进性等评审因素，不得以企业规模、成立年限、市场业绩等为由限制企业的参与资格。

第三十四条 本市设立的研发机构、高等院校的主管部门以及市财政、科学技术等部门应当建立有利于促进科技成果转化的考核评价制度，将科技成果转化情况作为对相关单位考核评价、财政资金支持等的重要内容和依据之一。

市人力资源社会保障部门应当会同市科学技术、教育等部门建立有利于促进科技成果转化的专业技术职称评审体系，设立知识产权、技术经纪等职称专业类别，并将科技成果转化创造的经济效益和社会效益作为科技成果转化人才职称评审的主要评价因素。

第三十五条 市人民政府应当制定科技成果转化人才培养和引进政策，加强科技成果转化人才培养基地建设，落实本市引进的科技成果转化人才在落户、住房、医疗保险、子女就学等方面的待遇。

对于本市引进的外籍科技成果转化人才，市公安、外国专家等部门应当按照有关规定，在办理入境签证、居留许可和就业许可时，简化程序、提供便利。

第三十六条 本市建立首都科技条件平台，向社会开放重大科研基础设施、大型科研仪器等科技资源。利用本市财政资金建设、购买的重大科研基础设施、大型科研仪器应当纳入首都科技条件平台。鼓励和支持利用非本市财政资金建设、购买的重大科研基础设施、大型科研仪器等纳入首都科技条件平台。

中小微企业、创业者通过首都科技条件平台使用上述科技资源的，市科学技术部门通过科技创新券等方式予以资金支持。

第三十七条 市、区人民政府统筹制定应用场景建设有关规划和政策，加快构建科技成果转化所需的应用场景，支持科技成果转化形成的新技术、新产品、新业态、新商业模式在本市测试、试用、应用，并依法提供其所需的数据开放、基础设施、技术验证环境、检测标准、示范应用等服务，为其在本市落地提供便利。

前款规定的新技术、新产品、新业态、新商业模式不得危害国家安全、损害社会公共利益、危害人体健康、违反伦理道德。

第三十八条 本市建立知识产权公共服务体系，指导和支持研发机构、高等院校、企业等建立本单位的知识产权管理制度，提升知识产权保护和运用能力。

本市对依法取得知识产权的科技成果，实行严格的知识产权保护制度，维护科技成果转化中各方主体的合法权益。

第五章 法律责任

第三十九条 本市设立的研发机构、高等院校未依照本条例规定提交科技成果转化情况年度报告的，由其主管部门责令改正；情节严重的，予以通报批评。

利用本市财政资金设立的科技项目的承担者未依照本条例规定提交科技报告、汇交科技成果和相关知识产权信息的，由项目主管部门责令改正；情节严重的，给予通报批评，并取消其三年内申报本市财政资金设立的科技项目的资格。

第四十条 研发机构、高等院校、企业及相关人员违反本条例规定，在科技成果转化活动中弄虚作假，采取欺骗手段，骗取奖励和荣誉称号、非法牟利的，由市人民政府有关部门依照管理职责责令改正，取消该奖励和荣誉称号，没收违法所得，并处以违法所得一倍以上三倍以下的罚款；没有违法所得的，处以五万元以上十万元以下的罚款。给他人造成经济损失的，依法承担民事赔偿责任；构成犯罪的，依法追究刑事责任。

第四十一条 政府设立的研发机构、高等院校及其工作人员有下列情形之一的，由其主管部门责令限期改正；逾期不改正的，予以通报批评，对直接负责的主管人员和其他直接责任人员依法给予处分：

（一）未按规定制定科技成果转化管理制度的；

（二）阻碍科技成果完成人依法转化职务科技成果，拒绝提供相关技术资料的；

（三）未按规定对完成、转化科技成果做出重要贡献的人员给予奖励和报酬或者公示科技成果转化奖励和报酬情况的。

第四十二条 科技成果转化服务机构及其从业人员违反本条例规定，故意提供虚假信息、实验结果或者评估意见等欺骗当事人，或者与当事人一方串通欺骗另一方当事人的，由市人民政府有关部门依照管理职责责令改正，没收违法所得，并处以违法所得一倍以上三倍以下的罚款；没有违法所得的，处以五万元以上十万元以下的罚款；情节严重的，由市场监督管理部门依法吊销营业执照。给他人造成经济损失的，依法承担民事赔偿责任；构成犯罪的，依法追究刑事责任。

第六章　附　则

第四十三条 本条例所称科技成果包括专利技术、计算机软件、技术秘密、集成电路布图设计、植物新品种、新药、设计图、配方等。

本条例所称科技成果转化活动包括在科技成果转化中开展的技术开发、技术服务、技术咨询等活动。

第四十四条 本条例有关研发机构、高等院校的规定，适用于政府设立的医疗卫生机构。

第四十五条 本条例自 2020 年 1 月 1 日起施行。

北京市科学技术奖励办法

北京市人民政府令

第 287 号

《北京市科学技术奖励办法》已经 2019 年 7 月 9 日市人民政府第 40 次常务会议审议通过，现予公布，自 2019 年 8 月 18 日起施行。

市长　陈吉宁

2019 年 7 月 18 日

北京市科学技术奖励办法

（2002 年 4 月 11 日北京市人民政府第 93 号令公布 根据 2007 年 3 月 7 日北京市人民政府第 187 号令第一次修改 根据 2010 年 8 月 13 日北京市人民政府第 222 号令第二次修改 根据 2014 年 7 月 9 日北京市人民政府第 259 号令第三次修改 根据 2019 年 7 月 18 日北京市人民政府第 287 号令第四次修改）

第一条　为了奖励在本市科学技术进步活动中做出突出贡献的个人和组织，调动科学技术工作者的积极性和创造性，推动实施创新驱动发展战略，加快建设具有全球影响力的全国科技创新中心，根据《国家科学技术奖励条例》等有关规定，结合本市实际，制定本办法。

第二条　市人民政府设立北京市科学技术奖（以下简称市科学技术奖），用于奖励在本市科学技术进步活动中做出突出贡献的个人和组织。

市科学技术奖包括以下奖项：

（一）突出贡献中关村奖；

（二）杰出青年中关村奖；

（三）国际合作中关村奖；

（四）自然科学奖；

（五）技术发明奖；

（六）科学技术进步奖。

第三条　本市科学技术奖励贯彻尊重劳动、尊重知识、尊重人才、尊重创造的方针。

市科学技术奖的评审工作坚持公开、公平、公正的原则。

第四条　市科学技术行政部门主管本市科学技术奖励工作，负责市科学技术奖的组织实施，对社会力量开展科学技术奖励活动进行指导、服务和监督。

第五条　市人民政府设立市科学技术奖励委员会（以下简称奖励委员会）。奖励委员会聘请有关方面的专家组成若干评审委员会以及监督委员会，负责市科学技术奖的评审和监督工作。奖励委员会的组成人员由市科学技术行政部门提出，报市人民政府批准。

奖励委员会的日常工作由市科学技术奖励工作办公室（以下简称市奖励办）承担。

第六条 突出贡献中关村奖旨在奖励在科学研究中取得重大发现，推动科学发展和社会进步，或者在关键核心技术研发中取得重大突破，创造巨大经济社会效益或者生态环境效益的个人。

杰出青年中关村奖旨在奖励在科学研究中取得重要发现，推动相关学科发展，或者在关键核心技术研发中取得创新性突破，推动科技成果转化和产业化的不超过40周岁的个人。

国际合作中关村奖旨在奖励同本市个人和组织开展国际科学技术交流合作，提升本市科技创新国际化水平和全球影响力的外国人。

自然科学奖旨在奖励在基础研究和应用基础研究中阐明自然现象、特征和规律，做出重大科学发现的个人和组织。

技术发明奖旨在奖励运用科学技术知识在产品、工艺、材料、器件及其系统等研究开发中做出重大技术发明的个人和组织。

科学技术进步奖旨在奖励完成和应用推广创新性科技成果，为推动科技进步和经济社会发展做出突出贡献的个人和组织。

第七条 下列科技成果不属于市科学技术奖的奖励范围：

（一）涉及国家安全事项，不宜公开的成果；

（二）存在知识产权归属及完成单位、完成人争议的成果；

（三）依法应当取得而未取得有关行政许可的成果；

（四）已经获得或者当年度被提名为国家科学技术奖或者其他省、自治区、直辖市科学技术奖的成果。

第八条 突出贡献中关村奖、杰出青年中关村奖、国际合作中关村奖不分等级。自然科学奖、技术发明奖、科学技术进步奖各分为一等奖、二等奖两个等级；对做出特别重大科学发现，突破关键核心技术，产生特别重大经济社会效益或者生态环境效益的，可以授予特等奖。

市科学技术奖的奖励数量按照市政府有关规定执行。

第九条 市科学技术奖每年评审一次。市科学技术奖奖金数额由市科学技术行政部门会同市财政部门规定，奖励经费由市财政列支。

第十条 市科学技术奖实行提名制度，候选者由下列个人和组织提名：

（一）国家最高科学技术奖获奖者、中国科学院院士、中国工程院院士、突出贡献中关村奖获奖者；

（二）市人民政府有关部门、直属机构，区人民政府；

（三）符合本市提名资格规定的学会、行业协会及其他组织。

提名应当符合提名规则，提名者应当对提名材料的真实性、准确性负责，并在提名、评审、异议处理等工作中履行相应义务。

第十一条 市奖励办对市科学技术奖的提名材料进行形式审查。符合规定的受理条件的，予以受理；不符合规定的受理条件的，不予受理并说明理由。

第十二条 对予以受理的市科学技术奖的候选者，由相应的评审委员会按照下列程序进行评审：

（一）突出贡献中关村奖、杰出青年中关村奖、国际合作中关村奖评审委员会按照评审规则和标准评审，并将评审结果报奖励委员会审定；

（二）自然科学奖评审委员会、技术发明奖和科学技术进步奖评审委员会设立若干专业评审组，按照评审规则和标准进行初审。各评审委员会对初审结果进行评审，并将评审结果报奖励委员会审定。专业评审组专家从评审专家库中随机抽取产生。

市科学技术行政部门建立覆盖各学科、各领域的评审专家库，并适时更新。

第十三条 监督委员会对提名、评审、异议处理等工作进行监督，并向奖励委员会提交监督报告。

第十四条 奖励委员会根据评审结果和监督报告对获奖者及奖励等级进行审定，并将审定结果报市人民政府批准。

第十五条 市科学技术奖由市人民政府颁发证书、奖章和奖金。

第十六条 市奖励办开展和组织评审工作，应当按照规定向社会公示受理、初审、评审结果等信息。个人和组织对公示信息有异议的，可以在相应的公示期内以实名方式提出。

市奖励办按照异议处理规则和程序对异议进行调查处理，提出处理建议，并按照程序提交相应的评审委员会和奖励委员会。

第十七条 本市鼓励社会力量设立科学技术奖项，开展科学技术奖励活动。

社会力量开展科学技术奖励活动，应当遵守法律、法规、规章和国家有关规定，坚持诚信、公益、公开的原则，不得在奖励活动中收取任何费用；所设奖项不得危害国家安全，不得违背社会公德和科学伦理。

第十八条 候选者、获奖者、提名者、评审专家有下列行为的，按照下列规定处理：

（一）候选者在评审过程中有弄虚作假、贿赂等影响评审公正性行为的，由市科学技术行政部门取消其当年度候选者资格；

（二）获奖者剽窃、侵占他人科技成果，弄虚作假或者以其他不正当手段骗取市科学技术奖的，由市科学技术行政部门报经市人民政府批准撤销奖励，追缴奖金；

（三）提名者提供虚假材料，协助他人骗取市科学技术奖的，由市科学技术行政部门取消其当年度提名资格；

（四）评审专家有弄虚作假、徇私舞弊、泄露有关秘密等违反评审纪律行为的，由市科学技术行政部门责令停止参与当年度评审工作。

有前款规定行为的，根据情节轻重，一至五年内不得参与市科学技术奖励活动，并由市科学技术行政部门记入科研诚信记录，按照规定共享到本市公共信用信息服务平台，由有关部门依法实施信用联合惩戒。

第十九条 社会力量开展科学技术奖励活动违反本办法第十七条规定的，由市科学技术行政部门予以公开曝光，记入诚信记录，并按照规定共享到本市公共信用信息服务平台，由有关部门依法实施信用联合惩戒；违反有关法律、法规的，由相关部门依法处理。

第二十条 市科学技术行政部门的工作人员在科学技术奖励活动中不履行、不当履行或者违法履行职责的，依法给予处分；构成犯罪的，依法追究刑事责任。

第二十一条 市科学技术奖评审的具体资格、条件、标准、程序、规则等由市科学技术行政部门组织制定，并向社会公开。

第二十二条 本办法自2019年8月18日起施行。

北京市人民政府印发《关于新时代深化科技体制改革加快推进全国科技创新中心建设的若干政策措施》的通知

京政发〔2019〕18 号

各区人民政府,市政府各委、办、局,各市属机构:

现将《关于新时代深化科技体制改革加快推进全国科技创新中心建设的若干政策措施》印发给你们,请结合实际认真贯彻落实。

北京市人民政府

2019 年 10 月 16 日

关于新时代深化科技体制改革加快推进全国科技创新中心建设的若干政策措施

为深入贯彻习近平新时代中国特色社会主义思想和党的十九大精神,全面落实习近平总书记对北京重要讲话精神,坚持全球视野、扩大开放,以更大的勇气通过制度创新驱动科技创新,为我国建设世界科技强国和北京建设具有全球影响力的科技创新中心提供有力支撑,制定以下政策措施。

一、加强科技创新统筹

1. 主动承接国家重大科技任务

面向世界科技前沿、面向经济主战场、面向国家重大需求,超前规划布局基础研究、应用基础研究及国际前沿技术研究,加快推动在国家亟需的战略性领域取得重大突破,打造世界知名科学中心。加强基础设施和公共服务配套,全力保障国家实验室在京布局。设立科学研究基金,加快建设北京怀柔综合性国家科学中心。积极承建国家重大科技基础设施、国家科技创新基地,深入对接国家科技创新 2030—重大项目、重点研发计划,推动更多重大任务在京落地。加强部市会商、市区联动,优先保障重大科技项目建设所需土地、空间等基础条件。支持新型研发机构、高等学校、科研机构、科技领军企业突破"卡脖子"技术,推动产业链上下游开展战略协作和联合攻关,着力打造竞争新优势。

2. 完善科技创新中心建设统筹制度

充分发挥北京推进科技创新中心建设办公室统筹协调作用,建立与中关村国家自主创新示范区部际协调小组联动工作机制,协调推进科技创新中心建设中的战略规划制定、重点任务布局、先行先试改革等跨层级、跨领域重大事项。统筹建立全市推进科技创新中心建设领导协调机制,加强重要政策协同,抓好重点任务落实。

3. 创新"三城一区"管理体制机制

根据中关村科学城、怀柔科学城、未来科学城、北京经济技术开发区("三城一区")功能定位和发展特点,按照权责利统一的原则,分区域、分步骤依法推进审批权限赋权和下放。将北京经济技术开发区试点的企业投资项目承诺制推广至“三城一区”。建立健全“三城一区”统计监测制度。鼓励“三城一区”创新选人用人机制和人员管理方式，支持以政府购买服务等方式，引进专业化、市场化、国际化第三方服务机构，为高层次人才引进、重大科技成果对接、产业项目落地等提供专业服务。

4. 加大科技创新投入力度

持续提高市区两级财政科学技术经费投入水平。切实加大财政资金对基础研究的稳定支持力度。落实研发费用加计扣除等政策，采取政府引导、税收杠杆等方式，鼓励企业、社会组织等通过共建新型研发机构、联合资助、公益捐赠等方式加大基础研究投入。推动建立与国家自然科学基金委共同出资、共同组织国家重大基础研究任务的新机制。

5. 完善科技创新决策咨询机制

成立由科技、产业、投资等领域高层次专家组成的本市科技创新决策咨询委员会，在重大战略规划与改革政策制定、科技基础设施与科研项目布局等方面提供决策咨询。创新常态化的政企对接机制，在制定重大规划计划和开展重大科研攻关时，充分征求行业组织、企业意见。通过政府购买服务等方式，引导首都高端智库、国际咨询机构参与科技创新决策咨询。

二、深化人才体制机制改革

6. 优化人才培养与评价机制

鼓励高等学校在人工智能、集成电路、云计算、转化医学与精准医学等领域设置新兴学科，加强高精尖产业高技能人才及专业管理人才培养。加强优秀青年科技人才培养，扩大本市自然科学基金、博士后计划等的资助面，加大资助力度。根据不同类型科研活动特点，分类健全人才评价标准。创新职称评价方式，推行代表作评价制度，将项目成果、研究报告、专著译著、工程方案、技术标准规范等纳入代表作范围。推动医疗卫生机构和医学科技人才评价机制改革，将临床试验和科技成果转化纳入医疗卫生机构绩效考核和人员职称评审体系。推动高等学校、科研机构及高水平医疗卫生机构职称自主评审权限下放。畅通技术转移转化人才职业发展通道，推行技术经纪等职称专业评价。

7. 创新编制使用和薪酬管理机制

按照“动态调整、周转使用”的原则，推进科研事业单位编制全市统筹调剂使用，进一步扩大科研事业单位在核定编制内的选人用人自主权。对市属高等学校、科研机构、医疗卫生机构等事业单位中符合条件的全时全职承担重大战略任务的高层次人才，允许采取年薪制、协议工资制、项目工资制等灵活多样的分配形式，所需支出不受本单位工资总额和绩效工资总量限制。

8. 提高科研人员因公出国(境)和来访便利性

优化科研人员因公出国审查、审批、备案等工作流程，压缩审批时间，争取适当延长审查批件有效期限。为战略科技人才及其核心团队国际学术交流开辟审批护照签证一体化服务通道。科研人员(包括“双肩挑”科研人员)出国执行学术交流合作任务，单位和个人的出国批次数、组团人数、在外停留天数可根据实际需要合理安排。受聘在京短期工作的外国专家生活费等资助经费标准，可由局级及以上聘用单位按照有关规定研究确定。

9. 优化外籍人才引进及服务保障

进一步完善境外高层次人才收入政策。对符合条件的外籍高层次人才和急需紧缺人才，可按照外国人才(A类)办理工作许可和工作居留许可，分别在7个工作日内办结。获得中国永久居留权的高层次外籍人才达到法定退休年龄，养老保险缴费年限不满15年的，可以延长缴费至满15年，并按规定享受养老保险待遇。引进的外籍人才如不能享受社会保险待遇，允许高等学校、局级及以上科研机构为其购买任期内商业养老保险和商业医疗保险。畅通工作机制，积极为引进的高层次人才提供子女入学等服务。在“三城一区”等区域建立外籍人才一站式综合服务平台。在全市推广朝阳、顺义服务业扩大开放综合试点示范区外籍人才出入境管理改革措施。

三、构建高精尖经济结构

10. 促进重点产业发展

深入抓好“10+3”高精尖产业政策落实,建立绿色审批通道,提高产业项目落地建设效率。推行产业用地弹性年期出让、土地租金年租制,合理控制高精尖产业用地成本。在符合规划和用途管制前提下,允许经依法登记的农村集体经营性建设用地用于建设科技孵化、科技成果转化和产业落地空间。积极推进大兴、房山、顺义、昌平、通州等区和北京经济技术开发区标准厂房建设工作,为智能制造、医药健康等高精尖产业发展创造有利条件。

11. 提升重点产业市场准入便利化水平

创新适合新技术、新产品、新业态、新模式发展的监管机制,对处于研发阶段、缺乏成熟标准或暂不完全适应既有监管体系的新兴技术和产业,实行包容审慎监管。积极申请建设北京医疗器械服务站、人类遗传资源行政审批服务站,开展国际多中心临床试验等试点。积极推动“人工智能+云+健康”等创新技术、产品和服务在卫生健康领域开展示范应用与推广。建设面向人工智能产业发展的公共数据库、检验测试标准及服务平台,支持通用软件和技术平台的开源开放,加快完善面向行业应用的服务体系。建立产业分类管理制度,重点支持高附加值、环境友好型的高端产品研发。

12. 加强科技成果转化制度保障

推动《北京市促进科技成果转化条例》立法,允许赋予科技人员职务科技成果所有权或长期使用权,明确科技成果完成人自主实施科技成果转化相关权利,简化科技成果转化有关资产管理程序,明确财政资金设立的应用类项目的科技成果转化要求,规范担任领导职务的科技人员获得奖励报酬的方式和条件,建立科技成果转化活动中勤勉尽责制度。

13. 改革科技成果转化管理机制

建立适应技术类无形资产特点的资产管理制度,对国有技术类无形资产与其他类型国有资产实行差异化管理。允许高等学校、局级及以上科研机构和高水平医疗卫生机构委托国有资产管理公司,代表本单位统一开展科技成果转化活动。高等学校、科研机构、高水平医疗卫生机构及其所属的具有法人资格单位担任领导职务的科技人员,是科技成果主要完成人或者对科技成果转化做出重要贡献的,可按照国家有关规定获得奖励报酬,并实行公开公示制度。

四、深化科研管理改革

14. 统筹优化科技计划(专项、基金等)布局

加快构建覆盖科技创新全过程的本市财政资金统筹机制,加强对科研类市级科技计划(专项、基金等)的优化整合。建立科技计划(专项、基金等)管理联席会议制度,对全市科技计划(专项、基金等)设置、实施方案、经费概算、管理级次和模式等进行统筹指导。对接国家重大科技任务布局,建立接续支持机制,促进项目形成的科技成果在京转化。

15. 完善科研项目管理机制

简化科研项目申报流程和材料,推行项目材料网上报送和“材料一次报送”制度,强化项目管理信息开放共享,实现一表多用。针对关键节点实行“里程碑”式管理,减少科研项目实施周期内的各类评估、检查、抽查、审计等活动;严格依照任务书开展综合绩效评价;对实施周期 3 年以下的项目一般不开展过程检查。实行科研项目绩效分类评价,根据需要引入国际评估。建立相关部门为高等学校和科研机构分担责任机制,对自由探索和颠覆性技术创新活动中已履行勤勉尽责义务,但因技术路线选择失误导致难以完成预定目标的单位和项目负责人予以免责。加强科研诚信建设,营造良好学术风气。

16. 扩大科研项目经费使用自主权

在财政科研项目总预算不变的情况下，除设备费与间接费用原则上不予调增外，其他科目的使用和调整全部下放至项目承担单位；设备费如需调增，由承担单位据实核准，验收（结题）时向项目主管部门备案。高等学校、科研机构、医疗卫生机构依法依规制定的横向项目经费管理办法，可作为评估、检查、审计等的依据。

17. 加大科研项目经费激励力度

选取对试验设备依赖程度低的智力密集型市级财政科研项目作为试点，间接费用核定比例不超过直接费用扣除设备费的30%，基础研究领域中数学、物理类科研项目的间接费用核定比例不超过直接费用扣除设备费的60%。间接费用中的绩效支出不设比例限制，纳入工资总额统计范围，不受本单位绩效工资总量限制。

18. 开展科研项目经费包干制试点

在基础研究领域选择部分科研成效显著、科研信用较好的高等学校、科研机构、医疗卫生机构，开展市级财政科研项目经费包干制试点，项目负责人可根据科研活动的实际需要自主决定使用项目经费，且不设科目比例限制。对实行包干制管理的财政科研项目经费使用实行负面清单管理。

19. 完善科技创新监督检查机制

对科研项目和科研活动的审计和财务检查要尊重科研规律，建立信息共享、结果共用、问题整改问责共同落实等工作机制。设有内部审计机构的局级及以上行政事业单位，经备案，其出具的科研项目审计报告可作为验收依据。审计机关在科研项目审计中，应当有效利用内部审计力量和成果，对内部审计发现且已经纠正的问题不再在审计报告中反映。审计机关在审计工作中要坚持客观求实，充分尊重科学研究灵感瞬间性、方式随意性、路径不确定性的特点，实事求是地反映问题，客观审慎地做出审计处理和提出审计建议。

20. 放宽科研仪器设备采购标准

简化科研仪器设备采购流程，对科研急需的设备和耗材，采用特事特办、随到随办的采购机制，可不进行招投标程序，缩短采购周期；对独家代理或生产的仪器设备，按程序确定采取单一来源采购等方式增强采购灵活性和便利性。简化科研仪器设备变更政府采购方式审批流程，对符合功能要求、技术参数标准的仪器设备，可一次性集中提出申请，由主管预算单位归集后向市财政部门申报。

21. 鼓励科研机构机制创新

进一步深化科研事业单位体制改革。推动科研机构制定章程，完善内部治理结构，建立高效运行机制。主管部门对章程赋予科研机构管理权限的事务不得干预。支持建设一批世界一流新型研发机构，赋予其在人员聘用、职称评审、经费使用、运营管理等方面的自主权，实行财政科技资金负面清单管理。鼓励新型研发机构与高等学校联合培养研究生。

五、优化创新创业生态

22. 完善科技型国有企业创新激励机制

扩大市属科技型国有企业员工持股实施范围，激发核心技术骨干的积极性和创造性。鼓励市属国有企业引进市场化、专业化创新服务机构运营管理，推动存量产业空间转型发展。支持中央企业在京设立具有独立法人资格的研发中心，鼓励开展市场化改革。

23. 完善创新创业服务机制

支持符合首都城市战略定位的科技型企业根据市场需求和经营需要在各区之间合理流动，推进工商税务登记迁移一体化办理，市市场监管、税务和行业主管部门可直接为其办理相关登记、备案手续。完善高新技术企业培育库制度，加强对入库企业的服务和支持。健全科技型企业“一企一策”服务机制，实施世界级领军企业培育计划。支持技术研发、概念验证、工业设计、测试检验、中试熟化、规模化试生产等公共科技服务平台建设，为中小企业提供专业化服务。加强生命科学、人工智能、集成电路、5G 等领域专业化孵化器建设，开展项目深度孵化。发挥北京市科技创新基金引导作用，探索设立孵化接力基金，专门投资孵化器自有基金退出投资的优质项目。

24. 强化知识产权创造、保护和运用

强化知识产权保护，加大惩罚性赔偿力度，提高侵权成本。充分发挥中国(北京)知识产权保护中心、中国(中关村)知识产权保护中心作用，围绕新一代信息技术、高端装备制造、医药健康、新材料等产业建立知识产权快速协同保护机制。大力支持科技型企业进行海外知识产权布局和技术并购。完善企业知识产权海外维权援助机制，支持服务机构开展目标市场知识产权调查、预警、制定应对策略等服务。加大对高精尖产业的发明专利和海外知识产权获权的资助力度。发挥北京市科技创新基金引导作用，支持设立高价值专利培育收储投资子基金，建立重点领域专利池。

25. 统筹推进应用场景建设

聚焦人工智能、5G、区块链、大数据、云计算、北斗导航与位置服务、生命科学、前沿材料、新能源、机器人等重点领域搭建应用场景。建立市级层面应用场景建设统筹联席会议制度，完善前置咨询评议、供需对接机制，定期发布应用场景项目清单，建设一批应用场景示范区(或试验区)。对经过市场检验的应用场景创新成果，包括首台(套)重大技术装备，通过首购、订购等方式予以支持。

26. 完善创新创业金融服务

发挥政府引导基金作用，吸引社会资本投资原始创新、成果转化、高精尖产业，形成覆盖种子期投资、天使投资、风险投资、并购基金的基金系。对于投资早期“硬科技”的引导基金，建立子基金注册绿色通道，引导更多知名优秀投资机构在京开展业务。针对科技型企业的信用状况和发展阶段，试行银行信贷业务的差异化风险补偿机制。利用风险补偿、贷款贴息等手段，提升科技型企业首次融资成功率。依托本市企业信用信息公示系统，构建全市统一的科技企业信用数据支持平台和综合信用评价体系，整合相关企业经营及外源融资数据，向金融机构开放。探索设立专业化的科技保险机构。推动完善知识产权保险体系，按照政府引导、市场主导的原则，建立财政支持的知识产权保险风险补偿和保费补贴机制。支持科技租赁公司开展“租赁 + 投资”“租赁 + 保理”等创新业务。

27. 提升科研条件通关便利化水平

简化本市创制性新药临床试验所需进口样品通关程序，允许以临床试验(项目)或年度为单位发放批件，每次进口只需备案即可。对于符合条件的科技型企业暂时进口的非必检的研发测试车辆，根据测试需要，允许暂时进口期限延长至 2 年。

28. 深化京津冀协同创新

充分发挥国家自主创新示范区、自由贸易试验区、北京市服务业扩大开放综合试点、国家高新技术产业开发区及国家级经济技术开发区等相关政策作用，进一步加强政策互动，推动京津冀协同创新。加强京津冀科技计划合作，支持各类创新主体跨区域开展创新活动。推进高新技术企业资质在京津冀互认。依托首都科技条件平台等公共服务平台，推进仪器设备、科技成果、科技信息资源共享共用。完善科技创新券使用机制，推进科技创新券在京津冀互通互认。打造京津冀临床试验协同网络，积极推动涉及人的生物医学研究伦理审查结果在京津冀实现机构间互认。深化医疗器械注册人制度试点，允许本市医疗器械注册人委托津冀地区企业生产，共同建设医药健康产业基地。实施京津冀智能制造协同创新计划，促进津冀产业升级。

29. 深化京港澳科技合作

完善京港澳科技合作机制，促进人才、技术、资本、信息等创新要素跨境流动。加强与港澳地区人才交流合作，建立青年科学家沟通交流平台，鼓励港澳地区科学家参与北京国际学术交流季等活动，支持京港澳创新主体联合开展研发和成果转化。依托北京市科技创新基金，加强与港澳地区机构合作，充分发挥港澳金融优势，链接国际高端创新资源。

30. 进一步提升开放合作水平

办好中关村论坛，打造成为具有国际影响力的集科学技术交流和成果展示、发布、交易于一体的综合性平台。积极对接国际大科学计划项目，推动重大科技基础设施向全球开放共享。支持高等学校、科研机构、企业在国际创新人才密集区及“一带一路”沿线国家和地区设立离岸科技孵化基地，与海外机构共建一批高水平联合实验室和研发中心。积极争取国际科技组织、联盟或其分支机构落户北京。支持跨国公司研发中心在京发展，对外资全球研发中心和具有独立法人资格的研发中心，给予跨国公司地区总部同等政策支持。

关于印发《强化创新驱动　科技支撑北京乡村振兴行动方案（2018—2020 年）》的通知

京科发〔2019〕2 号

各有关单位：

为深入贯彻落实国家创新驱动发展战略和乡村振兴战略，发挥北京全国科技创新中心引领作用，全面推动北京乡村振兴战略的深入实施，经市政府批准，现将《强化创新驱动　科技支撑北京乡村振兴行动方案（2018—2020 年）》印发给你们，请认真贯彻落实。

北京市科学技术委员会
北京市农业农村局
北京市园林绿化局
北京市水务局
2019 年 1 月 31 日

强化创新驱动　科技支撑北京乡村振兴行动方案（2018—2020 年）

为深入贯彻党的十九大精神，全面落实《国家创新驱动发展战略纲要》、中共中央国务院《关于实施乡村振兴战略的意见》、农业农村部办公厅《乡村振兴科技支撑行动实施方案》、北京市委市政府《关于实施乡村振兴战略的措施》部署要求，进一步发挥创新驱动作用，强化北京全国科技创新中心功能，提升农业科技创新创业和成果转化能力，推动北京乡村振兴战略实施，制定本行动方案。

一、指导思想

深入贯彻落实“创新、协调、绿色、开放、共享”发展理念，牢牢把握首都城市战略定位，紧扣北京“大城市小农业”“大京郊小城区”特点，按照“产业兴旺、生态宜居、乡风文明、治理有效、生活富裕”的总要求，坚持创新是引领发展的第一动力，以深入实施创新驱动发展战略和乡村振兴战略为主线，以产业兴旺作为解决农村一切问题的前提，以生活富裕作为乡村振兴的主要目的，全面深化科技体制改革，加快统筹优化农业科技资源、拓展农业科技创新领域、壮大农业科技力量，推动农业结构调整和发展方式转变，加快一二三产业融合，着力提高科技对于农业质量效益与竞争力提升、农村生态环境改善和农民增收致富方面的支撑水平，提升农民的获得感和幸福感，为决胜全面建成小康社会和建设国际一流的和谐宜居之都提供科技支撑和保障。

二、基本原则

坚持创新引领，增强内生动力。强化原始创新，研发具有自主知识产权的核心技术，抢占竞争制高点，把握发展主动权。发挥北京科技人才优势，积极应用新技术、培育新产业、打造新模式，实现农村经济转型升级。坚持协同创新，强化科技资源共享。

注重问题导向，提升创新环境。紧密结合农村创新创业和农业结构调整存在的实际问题，着力解决制约节本增效、质量安全、生态环保的重大关键技术问题，推进农业供给侧结构性改革，提高供给体系的质量和效率。优化体制环境，创新运行机制，推动城乡要素自由流动、平等交换，推动新型工业化、信息化、城镇化、农业现代化同步发展。

优化资源配置，强化政策引导。充分发挥市场在资源配置中的决定性作用，以社会化力量为主促进农村创新创业与市场需求和社会资本有效对接。加强政策引导，通过市场化机制、专业化服务和资本化途径，有效集成农村创新创业服务资源，增强农业农村自我发展动力。

加快推广转化，推动成果惠民。深化农业科技服务体系建设，加强现代农业和农村民生改善等领域的技术研发、集成示范，通过科技创新成果的转化应用和产业化，引领农业农村经济结构调整和产业转型升级，实现农业增效、农村增绿和农民增收的根本目标。

三、主要目标

以“高端、高效、高辐射”为导向，以农业高端研发、产业链创新和现代服务业引领为重心，大力提升农业高端服务、产业链创新和先导示范功能。到 2020 年，北京全国科技创新中心的农业科技创新引领能力进一步强化，农业科技创新体系更加完善，形成全国农业高端创新人才的首选地、农业高端业态的聚集地、以科技创新为核心的创新驱动先行区和京津冀协同创新共同体的核心支撑区，实现农业信息化、智能化、生态化和农村宜居化，让农业成为有奔头的产业，让农民成为有吸引力的职业，让农村成为安居乐业的家园。具体目标如下：

——创新引领作用显著增强。对接国家科技创新 2030—种业自主创新工程，种业原始创新、集成创新和应用创新能力不断提升，加快科技成果在北京的落地应用。到 2020 年末，在生物育种、生物农业、营养健康、农业智能装备和循环农业等技术领域呈现出一批世界级的科技成果；优化一批涉农重点实验室和工程技术研究中心及企业研发中心，集聚一批具有国际视野的科技领军人才、企业家和创新团队；推动农用化肥和化学农药利用率分别提高到 40% 和 45%；农田绿色防控率达 60%；农田灌溉水有效利用系数提高到 0.75，农田节水灌溉面积比例达到 95% 以上；主要农作物耕种收综合机械化水平达到 90% 以上；北京农业科技进步贡献率达 75%，继续在全国保持领先。

——创新创业服务体系不断优化。新型产业培育能力和社会化创业服务能力持续增强，农村科技创新创业服务体系逐步优化完善。到 2020 年，实现“十百千万”的工作目标，即打造十个创新创业平台，建设百个农业科技园区和星创天地，转化推广千项先进实用农业科技成果，培养一支万人科技特派员队伍；北京科技特派员在线、12396 北京新农村科技服务热线在服务现代农业建设、示范带动京津冀农村创新创业和绿色发展等方面的作用进一步增强。

——创新品牌价值显著增强。培育农业高精尖产业，为现有品牌“插上科技的翅膀”，打造一批现代农业产业链和农业高端品牌，显著提升北京涉农产业附加值和社会贡献度。到 2020 年，农产品质量安全监测合格率保持在 98% 以上，土地产出率、劳动生产率和资源利用率得到提升。强化“两端在内、中间在外”的产业链服务模式，增强北京涉农产业在成果、标准、规范、品牌、商业模式等方面的示范引领作用，并服务于全国现代农业发展。到 2020 年末，实现农业高新企业数量达到 700 家。

——民生保障水平显著提升。加强对清脏、治乱、增绿、控污的科技示范和科技引领作用，加快补齐农村人居环境突出短板,努力提高乡村生活品质。到 2020 年,99% 的行政村生活垃圾得到处理;98% 的户厕达到无害化卫生厕所要求,污水处理设施基本覆盖全市城乡接合部、重要水源地和民俗旅游村。把维护农民群众根本利益、促进农民共同富裕作为出发点和落脚点,不断提升农民群众的获得感。到 2020 年,现行标准下所有低收入农户家庭人均可支配收入超过低收入标准线,低收入村全部消除。

四、重点任务

发挥北京农业科技引领与示范带动作用,从完善科技创新体系、优化创新创业载体、实施科技支撑行动、落实科技精准帮扶四个方面,为实施乡村振兴战略提供强有力的科技保障。

(一)完善科技创新体系,加大科技成果供给

聚焦重大科学问题,统筹部署农业科技创新重大项目和重大工程,加强自主创新基础平台建设,推进科技资源合理配置,为农业科技创新实力的提升夯实基础。

1. 加快自主创新基础平台建设。推动涉农重点实验室、工程技术研究中心和企业研发中心创新能力提升,夯实农业科技自主创新的物质技术基础。建设从事基础前沿研究、共性关键技术研发的新型研发机构,形成更多国际一流的原创性科研成果。聚集整合企业、高校和科研院所优势资源,支持推动生物种业技术创新中心建设,形成具有国际竞争力的生物技术创新网络,攻克转化一批产业前沿和共性关键技术,培育具有国际影响力的领军企业,带动一批科技型中小企业成长壮大。

2. 推进科技资源合理配置。加快形成以需求为导向,以重大产出为目标,责权利清晰的农业科技资源配置模式,构建小城镇协调发展、农业绿色发展、乡村旅游充分发展、农村一二三产业融合发展的科技资源配置体系。完善科技成果转化应用服务体系,加大对科技成果转化推广扶持力度,破除瓶颈制约,促进创新资源集聚运用和创新成果转化,实现科技成果的快速、高效、精准供给,推动农村创新创业,为乡村振兴提供新动力。充分发挥北京创新创业资源共享服务平台和北京科技特派员创新创业平台作用,深化“221 信息平台”“农村科技服务港”“12396 北京新农村科技服务热线”“北京 12316 农业服务热线”等农业信息资源的优化整合。

3. 对接国家科技创新 2030—重大项目。实施国家 2030—种业自主创新培育工程,重点突破杂种优势利用、分子设计育种等现代种业关键技术,强化成果在产业发展中的转化应用。加大企业与高校、科研院所专家的联系,探索建立国家需求导向、地方任务带动、平台资源共享、机制创新推动的高效协同创新机制。大力发展农业大数据驱动的人工智能技术方法,持续攻克基因编辑等关键核心技术。

4. 全力对接“三城一区”建设。把北京建成具有全球影响力的科技创新策源地,谋划推出一批重大农业科技基础设施和前沿科技交叉研究平台,集聚一批高水平农业企业研发中心,建设农业重大关键共性技术研发创新平台,开拓能够引领农业发展创新的高精尖产业。构建多渠道、多层次、高效率的科技成果转化承接体系,着力承接转化“三城一区”原创农业科技成果。

(二)优化创新创业载体,增强创新驱动能力

通过多方参与和共建共营,布局深化北京国家现代农业科技城建设、壮大国家农业科技园区,打造一批星创天地,培育农业高新技术企业,优化现代农业科技创新服务联盟,谋划北京国家农业高新技术产业示范区建设,使之成为高精尖农业产业发展的策源地、农村一二三产业融合的催化剂、农民增收致富的源动力、乡村全面振兴的加速器。

1. 深化北京国家现代农业科技城建设。持续优化北京国家现代农业科技城“一城多园五中心”的科技布局,强化农业科技网络服务中心、农业科技金融服务中心、农业科技创新产业促进中心、良种创制与种业交易中心、农业科技国际合作交流中心建设,进一步聚集资本、技术、信息、人才等资源,搭建专家库、成果库、信息库及交互平台,实现农业高端服务、总部研发、产业链创业和先导示范功能。

2. 建设农业科技园区和农业高新技术产业示范区。抓好以现代种业为特色的通州园、以先导示范为特色的昌平园、以高端花卉服务业为特色的顺义园、以生态休闲为特色的密云园、以循环农业为特色的延

庆园和以营养食品产业为特色的房山园等国家农业科技园区建设,建设一批推动农村产业兴旺的科技引领示范村(镇)。大力推进北京平谷国家农业科技园区建设,将“京瓦农业科技创新中心”落户平谷,积极谋划国家农业高新技术产业示范区建设,打造具有国际影响力的现代农业创新高地、人才高地、产业高地。

3. 打造一批星创天地。以在京农业科技园区、新农村发展研究院、重点实验室、工程技术研究中心、高等学校、科研机构、职业院校、科技型企业、龙头企业、科技企业孵化器、科技特派员创业基地、农民专业合作社等为载体,面向科技特派员及其他创新创业主体,集中打造60~80家融合科技示范、技术集成、成果转化、融资孵化、创新创业、平台服务为一体的农业农村领域的众创空间——星创天地。

4. 培育农业高新技术企业。针对北京的产业结构特征,面向现代种业、农业智能装备、安全投入品、食品制造与营养健康等农业高精尖产业,鼓励产学研合作申报承担相关科技计划,加大高新技术研发和推广应用力度,着力提升主导产业技术创新水平,孵化培育一批研发投入大、技术水平高、综合效益好的农业高新技术企业,打造具有竞争优势的农业高新技术产业集群。

5. 优化现代农业科技创新服务联盟。进一步凝聚北京地区现代农业科技创新与产业发展资源,构建以知识产权为纽带的产学研用合作机制与利益共享机制,协同建立公共研发服务平台,开展联合攻关,推动成果转化,优化行业服务,重点突破现代农业全产业链制约瓶颈,提升现代农业领域自主创新能力。

(三)实施科技支撑行动,服务乡村振兴战略

落实《关于实施乡村振兴战略的措施》重点任务,围绕农业高精尖产业、农业高质量发展、新业态新模式培育、绿色生态水平提升、农村人居环境整治、乡村振兴人才培育等乡村振兴重点领域,实施一批工程,充分发挥科技对农业农村现代化的支撑作用。

1. 高精尖农业产业科技创新工程。结合“疏整促”“调转节”等重点工作,突出农业科技创新引领,围绕生物育种、物联网、大数据、生物制造、营养强化等关键技术,开展农业技术联合攻关和集成创新,形成一批适用的农业新技术成果包,着力打造现代种业、农业智能装备、安全投入品、食品制造与营养健康等领域的特色产业链。

2. 农业高质量发展科技引领工程。以部市共建农产品绿色优质安全示范区为统领,继续推进国家现代农业示范区、国家农业可持续发展试验示范区、国家农产品质量安全市、国家(北京)现代种业自主创新试验示范区、国家食品安全城市建设,加强农业绿色生态、提质增效技术研发应用,深入实施农业“调转节”。围绕农产品生产基地、生产加工质量安全、物流质量安全、质量安全检测监控等环节,强化科技成果的集成应用和转化,不断提升首都食品安全科技支撑水平。

3. 新业态新模式科技培育工程。对新型生产经营主体建立科技对接帮扶机制,支持合作社、农业企业等新型经营主体发展生态农业、定制农业、创意农业、康养农业和休闲农业,为其提供科学规划、文创设计等服务。发展农村电商,强化互联网与农业的有机结合,通过农业的信息化、智慧化、生态化改造,不断挖掘特色、提升品质、做强品牌。

4. 生态农业科技提升工程。开展以农业绿色生产为重点的科技联合攻关,在农业投入品减量高效利用、有害生物绿色防控、废弃物资源化利用、产地环境修复和农产品绿色加工贮藏等领域取得一批突破性科研成果。探索建立农业技术环境风险评估体系,加快成熟适用绿色技术、绿色品种的示范、推广和应用,形成资源利用高效、生态系统稳定、产地环境良好、产品质量安全的农业发展新格局。

5. 农村人居环境改善科技聚力工程。落实北京推进美丽乡村建设专项行动计划,加大科技对提升农村基础设施和公共服务供给水平的支撑。围绕农村住宅建设和环境综合治理等方面的科技需求,重点开展村镇规划与评价、宜居村镇住宅建设、农村垃圾、污水治理与新能源利用、传统村落与传统建筑保护利用等研究,建设一批地域特色鲜明、技术针对性强的示范工程,显著改善农村人居环境和生态环境。

6. 乡村振兴人才科技培育工程。建设结构合理的农业创新人才团队,造就一批具有国际影响力的科学大师和以青年科学家为带头人的优秀农业研究群体。以农业科技人才、科技特派员、乡土能人、村级全科农技员、新型职业农民、返乡下乡创业创新人员等为重点,按照《关于实施乡村振兴战略的措施》加强农村科技人才、专业人才、乡土人才、职业人才“四类人才”队伍建设的总体要求,培养乡村振兴科技服务支撑

人才，培育一批引领乡村振兴的新型生产经营主体，强化普惠性政策支持，吸引更多人才投身乡村振兴事业。

（四）落实科技精准帮扶，推动低收入村脱低增收

立足北京科技资源优势，通过实施“314”精准帮扶攻坚任务，即“搭建三个平台、探索一种模式、实施四项重点任务”，推动科技精准脱低，力促低收入村收入水平明显提升，服务京津冀协同发展。

1. 搭建三个科技帮扶精准服务平台。聚焦北京农业高校、科研院所资源优势，搭建农业科技帮扶成果应用平台，聚集成果、专家、企业等资源为低收入村提供先进适用的科技成果。按照“政府引导、企业主体、市场化运作、可持续发展”思路，搭建精准帮扶联盟对接平台，向低收入村农户开展需求对接、品牌打造、优质农产品销售等服务。搭建乡村振兴双创服务平台，实现线上有互动、线下有实训、导师有资深专家、支撑有技术成果、服务有转化推广、展示有“两微一端”的“六有”功能服务。

2. 探索脱低增收新模式。针对低收入村差异性的产业技术需求，探索互联网＋产业融合的模式，创新“科技＋产业＋电商＋低收入户”的科技帮扶模式，大力发展电子商务等农业新业态，通过平台连接农业科技园区、星创天地等网络销售平台，健全特色产品开发、包装加工、网上营销等电商帮扶产业链。

3. 实施四项科技对接重点任务。结合低收入村资源禀赋和独特的人文历史，实施良种兴业科技促进、美丽乡村生态创优、星创天地双创引领和科技培训引智惠农等四项重点任务。示范推广优良品种及高效栽培技术、生态系统稳定、产品质量安全的绿色农业技术体系；依托北京市星创天地，培育发展农业新型经营主体，开展科技结对帮扶，引导科技资源向低收入村流动和转移；建立北京科技特派员产业帮扶工作站，转化应用一批科技成果，培育农民的科技意识，开展行之有效的技术培训。

五、保障措施

（一）加强组织领导

加强顶层设计、统筹协调和政策配套，形成市科委、市农业农村局、市园林绿化局、市水务局协同推进的工作机制，建立市区上下联动的组织体系和可持续发展的长效机制，加强项目、人才、基地等科技资源整合，做好重点任务分解和落实，广泛动员各方力量，共同推动方案顺利实施。

（二）加大支持力度

加大乡村振兴科技支撑的政策和项目支持力度，健全政府支持、企业配套、社会参与的多元化科技投入体系，持续推进乡村振兴战略的实施。拓展多层次资本市场支持创新的功能，充分发挥科创基金作用，引导带动社会资本投入农业农村领域。

（三）做好宣传引导

进一步加强宣传乡村振兴的政策精神，发挥典型示范作用，扩大社会影响。对做出突出贡献的参与主体按照有关规定予以表彰，不断调动农村创新创业的积极性和主动性，辐射带动更多人才投身乡村振兴事业。

关于印发《北京市农业科技园区发展规划(2019—2025年)》和《北京市农业科技园区管理办法(试行)》的通知

京科发〔2019〕3号

各有关单位:

为深入贯彻落实党的十九大关于创新驱动发展战略和乡村振兴战略有关部署和精神,认真落实中共中央 国务院《关于实施乡村振兴战略的意见》《国家农业科技园区发展规划(2018—2025年)》(国科发农〔2018〕30号)以及《北京市"十三五"时期加强全国科技创新中心建设规划》(京政发〔2016〕44号)、《北京市乡村振兴战略规划(2018—2022年)》(京发〔2018〕39号)的要求,推进北京市农业农村创新发展,服务乡村振兴战略深入实施,北京市科学技术委员会、北京市农业农村局、北京市水务局、北京市园林绿化局、北京市农林科学院共同制定了《北京市农业科技园区发展规划(2019—2025年)》和《北京市农业科技园区管理办法(试行)》。现印发给你们,请结合实际认真贯彻执行。

特此通知。

北京市科学技术委员会
北京市农业农村局
北京市水务局
北京市园林绿化局
北京市农林科学院
2019年3月1日

北京市农业科技园区发展规划(2019—2025年)

为深入贯彻党的十九大关于创新驱动发展战略和乡村振兴战略有关部署和精神,认真落实中共中央国务院《关于实施乡村振兴战略的意见》《国家农业科技园区发展规划(2018—2025年)》(国科发农〔2018〕30号)以及《北京市"十三五"时期加强全国科技创新中心建设规划》(京政发〔2016〕44号)、《北京市乡村振兴战略规划(2018—2022年)》(京发〔2018〕39号)的要求,加快北京市农业科技园区创新发展,制定本规划。

一、现状与成就

近年来,北京市以习近平总书记"三农"重要思想和对北京重要讲话精神为根本遵循,大力发展都市现代农业,"调转节"深入推进,绿色发展水平显著增强,基本形成了业态丰富、功能多样、环境友好、特色鲜明的都市现代农业产业体系和支撑保障体系。依托首都科技创新资源优势,北京农业科技贡献率已达到72%,接近发达国家水平,推动北京现代农业步入创新驱动发展的快车道,引领带动全国现代农业走高端、高效、高辐射之路。

北京市委、市政府高度重视农业科技创新工作,2010 年,科技部、农业部、北京市政府启动共建北京国家现代农业科技城。几年来,北京国家现代农业科技城不断创新机制体制、突破技术瓶颈、优化产业链条,建设了 5 个国家农业科技支撑服务平台和 7 个国家农业科技园区,已成为国家“一城两区百园”农业科技协同创新体系的龙头,并被列入《北京市“十三五”时期加强全国科技创新中心建设规划》。目前,北京市已建成星创天地 50 家,农业高新技术企业 605 家,农业标准化生产基地 1500 多家,已成为现代农业的集成创新平台、成果转化辐射源、双新双创策源地,有效提升了北京都市现代农业的发展水平,引领带动全国现代农业发展。

二、形势与需求

北京市把实施乡村振兴战略作为建设国际一流的和谐宜居之都的重要内容。结合自身“大城市小农业”“大京郊小城区”的特点,北京市加快建设全国科技创新中心,实施创新驱动发展战略,有力推动了农业农村发展进入“方式转变、结构优化、动力转换”的新时期。北京市农业科技园区发展既存在诸多有利条件和机遇,也面临不少困难和挑战,必须更加依靠科技进步实现创新驱动、内生发展。

(一)推进农业科技创新,加快建设北京全国科技创新中心的需要

农业科技创新是全国科技创新中心建设不可忽略的一项重要内容。当前,全球新一轮农业科技革命和产业变革蓄势待发,“大众创业、万众创新”深入人心,人才、知识、技术、资本等创新资源加速流动。农业科技园区是全国科技创新中心建设的重要支撑,能够打造科技先发优势,推动更多农业科技成果转化为新技术、新产品,服务全国科技创新中心建设。

(二)推进北京“疏转促”,构建农业高精尖产业结构的需要

“疏转促”是北京现代化建设的重要内容。新形势下,北京农业发展存在生产空间不断调减、水资源与环境对农业的约束日益趋紧、生产成本不断抬升、市场竞争愈加激烈等问题。园区建设能够疏解低端、耗水、高排放产业,做优做精籽种农业、观光农业、设施农业等重点产业;能够转变农业发展方式,走集约化、生态化、融合化、信息化之路;能够促进京津冀现代农业协同发展,保障首都农产品高品质、多元化有效供给。

(三)促进一二三产业融合,建设和谐宜居之都的需要

乡村振兴是北京和谐宜居之都建设的重要组成部分,北京都市现代农业仍然是首都鲜活安全农产品供给的基础保障,是首都生态屏障的重要组成,是首都和谐宜居的基础支撑。园区作为传统农业转型升级和高新技术产业培育的重要载体,能够推进现代农业一二三产业融合发展,能够把农村打造成农民的家园和市民的乐园,能够带动北京市低收入村增收致富。

面对农业农村发展新时期和乡村振兴战略的新要求,农业园区建设在取得显著成效的同时,也面临着新的问题与挑战,主要表现在:一是协同机制不够完善,当前农业园区以自发创建为主,市区镇三级联动协同不足、各部门业务协同不足、“小农户”与“大市场”对接协同不足。二是社会资本投入农业热情不够,当前农业园区历史欠账较多、农村基础设施总体上仍比较薄弱,资金进入园区的动力不足、中小企业融资渠道不畅、资本投资农业效益不高。三是农业科技有效供给不够,当前,北京市农业科技创新水平较高,但科技成果转化率低、转化成本高,专业化的成果转化平台缺少,科技创新未能与现实生产需求精准对接。四是农业园区推动乡村振兴力度不够,当前乡村振兴战略对“三农”工作做出总体部署,但农业园区对产业转型升级的引领带动作用不够,依托科技创新培育区域农村经济新增长点的能力不够,带动农民增收的能力不够。

面对新形势与新需求,北京市急需建设一批农业科技园区,并提升国家农业科技园区建设水平,为争创国家农业高新技术产业示范区提供支撑。

三、总体要求

（一）指导思想

全面贯彻党的十九大精神，以习近平新时代中国特色社会主义思想为指导，统筹推进"五位一体"总体布局和协调推进"四个全面"战略布局，牢固树立和贯彻落实新发展理念，以实施创新驱动发展战略为引领，以建设全国科技创新中心为导向，以实现乡村振兴为根本目标，以深入推进农业供给侧结构性改革为主线，突出园区特色，着力促进园区向高端化、集聚化、融合化、绿色化方向发展，推动农业全面升级；着力促进产城产镇产村融合，推动农村全面进步；着力促进一二三产业融合，大幅度增加农民收入，推动农民全面发展。

（二）建设定位

集聚创新资源，培育新动能，发展高新技术产业和新型业态，着力拓展农村创新创业、成果展示示范、技术转化推广和职业农民培训的功能。强化创新链，支撑产业链，激活人才链，提升价值链，分享利益链，将园区打造为现代农业创新驱动发展的引领区、京津冀现代农业协同发展的试验区、都市现代农业发展的样板区和农业高新技术产业的集聚区。

（三）基本原则

1. 坚持创新引领。深入实施创新驱动发展战略，以科技创新为核心，大力强化农业高新技术应用，培育农业高新技术企业，发展农业高新技术产业，建设一批农业高新技术产业集聚的园区，统筹推进科技、管理、品牌、商业模式等领域全面创新。

2. 坚持特色发展。根据各园区的资源禀赋与发展阶段，立足区域农业生态类型，鼓励园区集聚优势特色产业差异化发展，打造品牌农业，促进区域特色优势产业升级。

3. 坚持示范带动。完善园区引领示范作用，增强科技成果转移转化，辐射带动京津冀农业转型升级，提高土地产出率、资源利用率和劳动生产率。

4. 坚持融合促进。树立全产业链发展思维，促进农业产业链向上下游延展渗透，推进一二三产业融合发展。强化城乡统筹发展，鼓励探索"园镇一体""园村一体"发展新模式。

5. 发挥"两个作用"。更好地发挥政府的引导作用，集成科技、信息、资本、人才、政策等创新要素，加大对园区的支持；更好地发挥市场在资源配置中的决定性作用，调动园区与高等院校、科研院所、企业、新型经营主体等各方面的积极性，实现园区共建共治共享。

（四）发展目标

到 2022 年，健全由北京国家现代农业科技城、国家农业科技园区、市级农业园区为支撑的农业科技园区体系，建设科技支撑明显、技术装备先进、产业链有机延伸、新型业态丰富的都市农业特色科技园区，打造农业高精尖产业发展的策源地、农村一二三产业融合的催化剂、农民增收致富的源动力、乡村生态和文化振兴的加速器，让农业成为有奔头的产业，让农民成为有吸引力的职业，让农村成为安居乐业的美丽家园。

——园区布局更加完善。依托农业高新技术企业、新型农业经营主体（专业大户、家庭农场、农民合作社、农业产业化龙头企业）和农业特色小镇等，建设 20～30 家市级农业科技园区；支持鼓励有条件的园区创建国家农业科技园区；加强已有国家级园区建设，争创国家农业高新技术产业示范区。

——园区创新创业能力进一步增强。吸引一批院士团队、国家级人才等高端人才团队进驻园区；支持鼓励有条件的园区与高等院所、科研机构联合开展科技攻关。

——园区成果转化能力不断增强。引进新品种、新技术、新设施 800 个以上，专利申请数 300 项以上，科技成果转化数量 500 个以上，园区节水能力进一步提升，灌溉水有效利用系数达到 0.75 以上，技术培训 10 万人次以上，建设星创天地 80 家。

——园区带动农民增收致富能力大幅提升。转变"输血"为"造血"，带动园区内农民收入增速高于全市农民平均增速，助力北京低收入村和农户增收致富。

到2025年，把园区建设成为农业科技成果培育与转移转化的创新高地，农业高新技术产业及其服务业集聚的核心载体，农村大众创业、万众创新的重要阵地，产城镇村融合发展与农村综合改革的示范典型。乡村振兴取得重要进展，都市农业产业兴旺、美丽乡村生态宜居、农村社会乡风文明、农村基层治理有效、新型职业农民生活富裕的乡村发展格局基本形成。

四、重点任务

（一）积极探索机制创新，提高资源配置效率效能

以技术创新、模式创新、机制创新为根本途径，在农业转方式、调结构、促改革等方面进行积极探索，推进农业转型升级，促进农业高新技术转移转化，提高土地产出率、资源利用率、劳动生产率。支持园区科技创新，认真落实农业科技成果转化收益、科技人员兼职取酬等制度规定。完善政策、金融、社会资本等多元投入机制，着力优化投入结构，创新使用方式，提升支农效能，通过创新驱动将农业生产引入现代农业发展的轨道。创新和完善利益联结机制，强化龙头企业与合作社对农户的带动作用，助推都市农业产业化发展。探索政府、园区、科研院所、生产经营主体、农民等各方共建共治共享的建设治理新格局。

（二）集聚优势科教资源，提升创新服务能力

引导科技、信息、人才、资金等创新要素向园区高度集聚。吸引汇聚农业科研机构、高等学校等科教资源，在园区发展面向市场的新型农业技术研发、成果转化和产业孵化机构，建设农业科技成果转化中心、科技人员创业平台、高新技术产业孵化基地。支持园区企业和科研机构结合区域实际，自主承担或联合参与科研项目，开展特色优势产业关键共性技术研发和推广。吸引汇聚农业科研机构、高等学校等科教资源，搭建各类研发机构、测试检测中心、院士专家工作站、技术交易机构等重大功能型和科研公共服务平台，促进国际先进技术、原创技术的对接与转化。引导园区积极开展技术培训、创新创业、企业孵化、信息交流、中介服务、投融资等一体化服务，加强先进实用技术集成示范，打造科技精准扶贫模式，发挥园区窗口效应和带动作用。

（三）培育科技创新主体，推动农业高精尖发展

打造企业孵化器、星创天地、现代农业产业科技创新中心等“双创”载体，培育一批技术水平高、成长潜力大的科技型企业，形成农业高新技术企业群。依托园区资源禀赋和产业基础，加强研究开发及成果转化条件设施建设，打造优势特色主导产业，实现标准化生产、区域化布局、品牌化经营和高值化发展，形成一批带动性强、特色鲜明的农业高新技术产业集群。推动产业链高端发展，提升农产品加工、物流水平和品牌价值，实现一二三产业融合。发展“互联网＋园区”等创新模式和新型业态，强化现代服务业与农业高新技术产业的融合发展。加强特色优势产业共性关键技术研发，增强创新能力和发展后劲。推动北京都市现代农业向科技农业、精致农业、高端农业方向发展。

（四）优化创新创业环境，提高园区双创能力

构建以政产学研用结合、科技金融、科技服务为主要内容的创新体系，提高创新效率。建设具有区域特点的新型职业农民培训基地，提升农民职业技能，优化农业从业者结构，培养适应现代农业发展需要的新型职业农民。按照实施人才强国战略的要求，聚集一批农业领域战略科技人才、科技领军人才、青年科技人才和高水平创新团队，打造一支素质优良、结构合理的农业科技创新创业人才队伍。促进园区更加注重吸引、培养、使用、激励人才，更加注重发挥创新型企业家、专业技术人才在园区发展中的作用，营造集聚创新创业人才的生态环境。坚持高端人才引进与乡土人才培养并重，鼓励有条件的园区建立创业服务中心和科技孵化器。鼓励大学生、企业主、科技人员、留学归国人员自主创新创业，使各类“双创”主体成为推动农业创新发展的主力军。

（五）鼓励特色化发展，完善园区建设模式

全面推进农业科技园区建设，引导园区依托科技优势，开展示范推广和产业促进，培育具有较强竞争

力的特色产业集群。按照“一园区一主导产业”，打造具有品牌优势的农业高新技术产业集群，提高农业产业竞争力。建设区域农业科技创新中心和产业发展中心，形成区域优势主导产业，探索创新驱动现代农业发展的特色模式，形成可复制可推广的经验做法。

（六）建设生态宜居美丽乡村，推进城乡融合发展

坚持绿色发展，发展循环生态农业，打造水体洁净、空气清新、土壤安全的绿色园区。依托园区绿水青山、田园风光、乡土文化等资源，促进农业与旅游休闲、教育文化、健康养生等产业深度融合，发展观光农业、体验农业、创意农业，促进农村一二三产业融合发展，建设生态宜居美丽乡村。推动城乡融合发展，实现生产要素的合理流动和优化组合，有效改善农村人居环境，打造山水林田湖草综合生命共同体，促进园区生产生态生活协调发展，大力推进乡村振兴战略深入实施。

五、保障措施

（一）强化组织领导

建立市科委牵头，联合市农业农村局、市水务局、市园林绿化局、市农林科学院等相关部门统筹协调，区级科技、农业等主管部门业务指导的工作联动机制，建立管理科学、运转高效、部门协同的运行机制，推动农业科技园区建设与乡村振兴、美丽乡村工作协同部署、协同推进、协同发展。建立北京市农业科技园区工作领导小组，加强对园区的组织领导、顶层设计。鼓励园区设立管理委员会，落实必要的管理职权和专职人员，推进“放管服”改革，构建精干高效的管理体系。发挥好各类创新战略联盟的作用，加强园区之间的培训交流、成果对接，为产业发展提供示范引领和服务支撑。加强北京市农业科技园区智库建设，成立园区专家咨询委员会。对园区开展动态管理和绩效评估。

（二）加大政策支持

通过专项引导资金（基金）、科技创新基金、人才与基地基金等，支持园区开展农业科技成果转化示范、创新创业。鼓励国家重点研发计划农业领域项目和北京市科技项目优先在园区研发试验、科技示范。为园区入驻企业提供金融服务便利。鼓励园区发挥市场主体作用，吸引社会资本向园区倾斜，支持园区基础设施建设。各级科技、农业等行政管理部门要加大科技和农业项目与园区建设的资源整合。对园区创新驱动发展涌现出的新典型、新模式、新机制，及时总结推广，加大对先进单位和个人的表彰力度。

（三）加强协同发展

进一步转变政府职能、提高服务效能，在投融资、技术创新、成果转化、人才管理以及土地流转等方面进行探索创新，推进园区协同创新。鼓励园区建立信息平台、交易平台、成果平台、专家平台，引导园区资源整合和互联互通，开展技术、成果、市场、信息共享，推动园区产业发展。农业科技园区要针对区域农业发展瓶颈，在推进农业科技成果转化、农业新兴产业培育、现代农业管理模式创新等方面发挥示范作用，开展联合攻关，解决制约区域农业发展的重大问题。进一步加快农业科技成果转化，加强职业农民培训，推进科技扶贫精准脱贫。

北京市农业科技园区管理办法（试行）

为加强北京市农业科技园区建设与规范化管理，深入推进农业供给侧结构性改革，加快培育农业农村发展新动能，实现农业农村现代化，结合创新驱动发展战略、乡村振兴战略、京津冀协同发展战略以及《国家农业科技园区发展规划（2018—2025 年）》《北京市“十三五”时期加强全国科技创新中心建设规划》的相关要求，参照《国家农业科技园区管理办法》，制定本办法。

第一章　总　则

第一条　本办法所称北京市农业科技园区，是指北京市农业科技园区工作领导小组批准建设的北京市农业科技园区（以下简称“园区”）。北京市农业科技园区是指依托各类农业创新创业主体建设的，主要从事农业科技创新与示范、农业科技创业与孵化、农业科技成果转化与推广、农业科技服务与培训等活动的农业园区。园区原则上应包括边界清晰的核心区、特色鲜明的示范区和一定范围的辐射区，具有相对独立的管理机构和比较完善的管理制度，对周边农业产业发展、农村生态环境改善和农民收入增加等具有较强的带动能力。

第二条　园区建设与管理要坚持“政府引导、市场运作、企业主体、农民受益”的原则，集聚创新资源，培育农业农村发展新动能，着力拓展农村创新创业、成果展示示范、技术转化推广和职业农民培训四大功能，强化创新链，支撑产业链，激活人才链，提升价值链，分享利益链，把园区建设成为现代农业创新驱动发展的高地。

第三条　本办法主要包括园区申报、审核、建设、管理、验收等工作。

第二章　组织机构及职责

第四条　市科委联合市农业农村局、市水务局、市园林绿化局、市农林科学院成立北京市农业科技园区工作领导小组。园区工作领导小组负责对园区工作进行宏观指导，组织制定并发布园区发展规划、管理办法。

第五条　园区工作领导小组管理办公室（简称园区管理办公室）设在市科委，负责园区统筹协调和日常管理。园区管理办公室委托北京市科学技术委员会农村发展中心开展相关工作。

第六条　园区管理办公室聘请相关领域知名专家组成园区专家工作组，负责园区发展战略与政策研究、提供咨询和技术指导，并参与相关论证、评审、过程监管、验收等工作。

第七条　各区科技、农业等主管部门负责辖区内园区组织申报、指导管理、资源整合、统筹发展等工作。

第八条　园区申报单位应充分发挥市场在资源配置中的决定性作用，落实园区规划编制、基础设施建设、创新能力建设、平台建设、产业发展等工作。

第三章　申报与审核

第九条　园区申报条件：

（一）园区申报主体应为在北京市注册且具有独立法人资格的单位；

（二）园区要有科学的规划方案、合理的功能分区、明确的主导产业、精准的用水计量设施、完善的配套措施；

（三）园区建设规划要符合北京市农业科技园区发展规划，并符合当地社会经济发展规划；

（四）园区要有明确的地理界线和一定的建设规模，核心区、示范区、辐射区功能定位清晰，建设内容具体；

（五）园区要有较强的科技开发能力或相应的技术支撑条件，能够承接技术成果的转移转化；要有较好的研发基础设施条件或较完善的技术转化服务体系；有条件的要有专家工作站或星创天地；

（六）园区要有科技服务机构，具备农业高新技术应用示范能力，能够有效提高当地劳动生产率、土地产出率和资源利用率；要为职业农民培训提供场所，促进当地居民收入的提高；要为大学生、农民工等返乡创业提供孵化器和公共服务平台；

（七）园区要有健全的管理服务体系。

第十条 园区申报程序：

（一）园区申报单位向区科技、农业等主管部门提出申请；

（二）区科技、农业等主管部门对园区申报材料进行形式审查后报送园区管理办公室。

第十一条 园区申报材料：

（一）北京市农业科技园区建设申报书；

（二）北京市农业科技园区总体规划；

（三）北京市农业科技园区建设实施方案；

（四）其他有关附件材料。

第十二条 园区论证与审核：

（一）园区管理办公室组织专家对申报园区进行实地考察，提出园区建设的相关建议，并形成考察报告；

（二）园区管理办公室组织专家通过会议评审等方式对申报园区进行论证和评审；

（三）园区管理办公室将考察报告及专家评审结果报请工作领导小组审定后，对通过审定的园区进行公示，由市科委发文正式批准。

第四章　建设与管理

第十三条 园区申报单位须按照论证评审通过后的园区总体规划、园区建设实施方案组织实施。

第十四条 各区科技、农业等主管部门要整合本地区各类涉农项目支持园区发展。

第十五条 园区要坚持新发展理念，以推动农业供给侧结构性改革为主线，推动科技服务业和创新创业政策在园区落地生根；要积极吸引优势企业和优秀人才入驻园区，发展农业高新技术产业，有条件的要孵化涉农高新技术企业，推动园区向高端化、集聚化、融合化、绿色化方向发展；要强化一二三产业实质融合，积极推进产城产镇产村融合；要着力营造科技成果转移转化的良好环境，打造星创天地。

第十六条 园区实行年度报告制度和年度总结会议制度。每年 3 月底前，各园区应通过区科技、农业等主管部门将上年度工作报告等材料报送到园区管理办公室，内容主要包括园区建设进展、统计数据、经验总结、存在问题与下一年度工作重点等。园区管理办公室定期组织召开北京市农业科技园区工作会议，交流各园区的主要经验和做法。

第五章　验收与评估

第十七条 园区获批一年后，由园区建设单位通过区科技、农业等主管部门向园区管理办公室提出验收申请。园区管理办公室根据园区验收申请，组织专家进行现场审查，经综合评议后认定是否通过验收，并将结果进行公布。对未通过的园区要限期整改（整改期一般为一年）。整改后再次组织专家进行验收，通过则保留园区资格，未通过则取消其园区资格。

不能按期参加验收的园区，应提前半年由园区建设单位通过区科技、农业等主管部门向园区管理办公室提出延期验收申请，由园区管理办公室批准。

第十八条 园区管理办公室对通过验收的园区，实行动态管理和绩效评估。

第六章 附 则

第十九条 本办法自公布之日起实施。

关于印发《“一带一路”科技创新北京行动计划（2019—2021 年）》的通知

京科发〔2019〕5 号

各相关单位：

《“一带一路”科技创新北京行动计划(2019—2021 年)》已经市委全面深化改革委员会审议通过，现印发给你们，请结合实际认真贯彻落实。

北京市科学技术委员会
中关村科技园区管理委员会
2019 年 4 月 16 日

“一带一路”科技创新北京行动计划（2019—2021 年）

推动“一带一路”科技创新合作是我国应对世情国情变化、扩大开放、实施创新驱动发展战略的重大举措。为更好推动北京全国科技创新中心和国际交往中心的建设，发挥功能优势和辐射带动作用，使北京成为“一带一路”创新合作网络重要枢纽和具有全球影响力的科技创新中心，根据《国务院关于印发北京加强全国科技创新中心建设总体方案的通知》《北京市推进共建“一带一路”三年行动计划(2018—2020 年)》等文件精神，按照市委市政府要求，特制定本行动计划。

一、总体要求

（一）指导思想

以习近平新时代中国特色社会主义思想为指导，深入贯彻党的十九大精神和习近平总书记关于“一带一路”倡议的重要讲话精神，以建设具有全球影响力的科技创新中心为发展目标，瞄准“全球影响力”这个关键点，坚持“引进来”“走出去”并重、引智引技引资并举、共商共建共享并进，从“塑环境、引进来、走出去、促合作”四方面发力，着力塑造和优化创新环境，着力引进国际创新资源，着力推动海外布局，着力促进开放合作，逐步构建北京与“一带一路”沿线及相关参与国家的创新共同体，使北京成为“一带一路”创新合作网络重要枢纽，为我国建设世界科技强国、实现“两个一百年”奋斗目标提供有力支撑。

（二）基本原则

统筹推进、服务大局。统筹全市科技资源，协调国内外各方，明确合作目标，聚焦合作重点，合理规划布局，制定和实施有针对性的合作政策，点面结合，分类实施。发挥北京优势，服务国家大局，推动“一带一路”建成创新之路。

问题导向、合作共赢。深入挖掘分析“一带一路”沿线及相关参与国家科技创新面临的难点问题和共性需求，联合研究政策和产业难题，切实解决制约创新的“卡脖子”问题。兼顾各方关切，寻求利益契合点和合作最大公约数，打造创新共同体。

增进互信、开放共享。加强与“一带一路”沿线及相关参与国家之间的互访交流，增强互信、凝聚共识，共享科技平台、科技成果和科技发展经验，进一步扩大科技资源开放，推进信息互通，加强人才交流，为深化科技合作奠定坚实基础。

政府引导、市场运作。充分发挥政府在战略研究、规划引导和政策支持等方面的作用，积极破除政策机制障碍，深度参与并逐步推动科技体制机制改革创新。遵循市场规律和国际通行规则，充分发挥市场在资源配置中的决定性作用和各类企业的主体作用。

（三）发展目标

到2021年，北京在国家构建“一带一路”创新共同体中的支撑和引领作用进一步凸显，创新共同体官方渠道和机制建设逐步完善，创新主体融入全球创新网络能力显著增强，国际人才、技术引进及科技成果转移转化成效突出，从科技人文交流、共建联合实验室、科技园区合作、技术转移4方面，支撑北京成为“一带一路”创新合作网络重要枢纽和具有全球影响力的科技创新中心。

——国际创新合作环境不断优化。与20个以上全球主要创新国家和地区搭建起政府间合作渠道和机制；中国（北京）跨国技术转移大会、中关村论坛、中意创新合作周、“北京设计”、中国北京国际科技产业博览会、未来论坛等科技创新品牌活动影响力进一步提高；技术、资本、人才等创新要素在国内外流动更加便捷。

——国际科技创新资源引进落地。引进一批国际高水平科技创新人才，建成国际创新合作集聚区，建立20个以上跨境联合孵化加速平台，促成50项以上海外技术成果在京落地，国际技术转移协作平台年均对接项目500项以上。

——京内科技创新主体海外布局。促进一批科技企业在海外设立分支机构，参与20余项国际技术标准制定，国际标准话语权进一步增强。

——国际科技创新合作有序开展。参与2个以上“大科学”计划；共建“一带一路”特色科技园区；实施联合研发计划；建成一批联合实验室；与“一带一路”沿线及相关参与国家共同举办科技创新人才培训班15期左右。

二、任务举措

（一）塑环境，推进科技创新国际化环境建设

1. 建立政府间科技创新合作渠道和机制。积极拓展与“一带一路”沿线及相关参与国家的科技创新合作渠道，建立政府间合作平台，在政策、法律、资金、标准、知识产权、前沿技术、国际合作等方面形成长效交流机制，为与“一带一路”沿线及相关参与国家的高校院所、企业、服务机构之间开展合作创造良好的政策环境。加强京港科技创新合作，充分利用香港国际窗口优势，推动北京、香港及“一带一路”沿线及相关参与国家协作创新。（牵头部门：市科委、市政府外办、中关村管委会）

2. 举办科技创新国际品牌活动。持续举办中国（北京）跨国技术转移大会、中关村论坛、中国北京国际科技产业博览会、中意创新合作周、北京－特拉维夫创新大会等国际品牌活动；举办北京国际学术交流季，在基础研究和前沿学术方面建立北京创新国际品牌；针对世界创新重点国家和地区，积极推进创新资源对接；鼓励和支持民间机构和社会力量主办创新论坛、创业大赛等国际交流活动。（牵头部门：市科委、中关村管委会、市贸促会、市侨联）

3. 加强知识产权合作与服务。与国家知识产权局共同举办“一带一路”知识产权高级别会议，深化与“一带一路”沿线及相关参与国家知识产权务实合作。整合“一带一路”沿线及相关参与国家知识产权资源，畅通“一带一路”沿线及相关参与国家知识产权服务渠道，为企业到“一带一路”沿线及相关参与国家开展知识产权布局提供便利。（牵头部门：市知识产权局、市科委）

4. 促进科技创新与金融服务深度融合。在北京市科技创新基金框架下，研究组建“一带一路”科技创新子基金，发挥政府资金带动社会资本的作用，促进科技项目在“一带一路”沿线及相关参与国家落地转

化，支持相关领域科技成果转化。大力发展天使投资、创业投资，深化外债便利化试点政策，推动实施结汇支付便利化政策。鼓励优质企业海外发债，拓宽企业参与“一带一路”建设的融资渠道。（牵头部门：中关村管委会、市科委）

5. 推进科技资源开放共享。充分发挥北京丰富的科技资源优势，推动重大科技基础设施面向全球开放共享，搭建科研设施远程共享平台、科技资源服务平台和科技研发众包平台，促进科技资源开放共享，支持发展一批市场化的科技资源服务企业。（牵头部门：市科委、市发展改革委）

（二）“引进来”，促进国际创新要素在京聚集

6. 吸引国际高端创新人才在京发展。建设一批国际人才公寓，营造国际人才宜居宜业的“类海外”环境，打造融工作生活于一体的国际人才社区。发挥侨务等各方资源优势，打造高层次引智平台。完善人才引进政策，实施“海聚工程”“高聚工程”“科技新星计划”等人才计划，重点引进更多国际顶尖科学家和优秀创新团队。（牵头单位：市委组织部、市人才局、市科委、中关村管委会、市侨联、市政府侨办、相关区政府）

7. 实施顶尖科技人才计划。发挥北京在全球创新网络中的节点作用，吸引和资助“一带一路”沿线及相关参与国家的科学家、科技管理人员到北京交流，参与研发项目和课题研究。支持高新技术企业、高校院所等创新主体与“一带一路”沿线及相关参与国家共同培养科技人才，开展国际优秀青年学生及博士后研究人员互派实习、交流培训、学术访问。（牵头单位：市委组织部、市人才局、市人力社保局、市科委、市侨联、市政府侨办）

8. 推动国际创新集聚区建设。充分挖掘北京资源禀赋，以中关村、望京及周边为核心区域，整合资源、提升环境、完善配套、优化服务，形成面向海外的“一带一路”国际创业创新高端要素集聚区，吸引知名国际科技组织落户北京，支持“一带一路”沿线及相关参与国家的外籍科技人才团队、知名创业孵化机构，高端国际商业服务和知识产权、法律、财务等中介机构入驻，为北京和“一带一路”沿线及相关参与国家的科技企业、创新项目团队对接资源提供良好的国际化营商环境和便利化服务，促使其落地北京。（牵头部门：市科委、中关村管委会、海淀区政府、朝阳区政府）

9. 推进科技成果转化转移。发挥与“一带一路”沿线及相关参与国家有关的双边、多边国际合作机制与平台的作用，促进国内的创新主体与“一带一路”沿线及相关参与国家的相关机构建立合作关系，搭建技术转移协作平台，为技术转移机构提供资源共享渠道。（牵头单位：市科委、中关村管委会）

（三）“走出去”，推动科技创新主体海外布局

10. 设立海外研发中心。鼓励、引导和支持企业与高校院所合作，在“一带一路”沿线及相关参与国家布局建设研发中心，通过自建、并购、合资、参股、租赁等多种方式建立海外研发中心、实验室，开展关键核心技术研发和产业化应用研究，与当地高校院所开展技术研发与产业化合作。（牵头部门：市科委、中关村管委会、市工商联）

11. 共建特色科技园区。发挥国际科技园区协会（IASP）等国际组织的多边平台作用，联合各类创新资源，与“一带一路”沿线及相关参与国家共建一批特色鲜明的科技园区。引导各类国际资源参与园区规划、建设、运营，支持各类创新主体到园区设立研发机构，对参与园区建设的企业和机构提供政策支持。加强与“一带一路”先进创新区域的科技交流合作，支持在中关村示范区建设一批有特色的国际科技合作园区。（牵头单位：中关村管委会）

12. 支持企业“抱团出海”开拓国际市场。支持企业“抱团出海”参与“一带一路”建设，鼓励中关村产业技术联盟联合会、中关村社会组织联合会、中关村“一带一路”产业促进会等社会组织发挥平台作用，建立海外前沿技术信息和市场资源共享渠道，组织产业链上下游企业联合开拓国际市场。加强中关村海外联络处在“一带一路”沿线及相关参与国家的布局建设，服务科技创新合作交流。（牵头单位：中关村管委会）

13. 加快技术标准走出国门。鼓励企业、高校院所开展标准研究和合作，形成“产学研用”合作模式。支持企业、产业联盟等积极参与国际标准和国家标准制定。搭建标准化服务平台，举办标准化知识培训和

标准研讨会，促进中国标准走出去，带动中国产品走出去。（牵头部门：市科委、中关村管委会、市市场监督管理局）

14. 成立全球创意城市网络“设计之都”联盟。联合上海、武汉以及埃及、韩国、捷克等“一带一路”沿线及相关参与国家的“设计之都”城市，发起成立全球创意城市网络“设计之都”联盟。举办联合国教科文组织创意城市北京峰会，搭建高端对话平台，开展设计论坛及交易活动，促进与全球设计企业交流互动。依托“设计之都”联盟资源，提升北京国际设计周“年度设计奖”国际化水平，以评选方式推动国际设计周的资源和成果共享。（牵头单位：市科委）

15. 加强“北京设计”对外辐射。鼓励有条件的设计企业在“一带一路”沿线及相关参与国家设立分支机构，引导企业承接国际订单，拓展海外市场。选择一批代表北京“设计之都”形象的优秀企业和原创作品进行全球巡展，通过“一带一路”推向国际市场，彰显“北京设计”独特文化与社会价值观。引导企业参与国际设计论坛、设计展览活动，掌握全球设计行业前沿动态。支持企业参与国际设计奖项评选。（牵头单位：市科委）

（四）促合作，打造国际创新共同体

16. 对接国际大科学计划和大科学工程。主动对接国家科技部，积极参与大科学计划和大科学工程（简称“大科学”计划）的规划制定，充分挖掘北京地区科技创新 2030—重大项目、国家实验室、综合性国家科学中心、国家重大科技基础设施等已有基础，鼓励和支持全市创新主体牵头和参与“大科学”计划，推动“大科学”计划相关项目落地北京。（牵头部门：市科委）

17. 支持创新创业机构海外布局。支持创新创业主体在海外设立分支机构，推动中关村示范区孵化器在海外设立分支机构，支持建立“中关村海外孵化器”，加强与境外创业服务机构对接，发挥境外机构的全球资源整合能力，在北京建立跨境创新孵化平台。依托平台，链接全球创新资源，发掘筛选海外原创技术和项目，推动成立联合研究机构，开展跨境创新创业生态系统研究，指导跨境创新创业孵化体系建设，推进转化落地。（牵头单位：市科委、中关村管委会）

18. 共建联合实验室。在“一带一路”沿线及相关参与国家联合一批有特色、有优势的科研机构，与北京科研机构共建联合实验室（研究中心），搭建长期稳定的科研合作平台，共同研究解决重大科技难题。鼓励和支持量子信息科学、脑科学与类脑研究等新型研发机构与国外相关科研机构和科研人员共同开展科研工作。（牵头单位：市科委）

19. 实施联合研发计划。充分发挥重大项目对创新合作的引导作用，大力推进北京与“一带一路”沿线及相关参与国家针对共同关心的技术领域和技术问题开展联合研发。依托在京高校院所，围绕关键技术、关键产业的上下游环节，共同凝练、筛选一批符合双方发展需求、具备产业带动潜力的重大项目，开展联合研发。（牵头单位：市科委、市经济信息化局）

20. 开展多种形式的科技交流活动。支持在京举办适用技术培训班，选择北京有优势的应用技术领域，开展科技创新人才交流与合作，共同培养科技创新人才。通过技术培训，带动技术、标准、产品在海外应用，促进北京科技对外辐射。举办北京市“一带一路”国际大学生科技创新训练营，推进国际优秀青年学生科技交流和创新，支持“一带一路”沿线及相关参与国家的科研人员来京短期学习交流和开展研究。支持高校院所在京举办“一带一路”国际科学组织联盟大会暨科技创新国际研讨会、培训班等活动。（牵头单位：市科委、市教委）

21. 引导国际科技合作基地参与“一带一路”创新合作。充分发挥国际科技合作基地在扩大科技开放与合作中的作用，采取“项目—人才—基地”相结合的国际科技合作模式，加强国际科技合作基地建设，依托国际科技合作基地联盟，促进北京市国际科技合作基地与“一带一路”沿线及相关参与国家开展平台建设、联合研发、人才交流等形式的合作，加大北京市国际科技合作基地对“一带一路”建设的影响力。（牵头单位：市科委）

三、保障措施

（一）加强组织领导

依托北京推进科技创新中心建设办公室工作机制，加强统筹协调。建立“一带一路”科技创新工作会议制度，分解各项任务，明确时间表、路线图，形成年度任务分工，推动各项任务落到实处。发挥政府、高校院所、企业、社会组织各自优势，加强合作资源、政策工具和资助渠道之间的统筹衔接，形成高效运转的国际科技创新合作协作体系。

（二）优化管理机制

研究制定推进“一带一路”科技创新合作制度，完善专家库、项目库、成果库和人才库。优化“一带一路”科研计划（专项、基金等）管理制度，围绕本市重大决策部署，确定年度支持的重点领域和重点内容。优化国际合作项目管理监督流程，提高专业化服务水平，探索与世界接轨的科研管理与运行机制。加强对知识产权、法律法规、营商环境等方面的法律保障，规避法律风险。

（三）加强跟踪落实

加强“一带一路”科技创新统计调查和数据分析，发布行动计划实施情况。建立跟踪落实机制，结合任务落实情况和发展过程中出现的新形势、新情况、新问题，完善相关政策和工作分工。

（四）强化绩效评估

建立行动计划落实评估机制，构建“一带一路”科技创新评估指标体系，突出“以评促建”的政策导向，研究制定评估指标体系，发挥第三方评估机构作用，定期开展实施效果评估。健全决策、执行、评价相对分开、互相监督的运行机制。

（五）加大资金支持

统筹财政资金的投入，明确资金投入重点，围绕行动计划重点任务举措积极予以保障，同时健全政府引导、企业为主、社会参与的多元化资金投入体系。

（六）普及宣传教育

及时总结行动计划落实过程中的经验、案例和成效，适时向国家有关部门报告“北京做法”。总结和宣传新典型、新做法、新机制和新模式，编写“一带一路”科技创新发展报告，形成一批可借鉴、可复制、可推广的典型案例，利用报纸、电视、网络和新媒体等多种形式开展“一带一路”科技创新宣传，营造良好氛围。

关于调整《北京市推广应用新能源汽车管理办法》相关内容的通知

京科发〔2019〕8 号

各相关单位：

为落实财政部、工业和信息化部、科技部、发展改革委《关于进一步完善新能源汽车推广应用财政补贴政策的通知》(财建〔2019〕138 号)文件，做好新能源汽车推广应用工作，现对《北京市推广应用新能源汽车管理办法》(京科发〔2018〕25 号)调整如下：

1. 将第三条修改为：本市鼓励购买和使用新能源汽车，对纯电动汽车(纯电动公交车、纯电动环卫车、行政事业单位使用财政性资金购买的纯电动汽车除外)按照中央与地方 1∶0.5 比例安排市级财政补助。自 6 月 26 日起，取消对纯电动汽车的市级财政补助。

燃料电池汽车按照中央与地方 1∶0.5 比例安排市级财政补助。如中央政策调整，本市相应政策按照中央政策另行制定。

2. 将第九条中，“市经济和信息化委员会”修改为“市经济和信息化局”；“市质量技术监督局”修改为“市市场监督管理局”。

3. 本通知自 2019 年 6 月 26 日起执行，有效期至 2020 年 12 月 31 日。《关于调整完善北京市新能源汽车推广应用财政补助政策的通知》(京财经一〔2018〕1296 号)自 2019 年 6 月 26 日起废止。

特此通知。

北京市科学技术委员会
北京市经济和信息化局
北京市财政局
北京市城市管理委员会
北京市交通委员会
2019 年 6 月 25 日

关于印发《北京市科学技术奖励办法实施细则》的通知

京科发〔2019〕9号

各有关单位：

为贯彻落实《北京市科学技术奖励办法》(市政府令第287号)，市科委制定了《北京市科学技术奖励办法实施细则》。现予印发，请遵照执行。

北京市科学技术委员会
2019年8月14日

北京市科学技术奖励办法实施细则

第一章　总　则

第一条　为做好本市科学技术奖励工作，进一步规范北京市科学技术奖(以下简称市科学技术奖)的提名、受理、评审、授予等各项活动，根据《北京市科学技术奖励办法》(以下简称《办法》)，制定本细则。

第二条　市科学技术奖授予在科学发现、技术发明和促进科学技术进步等方面为北京全国科技创新中心建设做出突出贡献的个人和组织。

第二章　奖励条件与评审标准

第一节　突出贡献中关村奖

第三条　突出贡献中关村奖候选人应当具备下列条件之一：

(一)科学研究类：在基础研究、应用基础研究中发现重大科学现象、揭示重大科学规律、阐明重大科学理论，引领了相关学科领域的发展，产生巨大的国际学术影响，为推动科学技术进步和经济社会发展做出重大贡献的；

(二)技术研发类：在国家战略需求、国民经济和社会发展重点领域的关键核心技术创新中取得重大突破，引领了相关行业领域的技术进步，显著提升行业核心竞争力和影响力，为推动经济社会发展、生态环境改善和保障国家安全等做出重大贡献的。

第四条　突出贡献中关村奖候选人应是活跃在科研一线、从事科学研究或者技术研发的科学技术工作者，其工作单位应在本市行政区域内注册登记。

第二节　杰出青年中关村奖

第五条　杰出青年中关村奖候选人应当具备下列条件之一：

(一)科学研究类：独立开展基础性学术研究能力强，在基础研究、应用基础研究中取得标志性原创成果，产生一定的国际学术影响，为推动相关学科的发展做出突出贡献的；

（二）技术研发类：独立开展应用技术研究能力强，在国家战略需求、国民经济和社会发展重点领域的关键核心技术创新中取得标志性原创成果，为推动相关行业领域的技术进步，创造显著经济社会效益或者生态环境效益做出突出贡献的。

第六条 杰出青年中关村奖候选人应是截至提名当年度1月1日不超过40周岁的科学技术工作者，其工作单位应在本市行政区域内注册登记。

第三节 国际合作中关村奖

第七条 国际合作中关村奖候选人应当具备下列条件之一：

（一）在与本市的个人或者组织进行合作研究、开发等方面取得重大科技成果，并取得显著经济社会效益或者生态环境效益，推动本市经济社会发展的；

（二）在向本市的个人或者组织传授先进科学技术、提出重要科技发展建议与对策、培养科技创新人才或者科技管理人才等方面做出突出贡献的；

（三）在推动本市参与国际大科学计划和大科学工程、促进本市与其他国家、国际组织交流合作等方面做出突出贡献的。

第八条 国际合作中关村奖候选人应为具有外国国籍的科学家、工程技术人员和科技管理人员等。

第九条 国际合作中关村奖候选人合作单位应在本市行政区域内注册登记。

第四节 自然科学奖

第十条 自然科学奖候选项目应提供公开发表一年以上的代表性论文或者著作。

第十一条 自然科学奖候选人应在科学发现中做出实质性贡献，且为提供的代表性论著的作者。

第十二条 自然科学奖候选单位应是在该项科学发现中提供支撑保障并起到组织、管理和协调作用的法人，第一候选单位应在本市行政区域内注册登记。

第十三条 自然科学奖授奖等级根据科学发现进行综合评定，评定标准如下：

（一）在科学上取得重大原创性突破，发现的自然现象、揭示的科学规律、提出的学术理论为国内外学术界所公认，极大推动了相关学科的发展，或者为相关技术突破提供重要理论基础，对经济社会发展有重大影响的，可以评为一等奖；

（二）在科学上取得重要原创性突破，发现的自然现象、揭示的科学规律、提出的学术理论为国内外学术界所公认，推动了相关学科的发展，或者为相关技术突破提供理论基础，对经济社会发展有重要影响的，可以评为二等奖。

对取得特别重大科学突破、具有特别重大科学价值、产生特别重大影响的科学发现，可以评为特等奖。

第五节 技术发明奖

第十四条 技术发明奖候选项目应取得授权发明专利，整体实施应用一年以上，取得经济效益。

第十五条 技术发明奖候选人应在技术发明或者转化应用中做出实质性贡献。

第十六条 技术发明奖候选单位应是在技术发明和转化应用过程中提供支撑保障并起到组织、管理和协调作用的法人，第一候选单位应在本市行政区域内注册登记。

第十七条 技术发明奖授奖等级根据候选项目进行综合评定，评定标准如下：

（一）属国内外首创的重大技术发明，在保障国家安全、产业安全的基础性、核心性技术方面取得重大突破，对行业技术优化升级作用重大，通过成果转化产生显著经济社会效益或者生态环境效益，显著提升了产业核心竞争力的，可以评为一等奖；

（二）属国内外首创的重要技术发明，在保障国家安全、产业安全的基础性、核心性技术方面取得较大突破，对行业技术优化升级作用较大，通过成果转化产生明显的经济社会效益或者生态环境效益，明显提升了产业核心竞争力的，可以评为二等奖。

对原创性特别突出，对国家安全、产业安全作用特别巨大，经济社会效益或者生态环境效益特别显著的成果，可以评为特等奖。

第六节　科学技术进步奖

第十八条　科学技术进步奖包括技术开发类、社会公益类、科学技术普及类。

（一）技术开发类项目是指在科学研究和技术开发活动中完成的具有技术创新和市场价值的成果；

（二）社会公益类项目是指在社会公共事业领域或者公共科技服务活动中完成的具有技术创新性，保障公众基本利益、满足社会公共科技需要的基础性、公益性成果；

（三）科学技术普及类项目是指在弘扬科学精神、传播科学思想和方法、普及科学知识的活动中发挥重要作用，产生重大社会影响的原创科学技术普及成果。

第十九条　科学技术进步奖候选项目应整体实施应用一年以上，取得经济社会效益。

第二十条　科学技术进步奖候选人应在技术研发、转化应用或者科学技术普及中做出实质性贡献。

第二十一条　科学技术进步奖候选单位应是在技术研究开发和推广应用过程中提供支撑保障并起到组织、管理和协调作用的法人，第一候选单位应在本市行政区域内注册登记。

第二十二条　科学技术进步奖授奖等级根据候选项目进行综合评定，评定标准如下：

（一）技术开发类

在关键技术或者系统集成上有重大创新，技术难度大，总体技术水平和主要技术经济指标达到同类技术或者产品的行业领先水平，市场竞争力强，创造显著经济社会效益或者生态环境效益，对行业技术进步和产业结构优化升级作用重大的，可以评为一等奖。

在关键技术或者系统集成上有较大创新，技术难度较大，总体技术水平和主要技术经济指标达到同类技术或者产品的行业先进水平，市场竞争力较强，创造明显经济社会效益或者生态环境效益，对行业技术进步和产业结构优化升级作用较大的，可以评为二等奖。

（二）社会公益类

在科学技术基础性工作或者公益性科学技术事业中取得重大技术创新，技术难度大，总体技术水平和主要技术经济指标达到行业领先水平，在行业中得到广泛应用，对科技进步和社会发展有重大意义，创造显著社会效益或者生态环境效益的，可以评为一等奖。

在科学技术基础性工作或者公益性科学技术事业中取得较大技术创新，技术难度较大，总体技术水平和主要技术经济指标达到行业先进水平，在行业中得到较广泛应用，对科技进步和社会发展有较大意义，创造明显社会效益或者生态环境效益的，可以评为二等奖。

（三）科学技术普及类

在选题内容、表现形式、创作手法、展示技术、演绎方式上有重大创新，内容科学严谨，创作难度大、普及程度高、传播范围广、带动作用强，对提升全民科学素养做出重大贡献，产生显著社会效益的，可以评为一等奖。

在选题内容、表现形式、创作手法、展示技术、演绎方式上有较大创新，内容科学严谨，创作难度较大，普及程度较高、传播范围较广、带动作用较强，对提升全民科学素养做出较大贡献，产生明显社会效益的，可以评为二等奖。

科学技术进步奖项目中，对技术创新性特别突出、带动行业科技进步作用特别巨大、经济社会效益或者生态环境效益特别显著的成果，可以评为特等奖。

第三章　提名与受理

第二十三条　市科学技术委员会（以下简称市科委）在市科学技术奖评审工作启动前，向社会公布提名通知，明确提名时间、方式、规则及材料要求等事项。

第二十四条　突出贡献中关村奖、杰出青年中关村奖、国际合作中关村奖提名者应在本学科、本领域、本行业范围内进行提名。

第二十五条　自然科学奖、技术发明奖、科学技术进步奖提名者应按照等级标准提名，明确提名奖种和提名等级。

第二十六条 存在知识产权归属以及有关完成单位、完成人贡献等方面争议的项目、单位和个人，在争议解决前不得提名市科学技术奖。

第二十七条 未按照法律、法规、规章获得行政许可（如动植物新品种、医疗器械）的项目，不得提名自然科学奖、技术发明奖、科学技术进步奖。

第二十八条 已获得或者当年度被提名国家最高科学技术奖、中华人民共和国国际科学技术合作奖的个人，不得作为突出贡献中关村奖、杰出青年中关村奖、国际合作中关村奖的候选人。

第二十九条 已获得突出贡献中关村奖、杰出青年中关村奖、国际合作中关村奖的个人，不得再次作为同一奖项的候选人。

第三十条 同一人每年度只能作为突出贡献中关村奖、杰出青年中关村奖、国际合作中关村奖一个奖种的候选人。

第三十一条 已经获得或者当年度被提名为国家科学技术奖或者其他省、自治区、直辖市科学技术奖的成果，不得提名市科学技术奖。

第三十二条 连续两年提名未获奖的项目再次以相关项目内容提名须间隔一年以上。

第三十三条 自然科学奖、技术发明奖和科学技术进步奖获奖项目的前三完成人，再次作为提名项目的前三候选人须间隔两年以上。

同一人每年度只能作为一个提名项目的候选人。

第三十四条 北京市科学技术奖励工作办公室（以下简称市奖励办）负责提名材料的形式审查，审查合格（包括补正合格）的予以受理。

第四章　评审

第一节　评审组织

第三十五条 市科学技术奖励委员会（以下简称奖励委员会）由35名委员组成，设主任委员1人，副主任委员2人。主任委员由市政府主管科技工作的副市长担任，副主任委员由市科委负责人和相关行业领域的专家分别担任，其他组成人员为市政府相关部门主管科技工作的负责人和相关行业领域的专家。

奖励委员会委员实行聘任制，每届任期五年，连续任期一般不超过两届。任期内市政府主管科技工作的副市长、市政府相关部门主管科技工作的负责人如有变动则自然替补。委员因故不能履职，影响评审工作正常进行的，可进行替补，替补人员由市科委提出，由市人民政府批准。

第三十六条 奖励委员会的主要职责是：

（一）聘请有关专家学者组成市科学技术奖评审委员会（以下简称评审委员会）和市科学技术奖监督委员会（以下简称监督委员会）；

（二）为完善市科学技术奖励工作提供指导性意见和建议；

（三）审定评审委员会评审结果；

（四）审议监督委员会报告；

（五）研究、解决市科学技术奖励工作中出现的其他重大问题。

第三十七条 评审委员会分为突出贡献中关村奖、杰出青年中关村奖、国际合作中关村奖评审委员会；自然科学奖评审委员会；技术发明奖和科学技术进步奖评审委员会。

各评审委员会由相关专业的专家学者组成，委员25人，设主任委员1人，副主任委员2人，秘书长1人。主任委员、副主任委员由奖励委员会委员担任，秘书长由市奖励办负责人担任。

评审委员会委员由市科委提出，由奖励委员会批准。委员实行聘任制，每届任期五年，连续任期一般不超过两届。委员因故不能履职，影响评审工作正常进行的，可进行替补，替补人员由市科委提出，由奖励委员会批准。

第三十八条 评审委员会的主要职责是:

(一)对突出贡献中关村奖、杰出青年中关村奖、国际合作中关村奖候选人进行评审,提出获奖者建议;

(二)对自然科学奖、技术发明奖、科学技术进步奖候选项目进行评审,提出获奖者及奖励等级的建议;

(三)向奖励委员会报告评审结果;

(四)对异议处理情况进行审议,做出异议处理意见;

(五)为完善市科学技术奖评审工作提出意见和建议。

第三十九条 根据评审工作需要,自然科学奖评审委员会、技术发明奖和科学技术进步奖评审委员会设立若干专业评审组,对当年度受理项目进行初审。

第四十条 各专业评审组由相关专业的专家、学者组成,设组长 1 人、副组长 1 至 2 人。专家人选由计算机按照学科领域对应、数量匹配等原则从评审专家库中随机遴选确定。

第四十一条 监督委员会由科技、管理和法律等方面的专家组成,委员 9 至 11 人,设主任委员 1 人,副主任委员 1 人。主任委员由奖励委员会委员担任,副主任委员由市科委副主任担任。

监督委员会委员由市科委提出,由奖励委员会批准。委员实行聘任制,每届任期五年,连续任期一般不超过两届。

第四十二条 监督委员会的主要职责是:

(一)对提名、评审过程和结果进行监督,并向奖励委员会汇报;

(二)对评审活动中出现的违规违纪等重大问题组织专项调查,并向奖励委员会报告调查结果和处理意见;

(三)办理奖励委员会交办的其他有关监督工作事项。

第四十三条 市科学技术奖评审实行回避制度。与评审的候选人、候选单位或者候选项目有利益冲突关系的专家应当回避。被提名为市科学技术奖的候选人不得参加当年度的相关评审工作。

第二节 评审程序

第四十四条 突出贡献中关村奖、杰出青年中关村奖评审委员会参考同行评议意见进行评审,并向奖励委员会提出各奖种获奖者的建议。

国际合作中关村奖由评审委员会进行评审,并向奖励委员会提出获奖者的建议。

第四十五条 自然科学奖、技术发明奖、科学技术进步奖由专业评审组进行初审,初审结果提交相应评审委员会,评审委员会对初审结果进行综合评审,并向奖励委员会提出各奖种获奖者及奖励等级的建议。

第四十六条 奖励委员会对各奖种获奖者及奖励等级的建议进行审定。

第四十七条 市科学技术奖初审以会议评审方式进行,可根据实际评审工作需要,增加通讯或者网络评审。评审委员会评审和奖励委员会审定以会议方式进行,各评审委员会独立进行评审。

第四十八条 市科学技术奖以记名投票方式进行表决,表决规则如下:

(一)评审委员会、奖励委员会会议须有三分之二及以上委员参加,表决结果有效;

(二)初审:初审一等奖、二等奖项目须获得二分之一及以上到会专家票数同意,初审特等奖项目须获得三分之二及以上到会专家票数同意;

(三)评审委员会评审:建议获奖者须获得三分之二及以上到会委员票数同意;

(四)奖励委员会审定:获奖者须获得三分之二及以上到会委员票数同意。

第五章 公示与异议处理

第四十九条 市科学技术奖的受理、初审、评审结果等信息在市科委网站上公示。受理结果公示期不少于 7 个工作日,初审结果公示期不少于 15 个工作日,评审结果公示期不少于 7 个工作日。

任何单位或者个人对市科学技术奖候选人、候选单位及其项目持有异议的,在公示期内向市奖励办提出，逾期不予受理。

提出异议的单位、个人表明真实身份，并提供异议材料及相关支撑文件。

第五十条 异议范围包括对提名材料的真实性（包括创新性、先进性、应用情况、知识产权归属等）以及候选人、候选单位贡献等内容的异议。

对评审等级的意见，不属于异议范围。

第五十一条 为维护异议者的合法权益，参与异议处理的各方人员对异议者的身份予以保密，如按照法律法规确实需要公开的，应事先告知异议者。

第五十二条 市奖励办对异议材料进行审核，对符合异议范围和受理条件的予以受理。市奖励办通知提名者异议事项，提名者应在10个工作日内对异议内容进行核实查证并说明情况，市奖励办审核后形成初步处理意见，必要时，市奖励办可以组织有关专家进行调查。

第五十三条 异议处理过程中，涉及异议的任何一方应积极配合，不得推诿和延误。提名者、候选人、候选单位在规定时间内未按要求提供相关材料的，视为承认异议内容；异议者在规定时间内未按要求提供相关材料的，视为放弃异议。

第五十四条 异议应在异议受理截止之日起20个工作日内处理完毕。确因情况复杂未能在规定时限内核实清楚、化解争议的，不再提交本年度评审，自受理截止之日起90个工作日处理完毕的，可按本年度中止的节点提交下一年度评审；自异议受理截止之日起90个工作日后处理完毕的，可以重新提名。

第五十五条 市奖励办将各阶段异议处理情况提交相应的委员会审议，并将处理决定通知异议双方和提名者。

第六章 批准与授奖

第五十六条 市科委将奖励委员会形成的市科学技术奖获奖者及奖励等级的审定结果，报市人民政府批准。

第五十七条 突出贡献中关村奖每年授予人数不超过2名，其中科学研究类不超过1名，技术研发类不超过1名。

杰出青年中关村奖每年授予人数不超过10名，其中科学研究类不超过5名，技术研发类不超过5名。

国际合作中关村奖每年授予人数不超过10名。

第五十八条 自然科学奖、技术发明奖、科学技术进步奖每年奖励总数不超过200项，其中一等奖每年奖励总数不超过50项（特等奖不超过2项）。

第五十九条 自然科学奖、技术发明奖、科学技术进步奖特等奖单项授奖人数不超过30名，授奖单位不超过20个；一等奖单项授奖人数不超过15名，授奖单位不超过10个；二等奖单项授奖人数不超过10名，授奖单位不超过7个。

第七章 监督管理与法律责任

第六十条 市科学技术奖励工作接受社会监督，任何个人和组织发现市科学技术奖评审工作中存在问题的，可以依据事实向市科委进行实名举报和投诉。

第六十一条 市科学技术奖候选者、获奖者、提名者、评审专家及工作人员等评审过程中有关个人和组织应遵守市科学技术奖评审行为准则相关规定。市科委对候选者、获奖者、提名者、评审专家实施科研诚信管理。

第六十二条 候选者在评审过程中有弄虚作假、贿赂等影响评审公正性行为的，突出贡献中关村奖、杰出青年中关村奖、国际合作中关村奖由市科委取消其当年度参评资格，自然科学奖、技术发明奖、科学技术进步奖由市科委取消其当年度涉事项目的参评资格。

第六十三条　获奖者剽窃、侵占他人科技成果，弄虚作假或者以其他不正当手段骗取市科学技术奖的，由市科委报经市人民政府批准撤销奖励，追缴奖金。

第六十四条　提名者提供虚假材料，协助他人骗取市科学技术奖的，由市科委取消其当年度提名涉事个人或者项目的资格。

第六十五条　评审专家有弄虚作假、徇私舞弊、泄露有关秘密等违反评审纪律行为的，由市科委责令停止参与当年度评审工作。

第六十六条　市科委的工作人员在科学技术奖励活动中有滥用职权、玩忽职守、徇私舞弊等不履行、不当履行或者违法履行职责的，由市科委或者移送有关机关依法给予处分。

第六十七条　对奖励活动中违反《办法》及本细则有关规定的个人以及单位的直接责任人，市科委建议其所在单位或者主管部门给予处分，对构成犯罪的，依法追究法律责任。

第八章　附　则

第六十八条　本细则自 2019 年 8 月 18 日起施行。2010 年 10 月 15 日发布的《北京市科学技术奖励办法实施细则》（京科发〔2010〕538 号）同时废止。

关于印发《北京市技术先进型服务企业认定管理办法（2019 年修订）》的通知

京科发〔2019〕6 号

各有关单位：

为贯彻落实财政部、国家税务总局、商务部、科技部、国家发展改革委《关于将技术先进型服务企业所得税政策推广至全国实施的通知》（财税〔2017〕79 号）和《关于将服务贸易创新发展试点地区技术先进型服务企业所得税政策推广至全国实施的通知》（财税〔2018〕44 号）的规定，进一步做好本市技术先进型服务企业认定管理工作，市科委、市商务局、市财政局、国家税务总局北京市税务局、市发展改革委对 2015 年制定的《北京市技术先进型服务企业认定管理办法》进行了修订。现将《北京市技术先进型服务企业认定管理办法（2019 年修订）》印发给你们，请遵照执行。

特此通知。

北京市科学技术委员会
北京市商务局
北京市财政局
国家税务总局北京市税务局
北京市发展和改革委员会
2019 年 10 月 24 日

北京市技术先进型服务企业认定管理办法（2019 年修订）

第一章　总　则

第一条　为贯彻落实财政部、国家税务总局、商务部、科技部、国家发展改革委《关于将技术先进型服务企业所得税政策推广至全国实施的通知》（财税〔2017〕79 号）和《关于将服务贸易创新发展试点地区技术先进型服务企业所得税政策推广至全国实施的通知》（财税〔2018〕44 号）的规定，加强本市技术先进型服务企业认定管理工作，制定本办法。

第二章　组织与实施

第二条　市科委、市商务局、市财政局、市税务局、市发展改革委组成北京市技术先进型服务企业认定小组（以下简称认定小组），主要职责是：

（一）负责本市行政区域内技术先进型服务企业认定工作；

（二）负责遴选参加认定工作的评审专家，并加强监督管理；

（三）负责对已认定企业进行监督、检查，受理、核实并处理有关举报等事项。

第三条 认定小组下设办公室，办公室设在市科委，负责处理认定小组的日常工作。

第三章 条件与程序

第四条 企业申请认定技术先进型服务企业，必须同时符合以下条件：

（一）在本市行政区域内注册的法人企业；

（二）从事《技术先进型服务业务认定范围（试行）》中的一种或多种技术先进型服务业务，采用先进技术或具备较强的研发能力；

（三）具有大专以上学历的员工占企业职工总数的50%以上；

（四）从事《技术先进型服务业务认定范围（试行）》中的技术先进型服务业务取得的收入占企业当年总收入的50%以上；

（五）从事离岸服务外包业务取得的收入不低于企业当年总收入的35%。

从事离岸服务外包业务取得的收入，是指企业根据境外单位与其签订的委托合同，由本企业或其直接转包的企业为境外单位提供《技术先进型服务业务认定范围（试行）》中所规定的信息技术外包服务（ITO）、技术性业务流程外包服务（BPO）、技术性知识流程外包服务（KPO）和服务贸易类业务，而从上述境外单位取得的收入。

第五条 技术先进型服务企业认定工作每年组织一次。具体申报时限及相关要求以认定小组当年发布的通知为准。企业申请认定技术先进型服务企业，应登录“全国技术先进型服务企业业务办理管理平台”（网址：http://tas.innocom.gov.cn），按要求填写《企业注册登记表》，并通过“全国技术先进型服务企业业务办理管理平台”提交至认定小组办公室。认定小组办公室核对企业注册信息后，确认激活。激活后企业登录管理平台，填写并提交下列材料：

（一）《全国技术先进型服务企业认定（复核）申请表》；

（二）企业营业执照副本（复印件）；

（三）知识产权相关材料、科研项目任务书、获国家或本市科技奖励证书、新技术查新报告等相关材料；

（四）企业员工花名册（注明员工学历结构、从事离岸服务外包人员情况），企业就业人员社会保险缴费单复印件（加盖企业公章）；

（五）经会计师事务所鉴证的企业上一会计年度财务会计报告（包括会计报表、会计报表附注和财务情况说明书）；

（六）近一个月（季）度的《企业所得税月（季）度预缴纳税申报表》（复印件）；

（七）《企业上一会计年度技术先进型服务业务收入及离岸服务外包业务收入明细表》，附相关材料。其中：企业离岸服务外包业务和其他服务贸易类业务应通过“服务贸易统计监测管理信息系统”（网址：http://fwmyzb.mofcom.gov.cn/）在市商务局进行登记并已核定服务收入，技术先进型服务业务合同已在市科委技术市场管理部门进行技术合同认定登记并已核定技术性收入的，由相关部门就已登记（核定）的业务收入向认定小组办公室出具证明。企业已登记（核定）的业务收入占总收入比例达到认定条件规定的，企业可不提供合同、发票等资料；达不到认定条件规定的，企业须就差额部分提供等额或以上的合同、发票（复印件）作为证明。

第六条 认定小组办公室收到企业申请材料后，根据企业技术先进型服务业务范围，随机抽取专家组成专家组，对每个企业的评审专家不少于5人，并至少有1名财务专家。专家应独立、客观、公正地对企业进行评审，评审与其有利益关系的企业时应主动申请并回避。

第七条 认定小组结合专家组评审意见，提出拟认定的技术先进型服务企业名单，在市科委网站（网址：http://kw.beijing.gov.cn）上公示5个工作日，无异议的，通过“全国技术先进型服务企业业务办理管理平台”备案，颁发“技术先进型服务企业证书”（加盖市科委、市商务局、市财政局、市税务局、市发展改革委公章）；有异议的，由认定小组核实处理。

第八条 符合条件的技术先进型服务企业须在商务部“服务贸易统计监测管理信息系统”中填报企业基本信息，并按时报送数据。

第九条 按本办法认定的技术先进型服务企业，其资格自颁发证书当年起有效期为三个自然年度，期满须重新申请认定。企业不申请认定或认定不通过的，其资格自动失效。

第十条 经认定的技术先进型服务企业，可持“技术先进型服务企业证书”向主管税务机关申请办理企业所得税优惠政策事宜。享受企业所得税收优惠的技术先进型服务企业条件发生变化的，应当自发生变化之日起15日内向主管税务机关报告；不再符合享受税收优惠条件的，应当依法履行纳税义务。主管税务机关在执行税收优惠政策过程中，发现企业不具备技术先进型服务企业资格的，提请认定小组复核。复核后确认不符合认定条件的，应取消企业享受税收优惠政策的资格。

第四章 附 则

第十一条 本办法自发布之日起施行。《北京市技术先进型服务企业认定管理办法（2015 年修订）》（京科发〔2015〕39 号）同时废止。

统计资料

北京地区 2019 年研发活动情况

北京地区 R&D 活动表主要数据来源为科技部《科学研究和技术服务业非企业单位统计调查》、教育部《普通高等学校科技统计年报》、国家统计局《工业企业研发创新统计》等。科学研究和技术服务业事业单位指有法人地位的政府部门属科学研究与技术开发机构、科学研究和技术服务业有法人地位有 R&D 活动的其他事业单位。科学研究和技术服务业企业指转制为企业有法人地位的研究机构。本资料因小数取舍产生的误差均未做配平处理。

一、北京地区 2019 年研发活动汇总表

表 1　北京地区 R&D 人员情况统计表

	R&D 人员 合计（人）	#1. 博士毕业	2. 硕士毕业	R&D 人员折合全时人员（人年）	研究人员
总　　计	**464178**	**108386**	**96525**	**313986.0**	**207994.9**
一、按执行部门分组					
科研院所	125390	38930	45674	108309.0	78274.0
高等院校	128146	65325	32762	63118.6	56809.3
企　业	195706	1780	13972	134115.4	67342.6
其　他	14936	2351	4117	8443.0	5569.0
二、按单位隶属关系分组					
中　央					
地　方					
三、按活动类型分组					
基础研究				63478.4	
应用研究				92520.6	
试验发展				158058.6	
四、按从事的国民经济行业分组					
农、林、牧、渔业					
采矿业					
制造业					
电力、热力、燃气及水生产和供应业					
建筑业					
批发和零售业					
交通运输、仓储和邮政业					
住宿和餐饮业					

续表

	R&D 人员合计（人）	#1. 博士毕业	2. 硕士毕业	R&D 人员折合全时人员（人年）	研究人员
信息传输、软件和信息技术服务业					
金融业					
房地产业					
租赁和商务服务业					
科学研究和技术服务业					
水利、环境和公共设施管理业					
居民服务、修理和其他服务业					
教　育					
卫生和社会工作					
文化、体育和娱乐业					
公共管理和社会组织					
国际组织					

注：1. 表中数据来源为北京市统计局、北京市科学技术委员会、北京市教育委员会、北京市经济和信息化局。
2. 受统计局数据分组限制，本年部分分组数据空缺。

表 2　北京地区 R&D 经费情况统计表

	R&D 经费内部支出合计（万元）	#1. 日常性支出	人员劳务费	2. 资产性支出	仪器和设备	R&D 经费外部支出合计（万元）
总　计	**22335870.0**	**19741452.8**	**8461480.4**	**2560351.7**	**1798148.5**	**2314049.7**
一、按执行部门分组						
科研院所	9942382.5	8152360.7	2433036.2	1790021.8	1148596.8	845256.4
高等院校	2808088.2	2427555.6	575511.8	380532.6	297189.4	266067.0
企　业	9081985.9	8787588.7	5289644.0	260331.7	237773.6	1183252.8
其　他	503413.4	373947.8	163288.4	129465.6	114588.7	19473.5
二、按单位隶属关系分组						
中　央						
地　方						
三、按资金来源分组						
政府资金	10692235.9					
企业资金	9867573.9					
国外资金	76534.3					
其他资金	1699525.9					
四、按活动类型分组						
基础研究	3554523.0					
应用研究	5638951.7					
试验发展	13142395.3					

续表

	R&D 经费内部支出合计（万元）	#1. 日常性支出	人员劳务费	2. 资产性支出	仪器和设备	R&D 经费外部支出合计（万元）
五、按从事的国民经济行业分组						
农、林、牧、渔业						
采矿业						
制造业						
电力、热力、燃气及水生产和供应业						
建筑业						
批发和零售业						
交通运输、仓储和邮政业						
住宿和餐饮业						
信息传输、软件和信息技术服务业						
金融业						
房地产业						
租赁和商务服务业						
科学研究和技术服务业						
水利、环境和公共设施管理业						
居民服务、修理和其他服务业						
教　育						
卫生和社会工作						
文化、体育和娱乐业						
公共管理和社会组织						
国际组织						

注：受统计局数据分组限制，本年部分分组数据空缺。

表 3　北京地区 R&D 项目（课题）情况统计表

	项目（课题）数（项）	项目（课题）人员折合全时当量（人年）	项目（课题）经费支出（万元）
总　计	**177259**	**304561.6**	**18455910.8**
一、按执行部门分组			
科研院所	38293	96036.0	6860065.5
高等院校	115571	63118.2	2056047.5
企　业	20863	138804.3	9366157.2
其　他	2532	6603.1	173640.6
二、按活动类型分组			
基础研究			
应用研究			

续表

	项目(课题)数 (项)	项目(课题)人员折合全时当量 (人年)	项目(课题)经费支出 (万元)
试验发展			
三、按项目来源分组			
自选科技项目			
政府部门科技项目			
企业委托科技项目			
来自国外的科技项目			
其他科技项目			
四、按项目的合作形式分组			
自主完成			
与境内研究机构合作			
与境内高等学校合作			
与境内其他企业或单位合作			
与境外机构合作			
委托其他企业或单位			
其他形式			

注:受统计局数据分组限制,本年部分分组数据空缺。

表 4　北京地区 R&D 活动产出情况统计表

	专利申请数 (件)	发明专利	有效发明专利数 (件)	发表科技论文 (篇)	出版科技著作 (种)
总　计	**141277**	**94559**	**278735**	**226520**	**7183**
一、按执行部门分组					
科研院所	17625	14491	56429	63902	2262
高等院校	19848	16799	59498	131118	4568
企　业	103158	62845	161004	24048	0
其　他	646	424	1804	7452	353
二、按单位隶属关系分组					
中　央					
地　方					
三、按从事的国民经济行业分组					
农、林、牧、渔业					
采矿业					
制造业					
电力、燃气及水生产和供应业					
建筑业					
交通运输、仓储和邮政业					

续表

	专利申请数（件）	发明专利	有效发明专利数（件）	发表科技论文（篇）	出版科技著作（种）
信息传输、计算机服务和软件业					
批发和零售业					
住宿和餐饮业					
金融业					
房地产业					
租赁和商务服务业					
科学研究和技术服务业					
水利、环境和公共设施管理业					
居民服务和其他服务业					
教　育					
卫生、社会保障和社会福利业					
文化、体育和娱乐业					
公共管理和社会组织					
国际组织					

注:1. 本表数据来源为北京市统计局、北京市科学技术委员会、北京市教育委员会、北京市经济和信息化局。
2. 受统计局数据分组限制,本年部分分组数据空缺。

二、科学研究和技术服务业事业单位汇总表

表 5　事业单位 R&D 人员情况统计表

	R&D 人员合计（人）	#1. 博士毕业	2. 硕士毕业	3. 本科毕业	R&D 人员折合全时人员（人年）	研究人员
总　　计	**87467**	**34922**	**26542**	**16384**	**68317**	**49562**
一、按单位隶属关系分组						
中　央	80956	33177	24552	14718	62916	46585
地　方	6511	1745	1990	1666	5401	2977
二、按单位所属学科分组						
自然科学领域	30075	13938	7209	4703	22712	17128
农业科学领域	7118	2809	1945	1569	6182	4469
医学科学领域	11028	4740	2811	2671	9214	6243
工程科学与技术领域	33274	10022	13069	6567	24662	17525
社会、人文科学领域	5972	3413	1508	874	5547	4197
三、按活动类型分组						
基础研究					27943	

续表

	R&D人员合计（人）	#1. 博士毕业	2. 硕士毕业	3. 本科毕业	R&D人员折合全时人员（人年）	研究人员
应用研究					28902	
试验发展					11472	
四、按服务的国民经济行业分组						
农、林、牧、渔业	6931	2792	1883	1466	6013	4348
采矿业	5	2	2	1	5	4
制造业	4520	1423	1465	1084	3887	3036
电力、热力、燃气及水生产和供应业	229	57	68	98	49	42
建筑业	195	21	104	55	171	126
批发和零售业	32	10	10	12	32	32
交通运输、仓储和邮政业	1200	283	640	254	859	697
住宿和餐饮业						
信息传输、软件和信息技术服务业	3657	749	1206	598	1480	994
金融业						
房地产业						
租赁和商务服务业	9	0	1	8	8	8
科学研究和技术服务业	55060	23899	15965	9043	43007	31181
水利、环境和公共设施管理业	4163	1348	1618	880	3620	2860
居民服务、修理和其他服务业	493	74	199	203	310	262
教　育	376	202	109	50	343	234
卫生和社会工作	7923	3305	2118	1965	6319	4097
文化、体育和娱乐业	321	100	146	63	258	202
公共管理、社会保障和社会组织	2353	657	1008	604	1956	1439
国际组织						

注：统计范围为有法人地位的政府部门属科学研究与技术开发机构、科学研究和技术服务业有法人地位有R&D活动的其他事业单位。

表6　事业单位R&D经费情况统计表

	R&D经费内部支出合计（万元）	#1. 日常性支出	人员劳务费	2. 资产性支出	仪器和设备	R&D经费外部支出合计（万元）
总　计	**5051679**	**4002430**	**1862667**	**1049249**	**682253**	**204247**
一、按单位隶属关系分组						
中　央	4807243	3795894	1739790	1011349	655153	197588
地　方	244436	206536	122877	37900	27100	6659
二、按单位所属学科分组						
自然科学领域	1836392	1329787	589265	506605	294275	61783
农业科学领域	352175	297266	131786	54909	30544	23137

续表

	R&D 经费内部支出合计（万元）	#1. 日常性支出	人员劳务费	2. 资产性支出	仪器和设备	R&D 经费外部支出合计（万元）
医学科学领域	490729	433808	205660	56921	46292	34300
工程科学与技术领域	2095166	1687479	790910	407688	298523	63948
社会、人文科学领域	277218	254091	145047	23127	12620	21078
三、按资金来源分组						
政府资金	4405249					
企业资金	245760					
国外资金	25764					
其他资金	374906					
四、按活动类型分组						
基础研究	2003632					
应用研究	2225967					
试验发展	822079					
五、按服务的国民经济行业分组						
农、林、牧、渔业	334753	284284	123369	50469	27060	21891
采矿业	63	63	60	0	0	
制造业	252291	217929	104857	34362	19393	20825
电力、热力、燃气及水生产和供应业	1300	1292	740	8	8	1333
建筑业	7334	6946	4267	389	364	606
批发和零售业	1097	986	960	111	111	
交通运输、仓储和邮政业	37918	30452	14563	7466	6549	3394
住宿和餐饮业						
信息传输、软件和信息技术服务业	121870	71490	25035	50380	39280	
金融业						
房地产业						
租赁和商务服务业	26	26	24	0	0	
科学研究和技术服务业	3576231	2827134	1272713	749096	462478	87208
水利、环境和公共设施管理业	219457	177692	100786	41765	29729	48937
居民服务、修理和其他服务业	11867	11545	10742	321	0	724
教　育	23041	22030	12713	1011	318	8265
卫生和社会工作	291060	252727	140852	38333	34276	7946
文化、体育和娱乐业	13034	10182	4063	2852	1087	1318
公共管理、社会保障和社会组织	160339	87652	46925	72686	61599	1800
国际组织						

表7　事业单位R&D项目(课题)情况统计表

	项目(课题)数 (项)	项目(课题)人员折合全时当量 (人年)	项目(课题)经费支出 (万元)
总　计	**36994**	**56578**	**2501105**
一、按活动类型分组			
基础研究	15846	23366.5	1019809
应用研究	17205	23644.3	1118485
试验发展	3943	9567.2	362811
二、按项目学科分组			
自然科学领域	14624	21183.6	1121674
农业科学领域	2618	4618.6	119023
医学科学领域	3720	7199	218931
工程科学与技术领域	12458	19318.2	935267
社会、人文科学领域	3574	4258.6	106210
三、按项目来源分组			
国家科技项目	20856	34892.7	1491805
地方科技项目	3066	4318.2	172381
企业委托科技项目	3539	3245.1	161057
自选科技项目	2977	4447.1	152320
来自国外的科技项目	228	301.8	11796
其他科技项目	6328	9373.1	511747
四、按项目的合作形式分组			
独立完成	29921	40906	1871102
与境内独立研究机构合作	3064	6617	305834
与境内高等学校合作	1365	3455	124404
与境内注册其他企业合作	877	1029	42377
与境外机构合作	194	387	14667
其　他	1573	4185	142720

表8 事业单位R&D活动产出情况统计表

	专利申请数（件）	发明专利	有效发明专利数（件）	发表科技论文（篇）	出版科技著作（种）
总　计	**9693**	**7561**	**34018**	**59406**	**2410**
一、按单位隶属关系分组					
中　央	9025	7125	31715	55217	2236
地　方	668	436	2303	4189	174
二、按单位所属学科分组					
自然科学领域	2047	1781	7852	16415	251
农业科学领域	1035	838	3979	5041	243
医学科学领域	1166	474	2591	10323	336
工程科学与技术领域	5400	4447	19421	18077	582
社会、人文科学领域	45	21	175	9550	998
三、按服务的国民经济行业分组					
农、林、牧、渔业	990	806	3884	5087	251
采矿业	5	1	5	44	0
制造业	1104	986	5064	3192	96
电力、热力、燃气及水生产和供应业	16	2	6	80	1
建筑业	15	7	51	120	8
批发和零售业					
交通运输、仓储和邮政业	201	71	658	775	62
住宿和餐饮业					
信息传输、软件和信息技术服务业	394	332	2042	874	10
金融业					
房地产业					
租赁和商务服务业					
科学研究和技术服务业	5574	4839	18645	34896	1262
水利、环境和公共设施管理业	390	252	2306	3542	172
居民服务、修理和其他服务业	1	1	7	74	6
教　育	6	6	10	511	108
卫生和社会工作	836	166	779	7831	256
文化、体育和娱乐业	22	4	105	303	24
公共管理、社会保障和社会组织	139	88	456	2077	154
国际组织					

注：表中数据来源为科技部《科学研究和技术服务业非企业单位调查表》。

三、转制为企业的研究机构汇总表

表 9　转制企业 R&D 人员情况统计表

	R&D 人员合计（人）	#1. 博士毕业	2. 硕士毕业	3. 本科毕业	4. 其他	R&D 人员折合全时人员（人年）
总　计	**22163**	**2346**	**9245**	**8393**	**2179**	**19296**
一、按登记注册类型分组						
国　有	16439	1524	7052	6224	1639	13962
有限责任公司	5724	822	2193	2169	540	5334
二、按单位所属学科分组						
自然科学领域	153	39	46	41	27	131
农业科学领域						
医学科学领域	112	15	29	52	16	112
工程科学与技术领域	21898	2292	9170	8300	2136	19053
社会、人文科学领域						
三、按活动类型分组						
基础研究						950.1
应用研究						9108.7
试验发展						9237.2
四、按服务的国民经济行业分组						
农、林、牧、渔业	7	3	1	3	0	1
采矿业	646	82	372	151	41	623
制造业	3174	224	948	1438	564	2828
电力、热力、燃气及水生产和供应业	2096	464	1261	281	90	2096
建筑业	7427	809	2590	3122	906	5694
批发和零售业						
交通运输、仓储和邮政业	2250	355	1389	420	86	2015
住宿和餐饮业						
信息传输、软件和信息技术服务业	1262	42	787	393	40	1262
金融业	197	22	59	97	19	197
房地产业						
租赁和商务服务业						
科学研究和技术服务业	5104	345	1838	2488	433	4580
水利、环境和公共设施管理业						
居民服务、修理和其他服务业						
教　育						
卫生和社会工作						
文化、体育和娱乐业						
公共管理、社会保障和社会组织						
国际组织						

注：统计范围为转制为企业有法人地位的研究机构。

表 10　转制企业 R&D 经费情况统计表

	R&D 经费内部支出合计（万元）	#1. 日常性支出	人员劳务费	2. 资产性支出	仪器和设备
总　计	**437933**	**281344**	**192004**	**156588**	**154685**
一、按登记注册类型分组					
国　有	350642	218275	141821	132368	130767
有限责任公司	87290	63070	50183	24221	23918
二、按单位所属学科分组					
自然科学领域	4329	4167	1740	162	162
农业科学领域					
医学科学领域	5807	1728	1594	4079	4079
工程科学与技术领域	427797	275450	188670	152347	150443
社会、人文科学领域					
三、按资金来源分组					
政府资金	127126				
企业资金	250706				
国外资金	7040				
其他资金	53062				
四、按活动类型分组					
基础研究	26129				
应用研究	153571				
试验发展	258233				
五、按服务的国民经济行业分组					
农、林、牧、渔业	5	5	5	0	0
采矿业	15622	8904	6295	6718	6710
制造业	73882	49434	25326	24448	24145
电力、热力、燃气及水生产和供应业	67217	56159	30228	11058	11058
建筑业	61640	37485	30125	24154	22561
批发和零售业					
交通运输、仓储和邮政业	32397	22225	15925	10172	10172
住宿和餐饮业					
信息传输、软件和信息技术服务业	68090	45006	40925	23085	23085
金融业	5392	3655	2027	1737	1737
房地产业					
租赁和商务服务业					
科学研究和技术服务业	113688	58471	41148	55217	55217
水利、环境和公共设施管理业					
居民服务、修理和其他服务业					
教　育					
卫生和社会工作					
文化、体育和娱乐业					
公共管理、社会保障和社会组织					
国际组织					

表11　转制企业R&D项目(课题)情况统计表

	项目(课题)数(项)	项目(课题)人员折合全时当量(人年)	项目(课题)经费支出(万元)
总　计	**3029**	**11097.3**	**275439**
一、按活动类型分组			
基础研究	194	546.4	7346
应用研究	1258	5238.5	101604
试验发展	1577	5312.4	166489
二、按项目学科分组			
自然科学领域	62	157	5023
农业科学领域	28	59.4	2256
医学科学领域	25	111.5	4866
工程科学与技术领域	2902	10719.5	262849
社会、人文科学领域	12	49.5	445
三、按项目来源分组			
国家科技项目	825	3765.5	54825
地方科技项目	120	484.7	16722
企业委托科技项目	1320	3003.6	84949
自选科技项目	731	3768	116345
来自国外的科技项目	20	45.1	1211
其他科技项目	13	30.4	1391
四、按项目的合作形式分组			
独立完成	1034	3745	92317
与境内独立研究机构合作	288	1043	26697
与境内高等学校合作	542	2185	76774
与境内注册其他企业合作	678	2297	52794
与境外机构合作	75	277	3895
其　他	412	1549	22961

表 12　转制企业 R&D 活动产出情况统计表

	专利申请数（件）	发明专利	有效发明专利数（件）	发表科技论文（篇）	出版科技著作（种）
总　计	**3389**	**2545**	**8317**	**4225**	**79**
一、按登记注册类型分组					
国　有	2597	2088	6920	3125	58
有限责任公司	792	457	1397	1100	21
二、按单位所属学科分组					
自然科学领域	16	13	34	56	1
农业科学领域					
医学科学领域	9	9	7		
工程科学与技术领域	3364	2523	8275	4108	77
社会、人文科学领域	0	0	1	61	1
三、按服务的国民经济行业分组					
农、林、牧、渔业					
采矿业	54	51	360	261	0
制造业	481	325	1371	787	6
电力、热力、燃气及水生产和供应业	1274	1153	3407	582	48
建筑业	528	272	998	552	17
批发和零售业					
交通运输、仓储和邮政业	578	359	765	788	4
住宿和餐饮业					
信息传输、软件和信息技术服务业	18	14	53	27	0
金融业	9	9	126	0	0
房地产业					
租赁和商务服务业					
科学研究和技术服务业	447	362	1237	1228	4
水利、环境和公共设施管理业					
居民服务、修理和其他服务业					
教　育					
卫生和社会工作					
文化、体育和娱乐业					
公共管理、社会保障和社会组织					
国际组织					

注：表中数据来源为科技部《转制为企业的研究机构科技活动调查表》。

2019年度北京市获国家科学技术奖一览表

北京共有71个项目获国家科学技术奖，包括：国家自然科学奖18项（二等奖18项）、国家技术发明奖11项（一等奖1项、二等奖10项）、国家科学技术进步奖42项（特等奖1项、一等奖3项、二等奖38项）。

国家自然科学奖一览表

序号	奖种	等级	项目名称	主要完成人	提名单位
1	国家自然科学奖	二等	石墨烯的可控生长及其性能调控	刘云圻（中国科学院化学研究所），于贵（中国科学院化学研究所），武斌（中国科学院化学研究所），魏大程（中国科学院化学研究所），陈建毅（中国科学院化学研究所）	北京市
2	国家自然科学奖	二等	Pinkall – Sterling猜想和超曲面几何的研究	李海中（清华大学）	教育部
3	国家自然科学奖	二等	铁基超导电子结构与磁相互作用的理论研究	卢仲毅（中国人民大学），向涛（中国科学院物理研究所），马锋杰（中国科学院理论物理研究所），闫循旺（中国科学院理论物理研究所），高淼（中国人民大学）	谢心澄，孙昌璞，陈仙辉
4	国家自然科学奖	二等	碰撞型斑岩铜矿成矿理论	侯增谦（中国地质科学院地质研究所），杨志明（中国地质科学院地质研究所），高永丰（河北地质大学），郑远川［中国地质大学（北京）］，张洪瑞（中国地质科学院地质研究所）	毛景文，徐义刚，张宏福
5	国家自然科学奖	二等	燃烧废气中氮氧化物催化净化基础研究	贺泓（中国科学院生态环境研究中心），余运波（中国科学院生态环境研究中心），单文坡（中国科学院生态环境研究中心），刘福东（中国科学院生态环境研究中心），徐文青（中国科学院生态环境研究中心）	曲久辉，陶澍，朱利中
6	国家自然科学奖	二等	地表水热关键参数热红外遥感反演理论与方法	李召良（中国科学院地理科学与资源研究所），唐伯惠（中国科学院地理科学与资源研究所），唐荣林（中国科学院地理科学与资源研究所），周成虎（中国科学院地理科学与资源研究所），吴骅（中国科学院地理科学与资源研究所）	农业农村部
7	国家自然科学奖	二等	大气复合污染条件下新粒子生成与二次气溶胶增长机制	胡敏（北京大学），吴志军（北京大学），何凌燕（北京大学深圳研究生院），郭松（北京大学），黄晓锋（北京大学深圳研究生院）	教育部
8	国家自然科学奖	二等	复杂地质过程的激光微区同位素研究	杨进辉（中国科学院地质与地球物理研究所），杨岳衡（中国科学院地质与地球物理研究所），谢烈文（中国科学院地质与地球物理研究所），吴福元（中国科学院地质与地球物理研究所）	中国科学院
9	国家自然科学奖	二等	大熊猫适应性演化与濒危机制研究	魏辅文（中国科学院动物研究所），聂永刚（中国科学院动物研究所），胡义波（中国科学院动物研究所），吴琦（中国科学院动物研究所），詹祥江（中国科学院动物研究所）	周琪，桂建芳，陈晔光

续表

序号	奖种	等级	项目名称	主要完成人	提名单位
10	国家自然科学奖	二等	组蛋白甲基化和小 RNA 调控植物生长发育和转座子活性的机制研究	曹晓风(中国科学院遗传与发育生物学研究所),刘春艳(中国科学院遗传与发育生物学研究所),宋显伟(中国科学院遗传与发育生物学研究所),陆发隆(中国科学院遗传与发育生物学研究所),刘斌(中国科学院遗传与发育生物学研究所)	李家洋,韩斌,林鸿宣
11	国家自然科学奖	二等	多细胞生物细胞自噬分子机制及与神经退行性疾病的关系	张宏(中国科学院生物物理研究所),赵燕(中国科学院生物物理研究所),田烨(北京生命科学研究所),赵红玉(北京生命科学研究所),李思慧(中国科学院生物物理研究所)	中国科学院
12	国家自然科学奖	二等	数种新发自然疫源性疾病的发现与溯源研究	曹务春(中国人民解放军军事科学院军事医学研究院),江佳富(中国人民解放军军事科学院军事医学研究院),贾娜(中国人民解放军军事科学院军事医学研究院),方立群(中国人民解放军军事科学院军事医学研究院),黎浩(中国人民解放军军事科学院军事医学研究院)	郐堂春,李松,汪海
13	国家自然科学奖	二等	互联网视频流的高通量计算理论与方法	张勇东(中国科学院计算技术研究所),颜成钢(中国科学院计算技术研究所),谢洪涛(中国科学院计算技术研究所),唐金辉(南京理工大学),唐胜(中国科学院计算技术研究所)	中国电子学会
14	国家自然科学奖	二等	动态系统运行安全性评估理论与方法	周东华(清华大学),胡昌华(中国人民解放军火箭军工程大学),司小胜(中国人民解放军火箭军工程大学),徐正国(清华大学),李钢(清华大学)	教育部
15	国家自然科学奖	二等	磁性纳米材料构筑与多功能调控	侯仰龙(北京大学),高松(北京大学),余靓(北京大学),马丁(北京大学),杨策(北京大学)	教育部
16	国家自然科学奖	二等	动力学新模式的发现及在塑性非晶合金材料研发中的应用	白海洋(中国科学院物理研究所),闻平(中国科学院物理研究所),孙保安(中国科学院物理研究所),柳延辉(中国科学院物理研究所),汪卫华(中国科学院物理研究所)	中国科学院
17	国家自然科学奖	二等	基于全寿命周期的钢管混凝土结构损伤机理与分析理论	韩林海(清华大学),杨有福(福州大学),杨华(哈尔滨工业大学),李威(清华大学)	中国土木工程学会
18	国家自然科学奖	二等	软材料与生物软组织的表面失稳力学研究	冯西桥(清华大学),曹艳平(清华大学),李博(清华大学),王建山(清华大学),黄世清(清华大学)	教育部

国家技术发明奖一览表

序号	奖种	等级	项目名称	主要完成人	提名单位
1	国家技术发明奖	一等	复杂机场高精度飞行校验技术及装备	张军(北京航空航天大学),史晓锋(北京航空航天大学),苏维(中国民用航空飞行校验中心),何锋(北京航空航天大学),李小强(北京天华航宇科技有限公司)	中国电子学会
2	国家技术发明奖	二等	先进 MEMS 卫星设计制造关键技术及应用	尤政(清华大学),邢飞(清华大学),张高飞(清华大学),赵开春(清华大学),周斌(清华大学)	北京市

续表

序号	奖种	等级	项目名称	主要完成人	提名单位
3	国家技术发明奖	二等	农产品中典型化学污染物精准识别与检测关键技术	王静(中国农业科学院农业质量标准与检测技术研究所),何方洋(北京勤邦生物技术有限公司),金茂俊(中国农业科学院农业质量标准与检测技术研究所),佘永新(中国农业科学院农业质量标准与检测技术研究所),金芬(中国农业科学院农业质量标准与检测技术研究所),杨鑫(哈尔滨工业大学)	农业农村部
4	国家技术发明奖	二等	新型饲用氨基酸与猪低蛋白质饲料创制技术	谯仕彦(中国农业大学),王德辉(长春大成实业集团有限公司),岳隆耀(辽宁禾丰牧业股份有限公司),曾祥芳(中国农业大学),王春平[亚太兴牧(北京)科技有限公司],马曦(中国农业大学)	北京大北农科技集团股份有限公司
5	国家技术发明奖	二等	矿井人员与车辆精确定位关键技术与系统	孙继平[中国矿业大学(北京)],刘毅[中国矿业大学(北京)],严春(江苏三恒科技股份有限公司),樊荣(中煤科工集团重庆研究院有限公司),喻川(深圳市翌日科技有限公司),包建军[天地(常州)自动化股份有限公司]	中国黄金协会
6	国家技术发明奖	二等	满足国V/VI升级的FCC汽油关键组分定向分离技术	高金森[中国石油大学(北京)],郝天臻(河北精致科技有限公司),赵亮[中国石油大学(北京)],李德忠(河北精致科技有限公司),卢志远(河北精致科技有限公司)	中国石油和化学工业联合会
7	国家技术发明奖	二等	活性相定向构建及复杂反应分级强化的柴油高效清洁化关键技术	聂红(中国石油化工股份有限公司石油化工科学研究院),丁石(中国石油化工股份有限公司石油化工科学研究院),张乐(中国石油化工股份有限公司石油化工科学研究院),华炜(中国石油化工股份有限公司北京燕山分公司),徐盛虎(中国石油化工股份有限公司九江分公司),李大东(中国石油化工股份有限公司石油化工科学研究院)	中国石油化工集团有限公司
8	国家技术发明奖	二等	黏性粉体流态化过程强化与放大技术	朱庆山(中国科学院过程工程研究所),李洪钟(中国科学院过程工程研究所),谢朝晖(中国科学院过程工程研究所),赵庆宇(中信钛业股份有限公司),唐建国(中信钛业股份有限公司),李军(中国科学院过程工程研究所)	中国科学院
9	国家技术发明奖	二等	高性能特种粉体材料近终形制造技术及应用	曲选辉(北京科技大学),秦明礼(北京科技大学),章林(北京科技大学),吴昊阳(北京科技大学),郐均文(江苏精研科技股份有限公司),钟伟(上海富驰高科技股份有限公司)	中国有色金属工业协会
10	国家技术发明奖	二等	耐酸碱、高速、分瓣式磁性液体旋转密封关键技术与应用	李德才(北京交通大学),张志力(北京交通大学),王玉明(清华大学),颜招强(自贡兆强密封制品实业有限公司),杨小龙(广西科技大学),郭飞(清华大学)	教育部
11	国家技术发明奖	二等	面向一体化无线网络的多域资源认知与虚拟化关键技术	冯志勇(北京邮电大学),张平(北京邮电大学),张奇勋(北京邮电大学),许文俊(北京邮电大学),池连刚(普天信息技术有限公司),彭铁雁(桂林市思奇通信设备有限公司)	中国科协

国家科学技术进步奖一览表

序号	奖种	等级	项目名称	主要完成人	主要完成单位	提名单位
1	国家科学技术进步奖	特等	长江三峡枢纽工程		中国长江三峡集团有限公司,水利部长江水利委员会,长江勘测规划设计研究院,中国能源建设集团有限公司,中国电力建设集团有限公司,哈尔滨电机厂有限责任公司,东方电气集团东方电机有限公司,中国长江电力股份有限公司,中国三峡建设管理有限公司,三峡机电工程技术有限公司,中国葛洲坝集团股份有限公司,长江水利委员会长江科学院,中国水利水电科学研究院,水利部交通运输部国家能源局南京水利科学研究院,清华大学,河海大学,武汉大学,长江水利委员会水文局,中国水利水电第八工程局有限公司,中国水利水电第四工程局有限公司,中国葛洲坝集团机电建设有限公司,中国葛洲坝集团三峡建设工程有限公司,长江三峡技术经济发展有限公司,中国电建集团西北勘测设计研究院有限公司,天津大学,中国科学院水生生物研究所,中国科学院电工研究所,长江流域水资源保护局,水电水利规划设计总院,三峡大学	水利部
2	国家科学技术进步奖	一等	渤海湾盆地深层大型整装凝析气田勘探理论技术与重大发现	谢玉洪,薛永安,邓建明,徐长贵,施和生,周东红,牛成民,邓运华,田立新,李慧勇,刘小刚,吕丁友,王昕,尚锁贵,张功成	中国海洋石油集团有限公司,中国石油大学(华东),成都理工大学,中国地质大学(武汉),中国石油大学(北京),吉林大学,长江大学,北京石大科胜石油科技有限公司	中国海洋石油集团有限公司
3	国家科学技术进步奖	一等	中东巨厚复杂碳酸盐岩油藏亿吨级产能工程及高效开发	宋新民,黄永章,王贵海,田昌炳,成忠良,李勇,范建平,刘合年,许岱文,郭睿,欧瑾,李保柱,冀成楼,朱光亚,穆龙新	中国石油国际勘探开发有限公司,中国石油天然气股份有限公司勘探开发研究院,中国石油工程建设有限公司	中国石油天然气集团有限公司
4	国家科学技术进步奖	一等	高光效长寿命半导体照明关键技术与产业化	李晋闽,林科闯,王军喜,伊晓燕,刘志强,范玉钵,林洺锋,朱晓东,李国平,袁毅凯,阮军,梁毅,吴晞敏,蔡文必,刘乃鑫	中国科学院半导体研究所,三安光电股份有限公司,厦门华联电子股份有限公司,深圳市洲明科技股份有限公司,河北立德电子有限公司,北京良业环境技术股份有限公司,鸿利智汇集团股份有限公司,佛山市国星光电股份有限公司,北京半导体照明科技促进中心,厦门光莆电子股份有限公司	中国科学院

续表

序号	奖种	等级	项目名称	主要完成人	主要完成单位	提名单位
5	国家科学技术进步奖	二等	家畜养殖数字化关键技术与智能饲喂装备创制及应用	熊本海，蒋林树，杨亮，胡肄农，罗清尧，罗远明，曹沛，温志芬，高华杰，郑姗姗	中国农业科学院北京畜牧兽医研究所，北京农学院，江苏省农业科学院，河南南商农牧科技股份有限公司，无锡市富华科技有限责任公司，温氏食品集团股份有限公司，北京大北农科技集团股份有限公司	北京市
6	国家科学技术进步奖	二等	商用车机械自动变速式混合动力系统总成关键技术及其产业化应用	李亮，王钦普，李磊，宋健，杨超，王翔宇，秦志东，刘国庆，李红志，潘凤文	清华大学，苏州绿控传动科技股份有限公司，潍柴动力股份有限公司，中国重型汽车集团有限公司，北汽福田汽车股份有限公司，中通客车控股股份有限公司	北京市
7	国家科学技术进步奖	二等	绿色公共建筑环境与节能设计关键技术研究及应用	林波荣，徐宏庆，李晓锋，朱颖心，曹彬，邵双全，肖伟，李紫微，王者，代宏峰	清华大学，北京市建筑设计研究院有限公司，中国科学院理化技术研究所，中建一局集团建设发展有限公司，北京清华同衡规划设计研究院有限公司	北京市
8	国家科学技术进步奖	二等	药物新制剂中乳化关键技术体系的建立与应用	张强，张雪霞，赵焰平，夏桂民，代文兵，周丽莹，刘树林，王会娟，吴翠栓，王学清	北京大学，华北制药股份有限公司，北京泰德制药股份有限公司，华北制药集团新药研究开发有限责任公司，北京德立福瑞医药科技有限公司	北京市
9	国家科学技术进步奖	二等	耐密高产广适玉米新品种中单808和中单909培育与应用	黄长玲，刘志芳，李新海，吴宇锦，李绍明，王红武，李少昆，胡小娇，李坤，谢传晓	中国农业科学院作物科学研究所，中国农业大学	农业农村部
10	国家科学技术进步奖	二等	植物细胞壁力学表征技术体系构建及应用	费本华，余雁，王戈，赵荣军，王汉坤，田根林，黄安民，王小青，刘杏娥，程海涛	国际竹藤中心，中国林业科学研究院木材工业研究所，上海中晨数字技术设备有限公司，中国纤维质量监测中心	国家林业和草原局
11	国家科学技术进步奖	二等	饲草优质高效青贮关键技术与应用	杨富裕，玉柱，张建国，徐春城，许庆方，刘忠宽，丁武蓉，徐智明，李存福，谢建将	中国农业大学，华南农业大学，兰州大学，山西农业大学，河北省农林科学院农业资源环境研究所，全国畜牧总站，四川高福记生物科技有限公司	中国农学会
12	国家科学技术进步奖	二等	优质专用小麦生产关键技术百问百答	赵广才，常旭虹，王德梅，杨玉双，陶志强，王艳杰，吕修涛，马少康，杨天桥，舒薇		农业农村部
13	国家科学技术进步奖	二等	传统特色肉制品现代化加工关键技术及产业化	王守伟，孔保华，乔晓玲，赵燕，李家鹏，陈文华，臧明伍，李莹莹，施延军，宋忠祥	中国肉类食品综合研究中心，东北农业大学，湖南唐人神肉制品有限公司，金字火腿股份有限公司，广州皇上皇集团股份有限公司	中国轻工业联合会
14	国家科学技术进步奖	二等	地下空间防水防护用高性能多材多层高分子卷材成套技术及工程应用	田凤兰，卢咏来，陈永初，韩忠强，熊玉钦，刘志维，唐湘瑜，梁卫业，刘宝印，刘国庆	北京东方雨虹防水技术股份有限公司，北京化工大学，岳阳东方雨虹防水技术有限责任公司，北京东方雨虹防水工程有限公司	中国建筑材料联合会

续表

序号	奖种	等级	项目名称	主要完成人	主要完成单位	提名单位
15	国家科学技术进步奖	二等	大尺寸铝合金车轮成型关键技术及应用	张虎,徐佐,张花蕊,徐惠彬,武汉琦,朱志华,李昌海,刘双勇,简伟文,陶同祥	北京航空航天大学,中信戴卡股份有限公司,秦皇岛信越智能装备有限公司,佛山市南海奔达模具有限公司,青岛航大新材料技术有限公司	王华明,李元元,聂祚仁
16	国家科学技术进步奖	二等	铝合金节能输电导线及多场景应用	李红英,韩钰,祝志祥,陈保安,杨长龙,党朋,刘蛟蛟,袁骏,马军,汪传斌	全球能源互联网研究院有限公司,中南大学,国网辽宁省电力有限公司,上海电缆研究所有限公司,国网湖南省电力有限公司,亨通集团有限公司,远东控股集团有限公司	中国有色金属工业协会
17	国家科学技术进步奖	二等	新型多温区SCR脱硝催化剂与低能耗脱硝技术及应用	杨勇平,陆强,张东晓,沈明忠,董长青,赵莉,程俊峰,朱跃,乔凯荣,曲艳超	华北电力大学,中国华电集团有限公司,中国华电科工集团有限公司,华电电力科学研究院有限公司,北京华电光大环境股份有限公司,北京清新环境技术股份有限公司	教育部
18	国家科学技术进步奖	二等	青藏地区可再生能源独立供电系统关键技术及工程应用	王伟胜,刘纯,丁明,何国庆,许洪华,唐成虹,李光辉,余勇,刘晓明,刘芳	中国电力科学研究院有限公司,合肥工业大学,国电南瑞科技股份有限公司,北京科诺伟业科技股份有限公司,阳光电源股份有限公司,国网西藏电力有限公司,龙源西藏新能源有限公司	中国电机工程学会
19	国家科学技术进步奖	二等	面向公共安全的大规模监控视频智能处理技术及应用	李波,朱江,胡海苗,李欣,廖胜才,王蓉,雷震,姜伟浩,刘偲,郑锦	北京航空航天大学,杭州海康威视数字技术股份有限公司,中国科学院自动化研究所,中国人民公安大学	赵沁平,张广军,樊邦奎
20	国家科学技术进步奖	二等	编码摄像关键技术及应用	季向阳,王贵锦,张永兵,刘振宇,杨艺,李晓波,万鹏飞,张刚,施陈博,连晓聪	清华大学,清华大学深圳研究生院,凌云光技术集团有限责任公司,淘宝(中国)软件有限公司,厦门美图之家科技有限公司,北京数码视讯科技股份有限公司	工业和信息化部
21	国家科学技术进步奖	二等	大跨度结构技术创新与工程应用	朱忠义,束伟农,张晋勋,王泽强,刘枫,陈凯,郑云,蔡蕾,周忠发,周黎光	北京市建筑设计研究院有限公司,中冶建筑研究总院有限公司,中国建筑科学研究院有限公司,北京城建集团有限责任公司,江苏沪宁钢机股份有限公司,北京市建筑工程研究院有限责任公司	中国钢结构协会
22	国家科学技术进步奖	二等	复杂水域动力特征和生境要素模拟与调控关键技术及应用	陈永灿,李嘉,刘昭伟,李翀,江春波,安瑞冬,吕平毓,邓云,朱德军,李然	清华大学,四川大学,西南科技大学,中国长江三峡集团有限公司,长江水利委员水文局长江上游水文水资源勘测局	水利部
23	国家科学技术进步奖	二等	车用高性能制动系统关键技术及产业化	张俊智,王丽芳,施正堂,龙元香,燕少德,何承坤,李芳,李立刚,苟晋芳,袁野	清华大学,浙江亚太机电股份有限公司,广州瑞立科密汽车电子股份有限公司,中国科学院电工研究所	中国汽车工程学会

续表

序号	奖种	等级	项目名称	主要完成人	主要完成单位	提名单位
24	国家科学技术进步奖	二等	中国民航数字化协同管制新技术及应用	朱衍波，蔡开泉，罗喜伶，康南，马兵，严勇杰，唐晔旸，闫然，孙小倩，赵亮	北京航空航天大学，民航数据通信有限责任公司，中国民用航空局空中交通管理局，中国电子科技集团公司第二十八研究所，南京莱斯信息技术股份有限公司	徐向阳，周志成，王巍
25	国家科学技术进步奖	二等	高速铁路高性能混凝土成套技术与工程应用	何华武，谢永江，谢友均，王玲，李化建，王召祜，陈惠苏，龙广成，王立军，仲新华	中国铁道科学研究院集团有限公司，中南大学，东南大学，中国建筑材料科学研究总院有限公司，中国铁路设计集团有限公司，中铁十二局集团有限公司，中铁四局集团有限公司	中国铁路总公司
26	国家科学技术进步奖	二等	新能源汽车能源系统关键共性检测技术及标准体系	杨世春，吴志新，王芳，张彩萍，张欣，陈飞，刘震，周荣，秦兴才，刘桂彬	北京航空航天大学，中国汽车技术研究中心有限公司，北京交通大学，福建星云电子股份有限公司，天津力神电池股份有限公司	中国汽车工程学会
27	国家科学技术进步奖	二等	食品中化学性有害物检测关键技术创新及应用	张峰，杨丙成，岳振峰，陈达，国伟，何艳玲，王秀娟，贾东芬	中国检验检疫科学研究院，华东理工大学，深圳出入境检验检疫局食品检验检疫技术中心，天津大学，北京陆桥技术股份有限公司，北京六角体科技发展有限公司	国家市场监督管理总局
28	国家科学技术进步奖	二等	煤矸石山自燃污染控制与生态修复关键技术及应用	胡振琪，汪云甲，赵平，赵艳玲，张成梁，肖亚宁，李海东，谷明川，冯国宝，李美生	中国矿业大学（北京），中国矿业大学，生态环境部南京环境科学研究所，山西潞安矿业（集团）有限责任公司，北京东方园林环境股份有限公司，中国平煤神马能源化工集团有限责任公司，阳泉煤业（集团）股份有限公司	教育部
29	国家科学技术进步奖	二等	废弃物焚烧与钢铁冶炼二噁英污染控制技术与对策	郑明辉，李咸伟，刘文彬，孙阳昭，姜鸿安，俞勇梅，任志远，刘国瑞，苏贵金，何晓蕾	中国科学院生态环境研究中心，宝山钢铁股份有限公司，环境保护部环境保护对外合作中心，中科实业集团（控股）有限公司	中国科学院
30	国家科学技术进步奖	二等	乳腺癌精准诊疗关键技术创新与应用	徐兵河，马飞，孙强，袁芃，林东昕，代敏，王佳玉，张频，李青，张保宁	中国医学科学院肿瘤医院，中国医学科学院北京协和医院	中国医疗保健国际交流促进会
31	国家科学技术进步奖	二等	基于外周血分子分型的肺癌个体化诊疗体系建立及临床推广应用	王洁，王绿化，王志杰，毕楠，陈克能，白桦，白凡，高亦博，段建春，阮力	北京协和医学院，北京肿瘤医院，厦门艾德生物医药科技股份有限公司，北京大学	教育部
32	国家科学技术进步奖	二等	心血管疾病磁共振诊断体系的创建与应用	赵世华，陆敏杰，何作祥，陈秀玉，张岩，程怀兵，闫朝武，尹刚，兰天，戴琳琳	中国医学科学院阜外医院	国家卫生健康委员会
33	国家科学技术进步奖	二等	人类重大传染病动物模型体系的建立及应用	秦川，高一村，鲍琳琳，公雪杰，高虹，魏强，陈福和，邓巍，马元武，杨文龙	中国医学科学院医学实验动物研究所，香港大学，北京科兴生物制品有限公司	徐建国，袁国勇，曾益新
34	国家科学技术进步奖	二等	超高速超长距离T比特光传输系统关键技术与工程实现	忻向军，刘博，常天海，唐明，李良川，张丽佳，司明钢，卢彦兆，张琦	北京邮电大学，华为技术有限公司，华中科技大学	中国电子学会

续表

序号	奖种	等级	项目名称	主要完成人	主要完成单位	提名单位
35	国家科学技术进步奖	二等	北斗性能提升与广域分米星基增强技术及应用	周建华,陈俊平,薛瑞,赵金贤,许祥滨,袁本银,曹月玲,巩秀强,赵鹤,李锐	北京卫星导航中心,中国科学院上海天文台,北京航空航天大学,上海司南卫星导航技术股份有限公司,上海华测导航技术股份有限公司,泰斗微电子科技有限公司,北京神州天鸿科技有限公司	中国测绘学会
36	国家科学技术进步奖	二等	大容量弹性化灵活带宽光网络技术创新与规模应用	张杰,赵永利,李晗,罗军,邹洪强,张德江,白立荣,罗贤龙,杨辉,李允博	北京邮电大学,华为技术有限公司,中国移动通信集团有限公司	工业和信息化部
37	国家科学技术进步奖	二等	重大蔬菜害虫韭蛆绿色防控关键技术创新与应用	张友军,魏启文,于毅,吴青君,薛明,刘峰,魏国树,许国庆,刘长仲,史彩华	中国农业科学院蔬菜花卉研究所,全国农业技术推广服务中心,山东省农业科学院植物保护研究所,天津市植物保护研究所,山东农业大学,长江大学,甘肃农业大学	农业农村部
38	国家科学技术进步奖	二等	北方玉米少免耕高速精量播种关键技术与装备	李洪文,张东兴,何进,杨丽,王庆杰,孙士明,张旭东,刁培松,张晋国,吴运涛	中国农业大学,黑龙江省农业机械工程科学研究院,辽宁省农业机械化研究所,山东理工大学,河北农业大学,河北农哈哈机械集团有限公司	中国农学会
39	国家科学技术进步奖	二等	水产集约化养殖精准测控关键技术与装备	李道亮,杨信廷,陈英义,邢克智,吴华瑞,阮怀军,傅泽田,翟介明,蒋永年,黄训松	中国农业大学,北京农业信息技术研究中心,天津农学院,山东省农业科学院科技信息研究所,莱州明波水产有限公司,江苏中农物联网科技有限公司,福建上润精密仪器有限公司	中国农学会
40	国家科学技术进步奖	二等	深部资源电磁探测理论技术突破与应用	底青云,薛国强,方广有,张一鸣,王中兴,罗小南,高菊生,朱万华,安志国,付长民	中国科学院地质与地球物理研究所,中国科学院电子学研究所,北京工业大学,河南省有色金属地质矿产局,西北有色地质矿业集团有限公司	中国科学院
41	国家科学技术进步奖	二等	易燃易爆危险物质爆炸防控关键技术与装备	王成,聂百胜,李刚,司荣军,钱新明,李润之,苑春苗,韦建树,臧充光,郭俊	北京理工大学,中煤科工集团重庆研究院有限公司,中国矿业大学(北京),东北大学,江苏爵格工业设备有限公司,山西众创达科技有限公司	应急管理部
42	国家科学技术进步奖	二等	女性盆底功能障碍性疾病治疗体系的建立和推广	朱兰,郎景和,徐葭,鲁永鲜,华克勤,童晓文,金杭美,张晓薇,孙智晶,陈娟	北京协和医学院,清华大学,中国人民解放军总医院第四医学中心,复旦大学附属妇产科医院,上海市同济医院,浙江大学医学院附属妇产科医院,广州医科大学附属第一医院	教育部

注:资料来源为北京市科学技术奖励工作办公室。

2019 年度北京市科学技术奖获奖一览表

2019 年度北京市科学技术奖首次设立突出贡献中关村奖、杰出青年中关村奖、国际合作中关村奖，11 位专家获北京市科学技术奖首届人物奖，其中北京市突出贡献中关村奖 2 人，北京市杰出青年中关村奖 6 人，北京市国际合作中关村奖 3 人。

2019 年度北京市科学技术奖首次分设自然科学奖、技术发明奖、科学技术进步奖，共有 154 项成果获奖。包括自然科学奖 15 项（一等奖 5 项、二等奖 10 项）；技术发明奖 12 项（一等奖 6 项、二等奖 6 项）；科学技术进步奖 127 项（特等奖 1 项、一等奖 33 项、二等奖 93 项）。

突出贡献中关村奖一览表

序号	获奖编号	姓名	工作单位
1	2019 - GX - 01	薛其坤	清华大学
2	2019 - GX - 02	胡伟武	龙芯中科技术有限公司

杰出青年中关村奖一览表

序号	获奖编号	姓名	工作单位
1	2019 - QN - 01	文再文	北京大学
2	2019 - QN - 02	江　颖	北京大学
3	2019 - QN - 03	郭玉国	中国科学院化学研究所
4	2019 - QN - 04	卫　彦	北京大学口腔医院
5	2019 - QN - 05	徐烨烽	北京星网宇达科技股份有限公司
6	2019 - QN - 06	陈　鹏	北京北方华创微电子装备有限公司

国际合作中关村奖一览表

序号	获奖编号	姓名	工作单位
1	2019 - HZ - 01	Jost Bruno Hermann Jonas 乔斯特·乔纳斯	Medical Faculty Mannheim of the Ruprecht - Karls - University 德国海德堡大学曼海姆医学院
2	2019 - HZ - 02	Marinus Cornelis Maria Van Loosdrecht 马克·梵·洛斯德莱特	Delft University of Technology 荷兰代尔夫特理工大学
3	2019 - HZ - 03	Olivier Bernard SALVI 欧利伟	INERIS DEVELOPPEMENT 法国国家工业环境与风险研究院发展公司

自然科学奖

自然科学奖一等奖一览表

序号	获奖编号	项目名称	完成单位	主要完成人
1	2019-Z01-1-01	硅烯的发现与物性研究	中国科学院物理研究所	吴克辉　陈　岚　冯宝杰　程　鹏　孟　胜
2	2019-Z03-1-01	基于含氮化合物构建的氮化反应	北京大学	焦　宁　周　旺　秦　冲　王　腾　唐从辉　丁胜涛　孙　祥　郦鑫耀
3	2019-Z04-1-01	蚊媒病毒感染与传播机制研究	清华大学	程　功　肖小平　朱毅斌
4	2019-Z04-1-02	可转移多黏菌素耐药基因 mcr 的发现及其传播机制研究	中国农业大学 华南农业大学	沈建忠　刘健华　汪　洋　吴聪明　沈张奇　刘艺云　尹文娟　凌卓人
5	2019-Z05-1-01	陆地生态系统碳收支研究	北京大学	方精云　朴世龙　赵淑清　唐志尧　朱剑霄　陶胜利　郭兆迪　朱江玲　吉成均　王志恒　周德成　池秀莲

自然科学奖二等奖一览表

序号	获奖编号	项目名称	完成单位	主要完成人
1	2019-Z01-2-01	航天器空间流形动力学理论及其应用	北京航空航天大学 航天东方红卫星有限公司	徐　明　何艳超　谭　田
2	2019-Z02-2-01	新型生物信息微纳传感器应用基础研究	中国科学院电子学研究所 首都医科大学宣武医院 北京肿瘤医院 北京大学	蔡新霞　陈　彪　杨　跃　邢国刚　罗金平　宋轶琳　王　杨　蔚文婧　刘军涛　徐声伟
3	2019-Z02-2-02	弹性适配多路传输理论与方法	北京邮电大学 北京交通大学	许长桥　张宏科　程　渤　郑　侃　郜　帅　关建峰
4	2019-Z03-2-01	强各向异性纳米晶永磁材料研究	北京大学	杨金波　韩景智　杨云波　刘顺荃　王常生
5	2019-Z03-2-02	铁系吸波材料微结构调控与电磁性能	北京师范大学 北京理工大学	孙根班　曹敏花　胡长文　马淑兰　杨晓晶
6	2019-Z04-2-01	滤泡辅助性 T 细胞调控抗体亲和力成熟及免疫记忆机制研究	清华大学	祁　海　吕佩纹　王毅峰　闫　虎　史长明　史静雯　晏家骢　吴龙妍
7	2019-Z04-2-02	基于基础和临床的抑郁症诊疗生物学标记研究	北京大学第六医院 浙江大学	司天梅　苏允爱　王晓东　李继涛
8	2019-Z04-2-03	脱落酸调控非呼吸跃变型果实成熟的生理及分子机制	北京农学院 中国农业大学	沈元月　贾文锁　郭家选　黄　芸　李冰冰　董清华　贾海锋　张　卿
9	2019-Z05-2-01	能源环境效率测度理论方法及其应用研究	北京理工大学 北京师范大学	魏一鸣　廖　华　梁巧梅　王　科　刘兰翠
10	2019-Z05-2-02	晚中生代哺乳动物生态适应研究	北京自然博物馆 中国地质科学院地质研究所	孟庆金　季　强　张玉光　袁崇喜　刘　迪　王旭日

技术发明奖

技术发明奖一等奖一览表

序号	获奖编号	项目名称	完成单位	主要完成人
1	2019－F01－1－01	虚拟现实与增强现实头戴显示关键技术及应用	北京理工大学 歌尔股份有限公司 北京联想软件有限公司 北京小鸟看看科技有限公司 北京耐德佳显示技术有限公司	王涌天　程德文　刘　娟 姜　滨　毛世杰　周宏伟 翁冬冬　刘　越　陈　靖 苏立军　迟小羽　赵东峰 王　聪　郝　群　段家喜
2	2019－F01－1－02	高安全低功耗嵌入式系统芯片技术及应用	北京航空航天大学 中国科学院计算技术研究所 中国科学院软件研究所 航天恒星科技有限公司 北京中科睿芯科技有限公司 北京大学 华中科技大学	王　翔　肖利民　任　奇 章隆兵　夏同生　张　蕾 范东睿　冯建华　范宝峡 孙华军　王维克　王　涛 赵宗民　张　准　郝　强
3	2019－F02－1－01	先进压缩空气储能系统关键技术研究与应用	中国科学院工程热物理研究所	陈海生　徐玉杰　王　亮 李　文　左志涛　盛　勇 朱阳历　张雪辉　纪　律 林曦鹏　周学志　刘　畅 胡　珊　贺凤娟　付文秀
4	2019－F02－1－02	混合式高压直流断路器关键技术及应用	全球能源互联网研究院有限公司 中电普瑞电力工程有限公司 国网浙江省电力有限公司 许继集团有限公司	查鲲鹏　魏晓光　张　升 高　冲　汤广福　周万迪 王成昊　杨兵建　陆　翌 刘　远　陈龙龙　客金坤 张　宁　胡四全　单云海
5	2019－F03－1－01	高性能低合金耐蚀钢系列钢种研制及应用成套技术	北京科技大学 首钢集团有限公司 南京钢铁股份有限公司 鞍钢股份有限公司	李晓刚　杨建炜　黄一新 任子平　程学群　章　军 祝瑞荣　杜翠薇　张达威 刘　锟　楚觉非　赵柏杰 曹建平　解德刚　刘　超
6	2019－F06－1－01	光学源端偏振立体效应与精密遥感探测方法研究及应用	北京大学 北京市信息技术研究所 中国科学院上海技术物理研究所 中国科学院合肥物质科学研究院 中航贵州飞机有限责任公司 中国人民解放军战略支援部队信息工程大学 北京普达迪泰科技有限公司 深圳奥比中光科技有限公司 北方液晶工程研究开发中心 中科遥感科技集团有限公司	晏　磊　张飞舟　陈　伟 林　沂　樊邦奎　周潘伟 孙晓兵　陈　涛　赵世湖 张书国　勾志阳　黄源浩 王晋年　孙山林　童庆禧

技术发明奖二等奖一览表

序号	获奖编号	项目名称	完成单位	主要完成人
1	2019－F01－2－01	大能量、高平均功率皮秒激光器关键技术研发及应用	中国科学院半导体研究所 武汉华日精密激光股份有限公司 大恒新纪元科技股份有限公司	于海娟　徐进林　张　翼 林学春　彭　渤　闵大勇 何立东　何超建　刘振林 王奕博
2	2019－F01－2－02	高电流密度 SiC 电力电子器件关键技术及应用	中国科学院微电子研究所 中国电子科技集团公司第五十五研究所 株洲中车时代电气股份有限公司 电子科技大学 扬州国扬电子有限公司	刘新宇　柏　松　刘可安 张　波　邓小川　白　云 黄润华　李诚瞻　汤益丹 王盛凯
3	2019－F04－2－01	新能源汽车整车综合控制关键技术与应用	北京理工大学 北京理工华创电动车技术有限公司 北京新能源汽车股份有限公司 北汽福田汽车股份有限公司	王文伟　周　辉　曹万科 张兆龙　时军辉　董爱道 周恩飞　侯　睿　易迪华 邵赓华
4	2019－F04－2－02	城市轨道交通能馈式牵引供电关键技术及应用	北京交通大学 北京市轨道交通建设管理有限公司 北京市地铁运营有限公司 广州地铁集团有限公司 北京城建设计发展集团股份有限公司 北京千驷驭电气有限公司 呼和浩特市城市轨道交通建设管理有限责任公司	刘志刚　王　颖　张　钢 韩志伟　刘　建　鲁玉桐 蔡昌俊　陈　杰　陈瑞军 孙振海
5	2019－F04－2－03	空间软 X 射线高效聚焦与高灵敏探测技术及工程应用	北京控制工程研究所	梅志武　李连升　陈建武 张笃周　左富昌　石永强 王　勇　邓楼楼　王春宇 吕政欣
6	2019－F06－2－01	复杂储层水平井精准钻井关键技术及应用	中国石化集团石油工程技术研究院有限公司 中石化西南石油工程有限公司 中石化江汉石油工程有限公司	曾义金　倪卫宁　王　卫 郑奕挺　杨春国　李　新 罗恒荣　李继博　张　卫 李永杰

科学技术进步奖

科学技术进步奖特等奖一览表

序号	获奖编号	项目名称	完成单位	主要完成人
1	2019－J01－T－01	面向移动应用的高分辨率柔性可弯折 AMOLED 显示技术研发与产业化	京东方科技集团股份有限公司 成都京东方光电科技有限公司 合肥鑫晟光电科技有限公司 中国科学院化学研究所	王大巍　皇　甫　鲁　江　史世明 周伟峰　李　娜　谢明哲　李　钊 杨士勇　高山镇　胡　明　刘　政 谢春燕　尹海军　李彦松　刘　陆 蔡宝鸣　张　嵩　祝尚杰　王和金 郭远征　陈立强　刘　飞

科学技术进步奖一等奖一览表

序号	获奖编号	项目名称	完成单位	主要完成人
1	2019－J01－1－01	大束流离子注入机装备及工艺研发	北京烁科中科信电子装备有限公司 中国科学院上海微系统与信息技术研究所 上海凯世通半导体股份有限公司 中国科学院微电子研究所 上海集成电路研发中心有限公司 清华大学 北京大学 北京中科信电子装备有限公司	张　丛　欧　欣　曾晓斌 彭立波　谢均宇　李士会 彭　彬　林　萍　杨亚兵 陈　炯　刘仁杰　李俊峰 康晓旭　杨开明　许晓燕
2	2019－J01－1－02	新一代天气雷达升级关键技术创新与产业化应用	北京敏视达雷达有限公司 北京市气象探测中心 中国电子科技集团公司第十二研究所	张建云　吴艳锋　刘旭林 刘　强　王　捷　张持岸 虞海峰　孙召平　崔　劼 张　垚　李　佳　杜云东 王　京　王砚舟　张亚斌
3	2019－J02－1－01	大规模知识图谱构建关键技术与应用	中国科学院自动化研究所 云知声智能科技股份有限公司	赵　军　刘　康　刘升平 何世柱　陈玉博　张元哲 任　禾　崇伟峰
4	2019－J02－1－02	基于平行仿真的大规模网络靶场构建技术及应用	北京永信至诚科技股份有限公司 中国人民解放军总参谋部第五十四研究所 北京邮电大学 浙江大学	蔡晶晶　陈　俊　么健石 郑康锋　冀晓宇　田中成 张　凯　潘宇东　武　斌 李　炜　黄　平　段　榕 余慧英　闫　琛　吴　桐
5	2019－J02－1－03	网络图像视频大数据的智能识别关键技术及应用	北京科技大学 国家计算机网络与信息安全管理中心 腾讯科技(深圳)有限公司 北京时代凌宇科技股份有限公司 北京科技大学设计研究院有限公司	殷绪成　黄孝斌　蒋　杰 刘欣然　徐　科　阿孜古丽 袁庆升　肖　磊　周　鹏 李　擎　魏剑平　郭　强 樊　勇　王红法　祝晓斌
6	2019－J02－1－04	航天嵌入式软件可信性保障关键技术和应用	北京控制工程研究所 北京轩宇信息技术有限公司 中国科学院软件研究所 华东师范大学 中国人民解放军国防科技大学 南京大学	顾　斌　郭向英　陈　睿 詹乃军　蒲戈光　毛晓光 王　政　董晓刚　赵建华 陈仪香　乔　磊　陈立前 高栋栋　赵　雷　辛优美
7	2019－J03－1－01	都市水泥低环境负荷设计与制备关键技术及应用	北京工业大学 北京建筑材料科学研究总院有限公司 北京金隅集团股份有限公司 北京金隅红树林环保技术有限责任公司 北京金隅北水环保科技有限公司	崔素萍　龚先政　王亚丽 陈旭峰　毛倩瑾　聂祚仁 刘　宇　兰明章　王志宏 姜雨生　刘卫民　赵启刚 郝利炜　李小青　郑　焱
8	2019－J04－1－01	再生水补给型河湖水环境多界面协同控制与修复关键技术及应用	中国环境科学研究院 北京市水科学技术研究院 北京师范大学 中国科学院水生生物研究所 北京市水文总站 北京金河水务建设集团有限公司 百奥源生态环保科技(北京)有限公司 北京邦源环保科技股份有限公司 北京蓝海实益环境科技有限公司 北京环尔康科技开发有限公司	张列宇　李国文　邵海波 刘　操　廖海清　王红强 刘永定　黄彩红　毛旭辉 贾　君　杨　禹　汪志聪 邢　伟　郭　伟　李小艳

续表

序号	获奖编号	项目名称	完成单位	主要完成人
9	2019-J04-1-02	大气污染优化控制技术体系研究及在北京与周边区域的示范应用	北京工业大学	程水源 郎建垒 魏 巍 康天放 王海燕 王晓琦 韩力慧 陈东升 郝瑞霞 周 颖 郭秀锐 钟巍盛 陈 莎 叶 青 鲁理平
10	2019-J05-1-01	边坡雷达及其滑坡预警云平台研发与应用	中国安全生产科学研究院 中安国泰(北京)科技发展中心	马海涛 杨晓琳 于正兴 王彦平 张兴凯 洪 文 秦宏楠 任贵文 温经林 李湖生 康荣学 张亦海 李全明 乞耀龙 郑翔天
11	2019-J05-1-02	高温承压设备损伤电磁超声在线检测关键技术及应用	中国特种设备检测研究院 清华大学 中北大学 广东汕头超声电子股份有限公司 北京市特种设备检测中心	郑 阳 黄松岭 周进节 李素军 张宗健 谭继东 蓝 麒 胡振龙 孟 涛 郑 晖 孙伟成 李宏雷 王 珅 李 翔 崔高宇
12	2019-J05-1-03	毫米波人身安检技术研究及应用	清华大学 同方威视技术股份有限公司	赵自然 李元景 王迎新 陈志强 吴万龙 沈宗俊 张 丽 金颖康 刘以农 李君利 桑 斌 郑 磊 郑志敏 罗希雷 乔灵博
13	2019-J06-1-01	多模态影像引导肝癌精确诊疗体系建立与临床应用	中国人民解放军总医院 复旦大学附属中山医院 中国科学院苏州生物医学工程技术研究所 上海联影智能医疗科技有限公司	曲宝林 段 峰 曾昭冲 戴亚康 高耀宗 周志勇 马 娜 杜乐辉 俞 伟 戴相昆 徐寿平 蔡博宁 杨 微 王金媛
14	2019-J06-1-02	我国 HIV 的传播规律耐药特征免疫因素和疫情动态研究及应用	中国疾病预防控制中心性病艾滋病预防控制中心 北京市疾病预防控制中心 广西壮族自治区疾病预防控制中心 安徽省疾病预防控制中心 河南省疾病预防控制中心	邵一鸣 邢 辉 冯 毅 廖玲洁 阮玉华 卢红艳 沈智勇 苏 斌 王 哲 辛若雷 唐振柱 洪坤学 任 莉 王 铮 郝彦玲
15	2019-J06-1-03	急性冠脉综合征关键诊疗技术创新与推广应用	首都医科大学附属北京安贞医院	聂绍平 王 晓 公 威 郑 文 贾立昕 师树田 艾 辉 阙 斌 刘 然 吉庆伟 范婧尧 严 研 赵冠棋 王春梅 冯斯婷
16	2019-J06-1-04	胸主动脉疾病关键治疗技术体系的建立及推广	中国医学科学院阜外医院 先健科技(深圳)有限公司 中南大学湘雅二医院	舒 畅 罗明尧 方 坤 肖本好 谢粤辉 李全明 黎 明 李 鑫 何 昊 王 暾 田 川 李杰华 薛云飞 杨晨紫
17	2019-J07-1-01	全球脊灰病毒根除阶段关键疫苗 sIPV 和 bOPV 的研发及应用	中国生物技术股份有限公司 中国食品药品检定研究院 北京生物制品研究所有限责任公司 中国疾病预防控制中心病毒病预防控制所 上海楚鲲生物科技有限公司	杨晓明 王军志 王 辉 李长贵 许文波 魏树源 赵玉秀 王红燕 徐康维 杨云凯 江 征 张 晋 李爱灵 梁宏阳 于守智

续表

序号	获奖编号	项目名称	完成单位	主要完成人
18	2019－J08－1－01	创新中药研发的关键技术与应用	中国中医科学院西苑医院 北京盈科瑞创新医药股份有限公司 中国中医科学院中药研究所	刘建勋　翁维良　张保献 任钧国　仝　燕　彭　勍 陆　芳　李艳英　张　鹏 孟　硕　付建华　徐　立 韩　笑　金　龙　李军梅
19	2019－J08－1－02	中药注射剂和有毒中药的安全性评价关键技术及其应用	中国中医科学院中药研究所 中国人民解放军军事科学院军事医学研究院 北京同仁堂科技发展股份有限公司 江西青峰药业有限公司 聚协昌（北京）药业有限公司 天津天士力之骄药业有限公司	梁爱华　高　月　赵　雍 解素花　蒋春红　鞠爱春 易　艳　王宇光　李春英 白建疆　韩佳寅　李德坤 谢　宁　张宇实　王连嵋
20	2019－J09－1－01	用于核废料嬗变处理的 325MHz 超导质子直线加速器装置的研究	中国科学院高能物理研究所	潘卫民　闫　芳　王建力 曹建社　葛　锐　贺斐思 刘　熔　李少鹏　池云龙 欧阳华甫　黄彤明　随艳峰 李中泉　苏　萍　戴建枰
21	2019－J09－1－02	电网友好型风电高效安全主动支撑关键技术及规模化应用	中国电力科学研究院有限公司 北京金风科创风电设备有限公司 合肥工业大学 浙江运达风电股份有限公司 新疆金风科技股份有限公司	秦世耀　应　有　李少林 乔　元　谢　震　程晨光 王瑞明　张　利　代林旺 包献文　薛　扬　王文卓 杨　靖　武青虎　周士栋
22	2019－J09－1－03	柔性薄膜铜铟镓硒太阳能电池关键技术与设备开发及产业化	汉能移动能源控股集团有限公司 米亚索乐装备集成（福建）有限公司 广东汉能薄膜太阳能有限公司 东泰高科装备科技有限公司 中国科学院电工研究所 北京汉能光伏技术有限公司	徐晓华　萧吉宏　黄昭雄 丁　建　汤安东　卢迪凯 王文静　王宏杰　黄福林 李　辉　郭　铁　吴建清 连重炎　李　涛　潘二锋
23	2019－J09－1－04	新型放射性废液处理技术及装置研制	清华大学 大亚湾核电运营管理有限责任公司 中广核核电运营有限公司 苏州热工研究院有限公司 北京清核朝华科技有限公司 中广核高新核材集团有限公司	赵　璇　李福志　司鹏昆 戴忠华　尉继英　张　薛 洪振旻　张　猛　方　军 张惠炜　成徐州　王浩宇 陈文彬　李志全　单永东
24	2019－J09－1－05	深度限制超特高压电网过电压的压敏陶瓷材料基础理论与关键技术	清华大学 西安西电避雷器有限责任公司 国网电力科学研究院武汉南瑞有限责任公司	何金良　胡　军　谢清云 曾　嵘　谷山强　孟鹏飞 张　波　余占清　赵洪峰 龙望成　胡小定　刘　俊 李　刚
25	2019－J09－1－06	轻量化超大叶轮风电机组与柔性高塔一体化关键技术开发及产业化	北京金风科创风电设备有限公司 浙江运达风电股份有限公司 沈阳工业大学 新疆金风科技股份有限公司	叶杭冶　杨炯明　刘颖明 王方超　陈　棋　李　强 许国东　彭　超　陈坚钢 张志弘　王晓东　刘朝丰 孙　勇　徐志良　高　斯

续表

序号	获奖编号	项目名称	完成单位	主要完成人
26	2019－J10－1－01	降低大型建筑空调能耗的基础理论、关键技术及产业化应用	清华大学 西安工程大学 青岛海尔空调电子有限公司 广州市华德工业有限公司 浙江盾安人工环境股份有限公司 澳蓝(福建)实业有限公司	李先庭　黄　翔　国德防 李志明　石文星　黄华铃 邱　成　王宝龙　王　莉 强天伟　朱连富　何华明 黄运松　陈占西　孙铁柱
27	2019－J10－1－02	高性能隔震建筑系列关键技术与工程应用	北京建筑大学 北京市建筑设计研究院有限公司 东南大学 中国建筑科学研究院有限公司 中国建筑标准设计研究院有限公司 北京市基础设施投资有限公司 江阴海达橡塑股份有限公司 天洋置地有限公司 西昌领地房地产开发有限公司 江苏力汇振控科技有限公司	李爱群　曾德民　薛彦涛 苗启松　解琳琳　陆　飞 陈　曦　张志强　卜龙瑰 何　刚　閤东东　陈黎明 巫振弘　曹如仓　杨参天
28	2019－J11－1－01	时速350公里复兴号动车组牵引网络系统关键技术与应用	北京纵横机电科技有限公司 中国铁道科学研究院集团有限公司 中车长春轨道客车股份有限公司	宋术全　王　刚　刘伟志 申　鹏　左　鹏　姚　放 姚文革　韩　伟　金　炜 张大伟　赵　震　黄　金 唐　蕾　宋永丰　王华伟
29	2019－J11－1－02	中低速磁浮交通系统关键技术及应用	北京磁浮交通发展有限公司 中国人民解放军国防科技大学 中国铁路设计集团有限公司 北京全路通信信号研究设计院集团有限公司 莱芜钢铁集团有限公司 中铁宝桥集团有限公司 北京天路时代电气设备有限责任公司	李　杰　王　平　孙吉良 龙志强　吴　峻　刘　炜 窦峰山　姚生军　张学山 张益晨　曾国保　周丹峰 赵东亮　刘　强　王红霞
30	2019－J11－1－03	新能源汽车网联大数据平台关键技术及国家监管体系建设	北京理工大学 北京新能源汽车股份有限公司 北京理工新源信息科技有限公司 中国汽车工程研究院股份有限公司	王震坡　代康伟　孙逢春 刘　鹏　周　舟　杨子发 张照生　龙超华　尹　颖 欧　阳　张友焕　梁海强
31	2019－J12－1－01	黄淮海麦茬夏大豆免耕覆秸栽培技术体系构建与示范	中国农业科学院作物科学研究所 东北农业大学 河南省农业科学院经济作物研究所 河北省农林科学院粮油作物研究所 济宁市农业科学研究院 宿州市农业科学院 江苏徐淮地区徐州农业科学研究所 安徽省农业科学院作物研究所 阜阳市农业科学院 安徽省新田农业机械制造有限公司	韩天富　陈海涛　吴存祥 纪文义　卢为国　张孟臣 李素真　沈维良　王　幸 张　磊　于　伟　孙　石 徐彩龙　徐庆辉　乔金友

续表

序号	获奖编号	项目名称	完成单位	主要完成人
32	2019－J12－1－02	北京油鸡新品种培育与产业升级关键技术研发应用	中国农业科学院北京畜牧兽医研究所 华中农业大学 北京百年栗园生态农业有限公司 山东农业大学 广西参皇养殖集团有限公司 北京市畜牧总站 湖北欣华生态畜禽开发有限公司	陈继兰　文　杰　龚炎长 孙研研　李显耀　李冬立 杨福剑　吴文平　陈　余 麻　慧　罗清尧　贾亚雄 任海义　刘冉冉
33	2019－J13－1－01	《北大专家画说泌尿疾病》医学科普丛书	北京大学第一医院	宋　刚　郭应禄　王建政

科学技术进步奖二等奖一览表

序号	获奖编号	项目名称	完成单位	主要完成人
1	2019－J01－2－01	基于微色谱的快速准确高灵敏气体检测关键技术及应用	中国科学院电子学研究所 西安交通大学 汉威科技集团股份有限公司 长园深瑞继保自动化有限公司 北京市劳动保护科学研究所 中国科学院声学研究所	孙建海　王海容　任红军 王　文　朱小锋　崔大付 陈　锐　张小水　陈　兴 张艳妮
2	2019－J01－2－02	智能语音能力平台关键技术及其在智能客服行业应用	中国科学院声学研究所 北京中科信利技术有限公司	颜永红　张鹏远　徐　及 程高峰　王文超　黎　塔 周　军　赵庆卫　刘　建 王　丽
3	2019－J01－2－03	电磁监测试验卫星等离子体就位探测有效载荷技术研发及应用	中国科学院国家空间科学中心	刘　超　张爱兵　关燚炳 郑香脂　孙越强　孔令高 田　峥　王文静　丁建京 董永进
4	2019－J01－2－04	ICP痕量分析仪器的研制与推广应用	钢研纳克检测技术股份有限公司	沈学静　李宏伟　赵英飞 李　明　任立志　罗剑秋 刘　佳　李　凯　何　淼 李　曼
5	2019－J01－2－05	智能清洁机器人研发及产业化项目	北京石头世纪科技股份有限公司	雷　鹏　张瑞敏　李智军 曹晶瑛　温长江
6	2019－J01－2－06	显示驱动与触控集成芯片关键技术研发及产业化	北京集创北方科技股份有限公司	耿俊成　朱　博　曲孔宁 张利达　刘　成　吴昭呈 李　东　冯鹏斐　樊　磊
7	2019－J01－2－07	新光学密度国家基准的视觉成像技术研究与应用	中国计量科学研究院 北京理工大学 北京印刷学院 利亚德光电股份有限公司 北京正印科技有限公司	刘子龙　廉玉生　廖宁放 卢长军　蒋依芹　黄　敏 贺书芳　李卓然　刘晓宁 潘　彤

续表

序号	获奖编号	项目名称	完成单位	主要完成人
8	2019－J02－2－01	大型负载气垫悬浮运输关键技术和系统应用	北京特种机械研究所 北京市丰台航南金属结构制造厂	王 犇 宋 策 傅义好 岳文杰 郭 宁 武 锐 褚昌军 王志华 马 伟 李 莹
9	2019－J02－2－02	高性能虚拟化与云服务关键技术研发及产业化	中国科学院计算技术研究所 中兴通讯股份有限公司	赵晓芳 唐宏伟 杨洪章 王 晖 蒋德钧 张 晗 谭文婷 陈 耿 朱 政 潘志伟
10	2019－J02－2－03	工业互联网安全监测运营技术与应用	奇安信科技集团股份有限公司 网神信息技术（北京）股份有限公司 工业和信息化部计算机与微电子发展研究中心（中国软件评测中心）	陶耀东 纪胜龙 郭永振 李鸿彬 张 卓 李纪峰 于 博 刘佰万 郑新华 毛庆梅
11	2019－J02－2－04	金融风控大数据应用服务平台创新能力建设与应用	联动优势科技有限公司 北京理工大学	祝烈煌 李 贲 刘 胜 沈 蒙 张惠亮 方亚南 吴锋海 殷 舒 高 峰 唐翌飞
12	2019－J02－2－05	面向制造业的精益研发技术体系研究及产业化	安世亚太科技股份有限公司	田 锋 张国明 段海波 林 岳 丁 杰 赵 琦 关文天 俞瑞霞 杨 旭 程 海
13	2019－J02－2－06	可信计算池关键技术研发及核心设备研制与产业化	浪潮（北京）电子信息产业有限公司 北京工业大学	张 东 刘 刚 张建标 吴保锡 胡 俊 许 鑫 杜 松 李雪雷 刘广庆 苏振宇
14	2019－J02－2－07	基于动态知识图谱的智能交互式增强分析技术研发及应用	北京百分点信息科技有限公司	杜晓梦 苏海波 代其锋 刘译璟 郭志金 孙 伟 黄 伟 赵 丹 寇蕾蕾 赵 群
15	2019－J02－2－08	超大规模计算集群智能弹性调度及数据路由关键技术研究与应用	北京京东尚科信息技术有限公司 北京京东世纪贸易有限公司 清华大学	黎科峰 刘海锋 李 丹 胡鲁辉 赵国梁 任 强 梁秋实 郭李明 吕 信 杨泽森
16	2019－J02－2－09	超大城市燃气管网风险监测与管控关键技术研究及应用	北京市燃气集团有限责任公司 北京邮电大学 北京市劳动保护科学研究所	韩金丽 白永强 王 松 胡燕祝 李夏喜 李胜国 谢昱姝 王庆余 邢琳琳 吕良海
17	2019－J02－2－10	国家异地就医直接结算服务和监管信息技术平台开发及应用	中国医学科学院医学信息研究所	池 慧 李亚子 郭珉江 李国垒 刘 阳 郑见立 陆春吉 张芳源 刘 阳 杨晨柳

续表

序号	获奖编号	项目名称	完成单位	主要完成人
18	2019 – J02 – 2 – 11	面向物联网大数据的智能服务平台关键技术及应用	北方工业大学 北京易华录信息技术股份有限公司 中国科学院软件研究所 北京华夏星云网络科技有限公司	韩燕波　赵卓峰　赵　阳 丁治明　马　礼　丁维龙 刘　晨　房　俊　杨冬菊 孙建宏
19	2019 – J02 – 2 – 12	基于多层级安全管控体系的税务大数据智能分析平台研究与应用	航天信息股份有限公司 哈尔滨工业大学 北京邮电大学	林文辉　梁大鹏　乔媛媛 潘竞旭　舒南飞　王志刚 赵建明　伺彦伟　赵　林 王杰斌
20	2019 – J03 – 2 – 01	增材制造用高性能金属粉末制备关键技术及其应用	北京机科国创轻量化科学研究院有限公司 河北敬业增材制造科技有限公司 中煤北京煤矿机械有限责任公司	王淼辉　葛学元　杜博睿 范　斌　陈蕴博　刘恒三 郭瑞峰　汪　鹏　张觉灵 张　华
21	2019 – J03 – 2 – 02	光电探测用高性能光学纤维面板制备关键技术研发及应用	中国建筑材料科学研究总院有限公司	贾金升　冯跃冲　张　洋 黄康胜　张兵强　黄永刚 张　弦　张　敬　刘　娟 王　云
22	2019 – J03 – 2 – 03	储能电池用高能量密度长寿命多元正极材料的开发及产业化应用	北京当升材料科技股份有限公司	宋顺林　王　余　张朋立 陈彦彬　刘亚飞　李建忠 李珊珊　王晓明　刘　帅 景　燕
23	2019 – J03 – 2 – 04	炉排式垃圾焚烧炉用耐火材料技术集成与产业化制备	通达耐火技术股份有限公司 中冶建筑研究总院有限公司	高长贺　占华生　王峰裕 李智丰　刘淑焕　张秀华 王晓琳　赵　燕　郑　华 金利鹏
24	2019 – J03 – 2 – 05	高纯净铸造高温合金母合金关键技术及产业化研究	北京北冶功能材料有限公司	李崇巍　李振瑞　安　宁 郭文东　李占青　高　杨 田建军　李嘉杰　刘海稳 张志伟
25	2019 – J03 – 2 – 06	高性能压电复合材料及传感器关键技术及产业化	北京信息科技大学 中国船舶重工集团公司第七一五研究所 北京国科舰航传感技术有限公司 常州雷勒超声电子有限公司	秦　雷　高国伟　唐义政 仲　超　钟琴琴　董铭锋 仲林建　谷传欣　胡　平 黄碧玉
26	2019 – J04 – 2 – 01	超特高压输电线路激光雷达巡检关键技术及应用	中国科学院遥感与数字地球研究所 国网通用航空有限公司 北京拓维思科技有限公司 中国测绘科学研究院 国网经济技术研究院有限公司 国网冀北电力有限公司	王　成　王和平　习晓环 汪　骏　浦　石　林祥国 邹　彪　刘　宁　王　濮 韩文军
27	2019 – J04 – 2 – 02	非常规水源补给型河流水环境治理技术集成与综合示范	北京市水科学技术研究院 北京市环境保护科学研究院 中国科学院生态环境研究中心 北京市土肥工作站	马　宁　王培京　李其军 孟庆义　潘　涛　黄炳彬 何绪文　宋英豪　肖本益 刘自飞

续表

序号	获奖编号	项目名称	完成单位	主要完成人
28	2019-J04-2-03	高混杂建筑废弃物全资源化利用关键技术及产业化应用	首钢环境产业有限公司 北京首钢资源综合利用科技开发有限公司 中国建筑设计研究院有限公司 北京工业大学 北京市道路工程质量监督站 上海山美环保装备股份有限公司	马刚平 梁 勇 杨婷婷 张福强 霍文营 张金喜 杨安民 李兴海 张元凯 刘慧慧
29	2019-J04-2-04	遥感大数据高质量智能快速处理与分析的新技术及应用	北京师范大学 北京航天宏图信息技术股份有限公司	张立强 王宇翔 唐 宏 沈均平 肖志强 刘 君 廖通逵 蔡 琳 赵 博 葛慧斌
30	2019-J04-2-05	复杂油气藏数值模拟理论及算法研究与应用	中国地质大学(北京) 中国石油大学(北京) 中国科学技术大学 北京大学 陕西延长石油(集团)有限责任公司	李治平 王香增 姜汉桥 卢德唐 李 恒 赖枫鹏 党海龙 刘同敬 李道伦 鞠斌山
31	2019-J04-2-06	基于膜法的火电厂废水零排放技术研究及应用	北京朗新明环保科技有限公司 国电汉川发电有限公司	徐志清 赵 焰 徐 峰 陈 雪 黄建新 万勇刚 丁伟平 祖坤勇 腾东玉 陈文婷
32	2019-J04-2-07	深层油气资源开发钻井提速关键技术突破与规模应用	中国石油集团工程技术研究院有限公司 大庆油田有限责任公司	杨雄文 王 旭 程晓敏 郭建华 滕学清 杨振周 王春华 李 杰 马 驰 刘 宇
33	2019-J05-2-01	海洋深水油气井筒流体精准调控关键技术及装备研发与应用	中海油研究总院有限责任公司 中海石油(中国)有限公司深圳分公司 中海石油国际能源服务(北京)有限公司 中国石油大学(华东) 深圳市远东石油钻采工程有限公司	许亮斌 孙宝江 殷志明 耿亚楠 韦红术 刘正礼 连吉弘 刘 健 罗洪斌 徐国贤
34	2019-J05-2-02	新能源汽车动力电池 Pack 智能制造工艺研发与成套设备应用	北京机械工业自动化研究所有限公司	刘振国 王明睿 金武飞 郭 瑞 曹 翀 翟 靖 苏 赞 陈秀花 雷 霆 李培申
35	2019-J05-2-03	基于分布式动力的大功率全液压压裂车技术的研究与应用推广	三一石油智能装备有限公司	缪雄辉 许显华 杨 鑫 王西昌 吴 辉 刘利军 郭雁军 赵仕寿 谢学志 刘小鹏
36	2019-J05-2-04	数控机床结合面特性及整机性能分析关键技术与应用	清华大学 北京工业大学 南京理工大学 浙江大学 北京机电院机床有限公司 北京第二机床厂有限公司 华辰精密装备(昆山)股份有限公司	张建富 汪振华 冯毅雄 程 强 石军海 邵 璟 陈军闯 郁鼎文 袁军堂 刘志峰

续表

序号	获奖编号	项目名称	完成单位	主要完成人
37	2019 - J05 - 2 - 05	航天结构件多轴加工稳定性控制关键技术研发及应用	北京理工大学 北京动力机械研究所 北京机电工程研究所 北京航星机器制造有限公司 北京信息科技大学	刘志兵　王西彬　周　恺 顾井峰　王　欢　李湘媛 孙　晶　石晓鹏　邢向杰 籍永建
38	2019 - J05 - 2 - 06	公共安全领域表面增强拉曼光谱现场快检技术研究与应用	中国检验检疫科学研究院 华中农业大学 吉林大学 中检国研(北京)科技有限公司 哈尔滨工业大学(威海) 深圳达阔科技控股有限公司 长春海关技术中心	邹明强　韩鹤友　赵　冰 齐小花　王英英　李文涛 张　勋　汪　兵　唐梦奇 叶剑峰
39	2019 - J06 - 2 - 01	婴幼儿早期发育的机理及营养干预新技术的建立和推广应用	首都儿科研究所	吴建新　李　辉　戴耀华 王　理　刘　卓　宗心南 张　勤　王　芳　王建华 张　霆
40	2019 - J06 - 2 - 02	北京呼吸道传染病病原体流行变异规律研究及其应用	北京市疾病预防控制中心 中国医学科学院病原生物学研究所 北京大学人民医院	黄　芳　王健伟　高占成 龚　成　李茂中　任丽丽 张铁刚　罗　明　王全意 吴　疆
41	2019 - J06 - 2 - 03	HIV/HCV 共感染及 HIV 单独感染者临床特点及发病机制研究与应用	北京大学第一医院 首都医科大学附属北京佑安医院	徐小元　张　彤　吴　昊 于岩岩　陆海英　陆小凡 吴赤红　粟　斌　黄晓婕 霍　娜
42	2019 - J06 - 2 - 04	复杂性冠心病外科治疗的创新技术建立及推广应用	首都医科大学附属北京安贞医院	顾承雄　于　洋　李京倖 黄信生　高铭鑫　刘长城 李　波　杨俊峰　刘　锐 韦　华
43	2019 - J06 - 2 - 05	脑血管畸形外科治疗脑功能保护创新技术的建立及推广应用	首都医科大学附属北京天坛医院	王　硕　赵继宗　曹　勇 张　东　赵元立　陈晓霖 焦玉明　吴　俊　康　帅 王　昊
44	2019 - J06 - 2 - 06	体外膜氧合生命支持关键技术创新及临床推广应用	首都医科大学附属北京安贞医院 首都医科大学附属北京地坛医院	侯晓彤　贾　明　王　红 王坚刚　曾　辉　杨　峰 杜中涛　李呈龙　郝　星 江春景
45	2019 - J06 - 2 - 07	中国艾滋病治疗策略和关键技术研究的推广与应用	首都医科大学附属北京地坛医院 中国疾病预防控制中心性病艾滋病预防控制中心	张福杰　马　烨　肖　江 赵　燕　赵红心　豆智慧 刘中夫　韩　宁　韩俊燕 于　兰
46	2019 - J06 - 2 - 08	基于血流再通的缺血性卒中脑保护救治关键技术研发及应用推广	首都医科大学宣武医院	吉训明　孟　然　罗玉敏 陈　健　吴　迪　戚智锋 吴川杰　杨　旗　郭秀海 赵海苹

续表

序号	获奖编号	项目名称	完成单位	主要完成人
47	2019－J06－2－09	上尿路肿瘤综合诊疗体系建立及推广应用	中国医学科学院肿瘤医院 首都医科大学附属北京朝阳医院 首都医科大学附属北京友谊医院 北京大学第一医院	邢念增　田　野　马建辉 张　骞　牛亦农　杨飞亚 王明帅　康　宁　韩苏军 李长岭
48	2019－J06－2－10	正电子发射断层显像关键技术的自主创新及转化应用	中国医学科学院北京协和医院 解放军总医院(301 医院) 清华大学 上海联影医疗科技有限公司 赛诺联合医疗科技(北京)有限公司 北京锐视康科技发展有限公司 派特(北京)科技有限公司	李　方　徐白萱　朱朝晖 张　辉　张锦明　霍　力 王瑞民　田嘉禾　周　丹 董　筠
49	2019－J06－2－11	基于机制研究的房颤个体化线性消融治疗技术的开发及应用	中国医学科学院阜外医院	姚　焰　郑黎晖　唐　闽 吴灵敏　丁立刚　陈　刚 牛国栋　乔　宇　郭金锐 胡志成
50	2019－J07－2－01	动物源性医疗器械质量评价关键技术与标准化研究	中国食品药品检定研究院 国家药品监督管理局医疗器械技术审评中心 冠昊生物科技股份有限公司 陕西佰傲再生医学有限公司 西南交通大学 北京大学口腔医学院口腔医疗器械检验中心	徐丽明　邵安良　陈　亮 王春仁　史新立　凌　友 范昌发　魏利娜　张勇杰 赵　鹏
51	2019－J07－2－02	腹主动脉覆膜支架系统研发及应用	北京华脉泰科医疗器械有限公司	杨　凡　杜庆庆　韩乌恩 刘　颖　李　飞
52	2019－J07－2－03	有助于胃癌早诊的创新药链霉蛋白酶颗粒产业化和临床应用	北京泰德制药股份有限公司 首都医科大学附属北京友谊医院 北京大学第三医院 中国医学科学院北京协和医院	范慰慰　吴咏冬　甘乐凌 杨青松　周丽雅　姚　方 郑豫平　夏　辉　程　栎 蔡方遒
53	2019－J08－2－01	基于性效整合模式的中药治疗难治性肝病应用研究	中国人民解放军总医院第五医学中心	赵艳玲　朱　云　张　萍 马　骁　宫　嫚　李浩田 魏士长　罗生强　史文丽 王睿林
54	2019－J08－2－02	功能性消化不良中医辨治体系构建和应用及效应机制研究	首都医科大学附属北京中医医院	张声生　赵鲁卿　吴　兵 吴震宇　汪正芳　陶　琳 汪红兵　李乾构
55	2019－J09－2－01	花岗岩潜山裂缝性油田开发关键技术及工业化应用	中海油研究总院有限责任公司	宋来明　丁祖鹏　胡光义 范廷恩　焦红梅　梁　旭 王　巍　郑　强　张雨晴 周建楠
56	2019－J09－2－02	电力谐波计量关键技术及应用	中国电力科学研究院有限公司 北京航空航天大学 北京智芯微电子科技有限公司 宁波伟吉电力科技有限公司 威胜集团有限公司	于海波　白静芬　吴　静 刘　佳　李贺龙　林繁涛 王春雨　卢　达　吴伟宗 赵　莎

续表

序号	获奖编号	项目名称	完成单位	主要完成人
57	2019－J09－2－03	带直流变压器的新能源多电压直流电网关键技术	中国电力科学研究院有限公司 华中科技大学 上海交通大学 武汉大学 合肥科威尔电源系统有限公司 江苏方程电力科技有限公司	姚良忠　吴福保　王志冰 迟永宁　李　琰　杨　波 曹远志　左文平　蔡　旭 陶以彬
58	2019－J09－2－04	新能源发电机电暂态通用化建模与参数整定关键技术及应用	中国电力科学研究院有限公司 国网冀北电力有限公司 三一重能有限公司 浙江大学 国网甘肃省电力公司 华北电力科学研究院有限责任公司	金一丁　汤海雁　徐希望 李光辉　年　珩　何　飞 张　隽　张柏林　葛路明 杨彦霞
59	2019－J09－2－05	一体化集成式辐射环境自动监测站研发及应用	北京华瑞核安科技股份有限公司	王伟华　刘玉田　许飞鸿 何同华　喻　言　王　谦
60	2019－J09－2－06	中压电网电压稳定与电能质量治理关键技术研究与应用	北京四方继保自动化股份有限公司 北京四方继保工程技术有限公司 保定四方三伊电气有限公司	刘　树　梅红明　王皆庆 于华龙　操丰梅　贾海林 孙　锦　赵柏良　黄毅春 刘　宁
61	2019－J09－2－07	大型先进压水堆非能动水箱和乏燃料水池关键热工特性研究及应用	华北电力大学	陆道纲　张钰浩　曹　琼 隋丹婷　王　汉　李向宾 周世梁　刘　雨
62	2019－J09－2－08	复杂油气藏地球物理智能反演技术及工业化应用成效	中国石油大学（北京） 中国石化集团胜利石油管理局有限公司 华北石油管理局有限公司	黄捍东　姜振学　唐有彩 束青林　王　超　李海涛 朱之锦　崔　刚　王优杰 成　锁
63	2019－J09－2－09	大型超稠油油藏智能表征与高效稳产开发关键技术研究及工业化应用	中国石油大学（北京） 新疆石油管理局有限公司 中国石油集团科学技术研究院有限公司 北京石大油源科技开发有限公司	霍　进　曹思远　孙新革 王志章　桑林翔　韩秀梅 杨　果　韩　云　赵长虹 韩海英
64	2019－J09－2－10	煤改电工程关键技术及规模化应用	国网北京市电力公司 珠海格力电器股份有限公司 中国电力科学研究院有限公司 山东电工电气集团智能电气有限公司 北京恒华伟业科技股份有限公司 北京潞电电气设备有限公司 杭州钱江电气集团股份有限公司	陈　平　李香龙　丁屹峰 朱　洁　闫华光　江春华 张有林　龙国标　林海佳 李洪涛
65	2019－J09－2－11	大型配电自动化系统关键技术及应用	国网北京市电力公司 国电南瑞科技股份有限公司 珠海许继电气有限公司 华北电力大学 北京映翰通网络技术股份有限公司 泰豪软件股份有限公司	林　涛　及洪泉　王志勇 陈艳霞　齐　郑　彭　晖 郭上华　吕立平　谷　君 王明磊

续表

序号	获奖编号	项目名称	完成单位	主要完成人
66	2019－J09－2－12	基于尾缘回流技术的低氮燃气燃烧器	北京航天石化技术装备工程有限公司	俞维根 李易峰 蒋 玮 冯 晨 于京平 杨 阳 闫玉平 王 健 秦朝军 张颖虹
67	2019－J10－2－01	我国新一代空天科技试验产业集群数字化总线设计技术研究与应用	北京特种工程设计研究院	丁 锡 徐原平 周雷雷 张志宇 祖 峰 徐 勇 季会媛 李龙刚 刘 鹰 顾 美
68	2019－J10－2－02	重载铁路道岔成套技术与应用	中国铁道科学研究院集团有限公司 中铁宝桥集团有限公司 中铁山桥集团有限公司 铁科(北京)轨道装备技术有限公司 朔黄铁路发展有限责任公司	王树国 王 猛 葛 晶 李 伟 司道林 黄立军 付永乐 许良善 钱 坤 杨东升
69	2019－J10－2－03	南水北调来水水质水生态风险应对关键技术研究与应用	清华大学 中国水利水电科学研究院 中国科学院生态环境研究中心 北京市水科学技术研究院 北京市自来水集团有限责任公司 北京市南水北调水质监测中心	刘书明 吴佳鹏 郭敏丽 刘一宏 饶凯锋 赵红磊 杨 蓉 靖立玲 刘 苗 马翔宇
70	2019－J10－2－04	复杂环境砂卵石地层单层导洞大直径中桩暗挖车站关键技术及应用	北京城市快轨建设管理有限公司 北京市市政工程设计研究总院有限公司 中铁四局集团有限公司 中铁十四局集团有限公司 中铁第六勘察设计院集团有限公司 中铁十六局集团有限公司 通宇工程有限责任公司	余 乐 于 增 王 宁 高辛财 付志成 汪崎峰 李明磊 吴宝华 冯振鲁 李倩倩
71	2019－J10－2－05	大直径盾构隧道扩挖地铁车站成套关键技术研究与应用	北京市政建设集团有限责任公司 北京市轨道交通建设管理有限公司 北京交通大学 北京城建设计发展集团股份有限公司 天津市市政工程设计研究院 北京市政路桥股份有限公司	孔 恒 郭玉海 汪 挺 寇鼎涛 李兆平 曾德光 李爱民 张 汎 王全贤 郑 昊
72	2019－J10－2－06	高稳态高安全的雨水径流污染全过程多重控制技术及应用	北京建筑大学 北京师范大学 南京工业大学 北京顺景园林股份有限公司 北京中科宇清环保有限公司	李海燕 王 颖 李俊奇 杜晓丽 王建龙 宫永伟 冯萃敏 孙永军 邢萌萌 谢 涛
73	2019－J10－2－07	建筑室内 PM2.5 污染控制关键技术与应用	中国建筑科学研究院有限公司 北京市科学技术研究院 北京工业大学 西安建筑科技大学 中南大学 远大洁净空气科技有限公司 北京亚都环保科技有限公司	王清勤 李安桂 赵 力 刘清珺 陈 超 路 宾 邓启红 邓 鹏 刘东方 孟 冲

续表

序号	获奖编号	项目名称	完成单位	主要完成人
74	2019－J10－2－08	超低能耗建筑技术体系研究与示范	中国建筑科学研究院有限公司 北京市建筑设计研究院有限公司 河北奥润顺达窗业有限公司 荣华建设集团有限公司	徐　伟　于　震　陈　曦 徐宏庆　张时聪　邓滨涛 聂建卫　吴剑林　孙德宇 万成龙
75	2019－J11－2－01	面向科学卫星任务的服务型运控技术研究与应用	中国科学院国家空间科学中心 中国电子科技集团公司第五十四研究所	胡　钛　吴海燕　李大林 马英哲　杨甲森　肖志刚 苏　举　李博权　白　萌 李　运
76	2019－J11－2－02	高速铁路行车调度动态预警和优化调整技术及应用	中国铁道科学研究院集团有限公司 北京交通大学 中国科学院自动化研究所 北京华铁信息技术有限公司	张　琦　董海荣　马建军 李浥东　乐逸祥　袁志明 王洪伟　吕宜生　张　涛 陈　峰
77	2019－J11－2－03	电动汽车高性能一体化电驱动总成的关键技术与产业化	北京新能源汽车股份有限公司 北京新能源汽车技术创新中心有限公司	蒋荣勋　苏　伟　魏跃远 陈上华　马仿列　原诚寅 李玉军　贺银杯　陈国其 向长虎
78	2019－J11－2－04	轻型载货汽车节能及高可靠性关键技术研发及产业化	北汽福田汽车股份有限公司 北京交通大学	刘继承　韩云肖　李国岫 张文明　田俊涛　张　昕 武锡斌　官已骏　阚文娟 张志亮
79	2019－J11－2－05	移动式三维激光扫描技术开发及在地铁安全测量中的应用	北京城建勘测设计研究院有限责任公司 深圳大学 武汉大学 武汉地铁桥隧管理有限公司 武汉海达数云技术有限公司 南京地铁运营有限责任公司 长春市轨道交通集团有限公司	马海志　李清泉　毛庆洲 王思锴　石　雷　高　洪 张学华　赵国伟　王世展 陈海佳
80	2019－J11－2－06	冷拌沥青混合料路面关键技术研究与应用	北京市市政工程研究院 清华大学 交通运输部公路科学研究所 北京华灵交通科技有限公司 宁波天意钢桥面铺装技术有限公司 天津市亨益晟泰筑路材料科技有限公司 北京市政路桥正达道路科技有限公司	呙润华　文　龙　徐全亮 李　凯　胡　芃　杨志伟 张志宏　李　佩　姜　伟 李　振
81	2019－J11－2－07	超大规模轨道交通路网运输组织协同关键技术及工程应用	北京轨道交通路网管理有限公司 北京交通大学 北京交大思源科技有限公司	战明辉　刘　军　孙　方 李海鹰　许心越　张月坤 冯昕晖　孟令云　童　梅 姚恩建
82	2019－J11－2－08	基于超级网络和移动互联的综合交通运行监测体系重构技术及应用	北京市交通运行监测调度中心 北京交通大学 北京市交通信息中心 北京工业大学 北京城建设计发展集团股份有限公司 安徽博微广成信息科技有限公司	张　可　高自友　刘　浩 闫学东　魏　运　李　静 伍毅平　吴建军　张建强 赵　箐

续表

序号	获奖编号	项目名称	完成单位	主要完成人
83	2019－J11－2－09	基于国产基础软硬件的交通行业复杂实时系统关键技术及应用	北京市交通信息中心 中国科学院软件研究所 北京工业大学 东华软件股份公司 北京东华合创科技有限公司 北京通途永久科技有限公司	葛　昱　吴国全　隋莉颖 王立勋　陈智宏　翁剑成 黄建玲　侯志国　王　伟 李　伟
84	2019－J11－2－10	沥青路面快速、低排放养护技术及应用	北京建筑大学 交通运输部公路科学研究所 北京市道路工程质量监督站 北京航空航天大学 北京市政路桥管理养护集团有限公司 中国公路工程咨询集团有限公司 北京市政路桥建材集团有限公司	徐　剑　季　节　秦永春 薛忠军　李　峰　侯　芸 周绪利　王　杰　吴　杰 李宝生
85	2019－J11－2－11	航天器大尺度高精度空间环境模拟技术及装备研制	北京卫星环境工程研究所	张　磊　韩　潇　刘高同 刘　敏　陈金明　丁文静 谷　成　刘　然　王　宇 张　燚
86	2019－J12－2－01	液态乳品质提升及质量控制关键技术研究与示范应用	中国农业科学院农产品加工研究所 北京三元食品股份有限公司 南京卫岗乳业有限公司 江苏君乐宝乳业有限公司	吕加平　张书文　逄晓阳 芦　晶　胡长利　乔为仓 刘　鹭　刘　浏　蒋彦森 龄　南
87	2019－J12－2－02	高性能新型木质定向重组材料制造关键技术研究与应用	中国林业科学研究院木材工业研究所 广东省林业科学研究院 山东林业科学研究院 青岛国森机械有限公司 山东旋金机械有限公司 山东京博木基材料有限公司 山东永利木业有限公司	于文吉　张亚慧　李长贵 余养伦　祝荣先　马红霞 任丁华　冯　冶　王金龙 张亚梅
88	2019－J12－2－03	奶牛绿色高效养殖与功能乳制品开发关键技术创新及应用	北京首农食品集团有限公司 北京三元食品股份有限公司 北京奶牛中心 北京首农畜牧发展有限公司 北京三元集团畜牧兽医总站	陈历俊　乔　绿　常　毅 陈华林　麻　柱　郭　刚 李艳华　刘继超　马　慧 张　丹
89	2019－J12－2－04	毛白杨良种现代育种体系创新及其推广示范	北京林业大学 河北省林业科学研究院	张德强　杜庆章　宋跃朋 刘晶岚　徐振华　张志毅 支恩波　张全锋　权明洋 谢剑波
90	2019－J12－2－05	南瓜优异种质创新和强优新品种的选育与推广应用	北京市农林科学院 京研益农（北京）种业科技有限公司 北京京研益农科技发展中心	李海真　张国裕　张　帆 贾长才　田佳星　张　涛 谢　水　张丽英　刘　杰 张瑞芬

续表

序号	获奖编号	项目名称	完成单位	主要完成人
91	2019－J12－2－06	设施蔬菜重要害虫配备式天敌增效控害技术研究与应用	北京市农林科学院 中国农业科学院蔬菜花卉研究所 天津市植物保护研究所 北京市密云区植保植检站 河北省农林科学院植物保护研究所 山东省寿光蔬菜产业集团有限公司 潍坊学院	王　甦　王少丽　郭晓军 李　姝　肖　达　刘佰明 张桂娟　张　宁　张　帆 李建成
92	2019－J13－2－01	卫星星座技术下的航天科普教育	北京九天未来科技发展有限公司	彭媛媛
93	2019－J13－2－02	图解纳米科技	国家纳米科学中心	任红轩　万　菲　窦凯飞 杨　舒

注：资料来源为北京市科学技术奖励工作办公室。

2011—2019 年北京国家级高新技术企业数量统计表

单位：个

年份	2011 年	2012 年	2013 年	2014 年	2015 年	2016 年	2017 年	2018 年	2019 年
企业数量	7295	8045	9316	10433	12388	15975	20163	24691	27416

注：数据来源为北京市科学技术委员会。

2011—2019 年中关村国家自主创新示范区总收入统计表

单位：亿元

年份	2011 年	2012 年	2013 年	2014 年	2015 年	2016 年	2017 年	2018 年	2019 年
总收入	19646.0	25025.0	30497.4	36057.6	40809.4	46047.6	53025.8	58830.9	66422.2

注：数据来源为中关村国家自主创新示范区。

1997—2019 年北京地区专利申请受理统计表

单位:件

年份	受理量	发明	实用新型	外观设计
1997 年	6313	1677	3668	968
1998 年	6321	1758	3442	1121
1999 年	7723	2062	4045	1616
2000 年	10344	3409	4984	1951
2001 年	12174	4984	5114	2076
2002 年	13842	5785	5920	2137
2003 年	17003	7833	6665	2505
2004 年	18402	8608	6321	3473
2005 年	22572	12102	6940	3530
2006 年	26555	14226	8200	4129
2007 年	31680	18763	8819	4098
2008 年	43508	28394	11157	3957
2009 年	50236	29326	15424	5486
2010 年	57296	33466	18637	5193
2011 年	77955	45057	26615	6283
2012 年	92305	52720	32609	6976
2013 年	123336	67554	47586	8196
2014 年	138111	78129	48228	11754
2015 年	156312	88930	53243	14139
2016 年	189129	104643	64496	19990
2017 年	185928	99167	68400	18361
2018 年	211212	117664	70507	23041
2019 年	226113	129930	73021	23162

注:数据来源为北京市知识产权局。

1997—2019 年北京地区专利授权统计表

单位:件

年份	授权量	发明	实用新型	外观设计
1997 年	3327	281	2340	706
1998 年	3800	309	2522	969
1999 年	5829	573	3948	1308
2000 年	5905	1074	3463	1368
2001 年	6246	946	3600	1700
2002 年	6345	1061	3721	1563
2003 年	8248	2261	4244	1743
2004 年	9005	3216	3956	1833
2005 年	10100	3476	4498	2126
2006 年	11238	3864	5490	1884
2007 年	14954	4824	7364	2766
2008 年	17747	6478	8776	2493
2009 年	22921	9157	10141	3623
2010 年	33511	11209	16579	5723
2011 年	40888	15880	19628	5380
2012 年	50511	20140	24672	5699
2013 年	62671	20695	36301	5675
2014 年	74661	23237	44071	7353
2015 年	94031	35308	45773	12950
2016 年	100578	40602	44710	15266
2017 年	106948	46091	46011	14846
2018 年	123496	46978	59219	17299
2019 年	131716	53127	58393	20196

注:数据来源为北京市知识产权局。

2019 年北京区域专利申请和授权统计表

项　目	代码	专利申请量(件)		专利授权量(件)		有效发明专利量(件)
			发明专利		发明专利	
甲	乙	1	2	3	4	5
合计	01	226113	129930	131716	53127	284288
其中:中关村示范区	02	97062	59181	58998	24952	120880
其中:中关村科学城	03	73137	52881	41574	23766	114178
怀柔科学城	04	1131	528	717	237	2074
未来科学城	05	3924	2245	2225	705	3829
北京经济技术开发区	06	11255	4869	7204	1652	9049
按区分组	—					
东城区	07	12437	6245	7721	2580	16237
西城区	08	15887	9915	9650	4876	30847
朝阳区	09	40219	23949	23665	10070	58609
丰台区	10	12681	5875	7225	2164	11050
石景山区	11	6313	3862	2584	805	4481
海淀区	12	85975	60094	48778	26779	131211
门头沟区	13	1428	485	819	89	408
房山区	14	4501	1688	2188	286	1762
通州区	15	6270	1508	4070	375	2162
顺义区	16	7326	1989	5094	722	3067
昌平区	17	11762	6054	6919	1905	10757
大兴区	18	15516	6593	9116	1992	10429
怀柔区	19	2508	844	1643	214	1796
平谷区	20	1115	268	801	43	283
密云区	21	1635	418	1076	202	989
延庆区	22	517	141	347	24	177
其他	23	23	2	20	1	23

注:数据来源为北京市知识产权局。

1990—2019 年北京技术合同成交一览表

年份	合同数（项）	技术合同成交总额（亿元）	#技术交易额	#输出外省市技术合同成交额	实现合同总金额（亿元）	#技术交易实现金额
1990 年	18588	20.3	10.5		15.4	8.4
1991—1995 年	93970	167.7	120		115.4	83.8
1991 年	18547	22.4	13.1		15.3	9.1
1992 年	23395	31.3	22.2		20.0	14.4
1993 年	20461	35.6	25.6		24.9	17.6
1994 年	15220	37.2	26.9		26.9	20.4
1995 年	16347	41.2	32.2		28.4	22.3
1996—2000 年	91421	414.2	375.9		206.7	188.1
1996 年	14850	45.8	39.2		29.6	25.4
1997 年	13866	54.3	48.1		31.1	27.8
1998 年	20724	81.6	73.9		42.1	37.6
1999 年	20711	92.2	88.5		43.6	41.0
2000 年	21270	140.3	126.3	65.5	60.3	56.3
2001—2005 年	156114	1443.8	1217.2	688.9	669.5	628.1
2001 年	23921	191.0	164.8	85.4	97.6	93.0
2002 年	27037	221.1	181	100.4	101.9	97.2
2003 年	32173	265.5	226.8	132.4	119.9	113.9
2004 年	35478	331.8	294.3	165.8	148.7	143.4
2005 年	37505	434.4	350.4	204.9	201.4	180.6
2006—2010 年	256074	5422.8	3984.7	2372.7	2226.7	2006.7
2006 年	51575	697.3	572.6	325.3	349.5	319.7
2007 年	50972	882.6	660.3	407.4	418.1	353.5
2008 年	52742	1027.2	778.1	487.0	406.2	375.0
2009 年	49938	1236.2	906.9	498.2	516.8	452.9
2010 年	50847	1579.5	1066.7	654.8	536.0	505.6
2011—2015 年	315814	13788.6	10868.6	7237.5	3942.1	3353.9
2011 年	53552	1890.3	1268.3	635.9	580.4	563.3
2012 年	59969	2458.5	2048.6	1385	739.8	707.0
2013 年	62743	2851.2	2252.4	1615.9	684.0	659.3
2014 年	67278	3136.0	2531.5	1722.0	708.2	675.1
2015 年	72272	3452.6	2767.8	1878.7	1229.7	1206.9
2016 年	74965	3940.8	2919.3	1997.2	749.2	717.0
2017 年	81266	4485.3	3703.9	2327.3	889.0	853.0
2018 年	82486	4957.8	4069.5	3014.9	986.2	889.5
2019 年	83171	5695.3	4389.0	2866.9	1075.7	1006.1

注：数据来源为北京技术市场管理办公室。

附　录

北京市科技管理机构

（机构领导人名单以2019年12月31日在职者为准）

北京市科学技术委员会

主要职责

一、北京市科学技术委员会（简称市科委）是市政府组成部门，为正局级，挂北京市外国专家局（简称市外专局）牌子。

二、市科委贯彻落实党中央关于科技创新工作的方针政策、决策部署和市委有关工作要求，在履行职责过程中坚持和加强党对科技创新工作的集中统一领导。主要职责是：

（一）贯彻落实国家创新驱动发展战略和科技工作方面的法律法规、规章和政策，起草本市相关地方性法规草案、政府规章草案，组织拟订科技发展、科技促进经济社会发展的规划、政策并组织实施。

（二）牵头推进全国科技创新中心建设相关工作，承担北京推进科技创新中心建设办公室秘书处职能，组织拟订全国科技创新中心建设重点任务实施方案及年度计划，并开展监督落实。

（三）统筹推进首都创新体系建设和科技体制改革，会同有关部门健全技术创新激励机制。优化科研体系建设，指导科研机构改革发展，负责新型研发机构的筹建、管理及服务，推动企业科技创新能力建设，承担推进科技军民融合发展相关工作。

（四）推进本市重大科技决策咨询制度建设。负责提出科技发展战略建议。提出科技发展的布局和优先发展领域，拟订科学普及和科学传播规划、政策并组织实施。

（五）拟订本市基础研究规划、政策并组织实施，组织协调基础研究和应用基础研究。牵头组织在京国家实验室培育建设，参与重大科技基础设施建设和运行。提出科研条件保障规划和政策建议，推进科研条件保障建设和科技资源开放共享。

（六）组织开展本市重点领域技术发展需求分析，提出重大任务。统筹推进关键共性技术、前沿引领技术、现代工程技术、颠覆性技术研发和创新，牵头组织重大技术攻关和成果应用示范，组织参与国际大科学计划和大科学工程。

（七）牵头建立本市科技管理平台和科研项目资金协调、评估、监管机制。会同有关部门提出优化配置科技资源的政策措施建议，推动多元化科技投入体系建设，协调财政科技计划（专项、基金等）实施。会同有关部门拟订科技金融相关政策，开展科技金融促进工作。

（八）会同有关部门组织拟订本市高新技术发展及产业化、科技服务业、科技促进城市和农业农村发展的规划、政策及措施。

（九）牵头本市技术转移体系建设，拟订科技成果转移转化和促进产学研深度融合的相关政策措施并监督实施。拟订促进技术市场发展的政策措施并组织实施，指导科技中介组织发展。

（十）拟订本市科技项目管理的政策措施。负责科学技术奖励组织实施及自然科学基金管理。承担科技信息、科技统计、创新调查和科研成果报告工作。依据市政府授权，履行所监管企业出资人职责。指导科技保密工作。

（十一）负责本市科技监督评价体系建设和相关科技评估管理，统筹全市科研诚信建设工作。开展科技评估评价和监督检查工作。

（十二）负责本市引进国外智力工作。拟订引进外国专家规划、计划并组织实施。建立外国顶尖科学家及其团队、外国科技人才吸引集聚机制和重点外国专家联系服务机制。拟订出国（境）培训规划、政策和年度计划，并组织实施。

（十三）会同有关部门拟订本市科技人才队伍建设规划和政策，建立健全科技人才评价和激励机制，组织实施科技人才计划，推动高端科技创新人才队伍建设。

（十四）指导各区科技创新工作，联系市有关部门科技创新工作。统筹推进本市与各省区市的科技领域交流合作、扶贫协作和支援合作工作。

（十五）拟订本市科技对外交流与创新能力开放合作的规划、政策和措施。组织开展国际科技合作，推进国际技术转移。会同有关部门组织技术出口和技术引进工作。负责与港澳台的科技合作交流。负责科技外事工作。

（十六）完成市委、市政府交办的其他任务。

（十七）职能转变。贯彻实施科教兴国战略、人才强国战略、创新驱动发展战略，围绕把北京打造成具有全球影响力的全国科技创新中心、更好地服务和支撑世界科技强国建设，加强、优化、转变政府科技管理和服务职能，完善科技创新制度和组织体系，加强宏观管理和统筹协调，减少微观管理和具体审批事项，加强事中事后监管和科研诚信建设。从研发管理向创新服务转变，深入推进科技计划管理改革，建立公开统一的科技管理平台，减少科技计划项目重复、分散、封闭、低效和资源配置“碎片化”的现象。对科研机构组建和调整事项不再进行审核，重在加强规划布局和绩效评价。进一步改进科技人才评价机制，建立健全以创新能力、质量、贡献、绩效为导向的科技人才评价体系和激励政策，统筹本市科技人才队伍建设和引进国外智力工作。

联系方式

办公地址：北京市通州区运河东大街 57 号院 1 号楼

网址：kw. beijing. gov. cn

办公电话：55577777

传真：55577700

通信地址：通州区运河东大街 57 号院 1 号楼

邮编：100744

北京市科学技术委员会主要领导一览表

主任	许　强
副主任	郑焕敏　杨仁全　刘　晖　许心超
二级巡视员	张　虹　王建新　张志松
纪检监察组组长	伍　琦
党组书记	许　强
党组成员	郑焕敏　杨仁全　雷　霆　伍　琦　刘　晖　许心超

北京市科学技术委员会内设机构一览表

序号	处室名称	序号	处室名称
1	办公室	12	社会发展科技处
2	科创中心建设综合协调处	13	宣传与科普处
3	发展规划与政策法规处（研究室）	14	国际与区域科技合作处（港澳台科技合作办公室）
4	资源配置与管理处	15	外国专家服务与科技人才处（港澳台专家服务处）
5	科技监督与诚信建设处	16	人事处
6	重大专项处	17	机关党委
7	科技服务业与文化科技处	18	机关纪委
8	科研机构管理与科技金融处	19	工会
9	高新技术与成果转化处	20	离退休干部处
10	电子信息与新材料科技处	21	驻市科委纪检监察组
11	医药健康科技处		

北京市科学技术委员会直属机构一览表

序号	单位名称	序号	单位名称
1	北京科技协作中心	12	北京生产力促进中心
2	北京科学技术开发交流中心	13	北京市科技传播中心
3	北京市自然科学基金委员会办公室	14	北京市科委行政事务服务中心
4	北京市科学技术奖励工作办公室	15	北京市科技信息中心
5	北京市实验动物管理办公室	16	北京工业设计促进中心
6	北京生物技术和新医药产业促进中心	17	北京科学仪器装备协作服务中心
7	北京技术交易促进中心	18	北京市科学技术委员会人才交流中心
8	北京市高新技术成果转化服务中心	19	市科委老干部服务中心（老干部处）
9	北京市科委农村发展中心	20	北京科技创新研究中心
10	北京技术市场管理办公室	21	北京新材料和新能源科技发展中心
11	北京市可持续发展科技促进中心	22	北京软件产品质量检测检验中心

注:2019 年 11 月 22 日,中共北京市委机构编制委员会办公室同意设立北京科技创新研究中心;同意将北京新材料发展中心和北京市新能源汽车发展促进中心整合,设立北京新材料和新能源科技发展中心,不再保留北京新材料发展中心、北京市新能源汽车发展促进中心。2019 年 12 月 3 日,中共北京市委机构编制委员会办公室同意撤销北京高技术创业服务中心。

北京市知识产权局

机构职责

一、北京市知识产权局(简称市知识产权局)是市政府直属机构,为副局级。

二、市知识产权局贯彻落实党中央关于知识产权工作的方针政策、决策部署和市委有关工作要求,在履行职责过程中坚持和加强党对知识产权工作的集中统一领导。主要职责是:

(一)贯彻落实国家关于专利、商标、原产地地理标志工作方面的法律法规、规章和政策,起草本市相关地方性法规草案、政府规章草案,拟订专利、商标、原产地地理标志工作的政策措施、发展规划和工作计划并组织实施。会同有关部门拟订首都知识产权战略和规划并组织实施。推动知识产权区域协同发展。

(二)负责统筹协调本市知识产权保护工作,推动知识产权保护工作体系建设。负责专利侵权纠纷的行政裁决及调处。承担知识产权维权援助。负责对商标的印制和使用进行监督管理,保护注册商标专用权,依法保护特殊标志。

(三)承担规范本市专利、商标、原产地地理标志管理基本秩序的责任。依法监督管理知识产权代理机构,推进知识产权中介服务体系建设,推动知识产权社会信用体系建设。

(四)负责促进本市知识产权运用。拟订本市知识产权运用政策,促进知识产权转移转化。承担知识产权对外转让审查工作。指导和规范专利技术市场,指导规范专利权、商标权转让、许可、备案等工作。负责知识产权金融工作,会同有关部门指导和规范知识产权无形资产评估,推动专利权、商标权质押工作。推动知识产权军民融合。

(五)负责本市知识产权公共服务体系的建设。会同有关部门推动专利、商标、原产地地理标志信息的传播利用。负责组织建立知识产权预警应急机制。承担专利、商标、原产地地理标志统计分析工作。

(六)统筹协调本市涉外知识产权事宜。开展专利、商标、原产地地理标志工作的国际联络、合作与交流活动。

(七)组织开展专利、商标、原产地地理标志方面法律法规、政策的宣传普及工作。组织制定本市有关知识产权的教育与培训工作规划并组织实施。

(八)完成市委、市政府交办的其他任务。

地址:西城区德胜门东大街 8 号东联大厦 2 层
邮编:100009
电话:84080086

北京市知识产权局主要领导一览表

杨东起	党组书记
潘新胜	党组成员、副局长(副局级)
李　钟	副局长、一级巡视员
周立权	二级巡视员

北京市知识产权局内设机构及直属机构一览表

内设机构		直属机构	
1	办公室(财务审计处)	1	国家知识产权局专利局北京代办处
2	政策法规处	2	中关村知识产权促进局
3	知识产权协调处	3	北京市知识产权维权援助中心
4	知识产权运用促进处	4	北京市知识产权信息中心
5	知识产权管理处	5	北京市知识产权保护中心
6	知识产权保护处		
7	宣传教育处		
8	国际交流合作处(港澳台办公室)		
9	人事处		
10	机关党委(工会)		

北京市科学技术协会

北京市科学技术协会是北京地区科技工作者的群众组织,是北京市委和市政府联系广大科技工作者的桥梁和纽带,是推动科技事业发展的重要力量;是市政协的组成单位;是中国科协的地方组织,接受中国科协的业务指导。北京市科协成立于1963年,由市学会、基金会、区科协及基层组织组成。按照章程规定,市科协代表大会每5年举行一次,2017年6月1—3日召开了第九次代表大会。第九届委员会主席由中国工程院原副院长刘德培担任,副主席15名,常委56名,委员164名,其中有院士13名。著名科学家茅以升、王大珩、顾方舟、陈佳洱、顾秉林曾担任市科协主席。

市科协拥有市学会、基金会217个,区科协16个,企事业单位、经济技术开发区、科技园区科协等基层组织959个,高校科协20个,通过学会、基金会、区科协及基层组织来联系的科技工作者99.4万人。多年来,北京市科协致力于为首都经济建设和社会发展服务,为提高全民科学素质服务,为科技工作者服务。2009年,北京市科协被认定为市级“枢纽型”社会组织,发挥桥梁纽带、业务龙头、服务管理平台作用。中国科协对科协组织的职能定位表述为“四服务一加强”,即为科技工作者服务,为创新驱动发展服务,为提高全民科学素质服务,为党和政府科学决策服务,加强自身建设。市编办对市科协的“三定方案”,明确11项主要职能。

为科技工作者服务。自觉地把加强党和政府同科技工作者的联系作为基本职责,把激发科技工作者的创新热情和创造活力作为根本任务,积极搭建平台,助力科技工作者成长成才。推动实施“一十百千”工程,开展北京科技交流学术月活动,为科技工作者搭建不同形式、不同层次的学术交流平台。每年学术月围绕共同主题集中开展学术交流100余项,综合性跨学科学术交流活动数十项,形式多样的专业化学术交流千余项。实施“青年人才托举工程”,不断加大青年科技人才工作的指导和支持力度,支持青年科技人才参加高水平国际知名学术活动。每年选拔500名优秀青少年学生走进高校及科研院所国家重点实验室,在院士专家的指导下进行科学实验,从小培养青少年的科学素质和创新意识。发挥老年科技人才作用,组织老年科技工作者开展“五进”科普活动和“四技”服务。以推选北京地区中国工程院院士候选人为龙头,完善科技人才举荐渠道,积极举荐、表彰优秀科技工作者。

多渠道、多角度宣传和弘扬科技工作者的先进事迹和精神风貌，营造科技人才成长的良好社会氛围。

为创新驱动发展服务。围绕全国科技创新中心建设，充分发挥科协智力和人才优势，团结和引领首都广大科技工作者为实施创新驱动发展战略服务。依托中关村天合科技成果转化促进中心搭建“北京市科学技术协会科技成果转化平台”，引导和支持科技社团积极参与以企业为主体、市场为导向、产学研结合的技术创新体系建设。建设科技社团创新簇企业示范站，助力企业提升自主创新能力，服务全国科技创新中心建设。坚持以企业需求为导向，大力推进开放式企业科协建设和院士专家工作站建设，引导创新要素向企业聚集，推动企业自主创新。实施金桥工程资助种子资金项目，服务企业科技创新和培养青年科技工作者。举办首都大学生科技创新作品与专利成果展示推介会，推介大学生科技创新作品，培养青年科技人才创新意识和创新精神。深化农民致富科技套餐配送工程，在10个远郊区建立科技套餐工程都市型现代农业示范基站。搭建京津冀科协科技成果转化平台，实施“首都科技工作者助力河北创新发展”行动计划，助力京津冀协同发展。

为提高全民科学素质服务。切实履行北京市全民科学素质纲要实施工作办公室职责，建立公民科学素质共建机制。成立北京科普资源联盟、北京科学教育馆协会，积极构建科普工作社会化格局，形成联动效应、质量效应、品牌效应。按照“世界眼光、时代特征、北京特色、创新发展”的建设理念，坚持“展教结合、以教为主”功能定位，构建以北京科学中心为核心、以16个区域分中心和若干专业特色科普场馆为依托的北京科学中心发展体系。不断加强科普信息化建设，着力构建由蝌蚪五线谱网站、手机终端、社区数字科普视窗、楼宇电视等载体组成的面向公众的数字化科普网络体系。以北京科学嘉年华、青少年科技创新大赛等大型品牌科普活动为重点，以青少年科学营、科学家进校园、科普之春、科普之夏、首都科学讲堂、公务员科学素质大讲堂等一系列面向基层的主题科普活动为补充，影响和带动公众参与科普活动，在全社会营造讲科学、爱科学、学科学、用科学的浓厚氛围。2018年北京市公民具备科学素质的比例达到21.48%。

为党和政府科学决策服务。着力构建以国家级科技思想库建设为重点，以调研课题、决策咨询沙龙、科技工作者建议、科技工作者状况调查、提案议案等为主要形式的特色决策咨询工作格局，服务党和政府科学决策。围绕京津冀协同发展、全国科技创新中心建设等重大科技战略问题，组织专家学者与市领导面对面交流。围绕大气雾霾等首都经济社会发展中的重点、难点、焦点问题，组织专家建言献策。通过课题委托研究的方式，与科研院所、高等院校建立协作联系，共同服务首都科学决策。创办《科技人力资源专报》《科技参考》等刊物，打造决策咨询沙龙，开展北京科技工作者状况调查，接受中国科协委托，进行第三方评估。5年来，产生各种决策咨询成果1000余件，中央及北京市领导批示30次，为党委政府的科学决策发挥了积极作用。

加强科协团体自身建设。深入贯彻中央和市委群团工作会议精神，围绕保持和增强科协组织的政治性、先进性、群众性，扎实推进科协系统深化改革。制定《北京市科协团体会员管理办法（试行）》，加强科技社团规范管理和指导。推进“百强社团”创建，支持引导优秀“百强社团”实现“四个转变”创新发展。通过政府购买岗位的方式为学会配备专职人员，推进秘书处实体化建设。推进科技社团承接政府转移职能，支持科技社团利用专业优势开展社会化服务。积极探索新形势下“枢纽型”社会组织党建新模式，实现了党的工作全覆盖，引领科技工作者听党话、跟党走。按照中央书记处“六个哪里”的要求，加强基层组织建设，推动科协组织向企业、高校、农村延伸。深入学习贯彻习近平新时代中国特色社会主义思想和党的十九大精神，落实新时代党的建设总要求，以党的政治建设为统领，以首善标准推进科协党的政治建设、思想建设、组织建设、作风建设、纪律建设，制度建设贯穿其中，把全面从严治党要求落细落实，不断提升党建工作质量，切实增强科协各级党组织创造力、凝聚力和战斗力，不断增强“四个意识”，坚定“四个自信”，做到“两个维护”，为推进科协系统深化改革提供坚强保证。

北京市科学技术协会主要领导一览表

主席	刘德培
常务副主席	司马红
副主席	于德明　王恩哥　田　文　司马红　刘晓勘　孙宝国　陈晓峰(女)　李德发　杨月欣(女)　沈　岩　孟凡兴　徐明波　高　松　高　福　薛其坤
驻会领导	
党组书记	马　林
党组成员、副主席	司马红　田　文　刘晓勘　孟凡兴　孙晓峰
副巡视员	陈维成　张玉山

北京市科学技术协会机关部门一览表

序号	部门
1	办公室
2	人事部
3	计划财务部
4	科普部
5	学会部
6	调研宣传部
7	机关党委

中关村科技园区管理委员会

中关村科技园区管理委员会是负责对中关村科技园区(包括海淀园、昌平园、顺义园、大兴—亦庄园、房山园、通州园、东城园、西城园、朝阳园、丰台园、石景山园、门头沟园、平谷园、怀柔园、密云园、延庆园,以下简称园区)发展建设进行综合指导的市政府派出机构。主要职责如下

(一)贯彻落实国家有关法律法规和政策,研究拟订园区的发展战略和规划,参与组织编制园区有关空间规划,组织研究园区相关改革方案,促进可持续发展。

(二)研究制定园区发展和管理的相关政策,起草相关地方性法规草案、政府规章草案。

(三)协调整合各类创新资源,开展园区创新创业、高新技术研发及其成果产业化、科技金融、人才资源、中介组织、知识产权保护等方面的促进和服务工作。

(四)负责管理市财政拨付的园区发展专项资金,并协助有关部门监督专项资金的使用。

(五)根据市政府授权,对北京中关村发展集团股份有限公司市级财政投入资金履行出资职责,依法对其国有资产进行监督管理,并加强业务指导。

(六)统筹产业空间布局,对各分园整体发展规划、空间规划、产业布局、项目准入标准等重要业务实行统一领导。

(七)承担示范区领导小组的具体工作,负责园区内各类协会组织的联系工作。

(八)开展园区国际交流与合作,提升园区国际化发展水平。

(九)承担园区外事、宣传、联络等工作。

(十)承办市政府交办的其他事项。

地址:海淀区阜成路 73 号裕惠大厦
邮编:100142
电话:68709990
传真:88828882

中关村科技园区管理委员会主要领导一览表

主任	翟立新
副主任	侯 云 翁啟文 朱建红
二级巡视员	刘 航 陈文奇 赵 清
纪检监察组组长	邢建毅
党组副书记	翟立新
党组成员	邢建毅 侯 云 翁啟文 朱建红

中关村科技园区管理委员会内设机构一览表

序号	机构名称	序号	机构名称
1	办公室	9	经济分析处
2	产业发展促进处	10	国际交流合作处
3	自主创新能力建设处	11	研究室(法制处)
4	规划建设协调处	12	宣传处
5	科技金融处	13	资产监管和审计处
6	人才资源处	14	财务处
7	创业服务处	15	人事处
8	军民融合创新工作处	16	机关党委

中关村科技园区管理委员会直属单位一览表

序号	单位名称
1	中关村高科技产业促进中心
2	中关村政府采购促进中心
3	中关村人才特区建设促进中心
4	市纪委市监委驻中关村管委会纪检监察组

2019 年在京国家重点实验室一览表

序号	重点实验室名称	依托单位
1	模式识别国家重点实验室	中国科学院自动化研究所
2	资源与环境信息系统国家重点实验室	中国科学院地理科学与资源研究所
3	天然药物与仿生药物国家重点实验室	北京大学
4	摩擦学国家重点实验室	清华大学
5	分子肿瘤学国家重点实验室	中国医学科学院肿瘤医院肿瘤研究所
6	蛋白质与植物基因研究国家重点实验室	北京大学
7	农业生物技术国家重点实验室	中国农业大学
8	声场声信息国家重点实验室	中国科学院声学研究所
9	集成光电子学国家重点联合实验室	中国科学院半导体研究所、清华大学、吉林大学
10	生物大分子国家重点实验室	中国科学院生物物理研究所
11	膜生物学国家重点实验室	中国科学院动物研究所、清华大学、北京大学
12	半导体超晶格国家重点实验室	中国科学院半导体研究所
13	植物病虫害生物学国家重点实验室	中国农业科学院植物保护研究所
14	信息安全国家重点实验室	中国科学院信息工程研究所
15	大气科学和地球流体力学数值模拟国家重点实验室	中国科学院大气物理研究所
16	人工微结构和介观物理国家重点实验室	北京大学
17	新金属材料国家重点实验室	北京科技大学
18	新型陶瓷与精细工艺国家重点实验室	清华大学
19	大气边界层物理与大气化学国家重点实验室	中国科学院大气物理研究所
20	环境模拟与污染控制国家重点实验室	中国科学院生态环境研究中心、清华大学、北京大学、北京师范大学
21	爆炸科学与技术国家重点实验室	北京理工大学
22	电力系统及发电设备控制和仿真国家重点实验室	清华大学
23	汽车安全与节能国家重点实验室	清华大学
24	重质油国家重点实验室	中国石油大学(北京)
25	生化工程国家重点实验室	中国科学院过程工程研究所
26	微生物资源前期开发国家重点实验室	中国科学院微生物研究所
27	农业虫害鼠害综合治理研究国家重点实验室	中国科学院动物研究所
28	植物细胞与染色体工程国家重点实验室	中国科学院遗传与发育生物学研究所
29	干细胞与生殖生物学国家重点实验室	中国科学院动物研究所
30	医学分子生物学国家重点实验室	中国医学科学院基础医学研究所
31	湍流与复杂系统国家重点实验室	北京大学
32	科学与工程计算国家重点实验室	中国科学院数学与系统科学研究院
33	软件开发环境国家重点实验室	北京航空航天大学

续表

序号	重点实验室名称	依托单位
34	网络与交换技术国家重点实验室	北京邮电大学
35	非线性力学国家重点实验室	中国科学院力学研究所
36	植物生理学与生物化学国家重点实验室	中国农业大学、浙江大学
37	地震动力学国家重点实验室	中国地震局地质研究所
38	遥感科学国家重点实验室	北京师范大学、中国科学院遥感应用研究所
39	植物基因组学国家重点实验室	中国科学院遗传与发育生物学研究所、中国科学院微生物研究所
40	环境化学与生态毒理学国家重点实验室	中国科学院生态环境研究中心
41	岩石圈演化国家重点实验室	中国科学院地质与地球物理研究所
42	灾害天气国家重点实验室	中国气象科学研究院
43	动物营养学国家重点实验室	中国农业大学、中国农业科学院畜牧研究所
44	系统与进化植物学国家重点实验室	中国科学院植物研究所
45	病原微生物生物安全国家重点实验室	中国人民解放军军事医学科学院
46	传染病预防控制国家重点实验室	中国疾病预防控制中心
47	脑与认知科学国家重点实验室	中国科学院生物物理研究所
48	计算机科学国家重点实验室	中国科学院软件研究所
49	有色金属材料制备加工国家重点实验室	北京有色金属研究总院
50	先进钢铁流程及材料国家重点实验室	钢铁研究总院
51	认知神经科学与学习国家重点实验室	北京师范大学
52	空间天气学国家重点实验室	中国科学院空间科学与应用研究中心
53	煤炭资源与安全开采国家重点实验室	中国矿业大学(北京、徐州)
54	轨道交通控制与安全国家重点实验室	北京交通大学
55	水沙科学与水利水电工程国家重点实验室	清华大学
56	多相复杂系统国家重点实验室	中国科学院过程工程研究所
57	化工资源有效利用国家重点实验室	北京化工大学
58	城市和区域生态国家重点实验室	中国科学院生态环境研究中心
59	地表过程与资源生态国家重点实验室	北京师范大学
60	油气资源与探测国家重点实验室	中国石油大学(北京)
61	植被与环境变化国家重点实验室	中国科学院植物研究所
62	蛋白质组学国家重点实验室	中国人民解放军军事医学科学院
63	核物理与核技术国家重点实验室	北京大学
64	虚拟现实技术与系统国家重点实验室	北京航空航天大学
65	高速铁路轨道技术国家重点实验室	中国铁道科学研究院
66	先进成形技术与装备国家重点实验室	机械科学研究总院
67	混合流程工业自动化系统及装备技术国家重点实验室	冶金自动化研究设计院
68	建筑安全与环境国家重点实验室	中国建筑科学研究院
69	绿色建筑材料国家重点实验室	中国建筑材料科学研究总院
70	提高石油采收率国家重点实验室	中国石油勘探开发研究院
71	矿物加工科学与技术国家重点实验室	北京矿冶研究总院

续表

序号	重点实验室名称	依托单位
72	硅砂资源利用国家重点实验室	北京仁创科技集团有限公司
73	电网安全与节能国家重点实验室	中国电力科学研究院
74	土壤植物机器系统技术国家重点实验室	中国农业机械化科学研究院
75	石油化工催化材料与反应工程国家重点实验室	中国石油化工股份有限公司石油化工科学研究院
76	生物源纤维制造技术国家重点实验室	中国纺织科学研究院
77	特种纤维复合材料国家重点实验室	中材科技股份有限公司
78	无线移动通信国家重点实验室	电信科学技术研究院
79	深部岩土力学与地下工程国家重点实验室	中国矿业大学（北京、徐州）
80	煤炭资源高效开采与洁净利用国家重点实验室	煤炭科学研究总院
81	海洋石油高效开发国家重点实验室	中海油研究总院
82	煤基清洁能源国家重点实验室	中国华能集团
83	风电设备及控制国家重点实验室	国电联合动力技术有限公司
84	固废资源化利用与节能建材国家重点实验室	北京建筑材料科学研究总院有限公司
85	饲用微生物工程国家重点实验室	北京大北农科技集团股份有限公司
86	数字出版技术国家重点实验室	北大方正集团有限公司
87	数字多媒体芯片技术国家重点实验室	北京中星微电子有限公司
88	有机无机复合材料国家重点实验室	北京化工大学
89	环境基准与风险评估国家重点实验室	中国环境科学研究院
90	流域水循环模拟与调控国家重点实验室	中国水利水电科学研究院
91	钢铁冶金新技术国家重点实验室	北京科技大学
92	新能源电力系统国家重点实验室	华北电力大学
93	天然药物活性物质与功能国家重点实验室	中国医学科学院药物研究所
94	真菌学国家重点实验室	中国科学院微生物研究所
95	林木遗传育种国家重点实验室	中国林业科学研究院、东北林业大学
96	分子发育生物学国家重点实验室	中国科学院遗传与发育生物学研究所
97	肾脏疾病国家重点实验室	中国人民解放军总医院
98	心血管转化医学国家重点实验室	中国医学科学院阜外心血管病医院
99	低维量子物理国家重点实验室	清华大学
100	高温气体动力学国家重点实验室	中国科学院力学研究所
101	理论物理国家重点实验室	中国科学院理论物理研究所
102	核探测技术与核电子学国家重点实验室	中国科学院高能物理研究所、中国科学技术大学
103	复杂系统智能控制与管理国家重点实验室	中国科学院自动化研究所
104	计算机体系结构国家重点实验室	中国科学院计算技术研究所
105	信息光子学与光通信国家重点实验室	北京邮电大学
106	半导体照明联合创新国家重点实验室	半导体照明产业技术创新战略联盟
107	钢铁工业环境保护国家重点实验室	中冶建筑研究总院有限公司
108	矿冶过程自动控制技术国家重点实验室	北京矿冶研究总院
109	石油石化污染物控制与处理国家重点实验室	中国石油安全环保技术研究院

续表

序号	重点实验室名称	依托单位
110	新能源与储能运行控制国家重点实验室	中国电力科学研究院
111	页岩油气富集机理与有效开发国家重点实验室	中国石化石油勘探开发研究院
112	特种功能防水材料国家重点实验室	北京东方雨虹防水技术股份有限公司
113	先进输电技术国家重点实验室	国网智能电网研究院
114	智能传感功能材料国家重点实验室	北京有色金属研究总院
115	作物育种技术创新与集成国家重点实验室	中国种子集团有限公司
116	媒体融合与传播国家重点实验室	中国传媒大学
117	传播内容认知国家重点实验室	人民日报社人民网
118	媒体融合生产技术与系统国家重点实验室	新华通讯社新媒体中心
119	超高清视音频制播呈现国家重点实验室	中央广播电视总台

注:资料来源为北京市科学技术委员会。

2019 年在京国家工程技术研究中心一览表

序号	工程中心名称	依托单位
1	国家昌平综合农业工程技术研究中心	中国农业科学院
2	国家专用集成电路设计工程技术研究中心	中国科学院自动化研究所
3	国家计算机集成制造系统工程技术研究中心	清华大学
4	国家固体激光工程技术研究中心	中国电子科技集团公司第十一研究所
5	国家纤维增强模塑料工程技术研究中心	北京玻璃钢研究设计院
6	国家碳纤维工程技术研究中心	北京化工大学、中国石油天然气股份有限公司吉林石化分公司
7	国家并行计算机工程技术研究中心	中国科学院计算技术研究所、江南计算技术研究所
8	国家新能源工程技术研究中心	北京市太阳能研究所有限公司
9	国家数据通信工程技术研究中心	兴唐通信科技有限公司
10	国家工业控制机及系统工程技术研究中心	中国空间技术研究院第五〇二研究所
11	国家水煤浆工程技术研究中心	煤炭科学研究总院
12	国家蔬菜工程技术研究中心	北京市农林科学院
13	国家特种泵阀工程技术研究中心	北京航天动力研究所
14	国家合成纤维工程技术研究中心	中国纺织科学研究院
15	国家有色金属复合材料工程技术研究中心	北京有色金属研究总院
16	国家冶金自动化工程技术研究中心	冶金自动化研究设计院
17	国家磁性材料工程技术研究中心	北京矿冶科技集团有限公司
18	国家金属矿产资源综合利用工程技术研究中心(北京)	北京矿冶研究总院、长沙矿冶研究院有限责任公司
19	国家工业建筑诊断与改造工程技术研究中心	中冶建筑研究总院有限公司

续表

序号	工程中心名称	依托单位
20	国家住宅与居住环境工程技术研究中心	中国建筑设计研究院
21	国家建筑工程技术研究中心	中国建筑科学研究院
22	国家城市环境污染控制工程技术研究中心	北京市环境保护科学研究院
23	国家同位素工程技术研究中心	中国原子能科学研究院
24	国家企业信息化应用支撑软件工程技术研究中心	清华大学、华中理工大学
25	国家高性能计算机工程技术研究中心	曙光信息产业股份有限公司
26	国家新药开发工程技术研究中心	中国医学科学院药物研究所
27	国家肉类加工工程技术研究中心	中国肉类食品综合研究中心
28	国家非晶微晶合金工程技术研究中心	中国钢研科技集团有限公司
29	国家生化工程技术研究中心	中国科学院过程工程研究所
30	国家遥感应用工程技术研究中心	中国科学院遥感应用研究所
31	国家节水灌溉工程技术研究中心	中国水利水电科学研究院
32	国家淡水渔业工程技术研究中心	中国科学院水生生物研究所、北京市水产科学研究所
33	国家农业机械工程技术研究中心	中国农业机械化科学研究院
34	国家玻璃深加工工程技术研究开发中心	中国建筑材料科学研究总院
35	国家智能交通系统工程技术研究中心	交通运输部公路科学研究院
36	国家铁路智能运输系统工程技术研究中心	中国铁道科学研究院
37	国家饲料工程技术研究中心	中国农业大学
38	国家农业信息化工程技术研究中心	北京市农林科学院
39	国家信息安全工程技术研究中心	江南计算技术研究所
40	国家生物防护装备工程技术研究中心	军事医学科学院
41	国家花卉工程技术研究中心	北京林业大学
42	国家超精密机床工程技术研究中心	北京市机床研究所
43	国家奶牛胚胎工程技术研究中心	北京首都农业集团有限公司
44	国家竹藤工程技术研究中心	国际竹藤中心
45	国家钢结构工程技术研究中心	中冶建筑研究总院有限公司
46	国家网络新媒体工程技术研究中心	中国科学院声学研究所
47	国家板带生产先进装备工程技术研究中心	北京科技大学、燕山大学
48	国家作物分子设计工程技术研究中心	未名生物农业集团有限公司
49	国家火力发电工程技术研究中心	华北电力大学
50	国家农业智能装备工程技术研究中心	北京市农林科学院
51	国家测绘工程技术研究中心	中国测绘科学研究院
52	国家蛋品工程技术研究中心	北京德青源农业科技股份有限公司
53	国家皮革及制品工程技术研究中心	中国皮革制鞋研究院有限公司
54	国家广播电视网工程技术研究中心	广播科学研究院
55	国家果蔬加工工程技术研究中心	中国农业大学
56	国家科技信息资源综合利用与公共服务中心	中国科学技术信息研究所
57	国家应急防控药物工程技术研究中心	军事医学科学院

续表

序号	工程中心名称	依托单位
58	国家棉花加工工程技术研究中心	中棉工业有限责任公司
59	国家眼科诊断与治疗设备工程技术研究中心	首都医科大学附属北京同仁医院
60	国家半导体泵浦激光工程技术研究中心	北京国科世纪激光技术有限公司、中国科学院光电研究院
61	国家煤加工与洁净化工程技术研究中心	中国矿业大学
62	国家有色金属新能源材料与制品工程技术研究中心	北京有色金属研究总院
63	国家心脏病植介入诊疗器械及设备工程技术研究中心	乐普(北京)医疗器械股份有限公司
64	国家阻燃材料工程技术研究中心	北京理工大学
65	国家科技资源共享服务工程技术研究中心	北京航空航天大学
66	国家母婴乳品健康工程技术研究中心	北京三元食品股份有限公司

注:资料来源为北京市科学技术委员会。

2019 年在京国家临床医学研究中心一览表

序号	疾病领域/临床专科	国家临床医学研究中心	依托单位
1	心血管疾病	国家心血管疾病临床医学研究中心	中国医学科学院阜外心血管病医院 首都医科大学附属北京安贞医院
2	神经系统疾病	国家神经系统疾病临床医学研究中心	首都医科大学附属北京天坛医院
3	慢性肾病	国家慢性肾病临床医学研究中心	中国人民解放军总医院
4	恶性肿瘤	国家恶性肿瘤临床医学研究中心	中国医学科学院肿瘤医院
5	呼吸系统疾病	国家呼吸系统疾病临床医学研究中心	北京医院 首都医科大附属北京儿童医院
6	精神心理疾病	国家精神心理疾病临床医学研究中心	北京大学第六医院 首都医科大学附属安定医院
7	妇产疾病	国家妇产疾病临床医学研究中心	中国医学科学院北京协和医院 北京大学第三医院
8	消化系统疾病	国家消化系统疾病临床医学研究中心	首都医科大附属北京友谊医院
9	口腔疾病	国家口腔疾病临床医学研究中心	北京大学口腔医院
10	老年疾病	国家老年疾病临床医学研究中心	中国人民解放军总医院 北京医院 首都医科大学附属宣武医院
11	感染性疾病	国家感染性疾病(病毒性肝炎)临床医学研究中心	中国人民解放军第三〇二医院
12	骨科与运动康复	国家骨科与运动康复临床医学研究中心	中国人民解放军总医院
13	眼耳鼻喉疾病	国家耳鼻咽喉疾病临床医学研究中心	中国人民解放军总医院
14	皮肤与免疫疾病	国家皮肤与免疫疾病临床医学研究中心	北京大学第一医院 中国医学科学院北京协和医院
15	血液系统疾病	国家血液系统疾病临床医学研究中心	北京大学人民医院
16	中医	国家中医临床医学研究中心	中国中医科学院西苑医院

注:资料来源为北京市科学技术委员会。

2019 年北京市重点实验室一览表

序号	重点实验室名称	依托单位
1	城市综合应急科学北京市重点实验室	清华大学
2	动物源食品安全检测技术北京市重点实验室	中国农业大学
3	分子与微结构可控高分子材料技术北京市重点实验室	北京科技大学
4	飞机/发动机综合系统安全性北京市重点实验室	北京航空航天大学
5	大功率电力电子北京市重点实验室	全球能源互联网研究院有限公司
6	太阳能发电技术北京市重点实验室	中国科学院电工研究所
7	安全生产智能监控北京市重点实验室	北京邮电大学
8	细胞工程和抗体药物北京市重点实验室	中国人民解放军总医院
9	生物饲料添加剂北京市重点实验室	中国农业大学
10	新能源汽车动力总成技术北京市重点实验室	北京交通大学
11	轨道工程北京市重点实验室	北京交通大学
12	城市交通运行仿真与决策支持北京市重点实验室	北京交通发展研究院
13	二氧化碳资源利用与减排技术北京市重点实验室	清华大学
14	冶金工业节能减排北京市重点实验室	北京科技大学
15	低品位能源多相流与传热北京市重点实验室	华北电力大学
16	分布式冷热电联供系统北京市重点实验室	中国科学院工程热物理研究所
17	新能源材料与器件北京市重点实验室	中国科学院物理研究所
18	高端机械装备健康监控与自愈化北京市重点实验室	北京化工大学
19	车路协同与安全控制北京市重点实验室	北京航空航天大学
20	流域水环境与生态技术北京市重点实验室	北京市水科学技术研究院
21	水体污染源控制技术北京市重点实验室	北京林业大学
22	工业场地污染与修复北京市重点实验室	轻工业环境保护研究所
23	环境噪声与振动北京市重点实验室	北京市劳动保护科学研究所
24	植物基因资源与低碳环境生物技术北京市重点实验室	首都师范大学
25	恩泽生物质精细化工北京市重点实验室	北京石油化工学院
26	离子液体清洁过程北京市重点实验室	中国科学院过程工程研究所
27	先进电池材料理论与技术北京市重点实验室	北京大学
28	特种陶瓷与耐火材料北京市重点实验室	中国钢研科技集团有限公司
29	镀膜靶材北京市重点实验室	安泰科技股份有限公司
30	水泥混凝土节能利废技术北京市重点实验室	北京金隅水泥节能科技有限公司
31	防水材料北京市重点实验室	北京东方雨虹防水技术股份有限公司
32	职业安全健康北京市重点实验室	北京市劳动保护科学研究所

续表

序号	重点实验室名称	依托单位
33	燃气、供热及地下管网运行安全北京市重点实验室	北京城市系统工程研究中心
34	地下工程建设预报预警北京市重点实验室	北京市市政工程研究院
35	数字化印刷装备北京市重点实验室	北京印刷学院
36	高端印刷装备信号与信息处理北京市重点实验室	北京印刷学院
37	语言声学与内容理解北京市重点实验室	中国科学院声学研究所
38	分子影像北京市重点实验室	中国科学院自动化研究所
39	移动计算与新型终端北京市重点实验室	中国科学院计算技术研究所
40	无线通信测试技术北京市重点实验室	北京星河亮点技术股份有限公司
41	第四代移动通信技术研究北京市重点实验室	大唐移动通信设备有限公司
42	网络体系构建与融合北京市重点实验室	北京邮电大学
43	云计算关键技术与应用北京市重点实验室	北京市计算中心
44	网络密码认证技术北京市重点实验室	北京市科学技术情报研究所
45	软件测试技术北京市重点实验室	北京软件产品质量检测检验中心
46	嵌入式实时信息处理技术北京市重点实验室	北京理工大学
47	文化遗产数字化保护与虚拟现实北京市重点实验室	北京师范大学
48	网络安全防护技术北京市重点实验室	中国科学院信息工程研究所
49	可信计算北京市重点实验室	北京工业大学
50	软件安全工程技术北京市重点实验室	北京理工大学
51	电子系统可靠性技术北京市重点实验室	首都师范大学
52	集成电路测试技术北京市重点实验室	北京自动测试技术研究所
53	矿冶过程自动控制技术北京市重点实验室	北京矿冶科技集团有限公司
54	液晶材料分析及应用技术北京市重点实验室	北京八亿时空液晶科技股份有限公司
55	啤酒酿造技术北京市重点实验室	北京燕京啤酒股份有限公司
56	特种弹性体复合材料北京市重点实验室	北京石油化工学院
57	微量分析测试方法与仪器研制北京市重点实验室	清华大学
58	油气装备材料失效与腐蚀防护北京市重点实验室	中国石油大学(北京)
59	农产品有害微生物及农残安全检测与控制北京市重点实验室	北京农学院
60	出入境食品安全检测北京市重点实验室	北京海关技术中心
61	食物中毒诊断溯源技术北京市重点实验室	北京市疾病预防控制中心
62	食品安全毒理学研究与评价北京市重点实验室	北京大学
63	农业智能装备技术北京市重点实验室	北京市农林科学院
64	现代农业装备优化设计北京市重点实验室	中国农业大学
65	肉类加工技术北京市重点实验室	中国肉类食品综合研究中心
66	种子病害检验与防控北京市重点实验室	中国农业大学
67	绿化植物育种北京市重点实验室	北京市园林科学研究院
68	葡萄科学与酿酒技术北京市重点实验室	中国科学院植物研究所
69	抗性基因资源与分子发育北京市重点实验室	北京师范大学
70	高温超导材料及应用技术北京市重点实验室	北京英纳超导技术有限公司

续表

序号	重点实验室名称	依托单位
71	生物电磁学北京市重点实验室	中国科学院电工研究所
72	煤基节能环保炭材料北京市重点实验室	煤炭科学技术研究院有限公司
73	射频集成电路与系统北京市重点实验室	中国科学院半导体研究所
74	航空材料检测与评价北京市重点实验室	中国航发北京航空材料研究院
75	精密合金技术北京市重点实验室	钢铁研究总院
76	绿色可循环钢铁流程北京市重点实验室	首钢集团有限公司
77	药物非临床安全评价研究北京市重点实验室	中国食品药品检定研究院
78	药物靶点研究与新药筛选北京市重点实验室	中国医学科学院药物研究所
79	活性物质发现与适药化北京市重点实验室	中国医学科学院药物研究所
80	中药成分分析与生物评价北京市重点实验室	北京市药品检验所
81	心血管植入材料临床前研究评价北京市重点实验室	中国医学科学院阜外医院
82	生物制品安全性评价北京市重点实验室	北京昭衍新药研究中心股份有限公司
83	全牙再生与口腔组织功能重建北京市重点实验室	首都医科大学附属北京口腔医院
84	热带病防治研究北京市重点实验室	首都医科大学附属北京友谊医院
85	丙型肝炎和肝病免疫治疗北京市重点实验室	北京大学人民医院
86	乙型肝炎与肝癌转化医学研究北京市重点实验室	首都医科大学附属北京佑安医院
87	艾滋病研究北京市重点实验室	首都医科大学附属北京佑安医院
88	药物传输技术及新型制剂北京市重点实验室	中国医学科学院药物研究所
89	单克隆抗体上游研发技术北京市重点实验室	北京义翘神州科技有限公司
90	蛋白质组学北京市重点实验室	北京市蛋白质组研究中心
91	结合疫苗新技术研究北京市重点实验室	北京民海生物科技有限公司
92	DNA 损伤应答北京市重点实验室	首都师范大学
93	基因组学研究北京市重点实验室	北京诺赛基因组研究中心有限公司
94	脑肿瘤研究北京市重点实验室	北京市神经外科研究所
95	神经精神药理学北京市重点实验室	中国人民解放军军事科学院军事医学研究院
96	脑功能疾病调控治疗北京市重点实验室	首都医科大学宣武医院
97	磁共振成像设备与技术北京市重点实验室	北京大学第三医院
98	中药药理北京市重点实验室	中国中医科学院西苑医院
99	脑血管病转化医学北京市重点实验室	首都医科大学
100	证候与方剂基础研究北京市重点实验室	北京中医药大学
101	中医药防治重大疾病基础研究北京市重点实验室	中国中医科学院医学实验中心
102	道地中药材功能基因组研究北京市重点实验室	中国中医科学院中药研究所
103	生化诊断试剂检验技术北京市重点实验室	北京利德曼生化股份有限公司
104	器官移植与免疫调节北京市重点实验室	中国人民解放军第三〇九医院
105	造血干细胞移植治疗血液病北京市重点实验室	北京大学人民医院
106	临床流行病学北京市重点实验室	首都医科大学
107	皮肤损伤修复与组织再生北京市重点实验室	中国人民解放军总医院
108	肾脏疾病研究北京市重点实验室	中国人民解放军总医院

续表

序号	重点实验室名称	依托单位
109	科技政策模拟与决策支撑北京市重点实验室	北京科学学研究中心
110	跨媒体出版北京市重点实验室	北京印刷学院
111	恶性肿瘤转化研究北京市重点实验室	北京市肿瘤防治研究所
112	皮肤病分子诊断北京市重点实验室	北京大学第一医院
113	脊柱疾病研究北京市重点实验室	北京大学第三医院
114	生殖内分泌与辅助生殖技术北京市重点实验室	北京大学第三医院
115	消化疾病癌前病变北京市重点实验室	首都医科大学附属北京友谊医院
116	生物医药成分分离与分析北京市重点实验室	北京理工大学
117	膜分离过程与技术北京市重点实验室	北京化工大学
118	营养健康与食品安全北京市重点实验室	中粮营养健康研究院有限公司
119	太阳能与建筑节能玻璃材料加工技术北京市重点实验室	中国建筑材料科学研究总院
120	民用飞机设计数字仿真技术北京市重点实验室	中国商用飞机有限责任公司北京民用飞机技术研究中心
121	配电变压器节能技术北京市重点实验室	中国电力科学研究院有限公司
122	民用飞机结构与复合材料北京市重点实验室	中国商用飞机有限责任公司北京民用飞机技术研究中心
123	射频识别芯片检测技术北京市重点实验室	北京中电华大电子设计有限责任公司
124	基于 IPv6 的电信网络技术北京市重点实验室	中国电信股份有限公司北京研究院
125	二氧化碳捕集与处理北京市重点实验室	中国华能集团清洁能源技术研究院有限公司
126	骨科再生医学北京市重点实验室	中国人民解放军总医院
127	中枢神经系统损伤研究北京市重点实验室	北京市神经外科研究所
128	儿童发育营养组学北京市重点实验室	首都儿科研究所
129	鼻病研究北京市重点实验室	首都医科大学附属北京同仁医院
130	泌尿生殖系疾病(男)分子诊治北京市重点实验室	北京大学第一医院
131	磁共振成像脑信息学北京市重点实验室	首都医科大学宣武医院
132	衰老及相关疾病研究北京市重点实验室	中国人民解放军总医院
133	风湿病机制及免疫诊断北京市重点实验室	北京大学人民医院
134	帕金森病研究北京市重点实验室	北京市老年病医疗研究中心
135	癫痫病临床医学研究北京市重点实验室	首都医科大学三博脑科医院(北京)有限公司
136	精神疾病诊断与治疗北京市重点实验室	首都医科大学附属北京安定医院
137	心血管受体研究北京市重点实验室	北京大学第三医院
138	新发突发传染病研究北京市重点实验室	首都医科大学附属北京地坛医院
139	耐药结核病研究北京市重点实验室	北京市结核病胸部肿瘤研究所
140	肺损伤与感染北京市重点实验室	中国人民解放军总医院
141	儿童血液病与肿瘤分子分型北京市重点实验室	首都医科大学附属北京儿童医院
142	糖尿病防治研究北京市重点实验室	首都医科大学附属北京同仁医院
143	中药(天然药物)创新药物研发北京市重点实验室	中国医学科学院药用植物研究所
144	抗肿瘤分子靶向药物临床研究北京市重点实验室	中国医学科学院肿瘤医院
145	晶型药物研究北京市重点实验室	中国医学科学院药物研究所
146	低温生物医学工程学北京市重点实验室	中国科学院理化技术研究所

续表

序号	重点实验室名称	依托单位
147	心脏药械技术与循证医学研究北京市重点实验室	北京美中双和医疗器械股份有限公司
148	新药作用机制研究与药效评价北京市重点实验室	中国医学科学院药物研究所
149	肿瘤系统生物学北京市重点实验室	北京大学
150	人机交互北京市重点实验室	中国科学院软件研究所
151	网络多媒体北京市重点实验室	清华大学
152	石油数据挖掘北京市重点实验室	中国石油大学(北京)
153	新一代通信射频芯片技术北京市重点实验室	中国科学院微电子研究所
154	材料领域知识工程北京市重点实验室	北京科技大学
155	毫米波与太赫兹技术北京市重点实验室	北京理工大学
156	高速交通工具智能诊断与健康管理北京市重点实验室	北京航天测控技术有限公司
157	光电测试技术北京市重点实验室	北京信息科技大学
158	化学电源与绿色催化北京市重点实验室	北京理工大学
159	先进化学蓄电技术与材料北京市重点实验室	中国人民解放军军事科学院防化研究院
160	纳米能源材料北京市重点实验室	安泰科技股份有限公司
161	能量转换与存储材料北京市重点实验室	北京师范大学
162	非常规天然气能源地质评价与开发工程北京市重点实验室	中国地质大学(北京)
163	工业废水处理与资源化北京市重点实验室	中国科学院生态环境研究中心
164	污染场地风险模拟与修复北京市重点实验室	北京市环境保护科学研究院
165	油气污染防治北京市重点实验室	中国石油大学(北京)
166	云降水物理研究和云水资源开发北京市重点实验室	北京市气象局
167	园林绿地生态功能评价与调控技术北京市重点实验室	北京市园林科学研究院
168	林木生物质化学北京市重点实验室	北京林业大学
169	温室气体封存与石油开采利用北京市重点实验室	中国石油大学(北京)
170	城市道路交通智能控制技术北京市重点实验室	北方工业大学
171	城市交通节能减排检测与评估北京市重点实验室	北京交通发展研究院
172	低维半导体材料与器件北京市重点实验室	中国科学院半导体研究所
173	纳米光子学与超精密光电系统北京市重点实验室	北京理工大学
174	高温合金新材料北京市重点实验室	钢铁研究总院
175	辐射新材料北京市重点实验室	北京市射线应用研究中心
176	材料电化学过程与技术北京市重点实验室	北京化工大学
177	固体微结构与性能北京市重点实验室	北京工业大学
178	功能分子与晶态材料科学与应用北京市重点实验室	北京科技大学
179	精密超精密制造装备及控制北京市重点实验室	清华大学
180	复杂构件数控加工工艺及装备北京市重点实验室	中国航空制造技术研究院
181	城市运行应急保障模拟技术北京市重点实验室	北京航空航天大学
182	城市有毒有害易燃易爆危险源控制技术北京市重点实验室	北京市劳动保护科学研究所
183	环境有害化学物质分析北京市重点实验室	北京化工大学
184	蔬菜种质改良北京市重点实验室	北京市农林科学院

续表

序号	重点实验室名称	依托单位
185	农业基因资源与生物技术北京市重点实验室	北京农业生物技术研究中心
186	设施蔬菜生长发育调控北京市重点实验室	中国农业大学
187	森林资源生态系统过程北京市重点实验室	北京林业大学
188	畜禽疫病防控技术北京市重点实验室	北京市农林科学院
189	蔬菜有害生物控制与优质栽培北京市重点实验室	中国农业科学院蔬菜花卉研究所
190	植物源功能食品北京市重点实验室	中国农业大学
191	林业食品加工与安全北京市重点实验室	北京林业大学
192	博物馆展陈设计与空间实现北京市重点实验室	北京工业大学
193	文化创意产业标准化研究北京市重点实验室	北京市科学技术情报研究所
194	空间热控技术北京市重点实验室	北京空间飞行器总体设计部
195	计算智能与智能系统北京市重点实验室	北京工业大学
196	高动态导航技术北京市重点实验室	北京信息科技大学
197	数字动画技术研究与应用北京市重点实验室	中国传媒大学
198	交通数据分析与挖掘北京市重点实验室	北京交通大学
199	电弧等离子应用装备北京市重点实验室	中国航天空气动力技术研究院
200	生物制造与快速成形技术北京市重点实验室	清华大学
201	高能束流增量制造技术与装备北京市重点实验室	中国航空制造技术研究院
202	飞行器装配机器人装备北京市重点实验室	北京航空航天大学
203	核检测技术北京市重点实验室	清华大学
204	机械结构非线性振动与强度北京市重点实验室	北京工业大学
205	多维多尺度计算摄像北京市重点实验室	清华大学
206	物联网信息安全技术北京市重点实验室	中国科学院信息工程研究所
207	分数域信号与系统北京市重点实验室	北京理工大学
208	智能物流系统北京市重点实验室	北京物资学院
209	精密光电测试仪器及技术北京市重点实验室	北京理工大学
210	反劫持装备技术北京市重点实验室	中国人民武装警察部队特种警察学院
211	区域大气复合污染防治北京市重点实验室	北京工业大学
212	城市空间信息工程北京市重点实验室	北京市测绘设计研究院
213	湿地生态功能与恢复北京市重点实验室	中国林业科学研究院
214	结构风工程与城市风环境北京市重点实验室	北京交通大学
215	热电生产过程污染物监测与控制北京市重点实验室	华北电力大学
216	热力过程节能技术北京市重点实验室	中国科学院理化技术研究所
217	综合交通运行监测与服务北京市重点实验室	北京市交通信息中心
218	生物燃气高值利用北京市重点实验室	中国石油大学(北京)
219	精准林业北京市重点实验室	北京林业大学
220	生物质炼制工程北京市重点实验室	中国科学院过程工程研究所
221	非能动核能安全技术北京市重点实验室	华北电力大学
222	仿生能源材料与器件北京市重点实验室	北京航空航天大学

续表

序号	重点实验室名称	依托单位
223	先进功能材料与结构分析北京市重点实验室	中国科学院物理研究所
224	光功能材料与器件北京市重点实验室	首都师范大学
225	特种涂层材料与技术北京市重点实验室	北京矿冶科技集团有限公司
226	稀贵金属绿色回收与提取北京市重点实验室	北京科技大学
227	光电功能材料与微纳器件北京市重点实验室	中国人民大学
228	金属材料表征北京市重点实验室	钢研纳克检测技术股份有限公司
229	光电转换材料北京市重点实验室	北京理工大学
230	玉米 DNA 指纹及分子育种北京市重点实验室	北京市农林科学院
231	畜禽遗传改良北京市重点实验室	中国农业大学
232	奶牛遗传育种与繁殖北京市重点实验室	北京奶牛中心
233	花卉种质创新与分子育种北京市重点实验室	北京林业大学
234	生物多样性与有机农业北京市重点实验室	中国农业大学
235	林木有害生物防治北京市重点实验室	北京林业大学
236	果蔬农产品保鲜与加工北京市重点实验室	北京市农林科学院
237	代谢及心血管分子医学北京市重点实验室	北京大学
238	代谢紊乱相关心血管疾病北京市重点实验室	首都医科大学
239	儿童耳鼻咽喉头颈外科疾病北京市重点实验室	首都医科大学附属北京儿童医院
240	心血管疾病微创技术研究北京市重点实验室	中国人民解放军总医院
241	运动医学关节伤病北京市重点实验室	北京大学第三医院
242	视网膜脉络膜疾病诊治研究北京市重点实验室	北京大学人民医院
243	肝硬化转化医学北京市重点实验室	首都医科大学附属北京友谊医院
244	老年认知障碍疾病北京市重点实验室	首都医科大学宣武医院
245	临床生物力学应用基础研究北京市重点实验室	首都医科大学
246	中医正骨技术北京市重点实验室	中国中医科学院望京医院
247	神经系统小血管病探索北京市重点实验室	北京大学第一医院
248	传染病分子诊断新技术北京市重点实验室	中国人民解放军军事科学院军事医学研究院
249	生物工程与传感技术北京市重点实验室	北京科技大学
250	病原微生物耐药与耐药基因组学北京市重点实验室	中国科学院微生物研究所
251	肿瘤治疗性疫苗北京市重点实验室	首都医科大学附属北京世纪坛医院
252	环境毒理学北京市重点实验室	首都医科大学
253	高血压病研究北京市重点实验室	首都医科大学附属北京朝阳医院
254	药物临床风险与个体化应用评价北京市重点实验室	北京医院
255	中医养生学北京市重点实验室	北京中医药大学
256	高端植介入医疗器械优化设计与评测技术北京市重点实验室	北京航空航天大学
257	基因组与精准医学检测技术北京市重点实验室	中国科学院北京基因组研究所
258	药物依赖性研究北京市重点实验室	北京大学
259	城市绿色发展科技战略研究北京市重点实验室	北京师范大学首都科技发展战略研究院
260	包装印刷新技术北京市重点实验室	中国印刷科学技术研究院有限公司

续表

序号	重点实验室名称	依托单位
261	新媒体动画技术北京市重点实验室	北京电影学院
262	大规模流数据集成与分析技术北京市重点实验室	北方工业大学
263	云计算标准与测试验证北京市重点实验室	中国信息通信研究院
264	超高速宽带通信北京市重点实验室	中国电信股份有限公司北京研究院
265	航天机电产品环境可靠性试验技术北京市重点实验室	北京卫星环境工程研究所
266	空间智能机器人系统技术与应用北京市重点实验室	北京空间飞行器总体设计部
267	电火花加工技术北京市重点实验室	北京市电加工研究所
268	网络化协同空管技术北京市重点实验室	北京航空航天大学
269	油气光学探测技术北京市重点实验室	中国石油大学(北京)
270	道路工程材料与检测鉴定技术北京市重点实验室	北京市道路工程质量监督站(北京市公路工程检测中心)
271	新能源乘用车节能与安全北京市重点实验室	北京新能源汽车股份有限公司
272	高速铁路信号系统北京市重点实验室	北京和利时系统工程有限公司
273	新兴有机污染物控制北京市重点实验室	清华大学
274	环境损害与污染修复北京市重点实验室	中国科学院地理科学与资源研究所
275	绿色催化与分离北京市重点实验室	北京工业大学
276	工业典型污染物资源化处理北京市重点实验室	北京科技大学
277	微细尺度流动与相变传热北京市重点实验室	北京交通大学
278	灾害救援医学北京市重点实验室	中国人民解放军总医院第三医学中心
279	安防大数据处理与应用北京市重点实验室	北京声迅电子股份有限公司
280	金属矿山智能开采技术北京市重点实验室	北京矿冶科技集团有限公司
281	地铁火灾与客流疏运安全北京市重点实验室	中国安全生产科学研究院
282	移动媒体与文化计算北京市重点实验室	北京邮电大学世纪学院
283	有机材料检测技术与质量评价北京市重点实验室	北京市理化分析测试中心
284	首都区域空间规划研究北京市重点实验室	清华大学
285	现代演艺技术北京市重点实验室	中国传媒大学
286	数字出版标准符合性测试北京市重点实验室	中国新闻出版研究院
287	纳米材料与器件物理北京市重点实验室	中国科学院物理研究所
288	非金属矿物与固废资源材料化利用北京市重点实验室	中国地质大学(北京)
289	超材料与器件北京市重点实验室	首都师范大学
290	高端金属材料特种熔炼与制备北京市重点实验室	北京科技大学
291	生物质废弃物资源化利用北京市重点实验室	北京联合大学
292	煤制清洁液体燃料北京市重点实验室	中科合成油技术有限公司
293	新型薄膜太阳电池北京市重点实验室	华北电力大学
294	气动热力储能与供能北京市重点实验室	北京航空航天大学
295	杂交小麦分子遗传北京市重点实验室	北京市农林科学院
296	奶牛营养学北京市重点实验室	北京农学院
297	渔业生物技术北京市重点实验室	北京市水产科学研究所
298	花卉发育与品质调控北京市重点实验室	中国农业大学

续表

序号	重点实验室名称	依托单位
299	圈养野生动物技术北京市重点实验室	北京动物园
300	肿瘤侵袭和转移机制研究北京市重点实验室	首都医科大学
301	骨与软组织肿瘤研究北京市重点实验室	北京大学人民医院
302	痴呆诊治转化医学研究北京市重点实验室	北京大学第六医院
303	头颈部分子病理诊断北京市重点实验室	首都医科大学附属北京同仁医院
304	胎儿心脏病母胎医学研究北京市重点实验室	首都医科大学附属北京安贞医院
305	肝硬化肝癌基础研究北京市重点实验室	北京大学人民医院
306	媒介生物危害和自然疫源性疾病北京市重点实验室	中国人民解放军军事科学院军事医学研究院
307	结核病诊疗新技术北京市重点实验室	中国人民解放军第三〇九医院
308	儿童病毒病病原学北京市重点实验室	首都儿科研究所
309	儿童呼吸道感染性疾病研究北京市重点实验室	首都医科大学附属北京儿童医院
310	低氧适应转化医学北京市重点实验室	首都医科大学宣武医院
311	免疫炎性疾病北京市重点实验室	中日友好医院
312	移植耐受与器官保护北京市重点实验室	首都医科大学附属北京友谊医院
313	儿科遗传性疾病分子诊断与研究北京市重点实验室	北京大学第一医院
314	中医络病研究北京市重点实验室	首都医科大学
315	神经电刺激研究与治疗北京市重点实验室	北京市神经外科研究所
316	中医感染性疾病基础研究北京市重点实验室	北京市中医研究所
317	中医药防治过敏性疾病北京市重点实验室	中日友好医院
318	血液安全保障技术研究北京市重点实验室	中国人民解放军军事科学院军事医学研究院
319	抗感染药物研究北京市重点实验室	中国医学科学院医药生物技术研究所
320	创新药物非临床药物代谢及药代/药效研究北京市重点实验室	中国医学科学院药物研究所
321	放射生物学北京市重点实验室	中国人民解放军军事科学院军事医学研究院
322	蛋白质修饰与细胞功能北京市重点实验室	北京大学
323	工程化构建与力学生物学北京市重点实验室	中国科学院力学研究所
324	中药鉴定与安全性评估北京市重点实验室	中国中医科学院中药研究所
325	生物应急与临床 POCT 北京市重点实验室	中国人民解放军军事科学院军事医学研究院
326	医疗器械检验与安全性评价北京市重点实验室	北京市医疗器械检验所
327	大数据管理与分析方法研究北京市重点实验室	中国人民大学
328	三维及纳米集成电路设计自动化技术北京市重点实验室	中国科学院微电子研究所
329	复杂信息数学表征分析与应用北京市重点实验室	北京理工大学
330	食品安全大数据技术北京市重点实验室	北京工商大学
331	无机可延展柔性信息技术北京市重点实验室	中国科学院半导体研究所
332	轻型工业机器人与安全验证北京市重点实验室	首都师范大学
333	机器人仿生与功能研究北京市重点实验室	北京建筑大学
334	直流电网技术与仿真北京市重点实验室	全球能源互联网研究院有限公司
335	地铁运营安全保障技术北京市重点实验室	北京市地铁运营有限公司
336	新能源汽车高效动力传动与系统控制北京市重点实验室	北京航空航天大学

续表

序号	重点实验室名称	依托单位
337	城市轨道交通车辆服役性能保障北京市重点实验室	北京建筑大学
338	大气颗粒物监测技术北京市重点实验室	北京市环境保护监测中心
339	水中典型污染物控制与水质保障北京市重点实验室	北京交通大学
340	室内空气质量评价与控制北京市重点实验室	清华大学
341	过程流体过滤与分离技术北京市重点实验室	中国石油大学(北京)
342	放射性废物处理北京市重点实验室	清华大学
343	建构筑物检测评估技术研究北京市重点实验室	中冶建筑研究总院有限公司
344	建筑环境优化设计与评测北京市重点实验室	中国建筑设计研究院有限公司
345	金属矿产资源评价与分析检测北京市重点实验室	北京矿冶科技集团有限公司
346	北京文博文物科技保护研究与应用北京市重点实验室	首都博物馆
347	结构可控先进功能材料与绿色应用北京市重点实验室	北京理工大学
348	先进核能材料与物理北京市重点实验室	北京航空航天大学
349	材料基因工程北京市重点实验室	北京科技大学
350	发电系统功能材料北京市重点实验室	国电新能源技术研究院有限公司
351	微藻生物能源与资源北京市重点实验室	中国电子工程设计院有限公司
352	食品非热加工北京市重点实验室	中国农业大学
353	农产品产地环境监测北京市重点实验室	北京农业质量标准与检测技术研究中心
354	数字植物北京市重点实验室	北京市农林科学院
355	口腔数字医学北京市重点实验室	北京大学口腔医院
356	儿童器官功能衰竭北京市重点实验室	中国人民解放军总医院第七医学中心
357	聋病防治北京市重点实验室	中国人民解放军总医院
358	妊娠合并糖尿病母胎医学研究北京市重点实验室	北京大学第一医院
359	儿童慢性肾脏病与血液净化北京市重点实验室	首都医科大学附属北京儿童医院
360	雾霾健康效应与防护北京市重点实验室	国家纳米科学中心
361	眼内肿瘤诊治研究北京市重点实验室	首都医科大学附属北京同仁医院
362	行为与心理健康北京市重点实验室	北京大学
363	心血管疾病分子诊断北京市重点实验室	中国医学科学院阜外医院
364	急性心肌梗死早期预警和干预北京市重点实验室	北京大学人民医院
365	神经损伤与康复北京市重点实验室	中国康复研究中心
366	心肺脑复苏北京市重点实验室	首都医科大学附属北京朝阳医院
367	幽门螺杆菌感染及上胃肠疾病防治研究北京市重点实验室	北京大学第三医院
368	骨骼畸形遗传学研究北京市重点实验室	中国医学科学院北京协和医院
369	传染病相关疾病生物标志物北京市重点实验室	首都医科大学附属北京佑安医院
370	功能性胃肠病中医诊治北京市重点实验室	中国中医科学院望京医院
371	银屑病中医临床基础研究北京市重点实验室	北京市中医研究所
372	尿液细胞分子诊断北京市重点实验室	首都医科大学附属北京世纪坛医院
373	上气道功能障碍相关心血管疾病研究北京市重点实验室	首都医科大学附属北京安贞医院
374	创新药物临床药代药效研究北京市重点实验室	中国医学科学院北京协和医院

续表

序号	重点实验室名称	依托单位
375	脑网络组北京市重点实验室	中国科学院自动化研究所
376	分子药剂学与新释药系统北京市重点实验室	北京大学
377	干细胞新药研发及临床转化研究北京市重点实验室	中国医学科学院基础医学研究所
378	治疗性基因工程抗体北京市重点实验室	中国人民解放军军事科学院军事医学研究院
379	中药生产过程控制与质量评价北京市重点实验室	北京中医药大学
380	新发再发传染病动物模型研究北京市重点实验室	中国医学科学院医学实验动物研究所
381	老年功能障碍康复辅助技术北京市重点实验室	国家康复辅具研究中心
382	中药品质评价北京市重点实验室	北京中医药大学
383	航空发动机结构强度北京市重点实验室	北京航空航天大学
384	精密转动和传动机构长寿命技术北京市重点实验室	北京控制工程研究所
385	数字化塑性成形技术及装备北京市重点实验室	中国航空制造技术研究院
386	天基空间环境探测北京市重点实验室	中国科学院国家空间科学中心
387	航天绿色推进剂研究与应用北京市重点实验室	北京航天试验技术研究所
388	基于大数据的城市科学研究北京市重点实验室	北京国际城市发展研究院
389	固态量子器件北京市重点实验室	北京大学
390	半导体神经网络智能感知与计算技术北京市重点实验室	中国科学院半导体研究所
391	天地互联与融合北京市重点实验室	北京邮电大学
392	超高频、大功率化合物半导体器件与集成技术北京市重点实验室	中国科学院微电子研究所
393	工业大数据系统与应用北京市重点实验室	清华大学
394	智能交通数据安全与隐私保护技术北京市重点实验室	北京交通大学
395	建筑大数据智能处理方法研究北京市重点实验室	北京建筑大学
396	机器人“手—眼—脑”融合智能研究与应用北京市重点实验室	中国科学院自动化研究所
397	金属轻量化成形制造北京市重点实验室	北京科技大学
398	节能照明电源集成与制造北京市重点实验室	北方工业大学
399	深水油气管线关键技术与装备北京市重点实验室	北京石油化工学院
400	电动汽车动力电池检测北京市重点实验室	北京市产品质量监督检验院
401	城市轨道交通全自动运行系统与安全监控北京市重点实验室	北京市轨道交通建设管理有限公司
402	城市轨道交通深基坑岩土工程北京市重点实验室	北京城建勘测设计研究院有限责任公司
403	微波感知与安防应用北京市重点实验室	北京航空航天大学
404	城市水循环与海绵城市技术北京市重点实验室	北京师范大学
405	绿色建筑环境与节能技术北京市重点实验室	北京工业大学
406	能源环境催化北京市重点实验室	北京化工大学
407	城市地下空间工程北京市重点实验室	北京科技大学
408	矿物环境功能北京市重点实验室	北京大学
409	城市大气挥发性有机物污染防治技术与应用北京市重点实验室	北京市环境保护科学研究院
410	燃料清洁化及高效催化减排技术北京市重点实验室	北京石油化工学院
411	生活垃圾检测分析与评价北京市重点实验室	北京市城市管理研究院
412	塑料卫生与安全质量评价技术北京市重点实验室	北京工商大学

续表

序号	重点实验室名称	依托单位
413	电力调度自动化技术研究与系统评价北京市重点实验室	中国电力科学研究院有限公司
414	服装工效与功能创新设计北京市重点实验室	北京服装学院
415	光场成像与数字几何北京市重点实验室	首都师范大学
416	建筑遗产精细重构与健康监测北京市重点实验室	北京建筑大学
417	磁电功能材料与器件北京市重点实验室	北京大学
418	磁光电复合材料与界面科学北京市重点实验室	北京科技大学
419	微纳能源与传感北京市重点实验室	北京纳米能源与系统研究所
420	轻量化多功能复合材料与结构北京市重点实验室	北京理工大学
421	先进功能高分子复合材料北京市重点实验室	北京化工大学
422	建筑结构与环境修复功能材料北京市重点实验室	北京建筑大学
423	共伴生能源精准开采北京市重点实验室	中国矿业大学(北京)
424	需求侧多能互补优化与供需互动技术北京市重点实验室	中国电力科学研究院有限公司
425	农田土壤污染防控与修复北京市重点实验室	中国农业大学
426	功能主食创制与慢病营养干预北京市重点实验室	中国食品发酵工业研究院有限公司
427	植物蛋白与谷物加工北京市重点实验室	中国农业大学
428	北方果树病虫害绿色防控北京市重点实验室	北京市农林科学院
429	骨科机器人技术北京市重点实验室	北京积水潭医院
430	神经影像大数据与人脑连接组学北京市重点实验室	北京师范大学
431	脑功能重建北京市重点实验室	首都医科大学附属北京天坛医院
432	神经退行性疾病生物标志物研究及转化北京市重点实验室	北京大学第三医院
433	针灸神经调控北京市重点实验室	首都医科大学附属北京中医医院
434	结直肠癌诊疗研究北京市重点实验室	北京大学人民医院
435	临床合理用药生物特征谱学评价北京市重点实验室	首都医科大学附属北京世纪坛医院
436	肝衰竭与人工肝治疗研究北京市重点实验室	首都医科大学附属北京佑安医院
437	造血干细胞治疗及转化研究北京市重点实验室	中国人民解放军军事科学院军事医学研究院
438	女性盆底疾病研究北京市重点实验室	北京大学人民医院
439	眼部神经损伤的重建保护与康复北京市重点实验室	北京大学第三医院
440	核医学分子靶向诊疗北京市重点实验室	中国医学科学院北京协和医院
441	出生缺陷遗传学研究北京市重点实验室	首都医科大学附属北京儿童医院
442	慢性心衰精准医学北京市重点实验室	中国人民解放军总医院
443	侵袭性真菌病机制研究与精准诊断北京市重点实验室	中国医学科学院北京协和医院
444	过敏性疾病精准诊疗研究北京市重点实验室	中国医学科学院北京协和医院
445	冠心病精准治疗北京市重点实验室	首都医科大学附属北京安贞医院
446	生物材料与神经再生北京市重点实验室	北京航空航天大学
447	动物衰老细胞生物学北京市重点实验室	北京生命科学研究所
448	病原微生物感染与免疫防御北京市重点实验室	北京生命科学研究所
449	慢性疾病的免疫学研究北京市重点实验室	清华大学
450	无人机自主控制技术北京市重点实验室	北京理工大学

续表

序号	重点实验室名称	依托单位
451	深低温技术研究北京市重点实验室	北京宇航系统工程研究所
452	先进光学遥感技术北京市重点实验室	北京空间机电研究所
453	"一带一路"数据分析与决策支持北京市重点实验室	北京第二外国语学院
454	城市群系统演化与可持续发展的决策模拟研究北京市重点实验室	首都经济贸易大学
455	绿色发展大数据决策北京市重点实验室	北京信息科技大学
456	能源经济与环境管理北京市重点实验室	北京理工大学
457	新能源电力与低碳发展研究北京市重点实验室	华北电力大学

注:资料来源为北京市科学技术委员会。

2019 年北京市工程技术研究中心一览表

序号	工程中心名称	依托单位
1	北京市大容量注射剂质量工程技术研究中心	华润双鹤药业股份有限公司
2	北京市智能康复工程技术研究中心	北京大学
3	北京市空间生物工程技术研究中心	航天神舟生物科技集团有限公司
4	北京市有源显示工程技术研究中心	北京大学
5	北京市生殖避孕药物工程技术研究中心	华润紫竹药业有限公司
6	北京市射线成像技术与装备工程技术研究中心	中国科学院高能物理研究所
7	北京市煤矿安全工程技术研究中心	煤炭科学技术研究院有限公司
8	北京市太阳能热利用工程技术研究中心	北京市太阳能研究所集团有限公司
9	北京市变频技术工程技术研究中心	北方工业大学
10	北京市集中生物燃气利用工程技术研究中心	清华大学
11	北京市劣质铁矿石综合利用工程技术研究中心	神雾科技集团股份有限公司
12	北京市中低速磁浮交通系统工程技术研究中心	北京磁浮交通发展有限公司
13	北京市动力锂离子电池工程技术研究中心	北大先行科技产业有限公司
14	北京市光伏装备工程技术研究中心	北京京仪集团有限责任公司
15	北京市城镇生活固废综合处理与资源化工程技术研究中心	北京环境工程技术有限公司
16	北京市有机废弃物资源化工程技术研究中心	北京嘉博文生物科技有限公司
17	北京市污水脱氮除磷处理与过程控制工程技术研究中心	北京工业大学
18	北京市锂电正极材料工程技术研究中心	北京当升材料科技股份有限公司
19	北京市安全防范报警与安检工程技术研究中心	北京声迅电子有限公司
20	北京市岩土锚固工程技术研究中心	中国京冶工程技术有限公司
21	北京市建筑安全监测工程技术研究中心	北京建筑大学
22	北京市功能性高分子建筑材料工程技术研究中心	北京市建筑工程研究院有限责任公司

续表

序号	工程中心名称	依托单位
23	北京市预拌砂浆工程技术研究中心	北京建筑材料科学研究总院有限公司
24	北京市数控机床工程技术研究中心	北京北一机床股份有限公司
25	北京市金属件先进成形技术与装备工程技术研究中心	北京机科国创轻量化科学研究院有限公司
26	北京市金融机具工程技术研究中心	中钞长城金融设备控股有限公司
27	北京市广播电视技术工程技术研究中心	北京北广科技股份有限公司
28	北京市氯碱装备工程技术研究中心	蓝星(北京)化工机械有限公司
29	北京市无纸化办公信息采集设备工程技术研究中心	汉王科技股份有限公司
30	北京市智能化技术与系统工程技术研究中心	中国科学院自动化研究所
31	北京市数字视频工程技术研究中心	新奥特(北京)视频技术有限公司
32	北京市政务信息化工程技术研究中心	太极计算机股份有限公司
33	北京市物联网软件与系统工程技术研究中心	北京工业大学
34	北京市数字城市工程技术研究中心	中国科学院电子学研究所
35	北京市海量语言信息处理与云计算应用工程技术研究中心	北京理工大学
36	北京市数据中心运营和服务工程技术研究中心	北京世纪互联宽带数据中心有限公司
37	北京市云制造平台与服务工程技术研究中心	北京慧点科技有限公司
38	北京市小卫星遥感信息工程技术研究中心	二十一世纪空间技术应用股份有限公司
39	北京市软件服务运营工程技术研究中心	神州数码信息系统有限公司
40	北京市集成电路先导工艺工程技术研究中心	中国科学院微电子研究所
41	北京市太赫兹与红外工程技术研究中心	首都师范大学
42	北京市 MOCVD 工程技术研究中心	北京北方华创微电子装备有限公司
43	北京市激光应用技术工程技术研究中心	北京工业大学
44	北京市全固态激光先进制造工程技术研究中心	中国科学院半导体研究所
45	北京市轮胎绿色制造工艺工程技术研究中心	北京橡胶工业研究设计院有限公司
46	北京市碳纤维工程技术研究中心	中国蓝星(集团)股份有限公司
47	北京市纳米材料绿色打印印刷工程技术研究中心	中国科学院化学研究所
48	北京市饲料安全生物调控工程技术研究中心	北京大北农科技集团股份有限公司
49	北京市乳品工程技术研究中心	北京三元食品股份有限公司
50	北京市食品安全分析测试工程技术研究中心	北京市理化分析测试中心
51	北京市非常规水资源开发利用与节水工程技术研究中心	北京市水科学技术研究院
52	北京市缓控释肥料工程技术研究中心	北京市农林科学院
53	北京市草莓工程技术研究中心	北京市农林科学院
54	北京市蛋鸡工程技术研究中心	北京市华都峪口禽业有限责任公司
55	北京市工业建筑特种材料工程技术研究中心	中冶建筑研究总院有限公司
56	北京市大型关键金属构件激光直接制造工程技术研究中心	北京航空航天大学
57	北京市铸轧工程技术研究中心	中冶京诚工程技术有限公司
58	北京市特种车辆部件先进制造与评估工程技术研究中心	北京北方车辆集团有限公司
59	北京市工业部件表面强化与修复工程技术研究中心	北京矿冶科技集团有限公司
60	北京市电子信息用新型钎焊材料工程技术研究中心	北京有色金属与稀土应用研究所

续表

序号	工程中心名称	依托单位
61	北京市先进铝合金材料及应用工程技术研究中心	中国航发北京航空材料研究院
62	北京市难熔金属材料工程技术研究中心	安泰科技股份有限公司
63	北京市生态环境材料及其评价工程技术研究中心	北京工业大学
64	北京市呼吸与危重症诊治工程技术研究中心	首都医科大学附属北京朝阳医院
65	北京市人工听觉工程技术研究中心	首都医科大学附属北京同仁医院
66	北京市心脑血管医疗技术与器械工程技术研究中心	首都医科大学附属北京安贞医院
67	北京市脂质靶向制剂工程技术研究中心	北京泰德制药股份有限公司
68	北京市口服固体制剂产业化工程技术研究中心	华润赛科药业有限责任公司
69	北京市心脏病介入诊疗设备工程技术研究中心	乐普(北京)医疗器械股份有限公司
70	北京市医用内植物工程技术研究中心	北京纳通科技集团有限公司
71	北京市新型人用预防性疫苗工程技术研究中心	北京科兴生物制品有限公司
72	北京市基因工程抗体药物工程技术研究中心	百泰生物药业有限公司
73	北京市重组蛋白药物工程技术研究中心	北京凯因科技股份有限公司
74	北京市传染病诊断工程技术研究中心	北京万泰生物药业股份有限公司
75	北京市钢铁冶金节能减排工程技术研究中心	北京中冶设备研究设计总院有限公司
76	北京市纳米结构薄膜太阳能电池工程技术研究中心	北京低碳清洁能源研究所
77	北京市风电设备可靠性工程技术研究中心	国电联合动力技术有限公司
78	北京市电动汽车充换电工程技术研究中心	中国电力科学研究院有限公司
79	北京市电站自动化工程技术研究中心	北京国电智深控制技术有限公司
80	北京市低质燃料高效清洁利用工程技术研究中心	中国华能集团清洁能源技术研究院有限公司
81	北京市集成电路电子设计自动化工程技术研究中心	北京华大九天软件有限公司
82	北京市火电厂烟气净化工程技术研究中心	北京国电龙源环保工程有限公司
83	北京市电子系统可靠性评测工程技术研究中心	工业和信息化部计算机与微电子发展研究中心
84	北京市弱磁检测及应用工程技术研究中心	北京科技大学
85	北京市光电通信线路工程技术研究中心	北京亨通斯博通讯科技有限公司
86	北京市数字交通枢纽工程技术研究中心	北京竞业达数码科技股份有限公司
87	北京市光纤传感系统工程技术研究中心	北京航天时代光电科技有限公司
88	北京市复杂产品先进制造系统工程技术研究中心	北京仿真中心
89	北京市下一代网络安全软件与系统工程技术研究中心	绿盟科技集团股份有限公司
90	北京市气环境监测工程技术研究中心	北京航天益来电子科技有限公司
91	北京市物联网技术与系统工程技术研究中心	首都信息发展股份有限公司
92	北京市北斗卫星导航技术与装备工程技术研究中心	北京北斗星通导航技术股份有限公司
93	北京市卫星通信导航工程技术研究中心	北京华力创通科技股份有限公司
94	北京市移动卫星应用工程技术研究中心	北京中交通信科技有限公司
95	北京市太阳能热发电工程技术研究中心	中国科学院电工研究所
96	北京市有色金属新能源基础制品工程技术研究中心	北京有色金属研究总院
97	北京市蛋白和抗体研发及制备工程技术研究中心	神州细胞工程有限公司
98	北京市裸质粒基因治疗药物工程技术研究中心	北京诺思兰德生物技术股份有限公司

续表

序号	工程中心名称	依托单位
99	北京市肿瘤与糖尿病小分子靶向新药工程技术研究中心	北京赛林泰医药技术有限公司
100	北京市重组蛋白及其长效制剂工程技术研究中心	北京双鹭药业股份有限公司
101	北京市长效干扰素工程技术研究中心	北京三元基因药业股份有限公司
102	北京市纳微化结构药物工程技术研究中心	北京福元医药股份有限公司
103	北京市免疫试剂临床工程技术研究中心	首都医科大学附属北京天坛医院
104	北京市核医学装备工程技术研究中心	北京大基康明医疗设备有限公司
105	北京市儿童外科矫形器具工程技术研究中心	首都医科大学附属北京儿童医院
106	北京市临床检验工程技术研究中心	北京医院
107	北京市多模态医学影像工程技术研究中心	清华大学
108	北京市大血管外科植入式人工材料工程技术研究中心	首都医科大学附属北京安贞医院
109	北京市污水资源化工程技术研究中心	北京城市排水集团有限责任公司
110	北京市新型污水深度处理工程技术研究中心	北京大学
111	北京市污水资源化膜技术工程技术研究中心	北京碧水源科技股份有限公司
112	北京市高能耗电机变频节能工程技术研究中心	北京动力源科技股份有限公司
113	北京市粉体物料气力输送工程技术研究中心	北京国电富通科技发展有限责任公司
114	北京市低变质煤与有机废弃物热解提质工程技术研究中心	神雾科技集团股份有限公司
115	北京市城轨运行控制系统工程技术研究中心	交控科技股份有限公司
116	北京市城市交通运行保障工程技术研究中心	北京工业大学
117	北京市城市交通信息智能感知与服务工程技术研究中心	北京交通大学
118	北京市高速公路智能交通工程技术研究中心	北京云星宇交通科技股份有限公司
119	北京市城市交通基础设施建设工程技术研究中心	北京建筑大学
120	北京市特种粉末冶金材料工程技术研究中心	安泰科技股份有限公司
121	北京市金属粉末工程技术研究中心	有研粉末新材料股份有限公司
122	北京市水性聚合物合成与应用工程技术研究中心	北京化工大学
123	北京市纤维素及其衍生材料工程技术研究中心	北京理工大学
124	北京市市政路桥绿色建材工程技术研究中心	北京市政路桥建材集团有限公司
125	北京市纳米材料工程技术研究中心	国家纳米科学中心
126	北京市精密测控技术与仪器工程技术研究中心	北京工业大学
127	北京市工业控制系统工程技术研究中心	北京和利时系统工程有限公司
128	北京市变截面辊弯成形工程技术研究中心	北方工业大学
129	北京市铁路车辆安全检测工程技术研究中心	北京康拓红外技术股份有限公司
130	北京市物质成分分析仪器工程技术研究中心	北京北分瑞利分析仪器(集团)有限责任公司
131	北京市数字电视系统工程技术研究中心	北京数码视讯科技股份有限公司
132	北京市高效节能矿冶技术装备工程技术研究中心	北京矿冶科技集团有限公司
133	北京市轻纺机械机器视觉工程技术研究中心	北京经纬纺机新技术有限公司
134	北京市蛋白功能肽工程技术研究中心	中国食品发酵工业研究院有限公司
135	北京市农业物联网工程技术研究中心	北京农业信息技术研究中心、中国农业大学
136	北京市农村远程信息服务工程技术研究中心	北京市农林科学院

续表

序号	工程中心名称	依托单位
137	北京市植物工厂工程技术研究中心	北京京鹏环球科技股份有限公司
138	北京市园林植物工程技术研究中心	北京林大林业科技股份有限公司
139	北京市高速磁悬浮电机技术及应用工程技术研究中心	北京航空航天大学
140	北京市清洁热处理工程技术研究中心	北京机电研究所有限公司
141	北京市轨道交通电气工程技术研究中心	北京交通大学
142	北京市融合网络与泛在业务工程技术研究中心	北京科技大学
143	北京市混合现实与新型显示工程技术研究中心	北京理工大学
144	北京市无线医疗与健康工程技术研究中心	清华大学
145	北京市工业波谱成像工程技术研究中心	北京科技大学
146	北京市微振动环境控制工程技术研究中心	中国电子工程设计院有限公司
147	北京市自动化物流装备工程技术研究中心	北京起重运输机械设计研究院
148	北京市特异物质安全检测技术与装备工程技术研究中心	同方威视技术股份有限公司
149	北京市摩擦焊接工艺与装备工程技术研究中心	中国航空制造技术研究院
150	北京市数字航空遥感工程技术研究中心	北京天下图数据技术有限公司
151	北京市地理信息系统平台软件研发与应用工程技术研究中心	北京超图软件股份有限公司
152	北京市低空遥感数据处理工程技术研究中心	中测新图(北京)遥感技术有限责任公司
153	北京市平板显示工程技术研究中心	京东方科技集团股份有限公司
154	北京市虚拟仿真与可视化工程技术研究中心	北京大学
155	北京市低温多效热法海水淡化工程技术研究中心	中国电子工程设计院有限公司
156	北京市过程污染控制工程技术研究中心	中国科学院过程工程研究所
157	北京市环境岩土工程技术研究中心	北京市勘察设计研究院有限公司
158	北京市水处理环保材料工程技术研究中心	北京化工大学
159	北京市水土保持工程技术研究中心	北京林业大学
160	北京市高污染化工废水资源化工程技术研究中心	北京万邦达环保技术股份有限公司
161	北京市物联网应急平台工程技术研究中心	北京辰安科技股份有限公司
162	北京市核化安全工程技术研究中心	中国人民解放军军事科学院防化研究院
163	北京市轨道交通线路安全与防灾工程技术研究中心	北京交通大学
164	北京市轨道交通工程技术研究中心	北京市轨道交通设计研究院有限公司
165	北京市高层和大跨度预应力钢结构工程技术研究中心	北京工业大学
166	北京市食品环境与健康工程技术研究中心	中央民族大学
167	北京市小城镇污水处理与回用工程技术研究中心	北京桑德环境工程有限公司
168	北京市新能源汽车电机系统工程技术研究中心	精进电动科技股份有限公司
169	北京市生物燃料工程技术研究中心	清华大学
170	北京市燃气轮机用高温合金工程技术研究中心	北京钢研高纳科技股份有限公司
171	北京市先进钛合金精密成型工程技术研究中心	中国航发北京航空材料研究院
172	北京市空间电源变换与控制工程技术研究中心	北京卫星制造厂有限公司
173	北京市半导体微纳集成工程技术研究中心	中国科学院半导体研究所
174	北京市印刷电子工程技术研究中心	北京印刷学院

续表

序号	工程中心名称	依托单位
175	北京市低维碳材料工程技术研究中心	北京大学
176	北京市新能源车用动力电池系统集成工程技术研究中心	北京普莱德新能源电池科技有限公司
177	北京市交通与能源用特殊钢工程技术研究中心	北京科技大学设计研究院有限公司
178	北京市超硬材料制品工程技术研究中心	北京安泰钢研超硬材料制品有限责任公司
179	北京市先进弹性体工程技术研究中心	北京化工大学
180	北京市口腔材料工程技术研究中心	安泰科技股份有限公司
181	北京市能源用钢工程技术研究中心	首钢集团有限公司
182	北京市兽用多肽疫苗设计与制备工程技术研究中心	中牧实业股份有限公司
183	北京市作物分子育种工程技术研究中心	北京大北农科技集团股份有限公司
184	北京市系统营养工程技术研究中心	北京市营养源研究所
185	北京市畜禽健康养殖环境工程技术研究中心	中国农业大学
186	北京市食用菌工程技术研究中心	北京市农林科学院
187	北京市乡村景观规划设计工程技术研究中心	北京农学院
188	北京市食品添加剂工程技术研究中心	北京工商大学
189	北京市中兽药工程技术研究中心	北京生泰尔科技股份有限公司
190	北京市落叶果树工程技术研究中心	北京市农林科学院
191	北京市骨科植入医疗器械工程技术研究中心	中国人民解放军总医院第四医学中心
192	北京市纳米生物医学检测工程技术研究中心	国家纳米科学中心
193	北京市神经药物工程技术研究中心	北京市老年病医疗研究中心
194	北京市抗肿瘤新药创制工程技术研究中心	百济神州(北京)生物科技有限公司
195	北京市生物大分子药物转化工程技术研究中心	中国科学院生物物理研究所
196	北京市缓控释制剂工程技术研究中心	北京星昊医药股份有限公司
197	北京市中药配方颗粒工程技术研究中心	北京康仁堂药业有限公司
198	北京市手术与危重症系统工程技术研究中心	北京谊安医疗系统股份有限公司
199	北京市细菌性疫苗工程技术研究中心	北京智飞绿竹生物制药有限公司
200	北京市服装产业数字化工程技术研究中心	北京服装学院
201	北京市数字内容工程技术研究中心	中国科学院自动化研究所
202	北京市硅基高速片上系统工程技术研究中心	北京理工大学
203	北京市能源电力信息安全工程技术研究中心	华北电力大学
204	北京市电磁兼容与天线测试工程技术研究中心	北京空间飞行器总体设计部
205	北京市互动电视运营和服务工程技术研究中心	北京四达时代软件技术股份有限公司
206	北京市轨道交通电磁兼容与卫星导航工程技术研究中心	北京交通大学
207	北京市特种安保救援智能装备工程技术研究中心	北京机械设备研究所
208	北京市无人机应用系统工程技术研究中心	中国航天空气动力技术研究院
209	北京市无人机空管航电工程技术研究中心	中航航空电子有限公司
210	北京市数字化医疗 3D 打印工程技术研究中心	北京工业大学
211	北京市高效绿色数控加工工艺及装备工程技术研究中心	北京航空航天大学
212	北京市机器人伺服与控制系统工程技术研究中心	北京自动化控制设备研究所

续表

序号	工程中心名称	依托单位
213	北京市准分子激光工程技术研究中心	中国科学院光电研究院
214	北京市新能源汽车工程技术研究中心	北汽福田汽车股份有限公司
215	北京市高速铁路运行控制系统工程技术研究中心	北京全路通信信号研究设计院集团有限公司
216	北京市供水管网系统安全与节能工程技术研究中心	中国农业大学
217	北京市可持续城市排水系统构建与风险控制工程技术研究中心	北京建筑大学
218	北京市再生水水质安全保障工程技术研究中心	北控水务（中国）投资有限公司
219	北京市城市热管理工程技术研究中心	北京大学
220	北京市建筑高能效与城市生态工程技术研究中心	北京市建筑设计研究院有限公司
221	北京市建筑能源高效综合利用工程技术研究中心	北京建筑大学
222	北京市绿色建筑设计工程技术研究中心	中国建筑科学研究院有限公司
223	北京市现场物证检验工程技术研究中心	公安部物证鉴定中心
224	北京市地震观测工程技术研究中心	中国地震局地壳应力研究所
225	北京市冶金三维仿真设计工程技术研究中心	北京首钢国际工程技术有限公司
226	北京市信息化建筑设计与建造工程技术研究中心	北京市建筑设计研究院有限公司
227	北京市历史建筑保护工程技术研究中心	北京工业大学
228	北京市互动媒体艺术工程技术研究中心	北京理工大学
229	北京市第三代半导体材料及应用工程技术研究中心	中国科学院半导体研究所
230	北京市高纯金属溅射靶材工程技术研究中心	有研亿金新材料有限公司
231	北京市金属先进成形制造工程技术研究中心	北京有色金属研究总院
232	北京市多级结构催化材料工程技术研究中心	北京化工大学
233	北京市真空玻璃工程技术研究中心	北京新立基真空玻璃技术有限公司
234	北京市智能微电网控制工程技术研究中心	北京四方继保自动化股份有限公司
235	北京市农业功能微生物工程技术研究中心	保罗生物园科技股份有限公司
236	北京市盐碱及荒漠化地区生态修复与固碳工程技术研究中心	清华大学
237	北京市果树良种繁育工程技术研究中心	中国农业大学
238	北京市花卉园艺工程技术研究中心	北京市植物园
239	北京市食品安全免疫快速检测工程技术研究中心	北京勤邦生物技术有限公司
240	北京市生物医学分子检测工程技术研究中心	中国科学院生物物理研究所
241	北京市医用影像诊断装备工程技术研究中心	北京万东医疗科技股份有限公司
242	北京市基因测序与功能分析工程技术研究中心	北京市理化分析测试中心
243	北京市蛋白质药物工程技术研究中心	舒泰神（北京）生物制药股份有限公司
244	北京市新型联合疫苗工程技术研究中心	北京民海生物科技有限公司
245	北京市天地一体化信息安全工程技术研究中心	航天恒星科技有限公司
246	北京市电力高可靠性集成电路设计工程技术研究中心	北京智芯微电子科技有限公司
247	北京市卫星移动宽带通信工程技术研究中心	中国空间技术研究院
248	北京市智慧管网安全评价及运营监管工程技术研究中心	正元地理信息有限责任公司
249	北京市高效能及绿色宇航推进工程技术研究中心	北京控制工程研究所
250	北京市航天器焊接技术与装备工程技术研究中心	北京卫星制造厂有限公司

续表

序号	工程中心名称	依托单位
251	北京市空间水气净化与再生工程技术研究中心	北京机械设备研究所
252	北京市航天产品智能装配技术与装备工程技术研究中心	北京卫星环境工程研究所
253	北京市微电子刻蚀与薄膜工艺装备工程技术研究中心	北京北方华创微电子装备有限公司
254	北京市海洋声学装备工程技术研究中心	中国科学院声学研究所
255	北京市振动测试设备工程技术研究中心	北京强度环境研究所
256	北京市高速铁路宽带移动通信工程技术研究中心	北京交通大学
257	北京市轨道结构工程技术研究中心	北京城建设计发展集团股份有限公司
258	北京市流域环境生态修复与综合调控工程技术研究中心	北京师范大学
259	北京市钢与混凝土组合结构工程技术研究中心	清华大学
260	北京市供水水质工程技术研究中心	北京市自来水集团有限责任公司
261	北京市被动式低能耗建筑工程技术研究中心	北京建筑材料科学研究总院有限公司
262	北京市应急生存保障工程技术研究中心	军事科学院系统工程研究院军需工程技术研究所
263	北京市道路与市政管线地下病害工程技术研究中心	北京市勘察设计研究院有限公司
264	北京市地基基础与地下空间开发利用工程技术研究中心	建研地基基础工程有限责任公司
265	北京市智能机械创新设计服务工程技术研究中心	北京联合大学
266	北京市城市设计与城市复兴工程技术研究中心	北京市建筑设计研究院有限公司
267	北京市纺织纳米纤维工程技术研究中心	北京服装学院
268	北京市先进运载系统结构透明件工程技术研究中心	中国航发北京航空材料研究院
269	北京市页岩气勘探开发工程技术研究中心	神华地质勘查有限责任公司
270	北京市农业监测预警工程技术研究中心	中国农业科学院农业信息研究所
271	北京市粮油加工工程技术研究中心	中国农业机械化科学研究院
272	北京市畜禽生物制品工程技术研究中心	北京大北农科技集团股份有限公司
273	北京市植物组织培养工程技术研究中心	北京市海淀区植物组织培养技术实验室
274	北京市饲用微生态制剂工程技术研究中心	北京大伟嘉生物技术股份有限公司
275	北京市生鲜乳质量安全工程技术研究中心	中国农业大学
276	北京市 3D 打印骨科应用工程技术研究中心	北京爱康宜诚医疗器材有限公司
277	北京市呼吸疾病药物工程技术研究中心	扬子江药业集团北京海燕药业有限公司
278	北京市神经系统 3D 打印临床医学转化工程技术研究中心	首都医科大学附属北京天坛医院
279	北京市神经介入工程技术研究中心	首都医科大学附属北京天坛医院
280	北京市面向智能网联汽车的 5G 传输工程技术研究中心	普天信息技术有限公司
281	北京市电子证照公共服务平台工程技术研究中心	方正国际软件(北京)有限公司
282	北京市云计算节能工程技术研究中心	曙光信息产业(北京)有限公司
283	北京市民航大数据工程技术研究中心	中国民航信息网络股份有限公司
284	北京市网络空间数据分析与应用工程技术研究中心	北京锐安科技有限公司
285	北京市涉密信息载体安全管理工程技术研究中心	北京京航计算通讯研究所
286	北京市航空发动机先进焊接工程技术研究中心	中国航发北京航空材料研究院
287	北京市航天试验技术与装备工程技术研究中心	北京航天试验技术研究所
288	北京市陆表遥感数据产品工程技术研究中心	北京师范大学

续表

序号	工程中心名称	依托单位
289	北京市航空智能遥感装备工程技术研究中心	北京空间机电研究所
290	北京市微电子制备仪器设备工程技术研究中心	中国科学院微电子研究所
291	北京市平板显示视觉检测智能装备工程技术研究中心	北京兆维电子(集团)有限责任公司
292	北京市直流输配电工程技术研究中心	中电普瑞电力工程有限公司
293	北京市邮政智能装备工程技术研究中心	邮政科学研究规划院
294	北京市海洋深部钻探测量工程技术研究中心	中国科学院声学研究所
295	北京市化学机械平坦化工艺设备工程技术研究中心	中国电子科技集团公司第四十五研究所
296	北京市智能网联驾驶测试与评价工程技术研究中心	工业和信息化部计算机与微电子发展研究中心(中国软件评测中心)
297	北京市功率型动力电池工程技术研究中心	中信国安盟固利动力科技有限公司
298	北京市氢燃料电池发动机工程技术研究中心	北京亿华通科技股份有限公司
299	北京市既有建筑改造工程技术研究中心	中国建筑技术集团有限公司
300	北京市工业污染场地土壤修复工程技术研究中心	首钢环境产业有限公司
301	北京市城市桥梁安全保障工程技术研究中心	北京市市政工程设计研究总院有限公司
302	北京市工业挥发性有机污染物检测工程技术研究中心	谱尼测试集团股份有限公司
303	北京市真空计量检测工程技术研究中心	北京东方计量测试研究所
304	北京市民航安全分析及预防工程技术研究中心	中国民航科学技术研究院
305	北京市石墨烯及应用工程技术研究中心	中国航发北京航空材料研究院
306	北京市核电先进堆型焊接与检测工程技术研究中心	中国核工业二三建设有限公司
307	北京市功能花卉工程技术研究中心	北京农业生物技术研究中心
308	北京市智能精量播种工程技术研究中心	北京德邦大为科技股份有限公司
309	北京市畜产品质量安全源头控制工程技术研究中心	中粮营养健康研究院有限公司
310	北京市水溶性高分子凝胶贴膏剂工程技术研究中心	北京泰德制药股份有限公司
311	北京市人类重大疾病实验动物模型工程技术研究中心	中国医学科学院医学实验动物研究所
312	北京市肝炎与肝癌精准医疗及转化工程技术研究中心	北京市肝病研究所

注:资料来源为北京市科学技术委员会。

2019年北京市企业科技研究开发机构一览表

序号	机构认定号	机构名称	序号	机构认定号	机构名称
1	1003	富士通研究开发中心有限公司	6	4015	北京理正软件股份有限公司
2	1008	威盛电子(中国)有限公司	7	2014	中国食品发酵工业研究院有限公司
3	4010	北京市粮食科学研究院	8	4018	北京同仁堂股份有限公司科学研究所
4	2011	中冶建筑研究总院有限公司	9	1018	北京迈劲医药科技有限公司
5	2012	建研科技股份有限公司	10	4086	北京华东电气股份有限公司技术研究中心

续表

序号	机构认定号	机构名称	序号	机构认定号	机构名称
11	3010	北京长城华冠汽车技术开发有限公司	41	4089	北京振东光明药物研究院有限公司
12	2021	中国纺织科学研究院研究开发中心	42	4090	简式国际汽车设计(北京)有限公司
13	1033	北京沙东生物技术有限公司	43	4091	北京诺思兰德生物技术股份有限公司
14	4028	北京康辰药业股份有限公司药物研究院	44	1049	阿尔特汽车技术股份有限公司
15	4029	北京中研同仁堂医药研发有限公司	45	2032	北京国科世纪激光技术有限公司
16	4033	北京自动测试技术研究所	46	4093	北京福瑞康正医药技术研究所
17	4036	中国医药研究开发中心有限公司	47	3016	北京亨通斯博通讯科技有限公司光电技术研发中心
18	3001	华为技术有限公司北京研究所	48	1051	博尔诚(北京)科技有限公司
19	4041	北京英纳超导技术有限公司	49	1052	康龙化成(北京)新药技术有限公司
20	4043	北京昭衍新药研究中心股份有限公司	50	4097	北京汽车研究总院有限公司
21	4046	北京建筑材料科学研究总院有限公司	51	2036	北京龙源冷却技术有限公司空冷技术研究分公司
22	1038	北京三星通信技术研究有限公司	52	4101	北京利达华信电子有限公司技术研发中心
23	4057	浦华环保股份有限公司北京浦华环境技术研究院	53	1054	北京东港嘉华安全信息技术有限公司研发中心
24	4061	北京建筑技术发展有限责任公司	54	4105	北京利德曼生化股份有限公司研发中心
25	4063	北京龙科方舟生物工程技术有限公司	55	4107	北京悦康科创医药科技股份有限公司
26	4065	升华电梯有限公司北京技术研究所	56	4111	北京爱尔达电子设备有限公司
27	2024	中广核研究院有限公司北京分公司	57	4118	北京久其软件股份有限公司研发中心
28	1039	保诺科技(北京)有限公司	58	3021	中广核(北京)仿真技术有限公司
29	1041	罗森伯格亚太电子有限公司北京科技研发中心	59	4121	北京嘉林药业股份有限公司医药生物技术研究所
30	4067	北京信得威特科技有限公司生物技术研究院	60	1060	新浪网技术(中国)有限公司
31	2025	北京机科国创轻量化科学研究院有限公司	61	4125	北京京鹏环宇畜牧科技股份有限公司海淀技术研发分公司
32	2026	北京矿冶科技集团有限公司	62	2043	北京交科公路勘察设计研究院有限公司
33	1042	北京诺和诺德医药科技有限公司	63	2045	北京大地高科地质勘查有限公司
34	2029	中国建筑科学研究院有限公司	64	4131	北京首航艾启威节能技术股份有限公司空冷技术研究所
35	2030	中铁第五勘察设计院集团有限公司北京技术中心	65	4132	北京大北农科技集团股份有限公司
36	1063	诺兰特移动通信配件(北京)有限公司研发中心	66	2058	北京天科合达半导体股份有限公司
37	4084	北京万集科技股份有限公司智能交通技术研发中心	67	4136	北京世纪迈劲生物科技有限公司
38	3015	北京创立科创医药技术开发有限公司	68	4144	北京世桥生物制药有限公司技术研发中心
39	4085	北京协和建昊医药技术开发有限责任公司	69	4147	北京海步医药科技股份有限公司
40	4087	北京三元食品股份有限公司科研开发中心	70	2048	北京国富安电子商务安全认证有限公司

续表

序号	机构认定号	机构名称	序号	机构认定号	机构名称
71	4155	北京奥凯立科技发展股份有限公司	101	4206	北京东润环能科技股份有限公司
72	1064	北京韩美药品有限公司医药研发中心	102	4210	北京海莱特科技有限公司
73	4158	北京阜康仁生物制药科技有限公司	103	4213	北京三盈联合石油技术有限公司能源设备研发分公司
74	4162	北京市燃气集团研究院	104	1046	北京现代汽车有限公司技术中心
75	1069	北京通美晶体技术有限公司技术研发中心	105	2061	北京中纺化工股份有限公司研发中心
76	4169	北京四环生物制药有限公司新药研发中心	106	2063	亚太建设科技信息研究院有限公司
77	1073	北京热力装备制造有限公司研发中心	107	4230	北京生泰尔科技股份有限公司生物科技研究院
78	1076	北京迈康斯德医药技术有限公司	108	4231	盎亿泰地质微生物技术(北京)有限公司
79	4174	北京博大光通物联科技股份有限公司	109	4232	北京利尔高温材料股份有限公司新材料研究院
80	4175	北京盈科瑞创新医药股份有限公司	110	1087	高拓讯达(北京)科技有限公司
81	4176	北京赛升药业股份有限公司研发中心	111	1088	亿览在线网络技术(北京)有限公司
82	4179	北京智飞绿竹生物制药有限公司研发中心	112	4238	北京万泰生物药业股份有限公司研发中心
83	2052	北京中企卓创科技发展有限公司	113	4242	北京爱康宜诚医疗器材有限公司研发中心
84	2053	北京中海生物科技有限公司	114	4246	大道隆达(北京)医药科技发展有限公司
85	4180	北京市勘察设计研究院有限公司	115	1090	北京燕化永乐生物科技股份有限公司植保技术分公司
86	1078	易安信信息技术研发(北京)有限公司	116	4247	北京直真科技股份有限公司
87	2056	中国城市建设研究院有限公司	117	4248	北京知蜂堂健康科技股份有限公司保健食品研发中心
88	4182	北京勤邦生物技术有限公司	118	4250	中信国安盟固利动力科技有限公司新能源技术研究院
89	3027	北京国海能源技术研究院	119	4249	爱博诺德(北京)医疗科技股份有限公司
90	2055	中冶京诚工程技术有限公司技术研究院	120	1091	默沙东研发(中国)有限公司
91	4184	北京英沣特能源技术有限公司	121	3032	宜邦国创药物研究院(北京)有限公司
92	2040	北京正旦国际科技有限责任公司	122	4254	北京像素软件科技股份有限公司
93	4189	北京金科龙石油技术开发有限公司	123	4255	北京东土科技股份有限公司
94	4190	北京东华原医疗设备有限责任公司新技术研发分公司	124	2069	北京协和制药二厂药学研究中心
95	4191	川北真空科技(北京)有限公司	125	4256	北京天广实生物技术股份有限公司
96	1079	北京乐威泰克医药技术有限公司	126	1093	珐博进(中国)医药技术开发有限公司
97	4199	北京索英电气技术有限公司	127	4257	北京恩成康泰生物科技有限公司
98	3028	北京华大蛋白质研发中心有限公司	128	4269	北京星原丰泰电子技术股份有限公司
99	4215	北京安泰伟奥信息技术有限公司	129	4270	北京德威特电气科技股份有限公司
100	4204	北京眼神智能科技有限公司	130	4271	北京市天元网络技术股份有限公司工程技术研究中心

续表

序号	机构认定号	机构名称	序号	机构认定号	机构名称
131	4272	北京嘉永会通能源科技有限公司	162	4310	北京华如科技股份有限公司
132	4273	北京诺康达医药科技股份有限公司	163	4311	中云智慧(北京)科技有限公司
133	4274	北京长城华冠汽车科技股份有限公司	164	4313	北京博奥晶典生物技术有限公司
134	3034	北京中卓时代消防装备科技有限公司研发中心	165	4315	万瑞(北京)科技有限公司
135	2072	中钞信用卡产业发展有限公司北京智能卡技术研究院	166	4318	拜西欧斯(北京)生物技术有限公司
136	4016	安泰科技股份有限公司北京新材料技术中心	167	2081	北京华业阳光新能源有限公司科技研发中心
137	4282	千方捷通科技股份有限公司北京工程技术研究中心	168	2080	中生北控生物科技股份有限公司体外诊断技术研发中心
138	4277	恒安嘉新(北京)科技股份公司	169	4321	百世诺(北京)医疗科技有限公司
139	2074	中咨泰克交通工程集团有限公司	170	4323	北京依生兴业科技有限公司
140	4278	北京首佳利华科技有限公司	171	4324	北京泛生子基因科技有限公司
141	4279	北京数字智通科技有限公司	172	4326	中农绿康(北京)生物技术有限公司
142	4280	北京博恩特药业有限公司研发中心	173	4327	北京阳光诺和药物研究有限公司
143	1094	戴姆勒大中华区投资有限公司	174	4328	大恒新纪元科技股份有限公司北京光电技术研究所
144	4284	北京旋极信息技术股份有限公司	175	2083	北京航天斯达科技有限公司
145	4285	北京泰科诺科技有限公司	176	4335	富思特新材料科技发展股份有限公司北京科技中心
146	4286	北京集奥聚合科技有限公司	177	4338	北京中农弘科生物技术有限公司
147	4287	北京合力电气传动控制技术有限责任公司	178	4345	仟亿达集团股份有限公司
148	4288	北京和利时智能技术有限公司	179	4346	北京茗泽中和药物研究有限公司
149	2076	中工沃特尔水技术股份有限公司	180	4347	京源中科科技股份有限公司
150	4289	北京农信通科技有限责任公司	181	4348	帜扬信通科技股份有限公司
151	4290	北京必可测科技股份有限公司	182	4349	北京卓越信通电子股份有限公司
152	2077	北京中电科电子装备有限公司	183	4350	北京百分点信息科技有限公司
153	4292	北京鸿讯基业通信设备检测有限公司	184	4351	北京修正创新药物研究院有限公司
154	4293	东泰高科装备科技有限公司	185	4352	国能日新科技股份有限公司
155	3035	弘业新创抗体技术股份有限公司	186	4353	北京道亨时代科技有限公司
156	4295	北京中科汉天下电子技术有限公司	187	4354	中海阳能源集团股份有限公司北京太阳能技术研究所
157	4296	北京中农劲腾生物技术股份有限公司	188	4355	北京怡和嘉业医疗科技股份有限公司科技分公司
158	4298	北京百奥赛图基因生物技术有限公司	189	4356	久盈世纪(北京)科技有限公司
159	4300	北京康斯特仪表科技股份有限公司检测技术研究院分公司	190	4357	北京优炫软件股份有限公司
160	4303	北京中石正旗技术有限公司	191	4358	北京英惠尔生物技术有限公司生物技术研究院
161	4307	北京康立生医药技术开发有限公司	192	4359	北京赛特斯信息科技股份有限公司

续表

序号	机构认定号	机构名称	序号	机构认定号	机构名称
193	1097	北京新光凯乐汽车冷成型件股份有限公司	229	4392	北京航天恒丰科技股份有限公司
194	4360	北京品驰医疗设备有限公司	230	4393	北京维通利电气有限公司
195	4361	北京华力兴科技发展有限责任公司	231	4394	北京北元电器有限公司
196	4362	中金金融认证中心有限公司	232	1099	北京永源热泵有限责任公司
197	4363	万达文化旅游规划研究院有限公司	233	4395	北京航天奥祥通风科技股份有限公司
198	4364	北京中科同向信息技术有限公司	234	4396	北京索普尼科技有限公司
199	4365	北京海纳川汽车部件股份有限公司技术中心	235	1100	甘李药业股份有限公司
200	4366	北京哈三联科技有限责任公司	236	4397	北京宏瑞汽车科技股份有限公司
201	4367	北京国能电池科技有限公司	237	1101	亚萨合莱天明(北京)门业有限公司
202	2086	中科星图股份有限公司	238	4398	北京新晨办公设备有限公司
203	4368	龙脉医疗器械(北京)有限公司	239	4399	北京航天宏图信息技术股份有限公司
204	4369	银谷制药有限责任公司	240	4400	北京凯达恒业农业技术开发有限公司技术开发中心
205	4370	北京睿创康泰医药研究院有限公司	241	4401	北京沃邦医药科技有限公司
206	4371	中农华威制药股份有限公司	242	4402	北京利达恒信科技发展有限公司
207	4372	北京康普森生物技术有限公司	243	2088	北京尚易德科技有限公司
208	2087	中船重工远舟(北京)科技有限公司	244	4403	北京盛磁科技有限公司
209	4373	北京绿竹生物技术股份有限公司	245	4404	国电康能科技股份有限公司
210	4374	北京嘉洁能科技股份有限公司	246	4405	北京优迅医学检验实验室有限公司
211	4375	北京旌准医疗科技有限公司	247	4406	艾吉泰康生物科技(北京)有限公司
212	1098	北京银河巴马生物技术股份有限公司	248	4407	蓝箭航天空间科技股份有限公司
213	4376	北京博辉瑞进生物科技有限公司	249	4408	北京擎科新业生物技术有限公司
214	4377	北京澳特舒尔保健品开发有限公司	250	2089	北京银联金卡科技有限公司
215	4378	燕开电气股份有限公司	251	4409	北京威力格生物科技有限公司
216	4379	北京中科纳泰生物科技有限公司	252	4410	北京义翘神州科技有限公司
217	4380	北京蓝贝望生物医药科技股份有限公司	253	4411	北京帝测科技股份有限公司
218	4381	北京天工异彩影视科技有限公司	254	4412	北京中超伟业信息安全技术股份有限公司
219	4382	北京捷泰天域信息技术有限公司	255	4413	北京博康健基因科技有限公司
220	4383	北京市富乐科技开发有限公司	256	4414	北京智康博药肿瘤医学研究有限公司
221	4384	北京康爱瑞浩生物科技股份有限公司	257	4415	军科正源(北京)药物研究有限责任公司
222	4385	北京和缓医疗科技有限公司	258	4416	北京锋锐新源电驱动科技有限公司
223	4386	北京光华荣昌汽车部件有限公司	259	4417	北京海洋兴业科技股份有限公司
224	4387	北京智行者科技有限公司	260	4418	北京灵翠医疗科技有限公司
225	4388	鸿鑫互联科技(北京)股份有限公司	261	4419	北京北汽模塑科技有限公司
226	4389	北京雅士科莱恩石油化工有限公司	262	4420	碳能科技(北京)有限公司
227	4390	李宁(中国)体育用品有限公司技术中心	263	4421	北京鑫开元医药科技有限公司
228	4391	北京燕华工程建设有限公司技术研发中心	264	2090	北京玻钢院复合材料有限公司

续表

序号	机构认定号	机构名称	序号	机构认定号	机构名称
265	4422	亿海蓝(北京)数据技术股份公司	300	4454	北京中环膜材料科技有限公司
266	4423	北京凌天世纪控股股份有限公司	301	4455	北京杰利阳能源设备制造有限公司
267	4424	北京慧荣和科技有限公司	302	4459	北京高盟新材料股份有限公司技术研发中心
268	4425	北京英贝思科技有限公司	303	4456	视联动力信息技术股份有限公司
269	4426	北京荣创岩土工程股份有限公司	304	4457	北京金隅琉水环保科技有限公司
270	4427	北京振冲工程机械有限公司	305	4458	北京凯德石英股份有限公司
271	4428	北京银丰鼎诚生物工程技术有限公司	306	4460	北京海天瑞声科技股份有限公司
272	4429	新博卓畅技术(北京)有限公司	307	4461	北京佰才邦技术有限公司
273	4430	北京豪思生物科技有限公司	308	4462	中电投工程研究检测评定中心有限公司
274	4431	九次方大数据信息集团有限公司	309	4463	北京金朋达航空科技有限公司
275	4432	北京大清生物技术股份有限公司生物技术研发中心	310	4464	达闼科技(北京)有限公司
276	4433	北京九州一轨隔振技术有限公司	311	4465	三角兽(北京)科技有限公司
277	4434	北京普惠三航科技有限公司	312	4466	北京盛威时代科技有限公司
278	4435	北京燕化集联光电技术有限公司	313	1103	海纳医信(北京)软件科技有限责任公司
279	4436	北京德麦特捷康科技发展有限公司	314	4467	航天数维高新技术股份有限公司
280	4437	北京澳合药物研究院有限公司	315	4468	北京京仪自动化装备技术有限公司
281	4438	北京北达智汇微构分析测试中心有限公司	316	4469	北京亚控科技发展有限公司
282	4439	北京知道创宇信息技术股份有限公司	317	1104	北京诺诚健华医药科技有限公司
283	1102	欧蒙医学诊断(中国)有限公司技术研发中心	318	4470	航天中认软件测评科技(北京)有限责任公司
284	2091	北京电信规划设计院有限公司	319	4471	美丽国土(北京)生态环境工程技术研究院有限公司
285	4440	博易智软(北京)技术有限公司	320	4472	北京江河幕墙系统工程有限公司科技分公司
286	4441	北京旭阳科技有限公司	321	4473	北京康思润业生物技术有限公司
287	4442	北京安码科技有限公司	322	4474	北京凯昆广胜新能源电器有限公司
288	2092	国家电投集团科学技术研究院有限公司	323	2093	北京科化新材料科技有限公司
289	4443	华夏龙晖(北京)汽车电子科技股份有限公司	324	4475	北交联合云计算股份有限公司
290	4444	北京哈特凯尔医疗科技有限公司	325	4476	北京希望组生物科技有限公司
291	4445	北京五隆兴科技发展有限公司	326	4477	博雅缉因(北京)生物科技有限公司
292	4446	北京聚龙科技发展有限公司	327	4478	北京志道生物科技有限公司
293	4447	北京九章云极科技有限公司	328	4479	北京惠中医疗器械有限公司
294	4448	北京苏试创博环境可靠性技术有限公司	329	4480	北京博华信智科技股份有限公司
295	4449	北京星箭长空测控技术股份有限公司	330	4481	电王精密电器(北京)有限公司
296	4450	北京科荣达航空科技股份有限公司	331	4482	健康力(北京)医疗科技有限公司
297	4451	北京泓慧国际能源技术发展有限公司	332	4483	国创智能设备制造股份有限公司
298	4452	北京自如信息科技有限公司	333	4484	中玉金标记(北京)生物技术股份有限公司
299	4453	北京市京海换热设备制造有限责任公司	334	4485	北京诚济制药股份有限公司技术中心

续表

序号	机构认定号	机构名称	序号	机构认定号	机构名称
335	1105	飞猫影视技术(北京)有限公司	347	4495	北京飞燕石化环保科技发展有限公司
336	4486	北京国电电科院检测科技有限公司	348	4496	北京力达康科技有限公司
337	4487	北京善为正子医药技术有限公司	349	4497	北京卓镭激光技术有限公司
338	4488	北京首量科技股份有限公司	350	4498	北京康吉森技术有限公司
339	4489	北京新领先医药科技发展有限公司	351	4499	北京华泰诺安探测技术有限公司
340	1106	北京北汽大世汽车系统有限公司	352	4500	北京东方昊为工业装备有限公司
341	4490	北京秋实胶原肠衣有限公司	353	4501	优美特(北京)环境材料科技股份公司
342	4491	北京新安特风机有限公司	354	1108	当家移动绿色互联网技术集团有限公司
343	4492	北京大凤太好环保工程有限公司	355	4502	北京捷通华声科技股份有限公司
344	4493	北京京仪北方仪器仪表有限公司	356	4503	北京睿至大数据有限公司
345	4494	北京埃索特核电子机械有限公司	357	4504	时趣互动(北京)科技有限公司
346	1107	北京燕山威立雅水务有限责任公司			

注:资料来源为北京市科学技术委员会。

2019年北京市国家级、市级大学科技园一览表

序号	科技园名称	科技园级别	
1	华北电力大学国家大学科技园	国家级大学科技园	北京市级大学科技园
2	中国人民大学国家大学科技园	国家级大学科技园	北京市级大学科技园
3	北师大—北中医国家大学科技园	国家级大学科技园	北京市级大学科技园
4	中国矿业大学(北京)国家大学科技园	国家级大学科技园	北京市级大学科技园
5	清华大学国家大学科技园	国家级大学科技园	北京市级大学科技园
6	北京大学国家大学科技园	国家级大学科技园	北京市级大学科技园
7	北京航空航天大学国家大学科技园	国家级大学科技园	北京市级大学科技园
8	北京理工大学国家大学科技园	国家级大学科技园	北京市级大学科技园
9	北京邮电大学国家大学科技园	国家级大学科技园	北京市级大学科技园
10	北京科技大学国家大学科技园	国家级大学科技园	北京市级大学科技园
11	北京工业大学国家大学科技园	国家级大学科技园	北京市级大学科技园
12	北京交通大学国家大学科技园	国家级大学科技园	北京市级大学科技园
13	北京林业大学国家大学科技园	国家级大学科技园	北京市级大学科技园
14	中国农业大学国家大学科技园	国家级大学科技园	北京市级大学科技园
15	北京化工大学国家大学科技园	国家级大学科技园	北京市级大学科技园
16	中国传媒大学科技园		北京市级大学科技园
17	北京印刷学院大学科技园		北京市级大学科技园
18	北京农学院大学科技园		北京市级大学科技园

续表

序号	科技园名称	科技园级别	
19	北京物资学院大学科技园		北京市级大学科技园
20	中国石油大学(北京)科技园		北京市级大学科技园
21	中央财经大学科技园		北京市级大学科技园
22	北京联合大学科技园		北京市级大学科技园
23	北京信息科技大学科技园		北京市级大学科技园
24	中国政法大学科技园		北京市级大学科技园
25	北京建筑大学科技园		北京市级大学科技园
26	首都师范大学科技园		北京市级大学科技园
27	首都医科大学科技园		北京市级大学科技园
28	北京电影学院科技园		北京市级大学科技园
29	北京服装学院科技园		北京市级大学科技园

注:资料来源为北京市科学技术委员会。

2019年北京市国家级、市级科技企业孵化器一览表

序号	孵化器运营主体名称	国家级	市级	所在区
1	北京高技术创业服务中心有限公司	国家级孵化器	北京市级孵化器	朝阳区
2	中关村科技园区丰台园科技创业服务中心	国家级孵化器	北京市级孵化器	丰台区
3	中关村科技园区海淀园创业服务中心	国家级孵化器	北京市级孵化器	海淀区
4	北京望京科技孵化服务有限公司	国家级孵化器	北京市级孵化器	朝阳区
5	北京北航天汇科技孵化器有限公司	国家级孵化器	北京市级孵化器	海淀区
6	北京启迪创业孵化器有限公司	国家级孵化器	北京市级孵化器	海淀区
7	北京科大方兴科技孵化器有限责任公司	国家级孵化器	北京市级孵化器	海淀区
8	北京中关村国际孵化器有限公司	国家级孵化器	北京市级孵化器	海淀区
9	北京赛欧科园科技孵化中心有限公司	国家级孵化器	北京市级孵化器	丰台区
10	北京奥宇科技企业孵化器有限责任公司	国家级孵化器	北京市级孵化器	大兴区
11	北京中关村软件园孵化服务有限公司	国家级孵化器	北京市级孵化器	海淀区
12	北京康华伟业孵化器有限责任公司	国家级孵化器	北京市级孵化器	西城区
13	汇龙森国际企业孵化(北京)有限公司	国家级孵化器	北京市级孵化器	经济技术开发区
14	北京普天德胜科技孵化器有限公司	国家级孵化器	北京市级孵化器	西城区
15	北京华海基业科技孵化器有限公司	国家级孵化器	北京市级孵化器	石景山区
16	北京九州通科技孵化器有限公司	国家级孵化器	北京市级孵化器	丰台区
17	北京博奥联创科技孵化器有限公司	国家级孵化器	北京市级孵化器	昌平区
18	北京汉潮大成科技孵化器有限公司	国家级孵化器	北京市级孵化器	东城区
19	北京中关村上地生物科技发展有限公司	国家级孵化器	北京市级孵化器	海淀区
20	北京理工创新高科技孵化器有限公司	国家级孵化器	北京市级孵化器	海淀区

续表

序号	孵化器运营主体名称	国家级	市级	所在区
21	北京中关村生命科学园生物医药科技孵化有限公司	国家级孵化器	北京市级孵化器	海淀区
22	北京京仪科技孵化器有限公司	国家级孵化器	北京市级孵化器	海淀区
23	汇龙森欧洲科技(北京)有限公司	国家级孵化器	北京市级孵化器	经济技术开发区
24	北京瀚海润泽科技孵化器有限公司	国家级孵化器	北京市级孵化器	丰台区
25	北京瀚海博智科技孵化器有限公司	国家级孵化器	北京市级孵化器	朝阳区
26	北京北达燕园科技孵化器有限公司	国家级孵化器	北京市级孵化器	海淀区
27	北京牡丹科技孵化器有限公司	国家级孵化器	北京市级孵化器	海淀区
28	北京亦庄国际生物医药投资管理有限公司	国家级孵化器	北京市级孵化器	经济技术开发区
29	创新工场(北京)企业管理股份有限公司	国家级孵化器	北京市级孵化器	海淀区
30	北京人大文化科技企业孵化器有限公司	国家级孵化器	北京市级孵化器	海淀区
31	北京厚德科创科技孵化器有限公司	国家级孵化器	北京市级孵化器	海淀区
32	北京交大科技孵化器有限公司	国家级孵化器	北京市级孵化器	海淀区
33	北京华商置业有限公司	国家级孵化器	北京市级孵化器	大兴区
34	北京牡丹创新科技孵化器有限公司	国家级孵化器	北京市级孵化器	朝阳区
35	北京嘉捷美锦科技发展有限公司	国家级孵化器	北京市级孵化器	经济技术开发区
36	北京北控高科技孵化器有限公司	国家级孵化器	北京市级孵化器	昌平区
37	贝壳菁汇科技集团有限公司	国家级孵化器		丰台区
38	锋创科技发展(北京)有限公司	国家级孵化器		经济技术开发区
39	北京斯坦福科技孵化器有限公司	国家级孵化器		丰台区
40	北京北电科林电子有限公司	国家级孵化器		东城区
41	北京普天电子城科技孵化器有限公司	国家级孵化器		朝阳区
42	北京中关村京蒙高科企业孵化器有限责任公司	国家级孵化器		海淀区
43	北京宏福科技孵化器股份有限公司	国家级孵化器		昌平区
44	北京东升科技企业加速器有限公司	国家级孵化器		海淀区
45	北京乐邦乐成创业投资管理有限公司	国家级孵化器		昌平区
46	博雅燕园科技企业孵化(北京)有限公司	国家级孵化器		海淀区
47	北京东方嘉诚文化产业发展有限公司	国家级孵化器		东城区
48	北京创业公社投资发展有限公司	国家级孵化器		石景山区
49	中关村意谷(北京)科技服务有限公司	国家级孵化器		海淀区
50	大唐创新港投资(北京)有限公司	国家级孵化器		海淀区
51	北京赢家伟业科技孵化器股份有限公司	国家级孵化器		海淀区
52	北京东创空间文化产业发展有限公司	国家级孵化器		东城区
53	北京京辰瑞达科技孵化中心	国家级孵化器		丰台区
54	北京华电天德科技园有限公司	国家级孵化器		昌平区
55	北京国投尚科信息技术有限公司	国家级孵化器		朝阳区
56	北大医疗产业园科技有限公司	国家级孵化器		昌平区
57	北京正开科技有限公司	国家级孵化器		大兴区
58	北京禾芫科技孵化器有限公司	国家级孵化器		昌平区

续表

序号	孵化器运营主体名称	国家级	市级	所在区
59	北京京仪融科科技孵化器有限公司	国家级孵化器		西城区
60	京卫惟科生物科技孵化(北京)有限公司	国家级孵化器		丰台区
61	北京搜宝创展科技孵化器有限责任公司	国家级孵化器		丰台区
62	北京高创天成国际企业孵化器有限公司		北京市级孵化器	朝阳区
63	北京首特科技孵化器有限责任公司		北京市级孵化器	石景山区
64	首创中传(北京)文化传媒发展有限公司		北京市级孵化器	朝阳区
65	北京信创宇轩科技孵化器有限公司		北京市级孵化器	昌平区
66	北京市丰台区科技开发中心		北京市级孵化器	丰台区
67	北京机械工业自动化研究所有限公司		北京市级孵化器	西城区
68	北京北大医疗创新谷科技有限公司		北京市级孵化器	昌平区
69	北京燕科科技孵化器有限公司		北京市级孵化器	昌平区
70	北京好景象科技发展有限公司		北京市级孵化器	大兴区
71	北京远景同创物业管理有限公司		北京市级孵化器	海淀区
72	北京趣酷科技有限公司		北京市级孵化器	石景山区
73	北京人大文化科技园建设发展有限公司		北京市级孵化器	海淀区
74	北京师大科技园科技发展有限责任公司		北京市级孵化器	海淀区
75	北京矿大科技园发展有限公司		北京市级孵化器	海淀区
76	北京中海创意动漫游戏科技孵化器有限公司		北京市级孵化器	海淀区

注:资料来源为北京市科学技术委员会。

2019年北京市国家级、市级众创空间一览表

序号	运营管理主体	备案性质	
1	中关村科技园区丰台园科技创业服务中心	国家级众创空间	北京市级众创空间
2	北京赛欧科园科技孵化中心有限公司	国家级众创空间	北京市级众创空间
3	北京奥宇科技企业孵化器有限责任公司	国家级众创空间	北京市级众创空间
4	北京中关村软件园孵化服务有限公司	国家级众创空间	北京市级众创空间
5	北京普天德胜科技孵化器有限公司	国家级众创空间	北京市级众创空间
6	北京理工创新高科技孵化器有限公司	国家级众创空间	北京市级众创空间
7	北京京仪科技孵化器有限公司	国家级众创空间	北京市级众创空间
8	北京瀚海博智科技孵化器有限公司	国家级众创空间	北京市级众创空间
9	北京北达燕园科技孵化器有限公司	国家级众创空间	北京市级众创空间
10	北京人大文化科技企业孵化器有限公司	国家级众创空间	北京市级众创空间
11	北京厚德科创科技孵化器有限公司	国家级众创空间	北京市级众创空间
12	北京华商置业有限公司	国家级众创空间	北京市级众创空间

续表

序号	运营管理主体	备案性质	
13	北京宏福科技孵化器股份有限公司	国家级众创空间	北京市级众创空间
14	北京东方嘉诚文化产业发展有限公司	国家级众创空间	北京市级众创空间
15	北京创业公社投资发展有限公司	国家级众创空间	北京市级众创空间
16	中关村意谷(北京)科技服务有限公司	国家级众创空间	北京市级众创空间
17	大唐创新港投资(北京)有限公司	国家级众创空间	北京市级众创空间
18	北京赢家伟业科技孵化器股份有限公司	国家级众创空间	北京市级众创空间
19	北京国投尚科信息技术有限公司	国家级众创空间	北京市级众创空间
20	贝壳菁汇科技集团有限公司	国家级众创空间	北京市级众创空间
21	锋创科技发展(北京)有限公司	国家级众创空间	北京市级众创空间
22	北京斯坦福科技孵化器有限公司	国家级众创空间	北京市级众创空间
23	北京普天电子城科技孵化器有限公司	国家级众创空间	北京市级众创空间
24	北大医疗产业园科技有限公司	国家级众创空间	北京市级众创空间
25	北京趣酷科技有限公司	国家级众创空间	北京市级众创空间
26	北京北航科技园有限公司	国家级众创空间	北京市级众创空间
27	中财大科技园(北京)有限公司	国家级众创空间	北京市级众创空间
28	北京科聚思网络科技有限公司	国家级众创空间	北京市级众创空间
29	纳什空间创业科技(北京)有限公司	国家级众创空间	北京市级众创空间
30	北京迪希工业设计创意开发有限公司	国家级众创空间	北京市级众创空间
31	中文发集团文化有限公司	国家级众创空间	北京市级众创空间
32	北京市文化创新工场投资管理有限公司	国家级众创空间	北京市级众创空间
33	洪泰创新空间(北京)创业投资有限公司	国家级众创空间	北京市级众创空间
34	北京极地加科技有限公司	国家级众创空间	北京市级众创空间
35	北京四方共创生产力促进有限公司	国家级众创空间	北京市级众创空间
36	北京北服时尚投资管理有限公司	国家级众创空间	北京市级众创空间
37	北京果壳互动科技传媒有限公司	国家级众创空间	北京市级众创空间
38	首邦(北京)资产运营有限公司	国家级众创空间	北京市级众创空间
39	创业邦(北京)传媒文化有限公司	国家级众创空间	北京市级众创空间
40	合作共创(北京)办公服务有限公司	国家级众创空间	北京市级众创空间
41	汉唐信通(北京)咨询股份有限公司	国家级众创空间	北京市级众创空间
42	国安龙巢(北京)科技投资有限公司	国家级众创空间	北京市级众创空间
43	光合空间(北京)企业孵化器有限公司	国家级众创空间	北京市级众创空间
44	北京思源易创科技服务有限公司	国家级众创空间	北京市级众创空间
45	北京创客空间科技有限公司	国家级众创空间	北京市级众创空间
46	北京车库咖啡孵化器运营管理有限公司	国家级众创空间	北京市级众创空间
47	清华大学经济管理学院	国家级众创空间	北京市级众创空间
48	北京创客帮科技孵化器有限公司	国家级众创空间	北京市级众创空间
49	北京 3W 孵化器管理有限公司	国家级众创空间	北京市级众创空间
50	氪空间(北京)信息技术有限公司	国家级众创空间	北京市级众创空间

续表

序号	运营管理主体	备案性质	
51	北京联想之星投资管理有限公司	国家级众创空间	北京市级众创空间
52	北京天使汇金融信息服务有限公司	国家级众创空间	北京市级众创空间
53	北京金种子创业谷科技孵化器中心	国家级众创空间	北京市级众创空间
54	北京创业未来传媒技术有限公司	国家级众创空间	北京市级众创空间
55	北京爱思创芯汇咨询有限公司	国家级众创空间	北京市级众创空间
56	北京英鹏硬创科技有限公司	国家级众创空间	北京市级众创空间
57	北京飞马旅企业管理有限公司	国家级众创空间	北京市级众创空间
58	亚杰汇（北京）网络科技服务有限公司	国家级众创空间	北京市级众创空间
59	燕园校友投资管理有限公司	国家级众创空间	北京市级众创空间
60	北京因果树网络科技有限公司	国家级众创空间	北京市级众创空间
61	北京虫洞创业之家科技服务有限公司	国家级众创空间	北京市级众创空间
62	启迪之星（北京）科技企业孵化器有限公司	国家级众创空间	北京市级众创空间
63	北京海蓝创景投资咨询有限公司	国家级众创空间	北京市级众创空间
64	北京硬创梦工场科技有限公司	国家级众创空间	北京市级众创空间
65	北京清创纪元创业教育科技有限责任公司	国家级众创空间	北京市级众创空间
66	北京清创科技孵化器有限公司	国家级众创空间	北京市级众创空间
67	太库（北京）科技孵化器有限公司	国家级众创空间	北京市级众创空间
68	北京创业谷科技孵化器有限公司	国家级众创空间	北京市级众创空间
69	北京东晟合创科技孵化器有限公司	国家级众创空间	北京市级众创空间
70	北京云基地云计算科技发展有限公司	国家级众创空间	北京市级众创空间
71	阿尔法沃夫（北京）加速器科技有限公司	国家级众创空间	北京市级众创空间
72	兰天使创新创业孵化器有限公司	国家级众创空间	北京市级众创空间
73	万巢含品（北京）国际商务服务有限公司	国家级众创空间	北京市级众创空间
74	优府科技服务（北京）有限公司	国家级众创空间	北京市级众创空间
75	北京微创空间科技孵化器有限公司	国家级众创空间	北京市级众创空间
76	洛可可众创科技（北京）有限公司	国家级众创空间	北京市级众创空间
77	众智博汇（北京）科技孵化器有限责任公司	国家级众创空间	北京市级众创空间
78	一八九八文化传媒（北京）有限公司	国家级众创空间	北京市级众创空间
79	北京中关村国际数字设计中心有限公司	国家级众创空间	北京市级众创空间
80	北京银行中关村分行	国家级众创空间	北京市级众创空间
81	北京远见育成科技孵化器有限公司	国家级众创空间	北京市级众创空间
82	北京巨峰智海商务服务有限公司	国家级众创空间	北京市级众创空间
83	北京建设大学（中国农业大学科技园）	国家级众创空间	北京市级众创空间
84	北京众合海川科技孵化器有限公司	国家级众创空间	北京市级众创空间
85	北京天亿弘方投资管理有限公司	国家级众创空间	北京市级众创空间
86	北京海置科创科技服务有限公司	国家级众创空间	北京市级众创空间
87	北京衫晒科技孵化器有限公司	国家级众创空间	北京市级众创空间
88	北京 U 家创业投资管理有限公司	国家级众创空间	北京市级众创空间

续表

序号	运营管理主体	备案性质	
89	紫荆花科技孵化器(北京)有限公司	国家级众创空间	北京市级众创空间
90	大唐网络有限公司	国家级众创空间	北京市级众创空间
91	校际空间(北京)科技孵化器有限责任公司	国家级众创空间	北京市级众创空间
92	同方科技园有限公司	国家级众创空间	北京市级众创空间
93	一九一一文化传播(北京)有限公司	国家级众创空间	北京市级众创空间
94	北京库尔好同学科技有限公司	国家级众创空间	北京市级众创空间
95	雷雷伙伴(北京)科技孵化器有限公司	国家级众创空间	北京市级众创空间
96	北京智泽惠通科技孵化器有限公司	国家级众创空间	北京市级众创空间
97	北京宏泰智会科技服务有限公司	国家级众创空间	北京市级众创空间
98	星库空间(北京)创业投资有限公司	国家级众创空间	北京市级众创空间
99	黑钻石(北京)文化传媒股份有限公司	国家级众创空间	北京市级众创空间
100	北京北方车辆新技术孵化器有限公司	国家级众创空间	北京市级众创空间
101	九一金融信息服务(北京)有限公司	国家级众创空间	北京市级众创空间
102	北京创新谷科技孵化器有限公司	国家级众创空间	北京市级众创空间
103	北京海聚博源科技孵化器有限公司	国家级众创空间	北京市级众创空间
104	北京方和正圆科技企业孵化器有限公司	国家级众创空间	北京市级众创空间
105	优客工场(北京)创业投资有限公司	国家级众创空间	北京市级众创空间
106	鼎石天元投资(北京)有限公司	国家级众创空间	北京市级众创空间
107	北京正开科技有限公司	国家级众创空间	北京市级众创空间
108	北京快投会网络科技有限公司	国家级众创空间	北京市级众创空间
109	北京东尚泰和科技有限公司	国家级众创空间	北京市级众创空间
110	北京中科电商谷信息技术有限公司	国家级众创空间	北京市级众创空间
111	北京鸿坤理想投资管理有限公司	国家级众创空间	北京市级众创空间
112	北京禾芫科技孵化器有限公司	国家级众创空间	北京市级众创空间
113	北京亦庄移动硅谷有限公司	国家级众创空间	北京市级众创空间
114	北京安快创业科技有限公司	国家级众创空间	北京市级众创空间
115	北京九城软件有限公司	国家级众创空间	北京市级众创空间
116	中孵高科产业孵化(北京)有限公司	国家级众创空间	北京市级众创空间
117	北京国联万众半导体科技有限公司	国家级众创空间	北京市级众创空间
118	北京安创空间科技有限公司	国家级众创空间	北京市级众创空间
119	北京厚德昌科投资管理有限公司	国家级众创空间	北京市级众创空间
120	北京昌品城市文化发展有限公司	国家级众创空间	北京市级众创空间
121	中航联创科技有限公司	国家级众创空间	北京市级众创空间
122	北京即联即用创业投资有限公司	国家级众创空间	北京市级众创空间
123	逐鹿仁德(北京)科技孵化器有限公司	国家级众创空间	北京市级众创空间
124	北创营(北京)科技孵化器有限公司	国家级众创空间	北京市级众创空间
125	北京金丰和科技企业孵化器有限责任公司	国家级众创空间	北京市级众创空间
126	中航创城(北京)投资咨询有限公司	国家级众创空间	北京市级众创空间

续表

序号	运营管理主体	备案性质	
127	智创工坊(北京)科技有限公司	国家级众创空间	北京市级众创空间
128	北京市化学工业研究院有限责任公司	国家级众创空间	北京市级众创空间
129	北京星火国创企业管理有限公司	国家级众创空间	北京市级众创空间
130	北京京仪融科科技孵化器有限公司	国家级众创空间	北京市级众创空间
131	京卫惟科生物科技孵化(北京)有限公司	国家级众创空间	北京市级众创空间
132	北京国泰青春商业有限公司	国家级众创空间	北京市级众创空间
133	北京天作理化科技孵化器有限公司	国家级众创空间	北京市级众创空间
134	北京业主行网络科技有限公司	国家级众创空间	北京市级众创空间
135	北京优投科技孵化器有限公司	国家级众创空间	北京市级众创空间
136	中民国投(北京)投资控股有限公司	国家级众创空间	北京市级众创空间
137	北京智汇互联科技孵化器有限公司	国家级众创空间	北京市级众创空间
138	北京北化大科技园有限公司	国家级众创空间	北京市级众创空间
139	北京倪帮尔科技孵化器有限公司	国家级众创空间	北京市级众创空间
140	微创业(北京)企业管理服务有限公司	国家级众创空间	北京市级众创空间
141	北京九州众创科技孵化器有限公司	国家级众创空间	北京市级众创空间
142	青创动力(北京)科技孵化器有限公司	国家级众创空间	北京市级众创空间
143	北京中关村软件园发展有限责任公司	国家级众创空间	北京市级众创空间
144	英库百特科技服务(北京)有限公司	国家级众创空间	北京市级众创空间
145	北京德山科技有限公司	国家级众创空间	北京市级众创空间
146	北京科创空间投资发展有限公司	国家级众创空间	北京市级众创空间
147	北京鹍鹏科创科技发展有限公司	国家级众创空间	北京市级众创空间
148	北京思客空间科技有限公司	国家级众创空间	北京市级众创空间
149	骏一知识产权运营(北京)有限公司	国家级众创空间	北京市级众创空间
150	中咨合创(北京)科技孵化器有限公司	国家级众创空间	北京市级众创空间
151	中粮营养健康研究院有限公司	国家级众创空间	北京市级众创空间
152	北京国数创业创新企业管理有限公司	国家级众创空间	北京市级众创空间
153	北京首科创融科技孵化器有限公司	国家级众创空间	北京市级众创空间
154	北京金隅启迪科技孵化器有限公司	国家级众创空间	北京市级众创空间
155	北京嘉润创业商务有限公司	国家级众创空间	北京市级众创空间
156	北京睿思创业空间科技有限公司	国家级众创空间	北京市级众创空间
157	北京零壹诚品科技有限公司	国家级众创空间	
158	北京创新方舟科技有限公司	国家级众创空间	
159	微软(中国)有限公司	国家级众创空间	
160	北京瀚海华美国际咨询有限公司	国家级众创空间	
161	清控道口财富科技(北京)股份有限公司	国家级众创空间	
162	北京九州通科技孵化器有限公司		北京市级众创空间
163	北京汉潮大成科技孵化器有限公司		北京市级众创空间
164	北京中关村上地生物科技发展有限公司		北京市级众创空间

续表

序号	运营管理主体	备案性质
165	北京牡丹科技孵化器有限公司	北京市级众创空间
166	北京牡丹创新科技孵化器有限公司	北京市级众创空间
167	北京北电科林电子有限公司	北京市级众创空间
168	首创中传(北京)文化传媒发展有限公司	北京市级众创空间
169	北京燕科科技孵化器有限公司	北京市级众创空间
170	北京师大科技园科技发展有限责任公司	北京市级众创空间
171	北京北林科技园有限公司	北京市级众创空间
172	北京绿色印刷包装产业技术研究院有限公司	北京市级众创空间
173	北京北农企业管理有限公司	北京市级众创空间
174	北京北建大科技园发展有限公司	北京市级众创空间
175	美丽华夏(北京)投资有限公司	北京市级众创空间
176	北京歌华设计有限公司	北京市级众创空间
177	北京市计算中心	北京市级众创空间
178	北京天洋蜂巢投资管理有限公司	北京市级众创空间
179	天使聚场(北京)科技有限公司	北京市级众创空间
180	中关村领创空间科技服务有限责任公司	北京市级众创空间
181	依文服饰股份有限公司	北京市级众创空间
182	北京易华录信息技术股份有限公司	北京市级众创空间
183	众致创新(北京)科技有限公司	北京市级众创空间
184	北京石龙经济开发区投资开发有限公司	北京市级众创空间
185	三维六度(北京)科技股份有限公司	北京市级众创空间
186	北京盛泰华业科技有限公司	北京市级众创空间
187	北京乐邦乐成科技孵化器有限公司	北京市级众创空间
188	中国技术交易所有限公司	北京市级众创空间
189	北京速普创新投资管理有限公司	北京市级众创空间
190	知为创客(北京)投资有限公司	北京市级众创空间
191	北京企联众创科技有限公司	北京市级众创空间
192	优享创智(北京)科技服务有限公司	北京市级众创空间
193	天音互动(北京)文化传媒发展有限公司	北京市级众创空间
194	北京市长城伟业投资开发总公司	北京市级众创空间
195	北京倍格创业生态科技有限公司	北京市级众创空间
196	嘉创工场(北京)科技孵化器有限责任公司	北京市级众创空间
197	中关村创客小镇(北京)科技有限公司	北京市级众创空间
198	中国动漫集团有限公司	北京市级众创空间
199	北京信中利潮客海创科技有限公司	北京市级众创空间
200	北京智优沃科技有限公司	北京市级众创空间
201	北京梅希云科技发展有限公司	北京市级众创空间
202	北京星河空间科技集团有限公司	北京市级众创空间

续表

序号	运营管理主体	备案性质	
203	国信优易数据有限公司		北京市级众创空间
204	北京燕园丰创网络技术有限公司		北京市级众创空间
205	北京金蜜蜂文化创意股份有限公司		北京市级众创空间
206	创汇空间(北京)科技孵化器有限公司		北京市级众创空间
207	你好未来(北京)投资管理有限公司		北京市级众创空间
208	建信万通商务服务(北京)有限公司		北京市级众创空间
209	北京风岐创业服务有限公司		北京市级众创空间
210	北京京东绿安会展服务有限公司		北京市级众创空间
211	北京天使成长科技孵化器有限公司		北京市级众创空间
212	北京龙创悦动网络科技有限公司		北京市级众创空间
213	正益移动互联科技股份有限公司		北京市级众创空间
214	北京文创科技有限责任公司		北京市级众创空间
215	北京华地融信物业管理有限公司		北京市级众创空间
216	北京世茂华泰投资有限公司		北京市级众创空间
217	北京航星机器制造有限公司		北京市级众创空间
218	赋腾创客之城(北京)科技有限公司		北京市级众创空间
219	北京三帝科技股份有限公司		北京市级众创空间
220	国安创客(北京)科技有限公司		北京市级众创空间
221	中关村青创(北京)国际科技有限公司		北京市级众创空间
222	北京中关村创业大街科技服务有限公司		北京市级众创空间
223	北京经开投资开发股份有限公司		北京市级众创空间
224	北京京东方物业发展有限公司		北京市级众创空间
225	北京华卫天和生物科技有限公司		北京市级众创空间
226	大河套(北京)投资有限公司		北京市级众创空间
227	备安众创(北京)科技有限公司		北京市级众创空间
228	北京蓝色光标数据科技股份有限公司		北京市级众创空间
229	北京中天新一代投资管理有限公司		北京市级众创空间
230	北京时代凌宇科技孵化器有限公司		北京市级众创空间
231	北京热兴创新文化发展有限公司		北京市级众创空间
232	北京创新社科技孵化器有限公司		北京市级众创空间
233	北京星空间站科技孵化器有限公司		北京市级众创空间
234	北京筑梦成信息技术有限公司		北京市级众创空间
235	北京同茂浩源科技开发有限公司		北京市级众创空间
236	北京三一太阳谷科技有限公司		北京市级众创空间
237	育米科技(北京)有限公司		北京市级众创空间
238	北京中科创星科技有限公司		北京市级众创空间
239	北京洪泰智造信息技术有限公司		北京市级众创空间
240	北京昌科互联商业运营管理有限公司		北京市级众创空间

续表

序号	运营管理主体	备案性质
241	北京乐加创业投资有限公司	北京市级众创空间
242	外语教学与研究出版社有限责任公司	北京市级众创空间
243	北京金信博奥科技服务有限公司	北京市级众创空间
244	北京协同创新孵化器有限公司	北京市级众创空间
245	北京首科凯奇电气技术有限公司	北京市级众创空间
246	北京中科喀斯玛科技孵化器有限公司	北京市级众创空间
247	北京奥祥智造科技有限公司	北京市级众创空间
248	北京易修复生态科技有限公司	北京市级众创空间
249	北京天助立业物业管理有限公司	北京市级众创空间
250	企动引擎(北京)科技有限公司	北京市级众创空间
251	北大资源集团文化艺术传播(北京)有限公司	北京市级众创空间
252	世欣东方(北京)文化集团有限公司	北京市级众创空间
253	影都文化投资发展有限公司	北京市级众创空间
254	北京极客星辰科技有限公司	北京市级众创空间
255	部落方舟(北京)科技有限公司	北京市级众创空间
256	北京西山九圆企业管理有限公司	北京市级众创空间
257	首开文投(北京)文化科技有限公司	北京市级众创空间
258	北京侨创空间科技有限责任公司	北京市级众创空间
259	北京鼎新至诚投资顾问有限公司	北京市级众创空间
260	创客基地科技孵化器(北京)有限公司	北京市级众创空间
261	北京德钧咨询有限公司	北京市级众创空间
262	华润置地(北京)股份有限公司	北京市级众创空间
263	恩加无限(北京)生产力促进有限公司	北京市级众创空间
264	翊翎空间(北京)企业管理有限公司	北京市级众创空间
265	北京飞牛科技有限公司	北京市级众创空间
266	北京联合国际食品药品医疗器械研发中心管理有限公司	北京市级众创空间
267	北京临空兴创科技有限公司	北京市级众创空间
268	北京侠客岛企业管理有限公司	北京市级众创空间
269	北焦科创高科技孵化器(北京)有限公司	北京市级众创空间
270	北京智创动力科技有限公司	北京市级众创空间
271	中关村医疗器械园有限公司	北京市级众创空间
272	北京未来科学城产业发展有限公司	北京市级众创空间
273	中国电信集团有限公司北京科技创新中心	北京市级众创空间
274	北京鼎海运维科技服务有限公司	北京市级众创空间
275	北京青禾谷仓科技有限公司	北京市级众创空间
276	北京昌平科技园发展有限公司	北京市级众创空间
277	北京首都科技发展集团科技服务有限公司	北京市级众创空间
278	合众思壮北斗导航有限公司	北京市级众创空间

续表

序号	运营管理主体	备案性质	
279	电信科学技术仪表研究所有限公司		北京市级众创空间
280	北京蓟航智能科技发展有限公司		北京市级众创空间
281	京中首信(北京)咨询服务有限公司		北京市级众创空间
282	北京亦创智能机器人产业研究院有限公司		北京市级众创空间
283	北京中科智源科技有限公司		北京市级众创空间
284	华润生命科学产业发展有限公司		北京市级众创空间
285	中东集团商务管理有限公司		北京市级众创空间
286	北京商标品牌通网络科技中心(有限合伙)		北京市级众创空间
287	北京中科睿芯智能计算产业研究院有限公司		北京市级众创空间
288	北京城乡时代投资有限公司		北京市级众创空间
289	北京慧谷投资管理有限公司		北京市级众创空间
290	北京北创空间科技服务有限公司		北京市级众创空间
291	北京欧华创新科技有限公司		北京市级众创空间
292	中科智能互联(北京)科技发展有限公司		北京市级众创空间
293	北京鹍鹏汇智国际技术服务有限公司		北京市级众创空间
294	中检启迪(北京)科技有限公司		北京市级众创空间
295	全球能源互联网研究院有限公司		北京市级众创空间
296	北京中关村互联网教育科技服务有限责任公司		北京市级众创空间
297	七六一工场(北京)科技发展有限公司		北京市级众创空间
298	北京德潭文化创意产业发展有限公司		北京市级众创空间
299	创集合(北京)科技有限公司		北京市级众创空间
300	中国电子科技集团公司信息科学研究院		北京市级众创空间
301	北京市射线应用研究中心		北京市级众创空间
302	北京跳动空间科技有限公司		北京市级众创空间
303	北京优智沃客科技有限公司		北京市级众创空间
304	北京启迪之星创业加速科技有限公司		北京市级众创空间
305	北京智慧长阳文化产业基地		北京市级众创空间
306	北京亦城盛世科技有限公司		北京市级众创空间
307	北京中源瑞盛投资有限公司		北京市级众创空间
308	北京风云气象科技有限公司		北京市级众创空间
309	北京爱悦达管理顾问有限公司		北京市级众创空间
310	北京燕星宇国际石化产品交易市场有限公司		北京市级众创空间
311	北京海东硬创科技有限公司		北京市级众创空间
312	北京东联同创科技孵化器有限公司		北京市级众创空间
313	北京尚东吉米科技发展有限公司		北京市级众创空间
314	北京易佰永嘉科贸有限公司		北京市级众创空间
315	北京壹零壹科技孵化器有限公司		北京市级众创空间
316	北京合睿科技有限公司		北京市级众创空间

续表

序号	运营管理主体	备案性质	
317	北京中海汇银财税服务有限公司		北京市级众创空间
318	北京洛凯特文化传播有限公司		北京市级众创空间
319	优享翠林(北京)物业管理有限公司		北京市级众创空间
320	北京贝壳京工时尚创新科技有限公司		北京市级众创空间
321	中坤金信(北京)文化发展有限公司		北京市级众创空间
322	极创家(北京)科技有限公司		北京市级众创空间
323	智客硅谷(北京)科技发展有限公司		北京市级众创空间
324	中汇博泰(北京)商业运营管理有限公司		北京市级众创空间
325	星影空间(北京)文化有限公司		北京市级众创空间
326	华夏幸福创新(北京)企业管理有限公司		北京市级众创空间
327	北京启迪香山加速器科技有限公司		北京市级众创空间
328	九九工场(北京)文化发展有限公司		北京市级众创空间
329	光合优创(北京)科技企业孵化器有限公司		北京市级众创空间
330	北京易亨创业科技服务有限公司		北京市级众创空间
331	北京绿创环保集团科技孵化器有限公司		北京市级众创空间
332	北京首农供应链管理有限公司		北京市级众创空间
333	北京恒兴嘉业科技孵化器集团有限公司		北京市级众创空间
334	合创新业(北京)科技服务有限公司		北京市级众创空间
335	北京中软国际教育科技股份有限公司		北京市级众创空间
336	北京顺宝蓝庭投资有限公司		北京市级众创空间
337	北京京东顺顺餐饮服务有限公司		北京市级众创空间
338	北京海创百川创业咨询服务有限公司		北京市级众创空间

注:1. 资料来源为北京市科学技术委员会。

2. 国家级众创空间情况以科技部火炬中心开展 2019 年度国家众创空间备案工作为准。

2019 年北京市产业技术创新联盟一览表

序号	联盟名称	序号	联盟名称
1	TD 产业联盟	8	北京创业投资创新服务联盟
2	WAPI 产业技术创新战略联盟	9	北京德汇健康服务产业技术创新战略联盟
3	安全云计算终端产业联盟	10	北京第三代半导体产业技术创新战略联盟
4	安全自主软硬件产业技术创新战略联盟	11	北京癫痫诊疗技术创新联盟
5	半导体照明产业技术创新战略联盟	12	北京电子认证服务产业联盟
6	半导体照明技术评价联盟	13	北京动漫游戏产业联盟
7	北京材料分析测试服务联盟	14	北京粉末冶金产业技术创新战略联盟

续表

序号	联盟名称	序号	联盟名称
15	北京妇产远程医疗技术创新联盟	52	北京新能源汽车产业联盟
16	北京高新疼痛诊疗产业技术创新战略联盟	53	北京信息化和工业化融合服务联盟
17	北京高新疼痛诊疗产业技术创新战略联盟	54	北京信息灾备技术产业联盟
18	北京工业大数据产业发展联盟	55	北京移联警用移动技术创新联盟
19	北京轨道交通产业技术创新战略联盟	56	北京亦智文化创意产业联盟
20	北京国际技术转移协同创新联盟	57	北京影像诊疗技术创新联盟
21	北京国际科技合作基地联盟	58	北京友谊消化疾病诊疗技术创新战略联盟
22	北京国佳花卉产业技术创新战略联盟	59	北京长风信息技术产业联盟
23	北京呼吸疾病诊疗技术创新产业联盟	60	北京智慧农业物联网产业技术创新战略联盟
24	北京华健中西医药临床诊疗科技创新联盟	61	北京智慧社区产业技术创新战略联盟
25	北京华夏草业产业技术创新战略联盟	62	北京智慧医疗技术创新联盟
26	北京教育信息化产业联盟	63	北京智能机器人产业技术创新联盟
27	北京结核病诊疗技术创新联盟	64	北京智能制造创新联盟
28	北京经济技术开发区检测技术创新服务联盟	65	超级计算创新联盟
29	北京经济技术开发区节能与新能源产业技术创新战略联盟	66	车载信息服务产业应用联盟
30	北京经济技术开发区新材料产业创新联盟	67	城市安全生产综合监管产业技术创新联盟
31	北京经济技术开发区云计算知识产权创新联盟	68	城市生物质燃气产业技术创新战略联盟
32	北京经济技术开发区诊断产品创新联盟	69	畜禽良种产业技术创新战略联盟
33	北京军民融合仿真装备创新联盟	70	电动汽车产业技术创新战略联盟
34	北京灵犀移动通信产业技术创新联盟	71	电子交易密码应用技术联盟
35	北京绿标建材产业技术联盟	72	电子贸易产业技术创新战略联盟
36	北京纳米科技产业创新联盟	73	多晶硅产业技术创新战略联盟
37	北京脑血管病产业技术创新战略联盟	74	非晶节能材料产业技术创新战略联盟
38	北京农村水环境治理创新服务联盟	75	钢铁可循环流程技术创新战略联盟
39	北京侵权伪劣物品检验鉴定技术创新联盟	76	高值特种生物联盟
40	北京软件造价评估技术创新联盟	77	工业防霉防菌产业技术创新战略联盟
41	北京设计产业联盟	78	公共体育设施产业技术创新战略联盟
42	北京生态创意农业服务联盟	79	功能微生物产业技术创新联盟
43	北京生物饲料产业技术创新战略联盟	80	国产科学仪器设备应用示范产业技术创新战略联盟
44	北京石油与化工产业技术联盟	81	国家安全农产品产业技术创新战略联盟
45	北京数控装备创新联盟	82	国家城镇粪便、餐厨垃圾处理产业技术创新战略联盟
46	北京数字化制造产业技术创新联盟	83	国家干细胞产业创新及临床转化联盟
47	北京网络信息安全技术创新产业联盟	84	国家教育信息化产业技术创新战略联盟
48	北京无人机与航空应用服务产业技术创新联盟	85	国家秸秆产业技术创新战略联盟
49	北京先进医疗设备产业创新联盟	86	国家可再生能源产业技术创新战略联盟
50	北京现代农业科技创新服务联盟	87	国家特种变压器产业技术创新战略联盟
51	北京现代有机产业技术创新战略联盟	88	国家污水处理与资源化利用产业技术创新联盟

续表

序号	联盟名称	序号	联盟名称
89	国家污水处理与资源化利用产业技术创新战略联盟	127	农业装备产业技术创新战略联盟
90	国家现代农业科技城首都生物农药科技创新服务联盟	128	农作物种业产业技术创新战略联盟
91	国家银行业科技信息安全产业技术创新战略联盟	129	蒲公英橡胶产业技术创新战略联盟
92	国家智慧城市产业技术创新联盟	130	汽车轻量化技术创新战略联盟
93	国家智能交通产业技术创新战略联盟	131	全国教育新媒体产业创新战略联盟
94	果蔬加工产业技术创新战略联盟	132	全国节能减排标准化技术联盟
95	海洋工程用钢产业技术创新战略联盟	133	全国印刷电子产业技术创新联盟
96	航空遥感数据获取与服务技术创新联盟	134	全球农业大数据与信息服务联盟
97	河流治理与生态修复技术创新联盟	135	染料产业技术创新战略联盟
98	互动媒体产业联盟	136	肉类加工产业技术创新战略联盟
99	花卉产业技术创新战略联盟	137	闪联产业技术创新战略联盟
100	化纤产业技术创新战略联盟	138	深部地质矿产勘查产业技术创新战略联盟
101	火电环保及节能产业技术创新战略联盟	139	生物农药与生物防治产业技术创新战略联盟
102	火力发电产业技术创新战略联盟	140	生物识别产业技术创新战略联盟
103	机械装备工业节能减排产业技术创新战略联盟	141	生物医用材料产业技术创新战略联盟
104	集成电路设计产业技术创新战略联盟	142	食品安全检测试剂和装备产业技术创新战略联盟
105	建筑工业化产业技术创新战略联盟	143	食品装备产业技术创新战略联盟
106	建筑垃圾资源化产业技术创新战略联盟	144	首都风能产业技术联盟
107	建筑信息模型(BIM)产业技术创新战略联盟	145	首都农产品加工科技创新服务联盟
108	金刚石工具产业技术创新联盟	146	首都生物肥料科技创新服务联盟
109	金属矿产资源综合与循环利用技术创新战略联盟	147	首都食品安全科技服务联盟
110	京津冀钢铁行业节能减排产业技术创新联盟	148	首都水环境治理产业联盟
111	京津冀技术转移协同创新联盟	149	首都太阳能光伏产业技术联盟
112	聚合物微纳制造技术创新战略联盟	150	首都籽种产业科技创新服务联盟
113	开源及基础软件通用技术创新战略联盟	151	水处理产业技术创新联盟
114	科研用试剂产业技术创新战略联盟	152	水利信息化产业技术创新战略联盟
115	快堆产业技术创新战略联盟	153	太阳能光热产业技术创新战略联盟
116	宽带无线专网应用产业联盟	154	碳纤维及其复合材料产业技术创新战略联盟
117	裸眼 3D 产业技术创新战略联盟	155	通用名药物品种产业技术创新战略联盟
118	绿色包装产业技术创新战略联盟	156	图像视频大数据产业技术创新战略联盟
119	绿色建材产业技术创新战略联盟	157	尾矿综合利用产业技术创新战略联盟
120	煤层气产业技术创新战略联盟	158	污染场地修复科技创新联盟
121	煤炭开发利用技术创新战略联盟	159	物联网产业技术创新战略联盟
122	膜生物反应器(MBR)产业技术创新战略联盟	160	物流中心自动化装备及系统产业技术创新战略联盟
123	木竹产业技术创新战略联盟	161	先进稀土材料与清洁平衡利用产业技术创新战略联盟
124	牧草产业技术创新战略联盟	162	现代服务业开放平台产业联盟
125	农药产业技术联盟	163	小卫星遥感系统产业技术创新战略联盟
126	农业生物技术产业技术创新战略联盟	164	新型海洋生物制品产业技术创新战略联盟

续表

序号	联盟名称	序号	联盟名称
165	新一代成像技术创新战略联盟	203	中关村慧康运动健康产业联盟
166	新一代纺织设备产业技术创新联盟	204	中关村慧学云智能文教产业技术创新联盟
167	新一代煤(能源)化工产业技术创新战略联盟	205	中关村健源食品微生物技术产业创新战略联盟
168	学前教育信息化产业技术创新战略联盟	206	中关村教育新媒体产业创新战略联盟
169	药用植物产业技术创新战略联盟	207	中关村玖泰药物临床试验技术创新联盟
170	医疗器械产业技术创新战略联盟	208	中关村可信计算产业联盟
171	移动硅谷(北京)物联网产业联盟	209	中关村可追溯商品质量服务联盟
172	营养健康食品产业技术创新战略联盟	210	中关村空间信息产业技术联盟
173	应急救援装备产业技术创新战略联盟	211	中关村蓝创通用航空产业联盟
174	再生资源产业技术创新战略联盟	212	中关村乐家智慧居住区产业技术联盟
175	增材制造(3D 打印)产业技术创新联盟	213	中关村乐龄智慧养老产业联盟
176	沼气高值化利用产业技术创新联盟	214	中关村联新生物医药产业联盟
177	诊断产品创新联盟	215	中关村量子生物农业产业技术创新战略联盟
178	智能制造创新发展联盟	216	中关村绿创环境治理产业技术创新战略联盟
179	智造 2025 产业联盟	217	中关村绿谷生态农业产业联盟
180	中关村安防工程检测技术联盟	218	中关村绿谷生态农业产业联盟
181	中关村材料试验技术联盟	219	中关村绿环硅藻新材料产业技术创新联盟
182	中关村昌晟能源科技示范应用产业联盟	220	中关村绿色矿山产业联盟
183	中关村车联网产业技术创新战略联盟	221	中关村美中生物技术产业集群创新联盟
184	中关村储能产业技术联盟	222	中关村能源互联网产业技术联盟
185	中关村大数据产业联盟	223	中关村普天新能源物流汽车产业技术联盟
186	中关村电联电力载波技术创新联盟	224	中关村区块链产业联盟
187	中关村电子产品循环经济与逆向物流产业发展联盟	225	中关村全华稀土工业污染防治技术联盟
188	中关村电子商务与现代物流产业联盟	226	中关村融信金融信息化产业联盟
189	中关村泛亚机器视觉技术产业联盟	227	中关村软件和信息服务产业创新联盟
190	中关村工业互联网产业联盟	228	中关村软件和信息绿色创新服务联盟
191	中关村公信卫星应用技术产业联盟	229	中关村睿新软件与集成服务联盟
192	中关村光电显示产业创新联盟	230	中关村生物应急与临床 POCT 检测产业技术创新战略联盟
193	中关村轨道交通视频与安全产业联盟	231	中关村石墨烯产业联盟
194	中关村鉞嘉蓄电池储能电源产业技术创新联盟	232	中关村视听产业技术创新联盟
195	中关村国创防水材料产业技术联盟	233	中关村数字电视产业联盟
196	中关村国科航天产业技术创新联盟	234	中关村数字内容产业联盟
197	中关村合众天使投资联盟	235	中关村数字视频产业技术创新联盟
198	中关村河流生态治理技术创新战略联盟	236	中关村数字文物产业联盟
199	中关村核心区工业创意设计产业联盟	237	中关村双创服务机器人产业联盟
200	中关村核心区生物工程和新医药产业联盟	238	中关村四方现代服务产业技术创新战略联盟
201	中关村恒业建筑能效运营管理技术创新战略联盟	239	中关村天合宽禁带半导体技术创新联盟
202	中关村华电能源电力产业联盟	240	中关村天线系统产业联盟

续表

序号	联盟名称	序号	联盟名称
241	中关村同航智能装备技术创新联盟	272	中关村中欧节能门窗产业技术创新战略联盟
242	中关村网络安全与信息化产业联盟	273	中关村中兽医药产业技术创新战略联盟
243	中关村网页游戏产业技术联盟	274	中关村中营营养与健康促进产业技术联盟
244	中关村未来制造业产业技术国际创新战略联盟	275	中关村肿瘤微创治疗产业技术创新战略联盟
245	中关村文创游戏产业发展联盟	276	中国超级电容产业联盟
246	中关村物联网产业联盟	277	中国大健康产业联盟
247	中关村下一代互联网产业联盟	278	中国低碳高端智慧园区产业技术创新战略联盟
248	中关村先导文化创意产业集聚区联盟	279	中国电器工业低碳技术联盟
249	中关村先进制造产业技术联盟	280	中国电子学会节能减排工作推进联盟
250	中关村新能源海水淡化产业技术创新联盟	281	中国反侵权假冒创新战略联盟
251	中关村新兴科技服务业产业联盟	282	中国国际设计产业联盟
252	中关村血液净化诊疗技术创新联盟	283	中国环境修复产业联盟
253	中关村遥感与测绘应用产业创新联盟	284	中国科技自动化联盟
254	中关村医疗器械产业技术创新联盟	285	中国可穿戴计算产业技术创新战略联盟
255	中关村胰腺疾病诊疗技术创新联盟	286	中国矿冶检测机构联盟
256	中关村移动互联网产业联盟	287	中国能力验证联盟
257	中关村油气技术创新与服务产业联盟	288	中国汽车制造装备创新联盟
258	中关村云计算产业联盟	289	中国嵌入式系统产业联盟
259	中关村智汇移动互联网教育产业联盟	290	中国生态修复产业技术创新战略联盟
260	中关村智慧城市产业技术创新战略联盟	291	中国生物技术创新服务联盟
261	中关村智慧城市信息化产业联盟	292	中国石墨烯产业技术创新战略联盟
262	中关村智慧环境产业联盟	293	中国实验动物产业技术创新战略联盟
263	中关村智慧建筑产业绿色发展联盟	294	中国糖尿病防治技术创新战略联盟
264	中关村智科服务外包产业联盟	295	中国新能源汽车电子产业创新发展联盟
265	中关村智联软件服务业质量创新联盟	296	中国云计算技术与产业联盟
266	中关村智能交通产业联盟	297	中国智慧城市发展促进工作联盟
267	中关村智能硬件产业联盟	298	中国智慧军工产业技术创新战略联盟
268	中关村智通智能交通产业联盟	299	中国智慧能源产业技术创新战略联盟
269	中关村中恒文化科技创新服务联盟	300	中国智能制造产业技术创新战略联盟
270	中关村中环地下水污染防控与修复产业联盟	301	中欧太阳能集成建筑技术联盟
271	中关村中交国通智能交通产业联盟	302	住宅科技产业技术创新战略联盟

注：资料来源为北京市科学技术委员会。

2019年北京技术市场登记机构一览表

编号	机构名称	办公地址	联系电话
1100-01	北京技术交易促进中心技术合同登记处	北京市海淀区苏州街甲49号	62577125,62577304转登记处
1100-02	北京市科学技术协会技术合同登记处	北京市朝阳区东三环南路96号,农业农村部农机鉴定总站502室	67235944
1100-03	北京市工业和信息化产业发展服务中心技术合同登记处	北京市东城区鼓楼东大街48号	64019718
1100-04	北京市职工技术协会技术合同登记处	北京市西城区虎坊路13号	83570103
1100-05	北京市知识产权局技术合同登记处	北四环西路66号中国技术交易大厦2层 中国(北京)知识产权保护中心	66127237,66123343
1100-07	中国航空工业科学技术总公司技术合同登记处	北京朝阳区西大望路甲2号航空大厦6层603室	84929867
1100-08	核工业科技开发咨询中心技术合同登记处	北京市西城区月坛西街乙二号院5号楼4层	68021966
1100-09	中国科学院信息咨询中心技术合同登记处	北京市海淀区中关村北四环西路33号6D	62568696
1100-13	中国电子工业科学技术交流中心技术合同登记处	北京市西城区新街口外大街8号综合楼5层	62384846,62006660
1100-14	北京经济技术开发区技术合同登记处	北京经济技术开发区荣华中路10号亦城国际A座21层2116	67806298
1100-15	朝阳区科学技术协会技术合同登记处	北京市朝阳区日坛北街33号	65099728
1100-16	北京航空航天大学科学技术研究院技术合同登记处	北京市海淀区北四环中路238号柏彦大厦701室	82339836
1100-17	顺义区科学技术委员会技术合同登记处	北京市顺义区光明南街24号	69442523
1100-18	东城区科学技术委员会技术合同登记处二部	北京市东城区东四十一条83号南楼516室	67136204,64041867
1100-19	西城区科学技术委员会技术合同登记处一部	北京市北三环中路31号北京生产力大楼B座508B室	82000925,83976190
1100-20	海淀园管委会(海淀区科委)技术合同登记处	北京市海淀区海淀南路甲21号中关村知识产权大厦A座1层东侧	82612561
1100-21	东城区科学技术委员会技术合同登记处一部	北京市东城区金宝街52号东城区政务服务中心7层707室	84032139
1100-23	石景山区科学技术委员会技术合同登记处	北京市石景山区八角西街40号石景山区科委	68863350
1100-24	中关村科技园区昌平园管理委员会技术合同登记处	北京市昌平科技园区超前路9号	80113211
1100-25	北京技术交易促进中心技术合同登记处亦庄分部	北京经济技术开发区中和街14号A座309室	51029906,67895236-614
1100-26	北京市通州区科学技术委员会技术合同登记处	通州区九棵树东路甲442号 永安大厦2层	89526652-1035
1100-27	密云区科学技术委员会技术合同登记处	北京市密云区西滨河路2号	69045776
1100-28	房山区科学技术委员会技术合同登记处	北京市房山区良乡政通东路1号科委234室	89350223

续表

编号	机构名称	办公地址	联系电话
1100－29	西城区科学技术委员会技术合同登记处二部	北京市西城区广安门南街 68 号 1216 室	83976191
1100－30	中关村科技园区丰台园管理委员会技术合同登记处	北京市丰台区科兴路 9 号 103 室	63740110
1100－31	北京科技协作中心技术合同登记处	北京市西城区西直门南大街 16 号西楼 10 层 1013 室	66517191,66517146
1100－32	海淀园管委会(海淀区科委)技术合同登记处招商大厦分部	北京市海淀区四季青路六号海淀招商大厦 1 楼西大厅	88497811,88497030
1100－33	北京市科学技术研究院技术合同登记处	北京市西城区西直门外大街 140 号首建金融中心 8 层	68343152
1100－34	大兴区科学技术委员会技术合同登记处	北京市大兴区兴政街 31 号科技大厦 210 室	69244244
1100－35	丰台区科学技术和信息化局	北京市丰台区北大街甲 13 号 412 室	63894638
1100－36	中关村科技园区电子城科技园管理委员会技术合同登记处	北京市朝阳区酒仙桥路甲 12 号电子城科技大厦	64310422
1100－37	北京产权交易所有限公司技术合同登记处	北京市西城区金融大街甲 17 号	66295773,62679530
1100－38	昌平区科学技术委员会技术合同登记处	北七家镇鲁疃定泗路 238 号达华庄园	69744174
1100－39	北京版权保护中心技术合同登记处	北京市东城区朝阳门内大街 55 号 302 室	82357087
1100－40	朝阳区科学技术委员会技术合同登记处	北京市朝阳区朝阳门悠唐国际 B 座 1903	64842996,84681120
1100－41	平谷区科学技术委员会技术合同登记处	北京市平谷区府前西街 17 号平谷区社会服务中心 5 层 0554 室	69961909
1100－42	怀柔区科学技术委员会技术合同登记处	北京市怀柔区湖光小区 24 号	69697671
1100－43	北京产权交易所有限公司技术合同登记处中国技术交易所分部	北京市海淀区北四环西路 66 号中国技术交易大厦 B 座 3 层	62679530,62679531
1100－44	北京工业设计促进中心技术合同登记处	北京市西城区北三环中路 31 号生产力大楼 B 座 909	82003627
1100－45	海淀园管委会(海淀区科委)技术合同登记处上地分部	北京市海淀区上地信息路 26 号 118 室	82898750
1100－46	门头沟区科学技术委员会技术合同登记处	北京市门头沟区新桥大街 40 号	69865984
1100－47	延庆区科学技术委员会技术合同登记处	北京市延庆区康庄镇紫光东路 1 号 412 房间	69143197
1100－49	北京市科委农村发展中心技术合同登记处	北京市海淀区曙光花园中路 11 号北京农科大厦 B 座 1101	51502357
1100－50	北京生产力促进中心技术合同登记处	1. 北京市朝阳区广顺北大街 5 号融创动力文创园 B 座 119 2. 北京市丰台区西三环南路 1 号北京市政务服务大厅 3 楼 A 区 139 窗口	84935785
1100－51	北京理工大学技术合同登记处	北京市海淀区西三环北路甲 2 号院 5 号楼	68912402

注:资料来源为北京技术市场管理办公室。

2019 年北京地区质量技术监督法定计量检定机构一览表

序号	机构名称	序号	机构名称
1	北京市计量检测科学研究院	10	北京市延庆区计量检测所
2	北京市东城区计量检测所	11	北京市怀柔区计量检测所
3	北京市西城区计量检测所	12	北京市通州区计量检测所
4	北京市朝阳区计量检测所	13	北京市顺义区计量检测所
5	北京市海淀区计量检测所	14	北京市大兴区计量检测所
6	北京市丰台区计量检测所	15	北京市密云区计量检测所
7	北京市石景山区计量检测所	16	北京市昌平区计量检测所
8	北京市门头沟区计量检测所	17	北京市平谷区计量检测所
9	北京市房山区计量检测所		

2019 年北京市专利代理机构一览表

序号	机构代码	机构名称	序号	机构代码	机构名称
1	11001	北京国林贸知识产权代理有限公司	15	11038	中国国际贸易促进委员会专利商标事务所
2	11002	北京路浩知识产权代理有限公司	16	11039	北京知本村知识产权代理事务所(普通合伙)
3	11003	北京中创阳光知识产权代理有限责任公司	17	11042	北京乾诚五洲知识产权代理有限责任公司
4	11004	北京中建联合知识产权代理事务所(普通合伙)	18	11100	北京北新智诚知识产权代理有限公司
5	11006	北京律诚同业知识产权代理有限公司	19	11105	北京市柳沈律师事务所
6	11012	北京邦信阳专利商标代理有限公司	20	11108	北京太兆天元知识产权代理有限责任公司
7	11013	北京市中实友知识产权代理有限责任公司	21	11111	北京市万慧达律师事务所
8	11014	北京恒和顿知识产权代理有限公司	22	11112	北京天昊联合知识产权代理有限公司
9	11015	北京英特普罗知识产权代理有限公司	23	11116	北京载博知识产权代理事务所(普通合伙)
10	11017	北京华夏正合知识产权代理事务所(普通合伙)	24	11121	北京永创新实专利事务所
11	11018	北京德琦知识产权代理有限公司	25	11127	北京三友知识产权代理有限公司
12	11019	北京中原华和知识产权代理有限责任公司	26	11129	北京海虹嘉诚知识产权代理有限公司
13	11021	中科专利商标代理有限责任公司	27	11130	北京华科联合专利事务所(普通合伙)
14	11025	北京振安创业专利代理有限责任公司	28	11132	小松专利事务所

续表

序号	机构代码	机构名称	序号	机构代码	机构名称
29	11134	北京博浩百睿知识产权代理有限责任公司	66	11245	北京纪凯知识产权代理有限公司
30	11136	北京同汇友专利事务所(普通合伙)	67	11246	北京众合诚成知识产权代理有限公司
31	11137	北京金之桥知识产权代理有限公司	68	11247	北京市中咨律师事务所
32	11138	北京三高永信知识产权代理有限责任公司	69	11248	北京中安信知识产权代理事务所(普通合伙)
33	11139	北京科龙寰宇知识产权代理有限责任公司	70	11249	北京中恒高博知识产权代理有限公司
34	11200	北京君尚知识产权代理有限公司	71	11250	北京三聚阳光知识产权代理有限公司
35	11201	北京清亦华知识产权代理事务所(普通合伙)	72	11251	北京科迪生专利代理有限责任公司
36	11203	北京思海天达知识产权代理有限公司	73	11252	北京维澳专利代理有限公司
37	11204	北京英赛嘉华知识产权代理有限责任公司	74	11253	北京中北知识产权代理有限公司
38	11205	北京同立钧成知识产权代理有限公司	75	11254	北京连城创新知识产权代理有限公司
39	11207	北京华谊知识产权代理有限公司	76	11255	北京市商泰律师事务所
40	11210	北京纪乐康知识产权代理事务所(普通合伙)	77	11256	北京市金杜律师事务所
41	11212	北京轻创知识产权代理有限公司	78	11257	北京正理专利代理有限公司
42	11214	北京申翔知识产权代理有限公司	79	11258	北京东方亿思知识产权代理有限责任公司
43	11216	北京三幸商标专利事务所(普通合伙)	80	11259	北京金硕果知识产权代理事务所(普通合伙)
44	11218	北京思创毕升专利事务所	81	11260	北京凯特来知识产权代理有限公司
45	11219	中原信达知识产权代理有限责任公司	82	11262	北京安信方达知识产权代理有限公司
46	11221	北京捷诚信通专利事务所(普通合伙)	83	11263	北京高默克知识产权代理有限公司
47	11223	北京元中知识产权代理有限责任公司	84	11264	北京华夏博通专利事务所(普通合伙)
48	11224	北京金阙华进专利事务所(普通合伙)	85	11265	北京挺立专利事务所(普通合伙)
49	11225	北京金信知识产权代理有限公司	86	11266	北京工信联合知识产权代理有限公司
50	11226	北京中知法苑知识产权代理有限公司	87	11269	北京嘉和天工知识产权代理事务所(普通合伙)
51	11227	北京集佳知识产权代理有限公司	88	11270	北京派特恩知识产权代理有限公司
52	11228	北京汇泽知识产权代理有限公司	89	11271	北京安博达知识产权代理有限公司
53	11229	北京金言诚信知识产权代理有限公司	90	11272	北京富天文博兴知识产权代理事务所(普通合伙)
54	11230	北京万科园知识产权代理有限责任公司	91	11274	北京中博世达专利商标代理有限公司
55	11232	北京慧泉知识产权代理有限公司	92	11275	北京同恒源知识产权代理有限公司
56	11233	北京科兴园专利事务所	93	11276	北京市浩天知识产权代理事务所(普通合伙)
57	11234	中国商标专利事务所有限公司	94	11277	北京林达刘知识产权代理事务所(普通合伙)
58	11237	北京市广友专利事务所有限责任公司	95	11278	北京连和连知识产权代理有限公司
59	11238	北京博圣通专利事务所	96	11279	北京中誉威圣知识产权代理有限公司
60	11239	北京天平专利商标代理有限公司	97	11280	北京泛华伟业知识产权代理有限公司
61	11240	北京康信知识产权代理有限责任公司	98	11281	北京明和龙知识产权代理有限公司
62	11241	北京双收知识产权代理有限公司	99	11282	北京中海智圣知识产权代理有限公司
63	11242	北京诺孚尔知识产权代理有限责任公司	100	11283	北京润平知识产权代理有限公司
64	11243	北京银龙知识产权代理有限公司	101	11285	北京北翔知识产权代理有限公司
65	11244	北京市合德专利事务所	102	11286	北京铭硕知识产权代理有限公司

续表

序号	机构代码	机构名称	序号	机构代码	机构名称
103	11287	北京律盟知识产权代理有限责任公司	139	11328	北京汉德知识产权代理事务所(普通合伙)
104	11288	北京瑞成兴业知识产权代理事务所(普通合伙)	140	11329	北京龙双利达知识产权代理有限公司
105	11290	北京信慧永光知识产权代理有限责任公司	141	11330	北京市立方律师事务所
106	11291	北京同达信恒知识产权代理有限公司	142	11331	北京康盛知识产权代理有限公司
107	11293	北京怡丰知识产权代理有限公司	143	11332	北京品源专利代理有限公司
108	11294	北京五月天专利商标代理有限公司	144	11333	北京兆君联合知识产权代理事务所(普通合伙)
109	11296	北京东方汇众知识产权代理事务所(普通合伙)	145	11334	北京国帆知识产权代理事务所(普通合伙)
110	11297	北京睿博行远知识产权代理有限公司	146	11335	北京汇信合知识产权代理有限公司
111	11299	北京市卓华知识产权代理有限公司	147	11336	北京市磐华律师事务所
112	11300	北京瑞盟知识产权代理有限公司	148	11337	北京市盛峰律师事务所
113	11301	北京汇智英财专利代理事务所(普通合伙)	149	11338	北京挚诚信奉知识产权代理有限公司
114	11302	北京华沛德权律师事务所	150	11339	北京市安伦律师事务所
115	11303	北京方韬法业专利代理事务所(普通合伙)	151	11340	北京天奇智新知识产权代理有限公司
116	11304	北京信远达知识产权代理有限公司	152	11341	北京瑞思知识产权代理事务所(普通合伙)
117	11305	北京君智知识产权代理事务所(普通合伙)	153	11342	北京市汉衡律师事务所
118	11306	北京德恒律师事务所	154	11343	北京友联知识产权代理事务所(普通合伙)
119	11308	北京元本知识产权代理事务所	155	11344	北京市盈科律师事务所
120	11309	北京亿腾知识产权代理事务所(普通合伙)	156	11345	北京蓝智辉煌知识产权代理事务所(普通合伙)
121	11310	北京立成智业专利代理事务所(普通合伙)	157	11346	北京汇智胜知识产权代理事务所(普通合伙)
122	11311	北京天悦专利代理事务所(普通合伙)	158	11348	北京鼎佳达知识产权代理事务所(普通合伙)
123	11312	北京东正专利代理事务所(普通合伙)	159	11349	北京三环同创知识产权代理有限公司
124	11313	北京市铸成律师事务所	160	11350	北京科亿知识产权代理事务所(普通合伙)
125	11314	北京戈程知识产权代理有限公司	161	11352	北京大成律师事务所
126	11315	北京国昊天诚知识产权代理有限公司	162	11353	北京市惠诚律师事务所
127	11316	北京一格知识产权代理事务所(普通合伙)	163	11354	北京市兰台律师事务所
128	11317	北京商专润文专利代理事务所(普通合伙)	164	11355	北京泰吉知识产权代理有限公司
129	11318	北京法思腾知识产权代理有限公司	165	11357	北京同辉知识产权代理事务所(普通合伙)
130	11319	北京润泽恒知识产权代理有限公司	166	11358	北京神州华茂知识产权有限公司
131	11320	北京王景林知识产权代理事务所(普通合伙)	167	11359	北京高文律师事务所
132	11321	北京市京大律师事务所	168	11360	北京万象新悦知识产权代理有限公司
133	11322	北京尚诚知识产权代理有限公司	169	11361	北京市联德律师事务所
134	11323	北京市隆安律师事务所	170	11362	北京联创佳为专利事务所(普通合伙)
135	11324	北京金恒联合知识产权代理事务所	171	11363	北京弘权知识产权代理事务所(普通合伙)
136	11325	北京中伟智信专利商标代理事务所	172	11364	北京市中联创和知识产权代理有限公司
137	11326	北京市路盛律师事务所	173	11365	北京卓言知识产权代理事务所(普通合伙)
138	11327	北京鸿元知识产权代理有限公司	174	11367	北京驰纳智财知识产权代理事务所(普通合伙)

续表

序号	机构代码	机构名称	序号	机构代码	机构名称
175	11368	北京世誉鑫诚专利代理事务所(普通合伙)	204	11399	北京冠和权律师事务所
176	11369	北京远大卓悦知识产权代理事务所(普通合伙)	205	11400	北京商专永信知识产权代理事务所(普通合伙)
177	11370	北京汉昊知识产权代理事务所(普通合伙)	206	11401	北京金智普华知识产权代理有限公司
178	11371	北京超凡志成知识产权代理事务所(普通合伙)	207	11402	北京再言智慧知识产权代理事务所(普通合伙)
179	11372	北京聿宏知识产权代理有限公司	208	11403	北京风雅颂专利代理有限公司
180	11374	北京攀腾专利代理事务所(普通合伙)	209	11404	北京钧鼎律师事务所
181	11375	北京市炜衡律师事务所	210	11405	北京德和衡律师事务所
182	11376	北京永新同创知识产权代理有限公司	211	11406	北京格罗巴尔知识产权代理事务所(普通合伙)
183	11377	北京航忱知识产权代理事务所(普通合伙)	212	11407	北京彭丽芳知识产权代理有限公司
184	11378	北京尚德技研知识产权代理事务所(普通合伙)	213	11408	北京寰华知识产权代理有限公司
185	11379	北京金知睿知识产权代理事务所(普通合伙)	214	11409	北京德恒律治知识产权代理有限公司
186	11380	北京鑫浩联德专利代理事务所(普通合伙)	215	11410	北京市中伦律师事务所
187	11381	北京汲智翼成知识产权代理事务所(普通合伙)	216	11411	北京联瑞联丰知识产权代理事务所(普通合伙)
188	11382	北京瑞恒信达知识产权代理事务所(普通合伙)	217	11412	北京鸿德海业知识产权代理事务所(普通合伙)
189	11384	北京青松知识产权代理事务所(特殊普通合伙)	218	11413	北京柏杉松知识产权代理事务所(普通合伙)
190	11385	北京方圆嘉禾知识产权代理有限公司	219	11414	北京递进知识产权代理事务所(特殊普通合伙)
191	11386	北京天达知识产权代理事务所(普通合伙)	220	11415	北京博思佳知识产权代理有限公司
192	11387	北京五洲洋和知识产权代理事务所(普通合伙)	221	11416	北京律恒立业知识产权代理事务所(特殊普通合伙)
193	11388	北京市中闻律师事务所	222	11417	北京庆峰财智知识产权代理事务所(普通合伙)
194	11389	北京市振邦律师事务所	223	11418	北京思益华伦专利代理事务所(普通合伙)
195	11390	北京和信华成知识产权代理事务所(普通合伙)	224	11419	北京爱普纳杰专利代理事务所(特殊普通合伙)
196	11391	北京智汇东方知识产权代理事务所(普通合伙)	225	11420	北京罗杰律师事务所
197	11392	北京卫平智业专利代理事务所(普通合伙)	226	11421	北京天盾知识产权代理有限公司
198	11393	北京市维诗律师事务所	227	11422	北京骥驰知识产权代理有限公司
199	11394	北京卓恒知识产权代理事务所(特殊普通合伙)	228	11423	北京市中银律师事务所
200	11395	北京恒都律师事务所	229	11424	北京修典盛世知识产权代理事务所(特殊普通合伙)
201	11396	北京思睿峰知识产权代理有限公司	230	11425	北京市金栋律师事务所
202	11397	北京新知远方知识产权代理事务所(普通合伙)	231	11426	北京康思博达知识产权代理事务所(普通合伙)
203	11398	北京魏启学律师事务所	232	11427	北京科家知识产权代理事务所(普通合伙)

续表

序号	机构代码	机构名称	序号	机构代码	机构名称
233	11429	北京中济纬天专利代理有限公司	262	11463	北京超凡宏宇专利代理事务所(特殊普通合伙)
234	11430	北京市诚辉律师事务所	263	11464	北京奉思知识产权代理有限公司
235	11431	北京博华智恒知识产权代理事务所(普通合伙)	264	11465	北京慕达星云知识产权代理事务所(特殊普通合伙)
236	11432	北京旭知行专利代理事务所(普通合伙)	265	11466	北京君恒知识产权代理有限公司
237	11434	北京献智知识产权代理事务所(特殊普通合伙)	266	11467	北京德崇智捷知识产权代理有限公司
238	11435	北京志霖恒远知识产权代理事务所(普通合伙)	267	11468	北京市科名专利代理事务所(特殊普通合伙)
239	11436	北京华睿卓成知识产权代理事务所(普通合伙)	268	11469	北京恩赫律师事务所
240	11437	北京市邦道律师事务所	269	11470	北京精金石知识产权代理有限公司
241	11438	北京律智知识产权代理有限公司	270	11471	北京细软智谷知识产权代理有限责任公司
242	11439	北京远峰律师事务所	271	11472	北京方安思达知识产权代理有限公司
243	11440	北京京万通知识产权代理有限公司	272	11473	北京隆源天恒知识产权代理事务所(普通合伙)
244	11441	北京市清华源律师事务所	273	11474	北京孚睿湾知识产权代理事务所(普通合伙)
245	11442	北京博雅睿泉专利代理事务所(特殊普通合伙)	274	11475	北京市天达律师事务所
246	11443	北京格旭知识产权代理事务所(普通合伙)	275	11476	北京誉加知识产权代理有限公司
247	11444	北京汇思诚业知识产权代理有限公司	276	11477	北京尚伦律师事务所
248	11446	北京律和信知识产权代理事务所(普通合伙)	277	11478	北京市众天律师事务所
249	11447	北京英创嘉友知识产权代理事务所(普通合伙)	278	11479	北京汉之知识产权代理事务所(普通合伙)
250	11448	北京中强智尚知识产权代理有限公司	279	11480	北京翔瓯知识产权代理有限公司
251	11449	北京成创同维知识产权代理有限公司	280	11481	北京睿邦知识产权代理事务所(普通合伙)
252	11450	北京欣永瑞知识产权代理事务所(普通合伙)	281	11482	北京瀚仁知识产权代理事务所(普通合伙)
253	11452	北京展翼知识产权代理事务所(特殊普通合伙)	282	11483	北京云科知识产权代理事务所(特殊普通合伙)
254	11453	北京名华博信知识产权代理有限公司	283	11485	北京市东方至睿知识产权代理事务所(特殊普通合伙)
255	11454	北京市万瑞律师事务所	284	11486	北京博维知识产权代理事务所(特殊普通合伙)
256	11455	北京海智友知识产权代理事务所(普通合伙)	285	11487	北京中企鸿阳知识产权代理事务所(普通合伙)
257	11456	北京纽盟知识产权代理事务所(特殊普通合伙)	286	11488	北京莫番律师事务所
258	11457	北京律谱知识产权代理事务所(普通合伙)	287	11489	北京中政联科专利代理事务所(普通合伙)
259	11458	北京鼎宏元正知识产权代理事务所(普通合伙)	288	11490	北京英诺万知识产权代理事务所(普通合伙)
260	11461	北京康达联禾知识产权代理事务所(普通合伙)	289	11491	北京国坤专利代理事务所(普通合伙)
261	11462	北京众元弘策知识产权代理事务所(普通合伙)	290	11492	北京市永新智财律师事务所

续表

序号	机构代码	机构名称	序号	机构代码	机构名称
291	11493	北京市创世宏景专利商标代理有限责任公司	323	11528	北京恒博知识产权代理有限公司
292	11494	北京坤瑞律师事务所	324	11530	北京华识知识产权代理有限公司
293	11495	北京正鼎专利代理事务所(普通合伙)	325	11531	北京汇捷知识产权代理事务所(普通合伙)
294	11496	北京君泊知识产权代理有限公司	326	11532	北京市天玺沐泽专利代理事务所(普通合伙)
295	11497	北京市正见永申律师事务所	327	11533	北京环球智慧知识产权代理有限公司
296	11498	北京智为时代知识产权代理事务所(普通合伙)	328	11534	北京奥文知识产权代理事务所(普通合伙)
297	11499	北京市浩东律师事务所	329	11535	北京知元同创知识产权代理事务所(普通合伙)
298	11501	北京祺和祺知识产权代理有限公司	330	11536	北京惟诚致远知识产权代理事务所(普通合伙)
299	11502	北京远立知识产权代理事务所(普通合伙)	331	11537	北京天江律师事务所
300	11503	北京维知知识产权代理事务所(特殊普通合伙)	332	11538	北京谨诚君睿知识产权代理事务所(特殊普通合伙)
301	11504	北京力量专利代理事务所(特殊普通合伙)	333	11539	北京慧诚智道知识产权代理事务所(特殊普通合伙)
302	11505	北京布瑞知识产权代理有限公司	334	11540	北京元周律知识产权代理有限公司
303	11506	北京东方灵盾知识产权代理有限公司	335	11541	北京卓唐知识产权代理有限公司
304	11508	北京维正专利代理有限公司	336	11542	北京久诚知识产权代理事务所(特殊普通合伙)
305	11509	北京宣言律师事务所	337	11543	北京八月瓜知识产权代理有限公司
306	11510	北京华圣典睿知识产权代理有限公司	338	11544	北京金蓄专利代理有限公司
307	11511	北京得信知识产权代理有限公司	339	11545	北京合智同创知识产权代理有限公司
308	11512	北京迎硕知识产权代理事务所(普通合伙)	340	11546	北京策略律师事务所
309	11513	北京远创理想知识产权代理事务所(普通合伙)	341	11547	北京英赛律师事务所
310	11514	北京酷爱智慧知识产权代理有限公司	342	11548	北京华仲龙腾专利代理事务所(普通合伙)
311	11515	北京君华知识产权代理事务所(普通合伙)	343	11549	北京德高行远知识产权代理有限公司
312	11516	北京文苑专利代理有限公司	344	11550	北京知舟专利事务所(普通合伙)
313	11517	北京市君合律师事务所	345	11551	北京鼎承知识产权代理有限公司
314	11518	北京易正达专利代理有限公司	346	11552	北京智乾知识产权代理事务所(普通合伙)
315	11519	北京智信四方知识产权代理有限公司	347	11553	北京观韬中茂律师事务所
316	11520	北京万贝专利代理事务所(特殊普通合伙)	348	11554	北京金讯知识产权代理事务所(特殊普通合伙)
317	11521	北京市英智伟诚知识产权代理事务所(普通合伙)	349	11555	北京市怡丰律师事务所
318	11522	北京煦润律师事务所	350	11556	北京恒创益佳知识产权代理事务所(普通合伙)
319	11523	北京卓孚知识产权代理事务所(普通合伙)	351	11557	北京卫智畅科专利代理事务所(普通合伙)
320	11525	北京红福盈知识产权代理事务所(普通合伙)	352	11558	北京天澜智慧知识产权代理有限公司
321	11526	北京航信高科知识产权代理事务所(普通合伙)	353	11559	北京东岩跃扬知识产权代理事务所(普通合伙)
322	11527	北京悦成知识产权代理事务所(普通合伙)	354	11560	北京智桥联合知识产权代理事务所(普通合伙)

续表

序号	机构代码	机构名称	序号	机构代码	机构名称
355	11561	北京隆诺律师事务所	386	11592	北京天驰君泰律师事务所
356	11562	北京东方盛凡知识产权代理事务所(普通合伙)	387	11593	北京博讯知识产权代理事务所(特殊普通合伙)
357	11563	北京汇彩知识产权代理有限公司	388	11594	北京知联天下知识产权代理事务所(普通合伙)
358	11564	北京东和长优知识产权代理事务所(普通合伙)	389	11595	北京科石知识产权代理有限公司
359	11565	北京国之大铭知识产权代理事务所(普通合伙)	390	11596	北京易光知识产权代理有限公司
360	11566	北京市京轩律师事务所	391	11597	北京睿派知识产权代理事务所(普通合伙)
361	11567	北京旭路知识产权代理有限公司	392	11598	北京思元知识产权代理事务所(普通合伙)
362	11568	北京至臻永信知识产权代理有限公司	393	11599	北京东方昭阳知识产权代理事务所(普通合伙)
363	11569	北京高沃律师事务所	394	11602	北京市汉坤律师事务所
364	11570	北京众达德权知识产权代理有限公司	395	11603	北京晟睿智杰知识产权代理事务所(特殊普通合伙)
365	11571	北京雷曼昊华专利代理有限责任公司	396	11604	北京睿驰通程知识产权代理事务所(普通合伙)
366	11572	北京卓特专利代理事务所(普通合伙)	397	11605	北京崇智专利代理事务所(普通合伙)
367	11573	北京华智则铭知识产权代理有限公司	398	11606	北京华进京联知识产权代理有限公司
368	11574	北京律远专利代理事务所(普通合伙)	399	11607	北京白洲磐华知识产权代理事务所(普通合伙)
369	11575	北京志霖律师事务所	400	11608	北京共腾智慧专利代理事务所(普通合伙)
370	11576	北京市恒有知识产权代理事务所(普通合伙)	401	11609	北京格允知识产权代理有限公司
371	11577	北京知呱呱知识产权代理有限公司	402	11610	北京太合九思知识产权代理有限公司
372	11578	北京集智东方知识产权代理有限公司	403	11611	北京聿华联合知识产权代理有限公司
373	11579	北京锺维联合知识产权代理有限公司	404	11612	北京金咨知识产权代理有限公司
374	11580	北京国电智臻知识产权代理事务所(普通合伙)	405	11613	北京易捷胜知识产权代理事务所(普通合伙)
375	11581	北京瀚群律师事务所	406	11614	北京思创大成知识产权代理有限公司
376	11582	北京久维律师事务所	407	11615	北京慧智兴达知识产权代理有限公司
377	11583	北京华旭智信知识产权代理事务所(普通合伙)	408	11616	北京盛凡智荣知识产权代理有限公司
378	11584	北京智晨知识产权代理有限公司	409	11617	北京瑞盛铭杰知识产权代理事务所(普通合伙)
379	11585	北京金岳知识产权代理事务所(特殊普通合伙)	410	11618	北京汉鼎理利专利代理事务所(特殊普通合伙)
380	11586	北京天达共和知识产权代理事务所(特殊普通合伙)	411	11619	北京辰权知识产权代理有限公司
381	11587	北京汇知杰知识产权代理有限公司	412	11620	北京智沃律师事务所
382	11588	北京华仁联合知识产权代理有限公司	413	11621	北京和联顺知识产权代理有限公司
383	11589	北京劲创知识产权代理事务所(普通合伙)	414	11622	北京汇众通达知识产权代理事务所(普通合伙)
384	11590	北京市领专知识产权代理有限公司	415	11623	北京晋德允升知识产权代理有限公司
385	11591	北京东方芊悦知识产权代理事务所(普通合伙)	416	11624	北京卓岚智财知识产权代理事务所(特殊普通合伙)

续表

序号	机构代码	机构名称	序号	机构代码	机构名称
417	11627	北京安杰律师事务所	449	11660	北京快易权知识产权代理有限公司
418	11628	北京知迪知识产权代理有限公司	450	11661	北京声华知识产权代理事务所(普通合伙)
419	11629	北京臻之知识产权代理有限公司	451	11662	北京华夏泰和知识产权代理有限公司
420	11630	北京君有知识产权代理事务所(普通合伙)	452	11663	北京市环球律师事务所
421	11631	北京市大地律师事务所	453	11664	北京华专卓海知识产权代理事务所(普通合伙)
422	11632	北京七夏专利代理事务所(普通合伙)	454	11665	北京市京师律师事务所
423	11633	北京中理通专利代理事务所(普通合伙)	455	11666	北京冠榆知识产权代理事务所(特殊普通合伙)
424	11634	北京市中伦文德律师事务所	456	11667	北京兰亭信通知识产权代理有限公司
425	11635	北京思格颂知识产权代理有限公司	457	11668	北京航智知识产权代理事务所(普通合伙)
426	11636	北京中创博腾知识产权代理事务所(普通合伙)	458	11669	北京路胜元知识产权代理事务所(特殊普通合伙)
427	11637	北京智信禾专利代理有限公司	459	11670	北京栈桥知识产权代理事务所(普通合伙)
428	11638	北京权智天下知识产权代理事务所(普通合伙)	460	11671	北京阳光天下知识产权代理事务所(普通合伙)
429	11639	北京理工正阳知识产权代理事务所(普通合伙)	461	11672	北京致科知识产权代理有限公司
430	11640	北京中索知识产权代理有限公司	462	11673	北京巨弘知识产权代理事务所(普通合伙)
431	11641	北京金宏来专利代理事务所(特殊普通合伙)	463	11674	北京中南长风知识产权代理事务所(普通合伙)
432	11642	北京恒泰铭睿知识产权代理有限公司	464	11675	北京圣达博通知识产权代理事务所(普通合伙)
433	11643	北京润川律师事务所	465	11676	北京华际知识产权代理有限公司
434	11644	北京清源汇知识产权代理事务所(特殊普通合伙)	466	11677	北京中企讯专利代理事务所(普通合伙)
435	11646	北京超成律师事务所	467	11678	北京皮皮云嘉知识产权代理有限公司
436	11647	北京励诚知识产权代理有限公司	468	11679	北京索睿邦知识产权代理有限公司
437	11648	北京先进知识产权代理有限公司	469	11680	北京远志博慧知识产权代理事务所(普通合伙)
438	11649	北京贵都专利代理事务所(普通合伙)	470	11681	北京惠智天成知识产权代理事务所(特殊普通合伙)
439	11650	北京善任知识产权代理有限公司	471	11682	北京汉智嘉成知识产权代理有限公司
440	11651	北京金诚同达律师事务所	472	11683	北京佐行专利代理事务所(特殊普通合伙)
441	11652	北京坦路来专利代理有限公司	473	11684	北京沁优知识产权代理事务所(普通合伙)
442	11653	北京元合联合知识产权代理事务所(特殊普通合伙)	474	11685	北京睿康信诚知识产权代理事务所(普通合伙)
443	11654	北京市一法律师事务所	475	11686	北京世衡知识产权代理事务所(普通合伙)
444	11655	北京启坤知识产权代理有限公司	476	11687	北京嘉科知识产权代理事务所(特殊普通合伙)
445	11656	北京泽南知识产权代理有限公司	477	11688	北京彩和律师事务所
446	11657	北京思源智汇知识产权代理有限公司	478	11689	北京智绘未来专利代理事务所(普通合伙)
447	11658	北京康瑞律师事务所	479	11690	北京领科知识产权代理事务所(特殊普通合伙)
448	11659	北京远智汇知识产权代理有限公司	480	11691	北京清诚知识产权代理有限公司

续表

序号	机构代码	机构名称	序号	机构代码	机构名称
481	11692	北京开林佰兴专利代理事务所(普通合伙)	513	11725	北京伟思知识产权代理事务所(普通合伙)
482	11693	北京展翅星辰知识产权代理有限公司	514	11726	北京荟英捷创知识产权代理事务所(普通合伙)
483	11694	北京万思博知识产权代理有限公司	515	11727	北京天作专利代理事务所(特殊普通合伙)
484	11695	北京和鼎泰知识产权代理有限公司	516	11728	北京信诺创成知识产权代理有限公司
485	11696	北京国翰知识产权代理事务所(普通合伙)	517	11729	北京头头知识产权代理有限公司
486	11697	北京允天律师事务所	518	11730	北京小美知识产权代理事务所(普通合伙)
487	11698	北京国贝知识产权代理有限公司	519	11731	北京市康达律师事务所
488	11699	北京安哲思知识产权代理事务所(普通合伙)	520	11732	北京睿智保诚专利代理事务所(普通合伙)
489	11700	北京智客联合知识产权代理事务所(特殊普通合伙)	521	11733	北京麦宝利知识产权代理事务所(特殊普通合伙)
490	11701	北京众泽信达知识产权代理事务所(普通合伙)	522	11734	北京乐知新创知识产权代理事务所(普通合伙)
491	11702	北京中宇洪坤知识产权代理有限公司	523	11735	北京从真律师事务所
492	11703	北京宝护知识产权代理有限公司	524	11736	北京预立生科知识产权代理有限公司
493	11704	北京康隆智佳专利代理事务所(普通合伙)	525	11737	北京法信智言知识产权代理事务所(特殊普通合伙)
494	11705	北京康度知识产权代理事务所(特殊普通合伙)	526	11738	北京智行阳光知识产权代理事务所(普通合伙)
495	11706	北京竹辰知识产权代理事务所(普通合伙)	527	11739	北京科慧致远知识产权代理有限公司
496	11707	北京安之律师事务所	528	11740	北京棘龙知识产权代理有限公司
497	11709	北京曼威知识产权代理有限公司	529	11741	北京山允知识产权代理事务所(特殊普通合伙)
498	11710	北京开阳星知识产权代理有限公司	530	11742	北京景闻知识产权代理有限公司
499	11711	北京北汇律师事务所	531	11743	北京慧尚知识产权代理事务所(特殊普通合伙)
500	11712	北京尚淳律师事务所	532	11744	北京瀛和律师事务所
501	11713	北京世峰知识产权代理有限公司	533	11745	北京拉沃科创知识产权代理事务所(普通合伙)
502	11714	北京悦和知识产权代理有限公司	534	11746	北京市尚公律师事务所
503	11715	北京君莫知识产权代理事务所(普通合伙)	535	11747	北京京原星洲知识产权代理事务所(普通合伙)
504	11716	北京君慧知识产权代理事务所(普通合伙)	536	11748	北京正壹合知识产权代理事务所(普通合伙)
505	11717	北京邦创至诚知识产权代理事务所(普通合伙)	537	11749	北京弘慧知识产权代理有限公司
506	11718	北京清大紫荆知识产权代理有限公司	538	11750	北京博辉通达知识产权代理有限公司
507	11719	北京天方智力知识产权代理事务所(普通合伙)	539	11751	北京市鼎立东审知识产权代理有限公司
508	11720	北京真致博文知识产权代理事务所(普通合伙)	540	11752	北京国谦专利代理事务所(普通合伙)
509	11721	北京中慧创科知识产权代理事务所(特殊普通合伙)	541	11753	北京国标律师事务所
510	11722	北京钲霖知识产权代理有限公司	542	11754	北京鱼爪知识产权代理有限公司
511	11723	北京尚钺知识产权代理事务所(普通合伙)	543	11755	北京唐颂永信知识产权代理有限公司
512	11724	北京成实知识产权代理有限公司	544	11756	北京中和立达知识产权代理事务所(普通合伙)

续表

序号	机构代码	机构名称	序号	机构代码	机构名称
545	11757	北京市奋迅律师事务所	580	11793	北京嘉途睿知识产权代理事务所(普通合伙)
546	11758	北京睿阳联合知识产权代理有限公司	581	11794	北京知汇林知识产权代理事务所(普通合伙)
547	11759	北京诚新知识产权代理事务所(普通合伙)	582	11795	北京世宁律师事务所
548	11760	北京前审知识产权代理有限公司	583	11796	北京冠都律师事务所
549	11761	北京博遵律师事务所	584	11797	北京专赢专利代理有限公司
550	11762	北京一品慧诚知识产权代理有限公司	585	11798	北京天达共和律师事务所
551	11763	北京市铭盾律师事务所	586	11799	北京同清律师事务所
552	11764	北京思韬知识产权代理有限公司	587	11800	北京铜表律师事务所
553	11765	北京壹川鸣知识产权代理事务所(特殊普通合伙)	588	11801	北京市中兆律师事务所
554	11766	北京卓泽知识产权代理事务所(普通合伙)	589	11802	北京名实专利代理事务所(特殊普通合伙)
555	11767	北京亿次方科创知识产权代理有限公司	590	11803	北京众允专利代理有限公司
556	11768	北京兴智翔达知识产权代理有限公司	591	11804	北京维昊知识产权代理事务所(普通合伙)
557	11769	北京中知君达知识产权代理有限公司	592	11805	北京市立康律师事务所
558	11770	北京市竞天公诚律师事务所	593	11806	北京中琿知识产权代理事务所(特殊普通合伙)
559	11771	北京易聚律师事务所	594	11807	北京庚致知识产权代理事务所(特殊普通合伙)
560	11772	北京鼎双知识产权代理事务所(普通合伙)	595	11808	北京方迪誉诚专利代理有限公司
561	11773	北京星迪律师事务所	596	11809	北京君至同辉知识产权代理事务所(普通合伙)
562	11774	北京瀚方律师事务所	597	11810	北京智丞瀚方知识产权代理有限公司
563	11775	北京动力号知识产权代理有限公司	598	11811	北京纽伦华新知识产权代理有限公司
564	11776	北京绥正律师事务所	599	11812	北京派道律师事务所
565	11777	北京艾皮专利代理有限公司	600	11813	北京锦信诚泰知识产权代理有限公司
566	11778	北京领创律师事务所	601	11814	北京神州信德知识产权代理事务所(普通合伙)
567	11779	北京睿诚威宇知识产权代理事务所(普通合伙)	602	11815	北京鼎真知识产权代理事务所(普通合伙)
568	11780	北京植德律师事务所	603	11816	北京翔石知识产权代理事务所(普通合伙)
569	11781	北京丰浩知识产权代理事务所(普通合伙)	604	11817	北京弈贤专利代理事务所(特殊普通合伙)
570	11782	北京科领智诚知识产权代理事务所(普通合伙)	605	11818	北京圣州专利代理事务所(普通合伙)
571	11783	北京华朗律师事务所	606	11819	北京颐合中鸿律师事务所
572	11784	北京致诺律师事务所	607	11820	北京市常鸿律师事务所
573	11785	北京市金台律师事务所	608	11821	北京卓孚律师事务所
574	11787	北京可专乐知识产权代理事务所(普通合伙)	609	11822	北京中普鸿儒知识产权代理有限公司
575	11788	北京嘉东律师事务所	610	11823	北京鼎德宝专利代理事务所(特殊普通合伙)
576	11789	北京君以信知识产权代理有限公司	611	11824	北京嘉长律师事务所
577	11790	北京市京都律师事务所	612	11825	北京中仟知识产权代理事务所(普通合伙)
578	11791	北京一枝笔知识产权代理事务所(普通合伙)	613	11826	北京立纬知识产权代理有限公司
579	11792	北京市海问律师事务所	614	11827	北京邦中知识产权代理有限公司

续表

序号	机构代码	机构名称	序号	机构代码	机构名称
615	11828	北京方可律师事务所	630	11843	北京海润天睿律师事务所
616	11829	北京城烽知识产权代理事务所(特殊普通合伙)	631	11844	北京东方尚禾专利代理事务所(特殊普通合伙)
617	11830	北京智源荟诚知识产权代理事务所(普通合伙)	632	11845	北京正和明知识产权代理事务所(普通合伙)
618	11831	北京润捷智诚知识产权代理事务所(普通合伙)	633	11846	北京美智年华知识产权代理事务所(普通合伙)
619	11832	北京绘聚高科知识产权代理事务所(普通合伙)	634	11847	北京元合律师事务所
620	11833	北京化育知识产权代理有限公司	635	11848	北京大诚新创知识产权代理有限公司
621	11834	北京欣鼎专利代理事务所(普通合伙)	636	11849	北京科穗律师事务所
622	11835	北京春江专利商标代理事务所(普通合伙)	637	11850	北京攀腾特知识产权代理有限公司
623	11836	北京创博律师事务所	638	11851	北京磐华捷成知识产权代理有限公司
624	11837	北京中创云知识产权代理事务所(普通合伙)	639	11852	北京慧龙律师事务所
625	11838	北京威禾知识产权代理有限公司	640	11853	北京鹏帆慧诚专利代理事务所(普通合伙)
626	11839	北京高众律师事务所	641	11854	北京冬瓜知识产权代理事务所(普通合伙)
627	11840	北京市中瑞律师事务所	642	11855	北京惟盛达知识产权代理事务所(普通合伙)
628	11841	北京慧而行专利代理事务所(普通合伙)	643	11856	北京市中誉威圣律师事务所
629	11842	北京广技专利代理事务所(特殊普通合伙)			

注:1. 表中不包括国防专利代理机构和在京的3家香港代理机构。
2. 资料来源为北京市知识产权局。

2019年北京市科协所属学会、协会、基金会一览表

学会、协会

	学会、协会名称	电　话	办公地址
1	北京数学会	62752912	海淀区篓斗楼1号北京大学数学科学学院
2	北京计算数学学会	62759090	海淀区颐和园路5号北京大学数学科学学院
3	北京珠算心算协会	63296960	西直门内大街玉芙胡同11号405
4	北京运筹学会	68918960	北京理工大学中心教学楼1041
5	北京物理学会	62751137	海淀区海淀路5号 燕园三区 北京大学物理大楼中124
6	北京声学学会	63523263	西城区陶然亭路55号
7	北京光学学会	84024561	临时办公地址:北工大数理学院2417
8	北京核学会	69359002	房山新镇中国原子能科学研究院北区20号317房
9	北京化学会	58807383	新街口外大街19号化学楼400
10	北京微量元素学会	68902490－801	西城区百万庄园26号

续表

	学会、协会名称	电 话	办公地址
11	北京天文学会	51583385	西城区西外大街 138 号北京天文馆 403 房间
12	北京气象学会	68400820	海淀区紫竹院路 44 号
13	北京地球物理学会	68326186	西城区阜外百万庄大街 26 号
14	北京地理学会	68903262	西三环北路 105 号首都师范大学资环学院
15	北京地质学会	51560476	西城区南纬路 4 号
16	北京生物化学与分子生物学会	65105067	东城区东单三条 5 号中国医学科学院基础医学研究所
17	北京生态学学会	62836234	海淀区香山南辛村 20 号
18	北京植物学会	67020649	天桥南大街 126 号
19	北京昆虫学会	51503688	海淀区板井村农林科学院植物保护环境保护研究所
20	北京动物学会	67020650	天桥南大街 126 号(北京自然博物馆)
21	北京实验动物学学会	84922374	朝阳区北苑路 28 号院北科创业大厦 9 层
22	北京微生物学会	52245049	经济技术开发区经海二路 38 号一幢 201 室
23	北京细胞生物学会	62784794	海淀区清华园清华大学医学院 C244
24	北京心理学会	62751833	海淀区娄斗桥 1 号北京大学心理系
25	北京力学会	62796786	海淀区清华大学航院北楼 529 室
26	北京生态修复学会	62339597	海淀区清华东路 35 号北京林业大学科研楼 506 室
27	北京金属学会	88296997	石景山区杨庄大街 69 号首钢技术研究院 417 室（特钢院内）
28	北京腐蚀与防护学会	62183235	海淀区学院南路 76 号 07 楼
29	北京表面工程学会	82317094	海淀区学院路 37 号北航工程训练中心楼东 610
30	北京硅酸盐学会	88751955	西城区前街 21 号
31	北京粘接学会	82671516	海淀区中关村北大街 123 号华腾科技大厦 1501 室(北京 2653 信箱)
32	北京化工学会	69345966	房山区燕山岗南路 1 号 C 座 109 室燕山石化公司科技部
33	北京日化协会	67113081	海淀区阜成路 11 号轻苑大厦 405 室
34	北京软件和信息服务业协会	62564219	海淀区海淀南路甲 21 号中关村知识产权大厦 A 座 206 室
35	北京理化分析测试技术学会	88517114	海淀区西三环北路 27 号 305 室
36	北京膜学会	62773234	海淀区清华大学化工系工物馆 454
37	北京制冷学会	62116811	海淀区西直门外 1 号北京西郊食品冷冻厂 5 号楼 107 ~ 109 室
38	北京内燃机学会	80868752	通州区经济开发区东区靓丽三街 1 号(北京汽车动力总成有限公司)
39	北京电机工程学会	88072019	西城区复兴门外地藏庵南巷 1 号
40	北京电力电子学会	56982313	海淀区中关村北二条 6 号
41	北京电工技术学会	62985677	海淀区东北旺路中关村软件园 8 号楼 231 室
42	北京水力发电工程学会	51972516	朝阳区定福庄西街 1 号北京勘测设计研究院办公室
43	北京热物理与能源工程学会	60751999 - 2704	北京市北四环西路 11 号
44	北京物联网智能技术应用协会	66095089	西城区复兴门内大街 45 号院 332 室
45	北京石油学会	84879039	西城区安德路甲 67 号
46	北京能源学会	52052622	朝阳区安外小关东里甲 2 号北京节能环保中心 410 房间

续表

	学会、协会名称	电 话	办公地址
47	北京测绘学会	63966138	南礼士路60号北楼303
48	北京图学学会	82317093	海淀区学院路37号北京航空航天大学原工程训练中心楼东633房间
49	北京土木建筑学会	88043189	西城区南礼士路66号 建威大厦1601
50	北京市绿色建筑促进会	66023696	西城区西交民巷73号
51	北京水利学会	88613201	海淀区玉渊潭南路普惠北里北京市水务局老干部活动站3楼
52	北京公路学会	83125169	西城区槐柏树后街23号
53	北京交通工程学会	87790910	丰台区南四环西路186号汉威国际广场四区3号楼6M层5单元
54	北京工程爆破协会	51849315	海淀区大柳树路2号铁科院
55	北京照明学会	67737052	朝阳区大北窑厂坡村甲3号(北京电光源研究所院内)
56	北京环境科学学会	88362294	西城区北营房中街59号1113、1115房间
57	北京消防协会	63970581	西城区西内大街190号
58	北京人类生态工程学会	82808956	海淀区北京师范大学英东教育楼
59	北京电子学会	64034890	东城区北河沿大街79号3楼301室
60	北京通信学会	66499190	西城区太平湖东里18号
61	北京计算机学会	62757160	海淀区海淀路5号
62	北京图象图形学学会	82525258	海淀区中关村东路95号中科院自动化研究所东楼317
63	北京自动化学会	64426960	北三环东路15号北京化工大学81信箱
64	北京仪器仪表学会	64011372	新街口大七条11号
65	北京航空航天学会	82317095	海淀区学院路37号北京航空航天大学原工程训练中心楼东635房间
66	北京宇航学会	68198712	丰台区南大红门路1号
67	北京机械工程学会	65301440	丰台区造甲街南里5号,5号楼三层
68	北京汽车工程学会	87664224	朝阳区东三环南路25号汽车大厦
69	北京造船工程学会	64832091	朝阳区德胜门外双泉堡甲2号
70	北京铁道学会	51822880	复兴路6号(北京铁路局)
71	北京振动工程学会	82316009	海淀区学院路北京航空航天大学院内第五馆/工训楼东608
72	北京纺织工程学会	65565349	朝阳区十里堡东里126号楼2层
73	北京烟草学会	67009785	朝阳区南新园西路2号1321室
74	北京真空学会	82548209	海淀中关村北二条13号(北京市2724信箱)
75	北京乐器学会	56181234	朝阳区劲松中街218号楼
76	北京安全技术学会	64002120	东城区宝钞胡同9号北楼204室
77	北京设计学会	87778502	朝阳区下甸甲3号院尚8国际广告园D202
78	北京工艺美术学会	64220927	朝阳区垡头东里陶庄路5号院7号楼2层210室
79	北京标准化协会	84255247	朝阳区天溪园22号楼3单元501
80	北京粉体技术协会	88417670	西三环北路27号理化测试中心
81	北京人工智能学会	67396309	经济技术开发区地盛北街1号北工大软件园A区5号楼310室

续表

	学会、协会名称	电　话	办公地址
82	北京物联网学会	62332641	海淀区北四环中路 251 号北京科技大学机电楼 727 室
83	北京水土保持学会	56695565	海淀区翠微路甲 3 号
84	北京能源与环境学会	88505647	海淀区西八里庄路 62 号
85	北京信息化协会	82359027－804	北海淀区中关村知识产权大厦 A 座 201 号
86	北京农学会	51503848	海淀区板井村北京农林科学院办公楼 414 室
87	北京蔬菜学会	51503200	北京 2443 信箱(北京市农林科学院蔬菜研究中心)
88	北京作物学会	51503404	海淀区板井村农林科学院玉米研究中心
89	北京果树学会	84236716	海淀区香山瑞王坟甲 12 号 201 室
90	北京食用菌协会	51503432	海淀区西郊板井市农林科学院
91	北京土壤学会	51503524	海淀区曙光花园中路 9 号北京市农林科学院植物营养与资源研究所
92	北京植物病理学会	51503695	海淀区曙光花园中路 9 号院北京市农林科学院植物保护环境保护所 417 室
93	北京农药学会	62815938	海淀区圆明园西路 2 号中国农业科学院植物保护研究所农药楼 1 层 111
94	北京农业工程学会	62731553	海淀清华东路 17 号中国农大东区 57 号信箱
95	北京林学会	84236246	西城区裕民中路 8 号
96	北京园林学会	84236218	西城区北三环裕民中路 8 号 1 号楼 109 室
97	北京屋顶绿化协会	85971978	朝阳区团结湖路 15 号
98	北京畜牧兽医学会	51503210	海淀区曙光花园中路 9 号北京市农林科学院畜牧兽医研究所综合楼 401 室
99	北京水产学会	67586268	丰台区角门路 18 号院办公楼四楼 409 室
100	北京农业信息化学会	51503493	北京 2449 信箱 26 分箱(海淀区西郊板井市农林科学院信息中心)
101	北京食品学会	62061586	丰台区右安门外东滨河 4 号北京市营养源研究所 A108
102	北京农产品质量安全学会	51503892	海淀区曙光花园中路 9 号
103	北京农村专业技术协会	80799471	昌平区回龙观北农路 7 号北京农学院行政主楼 417、实验楼 A 座 202
104	北京山区发展研究会	50503310	海淀区曙光花园中路 9 号北京市农林科学院综合所
105	北京医学会	65594123	东城区东单三条甲 7 号
106	北京环境诱变剂学会	67817730	北京经济技术开发区景园街 2 号 1 号楼 3 层 316 室
107	北京生理科学会	69156964	东城区东单三条 5 号
108	北京解剖学会	82801629	东城区永外西革新里 98 号
109	北京免疫学会	83575804	西城区西什库大街 8 号北京大学第一医院科研楼 315 室
110	北京药理学会	83198855	西城区长椿街 45 号宣武医院药理室
111	北京中医药学会	65223477	东城区东单三条甲 7 号
112	北京药学会	64178704	朝阳区北三环中路 2 号院
113	北京生物医学工程学会	58516786	西城区新街口东路 31 号积水潭医院教学楼 309 房间
114	北京护理学会	65256418	东城区东单三条甲 7 号

续表

	学会、协会名称	电 话	办公地址
115	北京中西医结合学会	65250460	东城区东单三条甲7号
116	北京针灸学会	64059495	东城区东四十条27号
117	北京防痨协会	59830836	西城区新街口东光胡同5号
118	北京心理卫生协会	65131245	朝阳区八里庄西里远洋天地小区56号楼2门601号东交民巷1号同仁医院临床心理科
119	北京抗癌协会	88196171	海淀区阜成路52号
120	北京神经科学学会	82805188	海淀区学院路38号北京大学医学部中心楼10层2号
121	北京康复医学会	63503106	丰台区太平桥西里甲1号
122	北京预防医学会	64407288	东城区和平里中街16号
123	北京肛肠学会	57282998	丰台区云冈镇南里3号
124	北京亚健康防治协会	58629146	朝阳区甜水园北里4－6－203
125	北京市营养学会		海淀区学院路北京医科大学公卫楼
126	北京医师协会	64097257	东城区安定门东大街28号雍和大厦A座510室
127	北京老年痴呆防治协会	84110913	海淀区中关村南大街16号科学普及出版社518室
128	北京超声医学学会	66936848	海淀区复兴路28号中国人民解放军总医院院内南病房楼1层
129	北京营养师协会	63031788	丰台区右安门外东滨河路4号A楼508室
130	北京医药卫生经济研究会	83911351	东城区西打磨厂街46号4楼601号
131	北京生物医学统计与数据管理研究会	82500131	海淀区中关村大街59号中国人民大学明德主楼1001室
132	北京口腔医学会	57099428	东城区天坛西里4号
133	北京糖尿病防治协会	84014692	东城区灯市口大街33号国中商业大厦410B
134	北京乳腺病防治学会	53259484	海淀区永定路15号7号楼7103室
135	北京神经变性病学会	68381704	丰台区东高地万源北路7号
136	北京慢性病防治与健康教育研究会	80816355	朝阳区华威北里9号院6幢8层8011室
137	北京自然辩证法研究会	62736995	海淀区中关村大街59号中国人民大学资料楼5层518室
138	北京生产力学会	64444066	朝阳区安外小关街53号
139	北京创造学会	52591972	朝阳区立水桥北甲1号石化管理干部学院
140	北京系统工程学会	84650077	首都经贸大学花乡校区(白鹏飞)
141	北京循环经济促进会	82314523	西城区六铺炕街1号
142	北京知识产权研究会	66175475	海淀区海淀南路甲21号中关村知识产权大厦A座102室
143	北京企业技术开发研究会	67235948	东城区永外西革新里98号
144	北京技术经济和管理现代化研究会	67237754	朝阳区东三环南路96号505室
145	北京科技政策与管理研究会	68719176	海淀区西三环北路27号
146	中关村民营科技企业家协会	62960213	海淀区西三旗安宁北里8号泰山饭店
147	北京工程管理科学学会	68322149	西城区展览馆路1号北京建筑大学行政2号楼109室
148	北京城市管理科技协会	67318330	劲松大厦A711
149	北京城市规划学会	68018265	西城区二七剧场路3号
150	北京土地学会	64409584	东城区和平里北街2号

续表

	学会、协会名称	电　话	办公地址
151	北京减灾协会	68400821	海淀区紫竹院路 44 号
152	北京传播技术研究会	61451670	海淀区中关村大街 59 号中国人民大学资料楼 5 层 518 室
153	北京继续教育协会	89151212	西三环南路 1 号北京政务服务中心 1069 房间
154	北京科技教育促进会	56218570	朝阳区小庄 6 号中国第一商城 B 座 22C
155	北京科学技术期刊学会	64883659	朝阳区德胜门外北沙滩 1 号综合楼 614 室
156	北京科学技术普及创作协会	67259422	东城区永外西革新里 98 号
157	北京科技记者编辑协会	64984975	朝阳区小营育慧里 4 号
158	北京科技声像工作者协会	84650077	朝阳区小营育慧里 4 号
159	北京幼儿科普协会	84650077	朝阳区小营育慧里 4 号
160	北京青少年科技教育协会	84634992	朝阳区小营育慧里 4 号
161	北京老科学技术工作者总会	84650077－8614	朝阳区小营育慧里 4 号 6 层
162	北京数字科普协会	84634779－8602	朝阳区育慧里 4 号 604 室
163	北京体育科学学会	67228390	北京市丰台区光彩北路 4 号院
164	北京科学技术情报学会	68355751	西城区西直门外大街 140 号首建金融中心
165	北京反邪教协会	87267586	朝阳区小营育慧里 4 号
166	北京 UFO 研究会	85616607	海淀区白石桥 46 号
167	北京烹饪协会	65227859	朝阳区和平里西街 21 号北京商报 2 层
168	北京项目管理协会	83122960	海淀区学院南路 39 号融金中财大酒店 3002 室
169	北京原创设计推广协会	85794758	朝阳区酒仙桥路 4 号 798 艺术区 E03 号楼 3 层
170	北京市学习科学学会	62225617	海淀区西直门北大街 47 号院 1 号楼 3 单元 333 室
171	北京听力协会	84611210	西城区新兴东巷 15 号金泰鑫侨大厦 9 号楼 105～107 单元
172	北京科学史与科学社会学学会	88256007	石景山区玉泉路 19 号甲中国科学院大学人文楼 117 房间
173	北京公益学学会	68915225	海淀区中关村南大街 5 号
174	北京科学文化传播促进会	62836938	朝阳区北辰西路中科院遥感地球所 C401
175	中关村赛德科技企业成长互助促进会	62041870	东城区雍和大厦 B 座 7 层
176	北京数字创意产业协会	62342036	海淀区唐家岭路弘祥 1989 科技文化产业园 4 栋 F7106
177	中关村亚洲杰出企业家成长促进会	62680817－801	海淀区中关村创业大街昊海楼 2 层亚杰商会
178	中关村社会组织联合会	82084581	海淀区牡丹园北里甲 2 号市政投资商务楼 302
179	中关村人才协会	62566177	海淀区海淀南路甲 21 号中关村知识产权大厦 104
180	北京科技人才研究会	82427136	海淀区清河小营东路 12 号
181	北京长风信息技术产业联盟	82826732	海淀区东北旺西路 8 号中关村软件园 3A 楼 3 层 1340 室
182	中关村公信卫星应用技术产业联盟	88254349	万寿路南口金家村 288 号院华信大厦 702
183	中关村科创高新技术转移促进会	68447666	海淀区四季青 7 号阿里云优客工场 2 层
184	中关村新兴科技服务业产业联盟	64330302	朝阳区电子城创新产业园 M8 楼 C 厅 5 层
185	北京科学教育馆协会	84619537	朝阳区北四环东路 69 号
186	北京发明协会	68356829	海淀区西三环北路 105 号科源大厦 703B
187	中关村认同应用技术跨界创新联盟	57217546	海淀区中关村南大街 2 号数码大厦 B 座 903 室

基金会

	基金会名称	电 话	办公地址
1	北京青少年科学基金会	84634991	朝阳区育慧里 4 号
2	北京惠兰医学基金会	64390987	朝阳区望京北路 18－802 号
3	北京市希思科临床肿瘤学研究基金会	67726451	朝阳区东三环南路甲 52 号顺迈金钻 20C
4	北京市希望公益基金会	51665776	丰台区南三环东路 27 号 D 座 102
5	北京詹天佑土木工程科学技术发展基金会	58933927	三里河路 9 号建设部北附楼 5 层 517 室
6	北京华夏中医药发展基金会	82275991	朝阳区东三环中路 16 号富邦国际大厦 5 层 502 室
7	北京协和医学院教育基金会	65105501	东单三条 9 号
8	北京茅以升科技教育基金会	62379308	西城区北三环中路 1 号中国科技馆办公楼 801 室
9	北京吴祖泽科技发展基金会	68158312	海淀区太平路 27 号生命科学楼 0501 房间
10	北京九三王选关怀基金会	82222317	海淀区万柳万泉新新家园 14 号楼 309 室
11	北京精瑞人居发展基金会	82191524	海淀区高梁桥斜街 59 号院 1 号楼 10 层 1002
12	北京沃启公益基金会	66167771	东城区崇文门外大街 9 号正仁大厦 614 室
13	北京市企业家环保基金会	57505155	朝阳区来广营朝来高科技产业园创远路 36 号院 3 号楼 4 层
14	北京长江药学发展基金会	66949096	丰台区丰台西路 17 号总后勤部卫生部药品仪器检验所药检楼西侧独幢学术会议室
15	北京岐黄中医药文化发展基金会	82567221	海淀区万柳中路派顿大厦 806
16	北京市长江科技扶贫基金会	68423076	海淀区后屯南路 26 号 2 层 2－22
17	北京力生心血管健康基金会	88204450	石景山区鲁谷路 74 号院 21 楼 1－101
18	北京郭应禄泌尿外科发展基金会	67185550	西城区大红罗厂 1 号 B 区 6 楼 C62～34 号房间
19	北京光华设计发展基金会	83681552	大兴区金星西路兴创大厦 1601
20	北京精鉴病理学发展基金会	57565100	海淀区学院路 38 号北京大学医学部病理楼病理系 220 室
21	北京济生疼痛医学基金会	68469989	海淀区北洼西里颐安嘉园 16 号楼
22	北京科学教育发展基金会	57892789－8058	朝阳区八里庄东里 1 号莱锦创意产业园 CN17 栋 4 层
23	北京中联盟中医药发展基金会	88579319	海淀区中关村南大街 17 号韦伯时代中心 C 座 714
24	北京水源保护基金会	65978568	朝阳区呼家楼京广中心 1 号楼 26 层 2612 室
25	北京华汽汽车文化基金会	50950012	西城区莲花池东路 102 号天莲大厦四层
26	北京同有三和中医药发展基金会	68423076	朝阳区广顺北大街 33 号 6 号楼 福泰中心写字楼 2 层